U0451304

印度法原论

高鸿钧 鲁楠／主编
赵彩凤 陈王龙诗／副主编

撰稿人

高鸿钧(清华大学):前言,导论,第一、二、三、四章

鲁楠(清华大学):第五、六、二十六章,后记

张文龙(华东政法大学):第七、十四章

赵彩凤(桂林电子科技大学):第八、十六章,主要参考文献

陈王龙诗(东南大学):第九章,主要参考文献,专业术语梵汉译名对照表

陈西西(四川大学):第十章

蒋龑(上海师范大学):第十一、十二章

程洁(加拿大不列颠哥伦比亚大学):第十三章

李来孺(云南财经大学):第十五章

何隽(中华人民共和国最高人民法院):第十七章

韩成芳(中国地质大学):第十八章

余盛峰(北京航空航天大学):第十九章

陈文婧(华东政法大学):第二十章

李塈(清华大学):第二十一章

张文娟(印度金德尔全球大学):第二十二、二十三章

周东平(厦门大学)、李勤通(中国海洋大学):第二十四章

尤陈俊(中国人民大学):第二十五章

朱源帅(四川大学):第二十七章

肖飞(中国人民公安大学):第二十八章

本书系教育部人文社会科学重点研究基地重大项目"印度法系及其与中华法系的比较研究"（项目批准号:14JJD820018）的最终成果,并得到北京宸星教育基金会项目"印度法和伊斯兰法研究"（项目批准号：2019-03-003）和清华大学自主科研计划项目"Z04-1 中国佛教法律文化研究"（项目批准号:2015THZWSH01）的支持,特此致谢。

前　言

自人类从地球上诞生以来,不同族群、民族和国家形成了不同文明。在这些多姿多彩的众多文明中,有几个文明源远流长,在理念、制度和科技等领域贡献突出,影响了整个人类文明进程,因而被称为"轴心文明"。人们无论从何种角度评价,都公认印度文明是世界的"轴心文明"之一,与中华文明和西方文明并驾齐驱。与印度文明一样,印度法律文明也历史悠久,特点鲜明,影响广泛。在比较法领域,日本学者穗积陈重最先尝试对世界主要法系进行划分,在他提炼出来的世界"五大法族"中,"印度法族"居于首位。在后来有关世界法系和法律传统的重要著作中,如美国学者威格摩尔的《世界法系概览》、法国学者达维德的《当代主要法律体系》、德国学者茨威格特和克茨的《比较法总论》以及加拿大学者格伦的《世界法律传统》,印度法系或印度法律传统都占有不可或缺的地位。

自佛教传入中国,佛学在中国繁盛,并有许多创新。相比之下,中国对佛教以外的印度古代政治和法律制度关注较少。自改革开放以来,中国的印度学发展迅速,在宗教、语言、历史和文学领域都取得了重要成果。与此同时,中国比较法和比较法律史研究也取得了重要进展,在欧陆法、英美法和伊斯兰法等领域,相继出版了许多高质量学术著作。但令人遗憾的是,中国的印度学和法学对印度法的关注较少,只有一些零散的介绍性成果,缺少整全且具有深度的著作。

中国政法大学张中秋教授从事比较法律史研究,成果卓著。在二十多年前,他就对国内的印度法研究状况感到惋惜,并鼓励我开发这片"富矿"。我对这片"富矿"虽怀有兴趣,但深知这个领域难度很大,望而生畏。但从那时起,我便开始暗中留意印度法,并逐渐搜集有关材料。2014年初,张中秋教授再次鼓励我研究印度法,并支持我申请了教育部人文社会科学重点研究基地重大项目"印度法系及其与中华法系的比较研究"。这个项目于 2014 年 7 月获得批准。我在欣喜之余,深感压力之大。在实施这个项目的过程中,张中秋教授多次参与我们的项目讨论会,在项目成果的基本结构、主要内容和研究方法等方面,为我们提供了许多具有启示和指导意义的建议。没有他的鼓励和支持,我们没有勇气申请并实施这个项目,也不可能取得目前这样的印度法研究成果。这个项目是教育部设在中国政法大学法律史研究院的基地项目之一。我们衷心感谢教育部和中国政法大学法律史研究院的资助,尤其感谢张中秋教授的全力支持和热情惠助。

我们研究的领域较为广泛,难度大,人数多,需要较长时间和较多经费支持。在教育部人文社会科学重点研究基地重大项目的基础上,我们又得到了北京宸星教育基金会和清华大学的支持,这成为推动我们完成印度法研究的第二和第三助推器。值本书付梓之日,我们对于上述两个单位,尤其是清华大学国际地区研究院副院长张静老师及时雨般的支持,深表谢意。

在上述项目的支持下,我们开始组建研究团队。2014 年秋季,鲁楠博士到清华大学法学院任教,从事比较法学教学和研究工作。他对印度法怀有浓厚兴趣,率先加入研究团队,除了承担重要研究任务,还协助我共同主持项目。没有他的热心协助,主持项目对我来说是"不可承受之重"。与此同时,陈王龙诗加入清华大学发展中国家项目攻读博士学位,被分到我的名下专攻印度法。他除了承担研究任务,还是团队的"梵文顾问",为队友解释梵文法律名词术语。后来,我们的研究团队不断扩大,何隽、赵彩凤、余盛峰、张文龙、蒋巍、朱源帅、陈西西、韩成芳和李罂也相继"入伙"。他们分别以博士学位论文或其他研究成果为基础,为本项目提供了重要篇章。在项目实施过程中,项目成员开始广泛搜集材料,其中鲁楠、陈王龙诗、赵彩凤、朱源帅和陈西西出力甚多。随着一些专家受邀加入我们的项目,团队进一步扩大。这些专家或者研究印度法,或者研究佛教法在中国的影响。他们是周东平、程洁、尤陈俊、张文娟、李来孺、李勤通、陈文婧和肖飞老师。他们贡献的研究成果提高了本书的质量。对于上述所有撰稿人的鼎力支持与精诚合作，我表示由衷感谢。在本书统稿过程中，我和鲁楠作为总体负责人，赵彩凤和陈王龙诗作为副主编承担了烦琐的具体工作，不仅统合文稿、修改文稿和统一注释体例，还编辑了附录部分的专业术语梵汉译名对照表，汇编了本书的主要参考文献。对于鲁楠、赵彩凤和陈王龙诗的惠助，特表谢意。

本书在结构上，除了前言、导论和后记，正文分为3编28章。本书第一编和第二编论述传统和现代印度法的理念和制度，第三编论述来自印度的佛教对传统中国法律思想和制度的影响。具体来说，第一编讨论传统印度法，内容涉及印度教法在传统印度法中的核心地位、《摩奴法论》的主要内容和影响、传统印度法的多元特征和演进的独特路径、阿育王时期达摩治国的佛教法文化、《薄伽梵歌》的平等观、传统印度刑法的主要内容和特征、传统印度婚姻家庭法的主要内容，以及传统印度村社司法组织及其现代影响。第二编论述近现代印度法，内容包括印度殖民地时期的法律变革、印度立宪思想的主要内容和结构及其变迁、印度的司法能动主义与人权保障、印度刑法现代化、印度合同法的主要制度、印度婚姻家庭法的现代变革、印度药品专利法的特色、印度对传统医药知识的法律保护、全球化背景下印度知识产权法的战略选择、印度公司法制度、印度环境保护法中的司法治理、印度法学教育以及律师制度。我们作为中国学者研究印度法，自然会从中国学者的视域出发，不仅运用中国学者的比较视角观察和分析印度法，而且关注印度法对中国的影响，其中佛教法对中国古代法的影响最为显著。因此，本书第三编关注佛教对中国古代法的影响，内容涉及佛教对中国传统法律思想的影响、"讼师恶报"话语模式的力量及其复合功能、《沙门不敬王者论》的佛教正法观与中国礼法观的冲突、武周皇权合法化的佛教理由，以及佛教孝亲观念与儒家的论争。因为各篇不免反复涉及大量印度经典文献及其作者，印度古代国王名、国家名、王朝名和印度传统宗教以及社会制度等，为避免烦琐，本书仅在导论部分括注其外文名，之后正文中不再括注，在此一并说明。

在我们研究印度法的过程中，《清华法学》分别于2020年第1期和2022年第1期刊发了由我们的项目成果所组成的"印度法专题"，两期共刊发论文20篇。加上此前刊发的本项目成果两篇文章，《清华法学》共刊发我们项目成果文章22篇。与此同时，《中外法学》和《法律科学》以及《清华法治论衡》也刊发了本课题组的一些成果文章。在此，我们向上述期刊的主编，尤其是《清华法学》主编车丕照教授，深表谢意。

史大晓、沈明、苗文龙、瞿见和马勤等朋友，利用在国外工作和学习的机会，不辞劳烦为我们搜集、扫描并发来国内外不易找到的印度法外文材料。没有他们默默的惠助，我们无法及时获得这些重要文献。在此，对他们的惠助亦表示感谢。

这里，我还必须提到北京大学法学院荣休教授，我们敬爱的由嵘老师。几十年来，他把我当作入室弟子，除了指导我研究伊斯兰法和带领我研究英美法，还鼓励我研究印度法。当我们启动印度法研究项目时，由老师特别高兴，鼓励我们努力完成这个项目。我们每次去看望他，他都询问我们研究的进展情况。在本书付梓之前，我和鲁楠向由老师汇报。他听后非常高兴，并欣然为本书撰写推荐语。出自年逾九十的前辈学者之手的推荐语，不仅表达了他对我们成果的鼓励，而且记录了外法史领域学术传承的一段佳话。这里，我们向由老师深表敬意和谢意。

最后，我们对商务印书馆表示感谢，对鼎力支持本书出版的相关负责人和认真负责的责编，特致谢忱。

由于我们水平有限，本书错误难免，望读者批评指正。

高鸿钧

2023年11月于清华园

目 录

导论 印度、印度法与传统印度法的主要特征 ……………… 1
  一、基本概念的理解与界定 ……………………………… 1
  二、法律演进与印度法历史分期 ………………………… 4
  三、传统印度法的研究:历史与现状 …………………… 9
  四、传统印度法的主要特征 ……………………………… 30

第一编 传统印度法

第一章 法律与宗教——印度教法是传统印度法的核心 …… 47
  一、达摩的意蕴 …………………………………………… 48
  二、达摩的渊源 …………………………………………… 53
  三、达摩与王令、习惯法 ………………………………… 61
  四、印度教法占据核心地位的主要原因 ………………… 77

第二章 《摩奴法论》的历史背景、主要内容与重要影响 …… 80
  一、《摩奴法论》产生的背景 …………………………… 80
  二、《摩奴法论》的主要内容 …………………………… 88
  三、《摩奴法论》的源流及其影响 ……………………… 109

第三章 传统印度法的多元特征 ……………………………… 125
  一、传统印度法的统一性机制 …………………………… 125
  二、传统印度法的多元性及其具体表现 ………………… 128
  三、传统印度法多元的主要原因 ………………………… 136
  四、关于传统印度法多元的争论与评价 ………………… 143

第四章 传统印度法停滞不变吗? …… 152
一、传统印度法的保守性 …… 152
二、梅因关于传统印度法判断的得与失 …… 154
三、古代印度社会形态与传统印度法 …… 166
四、法律史研究范式的反思 …… 186

第五章 达摩治国——阿育王与印度佛教法文化 …… 193
一、阿育王石刻中的"达摩" …… 193
二、达摩治国的思想来源 …… 200
三、达摩治国与现代印度法 …… 214

第六章 《薄伽梵歌》的平等观 …… 225
一、《薄伽梵歌》故事与历史背景 …… 226
二、《薄伽梵歌》义理中的平等观 …… 230
三、《薄伽梵歌》平等观的现代转化 …… 239

第七章 刑杖与赎罪——传统印度刑法的双重运作 …… 247
一、传统印度刑法的界定、形成与体系 …… 247
二、国王之法:关于犯罪与刑罚的体系 …… 252
三、赎罪之法:关于罪孽与赎罪的体系 …… 262
四、传统印度刑法的双重运作:秩序、权威与种姓 …… 271

第八章 传统印度婚姻家庭法 …… 274
一、传统印度婚姻法 …… 275
二、传统印度家庭财产法与继承制度 …… 280
三、传统印度嫁妆、童婚与萨蒂制度 …… 291
四、传统印度婚姻家庭法的根源 …… 296
五、传统印度婚姻家庭法的反思 …… 300

第九章　传统印度村社司法中的潘查亚特及其现代影响 …… 303
一、古代印度的村社及其与国家的关系 …… 303
二、家庭、种姓与潘查亚特：村社内部权力的多重结构 …… 308
三、潘查亚特与村社司法 …… 313
四、从司法潘查亚特到乡村法庭：潘查亚特的现代影响 …… 318
五、结语 …… 327

第二编　近现代印度法

第十章　印度殖民时期的法律变革——以英国法在印度的移植为视角 …… 331
一、司法管辖权的设立与统合 …… 332
二、司法过程中的法律移植 …… 338
三、立法过程中的法律移植 …… 348
四、法律职业群体与法律教育的发展 …… 355
五、总结与反思："传统—现代观"与"多元文化观" …… 358

第十一章　建设一个怎样的新印度？——印度立宪宪法观辨析 …… 363
一、甘地与《印度自治》 …… 364
二、尼赫鲁与《印度的发现》 …… 369
三、安培德卡尔论种姓、平等与宪法 …… 374
四、宪法的逻辑解释与宪法观 …… 382

第十二章　印度宪法的原意、结构与变迁 …… 386
一、印度宪法的制定：双重使命与国家制度 …… 387
二、印度最高法院的诞生 …… 391
三、印度宪法原意：一种结构解释 …… 403
四、印度宪法的变迁：土地改革与宪法修正案的合宪性审查 …… 407

第十三章 司法能动主义与人权保障的印度故事 …… 433
- 一、印度司法制度与人权保障的宪法基础 …… 434
- 二、印度司法组织与司法能动主义的政治基础 …… 440
- 三、印度的司法程序与公益诉讼 …… 447
- 四、印度的司法能动主义与社会经济权利保障 …… 451
- 五、总结与启示 …… 454

第十四章 印度刑法现代化——以《印度刑法典》为线索 …… 458
- 一、问题提出:印度刑法如何现代化? …… 458
- 二、刑法典的历史背景 …… 461
- 三、刑法典的起草与实施过程 …… 468
- 四、刑法典的内容、形式与特征 …… 474
- 五、刑法典的修订与印度刑法发展 …… 482
- 六、印度刑法现代化之特点 …… 487

第十五章 印度合同法的主要原则与基本制度 …… 489
- 一、印度古代法律中的合同法 …… 489
- 二、印度移植英国合同法 …… 492
- 三、《印度合同法》是普通法系的成文法 …… 495
- 四、印度当代合同法主要内容 …… 500
- 五、结语 …… 509

第十六章 传统印度婚姻家庭法的现代变革 …… 511
- 一、印度婚姻法的现代变革 …… 512
- 二、印度家庭财产法的现代改革 …… 515
- 三、嫁妆的现代变异与法律变革 …… 519
- 四、童婚制度的现代改革 …… 526
- 五、萨蒂制度的现代变革 …… 531
- 六、传统印度婚姻家庭法的现代变革:回顾与反思 …… 534

第十七章 "我不是药神"——印度药品专利的司法原则及其社会背景 ········ 537
  一、作为世界药房的印度 ·· 537
  二、由梵赋生命观到药品可及性制度安排 ······················· 539
  三、受布施传统影响的专利非自愿许可 ·························· 544
  四、追求节俭创新与反对专利常青 ······························· 550
  五、印度仿制药的"神话"能否延续？ ····························· 556

第十八章 印度传统医药知识的保护——以阿育吠陀为样本 ········ 559
  一、传统医药知识保护的演进历程 ······························· 561
  二、传统医药知识保护的困境 ···································· 564
  三、印度保护阿育吠陀的行动及反思 ····························· 569
  四、印度传统医药知识保护对中医药的启示 ····················· 581
  五、结语 ··· 584

第十九章 全球化的笼中之鸟——探寻印度知识产权谜题 ········ 586
  一、印度知识产权之谜与诸种解释范式 ·························· 586
  二、贸易自由、知识产权与人权：围绕全球网络的博弈 ········ 592
  三、国家自主性、世界社会与民主宪制体制 ····················· 604
  四、全球化的总交易模式与印度知识产权的启示 ··············· 616

第二十章 印度公司法的历史演进——从殖民地遗产到本土化法律 ··· 631
  一、印度公司法律制度的发展历史及其演进 ····················· 631
  二、印度公司治理的现行法律构架 ······························· 638
  三、印度公司治理现行若干典型制度评析 ························ 641

第二十一章 印度环境问题的司法治理 ···························· 657
  一、印度环境法治的困境 ··· 657

二、印度环境公益诉讼的产生 …………………………………………… 666
　　三、环境运动与司法治理的限度 ………………………………………… 673
　　四、余论 …………………………………………………………………… 683

第二十二章　印度的法学教育及其监管 …………………………………… 686
　　一、印度法学教育的现状 ………………………………………………… 687
　　二、印度法学教育监管的横向分权立法与纵向政策实验 ……………… 691
　　三、印度法学教育监管的历史脉络与运行逻辑 ………………………… 700
　　四、印度法学教育的主要特点与未来方向 ……………………………… 707
　　五、结语 …………………………………………………………………… 711

第二十三章　印度律师的自治转型 ………………………………………… 712
　　一、印度独立前后律师制度的承继与转型 ……………………………… 713
　　二、印度《律师法》确立的行业自治制度及其运行 …………………… 720
　　三、印度律师行业结构与全球化冲击 …………………………………… 729

第三编　余论：佛教法文化在中国

第二十四章　论佛教对中国传统法律思想的影响 ………………………… 737
　　一、佛教的平等观与中国传统忠孝伦理的冲突及其修正 ……………… 737
　　二、佛教的罪观念及其影响 ……………………………………………… 742
　　三、佛教的处罚观与刑罚观及其影响 …………………………………… 747
　　四、佛教的无讼观念及其影响 …………………………………………… 752
　　五、结语 …………………………………………………………………… 756

第二十五章　"讼师恶报"话语模式的力量及其复合功能 ………………… 757
　　一、讼师与恶报的话语关联：宋元明清不同类型文本中的一种
　　　　叙事传统 ……………………………………………………………… 758
　　二、"讼师恶报"故事中的报应类型与话语结构 ………………………… 765

三、"讼师恶报"话语模式的复合功能 …………………… 772
四、结语 …………………………………………………… 783

第二十六章 正法与礼法——慧远《沙门不敬王者论》对佛教法文化的移植 ………………………………………………… 785

一、一场正法与礼法之争 …………………………………… 786
二、桓玄对慧远:权臣与高僧的对话 ……………………… 791
三、正法与礼法:殊途同归? ……………………………… 802
四、再访政教观 ……………………………………………… 819

第二十七章 菩萨转轮王——武周皇权合法化的佛教理由 …… 823

一、学术史梳理与问题所在 ………………………………… 824
二、《大云经神皇授记义疏》:即以女身当王国土 ………… 830
三、《显授不退转菩萨记》:五位之中当得二位 …………… 838
四、连续抑或断裂:《义疏》与《菩萨记》的异同辨析 …… 851
五、结语 …………………………………………………… 856

第二十八章 "僧道拜父母"律研究——关于儒释孝亲论争的制度定型与发展 ………………………………………………… 858

一、僧道拜父母入律前 ……………………………………… 859
二、制度定型:僧道拜父母入律 …………………………… 871
三、制度发展:"僧道拜父母"律中的服制规定 …………… 875
四、结论 …………………………………………………… 897

主要参考文献 ………………………………………………… 899
专业术语梵汉译名对照表 …………………………………… 909
后记 …………………………………………………………… 912

导论　印度、印度法与传统印度法的主要特征

在世界法律文明中，印度法律文明历史悠久，独具特色。在比较法领域，以印度法为核心所形成的印度法系是世界主要法系之一。印度和其他属于印度法系国家的法律制度虽然进行了现代改革，但传统印度法制度和法律文化仍然具有重要影响。长期以来，在中国比较法和比较法律史研究中，印度法研究一直是一个较为薄弱的领域。因此，从比较法和比较法律史的角度系统研究印度法的历史与现实，原则与制度，理论与实践，不仅有助于我们深入理解传统印度法的主要特征和基本精神，而且有助于我们把握当代印度法的发展趋势，增进中国同印度在法律领域的交流与合作，借鉴印度的法律经验和教训，推进中国法律的现代化。本章拟考察印度、印度法和传统印度法的语义，并初步探讨传统印度法的主要特征。

一、基本概念的理解与界定

"印度"一词源于印度河（Indus）地名。毗邻的古波斯人把印度河流域及其以东地域称作信度（Sindhu），但由于发音困难，Sindhu逐渐转读成Hindu。前4世纪亚历山大率军侵入印度后，古希腊人沿用了古波斯人对印度的称呼，但Hindu在希腊语中变为ινδία（India），发音有所变化。在8世纪一部有关密咒的著作中，印度教首次使用了Hindu一词。[①] 我国史书中最初把印度称为"身毒"，后又称为"天竺""贤

[①] 关于印度一词的缘起，参见邱永辉：《印度教概论》，社会科学文献出版社2012年版，第13—15页；林承节：《印度史》，人民出版社2004年版，第6—7页；朱明忠：《印度教》，福建教育出版社2013年版，第4—5页。

豆"或"忻都"。最后,玄奘在《大唐西域记》中认为:"详夫天竺之称,异议纠纷,旧云身毒,或曰贤豆,今从正音,宜云印度。"① 此后,中国一直沿用"印度"这一名称。

通过以上考释,再结合其他相关材料,我们指出以下几点。第一,"印度"一词源自印度河这一地名,意指印度河流域及其周边地域。第二,"印度"的称谓起初源自外国人,后来流传开来,并被一些印度文献所接受。第三,雅利安人进入印度后,自称婆罗多人(Bhārata),其后人也自称为婆罗多族后裔。印度两大史诗之一《摩诃婆罗多》(Mahābhārata。另一部为《罗摩衍那》[Rāmāyaṇa])的直译就是"伟大的婆罗多族",所讲述的是婆罗多族的故事。第四,印度独立后,"印度共和国"中的"印度"一词,在印地语中仍然称作"婆罗多",只是在英文中译为 India。印度宪法意义上的"印度",主要是指主权和领土意义的国家。在这个国家,人们主要信奉印度教,并形成了独特的生活方式,因而英文用 Hindu 意指"印度教徒"或"印度教的"。第五,在印度,印度教徒虽然占据人口多数,但同时还有伊斯兰教徒、佛教徒、耆那教徒以及其他宗教信徒。第六,按照印度教教义,婆罗门、刹帝利和吠舍三个种姓是"再生人",他们才有资格成为印度教徒,学习吠陀,举行印度教祭祀和按照印度教的教法和教规生活,而作为最低种姓的首陀罗以及被排除在种姓之外的贱民,则无缘成为正式印度教徒。首陀罗和贱民虽然被排斥在印度教之外,但他们是种姓区分的产物,也要遵守印度教法。由于受到高级种姓的支配和主流文化的影响,他们在历史上出现了梵化的现象,常常模仿印度教徒和高种姓的生活方式,其中大部分人成为广义的印度教徒。因此,印度教徒不仅意指严格意义的印度教徒,而且意指按照印度教文化、伦理和法律生活的所有人群。他们不仅生活在印度境内,也分散居住于印度境外的世界各地。

---

① 玄奘、辩机原著,季羡林等校注:《大唐西域记校注》上,中华书局 2000 年版,第 161 页。

与历史上的犹太教、基督教和伊斯兰教相比，印度教的组织化程度较低，印度教从来没有形成类似天主教那样的教阶制度和等级组织，也没有采取伊斯兰教那样的政教合一体制。因此，印度教不仅是一种宗教，而且更是一种文化和一种生活方式。

印度法（India law）与印度教（Hinduism）、印度教法（Hindu law）既有联系，又有区别。

第一，印度法在广义上是指属地法，即古代和现代印度国家领土范围内所适用的一切法律，包括印度教法、佛教法、耆那教法和锡克教法，古今印度的世俗法，以及在印度实施的伊斯兰法和英国法等。在古代，印度国家的领土范围在不同时期变动很大，有时除了包括现在的印度版图，还包括现在的巴基斯坦和孟加拉，以及现今阿富汗、尼泊尔和斯里兰卡等地。凡是印度领土范围内所适用的法律，都是印度法。同时，古代印度法，尤其是印度教法和佛教法还对印度以外的一些国家和地区，特别是南亚、东南亚和东亚的一些国家与地区，产生了重要的影响。一些国家或地区在特定时期把印度教法或佛教法移植到本地，作为本国法的组成部分。这些被移植到域外的印度教法或佛教法在源流上属于印度法，但在属地法意义上不属于印度法，而属于移植国法律的组成部分。

第二，印度法在狭义上是属人法，意指印度和国外印度教徒、佛教徒以及耆那教徒等所遵行的源于印度之法。印度法或由于印度人移居国外而被继续遵守，或由于外国人皈依印度的某个宗教而得到奉行，因而这种意义上的印度法因人而异，具有跨国家的性质。这种意义的印度法也具有超越时代的性质，例如古今印度教徒或佛教徒所遵守的基本戒律并无根本变化。当然，属人法意义上的印度法因人们信仰不同宗教而异，故而又常常分为印度教法、佛教法和耆那教法等。

第三，印度法可从时间维度分为传统印度法和现代印度法。传统印度法主要是指古代印度法，有广义和狭义之分。广义传统印度法意指古代印度疆域内所适用的全部法律，不仅包括印度教法、佛教法和耆那教法等印度本土宗教法，而且包括移植到印度的伊斯兰法等外来法律，还包括古代印度的世俗法，如王令（rājaśāsana）和习惯法等。阿育王（Aśoka）所推行的佛教法文化就属于广义传统印度法（参见本书第五章）。狭义传统印度法意指古代印度教国家所实行的法律，包括印度教法、王令和习惯法，不包括古代印度的佛教法和耆那教法，也不包括伊斯兰势力统治印度时期所推行的伊斯兰法。

第四，本章在广义上使用"印度教"概念，其既包括印度早期的婆罗门教，也包括后来狭义的印度教。

二、法律演进与印度法历史分期

印度文化源远流长，博大精深。印度河流域文明可以追溯到前2300年。哈拉帕和摩亨佐-达罗遗址的发现和从其中发掘出来的文物表明，在雅利安人进入印度之前，印度河流域就存在较为发达的文明。但不知何因，这些古老的文明在前18世纪中叶突然中断。[①] 在约前1500年，进入印度的雅利安人首先遇到的原住民是达罗毗荼人（Drāviḍa）。达罗毗荼人与上述消失的两种文明是何种关系，目前尚不清楚。可以确定的是，雅利安人在征服原住民的基础上，开启了一种新的文明即印度文明，而印度法律文明便是印度文明的组成部分。印度文明经历了漫长的历史和不同的演进阶段。在印度历史如何分期的问题上，研究印度的学者往往由于视角和关注点不同，主张各种各样，很难达成共识。本章以法律演进的重要节点为线索，拟把印度法划分为以下几个阶段。

第一个阶段是前1500年至前500年。这个阶段的重要特点是吠陀经相继产生。吠陀经也称神启经（śruti），由吠陀本集（Saṃhitā）和广

---

① 参见林承节：《印度史》，第11—18页；林太：《印度通史》，上海社会科学院出版社2012年版，第13—14页；迈克尔·伍德：《印度的故事》，廖素珊译，浙江大学出版社2012年版，第26—33页。

义吠陀组成。吠陀经是印度教的基本经典，某些内容可以追溯到雅利安人进入印度之前的时期。这个阶段又可分为两个时期。第一个时期是"吠陀时代"前期，即吠陀本集形成时期（前1500—前1000年）。吠陀本集包括《梨俱吠陀》（Ṛgveda）、《耶柔吠陀》（Yajurveda）、《婆摩吠陀》（Sāmaveda）和《阿闼婆吠陀》（Atharvaveda）。第二个时期是"吠陀时代"后期，即广义吠陀出现时期（前1000—前500年）。广义吠陀也称附属吠陀，包括梵书（brāhmaṇa）、森林书（āraṇyaka）和奥义书（upaniṣad）。上述两个时期的经典奠定了印度教的基础，并成为传统印度法的权威渊源。在第一个时期，吠陀本集确立了印度教的"吠陀神启""祭祀万能"和"婆罗门至上"三大原则。与此同时，作为印度教法核心的"达摩"（dharma）概念开始形成，渐有取代原来指称"真理""秩序"和"法则"的"利塔"（ṛta）① 概念之势。在第二个时期，以奥义书为代表的广义吠陀发展了吠陀本集的思想，建构出梵为最高神和"梵我合一"（brahmātmaikyam）的学说。由此，印度教从原先的众神崇拜转向一神崇拜；从原先的神本转向神人并重，个体之人开始受到重视；从原先注重外在形式的祭祀转向强调个人灵魂内观，个体灵魂具有了神圣性。这种转变对印度教法的发展具有重要影响。

第二个阶段是前500年至1600年。在这个阶段，传统印度法得到迅速发展，基本体系和主要内容得到确立，并不断完善。这个阶段又可分为两个时期。第一个时期是从前6世纪的"列国时期"至13世纪初德里苏丹（Delhi Sultanate，始于1206年）王朝的建立。"列国时期"标志着印度的雅利安人从部落转向国家，出现了包括最终取得优势地位的摩揭陀（Magādha）王国在内的重要的"十六国"。摩揭陀内乱后，印度的土地上又相继出现难陀（Nanda）、孔雀（Maurya）、巽伽（Śunga）、甘华（Kanva）、笈多（Gupta）等王朝。在这个时期，适应社会需要，印度教法得到了迅速发展，法经（dharmasūtra）、法论（dharmaśāstra）以及其他圣传经（smṛti）陆续问世。重要的法经有《高达摩法经》（Gautama

---

① 此概念形成于雅利安人进入印度之前，被雅利安人带入印度。

Dharmasūtra)、《阿帕斯坦巴法经》(Āpastamba Dharmasūtra)、《鲍达耶那法经》(Baudhāyana Dharmasūtra) 和《瓦西什陀法经》(Vasiṣṭha Dharmasūtra) 等。重要的法论有《摩奴法论》(Mānava Dharmaśāstra)、《祭言法论》(Yājñavalkya Dharmaśāstra)、《那罗陀法论》(Nārada Dharmaśāstra)、《布利哈斯帕提法论》(Bṛhaspati Dharmasāstra)、《迦旃延那法论》(Kātyāyana Dharmaśāstra)、《帕拉舍罗法论》(Parāśara Dharmasāstra) 和《毗湿奴法论》(Vaiṣṇava Dharmaśāstra) 等。这些经典是印度教法的直接渊源,在印度教法的发展中发挥了重要作用。同时,围绕神启经和圣传经,印度教法学家撰写了许多评注 (bhāṣya) 和汇纂 (nibandha)。这些评注和汇纂继承并发展了法经和法论的观点,丰富了传统印度法的内容,如 11 世纪毗吉纳奈什伐罗 (Vijñāneśvara) 关于《祭言法论》的评注《密塔娑罗》(Mitākṣarā) 和吉穆陀伐诃那 (Jīmūtavāhana) 汇纂的《达耶跋伽》(Dāyabhāga)。第二个时期始于 13 世纪初至 1600 年。在这个时期,德里苏丹王朝的建立,标志着伊斯兰教进入并开始统治印度。继德里苏丹之后,莫卧儿王朝 (Mughal Dynasty, 1526—1857 年) 以更为强大的伊斯兰教王权和中央政府统治印度。在伊斯兰教统治印度时期,信奉伊斯兰教的苏丹或皇帝取代了印度教国王,以刹帝利种姓为代表的印度教徒丧失了政治统治权和重要的司法权。与此同时,婆罗门的传统特权如死刑豁免权和免税特权也被剥夺。他们也没有资格参政和参与高等级的司法,只能在村社法庭中发挥作用。在整个伊斯兰教统治时期,印度教徒在刑法和税法等公法领域服从统治者所推行的伊斯兰法,但在私法领域和宗教事务中仍然被允许遵行印度教法。

第三个阶段是 1600 年至 1946 年。这个阶段的特点是英国殖民统治者在印度逐渐取代了伊斯兰教统治者。英国对印度的殖民统治经历了从点到面的过程。自 1600 年起,英国东印度公司根据英王特许状进入印度。东印度公司最初只是在印度建立商馆,作为从事贸易的殖民点;随着在印商贸活动的拓展,商馆逐渐扩展为加尔各答、孟买和马德拉斯三大殖民管区。在三大管区，英国式法院也相继设立。根据1772年的"黑斯廷斯计划"（Hastings' Plan），英国东印度公司把加尔各答作为三大管区首府，任命了总督，并在首府设立最高法院。1833年之后，英国东印度公司不再从事贸易，变为一个纯粹的政权机构，负责管理英国的印度殖民地。1858年，英国在镇压印度人民起义之后，最终吞并印度，并以英王的名义直接统治印度，由总督代行英王统治权。英国对印度进行殖民统治期间，一方面允许印度人在宗教、婚姻、家庭和继承等事务上沿用传统印度教法，另一方面通过立法（尤其是制定法典）和司法手段对传统印度法进行了各种改造，把英国的法律制度和观念移植到印度，从而形成了混合型的英－印法（Anglo-Indian Law）。由此，传统印度法的原则和制度受到巨大冲击，许多传统法律制度被废除，被代之以英国法。同时，在印度成为英国殖民地的漫长岁月里，直到英王及其总督接管之前，莫卧儿皇帝一直是印度名义上的统治者。因此，在这个时期，印度的法律表现为相互交叠的三种形态并存。一是莫卧儿王朝所推行的伊斯兰法继续适用于印度的穆斯林，在刑法和税法等领域也适用于印度许多地区的印度教徒；二是在宗教、婚姻、家庭、继承事务中，印度教徒沿用印度教法，尽管印度教法受到英国殖民者的改造；三是英国移植到印度的法律适用范围不断扩大，最终除了在宗教、婚姻、家庭和继承事务上允许印度教徒和穆斯林遵循本教之法外，英国法很大程度上成了印度的属地法。

第四个阶段是1947年至现在，这是印度独立后的国家和法律重建阶段。在这个阶段，在甘地、尼赫鲁、安培德卡尔（B. R. Ambedkar）等人的努力下，印度首先制定了宪法。1950年颁布的印度宪法是印度法现代化的最重要里程碑，具有以下几个突出特点。（1）确立了独立的民主共和国体制，不仅结束了英国的殖民统治，而且取消了原先众多的土邦王朝，将原先数百个土邦整合到统一的政体之中，彻底结束了数千年的政治分散状态，实现了国家统一。（2）采取了联邦制国家结构形式，重新界定中央政府和各邦之间的关系。中央政府掌握重要权力，但各邦也有较大自由权。（3）宣布印度为世俗国家，实行政教分离。一方面，使政治彻底摆脱数千年的宗教束缚；另一方面，使国家平等对待各种宗教。（4）构建出了分权制衡的国家体制。议会由两院构成，议员由选举产生；行政权以内阁制为主，辅之以总统制；法院除了独立行使司法权，还对议会的一般立法行使司法审查权，审查范围甚至扩展到议会通过的宪法修正案。由此，印度形成了立法、行政和司法之间的分权制衡体制。（5）确立了全国统一的司法制度，废除了英国殖民统治时期的司法权，消除了独立前的司法分散状态。根据宪法，印度没有采取美国司法模式，在联邦和各邦设立两套司法系统，而是采取一套司法制度。最高法院是司法机构的顶端，其下是设在各邦的高等法院和市、县以及乡镇的下级法院。同时，传统的村社司法组织潘查亚特（pañcāyat）虽然存续下来，但经过改造之后，也被纳入国家统一的司法管理范围。这种统一的司法制度有助于维护全国的司法和法治统一。值得关注的是，自20世纪70年代后，印度法院表现出司法能动主义的态势，尤其在人权、环境保护和公益诉讼等方面发挥了积极作用。（6）宣布法律面前人人平等，废除了长达数千年的种姓制度和歧视妇女的制度，赋予公民平等的权利和自由。

　　总之，印度宪法为国家统一和政治稳定提供了坚实基础，为民主发展和法治运行提供了基本架构，为经济建设和社会发展提供了根本保证，为公民维护权利和自由提供了重要武器。印度独立后，在立法领域的一个重大成就是婚姻家庭法领域的立法。在印度独立前，印度的婚姻家庭法虽然进行了某些改革，并制定了一些新法律，但传统的法律制度没有受到根本触动。但自20世纪50年代起，为了全面改革婚姻家庭法，印度相继颁布了一些法律，其中主要有1955年的《印度教婚姻法》以及1956年的《印度教继承法》《印度教未成年人与监护法》《印度教收养与扶养法》等。这些立法在制度层面确立了结婚自由和离婚自由原则，废除或严格限制了传统的多妻制和童婚制度。根据这些法律，妇女在家庭财产和继承方面与男子享有平等权利。自20世纪80

年代以来，印度婚姻家庭法领域的立法较少，变革主要通过司法途径来实现。

三、传统印度法的研究：历史与现状

在印度法研究领域，印度学者和西方学者的有关研究已经取得丰硕成果。相比之下，研究者更多关注现代印度法，而对传统印度法关注不足。实际上，现代印度法经过英国法的影响和近代以来的自身改革，实现了世俗化，传统文化的特色已不突出。在广义的传统印度法中，移植到印度的伊斯兰法虽然在适应当地环境过程中，带有印度的某些印记，但总体上并不能反映印度文化特征。相形之下，以印度文化为基础的传统印度法，无论是印度教法还是佛教法抑或耆那教法，都体现印度文化的特征。印度古代的王令和习惯法虽然具有世俗法的性质，但也具有印度特色。

佛教中的"达摩"是个整体概念，狭义上是指佛教戒律，广义上包括佛教三藏经典所体现的宗教教义、哲学原理、伦理训诫和僧团戒律。就此而言，佛教法不仅涉及佛教戒律，而且涉及佛教义理。与狭义传统印度法研究相比，中国佛教界内和界外学者对于佛教法（尤其是有关戒律）的研究十分深入、具体，取得了重要成果。

古代印度有许多宗教，但在大多数时期，印度教是占支配地位的宗教。信奉印度教的国王所统治的国家是谓印度教国家。古代印度教国家的法律是由印度教法、王令和习惯法所构成的狭义传统印度法。有鉴于此，本章关注狭义传统印度法（下文"传统印度法"均指狭义传统印度法）。其中，印度教法是核心，王令和习惯法起到补充作用。

许多学者都已指出，有关印度历史的研究面临特殊的困难，因为古代印度直接可用的信史材料较少。印度的文字虽然出现很早，但早期印度人注重记诵，记诵的内容并不用文字记录下来。自梵的概念出现之后，梵变成至高之神，被奉为宇宙万物的本源和根基。梵虽然无所不在，但其作为本体却无影无形，无以名状，不可言说。抽象的永恒不动之梵，作为造物主，虽然显现为具象的宇宙万事万物，但这些具象的事物都处在变化之中，而一切变化的事物都被称作"摩耶"（māyā），即幻象。实际上，"摩耶"概念早在《梨俱吠陀》中就已经出现，在奥义书中成为与梵相对应的概念，即梵是本体，摩耶是梵制造的幻象。根据这种理论，属于现象界的人类历史不过是流动的幻象，人们不必当真，没有必要记录作为幻象的历史事件、人物和国王法令。因此，古代印度没有类似古代中国的史官及其秉笔直书的记事传统，也没有官方主持修撰的正史或地方志。古代印度虽有史诗或往世书（purāṇa）之类的野史，但其中的历史事件和人物都夹杂于文学描写和神话叙事中，常常真假难辨。同时，古代印度也没有古希腊和古罗马那样的非官方历史学家及其重要的纪实性历史著作。因此，人们很难断定印度历史上许多事件、人物和典籍出现的具体时间，[①] 也难以确定和分析它们的社会背景。如同研究印度历史，研究传统印度法也存在上述困难。此外，在传统印度法中，核心是作为印度教法的达摩，达摩的渊源不是类似古代中国和西方那样的由政府制定与颁布的法典，而是神启经和圣传经。这些权威法律文本实际上都是学术著作，大都出自婆罗门祭司或学者之手。其中许多经典文本涉及法律的内容很少，多是宗教教义、道德训诫和伦理准则，即便是法学特征最突出的法经和法论，也多混杂着大量宗教、哲学和伦理内容。

不过，研究传统印度法虽然在资料上存在困难，但这些困难并不构成研究的根本障碍。今天，研究者仍然能够通过不同途径获得有关传统印度法的丰富资料。

（一）佛经中反映的传统印度法

在卷帙浩繁的佛经中，许多内容记载或折射出传统印度法的一些内容。下文主要以《南传大藏经》为例，概括指出佛经中某些记述所

---

① 因此，本书所涉及的印度古代国王的在位时间、古代王朝的存续期间等，也都是学界推测的大约时间。

反映出的传统印度法内容。

首先，释迦牟尼在传教过程中，十分关注当时各国的政治局势，并与当时的一些国王，如拘萨罗国王波斯匿（Prasenajit）和摩揭陀国王频毗娑罗（Bimbisāra）、阿阇世（Ajātaśatru）有过频繁接触。佛经的一些内容记录了古代印度的一些政治情况。（1）摩揭陀国王阿阇世计划攻伐跋耆国，派大臣雨行去探询释迦牟尼的看法。雨行把该计划告诉释迦牟尼后，释迦牟尼并没有直接回答，而是询问在身边的阿难：跋耆国是否奉行了"七不退法"？所谓"七不退法"是指治国安邦的七种措施，内容包括朝野经常集会协商、做事同心协力、王位根据正法继承、尊敬老人、禁止掳拘女童、尊崇宗教场所和保护阿罗汉。阿难回答说，跋耆国践行了"七不退法"。释迦牟尼说，跋耆国只要奉行"七不退法"，就可长盛不衰。阿阇世得知释迦牟尼的意见后，便终止了攻伐跋耆国的计划。①（2）阿阇世为摩揭陀王子时，为了早日登上王位，害死父王频毗娑罗；释迦牟尼当面责备了阿阇世的弑父行为，然后原谅了他。②（3）阿阇世之母是拘萨罗国王的女儿，阿阇世弑父之后，把外祖父赠给他母亲的迦尸村据为己有，此事引起拘萨罗国与摩揭陀国之间的战争。③在一次战争中，拘萨罗王战胜并擒获了阿阇世，训斥之后将他释放。④（4）拘萨罗国王波斯匿向释迦族求婚，释迦族首领摩诃那摩感到为难，出于无奈，把自己与婢女所生之女羽翅刹那嫁于波斯匿王。波斯匿王与羽翅刹那生子毘琉璃。毘琉璃在去外祖母家走亲时，受到外祖母家仆人的羞辱，偶然获知事情真相和其母低贱身份。毘琉璃王子登基后，开始报复释迦族，将释迦族"全部虐杀"⑤。（5）阿育王是孔雀王朝（前324—前187年）开国之王旃陀罗笈多

---

① 参见《长部》，段晴等译，中西书局2012年版，第220—222页。
② 参见上书，第58页。
③ 《汉译南传大藏经》第33卷，小部经典8，悟醒译，元亨寺妙林出版社1995年版，第237页。
④ 《汉译南传大藏经》第37卷，小部经典12，悟醒译，元亨寺妙林出版社1995年版，第230—231页。
⑤ 同上书，第2—12页。

（Candragupta，前324—前300年在位）之孙。阿育王与兄弟争夺王位，"杀害百人之兄弟，只独自继承王统"①。北传佛经《阿育王传》更详细记载了孔雀王朝的政治情况和政教关系，涉及国王的世系、频头莎罗王诸子争夺王位、阿育王胜出后登基杀戮"五百大臣"和"五百宫人"等事件，还记述了阿育王如何扶持佛教，他的后代弗舍蜜哆王（Puṣyamitra）又如何毁坏佛教僧房和杀戮僧人。② 佛经中的上述记述可能含有夸张成分，但其中无疑也包含真实成分。这些记述从一个侧面反映出在释迦牟尼所处的印度列国时代和其后很长时期的政治状态：第一，各国分立，彼此之间既有合作又有冲突，战事频发，一些大国吞并小国；第二，各国政治制度很不稳定，宫廷斗争常常导致王室内部相互残杀；第三，许多国家都争取宗教支持，而不同国王也支持不同宗教，同时，包括佛教在内的一些新兴宗教也积极寻求王权支持。

其次，佛经中对古代印度的种姓制度有许多记载，并反映出种姓顺序受到挑战，种姓与职业的关系有所变化。佛经记载，婆罗门青年阿摩昼在与释迦牟尼的争论中，宣称"世有四姓"，即"刹帝利、婆罗门、吠舍、首陀罗"，并认为"在这四种姓中，刹帝利、吠舍、首陀罗三种姓，必然要侍奉婆罗门"。③ 虽然释迦牟尼不同意阿摩昼的观点，认为刹帝利优于婆罗门，但阿摩昼的观点毕竟代表了当时印度教的正统观点，反映出当时种姓制度的阶序。拘萨罗国王波斯匿在与释迦牟尼的一次讨论中提到，"有此等之四种姓：刹帝利、婆罗门、毘舍、首陀"，其中"刹帝利与婆罗门为最上"。④ 句中"毘舍"即指吠舍，而"首陀"则指首陀罗。波斯匿的观点一方面印证了印度当时存在四个主要种姓，另一方面从自己的立场出发，有意抬高刹帝利种姓的地位，

---

① 《汉译南传大藏经》第65卷，论藏岛王统史，悟醒译，元亨寺妙林出版社1998年版，第41页。
② 参见《阿育王传》，安法钦译，载中华大藏经编辑局编：《中华大藏经（汉文部分）》第52册，中华书局1992年版，第57页。
③ 《长部》，第62页。
④ 《汉译南传大藏经》第11卷，中部经典3，通妙译，元亨寺妙林出版社1993年版，第138页。

把刹帝利置于婆罗门之前。根据佛经记载，当时印度的种姓已经出现了分化，一些婆罗门开始从事农业。释迦牟尼在祇园精舍一次对婆罗门的谈话中提到，"住舍卫城一婆罗门，于阿致罗伐底河岸，为作耕田而拓伐森林"①。《耕者婆罗豆婆遮经》说，在一个婆罗门村中，"耕者婆罗豆婆遮婆罗门的五百架犁都套上了轭"②。由此可见，这位婆罗门在大规模从事农业生产。释迦牟尼在祇园精舍一次与养母之比丘进行的交谈中，肯定该比丘赡养母亲为善行，随后提到，在王舍城东北方有个名叫萨林提耶的婆罗门村，村中有位婆罗门名字叫克西亚哥达，种植了1000伽利婆稻田，稻米成熟时，一半稻田由仆役看护，另一半稻田雇人看护。③ 这位婆罗门经营的农业生产规模也很大，既有仆役，也有雇工。上述佛经内容反映出，一些婆罗门已经脱离了理想的"六业"，即教授吠陀、学习吠陀、祭祀和为他人主持祭祀、布施以及接受布施。根据印度教经典，婆罗门应以"六业"维持生活，在不能从事本业的困境中，虽然可以从事吠舍的某些职业，如经商，但为了避免杀生，即使以捡拾谷穗为生，也不得务农。根据上述佛经的记载，在释迦牟尼时代，婆罗门不仅开始务农，还从事其他职业。《十婆罗门本生谭》中记载，高罗婆王治国时，想要动员全国对婆罗门进行布施，但发现"受布施之食者中，守五戒者全无一人，皆为破戒者"，为人屠宰家畜，从事首陀罗、猎人的工作，持武器护送商队等。④ 在《婆罗门法经》中，释迦牟尼认为古代婆罗门控制欲望，修习苦行，摒弃享乐，不贪恋财产，不同其他种姓通婚，但后来他们由于羡慕国王的荣华富贵，便意志动摇，诱导国王举行祭祀，并通过主持祭祀获得国王赠赐的大量财富，随后便沉迷爱欲。⑤ 在《婆罗门品》中，释迦牟尼对当时

---

① 《汉译南传大藏经》第37卷，小部经典12，第26页。
② 《经集》，郭良鋆译，中国社会科学出版社1998年版，第12页。
③ 《汉译南传大藏经》第37卷，小部经典12，第158—159页。在《佛本生经》第389号也提到这个婆罗门村，说菩萨出生在该村中"某农夫之婆罗门家"。参见《汉译南传大藏经》第35卷，小部经典10，悟醒译，元亨寺妙林出版社1995年版，第138页。
④ 《汉译南传大藏经》第37卷，小部经典12，第251—259页。
⑤ 《经集》，第47—51页。

和过去的婆罗门进行了更具体比较,认为有些婆罗门已经堕落,甚至连狗都不如:(1)昔时婆罗门只在本种姓中通婚,今日婆罗门却娶非婆罗门女子;(2)昔时婆罗门只在受胎期间接近妻子,今日并非如此;(3)昔时婆罗门婚姻以相爱为基础,今日婆罗门却实行买卖婚姻;(4)昔时婆罗门不积蓄金银财宝,今日婆罗门却蓄敛大量财富;(5)昔时婆罗门饮食定时有度,今日婆罗门"唯欲食满腹已,且携残余而去"。① 在释迦牟尼看来,某些婆罗门"未能达到明行成就",他们不能像佛教僧尼那样林居遁世,而是在林居期和遁世期不能斩断俗念,弃绝红尘,仍然居于村落城邑周边"事火祭祀",或居于位于通衢大道旁的室内。② 上述几段佛经的记述反映出以下几点:第一,婆罗门的地位已经下降,一些婆罗门已不从事自己的正业,而违法从事低贱职业。第二,婆罗门的这种退化是由于他们图财逐利、贪图享受、道德堕落,不能像佛教徒那样断绝俗念、正心修为。释迦牟尼所指出的现象和对原因的分析,一方面是抨击婆罗门,另一方面是开导和警示弟子,应引婆罗门的退化以为戒。婆罗门从事低贱职业,虽然与释迦牟尼所指出的原因有关,但主要原因可能是自奥义书时代之后,尤其到佛教产生的"列国时代",印度教的形式主义祭祀开始式微,过去主要以祭司为业的婆罗门地位急剧下降,许多婆罗门已不能通过正业维持体面的生活,而不得不从事其他职业,甚至从事首陀罗职业以勉强维持生存。这样一来,种姓与职业的关系就变得复杂,原来种姓与职业的对应关系已被打破。

旃陀罗是种姓以外的贱民,地位最低。《佛本生经》中的一个故事说,菩萨前世生于旃陀罗之家,成为旃陀罗青年。他一次路遇同行没有带饭的婆罗门青年,愿与婆罗门青年分享自己的饭食。当婆罗门青年知道他属于旃陀罗种姓后,便拒绝接受他的饭食。婆罗门青年后来饥饿难忍,虽接受了旃陀罗青年的饭食,但随后便把饭食喷出,悔恨

---

① 《汉译南传大藏经》第 21 卷,增支部经典 3,郭哲彰译,元亨寺妙林出版社 1994 年版,第 262 页。

② 《长部》,第 69 页。

不已。① 这位婆罗门青年对待旃陀罗青年的态度，从一个侧面反映出当时贱民受到婆罗门歧视的低下地位。旃陀罗被认为不洁，因而不得与有种姓的人们同村居住，必须单独居住。佛经记载，在阿槃提王时，郁阐尼郊外有一个"阐陀罗村"。②"阐陀罗"即"旃陀罗"，他们作为"不可接触者"，不得不单独聚居，组成贱民村。佛经中多处提到旃陀罗村。这些记述反映出，在释迦牟尼时代，旃陀罗的地位十分低下，受到严格的排斥和隔离。

实际上，释迦牟尼虽不主张取消种姓制度，但反对以血统和出身作为划分种姓的标准，而主张根据人的业即行为划分种姓。释迦牟尼在《婆塞特经》中指出，"婆罗门不由出身决定，非婆罗门也不由出身决定；婆罗门由行为决定，非婆罗门也由行为决定"；"凭苦行，凭梵行，凭自制，凭柔顺，一个人才成为婆罗门"。③ 他还指出，人们"不是由于出身，成为无种姓者；不是由于出身，成为婆罗门；而是由于业，成为无种姓者；由于业，成为婆罗门"。④ 释迦牟尼在一次同阿难讨论业报轮回时说：有人虽然生于旃陀罗之家，行善业则可获得善报，死后升入天堂；如潜心修行佛法，则可达到涅槃之境；而有人虽然生于贵族之家，如行恶业，便受恶报，死后堕入地狱。⑤ 在《佛本生经》中，释迦牟尼现身说法，举例说菩萨曾生于旃陀罗之家，后来成佛，以表明佛教不重视出身，而重视修为与德行。

再次，佛经中也反映出传统国王赠赐土地的制度。在古代，印度国王常常把土地或村庄赠赐给某个团体或个人。佛经的记述证实了古代印度存在这种形式的土地分封制度。佛经说，在拘萨罗国中部，有个称为伊车能伽罗的婆罗门村，便是"拘萨罗国王波斯匿王所赐予的

---

① 《汉译南传大藏经》第33卷，小部经典8，第79—80页。
② 《汉译南传大藏经》第38卷，小部经典13，悟醒译，元亨寺妙林出版社1995年版，第18页。
③ 《经集》，第109—110页。
④ 同上书，第23页。
⑤ 《汉译南传大藏经》第22卷，增支部经典4，郭哲彰译，元亨寺妙林出版社1994年版，第119—120页。

梵圣领地"。① 释迦牟尼旅行到摩揭陀国时，在名叫伽驽秫陀的婆罗门村住下。佛经说，此村是"摩揭陀国王"，"频毗娑罗所赐予的梵圣领地，受王保护"。② 在古代印度，很早就出现了国王分封土地的现象，但这种现象没有发展出类似中世纪西欧那样的封建制（关于印度是否经历了封建社会的争论，参见本书第四章第三节）。

复次，佛经中许多内容也反映出古代印度教的婚姻家庭制度。有一次，释迦牟尼问婆罗门青年阿摩昼，对于刹帝利男子与婆罗门女子所生之子，或婆罗门男子与刹帝利女子所生之子，刹帝利是否能为他举行灌顶典礼？阿摩昼回答说，这两种婚姻所生之子都没有这种资格，因为前者未从母系获得资格，后者未从父系获得资格。③ 所谓灌顶典礼是指印度国王登基时的一种仪式，类似国王加冕典礼。按照印度教正统理论，只有刹帝利有资格成为合法国王，登基时举行灌顶典礼。根据印度教法，在上述两种情况中，前种婚姻属于逆婚，所生之子属于杂种姓的苏多（sūta，也译苏德，古代印度许多说书人都是苏多）；后种婚姻虽然属于顺婚，但不属于理想的种姓内婚，即刹帝利男女之间的婚姻，因而该种婚姻所生之子虽然可依母系归于刹帝利种姓，但毕竟存在种姓混杂情况，没有资格成为国王。佛经在另一处借婆罗门究罗檀陀之口说，释迦牟尼从母系和父系双方上溯到第七代祖宗，均无种姓混杂情况。④ 实际上，释迦牟尼并不注重人的出身，而重视行为。但这种说法从侧面传达的信息是，印度教非常重视血统纯正，且要考察七代。上段佛经的意思是说，即使按照印度教的标准，释迦牟尼在血统上也纯洁无瑕。在古代印度，血统以七代作为界线，种姓计算和继承都参照七代标准。例如，《摩奴法论》就主张，婆罗门男子与首陀罗女子所生后代称为"尼沙陀"，属于首陀罗种姓，但"尼沙陀"连续

---

① 《长部》，第60页。
② 同上书，第86页。
③ 同上书，第66—67页。
④ 同上书，第88页《弊宿经》。

七代与婆罗门结合,其后代就可以返回婆罗门种姓。① 印度教原则上主张一夫一妻制,但实践中一直存在多妻现象,法经和法论都不得不对实践做出妥协。例如,《鲍达耶那法经》宣称,一个婆罗门男子可娶四妻,即从同种姓和每个低种姓中各娶一妻,四妻所生子女对父亲的财产都享有继承权。②《摩奴法论》虽然主张一夫一妻制,但认为如果一个婆罗门娶了四位不同种姓的妻子,不同种姓妻子所生之子在分家时都可分得家产。③ 这项规则等于默认事实性多妻制婚姻。佛教《弊宿经》说,"有个婆罗门,有两个妻子"④。这句佛经记述的内容印证了当时婆罗门中存在多妻婚姻。

最后,在刑法领域,佛经中许多内容也反映出当时的犯罪和刑罚制度。释迦牟尼对弟子说,有些人由于受欲望驱使而犯盗窃罪、抢劫罪、通奸罪,被国王捕获后处以各种刑罚,包括鞭笞、断手、截足、割鼻、钩肉刑、烛手刑(使其手浸油用布包而焚之)、火鬘刑(将其全身浸油用布包而焚之)以及喂狗等。⑤ 释迦牟尼这段话是举例教诫弟子,僧尼如果不摒除欲望,就会像俗人受到欲望驱使而犯罪,遭受刑罚之苦。他所列举的刑罚绝非臆造,至少在一定程度上反映了当时印度教国家所使用的一些刑罚。有一次,释迦牟尼访问一个聚落。他在与该部落头领婆多利耶的交谈中说,耳闻该聚落中有人"与良家之妇、良家之少女相交"而被捕获斩首。⑥ 文中"相交"应该即指通奸。这段经文印证了法经和法论的内容,即古代印度教法对通奸行为的惩罚很重,往往判处死刑。在古代许多国家,盗窃犯都会被处以断手和断足

---

① 参见《摩奴法论》,蒋忠新译,中国社会科学出版社 2007 年版,10∶64(前面的数字代表"章",后面的数字代表"颂"[条],本书下同)。
② *Baudhāyana*, I. 8. 16, 2–5, II. 2. 3, 10, trans. G. Bühler, in *Sacred Books of the East*, vol. 14, ed. F. Max Müller, The Clarendon Press, 1882, pp. 196, 225.
③ 参见《摩奴法论》,9∶149—153。
④ 《长部》,第 372 页。
⑤ 《汉译南传大藏经》第 9 卷,中部经典 1,通妙译,元亨寺妙林出版社 1993 年版,第 112—113 页。
⑥ 《汉译南传大藏经》第 17 卷,相应部经典 5,云庵译,元亨寺妙林出版社 1993 年版,第 52 页。

之刑，犹太教经典《旧约》和伊斯兰教经典《古兰经》中都有这类规定。古代印度也对盗窃犯罪适用断手和断足刑罚，《摩奴法论》中就有这类规则：盗窃井绳和水罐者，罚一豆；偷十罐以上者，处肉刑；盗窃金银和贵重衣服达一百波那价值者处死刑，价值五十波那者断其手；偷盗牲畜者，刖足。① 佛经以下记述印证了古代印度存在断手、刖足、割耳和劓鼻之刑：某日，恒河上流漂来一个独木舟，"上载一人，斩断手足，割去耳鼻，大声呼痛，彼为危害王者之盗贼"②。在《贤愚经》中，释迦牟尼对众弟子说，修行破戒如同犯罪，"王人捉捕愚人之盗贼、犯罪者，以作种种之刑罚"，"以杖打、以鞭笞、以棒掷、截手、截足、截手足、截耳、截鼻、截耳鼻、于粥锅煮、拔头发……注以热油、令犬噬之、活活串刺、以刀截头"。③《犯畏品》记载，释迦牟尼在一次教诫比丘时，描述了执行死刑的情形：国王"捕获贼人、犯罪者"，"紧紧捆缚，剃其发，晓以死刑，擂鼓游街牵曳于四衢，著即拖往南门城外斩首"。④ 可以认为，释迦牟尼的描述至少在某种程度上反映了古代印度执行死刑的场景。

概言之，佛经中有大量反映古代印度政治和法律制度的内容。这些内容对于研究传统印度法具有十分重要的价值。但是，古代中国学者在研究佛教经典时，更关注佛教经典中的经义、戒律和论理，而不够重视佛教经典中所涉及的印度社会史方面的材料，尤其不够重视其中所反映的古代印度教国家政治和法律制度内容。当然，佛经所涉及的传统印度法内容毕竟具有某些局限：一是它们比较分散，缺乏系统性；二是一些描述具有片面性，不够全面；三是它们描述的内容，如《佛本生经》中涉及的传统印度法的一些内容，具有虚构和夸张的成分，只有参照其他材料才能确定有关描述是否反映当时的真实情况；

---

① 参见《摩奴法论》，8：319—325。
② 《汉译南传大藏经》第33卷，小部经典8，第115页。
③ 《汉译南传大藏经》第12卷，中部经典4，通妙译，元亨寺妙林出版社1993年版，第156页。
④ 《汉译南传大藏经》第20卷，增支部经典2，关世谦译，元亨寺妙林出版社1994年版，第390页。

四是其评论只代表了佛教的视角。因此，佛典中有关传统印度法的内容即便全部汇集起来，也不能反映传统印度法的全貌，而只能作为重要的辅助和例证材料。

（二）中国僧人访印记述的传统印度法

在中国佛教的发展过程中，许多中国僧人曾赴印"取经""求法"。据梁启超考证，在汉永平十年至唐贞元五年的约700年间，印度到中国交流的学者共有24人，而从西晋到唐朝期间，中国赴印"求法""取经"者共有187人，其中有姓名可考者就有105人。[①] 同时，虽然许多印度僧人来中国传教，帮助中国佛教界译介佛经和传播佛教义理与戒律，但他们很少系统介绍佛教以外的古代印度教国家政治和法律制度。中国到印度"求法""取经"的僧人虽然很多，但学成回国且撰有著作者却也屈指可数，其中最著名的是东晋的法显、唐代的玄奘和义净。他们赴印度的目的虽然在于搜集佛经、访问佛教寺院、拜师学习和同印度僧人进行学术交流等，例如法显和义净赴印的重点在于考察和学习印度佛教的戒律，了解印度佛教寺院执行戒律的实际情况，从而引进印度佛教的"正宗"戒律，纠正中国僧尼在遵守戒律方面存在的偏颇，玄奘西行印度的主要目的是取得真经，回国后消除中国佛教界在理解和奉持佛经义理上存在的混乱状况，但是他们的著作也附带记述了一些佛教以外的印度情况，其中除了气候、地理、物产和经济，还涉及一些传统印度法内容。

法显的《佛国记》记述了印度中部国家的户籍管理、王田租种和法制情况。他指出，当地"人民殷乐，无户籍官法，唯耕王地者乃输地利，欲去便去，欲往便往"；"王治不用刑罔，有罪者但罚其钱，随事轻重，虽复谋为恶逆，不过截右手而已"。[②] 法显到访狮子国即今斯里兰卡后，观察到国王筹建精舍和赠赐寺田的方式："王笃信佛法，欲

[①] 梁启超：《印度与中国文化之亲属的关系》，载汤志钧、汤仁泽编：《梁启超全集》第16集，中国人民大学出版社2018年版，第90页。

[②] 法显：《佛国记》，田川译注，重庆出版社2008年版，第86页。

为众僧作新精舍,先设大会,饭食僧,供养已,乃选好上牛一双,金银宝物庄校角上,作好金犁,王自耕顷四边,然后割给民户田宅,书以铁券。自是已后,代代相承,无敢废易。"① 国王赠赐精舍供僧人居住,赠赐寺田供养僧院,民户负责耕种寺田,并从中获得收益。上述关于国王向僧伽赠赐精舍和寺田的记述,从一个侧面反映了古代印度的封赐制度。

相比之下,玄奘的《大唐西域记》对传统印度法的记述更多。第一,他关注印度的政治制度,书中记载了"戒日王世系及即位治绩"和自己会见戒日王（Harṣavardhana）并与之交谈的情况。② 第二,玄奘在"印度综述"部分记载了印度种姓制度:"若夫族姓殊者,有四流焉:一曰婆罗门,净行也,守道居贞,洁白其操。二曰刹帝利,王种也,奕世君临,仁恕为志。三曰吠奢,商贾也,贸迁有无,逐利远近。四曰戍陀罗,农人也,肆力畴垄,勤身稼穑。"③ 上文中的"吠奢"和"戍陀罗",分别是"吠舍"和"首陀罗"的不同译名。玄奘把吠舍等同于商人,无疑存在误解,因为吠舍中虽有人经商,但多数都务农。玄奘认为首陀罗是农人,正确反映出当时印度种姓在职业上的一些变化,许多首陀罗已经不从事本业,即服侍高级种姓,而成为耕田农民。第三,玄奘还记述了古代印度的婚姻情况。在描述印度教的种姓之后,他接着指出:"凡兹四姓,清浊殊流,婚娶通亲,飞伏异路,内外宗枝,姻媾不杂。妇人一嫁,终无再醮。自余杂姓,实繁种族,各随类聚,难以详载。"④ 玄奘注意到,在印度教法的婚姻制度中,不同种姓原则上不得通婚,寡妇不得再婚,种姓之外的杂种姓的婚姻则"各随类聚"。这些记载对于了解古代印度教的婚姻制度具有重要参考价值。

在玄奘之后,义净于671年取道海路赴印求学取经,并在印度驻留多年,仅在印度著名佛教学院那烂陀寺就驻留十年。在《南海寄归内法

---

① 法显:《佛国记》,第185页。
② 玄奘、辩机原著,季羡林等校注:《大唐西域记校注》上,第428—436页。
③ 同上书,第197页。
④ 同上。

传》一书中,他记述了所观察到的印度情况。他虽然特别关注"内法"即佛教戒律,分门别类描述印度僧尼遵守戒律的情况,并不时批评中国僧尼在遵守戒律方面存在的错误,但在书中仍然间接涉及印度教法。首先,义净在书中"西方学法"一节描述道:"……五天之地,皆以婆罗门为贵胜,凡有座席,并不与余三姓同行",婆罗门"所尊典诰,有四《薛陁书》,可十万颂"。① 义净这段记述不仅指出了婆罗门不与其他种姓为伍的地位,还指出了婆罗门所尊奉的"四《薛陁书》"。所谓"四《薛陁书》"即印度教的"四吠陀"——《梨俱吠陀》《耶柔吠陀》《娑摩吠陀》和《阿闼婆吠陀》。对当时的中国人而言,了解这一点十分重要,因为佛经中通常只提及"三吠陀",② 即前三部吠陀。其次,他在书中描述了印度不可接触者即贱民的处境:"除粪去秽之徒,行便击杖自异。若误冲著,即连衣遍洗。"③ 再次,在"除其弊药"一节中,义净记述了印度某地执行放逐刑的方法:"西国极刑之俦,粪涂其体,驱摈野外,不处人流。"④ 最后,义净书中对印度当时的寺田进行了具体描述,内容涉及寺院与"净人"(即代耕者)之间的关系:"……西国诸寺,别置供服之庄"⑤,"……僧家作田,须共净人为其分数。或可共余人户,咸并六分抽一。僧但给牛与地,诸事皆悉不知"。⑥ 寺田用于供养僧团,但为了避免杀生,僧人不能亲自耕种,或交给寺院的净人负责耕种,或租给农户,寺院提供土地和耕牛,从收成中抽取1/6。

上述文献所记述的有关传统印度法情况,涉及一些重要政治和法律制度,因而这些资料对于研究传统印度法十分珍贵。但是,这些文献中所反映的传统印度法,毕竟只是其中一些片段,研究者无法借助这些材料建构出传统印度法的整个体系和详细内容。

---

① 义净原著,王邦维校注:《南海寄归内法传校注》,中华书局1995年版,第206页。
② 参见《汉译南传大藏经》第31卷,小部经典6,悟醒译,元亨寺妙林出版社1995年版,第91页;第32卷,小部经典7,第133页;第33卷,小部经典8,第41页。
③ 义净原著,王邦维校注:《南海寄归内法传校注》,第164页。
④ 同上。
⑤ 同上书,第220页。
⑥ 同上书,第82页。

(三）古希腊特使、中亚学者和法国传教士描述的传统印度法

除了中国僧人的著作，古希腊使者麦伽斯提尼（Megasthenes）、中亚学者贝鲁尼（A. Alberuni）和法国传教士布歇（V. Bouchet）对传统印度法的观察和记述，也具有重要参考价值。

麦伽斯提尼（约前350—前290年）是古希腊历史学家和外交家。在塞琉古一世时期，他作为皇帝特使被派驻印度，住在当时印度孔雀帝国的宫中，并见过国王旃陀罗笈多。① 他描述印度情况的著作已经失传，但其中一些内容通过古希腊学者斯特拉博的《地理学》和阿里安的《亚历山大远征记》得以保存下来。麦伽斯提尼在他对印度的描述中，从三个方面涉及传统印度法的内容。首先，他观察到，印度社会当时分为七个等级：（1）哲学家，即指婆罗门和作为出家人的沙门，婆罗门相当受尊重，而最受尊重的是出家人；（2）农民；（3）牧人与猎手；（4）工匠、商人和短工；（5）战士；（6）检察官，分为城市检察官、兵营检察官和市场检察官，负责向国王报告异常情况，并有权处理一些违法乱纪行为；（7）国王的顾问和议事会议员，协助国王管理国家事务和负责司法审判等。他通过与古希腊相比较，认为印度没有奴隶。在列举上述七个等级之后，麦伽斯提尼概括指出，印度法律禁止不同等级通婚，也禁止某个等级的人从事其他等级的职业，只有作为哲学家的婆罗门属于例外。② 其次，麦伽斯提尼认为，"印度人不知道文字""没有成文法""审理每一个案件都是凭记忆"；在印度王宫中，"第一个宫门是进入法庭的，国王整天在这里听取案例"；在审判中，"任何人如果犯伪证罪，要砍去他的双手双脚"。③ 最后，他还描述了印度的婚姻制度，说印度存在以"牛换取妻子"的交易，婆罗门

---

① 阿里安：《亚历山大远征记》，李活译，商务印书馆1985年版，第164页。
② 斯特拉博：《地理学》下，李铁匠译，上海三联书店2014年版，第1032—1039、1043页。
③ 同上书，第1039—1040页。

"尽可能多"地"娶妻"。① 麦伽斯提尼的描述为了解传统印度法提供了重要信息,他所指出的七个等级可能是由印度四个种姓的分化与变异所致。但他关于印度的某些描述,如印度当时没有文字、没有成文法以及没有奴隶,则显然不符合实情。梵文在他到印度之前早已产生,具有一般效力的王令便采取成文法形式。神启经和圣传经虽是学术著作,但在麦伽斯提尼居住印度的时代许多已汇编成文,并被奉为权威法源。印度古代虽然没有经历奴隶制阶段,但不等于没有奴隶。印度早期的奴隶属于家庭奴隶,与古希腊从事农业和手工业的奴隶不同。②

中亚学者贝鲁尼(973—1048年)关于传统印度法的记述也富有价值。贝鲁尼生于中亚花剌子模的一个突厥贵族后裔家庭,成年后随长辈信奉伊斯兰教的什叶派教义。他除了精通突厥文,还掌握波斯文、希腊文、希伯来文和梵文。他知识渊博,通晓数学、天文学、哲学和宗教学,曾在花剌子模宫廷任职。伽兹尼王朝于1017年攻占花剌子模,征服者首领马茂德把贝鲁尼作为战俘带回伽兹尼。在那里,他因学识渊博受到马茂德的赏识。后来,马茂德在侵入印度的过程中,令贝鲁尼随行。贝鲁尼在印度广泛搜集材料,用十年之功,于1030年撰成一部描述印度的著作。这部称作《印度考》(也译为《印度考察记》)的著作,不仅涉及印度的地理、历史、天文和物理,还涉及印度的宗教、哲学、文学、法律和风俗习惯。在法律领域,他敏感地观察到,印度人相信仙人和圣贤所传述的宗教法,把那种法律奉为绝对权威,认为那种宗教法不受时间限制,无须修改和废除,只需遵守和执行。③ 他还记述了印度的种姓制度及其与职业的关系,描述了婆罗门的四个生活阶段,指出婆罗门地位优越,单独进食。④ 根据他的描述,在婚姻制度中,合法夫妻所生子女为父亲的子女,但如婚约约定所生子女为女子

---

① 斯特拉博:《地理学》下,第1039、1042页。
② 参见崔连仲:《从佛陀到阿育王》,辽宁大学出版社1991年版,第99—103页。
③ *Alberuni's India*, vol. 1, ed. and trans. Edward C. Sachau, Kegan Paul, Trench, Trübner & Co. Ltd., 1910, pp. 106-107.
④ 同上书,第100—104页;*Alberuni's India*, vol. 2, ed. and trans. Edward C. Sachau, Kegan Paul, Trench, Trübner & Co. Ltd., 1910, pp. 130-139。

父亲所有，则他们不为其亲生父亲所有；已婚女子与丈夫以外的男子所生子女则为丈夫所有，因为印度人把妻子比作丈夫之田，种子在田里所生之苗归田主所有。① 他指出，印度史诗中所描述的一夫多妻和一妻多夫习惯，在大部分地区已经被废除，只在克什米尔山区仍然存在。② 他还提到，亡兄无子，弟弟可与寡嫂同居生子。③ 关于继承，他说印度实行父系继承制，直系亲属优于旁系亲属，近亲排除远亲，卑亲属优于尊亲属，在同一继承顺序中，男性亲属优于女性亲属；被继承人如有数子，数子平分遗产；被继承人的妻子无继承权，女儿可继承父亲遗产，其份额等于她兄弟的 1/4；寡妇并不殉葬，由其亡夫财产的继承人来扶养；被继承人无论是否有遗产或遗产是否充足，所欠下的债务都由继承人全部偿还。④ 他还描述了印度的司法和刑罚：在印度，起诉需要提交诉状和书面证据，或提供不少于四名证人；原告如不能举证，则由被告发誓；如法官无法查明案件真相，则诉诸神判，通常是把争议双方投入深水，观察他们是否能浮出水面，或者令他们手持烧红铁块，然后检验他们的手是否灼伤或灼伤的严重程度，从而做出裁决。⑤ 关于犯罪与刑罚，贝鲁尼注意到，印度的刑罚因不同种姓而异，婆罗门犯罪通常是以赎罪（prāyaścitta）方式处理；他还提到有关杀人、盗窃和通奸以及丧失种姓罪的刑罚。⑥ 贝鲁尼对传统印度法的描述的部分内容，如印度的婚姻、继承制度和司法审判，是基于他的观察。这些内容在很大程度上反映了当时传统印度法的实践。但他的有些描述并非基于实地观察和社会调查，而是参考一些印度教法的书籍。另外，他关于古代印度法的描述失之简单。

　　同麦伽斯提尼和贝鲁尼对传统印度法内容的描述相比，法国人布歇（1655—1732 年）更关注印度司法制度，且描述更为具体。布歇是耶稣会

---

① *Alberuni's India*, vol. 1, p. 107.
② 同上书，第 108 页。
③ 同上书，第 109 页。
④ *Alberuni's India*, vol. 2, pp. 164-166.
⑤ 同上书，第 158—160 页。
⑥ 同上书，第 161—163 页。

教士，1680年到印度从事传教活动。他在印度生活多年，特别留意印度司法制度。1714年，他在印度东南沿海的本地治里写信给巴黎高等法院院长德·圣瓦利耶（de Sain-Vallier）。在这封长信中，布歇比较详细地介绍了印度的法律，其中给人深刻印象的主要内容有三点。第一，布歇在信中指出，印度既没有法典，也没有其他形式的成文法。印度虽有奉为圣典的吠陀经和史诗，但印度法官并不依据这些圣典和史诗处理案件。印度人尊重习惯，法官依据习惯处理案件。这些习惯口耳相传，代代相续，连十几岁的孩子都心知肚明。除了习惯，印度还保存了一些涉及国王赠赐土地的铜版文书和记载判决的文书，法官在司法中十分尊重这些文书。

第二，布歇具体描述了印度法官的审判风格。他在信中说，印度人心目中的理想法官应具备审判经验，熟悉习惯和法谚，根据证据依法判决；品德端正，不受金钱诱惑；不为情感迷惑，回避涉及亲友的案件。他认为印度人十分重视法官的司法智慧，并在信中讲述了两则印度法官巧断疑案的故事。一个故事说，某人相继娶两个妻子。相貌一般的首妻生一子，而美貌次妻却未生子。丈夫宠爱次妻，首妻不免心生嫉妒，便狠心把自己儿子掐死，放到次妻室内。首妻告到官府，称次妻是凶手。按照常理，一个母亲不会杀害亲子，社会舆论自然站在首妻一边，谴责次妻。在审判中，法官听完双方陈述，虽感到案情复杂，但灵机一动，想出一个检测方法。法官命令二人以粗鄙的方式在审判厅中行走。首妻坦然接受命令并恣意行走，而次妻认为这样行走违反达摩，有失女人仪态，宁肯被定罪也拒绝执行法官命令。法官宣布首妻是杀人凶手，次妻无罪，听众不解。法官解释道说，次妻为了保持仪态和荣誉而宁愿赴死，这足以表明她信守达摩、道德纯正，不会行凶杀人。面对睿智法官的判决，首妻只得认罪伏法，而听众对法官的司法智慧也称赞不已。第二个故事说，某男子力气很大，远近闻名。有一天，他莫名其妙离家出走。过些天，有个小神化身为他，到他家与他妻子生活。出走者的妻子和家人都没有察觉冒充者。一段时间后，出走的丈夫突然回家，遂与假丈夫发生争执。妻子和家人一时难辨真假,便诉至法院。法官对此案虽深感棘手,但急中生智,想出一个办法。法官令人搬来一块重石,让二人举起。真丈夫用尽力气,只能勉强搬动石头,无法举起。假丈夫毫不费力举起石头,并向空中抛掷,当时赢得观众喝彩。法官微微一笑,判定轻松举起重石者为假丈夫。他从容解释说,此块重石非人力所能举起,轻松举起重石者肯定不是人类,自然不是真丈夫。法官揭露真相之后,假丈夫随即消失。法官巧断疑案的智慧遂传为佳话。

第三,布歇在信中还描述了印度的诉讼和刑法制度。他说印度最多的诉讼是债务诉讼。在印度,债权人并不强迫债务人到法官面前,而是先派代表进行交涉,给债务人一个还债宽缓期。到期仍不还,债权人则有权拘押债务人。在此期间,未经债权人允许,债务人不能进食。然后,债权人会把拘押的债务人带到法官面前,债务人通常还会请求几个月的宽缓期,条件是支付延期利息。到期后如果债务人仍不还债,法官则会将其监禁,拍卖其财产偿还债务。他在信中指出:涉及杀人案件时,印度人往往通过复仇或支付血金来解决;在村社,村长是审理该村案件的当然法官,当事人对判决不服,可以上诉;涉及开除或恢复种姓的案件,由种姓会议做出决定。

布歇在该信中还指出,法谚是印度习惯法的精华,也是法律实践的结晶,因而他对印度的法谚印象深刻,并抄录七条附在信的正文之后。这些法谚是:(1)家有子女,唯男继承,女儿无分;(2)国君、王公或村社头人之家,长子并非当然继承其父遗产或职位;(3)父亡时财产未分,一子所得全部遗产为诸子共有财产,由诸子平分;(4)养子如同亲子,有权继承养父和养母遗产;(5)善待孤儿,养育者应如其亲生父母;(6)即使继承人故意杀害被继承人,加害人也不丧失对被继承人的遗产继承权;(7)父债子还,子债父还。在每条法谚之后,布歇都做出了具体解释。①

---

① 关于布歇对传统印度法的记述,参见 "Father Bouchet's Letter on the Administration of Hindu Law", trans. Ludo Rocher, in Ludo Rocher, *Studies in Hindu Law and Dharmaśāstra*, ed. Donald R. Davis, Jr., Anthem Press, 2012, pp. 673-698。

同麦伽斯提尼和贝鲁尼关于印度法的记述相比，布歇的描述除了关注司法，还关注习惯的重要作用。同时，他的描述较为具体。在18世纪印度的大多数地区，印度教徒在涉及宗教和婚姻家庭事务时仍然适用传统印度法。因而布歇记述的内容对于研究传统印度法，尤其研究印度传统司法制度，具有重要的参考价值。但他的描述也存在明显问题。首先，他认为印度没有成文法，完全适用习惯处理纠纷，这与实际情况明显不符。古代印度虽然没有立法机构制定和颁布的法典，但存在大量作为法源的法律文本，如法经、法论以及对法经和法论的评注和汇纂等，多采取成文形式。他十分赞赏的法谚，其实都是法论中的内容。此外，如上所述，古代印度还存在大量具有法律效力的王令，其中既包含国王为了维护治安和秩序所发布的命令，也包含国王向某些团体或个人赠赐土地或职位的铜版文书，这些王令显然是成文法。其次，他所讲述的关于古代印度法官审判智慧的故事，虽然十分生动，但毕竟不是信史。格尔茨（Clifford Greertz）对这两个故事津津乐道，并加以发挥，似乎这两个故事足以反映古代印度司法的风格，体现传统印度法作为地方知识的鲜明特征。① 但这两个故事毕竟是经过加工的民间传说。许多民族都有智慧法官巧断疑案的故事，如犹太教的"所罗门审判"和中国古代的"包公断案"等。这些被奉为美谈的民间司法传奇故事，至多只是一种特殊的法律文化，并不能准确反映该司法制度的整体运作情况和一般实践。

季羡林指出，印度民族的一个特点是"不大重视历史的记述"，"对时间和空间这两方面都难免有幻想过多、夸张过甚的倾向"，因此，"现在要想认真研究印度历史，特别是古代史，就必须依靠外国人的记载"。② 上述情况也适用于传统印度法研究。除了佛经中反映的传统印度法，外国人的记述，尤其是古代中国赴印僧人、古希腊使者麦伽斯

---

① 参见克利福德·格尔茨：《地方知识——阐释人类学论文集》，杨德睿译，商务印书馆2014年版，第238—239页。
② 季羡林：《玄奘与〈大唐西域记〉——校注〈大唐西域记〉前言》，载玄奘、辩机原著，季羡林等校注：《大唐西域记校注》上，第123—124页。

提尼、中亚学者贝鲁尼以及法国传教士布歇的记述,对于研究传统印度法都具有重要参考价值,甚至如季老所言,"都成了稀世之宝"①。但是,这些材料毕竟较为分散,缺乏系统性;观察和记述具有时间性和地域性,不够全面;由于观察者的特殊视角,许多描述缺乏客观性和准确性。因此,我们无论是把上述任何一种著作的记述作为基础,还是综合全部上述著作所提供的信息,都无法建构出传统印度法的整体内容,也不足以把握传统印度法的基本特征。

幸运的是,除了上述重要参考材料,在资料十分匮乏的传统印度法研究领域,研究者们通过长期的发掘、整理和阐释,已经积累起其他重要文献。(1) 印度古代吠陀本集和奥义书等广义吠陀已经被整理出来并出版。这些经典文献不仅奠定了印度教的基础,而且确立了传统印度法的基本价值,是研究传统印度法的基础性文本。(2) 印度历史上几部重要法经和约十部重要法论被整理出来。这些文献中的一些原本已经遗失,分散在各种评注和汇纂所引述的内容中。近代研究者把它们析离出来,加以重构,汇集成册。这些直接论述法律的著作是研究印度教法的重要文本材料。(3) 主要围绕法经和法论所形成的大量评注和汇纂被搜集整理出来,结集出版。这些评注和汇纂在很大程度上反映了法经和法论在适应社会需要过程中的发展变化情况。(4) 印度古代的两大史诗、多部往世书以及于20世纪初发现的憍底利耶(Kauṭilya)的《利论》(Arthaśāstra)也被整理出版。这些圣传经包含传统印度法的许多重要内容,史诗和往世书从野史和神话角度反映了印度民间法律文化,而《利论》则从政府视角反映了官方政治法律观。(5) 历史上保留下来或重新发现的印度古代铭文、石刻、宫廷档案和神庙账簿等文献,其中包括一些印度教法、王令和习惯法内容。这些文献都是研究传统印度法的第一手资料。(6) 英国殖民时期许多西方学者对于传统印度法的调查报告和学术著作,一些参与印度司法

---

① 季羡林:《玄奘与〈大唐西域记〉——校注〈大唐西域记〉前言》,载玄奘、辩机原著,季羡林等校注:《大唐西域记校注》上,第124页。

实践的英国法官和律师所撰写的有关印度教法的著作，以及英国殖民政府在统治印度期间所汇编的地方习惯法。这些文献虽然包含殖民主义的偏见和对传统印度法的某些误解，但其中涉及的许多材料对于研究传统印度法仍然具有重要参考价值。（7）近代以来印度本土学者和非印度学者对传统印度法进行了深入研究，并出版了许多重要著作。这些著作可以成为研究传统印度法的重要参考材料。（8）在英国法的影响下，传统印度法发生了重要变化。同时，印度自己也对传统印度法进行了重大改革。由此，当今印度法至少在制度层面已经基本上实现了现代化。但至少在广大农村地区，传统印度法中的印度教法和习惯法仍然具有重要影响。因此，研究者到印度各地进行考察和访谈，可以获得传统印度法的一些实证材料。

佛教自汉代传入中国后，对中国文化产生很大影响，并在本土化的过程中成为中国传统文化儒、释、道三大谱系之一，且释列于道之前。许多佛教经典在中国被完整保存下来，并得到了创造性理解和阐释。佛教在中国得到成功移植的原因很多，如中国传统文化偏重凡俗伦理和政治统治，缺乏超越的信仰；偏重经世致用的实用主义认识论，缺乏穷本极源的本体论；偏重群体的人伦关系，缺乏对个体生命意义的反思，不注重灵魂内观。道家思想虽然不乏与佛教相似或暗合之处，但道家思想后来蜕变成道教，主要关注祛灾辟邪之术和强身健体之方，没有为普罗大众提供精神救赎、转世希望和终极关怀。当然，佛教对中国文化的影响不限于上述维度。梁启超曾从12个维度考察佛教对中国文化的影响，内容涉及音乐、建筑、绘画、雕刻、戏曲、诗歌、天文、历法、医学、教育方法和团体组织形式等。[①] 鉴于佛教对中国文化的重要影响，中国学界素来十分重视佛教，但对佛教以外的印度文化不够重视。

20世纪30年代至50年代，一些中国学者负笈西行，或留学印度，或以西方的印度学专家为师，专攻印度学。他们研究的范围不仅涉及佛教，还把重点转向印度教。金克木、季羡林、徐梵澄和巫白慧等便

---

① 《梁启超全集》第16集，第91—95页。

是这些学者中的代表。然而，他们中的一些人学成归国后不久，却遇到了中国那场"史无前例"的运动，印度学的研究被迫中断。直到20世纪80年代，中国的印度学研究才开始焕发生机，进入黄金时代，陆续结出丰硕果实。在几位印度学前贤大师的引领下，一批印度学人才成长起来，许多印度教的重要经典被翻译成中文并陆续出版。[①] 近几十年来，中国学者在印度宗教、历史、哲学和文学研究中取得了显著成就。但相比之下，中国关于传统印度法的研究却明显落后了。改革开放以来，中国关于西方法律和法学的译著如雨后春笋，但有关传统印度法的译著则寥寥无几，其中值得一提的是蒋忠新翻译的《摩奴法论》[②] 和新近由朱成明博士翻译的《利论》[③]。同样，在中国关于外国法的大量著作中，中国学者关于印度法的几部著作和为数不多的文章也显得形单影只。这些印度法著作主要涉及现代印度法，如宪法、合同法、婚姻家庭法、知识产权法和环境法等。相比之下，中国关于传统印度法的研究特别薄弱，迄今为止只有一些零星文章，没有一部深入系统论述传统印度法的专著。略感欣慰的是，中国法学界近年来加强了对印度法的研究，有望在未来推出一些重要研究成果。

四、传统印度法的主要特征

传统印度法是世界重要法律传统之一，与其他法律传统既有共通之处，也存在差异。不同的法律传统各有文明因子，也各有野蛮成分。传统印度法像其他民族或国家的传统法一样，既存在许多优点，也存

[①] 如巫白慧译解：《〈梨俱吠陀〉神曲选》，商务印书馆2010年版；林太：《〈梨俱吠陀〉精读》，复旦大学出版社2008年版；毗耶娑：《摩诃婆罗多》，金克木等译，中国社会科学出版社2005年版；蚁垤：《罗摩衍那》，季羡林译，载《季羡林全集》第22—29卷，外语教学与研究出版社2010年版；《奥义书》，黄宝生译，商务印书馆2010年版；《五十奥义书》（修订本），徐梵澄译，中国社会科学出版社2007年版；毗耶娑：《薄伽梵歌》，黄宝生译，商务印书馆2010年版；等等。

[②] 中国社会科学出版社2007年版。此外，马香雪从法文转译了《摩奴法典》，商务印书馆1982年版。

[③] 憍底利耶：《利论》，朱成明译注，商务印书馆2020年版。

在诸多弊端。传统印度法虽然适合传统印度社会，但随着印度社会的现代化，整体上已经不适应现代社会的需要。但这并不意味着传统印度法与现代印度法截然对立。传统印度法中存在许多具有普遍意义的精神、价值和要素，这些精神、价值和要素应该在现代印度法中得到保留并发扬光大。因此，从比较法和比较法律史的角度概括传统印度法主要特征，提炼传统印度法的基本精神，十分重要。

比较法学者和比较法律史学者在研究各个法律传统过程中，尝试概括世界主要法律传统的主要特征，并取得了重要成果。张中秋教授在对中西法律传统进行比较的基础上，从不同维度概括了两者的主要特征：（1）在法的形成上，由于部族战争，中国法以刑法为中心，由于古罗马城邦国家的氏族内部斗争，罗马法以私法为核心；（2）在法的本位上，传统中国法以团体为本位，传统西方法以个人为本位；（3）在法的文化属性上，传统中国法具有公法文化属性，传统西方法具有私法文化属性；（4）在法与宗教关系上，传统中国法凸显伦理性，传统西方法具有宗教性；（5）在法的体系上，传统中国法具有封闭性，传统西方法具有开放性；（6）在法的学术上，传统中国法注重实用的律学，传统西方法重视探究义理的法学；（7）在法的精神上，传统中国法注重人治，传统西方法强调法治；（8）在法律文化取向上，传统中国法寻求无讼，传统西方法追求正义。① 在另一部著作中，张中秋教授也指出了传统中国法的主要特征：（1）形象特征上的有机一体；（2）结构上的二元主从；（3）动态之维的辩证发展；（4）内在本质的道德人文。② 刘广安教授从以下几个方面概括出中国法传统的主要特征和基本精神：（1）成文法传统；（2）儒家化传统；（3）重刑传统；（4）轻讼传统；（5）家族法传统。③

---

① 参见张中秋：《中西法律文化比较研究》（第5版），法律出版社2019年版，第1—405页。

② 参见张中秋：《传统中国法特征新论——及其与当代中国法的内在联系》，载张中秋等：《法与理：中国传统法理及其当代价值研究》，中国政法大学出版社2018年版，第23—59页。

③ 刘广安：《中国法律传统的再认识》，中国政法大学出版社2018年版，第3—9页。

美国学者伯尔曼（Harold Berman）认为西方法律传统是一个前后连续的整体，具有十大特征：（1）法律制度明显区别于政治等其他制度；（2）法律活动专职化；（3）法律职业者经过专业训练；（4）法学研究与法律制度保持互动；（5）法律被作为一个体系融贯和前后一致的系统；（6）法律传统具有发展的特征；（7）法律有其历史路径，变化并非随机；（8）法律的权威高于政治；（9）法律具有多元性；（10）法律的理想与现实、灵活与稳定以及超越与保守之间存在张力。[1] 与伯尔曼相似，澳大利亚学者萨维尔（Geoffrey Sawer）从西方法律中提炼出九大共同要素：（1）法律源于罗马法历史传统；（2）法律职业专门化；（3）法学区别于其他学科，保持自治；（4）法律具有体系化和系统化的特征；（5）法律回应社会需求；（6）法律成为治理社会的主要机制；（7）不同法系在法源上逐渐融合并趋同；（8）法学理论对于社会的各个领域具有实质性影响；（9）法律在社会中始终受到高度尊重。[2]

伊斯兰法专家夏赫（Joseph Schacht）在《伊斯兰法导论》的最后一章中，对伊斯兰法传统特征进行了概括：（1）伊斯兰法具有属人法的特征，理论上适用于所有穆斯林；（2）伊斯兰法在适用的多样性中，存有统一性；（3）法律作为宗教体系的组成部分，具有不受外界支配的独立性；（4）法律概念之间缺乏体系性；（5）民事法律与刑事法律没有严格界限；（6）伊斯兰法具有"法学家法"的特征。[3] 笔者概括的伊斯兰法主要特征是：（1）法律与宗教密切联系；（2）法律与道德界限不清；（3）法学家在法律发展中的作用突出；（4）理论与实践存有很大差距；（5）统一中兼容多样形态；（6）理性与非理性共冶一炉；（7）稳定性中具有灵活机制；（8）体系和思维独具一格。[4]

---

[1] 参见伯尔曼：《法律与革命——西方法律传统的形成》，贺卫方等译，中国大百科全书出版社1993年版，第9—13页。

[2] G. 萨维尔：《西方法律的九个要素》，贺卫方译，《法学译丛》1991年第4期，第22—25页。

[3] 参见约瑟夫·夏赫：《伊斯兰法的性质》，高鸿钧译，载高鸿钧主编：《法理学手册》，商务印书馆2022年版，第87—97页。

[4] 参见高鸿钧：《伊斯兰法：传统与现代化》（修订版），清华大学出版社2004年版，第144—198页。

以上关于中国、西方和伊斯兰法律传统特征的概括，虽然都是一家之言，但毕竟都是基于各自作者对该法律传统的深入研究和比较观察，因而对我们思考和提炼传统印度法的特征具有重要启示。

关于传统印度法的特征，一些研究者已经进行了大量探索，并提出了许多具有重要参考价值的观点。梅因在《古代法》一书中，通过比较不同支系雅利安人法律的不同演进方式，洞悉罗马法中潜含着现代法的精神，并预示了"从身份到契约"的法律演进路径。[1] 在该书中，他把传统印度法作为罗马法的反例，认为传统印度法始终未能摆脱宗教羁绊，陷入了停止发展的"静止状态"。梅因在有关传统印度法的论述中，已经指出了它的两个重要特征：一是具有宗教法属性，二是停滞不前。[2] 梅因在《古代法》出版的第二年便赴印度，在那里驻留七年，直到1869年才回到英国。在印度期间，他除了参与英国殖民政府的立法工作，还深入考察了印度的村社治理结构、种姓制度、土地制度以及婚姻家庭和继承制度。这些研究成果主要体现于《东西方乡村社会》[3] 和《早期法律与习惯》[4] 两书中。梅因对传统印度法的描述和分析虽然不乏洞见，但他始终没有撰写一部系统论述传统印度法的专著，也没有全面、系统概括传统印度法的主要特征。

韦伯把印度教和佛教置于他的社会学范式和比较宗教研究体系之中进行考察和分析。他对印度种姓制度的社会学分析，从宗教之维对印度宗教特殊救赎方式的阐释，以及对印度教复兴原因的解说，[5] 都包含一些真知灼见。他在法律社会学中，把人类历史上的法律分为四种类型，即形式非理性法、实质非理性法、实质理性法和形式理性法。他运用上述"理想类型"对重要的人类法律文明进行了跨文化比较研

---

[1] 梅因：《古代法》，沈景一译，商务印书馆1959年版，第1—97页。
[2] 同上书，第12—14页。
[3] 中译本参见梅因：《东西方乡村社会》，刘莉译，知识产权出版社2016年版。
[4] 冷霞博士把custom译为"习俗"，参见亨利·梅因：《早期法律与习俗》，冷霞译，上海人民出版社2021年版。
[5] 马克斯·韦伯：《印度的宗教：印度教与佛教》，康乐、简惠美译，广西师范大学出版社2010年版，第42—314、402—454页。

究。他在论述传统印度法时,不仅指出传统印度法的核心是宗教法,而且注意到传统印度法中除了宗教法,还包含大量世俗法,例如,"在刑法里,宗教法与世俗法保持相当彻底的二元主义",而许多行业的"自发性法律"在实践中破除了作为宗教法的"普通法"。① 韦伯注意到,印度教法既具有理性因素,也具有非理性因素。韦伯对印度宗教和传统印度法的观察和思考无疑具有重要价值,但他认为印度教具有"亚洲宗教的一般品格"②,则不仅过度强调了宗教与地域之间的关联,而且抹杀了亚洲不同宗教之间的重要差异,例如印度教、犹太教以及伊斯兰教之间的重大差异。他虽然认为印度教法"呈现出巫术性要素与理性要素的一种独特形态的混合",但并没有具体论述这种特征,因而他对传统印度法特征的论述失之笼统。

梅因和韦伯都把传统印度法置于更广视域和更大体系之中,作为论证一般命题的例证。许多学者与他们的研究目标和方法不同,专门从事传统印度法的研究,并出版了有关专著。在一些专著中,他们尝试概括传统印度法的主要特征。蒙斯基就曾指出,传统印度法的主要特征是多元性、自治性和寻求情境正义。③ 相比之下,美国印度法专家戴维斯(Ronald Davis)的《印度教法的精神》一书,则通过对印度教法中一些核心概念的具体阐释,尝试从中提炼出印度教法的精神。作者考察了印度教法的核心概念,如达摩、法律解释(弥曼差,mīmāṃsā)、债、财产、法律程序、刑法、赎罪和习惯等,指出了印度教法与印度教的密切联系,法律解释的独特方法,债的含义及其突出地位,财产领域的联合家庭财产共有制,古代印度的司法程序及其运作机制,刑法的重要作用,赎罪的意义和方式,以及习惯法在法律发展过程中的重要地位。④ 戴维斯在该书中没有对印度教法的特征进行概括,而是把

---

① 参见韦伯:《法律社会学》,康乐、简惠美译,广西师范大学出版社2005年版,第230—320页。
② 马克斯·韦伯:《印度的宗教:印度教与佛教》,第455—472页。
③ 参见 Werner Menski, *Hindu Law: Beyond Tradition and Modernity*, Oxford University Press, 2009, pp.1-270, 545-598。
④ 参见 Donald R. Davis, Jr., *The Spirit of Hindu Law*, Cambridge University Press, 2010。

印度教法的特征和精神寓于他的具体描述之中,并尝试从描述中提炼出可为当代所用的合理价值和要素。同时,该书的研究对象是印度教法,没有涉及王令,却有专章论述习惯法的地位和作用,把习惯法作为达摩,而非世俗法。无论如何,印度教法虽然不是传统印度法的全部内容,但其构成传统印度法的核心内容。戴维斯结合关键概念对于印度教法精神的具体描述,对于我们理解传统印度法的精神,概括传统印度法的主要特征,仍有重要启示。笔者在阅读有关传统印度法文献的基础上,尝试从比较法的视角理解传统印度法,并在借鉴前人研究成果的基础上,对传统印度法主要特征和基本精神进行概括。

(一) 宗教法占据核心地位

一般来说,法律与宗教的关系在很大程度上取决于宗教在特定文化和社会中的地位。在人类历史的发展过程中,法律与宗教的关系主要呈现出三种模式。第一种模式是法律与宗教没有直接联系,法律并不附属于宗教,世俗法是核心,宗教法是边缘。古代中国法便属于这种模式。第二种模式是该社会形成了宗教与世俗的二元格局,宗教法与世俗法虽然略有交叠,但互不隶属。在宗教世界,通行以教会法为特色的宗教法;在世俗王国,各种世俗法成为支配性法律。中世纪西方的法律属于这种模式。第三种模式是法律与宗教密切关联,法律附属于宗教,宗教法是核心,世俗法是边缘。传统印度法和古代伊斯兰教国家的法律便是这种模式。

在传统印度法中,宗教法占据核心地位主要表现在以下几个方面。第一,印度教法是传统印度法的核心。印度教的根本经典是神启经和圣传经,这也是印度教法的权威法源。这些权威法源不仅规定了印度教法的原则,确立了印度教法的精神,还规定了一些具体制度和规则。第二,在印度教法中,达摩是核心概念。这个概念是个综合体,既包括法律规则和程序,也包括道德训诫和伦理准则。但无论是其中的法律内容还是道德训诫抑或伦理准则,都源于宗教并浸润着宗教意蕴。实际上,印度教法即意指达摩。第三,印度教法虽然兼顾法、利、欲

"三要"，但原则上，利和欲不得与法即达摩冲突，否则无效。第四，印度教法的制度和规则都体现了宗教精神，例如债法首先涉及的是宗教性质的三重债，即一个再生人对师父之债、对众神之债和对祖先之债。偿还这三重债的方式是履行学习吠陀的义务、祭祀诸神的义务以及传宗接代延续香火的义务。婚姻主要是一种圣礼，与种姓制度相关联，也具有宗教意蕴。在古代大部分时期，继承权与履行葬礼和家祭义务密切联系，只有对被继承人和祖先提供祭品者，才有资格成为祖产或父产的继承人。根据《摩奴法论》，不同犯罪受到不同惩罚，一种是由王室法院施加的惩罚，另一种是由婆罗门决定的赎罪惩罚。大部分犯罪都属于宗教意义的罪孽，可以通过赎罪而避免受到王室法院的惩罚。第五，古代印度的重要宗教经典和法学著作都出自婆罗门之手。从功能上讲，婆罗门是印度教法的实际立法者。第六，婆罗门参与司法。在最高司法审级，婆罗门协助国王审理案件，或者代理国王审理案件。在村社基层司法组织中，司法权主要操于婆罗门之手。婆罗门是印度教的担纲者，无论是撰写法经和法论以及解释这些经典，还是参与司法活动，为了维护自己的特权和利益，他们都无疑会把宗教的考量置于首位。

在传统印度法中，具有世俗法性质的王令和习惯法处于从属地位。传统印度法这一特点与古代伊斯兰教国家的法律特别相似，但古代伊斯兰教国家实行政教合一体制，王权更加强大。因此，哈里发或苏丹的政治权力对伊斯兰教和伊斯兰法具有更大的影响力。相比之下，传统印度法中的宗教法主要掌控在作为祭司阶层的婆罗门手中，而国王在种姓上低于婆罗门，因而在大多数时期，国王对于宗教法的影响较为有限。就此而言，与伊斯兰法在古代伊斯兰教国家法律中所占据的地位相比，印度教法在传统印度法中占据的地位更重要。

印度教是古代印度的主导意识形态和价值体系，处于支配一切社会领域的地位。以这种意识形态为基础的宗教法，获得了不容置疑的正当性，比世俗法更具有权威性。同时，生活世界中一些自发和分散的习惯法有时被法论等宗教经典纳入宗教法体系,被赋予超越凡俗的神圣意义,获得了跨越地域的一般性。宗教化的习惯法成为达摩的组成部分,在地位上高于世俗性习惯法。另外,印度教的价值体系通过信仰内化,成为一种观念形态的法律文化,在很大程度上型塑并支配着印度教徒的行为。

(二)法律具有多元性

在现代民族国家体制下,以宪法为核心的国家法占据着中心地位,一切与宪法相悖的法律都无效。但是,即便在一个单一制国家,法律也存在多元特征。例如国家法之下存在着地方法,一些自治区的法律独立性更强。国家法之上有跨国法和全球法,而跨国法和全球法有时与国家法存在差异和冲突。相比之下,传统社会的法律多元特征较为突出。例如在古代中国,除了国家法和地方法,还有家族法和适用于僧侣等特殊群体的法律。在古代伊斯兰教国家,除了宗教法,还有政治权威颁发的行政命令和流行的习惯法等世俗法。中世纪西欧的法律多元特征更加明显。如前所述,法律首先分为宗教法与世俗法两大体系。在世俗法内部,又分为王室法、封建法、城市法、商人法和庄园法,此外还有在大学讲授的罗马法和各地流行的习惯法。

与上述几个古代法律文明相比,传统印度法的多元特征更为突出。传统印度法可以分为两部分,一部分是由印度教法构成的宗教法,另一部分是由王令和习惯法构成的世俗法。印度教与一神教不同,不但有众神,而且有很多经典。在印度教中,神启经就包括很多经典文本,而圣传经中的典籍更是卷帙浩繁,多种多样。这些经典都被奉为神意,并成为达摩的权威渊源。涉及同一法律问题,法律文本往往有不同规则;针对相同法律事务,同一部经典中也常常有不同规则,人们可以从中选择。如果加上评注和汇纂等解释性著作,印度的宗教法就更加多元。另外,宗教法还因种姓而别。除了五戒是各个种姓共同遵守的达摩,不同种姓在职业、婚姻、刑罚以及生活方式上都适用不同的达摩。例如,同样是犯罪,往往由于犯罪人的种姓不同而适用不同刑罚,而婆罗门则可通过赎罪免除死刑。印度教法把人分为四个种姓,前三个种姓是再生人,而最后一个种姓首陀罗是非再生人。再生人和非再生人遵守不同的法律。再生人一生又分为四个阶段,即梵行期(brahmacaryāśrama)、家居期(gṛihasthāśrama)、林居期(vānaprasthāśrama)和遁世期(sannyāsāśrama)。不同阶段的再生人也要遵守不同的规则。在刑罚中,有国王施加的死刑、肢体刑、放逐和罚款等惩罚,也有婆罗门决定的各种赎罪形式,如祭祀、苦行和布施等,还有报应性惩罚,即染有罪孽者如拒绝赎罪,且没有受到国王的惩罚,就要遭到现实或来世的报应。此外,习惯法因地而异,因人群而别,甚至因家族而不同,比印度教法更加多元。总之,多元性是传统印度法最突出的特征之一。

(三)具有"法学家之法"特征

在许多重要法律文明的发展中,立法、司法和法学都发挥着一定作用。人们根据立法者、司法者和法学家在法律形成和发展中所发挥的作用,把立法占支配地位的传统中国法和欧陆近代法称为"立法者之法",把英国中世纪由法官创制和发展起来的普通法称为"法官之法",而把罗马法中由法学家解答所构成主要内容的早期市民法称为"法学家之法"。"法学家之法"是指法学家对法律问题所表达的意见,这种意见不仅受到民众的尊重,而且得到法官的认可。"法学家之法"出自法学家,在形式上表现为"学说之法",即法学家的学说或观点成为官方适用的有效之法。例如,古罗马法学家针对个案的解答就具有法律效力,被法官采用。[①] 在 426 年,东西罗马皇帝联合颁布《引证法》(Lex Citationum),把盖尤斯等"五大法学家"钦定为权威法学家,要求法官把他们的意见作为权威意见,在办案中加以引用。[②]

[①] 周枏:《罗马法原论》上卷,商务印书馆 1994 年版,第 53—54 页。
[②] 同上书,第 63—64 页。

除了古罗马的"法学家之法",伊斯兰法也有"法学家之法"的特征。① 在古代伊斯兰法的发展中,作为权威法源的《古兰经》和圣训都被认为出自穆罕默德之口。穆罕默德传教获得成功之前,实际上是一位学者,而他所倡导的伊斯兰法也具有法学的性质。只是在迁移到麦地那之后,他才成为了最高的政治首脑和立法者。《古兰经》涉及法律内容最多的部分是"麦地那章",即穆罕默德在麦地那掌握政治权力之后所宣示的经文。因此,在穆罕默德成为政治首脑之后,不仅《古兰经》"麦地那章"所涉及的法律内容具有立法形式,而先前"麦加章"中涉及的法律内容也被赋予立法效力。在伊斯兰法后来的发展中,法学家围绕对《古兰经》和圣训——穆罕默德生前的言行和默示——中法律概念和规则的解释,形成了法学著作。这些著作中的法律意见受到穆斯林的尊重。法官在司法时,如果在《古兰经》和圣训中找不到具体答案,便遵循法学家的意见处理案件。在 10 世纪中叶,阿拔斯王朝的哈里发还采取古罗马皇帝的做法,把伊斯兰教四大法学派中的哈乃斐派钦定为权威法学派,责令法官依据该派的意见处理案件。②

在传统印度法中,印度教法的权威渊源是神启经和圣传经。神启经和圣传经都是出自婆罗门学者之手的私人性著作,而不是政府颁布的法典。这些私人性著作假托古代圣贤之名,宣称是对神意的表达,具有了神圣权威。这些经典著作中包含的宗教法规则被奉为神启,获得普遍适用的效力。在这些印度教经典中,神启经的权威最高,圣传经中的法经和法论是以达摩为主体的论著,与印度教法的关联最直接。法论对印度教法的论述最全面、系统和具体,在印度教法中的实际作用最大。与上述经典著作相比,王令和习惯法虽然在实践中发挥了重要作用,但在位阶上低于这些经典著作,不被印度教法作为正式法源。印度教法要求国王为首的王室法院法官运用经典著作中的意见处理案

---

① 约瑟夫·夏赫:《伊斯兰法的性质》,第 96 页。
② 参见高鸿钧:《伊斯兰法:传统与现代化》(修订版),第 85 页。关于伊斯兰法学的发展和对法律实践的影响,参见此书第三章。

件。总之，印度教法具有"法学家之法"的典型特征。

（四）具有广泛包容性与和平主义气质

马克思对印度教兼容并蓄的包容性印象深刻，并以生动、形象的语言指出，"这个宗教既是纵欲享乐的宗教，又是自我折磨的禁欲主义的宗教；既是林加崇拜的宗教，又是札格纳特的宗教；既是和尚的宗教，又是舞女的宗教"。① 传统印度法也具有广泛的包容性。

首先，传统印度法中不仅包容宗教法，而且包容世俗法，承认习惯法的效力。在印度教法中，法源包容神启经、圣传经、良好习惯（sadācāra）和"自我满足"。

其次，根据印度教法，法、利、欲构成印度教徒的人生"三要"。法（达摩）并不排斥利益追求和欲乐享受，而是在许多规则中包容它们。在利和欲与法不冲突的前提下，达摩还授权国王具体处理属于利范畴的一些政治和经济事务，以"拔刺"（kaṇṭakaśodhana，也译作"去刺"）的名义打击各种危害国家安全和公共秩序的犯罪，以及承认属于利和欲范畴的习惯法。同时，印度教法分为一般时期之法和特殊时期之法。在人们处于困境的特殊时期，法的尺度会放宽。例如处于困境中的婆罗门便可以有限度地奉行刹帝利和吠舍之法，从事这两个种姓的某些职业。

再次，在印度教法的刑罚中，除了国王施加现实惩罚，赎罪亦占有重要地位。根据印度教法，违反达摩的行为都染有罪孽，行为人的罪行如没有受到国王惩罚，就必须赎罪，否则会受到现世或来世的报应。需要赎罪的犯罪范围很广，轻者涉及伤害植物，重者涉及过失杀人。赎罪有各种可供选择的方式，可以在很大程度上避免遭受刑罚之苦，从而为罪人提供了改过自新的机会。这种制度体现了宽宥和包容精神。

最后，不杀生戒条也体现了传统印度法的包容性。这一戒条在印

---

① 《马克思恩格斯全集》第 9 卷，人民出版社 1961 年版，第 144 页。

度教的宗教法中作为"五戒"之首，成为适用于一切种姓的一般达摩。① 杀生行为产生罪孽，行为人需要赎罪，否则要受到现世和来世报应。根据不杀生原则，除非为了祭祀，人们不得伤害包括动植物在内的所有生灵。久而久之，不杀生成为了古代印度各个种姓的一种信念。

《薄伽梵歌》（Bhagavadgītā）认为，作为原质的三性/三德（即喜性、忧性和暗性）虽然很重要，与转世轮回密切关联，更重要的人生境界是超越三性，追求与梵合一，彻底解脱，不再转世轮回。因此，在终极意义上，追求解脱者对于婆罗门与狗，敌人与朋友，以及石头与金子，应一视同仁。② 这种万物一体、一视同仁的平等观，体现了超越现代人类中心主义的平等观。

众生平等观和不杀生观念以及从中引申出来的非暴力观念，都根源于印度教法万物一体的平等观。如果说不杀生戒条体现了广泛的包容精神，那么非暴力观念则体现了和平主义。甘地以非暴力不合作的形式反抗英国殖民统治，产生了巨大的道义力量，赢得了印度各阶层的广泛支持。不杀生戒条所体现的包容精神和从中所引申出来的和平主义，是传统印度法中的突出特征之一。

需要强调指出的是，包容与宽容不同。宽容仅仅是指对多元和异见予以容忍，允许多元并存。包容比宽容处于更高层次，是指对不同甚至相反的思想或元素不仅予以容忍，而且对它们还加以含纳、吸收和融合。与其他文明相比，印度文明的包容性更强；与其他宗教法相比，印度教法的包容特征也更突出。海纳百川，有容乃大，包容性文明和法文化不仅博大精深，而且具有超常的韧性和顽强的生命力。因此，在印度古代和近代屡次受到外族统治的过程中，印度人虽然丧失了政权，但具备包容性的印度教法仍然存活下来，并成为印度教徒奉行的生活规则。印度教法的包容精神与和平主义具有持久生命力，不

---

① 参见《摩奴法论》，10：63。
② 毗耶娑：《薄伽梵歌》，第58、136—137页。

仅可以继续成为现代印度法的内在精神,而且其中的万物平等思想和非暴力和平主义,有助于矫正种族主义的偏狭、国家主义的局限和人类中心主义的偏颇,从而可以为推动人类平等和世界和平以及全球法的构建做出重要的贡献。印度教法的包容性与印度教的多神崇拜有关,也与梵的概念有关。根据奥义书,梵一体多象,由梵显现的万事万物最终统一于梵。因此,在终极意义上,神、人、生物和无生命的物质,都没有高低贵贱之分,一律平等。

我们在指出传统印度法的上述四个特征之后,需要做出以下说明。第一,传统印度法是一个独特的法律传统。研究者尝试概括传统印度法的特征,都只能从特定视角出发,难免具有局限性。研究者采取的视角过于宏观,提炼出的特征可能失之笼统;采取的视角过于微观,描述的特征则会流于细琐。第二,研究者在概括传统印度法时,如同概括其他法律传统一样,或明或暗会采取比较视角。研究者只有通过比较观察,才能发现印度法律传统与其他法律传统之间的异同,才能识别并提炼出印度法律传统的特征。第三,研究者在指出特定法律传统的特征时,必须结合该法律传统的具体内容和形式、规则和价值以及理论与实践进行具体论证,而不应满足于泛泛而谈。第四,研究者在指出特定法律传统的特征时,只能着眼于该法律传统的主要倾向和特点。换言之,所有历史悠久和影响广泛的法律传统都是一个复杂的系统,包含着复杂甚至对立的因素。正如马克思所指出,印度教及其印度教法中常常包含两极对立的观念和规则。因此,研究者在指出印度教法的主要特征时,不应忽略一些反例。例如,传统印度法虽然具有包容性,却以不洁为借口,把一部分印度人作为贱民排斥在种姓之外,并把他们视为"不可接触者",与有种姓的人隔离开来。再如,不杀生观念及其非暴力和平主义精神虽然是印度教法的一个重要特征,但古代印度教国家存在大量战争杀戮[①]、宫廷内斗和祭祀杀牲。第五,

---

① 史诗《摩诃婆罗多》描写了般度族与俱卢族之间的战争,这场战争将许多国家都卷入其中,战况十分惨烈,参战双方最终几乎同归于尽。

如同其他国家的传统法一样，传统印度法也利弊兼具。例如，宗教法占据核心地位的优点是有助于抑制王权专断，避免政治凌驾于社会之上，但缺点是政治和法律受到宗教束缚，尤其是政治上王权较弱，无法形成长期稳定的中央集权，以消除政治割据局面，实现全国统一，有效对抗外敌。再如，就传统印度法多元特征而言，其利在于不同族群和地区可根据自己的情况适用不同的法律，法律具有灵活性和变通性，其弊则是法律过于分散，人们因种姓、行业、地域和人生阶段不同而适用不同法律，致使法律缺乏一般性和普遍性。

因此，我们从比较法的角度，概括传统印度法的主要特征，应认识到传统印度法利弊共存，应吸取精华、剔除糟粕。同时，我们也应认识到，传统印度法中倡导的平等价值，由于古代的社会等级结构，并没有真正实现。我们应在现代社会的情境下，努力使那些过去没有实现的平等理想得到实现。深入研究传统印度法，从中提炼出它的特征，不仅有助于理解印度法律传统和法律文明，而且有助于从比较法的角度推动不同法律文明之间的对话，增进相互理解，更多借鉴彼此，进而在全球层面建构具有广泛包容性的全球法和人类法。

第一编

◆

传统印度法

第一章 法律与宗教
——印度教法是传统印度法的核心

古代印度的宗教非常发达。因此，人们把古代印度国家称为宗教国家。由于佛教在中国的长期传播和广泛影响，很多中国人都误以为印度是个佛教国家。① 实际上，印度教才是印度历史大多数时期占支配地位的宗教。广义印度教包括婆罗门教，早在前 1500 年就已产生，并在后来得到重要发展。在占据支配地位的时期，印度教被奉为国教，印度教法成为核心法律制度。在皈依佛教的阿育王统治时期，佛教虽然占据支配地位，但阿育王仍然尊重婆罗门，允许印度教徒适用自己的教法。同样，在莫卧儿王朝统治印度时，伊斯兰教成为国教，伊斯兰法成为国家推行之法，但主要适用于印度的穆斯林；除了税收和刑法，印度教徒被允许沿用印度教法和习惯法。在现代，印度共和国实行政教分离，印度教已不再是国教，但印度教徒仍占印度人口的大多数，印度教对包括法律在内的印度各个领域仍有很大影响。

狭义传统印度法②是指古代印度教国家的法律，包括印度教法、王令和习惯法。在传统印度法中，印度教法是核心，而达摩是印度教法的核心概念。本章拟考察达摩概念的意蕴，阐述达摩的渊源，分析达摩与王令、习惯法的关系。在此基础上，本章尝试指出印度教法是传统印度法的核心。

---

① 刘安武：《印度两大史诗研究》，中国大百科全书出版社 2016 年版，第 2 页。
② 本书中"传统印度法"均指"狭义传统印度法"。关于"狭义传统印度法"与"广义传统印度法"的区别，参见本书导论第一部分。

一、达摩的意蕴

在功能上,"达摩"(dharma)与中文的"法"、拉丁文的jus、伊斯兰教的shari'a以及英文的law,具有某种相似和交叠之处。但"达摩"概念是印度特定历史和文化的产物,浸润着印度教的独特意蕴,因而在意义上既不同于中文的"法",也不同于伊斯兰教的shari'a,更不能直接对译为拉丁文的jus或英文的law。达摩的原意是"维持""支撑",引申为"维持宇宙秩序的法则"和"指导世人行为的规则"。达摩在含义和功能上有些类似汉语中广义的"法",因此被中国学者译为"法"或"正法"。达摩是印度教中的一个内生概念,而印度教法则是一个后设概念,用来指称达摩构成的宗教法体系,内容包括达摩渊源、达摩类型(如种姓达摩、人生阶段达摩和国王达摩[rājadharma]等)和违反达摩的后果。本章在不同语境下使用的"达摩""法""正法"或"印度教法",如未作限定或特殊说明,则都具有相同的含义。达摩是一个综合体,除了包含现代意义的法律内容,还包含宗教、伦理、政治和个人修行等内容。达摩的意蕴可从六个层面来阐释。

第一个层面的达摩是神学宇宙论达摩。"利塔"[①] 是雅利安人的一个古老概念,产生于雅利安人进入印度之前,并被其带入印度。"利塔"的原意是"真理""法则""规律",转指"秩序"。雅利安人进入印度后,达摩概念产生并与古老的"利塔"概念关联起来,表达"维持秩序"之意。在印度最古老的文献《梨俱吠陀》中,地、空、天三界构成神创宇宙秩序,世人生活在这种秩序之中。当时的人们认为,这种秩序有序运行,长存不衰,主要得益于众神创造,承蒙众神维护。三界众神虽然在创造和维护宇宙秩序中,功能存在某些交叠,但逐渐

---

① 关于《梨俱吠陀》中"利塔"(也译为"梨多")的研究,参见麦克斯·缪勒:《宗教的起源与发展》,金泽译,上海人民出版社2010年版,第158—163页;米尔恰·伊利亚德:《宗教思想史》第1卷,吴晓群译,上海社会科学院出版社2011年版,第172页。

形成了基本分工，从不同的角度维护秩序。例如，太阳神苏利耶沿着固定的轨道每日朝升暮降，雷电神因陀罗击打乌云及时行雨，火神阿耆尼把世人的祭品"输送"给众神，都在扮演维持宇宙秩序的角色。在众神中，天神伐楼拿（也译为"伐楼那"或"婆楼那"）作为重要之神，"头戴金色斗篷，身披金色长袍，庄严地端坐在天界的最高层"，① 负责监督和惩罚破坏秩序的行为。"他洞察一切，规制天界四方"，"维系生灵的世界"，"用绳索缠捆辖域"；"他注视着诸神的领地及凡人的所有作业"，使"所有神祇遵从他的法令"。② 颂诗中"绳索缠捆辖域"的隐喻，让我们联想起中国古代"绳之以法"的说法。在《梨俱吠陀》中，"达摩"一词共出现 67 次。③ 在早期，达摩概念除了与"利塔"相关联，还逐渐在献给伐楼拿的颂诗中出现，与伐楼拿联系起来。密多罗是辅助伐楼拿的神祇，常常与伐楼拿一起受到祭拜，也与达摩联系起来。此外，在《梨俱吠陀》晚期颂诗中，随着伐楼拿与因陀罗并列受到祭拜，因陀罗也与达摩联系了起来。④ 这里，值得我们注意的有以下几点。（1）达摩概念的出现及其与利塔概念相连通，标示着人们不仅重视秩序的构成机理和运行法则，而且开始重视秩序的维持。（2）在维持宇宙秩序方面，众神虽然都有所贡献，但伐楼拿的角色有些类似古希腊的正义/司法女神。当时的部落社会缺乏解决部落间冲突的权威，人们寄望超越各部落的神圣权威维护秩序，主持正义。伐楼拿和密多罗明察秋毫、明辨是非、惩恶扬善，发现和惩罚神界的越轨行为和人类的不法行为，以维持宇宙和人世秩序正常运转。伐楼拿与密多罗同时负责维持神界和人世秩序，意味着司法任务繁重，需要二神合作完成。（3）雷电之神因陀罗也是战神，象征着部落首领。

---

① 巫白慧译解：《〈梨俱吠陀〉神曲选》，商务印书馆 2010 年版，第 55 页。
② 《梨俱吠陀》第 8 卷第 41 首第 6 颂，引自林太：《〈梨俱吠陀〉精读》，复旦大学出版社 2008 年版，第 98—99 页。
③ Alf Hiltebeitel, *Dharma: Its Early History in Law, Religion, and Narrative*, Oxford University Press, 2011, p. 53. 另据有人统计，表示"达摩"含义的词语在《梨俱吠陀》中出现多达 150 次，参见米尔恰·伊利亚德：《宗教思想史》第 1 卷，第 172 页。
④ 参见米尔恰·伊利亚德：《宗教思想史》第 1 卷，第 172 页。

因陀罗与达摩联系起来折射出达摩发展到一个新阶段，即部落首领开始介入法律领域，取得一定范围的执法权和司法权。

第二个层面的达摩是祭祀达摩。"吠陀时代"前期①的印度人认为，众神创造和维护宇宙秩序和人世秩序，对人类是一种恩典。人类只有知恩图报，众神才会愉悦，继续努力维持秩序。报答神恩的最佳方式就是祭祀众神。通过祭祀，人们感谢神恩，赞美神力，祈求神助。在祭祀中，信徒要向众神贡献祭品，包括牲畜、谷物制品、苏摩酒和酥油等，甚至还包括活人。祭祀主要分为公祭和家祭。前者指大型公共祭祀，主要分为两类：一是供养祭，即通过献祭供养神灵，祈求神灵保佑，风调雨顺，五谷丰登，牛肥羊壮；二是苏摩祭，通过奉献苏摩酒和动物、酥油和谷物制品等，请求神灵帮助祭祀者实现重大愿望。家祭是指人们在家中举行的日常祭祀。无论是公祭还是家祭，祭祀者都要向祭火中投入大量祭品，余下的祭品则献给祭司或由参与祭祀的信众分享。许多祭品直接献给火神，但献给其他神灵的祭品也要通过火神协助，请求这位神通过祭火把祭品转送给其他神灵。换言之，火神是人与神、神与神之间的中介。在《梨俱吠陀》的1028首颂诗中，赞美阿耆尼的颂诗就多达200首，数量仅次于献给战神因陀罗的颂诗，足见火神地位之重要。

在"吠陀时代"前期，祭祀背后还隐含着一种循环互惠观念。当时的人们认为，众神维持秩序需要"能量"。人们只有源源不断奉献祭品，才能为众神提供充足的"能量"。人们认为，人们祭祀越频繁，奉献的祭品越多，众神的力量就越强大，宇宙和人世秩序就会更正常地运转，而献祭者从众神那里得到的回报也就越多。由此，祭祀活动就愈演愈烈，以致形成了"祭祀万能"的观念。在"吠陀时代"前期，"业"（karma）的最初含义就是祭祀行为，举行祭祀即"作业"。后来，"业"被引申意指人的一般行为。为了确保正确履行祭祀义务，在前1000年，印度教出现了指导祭祀的梵书。梵书主要论述祭祀仪轨，其

---

① 指吠陀本集形成时期，参见下文。

中涉及祭坛的建造、不同类型祭祀的祭品种类和数量，以及各种祭祀的具体步骤等。祭祀者必须严格遵守祭祀仪轨，否则不但不能达到预期的效果，甚至还会招来神灵的怪罪。这些祭祀仪轨属于祭祀层面的达摩，在规范祭祀活动方面发挥了重要作用。婆罗门祭司在主持祭祀仪式的过程中，成为神与人之间沟通的中介，具有了仙人（ṛṣi）[①] 的特殊地位和超凡能力，并成为火神阿耆尼化身之一的祷主神。[②] 由此，婆罗门祭司阶层在印度社会中获得了优势地位，成为第一种姓，享有许多特权。由此，"婆罗门至上"原则得到确立。

第三个层面的达摩是伦理达摩。雅利安人进入印度后，随着生活形态从游牧转向农耕，其人口不断增加，社会关系日渐复杂。他们面临的一个迫切问题是：如何处理氏族成员内部因分工而出现的地位分化？如何对待被征服的原住民达罗毗荼人？《梨俱吠陀》第10卷的一首颂诗《原人歌》宣称种姓制度为神所创立，从而确认了婆罗门、刹帝利、吠舍和首陀罗四个种姓的不同地位。[③] 前三个种姓虽然出现地位分化，形成等级关系，但毕竟都是雅利安人。被征服的原住民达罗毗荼人是非雅利安人，虽然被纳入种姓体系，但他们沦为地位最低的首陀罗，成为服侍高级种姓的仆人。种姓达摩是印度教法中最重要的伦理达摩与核心制度。

除了种姓达摩，伦理层面的达摩还包括人生阶段达摩。奥义书最初概括地把人的一生划分成三个阶段，即作为学生的梵行期、家居期和苦行期。[④] 法经和法论主张，人生阶段的划分只适合于再生人，即属于前三个种姓的人。再生是指男性通过入教礼、女性通过婚礼获得新的生命。法经和法论把再生人的生活划分为四个阶段，即梵行期、家

[①] "仙人"原意是吠陀本集的作者，后来一般指经过修炼获得神性的圣贤。仙人可分为三类，一是出身神的天仙，二是出身婆罗门的梵仙，三是出身刹帝利的王仙。参见季羡林：《季羡林全集》第22卷，外语教学与研究出版社2010年版，第447页。狭义仙人是指上述第二类人物。

[②] 关于婆罗门祭司与祷主神的关系以及祷主神与火神阿耆尼之间的联系，参见巫白慧译解：《〈梨俱吠陀〉神曲选》，第182—190页。

[③] 参见上书，第253—256页。

[④] 《奥义书》，第149页。

居期、林居期和遁世期。处于不同人生阶段的再生人要遵守不同的达摩。

婚姻、家庭和继承达摩也属于重要的伦理达摩，与人生阶段的家居期密切联系。法经和法论都包含婚姻、家庭和继承达摩。在印度教法中，婚姻是一种神圣结合，婚礼是一种圣礼，种姓内婚制是标准婚姻模式。进入家居期是再生人的一项重要宗教义务。他们在这个人生阶段独立履行祭祀义务、生育子嗣、延续香火，并为处于其他生活阶段的再生人提供支持，如对梵行期或林居期的乞食者提供食物帮助等。继承最初与家祭相联系，即继承人要承担祭祀祖先的义务，有关达摩包含可供选择的不同继承方式。

第四个层面的达摩是国王达摩。法经中就包含一些涉及国王权力和义务的达摩。例如最早的法经《高达摩法经》（Gautama Dharmasūtra）就在第11章论述了国王达摩，内容涉及国王的资格、权力和职责等。根据国王达摩，国王应在博学婆罗门的协助下负责保护各个种姓，尤其是妥善保护婆罗门；应公正司法和严格执法，运用刑杖约束不法行为。[1]但法经中有关国王达摩的内容比较简单。《摩奴法论》用三章篇幅论述国王达摩，内容十分具体（参见本书第二章第二节第三部分）。史诗《摩诃婆罗多》独辟"王法篇"[2]，结合历史传说、神话和寓言讲述国王的权力和职责，述说贤明国王治国理政的经验和昏庸君主祸国殃民的教训。根据国王达摩，国王应出身刹帝利种姓，必须尊重婆罗门和保护婆罗门的特权。国王被赋予内政外交和司法权力，但要承担许多责任。达摩赋予国王实施达摩的权力，但没有赋予国王创制和更改达摩之权。国王达摩中包含许多严格法律意义上的规则，如许多民事法、商事法、刑法、诉讼法规则。

第五个层面的达摩是业报和赎罪达摩。业报和赎罪达摩涉及违反

---

[1] *Gautama*, XI. 1–32, trans. G. Bühler, in *Sacred Books of the East*, vol. 2, ed. F. Max Müller, The Clarendon Press, 1879, pp. 231–235.

[2] 参见毗耶娑：《摩诃婆罗多》（五），金克木等译，中国社会科学出版社2005年版，第3—237页。

达摩的后果和补救方法。印度教法的一个重要区分是达摩/阿达摩（adharma），类似现代法/非法的区分。世人违反达摩的行为是"阿达摩"行为。一切违反达摩的行为都染有罪孽，如果没有受到法院的惩罚，就应赎罪，否则就会受到现世或来世的报应。赎罪达摩具体列举了染有罪孽的行为及其赎罪方式。染有罪孽行为的范围很广，赎罪方式亦多种多样。

第六个层面的达摩是个人修行达摩。个人修行达摩是指导个人修行的训诫和规则，包括练习瑜伽、践行苦行、控制感官、抑制欲望、努力行善、不染罪孽等。个人修行的目的多种多样，但主要有二：一是积累善果，争取在现世或来世获得善报；二是追求解脱，从转世轮回的循环中逃离出去。在关于人生阶段，尤其是梵行期、林居期和遁世期的达摩中，包括大量指导个人修行的规则。在印度教中，个人修行具有宗教救赎的含义。圣雄甘地就是践行个人修行达摩的楷模。

二、达摩的渊源

达摩的渊源是指"法的根"① 和"法相"②。"法的根"是指达摩的根源或根基。"法相"是指达摩的特征或形式。概括地讲，"法的根"和"法相"在含义上是指达摩的根基和表现形式，类似我们论述法律渊源时使用的"渊源"一词。大多数法经和法论认为达摩具有三种渊源，即神启经、③ 圣传经和良好习惯。有的法论还把"自我满足"作为达摩的第四种渊源。

第一种渊源是神启经。神启经是印度教最具权威的经典，也是印

---

① 《摩奴法论》，蒋忠新译，中国社会科学出版社2007年版，2：6。
② 同上书，2：12。
③ 国内学者通常把 śruti 译为"天启经"，这种译名受到中国文化"天—地"二分和"天—神"不分观念的影响。使用"天启经"一词对译梵文 śruti 概念容易引起误解。因为在印度教中，自然界被分为"天、空、地"三界"；"三界"中存在多种多样的神，神启是指从"三界"众神那里得到的启示。在众神中，天界之神并不比空界和地界之神的地位更高。例如在《梨俱吠陀》中，空界之神因陀罗和地界之神阿耆尼就是三界中最重要的两位神，地位高于天界之神。因此 śruti 译为"神启经"更为确切。

度教法的终极渊源。神启是指仙人从众神那里听到的声音和得到的启示。神音汇集成典而成为神启经。神启经也称"传闻经",包括两大类。

第一类神启经是狭义吠陀经,即吠陀本集。veda 的原意是"知识"或"智慧",引申为神启知识,实际上是指印度教早期经典中所阐述的义理。中国古代学者曾把 veda 译为"吠陀""韦陀""围陀"等;佛教经典的汉译者把这个词意译为"明"。狭义吠陀经是指"吠陀时代"前期(前1500—前1000年)的印度教经典,包括《梨俱吠陀》《娑摩吠陀》《耶柔吠陀》和《阿闼婆吠陀》。《梨俱吠陀》是由祭司在祭祀中代表祭祀者献给神的颂诗,歌颂神恩,祈求神佑。《耶柔吠陀》由散文和韵文混合组成,是关于祭祀的说明,祭司在祭祀过程中随着动作而吟诵。这部吠陀经有两种传本,即《白耶柔吠陀》和《黑耶柔吠陀》。《娑摩吠陀》主要取自《梨俱吠陀》的颂词,谱成曲调,在祭祀中由祭司吟唱。《阿闼婆吠陀》形成时间较晚,主要内容是消灾祈福和克敌祛病的巫术咒语。[1]

四部吠陀本集合称"四吠陀"。它们作为权威最高的达摩渊源,奠定了达摩的基础。首先,吠陀本集中提出了达摩概念,并与利塔联通,从而使达摩概念在神学宇宙论中占据了重要地位,并最终取代了利塔概念。其次,吠陀本集确立了"吠陀神启"原则。根据这项原则,吠陀经中出现的达摩概念源自神启,具有不容置疑的权威。再次,吠陀本集确立了达摩的基本原则,如在宗教祭祀层面确立了"祭祀万能"原则,在种姓达摩层面确立了"婆罗门至上"原则,这些基本原则成为祭祀达摩和种姓达摩发展的基石。最后,吠陀本集还包含了一些反映初民社会生活的习俗和规则,如王权雏形、婚礼和葬仪等。在《梨俱吠陀》后期作品第 10 卷中,出现了两首献给国王的颂诗,即第 173 首和 174 首。第 173 首是在国王登基典礼上吟诵的颂诗,其中第 1 和第

---

[1] 参见巫白慧:《吠陀经和奥义书》,中国社会科学出版社 2014 年版,第 3—6 页;邱永辉:《印度教概论》,社会科学文献出版社 2012 年版,第 158—160 页。

2颂中包含这样的颂诗:"吾辈拥王,荣登宝座;万民祈望,王基永固;王若战神,国稳如山。"①《阿闼婆吠陀》第5卷第3节是献给当选国王的祝词,其中第1颂说:"吾国归汝,光辉升起;万民之主,四方恭迎。"② 前一首颂诗反映出国家开始形成,国王已经出现并受到人们的敬重。后一首颂诗表明国王由选举产生,受民拥戴。《梨俱吠陀》第10卷第85首颂诗名为《苏利娅的婚礼》,其中第7、8、10颂的一些诗句描写结婚场景——"思想是她卧榻的枕头,眺望是她护眼的油膏……苏利娅走向她的丈夫……新郎是阿史文兄弟……两头光亮的小牛拉着车,苏利娅驶进了丈夫的家";第21颂还提到结婚要得到"新娘的同意"。③ 这首颂诗虽然描写的是神仙的结婚过程,但折射出了当时的社会婚俗。《梨俱吠陀》中还有描写葬仪的颂诗。④ 上述吠陀诗句都被奉为神启,成为有关政治、婚姻和葬仪达摩发展的重要起点。

第二类神启经是广义吠陀。广义吠陀形成于"吠陀时代"后期(前1000—前500年),主要内容是"三书",即梵书、森林书和奥义书。⑤ 梵书主要论述祭祀仪轨,森林书是梵书的附属部分,而奥义书是森林书的附属部分。奥义书"upaniṣad"的原意为"近坐"或"坐于近前",暗指师父对学生"传授秘密知识"。在"三书"中,奥义书重点从哲学上探讨祭祀意义,提出了一些新概念和新学说。这些新概念和新学说属于"新知",与吠陀本集中的知识不同。广义吠陀即"三书"作为达摩渊源的主要意义在于以下几点。第一,梵书对于祭祀仪轨予以明确化、具体化和规范化。祭祀者只有遵循这些具体的祭祀仪

---

① *The Hymns of the Ṛgveda*, vol. 2, trans. T. H. Griffith, E. J. Lazarus and Co., 1897, p. 602.
② *Hymns of the Atharva-Veda*, trans. M. Bloomfield, in *Sacred Books of the East*, vol. 42, ed. F. Max Müller, The Clarendon Press, 1897, p. 113.
③ 引自林太:《〈梨俱吠陀〉精读》,第185—186页。
④ 参见巫白慧译解:《〈梨俱吠陀〉神曲选》,第318—322页。
⑤ 不同吠陀学派著有不同梵书。所有梵书最初都包含森林书和奥义书。后来,梵书的三个部分独立成篇,分别成为梵书、森林书和奥义书。梵书、森林书和奥义书都不是具体书名,而是三个经典著作系列,其中每个系列都包含许多种具体著作,流传下来的梵书就有17部,如《百道梵书》和《鹧鸪氏梵书》等,而奥义书多达200部,其中13部被认为是早期奥义书,如《大森林奥义书》和《歌者奥义书》等。

轨,才能正确履行祭祀仪式,从而避免因仪式错误而导致祭祀无效。同时,梵书中的祭祀达摩为后来伦理达摩的出现和发展提供了范例,即祭祀中的达摩延伸到伦理中,由此衍生出指导人们伦理行为的伦理达摩。两者之间的逻辑关联是,人们正确的祭祀行为才有效,同理,人们正确的伦理行为才合法;人们只有依据祭祀达摩才能确保祭祀有效,同理,人们只有遵循伦理达摩才能保证行为正确。第二,奥义书虽然很少涉及达摩概念,但《大森林奥义书》中指出,"正法"由梵"创造","正法是真理","正法是刹帝利性","没有比正法更高者"。[①]文中的"正法"即达摩。这段话有以下三个要点:(1)明确指出达摩由最高神梵所创造,与吠陀本集中属于众神启示的达摩相比,达摩的地位进一步提升;(2)"正法是真理"意味着达摩超越时空,具有普遍性;(3)把达摩与刹帝利联系起来,暗示达摩的实施需要武力支持,尤其需要出身刹帝利种姓的国王之支持。奥义书除了提出达摩梵创论,还提出一些对达摩的发展具有重要意义的新概念和新学说:(1)奥义书确立了梵作为最高神的地位,指出梵创造众神,[②]并尝试把众神整合到最高神梵之中。(2)奥义书确立了"梵我合一"(或译"梵我同一"等)学说。这种学说的含义是,梵为世界万物本源,无影无形,寂静不动,纯洁无瑕,永恒不死。作为个体人的"自我"与梵具有同质性,"自我就是梵"[③]。这里的"自我"/"阿特曼"(ātman)不是指肉身之我,而是指灵魂之我。[④]一个人只要认知梵,认知自我与梵具有同一性,控制感官,摆脱欲望,一心向梵,就能与梵合一,获得解脱,死后不再轮回。"梵我合一"学说对印度教法的发展产生了重要影响,个人修行达摩就以这一学说为基础。(3)奥义书反思了先前形式主义祭祀的弊端,倡导精神层面的内在祭祀。这对祭祀达摩的发展即超越早

---

① 《奥义书》,第30页。
② 同上书,第28页。
③ 同上书,第86页。
④ 参见《奥义书》,译者导言,第6—9页;黄心川:《印度哲学史》,商务印书馆1989年版,第57—58页。

期形式主义的祭祀产生了很大影响。(4) 奥义书粗略划分了人生阶段，明确提出了业报轮回的观点。基于前者，人生阶段达摩发展起来；围绕后者，业报和赎罪达摩发展起来。

在上述两大类吠陀经中，狭义吠陀的权威高于广义吠陀；在狭义吠陀中，前三部吠陀高于《阿闼婆吠陀》；在"三吠陀"中，《梨俱吠陀》的权威最高。在奥义书之后，围绕对吠陀经的解释形成了六种"吠陀支"，即"吠陀六支"，包含语音学、韵律学、语法学、词源学、天文学和劫波经（kalpasūtra）。"吠陀支"是理解吠陀经的工具、方法，也包括对吠陀经经文的具体解释，被归入广义吠陀文献。"吠陀支"对达摩的发展也很重要，其中劫波经对达摩的发展尤其重要。

第二种达摩渊源是圣传经。圣传经亦称"传承经"，是指由古代圣贤通过记忆所传述的经典。这些经典的内容也被奉为神启，是神意和神圣传统的体现。圣传经包括法经、法论、史诗和往世书。

如上所述，劫波经属于"吠陀六支"之一。它分为三个部分，即公祭经（śrautasūtra）、家祭经（gṛhyasūtra）和法经。其中法经/达摩经逐渐从劫波经中析离出来，成为论述达摩的重要文本。关于首部法经形成的时间和不同法经之间的时间顺序，有关研究者争议很大。英国印度法专家凯恩（V. Kane）在其五卷本巨著《达摩史》中认为，首部法经《高达摩法经》形成于前600—前400年之间。[1] 法国印度法专家兰加（R. Lingat）认为，作为首部法经的《高达摩法经》出现于前6世纪。[2] 美国印度法专家奥利维尔（P. Olivelle）认为，首部法经是《阿帕斯坦巴法经》（Āpastamba Dharmasūtra）而不是《高达摩法经》；前者形成于前3世纪，后者形成于前2世纪早期。[3] 在法经顺序上，笔者同意凯恩和兰加的观点，认为首部法经是《高达摩法经》。关于首部

---

[1] P. V. Kane, *History of Dharmaśāstra*, vol. 1, Bhandarkar Oriental Research Institute, 1930, p. 19.
[2] Robert Lingat, *The Classical Law of India*, trans. J. Duncan M. Derrett, Munshiram Manoharlal Publishers Pvt. Ltd., 1993, p. 19.
[3] Patrick Olivelle, "Dharmaśāstra: A Textual History", in Timothy Lubin et al. (eds.), *Hinduism and Law: An Introduction*, Cambridge University Press, 2010, p. 57.

法经形成的时间，笔者认同兰加的主张。

法经主要形成于前 6 世纪—前 2 世纪。重要的法经有《高达摩法经》《阿帕斯坦巴法经》《鲍达耶那法经》和《瓦西什陀法经》等。由于吠陀本集有不同传本，学者围绕不同传本进行注释，形成了不同吠陀学派。每个学派都有自己的梵书、森林书、奥义书以及劫波经，而每部劫波经都包含法经。反过来说，每部法经都可以追溯到特定的劫波经，而每部劫波经都可以追溯到某一部奥义书、森林书、梵书，并最终上溯到不同的吠陀本集。例如，《高达摩法经》最终可以追溯到《娑摩吠陀》，《阿帕斯坦巴法经》和《鲍达耶那法经》最终可以追溯到《黑耶柔吠陀》，而《瓦西什陀法经》最终可以追溯到《梨俱吠陀》。[①] 法经是古代印度最早专门系统论述达摩的经典，它们的问世在一定程度上标志着达摩从祭祀仪轨中析离出来，为后来更加系统论述达摩的法论提供了范型。

与论述祭祀仪轨的公祭经和家祭经不同，法经虽然包括祭祀达摩，但更多涉及伦理达摩，如种姓达摩、人生阶段达摩和国王达摩。《高达摩法经》分为28章，主要内容有达摩渊源、不同种姓的地位、入教礼、梵行期、家居期、林居期、遁世期、婚姻、祭祀、合法职业、国王义务、民事和刑事法律、证人、清净规则、食物规则、妇女、赎罪以及继承规则等。[②] 与其他三部法经相比，《瓦西什陀法经》形成的时间较晚。凯恩认为形成于前 4 世纪—前 2 世纪之间。[③] 它分为30章，主要内容涉及总则（达摩渊源）、四种姓地位、合法职业、梵行期、家居期、林居期、遁世期、祭祀、布施、国王职责、法律程序、饮食规则、继承、混合种姓、赎罪和布施等。[④] 不同法经在结构和具体内容上虽有

---

① 罗切尔认为《高达摩法经》可以追溯到《娑摩吠陀》，参见 Ludo Rocher, *Studies in Hindu Law and Dharmaśāstra*, ed. Donald R. Davis, Jr., Anthem Press, 2012, p. 46。兰加认为《高达摩法经》不属于任何吠陀学派，但可能曾是某部劫波经的一部分，参见 Robert Lingat, *The Classical Law of India*, p. 19。

② 参见 *Gautama*, trans. G. Bühler, in *Sacred Books of the East*, vol. 2, pp. 173-307。

③ 参见 P. V. Kane, History of *Dharmaśāstra*, vol. 1, p. 59。

④ 参见 *Vāsithha*, trans. G. Bühler, in *Sacred Books of the East*, vol. 14, ed. F. Max Müller, The Clarendon Press, 1882, pp. 1-140。

许多差异，但它们所论述的达摩在体系和内容上具有很大程度的相似性。

自前 2 世纪以来，在法经的基础上，法论/达摩论相继问世，其中比较重要的有《摩奴法论》《祭言法论》《那罗陀法论》和《迦旃延那法论》等。研究者通常认为，法论著作出现的时间是前 6 世纪到 6 世纪；但也有人认为，在 9 世纪评注出现之后，有新的法论著作继续出现。① 每部法经和法论都有各自的分类体系。法经和法论中除了包含严格法律意义上的内容，如法律程序和婚姻、家庭和继承规则等，还包含宗教、伦理和政治内容。与法经相比，法论对达摩的论述更全面、更系统也更具体，更多涉及现代意义的法律内容。② 因而许多印度教法的研究者都用法论指代印度教法的所有经典。在诸多法论中，《摩奴法论》影响最大，内容涉及基本宗教和哲学义理、达摩渊源、种姓达摩、人生阶段达摩、国王达摩、业报和赎罪等（具体论述参见本书第二章）。

圣传经还包括两大史诗，即《摩诃婆罗多》和《罗摩衍那》。前者形成于前 4 世纪至 4 世纪，后者形成于前 4 世纪至 2 世纪。它们所讲述的故事可以追溯到更早时期。此外，圣传经还包括往世书。往世书有许多部，如《薄伽梵往世书》《鱼往世书》和《龟往世书》等，出现于前 1 世纪至 8 世纪之间。史诗和往世书中除了包含许多达摩训诫和格言，还有大量涉及达摩的历史传说、故事、神话和寓言。这些"文以载法"的圣传经通俗易懂，生动形象，广泛流传，在塑造民间法文化

---

① 前一种观点参见 Robert Lingat, *The Classical Law of India*, p. 107；后一种观点参见 Patrick Olivelle, "Dharmaśāstra: A Textual History", p. 28。

② 关于法经和法论形成的年代，有关研究者存在很大争议。有关研究可参见 P. V. Kane, *History of Dharmaśāstra*, vol. 1, pp. 1–245；Robert Lingat, *The Classical Law of India*, pp. 3 – 106；Patrick Olivelle, "Dharmaśāstra: A Textual History", pp. 28 – 57；D. A. Funk, "Traditional Orthodox Jurisprudence: Justifying Dharma and Danda", in Ved P. Nanda & Prakash Sinha (eds.), *Hindu Law and Legal Theory*, Dartmouth Publishing Company Limited, 1996, pp. 27 – 69；Julius Jolly, *Hindu Law and Custom*, trans. B. Ghosh, Greater India Society, 1828, pp. 1–101；John D. Mayne, *A Treatise on Hindu Law and Usage*, revised and edited by V. M. C. Trotter, Higginbothams Ld., 1922, pp. 1 – 41；Ludo Rocher, *Studies in Hindu Law and Dharmaśāstra*, pp. 39–118。

方面发挥了重要作用。

第三种达摩渊源是良好习惯。良好习惯是指知吠陀者的善行。根据法经和法论，良好习惯不是指一般习惯，须符合以下要件。（1）知晓吠陀者的习惯。因为他们精通吠陀经，言行举止都体现吠陀的精神。（2）知晓吠陀者是指圣贤，具有良好的道德品格和声誉。（3）知晓吠陀者是指生活在"吠陀时代"的圣贤，他们对"吠陀时代"的宗教氛围和精神气质具有设身处地的体验和感受。就此而言，良好习惯是指古老的习惯。（4）良好习惯实质上是指进入印度雅利安人的早期习惯。待客的礼仪、佩带圣草的根数和新郎在婚礼上的礼拜形式等，都属于良好习惯。①

根据达摩渊源的位阶，人们在神启经和圣传经中找不到具体答案，便可以遵循良好习惯。在"吠陀时代"，人们识别良好习惯也许容易一些，但在"吠陀时代"之后，关于何为良好习惯，人们常常会产生争议。为此，古代印度便出现了集体决定良好习惯的会议。这个会议通常由十人组成，三人来自精通"三吠陀"的学者，一人来自逻辑学者，一人来自弥曼差学者，一人来自语法学者，一人来自达摩文献学者，其余三人分别选自处于不同生活阶段的人。② 后来，自法经产生后，达摩变得较为具体，涉及的范围也较广，良好习惯的作用开始减弱。

第四种达摩渊源是"自我满足"。如上所述，大多数法经和法论都确认了三种达摩渊源，即神启经、圣传经和良好习惯。《摩奴法论》除了承认上述达摩渊源，还把"自我满足"作为达摩渊源。③《祭言法论》依循《摩奴法论》的做法，也把"自我满足"作为达摩渊源。④ 兰加认为，当同一部经典的两节经文存在冲突时，由于它们都有效，

---

① Robert Lingat, *The Classical Law of India*, p. 180.
② 参见上书，第14—16页。
③ 《摩奴法论》，2：6、12。
④ *Yājñavalkya-smṛtiḥ: Text with Commentary Mitākṣarā of Vijñāneśvara and English Translation and Notes*, 1. 7, trans. M. N. Dutt, ed. R. K. Panda, Bharatiya Kala Prakashan, 2011, p. 6.

人们应诉诸"自我满足"做出选择。① 美国印度法专家戴维斯认为，人们在前三种渊源找不到可适用的规则时，才可诉诸"自我满足"做出决定。② 在后种情况下，"自我满足"应指遵照达摩精神做出判断。

不同渊源之间具有等级关系，神启经的地位最高，圣传经次之，良好习惯又次之，最后才是"自我满足"。根据印度教法理论，前两种渊源不是出自人的决定，而是从神那里直接听来或由古代圣贤所记忆的神意或神圣传统，因此是具有最高权威的达摩渊源。后两种达摩渊源是前两种达摩渊源派生出来的次要渊源。

三、达摩与王令、习惯法

如上所述，狭义传统印度法是指古代印度教法、王令和习惯法，不包括古代印度的佛教法和耆那教法，也不包括伊斯兰势力统治印度时期所推行的伊斯兰法。本部分拟探讨达摩与王令、习惯法的关系。为此，我们首先需要讨论印度教法的一个基本分类，即法、利、欲。

印度教把法/达摩、利（artha）、欲（kāma）作为人生的三种目的，称其为人生"三要"。印度教法正统理论认为，法是神意和神命，涉及宇宙运行的法则和世人正确行为的规则，以及违法所带来的后果；"利"是指世人的现世功利，包括国家、团体和个人的事功和财利；而"欲"则是指个人感官上的欲望和欲乐。《摩奴法论》指出，"法的知识注定属于不执著于财利和欲乐的人"③。这意味着法具有超越功利和摒弃娱乐的旨向。但印度教法并不把法、利、欲三者完全分割开来或对立起来。例如《摩奴法论》就指出，"人称法和财利为福，或称欲乐和财利为福，或称唯法为福，或称唯财利为福；其实则是'三合一'"

---

① 参见 Robert Lingat, *The Classical Law of India*, p. 6。
② Donald R. Davis, Jr., *The Spirit of Hindu Law*, Cambridge University Press, p. 32.
③ 《摩奴法论》，2：13。

才构成"福"。① 所谓"三合一"是指人的行为做到法、利、欲兼顾。实际上,某些达摩就兼顾法、利、欲"三要"。法论中的达摩要求国王在决策和审判时应兼顾法、利、欲。例如《摩奴法论》就指出,国王在决策中"应该独自或者与那些谋臣一起考虑法、欲乐和财利";"正确地领着刑杖走的国王在人生三要方面都顺遂"。② 再生人的遁世期属于人生的出世阶段,有关达摩具有摒弃财利和欲望的旨向,例如,遁世者"不得为无所获而悲伤,也不得为有所获而欢喜;他只可以有够活命的东西,而脱离对于身外之物的执著";"他应该通过几乎不吃食物,还通过在无人处停留,调伏受欲境引诱的诸根"。③

除了遁世期的达摩,涉及其他生活阶段的许多达摩都含摄利或/和欲。《摩奴法论》中法含摄利的例子有,"无计谋生的婆罗门""可以到处去拣谷穗和拾谷粒"④;法含摄欲的例子有,"姑娘与新郎双方自主的结合应该被称为乾闼婆式,它产生于爱欲,目的在于欢合"⑤;法同时含摄利和欲的例子有,父亲"接受新郎的一对或两对牛以后依规则嫁女儿"⑥。这些被达摩所含摄的利和欲属于达摩的组成部分。此外,在传统印度法中,达摩之外还存在两类利和欲。一类是达摩授权但没有规定具体内容的利和欲,另一类是达摩虽然未允许但也未禁止的利和欲。这两类利和欲与达摩并不冲突,在达摩之外存在和发展。

法与欲较为容易区分,但法与利的界限有时并不明确。古代印度法学家提出了一个判别方法,即达摩的动机如果不明显,就可以推定认为法中不含利的因素;达摩的动机如果明显,则可以推定认为法中包含利的因素。例如,禁止近亲结婚的达摩动机不明显,属于法不含利的规则;禁止传染病患者结婚的达摩动机则明显,是为了防止疾病遗传给后代,则属于法中含利的规则。再如,《迦旃延那法论》中的达

---

① 《摩奴法论》,2:224。
② 同上书,7:151、27。
③ 同上书,6:57、59。
④ 同上书,10:112。
⑤ 同上书,3:32。
⑥ 同上书,3:29。

摩要求国王进入法庭时，应穿着得体，集中精力，面朝东方。① 达摩要求国王穿着得体和集中精力动机明显，即意在使国王认真审判，确保司法公正，属于法中包含利的考量；但要求国王审判应面向东方，动机则不明显，属于法中不包含利的因素。根据印度教法一般理论，法是神意，而神意往往超出世人的理解范围，世人对于动机不明的达摩，即使无法理解也要尊重和奉行。

根据印度教法正统理论，法在效力上高于利和欲，法、利、欲三者之间如有冲突，后两者必须服从法的规范。例如，处于困境的婆罗门虽然可从事吠舍的某些职业，如经商，但如像吠舍那样务农就是以利害法，因为务农会导致杀生，而不杀生是婆罗门必须严格遵守的达摩，被奉为"五戒"之首。② 同样，处于梵行期的再生人应摒弃欲乐，克制欲望。他们如果跳舞、唱歌、演奏乐器、注视或触摸女子，则构成以欲害法。③

有些圣传经还把人生目的概括为"四要"，即在法、利、欲"三要"之外，加上"解脱"。④ 奥义书开始倡导解脱。解脱是指人们通过控制感官，弃绝尘世利益和娱乐，最后出离生死，超脱转世轮回，达到与梵合一。解脱的前提是遵守达摩，不染罪孽或通过祭祀、苦行和布施等善行清除罪孽。因此，解脱之境高于守法之境。追求解脱者一旦与梵合一，就超越了法与非法和善与恶的区分，进入永恒状态。实际上，在印度教徒中，只有少数超凡脱俗的婆罗门追求解脱之境。就人生阶段而言，"三要"属于入世法，解脱属于出世法，通常是进入遁世期的再生人才正式寻求解脱。因此，绝大多数再生人追求的是人生"三要"。

根据印度教法理论，神预知一切，被奉为神意的达摩具有超越时

---

① 《迦旃延那法论》有关达摩转引自 Robert Lingat, *The Classical Law of India*, p. 156.
② 关于婆罗门不得务农的达摩参见《摩奴法论》，10：83；五戒的内容是"不杀生、不妄语、不偷盗、清净无垢和调伏诸根"，参见上书，10：63。
③ 同上书，2：178—179。
④ 参见毗耶娑：《摩诃婆罗多》（五），第106页。

空的效力，覆盖人类的所有事务。即使在达摩缺乏具体规则时，世人根据达摩精神和原则也能解决所有问题。因此，印度教法不承认包括国王在内的世人具有立法权，因为法/达摩是神创和神命。在实践中，被奉为神意的达摩虽然也有变化，但与世俗法相比，达摩的变化较为缓慢。印度社会始终处在变化中，许多社会需要难以得到达摩的及时回应。为此，王令和习惯法就分别从政治系统和生活世界以各自的方式回应社会变化的需要，调控社会关系和规范人们的行为。

在传统印度法中，达摩虽然包容王令所处理的事务，如《摩奴法论》中就笼统提及作为国家构成要素的"七肢"①"治国六策"② 以及国王可以用"拔刺"③ 形式调查和惩处危害国家利益和公共秩序的犯罪。

在古代印度，信奉印度教的国王除了负责守护和实施达摩，常常发布各种具有约束力的命令。国王发布的命令称作王令，属于一种特殊规范。王令属于利的范畴，不属于法/达摩的范畴。法论并没有提及王令的概念，只是提及王令处理的一些事务，如"拔刺"等。《利论》提出了王令概念并强调其重要性。

《利论》是憍底利耶（另译考底利耶，约前400—前300年）的著作。据有关研究者考证，憍底利耶协助旃陀罗笈多推翻了难陀王朝，开创了孔雀王朝，成为帝师和新朝宰相。《利论》是古代印度的政治学著作，旨在指导国王管理国家、治理社会。在众多《利论》中，憍底利耶的《利论》最重要，其他《利论》文本均已遗失。在20世纪初，憍底利耶的《利论》传本被重新发现。这部著作对古代印度的政治、经济和法律影响很大，内容涉及"四明"，即"核究""三吠陀""治生"和"治术"。④ 通俗讲，"核究"是指逻辑学，"三吠陀"是指吠陀本集的前三部（但《利论》涉及的所谓"三吠陀"内容主要是种姓之

---

① 《摩奴法论》，9：294。
② 同上书，7：160。
③ 同上书，9：252—253。
④ 憍底利耶：《利论》，朱成明译注，商务印书馆2020年版，第5—6页。

法和人生阶段之法)，"治生"是指经济学，"治术"是指政治学。该书尽管把逻辑学和"三吠陀"的知识置于前两位，但论述的核心内容实质上是"治术"和"治生"。质言之，《利论》虽然也涉及法/达摩，但更重视的是利。

属于利范畴的王令主要涉及行政管理、经济调控、规章监管、犯罪控制与惩罚以及司法判决。首先，国王通过王令进行行政管理。《利论》在第二篇具体论述了有关内容，如国师、宰相、大臣以及各地总督的任免，朝廷和地方官员的督察，地方村社和聚落的管理，要塞的营筑和对外使者的派遣等。① 古代国王向婆罗门、寺庙或官员赠赐土地时，通常都颁发铜版赐地文书。这种赐地文书就是王令的一种形式。

其次，国王通过王令调控经济活动。王令调控的经济活动包括国家财政税收、市场价格、货币制造、农业生产、副业发展、矿产开发、交通运输以及确定度量衡标准等。②

再次，国王通过王令监管行会。古代印度有许多行业性组织，如宗教团体、手工业者、商人、艺人协会和地区性团体。各种行会都在成员协约的基础上订立规章（vyavasthā），确立成员的权利和义务。成员可自愿加入或退出行会。出于国家安全的考虑，国王对行会进行监管，审查它们的规章，对于那些符合国家政策的规章予以认可，加盖王印。行会内部设立法庭，负责裁决成员之间的纠纷。同时，国王也确保行会规章得到遵守，应当事人请求，对于违反规章的行为进行干预。③

复次，国王通过王令控制和惩罚犯罪。在这个领域，国王有权以"拔刺"的名义，铲除危害国家安全和妨害社会秩序的犯罪分子。《摩奴法论》就主张国王可采取各种有效手段"拔除国刺"。④ "国刺"包

---

① 憍底利耶:《利论》，第 17—50 页、第 68—87 页。
② 同上书，第 87—244 页。
③ Robert Lingat, *The Classical Law of India*, p. 227; J. Duncan M. Derrett, *Religion, Law and the State in India*, Faber & Faber, 1968, pp. 188-189.
④ 参见《摩奴法论》，9：252。

括贪官污吏、讹诈者、骗子、赌徒、看相人和狡猾的妓女等。①《利论》第四篇的题目就是"去刺",对此专门论述,第五篇"秘行"也涉及"拔刺"。《利论》对"拔刺"的论述更具体,涉及的行为包括谋反、官员贪腐、法官枉法、破坏水利设施、投毒、纵火、谩骂国王、泄露国家机密、盗窃兵器,交易中以次充好、缺斤短两、抬高物价等。国王可采用的刑罚包括申饬、罚款(一些断肢刑可用缴纳罚款代替)、断指、断足、割鼻、割舌、刺瞎双眼、钉于柱上、放逐、烙印等耻辱刑、牛裂其身、处死,处死方式包括烧死、溺毙、射死、罐烹等。②

为了"拔刺",国王有权设立特别刑事法庭,即"拔刺法庭"。"拔刺法庭"在以下几个方面区别于一般王室法院。其一,王室法院分为不同等级。在王室法院的最高等级,国王担任首席法官,"精于谋事的婆罗门和谋臣"作为助审法官。③"当国王不能亲自审理案件的时候,他应该委任一名博学的婆罗门",由"三名精通吠陀的婆罗门"作为助审法官。④"拔刺法庭"则"由三位国王的辅臣组成",⑤国王辅臣在审判中会更多考量政治因素。其二,王室法院负责审理的案件是由当事人自诉的,而"拔刺法庭"主动对犯罪进行侦查和起诉。其三,王室法院在审判中重视证据,在没有证据的情况下诉诸神判,而"拔刺法庭"可以采取刑讯。一般案件的刑讯有四种,即杖击6次、鞭笞7下、顶悬2次,以及用盐水灌入鼻孔。重罪案件的刑讯加重,可以杖击9次、鞭笞12下、掌嘴32次、蝎子绑2种、悬吊2种等。⑥此外,与王室法院相比,"拔刺法庭"在量刑上具有更大的裁量权。

最后,国王以王令形式做出判决。该判决主要包括以下两种:一是国王亲自审理案件所做出的判决,包括国王初审案件判决、受理上

---

① 参见《摩奴法论》,9:252—293。
② 有关"拔刺"的论述参见憍底利耶:《利论》,第342—393页。《利论》中译本将其译为"去刺"。
③ 《摩奴法论》,8:1。
④ 同上书,8:9—11。
⑤ 憍底利耶:《利论》,第342页。
⑥ 参见上书,第371—374页。

诉案件判决和纠正显失公正案件的判决；二是婆罗门、大臣或其他官员受国王委托以国王名义做出的判决。国王判决属于利的范畴，国王在判决时，利的考量是否应服从法规范？法论作者及其评注者形成三种观点。第一种观点即主流观点认为，法是神意的体现，国王对利的考量应服从法。第二种观点主张，特定案件如依法判决会产生不利效果，即明显不利于国家利益和公共福祉，国王可权衡利弊，对利与法的冲突进行协调和平衡。第三种观点认为，在特殊情况下，国王可基于利的考量做出判决；国王这样做虽然违法，染有罪孽，但可通过祭祀和布施等善行进行赎罪。①《利论》提出了另一种方案，认为"讼事有四'足'：法、律则、习俗、王命；每个靠后者都压过每个靠前者"②。参考这段文字的相关注释，文中的"法"是指达摩，"律则"是梵文 vyavahāra 的中文译名，实质是指"法律程序"，而"王命"是指王令，即"国王的文书"③。《利论》同时指出，"在法方面，若（论典上的）教诲和任何王命相抵牾"，"应以王命为准"，因为"（书面的）教说行不通"。④ 文中的"论典"应指作为达摩渊源的神启经和圣传经。这意味着，在神启经和圣传经中的法/达摩规则行不通时，国王可以超越它们，基于利的考量以王令的形式做出判决。更值得注意的是，在法、利、欲的基本关系上，《利论》主张"利恰是首要的"，因为"法与欲都以利为根基"⑤，《利论》关于利高于法的观点与法论的正统观点截然相反。

如何看待王令的性质、作用以及王令与达摩的关系？笔者试指出以下几点。

其一，根据印度教法理论，法/达摩乃是神创和神命，而王令作为世人国王的命令，是与王权相联系的。王令不是达摩，涉及的内容是

---

① 上述三种观点参见 Robert Lingat, *The Classical Law of India*, pp. 250-256。
② 憍底利耶：《利论》，第251页。
③ 同上。
④ 同上书，第253页。
⑤ 同上书，第17页。

法论授权国王具体处理的事项，属于达摩之外的利范畴，不同于达摩所含摄之利。王令在行政管理、经济调控、犯罪打击和司法审判等方面发挥了重要作用。正如兰加所言，王令"属于行动中的实在法，直接适用于臣民，由国王及其下属官吏施行"，在达摩之外"型塑和控制着王国的社会活动"。① 其二，法论主张法高于利，属于利范畴的王令在位阶上低于法，必须服从法。《利论》主张利高于法，在法与利冲突时，以利为准。法论的主张基于宗教立场，而《利论》的主张则代表政治立场。实际上，《利论》主张高于法之"利"不是指一般功利，而是特指国家利益和公共福祉。同时，王令只有与达摩冲突时，才出现王令与达摩孰高孰低的问题。对王令所涉及的大部分领域，如行政管理、经济调控和"拔刺"等领域，法论只笼统提及，具体规则留给政治权威来厘定。因此，王令所涉及的大部分内容并不会与达摩发生冲突。涉及国家安全、社会秩序和公共福祉等重大利益时，王令可能出于利的考量突破达摩规则。但这类情况毕竟属于特例。一般情况下，王令会尊重达摩，避免与达摩发生冲突。涉及宗教事务时，国王会更加谨慎，不会下令禁止人们布施、朝圣或按照既定仪式举行祭祀，更不会冒犯种姓之法和人生阶段之法，而会尊重有关达摩。② 其三，王令往往涉及特殊领域，指向特定对象。例如，在没有实行英国式判例法的古代印度，国王判决的效力仅限于个案。相比之下，达摩规则涉及的范围更广，且适用于再生人，并辐射到首陀罗和贱民。此外，王令具有偶然性、临时性和多变性。通常情况下，王令的效力大多都限于其在位期间，同一位国王以后令废前令的情况也时有发生。相比之下，达摩虽然也变化，但无疑更加稳定。印度古代的王令没有汇编成集，一些王令在石刻、铭文或宫廷档案中得以幸存。相比之下，承载达摩的重要印度经典都被汇集成册，并被保存下来。

总之，在传统印度法中，达摩处于核心地位，王令是对达摩的

---

① Robert Lingat, *The Classical Law of India*, p. 232.
② J. Duncan M. Derrett, *Religion, Law and the State in India*, p. 167; Robert Lingat, *The Classical Law of India*, p. 225.

补充。

　　与王令一样，习惯法也是传统印度法的组成部分。前文已指出，良好习惯是达摩渊源之一，已经成为达摩体系的组成部分。传统印度法中还有一种称作"阿加罗"（ācāra）的习惯法，这种习惯法虽然不同于作为正式法源的良好习惯，却得到印度教法的承认。例如《摩奴法论》中就指出，"知法的国王应该详细调查各地区的各种姓法，还有行会法和家族法，然后确定各人的法"。① 其中"各地区的各种姓法""行会法"和"家族法"都是习惯法。《摩奴法论》还指出，"习俗是最高的法"②。这句话中的"习俗"是指习惯法，但称习惯法是最高的法显然夸大了习惯法的地位。根据印度教法的整个体系和内在精神，习惯法明显低于达摩。我们还需指出，习惯法不同于人们的日常行为习惯，如印度人用右手抓饭进食的习惯。习惯法是指确定人们权利和义务的习惯性规则。这种规则不是源自神启，而是形成于生活世界中的特定人群，长期得到人们的尊重和遵守。人们对于习惯法所确认的权益，只要不与达摩或王令冲突，便可受到司法保护。因此，习惯法是指具有法律意义的习惯性规则。在传统印度法中，习惯法与达摩具有复杂的关系。

　　首先，习惯法影响达摩。在以法论为主要载体的达摩文本中，大量达摩规则的"前世"实际上都是习惯法。良好习惯就是习惯法"转世"为达摩的典型例子。《摩奴法论》中的婚姻和继承规则也都是由习惯法"转世"而成的。《摩奴法论》中列举了八种婚姻形式，婆罗门可选择其中的六种（或四种），刹帝利可选择其中的四种。③ 这些婚姻形式反映了当时流行的婚姻习惯法。刹帝利种姓可采取的罗刹式婚姻，就源自雅利安人部落时期武士抢婚的习惯法。史诗《摩诃婆罗多》中就有王族抢婚的故事。例如，般度族的王子阿周那与雅度族的女子妙

---

① 《摩奴法论》，8：41。
② 同上书，1：108。
③ 参见上书，3：21—34。

贤在接触中彼此产生了好感,便约定以抢婚形式完婚;① 在羯陵伽国王为女儿举办的选婿大典上,俱卢族王子难敌把没有选中他的公主抢走。② 这种古老的习惯法到《摩奴法论》时在刹帝利种姓中仍然存有遗迹,因而被这部法论所列举。《摩奴法论》所列举的三种遗产继承方式,③ 也是吸收不同时期和不同地域习惯法的产物。此外,在同一部法论中,针对同一问题的相互冲突规则也反映了实践中流行的不同习惯法。例如,《摩奴法论》反对婆罗门与首陀罗女子结婚,④ 却承认这种结合所生子女享有继承权。⑤ 种姓内婚制的达摩源于早期习惯法,而一些婆罗门男子有时背离达摩,与首陀罗女子结合。这种现象逐渐增多,经过一段时间便为习惯法所确认,《摩奴法论》对此也不得不做出妥协。此外,法经和法论中包含大量法谚。《摩奴法论》中强调婆罗门优越地位的法谚有,"在有理智者中,人最优秀;在人中,婆罗门最优秀";警示国王不要胡作非为的法谚有,"恰如生物因摧残身体而丧命,国王们因摧残国家而丧命";禁止杀生的法谚有,"在这个世界上我吃它的肉,到那个世界上它必将吃我"。⑥ 这些法谚或者流行于民间,由法论直接吸收;或者是法论作者提炼习惯法的产物。总之,法论等印度教经典中除了包含一些由婆罗门作者建构的内容,如神话、宗教义理、道德训诫和赎罪规则,大量内容(尤其是具体达摩规则)都是通过吸收习惯法而形成。当然,印度教法理论不会承认这一点。

其次,达摩之外存在大量习惯法。法论等印度教经典吸收的习惯法成为达摩的组成部分。印度地域广大,人口众多,各个地区、族群或村社的发展很不平衡,而法论等经典文本一旦形成就很难改变。因此,对于各个地区、族群或村社出现的许多法律问题,达摩难以及时

---

① 参见毗耶娑:《摩诃婆罗多》(一),金克木等译,中国社会科学出版社 2005 年版,第 463—471 页。
② 参见毗耶娑:《摩诃婆罗多》(五),第 9 页。
③ 参见《摩奴法论》,9:104—117。
④ 参见上书 3:14—19。
⑤ 参见上书,9:149—153。
⑥ 上述法谚分别参见上书,1:96,7:112,5:55。

和具体回应。这样一来，各种习惯法便在达摩之外发展起来。就人群而言，种姓越低的人群中习惯法越发达。这是因为印度教法主要是以适用于婆罗门的达摩作为原型，适用于再生人即前三个种姓。前三个种姓是雅利安人，而首陀罗是非雅利安人。首陀罗虽然被列入种姓，但达摩主要是对他们施加义务。对被排除在种姓之外的贱民，达摩更是极力贬低和打压。严格说来，印度教法仅仅适用于印度教徒，而只有前三个种姓才有资格成为印度教徒。但是，首陀罗和贱民都是印度教法进行区分的产物，因而达摩也辐射到首陀罗和贱民阶层。例如，《摩奴法论》宣称本身包含"一切种姓和杂种姓的法"①。首陀罗属于第四种姓，而贱民的来源之一就是杂种姓，例如首陀罗男子与婆罗门女子所生子女就成为贱民旃陀罗。法论中涉及首陀罗和旃陀罗的规则很少。他们的内部关系主要由各自的习惯法调整。因此，在首陀罗和贱民阶层中，习惯法的作用更大。就地区而言，与印度北部地区相比，印度南部地区受到印度教的影响较晚，那里居住着大量不属于雅利安人的当地居民。除了婆罗门，印度南部地区的居民多对达摩感到隔膜，许多事务遵循当地的习惯法。此外，在信奉其他宗教的国王统治印度时期，如在皈依佛教的阿育王统治时期，或在信仰伊斯兰教的莫卧儿国王统治时期，新的法院系统取代了原来负责实施印度教法的全国性王室法院系统。在阿育王时期，新的法院系统负责实施佛教法；在莫卧儿王朝，新的法院则负责实施伊斯兰法。同时，婆罗门的特权被取消，没有资格像原来那样参与较高等级的司法，而只能参与村社司法。在上述时期，达摩由于得不到政治权威的支持和王室法院的实施，地位受到削弱；习惯法在印度教徒的生活中便发挥重要作用。

  达摩之外存在的习惯法很多都是对达摩的补充，如商业交易习惯、行会规章和娱乐庆典惯例等。在晚近有关习惯法的研究中，研究者在一些石刻、铭文、贝叶和纸质文献上发现了许多习惯法。例如，研究者在印度西部地区发现的一处石刻上就列有6世纪当地流行的72条习

---

① 《摩奴法论》, 1: 2。

惯法。①

达摩之外存在的大量习惯法填补了达摩留下的空白。例如，根据达摩规则，吠舍的职业是务农、放牧和经商。但对于吠舍是否可以从事矿业、林业和交通运输行业，达摩没有具体规则。诸如此类的空白只能由习惯法来填补。填补达摩空白的习惯法通常不会与达摩冲突，但与达摩存有冲突的习惯法也很多。例如，根据达摩，首陀罗只能服侍高种姓，而不能从事其他职业，但实践中很多首陀罗都成了农民，在印度南部地区尤其如此。② 在印度北部的一些地区，有的首陀罗从事贸易，有的还从事刹帝利职业。③ 根据达摩，吠舍可以经商，但不得从事刹帝利职业，但有些商队竟然自己组织军队，持有武器护卫大篷车。④《摩奴法论》主张实行一夫一妻制，但有些地方却流行一妻多夫制；达摩禁止离婚，有些地方习惯法却允许离婚；达摩反对买卖婚姻，一些地方习惯法却承认一种奇特的买卖婚姻，即低种姓女子嫁给高种姓男子须付给男方高额嫁妆费。⑤ 印度南部个别地区的习惯法承认外甥与舅父女儿之间的婚姻，而达摩禁止这种近亲结婚。⑥ 达摩反对高利贷，要求利息不得超过本金，但晚近发现的石刻文字记载，古代印度一些地区的习惯法承认利息超过本金的借贷交易。⑦ 更值得注意的是，研究者在喀拉拉邦发现一个属于17世纪的文本。这个文本中包括大量习惯法规则，其中有64条习惯法规则与达摩相悖。⑧

再次，达摩影响习惯法。法国学者兰加指出，达摩除了吸收习惯法，"借助宗教权威也对习惯产生影响"。⑨ 美国学者罗切尔指出，法论

---

① Axel Micheals, "The Practice of Classical Hindu Law", in Timothy Lubin et al. (eds.), *Hinduism and Law: An Introduction*, p. 62.
② J. Duncan M. Derrett, *Religion, Law and the State in India*, p. 172.
③ 同上书，第173页。
④ 同上书，第174页。
⑤ 同上书，第177、206—207页。
⑥ 同上书，第86页。
⑦ 同上书，第213页。
⑧ Axel Micheals, "The Practice of Classical Hindu Law", p. 65.
⑨ Robert Lingat, *The Classical Law of India*, p. 203.

文本的作者对习惯法"不仅记录,而且反思"。① 遗憾的是,古代印度人缺乏记录事实的习惯,因而我们很难获得有关达摩影响习惯法的具体材料。不过,某些达摩前后的变化折射出达摩对习惯法的影响。两大史诗中关于王族实行一夫多妻和一妻多夫婚姻的故事反映了印度早期的婚姻习惯法。《罗摩衍那》中的十车王同时有三个妻子,②《摩诃婆罗多》中的黑公主同时嫁给般度族五兄弟③。后来,这两种婚姻形式已不合时宜,但实践中仍然存在。《摩奴法论》主张一夫一妻制就意在废除过去承认多妻制和多夫制的习惯法。《摩奴法论》允许寡妇在丈夫亡故无子的情况下,与丈夫的弟弟或兄长生一个儿子,随后便谴责这种传宗接代的方式是野蛮行为。④ 这种传宗接代的方式在吠陀早期曾经存在过。在《梨俱吠陀》第10卷第40首献给双马童神的颂诗中,第2颂有诗句云:"寡妇之床,恭候叔伯,若迎新郎。"⑤《摩诃婆罗多》中有这样一个故事,福身王与贞信生有二子,长子花钏战死,次子奇武虽同时娶有二妻,但没有生子就撒手人寰。为了王位后继有人,贞信便招来奇武的同母异父兄长毗耶娑与两位弟媳生子。⑥ 这种传宗接代的方式符合印度古老的习惯法。《摩奴法论》一方面确认了这种习惯,但同时却谴责这种习惯。这反映出法论在接受习惯法时,也对习惯法有所反思,尝试废除不合时宜的习惯法。根据《鲍达耶那法经》,一个婆罗门男子同时可娶四妻,一个来自本种姓,另外三个分别来自刹帝利、吠舍和首陀罗种姓,四妻所生子女对父亲的财产都享有继承权。⑦《摩奴法论》主张一夫一妻制。晚于《摩奴法论》的《祭言法论》只允许婆罗门男子同时娶三妻,分别来自本种姓、刹帝利种姓和吠舍种姓,

---

① Ludo Rocher, *Studies in Hindu Law and Dharmaśāstra*, p. 20.
② 蚁垤:《罗摩衍那》,季羡林译,载《季羡林全集》第22卷,外语教学与研究出版社2010年版,第124页。
③ 参见毗耶娑:《摩诃婆罗多》(一),第411—425页。
④ 参见《摩奴法论》,9:59、64—68。
⑤ *The Hymns of the Rgveda*, vol. 2, p. 438.
⑥ 参见毗耶娑:《摩诃婆罗多》(一),第259页。
⑦ *Baudhāyana*, I. 8. 16, 2-5, II. 2. 3, 10, trans. G. Bühler, in *Sacred Books of the East*, vol. 14, pp. 196, 225.

不得娶首陀罗女子为妻。① 达摩常常通过废除早先达摩的方式来废除某些过时的习惯，但习惯根深蒂固，只有经过漫长的时间，废除先前习惯的达摩才会产生效果。例如，禁食牛肉的达摩改变了印度人早期食用牛肉的习惯。在不杀生戒条的影响下，许多印度人放弃了食肉习惯，奉行素食主义。

最后，关于达摩与习惯法的关系问题，有关研究者存在很大分歧。其中两种观点代表了分歧的两端。法国传教士布歇基于他在印度的观感，在1714年给巴黎高等法院院长的信中说，印度"既没有法典，没有汇纂，也没有用于解决家庭纠纷的任何成文法"，"全部公正的裁决是基于大量被认为必要的习惯和某些惯例"。② 布歇没有提到达摩，认为印度的全部法律都是习惯法。1783年成为加尔各答最高法院法官的英国人琼斯（W. Jones）认为，《摩奴法论》中"包含宗教和民事的义务以及各个法律领域的制度，印度教徒坚信它由摩奴在人类最初时代所创制……全面而具体"③。为此，他把《摩奴法论》译成英文，以为英国殖民管区的英国法官适用印度教法提供指导。显然，琼斯没有关注习惯法的重要作用。

20世纪中叶以后，有关达摩与习惯法的研究取得很大进展。研究者吸收了晚近发现的铭文、石刻、贝叶和纸质文献所记录的有关达摩和习惯法的信息，重新思考了达摩与习惯的关系。总体而言，这些研究者不再像早期研究者那样，要么只见习惯法不见达摩，要么相反。他们认为，达摩和习惯法都是传统印度法的组成部分，既相互影响，也有区别。法国学者兰加认为，习惯法主要是以口耳相传的方式存续，而达摩被汇编成集；习惯法具有流动性，达摩具有稳定性；习惯法主

---

① *Yājñavalkya-smṛtiḥ: Text with Commentary Mitākarā of Vijñāneśvara and English Translation and Notes*, 1. 57, p. 27.

② 参见 "Father Bouchet's Letter on the Administration of Hindu Law", trans. Ludo Rocher, in Ludo Rocher, *Studies in Hindu Law and Dharmaśāstra*, ed. Donald R. Davis, Jr., Anthem Press, 2012, pp. 675-677.

③ 参见 *Institutes of Hindu Law: Or the Ordinances of Menu*, 3rd ed., trans. William Jones, W. H. Allen & Co., 1869, Preface, xi-xii.

要流行于低种姓人群，而达摩则主要受到高种姓人群遵守；与习惯法相比，达摩即使没有得到实际遵循，也是传统印度法的基本模式。① 美国学者罗切尔认为，理论上法论中的达摩重要，实践中习惯法重要。② 英国学者戴瑞特认为，达摩和习惯的重要性因不同地区或种姓而有差异。③

在传统印度法中，是达摩还是习惯法居于核心地位？笔者认为，与习惯法相比，达摩是传统印度法的核心，具体理由如下。其一，必须承认，在传统印度法中，达摩之外存在大量习惯法。这些习惯法填补了达摩的空白。与达摩相比，习惯法更灵活也更多元，因此更能切合特定地区、种姓或人群的具体情境，及时回应社会发展中出现的各种需要。其二，根据印度教法理论，源自神创的达摩属于法的范畴，而源自生活世界的习惯法不属于法的范畴，属于利或欲的范畴，因此习惯法的位阶低于达摩。在理论上，习惯法不得与达摩冲突，否则无效。其三，国王有权通过王令废除习惯法，但无权废除达摩。④ 这从一个侧面表明达摩的地位更高。其四，根据印度教法理论，人们违背习惯法不会染有罪孽，也不需要赎罪。但人们违背达摩则染有罪孽，如果没有受到惩罚或进行赎罪，会受到现世或来世报应。总之，在传统印度法中，达摩是核心，习惯法是对达摩的补充。

我们分别论述了达摩与王令、习惯法的关系，现在试对本部分内容进行总结。

第一，传统印度法包含三部分内容，即以达摩概念为核心的印度教法、王令和习惯法。根据印度教法理论和分类，只有达摩是法，而王令和习惯法都属于利和欲的范畴，因此都不是印度教法意义上的"法"。作为印度教法的研究者，一方面，我们应采取参与者的视角，尊重印度教法的理论和分类，并尝试运用有关理论和分类去理解印度

---

① Robert Lingat, *The Classical Law of India*, pp. 203-204.
② Ludo Rocher, *Studies in Hindu Law and Dharmaśāstra*, p. 56.
③ J. Duncan M. Derrett, *Religion, Law and the State in India*, pp. 161, 206.
④ 同上书，第 162 页；Robert Lingat, *The Classical Law of India*, p. 225.

教的原则、精神和价值，阐释印度教法的体系、制度和规则。只有这样，我们才能深入理解印度教法的基本义理、历史背景和运作机制，避免使用非印度教法的概念或理论曲解这种宗教法。但另一方面，研究者也应采取观察者的视角，避免仅仅采取参与者视角的局限，对研究对象只有同情式理解或理解式同情，而缺乏反思性观察和批判性分析。例如，对印度教法关于达摩是神意的主张，我们如果采取参与者的视角，就会努力理解这种主张的意义及其历史和宗教背景。但我们如果采取观察者的视角，作为秉持无神论的观察者，就不会认同这种主张本身，而会从功能上认为，提出这种主张的婆罗门作者旨在借助神灵权威，将有利于婆罗门利益的规则加以汇编，并赋予这些规则以"神启"权威，从而使维护婆罗门特权的达摩规则具有神圣性，不容置疑，永世长存。印度教法理论声称世界只有一种法即达摩，这种法既包含宇宙法则也囊括人世规则，因而不承认宗教法和世俗法的划分。但我们从观察者的视角出发就会发现，达摩并不是古代印度教国家的全部法律，在达摩之外还有王令和习惯法。王令和习惯法都具有强制性、规范性和可诉性，在功能上与达摩一样，能够调控社会关系和规范人们的行为。我们从比较法的视角出发，依据现代法的定义，就会把王令和习惯法也视为法。我们认为，狭义传统印度法中实际上包含三种法，即印度教法、王令和习惯法。前者是宗教法，后两者是世俗法。

  第二，在上述三种法中，习惯法与实践联系最密切，王令次之，而印度教法又次之。但它们与实践联系的密切程度与它们对实践影响的大小并不成正比。它们对实践的影响因不同领域而不同，在宗教和婚姻、家庭和继承领域，印度教法的影响较大；在行政管理、经济调控和公共秩序维护等领域，王令的影响较大；在日常生活领域，习惯法的影响较大。从长时段看，印度教法总体上对于传统印度法的实践影响更大。

  第三，王令和习惯法在传统印度法中都发挥了重要作用。但相比之下，达摩所构成的印度教法仍然是传统印度法的核心。首先，如前所述，达摩在位阶上高于王令和习惯法。其次，达摩是传统印度法的主体，种姓达摩、人生阶段达摩、国王达摩和赎罪达摩涵盖了传统印度法的大部分领域，仅仅在国王之法中就涉及按照现代分类属于民商法、家庭法、继承法和刑法等诸多内容。相比之下，王令和习惯法都是对印度教法的补充。最后，印度教法自成一体，较为稳定，而王令和习惯法都零散多变，不成体系。印度教法虽然也具有多元的特点，但相较于分散的王令和习惯法，它对于维护传统印度法的统一发挥了重要作用。印度教法的原则、精神、价值和体系具有统一性，涉及种姓、人生阶段和婚姻形式等的重要规则也具有很大程度的统一性。印度教法在位阶上高于王令和习惯法，对于抑制分散的王令和习惯法起到了重要作用。如果去掉印度教法，传统印度法达摩就会坍塌，只剩下零散的王令和分散的习惯法。

四、印度教法占据核心地位的主要原因

如上所述，印度教法是达摩所构成的宗教法。在传统印度法中，印度教法是核心，发挥主要作用，王令和习惯法发挥次要作用。之所以如此，主要原因如下。

第一，印度教法的核心地位得益于印度教的支配地位。如上所述，在古代印度大多数历史时期，印度教是支配性宗教，具有国教地位。在印度教国家，印度教不仅对其他宗教具有优势地位，而且凌驾于政治之上。印度教法是印度教的组成部分，借助印度教的优势地位，便在传统印度法中占据核心地位。还应该指出，作为印度教组成部分的印度教法，已经成为印度教徒信仰的一部分。相比之下，王令和习惯法作为世俗法缺乏印度教法那样的神圣基础，人们遵守王令和习惯法都是基于利或欲的考量。

第二，印度教法的核心地位得益于印度教经典的特殊地位。印度

教法植根于神启经和圣传经。这两大类宗教经典中的达摩被奉为神意。相比之下，王令和习惯法不具有神圣性，地位低于达摩。从1772年开始，在印度的英国殖民当局决定对管区内印度人的一些诉讼，如涉及宗教、婚姻、家庭和继承的，适用印度教法。在以后相当长的一段时间里，这些管区法院的英国法官把法论等印度教法经典著作当作制定法适用于有关案件。这种做法不仅忽视了习惯法，而且是对法论等经典著作的误解和误用。因为印度教法是"法学家之法"，不同于法典或法规形式的制定法。在印度教徒的眼中，这些经典承载的达摩乃是神意和神命，远非世俗的法典或法规中的制度和规则可比。我们可以参照《圣经·旧约》律法对于犹太教信徒的特殊意义和《古兰经》诫命对于穆斯林的特殊价值，来理解神启经和圣传经中的达摩对于印度教徒的重要性。

第三，印度教法的核心地位得益于婆罗门的特殊地位和作用。在印度教的种姓制度中，婆罗门是第一种姓，不仅掌控宗教，还垄断文化。印度教的重要经典绝大多数都出自婆罗门之手。[①] 实际上，神启经和圣传经是婆罗门学者假托神的权威和古代圣贤之名而创作的。在古代印度教国家，婆罗门在撰著这些经典时，赋予它们以神圣性，作为其中组成部分的印度教法也具有了神圣性，地位便高于王令和习惯法。一些婆罗门担任国师、宰相和大臣，涉足国家重要事务，向国王提出建议。婆罗门还参与司法，除了协助国王审理案件，还受国王之托，代表国王审理案件。在村社法庭潘查亚特中，婆罗门常常负责审理案件和裁决纠纷。此外，婆罗门会议决定范围广泛的赎罪案件。婆罗门通过参与政治和司法，推动了印度教法的施行。[②]

第四，印度教法的核心地位得益于政治权威的支持。婆罗门凭借编纂印度教经典的垄断权，在这些经典中确立了印度教法的规则。这

---

① 作为一个例外，摩希陀娑·爱多雷耶是婆罗门仙人与低种姓女子所生，因而不属于婆罗门种姓，但由于得到女神的恩典，成为梵书和森林书的作者。参见《奥义书》，第162页注释1。

② 参见 Axel Micheals, "The Practice of Classical Hindu Law", p. 70。

些被称为达摩的印度教法被奉为神意，获得了不容置疑的权威和效力。婆罗门虽然事实上垄断了印度教法的"立法权"，但他们认识到，这些达摩的施行需要得到政治权威的支持。于是，他们把施行达摩的任务交给国王。根据法论，维护达摩和施行达摩是君王的一项职责。《摩奴法论》列出18类纠纷，并明确了处理这些纠纷的程序和实体规则，要求国王依据这些达摩规则处理这些纠纷，做出判决。印度教法还要求，对于属于赎罪的犯罪，在婆罗门会议做出决定后，国王应保证有关决定得到执行。

第二章 《摩奴法论》的历史背景、主要内容与重要影响

传统中国法以成文法为主要形式，例如，唐代的律、令、格、式和清代的律、例都采取成文法形式。因此，中国学者在观察印度教法时，也会按照自己的成文法传统寻找类似中国的成文法形式。然而，与传统中国法的成文法不同，印度教法的权威法源是神启经和圣传经。这些经典文本虽然被汇编成文，法论甚至在形式上很类似律则，但它们与中国古代的成文法不同，不是由国王及其政府制定并颁布的法典或法规，而是婆罗门学者的私人学术著作。在中国古代，至少从秦代到清代，"法自君出"乃是常态。传统印度法中虽然包括王令，但王令不是印度教法的法源，像习惯法一样，只对印度教法起到补充作用。本书第一章已经指出，在传统印度法中，印度教法占据核心地位。在印度教法中，神启经和圣传经是权威法源。在这两种权威法源中，法经和法论对印度教法的论述最直接，都以法/达摩为主题；而与法经相比，又属法论对印度教法的论述更全面、更系统、更具体。在多达百部法论中，《摩奴法论》是法论的奠基之作，在印度教法中影响最大。有鉴于此，本章将具体讨论《摩奴法论》，考察它的历史背景，阐释它的主要内容，指出它的重要影响。

一、《摩奴法论》产生的背景

为了理解《摩奴法论》的基本精神和具体内容，我们有必要了解这部法论产生的背景。关于《摩奴法论》形成的时间，学界虽然存在很大分歧，但得到多数人接受的观点认为，《摩奴法论》形成于前2世

纪至 2 世纪。

本书第一章已经指出，吠陀本集中所确立的三大原则，即"吠陀神启""祭祀万能"和"婆罗门至上"，也是印度教法的基本原则。但在前 8 世纪至 2 世纪，印度教和国家经历了许多重要变化和挑战：（1）印度教的义理发生了一些变化，这些变化直接影响了印度教法的基本制度；（2）印度多次受到外国侵略，并受到外国人的统治；（3）印度国内政局不稳，政权频繁更替，有时低种姓夺取政权，成为统治者；（4）沙门思潮中佛教等本土宗教的出现，对印度教提出了挑战。针对这些变化和挑战，《摩奴法论》做出了回应，以下分述之。

第一，《梨俱吠陀》的《原人歌》宣称，"原人之口，是婆罗门；彼之双臂，是刹帝利；彼之双腿，产生吠舍；彼之双足，出首陀罗"①。《梨俱吠陀》中的这首颂诗和其他赞颂婆罗门的颂诗，确立了婆罗门高于刹帝利、吠舍和首陀罗的原则。然而，前 8 世纪开始出现的奥义书，却对先前的婆罗门至上原则提出了质疑。《大森林奥义书》中指出，"在太初，这个世界唯有梵"；"作为唯一者，它不显现"；"它创造出优秀的形态刹帝利性"；"没有比刹帝利更高者"。② 同一部奥义书提到，博学婆罗门跋罗基要为迦尸国国王阿阇世讲授有关梵即最高神的知识。阿阇世愿意受教，并答应布施一千头牛作为谢礼。跋罗基便开始讲解，首先认为太阳神是最高神梵。阿阇世不同意他的主张，予以反驳。跋罗基随后一一列举月神、雷电神、风神、火神、水神，把他们作为最高神梵。阿阇世都一一反驳，说他的讲解不得要领。跋罗基只好承认自己不知道什么是梵，便向阿阇世请教。根据印度教传统，刹帝利要拜婆罗门为师。阿阇世属于刹帝利种姓，理应以跋罗基为师。但跋罗基却要拜阿阇世为师，阿阇世自然感到惊奇，认为"婆罗门拜刹帝利为师""是颠倒次序"。③《歌者奥义书》记载，希婆多盖杜是一位婆罗

---

① 巫白慧译解：《〈梨俱吠陀〉神曲选》，商务印书馆 2010 年版，第 255 页。
② 《奥义书》，黄宝生译，商务印书馆 2010 年版，第 29—30 页。
③ 同上书，第 39—42 页。《憍尸多基奥义书》几乎用同样的表述重复了这个故事，参见上书第 354—358 页。

门青年，他在般遮罗族大会上见到了国王遮婆利。国王向他提出了人死后去往哪里等五个问题，他全都不能回答。回家后，他向父亲阿卢尼请教。阿卢尼承认自己回答不了这些问题，便去请教国王，国王便向他具体讲解。关于人死后去往哪里的问题，国王说，人死后根据一生的业果，或者进入天神之路，或者进入祖先之路。有的进入梵，不再返回；有的还会转世。国王还对婆罗门阿卢尼说，"在你之前，这种知识从未传给婆罗门"，"因此，一切世界都由刹帝利统治"。①

奥义书的上述内容传达出以下信息。其一，婆罗门虽然是再生人即前三个种姓的师父，负责传授知识，但他们掌握的知识是吠陀时代前期的知识，而对吠陀时代后期奥义书中有关梵的知识却一无所知。其二，既然婆罗门的知识陈旧，就不配作为师父教导刹帝利。其三，刹帝利知晓有关梵的知识，向婆罗门传授这种知识，就颠倒了先前的师徒次序。其四，人们的地位不应基于出身，而应以知识来衡量，刹帝利在有关梵的知识上优于婆罗门，在地位上也就应高于婆罗门。

前6世纪产生的佛教对婆罗门也提出了批评。《十婆罗门本生谭》中记载，高罗婆王治国时，想要动员全国对婆罗门进行布施，但发现"受布施食者中，守五戒者全无一人，皆为破戒者"，有的婆罗门甚至为人屠宰家畜，从事首陀罗职业。② 在《婆罗门品》中，释迦牟尼对当时和过去的婆罗门进行了更具体比较，认为当时有些婆罗门已经堕落，甚至连狗都不如。③ 佛经的记述从侧面反映出，婆罗门出现了道德滑坡的趋势，还有一些婆罗门违法从事低贱职业。因此，《知源经》针对婆罗门至上原则提出了挑战，认为从起源上，先有刹帝利，后有婆罗门；依据行为判断，婆罗门与其他种姓都一样，各有行善者和作恶者。④ 随后，释迦牟尼引用"梵天常童子"所说之偈："众人若依族姓论，刹帝

---

① 《奥义书》，第180—185页。
② 《汉译南传大藏经》第37卷，小部经典12，悟醒译，元亨寺妙林出版社1995年版，第251—259页。
③ 《汉译南传大藏经》第21卷，增支部经典3，郭哲彰译，元亨寺妙林出版社1994年版，第262—263页。
④ 参见《长部》，段晴等译，中西书局2012年版，第434—442页。

利为最殊胜。"①

为了回应印度教义理的一个重要变化，即奥义书质疑吠陀本集所确立的婆罗门至上原则，同时回应来自佛教对婆罗门优越地位的挑战，《摩奴法论》在法经的基础上重申了婆罗门源自神创，论述了种姓之法的具体内容，确认了婆罗门享有的各种特权和利益，同时强调婆罗门应成为各个种姓的道德标杆和守法楷模，即便在处于困境时，也不应逾越底线，从事低贱职业。由此，《摩奴法论》在新的历史条件下坚定地捍卫了婆罗门至上原则。

第二，奥义书产生之前，印度教特别重视祭祀，并形成了"祭祀万能"的观念。有些祭祀规模很大，持续时间很长。在祭祀中，祭司严格按照仪轨主持祭祀，如点燃祭火，向神灵奉献赞词、颂歌和各种祭品等。早期祭祀重视仪式性，具有形式主义的特征。奥义书对先前的祭祀提出了批评，如《剃发奥义书》指出，"为数十八的这些祭祀仪式，如同破船，被认为是低下之业，那些愚者视为至福，满心欢喜，结果是再次返回衰老和死亡"，而"祭祀者出于贪著，不知道这些，以致从耗尽的世界坠落而痛苦"。②奥义书反对先前的形式主义火祭，而主张"内在火祭"。③内在祭祀区别于先前的形式主义外在祭祀：（1）不是由祭司主持、众人参加，而是由一个人单独举行；（2）祭祀者不再点燃祭火，向神灵奉献祭品，而是以自己的语言和气息向神献祭；④（3）祭祀的对象不是先前的众神，而是一位最高神梵；⑤（4）祭祀的主要目的不是获取神灵的回报，而是追求解脱，与梵合一，超越生死轮回。

为了回应印度教内部祭祀观的变化，《摩奴法论》对外在祭祀和内在祭祀进行了整合，倡导多种形式祭祀。由此，祭祀者可采取念诵吠

---

① 《长部》，第442—443页。
② 《奥义书》，第297页。
③ 同上书，第342页。
④ 同上。
⑤ 《大森林奥义书》指出，"人们说：'祭祀这位神！祭祀那位神！'其实，每一位神都是他的创造，因为他就是所有这些神"。参见上书第27—28页。

陀的形式举行"梵祭",也可采取奉献祭品形式的神灵祭和祖先祭,还可举行由奥义书所倡导的内在祭祀。《摩奴法论》倡导祭祀者既要祭祀奥义书之前的各种神灵,也应祭祀奥义书中奉为最高神的梵。《摩奴法论》在有关人生阶段之法中,强调家居者必须履行各种祭祀义务;林居者也要保持祭火,举行祭祀;而遁世者虽然可以抛弃祭火,但要把祭火内置,用语言和气息举行内在祭祀。

  第三,雅利安人进入印度之后,在生活方式上从游牧生活转向农耕生活,在社会组织形式上由部落转向国家。进入印度的雅利安人征服了印度原住民达罗毗荼人,成为印度的统治者。但印度在进入国家阶段之后却受到外国的多次侵略,导致部分领土丧失,甚至国家政权丧失。"约前516年,波斯国王大流士率军入侵,征服了旁遮普和印度河以西地区。"① 前327年5月至前325年10月,马其顿国王亚历山大率军侵入印度,占领了印度西北部分地区,对印度历史和文化产生了很大冲击。② 约前88年,塞人侵入印度河流域,并定居印度。③ 前1世纪末,大月氏人建立的贵霜帝国(Kuṣāṇa Empire)征服了印度西北地区,随后征服了印度大部分地区,成为印度的统治者。④ 外国的多次侵略,尤其是受到外国人的统治,使印度婆罗门中的有识之士感受到危机,意识到为了抵御外国的侵略,防止受到外国人的统治,印度必须强化王权,建构强大的中央政府。为此,《摩奴法论》用三章篇幅论述了国王的权力。这部法论赋予国王广泛的权力,包括内政和外交大权。在法律领域,《摩奴法论》授予国王护卫和施行达摩之权。国王除了有权根据达摩处理案件、惩罚犯罪,还有权基于利的考量以"拔刺"名义打击惩治各种危害国家安全和公共秩序的不法分子。与此同时,为了防止在印度的外国人势力过大,《摩奴法论》把在印度定居的波斯

---

  ① 林承节:《印度史》,人民出版社2004年版,第29页。林太认为这次波斯侵入印度时间是在前518年,参见林太:《印度通史》,上海社会科学院出版社2012年版,第36页。
  ② 林太:《印度通史》,第38页。
  ③ 同上书,第56页。
  ④ 同上书,第57页。

人、希腊人和塞人等外国人都贬为贱民。①

第四，印度在前6世纪进入了"列国时代"，其中有十六个较大国家，各国相互征战。摩揭陀王国（前544—前491年）最后征服了其他国家，成为大国，疆域包括印度的大部分地区。但阿阇世去世之后，摩揭陀王国又陷入内乱，难陀篡权建立了难陀王朝（前364—前324年）。不久，旃陀罗笈多推翻了难陀王朝，建立了孔雀王朝（前324—前187年）。这个王朝在阿育王（前273—前232年在位）时期实现了较大范围的统一，但阿育王死后，国家又陷入分裂。前187年，巽伽王朝（前187—前75年）建立；前73年，甘华王朝（前73—30年）取代了巽伽王朝；前28年，甘华王朝又被崛起于德干高原的萨塔瓦哈那王国所推翻。② 由此可见，在《摩奴法论》产生之前，印度多数时期都处于政治分裂状态。摩揭陀王国和孔雀王朝建立的大国都未能持续长久，且没有统一全部印度领土。《摩奴法论》作者主张加强王权，明显是吸取了印度先前的教训，希望建立统一的国家，结束由分裂和纷争所导致的动荡和混乱局势。

第五，按照正统印度教教义，国王应出身刹帝利种姓。但在印度历史上，一些属于低种姓的人使用武力或通过宫廷政变夺取了王位。例如，难陀在摩揭陀王国末期篡夺了王位，建立了难陀王朝。关于难陀的出身，有许多说法。一种观点认为他是首陀罗女子所生，③ 另一种观点认为他是理发匠与妓女所生。④ 旃陀罗笈多推翻了难陀王朝，成为孔雀王朝第一代君主。关于他的出身，史家也有许多说法。一种观点认为他是国王与首陀罗女子所生，⑤ 另一种观点认为他属于吠舍种姓，⑥ 还有一种观点认为他是牧民之子⑦。关于难陀和旃陀罗笈多的出身有不

---

① 《摩奴法论》，蒋忠新译，中国社会科学出版社2007年版，10：43—44。
② 林太：《印度通史》，第50—51页。
③ 赫尔曼·库尔克、迪特玛尔·罗特蒙特：《印度史》，王立新、周红江译，中国青年出版社2008年版，第71页。
④ 林太：《印度通史》，第28页。
⑤ 林承节：《印度史》，第39页。
⑥ 林太：《印度通史》，第39页。
⑦ 斯坦利·沃尔波特：《印度史》，李建欣、张锦冬译，东方出版中心2015年版，第53页。

同传说，史家的观点也存在分歧，但有一点可以肯定，这两位国王都不属于刹帝利种姓，而属于吠舍或首陀罗种姓。在婆罗门看来，低种姓出身的人成为国家最高统治者，不仅违反印度教法，而且构成对高种姓的羞辱。因此，《摩奴法论》作者重申国王必须出身刹帝利种姓，并宣布非刹帝利种姓的国王等于屠夫，婆罗门不得接受他们的布施，尤其不得居住在首陀罗统治的国家。①

第六，据史家记载，旃陀罗笈多晚年由印度教改信耆那教。② 阿育王在前261年率领大军征服了羯陵伽后，对战争中的大量杀戮感到后悔，皈依佛门，并在全国推行佛教达摩。③ 贵霜帝国皇帝迦腻色伽（78—101年在位）在统治印度期间也皈依了佛教，并对佛教予以扶持。④ 阿育王和迦腻色伽在扶持佛教时虽然尊重印度教，但无论如何，印度教的支配地位在当时不复存在。

上述第三至第六点为婆罗门提供了历史教训。他们认识到，只有婆罗门和刹帝利密切合作，才能有效防御外国侵略，避免受到外国的占领和统治；才能在国内建立稳固的政权和强大的中央政府，实现统一，达致长治久安；才能防止低种姓者夺取王位统治高种姓；才能确保印度教成为国教，避免其他宗教占据支配地位。为此，《摩奴法论》突出强调婆罗门与刹帝利必须密切合作，认为"没有婆罗门，刹帝利就不会成功；没有刹帝利，婆罗门就不会成功；婆罗门和刹帝利一经结合，必将双双在今生和来世都成功"⑤。

第七，前6世纪，沙门思潮风起云涌。沙门（śramaṇa）原指印度教徒以外的出家人，他们与婆罗门奉行不同学说。沙门分为许多教派，其中影响较大者是佛教和耆那教。沙门各教派的教义虽然分歧很大，但具有以下共同点：（1）挑战吠陀经的权威；（2）成员不分种

---

① 参见《摩奴法论》，4：61、84—86。
② 林太：《印度通史》，第40页。
③ 同上书，第45页。
④ 林承节：《印度史》，第64页。
⑤ 《摩奴法论》，9：322。

姓，自愿加入；（3）各派遵守自己的戒律；（4）童年之后便可脱离世俗生活。① 沙门不在家居住，而是出家修行，居于林中，四处游荡，只为乞食而进入村中。沙门遵守严格的戒律，努力修炼苦行，思考宇宙法则和人生道理。沙门各派的创立者纷纷聚徒讲学，吸引了许多信徒。信徒模仿师父，到处传播本派学说。② 在沙门思潮的鼎盛行时期，沙门中的一些思想产生了广泛影响。有些婆罗门也加入佛教队伍，并成为其中的骨干，例如在释迦牟尼的十大弟子中，就有四位是婆罗门种姓出身。③ 沙门的主张和影响对印度教构成很大挑战。同时，四处游走的沙门增加了社会管理难度和施主的负担。为了回应沙门的挑战，《摩奴法论》系统阐释了人生阶段之法，认为印度教徒必须经历人生的四个阶段，只有在履行了梵行期和家居期的义务之后，才能进入林居期和遁世期。《摩奴法论》用三章篇幅论述再生人的家居期之法，宣布在四个生活阶段中，家居期最重要。在印度，苦行者形象最初出现于《梨俱吠陀》中。④ 奥义书把苦行作为获得解脱的一个方法，例如《剃发奥义书》指出，"苦行者们通晓吠檀多知识，实施遁世瑜伽，心地纯洁，他们在最终时刻，升入梵界，达到至高永恒而彻底解脱"。⑤ 后来，沙门对苦行加以发挥，耆那教把苦行发挥到极致，其中的天衣派裸行漫游。佛教创始人释迦牟尼在出家修行的最初阶段也修炼严酷的苦行，后来觉得此路不通，才另辟法门开悟，通过自觉证得佛法，并转而抨击修炼极端苦行的耆那教，蔑称其为"裸行外道"。⑥ 但佛教初期的出家人身着粪扫衣，乞食为生，露宿野外，生活毕竟具有一定程度的苦

---

① S. R. 戈耶尔：《印度佛教史》，黄宝生译，中国社会科学出版社 2020 年版，第 70—75 页。
② 有关沙门的论述，参见上书，第 70—75 页；渥德尔：《印度佛教史》上，王世安译，贵州大学出版社 2013 年版，第 33—37 页。
③ 他们是舍利弗、目犍连、大迦叶和富楼那，参见崔连仲：《从佛陀到阿育王》，辽宁大学出版社 1991 年版，第 148—149 页。
④ 在《梨俱吠陀》中的《因陀罗赞》第 6 颂中有"鼓励婆罗门，唱圣歌乞士"之句，巫白慧认为"乞士"是指婆罗门苦行者，参见巫白慧译解：《〈梨俱吠陀〉神曲选》，第 138—143 页。
⑤ 《奥义书》，第 306 页。
⑥ 参见《长部》，第 393—394 页。

行特征。沙门苦行者获得了很高声誉，对婆罗门的权威构成很大挑战。为了回应这种挑战，《摩奴法论》也重视苦行，在关于人生阶段之法中，梵行期、林居期和遁世期都涉及苦行。此外，《摩奴法论》还依据苦行的难度，把苦行分成不同等级，予以包容，并指出各个等级具有相应的赎罪功效。

第八，印度教的最早经典《梨俱吠陀》中就出现了业报观念的萌芽。[①] 奥义书中正式提出了业报说，例如《大森林奥义书》指出，人们"按照行动，获得业果"；"一个人变成什么，按照他的所作所为"；"行善者变成善人，作恶者变成恶人"。[②] 佛教对印度教的业报说加以发挥，提出了系统的业报轮回说，并在《本生经》中结合大量具体故事讲解了业报因果关系。佛教的业报说在印度民众中产生了广泛影响。根据业报说，善有善报，恶有恶报，凡染有罪孽的行为，如果不赎罪且没有受到国王惩罚，都会在现世或来世遭受业报。为了强化印度教的业报观念，同佛教的业报说进行竞争，《摩奴法论》第 11 章全部内容均为赎罪达摩，论述了各种染有罪孽者如何赎罪。第 12 章的大部分内容都是业报达摩。

二、《摩奴法论》的主要内容

《摩奴法论》全书分为 12 章，2682 颂。[③] 第 1 章描述了《摩奴法论》的缘起以及创世过程。众仙人拜见摩奴（Manu），并请求他讲述

---

① 参见葛维钧：《吠陀时代业报说的萌芽——"业报理论源流探索"之一》，《南亚研究》1996 年第 2 期，第 43 页。

② 《奥义书》，第 86 页。

③ 这个数目出自蒋忠新的中译本《摩奴法论》。《摩奴法论》的不同版本，颂的数目略有不同，例如，马香雪从法文转译的中译本《摩奴法典》（商务印书馆 1982 年版）有 2684 颂；琼斯的英译本（1994）、布勒的英译本（1886）、多尼格（W. Doniger）与史密斯（K. Smith）的英译本（1991）以及奥利维尔（P. Olivelle）的英译本（2005）都是 2685 颂。"颂"是对古代印度诗体韵文的一种表述形式，一"颂"相当于一节或一段，形式多样，通常由 4 个音步组成。在《摩奴法论》，一颂在形式上类似法典或法规的一条，第 7 章 3—4 颂，第 8 章第 2—3 颂、181—182 颂、250—251 颂，采取两颂合并在一起的表述形式。

各个种姓以及杂种姓的法/达摩。摩奴应请从创世讲起，描述了自在神如何使无形的宇宙暗体转为显现状态，自身如何在这种显现的过程转化为梵天，以及梵天如何创造了包括物质和精神在内的世界万事万物。在这个过程中，梵天创造了摩奴、四大种姓以及论述种姓之法的法论，并把法论传给摩奴。作为梵天之子的摩奴，转而把法论传给他所创造的十位仙人，并委派其中之一的芯力瞿①向众仙人讲述法论的内容。摩奴从梵天那里接受了这部法论，并传授给他人，因此这部法论称为《摩奴法论》。

第 2 章的内容比较复杂，包括以下几点：（1）界定了达摩/法的定义："始终为脱离爱与恨的有智识的善人们所衷心赞成和奉行的就是法。"②（2）指出了达摩的四种渊源，即神启经、圣传经、良好习惯和自我满足。（3）阐述了再生人的圣礼和义务，包括诞生礼、命名礼、剃发礼和入教礼。（4）论述了再生人第一个人生阶段即梵行期的守则与戒行。

第 3—5 章论述再生人第二个阶段即家居期的法。其中第 3 章主要论述梵行期结束后，再生人应娶妻成家及其所涉及的 8 种婚姻形式，以及家居期应履行的各种祭祀。

第 4 章主要阐述再生人家居期的生计，包括职业和与人交往规则等。

第 5 章阐释家居期的饮食规则、清净规则和妇女的地位和义务。第 2—5 章中 3/4 的内容都可以在法经中发现，但《摩奴法论》在许多地方丰富和发展了法经中的相关内容。

第 6 章篇幅很短，涉及再生人后两个阶段即林居期和遁世期的规则。

第 7—9 章的内容集为一类，即国王的法。其中第 7 章集中论述了国王的地位、国家组织、官吏设置、内政和外交策略以及税收、司

---

① 译者把梵文 Bhrgu 译作"芯力瞿"，但在第 12 章第 1 颂中却译为"婆利古"。前后文译名不一致可能源于译者笔误。
② 《摩奴法论》，2：1。

法等。

第 8 章论述法律程序，开篇就列出了国王负责审理的 18 类纠纷，随后具体论述了前 15 类纠纷及其规则，结合第一类纠纷即债务纠纷讨论了证据规则。

第 9 章前 228 颂接续第 8 章内容，论述了 18 类纠纷中第 16 至 18 类纠纷及其规则，内容涉及夫妻关系、析产和继承以及赌博。第 9 章余下的部分论述四大罪的罪名和国王以"拔刺"名义惩治各种危害国家和公共秩序的犯罪，国王治国安邦之术，以及吠舍和首陀罗应遵守之法。

第 10 章内容分为两部分：一是涉及种姓混合问题，出现了许多法经所没有涉及的混合种姓名称；二是论述了不同种姓在困境下为了维持生活的职业变通形式。

第 11 章前 43 颂涉及婆罗门担任祭司的特权及其应遵守的规则。其余部分论述赎罪规则，包括罪孽的复杂分类和具体赎罪方式。

第 12 章主要论述业报达摩，人们违反达摩便染有罪孽，如违法行为没有受到惩罚，就必须赎罪，否则行为人要受到现世或来世业报。该章最后部分除了指明解脱之径，再次强调《摩奴法论》的神圣起源和权威。第 12 章和第 1 章一样，包括许多宗教和哲学内容，使用了印度教数论派哲学的许多概念。实际上，《摩奴法论》所论述的达摩，除了包括属于现代意义的法律内容，还涉及宗教、伦理、哲学和政治内容。

奥利维尔认为，今天所见《摩奴法论》的排列方式可能并不是原初结构；从内容排列上就可以看出，许多内容属于后加部分，例如第 2 章和第 9 章都把不同内容混在一起，可能就是后人篡改的结果。① 除了奥利维尔指出的问题，还有些内容前后重复，如第 1 章第 87—91 颂论述的四种姓职业，在第 10 章中的第 74—80 颂重复出现。此外，《摩奴

---

① Patrick Olivelle, *Manu's Code of Law: A Critical Edition and Translation of the Mānava-Dharmaśāstra*, Oxford University Press, 2005, Introduction, p. 7.

法论》中存在许多前后冲突的内容。例如，第 3 章允许婆罗门或刹帝利男子娶首陀罗女子，"首陀罗只可选首陀罗女子为妻；吠舍可选这个种姓和同种姓；刹帝利可选这两个种姓和同种姓；婆罗门可选这些种姓和同种姓"①，但紧接着却宣布，婆罗门或刹帝利在任何情况下都不得娶首陀罗女子为妻。② 这类前后矛盾的情况很可能是后人基于习惯的变化，对原初文本进行了篡改。

（一）种姓制度

《摩奴法论》在第 1 章中开宗明义地指出以下两点。第一，众仙人请求摩奴为他们讲述"一切种姓和杂种姓的法"③。第二，神创造《摩奴法论》的目的是"为了规定婆罗门的行为，附带也规定其余种姓"④。"杂种姓"是不同种姓之间杂婚的结果，杂种姓之法是种姓之法的派生规则。

种姓制度是雅利安人进入印度之后所形成的社会等级制度。关于种姓制的历史，值得注意的有以下几点：其一，雅利安人进入印度之后，遭遇当地的达罗毗荼人，他们起初用"瓦尔纳"（varṇa）概念来区分自己和达罗毗荼人。瓦尔纳本意是"色"或"肤色"。雅利安人把黑肤色的达罗毗荼人称为达萨（dāsa）或达休（dasyu）。"雅利安瓦尔纳"与"达萨瓦尔纳"的区分，背后隐含着白皮肤雅利安人与黑皮肤达罗毗荼人之间的种族区分。其二，雅利安人内部也出现了职业分化，即分为祭司、战士和农民，于是产生了婆罗门瓦尔纳、刹帝利瓦尔纳、吠舍瓦尔纳，分别以白色、红色和橘黄作为标识。雅利安人的这种职业分工逐渐演化成社会阶序，其中作为祭司阶层的婆罗门自视为雅利安人中血统纯正的代表，处于雅利安人阶层的顶端，作为战士的刹帝利成为第二等级，从事农业、牧业与商业的吠舍成为第三等级。其三，

---

① 《摩奴法论》，3：13。
② 参见上书，3：14。
③ 同上书，1：2。
④ 同上书，1：102。

雅利安人在征服当地的达罗毗荼人之后，把他们纳入自己所支配的社会等级之中，使他们成为社会地位最低的首陀罗种姓。由此，古代印度形成四个种姓。印度教的权威经典《梨俱吠陀》的晚期作品《原人歌》正式确立了种姓阶序。其四，由于不同种姓之间出现了杂婚，导致种姓混杂，肤色也开始混杂，例如白肤色的婆罗门由于逆婚，可能被降为首陀罗。因此，肤色与种姓已经没有必然联系，瓦尔纳也无法与人们的实际肤色相对应。于是出现了"贾提"（jāti）一词。自法经开始，这个词就意指一个人因出身而具有的社会地位，例如一个人由于父母都是婆罗门，就拥有婆罗门地位，如果父亲属于首陀罗，母亲属于吠舍、刹帝利或婆罗门，就属于杂种姓。杂种姓后代之间的各种组合使得杂种姓变得更为复杂。瓦尔纳是理论分类的原型，而后来的贾提概念则反映出不同瓦尔纳之间婚姻所出现的后果。其五，葡萄牙人在1510年侵占了印度的果阿地区，随后把该地区变成自己的殖民地。在15世纪中叶，葡萄牙的旅行家开始使用具有"种族"或"部族"含义的casta一词指称印度的社会阶序。① 到17世纪，英国人用英语caste指称印度的等级制度。中国学者把这个词翻译为"种姓"，用于指称印度的社会阶序。由上述可见，种姓概念不仅反映了种族区分，而且反映了社会职业分工所形成的社会等级。

　　《摩奴法论》不仅确认了种姓制度，还从不同角度强化了这种社会阶序。首先，《摩奴法论》宣称种姓制度乃是神创。梵天在创造万物的时候不但创造了人类，还创造出种姓制度，即从口中生出婆罗门，臂中生出刹帝利，腿中生出吠舍，脚中生出首陀罗。② 实际上，这是对《梨俱吠陀》中《原人歌》关于种姓制度起源内容的复述，只是创造种姓之神"原人"被换成了"梵天"。在《摩奴法论》文本中，梵天和原人是同一位有形之神的不同名称。由此可见，《摩奴法论》确认了种姓制度的神圣性。

---

　　① 路易·杜蒙：《阶序人：卡斯特体系及其衍生现象》，王志明译，浙江大学出版社2017年版，第75页。
　　② 参见《摩奴法论》，1：31。

在四个种姓中，婆罗门"一出生便为天下之尊""万物之主""法的不朽的化身"和"整个世界的法主"，"有资格享有一切"。① 作为四种姓之首的婆罗门除了享有专门从事某些职业的特权，还有以下特权。1. 享有人身特权：刹帝利来源于婆罗门，婆罗门同刹帝利的关系如同父子关系，百岁的刹帝利也要把十岁的婆罗门尊为"父亲"；国王"即使大难临头，他也不得惹怒婆罗门"。② 2. 享有财产特权：（1）从事正业的婆罗门享有免税权；（2）国王不得没收婆罗门财产，即使其遗产无继承人，遗产也不归国王；（3）无力向国王交付罚款的刹帝利、吠舍和首陀罗，必须用劳役抵付罚款，而婆罗门则可以逐步偿付罚款；（4）国王如发现地下埋藏的古代财宝，应把其中一半布施给婆罗门；（5）国王"为了求功德"举行祭祀，应该把种种供享受的物品和钱施舍给担任祭司的婆罗门；（6）国王要进入林居期，"应该把得自一切罚款的钱财施给婆罗门"；（7）婆罗门可随意拿取首陀罗的财产。③ 3. 司法特权：（1）婆罗门除了可以协助国王审判，还可以受国王委托直接审理案件；④（2）在某些情况下，婆罗门具有独立的司法权，"不必向国王起诉"，"仅以自己的威力惩罚那些得罪他的人"⑤。4. 死刑豁免权：婆罗门不受死刑惩罚，可用剃发或放逐代替死刑。⑥ 婆罗门的上述特权表达了婆罗门的理想。在实践中，婆罗门的一些特权未必能够实现，例如，国王发现地下埋藏的古代财宝，未必真会把其中的一半布施给婆罗门。但无论如何，婆罗门理论上享有的这些特权毕竟反映出了婆罗门种姓的优越地位。

与婆罗门相反，首陀罗是最低种姓，属于非再生人，无权受圣礼，不可学习和念诵吠陀，财产不受保护，即使被主人解放，也解脱不了

---

① 上述四点分别参见《摩奴法论》，1：93、98—100。
② 参见上书，9：320—321，2：135，9：313。
③ 上述七点分别参见上书，7：133、201，9：189，9：229，8：38，7：79，9：323，8：417。
④ 参见上书，8：1、9—10。
⑤ 同上书，11：31。
⑥ 参见上书，8：379—380。

奴隶身份。① 处于种姓之外的贱民旃陀罗被视为"不可接触者"，地位更低，必须住在村外，从事搬运尸体和刽子手等低贱职业。②

其次，《摩奴法论》从职业分工上强化了种姓制度。婆罗门应从事的理想职业是"六业"，即教授吠陀、学习吠陀、祭祀和为他人主持祭祀、进行布施以及接受布施，因为学习吠陀和自己举行祭祀并无收入，布施还要付出财物，因而婆罗门作为谋生的"三业"是教授吠陀、为他人主持祭祀和接受布施。刹帝利的主要职业是保护众生，为此，国王应出自刹帝利种姓。刹帝利应努力学习吠陀并为婆罗门提供布施。吠舍的主要职业是务农、放牧和经商。首陀罗的主要职业是侍奉高种姓，尤其是婆罗门。这是正常情况下的职业，而当人们面临困境，无法从事上述职业时，则可能变通。例如，婆罗门不能从事本业时，可以从事刹帝利的职业，甚至可以从事吠舍的职业。但为了避免杀生，婆罗门即使以捡拾谷穗为生，也应尽量避免务农。他们如经商，则不得从事熟食、家畜与野生动物、药草、武器以及酒等交易。总之，在正常情况下，四个种姓的职业分工界限分明，各自不得越界。在特殊情况下，不同种姓的职业虽可以变通，但需要遵守以下原则：其一，高种姓可以从事低种姓的职业，但有具体限制，如婆罗门不得从事首陀罗的职业；其二，低种姓均不得从事高种姓的职业，例如后三个种姓都不得从事婆罗门的"三业"，即教授吠陀、为他人主持祭祀和接受布施。③

再次，种姓的界限也决定了婚姻的选择范围。反过来，婚姻制度也反映出种姓制度。为了保持血统纯洁，理想的婚姻是种姓内婚制，即同一种姓内部的男女结合。但现实中，种姓内婚原则无法完全实现，出现了大量不同种姓之间结合的情况。为此，《摩奴法论》不得不承认这种现实。这又分为两种情况，一种情况是所谓的"顺婚"，"男高女

---

① 参见《摩奴法论》，10：126，8：417，8：414。
② 参见上书 10：51、55—56。
③ 参见上书，1：87—91，10：74—112。

低"，即高种姓男子与低种姓女子之间结合，例如婆罗门男子与其他三个种姓女子结合，刹帝利男子与吠舍和首陀罗女子结合，以及吠舍男子与首陀罗女子结合。① 与种姓内婚姻相比，这种"顺婚"所生子女要承受不利后果，即在种姓上不依随父亲的高种姓，而依随母亲的低种姓，例如，婆罗门男子与吠舍女子所生的子女属于吠舍种姓。另一种情况是"逆婚"，"女高男低"，即低种姓男子与高种姓女子结合。"逆婚"所生子女处于更不利的地位，例如婆罗门女子与首陀罗男子所生子女将被排斥在种姓之外，沦为贱民。②

（二）人生阶段规则

古今不同社会的法律都会针对不同年龄有些变通规定，例如未成年人的法律责任区别于成年人，儿童和老年人会受到一些特殊法律保护。但把人生划分为不同阶段，并根据人生的不同阶段而设定不同的规则，则是印度教法的一个典型特色。如果说种姓制度涉及的是人与人之间的横向关系，那么人生阶段之法则从纵向上设定了再生人不同阶段的权利和义务。人生阶段的划分最初源于奥义书，《歌者奥义书》中提到"有三种正法分支"，第一种是"祭祀、诵习吠陀和布施"，第二种是"苦行"，而"梵行者住在老师家中，始终控制自我"是第三种。③ 这段内容常常作为印度教关于人生阶段划分的起点，即把人生划分为三个阶段，作为学生的梵行期、家居期和苦行期。但其中的"苦行期"是指林居期还是遁世期，抑或兼指这两个时期，并不明确。同时，奥义书也没有论及各个人生阶段的具体规则。法经在奥义书的基础上，把再生人的生活由三个阶段扩展为四个阶段，并确立了各个时期的具体规则。《高达摩法经》④ 和《阿帕斯坦巴法经》把遁世期置于

---

① 参见《摩奴法论》，3：13。
② 参见上书，10：6—60。
③ 《奥义书》，第149页。
④ *Gautama*, III. 2, trans. G. Bühler, in *Sacred Books of the East*, vol. 2, ed. F. Max Müller, The Clarendon Press, 1879, p. 190.

林居期之前,①《鲍达耶那法经》和《瓦西什陀法经》把遁世期列于林居期之后。②《摩奴法论》在借鉴法经的基础上,把再生人的一生划分为四个阶段,即梵行期、家居期、林居期和遁世期,并指出各个阶段应遵守的规则。

1. 人生第一个阶段是梵行期。再生人与非再生人的重要区别在于是否学习吠陀。学习吠陀是再生人的一项权利,也是义务。再生人正式学习吠陀的时期称为梵行期。不同种姓梵行期开始的时间略有差别,一般情况下,婆罗门为8岁,不得晚于16岁;刹帝利为11岁,不得晚于22岁;吠舍为12岁,不得晚于24岁。进入梵行期的人需要举行拜师入教礼。梵行期至少为9年,多至36年。在学习期间,徒弟与师父共住,师父必须是婆罗门,师徒关系如父子关系;徒弟的衣食住行都必须符合规定,如尊敬师父,每天出门乞食,潜心学习。学习吠陀的目的在于掌握吠陀精义,修行身心,调伏诸根。实际上,梵行期的学徒生活具有苦行的性质,除了每日乞食,乞得食物上交给师父,还忌食蜂蜜、肉类、香料和调味汁,也不得跳舞、唱歌、演奏乐器、注视或触摸女子。③ 如梵行期结束,他们应尽其所能奉献谢师礼,如土地、金子或牛马等,至少送上一把伞或一双鞋。④

这里需要指出以下几点。第一,属于前三个种姓的再生人才有资格经历梵行期,初生于母亲,再生于入教礼。⑤ 这里的"再生"是指人们通过学习吠陀,在信仰和精神上的升华,而不是指轮回转世中的再次出生。第二,梵行期涉及的是前三个种姓的男性,不涉及女性。女性以婚礼作为入教礼,由此获得再生。第三,梵行期是印度教徒的一种学习和训练过程,同时也是一种苦行历练。首陀罗虽然是具有种姓

---

① *Āpastamba*, II. 9. 21. 1, trans. G. Bühler, in *Sacred Books of the East*, vol. 14, ed. F. Max Müller, The Clarendon Press, 1879, p. 151.
② *Baudhāyana*, II. 6. 11, 12, trans. G. Bühler, in *Sacred Books of the East*, vol. 14, p. 258; *Vasiṣṭha*, VII, 2, trans. G. Bühler, in *The Sacred Books of the East*, vol. 14, p. 40.
③ 同上书, 2: 177—179。
④ 参见《摩奴法论》, 2: 108—249; 3: 1。
⑤ 参见上书, 2: 169。

之人,但无论男女都无权获得再生人资格并实现再生。实际上,再生人与非再生人之分,背后隐含着印度教徒与非印度教徒的区分。印度教是雅利安人的宗教,首陀罗属于非雅利安人和受到排斥的雅利安人(如某些雅利安人因父母逆婚而沦为首陀罗),自然被拒斥于印度教之外。

2. 人生第二个阶段是家居期。梵行期过后,再生人进入家居期。经师父允许,徒弟沐浴后回家,他的父亲向他献上牛奶和蜂蜜。然后,他应按照法律规定娶妻生子。《摩奴法论》宣布,家居期是人生最重要阶段,因为"处于一切生活时期的人都靠家居者生存","所以家居者的生活时期数第一"。① 家居期标志着再生人完成了宗教经典的学习过程,实现了再生,进入了生活自立阶段,由此可以单独举行祭祀。再生人进入家居期后,开始承担家庭责任,养家糊口,从物质上支持宗教祭祀活动,并为处于其他人生阶段的再生人提供资助。进入家居期的男子要娶妻生子,传宗接代,延续香火。因此,《摩奴法论》中用三章篇幅论述家居期之法。

家居期最重要的活动是祭祀。家居者每天应进行五祭,分别为梵祭、祖先祭、众神祭、精灵祭和客人祭。教授吠陀为梵祭,上供为祖先祭,烧供为众神祭,空供为精灵祭,供养客人为客人祭。② 除了梵祭,其他四种祭祀都需要提供食物等祭品,并念诵各种颂诗、祷文。除了日常五祭,还要按月份、季节或节日举行祖祭。与家祭不同,公祭主要是祭祀众神,其中苏摩祭规模最大。

在苏摩祭中,国王举行的马祭最为显赫,有时持续数年。国王为了宣示王权,威震四方,常常举行马祭。古印度的两大史诗都有关于马祭的具体描述。《摩诃婆罗多》中"马祭篇"对马祭的描写尤为生动、具体。在俱卢之野大战之后,以坚战为首的般度族取得了胜利。坚战决定举行马祭。在毗耶娑仙人的指导下,马祭开始。一匹全身布

---

① 《摩奴法论》,3:77—78。
② 参见上书,3:70。

满黑色斑点的骏马，经过祭司检验之后，被作为祭马放开。祭马开始游荡。坚战的弟弟阿周那骑着白色骏马，跟随并护卫祭马。祭马在经过三穴国、东光国、信度国和摩揭陀国等多个国家时，受到各国阻截，阿周那便相继战胜各国。一年之后，祭马返回首都象城。马祭进入第二个阶段，祭典开始。受邀各国国王前来恭贺，献上礼物。祭司按照仪轨建起的祭坛，形状如金翅鸟，祭柱高耸，十分壮观。祭火点燃，火光映天；颂歌响起，嘹亮悦耳。捆绑在祭柱上的三百头祭牲，有野兽、家畜和鸟禽，被相继宰杀。然后，祭马也被宰杀。王后黑公主坐在杀死的祭马旁边。祭司按照仪轨取出祭马的骨髓，然后将剩下的祭马肢体投入祭火。坚战赐给祭司厚礼，祭司受坚战之托，向求食者发送食物。祭场到处洋溢欢歌笑语。①

进入家居期的人除了应善于持家和学会待人处事，还要遵守清净规则，尤其应遵守有关饮食的规则。他们必须知道哪些食物清净可食，哪些食物不可食，以及触犯禁食规则该如何赎罪。家居者应以婆罗门为楷模，参照有关婆罗门的具体要求。此外，家居期的规则还涉及妇女地位。

3. 人生第三个阶段是林居期。当家居者发现自己脸有皱纹和头生白发，且其后代有了后代，即有了孙子，就应离家到森林中隐居。他可由妻子伴行，但不得携带家产或财物。他到森林后，应身着兽皮或破衣，不修剪须发和指甲；以采集蔬菜和野果为食，每日一餐。林居者还必须修炼各种苦行，例如，在白天，在地上打滚或用脚尖站立；在夏季，应头顶烈日并在周围置火烘烤；在雨季，应裸体淋雨；在冬季，应身着湿衣，受冻耐寒。他可以生火，并应坚持每日进行五祭和其他重要祭祀。在没有食物时，林居者可以到村落乞食，但要把食物带回林中去吃，或者只喝水吞风，直到身体倒下。②

4. 人生第四个阶段是遁世期。通过林居苦行生活，再生人逐渐摆

---

① 参见毗耶娑：《摩诃婆罗多》（六），金克木等译，中国社会科学出版社2005年版，第600—630页。

② 参见《摩奴法论》，6：1—32。

脱肉体上的恐惧，并还清"三重债"，即学习并掌握吠陀偿还师父之债，举行祭祀偿还神灵之债，娶妻生子并有孙子偿还祖先之债。随后，他就应进入生命的下一个阶段，彻底遁世。此后，他应弃火独行，到处游荡，不修边幅，超越生死之念，无欲无忧，无悲无喜；他应每日一餐，以采集蔬菜和野果为食，偶尔可到村落乞食；他喝水时应以衣服过滤，以免杀生；除了维持生存，他必须抛弃一切身外之物；他还应念诵吠陀，一心向梵，通过瑜伽制服欲望，在灵魂上与梵合一，超越善恶，摆脱轮回。遁世者和林居者不同，不得与妻子同行，必须单独游荡；不再执火祭祀，只用念诵吠陀的瑜伽和生命气息进行内在祭祀。林居者通过苦行反思肉身的局限和弊端，摆脱欲望，而遁世者则通过更严酷的苦行使灵魂得到升华，摆脱肉体，亲证灵魂与梵合一，实现解脱。①

（三）国王的主要权力和职责

在印度教法中，只有五戒，即不杀生、不妄语、不偷盗、清净无垢和调伏诸根，② 属于四种姓的一般达摩，其他达摩因种姓或人生阶段而异，都是特殊达摩（svadharma）。《摩奴法论》特别重视国王的地位和在实施达摩中的重要作用，以三章篇幅专门论述国王达摩（rājadharma）。

1. 国王的地位与一般职权

首先，《摩奴法论》论述了国王的性质和权力。（1）王权乃由神创，旨在维护和实施达摩，保护臣民。（2）国王是神的化身，王权具有神圣性。但这是强调王权的重要性，并不意指国王真正是神。国王只是握有重要权力的世人。（3）国王应出身刹帝利种姓，品行端正，通晓吠陀，精通达摩，足智多谋，英勇善战。③

其次，《摩奴法论》界定了国王的一般职责和义务。（1）国王、大

---

① 参见《摩奴法论》，6：33—96。
② 参见上书，10：63。
③ 参见上书，7：1—10。

臣、国都、国土、国库、军队和盟友被喻为"国家七肢",① 国王应建立和完善国家"七肢",还应任命城市总督和村社首领。(2)国王应掌握治国方略,精通"治国六策",即联盟、战争、进军、按兵不动、分军和寻求庇护,并与谋臣商议日常事务,如结盟、战争、国防、治安和财政等;在治国安邦上,要保持精力旺盛、积极行动、保护臣民、合理收税、运用密探和约束百姓。② (3)作为刹帝利种姓,国王宁死疆场,也不能躲避战斗。③ (4)在国内和对外事务中,国王为了实现正确的目标,可以采取各种有效手段。④ 这些事务都属于利的范畴,而不属于法/达摩的范畴。《摩奴法论》只是授权国王处理这些事务,而没有提供具体规则。实践中,国王通常以颁发王令的方式处理这些内政、外交、经济和治安等事务。

2. 国王的司法权

《摩奴法论》列举18类纠纷,并要求国王负责依据达摩审理这些纠纷:(1)不偿还债务,(2)寄存与典押,(3)出卖他人财物,(4)合伙事业,(5)不兑现布施,(6)不付工资,(7)违反协约,(8)撤销买卖,(9)主人与牧人之间的争议,(10)边界争议,(11)打人,(12)言语伤人,(13)偷盗,(14)强盗,(15)奸淫妇女,(16)夫妻关系,(17)分家析产,(18)赌博。⑤ 值得注意的是,上述18类纠纷具有以下几个特点。第一,它们全部属于私人纠纷,多数涉及个人之间的纠纷,少数涉及团体纠纷,如边界争议就可能是两个村社之间的纠纷。第二,在这些纠纷中,不仅涉及民事、商事纠纷,还涉及刑事纠纷,第11至15类纠纷便将侵权行为作为犯罪处理,因为这些侵权行为同时危害公共秩序。与大多数古代国家的法律一样,古代印度教法并不严格区分民事与刑事案件。对于所有这些案件,以国王为首的王室法院都采取

---

① 参见《摩奴法论》,9:294。
② 参见上书,9:294—312。
③ 参见上书,7:87—89。
④ 参见上书,7:1—226。
⑤ 参见上书,8:4—7。

不告不理的原则。第三，上述18类纠纷所涉及的领域都属于严格意义的法律纠纷，即便列为首项的债务也是指世俗之债，与宗教的"三重债"没有关系。但从内容的性质来看，18类纠纷所涉及的一些规则仍然包含宗教因素，如对犯罪的刑罚因种姓而异，继承人须以承担祭祀祖先的义务为前提。第四，不偿付债务被列为18类纠纷之首，反映出现实中可能存在许多债务人欠债不还或不及时偿还的情况。国王负责审理案件时，由婆罗门和谋臣陪同；① 国王可以委托一位博学婆罗门在三名陪审官的协助下代替他审理案件。

国王及其受委托的婆罗门在审理案件时都应重视证据。证据规则有三个特点：（1）重视证人证言；（2）证人根据性别和种姓而有别，妇女为妇女作证，再生人为再生人作证，首陀罗为首陀罗作证；（3）在缺乏证据的情况下可诉诸神判。②

国王达摩要求，国王或受委托的婆罗门应依法审理案件，做出公正判决。对于不公的案件，国王承担责任的四分之一，其他责任分别归于违法者、证人和法官。③ 对于大臣或法官审理的案件，国王如发现判决不公，法官贪赃枉法，应没收其全部财产；国王可对错案亲自审理，对于判决不公的大臣或法官可罚款一千。④ 国王在错判案件时，应容忍诉讼当事人亲友谩骂。⑤

（四）婚姻家庭制度

同其他宗教法一样，印度教法也特别重视婚姻家庭关系。在印度教中，没有教会组织，每个婆罗门都以家庭为基本单位，因而男性婆罗门就成为婚姻家庭的核心。在地位上，"女子必须幼年从父、成年从夫、夫死从子；女子不得享有自主地位"⑥。这一原则与中国古代法的

---

① 参见《摩奴法论》，8：1。
② 参见上书，8：61—123。
③ 参见上书，8：2—3、18、25。
④ 参见上书，9：231、234。
⑤ 参见上书，8：312—313。
⑥ 同上书，5：146。

"三从"原则如出一辙。妇女在种姓上依附于父亲和丈夫，如果下嫁低贱种姓丈夫，也将失去原来的高贵种姓。女子被认为生性"贪睡、偷懒、爱打扮、好色、易怒、说假话、心狠毒和行为可恶"①，因而受到严格管束。她们不得单独举行祭祀，不得发愿修行，不得斋戒绝食，不可做丈夫不喜欢之事，必须逆来顺受，甚至在丈夫染有恶习或行为淫乱时，也要敬从丈夫。②

在《摩奴法论》中，婚姻、家庭和继承制度分布于不同章节，例如婚姻和妇女地位，被安排在论述家居期规则的第 3 章中，不同种姓之间婚姻所生子女的不利后果，被放置在有关种姓混杂的第 10 章中。此外，在第 9 章论述继承规则时，也涉及婚姻制度。

《摩奴法论》的婚姻制度受到种姓制度的强烈影响，对此，我们已经在上文讨论种姓制度中论及。本书第七章专门论述传统印度婚姻家庭法，其中涉及《摩奴法论》的许多婚姻法内容。为了避免重复，本章只指出《摩奴法论》中婚姻制度的几个主要特点。

第一，《摩奴法论》主张一夫一妻制，一个男人应娶一个本种姓女子为妻。③

第二，理想的婚姻是夫妻为同种姓，④ 人们如做不到这一点，男高女低的顺婚次之，而女高男低的逆婚更次之。对此，上文已经论及。

第三，《摩奴法论》反对买卖婚姻，"姑娘的父亲若有知识就不应该接受财礼"，"收财礼就是变相出卖女儿"。⑤ 但有两条例外规则：一是低贱的男子"向同等地位的少女求婚者应该给财礼"⑥；二是"如果给新郎看过的是一个姑娘，嫁给他的却是另一个，那么他就可以用一份财礼娶这两个"⑦。实际上，古代印度实践中流行的习惯法却承认买

---

① 《摩奴法论》，9：17。
② 参见上书，5：152—154。
③ 参见上书，3：4。
④ 参见上书，3：4，12。
⑤ 参见上书，3：51，9：98。
⑥ 同上书，8：366。
⑦ 同上书，8：204。

卖婚姻，还出现了逆向买卖婚姻，即女儿的父亲准备巨额财礼，以竞嫁高种姓男子。① 这种作为嫁妆的财礼数额不断增加，以致一些家庭不堪重负，杀溺女婴。

第四，《摩奴法论》鼓励童婚制，主张 30 岁的男子应娶 12 岁姑娘，24 岁男子应娶 8 岁姑娘。② 这样主张的初衷是确保女子婚前贞洁。但童婚产生了许多弊端，例如与丈夫年龄悬殊的年轻妻子守寡概率很高，一些与年迈男性订婚的女童往往尚未结婚就成为寡妇。现代以来，童婚制虽然受到印度法律的禁止，但在某些农村地区事实上仍然存在。

第五，《摩奴法论》列举了八种婚姻形式：（1）梵式，亲自把才德兼备的男子请来，为新郎和新娘换装，然后把女儿嫁给他；（2）天神式，把打扮好的女儿嫁给正在主持祭祀的祭司；（3）仙人式，接受新郎的一对或两对牛，把女儿嫁给男方；（4）生主式，献礼之后，由新郎和新娘说"愿共同守法"，婚姻即成立；（5）阿修罗式，娶新娘时，男方家庭按能力赠送聘礼；（6）乾闼婆式，新郎和新娘自主结婚；（7）罗刹式，一种远古抢婚制的遗风，以打、砍、劈方式，把姑娘从家中抢走成婚；（8）毕舍遮式，趁女方睡着、喝醉或昏迷时而占有她，随后成婚。婆罗门可采取前六种婚姻形式，但最好采取前四种形式；刹帝利可采取后四种形式，其中国王在集会上通过竞技由公主选出新郎，是史诗《摩诃婆罗多》中的美谈。刹帝利种姓属于武士阶层，独享罗刹式婚姻。以武力抢婚是部落社会的遗风，成为刹帝利（尤其是国王或王子）的一项特权。③ 印度史诗《摩诃婆罗多》中描写了许多王子抢婚的故事。《摩奴法论》原则上主张父母包办婚姻，但在一定程度上承认婚姻自主。通常情况是，婚姻由双方的父母决定。但乾闼婆式婚姻承认了新郎和新娘婚姻自主。另一种情况是，"姑娘成人之后可以等待三

---

① 关于印度嫁妆制度的研究，参见赵彩凤：《从祝福到"诅咒"？——印度嫁妆制度的现代变异》，《清华法治论衡》第 26 辑，清华大学出版社 2018 年版，第 118—140 页。
② 《摩奴法论》，9：94。
③ 关于婚姻形式，参见上书，3：21—34。

年，逾此期限她就应该选择一个种姓相同的夫主"①。在印度古代，陌生男女接触很难，婚姻自主存在障碍。但《摩奴法论》所承认的两种自由婚，应是对当时实际存在的自由婚的反映。史诗中有许多男女自由恋爱结婚的故事。例如，《罗摩衍那》中悉多在选婿大典上选中罗摩的故事，②《摩诃婆罗多》中豆扇陀王与沙恭达罗自由恋爱的故事③和那罗与达摩衍蒂自由恋爱的故事④，在印度都成为千古美谈，几乎家喻户晓。

第六，《摩奴法论》宣布，"贤妇都不许有第二个夫主"⑤。妻子在任何情况下都无权要求解除婚姻，而丈夫可因妻子染有饮酒或浪费钱财等恶习，或妻子有病、出言不逊、婚前失贞或有欺骗行为，把她更换或抛弃；她若八年不孕，十年只生女而不生男，丈夫也可将其更换。⑥ 丈夫死后，寡妇不得再嫁，须终生守节。而男子丧妻则可再娶。实践中，古代印度流行一种称作"萨蒂"（satī）的寡妇殉葬习俗。

关于继承，《摩奴法论》确认了以下制度。

第一，继承与祭祀关联，继承人应为被继承人举行葬礼，并承担祭祖义务，使家族祭火不灭。承续祭火的首先是被继承人的男性直系卑亲属，即被继承人的儿子，而不是其父亲或兄弟，因此只有在被继承人没有儿子时，其遗产才可由其父亲或兄弟继承。⑦

第二，《摩奴法论》列举了三种遗产继承和析产方式。（1）父母在世时，家产为父亲所有，子女没有财产权；父母双亡之后，几个儿子可平分家产。（2）实行长子继承制，即遗产由长子持有，而长子要像

---

① 《摩奴法论》，9：90。
② 参见蚁垤：《罗摩衍那》，季羡林译，载《季羡林全集》第23卷，外语教学与研究出版社2010年版，第713—716页。
③ 参见毗耶娑：《摩诃婆罗多》（一），金克木等译，中国社会科学出版社2005年版，第163—183页。
④ 参见毗耶娑：《摩诃婆罗多》（二），金克木等译，中国社会科学出版社2005年版，第100—156。
⑤ 《摩奴法论》，5：160。
⑥ 参见上书，9：72—82。
⑦ 参见上书，9：185—186。

父亲那样对待兄弟。（3）在实行长子继承制的情况下，兄弟如分家，长子先得不动产的 1/20 和动产中最有价值者，次子得长子之半，小子得长子的 1/4。在如此抽分之后，剩余遗产再在数子之间均分；如果不抽分，总遗产的分配原则是，长子得二份，次子得一份半，小子得一份。① 上述三种继承遗产的方式实际上反映了当时流行的三种继承习惯法。

第三，《摩奴法论》有限度地承认了直系女性卑亲属的继承权，被继承人的女儿得她的兄弟各自所得遗产份额的 1/4；死者无儿子，可把女儿封为儿子，由女儿继承其遗产，并由其为被继承人举行葬礼；作为嫁妆或受赠的母亲私房财产，母亲死后归未婚的女儿所有。②

第四，生母的种姓影响继承数额。《摩奴法论》主张，婆罗门如依种姓顺序娶四位妻子，所有妻子所生之子都享有父亲遗产的继承权。但是，儿子的继承份额却因母亲的种姓而有差别。一种遗产分配方式是，婆罗门妻所生子从总遗产中分得耕田奴、种牛、车辆、饰物和住宅，然后把余下的遗产分成 7.5 份，婆罗门妻所生子得 3 份，刹帝利妻所生子得 2 分，吠舍妻所生子得 1.5 份，首陀罗妻所生子得 1 份。另一种遗产分配方式是，被继承人的遗产分为 10 份，婆罗门母亲所生之子得 4 份，刹帝利母亲所生之子得 3 份，吠舍母亲所生之子得 2 份，首陀罗母亲所生之子得 1 份。在被继承人的四妻中，即使只有首陀罗妻子生有儿子，这位儿子分得的遗产也不得超过总遗产的 1%。③

第五，丧失种姓者和具有生理缺陷者无遗产继承权，后者如不能人道者以及聋、哑、痴呆等残疾人。④

第六，被继承人的遗产如无亲属继承，师徒之间可互相继承遗产；婆罗门的遗产如无任何人继承，归其他有德行的婆罗门，不归国有。⑤

---

① 参见《摩奴法论》，9：104—117。
② 关于女性继承，参见上书，9：118、127、131。
③ 关于同父异母的情况下不同种姓的生母对儿子继承份额的影响，参见上书，9：149—153。
④ 参见上书，9：201—202。
⑤ 参见上书，9：187—189。

此外,《摩奴法论》像许多其他传统社会的继承法一样,体现了以下原则:直系亲属优于旁系亲属,卑亲属优于尊亲属,男性亲属优于女性亲属。

(五)犯罪与刑罚

《摩奴法论》中没有提出一般性的犯罪概念,也没有严格划分民事与刑事案件。为了叙述方便,我们从功能的角度把《摩奴法论》中的某些内容归入"犯罪与刑罚"的范畴。本书第八章专门论述传统印度刑法,其中涉及《摩奴法论》的许多刑法内容。为了避免重复,本章只简单论述《摩奴法论》中犯罪和刑罚的主要特点。

第一,《摩奴法论》中包含独特的犯罪类型,犯罪分为三类。第一类是属于赎罪类别的犯罪。根据印度教法,一切违反达摩的行为都染有罪孽,如果没有受到国王的惩罚,就应赎罪。在《摩奴法论》中,需要赎罪的犯罪范围很广。1. 四大罪:(1)杀害婆罗门罪,作为最严重犯罪,列为四大罪之首;(2)饮酒罪,禁止饮酒的理由是再生人饮酒后,会妄念吠陀,行为失控,做出违法之事;(3)盗窃罪,作为"大罪"特指偷盗婆罗门金子;(4)玷污师父床笫罪,即徒弟奸污师母。①《摩奴法论》规定男女婚龄相差18岁,一些年迈婆罗门男子会娶年轻妻子。进入梵行期的徒弟要住在婆罗门师父家中,徒弟一旦与师母年龄相仿,容易出现玷污师父床笫的越轨行为,故这种行为被列为四大罪之一。2. 二等罪,包括不敬父母和师父、猥亵姑娘、与嗜酒妇女同房、杀害妇女和婆罗门、杀害其他三个种姓的人、弟弟先于哥哥结婚、杀母牛、放高利贷、砍伐青树作柴、从事演员职业等。② 3. 丧失种姓罪,包括殴打婆罗门,鸡奸,嗅闻酒类等不洁之物,欺诈,婆罗门亲近旃陀罗贱民女子或其他出身低贱的女子、吃下她们的食物、接受她们的布施,以及与丧失种姓者同行、同坐、同食满一年。③ 4. 沦为

---

① 关于四大罪,参见《摩奴法论》,9:235,11:54—58。
② 参见上书,11:59—66。
③ 参见上书,11:67、175、180。

杂种姓罪，包括杀驴、马、骆驼、鹿、象、羊、鱼、蛇以及水牛等动物。① 5. 取接受布施资格罪，包括婆罗门违法接受财物、非法经商、再生人服侍首陀罗以及说谎等。② 接受布施是婆罗门的重要生活来源，他们一旦被取消这种资格，生活就会陷入困境。6. 不净罪，包括杀害虫子或鸟类、食用酒气熏过的食物、盗窃果子、木炭和鲜花等。③

《摩奴法论》结合上述各种犯罪，论述了具体赎罪方式。赎罪方式主要有祭祀、苦行、忏悔、集会上坦白、念诵吠陀和布施等。祭祀是最普通和有效的赎罪方式，如家中的扫帚、杵臼和水罐都是导致杀生的"屠场"，因而家居者每天举行五祭就包含为杀生赎罪之义。④ 马祭是"祭祀之王"，可以"消除一切罪过"。⑤ 苦行在赎罪中发挥重要作用："人们以思想、言语和行动无论犯了什么罪恶，在富有苦行的情况下，他们只用苦行就立即把它们都烧尽。"⑥《摩奴法论》在第 11 章论述赎罪中，大量赎罪都采取苦行方式。苦行有各种形式，如再生人杀了无骨头的小生物，可以调息而得清净，⑦ 调控气息显然是一种较轻苦行。最严厉的赎罪苦行将导致殒命，如婆罗门饮酒的赎罪方式之一是喝下滚烫的酒烫死；⑧ 玷污师父床笫者在坦白罪过之后，要"躺在一张火烤的铁床之上拥抱一具烧着的女人像"，"以一死得清净"。⑨ 属于赎罪类别的犯罪分为被发现的犯罪和未被发现的犯罪。对于被发现的犯罪，婆罗门会议会做出赎罪决定，并进行监督。对于未发现的犯罪，行为人应暗中依据达摩的要求进行赎罪。

对于婆罗门会议做出的赎罪决定，尤其是四大罪的赎罪决定，国王应保证其得到执行。对于犯有四大罪者，如果行为人拒绝赎罪，国

---

① 参见《摩奴法论》，11：68。
② 参见上书，11：69。
③ 参见上书，11：70。
④ 参见上书，3：68—71。
⑤ 同上书，11：260。
⑥ 同上书，11：241。
⑦ 参见上书，11：141。
⑧ 参见上书，11：90。
⑨ 同上书，11：103。

王可以对其施加刑罚。① "犯罪作恶的人被国王惩罚过以后，就会像行善积德的善人那样毫无罪垢地上天堂。"② 例如，偷窃婆罗门的金子属于四大罪之一，如果犯罪人手持木棍向国王坦白自己的罪行，请求国王惩罚，国王拿根棍子打他一顿，罪孽便可清除。③ 这意味，凡被国王惩罚的犯罪都不需要赎罪，也不会受到业报。实践中，婆罗门会议对于轻微犯罪的赎罪过程进行监督无疑存在困难。④ 至于行为人对没有被发现的罪过进行赎罪，则完全靠自觉和自愿。

第二类是指在国王及其王室法院直接管辖的五种犯罪，即18类纠纷中第11至15类纠纷中涉及的打人、言语伤人、偷盗、强盗和奸淫妇女犯罪。《摩奴法论》对这五类犯罪进行了具体论述，根据情节指出了各种犯罪行为应受到的具体刑罚。⑤

第三类犯罪是国王以"拔刺"方式惩罚的各种犯罪，如盗窃公共财物、破坏公共设施、非法行医、非法经商和官吏贪赃枉法以及其他妨碍社会治安的犯罪。⑥

前两类犯罪属于法的范畴，后一类属于利的范畴。在国家层面，利具有政策属性，涉及国家安全和公共福祉，"拔刺"就属于国家之利。为此，国王有权颁布王令，命令官吏主动调查危害社会秩序的犯罪，授权官吏或为此特别成立的机构灵活设立一些罪名，以简便的程序进行审判，并可以施加包括死刑在内的各种刑罚。

国王对后两类犯罪具有专属管辖权，对于属于赎罪类别的犯罪，尤其是严重犯罪，国王可对拒绝赎罪者予以惩罚。

第二，《摩奴法论》实行同罪异罚。通常情况是同种犯罪，地位越高，刑罚越轻；身份越贱，刑罚越重。例如，"辱骂婆罗门以后，刹帝

---

① 参见《摩奴法论》，9：236。
② 同上书，8：318。
③ 参见上书，8：314—316，11：99—100。
④ 参见 J. Duncan M. Derrett, *Religion, Law and the State in India*, Faber & Faber, 1968, p. 83。
⑤ 参见《摩奴法论》，8：267—387。
⑥ 参见上书，9：252—293。

利罚一百，吠舍应该罚一百五十或二百，而首陀罗应该受肉刑"；"婆罗门辱骂刹帝利，应该罚五十；辱骂吠舍，应该罚二十五；辱骂首陀罗，罚款为十二"①。不同种姓的同罪异罚也体现在赎罪上，例如杀死刹帝利的赎罪苦行为杀死婆罗门的 1/4；杀死吠舍为杀死婆罗门的 1/8；杀死首陀罗为杀死婆罗门的 1/16。②

第三，《摩奴法论》的惩罚具有同态复仇的遗迹。例如，出身低贱者伤害出身高贵者，则斩断其加害肢体，如以手加害则断其手，以脚加害则刖其足。③

第四，《摩奴法论》刑法特别重视两性关系犯罪，性犯罪主要是指通奸、猥亵和强奸。通奸行为包括的范围很广，例如，男人不适当地接触女人，如在河边、野地、森林与他人之妻交谈，或献殷勤、开玩笑以及触碰衣饰等，均视为通奸。④ 通奸罪的刑罚通常是罚款、没收财产、断肢等肉刑、耻辱刑、放逐和死刑。

第五，《摩奴法论》还有报应性惩罚，第 12 章具体论述了各种犯罪应受到的报应。根据业报达摩，凡是违反达摩的行为都染有罪孽，如果行为人没有受到国王的惩罚，也没有进行赎罪，就要受到现世或来世报应。《摩奴法论》列举的报应多种多样。例如，嗜杀者成为食肉动物，食不净之食物者成为蛆，偷肉者成为秃鹫，偷肥肉者成为水老鸦，偷油者成为喝油鸟，偷鹿者成为狼，偷果实者成为猴子。⑤

三、《摩奴法论》的源流及其影响

我们在前两节中，讨论了《摩奴法论》的历史背景和主要内容。本节论述《摩奴法论》的形成时间、主要源流和重要影响。

---

① 《摩奴法论》，8：267—269。
② 参见上书，11：126。
③ 参见上书，8：279—280。
④ 参见上书，8：356—386。
⑤ 参见上书，12：59、63、67。

（一）作者和形成时间

在《摩奴法论》中，"摩奴"的名字多次出现。首先，《摩奴法论》说摩奴是"金胎之子"①。"金胎"指梵天。《摩奴法论》还有三处说摩奴是"自在之子"。② "自在"即"自在神"（svayaṃbhu，中文也译为"自在天"），是印度教古典时期（前3世纪—4世纪）数论派哲学中出现的一个重要概念，实际上也是指梵天。③ 按照这种思路，摩奴是梵天之子。印度教最早的经典《梨俱吠陀》中多次称摩奴是人类始祖，④ 其中献给因陀罗的第8卷第52曲第1颂说"摩奴始祖，创立祭祀"。⑤ 梵书、奥义书和法经都提到摩奴的名字。根据古老的印度教经典，人类是神所创造，称人类始祖摩奴是梵天之子并不奇怪。古代印度学者从印度教的信仰出发，确信摩奴是他们的始祖，而一些西方研究《摩奴法论》的学者则认为摩奴是神话人物。我们认为，摩奴是一位神话人物，但神话中包含着真实历史的遗迹。进入印度的雅利安人的记忆中遗留着摩奴这位始祖的影像，然后，他们通过神话把这位始祖影像不断放大。《摩奴法论》的作者虽然假借人类始祖之名，但《摩奴法论》为了赋予这部法论以更高权威，还宣称这部作品的原创者是梵天，摩奴只是这部作品的最初传授者。实际上，《摩奴法论》是法经之后的婆罗门学者作品。换言之，婆罗门作者借用摩奴之名并诉诸梵天的权威创作了这部作品。作者这样做的用意不过是为了增加文本的神秘性和权威性。作者是一人还是多人？奥利维尔认为，《摩奴法论》的内在结构十分严谨，分类和观点都具有独创性，因而是出自一位禀赋极高的作者之手。⑥ 但多数研

---

① 《摩奴法论》，3：194。
② 参见上书，6：54，8：124，9：158。
③ 关于数论派哲学及其自在神概念，参见黄心川：《印度哲学史》，商务印书馆1989年版，第278—283页。
④ 另有一种说法认为，太阳神族之一的神毗伐斯瓦特与迅行女神莎兰妞结合，生有二子一女，长子阎摩，次子摩奴，小女阎美。阎摩是世界上第一个死去的人，因而成为死神。参见巫白慧译解：《〈梨俱吠陀〉神曲选》，第191—192页。
⑤ *The Hymns of the Rgveda*, vol. 2, trans. T. H. Griffith, E. J. Lazarus and Co., 1897, p. 205. 《梨俱吠陀》的10卷内容在这个英译本中分为两卷。
⑥ Patrick Olivelle, *Manu's Code of Law: A Critical Edition and Translation of the Mānava-Dharmaśāstra*, Introduction, p. 7.

究者认为，《摩奴法论》的最初即便是一人之作，在传播过程中也经历了许多修改和补充，因而属于多人作品。我们可以肯定，在前2世纪至2世纪形成的《摩奴法论》绝不是一人完成的作品。

根据《摩奴法论》的叙述，一群匿名仙人拜见摩奴，请求他讲授达摩。摩奴答应了他们的请求，从世界创造和人类产生过程讲起，然后要求他的学生苾力瞿仙人向其他仙人传述《摩奴法论》。在文本中，聆听传述的众仙人出场两次，第一次是第5章开头两颂，他们询问婆罗门为何受到死神主宰。苾力瞿做出了回答，并引出了有关食物清洁的规则；第二次是在第12章开头两颂，众仙人询问人的行为业果，苾力瞿做出了回答，并引出了该章对业报的论述。由此可见，《摩奴法论》采取了对话形式。实际上，《梨俱吠陀》、梵书和奥义书都包含对话形式。佛教经典中采取对话形式的内容更多。《摩奴法论》在涉及文本"传授者"与"接受者"的叙事结构上，有三个转换轮次。第一个轮次是创造文本的梵天作为传授者，摩奴作为文本的接受者。第二个轮次是摩奴成为传授者，接受者是摩利基和苾力瞿等十大仙人。第三个轮次是受摩奴之托，苾力瞿成为文本传授者，接受者是负有学习文本内容使命的众仙人。这使得《摩奴法论》具有典型的圣传经特征。在上述三个转换轮次中，传授者与接受者都是虚拟人物，真正的传授者是文本的真实作者，接受者是文本所针对的读者。这种传授者与接受者的多次转换，是一种掩盖真实作者的技巧，把读者的关注点引开，使读者不再追问真实作者是谁。由于作者采取匿名形式，其真实姓名及其背景无从考证。

法经的作者基本上是婆罗门学者或所谓的仙人，例如《高达摩法经》的作者高达摩（Gautama）就属于婆罗门种姓。《鲍达耶那法经》的作者鲍达耶那（Baudhāyana）和《阿帕斯坦巴法经》的作者阿帕斯坦巴（Āpastamba）属于研究黑耶柔吠陀的婆罗门家族，都是博学婆罗门。《瓦西什陀法经》的作者瓦西什陀（Vasiṣṭha）属于吠陀时代七大祭司族姓之一，也是《梨俱吠陀》的著名作者之一，被奉为婆罗门仙人。《摩奴法论》的终极作者被归为梵天，按理这部法论作为神意的表达应归入神启经而不是圣传经系统,但奥义书已经被作为吠陀的终结,此后任何经典都不再具有神启经的地位。《摩奴法论》中提到奥义书,表明这部法论晚于奥义书,只能被列为圣传经。

在古代印度教的圣传经传统中,《摩奴法论》开创了法论经典系列。这种经典在形式和内容上都焕然一新。在形式上,《摩奴法论》以诗体韵文代替了法经的散文形式。《摩奴法论》在内容上也与法经有很大差别。因此,关于《摩奴法论》与法经的关系,研究者一直争论不休。在印度教的发展过程中,自吠陀本集产生后,围绕吠陀本集的不同传本,形成了不同学派。法经属于劫波经的一部分,通过劫波经,大多数法经都可能追溯到不同的吠陀学派。根据上述传统,英国学者缪勒(M. Müller)认为《摩奴法论》不是独立经典,而应源自一部法经。这部法经应直接属于某部劫波经,最终可以追溯到特定的吠陀学派。缪勒考证的结果是,《摩奴法论》以《摩奴法经》为基础,而《摩奴法经》可以追溯到《黑耶柔吠陀》学派。德国学者布勒(G. Bühler)把《摩奴法论》译成英文,他的英译本影响很大。他依循缪勒的思路进行探索,并尝试证明缪勒的观点。但他的研究发现,在传下来的法经文本中,除了《瓦西什陀法经》中转述的一些《摩奴法经》内容,并不存在《摩奴法经》的独立传本。他的比较分析显示,《摩奴法论》与《摩奴法经》的内容差异很大。布勒虽然继续坚持缪勒的观点,但他的比较分析业已表明,《摩奴法论》以《摩奴法经》为基础的观点不能成立。晚近《摩奴法论》的研究者已经放弃了缪勒的观点。[①]

研究《摩奴法论》的一些西方学者注意到,史诗《摩诃婆罗多》与《摩奴法论》存在许多类似内容。据统计,《摩诃婆罗多》涉及类似

---

① 关于《摩奴法论》是否有一部《摩奴法经》作为基础的争论,参见 The Laws of Manu, trans. G. Bühler, in Sacred Books of the East, vol. 25, ed. F. Max Müller, The Clarendon Press, 1886, Introduction, pp. 18–55; P. V. Kane, History of Dharmaśāstra, vol. 1, Bhandar Oriental Research Institute, 1930, pp. 155–156; Robert Lingat, The Classical Law of India, trans. J. Duncan M. Derrett, Munshiram Manoharlal Publishers Pvt. Ltd., 1993, pp. 78–96; Patrick Olivelle, Manu's Code of Law: A Critical Edition and Translation of the Mānava-Dharmaśāstra, Introduction, pp. 45–46。

《摩奴法论》的内容共有260颂,约占《摩奴法论》全部内容的1/10。有关内容主要集中在这部史诗的第12篇和第13篇,有些内容在表述上比《摩奴法论》更精致。于是,一些学者开始探索《摩奴法论》与《摩诃婆罗多》的关系。研究者围绕两者孰先孰后形成了三种观点。第一种观点认为,《摩诃婆罗多》是文学作品,而《摩奴法论》是法学著作;按理说,前者有关法的内容应借鉴于后者。此外,《摩诃婆罗多》提到了摩奴的名字,而《摩奴法论》中并没有提及《摩诃婆罗多》作者毗耶娑的名字。这一点也成为《摩奴法论》先于《摩诃婆罗多》佐证。第二种观点认为《摩奴法论》晚于《摩诃婆罗多》,因为《摩诃婆罗多》虽然提及摩奴的名字,但摩奴的名字在《摩奴法论》之前早已存在;《摩诃婆罗多》所反映的故事更古老,其中有关法的一些内容在《摩奴法论》之前就已存在;《摩奴法论》与《摩诃婆罗多》有些内容相似,但也存在差异。第三种观点认为,《摩奴法论》与《摩诃婆罗多》虽然有许多相同或相似内容,但它们之间并无直接关联,而是共同借鉴了民间广泛流传的宗教训诫、伦理准则和习惯法。《摩奴法论》的作者通过广泛吸收、整理和提炼这些训诫、准则和习惯法,以摩奴的名义予以系统表述。① 第三种观点得到较多晚近研究者的支持。

关于《摩奴法论》形成时间,学界一直存在争论。英国法官兼学者琼斯(W. Jones)认为,《摩奴法论》形成于前1280年至前880年之间。但是,《摩奴法论》中提到奥义书并反复倡导奥义书确立的"梵我合一"学说。晚近有关研究显示,奥义书的产生时间不早于前8世纪。同时,《摩奴法论》中关于国王权力和司法程序的内容,也从一个侧面反映出该书远晚于琼斯所推定的时间。法国学者迭朗善(A. Loiseleur-Deslongchamps)认为,《摩奴法论》形成于前13世纪,其主要依据是该书文句简练,充满宗教精神,且没有提到佛教。不过,文句简练是所有诗体韵文作品的特征。印度教最早经典《梨俱吠陀》采取诗体韵文形式,固然文句简练,但在前2至6世纪(甚至更晚)形成的诗体

---

① 有关争论参见 Robert Lingat, *The Classical Law of India*, pp. 87-91。

韵文法论同样具有文句简练的特征。因此，《摩奴法论》的文体不足以证明它是前13世纪的作品。另外，《摩奴法论》没有提及佛教也无法证明它早于佛教，印度教经典把佛教视为异端，不提佛教在情理之中。且根据后来的研究，佛教产生的时间不是迭朗善所认为的前13世纪，而是在前6世纪。因此，根据佛教产生的时间，无法把《摩奴法论》产生的时间追溯到前13世纪。英国印度学专家缪勒认为，《摩奴法论》是4世纪后的作品。美国印度法专家奥利维尔根据《摩奴法论》中提到罚款使用金币的信息和印度采用金币的时间，认为《摩奴法论》形成于前1世纪至2世纪之间，甚至形成于2世纪至3世纪之间。印度学者西卡尔（C. Sircar）主张《摩奴法论》形成于2世纪至3世纪之间。德国学者乔利（J. Jolly）认为《摩奴法论》形成于1世纪至2世纪。布勒根据《摩奴法论》文本内容提供的信息和其他证据，在他的《摩奴法论》英译本导言中认为，这部法论形成于前2世纪至2世纪之间。布勒的观点得到了英国学者凯恩（V. Kane）和法国学者兰加（R. Lingat）的认同，并得到许多其他学者的认同。[①] 这里，我们结合上述争论指出以下几点，第一，印度古代缺乏编年史等史料，大多数历史事件和人物都无法确定具体时间，宗教经典本身具有去语境和无时间性的特征，更难确定产生的具体时间。第二，《摩奴法论》产生之后，在传播过程中受到了修改和补充。因此，从文本产生之初到文本最终确定有很长的时间跨度。第三，在其他重要证据发现之前，我们倾向接受布勒的结论，即《摩奴法论》形成于前2世纪至2世纪。

---

① 关于《摩奴法论》产生时间的争论，参见 Institutes of Hindu Law: Or the Ordinances of Menu, 3rd ed., trans. William Jones, W. H. Allen & Co., 1869, Preface, xiv; The Laws of Manu, Introduction, pp. 114-117; Robert Lingat, The Classical Law of India, pp. 92-95; Patrick Olivelle, Manu's Code of Law: A Critical Edition and Translation of the Mānava-Dharmaśāstra, Introduction, pp. 21-25；季羡林在为蒋忠新的《摩奴法论》中译本所撰写的序中，大体接受了布勒的观点，参见季羡林：《〈摩奴法论〉汉译本序》，载《摩奴法论》，第1页。蒋忠新在他的中译本译者前言中，列举了有关《摩奴法论》形成时间的几种观点，认为包括布勒在内的所有主张都并非无可争议。他认为，《摩奴法论》部分内容反映了封建性质的土地关系，因而形成于封建社会。但他没有指出《摩奴法论》形成的具体时间，参见上书译者前言第1—3页。

（二）《摩奴法论》对法经的继承和超越

《摩奴法论》在印度教法的发展中开启了法论经典系列。它承上启下，继承了法经的许多特征。《摩奴法论》与法经具有以下几点共同之处。其一，"经"（sūtra）和"论"（śāstra）虽然名称不同，但都是学理性著作，实际上绝大多数都是婆罗门学者假托仙人或先贤名义所创作。法经和法论都是私人性作品，不是官方组织撰著的经典，更不是政府组织编纂的法典或法规。其二，这两类学理性著作虽然与其他印度教经典著作一样，都被赋予神启权威并作为印度教法的渊源，但与其他经典著作不同，这两类著作不是以宗教义理和神话为主要内容，而是以法/达摩为主题的，专门论述达摩的渊源、类型和违反达摩的后果。这两类法学作品的出现，标志着古代印度的达摩学即法学开始从其他学科中独立出来，逐渐成为一个独立的学科。其三，法经与法论在内容上存在重要联系，例如，《摩奴法论》借鉴了《高达摩法经》的一些内容。① 这表明，《摩奴法论》的作者知晓法经并借鉴了法经的内容。其四，法经和法论都成为圣传经的组成部分，都是印度教的重要法源，地位仅次于神启经。相比神启经、史诗和神话类圣传经，法经和法论与印度教法的关系更直接。

但是，《摩奴法论》在许多重要方面也不同于法经。首先，在时间上，法经在前，最早的法经在前6世纪就已出现，而法论在法经数百年之后才产生。法经都属于劫波经的组成部分。《摩奴法论》脱离了法经模式，开创了法论形式。所有法论都自成一体，不属于任何劫波经和任何学派。

其次，在文体上，所有法经都采取散文体，文中只有少量诗体韵文。《摩奴法论》则完全采取诗体韵文形式。从散文到诗体韵文表达形式的变化，并不能代表时间的前后，即并不意味散文体的表达形式都

---

① 关于《摩奴法论》借鉴《高达摩法经》的具体例子，参见 Patrick Olivelle, *Manu's Code of Law: A Critical Edition and Translation of the Mānava-Dharmaśāstra*, Introduction, pp. 44-45。

先于诗体韵文形式。例如，最早的作品《梨俱吠陀》就采取颂诗文体。奥义书有散文，也有诗体韵文。在古代印度，作者采取何种文体，常常取决于所论述内容的性质，文学性作品通常采取诗体韵文，如史诗《摩诃婆罗多》和《罗摩衍那》都采取诗体韵文，而语法和哲学著作则通常采取散文形式。同时，作者针对的对象也会影响其采取何种文体，法经是师父向学生授课的教本，主要用于教学目的，培养品学兼优的再生人，尤其是培养博学婆罗门，使他们能够胜任祭司职务。《摩奴法论》不仅针对梵行期的学生，而且指向古代印度的各个种姓和杂种姓。与散文相比，诗体韵文更凝练、形象、生动和富有感染力，也更便于广大受众记诵。《摩奴法论》采取文学形式表达法的内容，与中国宋代傅霖撰写的《刑统赋》①颇为类似。但《刑统赋》是以赋体形式表述《宋刑统》的要旨，只有八韵，而不是像《摩奴法论》那样试图全面表述印度教法的内容。《摩奴法论》的诗体韵文翻译成汉语后，难免丧失原诗中的音律和韵味，但其中一些法谚在汉译后，仍大致体现了原诗的风格。例如：（1）强调婆罗门优越地位的法谚有，"在万物中，有气息者最优秀；在有气息者中，有理智者最优秀；在有理智者中，人最优秀；在人中，婆罗门最优秀"；（2）涉及师徒、父母子女和兄弟关系的法谚有，"轨范师是梵的化身，父亲是生主的化身，母亲是大地的化身，亲兄弟则是神我的化身"；（3）警示国王不要胡作非为的法谚有，"恰如生物因摧残身体而丧命，国王们因摧残国家而丧命"；（4）有关杀生报应的法谚有，"在这个世界上我吃它的肉，到那个世界上它必将吃我"。②《摩奴法论》中的大量法谚或者直接取自民间，或者是作者对习惯法进行提炼和加工的产物。总之，采取诗体韵文形式的《摩奴法论》，比法典或法规更便于读者阅读、记诵和传播。

最后，与法经不同，《摩奴法论》具有经世致用取向。这种经世致用的旨向表现在以下两个方面。

---

① 关于《刑统赋》及其不同注本，参见沈家本编：《枕碧楼丛书》，中国政法大学法律古籍整理研究所整理标点，知识产权出版社2006年版，第107—227页。

② 上述四条法谚分别见《摩奴法论》，1：96，2：226，7：112，5：55。

其一，《摩奴法论》试图对国王治国理政提供具体指导，其中不仅涉及治国方略，还论述了司法审判和诉讼程序。《摩奴法论》辟专章论述国王治国方略。例如第 7 章共 226 颂，全部讨论国王如何治国理政，涉及国王的职能、国家机构的设置、内政外交策略、司法审判以及国王日常起居等。第 9 章虽然主要涉及严格意义的法律内容，但第 294—324 颂又补充了第 7 章内容，论述国家"七肢"和治国安邦之策。第 8 章论述国王如何审判案件、定罪量刑和确保司法公正。相比之下，法经在讨论国王达摩时，只是简单涉及国家和法律内容。根据奥利维尔的统计，这类内容在《阿帕斯坦巴法经》中占全书的 6%，在《高达摩法经》中占全书的 11.8%，但在《摩奴法论》中，相关内容则占全书的 36%。① 应该指出，《摩奴法论》在论述国王应如何治国理政时，虽然涉及的内容很广，但只是提出一些原则和要点，没有提供具体规则。实际上，《摩奴法论》授权国王具体处理有关行政管理、经济调控和维护国家安全等事务。因此，这些内容属于利的范畴，不属于法/达摩的范畴。

其二，《摩奴法论》尝试对重要纠纷提供解决办法。法经中结合再生人的家居期论及一些属于严格意义上的法律规则，如土地权属、牧人责任、借贷、劳务、婚姻、继承以及盗窃等。法经在论及这些内容时，只是将其作为宗教义务或家居期人生阶段应履行责任的一部分，不具有独立的性质。同时，法经对于这些内容缺乏系统分类，同一类内容分散在书中不同章节中。《摩奴法论》列举了 18 类纠纷，作为国王所受理的主要诉讼类型。这 18 类纠纷尝试覆盖当时私人之间所有重要纠纷，并把其中的一些纠纷作为犯罪处理。《摩奴法论》把这些内容集中起来，用第 8 章全章和 9 章前 220 颂的篇幅进行具体论述。《摩奴法论》所列举的规则明确、具体，具有可操作性，即便按照现代实在法的标准来衡量，《摩奴法论》中的这些内容也很大程度上具有法律的

---

① Patrick Olivelle, *Manu's Code of Law: A Critical Edition and Translation of the Mānava-Dharmaśāstra*, Introduction, p. 46.

性质。《摩奴法论》论述的 18 类纠纷处理规则属于法/达摩的范畴，这些规则中的利属于法中所含摄之利，与法/达摩之外的利不同。

《摩奴法论》是一部学术著作，有别于国家统一施行和法院统一适用的法典或法规。但是，《摩奴法论》作为圣传经，不同于一般法学著作，是印度教法的第二位法源。在所有作为印度教法渊源的印度教经典中，《摩奴法论》对法/达摩的论述最全面、最系统和最具体。因此，《摩奴法论》对后世的影响也更大。

（三）《摩奴法论》的影响

如上所述，《摩奴法论》的问世标志着印度教法的发展进入法论时代。此后，其他法论陆续出现，各种名称的法论多达百部，[①] 其中大多数法论文本都已经遗失。在保留下来的十部法论中，重要的有《摩奴法论》《祭言法论》《那罗陀法论》《布利哈斯帕提法论》《迦旃延那法论》《帕拉舍罗法论》和《毗湿奴法论》。值得注意的是，这些重要法论都不同程度地受到《摩奴法论》的影响。

《祭言法论》是《摩奴法论》之后影响很大的一部法论。奥利维尔认为，它是 4 世纪至 5 世纪上半叶的作品。[②] 这部法论受到《摩奴法论》的明显影响，祭言（Yājñavalkya）是传说中的一位仙人，但这部法论实际上是婆罗门作者假托祭言之名创作的。《祭言法论》在开头部分列出了 20 位宗教经典的作者，摩奴居于首位，[③] 可见作者对《摩奴法论》的重视。《祭言法论》的影响很大。高斯（C. Ghose）指出，所有印度人都尊重《摩奴法论》的权威，但现实中人们的法律活动往往遵循《祭言法论》。[④]《祭言法论》第 2 编内容涉及国家治理、国王职责和司法程序，许多规则都借鉴了《摩奴法论》第 7—9 章的内容。

---

① Patrick Olivelle, "Dharmaśāstra: A Textual History", in Timothy Lubin et al. (eds.), *Hinduism and Law: An Introduction*, Cambridge University Press, 2010, p. 48.

② 同上书，第 46 页。

③ *Yājñavalkya-smṛtiḥ: Text with Commentary Mitākṣarā of Vijñāneśvara and English Translation and Notes*, 1. 5, trans. M. N. Dutt, ed. R. K. Panda, Bharatiya Kala Prakashan, 2011, p. 5.

④ 转引自 Robert Lingat, *The Classical Law of India*, p. 98。

形成于 5 世纪至 6 世纪的《那罗陀法论》，受到《摩奴法论》的影响更多。首先，与其他法论不同，这部法论在诗体韵文正文之前，有一篇作者前言。前言中说，为了"众生的福祉"，摩奴创作了《摩奴法论》，作为人们的"行为准则"。前言中还说，摩奴的原著有 10 万颂，1080 章，传给了那罗陀（Nārada）；那罗陀为了便于人们记忆，把原著删至 12 000 颂，然后传给马坎迭耶（Mārkaṇḍeya）；马坎迭耶考虑到人的寿命短暂，进一步把文本删至 8000 颂，传给苾力瞿之子苏马蒂（Sumati）；苏马蒂最后把文本压缩到 4000 颂。① 除了摩奴之外，上述作者都是仙人或仙人之子。毫无疑问，上述作者都是假托先贤之名，真实作者无从稽考。《那罗陀法论》的作者宣称，他的著作是基于摩奴的原著，足见对摩奴十分尊重。其次，这部法论的内容也反映出与《摩奴法论》的传承关系。在散文体序言之后，《那罗陀法论》有一篇总论性质的内容，内容涉及法律程序、起诉和法院。该书的其余内容全部是论述纠纷类型和解决纠纷的规则。《那罗陀法论》沿袭了《摩奴法论》的 18 种纠纷类型，只是把 18 类纠纷细分为 132 小类。② 与《摩奴法论》一样，《那罗陀法论》也在第一类纠纷即不偿付债务纠纷中论述了证据规则。根据有的学者比较，这两部法论有 50 颂完全相同。③ 还有许多内容，两部法论的表述虽有不同，但实质意见与《摩奴法论》却很接近。最后，《那罗陀法论》有关国王治国理政的主张更接近《摩奴法论》中的有关内容，以致给人的印象是，作者似乎只是把《摩奴法论》中第 8 和 9 章的有关内容分离出来，进行改造，加以细化。

与《那罗陀法论》同时代的《布利哈斯帕提法论》，不但大量参考和借鉴了《摩奴法论》的内容，而且把《摩奴法论》奉为最高权威。根据乔利的研究，《布利哈斯帕提法论》从四个方面体现了《摩奴法

---

① *Nārada*, trans. J. Jolly, in *Sacred Books of the East*, vol. 33, ed. F. Max Müller, The Clarendon Press, 1889, pp. 1-3. 实际上，传到后世的《那罗陀法论》篇幅很小，根据乔利（J. Jolly）翻译的《那罗陀法论》英译本，除了很短的作者前言，正文只有 831 颂，加上附录中在尼泊尔发现的贝叶经相关内容 234 颂，总计也不过 1065 颂。

② 同上书，第 9—12 页。

③ Robert Lingat, *The Classical Law of India*, p. 101.

论》的影响。第一，它的许多内容直接引自《摩奴法论》，如关于禁止赌博的规则。第二，它的一些内容间接参考了《摩奴法论》的内容，如许多继承规则带有《摩奴法论》的印记。第三，它通过对《摩奴法论》的一些概念进行解释，引申出一些新规则。第四，它在第 27 章第 3 颂明确宣布，《摩奴法论》在所有法论中具有最高权威，其他法论的内容如与《摩奴法论》相悖均无效。① 奥利维尔指出，《布利哈斯帕提法论》受到《摩奴法论》影响如此之大，以致让人觉得作者在撰写这部法论时，面前就摆放着《摩奴法论》。②

根据奥利维尔考证，《迦旃延那法论》《帕拉舍罗法论》和《毗湿奴法论》都是 7 世纪至 8 世纪的作品。③ 它们都不同程度地受到了《摩奴法论》影响。其中《毗湿奴法论》与其他法论不同，不是全部采取诗体韵文形式，而是散文和诗体韵文混用，以致一些研究者认为它属于法经与《摩奴法论》之间的过渡性作品，甚至把它归于法经系列。这部法论深受《摩奴法论》的影响，其中有 160 颂内容与《摩奴法论》相同。④

自 9 世纪起，围绕法经和法论的评注陆续出现。在整个法经和法论经典系列中，《摩奴法论》的影响最大，因此受到评注者的更多关注，涉及《摩奴法论》的评注数量也最多，先后共有九部：（1）跋鲁吉（Bhāruci）的评注是关于《摩奴法论》的最早评注，但仅有残稿保存下来。凯恩认为该评注出现于 800 年至 950 年间。（2）梅达帝梯（Medhātithi）的评注称为《摩奴疏》（Manubhāṣya），篇幅最长，流行最广。凯恩认为这部评注形成于 825 年至 900 年之间。（3）戈温达罗阇（Govindarāja）的评注简明扼要，凯恩认为它出现于 1000 年至 1100

---

① *Bṛhaspati*, XXVII. 3, trans. J. Jolly, in *Sacred Books of the East*, vol. 33, p. 387.
② Patrick Olivelle, *Manu's Code of Law: A Critical Edition and Translation of the Mānava-Dharmaśāstra*, Introduction, p. 69.
③ 关于《祭言法论》《那罗陀法论》《布利哈斯帕提法论》《毗湿奴法论》《迦旃延那法论》和《帕拉舍罗法论》的形成时间，学界分歧很大，本章依据的是奥利维尔的晚近研究成果。参见 Patrick Olivelle, "Dharmaśāstra: A Textual History", pp. 44-57。
④ Robert Lingat, *The Classical Law of India*, p. 26.

年之间。(4) 那罗衍那 (Nārāyaṇa) 的评注对《摩奴法论》的一些内容做出了独特的解读, 出现于 15 世纪之前。 (5) 鸠鲁迦跋多 (Kullūkabhaṭṭa) 的评注是关于《摩奴法论》最权威的评注之一。这部评注出现于 1250 年, 但也有人说是 15 世纪的作品。(6) 罗伽伐难陀 (Rāghavānanda) 的评注尊重并参考了梅达帝梯、戈温达罗阇、鸠鲁迦跋多和那罗衍那的观点。凯恩认为这部评注产生于 1350 年之后。据说评注者是一位苦行者。(7) 难陀那 (Nandana) 的评注简单扼要, 对文本的解释比较灵活。据说评注者来自南印度, 在南传系统的《摩奴法论》中深受尊重。(8) 罗摩旃陀罗 (Rāmacandra) 的评注。(9) 摩尼罗摩 (Maṇirāma) 的评注。最后两部评注约形成于 1630 年至 1660 年之间, 但关于两位评注者的背景目前缺乏相关材料。① 上述九部评注对《摩奴法论》的内容进行了不同角度的解释, 有关解释往往反映了不同地域和时代的需要。换言之, 正是借助于这些评注, 《摩奴法论》被不断赋予了新的生命, 能够在文本产生后的两千多年时间里保持巨大的影响。在上述评注中, 梅达帝梯和鸠鲁迦跋多的评注影响最大。上述评注的另一个重要贡献是把《摩奴法论》不同传本的手稿相对固定下来, 并传于后世。

《摩奴法论》的影响范围还超越了印度本土。至少自 11 世纪开始, 《摩奴法论》对缅甸、暹罗、占婆和柬埔寨等东南亚一些国家和地区的法律产生了影响。缅甸和暹罗的一些法律汇编曾经采取法论的形式, 吸收了《摩奴法论》的一些内容, 并把有关内容与当地的小乘佛教伦理训诫和地方习惯混合起来, 作为法院判决和人们解决纠纷的重要准则。②

在印度本土, 《摩奴法论》的影响一直持续到现代。英国在对印度的殖民统治过程中, 在当时的马德拉斯、孟买、加尔各答三大殖民管区设立了英国式法院。根据 1772 年 "黑斯廷斯计划" (Hastings' Plan),

---

① Patrick Olivelle, *Manu's Code of Law: A Critical Edition and Translation of the Mānava-Dharmāsastra*, pp. 367-369.
② Robert Lingat, *The Classical Law of India*, pp. 267-271.

英国殖民当局允许殖民管区的英国法院在印度教徒的婚姻、家庭、继承和宗教事务中适用印度教法。在印度的英国法官要正确适用印度教法，必须了解印度教法的具体内容。英国人琼斯精通梵文，熟悉印度教法，曾担任设在加尔各答的最高法院的法官。为了帮助英国法官适用印度教法，他把《摩奴法论》译成英文。如本书第一章所述，他认为，《摩奴法论》"包含宗教和民事的义务以及各个法律领域的制度，印度教徒坚信它由摩奴在人类最初时代所创制……全面而具体"，是古代印度教法的最重要的经典。琼斯把《摩奴法论》译成英文的另一个目的是希望更多的西方人通过这部法论了解印度教法。① 在印度众多传统法律经典中，琼斯选择翻译《摩奴法论》并把它介绍到欧洲，这从一个侧面反映出这部法论的重要地位和广泛影响。

印度的现代主义者则把《摩奴法论》作为印度教及其种姓制度的象征。1935 年，印度宪法之父安培德卡尔领导印度的贱民旗帜鲜明地抵制印度教，起草并通过了一份名为《致不可接触者：来自一个新摩奴的新音信》的决议，并在纳西克的不可接触者集会上焚烧了《摩奴法论》。② 2000 年 3 月 25 日，女权领袖基什瓦尔（M. Kishwar）在拉贾斯坦高等法院步行街的讲演中，重提当年安培德卡尔焚烧《摩奴法论》一事，认为《摩奴法论》维护了婆罗门的特权，"是印度种姓和性别压迫的重要渊源"。③ 上述事件也从反面反映出《摩奴法论》在印度教法中的重要地位。

《摩奴法论》被译成多国语言。琼斯翻译的《摩奴法论》英译本于 1794 年在加尔各答出版，于 1795 年再版，并同时在伦敦出版，后来多次再版。这个最先的译本受到很高评价，成为嗣后许多英译本的基础。曾在印度的殖民管区法院担任过法官的伯奈尔（C. Burnell），在琼斯之后对《摩奴法论》重新进行英译，但没有完成这项工作。霍普金斯

---

① J. Duncan M. Derrett, *Religion, Law and the State in India*, p. 250.
② Patrick Olivelle, *Manu's Code of Law: A Critical Edition and Translation of the Mānava-Dharmaśāstra*, Introduction, p. 4.
③ 同上。

（W. Hopkins）接续伯奈尔完成的英译本，于 1891 年出版。在所有英译本中，影响最大的是布勒的英译本。该译本作为东方圣书丛书第 25 卷于 1886 年出版，得到了广泛传播。该译本总体质量较好，错误不多。但这个译本也存在一些缺陷，例如，译者常常把评注译入正文，混淆了注释与正文的分别；表述过于学理化，所做脚注专业性很强，普通人不易理解。1916 年，加尔各答大学法律系邀请贾（H. G. Jhā）从事《摩奴法论》的英译。贾是著名梵学家，做过贝纳勒斯梵文学院院长和阿哈拉巴德大学副校长。这个英译本各卷在 1921 年至 1929 年相继问世，主要有以下几个特点：其一，译者是印度本土梵文学者，对《摩奴法论》的宗教和文化背景理解更深，对原文含义把握更准确；其二，这个译本参考了多部《摩奴法论》梵文手稿；其三，这部分为 5 卷的英译本包含了梅达帝梯对《摩奴法论》的评注。此外，还有多尼格（W. Doniger）和斯密斯（K. Smith）于 1991 年出版的英译本。这个译本具有两个特点：一是译者不考虑评注，只根据正文翻译；二是注重意译，译文不再以诗体韵文形式对应原文句式，而是采取整段散文的表述形式，意思表达更连贯、完整。因此，这个英译本自然流畅，便于读者理解原文意思。2005 年出版的奥利维尔的英译本，译者视野更广泛，准备更充分。译者校勘了 53 部《摩奴法论》手稿，参考了另外 38 部手稿和 9 部评注。[①]此外，还有其他英译本。在诸多英译本中，鸠鲁迦跋多评注的《摩奴法论》文本被作为通行本，琼斯、伯奈尔、布勒和多尼格与斯密斯的译本都依据这个文本。但贾的英译本依据的是梅达帝梯评注的《摩奴法论》文本。

在法国，迭朗善是法兰西学院的著名梵学家，他翻译的《摩奴法论》法译本于 1833 年出版。迭朗善的法译本所依据的是鸠鲁迦跋多评注的《摩奴法论》文本，参考了罗伽伐难陀的评注，并对其中涉及的法学、宗教、哲学、历史学和文学等重要名词术语进行了注释。这个

[①] 译者关于版本的介绍，参见 Patrick Olivelle, *Manu's Code of Law: A Critical Edition and Translation of the Mānava-Dharmaśāstra*, p. 354。

译本译文优雅，成为法语世界的标准译本，并被译成葡萄牙文和中文。1893 年，斯特利莱（G. Strehly）的另一个法译本出版。该译本分为两卷，参考了先前的法译本，对有疑问之处做了注释。这个法译本不如迭朗善译本严谨，但优点是通俗易懂，便于非专业者阅读。

霍特耐尔（Hüttner）关于《摩奴法论》的德译本于 1797 年出版。乔利把《摩奴法论》的第 8 章和第 9 章的前面部分译成德文，这个德译本于 1882 年出版。在俄国，1913 年出版了埃尔曼诺维奇的《摩奴法论》俄译本；在苏联时期，伊林的《摩奴法论》俄译本于 1960 年出版。据《摩奴法论》中译本译者前言提供的信息，《摩奴法论》的日译本至少有两个。[①]

在中国，马香雪把迭朗善的《摩奴法论》法译本译成了中文。该译本于 1982 年由商务印书馆出版。译者在中译本序言中指出了《摩奴法论》不是法典，但为了从俗，中译本仍把书名译为《摩奴法典》。蒋忠新译的《摩奴法论》于 1986 年由中国社会科学出版社出版，季羡林为该中译本作序，并指出翻译《摩奴法论》的重要性。这个译本有以下几个特点。首先，译者从梵文直接翻译而不是由其他译本转译。该译本所依据的文本也与迭朗善所依据的梵文本不同，是经印度梵学家贾校刊的梅达帝梯评注的《摩奴法论》梵文本。其次，中译本在译者前言中指出，历史上，西方和日本学者都把《摩奴法论》误解为法典，中国也长期沿袭了这种译法，为了正确认知这部著作的性质，特改译为《摩奴法论》。最后，蒋忠新通过比较梵文原本指出，法译本中有许多错误，[②] 因而他决定选取梵文本《摩奴法论》译为中文。2007 年，蒋忠新的译本由原出版社再版，但这个新版本除了把原书目录从正文之前排到正文之后，以及对个别文字进行了修改外，内容没有变动。

《摩奴法论》被译成多国语言，得到广泛传播。这从一个侧面反映出它的广泛影响。

---

① 《摩奴法论》，译者前言，第 4 页。
② 同上书，译者前言，第 5 页。

第三章 传统印度法的多元特征

任何历史悠久和影响广泛的法律传统，都会具有一定程度的统一性和多元性。法律传统缺乏统一性，就会陷入四分五裂，丧失整体性，久而久之，就可能消散，退出历史舞台。同时，法律传统欠缺多元性，就会陷入僵化，丧失适应各种情境的变通能力，一样会被历史所淘汰。传统印度法以印度教法为核心，是世界重要法律传统之一，既有统一性，又有多元性。相较于统一性，传统印度法的多元性更为突出。许多学者虽然注意到传统印度法的多元特征，但至今没有人对这个问题进行深入和系统的论述。

一、传统印度法的统一性机制

传统印度法历史悠久，并且对现代印度法产生重要影响。传统印度法包括印度教法、王令和习惯法。传统印度法的统一性主要表现在以下几个方面。

其一，在传统印度法中，印度教法是核心内容。在印度教法中，"利塔"和"达摩"是核心概念。"利塔"概念意指"真理""法则""规律"，转指"秩序"。这个概念代表了印度早期雅利安人的宇宙观。按照这种宇宙观，地、空、天三界所构成的宇宙秩序具有统一性和规律性。人们只有维护宇宙的统一性和顺应宇宙的规律性，宇宙才能运行有序，人世秩序才能长盛不衰；否则，宇宙秩序就会毁坏，而人世秩序也会陷入混乱。宇宙秩序得以维持主要得益于两点。一是三界众神创造了宇宙，并按照既定的分工维持宇宙秩序，二是世人应当采取正确的行为，避免引起宇宙秩序的混乱。"达摩"的原意就是"维持"，即以正确的行为维持宇宙秩序和人世秩序。这里，利塔代表宇宙秩序的统一性，而达摩则意指体现利塔的多种方式。换言之，利塔具有整体性，而体现这种整体性的达摩则具有多样性，例如种姓达摩、人生阶段达摩、国王达摩（rājadharma）和赎罪达摩等。只有符合达摩并与利塔相一致的行为才是正确的行为。达摩尽管具有各种渊源并衍生出各种规则，但都最终统一于利塔的概念。

其二，印度教法的渊源具有统一性。在印度教法中，法源是指达摩渊源，即达摩的根基和表现形式，法论称之为"法相"。大多数法经和法论认为具有三种法源，即神启经、圣传经和良好习惯。《摩奴法论》和《祭言法论》还把"自我满足"作为第四种法源。

在《摩奴法论》中，上述法源被称为"四法相"，即达摩的四个特征或标志。[①] 它们之间具有等级关系，神启经的地位最高，圣传经次之，良好习惯又次之，最后是自我满足。根据印度教正统理论，前两种法源不是出自人的决定，而是从神那里直接听来或由古代圣贤所记忆的神旨，因此是达摩的"两个根"，其权威绝对不容置疑，后两种"法相"则是前两种达摩派生出来的次要渊源。在神启经中，吠陀本集的地位高于梵书、森林书和奥义书。这样一来，尽管在"吠陀时代"前期，三界存在多种多样的神祇，但吠陀本集是统一的象征，其中《梨俱吠陀》成为统一的最高象征。在后来的发展中，作为宗教法的达摩始终以印度教的精神和原则作为指导。早期印度教原则，如"吠陀神启""祭祀万能"和"婆罗门至上"原则，在达摩中得到了体现。吠陀本集作为达摩的最权威渊源，标示着印度教法的统一性。自奥义书提出了"梵我合一"的学说之后，原来的多神终于由至上之梵统合起来。晚于神启经的法经和法论等圣传经，虽然在具体规则上存在很大差异，但都把神启经奉为权威法源，并把梵奉为最高之神。总之，宗教经典权威的确立和最高神观念的形成，为印度教法的形成和发展提供了统一的文本基础和象征符号。

---

① 《摩奴法论》，蒋忠新译，中国社会科学出版社 2007 年版，2：12。

其三，印度教法把人的行为分为三类，作为人生三种目的，即法（达摩）、利、欲。① 法源自神启，这种神启或者是圣贤直接从神那里听到的神音，或者是由圣贤所记忆和传述的神旨。"利"和"欲"则分别是指现世的物质利益和肉体欲乐。《摩奴法论》主张，不应把法、利、欲三者分割开来或对立起来，"三合一"才构成"福"；主张国王应精通法、利、欲，在司法中协调它们之间的关系。② 在法、利、欲三者之间彼此相容时，如合法婚姻则属于法、利、欲三全其美，值得赞美。但在三者之间存有冲突的情况下，具有利或欲属性的规则必须服从具有法属性的规则。例如，法论主张国王必须善待朋友，朋友重于金子和领土。但在涉及国王朋友的案件中，这些规则都属于利的范畴，国王必须根据法属性的规则秉公判决，而不应根据利的规则做出有利于朋友的判决。法虽然可能含摄利，但更追求非功利、超欲望的功果。这意味着法范畴中的规则，其动机和理由乃出于神意，超乎世人的理解。因此，世人对于法范畴的规则无论是否理解，都必须绝对服从。法在效力上高于利和欲，从一个侧面揭示了印度教法具有统一性。

其四，婆罗门具有突出地位。在印度教中，婆罗门被奉为所有印度教徒的楷模。换言之，非再生人以再生人作为楷模，其他再生人则以婆罗门作为楷模。法经和法论的伦理训诫和法律规则，也以婆罗门的行为作为典范。《摩奴法论》就指出，"为了规定婆罗门的行为，附带也规定其余种姓"，"摩奴编著此论"。③ 婆罗门之法及其示范作用在很大程度维护了古代印度宗教法的统一。更重要的是，在王室法院，婆罗门协助国王或受国王委托审理案件；在村社法庭的司法中，通晓印度教法的婆罗门也发挥主导作用。婆罗门参与司法有助于法的统一适用。

其五，婆罗门主持宗教仪式、教授学生并编著宗教经典和法学著作。在这个过程中，他们提炼和阐释宗教原则，搜集和整合伦理训诫

---

① 印度教法把"法、利、欲"奉为人生"三要"，有些经典又加入"解脱"，构成人生"四要"。
② 《摩奴法论》，2：224，7：26、151。
③ 同上书，1：102。

和法律规则,并在一些重要价值和规则上达成了共识。例如,在所有圣传经中,关于四个种姓和四个人生阶段的达摩都大同小异。在婚姻等领域,法经和法论的不同文本也颇多共同之处。例如,大多数法经和法论都承认八种婚姻形式。如前文所述,它们是:(1)梵式、(2)天神式、(3)仙人式、(4)天神式、(5)乾闼婆式、(6)阿修罗式、(7)罗刹式和(8)毕舍遮式。关于上述八种婚姻的种类和顺序,《高达摩法经》《鲍达耶那法经》和《那罗陀法论》完全一致。在《摩奴法论》《祭言法论》和《毗湿奴法论》中,有关婚姻种类,与上述法经和法论完全相同,只是顺序上略有差异。例如《毗湿奴法论》只是把上述的(2)与(4)位置对换,《摩奴法论》《祭言法论》除了把上述的(2)与(4)对换,还把(5)与(6)的位置对换。①

其六,在传统印度法中,除了印度教法,还包括王令和习惯法。国王作为王室法院的首席法官,对于传统印度的统一适用具有重要作用。国王不但直接审理重要案件,以王令形式做出判决,还对全国的司法进行监督,负责纠正严重不公的判决,并惩治贪赃枉法的法官。国王有权废除习惯法。印度教法在发展中一方面吸收一些习惯法,另一方面禁止一些不合时宜的习惯法。印度教法和王令在一定程度上起到了整合习惯法的作用。

二、传统印度法的多元性及其具体表现

传统印度法虽然存在统一性,但多元特征更为突出。传统印度法的多元性主要表现在以下四个维度。

(一)种姓之法具有多元性

传统印度法中最有特色的制度是种姓制度。种姓制度产生于印度

---

① Ludo Rocher, *Studies in Hindu Law and Dharmaśāstra*, ed. Donald R. Davis Jr., Anthem Press, 2012, p. 588.

部落社会的后期。当时，印度社会事实上分化为四个阶层，即婆罗门、刹帝利、吠舍和首陀罗。《梨俱吠陀》通过一种神话拟制，把这种分化的事实予以确认，使之正当化："原人之口，是婆罗门；彼之双臂，是刹帝利；彼之双腿，产生吠舍；彼之双足，出首陀罗。"① 后来，《摩奴法论》把梵天奉为最高神，认为梵天创造了四个种姓。② 种姓制度具有多重功能和寓意。

首先，种姓制度反映了古代印度社会的职业分工。婆罗门是祭司阶层，刹帝利是武士阶层，吠舍是农民、牧民和商人阶层，而首陀罗主要是服侍婆罗门的仆人，或从事工匠职业。

其次，四个种姓代表了由高到低的社会等级，后者必须服从前者。本来，在四个种姓中，前两个种姓占据统治地位。但两者之间的地位仍然具有重要差别。例如，成为政治统治者是刹帝利种姓的特权。因此，在政治管理中，婆罗门应服从国王。但从种姓地位上，十岁的婆罗门与百岁的刹帝利也是父子关系，即前者高于后者。③ 对于首陀罗，婆罗门甚至握有生杀予夺之权。例如，《摩奴法论》就主张，"婆罗门可以毫不犹豫地去拿首陀罗的东西；因为他不存在任何财产"④。

再次，除了五戒是各个种姓遵守的一般达摩，其他达摩都是特殊达摩，人们依不同种姓而遵守不同的达摩。例如，担任祭司和教师是婆罗门的特权。婆罗门还享有许多其他特权，如犯罪免受死刑、免税之权以及得到国王布施供养之权等。最后，不同种姓同样的行为会导致不同的法律后果。在婚姻上，高种姓的男子娶低种姓的女子为顺婚。反之，低种姓的男子娶高种姓的女子则为逆婚。逆婚所生子女的地位远远低于顺婚所生子女的地位。

最后，像其他古代法律一样，古代印度采用了同罪异罚的原则。

---

① 巫白慧译解：《〈梨俱吠陀〉神曲选》，商务印书馆 2010 年版，第 255 页。在《梨俱吠陀》的《原人歌》中，创造本体不是梵天，而是"原人"。
② 《摩奴法论》，1：11、31。
③ 同上书，2：135。
④ 同上书，8：417。

通常情况是同种犯罪行为，犯者身份越低，其刑罚越重。但同罪异罚也有相反情况，即犯罪人的地位越高，刑罚越重，旨在对高种姓的犯罪起到威慑作用。例如，关于偷盗罪的罚款，行为人种姓越高，罚款越多，吠舍是首陀罗的两倍，刹帝利是吠舍的两倍，婆罗门是刹帝利的两倍。①

种姓之法从一个重要维度反映出传统印度法中的多元特征。

（二）人生阶段之法具有多元性

传统印度法中的印度教法，把再生人的生活分为四个阶段，即梵行期、家居期、林居期和遁世期。在不同阶段，再生人要遵守不同的达摩。有关这方面内容法具体论述，参见本书第二章第二节第二部分。

（三）"学说之法"具有多元性

我们在本书导论中已经指出，印度教法是"法学家之法"，具有"学说之法的特征"。印度教法中权威渊源是神启经，狭义的神启经是"四吠陀"。多部经典为后人的解释提供了多元的选择。历史上，每部吠陀本集都有不同传本。围绕不同的传本，又形成了不同的吠陀学派。这些不同学派都有自己的梵书、森林书和奥义书。在奥义书之后，不同的劫波经又衍生出来。每部劫波经都包含三个系列，即公祭经、家祭经和法经。从源流上，多数法经都可以通过其所属的劫波经追溯到不同的吠陀本集。例如，《鲍达耶那法经》可以追溯到《耶柔吠陀》的黑耶柔吠陀传本。②

与法经不同，法论不再分为派别。法论之间虽然具有某种传承关系，例如《祭言法论》《那罗陀法论》和《毗湿奴法论》等都受到《摩奴法论》的影响（参见本书第二章第三节），③但不同的法论基本

---

① 《摩奴法论》，8：336—338。
② Robert Lingat, *The Classical Law of India*, trans. J. Duncan M. Derrett, Munshiram Manoharlal Publishers Pvt. Ltd., 1993, pp. 18-22.
③ Patrick Olivelle, "Dharmaśāstra: A Textual History", in Timothy Lubin et al. (eds.), *Hinduism and Law: An Introduction*, Cambridge University Press, 2010, pp. 44-48.

上处于自发状态,在结构和具体规则上存在很大差异。此外,圣传经还包括卷帙浩繁的史诗和名称繁多的往世书。神启经和圣传经包括的众多经典都是达摩的权威渊源。它们在结构上存有差异,对于达摩的表述多种多样,甚至存在冲突。

不同法经和法论之间在结构上也有很大差异。例如,《摩奴法论》中既包括宗教教义和哲学思考,也包括政治和法律的内容。但稍晚的《那罗陀法论》的大部分内容都剔除了宗教因素,论述的领域和规则的表述方式都具有现代世俗法的特征。① 更晚出的《帕拉舍罗法论》仅仅涉及适当行为和赎罪行为,而没有涉及严格意义上的法律内容。② 上述三部法论在结构上的差异反映出法论的多元性。

不同圣传经中虽然有相同或类似的达摩规则,但也有不同的规则。例如,《鲍达耶那法经》允许一个男人娶一个同种姓女子为妻,同时再从每个低种姓中各娶一个妻子。由此,婆罗门可娶四妻,刹帝利可娶三妻,吠舍可娶两妻,而首陀罗只能娶一妻,与不同种姓的妻子所生子女可根据母亲种姓继承不同份额的遗产。③《摩奴法论》则倡导一夫一妻制。④《罗摩衍那》主人公罗摩的父亲十车王有三个妻子,而《摩诃婆罗多》中的般度族五个兄弟共娶一个妻子。

尼赫鲁曾经指出,自治村社、种姓制度和联合家庭是传统印度社会组织中的三大支柱。⑤ 联合家庭的基础是传统印度的土地共有制。古代印度的继承制度集中反映了当时的共有制土地制度。11 世纪毗吉纳奈什伐罗关于《祭言法论》的评注称为《密塔娑罗》。该书论述的继承制度流行于印度大部分地区。自 12 世纪,吉穆陀伐诃那汇纂的《达耶跋伽》流行于孟加拉地区。这两部继承法著作存在以下重要差异:(1) 根

---

① Patrick Olivelle, "Dharmaśāstra: A Textual History", p. 47.
② 同上文,第 47—48 页。
③ *Baudhāyana*, I. 8. 16, 2-5, trans. G. Bühler, in *Sacred Books of the East*, vol. 14, p. 196.
④ 《摩奴法论》,3:4。
⑤ 贾瓦哈拉尔·尼赫鲁:《印度的发现》,向哲濬等译,上海人民出版社 2016 年版,第 220 页。

据前者，继承与血缘相联系，即按照血缘的远近决定继承顺序；根据后者，继承以宗教为基础，即以继承人为被继承人举行葬礼和提供祭供为前提。（2）根据前者，继承人出生即对共有家产享有份额，但这种份额因情况而变动，共有家产增加或共有人减少，份额随之增加，反之则减少；只有到分家析产时，每个共有人的份额才能确定；根据后者，继承人并不因出生而享有继承份额，只有到分家析产时才享有特定的继承份额。（3）根据前者，共有家产的持有人只是作为家产管理者，不得自行处分财产；根据后者，共有家产持有人有权处分家产。（4）根据前者，家产共有人死亡，如无儿子，他的遗孀无权继承丈夫之份，仅仅有权得到家庭的扶养；根据后者，此种情况下的共有人遗孀在析产时有权继承丈夫生前应得之份。此外，在适用《密塔娑罗》继承规则的不同地区，也形成了一些差异，例如在贝纳勒斯，姐妹不具有继承权；但在孟买，姐妹的继承地位很高。[①] 英国著名梵文学家科尔布鲁克（H. T. Colebrooke）曾长期在印度工作。他最初在威廉堡学院担任梵文和印度法教授，后在 1802 年至 1814 年间担任加尔各答最高法院法官。他把《密塔娑罗》全书和《达耶跋伽》涉及继承部分的第 2 章译成英文，并于 1810 年以《印度继承法两论》的书名出版。科尔布鲁克以上述两部著作的差异为线索，建构出所谓的"印度法学派"。[②] 与此同时，在印度的英国法院把这"两派"的继承规则作为具有效力的法律，适用于各自法域的具体继承案件。传统印度继承法的上述差异，从一个侧面反映出传统印度法具体内容上的多元特征。

一般说来，一部法典或法学著作针对同一问题往往会有统一的规则。但在印度古代的同一部法论中，有时针对同一问题提供多重处理办法。例如在继承问题上，《摩奴法论》列举了三种规则。（1）父亲

[①] 关于上述两种继承制度的比较参见 John D. Mayne, *A Treatise on Hindu Law and Usage*, 9th ed., revised and edited by V. M. C. Coutts Trotter, Higginbothams Ld., 1922, pp. 39-41。

[②] 参见 J. Duncan M. Derrett, *Religion, Law and the State in India*, Faber & Faber, 1968, pp. 225-273; Ludo Rocher, *Studies in Hindu Law and Dharmaśāstra*, pp. 119-126。

逝世时如果未分家，实行长子继承制，弟弟要像依靠父亲那样依靠长兄生活。(2) 如已分家，长子先得不动产的 1/20 和动产中最有价值者，次子得长子之半，小子得长子的 1/4。在如此抽分之后，剩余遗产由数子之间均分。(3) 遗产处理时如果不实行抽分，总遗产的分配原则是长子得两份，次子得一份半，小子得一份。① 这种列举方式表明，在实践中，印度早期流行的长子继承制度已经衰落，实践中流行不同的继承习惯法，《摩奴法论》不得不对实践中多元的继承制度做出让步。

（四）地域之法具有多元性

古代印度教的经典都以神圣的权威作为基础，以使其中的原则和规则具有超越时空的普遍性。因此，它们通常回避有关规则适用的地域性。但《鲍达耶那法经》作为一个例外，明确承认当时印度南部地区与北部地区流行不同的婆罗门习惯法。南部地区的习惯法是，婆罗门 (1) 可以与一个没有接受婆罗门入教礼的人同食，(2) 可以与他人之妻同食，(3) 可以吃剩饭，(4) 可以与舅父之女或姑母之女结婚。北部地区的习惯法是，婆罗门 (1) 可以出售动物毛制品，(2) 可以饮酒，(3) 可以制造和贩卖武器，(4) 可以出海远洋。该书认为，这些习惯法在各自地区范围内具有合法性，离开该地就不具有合法性。②

根据法国印度学家杜蒙 (L. Dumont) 的研究，印度南部地区与北部地区在种姓制之法方面仍然存在巨大差异。北部地区的种姓制度尽管分化出许多次种姓，但四个主要种姓仍然存在并且界限比较分明。但印度南部地区仅仅存在两个种姓，即婆罗门与首陀罗，不存在刹帝利及吠舍种姓。根据《摩奴法论》等正统经典的要求，婆罗门理想的职业是"六业"，即教授吠陀、学习吠陀、祭祀、为他人主持祭祀、布施和接受布施。他们在生活窘迫时，可以从事刹帝利的职业和吠舍的某些职业，如经商。在印度北部地区，婆罗门虽然有时会从事刹帝利

---

① 《摩奴法论》，9：104—118。
② *Baudhāyana*, I. 1. 2, 1–4, p. 146.

和吠舍种姓的职业，但不会从事首陀罗的职业，如理发师和洗衣匠等。在印度南部地区，许多作为葬礼祭司的婆罗门同时是理发师。研究者对印度南部地区的卡林普村实证调查显示，一个工匠往往受雇于几个婆罗门，而该工匠同时又以家长身份雇佣婆罗门为自己举行家祭；在41个婆罗门家庭中，只有3个家庭中有人担任祭司，其他婆罗门往往从事非婆罗门种姓的职业。①

不同的法经具有地域性特征，如《高达摩法经》流行于印度的马拉塔地区，《阿帕斯坦巴法经》流行于印度东南地区。法论也具有地域性，例如《摩奴法论》源自印度西北的五河流域，《祭言法论》源自印度北部地区，《那罗陀法论》源自当时属于印度的尼泊尔地区，《迦旃延那法论》则源自旁遮普地区。实际上，评注者和汇纂者也有地域背景。例如《摩奴法论》的评注者梅达帝梯（Medhātithi）住在克什米尔地区，《祭言法论》的评注者毗吉纳奈什伐罗的活动范围是贝纳勒斯以及部分北部地区，《达耶跛伽》的作者吉穆陀伐诃那则生活在孟加拉地区。14世纪中叶的摩陀婆（Mādhava）担任过大臣职务，以博学著称，他对《帕拉舍罗法论》的评注观点反映了他所在的印度南部地区法律实践情况。② 在米萨拉，当地一些著作的观点得到流行，并获得了当地王公的认可，其中最重要的著作是《维瓦陀芮特纳迦罗》（Vivāda Ratnākara）。③ 不同地域的法学著作在一定程度上反映了各地的差异和所流行的不同习惯法。

具体的法律规则也往往因地域差异而呈现出多元性。神启经和圣传经都反对买卖婚姻，但在实践中，孟加拉地区的低种姓人群中却流行买卖婚姻；在马德拉斯地区的各种姓中，新郎须向新娘赠送礼金；在阿萨姆地区，婚姻只有支付聘礼才有效；在孟加拉地区，为了把女

---

① 路易·杜蒙：《阶序人：卡斯特体系及其衍生现象》，王志明译，浙江大学出版社2017年版，第113、146、182页。

② 参见 Julius Jolly, *Hindu Law and Custom*, trans. B. Ghosh, Greater India Society, 1828, pp. 1–72。

③ Thomas Strange, *Hindu Law*, vol. 1, Parbury, Allen, and Co., 1830, p. 318.

儿嫁给较高种姓的男子，新娘家庭要向新郎提供价值很高的嫁妆。一些男性婆罗门通过娶多妻敛财，而许多生女之家则不堪重负。①

印度教法禁止近亲结婚是指禁止一个人与父系七亲等、母系五亲等内亲属结婚。西北地区比较严格遵守这个规则，但在印度南部地区，婆罗门以外的其他种姓流行表兄弟姐妹之间的婚姻。为了增加家族势力或亲属之间的联系，印度南部的一些地区流行堂兄弟姐妹婚姻，甚至承认侄女与叔伯之间的婚姻。② 如上所述，《摩奴法论》主张一夫一妻制，但有些早期的圣传经则允许多妻。总体而言，自《摩奴法论》之后，印度教法的基本精神是婆罗门应实行一夫一妻。但在实践中，各地的情况差异很大。19世纪后期的调查显示，孟买和马德拉斯地区的多妻现象比较严重。在马德拉斯，男人有两妻者占已婚人口的4%；在旁遮普地区，有一妻以上者不到已婚人口的1%。③ 此外，各地收养的规则也多种多样。在孟加拉，收养必须举行仪式；在马德拉斯，收养不需举行仪式；在旁遮普，收养发生争议时，需要提供证明；在孟买，收养无须遵守任何要求。④ 古代印度早期并没有禁止寡妇再嫁的规定。但《摩奴法论》开始倡导寡妇守节，不得再嫁。⑤ 在实践中，各地有关寡妇再婚的情况差异很大。1891年在马德拉斯进行的一项人口调查发现，60个种姓中没有一个种姓的习惯法禁止寡妇再婚；婆罗门种姓要求女性成年前结婚，禁止寡妇再婚，但其他种姓的习惯法则允许寡妇再婚；印度西北地区的习惯法只允许寡妇与高种姓男子再婚；根据奥里萨和阿萨姆地区的习惯法，只有高种姓依照达摩禁止寡妇再婚，低种姓和贱民根据习惯法允许寡妇再婚。⑥

---

① 参见 Julius Jolly, *Hindu Law and Custom*, pp. 115, 137。
② Duncan M. Derrett, *Religion, Law and the State in India*, p. 109.
③ Julius Jolly, *Hindu Law and Custom*, p. 146.
④ 同上书，第165页。
⑤ 《摩奴法论》，5：160。
⑥ 参见 John D. Mayne, *A Treatise on Hindu law and Usage*, pp. 117-118。

三、传统印度法多元的主要原因

在西方法律传统中，罗马法占有重要地位。在罗马法早期的发展中，法学家发挥了主导作用。当时，不同法学家对同一问题往往持有不同观点。就此而言，当时的罗马法具有多元特征。但通过立法机构的立法、裁判官的告示以及逐渐专业化法官的努力，罗马法逐渐达到了一定程度的统一。在中世纪西方，法律呈现出多元状态。当时的法律首先分为教会法与世俗法；其次是在世俗法内部又分为王室法、封建法、庄园法、城市法和商人法。根据伯尔曼（Harold Berman）的研究，自 11 世纪，西方法律传统开始出现一些共同趋势，即整体性、客观性、普遍性和发展性等趋势。[①] 这些趋势推动了各个法律体系内部的系统化和统一发展，并有助于不同法律体系之间的相互影响。从 12 世纪开始，英格兰中央集权得到了强化，王室法院通过司法整合封建法、庄园法和城市法，最终形成了全国统一适用的普通法。在欧陆国家，自 15 和 16 世纪起，王权开始强化。王室法借助于罗马法复兴，逐渐取得优势地位，并致力于统合其他法律体系。通过民族国家的建立和现代法典的颁布，欧陆国家最终实现了法律统一。在古代伊斯兰教国家，伊斯兰法虽然在理论上是唯一的法律，但实践中仍然存在君主的命令和地方习惯法等世俗性法律。不过，由于古代伊斯兰教国家采取政教合一体制，没有出现西方中世纪那种宗教法与世俗法并立的二元格局。在传统中国，只有在春秋战国等国家分裂时期，法律才呈现出多元态势。自秦代至清代的漫长时间里，中央集权的政府不仅能够统合地方权力，而且足以驾驭宗教势力。相对于地方法、家族法和宗教团体法，以成文法为特征的国家法处于绝对支配地位。因此，传统中国法的一个突出特征是统一而不是多元。一般说来，一个国家法律的理想状态

---

① 伯尔曼：《法律与革命——西方法律传统的形成》，贺卫方等译，中国大百科全书出版社 1993 年版，第 360—626 页。

是既有统一性又有多元性，实现统一与多元的互动。但大多数古代国家的法律难以达到这种理想状态，通常情况是法律的统一程度增加，多元程度就相对减少，反之亦然。就上述四种法律文明统一程度而言，传统中国法最强，古代伊斯兰教国家的法律次之，传统西方法再次之，传统印度法最弱。反过来，传统中国法的多元程度最弱，而传统印度法的多元程度最强。多种原因促成了传统印度法的多元性。

（一）多神论是传统印度法多元的宗教背景

在古代印度大多数历史时期，印度教在各种宗教中占据支配地位。与一神教的犹太教、基督教和伊斯兰教不同，印度教奉行多神崇拜。传统印度法的多元特征与印度教多神崇拜密切关联。早在"吠陀时代"早期，吠陀本集中充满了多神崇拜内容，地、空、天三界中众神都受到祭祀和赞颂。《梨俱吠陀》第 10 卷第 52 首是献给众神的颂诗，其中第 6 颂宣称，众神多达 3339 位，[①] 其中主神 33 位。在前 1000 年出现的梵书中，生主（Prajāpati）被奉为主神，但其他神仍然受到崇拜；在前 800 年出现的奥义书中，梵开始成为唯一真神和至上之神。这表明印度教试图试摆脱早期的多神教崇拜，趋向一神教。但抽象无形之梵又具象化为世界万事万物，其中包括梵天等众神。这样一来，印度教虽摆脱了早期的多神崇拜，却没有走向一神教，而是转为一体多相的形态。至史诗和往世书时代，三大有形之神即梵天、毗湿奴和湿婆成为印度教的主神。祂们都被奉为梵的化身，分别代表创造、维持和毁灭。在三大主神中，梵天在名义上地位最高，但毗湿奴和湿婆受到更多教徒的崇拜，因为在世界创造之后，最重要的事莫过于维持世界秩序，避免毁灭。三大主神不断"下凡"，化身为各种人物和动物，例如毗湿奴最重要的化身下凡就有 10 次。[②] 这样一来，奥义书中所论述的抽象之

---

① *The Hymns of the Rgveda*, vol. 2, trans. T. H. Griffith, E. J. Lazarus and Co., 1897, p. 455.

② 关于三大主神出现的具体论述，参见郭良鋆：《印度教三大主神的形成》，《南亚研究》1993 年第 4 期，第 55—62 页。

梵，就逐渐被民间功利导向的偶像崇拜所取代，印度教徒可以选择自己所喜欢的神祇进行祭拜。后来，各种神灵的名目繁多，甚至多达3亿。① 实际上，在奥义书之后，印度教在实践中逐渐回归早期的多神崇拜。不同的是，后来的信徒不是同时祭拜早期诸神，而是选择某个特定的神进行祭拜。印度教中多神并存和信众各拜其神的宗教传统，无疑是传统印度法呈现多元特征的重要原因之一。人们既然可以选择自己的信仰之神，就可以有选择地遵守某些达摩。

（二）政府权威虚弱是传统印度法多元的政治原因

在古代印度，以王权为核心的中央政府如果权力强大，那么即便印度教的多神崇拜会容纳宗教法的多元性，中央政府也可能借助立法和司法整合分散的传统印度法，从而能够在一定程度上促成法律统一。我们通过比较可知，在不同的几个文明中，政治与宗教的关系呈现出不同的样态。在中世纪西方，政治与宗教之间几乎不分高下，各自具有自己的管辖权，即所谓恺撒的归恺撒，上帝的归上帝。在古代伊斯兰教国家，政治与宗教之间的关系统一于政教合一的体制中。在古代中国，政治权力始终处于宗教之上，驾驭和支配宗教。然而，在古代印度，政治权力一直处于宗教势力之下。古代印度的这种情况与种姓制度有关。根据种姓划分，国王属于刹帝利种姓，低于作为祭司阶层的婆罗门种姓。在强大的宗教势力下，古代印度的国王无力对抗和改变宗教法，而只能服从之，并按照国王达摩的要求履行捍卫和实施达摩的职责。国王所颁布的王令虽然在实践中具有法律效力，但大多情况下只是补充宗教法，且仅仅在特定时期具有效力。总之，在古代印度的大多数时期，中央政府的权力都很弱，婆罗门统治着遍布全国的独立村社，数以百计的土邦王公分地而治，国家无力形成长期的统一局面。国王制定的王令无力统合宗教法，也无力统合地方和家族习惯法。

---

① 邱永辉：《印度教概论》，社会科学文献出版社2012年版，第30、213页。

12世纪以后英国的治理经验表明，一个专业化的王室法院负责司法，对于整合和统一全国的法律至关重要。但在古代印度，虽然存在层级式王室法院，最高王室法院的审判也由国王主持，但国王的审判深受作为法律顾问的婆罗门的影响。有时，国王还委托婆罗门代理自己主持审判。理论上，最高王室法院管辖重要的刑事和民事案件，并负责审理下级法院的上诉案件，但古代印度没有类似英格兰12世纪以后王室法院所拥有的那种专业法官，高等级法院的法官都是行政官兼任的。在地域广大且司法权力分散的古代印度，很多重要的刑事和民事案件很难诉到王室最高法院，往往由地方法院直接处理。当事人对于下级法院判决，也很少能够上诉到王室最高法院。实际上，古代印度的绝大部分纠纷都在被称作潘查亚特的村社法庭或行会法庭解决。司法权力的分散是导致传统印度法多元的一个重要因素。另外，大多数犯罪都具有宗教意蕴，染有罪孽者可以通过赎罪而避免受到国王的审判和惩罚。

在16世纪，蒙古人征服印度并建立了莫卧儿帝国。信仰伊斯兰教的莫卧儿统治者不仅对印度的穆斯林适用伊斯兰法，还在印度全国统一施行刑法和税法。在外族的统治下，原本就比较虚弱的印度国王丧失了政治权力，土邦王公只能在外族统治下偏安一隅，勉强维持所谓的自治。在印度本土的国王统治时期，政治权力虽然无力整合多元的法律，但王权的存在毕竟是国家和法律统一的象征，并可以在某种程度上抑制法律的碎片化。外族统治者虽然允许印度教徒在宗教和私法等事务上适用传统印度法，但传统印度法在丧失了本土的最高政治权力和司法权力之后，便更加分散。此时，印度教国家时期的王令已失去效力，婆罗门虽然成为保存和运用印度教法的担纲者，但他们大都居住在分散的村社中，各自所适用的印度教法与地方习惯法混杂在一起，而习惯法则完全处于自发状态，陷入碎片化。总之，外族统治时期虽然强化了刑罚和税法的统一性，却导致传统印度法更加多元化。

(三）多种法学经典是传统印度法多元的理论前提

一神教通常都信奉一部经典，如犹太教的圣经是一部《旧约》。基督教的圣经也只有一部，即《新旧约全书》，以《新约》为主。伊斯兰教只把《古兰经》作为唯一权威经典。信徒对一部经典的解释虽然会出现一些歧义，并会形成不同的教派和教法，但与多神教中具有多部权威经典的印度教相比，从一部经典所产生的法律多元性毕竟受到某种限制。

印度教具有多种经典。首先，作为权威的经典吠陀本集就有四部。《梨俱吠陀》虽然具有核心地位，但四部吠陀本集各有传本。人们围绕不同的传本形成了不同的学派，而不同的法经文本大都可以追溯到不同的吠陀本集。换言之，多部吠陀本集为后来法律的多元埋下了种子。晚于吠陀本集的奥义书属于广义神启经，地位仅次于吠陀本集。奥义书中确立的"梵我合一"学说，与吠陀本集确立的"吠陀神启""祭祀万能"和"婆罗门至上"原则一道，成为印度宗教法的支配性原理。奥义书不下200种，其中重要的就有13种。[①] 奥义书中虽然很少包含具体法律内容，但在宗教和伦理方面对印度教法的影响却很大。众多的奥义书为宗教法多元发展提供了较广的解释空间。其次，法经之后出现的法论不受学派限制，是由不同地域的学者分别编纂的。从前200年到600年，法论的编纂持续了800年时间，在数量上不断增加，多达百部。[②] 与法经相比，法论更关注法律实践。尽管许多法论文本已经遗失，只有10部保存下来，但这10部法论之间的差异就足以反映出法学的多元特征，并为后来评注和汇纂的多元发展提供了广泛的选择空间。最后，在传统印度法中，作为法源的印度教法的主要经典分为两大类，一类为神启经，包括吠陀本集和"三书"即梵书、森林书和奥义书。另一类为圣传经，其中除了法经和法论，还包括史诗和往世书。两大

[①] 参见《奥义书》，黄宝生译，商务印书馆2010年版，译者导言，第4页。
[②] Patrick Olivelle, "Dharmaśāstra: A Textual History", p. 48.

史诗中吸收了民间多元的法律文化,这些法律文化转而又对印度教徒法律生活和观念产生了重要影响。出现于前1世纪至8世纪的往世书名目繁多,包括18部主要往世书和18部小往世书,如《薄伽梵往世书》《鱼往世书》和《龟往世书》等。① 这些往世书以神话的形式承载了各种法律观念。总之,多种多样的圣传经为宗教法的多元发展提供了广泛选择空间。

在古代印度,人们围绕神启经和圣传经形成了大量解释文本。自法论编纂停止之后,各种评注和汇纂对传统印度法的多元发展发挥了重要作用。例如,《摩奴法论》主张,两节吠陀经的经文不一致时,两者都有效。② 《摩奴法论》的评注者梅达帝梯把这项原则运用于圣传经,认为圣传经规则与神启经不一致时,人们可以在两者之间进行选择。有人主张在两者冲突的情况下,采取多数人的观点。但人们一旦在冲突的规则之间进行选择,就会造成法律的多元发展。另一个例子是关于对《瓦西什陀法经》中一条规则的解释。该规则是,"除非得到已故丈夫同意,寡妇不得决定收养事务"。③ 不同地方的学者对这条规则形成了不同解释。米萨拉的学者认为,该规则中已故丈夫同意是指在收养之时,因此,在丈夫死后寡妇不得收养。孟加拉的学者则认为,该规则中已故丈夫同意是指丈夫生前明确同意。印度南部地区的学者认为,该规则适用于丈夫生前收养,但不限制在丈夫死后收养。印度西部孟买的学者认为,这条规则意指寡妇对收养事务具有酌定权。④

(四)习惯法的重要作用是传统印度法多元的实践因素

在各国古代法的发展中,如果政治权力较为集中和强大,国家法的立法和执法能力较强,那么,习惯法在法律发展中的作用就会受到抑制。在古代印度,大多时候中央政府的权力都较弱,而印度教法本

---

① 邱永辉:《印度教概论》,第168页。
② 《摩奴法论》,2:14。
③ Văsiṭhha, XV, 5, trans. G. Bühler, in *Sacred Books of the East*, vol. 14, p. 75.
④ 参见 John D. Mayne, *A Treatise on Hindu Law and Usage*, pp. 144–145。

身存在多元的特征，因而习惯法在传统印度法的产生和发展中，发挥了重要作用。反过来说，习惯法的突出作用又是导致传统印度法多元的实践因素。

首先，种姓制度是雅利安人定居印度之后的产物，最初是一种习惯法。这种习惯法得到了宗教的认可和正当化，变成一种法律化的社会事实。换言之，种姓之法实质上是宗教规范对习惯法的认可。

其次，良好习惯是传统印度法中宗教法的主要渊源之一。但良好习惯原本是指那些通晓吠陀的圣贤的习惯。这些习惯要么在神启经中有明确规定，要么得到通晓吠陀的圣贤的一致遵守。因此，良好习惯不是指地方习惯法，而是指"吠陀时代"的圣贤所践行的正确行为规则和典范行为模式。然而，严格意义的良好习惯在数量上毕竟有限，且都是早期的产物。后来，为了协调人际关系和解决纠纷，大量习惯法涌现出来，对印度教法起到补充作用。这些习惯法处在达摩之外自行发展。

最后，法经和法论开始承认习惯法的地位，但要求它们不得与神启经和圣传经中的达摩相悖。但一些现存铭文、石刻和纸质文献记载的习惯法表明，人们往往采取变通的而不是法论主张的交易方式。如法论主张利息不得超过本金，但实践中人们常常无视这种限制。习惯法与法论之间的冲突在家庭法领域最明显。法论列举的婚姻形式和禁止近亲结婚规则，常常被一些地方忽视。例如，马拉巴尔存在一妻多夫制，而旁遮普存在兄弟共妻制。① 法学理论中不承认离婚制度，但实践中的离婚现象却广泛存在。《摩奴法论》禁止寡妇再婚，但事实上寡妇常常再婚。② 古代印度主要实行父系继承制。但在印度西海岸，遗产继承却按母系计算，姐妹之子可以相互为继承人。③ 印度南部地区的习惯法允许家庭中的妻子和寡妇转让自己的财产，甚至可以转让从丈夫继得的财产，而无须男方直系亲属的同意。根据法论的有关规则，妻

---

① John D. Mayne, *A Treatise on Hindu law and Usage*, p. 75.
② 同上书，第 117 页。
③ 同上书，第 121 页。

子和寡妇都无权这样做。法论禁止人们饮酒。但在一些地方，饮酒为当地习惯法所认可。刑罚的实施在各地差异也很大。在一些地方，寡妇通奸并不按照法论处以严厉的刑罚，而采取罚款的处罚方式。

四、关于传统印度法多元的争论与评价

上文讨论了传统印度法的统一性和多元性，指出了多元性是传统印度法中的突出特征，论述了传统印度法多元性的具体表现，并分析了传统印度法多元性产生的主要原因。围绕法律的多元与统一，人们进行了激烈争论。一些人赞美传统印度法的多元，另一些人则主张印度法应走向统一。本节拟考察有关争论，并从法理视角进行评论。

（一）甘地对尼赫鲁

甘地和尼赫鲁是印度近代史上两位最具有影响力的精神领袖和政治家。他们在30多年的交往中，并肩战斗，一起领导了印度人民反抗英国殖民统治和争取独立的斗争。两人亦师亦友，在交往与合作中相互影响，产生了许多共鸣。他们都反对英国在印度的殖民统治，致力于争取印度独立；都反对印度分裂，致力于印度政治统一；都反对传统印度法中的贱民制度，同时主张充分利用传统的某些合理因素。但两人在有关印度法律的统一与多元问题上存在重大分歧。

甘地关于法律多元的主张，最初体现在他于1908年出版的《印度自治》一书中。他在后来坚持并补充了早期的自治思想。甘地的自治主张可以概括如下。第一，西方近代文明滋生了各种弊端，印度必须予以拒斥；相比之下，印度文明是世界上最优秀的文明，应予以发扬光大。他认为，印度独立之后，除了臭名昭著的贱民制度等传统制度必须铲除外，传统的宗教信仰、社会治理模式和生活方式都应保留。第二，甘地认为国家权力依靠武力得以维护，而武力必然带来暴力。同时，没有灵魂的国家机器会压抑个人的心性，影响个人的修行。在甘地看来，国家权力，尤其是现代强势国家权力，与他所主张的非暴

力思想和个人自制思想背道而驰，因而必须予以消除。为了约束人们的行为，协调人际关系，印度可以设置某些公共管理机构；但这些机构必须以非暴力和民选为前提，致力于维护公共利益和公共道德。他反对金字塔式的权力结构，主张在自愿合作的基础上组成扁平化的村社联合体。第三，甘地主张，印度传统社会的村社自治组织潘查亚特是印度自治的主要组织形式。印度独立后，潘查亚特的结构和功能应继续保留并得到强化。潘查亚特成员应由选举产生，任期一年，集立法、司法和行政于一体。在政治上，它应代表村民行使权力，负责村社的管理，并与其他政治组织进行联络和沟通。在经济上，它应负责组织村民从事农牧业生产和手工织布，培育村民的优良品德与合作互助精神。第四，甘地谴责英国式律师和法院，号召印度的律师放弃自己的职业，更不要做法官，应从事手工纺织业。他倡导人们远离喧闹和纷争的城市，到村社过一种宁静和简朴的生活。在高度自治的村社中，人们彼此友爱互助，可最大限度避免纠纷。村民偶有纠纷，可通过潘查亚特解决。第五，甘地强调的自治还包括个人修行层面的自我控制。梵文"自治"（svarāj）原本是指个人修行，即通过自我控制、身心合一，从而实现自我满足。甘地认为，达摩原本是一种自我控制的秩序，只有自我控制失效时，才诉诸司法审判等外在控制，赎罪也是对自我控制失效时进行的某种补救。在印度教传统中，自治首先意味着自我控制。甘地以身作则，通过身体力行苦行生活，进行自我控制，并倡导基于自我控制的村社自治。① 总之，甘地主张印度独立后应保留传统的村社自治和多元法律。

尼赫鲁的思想与甘地的主张存在以下重要分歧。首先，与甘地不同，尼赫鲁主张印度独立后，应建立政教分离的世俗社会主义福利国家。他主张的社会主义国家模式虽然保留了私有制并摒弃了阶级斗争观念，但具有中央集权国家的特征。他主张，国家应控制主要生产资

---

① 甘地：《印度自治》，谭云山译，商务印书馆1935年版，第1—129页；尚劝余：《尼赫鲁与甘地的历史交往》，四川人民出版社1999年版，第107—113页。

料，并通过计划配置资源和进行产品分配；政府应导控市场，实行土地改革，推行合作化运动，实现城乡协调发展。其次，与甘地不同，尼赫鲁重视科学技术，并主张通过科技发展工业，在各个领域实现现代化。最后，在法律问题上，尼赫鲁主张印度独立后应建构现代的法律制度。他的主张在 1950 年生效的印度宪法和其后的宪法实施中得到了体现。印度宪法虽然保留了一些法律多元的特征，例如采取联邦制的国家结构形式，允许各邦根据自己的特点采取不同的社会制度，并保留了改进版的潘查亚特村社基层组织。但是，印度宪法输入了更多法律统一的因素。首先，印度宪法没有采取美国式联邦和各州的双重宪法制度，而是在全国适用一部宪法，因而印度公民只有单一的公民资格。其次，与美国不同，印度的法院没有各邦法院和联邦法院的划分，而只有一个司法系统，即由最高法院、高等法院以及基层法院构成的单一联邦法院系统。最后，尼赫鲁在领导实施这部宪法的过程中，进一步采取了一些强化中央政府权力的措施。独立后的印度没有保留法律多元的传统，而是促使法律朝着较为统一的方向发展。①

（二）蒙斯基对加兰特

英国印度法学者蒙斯基（W. Menski）在《印度教法：超越传统与现代》一书中，对传统印度法的多元特征和当代价值进行了深入研究。他的观点可以概括如下。

第一，蒙斯基认为，多元性是传统印度法的最突出特征。传统印度法的多元性主要表现为以下几点：（1）传统印度法在历史过程中自然形成和发展起来，是宗教、政治、伦理和法律的混合体，是个人、社会和国家互动的产物。（2）传统印度法的核心原则是个人自制和社群自治。前者是指个人通过遵守达摩控制自己的欲望，履行自己的责

---

① 贾瓦哈拉尔·尼赫鲁：《印度的发现》，第 343—520 页；尼赫鲁：《尼赫鲁自传》，毕来译，生活·读书·新知三联书店 2014 年版，第 240—402 页；尚劝余：《尼赫鲁研究》，四川人民出版社 1999 年版，第 41—79 页；林承节：《印度史》，人民出版社 2004 年版，第 409—413 页。

任；后者是指人们主要在家庭和村社的共同体中合作互助，共同管理公共事务。在多元互动的网络中，印度传统更重视德行和责任，而不是功利和权利。（3）传统印度法寻求的是情境正义，而不是普遍正义。这种情境正义的主要特点有二：一是法律具有属人法的特征，如法律对属于不同种姓的人区别对待；二是传统法并不恪守形式性，而是具有灵活性，根据现实条件考量实际效果。

第二，蒙斯基认为，印度在英国统治时期，以法律实证主义的进路理解和适用传统印度法，以英国的价值作为标准改造传统印度法，并通过法典化的方式把英国法输入印度。印度独立后基本上继承了英国的法律遗产，在继续改革传统法方面取得许多重要进展，如制定了全国统一适用的现代宪法，消除了土邦等过于分散的权力，废除了数千年的种姓制度，改进了妇女和贱民的境况。但是，传统印度法的现代改革也存在许多弊端，例如为了寻求法律统一，以国家法取代了社会中多元互动的法律，用取自西方的法律价值取代了传统印度法的价值。在宗教势力十分强大的背景下，试图把法律从宗教中完全剥离出来，无异于幻想；在社会底层人口仍然占大多数的条件下，自上而下的法律改革，难以取得理想的效果。例如，在妇女就业难和缺乏相应社会保障体系的情况下，独立后的印度引入离婚自由原则，只能致使许多离婚妇女的生活陷入困境。另外，立法和司法严格禁止童婚，但社会上存在大量事实性童婚。法院如果不分情况强制解除童婚，许多被解除童婚的少女的生活处境就会更加恶化。

第三，蒙斯基认为，印度现代法律改革中出现了许多弊端，由此引起了许多社会有识人士的批评，并引起了各界的反思。他认为，自20世纪80年代，印度法律的发展出现了转向，如印度通过立法改革的尝试有所减少，司法开始在法律发展中发挥积极作用。印度最高法院在有关环境等公益诉讼的判决中，超越了形式平等的局限，强化了公司等企业和团体的社会责任，加强了对个人和弱势人群的保护；在婚姻和家庭法领域，尤其是在有关离婚和童婚的案件中，印度最高法院开始考量现实条件和判决的实际效果。

第四,蒙斯基根据印度20世纪80年代以后法律发展的趋势,认为印度法律正在回归传统。他认为,印度之所以回归传统印度法,一方面是因为法律现代化过程中,忽略了变化较为缓慢的社会环境和社会事实的复杂性,急于追求法律规则的统一性和法律适用的一致性;另一方面是因为多元的传统印度法与后现代的法律发展趋势不谋而合。他认为,印度应察觉后现代社会和法律的趋势,在传统法的基础上,重构印度的法律发展模式。为此,他提出研究印度法的五点纲要:(1)应基于法律演化的连续性和法律与社会的整体性,重视活法;(2)应认识和重视传统印度法的多元特征及其所预示的后现代法特征;(3)应运用解构的思路理解西方法律制度的现代化话语,摆脱法律领域的西方中心主义和国家主义;(4)应批判性地反思现代法律的核心概念和价值,重视传统的法律概念和价值;(5)应认识到非西方法律的现代化不等于法律的西方化,法律全球化也并非意味着非西方法律的西方化。[①]

综上所述,蒙斯基赞赏传统印度法的多元,认为传统印度法所体现出的情境化多元主义是一种优点,应在印度法律的现代发展中保存下来并发扬光大。

与蒙斯基的后现代主义视角不同,美国印度法学者加兰特(M. Galanter)从现代主义视角看待传统印度法的多元性,并赞赏近代以来印度在法律统一领域所取得的成就。

第一,加兰特认为,古代印度大多时期都缺乏强有力的中央政府,以国王为首的政府立法和执法能力较弱,除了零散的王令,法律主要包含在法经和法论等各种学说和习惯法中。人们由于种姓不同而适用不同的法律,由于从事不同行业和居住在不同地区而适用不同习惯法。这样一来,传统印度法就成为因人而别的属人法性质和因地而异的属

---

① 上述关于蒙斯基的观点,参见 Werner Menski, *Hindu Law: Beyond Tradition and Modernity*, Oxford University Press, 2009, pp. 1-270, 545-598。

地法，而不是国家的统一之法。伊斯兰教势力统治印度之后，加剧了传统印度法的分散状态。

第二，加兰特认为，自英国东印度公司进入印度之后，英国在印度的统治范围不断扩大，乃至最后统治印度全部领土。在这个过程中，英国在统一印度法律方面采取了以下几项措施。其一，英国把自己的司法制度输入印度，这种司法制度在许多领域统一适用英国法。其二，对于宗教事务和婚姻家庭领域，英国统治者允许印度人适用传统法律，但英国殖民当局在广泛的印度法律文献中进行选择，指定某些法律文本具有权威性，然后由法院以英国法官的解释方式统一适用这些法律文本，暗中把英国法的观念和制度移植到印度。其三，在英国王室政府接管印度后，总督代表英王统治印度，遂把英国法律予以法典化，输入印度。英国通过这种法典化和对法典的适用，推进了印度法律的统一。

第三，加兰特认为，印度独立后继续强化法律的统一。（1）1950年生效的印度宪法成为印度法的根本大法，任何其他法律都不得与宪法相抵触。与此同时，独立后的印度在婚姻家庭领域颁布了一些重要法律。这些法律对于统一该领域的法律发挥了重要作用。（2）印度独立后，统一司法体制的建立和发展，法官和律师的专业化，以及诉讼程序的不断完善，都有助于印度法律的统一。传统的村社司法组织潘查亚特虽然保留下来，但在人员遴选、任期、受案范围以及审判程序等都方面进行了现代改革。更为重要的是，潘查亚特的判决必须符合法律，当事人对判决不服，比较容易上诉到正式法院。（3）印度独立后，根据宪法建立的中央政府具有强有力的权力。通过不同层级的行政组织网络，中央政府的法律和政策能够输送到各个地方。各级政府强有力的执法能力，有助于现代法律统合传统法律和正式法律统合非正式法律。

第四，加兰特认为，在印度法律的现代化过程中虽然出现了一些问题，如法院的诉讼费用过高，有些案件久拖不决等，但这些问题应该通过继续改革来解决——例如改革司法程序，使之更加简单，以降低当事人的诉讼费用和时间成本——而不是靠恢复传统法。他认为，现代法律所包含的确定性和统一性价值具有超越地域的普遍性。他基于自己对于印度法律现代化的研究，对流行的观点提出了质疑。这种观点认为，法律植根于特定的社会和文化环境，法律具有社会整体性和历史连续性。针对这种观点，加兰特提出了批评，认为法律与历史和文化并无必然联系，现代法律独立于特定的社会和文化，自成一体。换言之，一个国家的现代法律可以成功地移植到具有异质文化的另一个国家。[①]

（三）反思与评论

由上述可见，在有关法律多元与统一的争论中，甘地强调个人自制和社会自治的传统价值，主张法律多元。尼赫鲁虽然重视传统印度法中的多元因素，但在现代印度法的建构中，更强调法律统一。蒙斯基的立场更倾向于甘地的观点，同时基于后现代主义的视角认为，印度应该通过重构多元的传统印度法超越现代法，直接跃入后现代法律模式。

笔者以为，无论赞美法律统一还是法律多元，都未免失之偏颇。统一的国家法可能成为赤裸裸的统治阶级意志或主权者命令，由此成为压迫民众的工具和桎梏自由的枷锁。另一方面，多元的民间法也可能包含弱肉强食的"鱼塘法则"（Mātsya-nyāya）、神明裁判的巫术以及寡妇殉葬的恶习。因此，我们不应简单争辩法律多元与统一的利弊，而应追问法律多元是何种意义上的多元，法律统一是何种意义上的法律统一。法律多元如果基于社会成员的平等协商、自由讨论，并且充分考量"他者"的利益和感受，尊重基本人权的原则和精神，那么，这种法律多元值得向往。同样，法律统一不应基于主权者命令，以单一的规则统合多种多样的事实，而应通过国家法与地方法的良性互动，

---

① 上述关于加兰特的观点，参见 Marc Galanter, *Law and Society in Modern India*, Oxford University Press, 1989, pp. 1-53。

即一方面国家通过民主的立法和司法整合地方法，另一方面国家法不断吸收地方法的合理要素，充实和改进国家法。实际上，历史经验表明，世界各国成功的法律现代化都在于法律多元与统一的互动，并在此基础上实现有机的法律一体多元。

我们如果按照上述关于法律多元和统一的思路，就会发现传统印度法多元有余，而统一不足，从而导致了法律过于分散化，甚至碎片化。甘地在赞美传统的法律多元时，忽略了传统印度法多元的负面因素，传统社会法律多元在某些情况下放纵了许多不良习惯法，如寡妇殉葬、童婚和数额巨大的嫁妆等。甘地倡导的个人修行和自控意义上的自制过于理想化，多数人无法通过个人修行实现个人自制。他在主张印度独立后应沿用传统社会的治理模式时，忽略了印度建构现代国家的内在需要和现代国家对法律统一的需要。相比之下，尼赫鲁所主张的法律统一观点更符合印度建构现代国家和整合社会的需要。同样，蒙斯基也夸大了传统印度法多元的益处，忽略了其中的弊端。20世纪80年代的印度放慢了法律改革的步伐，开始重视传统法律的一些价值，这一事实也许反映了印度法律现代化的曲折过程，而不是他所认为的对传统法律的回归。蒙斯基所构想的多元主义的后现代法律范式，仍然缺乏现实的实践基础。后现代主义主要流行于西方的哲学和文学艺术领域，解构主义的后现代法学对于现代法律的理论和实践影响甚微。蒙斯基从后现代主义视角对现代法律的批评虽然不乏洞见，但他关于后现代法律范式会取代现代法律范式的观点则未免过于匆忙。至于他的另一个观点，即多元的传统印度法可以超越现代国家法成为后现代法范式的典范，则几近轻佻。加兰特对多元传统印度法的批评和对现代印度法律统一趋势的描述，无疑包含着正确的见解。但是，他关于现代法律具有统一的模式并必然在世界范围取代传统法的观点，则是一种源自线性进化论的乐观主义。至于他关于法律可以脱离历史和社会环境的观点，也显然失之简单，近乎天真。

上文指出了传统印度法中虽然存在诸多统一的因素，考察了传统印度法多元的各种具体表现，列举了关于传统印度法多元与统一的主要争论观点，并结合传统印度法和印度法律现代化的经验，从法理的角度对有关争论进行了评论。笔者期待本章的论述不仅有助于深入理解传统印度法的多元特征，而且有助于为从法理上反思法律多元和统一问题提供有益的借鉴。

第四章　传统印度法停滞不变吗？

统一与多元是传统印度法的横向张力，保守与变革则是传统印度法的纵向张力。一般来说，传统社会的法律，尤其宗教法，都具有保守性。传统印度法也呈现出保守特征。那么，传统印度法到底是停滞不变还是有所变化？这是研究古代印度社会和法律的学者长期争论的问题。本章将对这一问题进行探讨，并尝试做出回答。

一、传统印度法的保守性

传统印度法的保守性主要表现在以下几个方面。

第一，印度教法（达摩）是传统印度法的核心。根据印度教法理论，达摩植根于被奉为神意的神启经和圣传经，而神意是绝对真理和永恒法则的体现，不受时间限制，适用于一切时代。达摩一词的原意即是"维持"，而"维持"意味着抗拒变化。在印度教后来的发展中，象征"维持"的毗湿奴神在诸神中占据了主导地位，实际影响超过了创造之神梵天。这在一定程度上意味着，在世界和秩序创造之后，最重要的问题是"维持"秩序，防止整个宇宙秩序陷入坍塌或毁灭。总之，与其他宗教法一样，印度教法具有保守性。

第二，婆罗门作为第一种姓，对于所有重要经典的编纂和解释具有垄断权。神启经和圣传经几乎都出自婆罗门之手。这些经典不仅赋予婆罗门垄断祭司职业的特权，还确认其具有优于其他种姓和职业的地位。达摩内容贯穿了"婆罗门至上"原则，并赋予婆罗门许多特殊利益，因而婆罗门不遗余力地维护以达摩为核心的宗教法传统。婆罗门的保守性在很大程度上制约了传统印度法的发展和变革。

第三，在古代印度，与婆罗门突出地位密切相关联的是种姓制度。在部落社会后期的分化过程中，印度社会主要分为四个阶层，即婆罗门、刹帝利、吠舍和首陀罗。首先，印度早期的社会分层，与古希腊和古罗马最初的社会分层存在明显差异。古希腊和古罗马早期的社会分层主要是源自政治或军事首领的权威和魄力，而印度早期的社会分层乃是基于神的权威，即以神的名义确认了社会分化为不同阶层和等级的既成事实。相比之下，借助于神的权威所确认的社会分层，比诉诸世俗权威所实现的社会分层更难改变。其次，印度自最初社会分层之后，没有再经历整体结构上的重大改变或实质性调整。在中国古代，周王朝建立之后通过分封制实现了最初的社会分层。但春秋战国时期打破了过去的分层结构，颠覆了原来的社会等级和世卿世禄制度，采取了按照军功和能力等新的标准，选贤任能，以至于"宰相必起于州部，猛将必发于卒伍"。在古希腊的雅典，梭伦改革的重要成就就是按照财产把公民分成四个等级，改变了氏族社会后期形成的贵族统治结构。此后，克里斯提尼和伯里克利所进行的改革，对原来的社会结构再次进行了重大调整。在古罗马，氏族后期的首领图利乌斯首先把社会成员按照财产划分为五个等级，从而实现了第一次社会分层。后来，在平民与贵族斗争的推动下，罗马城邦进入了共和时期，重新进行了社会分层。反之，印度最初通过宗教方式固化的古代种姓结构在后来始终没有改变，因而在一定程度上成为传统印度法变化的障碍。

第四，与古代中国、古希腊和古罗马的政治权力相比，古代印度的政治权力较弱。古代印度的国王虽然负责维护和实施达摩，但很难公开改变以强大宗教势力为后盾的达摩。国王颁布的王令虽然成为传统印度法的重要组成部分，能够灵活地回应国家管理、经济发展和社会治安的许多现实需要，并影响习惯法的发展，但王令处理的问题主要限于利的范围，难以直接干预达摩所调控的广泛领域，更无力改变宗教法的主要原则和基本内容。

二、梅因关于传统印度法判断的得与失

提及传统印度法的保守性,人们自然会联想到梅因的有关论述。众所周知,梅因在《古代法》一书中,指出了以罗马法为基础的传统西方法发生过"从身份到契约"的进步,而传统印度法却陷入了停滞状态,没有出现这种进步。因此,人们常常把传统印度法停滞不变的观点归咎于梅因。实际上,梅因关于印度法的论述还分布在他的其他著作中。综合来看,梅因关于印度法的观点较为复杂。其一,梅因认为,印度人和西方人在语言上同属于印欧语系,相同的语系证明了"罗马人与印度人来源于同一个原始祖先,而在他们的原来习惯中,也确实有显著的相似之处"[1]。其二,以罗马法为代表的西方法经历了拟制、衡平和立法的不同发展阶段。立法代表了法律发展的高级阶段。印度虽然"在更早的时期产生新观念的速度很快",[2] 但古代印度法始终没有发展到立法阶段。"在法典时代开始后,静止的社会和进步的社会之间的区分已开始暴露出来……"[3] 梅因认为,"研究现在处在原始社会状态下的各民族,使我们得到了某些社会所以停止发展的线索"[4]。梅因眼中的印度社会属于静止的类型,还处在"原始社会状态",而静止的原因乃在于其法律没有出现罗马法那样的发展。其三,梅因认为,"婆罗门教的印度还没有超过所有人类各民族历史都发生过的阶段,就是法律的统治尚未从宗教的统治中区分出来的那个阶段"[5]。因此,"与罗马法相提并论的印度法","充满着邪恶的不公正","在各方面都被祭司的影响引入歧途";印度法的发展在某些方面"因世袭婆罗门的解

---

[1] 梅因:《古代法》,沈景一译,商务印书馆1959年版,第12页。
[2] 亨利·萨姆纳·梅因:《早期制度史讲义》,冯克利、吴其亮译,复旦大学出版社2012年版,第112页。
[3] 梅因:《古代法》,第13页。
[4] 同上书,第14页。
[5] 同上。

释者的插手而恶化"。① 在梅因看来，传统印度法的落后和不公正，乃是由于受到婆罗门的控制，致使法律始终没有从宗教中分离出来。其四，梅因认为，西方自罗马法开始就出现了"从身份到契约"的进步，中世纪西欧的封建法虽然与罗马法不同，但领主与封臣关系仍然以契约为基础。西方上述两个发展阶段为西方近现代人人平等的契约关系奠定了基础。相比之下，印度进入农业社会之后，村社是基本的社会组织形态，国王与臣民关系是基本关系。印度村社以一个或几个大家庭作为基础，实行土地共有制。在理论上，家庭财产可分，但实践中却很少分割，"个别的所有制始终是朝着共同所有制的方向""发展"；在家庭基础上的村社共同体，是"共同财产所有人的集合"，而与这种"村落共产体"结构相适应的便是缺乏个人权利意识的村社习惯法。②在梅因看来，古希腊、古罗马和日耳曼族群都经历过习惯法时期，③ 但后来却发生了变化，习惯法被立法所压倒或取代，身份性法律被契约型法律所取代。然而，同属雅利安人的印度族群，法律没有发生古希腊和古罗马那样的变化，没有经历西方中世纪封建法的发展阶段，只是出现了一些封建因素，"封建化""实际上从未完成"，④ 更没有出现契约型法律。换言之，古代印度没有形成以契约为基础的权利和义务关系，因此最终没有出现"从身份到契约"的"进步"。梅因认为，要搞清楚"进步社会的原始状况，最好的办法是从非进步社会可以观察到的状况入手"。⑤ 实际上，梅因是把印度作为"非进步"社会的原型，来反衬西方社会的"进步"过程和结果的。我们对梅因的上述观点分别进行讨论。

第一，我们承认，印度教像其他宗教一样，由于主张宗教法超越时空，因而变化性相对缓慢。我们同时认为，传统印度法的发展在很

---

① 亨利·萨姆纳·梅因：《早期制度史讲义》，第153、161页。
② 梅因：《古代法》，第148—149页。
③ 亨利·萨姆纳·梅因：《早期制度史讲义》，第10页。
④ 梅因：《东西方乡村社会》，刘莉译，知识产权出版社2016年版，第104页。
⑤ 亨利·萨姆纳·梅因：《早期制度史讲义》，第111页。

大程度上受到宗教制约。但梅因关于印度教的论述给人的印象是，印度除了在很早时期出现过一些新观念之外，其法律随后便陷入了停滞状态。而法律之所以停滞不变，乃是受到宗教的桎梏。事实上，印度教本身并非一成不变，而是发生了许多重要的变化。首先，在《梨俱吠陀》后期的作品中，《原人歌》中原人形象的出现，对于宗教、哲学和法律都具有重大意义：（1）神人同体的原人形象，将神圣与凡俗联结起来，改变了此前神人分离以及人类单向拜神的倾向；（2）原人成为后来奥义书时期至高神即梵的原型，为印度教发展出"梵我合一"学说奠定了重要基础；（3）这首颂诗的核心内容，即原人身体的口、臂、腿、足分别化生出婆罗门、刹帝利、吠舍和首陀罗，[①] 反映并确认了古代印度社会急剧分化和分层的社会事实。这种分化和分层是扁平化的部落社会向等级式国家转变的过程。实际上，《原人歌》的出现标示了印度教的重要转折，即印度教从重视宇宙和神灵转向关注人世和凡俗事务，关注人的行为和人际关系。其次，前8世纪开始出现的奥义书正式提出了"梵我合一"学说。这一学说的重要寓意有以下几点：（1）梵与印度教早期的众神不同，是唯一的最高本体和无形的抽象实在，是万物之源和无所不在的控制力量；（2）人的灵魂实质上与梵同构，个人只要克制欲望，使肉体服从灵魂，就能实现"与梵合一"，获得解脱。这样一来，印度教的信仰重心就发生了重大转移，即从早期的多神信仰转向了一神信仰，从注重祭祀转向了重视"与梵合一"，从神主人从的观念转向了神人并重的观念。最后，自史诗和往世书时代之后，梵天、毗湿奴和湿婆三大主神的地位得到确立，偶像化的多神崇拜逐渐形成。这标志着印度教又发生了重要变化。如果说奥义书以神人并重的哲学取代了"吠陀时代"早期的神主人从的多神崇拜神学，那么，后来的印度教则以一体多神的偶像崇拜神学取代了奥义书时代的哲学。实际上，奥义书所确立的"梵我合一"学说不仅寄托了某些

---

① 关于《原人歌》的具体内容及其解释，参见巫白慧译解：《〈梨俱吠陀〉神曲选》，商务印书馆2010年版，第253—256页。

林居隐士超凡脱俗的精神追求，而且既反映出人们摆脱各个部落纷争并实现统一的愿望，也反映出印度文化开始从人的角度思考秩序。后来的一体多神偶像崇拜以及密教信仰的出现，主要迎合了信众的多元需求，反映了古代印度社会的多元状况。信徒虔信奉爱神灵旨在获得精神安慰和福报业果。我们这里要指出的是，在古代印度，宗教虽然具有保守的特性，并且占据主导地位，但宗教毕竟只是社会要素之一，必然会受到政治、经济和法律等要素的影响，并在同其他要素的互动中发生变化。宗教的变化也会引起法律的变化。上文所言的印度教的三次重大变化，对传统印度法也产生了重要影响。《原人歌》的种姓起源说，推动了平等旨向的部落习惯法转向等级式种姓之法。奥义书对人的重视，推动了作为祭祀仪轨层面的达摩转向规范人们一般行为的达摩。后来，印度教发展到一体多神的阶段，这进一步推进了传统印度法的多元化发展。

此外，印度教在时间观上的变化，也对法律的变化产生了重要影响。在奉行"祭祀万能"观念的"吠陀时代"，印度教奉行的基本上是持续时间观，即人们只要不断祭祀，诸神就会维持整个宇宙秩序，人世秩序也会有条不紊。但自史诗①和《摩奴法论》② 开始，印度教出现了新的时间观。这种时间观认为，由于人的自制能力不断减弱，秩序状况每况愈下，人世从圆满时代跌至三分时代、二分时代，乃至降到当时的争斗时代。根据赫尔特贝特尔的考证，佛教最先使用劫（kalpa）的概念，印度教从佛教借用了劫的时间概念，然后形成了自己的时间观。③ 他同时指出，印度教中关于一劫包括四个时代（yugas）的划分，乃是借用了古希腊人金银铜铁四个时代的划分方法，秩序逐渐减损的观点也源自古希腊，因为自前4世纪亚历山大入侵印度之后，希腊文

---

① 参见毗耶娑：《摩诃婆罗多》（二），金克木等译，中国社会科学出版社2005年版，第291—292、365、371、373—376页。

② 《摩奴法论》，蒋忠新译，中国社会科学出版社2007年版，1：85—86。

③ Alf Hiltebeitel, *Dharma: Its Early History in Law, Religion, and Narrative*, Oxford University Press, 2011, pp. 244-260.

化曾长期统治过印度西北的部分地区，作为古希腊文化组成部分的时间观也输入印度西北地区，对印度教产生了影响。① 赫尔特贝特尔对于印度教中"劫"和"时代"概念来源的考释很有价值。这种时间观中包含着明显的危机意识，而这种危机意识源于人们意识到社会发生了变化，人世秩序日益恶化，必须采取措施避免秩序继续衰退。这种新型时间观推动了印度教法的一些重要变化：一是先前的一些规则在争斗时代已经不合事宜，必须放弃；二是处在当下的争斗时代，达摩必须得到强化，否则人世将陷入无序；三是必须强化王权，以强有力地维护和实施达摩。

第二，在传统印度法中，作为达摩渊源的宗教经典虽然宣称永恒不变，但事实上并非如此。在前6世纪，法经从一般宗教经典和祭祀仪轨中分离出来，自成一体。重要的法经有《高达摩法经》《阿帕斯坦巴法经》《鲍达耶那法经》和《瓦西什陀法经》等。在法经的基础上，自前2世纪，法论相继问世。其中重要的法论有《摩奴法论》《祭言法论》《那罗陀法论》以及《迦旃延那法论》等。法经与法论虽有某些共同之处，但也存在许多重要的区别：（1）法经在讨论法律规则时，突出其背后的宗教原则和哲学义理。法论则开始突出伦理训诫和法律规则，有的法论尽量排除宗教因素，技术性法律规则占据主要地位。（2）法经中的法律规则与家祭经有联系，主要用于教学，指导对象是学生，尤其是婆罗门学生。法论更关注现实，对象是所有人。（3）法经中严格意义的法律内容主要是婚姻、家庭和继承法。法论除了包括这些内容，还特别重视国王的政治和司法权力、各种纠纷类型及其规则以及司法程序等。从法经到法论的演变，反映出宗教法发生了重要变化：法律规则的技术性特征更加突出，严格意义的法律内容不断扩展，司法和执法机制得到强化。

---

① Alf Hiltebeitel, *Dharma: Its Early History in Law, Religion, and Narrative*, pp. 274－286.

经过漫长的发展,多达百部的法论相继问世。①《摩奴法论》是首部法论,后来许多法论虽然都借鉴了《摩奴法论》,但对它有所发展。4世纪至5世纪形成的《祭言法论》比《摩奴法论》至少晚200年。《祭言法论》与《摩奴法论》的差异可以反映法论前后的变化。首先,《祭言法论》没有沿袭《摩奴法论》的结构。《摩奴法论》全书内容分为12章(参见本书第二章第二节);《祭言法论》把全书分为3部分:(1)适当行为:包括童年和梵行期的生活、婚姻仪式、种姓、已婚者的义务、饮食规则、清洁规则、宗教布施、对死者灵魂的义务以及身为国王应承担的义务等;(2)法律纠纷及其解决规则:包括借贷、抵押、证据、神判、财产继承、地界、买卖、赠与、违约、拒付工资、赌博、诽谤、暴力攻击、抢劫、拒绝交付出售物品、合股公司、盗窃、通奸和诱奸等;(3)赎罪:包括染有罪孽的行为及其赎罪形式等。通过比较可知,《祭言法论》的结构更简洁,去掉了《摩奴法论》中的大部分宗教内容,尤其是创世说和抽象的宗教教义,只在第一部分和第三部分涉及一些宗教规则,但这些宗教规则已不是一般宗教学说,而是与宗教有关联的不同生活阶段的指导规则和赎罪规则。《祭言法论》的第二部分占据全书内容近一半的篇幅,几乎全是严格意义的法律规则,尽管其中一些法律规则浸润宗教精神,如婚姻规则受到种姓制度影响等。其次,在解决法律纠纷方面,《祭言法论》与《摩奴法论》有三点差异。一是《祭言法论》强调书面证据的重要性,而《摩奴法论》并没有提到书面证据。二是《祭言法论》列举了5种神判方式,而《摩奴法论》只提及2种神判。三是《祭言法论》首次区分了国王直接控制的王室法院和由行会组织等组成的法庭。当事人对行会法庭的判决不服,可以向国王主持的王室法院提出上诉。最后,涉及人生阶段的规则,《摩奴法论》把林居期和遁世期作为所有再生人必须履行的一般义务,而《祭言法论》则把林居期和遁世期仅仅作为再生人的赎罪

---

① Patrick Olivelle, "Dharmaśāstra: A Textual History", in Timothy Lubin et al. (eds.), *Hinduism and Law: An Introduction*, Cambridge University Press, p. 48.

方式。① 由此可见，《祭言法论》在许多方面发展了《摩奴法论》。

第三，评注和汇纂对于法经和法论的发展做出了重要贡献。自 9 世纪（另说 7 世纪），一些学者开始对法经和法论的文本进行评注。最著名的评注是 9 世纪至 12 世纪出现的梅达帝梯（Medhātithi）关于《摩奴法论》的评注，以及毗什婆鲁帕（Viśvarūpa）和毗吉纳奈什伐罗各自关于《祭言法论》的评注。11 世纪毗吉纳奈什伐罗的评注称为《密塔娑罗》，涉及的是继承制度。自 11 世纪起，印度出现了一些汇纂。这些汇纂从法经和法论中摘取规则，然后分门别类整合在一起，体例类似罗马法的《学说汇纂》。最早的汇纂是 12 世纪的《希望树》（Kṛtyakalpataru），作者拉克什密达罗（Lakṣmīdhara）是卡瑙季国王戈温达旃陀罗的宰相，全书 3 万颂。作者除了从多种法经和法论中摘取规则，还从《往世书》中选取了一些内容。这部汇纂内容丰富，编排合理，每段汇纂文本后都附有作者简短的评论。吉穆陀伐诃那约在 12 世纪编写的《达耶跋伽》是关于一些继承规则的汇纂，后来在孟加拉地区取得支配性影响。与法经和法论不同，评注和汇纂作者不再假托先贤圣哲，而是采用真名实姓。一些评注和汇纂特别受到各地人们的尊重，并对法律实践产生了重要影响。还有一些评注和汇纂是应国王之请而撰著。它们在属于该国王辖区内的影响往往超过一般评注和汇纂。实际上，这些评注和汇纂运用法律解释的技术和方法，在一定程度上反映了作者所处时代对法律的需要。梅因确认了这些评注在印度法发展中所发挥的重要作用。② 在 1858 年英国直接统治印度之前，这些评注和汇纂一直存在，并产生了广泛影响，曾经受到英国殖民当局的重视。

这些评注通过使用"弥曼差"的技巧，对神启经和圣传经的规则进

---

① 关于《祭言法论》的结构和内容编排，参见 *Yājñavalkya-smṛtiḥ: Text with Commentary Mitākṣarā of Vijñāneśvara and English Translation and Notes*, trans. M. N. Dutt, ed. R. K. Panda, Bharatiya Kala Prakashan, 2011。关于《祭言法论》与《摩奴法论》的差异，参见 Patrick Olivelle, "Dharmaśāstra: A Textual History", pp. 44–46。

② 参见梅因：《东西方乡村社会》，第 33 页。

行解释。弥曼差是古代印度宗教哲学派别之一。该派由约前2世纪的阇弥尼（Jaimini）所创立，其代表作是《弥曼差经》（Mīmāṃsāsūtra）。弥曼差是一种解释方法，原用于解释神启经的经文，明确哪些经文是强制性规则（vidhi），哪些经文是说明性陈述（arthavāda），目的是确保正确履行仪式。从9世纪开始，评注的作者开始把这种方法用于解释神启经和圣传经的法律问题。①

如上文所述，按照正统理论，由古代圣贤转述的圣传经反映了神意或神圣传统。法经和法论等圣传经规则都是神意的表达，而神意远远超出了人类的理解范围。因而，任何解释圣传经的活动都是努力发现经文原意的过程，不允许解释者加入自己的意见。运用语法和逻辑对经文进行字面解释乃是唯一正确的途径。但解释者在实际的解释过程中，并不仅仅囿于发现经文的原意。首先，解释者把弥曼差的基本区分适用于解释神启经和圣传经中有关法的内容。这种基本区分就是强制性规则与说明性陈述，前者作为必须遵守的命令或禁令，后者只是辅助性陈述，不具有强制性。例如，《伽陀奥义书》讲述了父亲把儿子献祭给阎摩的故事。② 这部经典所讲述的故事，涉及父亲对于儿子的处置权问题。评注借助弥曼差的上述区分，把经文中父亲将儿子献祭或予以出售的内容归为说明性陈述，从而认为这些经文内容不具有强制性。据考证，雅利安人的早期社会确实存在将活人献祭给神的习惯。在氏族社会解体的过程中，家父取得了对家庭成员的绝对支配权，父亲出售儿子在当时也成为一种得到公认的权力。父亲出售儿子的权力，在古罗马人那里也曾经盛行。他们与印度人同属雅利安人种，被认为都经历了家父权特别强大的时期。古代印度的评注者通过运用弥曼差的上述区分，废除了早期流行的绝对家父权。根据神启经中的明确规定，人们不得将黑豆用于祭祀。这是强制性禁令，必须遵守。毗吉纳奈什伐罗利用禁止使用黑豆的规则解释侵占财产的行为。他认为法论

---

① 参见 Robert Lingat, *The Classical Law of India*, trans. J. Duncan M. Derrett, Munshiram Manoharlal Publishers Pvt. Ltd., 1993, pp. 149–150.
② 参见《奥义书》，黄宝生译，商务印书馆2010年版，第259—280页。

中禁止人们处分不属于自己财产的规则，属于强制性规则。基于这种解释，共有财产持有人未经其他人同意而自行处分家产，构成犯罪。①其次，解释者在解释规则时对不同的规则进行选择。《摩奴法论》主张，在神启经中不同部分的经文不一致时，两者都有效，人们可以进行选择。② 实际上，这项规则所针对的是神启经有关祭祀方式的规则，即人们在祭祀时可以根据不同的场合采取神启经所规定的不同方式。评注者梅达帝梯认为这条规则适用于解释所有圣传经规则，即在它们之间存在冲突时，人们可以进行选择。③ 数量众多的圣传经在同一问题上常常存在歧义和冲突。人们通过解释圣传经，就可以在冲突的规则之间进行灵活的选择，以满足自己的需要。不过，解释者并不满足于此，甚至在圣传经规则与神启经不一致时，也主张可以自由选择。例如《梨俱吠陀》谴责人们收养儿子，④ 但所有圣传经都确认了收养儿子的规则。解释者假定这些圣传经规则都有吠陀经作为基础，因而应该遵守。⑤ 最后，解释者通过解释限定某些规则的适用范围。《祭言法论》主张，对于他人占有土地的行为，原土地持有人知道此情况而不提出异议的，二十年后便丧失对该土地的权利。但根据《那罗陀法论》，占有不属于自己土地的行为，哪怕经过数百年，也属于盗窃，原土地所有人并不丧失权利。⑥ 毗吉纳奈什伐罗认为《那罗陀法论》的规则针对的是侵占行为，而不是善意占有闲置土地的行为。⑦ 他的解释事实上有利于土地资源的有效利用。

总之，法学家在评注过程中，通过运用弥曼差的方法解释神启经和圣传经，赋予了这些经典文本以新的含义，并在不同的规则之间进

---

① Robert Lingat, *The Classical Law of India*, p. 151.
② 《摩奴法论》，2：14。
③ Robert Lingat, *The Classical Law of India*, p. 158.
④ 《梨俱吠陀》第7卷的4首颂诗第8颂说"收养之子，他人血脉；相逢陌路，终难和乐"，参见 *The Hymns of the Rgveda*, vol. 2, trans. T. H. Griffith, E. J. Lazarus and Co., 1897, p. 6。
⑤ Robert Lingat, *The Classical Law of India*, pp. 158, 159-160.
⑥ *Nārada*, I, 87, trans. J. Jolly, in *Sacred Books of the East*, vol. 33, ed. F. Max Müller, The Clarendon Press, 1889, p. 62.
⑦ Robert Lingat, *The Classical Law of India*, p. 161.

行选择。这些做法在很大程度上发展了作为法源的印度教经典文本，从而满足了社会发展和不同情境对法律的需要。与神启经和圣传经之间的前后变化相比，评注和汇纂在更大程度上促进了传统印度法的变化和发展。

第四，传统印度法的发展虽然受到宗教的重要制约，但这并不意味着法律始终与宗教融为一体。在"吠陀时代"，法律规则曾经作为宗教的组成部分，与宗教密不可分。但自前6世纪起，法经的出现标志着达摩规则开始从祭祀仪轨中分离出来。法论则超越了法经中的达摩规则，规则更具体，覆盖的领域更广泛，许多规则都剔除了宗教因素，成为解决纠纷的技术性法律规则。例如，《祭言法论》已经剔除了《摩奴法论》中的许多宗教内容，因而更具有法律的品格。稍晚于《祭言法论》的《那罗陀法论》的大部分规则都针对具体纠纷，具有法律规则的性质。《那罗陀法论》去掉了《祭言法论》有关人生阶段的行为规则的第一部分和有关赎罪规则的第三部分，仅仅保留了相当于《祭言法论》第二部分，即纠纷及其法律规则与诉讼程序。我们从《那罗陀法论》的结构上就可以发现它的法律特征更加突出。它的主要篇目如下。1. 作者序言；2. 总论：（1）法律程序，（2）起诉，（3）法院。在总论之后，它便依次列举法律纠纷类型：1. 债法，2. 寄存，3. 合伙，4. 赠与，5. 违反劳务契约，6. 拒付工资，7. 无权买卖，8. 拒绝交付买卖物，9. 撤销买卖，10. 违反行会和地方等组织之间的协定，11. 边界纠纷，12. 夫妻关系，13. 继承，14、15、16. 身体和言语损害与攻击，17. 赌博，18. 杂项。最后是一篇后来在尼泊尔新发现的关于盗窃内容的附录。[①] 从上述篇目的内容看，我们即便按照现代法律的标准，也会认为《那罗陀法论》属于具有法律性质的作品。此外，《那罗陀法论》中有关诉讼程序和实体法律的规则，比《摩奴法论》和《祭言法论》更加具体详细。例如，《那罗陀法论》虽然沿用了《摩奴法论》

---

① 参见 *Nārada*。

划分的 18 类纠纷，但对各类纠纷进行了细分，将其分为 132 小类。①在证据规则方面，《祭言法论》在讨论借贷的内容中，提到双方当事人应立下借据，作为证据；《那罗陀法论》在债法部分列举了两种书面证据，一种是当事人亲笔立下的字据，另一种是他人代写的字据，后者需要核实。②与《摩奴法论》和《祭言法论》相比，《那罗陀法论》有关严格意义的法律规则更具体。西方的印度法专家对《那罗陀法论》的法律品格印象突出。法国法律史学者达雷斯特（R. Dareste）认为，"在古代，除了罗马的立法丰碑，可能没有其他作品具有如此严格的法律品格"③。当然，达雷斯特言之过甚，因为《那罗陀法论》中的一些规则，如婚姻规则，仍然受到印度教种姓制度的影响。

如果着眼于《那罗陀法论》论述的领域和规则表述形式，我们可以认为它已经基本上摆脱了宗教因素，从而可以推翻梅因关于古代印度法始终没有脱离宗教的结论。我们也应承认，《那罗陀法论》的大部分规则虽然剔除了宗教因素，但许多规则还浸润着宗教精神，受到宗教的潜在影响。在这部法论之后出现的法论，并没有表现出进一步脱离宗教的趋势，甚至出现了偏重宗教和道德内容的法论。例如 7 至 8 世纪问世的《帕拉舍罗法论》就仅仅涉及相当于《祭言法论》中第一部分和第三部分的内容，即适当行为和赎罪行为，而没有涉及具体纠纷、法律规则和程序。④

在古代印度相当长的时间里，继承与宗教联系密切。例如《摩奴法论》中就宣布继承人"应该为祖宗三代奠水"，"为祖宗三代供祭团"。⑤继承旨在维持家祭，保持香火不灭。因此，继承家产的条件是继承人能为被继承人及其祖先提供祭供。基本的继承原则是，血缘近的亲属排除血缘远的亲属，父系亲属优于母系亲属，卑亲属优于尊亲

---

① *Nārada*, I, 20—25, pp. 9–12.
② 同上书，I, 135, 第 75—76 页。
③ 转引自 Robert Lingat, *The Classical Law of India*, p. 102。
④ Patrick Olivelle, "Dharmaśāstra: A Textual History", pp. 47-48.
⑤ 《摩奴法论》，9: 186。"祭团"是指为祭祀提供的米面制品，如饭团或面饼等。

属。随着在印度的殖民统治区域不断扩大,英国在 18 世纪后期建立了三大管区。在管区内,涉及宗教、婚姻、家庭和继承法等领域的事务,英国殖民统治者决定对印度教徒适用印度教法。在印度从事印度教法研究的英国学者和参与司法的英国法官发现,在继承法领域,吉穆陀伐诃那所汇纂的《达耶跋伽》具有浓厚的宗教色彩。但这部汇纂只有在当时的孟加拉地区才具有支配性影响,而印度的其余地区大都受到毗吉纳奈什伐罗的评注《密塔娑罗》的影响。根据《达耶跋伽》,家产具有宗教性质,只有承担祭祖义务的子嗣才享有家产继承权,继承顺序与受祭祀祖先血缘的远近相联系。并且只有在作为被继承人的父亲亡故之时,继承人对于家产的继承才开始,父亲生前对家产具有不受限制的处分权。与吉穆陀伐诃那的观点不同,毗吉纳奈什伐罗主张儿子出生时就对父亲管理的家产享有继承权,作为家产共有人,父亲未经其他家产共有人同意,不得处分家产。实际上,毗吉纳奈什伐罗所主张的继承制度,即继承人基于血缘关系而享有继承权,已经摆脱了与宗教的联系,与世俗的继承制度别无二致。[①]《密塔娑罗》是 11 世纪的作品,它能够在印度产生广泛影响,无疑经过了漫长的演进过程。这意味着,传统印度的继承法在英国殖民者到达印度之间的数百年里,已经在大多数地区从宗教的束缚中独立出来。这从一个侧面表明,梅因关于古代印度法没有从宗教独立出来的结论,过于武断。

我们还有必要指出,历史上,虽然宗教在多数情况下会制约法律的发展,但也不应一概而论;相反,宗教有时还会成为推动法律发展的因素。美国学者伯尔曼(Harold Berman)的研究表明,自 11 世纪后期,基督教在西方政治和法律的发展中扮演了重要角色。基督教教会所构建的教会文秘署、财政署和教会法院,实现了行政管理的专业化。教会法通过引入自然法理论和运用逻辑学的方法,实现了法律的系统化。教会法成为"第一个西方近代法律体系",为中世纪后期西方各种

---

① Donald R. Davis, Jr., *The Spirit of Hindu Law*, Cambridge University Press, 2010, pp. 97-101.

世俗法律的发展提供了基本模式。换言之，按照伯尔曼的观点，西方法律的近代化始于中世纪后期，主要得益于教会法的引领。① 另外，根据韦伯的研究，"现代资本主义精神乃至整个现代文化的基本要素之一，就是天职观念基础上的理性行为，它的源头则是基督教的禁欲主义精神"。② 韦伯这里所说的"天职观念"和"禁欲主义精神"就是他所说的新教伦理的核心价值。换言之，基督教新教伦理对于现代西方资本主义和个人主义的形成和确立，发挥了至关重要的作用。另外，在中国古代，政治权力很早就制服了宗教权力，法律也摆脱了宗教，实现了世俗化。但是，这种世俗法律在古代一直没有出现梅因所说的那种"从身份到契约"的"进步"。

三、古代印度社会形态与传统印度法

　　法律是社会的构成要素之一，不仅与社会中诸如政治、经济和宗教等其他要素相互影响，而且与它所在的社会相互作用。一方面，法律影响社会，滞后的法律会阻碍社会的发展；另一方面，社会的发展终将突破法律的桎梏，推动与之相适应的新型法律产生。从历史发展的角度看，不同法律的类型与社会形态密切关联。初民社会的自发习惯法与当时的氏族/部落组织和生活方式相适应。农耕社会所催生的是维护国家秩序和调控农业生产关系的法律。现代社会型塑了现代法律观念和制度，与现代社会相适应的公法和私法以及诉讼法涌现出来，并随着社会的发展而不断变化。

　　关于古代印度属于何种社会形态的争论，与传统印度是停滞不变还是发生了变化这一问题密切关联。如果古代印度社会停留在某个阶段，如初民社会阶段，这就意味着法律停滞不前。反之，如果古代印

---

① 伯尔曼：《法律与革命——西方法律传统的形成》，第 242 页。
② 马克斯·韦伯：《新教伦理与资本主义精神》，阎克文译，上海人民出版社 2010 年版，第 274 页。

度社会经历了不同阶段，这就意味着与不同演化阶段的社会相适应，法律也发生了重要变化。为此，我们有必要讨论古代印度社会属于何种形态。首先，我们讨论涉及古代印度社会形态的"亚细亚生产方式"概念。随后，我们讨论古代印度是否经历了封建社会这一问题。

我们都知道，关于人类历史不同社会形态的划分及其发展规律，常常归于马克思和恩格斯。马克思自1853年撰写《不列颠在印度的统治》一文起就开始关注印度，后来还在许多著作和笔记中论及印度问题，并提出了"亚细亚生产方式"概念。我们大体上可以把马克思关于印度问题的论述分为三个阶段。

第一个阶段是1853年至1859年。马克思认为，在印度等亚洲国家，（1）由于灌溉工程需要集体力量，从而形成了"中央集权的政府"；①（2）印度古老的村社"过着闭关自守的生活"；②（3）印度的村社实行共有制，"不存在土地私有制"，而"这甚至是了解东方天国的一把真正的钥匙"；③（4）"这些田园风味的农村公社不管初看起来怎样无害于人，却始终是东方专制制度的牢固基础"，④ 因此，印度古代盛行政治专制主义；（5）在专制制度下，人们"成为传统规则的奴隶"，"表现不出任何伟大和任何历史首创精神"，⑤ 村社制度的孤立性和封闭性致使印度"从遥远的古代直到十九世纪最初十年……它的社会状况却始终没有改变"，⑥ 历史上的"一个接着一个的征服者""在这个一无抵抗、二无变化的社会的消极基础上建立了他们的帝国"⑦。马克思认为印度虽然从氏族社会进入国家阶段，但村社封闭自守，"不存在土地私有制"，"社会状况""始终没有改变"。一言以蔽之，马克

---

① 《马克思恩格斯全集》第9卷，人民出版社1961年版，第145页。
② 同上书，第147页。
③ 《马克思恩格斯全集》第28卷，人民出版社1973年版，第256页。
④ 《马克思恩格斯全集》第9卷，第148页。
⑤ 同上书，第148页。
⑥ 同上书，第146页。
⑦ 同上书，第246页。

思认为印度古代社会停滞不变。这意味着，与停滞不变印度社会相适应的古代印度法律也停滞不变。

然而，印度自原始公社解体后的古代社会究竟应归入哪种社会形态呢？这方面值得关注的一个线索是，马克思在 1857 年至 1858 年的《政治经济学批判》中，专门论述了"资本主义生产以前的各种形式"。他在列举所有制的各种形式中，把"亚细亚的所有制形式""古代的所有制形式"和"日耳曼的所有制形式"并列起来。这里的"古代的所有制形式"主要是指古希腊和古罗马的所有制形式。印度等亚洲各地的"亚细亚的所有制形式"的主要特点是"土地共有制"；古希腊和古罗马的土地所有制形式是一部分土地为公社公有地，另一部分土地为罗马人私有财产；而在日耳曼人的社会，"每个单独的家庭就是一个经济整体，它本身单独地构成一个独立的生产中心"，而这种家庭所有制显然不同于以城市为中心的古希腊和古罗马社会，也不同于以村社为基本组织形式的印度社会。[①] 这里，马克思继续沿着原来的思路，把以印度为代表的亚洲古代社会归入"亚细亚的所有制形式"，并将这种所有制形式与古希腊和古罗马的所有制形式以及日耳曼的所有制形式并列起来，作为三种不同的并列所有制形式。在第一个阶段，马克思认为以印度为代表的亚细亚社会属于一种独特的类型，不同于古希腊和古罗马社会，也不同于日耳曼社会。上述三种社会类型之所以出现，是因为它们在原始公社解体后各自分别走上了不同的道路。它们之间没有先后之分，而是并列存在和发展。

第二个阶段是 1859 年至 19 世纪 70 年代末。1859 年，马克思在《〈政治经济学批判〉序言》中指出，"大体说来，亚细亚的、古代的、封建的和现代资产阶级的生产方式可以看作是经济形态演进的几个时代"。[②] 马克思在这段话中，明确提出了"亚细亚生产方式"的概念。同时，马克思仍然沿用了先前的表述，用"古代的"意指古希腊

---

① 参见《马克思恩格斯全集》第 46 卷上册，人民出版社 1979 年版，第 470—482 页。
② 《马克思恩格斯全集》第 13 卷，人民出版社 1962 年版，第 9 页。

和古罗马社会。这里明确把不同的生产方式按照时间顺序进行排序，而不是像以前那样，把它们作为并列的不同类型。这也是马克思关于人类历史上不同社会形态和发展顺序的最初表述。但我们应该注意的是，马克思把"亚细亚的"生产方式置于前面。如果说"古代的"生产方式相当于奴隶制生产方式，那么，自原始社会之后，在奴隶制社会之前，还存在一个"亚细亚的"社会形态。实际上，马克思于1873年在《资本论》第2版第1卷的一个注释中，更明确表达了这种观点："仔细研究一下亚细亚的、尤其是印度的公社所有制形式，就会得到证明，从原始的公社所有制的不同形式中，怎样产生出它的解体的各种形式。例如，罗马和日耳曼的私人所有制的各种原型，就可以从印度的公社所有制的各种形式中推出来。"① 这段话至少表达了两层意思：第一，马克思认为，印度的公社所有制代表了古罗马和日耳曼曾经历过的原型，早于罗马和日耳曼社会发展到私人所有制阶段；第二，在原始公社解体之后，古罗马和日耳曼与印度一样，也曾经历过公社所有制，但印度停滞不变，而古罗马和日耳曼都发生了变化，进入了私人所有制的奴隶社会。结合马克思早期观点，即古代印度在国家层面出现了中央集权的专制，而在村社层面不存在私有制，我们可以认为，古代印度出现了国家和社会之间的分裂。专制国家的产生意味着印度的原始社会氏族和部落转变成奴隶制国家，而印度公社所有制形式仍然停留在原始社会阶段。

第三个阶段是19世纪70年代末以后的时期。早在前一个阶段，马克思就发现印度的原始公社所有制并非独一无二，而是曾经存在于古罗马人、日耳曼人和凯尔特人中，因而指出，"认为原始公社所有制是斯拉夫族的特有形式"是一种"可笑的偏见"。② 马克思在1868年致恩格斯的信中，谈及自己阅读毛勒研究马尔克公社和德意志乡村制度的著作的感想时，进一步指出印度与欧洲发展的共同之处："我提出的欧

---

① 《马克思恩格斯全集》第13卷，第22页，注释1。
② 同上。

洲各地的亚细亚的或印度的所有制形式都是原始形式。"① 马克思在 1881 年对查苏利奇的复信的第三稿中，也指出了"俄国的公社""是农业公社的一种类型"，"在西方相当于这种公社的是存在时间很短的日耳曼公社"。② 在复信的第一稿中，马克思指出了德国的农村公社与印度农村公社之间的相似性。③ 当马克思在阅读俄国学者科瓦列夫斯基（Kovalevsky）的《公社土地占有制，其解体的原因、进程和结果》一书时，对该书作者的一个观点深表怀疑。科瓦列夫斯基认为，《摩奴法论》中就有"土地私有制的痕迹"，《那罗陀法论》还记载了"私人占有地界的争执"。④ 马克思针对上述观点批注到："所有这些情况也可能在并非私有财产的个体份地中发生！"⑤ 针对科瓦列夫斯基描述的莫卧儿帝国的所谓"封建化过程"，马克思坚决反对把印度的采邑制、公职承包制和荫庇制视为西欧意义的封建制。⑥ 马克思在阅读英国人菲尔（John Phear）的《印度和锡兰的雅利安人村社》一书的摘要时，强烈指责菲尔"把村社的结构叫作封建的结构"。⑦ 在这个阶段，马克思不再使用"亚细亚生产方式"的概念，但仍然认为古代印度的所有制形式是公社所有制，这种农村公社与日耳曼的农村公社和俄罗斯的农村公社具有共同之处，只是印度的农村公社保留了更古老的形式，一直没有产生私有制。

关于社会形态理论的重要转变始于恩格斯。他在《家庭、私有制和国家的起源》一书中，明确提出了历史上相继出现的"文明时代的三大时期"："奴隶制是古代世界所固有的第一个剥削形式；继之而来的是中世纪的农奴制和近代的雇佣劳动制"。⑧ 后来，关于"亚细亚生

---

① 《马克思恩格斯全集》第 32 卷，人民出版社 1974 年版，第 43 页。
② 《马克思恩格斯全集》第 19 卷，人民出版社 1963 年版，第 448 页。
③ 同上书，第 433—434 页。
④ 《马克思恩格斯全集》第 45 卷，人民出版社 1985 年版，第 253 页。
⑤ 同上书，第 253 页。
⑥ 同上书，第 283—284 页。
⑦ 中共中央编译局编：《马克思古代社会史笔记》，人民出版社 1996 年版，第 385 页。
⑧ 《马克思恩格斯全集》第 21 卷，人民出版社 1965 年版，第 200 页。

产方式"的讨论在苏联延续下来。普列汉诺夫（Plekhanov）认为"十月革命"前的俄罗斯属于"亚细亚生产方式"，而列宁一直坚持古代俄罗斯属于封建社会。苏联后来虽然出现过"亚细亚生产方式"的争论，但最终在其所确立的"五种社会形态"的主流理论中，延续了列宁的观点。① 根据马克思主义理论，在生产关系与生产力之间的基本矛盾的推动下，封建社会必然转变为资本主义社会。苏联的理论家只有把俄国资本主义社会之前的阶段归入封建社会，苏联在同俄国资产阶级的斗争中胜利后进入社会主义社会，才显得更符合历史发展规律；而不至于在农村公社共有制阶段，没有经历过奴隶社会和封建社会阶段，就跳过资本主义阶段，直接跨入社会主义阶段。不过，学界关于印度等"亚细亚生产方式"究竟属于哪一种社会形态，仍然存在不同的观点。在苏联，以下三种观点最具有代表性：第一种观点主张"亚细亚生产方式"是特殊的社会形态，第二种观点主张"亚细亚生产方式"是奴隶制与封建制的混合体，第三种观点认为"亚细亚生产方式"属于封建制。②

我们上文之所以不厌其烦地讨论"亚细亚生产方式"问题，是因为这个问题与本部分论述的问题密切关联。马克思认为，以古代印度社会为典型的"亚细亚生产方式"没有私有制，更不存在封建因素，属于原始社会解体后分化出来的一种社会类型。因此，他把亚细亚模式放在奴隶制和封建制之前。在他看来，古希腊、古罗马、凯尔特、日耳曼和俄罗斯都经历过这个阶段，直到近代还保留了早期农村公社共有制的一些遗迹。但相比之下，只有印度完整地保留了农村公社时期的共有制形式，而经历过印度相同时期的其他国家或族群，生产方式和社会组织都或多或少发生了变化。就此而言，马克思认为，印度自进入农村公社时代之后，生产方式没有发生变化。如果按照他有关法律与经济之间关系的理论，那么受到经济决定的法律也没有发生重

---

① B. H. 尼基福罗夫：《列宁论亚、非国家的社会关系》，载郝镇华编：《外国学者论亚细亚生产方式》下册，中国社会科学出版社 1981 年版，第 17—20 页。
② 郝镇华编：《外国学者论亚细亚生产方式》下册，第 266—356 页。

要变化。

现在，我们讨论印度是否经历了封建社会这个问题。"封建社会"（feudal society）的概念最初产生于西方。研究欧洲史的学者常常用这个概念意指西方中世纪（从5世纪到15世纪）欧洲的社会形态，认为中世纪欧洲在社会形态上属于封建社会。关于这段特定历史阶段所含括的时间和地域，不同学者持论不同。不同学者虽然侧重探讨封建社会的不同维度，但所适用的"封建社会"概念都包括几个维度：（1）围绕封建庄园形成的地主—农民之间的经济关系，（2）领主—封臣之间保护—效忠的政治权力关系，（3）基于骑士领地所形成的军事关系，（4）领主—封臣之间通过契约而形成的法律关系。法国学者布洛赫（Marc Bloch）把封建社会作为西欧和中欧在9世纪中叶至13世纪初出现的特殊社会形态，其中包括经济、政治、军事和法律等多个维度。① 实际上，布洛赫所指称的这个时段的西欧封建社会是严格意义上的封建社会。比利时学者冈绍夫（F. L. Ganshof）基于法律文书、特许状、王令和各种习惯汇编等，聚焦于10世纪至13世纪"卢瓦尔河与莱茵河之间的地区"封建现象，尝试揭示作为封建主义的"惯制"如何塑造了封臣与领主之间的支配—服从关系。② 美国学者伯尔曼则尝试通过分析西方中世纪后期的封建法，揭示其中领主权利与封臣权利的互惠性，从而论证在那种封建法中孕育了西方近代法律体系的权利因素。③ 还有一种与上述角度不同的"封建社会"概念，这就是我们所熟知的苏联和中国等国流行的关于封建社会的用法。这种"封建社会"概念用于意指历史发展所呈现的社会形态。它的含义是：（1）人类历史上经历了四种社会形态，即原始社会、奴隶社会、封建社会和资本主义社会，封建社会是其中一个历史阶段；（2）封建社会的典型是

---

① 参见马克·布洛赫：《封建社会》上卷，张绪山等译，商务印书馆2004年版，第27—34页。
② 弗朗索瓦·冈绍夫：《何为封建主义》，张绪山、卢兆瑜译，商务印书馆2016年版，第4—5页。
③ 参见伯尔曼：《法律与革命——西方法律传统的形成》，第363—385页。

西欧中世纪的封建制,但这种社会形态作为一种生产方式及其所内嵌的地主—农民关系,具有普遍性,是人类社会演进过程中必然要经历的阶段。

印度马克思主义学历史学家高善必(D. D. Kosambi)认为,古代印度没有经历奴隶制度社会阶段,至少没有古希腊和古罗马那样的奴隶制,因为奴隶在古代印度的生产中微不足道。① 他认为,印度的氏族和部落在前6世纪开始解体,国家产生;在众多国家中,出现了十六个较大国家,印度从此时起开始转向封建社会。印度的封建化是双向展开的,一方面是国王向宗教和世俗属臣赠赐村庄和土地,推动了自上而下的封建化;另一方面是村社中出现了地主对农民的压迫和剥削,从而形成了自下而上的封建化。他认为,古代印度的封建化是一个漫长的过程,直到6世纪才完成。② 高善必注意到,与欧洲的封建制相比,印度的封建制主要有以下特点:(1)生产工具简单,以家庭或个人劳动为主,生产规模较小,后期才出现类似欧洲的庄园及其较大规模的生产;(2)生产是为了满足家庭或村社的需要,而不是为了在市场上出售产品;(3)村社与王权的联系更直接,要向国王交税;(4)军役性质的封地没有采取世袭制。③

印度另一位马克思主义历史学家沙尔玛(S. Sharma)在其《印度封建主义》一书认为,印度经历了奴隶社会,并在4世纪转向封建社会。他认为,4世纪至8世纪中叶是印度封建社会的形成阶段,11世纪至13世纪是印度封建社会的全盛时期。沙尔玛研究古代印度封建制时,显然参照了中世纪欧洲的封建制。中世纪欧洲的封建制主要是日耳曼征服的产物。日耳曼人征服了罗马帝国的领土之后,国王作为全

---

① D. D. 高善必:《印度古代文化与文明史纲》,王树英等译,商务印书馆1998版,第28—29页;Dharmanad Kosambi, *An Introduction to the Study of Indian History*, Popular Book Depot, 1956, p. 10.

② 高善必关于古代印度封建化的起因、过程和后果的论述,参见 D. D. 高善必:《印度古代文化与文明史纲》,第151—238页;Dharmanad Kosambi, *An Introduction to the Study of Indian History*, pp. 275-372.

③ Dharmanad Kosambi, *An Introduction to the Study of Indian History*, pp. 326-328.

部国土的所有者，按照军功把国土分封给亲族、军事首领和战士。国王的亲族和军事首领得到大块土地，成为封建领主；国王的同族战士得到小块土地，成为自由农；被征服者沦为农奴，没有人身自由。沙尔玛认为，印度的封建化不是始于征服，而是源自国王向婆罗门赠赐村庄和土地。印度国王赠赐村庄或土地时，通常都颁发铜版赐地文书。印度保留下来的许多铜版赐地文书成为赠赐村庄和土地的直接证据。沙尔玛主要依据保留下来的铜版赐地文书，参酌佛经、法论和中国访印僧人法显、玄奘和义净的记述，对古代印度封建制的形成和发展进行了系统研究。

  沙尔玛指出，孔雀王朝之前就有国王赠赐土地的现象，例如南传佛教的巴利文佛经就提到，拘萨罗国王波斯匿和摩揭陀国王频毗娑罗把村庄赠赐给婆罗门。笈多王朝（320—540 年）之后，国王更加频繁赠赐村庄和土地。首先，国王最初只向婆罗门赠赐，后来向印度教神庙、佛教寺庙和耆那教寺庙赠赐。从 5 世纪开始，国王赠赐的范围扩展到世俗领域，即把村庄和土地赠赐给民政官员和军事首领。至 11—12 世纪，一些区域性国王的世俗赠赐甚至超过宗教赠赐。其次，国王赠赐的权益不断扩大。最初，国王是把自己享有的土地税收利益转赠给受益人。从笈多王朝开始，国王不仅赠赐村庄和土地的税收利益，而且把牧场、林地和矿产等附属土地的资源也赠赐给受益人。更为重要的是，国王还把村庄的村民作为劳动力一道赠赐给受益人。这样一来，受益人不仅取得了受赠土地的所有权，而且取得了受赠村庄的行政管理权和司法权。再次，国王赠赐最初是直接把村庄和土地赠赐给受益人，后来出现了受益人转赠的现象，即受益人把村庄和土地转赠给他人。在笈多王朝，大封建主把国王赠赐的村庄转赠给婆罗门的事情至少有 6 例。[1] 复次，早在孔雀王朝之前，国王为了鼓励开发边远地区荒地，扩建居民区，就把一些荒地授予婆罗门或其他属臣。最后，

---

[1] Sharan Sharma, *Indian Feudalism: C. A. D. 300 - 1200*, 2nd ed., The Macmillan Company of India Limited, 1980, p. 2.

国王起初赠赐的村庄和土地数量较少，自笈多王朝之后，国王赠赐村庄和土地的数量逐渐增多。笈多王朝后期的国王达摩多罗·笈多（Dāmodara Gupta）在 6 世纪曾一次赠赐婆罗门 100 个村庄，以鼓励宗教和教育事业。① 戒日王朝（Harṣa Dynasty，约 605—647 年）的戒日王（约 606—647 年在位）曾把 200 个村庄赠赐给那烂陀寺，用于供养佛教僧侣。② 戒日王在一次出征前，把 1000 犁田（1 犁田约等于 1 英亩）土地赠地给婆罗门。③ 国王旃陀罗提婆（Candradeva）在 1093 年向 500 个婆罗门赠赐 100 个村庄。④ 在 10 世纪，罗什多罗拘多王朝（Rastrakuta Dynasty）的戈温达四世（Govinda IV）把 400 个村庄赠赐给婆罗门，把 800 个村庄赠赐给神庙。⑤ 在大多数情况下，国王每次赠赐给婆罗门的村庄不超过一个，但国王伽诃多瓦罗（Gāhadavāla）在 12 世纪一次把 18 个村庄赠赐给一个婆罗门。在 11 世纪到 12 世纪的帕拉玛拉王朝（Paramāra Dynasty），一个藩臣曾得到国王赠赐的 1500 个边远地区村庄。⑥

国王赠赐土地颁发的铜版赐地文书是一种王令，具有法律效力，并得到法院的尊重。有些铜版赐地文书列举了受益人应履行的义务。不同赠赐和受益人的对象不同，受益人的义务也各种各样。受赐的婆罗门和寺庙要对赠赐者提供宗教服务并负责管理受赠村庄以及开发荒地等，民政官吏和军事首领等世俗受益人要负责管理受赐村庄、开发荒地或在战时为赠赐者提供帮助等。在沙尔玛看来，印度历史上村社和土地赠赐在功能上类似中世纪欧洲的土地分封，赠赐者与被赠赐者是领主与封臣关系，而被赠赐的村庄从原来的自治村社变成了类似中世纪欧洲的庄园，村社共有的土地被变为受益人私所有土地。笈多王

---

① Sharan Sharma, *Indian Feudalism: C. A. D. 300-1200*, p. 37.
② 同上书，第 35、214 页。中国访印僧人义净对此的记述是："那烂陀寺……僧徒数出三千，封邑则村余二百，并积代君王之所奉施，绍隆不绝……"。义净原著，王邦维校注：《南海寄归内法传校注》，中华书局 1995 年版，第 88 页。
③ Sharan Sharma, *Indian Feudalism: C. A. D. 300-1200*, p. 35.
④ 同上书，第 172 页。
⑤ 同上书，第 67 页。
⑥ 同上书，第 177 页。

朝以后，许多受益人都获得了对村庄的管理权和司法权，其地位类似中世纪欧洲的庄园领主。在这个过程中，原来持有土地的农民被剥夺了土地，成为受益人即地主的佃农，除了要向地主交付由其任意决定的租金，还被束缚于土地上，被迫劳动并遭受经济剥削。沙尔玛认为，古代印度赠赐村庄和土地事实上导致了封建化。这种封建化过程对于印度的政治具有两面性，一方面，笈多王朝的国王能够把许多村庄和土地赠赐给宗教和世俗受益人，表明当时王权十分强大，国王能够支配全国的土地和臣民；另一方面，持续赠赐村庄和土地不仅导致印度土地碎片化，而且导致权力的分散化和管理的多层化，削弱了中央政府的权威，在施行多层赠赐和转封的情况下尤其如此。[①]

　　沙尔玛指出了古代印度封建制与中世纪欧洲封建制的某些相似之处，同时也注意到了两者之间的差别。其一，欧洲的封建制是日耳曼征服罗马帝国领土的产物，而印度的封建制是国王向宗教和世俗属臣赠赐村庄和土地的结果。其二，中世纪欧洲的宗教具有独立的等级制组织教会，封建贵族也形成了阶层组织，建立了议事会。而在古代印度，包括印度教在内的所有宗教都没有组成教会，婆罗门都是分散的个人，世俗受益人也没有建立起横向联系和自己的组织。其三，欧洲的封建制，尤其是骑士领地制，具有很强的军事目的，而印度具有军事目的的封地出现较晚，特点不突出。其四，印度没有形成欧洲那样的封建庄园，把分散的土地集中起来，而是以村社为单元分散经营土地。其五，印度的受赠村社中虽然有许多首陀罗转变成农民，从事耕作，地位近似欧洲的农奴，但从事耕作的劳动者中更多是持有土地的自由农。这些自由农自耕土地或为其他人代耕土地，享有人身自由。其六，欧洲形成了多层次和等级制封建金字塔，所有封臣只对自己的直接领主承担义务，以致"我的封臣的封臣不是我的封臣"。国王作为最大领主只能控制他的直接封臣，而无法支配非直属封臣，而印度没

[①] 关于古代印度的封建化过程、原因和后果，参见沙尔玛书中有关论述。

有形成普遍的多层分封关系和欧洲那样的封建等级结构。① 其七，与欧洲的封建制相比，印度的封建制发展更不平衡，各地的差异更大。

中国学者黄思骏在《印度土地制度研究》一书中，对印度土地制度进行了研究。书中涉及古代印度国王赠赐村庄和土地的起源、过程和后果的部分主要援引了沙尔玛提供的材料，并借鉴了他的许多观点，但黄思骏与沙尔玛的著作有诸多不同之处。（1）沙尔玛以国王赠赐土地作为切入点，分析印度的封建化过程和后果，而黄思骏是透过古代印度土地制度的变化，观察古代印度所经历的不同社会形态。（2）沙尔玛虽然认为印度经历了从奴隶社会向封建社会的转变，但没有对奴隶社会进行具体论述，论述只限于他认为的印度封建社会（300—1200年），而黄思骏对古代和现代的印度土地制度进行了全面研究。他认为4世纪初至19世纪中叶的印度都属于封建社会，把印度的封建社会分为前期（320—1206年）和后期（1206—1858年）两个阶段。② 黄思骏主张的印度封建社会时间跨度更长。（3）沙尔玛虽然认为国王赠赐土地导致了土地私有化及其土地买卖，但没有深入论述土地买卖问题，黄思骏关注土地买卖对于土地私有化的作用，并认为土地买卖和国王土地赠赐是印度土地私有制发展的两个重要途径：前者是土地私有化的基本途径，后者促使土地私有制进一步发展。③ 第四，黄思骏认为，国王赠赐土地时授予的权益越多，引起村社结构和土地关系的变化越大，土地私有制的发展越快，封建化也就越深入。④ 他认为，宗教受益人的权益多于世俗受益人，藩臣受益人的权益多于其他世俗官员，有权进行转赠的受益人权益多于无权进行转赠受益人的权益，引进市场机制受益人的权益多于没有引进市场机制受益人的权益。⑤ 他还进一步指出，在4世纪至19世纪中叶，印度国王赠赐土地十分普遍，以土地

---

① Sharan Sharma, *Indian Feudalism: C. A. D. 300—1200*, pp. 60–61, 224.
② 黄思骏：《印度土地制度研究》，中国社会科学出版社1998年版，第37、68页。
③ 同上书，第76—85页。
④ 同上书，第109—111页。
⑤ 同上。

受赐者为主体的地主所有制度占据支配地位。①

值得关注的是，中国多数研究印度问题的学者，在涉及印度的历史分期时，都按照苏联关于社会形态的划分模式，像黄思骏一样认为古代印度经历了奴隶社会和封建社会。他们多认为，印度在前10世纪开始向奴隶社会过渡，但关于印度奴隶制与封建制的分界点却形成了四种具有代表性的观点：第一种观点认为，印度在前6世纪到前5世纪向封建社会过渡，阿育王时期转为封建社会；第二种观点认为，印度在1世纪向封建社会过渡，4世纪转变为封建社会；第三种观点认为，印度的封建社会形成于5世纪到7世纪；第四种观点认为，印度的封建社会始于8世纪。② 由此可见，关于印度封建社会的时间起点，中国学者的主张差异很大。

英国人菲尔曾在英国的印度殖民地管区担任官员，在加尔各答居住过十年，在锡兰③居住过两年。他在实地考察的基础上，对印度村社及其土地制度进行了深入研究，撰成《印度和锡兰的雅利安人村社》一书。该书是马克思阅读和摘记过的五部古代社会史著作之一，前两部分分别描述了孟加拉和锡兰的村社和土地制度，最后部分对前两部进行总结，指出了雅利安人村社和土地制度的演进方式。菲尔指出，16世纪初葡萄牙占领之前的锡兰和1793年《永久居住法》（Permanent Settlements）通过之前的孟加拉，都保留了雅利安人村社和土地的典型特征。菲尔通过描述这两个地区的村社和土地制度，旨在揭示传统印度村社和土地的一般特征。其一，孟加拉和锡兰都存在着许多未分家的联合家庭。在当时孟加拉的加尔各答乡村里可以看到多达300—400人组成的大家庭，那里大多数家庭都有50—100人。④ 联合家庭是村社

---

① 黄思骏：《印度土地制度研究》，第23页；关于印度封建社会化过程和后果以及在英国影响下印度村社结构和土地关系的变化，参见上书第60—277页。
② 转引自黄思骏：《印度土地制度研究》，第113页。
③ 锡兰即今斯里兰卡，孟加拉包括现在的印度西孟加拉邦和孟加拉人民共和国，这两个地区历史上都曾是印度领土的组成部分，在菲尔撰写这部著作的19世纪末，它们都成了英国的殖民地。
④ John B. Phear, *The Aryan Village in India and Ceylon*, London, 1880, pp. 81-82.

形成的基础。许多村社最初的创建者就是一个小家庭。这个小家庭发展成一个联合家庭，最终构成一个村社。当然，有些村社是几个家庭联手创建的，因而居住着数个家庭。其二，家庭内部存在不平等，男性家长具有管理家产和家务大权，对外代表家庭。联合家庭分化出不同支系，在继承家产时，被继承人的直系亲属优于旁系亲属，卑亲属优于尊亲属，男性亲属优于女性亲属。在孟加拉，家父在世，继承人并不与父亲共享家产，只有家父亡故，继承人才有权分配家产。联合家庭中除了服从家长支配的家庭成员，还有地位更加低下的仆人。其三，由一个或数个联合家庭创建的村社，在发展中吸收了外来的木匠、铁匠和理发匠等工匠。这些工匠附属于村社，地位低于联合家庭的成员。在村社内部，某个家庭形成了优势地位，其家长常常成为村社头人；村社头人对内负责管理村务，协调不同家庭之间的关系，对外代表村社，负责把本村社的田赋上交国库。婆罗门负责村社的宗教和教育，具有种姓的优越地位，是村社的重要权威之一，在村社宗教事务和解决纠纷中发挥重要作用。其四，村社土地共有，在一个联合家庭创建的村社中，村社土地也是家庭土地。在数个家庭创建的村社中，每个家庭在村社共有土地中持有特定份地，有权占有并耕种份地。联合家庭分得的土地分别由不同的家庭成员占有和耕种，按照约定分享土地收成。在家长亡故后，他的继承人可以继续一起生活，也可要求分家。在后一种情况下，分家后的小家庭各自分得一块份地。由于一些家庭不断分家析产，家庭土地也分割得越来零散。工匠无权分得村社土地，但常常被允许占有一块土地作为服务的报酬，或者根据提供的服务从村社获得特定份额的土地产品。村社头人和婆罗门往往从村社分得较多优质土地。在锡兰，农民有义务帮助村社头人从事家务或田间劳动。村社中任何人都对村社土地没有所有权，而只有占有和使用权。占有和使用土地的人都必须按规定对国王履行纳税义务。其五，分得村社土地的一些人，尤其是村社头人和婆罗门，通常不下田劳动，而是找人代耕，双方按照比例对土地产品分成。菲尔认为，这种代耕分成在性质上不是出租土地，双方分享土地产品是一种合作。① 他指出，在锡兰，"没有出租土地收取货币地租的"，"村社不使用货币"。② 因而，分成的双方不是地主与佃农之间的关系。其六，村社土地存在某种转让现象，如国王把村社土地赠赐给婆罗门或官员，但这种转让仅仅涉及村社的田赋转让，即把原来交给国家的税务利益转让给受益人。有时，村社成员之间进行借贷时，债务人会把自己土地转让给债权人，作为履行债务的担保。在这种情况下，债务人转让的只是土地用益权。菲尔认为，有些研究者把印度村社的土地占有和使用权误解为现代意义的私人所有权，把国王通过赠赐土地的方式转让税务利益误解为国王把土地所有权转让给受益人，把用于债务担保的土地用益权转让误解为土地买卖。总之，国王的土地赠赐或村民之间作为债务担保的土地转让都没有影响村社结构和土地共有关系。在印度的村社中，除了"没有人为获利而出租土地"，人们也没有土地所有权观念，"私人出售土地的事闻所未闻"。③ 在1793后的孟加拉，作为国家收税人的柴明达尔（Zamindar）才获得对其管辖领地内各个村社土地的所有权。其七，在传统印度村社，源远流长且根深蒂固的习惯法确立了人们的权利和义务。涉及村社土地共有、村民对土地的占有和使用、代耕者与被代耕者之间的产品分成、土地用益权转让，以及村社头人与村民之间的关系，人们都根据习惯法行事。被称为"潘查亚特"的村社组织由村社头人和其他四位长老组成，俗称"五老会"。"五老会"根据习惯法管理村社行政事务和解决纠纷。潘查亚特有不同种类，负责不同的事务。④ 官吏和国王通常都尊重村社习惯法和潘查亚特做出的决定。⑤

　　菲尔对传统印度村社和土地制度的描述与沙尔玛和黄思骏的观点

---

① John B. Phear, *The Aryan Village in India and Ceylon*, pp. 255–256.
② 同上书，第194页。
③ 同上书，第265页。
④ 有关论述参见本书第九章。
⑤ 菲尔关于印度村社和土地制度的以上论述，参见 John B. Phear, *The Aryan Village in India and Ceylon*, pp. 209–272。

截然不同。菲尔认为印度村社土地共有，没有人为了获取租金而出租土地，没有人拥有土地所有权和买卖土地。换言之，传统印度没有出现类似中世纪欧洲那样的领主与封臣关系和庄园中的地主与佃农关系。一言以蔽之，古代印度没有经历封建社会阶段。

梅因在《古代法》中曾论及印度的村社及其土地关系。他指出，"曾在西欧流行的'长子继承权'形式也曾在印度人中继续保存过"，①印度的家族"有不断扩大为'村落共产体'的倾向"，"印度村落共同体一方面是一个有组织的宗法社会，另一方面又是共同所有人的一个集合"，"个别所有制始终是朝着共同所有权的方向在发展"，村社作为"共同财产所有人的集合"，是"村落共产体"。②梅因也注意到，"一个印度村落的共同所有人"，虽然财产混在一起，"但他们有其个别的权利，而且这种权利的分割是完全和无限制地继续着的"③。然而，梅因在《古代法》中没有系统论述印度的村社及其土地的封建化问题。

在《古代法》出版后，梅因在印度工作了七年，有机会观察和系统研究印度的村社及其土地制度。回国后，他在牛津大学圣体学院进行了系列讲座，其中有关印度和西方村社及其土地制度的比较研究被结集成书并于1871年以《东西方乡村社会》之名出版。这部讲演集的第五篇讲演专门论述西方与印度的封建化过程。该书其他几篇讲演也涉及印度土地的封建化问题。首先，梅因认为，日耳曼也曾经历了印度的村社阶段，但自征服罗马帝国的领土之后，村社转变成庄园。庄园是中世纪欧洲封建化的重要标志。相比之下，印度的村社没有演进到庄园阶段。④其次，在中世纪欧洲的封建化过程中，世袭的庄园领主对庄园事务具有绝对控制权，而在印度的村社，并没有任何一个人对村社拥有绝对控制权，村社头人对于村社事务和成员土地的占有与使

---

① 梅因：《古代法》，第136页。
② 同上书，第130、147—148页。
③ 同上书，第151页。
④ 梅因：《东西方乡村社会》，第104页。

用，远没有封建领主那样大的支配权。① 复次，英国在封建化过程中，出现了竞争性土地出租，货币成为支付租金的主要形式，印度村社不存在或几乎不存在为使用或占用土地或用于土地竞价而支付货币性租金的现象。② 在印度，习惯性租金比竞争性租金的使用更普遍。英国地主和佃农之间的关系在印度并不普遍，不应把印度大多数土地耕种者误解为英国封建时代的农奴或佃农。③ 所谓习惯性租金应指印度村社的土地持有人找人代耕土地，与代耕人对土地产品实行分成。最后，英国在封建化过程中出现了非限嗣继承权（fee simple）等地产形式。这些地产的保有者事实上取得了土地所有权，可以出售土地。在印度村社，土地由村社共有，各个家庭持有的土地为家庭共有，不存在任何类似英国封建时期的私人土地所有权，个人几乎无权处分其持有的土地。④

在印度村社及其土地关系问题上，梅因虽然没有改变在《古代法》中的基本主张，但对自己原来的一些观点——如认为印度乡村是"村落共产体"和印度社会停滞不变——进行了修正。他认为，印度的村社及其土地制度出现了类似中世纪欧洲的封建化因素，其具体表现在以下几个方面。一是印度存在习惯性租金，这意味着印度存在变相的土地出租。二是分家独居的兄弟各自持有一块土地——虽然他们不能把自己土地从共有耕地中完全分离出去，但这毕竟暗示家庭和村社共同体已经出现裂痕，甚至在一定程度上承认个人独立持有的耕地属于私人财产。⑤ 三是在印度村社中，村社头人和婆罗门（村社头人常常是婆罗门）享有种姓特权，这意味着家庭和村社共同体开始分化，出现了类似封建领主或地主的权力迹象。梅因总体上认为，印度尽管出现了"一个非常接近封建化的过程"，"存在着对应于英国和欧洲未成熟

---

① 梅因：《东西方乡村社会》，第104页。
② 同上书，第118页。
③ 同上书，第118—120页。
④ 同上书，第29—30、105页。
⑤ 同上书，第72—73页。

的绝对所有权现象",但是这些现象没有连续发生,因此"印度的封建化,如果可以称之为封建化,实际上从未完成"。①

综上所述,关于古代印度是否经历了封建社会,学界主要有三种观点。第一种观点以马克思和菲尔为代表,认为古代印度的村社没有发生变化,没有出现私有制。因此,印度没有经历封建社会阶段。第二种观点以高善必、沙尔玛和黄思骏为代表,认为古代印度国王的土地赠赐催生了私人土地所有权,出现了土地出租和土地买卖,形成了领主与封臣、地主与农民之间的等级关系。因此,印度经历了封建社会阶段。第三种观点以梅因为代表,认为古代印度虽然出现了一些封建因素,但没有完成封建化过程。

我们都知道,根据影响广泛的"五种社会形态"学说,封建社会是比奴隶社会更高级的历史发展阶段。生产方式的变化必然引起法律的变化,生产方式不变,法律也只能停滞不变。人们凡主张古代印度经历了封建社会,就意味着古代印度自原始社会解体之后,无论是否经历了奴隶社会,都在社会结构、社会关系以及法律等领域发生了重大变化。人们凡主张古代印度出现了封建因素,就意味着古代印度自原始公社解体之后,经济、政治和法律都发生了一些变化。人们凡主张古代印度没有出现私有制,没有出现封建结构和关系,村社始终是一个共产体,就意味着古代印度自氏族和部落解体之后,虽然出现了国家机器和专制权力,但原始社会解体之后,共有制的农村公社一直延续下来,进而与这种生产方式相适应的村社法律也一直没有发生变化。

我们以为,无论是认为印度经历了封建社会还是主张印度传统村社一成不变,都失之偏颇。首先,高善必、沙尔玛和黄思骏都认为国王赠赐村庄和土地催生了印度的封建社会。但古代印度国王赠赐村庄和土地的行为具有特殊施恩的性质,而不是整体的制度性安排。因此他们无法证明,在印度全国的村庄和土地中,国王赠赐的村庄和土地

---

① 梅因:《东西方乡村社会》,第104页。

占据多大比例,是否超过了没有被国王赠赐的村庄和土地。其次,他们都推定认为,国王赠赐土地赋予许多受益人土地所有权,受益人可以按照自己的意愿出租和买卖土地,肆意压迫和贪婪剥削农民。他们误解了宗教赠赐和一些世俗赠赐的性质。国王的宗教赠赐具有慈善捐赠性质,受赐的婆罗门或寺庙仅仅享受土地的税收利益。实际上,在印度教占支配地位的朝代,婆罗门一直享受免税权。婆罗门作为受益人享受土地的税收利益,不过享有受赐土地的免税权。世俗官员受益人享受的土地税收利益,实际上是国王付给他们的薪俸。最后,他们虽然注意到,印度国王赠赐村庄和土地没有使村社变成封建庄园,但忽略了国王赠赐,甚至某些藩臣的土地转封,都没有从根本上改变印度村社的基本结构和土地关系。他们忽略了受赠村社中村社组织潘查亚特和和习惯法的作用,以及它们对受益人的约束。实际上,国王赠赐村庄也会考虑村民的意愿,例如沙尔玛就提到,在王权强大的笈多王朝,国王为了宗教目的而赠赐村庄和土地,也要征得有关村民委员会的同意。[①] 总之,高善必、沙尔玛和黄思骏为了证明印度经历了封建社会,夸大了国王赠赐村庄和土地的普遍性和催生印度封建社会的作用,夸大了古代印度土地私有化及其自由流转的程度,夸大了受益人滥用权力压迫和剥削农民的可能性。

而在另一边,菲尔为了证明印度村社没有发生变化,过分强调了印度村社没有个人土地所有权,没有土地出租,更没有土地买卖。他还过分强调了习惯法对村社权力的约束作用,淡化了村社中实际存在的地主对农民的压迫和剥削。其一,在印度村社中,包括土地在内的家庭财产共有制出现了分化。上文提到,11 世纪毗吉纳奈什伐罗的《密塔娑罗》主张,继承人出生时就对家产享有继承权。《密塔娑罗》的继承规则在孟加拉以外的印度区域影响广泛。这标示印度多数地区的家庭财产权已经个别化,也意味着享有家产份额的家庭成员对自己的财产份额具有一定程度的处分权。其二,菲尔认为土地持有者对代

---

① Sharan Sharma, *Indian Feudalism: C. A. D. 300-1200*, p. 113.

耕者享有的产品分成不同于出租土地的租金，但梅因已经认识到这种分成属于习惯性租金。实际上持有土地者与代耕者形成了类似地主与佃农的关系。其三，古代印度存在一定程度的私有制和土地买卖。孔雀王朝出现了土地交易，该王朝初期的憍底利耶在《利论》第3篇的第9章和第10章论及土地买卖。他认为，若某人出售土地，其亲戚、邻人和债权人依次具有优先购买权；纳税人应将土地卖给其他纳税人，婆罗门应将国王授予的免税土地即所谓的"功德田"卖给其他婆罗门；土地所有人出售土地时，买主要亲到该土地边界，当着村中长老的面，三次宣布购买该地和购得该地的价格，如无人提出异议，交易即生效。① 笈多王朝出现的土地买卖，在该王朝出现的《那罗陀法论》和《布利哈斯帕提法论》中得到反映和确认。《那罗陀法论》把财产分为动产和不动产，把财产买卖作为取得财产的方式之一。② 《布利哈斯帕提法论》提到七种财产所有权取得方式，其中包括不动产购买，并主张房屋和土地买卖应作成证书。③ 当然，没有充分证据表明，自笈多王朝之后，印度的土地买卖越来越自由，或者引入了市场机制。其四，在印度村社中，尤其是在国王赠赐的村庄中，有些村社头人、受益人或当地强人可能利用自己的优势地位操纵潘查亚特，违反习惯法，压榨和剥削村民。

由上述可见，无论是高善必、沙尔玛和黄思骏所主张的印度经历了封建社会的观点，还是菲尔所主张的印度村社的结构和土地关系没有发生变化的观点，都不符合印度历史事实。那么，我们似乎应接受梅因提出的折中观点，即印度历史上出现了封建因素，但印度的封建化没有完成。然而，梅因的观点也不可取。这不是由于他没有对印度的封建化过程进行具体论述，也不在于他对印度没有完成封建化的原因缺乏分析，以及他在讨论印度封建化问题时过于谨慎，尽量避免与

---

① 参见憍底利耶：《利论》，朱成明译注，商务印书馆2020年版，第286—293页。
② *Nārada,* VIII. 2, I. 48, trans. J. Jolly, pp. 144-145, 54.
③ *Bṛhaspati,* IX. 2, VIII. 7, trans. J. Jolly, in *Sacred Books of the East*, vol. 33, pp. 309, 305.

自己在《古代法》中关于印度社会的和法律的论述相冲突。梅因观点不可取，主要原因在于他仍然没有摆脱以西方社会演进模式作为参照系的思维方式，纠结于印度是否出现了封建因素及其封建化程度。我们如果认为印度社会不是一成不变，而是发生了变化，就不必纠缠于传统印度是否经历了封建社会或其封建化程度，而应根据印度历史演进的特点来探讨其演进过程和方式。

四、法律史研究范式的反思

我们前几部分列举的大量材料证明，传统印度法并非停滞不变，而是在漫长的历史过程中发生了许多重要变化。这样，我们就应该反思，涉及古代印度和传统印度法的理论范式是否存在一些问题。

首先，19世纪以前自然科学的研究成果，尤其是牛顿的经典力学原理和达尔文的生物进化学说，向人们展现了一个万物有源和诸象有因的客观世界，大千世界虽然错综复杂，但其背后却有总体的内在规律。当时的经典科学理论认为，"自然法则表达确定性"，"只要给定了初始条件，我们就能够用确定性来预言未来，或'溯言'过去"。[①] 当人们将这种科学主义与理性主义的认识论运用于社会领域时，就形成了这样的论断：通过经验的总结与理性的反思，人们能够发现社会秩序的构造原理和运行规律，从而能够提炼出普遍适用的确定规则。人类一旦掌握这些社会发展规律和社会治理法则，就可以从"必然王国"跃入"自由王国"。于是，在19世纪的社会科学领域中，探索不同文明、国家或民族的普遍性和社会发展的必然性法则成为主流范式。梅因对于古代法的研究及其"从身份到契约"命题，就是这种范式的产物。在求同的思维范式下，梅因先是在《古代法》中对传统印度法与罗马法的巨大差异感到震惊，后来又在《早期制度史讲义》中不遗余

[①] 伊利亚·普利高津：《确定性的终结——时间、混沌与新自然法则》，湛敏译，上海科技教育出版社1998年版，第3页。

力地从同属雅利安人的不同族群中寻找共同的社会结构和法律因素，并发现了印度也存在"封建化"趋势。马克思关于不同类型生产方式的探索和恩格斯对不同社会形态的概括，也都旨在揭示人类社会发展的共同规律。

但是，科学的发展并没有沿循确定性的线路直线前进。晚近的自然科学研究成果挑战了 19 世纪前自然科学所断言的确定性和规律性。宇宙学的大爆炸理论从宏观上揭示了不确定性，[①] 而量子物理学的波粒二象性理论从微观上揭示了不确定性。[②] 在曾以精确著称并被奉为"科学皇后"的数学领域，一些晚近研究成果也宣告了其"确定性的丧失"："显然，普遍接受的概念、正确无误的推理体系——1800 年时的尊贵数学和那时人的自豪——现在都成了痴心妄想。与未来数学相关的不确定性和可疑，取代了过去的确定性和自满。关于'最确定的'科学的基础意见不一不仅让人吃惊，而且，温和一点说，是让人尴尬。"[③] 总之，晚近的自然科学成果揭示，在整体一致、均匀的宇宙中，存在局部的不规则性；[④] 在统一性的自然中，存在多样性；[⑤] 在因果关

[①] 关于宇宙起源的大爆炸理论被广泛接受，但关于大爆炸之前的状态以及大爆炸本身究系何因，"创生时刻"是怎样的状态，则仍不确定，只能提出各种假设。参见约翰·格里宾：《大爆炸探秘——量子物理与宇宙学》，卢炬甫译，上海科技教育出版社 2000 年版，第 221—344 页。

[②] 格里宾指出："关于波粒二象性的经验证据表明，原则上不可能同时绝对精确地测量粒子的位置与运动。……不确定性并不限于指我们对电子的认识。……粒子自身并不绝对精确地'知道'它现在何处并且下一步将去何处。在量子物理学里不确定性的概念与偶然的概念有着本质的联系。我们不能肯定一个粒子在哪里，也不能肯定它向何处去……"同上书，第 209 页。他还指出："没有单纯的粒子或波，在基础层次上讲只有波和粒子的混合物，偶尔被称作'波子'。它告诉我们，不可能以绝对的确定性来预言任何原子实验或宇宙中任何事件的结果，我们的世界是由可能性或者说概率来支配的。"同上书，第 192 页。

[③] M. 克莱因：《数学：确定性的丧失》，李宏魁译，湖南科学技术出版社 2000 年版，引言，第 4 页。

[④] 参见约翰·格里宾：《大爆炸探秘——量子物理与宇宙学》，第 186—189 页。

[⑤] 普利高津就此写道："一旦我们有了时间之矢，就会立刻明白自然的两个属性：自然的统一性和自然的多样性。统一性，因为宇宙的各个部分都共有时间之矢，你的未来即是我的未来，太阳的未来即是其他任何恒星的未来。多样性，像我写作的这间屋子，因为有空气，即或多或少达到热平衡的混合气体，并且处于分子无序状态之中；还因为有我妻子布置的美丽的鲜花，它们是远离平衡态的客体，是归功于不可逆的非平衡时间过程的高度组织化的客体。"见伊利亚·普利高津：《确定性的终结——时间、混沌与新自然法则》，第 43 页。

系世界之侧，存在随机性世界；① 在时间不可逆性的常规之外，存在时间的可逆性。② 于是，"人类正处于一个转折点，正处于一种新理性的开端。在这种新理性中，科学不再等同于确定性，概率不再等同于无知"③。本章无意详细阐述复杂的科学原理，我们仅从"随机""巧合""混沌"④ 这些科学名词的表面含义上，似乎就足以感受到事物的"无常"特性。

当然，晚近的自然科学成果并没有证明 19 世纪前的自然科学原理全都错误，而是证明了那个时期的科学范式存在局限性，不应普遍适用于一切领域，更不应简单地套用到社会领域。一方面，我们承认，不同的人类文明在社会结构、关系和价值上存在某些共同之处，甚至某些文明可能经历了类似的发展过程。有鉴于此，在比较的基础上，从不同文明的发展经验中提炼出具有共性的理想类型、基本模式或主要范式，并运用这些类型、模式或范式去理解和分析多种多样的文明形态，对于拨开令人眼花缭乱的历史现象，剔除引人误入歧途的纷纭线索，从而把握不同文明发展的内在规律，无疑具有重要的意义。另一方面，晚近自然科学的成果提示并告诫我们，不应继续奉行社会达尔文主义，忽略历史演进的不确定性；不应刻意寻找不同社会的共同性，忽视不同社会的差异性。我们应认识到，西欧所经历的历史发展阶段，所显示出的螺旋式上升路径，以及所出现的"从身份到契约"的进步，都具有独特性和偶然性。换言之，西方的发展模式是各种要素相互作用的结果，这些要素包括古希腊哲学、古罗马法律、基督教

---

① 普利高津指出："非平衡热力学的结果接近于柏格森和怀特海表达的观点。大自然确实与产生无法预测的新鲜事物相关，'可能'的确实比'实在'更丰富。我们的宇宙遵循一条包含逐次分岔的路径，其他的宇宙可能遵循别的路径。值得庆幸的是，我们遵循的这条路径产生了生命、文化和艺术。"见伊利亚·普利高津：《确定性的终结——时间、混沌与新自然法则》，第 57 页。
② 伊利亚·普利高津：《确定性的终结——时间、混沌与新自然法则》，第 14 页。
③ 同上书，引言，第 5 页。
④ 对于这些问题已有诸多专门研究，其中特别值得提及的是澳大利亚学者德·沃克对诸如巧合、同步性（synchronicity）等有关问题对法治的影响进行了具体探讨。详见 G. de Q. Walker, *The Rule of Law: Foundation of Constitutional Democracy*, Melbourne University Press, 1988, pp. 47-92。

文化以及日耳曼人的习惯等。其他文明不具备这些要素以及这些要素的相互作用，因而其历史演进不可能依循西方历史的路径。实际上，我们应该用"发展"概念取代"进步"概念，而社会发展并不意味着进步，仅仅意味着社会不断分化以及分化所导致的社会复杂化，即社会结构、关系和价值的复杂性不断增加。不同文明在应对这种不断增加的复杂性时，则往往会采用不同的方式，而路径的选择又往往具有一定的偶然性。

在古代印度，随着社会的分化，法律也不断变化，而变化的方向并不确定。例如，在"吠陀时代"，有证据表明雅利安人曾经施行人祭，即把活人献祭给神。[①]《梨俱吠陀》的《原人歌》中的诗句就是证明："围坛木条，彼有七根，七根三重，合成一束；诸天神明，举行祭祀，捆绑原人，奉作牺牲。"[②] 但印度人后来改变了这种做法。又例如，在《摩奴法论》中，长子在遗产继承中具有特权份，但在后来，这种长子特权份被取消，施行诸子平分遗产的做法。继承原来同延续家庭祭火密切不可分，具有宗教意义。然而，后来在孟加拉以外的印度各地，适用的继承规则是儿子出生时就基于血缘关系而对家产享有继承权。还比如，在早期印度，联合家庭的财产尤其是不动产，实行严格的共有制，任何人不得出售土地。后来，土地出售的现象出现了。所有这些变化，如果按照梅因的"进步"标准，都可视为明显的进步。

然而，传统印度法也出现了某些退步。在"吠陀时代"，人们成年后才结婚，但到了后来，童婚却成为流行的做法，并得到法论的确认。在"吠陀时代"，寡妇可以再嫁，但《摩奴法论》则要求寡妇不应再嫁，甚至出现了寡妇殉葬的习俗。《摩奴法论》反对买卖婚姻，倡导新郎应向新娘赠礼，但后来流行的习惯法却是女方家庭为了竞嫁高种姓的男子而提供巨额嫁妆。巨额嫁妆成为许多家庭难以承受的负担，因而导致了杀害女婴的陋俗。

[①] 参见 D. D. 高善必：《印度古代文化与文明史纲》，第 98 页。
[②] 参见巫白慧译解：《〈梨俱吠陀〉神曲选》，第 256 页。

还有，食用牛肉曾是"吠陀时代"前期雅利安人的习惯，但梵书开始禁止食用牛肉，后来杀牛还构成严重的犯罪。按照早期法律，婆罗门理想的职业是担任祭司、教师以及国王的法律顾问，而不得从事低级种姓的职业，如农业、商业或牧业等。但许多婆罗门找不到理想的职业，为了谋生不得不从事低种姓的职业。对此，《摩奴法论》也不得不妥协，认为婆罗门也可以从事刹帝利的职业和吠舍的某些职业。①《摩奴法论》中倡导一夫一妻制，但有些地方却流行一夫多妻制或一妻多夫制。这些规则的变化，背后各有复杂原因，我们很难认定这些变化是进步还是退步。

其次，"亚细亚"主要是指亚洲地区，"特别是从撒哈拉经过阿拉伯、波斯、印度和鞑靼区直至最高的亚洲高原的一片广大的沙漠地带"。② 这个广大地区包括不同的文明。这些文明具有不同的历史、种族、宗教、语言和风俗习惯；仅宗教就包括影响广泛的犹太教、印度教、佛教和伊斯兰教。因此，试图把这些文明统统归于"亚细亚生产方式"，并仅从生产方式出发来推导它们之间政治、社会和法律的共同性，显然过于简单。以一个简单的概念通约极其复杂的事实，必然会带来削足适履的后果。实际上，古代印度的经济、政治和法律具有独特性，并不能代表"亚细亚生产方式"。反过来说，我们也不应把"亚细亚生产方式"所包括的几个特征机械地适用于古代印度。例如，在古代印度大多数历史时期，政治权力都比较分散，王权较弱；在前6世纪印度"列国时代"的十六国中，有君主制国家，也有共和制国家，③ 因而不应把印度简单归入"东方专制"类型。另外，古代印度没有出现私有制的观点也不符合事实。

最后，关于印度是否经历封建社会的争论，无论是持肯定、部分肯定或否定的观点，都表明这些论者仍然以西方的中世纪社会作为参照系。实际上，作为封建社会研究专家的布洛赫和冈绍夫都认为典型

---

① 参见《摩奴法论》，10：81—94。
② 参见《马克思恩格斯全集》第9卷，第145页。
③ 参见崔连仲：《从佛陀到阿育王》，辽宁大学出版社1991年版，第27—54页。

的封建社会也仅仅出现在特定时间的特定空间内，而不是遍布于整个中世纪欧洲。这就是说，封建社会在中世纪的欧洲也不是普遍模式。我们如果运用这种特殊的模式来解释印度和其他社会的历史，就会不遗余力地搜集材料，苦心孤诣地证明古代印度经历了封建社会，或出现了封建因素。马克思针对科瓦列夫斯基的做法，即把印度的采邑制、公职承包制和荫庇制简单归入西欧意义的封建制，曾经提出过批评，认为他除了错误地把"公职承包制"归于封建制，还"忘记了农奴制""并不存在于印度"，而农奴制乃是封建制的"一个基本因素"。① 马克思认为，中世纪西欧的封建制是一个诸要素构成的系统，因而仅仅具有采邑制或荫庇制等因素，并不能构成封建制。换言之，其他文明中虽然存在一些类似西欧封建制的要素，但这些要素脱离封建制的整体结构和环境，并不应以"封建"来定性，而应根据其所在社会的整体结构和综合因素来确定其性质。古代印度虽然具有一些貌似西欧封建制的因素，但是，古代印度国王对婆罗门赠赐土地或出于军事目地对下属授予封地，仍然带有个别性和随意性，而不是一种整体且有规律的制度安排。国王对婆罗门赠赐土地，仍然是一种具有宗教布施性质的赏赐行为，而不具有西欧封地中所包含的契约性质。同时，与西欧封地相比，古代印度的封地较少出于军事目的，规模也较小。还有，古代印度也没有形成西欧封建制中那种遍布各地的封建庄园和内嵌于庄园的农奴制。在古代印度的土地关系中，国王赠赐的土地和授予的封地，即便在高峰时期也不占据主导地位。相比之下，村社中联合家庭共有制的土地关系始终占据主导地位。总之，印度历史上并不存在作为一种独立社会形态的封建制社会。

我们不应运用西欧的封建概念分析古代印度的社会和法律，但上文提及的一些学者的论述仍然具有某些积极意义。他们在印度历史中寻找到的"封建"因素，可以例证古代印度社会和法律发生了重要变化。当然，古代印度社会和法律的变化，始终依循自己独特的路径。

---

① 参见《马克思恩格斯全集》第45卷，第283—284页。

综上所述，包括宗教法在内的传统印度法并非停滞不变，而是处在变化过程中。这种变化体现在以下三个方面。其一，印度教自身发生了变化，这种变化带动了印度教法的变化。其二，印度教法在发展中吸收了大量世俗法律规则，有的法论（如《那罗陀法论》）虽然属于印度教的圣传经，但主要内容却是具有世俗法特征的法律规则。其三，传统印度法除了印度教法，还包括国王颁布的王令和习惯法，属于世俗法的王令和习惯法始终处在发展变化中。相对于宗教法，世俗法变化更容易；相对于宗教法经典文本，通过对这些文本做解释更容易实现法律的变化。

第五章　达摩治国
——阿育王与印度佛教法文化

孔雀王朝是古代印度首个统一的中央集权帝国，在印度史中占有重要地位。阿育王是孔雀王朝的第三位君主。他在政治和法律方面的功绩被广为传颂，是印度史上最伟大的帝王之一。通过阿育王的努力，孔雀王朝不仅成为当时南亚次大陆最强大的国家，而且将佛教法文化传播到整个印度，乃至亚洲诸国。

本章拟从孔雀王朝时期阿育王石刻中的"达摩"观入手，分析阿育王治国方略中的佛教法文化成分及其在后世引起的学术争议，反思达摩治国的成败得失，并指出这一方略对印度现代法治的影响。

一、阿育王石刻中的"达摩"

印度佛教的创始人释迦牟尼去世约一个半世纪后，在佛教产生和传播的恒河流域，以摩揭陀国为中心孕育并形成了一个新帝国。这个帝国的创立者旃陀罗笈多虽出身微贱，却利用亚历山大东征之后西北印度的乱局和北印度难陀王朝的衰落，在婆罗门憍底利耶的辅佐下，于前324年即位，建立了孔雀王朝。[①] 经过两代君主的征服，到了前273年阿育王即位时，孔雀王朝已成为疆域几乎囊括整个南亚次大陆的大帝国。

至前232年去世之前，阿育王的统治长达四十一年，其间孔雀王朝的治国方略曾发生一次重大变化。在执政第八年发生的羯陵伽战争之

---

① 赫尔曼·库尔克、迪特玛尔·罗特蒙特：《印度史》，王立新、周红江译，中国青年出版社2008年版，第74页。

后，他改变了过去两代君主奉行的现实主义方略[①]，转而借鉴佛教作为新型统治意识形态，并利用佛教法文化中的"达摩"思想，形成了独具特色的"达摩政治"观，[②] 以至于英国历史学家史密斯（Vincent Smith）将阿育王称为"印度的佛教帝王"。[③]

传统佛教文献一般赋予阿育王以转轮王（Cakravartin）形象，在帝国统治与佛教教理之间建立和谐一致的关系。自史密斯之后，这种观点也为诸多历史研究者接受。[④] 但同时也有为数不少的孔雀王朝研究专家如巴沙姆指出，阿育王所弘扬的"达摩"并非佛法。[⑤] 我国学者葛维钧也认为，阿育王法与佛法不应混同，这缘于阿育王"对佛教的态度是信仰和利用参半"。[⑥] 这一理论争议揭开了阿育王与佛教关系的复杂面相，值得深究。问题的关键在于，在孔雀王朝时期，佛教作为一种以"出世"为旨趣的宗教，如何能与"入世"的政治、法律结合，并形成影响深远的政教传统？对这一问题的解答，既需要我们从制度史角度结合史料加以考辨，也需要从思想史高度深入探寻阿育王治国思想的精神旨趣。

从史料来看，今天留下的关于阿育王的历史记载并不丰富，能够为史家所参考者大概有三类。第一类是在南、北传佛教文献中保存的

[①] 这种政治现实主义特别体现在憍底利耶的《利论》中，该著作被视为"印度的马基雅维里主义"，参见崔连仲：《从佛陀到阿育王》，辽宁大学出版社1991年版，第250—275页。反对意见参见 Stuart Gray, "Reexamining Kautilya and Machiavelli: Flexibility and the Problem of Legitimacy in Brahmanical and Secular Realism", *Political Theory*, vol. 42, no. 6 (2014), pp. 635-657; Deepshikha Shahi, "'Arthashastra' beyond Realpolitik: The 'Eclectic' Face of Kautilya", *Economic and Political Weekly*, vol. 49, no. 41 (2014), pp. 68-74; Narasingha Prosad Sil, "Political Morality vs. Political Necessity: Kautilya and Machiavelli Revisited", *Journal of Asian History*, vol. 19, no. 2 (1985), pp. 101-142。

[②] 崔连仲：《从佛陀到阿育王》，第320页。

[③] 参见文森特·亚瑟·史密斯：《阿育王：一部孔雀王国史》，高迎慧译，华文出版社2019年版，该书的英文标题直译即为"阿育王：印度的佛教帝王"。

[④] 参见平川彰：《印度佛教史》，庄昆木译，北京联合出版公司2018年版，第74页；查尔斯·埃liot：《印度教与佛教史纲》第1卷，李荣熙译，商务印书馆1982年版，第375页；渥德尔：《印度佛教史》上，王世安译，贵州大学出版社2013年版，第250页。

[⑤] A. L. Basham, "Asoka and Buddhism: A Reexamination", *Journal of the International Association of Buddhist Studies*, vol. 5, no. 1 (1982), pp. 131-143.

[⑥] 葛维钧：《阿育王法与佛教的法不应混同》，《南亚研究》1988年第4期，第54—65页。

阿育王传说，这构成了佛教史学者进行阿育王研究的主要文献①；第二类是一些间接文献中对阿育王故事的记述，包括古印度耆那教文献和希腊文献中对孔雀王朝王族身世的记载，以及我国古代旅印僧人玄奘与法显对孔雀王朝历史遗迹的记述。此外比较重要的还有传说由旃陀罗笈多在位时的国师憍底利耶所著的《利论》，该书间接体现了当时国家治理的诸多细节。最后一类文献是19世纪由英国人挖掘，1837年由英国学者普林塞普（J. Prinsep）破译的阿育王石刻，这构成了我们了解阿育王治国方略的直接材料。史密斯认为，这些石刻的主体除了记载事件的洞穴碑文之外，是阿育王统治时期颁布的"法敕"，类似于古罗马帝国时代皇帝的敕令。但从石刻内容和行文风格来看，它或许并非法令本身，而是转述法令的文稿，是面对官员和百姓进行的法令宣讲。这使石刻的法律性质不同于古罗马的《十二表法》，后者是直接的成文法，前者则类似于对当时法令的转述和记录。但无论如何，阿育王石刻可谓印度现存较古老且较可靠的成文法记录。

与法经和法论等经典文献一样，阿育王石刻的中心词汇也是"达摩"。众所周知，"达摩"是传统印度法的中心词汇，它扎根印度法的解释传统，随时代发展被不断赋予新意，阿育王石刻中的"达摩"可谓这个解释家族中分出的"新枝"。但从石刻的整体内容来看，阿育王试图创造一种新型的"达摩"，其政治意味甚浓，与其他宗教法意义上的达摩观形成鲜明对比。

第一，阿育王试图建立一种达摩治国观。首先，这种达摩治国并非以对神的崇拜为中心，而以对达摩的崇拜为中心。在最早出现的《第一小摩崖法敕》中，阿育王谈道，"弘扬达摩可以使民众与神祇相连，这就是弘扬达摩的成果，并非只有尊贵显赫之人才能获此成果，寻常百姓，无论身份如何卑微，只要潜心修行达摩，终会获得快乐"②。

---

① 相关材料参见北传的《阿育王经》《阿育王传》《天譬喻》等传说，以及锡兰所传《大王统史》《岛王统史》《善见律毗婆沙》。
② 《第一小摩崖法敕》，载文森特·亚瑟·史密斯：《阿育王：一部孔雀王国史》，第123页。该书将达摩译为正法，但为保持概念一致，本章引用时均改为达摩。

这与古婆罗门教的"达摩"形成对比。后者主张,达摩源自于创世者梵天。① 阿育王的达摩则意指沟通民众与神祇的真理与法则,但它无具体的创造者。其次,达摩治国具有伦理取向。《第二小摩崖法敕》指出,达摩具有四方面的伦理内涵:孝顺父母;学生应尊重师长,师长宜爱护学生;爱护尊重一切生灵;言必真实。② 这种达摩伦理涵盖了社会生活的四个主要方面——父子关系、师生关系、人与其他生命的关系,以及人与自身的内在关系——并构成了达摩治国的四大原则。复次,达摩治国具有平等性。在《第一小摩崖法敕》中,阿育王要求"无论贫富贵贱,皆当尽力奉行达摩"③,与古婆罗门教的"种姓达摩"形成对照。总体而言,阿育王的达摩治国是以达摩崇拜为中心,以四大伦理原则为核心标准,以平等为核心特征的政治达摩观。

第二,阿育王的达摩治国表现为五方面的具体规定。其一,生命是达摩的终极价值。阿育王认为,保护生命是一切政治、法律的根本宗旨,也是达摩的核心价值。凡与生命的价值相对立的政治行为,都违反达摩。例如,在人类社会关系中,战争是残害生灵的主要祸害,也是君主应竭力避免的灾难。他提出"战鼓的回响转化成达摩的回响"④,"达摩的征服是最重要的征服"⑤,希望后世君主放弃武力征服行径,奉行和平主义政策。阿育王主张,生命形式多样,不仅包括人类,还包括其他所有生灵。因此,法律理应保护众生。针对古婆罗门教的"祭法",《第一摩崖法敕》规定"不得为祭祀屠杀生灵,不得举行欢宴活动",并且规定"每日只可为制作咖喱宰杀三只动物,即两只孔雀和一只羚羊——也可将羚羊换成其他动物。日后当取缔所有宰杀生灵之事"⑥。时隔近十年后,在《第五石柱法敕》中,阿育王进一步

---

① 高鸿钧:《传统印度法的多元特征》,《清华法学》2020 年第 1 期,第 9 页。
② 《第二小摩崖法敕》,载文森特·亚瑟·史密斯:《阿育王:一部孔雀王国史》,第 124 页。
③ 《第一小摩崖法敕》,同上书,第 123 页。
④ 《第四摩崖法敕》,同上书,第 139 页。
⑤ 《第十三摩崖法敕》,同上书,第 158 页。
⑥ 《第一摩崖法敕》,同上书,第 133 页。

对戒杀的动物种类、形式和时间做出了翔实规定。① 不仅如此,他还在人类历史上首次确立了动物保护制度。据《第二摩崖法敕》记载,他在国土周边地区建立两类医疗设施,一类医治人,一类医治牲畜,要求地方官员引进并栽培医治人畜的短缺草药和各种国内缺少的树苗、花苗,在路旁掘井、植树,以供人畜享用。② 其二,在人际关系层面,人伦是达摩的主要着眼点。阿育王认为,"达摩乃至善"③,具体的至善之事应包括孝顺父母、善待友人、熟人、亲人、婆罗门教徒和苦行者,戒杀生灵与勤俭节约。④《第二石柱法敕》谈到,在虔诚、善行、怜悯、心胸宽广、坦诚和纯洁之事中包含着达摩;⑤ 而野蛮、粗鲁、愤怒、傲慢和嫉妒则导致不虔诚,违反达摩。⑥ 由此看来,阿育王的达摩包含着两个维度:一个维度是个体自省,使人通过内在反思达到虔敬状态;另一个维度则主张调节人际关系,善待他人。在《第七石柱法敕》中,阿育王提出,"当人们随着达摩成长时,那一定是凭借两种方法实现的,即践行并反思达摩。当然,两者中,达摩法则只占一小部分,反思达摩更加重要"⑦。其三,宽容是达摩的宗教主张。与婆罗门教及佛教对异端的排斥不同,阿育王主张宗教宽容。他认识到,"每个人所追求与热爱的不尽相同"⑧,但在不同信仰背后,却有一些共同特征,包括控制感官、心地纯洁、感恩与向善。因此,达摩禁止宗教战争和教派对立,力主宗教宽容。在《第七摩崖法敕》中,阿育王允许各教派信徒随意选择居住地点,让各种宗教自由发展。⑨ 在《第十二摩崖法敕》中,阿育王也表示更看重各宗派"在本质上的成长",告诫信众不

---

① 《第五石柱法敕》,同上书,第 174—175 页。
② 《第二摩崖法敕》,同上书,第 135 页。
③ 《第二石柱法敕》,同上书,第 170 页。
④ 《第三摩崖法敕》,同上书,第 137 页。
⑤ 《第二石柱法敕》,同上书,第 170 页。
⑥ 《第三石柱法敕》,同上书,第 172 页。
⑦ 《第七石柱法敕》,同上书,第 180 页。
⑧ 《第七摩崖法敕》,同上书,第 147 页。
⑨ 同上。

可妄自尊大、只推崇己方教派，或无端诋毁其他宗派。① 在《第六石柱法敕》中，阿育王说："我同样重视所有的团体，因为我予以所有宗派尊重。然而，我最看重的是个人坚守自己的信条。"② 由此可见，阿育王希望借助达摩来尽可能团结帝国中的各个群体，使之为国家服务。

其四，达摩官（dharmamahāmātra）是达摩的制度基础。根据《第五摩崖法敕》的记载，阿育王在继位第十三年时设立了达摩官来负责落实达摩。这种达摩官肩负重任，履行四个方面的职责：（1）在所有非佛教教派中建立达摩、弘扬达摩；（2）帮助下属部门在不太服从管教的边境地区推行达摩，这些地区的居民包括耶婆那人、甘蒲阇人、犍陀罗人、拉什特里卡斯人、皮西迪亚人和西部边境地区的民众；（3）用达摩帮助主与仆、婆罗门教徒与富有之人、无助之人与年迈之人摆脱世俗纷扰，并使其践行达摩；（4）可根据犯人的违法动机可矜、生子、受人教唆或年事已高等原因，更改犯人的监禁或死刑处罚，予以减刑或释放。这些达摩官的管辖之地十分广泛，包括首都华氏城和所有城邦城镇，甚至包括王宫内院国王女性亲属的居所。③ 这种达摩官兼具行政、司法与监察职能。一方面，达摩官负责大量宗教行政事务。据《第七石柱法敕》的列举，这些事务包括苦行者和普通户主之事务，也包括各个宗派，如僧伽、婆罗门和耆那教徒之事务。④ 另一方面，达摩官承担一定司法职能，特别是刑事司法职能，他可以根据犯罪动机更改犯人的特定刑罚。最后，达摩官具有广泛的监察职能。这种监察不仅覆盖边境地区的下属部门，而且深入社会基层，乃至将王宫内院也纳入监察范围。据《第十二摩崖法敕》记载，达摩官不仅由男性担任，而且也可以由女性担任。达摩官既是宗教事务长官，又是法官和监察官，可谓凌驾于一般行政与司法体制之上的超级部门。借助这一新创设的官职，阿育王在一般行政体系之外铺设了一条进行全国性政治控

---

① 《第十二摩崖法敕》，同上书，第 154 页。
② 《第六石柱法敕》，同上书，第 177 页。
③ 《第五摩崖法敕》，同上书，第 141—142 页。
④ 也参见《第七石柱法敕》，同上书，第 179 页。

制的轨道，反映出阿育王时期王权的扩张倾向。其五，君主是推动达摩治国的原动力。阿育王在达摩治国方略中的地位突出，是国家的中心和首要推动者。阿育王意识到，达摩的推行不仅依赖官员的忠诚和民众的配合，君主的勤勉也不可或缺。在《第六摩崖法敕》中，他要求官员及时禀告国事，而不论自己身处何地。同时也告诫自己必须为所有人谋幸福，投入更多精力去处理事务。他说："无论我付出多少，都是为了偿还万物之债，以使一些人开心，并得到来世的极乐。"① 这反映出在阿育王统治时期，君主集权日益突出。

第三，君主为统一思想而介入佛教内部纷争。在原始佛教时期，僧伽是具有自治色彩的宗教组织，君主对僧团事务的干预并不常见。到了阿育王时代，君主却有了强烈的动机去参与僧伽事务，佛教的内部纷争也为此提供了历史契机。在以《鹿野苑小石柱法敕》为代表的四个小石柱法敕中，我们得以管窥阿育王介入僧伽事务的方式。首先，阿育王规定，任何人不得分裂僧伽；其次，那些违反佛法、误导僧伽的人，不论僧尼，都要被剥去黄袍，身披白袍发往他处；复次，由国王任命的高级官员（可能是达摩官）依照王令驱逐僧伽中的分裂分子；最后，国王禁止僧伽分裂的法令要公开张贴，并要求居士必须在每个斋戒日熟悉该法令。这一法敕有很深的历史背景。由于佛教没有中央教会，采取的组织形式是以托钵僧为成员的游行宗教集团。佛灭后第一百年举行的第二次结集时，僧伽分裂为以长老为主导的上座部与以一般僧侣为主导的大众部。在阿育王统治时期，佛教内部分裂愈演愈烈；而阿育王提升佛教的政治地位导致佛教获得大量供养，使加入僧伽成为有利可图之事，致使僧徒混杂，激起纷争。从《鹿野苑小石柱法敕》《憍赏弥小石柱法敕》和《桑吉小石柱法敕》来看，国家动用法律手段帮助僧伽完成了"灭净"活动。

通过以上三方面的分析，我们不难发现，阿育王的达摩治国具有极为鲜明的政治性和伦理性，使其既不同于传统婆罗门教的"祭法"，

---

① 《第六摩崖法敕》，同上书，第145页。

也不同于佛教的"佛法",而是一种"王法",它具有宗教之法所不具备的诸多特性,因此印度学者塔帕尔认为,"达摩是阿育王自己的发明"。① 但这并不等于说阿育王的达摩与作为宗教之法的佛教达摩毫无关联,相反,它们彼此之间呈现出异常复杂的参照关系。佛教法文化中的达摩构成了阿育王发明达摩治国的重要思想来源。

二、达摩治国的思想来源

通过对阿育王石刻的分析,我们发现,阿育王打造了一种全新的达摩治国观,并将其用于政治、法律实践。但阿育王的"达摩"绝非凭空臆造,它与孔雀王朝时期的社会生活与文化传统保持着密切联系。一些重要的文化成分被吸收进入阿育王的达摩思想之中,形成了新的综合体,其中以佛教法为代表的宗教法文化和孔雀王朝前两代君主留下的政治、法律经验构成了其中的重要成分。佛教法文化构成了达摩治国的伦理面相,而两代君主留下的政治经验构成了其政治面相,达摩治国是伦理与政治两个面相的结合体。

(一)达摩治国对佛教法文化的吸收

不论阿育王石刻还是传统佛教文献都表明,阿育王是一位虔诚的佛教徒。而且,北传佛教经典所流传的《阿育王经》与《阿育王传》将阿育王奉为佛教文化史上"转轮王"的典范,南传佛教的《大王统史》与《岛王统史》也将阿育王视为传播佛教的功臣。从阿育王石刻所颁布的法敕内容来看,其中有不少内容与佛法的精神相符合,但这种符合仅止于伦理部分,而非政治部分。

首先,阿育王的达摩治国与佛教的"达摩"部分相符。与阿育王的达摩治国相同,佛教也主张以法的崇拜取代神的崇拜。佛教认为,

---

① Romila Thapar, *Asoka and the Decline of the Mauryas*, Oxford University Press, 2012, p. 189.

神仅仅是受到法的规律决定的生命形式。法主宰着神,而非神主宰法。通过对古婆罗门教中"达摩"概念的转借与改造,并将其提升至核心位置①,原始佛教创造了一种与古婆罗门教不同的新型宗教。在原始佛教中,达摩拥有三种含义:其一,达摩是指存在的真理;其二,达摩是指对真理所形成的正确认识;其三,达摩是指依照正确认识安排生活所形成的行事准则。这种准则既包括在家俗众的行事准则,也包括出家僧侣所应服从的僧伽戒律。"达摩"第一义是本体论的,第二义关乎认识论,第三义则属于伦理与法律。从本体论来看,佛教认为世界并非神创,永恒变化,背后无始因和第一推动力,是因缘关系形成的存在之网。这与古婆罗门教以及后来的奥义书中的"梵我合一"思想②尖锐对立,此即"诸行无常"③。从认识论的层面来看,"诸行无常"的洞见必得出反对灵魂不灭的结论,④ 因为人也是各种成分因缘和合而成,受制于"缘起"的规律,这就是"诸法无我"。而在本体论和认识论的基础上,佛教提出"八正道"⑤ 的修行方法,"涅槃寂静"的修行目标,以及与之相匹配的以"五戒"和"十善"⑥ 为基本要求的行为准则,这是一个佛教信徒行为的基本要求,也是出家僧侣戒律⑦的基础。佛教的达摩三义相互配合、紧密关联,构成了佛教法文化的核心内容。总体而言,佛教始终以达摩为中心,围绕达摩展开。这种"依法不依人"的态度在阿育王的达摩治国中得到集中体现。但值得关注的是,阿育王的达摩所崇奉的那种法,似乎仅止于佛教达摩三义中的第三义,而不涉及本体论和认识论两个方面。因此,阿育王的达摩并未建立在佛教的本体论和认识论基础上,而选取的是行为准则的部分。

---

① Patrick Olivelle, "The Semantic History of Dharma: The Middle and Late Vedic Periods", *Journal of Indian Philosophy*, vol. 32, no. 5/6 (2004), p. 504.
② 巫白慧:《奥义书哲学和佛教》,载巫白慧:《吠陀经和奥义书》,中国社会科学出版社2014年版,第355页。
③ 《长部》,段晴等译,中西书局2012年版,第267页。
④ 佛教对灵魂问题的讨论,参见《阇利耶经》,同上书,第110—111页。
⑤ 《大念住经》,同上书,第361—362页。
⑥ 佛教的"五戒"为戒杀、戒盗、戒淫、戒妄、戒酒,"十善"则为不杀生、不偷盗、不淫欲、不妄语、不两舌、不恶口、不绮语、不贪欲、不嗔恚、不愚痴。
⑦ 平川彰:《印度佛教史》,第44页。

其次，达摩治国的伦理原则和制度安排与佛教"达摩"部分相符。阿育王的达摩治国提出四大伦理原则和相应制度。这四个原则符合佛教达摩。佛教中亦不乏对信众孝敬父母、尊师重道的教诲，在"五戒"与"十善"中也对人们的妄语、恶口、两舌、绮语等问题做出禁止性规定，更有不杀生的规则。这些规则不因种姓、身份、财富和性别而变化，平等适用于所有人。但阿育王的达摩治国仅涉及佛教达摩中的部分内容。佛教"五戒""十善"对人"言语真实"的要求更加细致，而阿育王法敕仅做了简要规定；"五戒""十善"有明确的关于禁止盗窃、邪淫和饮酒的规定，法敕中却并未涉及。佛教达摩对出家僧侣所应服从的戒律有系统规定，而阿育王石刻除小石柱法敕外，对此几乎全未涉及，其主要适用对象是普通民众。佛教达摩力倡"八正道"的修行方法，阿育王达摩治国则更强调其中正语、正业和正命三个部分，对其他五部分并不强调。由此看来，阿育王仅仅吸收了佛教达摩的部分规则，着眼于对外在行为的约束，而非将佛教达摩全盘引入，变为王法。他更注重佛教能为己所用的内容，选取的是官僚体系能够推行的部分，而且这些部分往往并非佛教所独有。例如，古婆罗门教和耆那教也有不杀生的戒律，耆那教中甚至有更严格的要求。[①] 达摩治国对"众生平等"的强调也非佛教独有，耆那教也有类似主张。因此，我们很难说，这些伦理内容单独取材自佛教，更可能是阿育王选取诸多宗教和教派中有共性的部分。

复次，阿育王介入僧团纷争加强了与佛教的联系。史密斯认为，"为铲除分裂行为，并在僧侣和僧尼中维护团体的统一，阿育王自封为僧伽首领"[②]。塔帕尔反对这一观点，认为阿育王崇信佛教是个人行为，

---

① 《摩奴法论》宣称"谁杀无害的生灵以求自己的安乐，谁在生前死后都绝不会得安乐"，参见《摩奴法论》，蒋忠新译，中国社会科学出版社2007年版，5：45。耆那教的"达摩"观也包含"五戒"，分别为不杀生、不欺诳、不偷盗、不奸淫、不蓄私财，参见Olle Qvarnstron, "Dharma in Jainism—A Preliminary Survey", *Journal of Indian Philosophy*, vol. 32 (2004), p. 601。

② 文森特·亚瑟·史密斯：《阿育王：一部孔雀王国史》，第184页。

而非树立国教。① 巴沙姆也指出,"阿育王无疑是一位佛教徒,而且他所阐明的达摩意识形态受到佛教启发。但将佛教与阿育王的达摩完全等同,且认为阿育王将佛教宣传为国教,便过度解读了法敕,偏离了君主意图"②。笔者认为,应从达摩治国的特质出发,分析阿育王看待政治与宗教的关系。其一,达摩治国是一种政治方略,而非宗教信仰,因此阿育王介入宗教纷争的考虑具有政治性而非宗教性。他试图通过赋予达摩以政治涵义来统一思想,化解分歧,以服务于国家整合目标。从法敕关于宗教宽容的内容来看,阿育王无意将佛教奉为国教,也并不试图建立政教合一体制,达摩治国的四大伦理原则并非佛教独有,不具有明显宗教偏向。其二,阿育王并非以僧团首领身份介入僧团纷争。依据佛教戒律,如阿育王是僧团首领,则须受具足戒出家,而在法敕中没有发现阿育王满足这个条件的历史记载。其三,阿育王对佛教和戒律的理解,仅停留在一般居士层次。慕克吉(R. Mookerji)认为,阿育王是佛教居士、在家信徒,至多是预备僧侣而非宗教领袖。③

最后,达摩治国激活了佛教的"转轮王"理想。北传佛教的《阿育王经》和《阿育王传》将阿育王视为理想君主"转轮王"的典范。据孙英刚研究,"转轮王"观念早在佛教诞生之前,便在古代南亚、中亚和中东地区以"众王之王"和"统一君主"的形式出现,指征服四方的军事领袖。但佛教转化了"转轮王"观念,将作为武力征服象征的"战轮"变成了"法轮"(Dharmacakra),"转轮王"则变成了维护、支持和传播佛教,并能推行佛教"达摩"的君主。佛教的转轮王具有五个核心特征。第一,转轮王维护佛教的达摩。转轮王并非法的创造者,而是法的维护者,是护法的君主。第二,转轮王支持佛教的达摩。这种支持包括动用权威扶持佛教,以"财施"方式供养佛教僧团,传

---

① Romila Thapar, "Asoka and Buddhism", *Past & Present*, no. 18, 1960, pp. 43–51.
② A. L. Basham (ed.), *A Cultural History of India*, Oxford University Press, 1975, p. 42.
③ 类似的观点参见 Romila Thapar, *Asoka and the Decline of the Mauryas*, p. 187。慕克吉认为,阿育王的身份介于居士与比丘之间,并未受具足戒,详见 Radhakumud Mookerji, *Asoka*, McMillan and Co., 1928, p. 23.

播佛教达摩。第三，法轮王负有达摩治国义务，包括确保国家和平安乐，照顾鳏寡孤独废疾者，供养苦行者和修道者，关怀妇女和儿童，保护生灵。第四，转轮王的命运受达摩决定。即使贵为君主，也无法摆脱业报轮回的规律，不因为身份地位尊贵而享有特权。君主与平民完全平等。第五，佛教寄希望于依靠达摩驯化君王，使其远离暴力，和平治理国家。在阿育王之前的原始佛教经典中，虽有关于转轮王形象的描述，但在现实政治中，符合这种理想形象的君主极少。直到阿育王出现，佛教才有意识地将阿育王形象与转轮王理想衔接。历史实相或许并非阿育王依照转轮王的理想标准来治国，而是阿育王利用了佛教思想中的乌托邦主义。

阿育王为什么选取佛教法文化来创造达摩治国？有两点原因值得重视。

第一，阿育王的身世。据《阿育王传》记载，阿育王是摩揭陀国王室后裔。[①] 但南传《大史》的记载却揭示出，孔雀王朝君主出身并不高贵。其祖父旃陀罗笈多姓"孔雀"，此或为某氏族最初（雅利安之前）的图腾。有些记载说，旃陀罗笈多是牧民之子，也有材料说他的母亲来自难陀王朝的皇宫。[②] 相对比较可能的情况是，孔雀王朝王室并非出身刹帝利，甚至并非典型的雅利安种姓。[③] 这使孔雀王朝的君主难以获得充足的统治正当性。因此旃陀罗笈多晚年笃信耆那教，甚至放弃王位从事苦修，将自己活活饿死；其子频头娑罗也曾是耆那教和命定派（Ājīvika）的信徒。阿育王早期信奉耆那教和命定派，[④] 后来选择崇奉佛教，都是寻找新的统治正当性的举措。

第二，阿育王希望稳固帝国，"将诸多归属于彼此分歧群体的小政

[①] 详见《阿育王传》，安法钦译，载中华大藏经编辑局编：《中华大藏经（汉文部分）》第52册，中华书局1992年版，第57页。

[②] 斯坦利·沃尔波特：《细数恒河沙：印度通史》，李建欣、张锦冬译，东方出版中心2019年版，第59页。

[③] 参见 S. S. Gupta, *Ashoka: The Great and Compassionate King*, Penguin Group, 2012, Chapter 2.

[④] 参见 Edward Thomas, *Jainism: Or the Early Faith of Asoka*, Tubner & Co., 1877.

治单元加以整合,使之至少能够基本和谐一致"①。而佛教主张"中道",具有更大的包容力。这种包容力体现在四个方面。首先,佛教反对耆那教的苦行主义,认为依赖"八正道"即可获得涅槃,这使它能与各种社会阶层的生产生活兼容。其次,佛教虽然反对婆罗门教,但与婆罗门教的对抗并不如预想强烈。佛教保留"业"与"轮回"思想,减缓了对种姓制度的冲击,使佛教不至于从根本上动摇村社的社会基础。同时"众生平等"观又为新兴城市生活与跨种姓合作提供助力。复次,佛教主张"戒杀"与"止战",反对严刑峻法与军国主义政策,能够修复帝国早期军事征服所造成的破坏,成为一种不可或缺的怀柔措施。最后,佛教由流动中的托钵僧组成,适合作为帝国的宣传队,借推广佛教形成怀柔异邦的外交政策。而正是这种政策,一方面使帝国威名远播,另一方面也促成了佛教由区域性宗教向世界性宗教的转变。

(二)达摩治国对现实主义治国术的继承

阿育王的达摩治国通过充分吸收以佛教法文化的伦理成分,为自身统治提供正当性支持,但这种治国方略所不可或缺的还有现实而具体的治国术。而孔雀王朝开国君主的国师憍底利耶所著的《利论》是今天留存于世的另一部反映孔雀王朝真实情况的历史文献。尽管我们并不清楚,在阿育王时代,《利论》是否仍发挥主导作用,但从常理考虑,阿育王不可能抛弃《利论》中所记载的那种治国术实现有效治理。考诸《利论》,我们发现,憍底利耶主要从五个维度对君主治国术进行论述,具有鲜明的现实主义色彩。

第一,王政。与达摩治国的政体形式相同,《利论》也主张君主治国。国家治理的核心是君主,而君主的职责在于,"归属于四种姓与四行期的世人,在国王刑惩的保护下,致力于各自本法与本业,遵循各

---

① Romila Thapar, *Asoka and the Decline of the Mauryas*, p. 183.

自的道路"①，避免社会陷入弱肉强食状态。为了实现社会和谐有序，君主须致力于法、利、欲三者的平衡。在此三者中，法与利都涉及公共事务，欲在二者背后，指向推动和限制公共生活的个体因素。法与利之间，存在五种关系。其一，法与利是并行关系，法指向人的伦理追求，利指向物质追求，二者相互关联。② 其二，法与利有功能差异。法规定种姓和人生义务，利涉及生存发展的治术。其三，法与利关联不同社会角色。法突出婆罗门视角，利强调刹帝利视角，二者相互制约。《摩奴法论》强调利服从于法，刹帝利服从于婆罗门；《利论》主张法服从于利，认为"利恰是首要的，因为法与欲都以利为根基"③。其四，法与利存在内容交叠。法论中指出了国王达摩（rājadharma），《利论》中也有类似内容。④ 其五，法与利分别代表超越与世俗两个面相。法具有超越旨趣，扎根吠陀信仰；利则有世俗面相，强调对凡俗生活的调节。在《利论》中，君主地位得到了极大提升。

第二，官制。如果说吠陀经典所描绘的是一幅村社半自治的风景画，那么《利论》展示的则是一幅王权高居穹顶，行政力量辐射四方的家产官僚制国家蓝图。孔雀王朝的官制分为辅臣和官吏两个部分。辅臣是指围绕君主，为其出谋划策的臣子，包括作为辅臣之首的谋臣（mantrin）和国师（purohita），以及其他辅臣。谋臣的角色近乎宰辅，国师则发挥着王室祭司的作用。《利论》中还列举了从事"治生"事务的各种官吏，它们构成了官僚体制的毛细血管，渗透社会生活的方方面面。到了阿育王时代，帝国官僚体系有了进一步发展。据史密斯研究，在阿育王的统治下，官员分出了高阶官员（mahāmātra）和低阶属吏（yukta 或 upayukta）。中央对地方的管理区分为部落首领的半自治

---

① 憍底利耶：《利论》，朱成明译注，商务印书馆 2020 年版，第 10 页。
② 同上书，第 17 页。
③ 同上。
④ 类似的发现参见 Mark McClish, "The Dependence of Manu's Seven Chapter on Kautilya's Arthasastra", *Journal of the American Oriental Society*, vol. 134, no. 2 (2014), pp. 241-262; Patrick Olivelle, "Manu and the 'Arthaśāstra': A Study in Śastric Intertextuality", *Journal of Indian Philosophy*, vol. 32, no. 2/3 (2004), pp. 281-291.

区、总督辖区和帝国的直辖区三种类型。在地方最高长官总督之下，分别设立管理者（rajjuka）、地区官员（prādeśika）和大量的低阶属吏，形成了等级分明的官僚体系。同时，还设有国王和高官秘书处，供秘书或助理（lekhaka）工作。① 这为帝国的日常行政提供了有力支持。

第三，律法。《利论》同时对民事、刑事方面的法律及司法制度做出勾画。这些内容包括四个方面。其一，法律渊源。《利论》谈到，"讼事有四'足'：法、律则、习俗、王命；每个靠后者都压过每个靠前者"②，其中"足"是支柱或标准之意，即我们常说的法律渊源。在这四种法律渊源中，法即"达摩"，是根据吠陀经典所产生的神圣义务；律是指国家法的司法程序；习俗指的是不同地方的习惯法；王命则指的是国王所颁布的法令。这四种法源各有其效力基础，"在此四者中：法基于真理，律则基于证人；习俗基于人们的（普遍的）看法，王命则是国王的文书"，这四种法律渊源都为王室认可，经筛选和确认后记录于相应司法档案中。③《利论》指出，"在法方面，若（论典上的）教诲和任何王命相互抵牾，那么他应以王命为准，因为，在那上面，（书面的）教说行不通"④。而《摩奴法论》则要求，国王应依据法论和当地习俗中所见到的原理来进行审判，并没有将王命作为独立的法源。⑤ 两相对比，《利论》突出强调国王推动法律发展的能力。其二，王室司法。《利论》指出，法官（dharmastha）属于辅臣级别的官员，由国王通过甄选所任命。他们三个一组，在戍镇、集会、区会和郡会负责审理案件。据《摩奴法论》的描述，法庭中的案件常常由国王亲自审理，在国王无法参加的时候，则委任一名博学的婆罗门审理

---

① 文森特·亚瑟·史密斯：《阿育王：一部孔雀王国史》，第76页。
② 憍底利耶：《利论》，第251页。
③ Patrick Olivelle, "The Four Feet of Legal Procedure and Origins of Jurisprudence in Ancient India", *Journal of the American Oriental Society*, vol. 135, no. 1 (2015), pp. 33-47.
④ 憍底利耶：《利论》，第253页。
⑤ 《摩奴法论》，8：1—2。

案件。婆罗门会与三位陪审官组成法庭，在大厅代表国王审理案件。① 但《摩奴法论》中并没有关于司法组织内部分化的迹象，且国王甄选的法官似并不具有专门性质。而《利论》的相关论述使我们看到了不同级别审判组织的雏形，且法官具有一定的专业性，法庭组成人员并不必须由婆罗门担任。《摩奴法论》列举的18类纠纷②在《利论》中都有所涉及，且设计得更加细致全面。③ 其三，诉讼程序与证据规则。在《利论》中，法庭程序和举证规则都有了相应规则。④ 其四，"拔刺"。所谓拔刺是清除荆棘之意，《摩奴法论》称为"拔除国刺"，比喻处理那些破坏社会秩序，威胁君主统治的行为。为了打击这些活动，孔雀王朝专门设立了特别法庭，以对相应类别的案件进行审理。这一特别法庭由具有辅臣资格的三个裁判官组成⑤，受理案件涉及手工业者、商贾破坏生产和市场秩序方面的犯罪，聚落与城市中所发生的行贿受贿、作伪证，以邪术诱动邪徒，杀人、偷盗、奸淫妇女等破坏生活秩序的犯罪，以及包括法官在内的官员徇私枉法、监守自盗的犯罪。此外，这个特别法庭还专门负责"国王与王权的拔刺"⑥，即处理那些危害国家安全的犯罪行为，这些行为可以通过暗地处刑的方式，包括毒杀、暗杀等来解决，称为"秘惩"⑦。总体而言，孔雀王朝围绕着王权形成了初步的王室法院体系，并针对一般民事案件、一般刑事案件和危害国家安全案件形成了相应的诉讼体制，发展出了较为完善的法律程序和证据规则，且这些制度具有较为明显的世俗化特点，与孔雀王朝王权的崛起有着密切关联。

第四，权术。君主统治除了借助法律之外，权术也是必要手段。

---

① 《摩奴法论》，8：1、9—11。
② 同上书，8：4—7。
③ 参见憍底利耶：《利论》，第245—341页。
④ 同上书，第248—250页。
⑤ 同上书，第342页。
⑥ 同上书，第394页。
⑦ 同上书，第395、396—397页。

首先，国王应通过秘密考验（upadhā）的方式检验辅臣的忠诚。① 其次，国王应选命暗差，对各行各业暗中探查。② 这样，在官僚体系之外，君主发展出"暗网"，以求对国家进行全面控制。复次，国王应根据情况，收买敌国党众。③ 再次，国王在谋议政事时，应与三个或四个谋臣谋议，以求兼听则明，避免为谋臣所辖制。最后，国王应防范妻子和王子。《利论》谈到，"王子们和蟹都有同一特性：吃掉自己的生身者"④；而对于内院妻妾，国王更应严防死守。由此我们可以看出，为维护君主安全，防范各种内外部威胁，君主必须像马基雅维里所描述的那样，是一头狐狸，以便认识陷阱，同时又必须是一头狮子，以便使豺狼惊骇。⑤

第五，外交。《利论》提出，国主、辅臣、聚落、要塞、库财、军队和盟王是构成王国的七个要素。⑥ 在这七个要素中，国主是主导因素，不论内政还是外交，都依赖于国主。国主须考虑影响外交的各种因素，审时度势，做出理性决定。憍底利耶将综合各因素的国际体系称为"曼荼罗"秩序。此处"曼荼罗"是日月之轮、轨、域的意思，比喻体系、秩序、世界，其中本国君主处于中心位置，他国依据远近以及与本国的关系围绕这个中心各有其位置。每个国王都致力于增强能力和成就，寻求削弱甚至毁灭其他国王。为实现强大的目标，国王必须根据情况，选择六种不同的外交政策，分别为和、战、静待、往征、托庇和贰端。憍底利耶说，"此六策中：缔约为和；扰害为战；漠然置之为静待；增拓（力量）为往征；委身于人为托庇；似和实战为贰端"⑦。总体而言，这种以"曼荼罗"秩序为基础的"六策"反映出

---

① 《摩奴法论》，第24—28页。
② 参见憍底利耶：《利论》，第28—39页。也参见《摩奴法论》，7：154。
③ 参见憍底利耶：《利论》，第40—42页。
④ 同上书，第51页。
⑤ 尼科洛·马基雅维里：《君主论》，潘汉典译，商务印书馆1985年版，第84页。
⑥ 憍底利耶：《利论》，第428页。《摩奴法论》称之为"七肢者"，详见《摩奴法论》，9：294。亦见 Kiranjit Kaur, "Kautilya: Saptanga Theory of State", *The Indian Journal of Political Science*, vol. 71, no. 1 (2010), pp. 59-68。
⑦ 憍底利耶：《利论》，第440—441页。也参见《摩奴法论》，7：160。

孔雀王朝处理国际关系的三个核心特征:"曼荼罗"秩序是诸国纷争的国际体系;外交政策所考虑的七个要素,体现出将国内、国际两个方面统筹把握的思想特点;这种外交政策具有现实主义色彩,理想成分淡薄。

(三)伦理与政治的新综合

当我们将《利论》中的君主治国与佛教文献中的转轮王治国相对照,就不难发现二者存在显著差异。如果说,佛典中的治国理想是理想主义、福利主义、合作主义与和平主义的,那么《利论》中的治国方略则是现实主义、功利主义、斗争主义与扩张主义的。佛典中的达摩治国着眼于治道,缺乏治术;《利论》中的君主治国则着眼于治术,对治道强调不足。佛典中的治国方案体现的是佛教伦理;《利论》的方案体现的是婆罗门教伦理。佛典中的治国方案强调达摩"驯化"君主;《利论》则主张王令操控国家。佛典采取的是佛教信徒视角;《利论》则是君王视角。如果说,阿育王作为帝国之君,无法抛弃父辈所留下的国家机器,须在此基础上有所损益,那么,他又如何处理这两种截然不同的治国方案之间的内在冲突呢?

笔者认为,阿育王恰恰是在保留《利论》中所记载的绝大部分政法制度的基础上,完成了伦理与政治的新综合,而这恰恰是阿育王达摩治国的独特之处。这种综合表现在三个方面。

第一,阿育王借助佛教法文化和其他沙门思想提升王权,使王权与官僚体系紧密配合。这种配合表现在法敕突出强调王权至上的理念,将国王置于官僚体系顶端。而佛教伴随印度古代国家而形成,有利于国家发展。英国著名法学家梅因曾在《古代法》中将古罗马法与古印度法的发展历程进行对比,并指出,由于古印度的统治贵族通过宗教而非政治保持垄断优势,宗教色彩浓厚的法律窒息了法律发展。[①] 因此,在法律文明早期,政治力量对宗教势力的突破,往往伴随着平民

---

① 梅因:《古代法》,沈景一译,商务印书馆1959年版,第44页。

力量相对贵族势力的崛起,这成为法律进步的力量之源。但古印度法律发展的轨迹与梅因的论述有所不同。在孔雀王朝时期,恰恰是宗教体系的内部改革为王权崛起和法律发展开辟了道路。佛教通过一系列富有针对性的宗教改革,成功打破了古婆罗门教所维护的教权统治,为古代国家崛起奠定了基础。通观佛教的政治理念,佛教较依赖于刹帝利,力主抬升其地位。例如,在南传大藏经《长部》的《阿摩昼经》中,释迦牟尼便说:"……以女子与女子比较,或者以男子与男子比较,均是刹帝利更优胜而婆罗门低下。"① 在著名的"七不退法"中,释迦牟尼针对摩揭陀国阿阇世王侵略跋耆国的计划,提出治国建议,对世俗政治颇为关注。② 他希望君主能破除婆罗门教的"祭法",打破婆罗门垄断知识与财富的局面,为包括城市商人和大土地所有者为代表的新型阶级打开通道,并最终建立起符合新社会秩序要求,能够"依靠法,尊敬法,崇尚法,以法为旗帜,以法为标志,以法为统帅"③ 的新君主制。而阿育王的达摩治国理念的独创性在于,将佛教法文化与世俗王权的相容性发挥到最大,且与孔雀王朝已有的官僚体系紧密结合。

第二,阿育王借助佛教法文化塑造新伦理,创造具有包容性的统治意识形态。孔雀王朝是印度历史上首个广土众民的大帝国,在它的版图内,既有传统婆罗门教曾处于主导地位的核心地区,也有周边受到各种其他文化影响的地带。因此,在国家治理中,阿育王面临五对亟待处理的复杂关系,分别是城市与乡村、婆罗门与刹帝利、统治者与被统治者、中心与边陲,以及婆罗门教与沙门思想的关系。自前6世纪以来,伴随着以佛教和耆那教为代表的沙门思想勃兴,传统婆罗门教与沙门思想的对立突出,这种思想争锋势必传导至政治生活。如何协调处理正统思想与异端之间的关系,对君主来说绝非是非对错的单选题,而是如何能兼容并包的多选题。而在加工这种新型意识形态

---

① 参见《长部》,第67页。
② 参见《大般涅槃经》,同上书,第220—222页。
③ 通俗翻译参见郭良鋆:《佛陀和原始佛教思想》,中国社会科学出版社2011年版,第181页。

的过程中,佛教法文化发挥了不可或缺但绝非唯一的作用。阿育王达摩治国观的独特之处在于,他有选择性地借取了佛教法文化中的部分内容,使之巧妙地与古婆罗门教和其他沙门思想相互参照,提取其公因式,形成了复杂的综合体。这样,阿育王的达摩就变成了一个总参照系,使自身与各个宗教、集团和地域所理解的"达摩"建立连接,使帝国的不同部分团结在达摩的旗帜下。与此同时,阿育王也通过"立新"实现"破旧"效果。例如,通过破除婆罗门教祭祀中大规模杀生的规定,间接抑制了婆罗门的影响力;通过涉足佛教僧团的纷争,加强了王权对佛教的控制;通过强调达摩的伦理规则并设置达摩官,强化了对官僚体系的掌控和对帝国边陲的有效治理;通过宣示停止战争,既怀柔了边陲,也遏制了军功集团的实力增长。这些都在冠冕堂皇的"达摩"之下暗中进行,起到了平衡、调节国内各种势力的成效,是将伦理与政治实现配合的另一种体现。

第三,阿育王通过佛教法文化缓和现实主义治国术的严酷,形成张弛有度的统治格局。阿育王的达摩治国是对孔雀王朝前期治国方略的调整,这一调整为孔雀王朝的维持和发展奠定了基础。这一方略调整的具体表现有:(1)改变帝国前期以军事征服为主要目标的治国方略,转而采取和平主义措施。(2)改变帝国前期的严刑峻法,转而采取较为宽和的刑罚举措。《羯陵伽第二法敕》中,阿育王专门谈道:"同样,一些人招致监禁和拷问,若他们承受的是没有理由的拷问,就会有很多人为此感到悲痛。这种情况下,你们就要做出公正的审判。"[①](3)改变帝国前期过分强调"利"的治国术,转而强调"法"的主导作用。通过这种方式,阿育王实现了国家由权术治国向达摩治国的重大转变。与权术治国相比,达摩治国具有更坚实的正当性和更持久的稳定性,不仅有利于国家的长治久安,而且有利于限制和约束权力的滥用,显然这是明智的选择。

---

① 《羯陵伽第二法敕》,参见文森特·亚瑟·史密斯:《阿育王:一部孔雀王国史》,第165—166页。

但即便如此，阿育王的达摩治国所实现的伦理与政治的新综合，仍存在着种种问题与缺陷。随着达摩治国深入帝国核心地带，阿育王发现他所需要面对的问题变得更加复杂。阿育王的达摩治国在帝国核心区首先遭到以婆罗门教为代表的正统思想抵制。例如，《第五石柱法敕》对杀生做了极其严格的禁止性规定，这表面看起来与婆罗门教不杀生（ahiṃsā）的戒律相通，但《摩奴法论》同时要求，"为了祭祀，婆罗门可以宰杀被赞许的禽和兽"。① 这种过于严格的措施，引起婆罗门的不满。② 此外，阿育王本人对佛教的偏好，也引起信仰婆罗门教的王公贵族的反感。通过《王后小石柱法敕》，我们得以窥见王室经常性地对僧伽进行宗教捐献。③ 这也反映出阿育王的宗教捐献与国家财政之间日益增长的紧张关系。再者，官僚体系随着帝国疆域的扩展而变得庞大，也给国家财政带来沉重负担。麦克菲尔说："阿育王将达摩强加于全体人民的巨大努力一定给了他的代理人以很大的权力，而且，如果人性在当时和今天没有什么不同的话，几乎可以肯定的是这种权力有时会被滥用。"④ 这套庞大的官僚体系紧紧操诸君王之手，在很大程度上依赖于君主的掌控能力，而一旦继任者缺少阿育王那样的雄才大略，这套官僚机器便容易陷入腐化甚至瘫痪状态。实际上，出于古代社会治理技术的限制，这种类型的古代帝国往往不得不结合以相当程度的地方自治，单独依赖官僚体系的力量难以长久掌控一个幅员辽阔的国家。当然，最重要的问题是如巴沙姆所说，孔雀王朝"缺少将民众整合进入单一政治实体的最强纽带"⑤。南亚次大陆各个部分之间的差异性过大，以至于当时难以形成单一的民族整体。⑥ 尽管阿育王提出达摩思想试图加以整合，但长远看来，其统合力并不如预想那么强。

---

① 《摩奴法论》，5：22。
② James Merry Macphail, *The Heritage of India: Asoka*, Association Press, Oxford University Press, 1918, p. 49.
③ 《王后小石柱法敕》，载文森特·亚瑟·史密斯：《阿育王：一部孔雀王国史》，第187页。
④ James Merry Macphail, *The Heritage of India: Asoka*, p. 58.
⑤ A. L. Basham (ed.), *A Cultural History of India*, p. 43.
⑥ Romila Thapar, *Asoka and the Decline of the Mauryas*, p. 263.

最后，佛教毕竟是以古婆罗门教的竞争者姿态出现的"异端"，而非古印度的主流文化。[①] 与婆罗门教相比，佛教更加依赖出家僧侣，与基层社会生活的结合度不足。因此，它只能作为印度政治生活中的调节性因素发挥作用，很难成为统治意识形态的主要支撑。

前232年，阿育王驾崩。时隔不到半个世纪后，孔雀王朝即告覆灭。在帝国的中心地带，一个出身婆罗门的将军篡夺王位，开启了巽伽王朝。阿育王的故事和他达摩治国的伟大方案被尘封于历史之中。

三、达摩治国与现代印度法

（一）从手摇纺车轮到阿育王轮

1947年8月15日，印度摆脱英国殖民统治，宣告独立。一面由橙、白、绿三色组成的旗帜成为国家象征，而在旗帜中央，印制着阿育王轮。在孔雀王朝覆灭2000多年后，阿育王的印迹以醒目方式，成为印度共和国政治想象的有机组成部分。而恰在印度独立之前，尼赫鲁在1947年7月22日国民大会党通过的一项决议中解释了选择阿育王轮作为国家象征的缘由：

> 对我而言，我感到格外高兴，在某种意义上，我们间接地与这面旗帜建立起联系，它不仅是一种象征，而且在某种意义上与阿育王的名字相连。阿育王不仅在印度史上，而且在世界史上都是最响亮的名字……现在由于我提到了阿育王之名，我应请诸位想象印度史上的阿育王时代，它在本质上是印度历史中的国际化时期，而非一个狭隘的民族国家时代。[②]

[①] 关于佛教作为异端思想的定位，参见马克斯·韦伯：《印度的宗教：印度教与佛教》，康乐、简惠美译，广西师范大学出版社2010年版，第260页。

[②] Patrick Olivelle et al. (eds.), *Reimagining Aśoka: Memory and History*, Oxford University Press, 2012, p. 2.

有趣的是，早在 1921 年，甘地在领导印度民族解放运动过程中，也曾为未来的印度设计国旗。甘地版的国旗由红、绿、白三色构成，分别象征着牺牲、希望与和平，而在这版旗帜的中央，同样镶嵌了一个转轮。不过它是手摇纺车的转轮，而非阿育王轮。为什么到了印度的建国时刻，阿育王轮取代了手摇纺车的转轮？这绝非一个艺术设计的问题，而是关乎印度现代国家建设的总体方向和印度文明的自我理解。

在甘地的建国理想中，追求真理（satyāgraha）的印度民族解放事业包含两个部分。一个部分是"斯瓦拉吉"（svarāj），即通过"非暴力不合作"实现印度自治①；另一部分则是"斯瓦德西"（svadeśī），意为自产、自力更生、自给自足，即通过推动印度乡村手工纺纱运动，抵制英国纺织工业的侵蚀。②斯瓦拉吉得到了以泰戈尔、尼赫鲁为代表的广大民族解放精英们的支持，而斯瓦德西却收获了大量质疑。泰戈尔认为，机械地围绕着手摇纺车不会带来真正的自治，只有走上从自我开始的、生气勃勃的全面发展的道路，印度才能享有真正的自治。③他说，甘地所推崇的手摇纺车不过是"一面象征着狭隘的物质力量的旗帜，一面象征着不发达的机械力量的旗帜，一面象征着工业衰弱的旗帜。它缺少精神力量的召唤"④。尼赫鲁也指出，"然而，甘地咭真正地要向后退去。他的主张，不仅使人想到其结果将成为一个自给自足的国家，而且简直是一个自给自足的乡村"⑤。显然，甘地所构想的乡村共和国无法支撑起一个广土众民的现代印度。在泰戈尔和尼赫鲁的心目中，理想的印度应该将崭新的灵魂与强健的身体结合在一起，创造

---

① 参见甘地：《印度自治》，谭云山译，商务印书馆 1935 年版。
② 约瑟夫·莱利维尔德：《伟大的灵魂：圣雄甘地与印度的斗争》，尚劝余等译，浙江大学出版社 2020 年版，第 168 页。
③ 虞乐仲：《印度精神的召唤——作为政治理想主义者的泰戈尔研究》，西南交通大学出版社 2017 年版，第 133—134 页。
④ 泰戈尔：《泰戈尔的政治思想》，载刘安武等编：《泰戈尔全集》第 24 卷，河北人民出版社 2000 年版，第 327 页。
⑤ 尼赫鲁：《尼赫鲁自传》，毕来译，生活·读书·新知三联书店 2014 年版，第 307 页。

一个具有现代精神的统一国家。① 正如印度学者阿楠雅·瓦杰帕伊所主张的，问题的关键并非在于自治的手段，而在于找到现代印度的"自我"。② 因此，斯瓦拉吉注定将是一场寻根之旅。而在寻找现代印度灵魂的过程中，甘地给出的答案是分散、自治的乡村共和国；尼赫鲁给出的答案是现代化、城市化和工业化的共和国。手摇纺车轮代表甘地的答案；阿育王轮代表着尼赫鲁的回答。

隐藏在阿育王轮背后的争议不止于此。自孔雀王朝覆灭以来，到现代印度的诞生，已时隔近 2000 年。在这近 2000 年间，阿育王几乎完全沉没在历史深处，为人所遗忘。若非 19 世纪英国人的"发现"，印度人甚至无法得知，在印度历史上曾经存在过这样伟大的君主。这一悲剧性命运与古印度民族记忆中的其他君主——如《摩诃婆罗多》中的坚战和《罗摩衍那》中的罗摩形成鲜明对比，后两者始终是印度人民心中喻慈悲与勇武于一身的圣王，被代代传颂。为何阿育王却未能享受同等待遇？而到了现代印度诞生时，阿育王的形象又为何突然崛起，重新变为时代焦点？究其原因，固然有印度文明自身不重视信史而重视宗教传说的缘故，但更重要的原因在于，自孔雀王朝之后，再无帝国主要依赖佛教作为统治意识形态。后来信奉印度教的婆罗门和民众也不愿崇奉一位有着异端信仰的君主，更愿拥护符合印度教标准的帝王。此外，自莫卧儿王朝以来，为数众多的印度穆斯林也不愿崇奉信仰佛教的君主，而更愿意树立阿克巴的光辉形象。这解释了何以在孔雀王朝之后漫长的历史中，阿育王会消失。在建国过程中，究竟是建立一个印度教（Hindu）国家，还是一个印度（India）国家，曾引起很大争议。甘地一方面小心翼翼地调和不同政治理想之间的冲突，一方面也希望从主流文化借力，以激活新印度的政治想象力。因此，他提出"罗摩之治"的主张，但罗摩这一政治形象显然是印度教式的。

---

① 尼赫鲁对甘地的反对意见和国家工业化的设想，参见贾瓦哈拉尔·尼赫鲁：《印度的发现》，第 371—372 页。

② Ananya Vajpeyi, *Righteous Republic: The Political Foundation of Modern India*, Harvard University Press, 2012.

与甘地不同，尼赫鲁认为，现代印度应该是一个建立在宗教宽容基础上的世俗主义国家，因此他选取阿育王而非罗摩作为现代印度的政治象征。

由此看来，在阿育王轮背后，贯穿着在印度建国过程中围绕传统印度抑或现代印度、印度教印度抑或世俗主义印度之间的激辩。而这种激辩在今天也一直深刻影响着印度的政治法律发展。

（二）达摩治国的五重政治想象

笔者认为，在现代印度，阿育王轮成为一种涵义丰富的政治符号，是达摩治国的象征化表达，它包裹着五重政治想象，致力于探索古老印度文明与现代印度国家的融合之道。这种融合之道既非回到过去，以古代法律来治理现代国家，也非抛弃传统法文化，切断古今的意义关联，而是像德国哲学家伽达默尔所言，通过文化再阐释，对传统法文化进行提炼和升级，使之与现代民主法治相融。

第一，统一。尼赫鲁在《印度的发现》中曾憧憬印度成为一个强有力而统一的国家。① 这个国家要形成强大的政治中枢，将分散力量聚合起来，打破地域、种姓、教派所造成的分裂局面，塑造具有广泛包容性的政治认同。然而长期以来，由于自然环境与文化特质的原因，印度政治孱弱，国家整合能力不足，仅在孔雀王朝、笈多王朝和莫卧儿王朝等少数时期能够趋近短暂统一。之所以有这种结果，一方面与西北地区异族持续涌入有关，另一方面也与德干高原所带来的南北差异有关。印度是世界宗教博物馆，宗教在社会生活中地位突出，同时却教派林立，使政治整合难度加大，这一情况与中国恰成对比。中国古代社会政治早熟，政在教上，使王权强悍；而印度由于宗教势大，教在政上，使教权高涨。② 正因如此，孔雀王朝作为印度历史上为数不多趋近于统一全印的时期，具有非比寻常的历史意义。孔雀王朝的前

---

① 尼赫鲁：《印度的发现》，第493页。
② 高鸿钧：《法律与宗教：宗教法在传统印度法中的核心地位》，《清华法学》2019年第1期，第5—16页。

三代君主皆以强有力的统治闻名于世,不仅成功抵御外侮,而且实现了对广大疆域的有效治理。特别是阿育王的达摩治国,改变了前两代君主的军国主义政策,创造了治下的和平状态,成为印度国家治理的典范。阿育王轮也成为以政治与法律来整合印度,实现国家统一的政治象征。

第二,包容。自古以来,印度文化便具有惊人的多元性。早在前15世纪,雅利安文化便来到南亚次大陆,在漫长的历史进程中,与本土达罗毗荼文化逐步融合;到了前6世纪,恒河流域百家争鸣,沙门思想风起,创造了古印度文化惊人多样的局面。此后希腊文明、波斯文明、突厥文明、伊斯兰文明和以英国为代表的近代西方文明纷纷涌入印度,成为其文化的有机组成部分。与中国文化"一体多元"的面貌有所不同,古印度文化的多元性特征更加显著,一体性则略显不足。① 因此,在整个印度历史发展过程中,如何在多元中创造统一始终是重大问题。在处理这一问题的过程中,印度文化走上了兼容并包之路。这与很多其他古代文明的文化专制主义政策形成对比。以阿育王的达摩治国为例,他所倡导的达摩实际上是兼容婆罗门教、佛教、耆那教等各个宗派思想的产物,是一个经过审慎加工的文化综合体。在这种达摩治国方略中,各家各派信众和平共处、公开辩难,而不会遭到统治者的压制和歧视。而在与孔雀王朝大体相近的历史时期,中国秦朝采取的却是焚书坑儒的文化专制主义。在后来的汉武帝时期,"罢黜百家,独尊儒术"又成为帝国的文化政策。尽管在古印度,这种文化上的兼容并包一方面当然常常伴随以政治整合能力的不足,但另一方面,这又使印度文化具有了柔性力量,使其历经外敌入侵与国家破碎,却保持了文化的连续性和生命力。及至近代印度民族解放运动时期,印度面临西方近现代思想的强烈冲击,使其民族精英在追求国家独立与民族解放的过程中,同时思考如何重新焕发印度文化的活力,注入西方文化的新鲜血液,使其重获新生的问题,泰戈尔称之为"心

---

① 高鸿钧:《传统印度法的多元特征》,第6—27页。

灵的斯瓦拉吉"①。以提拉克（G. Tilak）、甘地为代表的印度教思想家主张，以印度教为文化内核，吸收现代文明因子，将其改造成适合现代印度国家的主导思想②；印度的贱民领袖安培德卡尔则认为，种姓制度以印度教为根，只有铲除这个不平等的文化之根，重建印度文化，才可能建立一个新的印度，因此他提出将西方启蒙思想与主张"众生平等"的佛教思想相结合③；而印度穆斯林领袖真纳（M. A. Jinnah）则担心，若独立的印度扎根于印度教文化，势必导致广大穆斯林沦为少数族裔，在政治上和思想上难以获得包容和平等相待④。在这一文化碰撞、整合和交融的历史过程中，阿育王的达摩治国理想透射出历史的光辉。印度著名经济学家阿马蒂亚·森（Amartya Sen）认为，印度历史上有四个伟大人物——阿育王、阿克巴、泰戈尔和甘地，他们都是印度文化中自由表达与充分宽容精神的代表，对近现代的印度政治产生了正面影响。⑤ 阿育王仿佛一个典范，显示出一个国家如何既能够做到文化的兼收并蓄，同时又保证政治的统一。塔帕尔认为，在今天逐步趋向于世俗化的现代社会，阿育王故事促使我们反思印度传统：它究竟是要建立在印度教基础上，要求其他类型的文化成分屈从、溶解于这个主流文化，还是可以像阿育王当年所做的那样，将国家建立在各种文化成分平等相待、兼容并包的基础上？⑥ 显然，对这个问题的回答会深刻影响印度未来的走向，促使人们反思日益高涨的印度教民族主义浪潮。

第三，和平。在人类历史上，伟大的帝国常常伴随着武力征服，

---

① R. Tagore, "The Cult of the Charkha", in M. Gandhi, R. Tagore and S. Bhattacharya, *The Mahatma and the Poet: Letters and Debates between Gandhi and Tagore, 1915-1941*, National Book Trust, 1997.

② 彭树智：《印度革命活动家提拉克》，商务印书馆1982年版，第19页。

③ B. R. Ambedkar, "Annihilation of Caste", in Valerian Rodrigues (ed.), *The Essential Writings of B. R. Ambedkar*, Oxford University Press, 2002, pp. 263–305.

④ 赫克托·博莱索：《真纳传》，李荣熙译，商务印书馆1977年版，第183—184页。

⑤ 阿马蒂亚·森：《惯于争鸣的印度人：印度人的历史、文化与身份论集》，刘建译，上海三联书店2007版，作者序言，第3页。

⑥ Romila Thapar, "Aśoka: A Retropective", in Patrick Olivelle et al. (eds.), *Reimagining Aśoka: Memory and History*, p. 35.

载入史册的君主往往同时也是穷兵黩武的暴君。而阿育王是为数不多并非以赫赫武功,而是因对战争的忏悔和反思而名垂青史的君王。与东临碣石、刻碑以表彰武德的秦始皇不同,阿育王提出让"战鼓的回响转化成达摩的回响",让合乎道义的法取代暴力,让铸剑为犁取代血腥征伐。阿育王的和平主义有着古印度哲学"不杀生"的思想根基,这一点为印度教、佛教和耆那教所共享。在近代印度民族解放运动中,这种"不杀生"的哲学转化为甘地的非暴力主义,成为号召印度人民摆脱英国殖民统治的指导思想。在甘地看来,非暴力不仅仅是斗争的手段,而且与追求真理的道义要求密不可分。① 很多时候,法鼓比战鼓更加激越,更能鼓舞人心。但有的时候,非暴力显得过于软弱,并不能够解决所有难题,特别是在受压迫者所遭遇的敌人穷凶极恶的时候。因此,在印度民族解放运动中,提拉克便主张振奋民族精神,仿效《薄伽梵歌》中的阿周那,② 奋勇投入正义的战争。由此我们便可以看出,在古印度文化中围绕着战争正义性问题形成了一种紧张关系。如果说,阿育王所代表的形象是"非战之战",那么阿周那所代表的是"战之非战"。所谓非战之战,是以和平手段达成胜利目的;所谓战之非战,则是以战止战,以大无畏的牺牲换取正义与和平。这两种对反形象的紧密融合,形成了印度对战争与和平关系的深刻理解③,是达摩的有机组成部分。印度独立后,在处理内部分歧的过程中,非暴力主义也常常成为国家解决问题的指导方针,例如在土地改革过程中,印度便宁愿通过和平赎买的方式缓慢推动改革,使其纳入民主与法治的轨道。④ 当然,从短期来看,和平主义与非暴力思想适用于政治活动,有时显得迂腐,甚至效果不彰;但从长远来看,却能使整个民族深深

---

① 甘地:《甘地自传:我追求真理的历程》,启蒙编译所译,上海社会科学院出版社 2015 年版。

② 毗耶娑:《薄伽梵歌》,黄宝生译,商务印书馆 2010 年版。

③ Israel Selvanayagam, "Aśoka and Arjuna as Counterfigures Standing on the Field of Dharma: A Historical-Hermeneutical Perspective", *History of Religions*, vol. 32, no. 1 (1992), pp. 59–75.

④ 刘学成、秦毅:《印度土地改革的政治意义》,《南亚研究》1989 年第 4 期,第 30—37 页。

受惠于灵魂的宁静与平和。然而在对外关系上，印度究竟应采取何种举措，也引起广泛争议。在尼赫鲁时代，印度选择和平主义的不结盟外交，与周恩来共同提出"和平共处五项原则"，即受到古印度文化中"五戒"的启发。而自英迪拉·甘地执政以后，印度的外交政策开始显露出铁腕的一面。1971年英迪拉·甘地策动东巴基斯坦独立，成功肢解了巴基斯坦，并且寻求与苏联结盟。这种外交政策的转向也令人联想到人们对阿育王外交政策进行的历史反思。例如，罗伊乔度里就曾这样评价阿育王："黑云在西北方的地平线隐隐出现。印度需要补卢和旃陀罗笈多那种有能力的人，以保卫印度抵御希腊国王入侵。但印度却迎来了一位空想家。"① 恰恰是阿育王的和平主义，使孔雀王朝丧失了抵御外族入侵，拱卫国家的军事动力，而今天的印度，绝不应走他的老路。这种反思，也未尝不是阿育王历史影响的一种表现。

第四，共和。阿育王是孔雀王朝的君主，达摩治国是君主治国论。从历史实相来看，孔雀王朝与现代印度的民主共和政体之间没有联系。显然，在印度的国旗上镶嵌阿育王轮绝非向古代君主制致意。印度人深知，对帝国的怀恋不过是少数人时代倒错的幻觉。那么，对现代印度而言，阿育王的达摩治国是否具有穿越历史的新意？或许这种新意也来源于阿育王从佛教法文化中借取的意义资源。当我们考察原始佛教的政治理想，便发现一种相当耐人寻味的现象。一方面，原始佛教的达摩观能够与各种政体相兼容，这使佛教在阿育王时代保持了与君主政体协调配合的姿态；而另一方面，在佛陀的教说和僧伽的法律实践中，却时常展现出共和制的雏形，只不过这种雏形隐藏在僧伽组织内部。随着民主时代来临，那曾经蛰伏于佛陀教说和僧伽组织内部的共和理想得以在更广泛的社会基础上得到表达。事实上，"印度宪法之父"，著名的贱民领袖安培德卡尔便敏锐地发现了这一点，使其致力于

---

① Hem Chandra Raychaudhuri, *Political History of Ancient India*, University of Calcutta, 1923, p. 183.

将西方近代民主共和思想与佛教的共和思想相对接。① 1950 年，他发表论文《佛陀及其宗教的未来》，认为可以通过赋予佛教以现代意义来服务于建设自由、平等和包容的印度。他说："据我所知，满足所有要求的唯一宗教是佛教。换句话说，佛教是唯一适合于世界的宗教。"② 后来他还专门撰写了《佛陀及其达摩》③ 一书，推动佛教在印度的复兴。尽管由于安培德卡尔的早逝，佛教在印度的复兴受阻，但他的政治实践却表明，佛教作为古代印度思想的有机组成部分，有助于实现印度文明的现代转化，使源自西方的启蒙思想与东方古老的宗教、伦理观念彼此呼应、携手共进。奥利维尔（Patrick Olivelle）指出，阿育王的达摩治国类似于建立一种公民宗教。法国思想家卢梭曾经认为，公民宗教是"写在某一国家的典册之内的，它规定了这个国家自己的神，这个国家特有的守护者"④。但与卢梭的公民宗教相比，阿育王的达摩观具有两方面特征：其一，它不仅与国家相结合，而且与社会相联系，因此它未必需要自我组织化，而是融入社会生活，容许各种不同的宗教共存；其二，它不要求对具体神格的信仰，特别无须诉诸君王崇拜或国家崇拜，而是激发人们对法的信仰。⑤ 这恰恰遥遥呼应了美国著名法学家伯尔曼（Harold Berman）的论断，"法律必须被信仰，否则它将形同虚设"⑥。若是奥利维尔的这一论断有理，我们或许可以进一步说，在现代印度，阿育王的达摩治国理想已经转化为对民主法治的信仰，并借此树立自由、平等和包容的公民身份。这条崭新的道路不仅解决了原始佛教政治理想所存在的制度缺陷，而且也克服了君主制本身缺

---

① 毛世昌主编：《印度贱民领袖、宪法之父与佛教改革家——安培德卡尔》，中国社会科学出版社 2013 年版，第 218 页。
② Y. D. Sontakke, *Thoughts of Dr. Babasaheb Ambedkar*, Gautam Printers, 2004, p. 221.
③ B. R. Ambedkar et al., *The Buddha and His Dhamma: A Critical Edition*, Oxford University Press, 2011.
④ 卢梭：《社会契约论》，何兆武译，商务印书馆 1980 年版，第 177 页。
⑤ Patrick Olivelle, "Aśoka's Inscriptions as Text and Ideology", in Patrick Olivelle et al. (eds.), *Reimagining Aśoka: Memory and History*, pp. 173-174.
⑥ 伯尔曼：《法律与宗教》，梁治平译，中国政法大学出版社 2003 年版，导言，第 3 页。

乏现代适应性的问题，可谓现代版的达摩治国。

第五，文明。英国著名作家韦尔斯（H. G. Wells）在《世界史纲》中曾说：

> 在历史上成千上万的君主，庄严、优渥、恬静、尊贵，显赫一时，而阿育王的名字在其中闪闪发光，差不多是单独地放射着光芒，是一颗明星。从伏尔加河一直到日本，他的名字至今仍受到尊敬。中国（包括西藏）甚至已抛弃了他的教义的印度，还保存着他的伟大传统。今天世界上怀念他的人比听到过君士坦丁或查理曼名字的人还要多些。①

韦尔斯的这段评价并非仅着眼于印度史，而是从世界史出发，给予阿育王以高度肯定。当我们将阿育王与古罗马的恺撒、古代中国的秦皇汉武，古代伊斯兰的苏丹们相比，便发现阿育王并非以武力征服来荣耀自身，而是以达摩来约束自我。在阿育王身上，并没有体现出掌权者所不可避免出现的腐化，而是表现出惊人的自省。或许在韦尔斯看来，阿育王的政治实践并非出自个人的权力欲望，而是发自内心的对达摩的遵从。君主是达摩的服从者、守护者和传播者，而非达摩的操纵者和滥用者。达摩施加于君主的是更沉重的责任，而非不受限制的威权，这是阿育王故事所留下的历史回响。虽然孔雀王朝覆灭后，阿育王几乎从印度的历史中销声匿迹，但随着佛教向南亚、东南亚和东亚诸国的传播，阿育王的政治实践在异国他乡激活了其他民族的政治想象，为包括中国在内的诸多国家的政治实践提供了新的蓝本。例如，我国历史上著名的梁武帝和武则天②，都曾经从阿育王故事中汲取政治灵感，丰富了中国政治法律传统。及至今天民主共和昌明的时代，

---

① 赫伯特·乔治·韦尔斯：《世界史纲》（上），吴文藻等译，广西师范大学出版社 2001 年版，第 437 页。
② 朱源帅：《菩萨转轮王：武周皇权合法化的佛教理由》，《清华法学》2022 年第 1 期，第 159—176 页。

究竟使权力服从法治，抑或让法治服从权力，在一些国家仍是悬而未决的问题，这更加突显出达摩治国的理念所具有的世界史意义，使阿育王法敕中的名言"达摩的征服是最重要的征服"具有了穿透时空的力量。这也促使我们去思考，在政治与法律理论当中，除了规则、技术、制度与权力之维，是否还应有文明之维？它要求我们不仅从政治体生存、繁荣和强大的角度来进行理性筹划，还要着眼于生命的圆满、灵魂的自省和文明体的延续。也许这正是阿育王留给后人思考的命题。

第六章 《薄伽梵歌》的平等观

《薄伽梵歌》①（简称《梵歌》）是古印度著名史诗《摩诃婆罗多》的组成部分，是印度人耳熟能详的诗化哲学作品。德国著名学者威廉·冯·洪堡（Wilhelm von Humboldt）称之为"存在于所有已知语言中最优美的，或许是唯一真正的哲理之歌"②，在印度文化中占有重要地位。这一名篇描绘了传说中发生在印度上古时代婆罗多族两大部族之间的战争，并对战争的正义性以及个体在生死抉择时刻所应服从的法则进行了深入探讨，体现了独具印度特色的正法（dharma）文化。

自这部作品诞生以来，无数思想家都曾为它做注或专门解说，从中汲取思想灵感和行动力量。对印度人而言，《梵歌》发挥着近乎《圣经》之于基督徒的作用。③

本章将结合这部作品，从法史学视角探究这一作品诞生的历史背景，提炼《梵歌》义理中的平等观，并讨论这种平等观在印度实现现代转化中的必要性与可能性。

---

① 《薄伽梵歌》现有四种中文译本，分别为：毗耶娑：《薄伽梵歌》，徐梵澄译，载徐梵澄：《徐梵澄文集》第 8 卷，上海三联书店 2006 年版，第 1—148 页；毗耶娑：《薄伽梵歌》，张保胜译，中国社会科学出版社 1989 年版；毗耶娑：《薄伽梵歌》，黄宝生译，商务印书馆 2010 年版；毗耶娑：《薄伽梵歌》，罗摩南达·普拉萨德英译并注释，王志成、灵海汉译，四川人民出版社 2015 年版。其中黄宝生的译本较适于学术研究，故本书采此译本。

② 贾瓦哈拉尔·尼赫鲁：《印度的发现》，向哲濬译，上海人民出版社 2016 年版，第 88 页。

③ 印度宗教学家辨喜（S. Vivekananda）认为，奥义书的地位相当于《圣经》，而《薄伽梵歌》的地位类似于《新约》。参见斯瓦米·辨喜：《论薄伽梵歌》，载辨喜：《行动瑜伽》，闻中译，商务印书馆 2017 年版，第 127 页。

一、《薄伽梵歌》故事与历史背景

关于《摩诃婆罗多》成书的时间，学界有不同看法。据奥地利学者温德尼茨（M. Winternitz）的观点，该书于前4世纪至4世纪之间成型，后来可能窜入了一些新的内容。① 最初，《摩诃婆罗多》的原始形式只是作为一部英雄颂歌而流行，但经过民间艺人数百年的加工以及某些博学婆罗门的增补，逐步形成了今天的规模，达到十万颂，是一部印度古代生活的百科全书。②

《薄伽梵歌》是史诗第6篇《毗湿摩篇》中的一小部分，计18章，700颂。相对于《摩诃婆罗多》的鸿篇巨制，《梵歌》属短小精悍的作品，却凝结着史诗的哲理精华，为后世所称颂。但与《摩诃婆罗多》很多篇目的故事性情节有所不同，《梵歌》偏重于哲理叙说，其中容纳了古印度"六派哲学"中数论、瑜伽和吠檀多哲学的核心义理。从史诗形成的规律来讲，这种偏于哲理的叙述应是较后期，由富有知识的婆罗门在成型故事的基础上加工的产物，甚至可能是后来插入的作品。故印度教研究专家朱明忠认为，这部经典作品是在2世纪至3世纪方才定型。③ 邱永辉认为，《薄伽梵歌》大约于公元初至250年之间成书。④

我们想要把握《梵歌》的基本意旨，须首先对史诗所讲述的故事及其历史背景有所了解。⑤ 故事发生在上古时代居住于恒河上游亚穆纳河流域的婆罗多族中间。该族首领福身王之子奇武有三个儿子，分别叫持国、般度和维杜罗。由于持国先天失明，般度继承王位。持国一支生有百子，以难敌为首，为俱卢族；般度一支则生有五子，分别是

---

① 刘安武：《印度两大史诗研究》，中国大百科全书出版社2016年版，第292页；毗耶娑：《摩诃婆罗多》，金克木等译，中国社会科学出版社2005年版，前言第9页。
② 季羡林、刘安武编：《印度两大史诗评论汇编》，中国社会科学出版社1984年版，第83页。
③ 朱明忠：《印度教》，福建教育出版社2013年版，第54页。
④ 邱永辉：《印度教概论》，社会科学文献出版社2012年版，第183页。
⑤ 故事详见毗耶娑：《摩诃婆罗多》。较简略的改写参见拉贾戈帕拉查理：《摩诃婆罗多的故事》，唐季雍译，生活·读书·新知三联书店2016年版。

坚战、怖军、阿周那、无种和偕天，为般度族。般度因仙人诅咒而猝死，持国代政，其子难敌希望继承王位，故想方设法迫害般度五子。般度五子屡屡退让，却抵挡不住难敌的步步紧逼。最终双方谈判破裂，大战一触即发。

《梵歌》所描述的情节发生在大战伊始。在俱卢族与般度族的动员下，当时印度的所有部族和王国都卷入这场惊天动地的大战。其中俱卢族组织 11 支大军，般度五子则集结了 7 支大军。俱卢族占优势，但般度族得到了作为毗湿奴化身的黑天支持。黑天作为般度族的大英雄阿周那的御者出场在战场上，当阿周那来到阵前，远望敌人都是昔日亲友和师长，预见同族相残的惨况，怜悯和困惑在心中油然而生，以至于无法投入战斗。黑天则以哲理相开导，鼓舞他正视战争后果，履行刹帝利的正法，积极行动起来，投入战争。

印度著名史学家罗米拉·塔帕尔（R. Thapar）认为，史诗所记载的故事虽或许发生在前 1000 年到前 700 年之间，但不能将后世文本视为故事发生时代的真实史料。① 因此，《梵歌》所反映的时代背景并非《摩诃婆罗多》故事最初诞生时期的历史状况，而是该部作品定型时期的历史情景。在朱明忠看来，这是古印度孔雀王朝灭亡之后，至笈多王朝期间，婆罗门教向印度教转化的时期。

这个时期印度的政治法律、社会生活以及思想意识出现了较为显著的变化，主要体现在以下四个方面。

第一，孔雀王朝以非婆罗门教作为统治意识形态的趋势得到了扭转。孔雀王朝的开国君主旃陀罗笈多出身微寒，导致其后的君主，特别是阿育王，先后以耆那教、命定派和佛教作为统治意识形态，这给奉行"婆罗门至上"的婆罗门教带来了冲击。前 187 年，孔雀王朝覆灭之后，继之而起的巽伽王朝和甘华王朝，奉行尊崇婆罗门教的国策。与此同时，在德干西北部兴起的案达罗王朝（Andhra Dynasty，前 230—220 年）也把婆罗门教奉为国教。但这些王朝的规模和实力都无

---

① R. 塔帕尔：《印度古代文明》，林太译，浙江人民出版社 1990 年版，第 19 页。

法与孔雀王朝相提并论，婆罗门教并未找到使自身与帝国紧密配合的良好形式。一直到了 4 世纪初笈多王朝崛起，这一问题才获得部分解决。① 君主对婆罗门教的崇奉扭转了孔雀王朝时期奉行沙门思想的政治态势，为婆罗门教的复兴打下了政治基础。

第二，外族入侵为婆罗门教转型提供了外部刺激。在孔雀王朝时期，特别是阿育王时代，佛教思想与君主集权的紧密结合创造了近乎统一全印的帝国，有效抵御了西北地区希腊化国家的侵略。在阿育王的推动下，佛教传播四方，不仅传入现今的斯里兰卡及东南亚地区，而且渗透进印度西北方的希腊化国家。大夏国王弥兰陀便受到影响，皈依佛教。② 但随着孔雀王朝的覆灭，印度核心地区再次失去了抵御西北部外族入侵的军事屏障。1 世纪初，来自中亚的大月氏人侵入印度西北部，后扩展到恒河中下游，建立起贵霜帝国（Kuṣāṇa Empire，30—375 年）。作为异族人，贵霜帝国历代君主都奉行宗教宽容政策以笼络人心，降低了婆罗门教的政治地位。特别是著名的君主迦腻色伽崇信佛教，推动了大乘佛教的发展与传播。这进一步给婆罗门教造成了冲击和影响。对婆罗门教而言，抵御外族入侵不仅具有政治意义，而且具有文化意蕴。异族与异端的结合给婆罗门教带来刺激，迫使他们在自我革新的基础上，寻找使教义与政治紧密结合的新形式。

第三，到了笈多王朝时期，婆罗门教复兴，其文化空前繁荣。在君主的保护和支持下，婆罗门教成功抵御了沙门思想的冲击，编纂出许多新的经典：（1）著名的法论于 2 世纪定型并得到应用，包括《摩奴法论》《祭言法论》和《那罗陀法论》；（2）《罗摩衍那》与《摩诃婆罗多》，包括《薄伽梵歌》完成其最后形式；（3）讲述神话故事的《往世书》相继出现；（4）婆罗门教正统的"六派哲学"开始形成。到

---

① 朱明忠：《印度教》，第 51—52 页。
② 巽伽王朝时，弥兰陀王曾率军从旁遮普一带南侵，直达中印度，详见印顺：《印度之佛教》，载 CBETA（中华电子佛典协会）2021. Q3, Y33, no. 31, p. 170 a1-2。南传巴利文经典中留有《弥兰陀王问经》，北传汉译佛典中有《那先比丘经》，记载了弥兰陀王与佛教徒的对话。

了这个阶段，一种新型婆罗门教已经形成。从法律的内容来看，法论的出现代表着古印度的法律发展经由宗教化和伦理化，进入了政治化的阶段，开始具有独立的渊源。① 而从法文化角度来看，政治、法律实践也寻求与新型婆罗门教的哲理相衔接，以获得意识形态支持。《薄伽梵歌》恰恰就是在这个历史阶段实现这种衔接的智慧结晶。

第四，印度教寻求与帝国的紧密结合。在古代社会，帝国是广土众民的社会实现政治整合的主要形式。而前 1500 年至前 6 世纪产生并发展的婆罗门教在与帝国结合的能力上存在缺陷。这种缺陷表现在：首先，婆罗门教具有"祭祀万能"的特点，存在大量杀生的献祭活动和烦琐祭仪，不利于帝国经济运营，遭到生产者阶层——吠舍们的强烈反对。其次，婆罗门教主张"婆罗门至上"，抬高祭司阶层地位，客观上压制作为武士阶层的刹帝利的作用，导致宗教压制政治、祭祀压制武功，不利于印度政治生活的发展。复次，婆罗门教崇奉多神，不利于社会团结。早期吠陀经典中存在诸多神格，不同地域、族群与社会阶层各有其崇拜，导致思想意识多元性突出而统一性不足。它更适应一个部落联盟，或者由松散邦联组成的社会，而不适于中央集权的帝国。最后，婆罗门教强调种姓分隔，造成阶层流动受阻，社会不平等加剧，潜藏分裂危险，这与帝国统御广土众民社会的目标背道而驰。而与婆罗门教相比，前 6 世纪产生的佛教反对祭祀万能、婆罗门至上，以对"正法"的崇拜取代对神的崇拜，提出"众生平等"② 的主张，更易于与帝国相结合。为了应对佛教的挑战，婆罗门教在 4 世纪对自身进行了升华与改造：（1）以梵天、毗湿奴和湿婆三大主神取代婆罗门教的诸多神灵；（2）削弱祭祀万能，将祭祀转化为注重个人修行的瑜伽实践；（3）以新产生的"古鲁"（guru，即宗教导师、有知识的学者）代替婆罗门祭司，通过他们重新加工宗教经典，重获文化主导权；（4）"古鲁"们借助法论和史诗，分别通过学理和故事形式，将新型的

---

① 高鸿钧：《古代印度法的主要内容与特征——以〈摩奴法论〉为视角》，《法律科学》，2013 年第 5 期，第 29—42 页。
② 郭良鋆：《佛陀和原始佛教思想》，中国社会科学出版社 2011 年版，第 177 页。

政治、法律观向普罗大众渗透，以取得政治主导权；（5）吸纳佛教的"众生平等"思想，使之与固有的种姓制度相结合，以减缓民众对不平等社会安排的不满。通过这些转变，到了笈多王朝时期，印度教基本实现了与帝国的紧密结合。

从此背景看来，《薄伽梵歌》作为一部哲理诗，不仅有极高的哲学与文学价值，而且由于蕴涵着使新型婆罗门教与帝国结合的意味，而具有极高的政治与法律价值。《薄伽梵歌》是"古鲁"阶层对古老战争故事和当时印度北方的毗湿奴信仰进行综合加工的产物。他们借助作为毗湿奴化身的黑天之口，向刹帝利武士阿周那宣讲义理，隐喻着知识与权力的新结合。而在这种结合中，平等思想显得非常突出，与婆罗门教所奉行的种姓之法形成鲜明对比。

二、《薄伽梵歌》义理中的平等观

在《梵歌》中，黑天从四个方面劝导阿周那，令他拿起武器，投入战争。

第一，战斗是刹帝利的正法。《梵歌》中写道，"即使考虑自己的正法，你也不应该犹疑动摇，因为对于刹帝利武士，有什么胜过合法战斗？"① 那些放弃战争职责的刹帝利，不仅抛弃职责与名誉，而且会犯下罪过，违背正法。而《摩奴法论》主张，"正在保护百姓的国王面对强者的、弱者的或者旗鼓相当者的挑战时，应该记住刹帝利的法而不躲避战斗"②，"在战斗中欲置敌于死地的、宁死不回头的国王们必得上天堂"③。可见，战斗是婆罗门教的种姓之法中对刹帝利的专门规定。

第二，肉体毁灭而灵魂不朽。黑天借用数论派理论指出，生命由原质与原人两部分组成。原质构成了人的肉体部分，而原人则属于灵

---

① 毗耶娑：《薄伽梵歌》，黄宝生译，2：31。
② 《摩奴法论》，蒋忠新译，中国社会科学出版社2007年版，7：87。
③ 同上书，7：89。

魂。原质处于变动之中，原人却不朽坏，因而"正如抛弃一些破衣裳，换上另一些新衣裳，灵魂抛弃死亡的身体，进入另外新生的身体"①。战争只能消灭肉体，而不会毁灭灵魂，战斗者可在肉体上投入战争，而在灵魂上超然待之，不必为生死而忧伤。

第三，智者应行动而不执着。《梵歌》从瑜伽哲学的角度指出，行动是生命中原质的固有特性，原质始终处在运动中。但瑜伽行者可不执着于行动后果而积极投入行动，摆脱欲望束缚，实现解脱。因此，黑天教导阿周那应摆脱私欲，立足梵我合一的境界，投入战争。

第四，世间万事万物来源于梵，是梵幻化的产物。从幻象的角度来观察现象，有着种种差别，但从梵作为本体的角度来看，则身心、敌我、善恶、成败、生死都来源于梵且归于梵，"梵无缺陷，等同一切"②。如阿周那立足于梵，就能够以平等态度看待这些差别和变化，从容待之。

在这四项理据中，只有第一项着眼于种姓义务，直接在伦理与法律的层面展开；而后三项则在认识论和本体论的高度论说，将数论、瑜伽和吠檀多哲学结合在一起。但令人颇感困惑的是，种姓义务的前提是承认社会的身份区分，是一种基于不平等的叙说；而认识论和本体论的论述，却贯穿着平等意旨。那么《梵歌》如何将形而下层面的不平等与形而上层面的平等协调起来？这种协调意味着什么？对这些问题的回答，需要我们首先去梳理《梵歌》中关于平等的叙述，然后从这些叙述中提炼出与不平等的种姓安排衔接的扣锁，最后再对《梵歌》的这种叙事进行分析和评价。

(一)《梵歌》平等观的语义分析

在《梵歌》中，除了"平等"这个词之外，尚有"一视同仁""同样"和"等同"等词表示着与"平等"相似的意思。但在我们的语言习惯中，"平等"有两种语义：一种是两个主体在外部关系上的平

---

① 毗耶婆：《薄伽梵歌》，2：22。
② 同上书，5：19。

等，它指向规则与制度；另一种则是一个主体以平等的主观态度来对待另一个主体，它指向宗教与哲学。显然，"一视同仁""同样"和"等同"较偏重于平等的后一种语义，即更加强调主体看待其他主体或者事物时所采取的主观态度。那么，《梵歌》究竟是在外部关系上，还是在主观心态上界定平等？

第一，《梵歌》在主观心态上界定平等。此处的主观心态是指行动者在行动过程中所持的主观态度。《梵歌》如是描述这种主观心态，"他们的心安于平等，在这世就征服造化"，"制伏自己，达到平静，至高的自我沉思入定，平等看待快乐和痛苦，冷和热，荣誉和耻辱"，"自我满足于智慧和知识，制伏感官，不变不动，平等看待土块、石头和金子，这是把握自我的瑜伽行者"，"他们控制所有感官，平等看待所有一切，爱护一切众生利益，同样也到达我这里"，"对妻儿和家庭，不迷恋，不执著，称心或者不称心，永远平等看待"，"等同荣誉和耻辱，等同朋友和敌人，弃绝一切举动，这就是超越三性"，"苦乐、得失和成败，对它们一视同仁"，"智者对痛苦和快乐，一视同仁，通向永恒"，"摒弃执著，阿周那啊！对于成败，一视同仁；你立足瑜伽，行动吧！瑜伽就是一视同仁"，"满足于偶然所得，超越对立，毫不妒忌，对成败一视同仁，他行动而不受束缚"，"品学兼优的婆罗门，牛、象、狗和烹狗者，无论面对的是什么，智者们都一视同仁"，"对待朋友、同伴和敌人，旁观者、中立者和仇人，亲友以及善人和恶人，他一视同仁，优异杰出"，"不仇视一切众生，而是友好和同情，宽容，不自私傲慢，对苦乐一视同仁"，"无论敌人朋友，无论荣誉耻辱，无论冷热苦乐，一视同仁不执著"，"立足自我，平等看待苦和乐，平等看待土块、石头和金子，同样对待可爱和不可爱，同样对待责备和赞美"。① 通过这些列举，我们发现，"平等"这个词基本上是与"看待"相联立的，与"一视同仁""等同"一起，都表示一个人看待对象的主观态度，而非客观行为。因此，《梵

---

① 以上诗句分别出自毗耶娑：《薄伽梵歌》，5：19，6：7，6：8，12：4，13：9，14：25，2：38，2：15，2：48，4：22，5：18，6：9，12：13，12：18和14：24。

歌》所讲述的平等更多着眼于人的心灵世界，而非外部社会关系。

第二，行动者的平等态度指向消除差别。上文列举的需要消除差别的事物具有三个核心特征。其一，它们是对立的事物，如苦乐、冷热、荣辱、爱憎、毁誉、敌友、土金、成败、贵贱、善恶等。其二，它们是行动者施加于对象的主观区分。《梵歌》强调行动者应抹除这种区分，即在心灵世界中超越对立。其三，这些事物分为三类。第一类是客体，如土块、石头和金子；第二类是人和动物，即众生，包括婆罗门、牛、象、狗和烹狗者、朋友、同伴和敌人、旁观者、中立者和仇人、亲友、善人和恶人；第三类则是行动者的感受，如苦乐、冷热、荣辱、爱憎等。其中，针对客体的"土块、石头和金子"是从人赋予事物的价值角度来讲的，隐喻的是贵贱之分，而针对人的类别也是行动者依据主观好恶而对人的分划，因此也是行动者心灵世界的运动。总体而言，这种平等观是行动者的心灵作用，是以无差别态度看待万事万物，"超越对立"，从而排除主观好恶。

第三，万事万物在至高主体面前平等。这种平等是指万事万物皆源自于至高主体，在它面前一律平等，吠檀多哲学将之称为"梵""我"或者"自在者""至高自在者"。例如，"梵无缺陷，等同一切，所以他们立足梵中"，"我平等看待一切众生，既不憎恶，也不宠爱，虔敬我的人在我之中，而我也在他们之中"，"不杀生、平等、满足、苦行、施舍、荣誉和耻辱，众生的所有各种状态，确实全都来源于我"，"他们控制所有感官，平等看待所有一切，爱护一切众生利益，同样也到达我这里"，"谁能看到至高自在者平等地居于万物中，万物毁灭而它不毁灭，这才是真正的有见识"，"谁能看到自在者平等地遍及一切，自己不能伤害自我，他就达到至高归宿"，"与梵同一，自我平静，他不忧伤，不渴望，平等看待一切众生，达到对我的最高崇拜"。这些论述有三个特点：其一，将平等从行动者视角转移到至高主体视角，从阿周那视角转换为黑天视角。在至高主体视角看来，万事万物都来自于梵，因而在它面前都是平等的。其二，梵蕴于万事万物之中，分有梵的属性，恰似月印万川。因此，在性质上万事万物平等，但在外相上各有不同。其三，《梵歌》要求行动者与梵同一，实现行动者视角与至高主体视角的融合，让行动者超越个体私利，从梵的高度来看待万物，认识众生平等。为了实现这种视角转换，《梵歌》在第11章中专门布置了惊人场景，让阿周那观看黑天的宇宙形象，使其得知"在这位神中之神身上，看到一个完整世界，既统一，又多样"，看到世界的生灭过程"犹如条条江河激流，汹涌奔腾，流向大海，这些人世间的英雄，进入那些燃烧的嘴"①，以此说明梵的至高性和终极性，以及万物与众生在梵之中的平等。

第四，不同的人，不同的道路都通往梵，这是指修行和解脱意义上的平等。例如，"数论能达到的地方，瑜伽也同样能达到，看到数论与瑜伽同一，这样的人有眼力"②，"他们控制所有感官，平等看待所有一切，爱护一切众生利益，同样也到达我这里"③，"坚信祭祀、苦行和布施，这些被称作'真实'，为此采取的任何行动，同样也被称作'真实'"④。在这里反复出现的词是"同一""同样"，与之结合而反复出现的词是"达到"或"到达"，可解释为数条通往同一目标的道路。在《梵歌》看来，这条道路通往梵或"真实"，对行动者而言，它们通往解脱或"梵涅槃"⑤。而在通往梵的道路中，有数论和瑜伽，有弃绝、行动与虔敬，有祭祀、苦行与布施。这些知识、选择和方法都通往梵，是内在平等的。因此，不论什么样的人，不论采取什么样的方式，恰似万川归海，他们都最终走向梵。

---

① 以上诗句分别出自毗耶娑：《薄伽梵歌》，5：19，9：29，10：5，12：4，13：27，13：28，18：54，11：13和11：28。
② 同上书，5：5。
③ 同上书，12：4。
④ 同上书，17：27。
⑤ 同上书，2：72。"这也就是梵之所在，达到它，就不愚痴；立足其中，阿周那啊！死去能够达到梵涅槃。"此处"涅槃"原是佛教用词，指摆脱生死轮回，《梵歌》似借鉴了佛教用语，冠以"梵"，以与佛教相区别。一般来讲，后世印度教多用"解脱"（mokṣa）来表达摆生死脱轮回之意。

（二）《梵歌》平等观的核心特征

由以上四点语义分析来看，《梵歌》中的平等思想具有主观性、超越性、普遍性和包容性这四个突出特点。

第一，《梵歌》的平等思想具有主观性。《梵歌》的平等思想具有强烈的主观性，它指向主体在面对事物和关系过程中所持的心态，而非调节事物和关系的规则或制度。这导致一种效果，行动者不执着于成败，却投入战争；行动者心念平等，却甘于不平等。似乎只要不执着、不动心，尘世间的杀戮和不平就会烟消云散，这显然是荒谬的，深刻体现了《梵歌》平等思想所具有的局限性。问题是《梵歌》为何要回避平等的规则和制度意义，转而强调平等的主观心态？这与《梵歌》背后的时代背景与主导的新婆罗门教有关。在孔雀王朝时代，种姓的松动迹象为后世崇奉婆罗门教的王朝带来刺激，使其转而奉行巩固种姓制度的政策。为了避免与种姓之法形成直接冲突，动摇婆罗门教的基础，《梵歌》将社会中涌动着的平等诉求引向了主观世界。这便形成了一种奇特景观：一方面，以《摩奴法论》为代表的法论在规则和制度上对种姓制度进行了细密规定；另一方面，《梵歌》却发出了平等的"梵音"。如果说，《摩奴法论》代表着面向精英的、硬性的一面，那么《梵歌》则代表了面向大众的、柔性的一面，二者彼此参照，相得益彰，代表了同一种意识形态的两面。在《梵歌》的安排中，平等吁求被转换为行动者的主观态度，缓和了它对实际社会制度的冲击。因此，《梵歌》的这种主观平等思想与其说具有突破性，不如说具有保守性。这不免令人想起西方中世纪基督教平等观与等级制度的结合，这使我们发现宗教所倡导的平等，并不会天然地与世俗生活中的不平等形成冲突，相反，宗教的平等观念也可能吸纳不满，甚至巩固不平等的社会秩序。

第二，《梵歌》的平等思想体现超越性。《梵歌》借助吠檀多哲学的"梵我合一"思想，将人们对平等的关注转移到个体灵魂与梵接通这个方向上，使其具有彼岸、超越和修行论的意义，使人们误以为平等追求无关于规则和制度，而与个体的宗教修行和心灵境界有关。这也带来了悖论：对终极平等的强调越重，就越容易使人们忽视规则和制度的不平等，导致神圣与凡俗、理想与现实之间的撕裂。邱永辉指出，在《薄伽梵歌》成书的这段历史时期，种姓制度下的高种姓与低种姓的对立更加突出。① 而从《摩奴法论》来看，当时的种姓制度进一步加固。这说明《梵歌》的超越平等观并没有在实际社会生活中落实，反而将人们对平等的希望引向了彼岸，将功夫转向了个体修行和来世愿景，其批判潜力进而被完全吸收。这同样是《梵歌》平等思想的一大缺陷，是其保守性的体现。更值得重视的是，在《梵歌》中已经可以看到"幻"的思想。诗云："隐蔽在瑜伽幻力中，我没向任何人显露，而这个愚痴的世界，不知道我不生不变。"② 凭借"幻"的理论，《梵歌》将本体的梵与现象界分隔开来，只留下瑜伽开辟的狭窄通道。在梵的本体界中是超越的平等，但在幻力作用的世俗生活中，是赤裸裸的不平等。也许，这种超越的平等是永远也无法兑现的期票。马克思曾如此辛辣地批评印度社会，"我们不应该忘记，那些小小的公社带着种姓划分和奴隶制度的污痕；它们使人屈服于外界环境，而不是把人提高为环境的主宰；它们把自动发展的社会状态变成了一成不变的自然命运，因而造成了对自然的野蛮的崇拜，从身为自然主宰的人竟然向猴子哈努曼和母牛撒巴拉虔诚地叩拜这个事实，就可以看出这种崇拜是多么糟踏人了"③。由此可见，《梵歌》平等观的缺陷在于，其未能将平等从主观心态拉到现实制度中来，未能从梵的高空中拉到生活的地面上来。而这与1世纪之后至笈多王朝时代婆罗门教的复兴有着千丝万缕的关系。

第三，《梵歌》的平等思想呈现普遍性。《梵歌》的平等思想所囊

---

① 邱永辉：《印度教概论》，第183页。
② 毗耶娑：《薄伽梵歌》，7：25。
③ 卡尔·马克思：《不列颠在印度的统治》，载《马克思恩格斯文集》第2卷，人民出版社2009年版，第683页。

括的主体不仅包括人,还包括"众生",甚至是万物。我们今天所熟悉的平等思想所涉及的主体是人,是人际关系上的平等,具有突出的人类中心主义特征。而《梵歌》的平等思想不仅涉及人际关系,还涉及人与各种生命体和物之间的关系。《梵歌》写道,"品学兼优的婆罗门、牛、象、狗和烹狗者,无论面对的是什么,智者们都一视同仁"①,"即使出身卑贱的人、妇女、吠舍和首陀罗,只要向我寻求庇护,也能达到至高归宿"②。这两段在信仰层面将婆罗门与吠舍、首陀罗和作为贱民的"烹狗者"一视同仁,甚至提出男女平等的主张,可谓特出;而将婆罗门与牛、象、狗这些动物一体看待,更可谓惊人。还有"平等看待土块、石头和金子"③,涉及人对待外物的总体态度,与庄子的"齐物我"颇有异曲同工之妙。其背后的原理在于,众生与万物都是梵的组成部分,由梵而来,在梵之中,相互平等。这使《梵歌》的平等思想超越了人类中心主义,具有普遍性。从功能角度来讲,这种普遍性适应了孔雀王朝之后重新凝聚帝国的政治需求,能够与君主制国家的仁政相互配合。在这种平等思想中,"婆罗门""瑜伽行者""智者"可以将慈悲普施于治下的民众,甚至及于牛马,起到了强化统治正当性、柔化暴力的作用,其功能与中国古代儒家"仁民爱物"④ 的说法颇相类似。但这种思想具有积极意义,极大扩展了平等观念的辐射范围,具有现代转化的潜力。由此看来,这种印度版本的平等思想与我国传统法文化中的平等因素颇有相通之处。在我国传统法文化中,除了源自印度的佛教以外,儒家、道家与墨家都曾有过关于平等的论述。例如,荀子说:"故仁人在上,则农以力尽田,贾以察尽财,百工以巧尽械器,士大夫以上至于公侯,莫不以仁厚知能尽官职,夫是之谓至平。"(《荀子·荣辱》),体现了在差等的表象下蕴涵着的平等。因此,

---

① 毗耶娑:《薄伽梵歌》,5:18。
② 同上书,9:32。
③ 同上书,14:24。
④ 《孟子·尽心上》:"君子之于物也,爱之而弗仁;于民也,仁之而弗亲。亲亲而仁民,仁民而爱物。"

张舜清说:"总体来看,对儒家而言,平等,就是基于不平等的自然事实并合乎逻辑地得出对万物、对不同的人必须区别对待的平等。以不平等为基础去追求平等,可以说,这是儒家思考有关平等问题的一个重要的特点。"① 这种基于差等的平等观在《梵歌》中也有所体现。但与儒家思想不同,《梵歌》的平等观出发点却并非差等,也并不主要着眼于人伦。相反,它所看重的是生命在原初意义上的平等,此一点与社会学中的拟剧论颇相类似。这种态度将人生视为一幕戏剧,人人在幕后一律平等,但同时又强调粉墨登场之后的角色差异,而儒家的那种基于差等的平等却缺少了退场的部分。道家的平等观在原初意义的平等旨趣上,倒是与《梵歌》类似。例如,庄子曾说"万物一齐,孰短孰长""以道观之,物无贵贱"(《庄子·秋水》),表达了"天地与我并生,而万物与我为一"(《庄子·齐物论》)的齐物思想。这与《梵歌》着眼于生命状态,以超越眼光打量凡尘俗世,与天地混同的精神旨趣颇为相通。但两相对比,《庄子》的平等趣味似乎偏于艺术,《梵歌》的平等观则偏于宗教,二者超越的取径有所不同。而再与《墨子》中的"尚同"和"兼爱"相比,《梵歌》的平等观特点更为突出。墨子的"尚同"思想是指统一标准(《墨子·尚同》),《梵歌》则主张兼容差异,有"尚异"的一面;墨子的"兼爱"思想主张爱人如己,使每个人平等获益,在"兼相爱"中渗透着"交相利"(《墨子·兼爱》),而《梵歌》却主张无我之爱,强调对利益"不执",甚至有所摒弃。由此可见,与中国古代文化中的平等思想相比,《梵歌》的平等观有着独特的印度风格。

第四,《梵歌》的平等思想含有包容性。在《梵歌》的平等思想中,蕴涵着消除对立、兼收并蓄的意味。这体现在五个方面。其一,它将数论、瑜伽和吠檀多衔接,认为不同哲理彼此相通;其二,它将智瑜伽、业瑜伽和信瑜伽相提并论,认为智慧、行动和虔敬都通往解

---

① 张舜清:《儒家君子文化中的平等意蕴》,《北京大学学报》(哲学社会科学版)2020年第1期,第54页。

脱；其三，它将祭祀、苦行和布施一体包容，对祭祀主义、苦行主义和世俗利乐兼收并蓄；其四，它认为"有些人怀抱信仰，虔诚祭拜别的神，尽管不符合仪轨，他们也是祭拜我"①，兼容了不同信仰；其五，它隐含吸纳佛教的众生平等观，改头换面为己所用。至1世纪前后，印度佛教进入大乘佛教时期，众生平等思想得到广泛传播，给古印度种姓制度带来冲击。为了应对这种冲击，《梵歌》在加工过程中隐含地吸纳了这种众生平等思想，其中"在自我中看到众生，在众生中看到自我，无论何处，一视同仁"②有着与佛教相似的趣味。我们有理由相信，在应对佛教思想的过程中，《梵歌》以隐晦方式吸纳了其中的精髓，对其做了重要改造。例如，消除了佛教平等思想中反对种姓制度的部分，将其纳入了吠檀多哲学"梵我合一"的轨道，使其形而上学化。这便削弱了佛教思想对种姓制度的冲击，并以涵括方式将其排除，这未尝不是《梵歌》平等思想具有包容性的另一种体现。

总之，在笔者看来，《梵歌》的平等观具有主观性、超越性、普遍性和包容性四个核心特征，其中前两个特征具有消极性和保守性，不利于使思想变成推动社会变革的动力，而后两个特征具有积极性和激进性，直到现在我们仍能感受到其冲击力。

三、《薄伽梵歌》平等观的现代转化

《梵歌》诞生之后，便被奉为吠檀多派的经典，中古时代著名哲学家商羯罗（Śaṅkara）与罗摩奴阇（Rāmānuja）都曾专门为其作注，可见其影响力之大。商羯罗主张，《梵歌》的核心教义是人只能通过正确的知识获得解脱，而罗摩奴阇更加强调每个社会阶层都应恪守义务。商羯罗偏重智瑜伽，而罗摩奴阇强调业瑜伽。③然而，这些思想都属吠

---

① 毗耶娑：《薄伽梵歌》，9：23。
② 同上书，6：29。
③ 孙晶：《印度吠檀多哲学史》上卷，中国社会科学出版社2013年版，第99页。

檀多哲学的范围，争论的是修行的境界和解脱的法门，并未动摇印度的种姓制度，也无法解决不平等问题。

直到近代伴随着西方启蒙思想渗入印度，在早期孟加拉启蒙思想家和宗教改革家，如罗姆·罗易（R. Roy）、泰戈尔、罗摩克里希纳（Ramakrishna Paramhamsa）和辨喜（S. Vivekananda）等人的推动下，西方启蒙思想中的自由、平等思想开始传播。例如，罗易和泰戈尔赞赏"天赋人权"，对印度社会广泛存在的歧视妇女的现象展开抨击，提倡男女平等、妇女解放，① 而罗摩克里希纳与辨喜也提出"人类宗教"的观念，倡导不同群体、教派之间的平等共处与相互包容，② 其中辨喜特别强调自由、平等、博爱的人道主义是"最高真理"，而未来最好的社会模式是"印度宗教"与"欧洲生产方式和自由民主体制"的结合体③。这些平等思想都冲击着印度数千年来不平等社会秩序的堤坝。然而，他们都希望现代保障自由、平等的社会制度能够与传统印度文化，特别是印度教哲学相调和。

在这种调和的声浪中，印度近代民族解放运动的领袖，如提拉克（G. Tilak）与甘地都不约而同地将目光投向了在印度社会极具号召力的《梵歌》。他们将《梵歌》视为凝聚人心的文本，通过对《梵歌》的再解释来提出印度自治的政治纲领。但是，不论是提拉克还是甘地，其解释《梵歌》的重心都在于民族独立，却忽视了文本中的平等思想，未能将其解放潜力真正释放。④ 这引起印度著名政治家、思想家，贱民领袖安培德卡尔的猛烈抨击。他指出，以甘地为代表的那些热衷于解释《梵歌》的印度教思想家和政治家们，忽视了《梵歌》中平等思想的保守性，未能指出文本与种姓制度妥协的残酷现实，并且抨击"……《薄伽梵歌》既非宗教之书，也非哲理之作。它所做的是为了捍

---

① 朱明忠：《印度吠檀多哲学史》下卷，中国社会科学出版社2013年版，第32页。
② 同上书，第49页。
③ 同上书，第76页。
④ Richard H. Davis, *The Bhagavad Gita: A Biography*, Princeton University Press, 2015, pp. 130-145.

卫以哲学为基础的一些宗教教条"。① 其真实意图是为了粉饰种姓制度，消除佛教平等思想的冲击，是一种"反动学说"②。

安培德卡尔的这种批判虽然显得过激，但并非全无道理。由于出身马哈拉施特拉邦的马哈尔贱民种姓，独特的立场使他更能洞察印度种姓制度不平等的严酷性。在他看来，印度的传统文化——特别是印度教文化本身无法开出自由平等之花。唯有吸收和借鉴西方近现代的启蒙思想，立基于民主法治，才能真正改变种姓制度，消除不平等。因此，他的观点与甘地的主张形成了尖锐对立。在甘地看来，可以通过道德劝告以及自己的榜样，来建立一种包容性的印度民族观念，婆罗门和贱民可以在这一观念下实现平等。③ 在这种对立中，我们可以看到在平等问题上，近代印度精英奉行着两种代表性观念：一种是诉诸精神境界和道德感化，希望在印度传统之中找寻向现代平等社会转化的契机；而另一种则更加强调在政治和法律层面进行大刀阔斧的改革，冲破传统社会和思想的罗网。这两种不同的态度，导致不同的思想家分别对象征着印度文化传统的《梵歌》采取了同情理解与批判反思的态度。而两种态度之间的对立，与我国在新文化运动时期陈独秀等启蒙思想家和以刘师培、黄侃为代表的国故派围绕着儒家思想的辩论颇相类似。其争论的焦点都在于，在社会转型的历史时刻，究竟以何种方式对传统法律文化进行批判的袭取，使其既承接自由与平等的现代精神，又与本国国民的人心与人生完美对接。

在这场争论中，印度"三哲"之一，著名思想家阿罗频多（S. Aurobindo）的观点较为特出。他在《薄伽梵歌论》中谈道："《薄伽梵歌》之说平等性也，乃在其精神义度中，高尚广大，乃使《歌》之教义为秀出。"④ 在他看来，这种平等精神超越了狭隘的种族主义和

---

① B. R. Ambedkar, "Krishna and His Gita", in Valerian Rodrigues (ed.), *The Essential Writings of B. R. Ambedkar*, Oxford University Press, 2002, p. 193.
② 同上书，第 199 页。
③ 约瑟夫·莱利维尔德：《伟大的灵魂：圣雄甘地与印度的斗争》，尚劝余等译，浙江大学出版社 2020 年版，第 198 页。
④ 室利·阿罗频多：《薄伽梵歌论》，徐梵澄译，商务印书馆 2003 年版，第 110 页。

物质主义，提升了人文的精神高度，为我国学者徐梵澄所激赏。① 但另一方面，我们又不难看出，这种高贵的精神却缺乏强有力的政治共同体基础和建制化的法律支持。这种依赖于精神阶层道德自觉的精神哲学，由于缺乏普罗大众的广泛参与，恰似阳春白雪，极易在社会现实的曝晒之下消融殆尽，显得不如西方启蒙思想那样雄猛有力。唯一解决问题的方式是透过政治法律制度，将理念与现实、精英与大众衔接起来。

1949 年 11 月，印度宪法经印度制宪会议通过，并于 1950 年 1 月 26 日生效。该宪法在序言中正式将"正义、自由、平等与博爱"写入，并在其第三部分"基本权利"编的第 14—18 条中，详细规定了平等权条款，同时废除了不可接触制。该宪法设计了一种复杂的平权制度，对处于弱势社会地位的种姓、部落和女性给予扶助。② 作为这部宪法的主要起草人，安培德卡尔被誉为"现代摩奴""印度宪法之父"③。其追求平等的理想终于在法律制度中得到了体现，而这也是印度文明史中的大事。以此看来，似乎通过现代民主法治追求平等的理念在印度取得了决定性胜利。

但平心而论，直到今天，在印度将文本的平等转化为实际的平等、将少数精英头脑中的平等转化为大众接纳的平等、将政治与法律的平等转化为社会平等，始终是一个复杂而严峻的问题。而这种转化确实需要将制度与思想观念打通，将理想与现实打通，将过去与未来打通。而若要实现这种打通，不借楫于一个民族自身的文化传统，是很难完成的。从这个角度看来，激活《梵歌》中所蕴含的平等思想，对其进行阐释、转化和升级，就变得更加富有意义。

在笔者看来，对《梵歌》平等思想的再阐释可从以下三个方面入手。

---

① 孙波：《读徐梵澄译〈薄伽梵歌论〉中的案语提示》，《世界宗教文化》2010 年第 1 期，第 7 页。
② 张文娟：《印度种姓特留权制度的宪法设计及运行挑战》，《清华法学》2020 年第 1 期，第 83—106 页。
③ 参见毛世昌主编：《印度贱民领袖、宪法之父与佛教改革家——安培德卡尔》，中国社会科学出版社 2013 年版。

第一，将《梵歌》的平等观与现代民主法治相结合。在古代社会，由于社会秩序建立在不平等的身份关系基础上，无法实现"从身份到契约"的转化，使不论是佛教的"众生平等"观，还是《梵歌》中的超越平等观在根本上都无法落实于社会关系，特别是无法在政治与法律层面得到实现。而且由于政治制度和宗教文化的影响，古代社会很难在帝国之外，设想一种赋予人们自由与平等关系的政治安排。这些因素决定了《梵歌》平等观的局限性和保守性，使其无法挣脱帝国体制和种姓制度。这便造成《梵歌》的平等观在理想与现实之间，在观念与制度之间的内在矛盾，最终使其不得不与当时的制度与社会安排妥协，让行动依据婆罗门教经典，让伦理与法律强化种姓制度。但随着时代发展和社会进步，现代民主法治为《梵歌》平等观提供了新的场景。自由和平等是民主法治的生命源泉和精神根基，而这恰恰与《梵歌》中那种理想性的平等遥相呼应。除了极少数关于种姓的论述，《梵歌》的多数主张都着眼于"人"而非特定身份，强调抹除差别与对立，让人类平等相待。这种高远的平等理想，恰恰有助于人们摆脱个体的狭隘、偏见与私欲，实现人与人的和平共处与相互扶助，为民主法治提供助力。

第二，将《梵歌》平等观的超越性与世俗性相结合。与世俗社会的平等观有所不同，《梵歌》平等观的一大特色在于其具有超越性。在古代社会，这种超越性往往依附于宗教，为统治集团所利用，成为美化权力和粉饰太平的工具。但在现代社会，超越性可以经过生命伦理的转化和升华，变为人们反思世俗功利，转而追求更佳生命状态的驱动力。这种转化和升华的关键在于，改变传统印度思想重无为而轻有为、重来世而轻今生、重彼岸而轻此岸的消极态度，将人们的关注点转移到制度和社会生活上来。为此，近代印度著名思想家在对《梵歌》的再阐释中，都不约而同地强调行动的积极作用，反对"摩耶"（即幻象）的思想。① 正如朱明忠所说，"'摩耶论'的核心是鼓励人们脱离

---

① 例如，提拉克倡导"积极行动"的人生哲学，泰戈尔主张"在行动中证悟"，拉达克里希南（S. Radhakrishnan）反对"幻"论，认为物质世界是真实存在。这些观点参见朱明忠：《印度吠檀多哲学史》下卷，第 104、172、226、277—278 页。

现实世界和现实社会，去过一种遁世苦修的生活"①。从法文化角度来看，这种转化和升华并非意在让人们再次匍匐于威权之下，而是使人获得勇气和能力，去追求独立自主。它向内提升人的道德境界，向外追求实现生命解放的制度条件。而切实保障自由与平等的民主法治，无疑是合适的制度。这样，《梵歌》中的超越平等观便与世俗生活实现对接，使超越性与世俗性相结合。这同时也符合《梵歌》的意旨，因为业瑜伽本身倡导人们积极行动，投入世俗生活，而非超尘出世，甚至消极避世。根据业瑜伽的行动伦理，人类对平等的不懈追求不能停留于思想和心灵的运动，而要做到知行合一，将平等的理念付诸行动。正因为如此，在印度近代民族解放运动中，《梵歌》起到了革命宣言的作用，鼓舞着无数志士仁人投入反对英国殖民统治，追求民族独立和自由平等的斗争。这一重要转化，也扭转了世界对印度文明"消极避世"的刻板印象，使人们看到这个古老文明自我革新的勇猛精神，为印度独立后推行一系列大刀阔斧的社会改革提供了助力。②

第三，丰富并发展《梵歌》平等观的普遍性与包容性。《梵歌》中的平等观具有广泛的普遍性和极大的包容性。它不仅打破了种族主义、宗派主义、男权主义、拜金主义和国家主义，还将平等的范围扩展至全人类，甚而突破了人类中心主义，将各种生命和非生命也纳入观照。这无疑是人类文明留存至今的诸多平等思想中最特殊、最激进，也是最宝贵的资源。沿着这种平等观，我们可以思考，在现代社会应如何面对各种不平等现象。这些现象包括：（1）种族主义回潮和种族歧视的残余现象；（2）宗教纷争激化及其导致的不宽容；（3）男权主义盛行以及对女性地位与权利的漠视；（4）在世界体系中，国与国之间的弱肉强食与恃强凌弱；（5）拜金主义所导致的贫富分化和为富不仁；（6）人类中心主义所导致的残杀动物和生态破坏。这些问题在当今世界的不同地

---

① 朱明忠：《印度吠檀多哲学史》下卷，第 19 页。
② 陈西西：《论〈薄伽梵歌〉中的平等观与种姓制度》，《南亚东南亚研究》2021 年第 3 期，第 111—112 页。

区以各种不同形式存在，且变得日益严重。而《梵歌》平等观指出，这一系列不平等现象往往不仅与规则和制度相关，而且与人的观念和深层欲望有关，其根源来自于人以自我为中心，以他人和自然为工具的目的理性思想。而《梵歌》所强调的"不执"与"无我"，未尝不是补偏救弊的救世良药，这与德国思想家哈贝马斯（Jürgen Habermas）所主张的沟通伦理与交往哲学颇有相通之处。[1] 哈贝马斯也曾强调，人走向成熟的一大标志是克服自我中心，深刻认识到自我与他者共存的必要性，方能激发沟通潜能[2]，实现包容他者[3]。以此看来，《梵歌》的平等思想恰恰是包容他者的典范！而当我们沉思《梵歌》所具有的包容性，便能体会到，这种包容（inclusiveness）比宽容（tolerance）更进一步——后者仅止于容忍差异，要求相互承认，而包容却在容忍的基础上增添了欣赏、认同和接纳的意蕴。[4] 它与西方启蒙思想中的宽容与博爱思想一起，为人类打破分隔与对立，实现相互理解与合作提供了重要的精神支持。在此基础上，阿罗频多曾提出以比较宽松的世界联盟为载体的"人类统一"理想，以超越民族国家[5]，而这又与中国哲学中的"大同"理想[6]和哈贝马斯的"世界内政"[7] 主张有异曲同工之妙。

印度建国后，很多有识之士加入到追求平等的事业中来，改革制度、移风易俗，在种姓、男女、贫富平等的方面取得可喜进展，也积

---

[1] 尤尔根·哈贝马斯：《交往行为理论》第1卷，曹卫东译，上海人民出版社2004年版，第70页。

[2] 尤尔根·哈贝马斯：《交往与社会进化》，张博树译，重庆出版社1989年版，第95页。

[3] 尤尔根·哈贝马斯：《包容他者》，曹卫东译，上海人民出版社2002年版，第195—198页。

[4] Wilhelm Halbfass, *India and Europe*, State University of New York Press, 1988, pp. 403-406.

[5] Aurobindo Ghose, *The Ideal of Human Unity*, Sri Aurobindo Ashram, 1950, p. 309.

[6] 《礼记·礼运》。近代康有为将大同思想与源自印度的佛教思想结合，提出了新的大同思想。参见康有为：《大同书》，载姜义华等编：《康有为全集》第7卷，中国人民大学出版社2007年版，第1—188页。

[7] 尤尔根·哈贝马斯：《国际法的宪法化还有机会吗》，载尤尔根·哈贝马斯：《分裂的西方》，郁喆隽译，上海译文出版社2019年版，第186页。

累了丰富经验，这使古老的印度文明逐步获得新生，但在现实生活中仍遗留着很多有关不平等的问题和纷争有待解决。尽管《梵歌》中的平等观由于历史上的种姓制度根深蒂固而在印度的现实情境中很难实现，但其中众生平等和万物一视同仁的平等观，对于整个人类摆脱民族主义、人类中心主义，走向世界主义并与一切生物和非生物和谐共处，具有重要启示和普遍价值。可以说，平等问题不仅仅是印度难题，也是世界难题。而《薄伽梵歌》在托克维尔（de Tocqueville）所说的"势所必至，天意使然"[1] 的平等浪潮中，将焕发出新的光辉，成为启迪全体印度人民乃至全体人类的宝贵资源。[2]

---

[1] 托克维尔：《论美国的民主》上卷，董国良译，商务印书馆1989年版，第7页。
[2] 《薄伽梵歌》思想的域外传播，参见 C. A. Bayly, "India, the Bhagavad Gita and the World", Mishka Sinha, "The Transnational Gita", in Shruti Kapila & Faisal Devji (eds.), *Political Thought in Action: The Bhagavad Gita and Modern India*, Cambridge University Press, 2013, pp. 1-47。

第七章　刑杖与赎罪
——传统印度刑法的双重运作

　　传统印度刑法内容并非像古今许多国家的刑法那样，表现为政府制定的成文法，而是主要表述在法论经典著作中。传统印度刑法内容的发展经历了从神启经到圣传经的过程，法论是圣传经的重要组成部分。在这个过程中，国王之法和赎罪之法构成了传统印度刑法的规范基础，且呈现为二元体系。国王之法提供了关于犯罪和刑罚的规范体系，赎罪之法则是关于罪孽与赎罪的规范体系；国王之法维护国王的权威和世俗秩序，赎罪之法则体现婆罗门权威和神圣秩序。因此，传统印度刑法体系表现为以"刑杖"和"赎罪"相结合的一种双重运作架构。传统印度刑法的双重运作是印度独特社会条件下的产物，它反映了宗教权威和政治权威在法律领域的奇特结构：婆罗门在理论上限制国王的权威，同时婆罗门权威在实践上又依靠国王的刑杖。质言之，传统印度刑法的双重运作是两种权威和两种秩序之间充满张力的互动过程。

一、传统印度刑法的界定、形成与体系

　　本章"刑法"是指刑事规范体系，既包括刑事法律制度，也包括刑事法律文化。印度刑法是一个地域性概念，主要指涉印度古代和现代曾经存在过的刑法，包括古代印度教刑法、伊斯兰教刑法和英国刑法等。"传统"或"古代"则是一个时间性概念，相对于"现代"概念而言，主要指雅利安人进入印度之后至英国进入印度之前的历史阶段。传统印度刑法有广义和狭义之分。广义的"传统印度刑法"是指

古代印度的刑法。不过，本章使用"传统印度刑法"概念，并不包括伊斯兰教刑法，而是指以印度教法经和法论为基础的刑法。这里"印度教"主要指由古代婆罗门教发展而来的印度教。因此，本章是在最狭义的概念上使用"传统印度刑法"，指称最具印度本土文化特色的刑法，即由印度教法论阐述的刑事规范体系。①

与现代刑法比较，传统印度刑法具有以下特点：首先，与现代刑法的法典化不同，传统印度刑法主要表现学说之法，其主要内容记载在各种印度教法论之中，②如《摩奴法论》《祭言法论》《那罗陀法论》《布利哈斯帕提法论》《迦旃延那法论》《帕拉舍罗法论》等。其次，与现代刑法的世俗化不同，传统印度刑法内容具有浓厚的宗教色彩和伦理要求，属于神圣之法。因为"法"（dharma）的含义是极其丰富的，具有"维持""支持""义务""秩序""法则"等意思。③法论不是单纯关于法律规范的学说，而是包括宗教伦理和社会道德规范在内的学说。因此，传统印度刑法并不区分宗教伦理上的罪孽（sin）和政治法律上的犯罪（crime），犯罪本身就被视为是一种罪孽。在印度教法中，凡是违背神圣律法的行为都被规定为罪孽，而罪人应当受到惩罚或者修赎罪苦行。最后，与现代刑法的理性化不同，传统印度教刑法具有非理性的特质，表现为信仰之法。譬如法论以神创世说和业报轮回等宗教观念为刑杖和赎罪提供理论基础。

基于对传统印度刑法的界定，传统印度刑法的形成与印度教法论的形成属于同一个过程。这个过程可以分为三个不同的阶段：第一阶段是以宇宙"利塔"（秩序）为中心概念的吠陀时代前期（前1500—前

---

① 本章关于"传统印度刑法"的界定，参考了高鸿钧教授关于传统印度法的观点。参见本书导论。

② 虽然法经也有一些关于刑事规范的规定，但是关于传统印度刑法的论述主要集中在各种法论之中。关于法经与法论的区分及其关联，参见 C. Sarkar, *Epochs in Hindu Legal History*, Vishveshvaranand Vedic Research Institute, 1958, pp. 20—21。

③ 参见高鸿钧：《法律与宗教：宗教法在传统印度法中的核心地位》，《清华法学》2019年第1期，第3—5页。

800 年)。① 这个时期古代印度的婆罗门已经形成关于罪孽及惩罚的基本概念，这些观念都建立在宇宙"秩序"的基础上，并表现为祭祀仪式。根据《梨俱吠陀》，宇宙"秩序"是一种超人的、宏观的世界秩序。一切存在或者事物都是按照宇宙"秩序"设定的进程来存续并实现其运作的，就连神灵也同样受到宇宙"秩序"的约束和支配。在这种秩序中，人们可以通过祭祀引发众神和宇宙"秩序"力量产生好的果报。反之，背离吠陀仪式的行为就会被视为得罪众神，并招致神的惩罚。因此，宇宙"秩序"及其代理人即众神，是以祭祀为媒介，对人类生活施加神圣赏罚。这种神圣报偿（divine retribution）观念是古代印度社会公正（rightness）概念之源泉。② 在执行这种神圣报偿的众神中，伐楼拿是司法之神，具有监视世界的"巨眼"或者"众眼"，知晓一切秘密。包括从超自然世界、自然世界到地下世界的所有已经发生或即将发生的行为，以及人所讲的一切真话与谬论，都在他的监视之下。因此，世间一切行为都受到伐楼拿奖赏与惩罚的约束。在这个意义上，伐楼拿是神圣"秩序"的维持者和守护者。不过，这不意味着伐楼拿及其他众神在"治理"宇宙"秩序"，相反，他们服务于这种神圣"秩序"。③

第二阶段是以"法"为中心概念的古典印度教法时期（前 800—200 年）。④ 这个时期婆罗门关于宇宙"秩序"及其神圣报偿观念逐渐被关于"法"及其义务的观念所取代。首先，"法"被认为是宇宙"秩序的法"（dharma of ṛta），因此，吠陀经被认为是"法"的神圣渊源。其次，这个时期的"法"从祭祀的宗教仪式扩展到其他社会领域，如职业、家庭、政治和法律，形成各种社会行为规范，如种姓之法、人生之法、国王之法和赎罪之法等。再次，这个时期"刑杖"／"且

---

① Werner Menski, *Hindu Law: Beyond Tradition and Modernity*, Oxford University Press, 2009, p. 86.
② Day Terence, *The Conception of Punishment in Early Indian Literature*, Wilfrid Laurier University Press, 1982, pp. 27-41.
③ 同上书，第 30 页。
④ Werner Menski, *Hindu Law: Beyond Tradition and Modernity*, p. 94.

陀"（daṇḍa）与"法"具有同一性，强调"法"的力量。一方面"刑杖"被认为是法本身，甚至是神的力量化身，另一方面"刑杖"被人格化，被认为是国王和统治者。如此，"刑杖"不仅是一切生物的保护者，而且是"法"的维护者。复次，赎罪之法与国王之法并驾齐驱。如果国王之法维护的是世俗秩序，那么，赎罪之法维护的就是神圣秩序。同时，二者是相互交叠的，如国王的刑杖具有赎罪的功能，赎罪被视为是对罪愆的补救和对不当行为的修复。最后，国王之法是"众法"之首。虽然"刑杖"具有神性，但是，"刑杖"的执掌者是国王。不过，荒淫昏庸、不公正和卑鄙的国王却会被"刑杖"毁灭。这意味着正确执掌"刑杖"的国王必须遵循国王之法，如精通"法""利""欲"等人生三要，向博学的婆罗门请教，等等。虽然"刑杖"是"法"的维护者，无论种姓之法、人生之法、国王之法，抑或赎罪之法，都离不开"刑杖"的支持，但是，"刑杖"执掌正确与否又取决于国王。因此，国王之法实质上是"众法"之首，具有正确引领"刑杖"之功能。

第三阶段是以"旦陀"和"毗耶伐哈罗"（vyavahāra，法律程序）为中心概念的古典印度教法晚期阶段（200—1100年）。[①] 这个时期印度教法重心逐渐从宗教、道德和伦理义务转移到法律规则和程序。首先，"毗耶伐哈罗"明确了国王审理的案件范围，譬如属于国王管辖的刑事案件类型主要有六种，分别是打人、言语伤人、偷盗、强盗、奸淫妇女和其他罪行等。这里"其他罪行"主要涵盖了国王基于统治目的而惩罚的各种罪行，如通敌叛国、抢劫国库、枉法裁判、破坏公共设施、商业欺诈、非法行医，等等。前五种罪行属于"法"的范畴，"其他罪行"则属于"利"的范畴，因此，"其他罪行"属于权宜之计，由国王决定具体罪名及刑罚。在《摩奴法论》中，国王针对"其他罪行"采取的打击行动，被称为"拔除国刺"。[②] 其次，"毗耶伐哈

---

① Werner Menski, *Hindu Law: Beyond Tradition and Modernity*, p. 107.
② 《摩奴法论》，蒋忠新译，中国社会科学出版社2007年版，9：251—253。

罗"明确了国王"刑杖"的基本类型，主要包括四种惩罚方式：一是申斥，二是责骂，三是罚款，四是肉刑。① 再次，"毗耶伐哈罗"形成了两种审判模式：一是基于证据的审判，二是基于神判的审判。在古代印度刑事审判中，若当事人可以提供证据，如证人证言或所有权凭证等，一般不采取神判。因此，只有在难以提出证据时，法官才对争议双方诉诸神判。在法论中，神判类型有不同种类，如《摩奴法论》只提及两种神判方式，即火审和水审；而《祭言法论》《那罗陀法论》《布利哈斯帕提法论》则分别提出了五种、七种和九种神判方式，除了火审和水审外，还有称重审、毒审、粮审、热铁审、神浴审、抓阄审等。此外，神判往往与当事人发誓结合在一起，神判主要功能在于检验誓言是否真实。② 复次，"毗耶伐哈罗"明确了法庭构成和法官资格。譬如《摩奴法论》主张国王应亲自审理案件，或者由一名博学的婆罗门和三名精通吠陀的婆罗门组成法庭代表国王审理案件。同时，它还明确禁止首陀罗担任法官来解释法律。最后，"毗耶伐哈罗"还指出了法庭组织的类型。譬如《祭言法论》将法庭划分为不同层级，如小型（家庭）法庭、行业法庭、国王指定的大型法庭和国王法庭等。③ 此外，法庭流程也逐渐固定下来，主要包括四个步骤：起诉、答辩、庭审和判决。④

上述三个阶段之后，传统印度刑法基本成型。印度教法论的形成是一个从神启经到圣传经的漫长过程。在这个过程中，传统印度刑法的形成经历了三个阶段的中心概念转移：从"利塔"到"达摩"，再到"旦陀"和"毗耶伐哈罗"。这三个阶段反映了传统印度刑法的观念复杂性逐渐增加，因为新观念的出现不仅意味着社会结构变得更复杂，而且意味着不同观念之间的矛盾与协调。然而，无论国王之法，抑或

---

① 《摩奴法论》，8：129。
② Birendra Nath, *Judicial Administration in Ancient India*, Janaki Prakashan, 1979, pp. 119-126.
③ 参见陈王龙诗：《从法经到法论：法律规范的析出与确立》，《清华法治论衡》第26辑，清华大学出版社2018年版，第157页。
④ Birendra Nath, *Judicial Administration in Ancient India*, p. 132.

赎罪之法，都是传统印度刑法的基本内容。此后，虽然古典印度教法的发展出现了以"评注"和"汇纂"为中心的阶段，但是，这些文献发展没有从根本上改变《摩奴法论》《祭言法论》《那罗陀法论》等古典印度教法论所确立的法律精神和价值原则。因此，在这三个阶段之后，传统印度刑法的基本范畴和运作架构就稳定下来了。

传统印度刑法体系是二元体系，它包括国王之法和赎罪之法。首先，印度教法论在语义上划分了国王之法与赎罪之法。在传统印度刑法中，国王之法建立在刑杖基础上，赎罪之法建立在赎罪基础上。质言之，国王之法靠强制，以国家暴力机器作为后盾；赎罪之法由婆罗门会议决定并监督，对于严重的犯罪，行为人若拒绝赎罪，婆罗门可请求国王予以惩罚。对于拒绝赎罪者的另一种威胁是，他们会受到业报的惩罚。其次，国王之法与赎罪之法在内容上是两个不同的规范体系。国王之法主要处理社会各种世俗问题，如处理民事纠纷和打击犯罪；赎罪之法主要处理个体救赎问题，如消除罪孽和获得好的果报。由于印度教法并不区分罪孽和犯罪，所以，在一些犯罪问题上，国王之法和赎罪之法交叠在一起。最后，国王之法和赎罪之法在运作上体现了不同秩序和权威。国王之法是国王权威和世俗秩序的体现，赎罪之法则是婆罗门权威和神圣秩序的体现。虽然国王是世俗秩序和神圣秩序的维护者，但是，国王的权威需要得到婆罗门的支持，而婆罗门的权威又依赖国王的刑杖。因此，国王的权威和婆罗门的权威一方面相互制衡，另一方面又相互结合。可见，传统印度刑法是一个充满张力的二元体系架构。

二、国王之法：关于犯罪与刑罚的体系

国王之法提供了关于犯罪与刑罚的规范体系。虽然国王之法没有区分民法和刑法，也没有区分侵权与犯罪，但是国王之法强调对于偷盗犯、通奸犯、言语伤人犯、强盗犯和打人犯进行惩罚。因此，上述

五种刑事犯所涉及的犯罪及其刑罚的规定就构成了传统印度刑法体系的主要内容和基本范畴。此外，根据印度教法文献，除了上述五种犯罪范畴之外，国王之法还包括一项具有兜底性的范畴即"其他罪行"（prakīrṇaka），其内容涉及不履行救助义务、危害王权、官员渎职、破坏公共设施和作伪证等各种罪行。凡是无法归类到上述五种犯罪范畴，但应当受到国王刑杖惩罚的各种罪行，都可以被归置到这一范畴中。因此，关于犯罪的分类，国王之法可以分为两个层次：一是国王应当依据审判程序予以惩罚的五种犯罪；二是国王应该通过"拔刺"方式处理的其他犯罪。

根据印度教法论，国王管辖的纠纷有18种类型，其中5种类型属于国王应当依据审判程序予以惩罚的犯罪案件，分别是言语伤人案、打人案、偷盗案、强盗案和奸淫妇女案。下面逐一探讨这5种案件涉及的犯罪及其刑罚。

第一，言语伤人罪。这项罪行涉及诋毁、辱骂、挑拨和威胁等言语行为。譬如，诋毁他人的学问、籍贯、种姓职业和身体情况，辱骂他人的母亲、姐妹和妻子，挑拨他人与母亲、父亲、妻子、兄弟、儿子或者师父的关系，以及对他人的财产、人身和亲属进行言语上的威胁恐吓等。其中，按照滥用言语行为的性质和程度，诋毁可以分为三个等级：一是损害他人的声誉，如指控他人不诚实；二是损害他人及其家人的品行，如辱骂他人母亲为妓女；三是污蔑他人有严重犯罪行为，如污蔑他人通奸或者指控婆罗门喝酒。① 根据《摩奴法论》，关于言语伤人罪的刑罚主要是罚款，但罪行严重者也可以被处肉刑。同时，如本书前文所述，该罪行的刑罚标准也取决于种姓和地位，如非再生人侮辱再生人就会被国王判处断舌之刑，甚至是用热油灌嘴和耳朵的刑罚。

第二，打人罪。这项罪行涉及触摸、威胁攻击和殴打等身体行为。

---

① Rama Jois, *Legal and Constitutional History of India: Ancient Legal, Judicial and Constitutional System*, Universal Law Publishing Co. Pvt. Ltd., 2004, pp. 349-354.

譬如，一个出身低贱者抓一个出身高贵者的头发、手、双脚、脖子等身体部位，一个人使用手、脚或者武器对另一个人威胁要进行攻击，以及一个人通过殴打他人对其身心造成伤害或痛苦等。根据伤害程度，打人罪可以分为三个等级：一是轻微的伤害，如举起手或武器威胁要进行攻击；二是中等程度的伤害，如实际发动攻击或打击；三是最严重的伤害，如殴打并造成损伤。① 根据《摩奴法论》，打人罪的刑罚主要是肉刑、驱逐出境和罚款。打人罪的刑罚标准主要取决于以下因素：一是受到伤害者的种姓、地位以及受伤害程度。首先，出身低贱者伤害出身高贵者，主要适用肉刑和驱逐出境等惩罚。譬如，《摩奴法论》主张"凡是出身低贱者用以伤害出身高贵者的肢体都应该被斩断；这是摩奴的教导"；"动手或使用棍棒者应断手，因发怒而用脚踢者应刖足"；"试图与出身高贵者坐同一个座位的出身低贱者应该在臀部被打上烙印，然后被驱逐出境；不然就应该把他臀部的肉割掉"；"如果他因狂妄而啐吐沫，国王应该割掉其双唇；如果撒尿，应该割掉其阴茎；如果放屁，应该割掉其肛门"；"如果抓头发、双脚、胡须、脖子或者阴囊，国王应该毫不迟疑地断其双手"。② 其次，属于相同种姓的人之间发生殴打，则适用罚款和驱逐出境等惩罚。根据《摩奴法论》，"打伤皮肤和打出血者应罚一百；打伤肌肉者应罚六尼施迦，而打伤骨头者应驱逐出境"③。二是动机和造成的价值损害。"如果打人或者打牲畜的动机是造成痛苦，那么造成的痛苦有多重，国王所施的刑罚就应该有多重"；"不论有意无意，只要损坏某人的东西，就应该使某人满意，还应该向国王缴付与被损坏物等值的罚款"；"如果损坏皮革和皮革器具、木器和陶器，以及花根果，则罚款应该是其价值的五倍"。④ 三是特殊情况。譬如，《摩奴法论》列举了车辆肇事造成伤害时车夫、乘车

---

① Rama Jois, *Legal and Constitutional History of India: Ancient Legal, Judicial and Constitutional System*, pp. 353—350.
② 《摩奴法论》，8：279—283。
③ 同上书，8：284。
④ 同上书，8：286、288—289。

人和车主人不受惩罚的十种情况,如牵牲口的鼻索断了、车辀、车轴和车轮坏了,车子侧转和向后转,刹车器、缰绳或笼头坏了,以及高喊"闪开"等。不过,若是因为车夫愚笨而造成伤害,车主人罚二百波那;若车夫受过训练,车夫应该受罚;若车夫未受训练,所有乘车人应该各罚一百波那。① 此外,如果(未受训练的)车夫在路上受到阻止仍造成人畜死亡,则车夫必须受惩罚,如"犯人命者,应该立即按窃贼治罪;杀死母牛、大象、骆驼和马等大牲畜者,则罪减一半;杀死小牲畜者,则应罚二百;杀死吉祥的鸟兽者,则应罚五十;杀死驴、绵羊或山羊者,则应罚五豆;杀死猪狗者,则应罚一豆"。②

第三,偷盗罪。这项罪行涉及窃取他人财物的行为,包括秘密窃取财物的行为和公开骗取财物的行为。根据被窃取财物的价值,偷盗罪可以划分为三个等级:一是轻微的偷盗,如偷窃陶器、皮革等价值小的物件;二是中等程度的偷盗,如偷窃除丝绸之外的衣服、动物、水牛等;三是最严重的偷盗,如窃取金银、丝绸、珠宝、贵人、公牛、大象、马等。③ 根据《摩奴法论》,偷盗罪的刑罚主要包括死刑、肉刑和罚款。偷盗罪的刑罚标准取决于以下因素:一是被窃取东西的价值,价值越大刑罚越重。根据《摩奴法论》,若偷盗线、棉花、牛奶、盐、陶器等小价值的物件,罚款是其价钱的两倍;若偷十罐以上粮食或者五十波那以上的最上等衣服等情况,则应处肉刑或者罚款,如断其双手或者缴付十一倍其价钱的罚款;若偷盗金银、一百波那以上的最上等衣服、最上等的珍宝、贵人尤其是贵妇人,则应判处死刑。④ 二是作案时间、目的和次数。《摩奴法论》主张:"对于大牲畜、武器和药物的偷盗者,国王应该根据时间和目的判刑。"⑤ "摩奴说,拿柴去烧火,

---

① 参见《摩奴法论》,8:290—294。
② 同上书,8:296—298。
③ Rama Jois, *Legal and Constitutional History of India: Ancient Legal, Judicial and Constitutional System*, pp. 361-362.
④ 参见《摩奴法论》,8:320—323、326—329。
⑤ 同上书,8:324。

拿树、根、果和草去喂牛，都不是偷盗。"① "对于那些在夜间以挖墙钻穴行窃的贼，国王应该断其双手，并且将他们插在尖矛上"；"对于第一次捕获的扒手，他应该下令断其双指；第二次，断手足；第三次捕获者应该被处死"。② 三是偷盗者的种姓和地位。《摩奴法论》主张："如果平民百姓应该罚一迦尔沙波那，那么，在同样的情况下，国王就应该罚一千；以上是常情"；"而首陀罗的偷盗罪重八倍，吠舍的重十六倍，刹帝利的重三十二倍，婆罗门的重六十四倍或者整整一百倍或者两个六十四倍，如果他们知道偷盗的利与害。"③

第四，强盗罪。这项罪行涉及暴力犯罪行为，包括抢劫财物行为、杀人行为等。对此，法论区分了强盗与偷盗。《摩奴法论》主张："当众强行是强盗行为；背着人干以及干了以后矢口否认是偷盗行为。"④ 根据使用暴力的程度，强盗罪可以被划分为三个等级：一是轻微的暴力，如运用武力来抢劫或者损坏果树、水源、农具或类似小物件；二是中等程度的暴力，如运用武力或造成伤害之后，拿走衣服、牛、食物、家具等大物件；三是最严重的暴力，如杀人、无礼地攻击女性或者任何其他危害生命的行为。⑤ 根据法论，强盗罪的刑罚包括罚款、肉刑、没收财产、驱逐出境和羞辱刑。譬如，《那罗陀法论》主张强盗罪的刑罚分为三等：初等罚不少于一百波那；中等罚不少于五百波那；高等罚则是不少于一千波那，或者是肉刑、没收全部财产、驱逐出城镇，以及在身上烙印一个合适的犯罪标记等。⑥ 前述刑罚适用于一切种姓，不过有一项例外，就是婆罗门不应该适用肉刑。相反，婆罗门罪犯应该被处以羞辱刑，如剃发、让其骑驴游行等。

---

① 《摩奴法论》，8：339。
② 同上书，9：276—277。
③ 同上书，8：336—338。
④ 同上书，8：332。
⑤ *Nārada*, XIV, 7-9, trans. J. Jolly, in *Sacred Books of the East*, vol. 33, ed. F. Max Müller, The Clarendon Press, 1889, p. 203; Rama Jois, *Legal and Constitutional History of India: Ancient Legal, Judicial and Constitutional System*, p. 368.
⑥ 转引自 Rama Jois, *Legal and Constitutional History of India: Ancient Legal, Judicial and Constitutional System*, pp. 368-369。

第五，奸淫妇女罪。这项罪行涉及男女之间不正当的性行为，包容通奸行为和强奸行为。其中，通奸行为又可以进一步分为三个等级：一是轻微的通奸，如对着妇女眨眼、微笑、传递信息、触及妇女的妆饰或衣服的行为；二是中等程度的通奸，如给妇女送香水、花环、水果、衣服和酒，或者与其交谈的行为；三是最严重的通奸，如坐在同一张床上，调戏、亲吻或者拥抱妇女的行为。① 根据《摩奴法论》，奸淫妇女罪的刑罚包括罚款、肉刑、羞辱刑和死刑。奸淫妇女的刑罚标准主要取决以下因素：一是女方自愿与否。如果女方是自愿的，属于通奸，否则属于强奸，二者刑罚不同。《摩奴法论》主张，"强奸同种姓少女者应立即处肉刑；如果她是愿意的，则奸污者不应处肉刑"；"而仗势强奸少女者，应该立即处以断指，或者应该罚款六百"；"奸污同种姓的自愿的少女者，不应该处断指，而应该被勒令缴付罚款二百，以防再犯"。② 二是种姓与地位及女方是否有保护人。首先，男首陀罗与再生人女子通奸，如果女方无保护人，则应处断肢和没收全部财产的刑罚；如果女方有保护人，应处死刑。③ 其次，男吠舍与无保护人的女刹帝利、女婆罗门通奸，应罚五百波那；如果与有保护人的女刹帝利、女婆罗门通奸，则分别处罚五百波那和死刑。④ 再次，男刹帝利与女吠舍、女首陀罗通奸，处一千波那罚款；与无保护人的女刹帝利、女婆罗门通奸，应以尿洗头、剃发或者罚款一千波那；与有保护人的女婆罗门通奸，应处死刑。⑤ 最后，男婆罗门与无保护人的女刹帝利、女吠舍或者女首陀罗通奸，应罚五百波那，而与最低贱女子通奸，则罚一千波那；与有保护人的女刹帝利、女吠舍通奸，应罚一千波那，而与有保护人的女婆罗门通奸，应罚五百波那；若强奸有保护人的女

---

① Rama Jois, *Legal and Constitutional History of India: Ancient Legal, Judicial and Constitutional System*, p. 375.
② 《摩奴法论》，8：364、367—368。
③ 参见上书，8：374。
④ 参见上书，8：376—377、382、384。
⑤ 同上书，8：376—377、382—384。

婆罗门，应罚一千波那。①

除了上述五种犯罪外，国王还应该通过拔刺的方式来处理其他犯罪，以保护百姓。譬如，《摩奴法论》认为，国王应该以最大的努力来拔除国刺以保护良民，否则，国家发生动乱，他就不能上天堂。② 拔除国刺就是打击和惩罚窃贼，而国刺分为两种：一是属于"明国刺"，如不法商人、贪官污吏、赌徒、骗子等；二是属于"暗国刺"，如窃贼和绿林强盗等。根据《摩奴法论》，国王应该如实宣布窃贼们的罪行，并依他们的能力和罪行给予应有的惩罚。③ 下面逐一探讨国王以拔刺方式处理的各种犯罪及其刑罚。

一是不履行救助义务的罪行，国王可以处放逐的刑罚。这种罪行涉及不履行救助义务的不作为行为。根据《摩奴法论》，"村落遭受攻击的时候、堤防决口的时候或者路见盗匪的时候不以全力相助者应该带着动产被放逐"④。

二是危害王权的罪行，国王可以处死刑。这种罪行涉及抢劫王室财产、伪造王命、通敌叛国等行为。根据《摩奴法论》，"伪造王命者，蛊惑百姓者，杀害妇女、儿童和婆罗门的凶手和通敌者，他应该将他们处死"⑤，"对于抢劫国库的人，对于执意反对国王的人，对于阴谋通敌的人，他应该以种种刑罚将他们处死"⑥。

三是官员渎职罪行，国王可以处罚款或没收财产。这种罪行涉及官员贪赃枉法、渎职等行为。根据《摩奴法论》，"被授权审理诉讼双方的案件的官吏如果贪赃枉法，国王就应该没收其全部财产"；"凡是大臣或者法官审得不公的案子，国王应该亲自审理，并且应该罚他们一千"；⑦ "保卫国土的官吏和受到调遣的藩属如果在向窃贼进攻时保持

---

① 《摩奴法论》，8：378、383、385。
② 同上书，9：251—254。
③ 同上书，9：262。
④ 同上书，9：274。
⑤ 同上书，9：232。
⑥ 同上书，9：275。
⑦ 同上书，9：231、234。

中立，他也应该像惩罚窃贼那样惩罚他们"①。

四是破坏公共设施的罪行，国王可以处死刑、放逐或罚款。这种罪行涉及破坏公共设施、窃取公共财物等行为。《摩奴法论》主张，"他应该把破坏公共池塘的人淹死在水中或者处以简单的死刑；不然就应该令其赔偿损失和缴付最高等的罚款"；"他应该毫不迟疑地处死那些破坏粮库、兵库或者庙宇的人，还有那些偷盗象、马和车的人"；"谁偷取从前开凿的池塘或者把它的水源切断，谁就应该被勒令缴付最低等的罚款"；"桥梁、旗帜、标杆和塑像的破坏者应该修复原物，还应该缴付罚款五百"；"他应该把破坏城墙、填平城池或者破坏城门的人立即放逐"。②

五是危害公共卫生的罪行，国王可以处罚款。这种罪行涉及污染公共设施、非法行医等行为。《摩奴法论》主张，"谁未遇急难而在公路上撒下脏物，谁就应该缴付罚款两波那，还应该立即消除脏物"；"而遇急难者、老人、孕妇或者儿童则应该受斥责，脏物还应该被清除；以上是常情"；"一切误行医道的医生应该被罚款；误医牲畜的，罚最低等的；误医人的，罚中等的"。③

六是破坏商业秩序的罪行，国王可以处罚款、没收财产或肉刑。这种罪行涉及欺诈、掺假、偷漏税等行为。《摩奴法论》主张，"往好货中间掺坏货的人，把宝石弄碎或者钻错眼的人应该被罚最低等的罚款"；"凡是把同样的东西按不同价格出卖的人应该被罚最低等的或者中等的罚款"；"出卖坏种子的人、出卖挑剩下的种子的人和破坏界限的人应受致残的肉刑"；"国王应该下令用剃刀把最可恶的国刺——不法的金匠割成碎块"；④"对于因贪而输出国王的专卖品和禁品的人，国王应该没收其全部财产"；"躲避征税处的人、在不正当的时候做买卖的人和谎报商品数量的人，应被勒令缴付所漏税金的八倍"。⑤

---

① 《摩奴法论》，9：272。
② 同上书，9：279—281、285、289。
③ 同上书，9：282—284。
④ 同上书，9：286—287、291—292。
⑤ 同上书，8：399—400。

七是作伪证的罪行,国王可以处罚款、没收财产、肉刑和驱逐出境。这种罪行涉及各种作伪证的行为。《摩奴法论》主张,"所谓伪证,即出于贪欲、精神错乱、恐惧、友谊、情欲、愤怒、无知或者幼稚的证词";"我将依次讲述在上述各种情况下供述伪证词的人所受的各种惩罚";"出于贪欲者应罚一千;出于精神错乱者应罚最低等罚款;出于恐惧者应罚两个中等罚款;出于友谊者应罚四个最低等罚款";"出于情欲者应罚十个最低等罚款;出于愤怒者应罚三个中等罚款;出于无知者应罚二百波那整;出于幼稚者应罚一百波那";"知法的国王应对作伪证的三个种姓处以刑罚和驱逐出境,而对婆罗门则应该没收其衣服和住房。自在之子摩奴在三个低等种姓身上规定了受刑的十个部位;婆罗门则应该不受刑而去";"生殖器,腹部,舌头,两手,第五是两足;眼睛,鼻子,两耳,财产和全身"。①

八是侵害他人财产的罪行,国王可以处罚款、没收财产、放逐和死刑。这种罪行涉及勒索财物、侵吞财产等行为。《摩奴法论》主张,"既然国王的那些奉命保护百姓的仆人往往会变成热衷于侵吞他人财产的恶棍,他就应该保护百姓免于受他们的害";"对于那些向各行各业的人勒索钱财的恶棍,国王应该没收其全部财产,然后把他们放逐。"②"在任何情况下,国王都应该勒令侵吞寄存物的人交付与被侵吞物相等的罚款,对于侵吞朋友借予之物的人也应该如此";"任何人使用欺骗手段侵吞他人财物都应该与其同伙一起被公开地处以种种死刑";"以威胁手段侵占住宅、池塘、花园或田地者,应罚五百;出于无知者应罚二百"。③

上述国王以拔刺方式处理的各种犯罪,表明拔刺的主要功能是维护王权统治,其具体内容因时因地而变,属利的范畴。譬如,在憍底利耶的《利论》中,第四篇"去刺"就专门阐述国王如何运用刑杖惩治属于"拔刺"类别的各种犯罪,以防范百工、商贾、百官可能犯的

---

① 《摩奴法论》,8:118—121、123—125。
② 同上书,7:123—124。
③ 同上书,8:192—193、264。

各种罪行,如工匠损坏加工物、织工偷工减料、金匠侵盗金子、医生误医致死致残等百工失范行为;买卖缺斤短两、囤积居奇等商贾不法行为;以及侵盗王室产业,伪造家主、督官和国王的书信和符印,枉法裁判,虐囚等百官渎职行为。①

国王之法关于刑杖(即惩罚)的划分,主要有四类。一是申斥,即给予庄严的警告,如"你已经做了非常不当的行为"。二是责骂,这也是用言辞来惩罚,但是表达出来的强度不一样,往往使用严厉的措辞,如"你太丢人了"。三是罚款,这主要包括两种形式,一种是固定的罚款,另一种是浮动的罚款。前者可以分为三个等级:一是最低等罚款,金额为二百五十波那;二是中等罚款,金额为五百波那;三是最高等罚款,金额为一千波那。后者往往根据犯罪的倾向及其他环境因素(如是否带有暴力)来决定。四是肉刑,主要通过身体来进行惩罚,包括三种类型:第一种是折磨之罚,又可以细分为四种刑罚,分别是鞭打、监禁、拘禁、羞辱;第二种是毁伤之罚,通过破坏或损害身体的四肢或其他器官来惩罚,如手、脚、眼、耳、舌、鼻等;第三种是死刑,通过剥夺生命的方式来实施惩罚,它既可以单独实施,也可以与其他刑罚一起执行。② 虽然刑杖包括了申斥和责骂,但是,从前述五种主要犯罪的刑罚规定来看,严格意义上的刑罚主要是罚款和肉刑。

国王之法关于犯罪和刑罚的规定,反映了刑杖维护世俗秩序的社会功能。首先,国王之法认为言语伤人、打人、偷盗、强盗和奸淫妇女等罪行严重危害社会秩序和种姓秩序。因此,刑杖对这些犯罪的处理不仅有利于修复被破坏了的世俗秩序,而且也有利于抑制犯罪再次发生,从而维护世俗秩序。其次,人生之法、夫妇之法、种姓之法和国王之法是社会秩序和繁荣的前提。刑杖对于人生之法、夫妇之法、种姓之法和国王之法具有重要的保障作用。因为通过惩罚犯罪,刑杖可以保障和约束人们的行为,使之履行各自的人生责任、家庭责任和

---

① 参见憍底利耶:《利论》,朱成明译注,商务印书馆2020年版,第342—393页。
② Rama Jois, *Legal and Constitutional History of India: Ancient Legal, Judicial and Constitutional System*, pp. 330–331.

种姓责任以及使国王履行自己的责任。最后,国王是世俗秩序的最高权威。虽然婆罗门高于刹帝利,但是婆罗门也必须尊重国王之法,否则,世俗秩序就必然会遭到挑战和破坏。婆罗门之所以尊重国王之法,是因为国王拥有刑杖,可以对犯了罪的婆罗门施加刑罚。总之,国王之法是以刑杖为媒介来发挥其功能的。①

三、赎罪之法:关于罪孽与赎罪的体系

赎罪之法在传统印度刑法中具有独特的地位。首先,赎罪之法是关于罪孽与赎罪的规定。在印度教法中,罪孽是人违背宗教伦理规定和法律规定的结果。由于罪孽会产生果报,尤其会引发神灵的惩罚,所以赎罪者必须消除自己的罪孽,否则就会在现世和来世遭到报应。其次,赎罪之法与国王之法具有不同的运作机制。国王之法通过刑杖来实施,刑杖具有强制性。赎罪之法通过婆罗门会议来决定和监督实施,对一些复杂的或轻微的赎罪过程,实践中存在监督困难;至于没有被发现的犯罪,行为人赎罪就完全靠自觉和自愿。再次,赎罪者往往基于对神灵惩罚的恐惧,因为罪孽通过业报轮回方式存续并产生果报,这种果报表现为神灵的惩罚报复,如下地狱、降临灾难、身体疾病和残疾等。因此,从抑制和预防犯罪的角度看,赎罪之法具有劝善惩恶的教化功能。② 最后,赎罪之法涉及种姓制度的运作。犯罪和违反宗教伦理规定的行为都可能会导致印度教徒丧失种姓和地位降低,从而被本种姓团体排斥,如不能一起进餐、不能参加祭祀仪式等。因此,有罪之人必须赎罪,否则不可能恢复其原来的种姓和地位。

赎罪之法关于罪孽的规定,主要有以下三个方面内容:第一,罪孽的污染性。赎罪者若没有修赎罪苦行或者未完成赎罪苦行,不可与

---

① Donald R. Davis, Jr., *The Spirit of Hindu Law*, Cambridge University Press, 2010, pp. 138–143.

② 同上书,第133—138页。

善人接触。① 古代印度社会，如果祭祀的仪式、祭品、参与者不洁，祭祀就不会产生好的果报，甚至可能招致神灵的惩罚报复。因此，洁净与不洁的观念深刻影响着人们的行为和地位。譬如婆罗门是洁净的，贱民是不洁的。据此观念，罪孽是不洁的体现，因为罪孽是人违反宗教规定和法律规定的结果。除非赎罪，否则，赎罪者不可能被净化，消除自己的罪恶。因而与有罪者接触，这就会产生相应的接触之罪。所以，法论禁止罪人与善人接触。第二，罪孽未赎清的报应。根据印度教法理论，罪孽可以通过业报轮回而存续并产生相应的果报。因此，罪孽未赎清的人，在今生或来世会遭到报应，如偷金子的人得坏指甲，喝酒的人得黑牙，杀婆罗门的人得肺痨，玷污师父床笫的人得皮肤病，等等。② 第三，罪孽的分类。按照罪过的程度，主要分为六种罪行，即大罪、二等罪、丧失种姓罪、沦为杂种姓罪、取消接受布施资格罪和不净罪。其中，大罪涉及杀害婆罗门、偷盗金子、喝酒和玷污师父床笫四大罪行。二等罪涉及杀母牛、通奸、不诵吠陀、偷盗粮食、杀妇女、杀首陀罗或者吠舍或者刹帝利、皈依异端等三十多种罪行。丧失种姓罪涉及打婆罗门、嗅不堪嗅的东西或酒、欺骗等罪行。沦为杂种姓罪涉及杀驴、马、骆驼、鹿、象、水牛等罪行。取消接受布施资格罪涉及接受受指摘者的钱财、经商、侍候首陀罗、说谎等罪行。不净罪涉及杀大小虫子或鸟儿、吃酒气熏过的东西、偷盗果子或者木炭等罪行。③

赎罪之法关于赎罪苦行的规定，主要有以下五个方面内容。第一，关于赎罪的主要方式。根据《摩奴法论》，赎罪的主要方式有以下五种：一是祭祀，如马祭、胜自牛祭、向胜祭、普胜祭、赞火祭等，其中马祭是祭祀之王，可以消除一切罪过。二是苦行，如调息、沐浴、住牛棚、乞食、为母牛或婆罗门献身舍命等。由于苦行法力巨大，可以消灭各种罪过，所以大量赎罪都采取苦行方式。三是坦白忏悔，如

---

① 参见《摩奴法论》，11：47。
② 《摩奴法论》，11：49。
③ 同上书，11：54—70。

在婆罗门和刹帝利的集会上坦白罪过，而一个人坦白忏悔的程度，决定了其解脱罪过的程度。四是布施，如婆罗门过失杀刹帝利，应当布施一千头母牛和一头公牛；杀一个有德的吠舍，应布施一百头母牛和一头公牛等。不过，只有难以修赎罪苦行的时候，布施才可以作为赎罪方式。五是诵念吠陀，如诵"唵"字、大语真言和莎维德丽赞歌等。① 第二，关于修赎罪苦行的原因。根据《摩奴法论》，一个人应该修赎罪苦行的原因有三种：一是业，包括未做规定的事，做了禁止的事和执着于欲境三种情况；二是犯罪，包括过失犯罪和故意犯罪两种情况；三是命运或者宿业，也就是前世的恶行。② 第三，关于修赎罪苦行的主体。根据《摩奴法论》，只有再生人如婆罗门、刹帝利和吠舍才可以修赎罪苦行。因此，首陀罗不得修赎罪苦行。第四，关于赎罪苦行的分类。根据《摩奴法论》，赎罪苦行可以分为公开的赎罪苦行和秘密的赎罪苦行。此外，依据难度不同，赎罪苦行还可以进一步分为生主的难赎罪苦行、温难赎罪苦行、超难赎罪苦行、热难赎罪苦行、伯拉格的难赎罪苦行、月行赎罪苦行、童子月行赎罪苦行等。③ 第五，关于各种赎罪苦行的共同规则，如每天亲自烧供，诵大语真言，不杀生、不妄语、不瞋和慈悲，在白天和在夜间和衣沐浴三次，不得与妇女、首陀罗、丧失种姓者交谈，敬事尊长、天神和婆罗门，诵莎维德丽赞歌和其他涤罪的经文等。④

根据上述赎罪之法的规定，下面逐一探讨大罪、二等罪、丧失种姓罪、沦为杂种姓罪、取消接受布施资格罪和不净罪及其赎罪规定。

第一，大罪。它包括四种严重罪行，分别是杀害婆罗门罪、喝酒罪、偷金子罪和玷污师父床笫罪。

首先，杀害婆罗门是四大罪之首。在古代印度社会，作为诸种姓之主，婆罗门出身最高贵，而且担负着祭祀、布施、学习和教授吠陀

---

① 参见《摩奴法论》，11：72—85、194、248。
② 同上书，11：44—47。
③ 同上书，11：211—221。
④ 同上书，11：222—226。

等重要的社会职责。因此，杀害婆罗门属于最严重的犯罪和罪孽。另外，根据《摩奴法论》，谎称出身高贵、向国王进谗言或作弄师父，等于杀婆罗门。杀害婆罗门的赎罪方式主要有五种。一是举行祭祀，如举行马祭、胜自牛祭、向胜祭、普胜祭或者规模大三倍的赞火祭。二是修赎罪苦行，这种苦行包括：（1）在森林草屋中居住十二年，以乞食为生；（2）充当武士的靶子，或者三次纵身栽入火中；（3）步行一百踰缮那，诵一部吠陀，限制饮食，调伏诸根；（4）沿着色罗斯婆底河的各支流走一遍，以可供祭祀的食物为生，或者断食诵三遍吠陀本集；（5）须发不留地住在村落尽头、牛棚里或者净修林中的树底下，并为母牛和婆罗门的利益献身；（6）直接为婆罗门或母牛舍命，如为保卫婆罗门而战三次，或者为之夺回全部财产，或者为之献出生命。三是布施，如把全部财产布施给一位精通吠陀的婆罗门。四是坦白忏悔，如在马祭的婆罗门与刹帝利之集会上坦白自己的罪过，并在最终沐浴仪式中沐浴。五是诵念吠陀，如请三名精通吠陀的婆罗门解释赎罪法，因为智者们的话能涤罪。①

其次，喝酒也是严重的犯罪和罪孽。因为再生人尤其婆罗门喝醉后，会妄念吠陀，行为失控，做出非法之事。喝酒的赎罪方式要区分两种情形，一是故意喝酒的情况，其赎罪苦行分为致死和不致死的两种苦行。其中，致死的赎罪苦行是喝滚烫的酒直至烫死，或者喝滚烫的牛尿、水、牛奶、酥油或者牛粪汁直到死为止；不致死的赎罪苦行则是只吃生粮或油饼，每天夜里吃一顿，穿着兽皮，梳着发辫，戴着标记过一年。② 二是非故意喝酒的情况，如过失喝了非粮食的酒、使用盛酒的容器喝水、接触了酒、喝苏摩汁等。其赎罪方式依次是重新接受入教礼、喝牛奶、喝三天吉祥草水、在水中调息三次以及吃酥油等。③ 此外，根据《摩奴法论》，无视吠陀、指摘吠陀、提供伪证、杀害朋友、吃禁食或不堪入口的食物，等于喝酒。对此，《摩奴法论》认

---

① 参见《摩奴法论》，11：72—86。
② 同上书，11：90—92。
③ 同上书，11：146—149。

为，提供伪证和杀害朋友的情况适用过失杀婆罗门的赎罪法。① 然而，吃禁食则有不同的赎罪规定：（1）过失食粪尿或被酒沾过的食物，其赎罪方式是再生人重新接受入教礼；（2）再生人吃不可食的食物，如妇女或者首陀罗的剩食以及禁食的肉，其赎罪方式是喝七天大麦粥；（3）咽下了村猪、驴、骆驼、猴子等的粪尿，以及吃了干肉、菌类和屠宰场里不明的肉，其赎罪方式是修月行赎罪苦行；（4）吃了食肉兽、猪、骆驼、人或者驴等动物，其赎罪方式是修热难赎罪苦行；（5）尚未接受归家礼的再生人吃了月祭食，其赎罪方式是断食三天，并必须在水中过一天；（6）持戒者吃了蜜或肉，其赎罪方式是修原始的难赎罪苦行，直到持戒完成；（7）吃了猫、乌鸦、老鼠、狗等动物吃过的食物，或者吃了混了头发或虫子的食物，其赎罪方式是喝婆罗诃摩苏婆尔贾拉草浸剂。②

再次，偷盗金子罪特指偷盗婆罗门的金子，属于最严重的盗窃罪。这属于大罪，大概是因为偷盗婆罗门的金子可能使婆罗门有难，让他无法依靠本业（如教授吠陀）来维持生计，一旦如此，婆罗门很可能做出非法之事。偷盗金子的赎罪方式主要有两种：一是到国王处坦白自己的罪行，并接受国王的惩罚，如用棍子打一顿；二是修赎罪苦行，如应该衣着褴褛地住在森林中修杀婆罗门者的赎罪苦行。③ 此外，根据《摩奴法论》，偷寄存物、人、马、银子、土地、钻石或者其他珍宝，等于偷金子。其赎罪方式则各有不同：（1）偷寄存物的情况适用过失杀婆罗门的赎罪法；（2）偷盗同种姓人家粮食、熟食或钱财，其赎罪方式是修一年难赎罪苦行；（3）偷了男人、女人、田地、房屋、井水等，其赎罪方式是修月行赎罪苦行。④

最后，玷污师父床第罪是指徒弟奸污师母，属于最严重的通奸罪。古代年长婆罗门可以娶年轻的妻子，而梵行期的徒弟必须与师父一同

---

① 参见《摩奴法论》，11：88—89。
② 同上书，11：150—159。
③ 同上书，11：99—101。
④ 同上书，11：88—89、162—163。

起居生活，这容易造成徒弟与年纪相仿的师母之间发生越轨举动，从而出现玷污师父床笫的通奸行为。通奸被认为会引起世间的种姓混杂，并导致非法出现，从而毁灭人类和万物。因此，玷污师父床笫被列为四大罪之一。根据《摩奴法论》，与同母姐妹、姑娘、出身最低的妇女、朋友的妻子或者儿媳妇通奸，也被认为等于玷污师父床笫。犯这种罪过的人赎罪方式有四种：一是他必须坦白罪过，然后躺在一张火烤铁床上或者拥抱一具烧着的女人像，以一死得清净；二是他亲自割去其男根和睾丸，并且把它们捧起来合上双手向恶魔的世界笔直走，直至倒下为止；三是他可以持一条床腿，衣着褴褛，蓄着髭须，专心致志地在无人的森林中修一年生主的难赎罪苦行；四是他可以调伏诸根，修月行赎罪苦行三个月。①

第二，二等罪。它主要包括杀母牛、为不得举行祭祀者当祭司、通奸、卖自身、不认父亲母亲师父或儿子、不诵吠陀或不事火、猥亵姑娘、放高利贷、破戒、卖妻子或儿女、贩卖不得卖的东西、依赖妻子生活、以诅咒杀人、以咒术制人、吃禁食、不置火、偷盗、读邪书、做演员、偷盗粮食或牲畜、与嗜酒妇女同房、杀妇女、杀首陀罗或者吠舍或者刹帝利，以及皈依异端等罪孽。根据《摩奴法论》，二等罪的赎罪方式是修赎罪苦行并布施。

首先，以杀母牛罪为例，其罪人的赎罪有两个方面内容。一是他必须修三个月侍候母牛的赎罪苦行，其具体要求如下：（1）必须喝大麦粥三个月；（2）必须剃去头发，裹着母牛皮住在牛棚里；（3）在两个月内，必须调伏诸根，每四顿吃一餐②，每顿量有限，不食加工盐；（4）必须用母牛的尿淋浴；（5）白天跟在母牛后面喝尘土，夜里必须在侍候和礼拜母牛之后打英雄坐；（6）克制自己，毫无贪欲，随牛而立，随牛而行，随牛而坐；（7）当母牛生病、遭受盗贼或老虎等威胁时，或者摔入或者陷入泥潭时，必须全力相救。二是他还必须向精通

---

① 参见《摩奴法论》，11：103—106。
② 本句是《摩奴法论》的译文原文，指四餐减为一餐，另外三餐不食，作为赎罪苦行。

吠陀的人布施十头母牛和一头公牛；如果没有，他就必须布施全部财产。①

除了修上述赎罪苦行外，犯了其他二等罪的人还可以修月行赎罪苦行来得清净。不过，这一规则不适用于破戒者，而破戒是指持戒的再生人故意泄精的罪过。破戒者的赎罪方式有二。一是祭祀，即在夜里于十字路口依家祭的规则用一头独眼驴祭祀死亡女神。二是修赎罪苦行，即披上驴皮，行乞七户，宣告自己的行为；一日一餐，以从那些人家乞得的食物为生；于黎明、正午和日落时沐浴，满一年者得清净。②

其次，杀首陀罗、吠舍或者刹帝利的赎罪苦行以杀婆罗门的赎罪苦行为基础，譬如，杀刹帝利的赎罪苦行是杀婆罗门的四分之一，杀有德的吠舍则为八分之一，杀首陀罗则为十六分之一。因此，过失杀刹帝利的婆罗门赎罪方式就是依上述规则修赎罪苦行和布施一千头母牛以及一头公牛，否则，他可以修三年杀婆罗门的赎罪苦行，克制自己，编发辫，远离村落，住在树底下。而杀一个有德的吠舍，则婆罗门必须修一年同样的赎罪苦行，或者向婆罗门布施一百头母牛和一头公牛。而杀一个首陀罗，则婆罗门必须修六个月同样的赎罪苦行，或者向婆罗门布施十头白母牛和一头公牛。③ 此外，杀四种姓的淫妇，其赎罪分别为布施一只皮袋、一张弓、一只山羊和一只绵羊。④

再次，关于通奸罪的赎罪方式有四：一是亲近了姑表姐妹、姨表姐妹或者舅表姐妹，其赎罪方式是修月行赎罪苦行；二是如果妻子极为堕落，丈夫可以将其单独关闭在一个屋子，让她修男子犯了通奸罪所修的赎罪苦行；三是如果妻子在同种姓男子引诱下再次堕落，那么她必须修难赎罪苦行加上月行赎罪苦行；四是再生人与出身最低贱女子寻欢作乐一夜，其赎罪方式是修三年的赎罪苦行，即天天诵吠陀，

---

① 《摩奴法论》，11：108—116。
② 同上书，11：117—123。
③ 参见上书，11：126—130。
④ 同上书，11：138。

以乞食为生。①

最后，关于偷盗的赎罪方式有四：一是偷了别人家不值钱的东西，其赎罪方式就是必须退还所偷东西，并修温难赎罪苦行；二是偷了软硬食物、乘具、卧具、花、根或果等，其赎罪物是牛奶、酸牛奶、奶油、牛粪和牛尿；三是偷了草、木头、树、衣服、皮革或者肉食等，其赎罪方式是断食三天；四是偷了宝石、珍珠、珊瑚、铜、银、铁等，其赎罪方式是吃生谷粒十二天；五是偷了棉、野蚕丝、羊毛、牲畜、鸟、香料等，其赎罪方式是吃三天牛奶斋。②

第三，丧失种姓罪。它主要包括打婆罗门、嗅不堪嗅的东西或酒、欺骗、鸡奸等罪孽。首先，《摩奴法论》区分了故意犯和过失犯两种情形，前者的赎罪方式是修温难赎罪苦行，后者则是修生主的难赎罪苦行。其次，打婆罗门，其赎罪方式是修超难赎罪苦行；若打出血了，则修难赎罪苦行加上超难赎罪苦行。复次，实施了奸兽、与月经期妇女性交等不当性行为，其赎罪方式是修温难赎罪苦行。最后，与一个丧失种姓者同行、同坐或同食满一年，以及为他祭祀、教授吠陀或者与他缔结姻亲关系的人，都犯了丧失种姓罪，因此，与哪一种丧失种姓者接触过的人，其赎罪就必须修为哪一种丧失种姓者规定的赎罪苦行。③

第四，沦为杂种姓罪。它主要包括杀驴、马、骆驼、象、山羊、绵羊、鱼、蛇或水牛等罪孽。其赎罪方式通常是修一个月的月行赎罪苦行。④ 此外，根据《摩奴法论》，杀一只猫、獴、青蛙、狗、猫头鹰或者乌鸦，则必须修杀首陀罗者的赎罪苦行。而杀一条蛇，婆罗门应该布施一把黑铁锄；杀了一头野猪，应该布施一罐酥油；杀了一只鹦鹉，应该布施一头两岁的牛犊；杀了一只鹅、孔雀、猴子等，应该布施一头母牛；杀了一匹马，应该布施一件衣服；杀了一头象，应该布

---

① 《摩奴法论》，11：171、176—178。
② 同上书，11：164—168。
③ 同上书，11：124、173、180—181、208。
④ 同上书，11：125。

施五头黑公牛；杀了一只山羊和一只绵羊，应该布施一头拉车的牛；杀了一头驴，应该布施一头一岁半的牛犊；杀了一只骆驼，应该布施一贡贾籽金子。①

第五，取消接受布施资格罪。它主要包括婆罗门接受受指摘者的钱财、经商、侍候首陀罗、说谎等罪孽。其赎罪方式是修一个月的月行赎罪苦行。

第六，不净罪。它主要包括杀大小虫子或鸟类、吃酒气熏过的东西、偷盗果子或者木炭或者花，以及意志不坚定等罪孽。其赎罪方式是以大麦制食物苦修三天。②

以上主要是关于公开的罪孽之赎罪法，而秘密的罪孽之赎罪法则主要是通过诵吠陀以及修赎罪苦行得清净。譬如，犯大罪的人必须专心致志地侍候母牛，以乞食为生，诵念一年"巴弗马尼"（即《梨俱吠陀》第9卷）之后，他就得清净；犯二等罪的人，则可以通过诵一年"阿弗"开头的那节赞歌（《梨俱吠陀》第1卷第24首第14节）来消除罪过。③

赎罪之法具有自身的社会功能和宗教意义。赎罪之法虽然涉及个人救赎问题，但是在功能上主要是维护和实现印度社会种姓制度的运作。在印度种姓制度体系中，地位从高到低依次是婆罗门、刹帝利、吠舍、首陀罗。印度种姓制度与印度教信仰是一体的，种姓制度是印度教神圣秩序的社会基础。当印度教徒犯罪或者违反宗教规定时，有罪之人可能面临丧失种姓和地位降低的危险，同时，这也会导致本种姓团体对他的排斥和嫌恶。因为有罪之人在宗教上是不洁净的，其罪孽也会污染其他无辜的人，从而招致神灵惩罚报复。所以，有罪之人必须赎罪，否则就不可能被本种姓团体重新接纳。换言之，除了秘密的赎罪苦行，公开的赎罪苦行一般都需要获得社会认可，否则，有罪

---

① 参见《摩奴法论》，11：131—137。
② 同上书，11：125。
③ 同上书，11：252、257。

之人不能参加本种姓团体一切公共活动。① 可见，赎罪之法维护和实现的神圣秩序，是有其现实的社会制度支撑的。

四、传统印度刑法的双重运作：
秩序、权威与种姓

传统印度刑法运作是国王之法与赎罪之法的一个互动过程，二者具有实践的交叉性。譬如，根据《摩奴法论》，犯了四大罪者必须修赎罪苦行，否则国王可以依正法对他们处以罚款和肉刑。② 这表明赎罪之法可以借助刑杖来促进其自身的实施。不过，刑杖对赎罪之法的介入也并非不受限制，因为赎罪之法根植于种姓团体，而种姓团体则以婆罗门为首。事实上，婆罗门通过撰著印度教的基本经典，不仅确立了永恒的法，甚至构筑了刑杖的界限，如国王管辖的刑事案件范围。可见，这个过程的另一面充满了结构性张力。

首先，传统印度刑法的二元体系在实践上表现为一种双重运作的秩序，这主要体现为以下三个方面。第一，国王之法与赎罪之法是两个独立的规范体系。国王之法主要涉及犯罪与刑罚的规范体系，赎罪之法主要涉及罪孽与赎罪的规范体系。第二，国王之法与赎罪之法具有不同的功能。国王之法主要处理世俗事务，如平息纠纷争端和打击犯罪。因此，国王之法在功能上主要是建立和维护世俗秩序。赎罪之法主要处理个体罪孽及其救赎问题。因为罪孽涉及业报轮回和神灵惩罚，所以，赎罪之法在功能上主要是建立和维护神圣秩序。第三，国王之法与赎罪之法体现了不同的权威和运作机制。国王之法是以国王的刑杖为运作基础的，是国王权威之体现。赎罪之法是建立在婆罗门

---

① Catherine Clémentin-Ojha, "Sin and Expiation among Modern Hindus: Obeying One's Duty or Following Freely Accepted Rules", in Phyllis Granoff & Koichi Shinohara (eds.), *Sins and Sinners: Perspectives from Asian Religions,* Brill, 2012, pp. 357-380.
② 参见《摩奴法论》，9：235—237。

会议决定和监督基础上的，它主要体现婆罗门的权威。

其次，传统印度刑法的双重运作呈现出不同权威之间的张力。第一，婆罗门凭借宗教权威行使立法权。虽然印度教法论名义上是神的立法，但是，实际上反映的立法思想主要是婆罗门的观念和价值。在这个意义上，古代印度社会的立法权主要在婆罗门的手上。国王拥有的仅是司法权和行政权。第二，婆罗门既在理论上限制国王的权威，又在实践上受制于国王的权威。虽然国王之法建立在国王权威的基础上，但无论是国王之法抑或赎罪之法，都是由婆罗门创制的。因此，国王必须依靠婆罗门来实施法律，并承认婆罗门在法律解释上的权威。不过，婆罗门在立法上的理论权威却受制于国王的权威，因为没有国王的刑杖，婆罗门的学说之法就会失去进入世俗世界的媒介和通道。第三，国王的权威与婆罗门的权威是结合在一起的。国王的权威是由法论规定的，并由此戴上了"神圣"光环。同时，婆罗门的权威通过国王的刑杖获得承认和支持。于是，国王的政治权威与婆罗门的宗教权威，通过"法"和"刑杖"而结合在一起。正如《摩奴法论》所言："没有婆罗门，刹帝利就不会成功；没有刹帝利，婆罗门就不会成功；婆罗门和刹帝利一经结合，必将双双在今生和来世都成功。"①

最后，传统印度刑法的二元体系及其双重运作，是古代印度独特的社会条件之产物。古代印度社会是一个以种姓为中心的社会，婆罗门是祭司，地位最高；刹帝利是武士，地位次之；吠舍是农民、牧人和商人，地位再次之；首陀罗是仆人，地位最低。同时，这个体系包含了多重二元对立结构，譬如前三个种姓都是再生人，而首陀罗则属于非再生人。婆罗门和刹帝利都是统治者，而吠舍则属于平民。于是，在古代印度种姓体系中，只有婆罗门和刹帝利拥有统治权。其中，婆罗门拥有事实上的立法权和司法权，而刹帝利拥有司法权和行政执法权。婆罗门为国王的刑杖提供合法性，而国王则为婆罗门的法提供强

---

① 《摩奴法论》，9：322。

制性。因此,"刑杖"和"法"结合,一起构成了整个印度教法运作的基础结构。传统印度刑法的二元体系及其双重运作恰恰是这个基础结构的反映,同时,它也反映了宗教、政治和法律三者在印度社会的独特关联。

第八章　传统印度婚姻家庭法

传统印度①婚姻家庭法是以印度教为底色的宗教家户法。印度婚姻家庭与其他古代国家的婚姻家庭既有共同特征，又独具特色。印度家户承载了超越个体生命的精神意义，婚姻家庭规则被赋予了"达摩"的神圣色彩。婚姻是完成此世达摩、偿付人生之债的重要圣事；家庭是实现个体与群体生命价值的首要场域。完成梵行期的男子通过结婚进入家户秩序，自此成为具有完全主体资格的家户之主，女子结婚才开始人生的"修行"，与丈夫共同履行家户达摩。家户达摩即婚姻家庭法是至关重要的印度教法内容，婚育和财产是家户达摩的基本要素，亦是印度教徒需要关注的首要事务。如《大森林奥义书》所说，结婚生子、获财立业，是人生完整的两个要件。② 印度婚姻法以种姓内婚制为核心，伴随嫁妆、童婚和萨蒂（satī，寡妇殉葬）等附随制度；这些制度与联合家庭财产法一道，植根于印度社会土壤，成为印度法系极具特色的宗教属人法。

本章印度教法关于家户达摩的各种规定，是对再生人即婆罗门、刹帝利和吠舍种姓的要求，并不限制或毋宁说是无视首陀罗和贱民种姓；"传统"印度指古代印度，即雅利安人进入印度以后至现代前时段的印度；所述印度婚姻家庭法并非对所有家事法面面俱到，而是选取传统印度教家户达摩的典型制度进行阐述，内容主要涉及一般婚姻法、

---

① 鉴于印度婚姻家庭法构成的特殊性及篇幅限制，本章讨论印度教法中的婚姻家庭法；印度境内的其他宗教或非宗教族群的婚姻家庭法存而不论。

② 《大森林奥义书》云："在太初，这个世界唯有自我。他是唯一者。他心生愿望：'我应该有妻子，然后我可以生育后代。我应该有财富，然后我可以举行祭祀。'确实，愿望就是这些。凡怀有愿望者，所得不会超过这些。因此，直到今天，单身者怀有这样的愿望：'我应该有妻子，然后我可以生育后代。我应该有财富，然后我可以举行祭祀。'只要其中有一项没有达到，他就会认为不完整。"《奥义书》，黄宝生译，商务印书馆2010年版，第31—32页。

一般家庭财产法以及特殊婚姻家庭法,即被称为现代印度婚姻家庭制度三大"社会罪恶"的嫁妆、童婚和萨蒂。

一、传统印度婚姻法

在男性再生人一生须经历的四个阶段中,由男女共同完成达摩的家居期是最为关键的阶段,其他三个阶段的再生人均须依赖该时期创造的财富给养。对于男子来说,除非誓愿出家,家居期必须娶妻生子、建立家户、践行达摩,为祖宗接续香火,为祭祀供给财富。对于健康、适龄女子而言,通过结婚从夫进入家户生活,是履行人生阶段达摩的唯一途径。

(一)婚姻的性质与禁忌

根据古老的印度教法,结婚是再生人男子的十项圣事之一,是妇女及首陀罗种姓的唯一圣事,具有强制性。男子一生须偿还三重债:一是对师父之债,通过学习吠陀偿还;二是对神灵之债,通过献祭偿还;三是对祖先之债,以结婚、传宗接代来偿还。故而婚姻是践行宗教达摩的必要过程,生育子嗣是拯救自己及家族之道。[①] 婚姻的目的是使男女双方能够生育合法后代,履行宗教责任。婚姻使男女结合为一体,男人的人生由此得以完满,女人自此有了归宿——夫主为妻子举行过圣礼后,就永远是其"安乐的施主","无论是否逢佳期,无论今生或来世"。[②] 婚姻关系是宗教性的"永久结合",即使一方死亡,婚姻纽带依然存续。婚姻对于女性意义重大,因为婚礼是女子一生唯一的圣礼。相较于男子,女子对婚姻有更强的依附性。

通婚禁忌繁多,其一是血亲禁忌。同一戈特拉(gotra)、普拉瓦罗

[①] 参见毗耶娑:《摩诃婆罗多》(一),金克木等译,中国社会科学出版社2005年版,第54页。

[②] 《摩奴法论》,蒋忠新译,中国社会科学出版社2007年版,5:151。

(pravara）或具有色宾陀（sapiṇḍa）等血亲关系的成员不得结婚；① 拟制血亲通婚也受到限制。其二是疾病禁忌。一些有传染性或为人忌讳的疾病的患者或者有某些身体或精神缺陷者禁止结婚；再生人不得娶有身心缺陷的女子。其三是身份禁忌。男子不可娶师父或徒弟之女；不可娶与母亲同名女子；姐姐尚未出嫁时，妹妹不得结婚。其四是年龄禁忌，如男子不可娶比自己年长的女子。其五是信仰禁忌，即必须在同宗教或教派成员内选择配偶。其六是种姓禁忌，即须遵循种姓内婚法则，这是最重要的通婚限制。②

（二）种姓内婚与变通

种姓的本质是一种血统主义的封闭式身份团体，其封闭性表现在饮食、职业和日常生活等多方面。种姓制度最突出的体现是种姓内婚制。种姓内婚的源起难以详考。吠陀时代尚无此规定，当时有不同种姓通婚的故事。随着种姓制度的逐渐定型，关于种姓职业区分和通婚限制的规定开始形成。《摩奴法论》详细记述了种姓婚姻的规则。

种姓内婚的主要原则是：要求并鼓励在同一种姓内部成员之间缔结婚姻。种姓内婚的发展趋势是，通婚范围日益缩小，大多固化为以种姓为单位的封闭式通婚族群。种姓内婚原则有两个附属性分则：一是一定程度上容忍顺婚，作为变通法则，顺婚允许再生人男子娶比自

---

① 戈特拉意为"有共同祖先的外婚制集团，相同戈特拉即同姓氏人"；普拉瓦罗意指祭祀中引用的（假定的）祖先名字清单，通常是三个，他们被认为是家族的远古创始人；色宾陀意为"共祭团者"，是印度家户法的一个独特概念。《密塔娑罗》将色宾陀理解为分享同一身体因子的一群具有某种血亲关系的人。《达耶跋伽》将其解释为有某种资格或关系在死者祭仪上献宾陀（即祭团或饼）的人。一个男子祭祀祖先时，为其父族和母族三代（含本数）以内的男性先祖奉献完整的宾陀，他死后也将接受三代（含本数）以内子孙的宾陀供奉，此人就被称作他本人以外上下共六代的色宾陀。参见《摩奴法论》，3：5 注释5，5；60 注释 4；John Brough, ed. and trans., *The Early Brahmancial System of Gotra and Pravara: A Translation of the Gotra-Pravara-Mañjari of Puruṣottama-Paṇḍita*, Cambridge University Press, 2013, pp. 2-4；Ludo Rocher ed. and trans., *Jīmūtavāhana's Dāyabhāga: the Hindu Law of Inheritance in Bengal*, Oxford University Press, 2002, pp. 26-27。

② 参见《摩奴法论》，3：7—8；Gooroodass Banerjee, *The Hindu Law of Marriage and Stridhana*, Mittal Publications, 1857, pp. 55-78。

己种姓低的女子，所生子嗣的种姓就低不就高；二是明确禁止逆婚，即不允许女子下嫁比自己种姓低的男子，否则其子女会处于十分不利的地位。逆婚所生的子女被贬黜到四大种姓之外，成为"杂种姓""贱民"或"不可接触者"。父母双方的种姓高低差越大，其子女种姓越低贱。①

（三）婚姻的模式与形式

早期，在顺婚情况下，高种姓男子可以娶多个女子。根据《鲍达耶那法经》，一个婆罗门男子同时可娶四妻，一个来自本种姓，另外三个分别来自刹帝利、吠舍和首陀罗种姓，四妻所生子女对父亲的财产都享有继承权。②《摩奴法论》主张一夫一妻制："再生人经师父允许而依规则沐浴和回家以后，应该娶一个相同种姓的具备诸吉祥相的妻子。"③ 晚于《摩奴法论》的《祭言法论》只允许婆罗门男子同时娶三妻，分别来自本种姓、刹帝利种姓和吠舍种姓，不得娶首陀罗女子为妻。④

《摩奴法论》认可八种婚姻形式：梵式、天神式、仙人式、生主式、阿修罗式、乾闼婆式、罗刹式，以及毕舍遮式。不同种姓可以实行的婚姻形式有所差别。对于婆罗门而言，前六种是合法的婚姻形式，其中前四种是智者所嘉许的；刹帝利可采取后四种；吠舍和首陀罗应采用除罗刹式以外的后三种婚姻。对这八种婚姻形式的态度，《摩奴法论》前后文似有矛盾，如一面允许刹帝利实行毕舍遮式婚姻，另一面指斥其"最可恶""不合法"。具有特色的是，上述八种婚姻形式包括以男女自由恋爱为基础的乾闼婆式婚姻。在男女接触成为禁忌的印度古代社会中，这种婚姻很难实现，但承认这种婚姻的合法性本身就表

---

① 参见《摩奴法论》，10：5—14。
② *Baudhāyana*, I. 8. 16, 2-5, II. 2. 3, 10, trans. G. Bühler, in *Sacred Books of the East*, vol. 14, ed., F. Max Müller, The Clarendon Press, 1882, pp. 196, 225.
③ 《摩奴法论》，3：4。
④ *Yājñavalkya-smṛtiḥ: Text with Commentary Mitākarā of Vijñāneśvara and English Translation and Notes*, 1. 57, trans. M. N. Dutt, ed. R. K. Panda, Bharatiya Kala Prakashan, 2011, p. 27.

明了一种宽容。

结婚仪式通常有三个步骤：一是订婚，但对于订婚是否是结婚的必要程序，论者们存在分歧；二是交付"处女礼物"，父亲交托新娘的同时，往往伴随嫁妆/女性财产的转移；三是七步礼仪式，新人一起围绕圣火，在婚礼颂咒中右旋三周后，连续走七步。七步礼标志着婚姻的正式缔结，此后，婚姻一般不可解除。①

实际上，印度教婚姻不止这些形式和仪程，由于对宗教法文本的理解不一，且存在若干习惯法，印度各族群的婚姻样式差异很大。

（四）婚姻的权利与义务

男女结婚后，双方之间产生特定的人身、财产权利和义务。首先，婚姻的权利义务是法定的，不能自行合意解除。除了乾闼婆式婚姻之外，婚姻的主体主要是男性，大多数婚姻形式都确认了新郎与新娘家家父或家兄的主婚权。男子结婚后成为夫主，对妻子具有终身监护和扶养的权力与责任；妻子应顺从丈夫。女子一生都处在被男性监护的"三从"状态：未婚从父，出嫁从夫，夫死从子。②

夫妻有为家族传宗接代的义务。子女出生后便产生监护和抚养关系，直到成年。夫妻（主要是丈夫）是其合法子女的法定监护人，非法子女的监护人则是母亲。夫妻如因死亡、出家或疾病等原因不能行使监护权责，则为其子女指定监护人。夫妻如无子嗣，可依法收养儿子，但一般不应领养女孩。收养通常以丈夫的名义进行；寡妇可为亡夫收养子嗣。③

由是，通过对婚姻权利义务的确认，印度教法将再生人家居期的宗教达摩与世俗权责结合起来，使夫妻一体主义的婚姻得以维系，联

---

① 参见 *Yājñavalkya-smṛtiḥ: Text with Commentary Mitākarā of Vijñāneśvara and English Translation and Notes*, 8：227 注释 2；Gooroodass Banerjee, *The Hindu Law of Marriage and Stridhana*, pp. 87–89。

② 参见《摩奴法论》，5：146。

③ John D. Mayne, *A Treatise on Hindu Law and Usage*, revised and edited by V. M. C. Trotter, Higginbothams Ld., 1922, pp. 131–304.

合家庭的身份与财产关系得到延续。

（五）婚姻的终止与再婚

理论上，传统印度婚姻法不允许离婚，不过这主要是对女性的限制。但如果严格按照宗教法禁止离婚，现实生活会遭遇诸多问题。于是，实践演化出了变通的婚姻终止以及再婚制度。

婚姻终止制度包括分居、更换（即另娶）和遗弃。其一，在分居状态下，婚姻并不解体，双方只是同居义务休止，其他权利义务仍旧存续，丈夫仍有责任终身扶养妻子；妻子有义务守贞，否则丧失受丈夫扶养的权利。分居的理由无明文列举，现实中常见的理由是虐待等情形。其二，更换实质上是授权男子休妻的制度。更换通常存在于一夫多妻制的情况，意指第一个妻子在世时丈夫再娶。更换的理由包括妻子饮酒、行为不道德、对丈夫表现出憎恶、患不治之症、恶语、恶作剧、败家、不育八年、婚后十年子女均夭折、婚后十一年只生女等。若妻子患病但温良贤淑，须经其同意丈夫方可另娶。在另娶的情况下，丈夫与原配妻子仍存有权利义务关系，妻子可要求恢复同居。原配妻子通常具有身份上和经济上的优先权利，有权以伴侣身份陪同丈夫从事宗教活动，有权从丈夫那里获得一份与丈夫娶新妇所花费用相当的女性财产。其三，更为严重的婚姻破裂是遗弃。这种情形下双方一般不再存有夫妻权利义务，不可要求恢复同居，女方转由儿子或其他男性亲属扶养。丈夫遗弃妻子的理由主要有不贞、厌夫、不顺从自专和犯重罪等。女子遭遗弃时，任何人不可剥夺她的女性财产。关于妻子是否可遗弃丈夫，各时期说法及实践不一。根据英国殖民时期整理的印度教属人法，妻子在特定情况下可以遗弃丈夫，主要包括以下几种情形：一是丈夫患有影响夫妻生活的严重精神或生理疾病，或无性能力；二是犯杀人罪，尤其是杀婆罗门罪；三是违背宗教禁忌或道德律令，如喝禁酒、偷盗婆罗门的金子、堕落、丧失种姓和改变信仰等；四是违反性伦理禁忌或性犯罪，如与父亲的妾通奸，乱伦，奸淫幼女、贱民种姓的女子、朋友之妻或儿媳；五是虐待妻子。①

　　与婚姻解体的变通相应，实践中再生人亦有再婚现象。存在三种情形：有偶重婚，离偶再婚，丧偶再婚。其一，一夫多妻和一妻多夫实际都是有偶重婚。另一情形是，有的族群允许再生人女子结两次婚：宗教上的首次婚和事实上的再次婚。前者举行宗教婚礼，"新郎"不一定与新娘共同生活，有时是仪式结束后不相往来的陌生人；有时是一个婆罗门祭司，同众多女子缔结"首次婚"只是其例常"工作"之一。有的首次婚甚至不必有"新郎"出席，是将女子嫁给"神祇"或水果等物件。再次婚才是真实重要的婚姻，仍为合法婚姻，只是宗教上不光彩，不举行仪式，婚礼花费也少。其二，在极少数情况下，宗教法允许离婚和再婚。如婚后发现之前的婚姻为逆婚，女子可主张婚姻无效，另行婚嫁。其三，因配偶死亡而再婚的情况，印度教法对于鳏夫没有任何限制；只禁止再生人寡妇再婚，但实践中许多寡妇都再婚另嫁。所有事实性再婚均不具神圣性，易言之，也不再受宗教戒律的约束。②

　　这些婚姻制度的变通方式，一面使宗教戒律可自圆其说，保持权威外观，一面可回应现实，满足社会生活的需求，从而缓解了宗教理想与世俗实践之间的张力。

二、传统印度家庭财产法与继承制度

　　圣传经以及评注、汇纂对传统印度家庭财产制度做了若干阐述。评注和汇纂以《密塔娑罗》和《达耶跋伽》为代表。《密塔娑罗》和《达耶跋伽》原是两本书的名称，后来成为两种派别及观点的代称。其

---

　　① Gooroodass Banerjee, *The Hindu Law of Marriage and Stridhana*, pp. 138-139, 183-200.
　　② 参见路易·杜蒙：《阶序人：卡斯特体系及其衍生现象》，王志明译，浙江大学出版社 2017 年版，第 199—201、206—207 页；Gooroodass Banerjee, *The Hindu Law of Marriage and Stridhana*, pp. 76-77.

分殊一方面源于所评注和汇纂的圣传经文本存在分歧，另一方面由于成书的年代及地域不同，评注者对文本的解释不一。《密塔娑罗》大约是 11 世纪的作品，作者是毗吉纳奈什伐罗，其观点在印度产生了广泛影响力，为大多数地区所采用。多数学者认为，《达耶跋伽》作者吉穆陀伐诃那的生活时代晚于前者，约在 12 世纪，其观点主要盛行于作者的家乡孟加拉地区。有学者认为，两者本来并非泾渭分明，将其贴上派别标签、刻意夸大差异，是英殖民者生搬硬套西方的学术话语所致。但两种理论和实践存在重要区别，这是不争的事实。① 传统印度家庭财产法以联合家庭及其家产共有制度为主干，包含扶养和析产，还涉及继承等制度。②

（一）联合家庭

联合家庭并非印度特有的家庭制度，毋宁说是古代父权社会共同的家户结构形式。主流学者认为，印度联合家庭是古代雅利安人由游牧转向农耕时期形成的家庭形式，后为印度教所确认。印度联合家庭具有世界各文明传统大家庭的共性，又有其独特性。它是基于出生、婚姻或收养而产生的色宾陀关系联结而成的社会基本单元。虽然某些母系族群也有联合家庭，但典型的印度联合家庭以父权家长制为基础。联合家庭的家长或首领称作"卡尔塔"（Karta），由在世的辈分最高且一般也是最年长的男子担任。卡尔塔是联合家庭的代表，负责家庭内部事务决策和对外事务交涉，对未成年人进行监护，安排子女婚事，决定收养或送养子嗣等，但他对子女或其他家庭成员没有生杀予夺的

---

① 关于《密塔娑罗》和《达耶跋伽》的观点，综合参见 H. T. Colebrooke, *Two Treatises on the Hindu Law of Inheritance*, Hindoostanee Press, 1810; Ludo Rocher ed. and trans., *Jīmūtavāhana's Dāyabhāga: The Hindu Law of Inheritance in Bengal*; Donald R. Davis Jr., *The Spirit of Hindu Law*, Cambridge University Press, 2010, pp. 96–97; J. Duncan M. Derrett, *Introduction to Modern Hindu Law*, Oxford University Press, 1963, p. 345。

② 关于联合家庭财产制度，综合参见 John D. Mayne, *A Treatise on Hindu Law and Usage*, pp. 343–400, 642–884; J. Duncan M. Derrett, *Introduction to Modern Hindu Law*, pp. 244–364; Werner Menski, *Hindu Law: Beyond Tradition and Modernity*, Oxford University Press, 2009, pp. 484–542; B. M. Gandhi, *Hindu Law*, Eastern Book Company, 1999, pp. 31–86。

绝对权力。学者们对印度联合家庭的解释似有广狭之分，广义类似于世界其他大家庭/家族，狭义则具有与宗教祭祀相连的独特性。一个联合家庭一般只限于四代以内男性直系血亲（含拟制血亲）的代际组合；现实中尽管有五世同堂的情况，但当第五代男丁出生时，理论上该联合家庭应当析产解体，重组和延递新的联合家庭，或即使仍旧聚居，第五代男子对家庭财产的权益也迥异于其前四代父祖。印度联合家庭人口众多，常常多达数百人，体现为人、财产或关系三个层面的联合。

第一，人的联合。联合家庭成员包括来自同一祖先的男性直系血亲及其妻、子（含养子）、未婚女儿和回娘家寡居的女儿，以及男子的私生子和女奴等。成员可分为两类：家产共有人和受扶养人。前者是有权要求联合家庭析产的人，主要指与家产共有财产最后持有人血缘关系在四代以内、合法出生或被收养、身心健康的男性直系血亲，比如祖、父、子、孙，其家产共有的依据是祭祀关系：父、子和孙都是在祖过世后向其供奉完整宾陀（祭团）的人。第五代男丁曾孙不是家产共有人，因其并不向高祖父敬献完整宾陀。在无男性后裔的家庭，有时会指定一个受封立嗣的女儿作为家产共有人，前提是女儿生一个儿子，代她向外祖父供奉宾陀。受扶养人指家产共有人以外的其他家庭成员。受扶养人的权利主要包括：享用联合家庭提供的衣、食、住、行等基本生活资源，由联合家庭承担其教育、医疗和结婚的费用开支，以及其他与联合家庭的具体境况相应的合理支出。受扶养人不能作为所有权人参与家产的析产或继承，但可以作为各家产共有人的家属享受共有家产的某些利益。

第二，财产的联合。联合家庭财产或物的联合，体现为财产的共有和共享。这些财产称为联合家产，包括所有在联合家庭名下的有形或无形财富及其生产、经营或流转的利益。联合家产分为三部分：一为扶养家产，是联合家产的持续消耗部分，用于全体家庭成员的生活日用消费以及教育、医疗、结婚和丧葬等支出；二为不可分割的家产，如田赋征收权力和世袭职务等，一般由长子持有；三为家产共有财产，是家产持存和增值的主体，乃联合家庭财产最为重要的部分，包括祖产、家产共有人共同所得财产及其孳息、家产共有人在联合家庭资助下获得的财产以及个人财产自愿投入联合家产的部分。此外，各成员一般拥有部分个人独立财产，个人对此具有完全所有权。与家产共有财产相比，个人财产数额一般较小，种类及来源多样，如继承所得遗产、礼物、个人智力性收入和政府赏赐等。对于女性而言，嫁妆等礼物是其个人财产的主要来源（详见本章第三节"传统印度嫁妆、童婚与萨蒂制度"）。

第三，关系的联合。联合家庭的关系联合展现为一组以色宾陀为基础的血亲、姻亲关系。关系是法定的，个人因出生、收养或结婚而获得联合家庭成员身份，除非分家、自立门户或被逐出家庭，不能任意自行脱离这一身份。外人也不能经由协议成为联合家庭的成员。其中，色宾陀关系是主要的家庭关系。联合家庭男子之间的关系除色宾陀直系血亲以外，还包括因收养形成的拟制血亲以及平辈兄弟间的旁系血亲关系。女子之间的关系既有姻亲也有血亲，前者形成的身份是妻子或遗孀，后者则是母亲、祖母、曾祖母或女儿、孙女、曾孙女。由此，一个联合家庭可能存在的关系包括以下数种：（曾祖、祖）父母（曾孙、孙）子女关系，（曾祖、祖）婆（曾孙、孙）媳关系，（祖）叔/伯/姑侄（孙）关系，兄弟姐妹关系和妯娌关系等。

有些学者主张，人、财产和关系的三种联合并非都是印度联合家庭的必需要件。其中关系的联合或许最为重要。分开用餐与祭祀，未必是联合家庭分家；即使没有共同财产，联合家庭也可能存在。联结家庭成员的关键是由财产所体现的特定亲属关系，而不是财产本身。如只有一名男性家庭成员与一名遗孀或者两名不同男子之遗孀的贫寒家庭仍可以是联合家庭，因为寡妇可以收养儿子为亡夫立嗣，养子与健在的男子或者不同男子的养子们将延续原联合家庭的联合关系。

（二）家产共有

在印度联合家庭财产制度中，家产共有是核心。家产相对于外界为一个统一体,这是一种由家产共有人对家产共有财产进行共同占有、使用和经营,以及在特定条件下进行特殊流转或析产的家庭财产制度。家产共有是法律的创设,不能通过当事人的约定形成。圣传经似乎并未明确阐释家产共有的概念和内容,后世学者根据评注家们的著作,对家产共有概念和形态进行了翔实的阐释。

据《密塔娑罗》,家产共有存在一些明显特征。一是家产共有身份和权利因出生而产生,每个家产共有人的共有财产利益由于其他共有人的出生或死亡而浮动,在析产之前无法确定各家产共有人的份额。二是父亲负责管理财产,但其权力受到限制,不得随意处分家产;父亲在世时,儿子可以要求析产。三是家产共有人基本由男子组成,除了受封立嗣的女儿,一般没有女性成员;妻子虽可享受丈夫的家产利益,但她并非与丈夫相当的家产共有人。当某家产共有人死亡时,除非析产,否则其"共有权利"转移给其他家产共有人而非死者的继承人,家产共有关系得到延续。只有当最后一个家产共有人过世,所有遗孀无遗腹子且未收养子嗣时,家产共有才终止。

《达耶跛伽》家产共有观的要点可概括如下。其一,家父对于家产具有支配和处分权,儿子不因出生而成为家产的共有人。其二,父亲健在且其财产权存续时,儿子一般无权要求分家析产。通常只有父亲亡故后,儿子才可以获得共有家产份额。其三,女性成员可参与析产。析产与继承一般同步进行,男性家产共有人的遗孀和女儿可以以独立继承人的身份参与共有家产的分割。其四,析产/继承人须承担家祭义务,对被继承人和祖先进行祭祀、提供祭品。

(三) 扶养

印度联合家庭中的扶养是一种法定义务与道德义务结合的制度。扶养是联合家庭财产的主要开销方式。扶养的内容包括:衣、食、住、用、行和医疗等日常必需的基本生活开支,未成年人的教育培养费用,以及举行各种仪式的支出,如祭祀、婚礼和葬礼等。扶养数额无统一规定,一般应量力而行,能合理满足家庭成员的基本生活需求,且根据情境变化有所调整。较之继承析产,扶养具有优先性。但如果联合家庭或承担扶养义务的家庭有债务,则应先行偿付债务。

因受扶养主体身份的不同,扶养可分为以下类型。其一,女子一生有权利接受男子(通过联合家庭)的扶养。合法女儿未婚时或回娘家寡居时,父亲家庭有义务抚/扶养她。已婚妇女有权享受丈夫及其联合家庭的扶养;丈夫过世后,寡妇可以继续要求丈夫的联合家庭提供扶养资源。除非被抛弃,被纳入家庭成员的妾也有受丈夫扶养的权利。父亲过世后,未婚姐妹接受其兄弟的扶养,直至嫁人。在女子受扶养的情形中,最重要的是丈夫及其联合家庭的扶养。《摩奴法论》主张,丈夫应该让妻子"拿着钱财,花费钱财","应该永远养贤妻,以此取悦于众天神"。① 其二,对男性的扶养分两种情形。一是有家产共有权的未成年人,或未分家的某些成年家产共有人。二是无家产共有权的男子,这里指那些身体或精神有残疾,或被剥夺家产共有资格的男子。其三,家产用于赡养老年人。《摩奴法论》称,"父母为了儿女的出世所忍受的痛苦是报答不尽的,哪怕用上几百年","必须扶养上了年纪的父母"。②

对于扶养的阐释,评注学说之间的分歧不像析产等其他家产制度那么显著。较之圣传经时期,扶养制度的后续变化主要体现为女子尤其是寡妇财产权利的增加。丈夫过世后,寡妇如果在婆家守寡,有权继续接受丈夫联合家庭的扶养,具体扶养责任人是其亡夫的父亲。寡妇受扶养的前提是,她无能力以个人收入或其他财产养活自己,也不能从丈夫或父母的财产以及子女那里获得扶养。儿媳如果改嫁,公公的扶养义务则终止。寡妇如果回娘家长期居住,可恢复作为父亲联合家庭成员的身份接受父亲或兄弟的扶养,获得衣食住等方面的基本生活资源;如其再婚,还可要求父兄陪送嫁妆。《密塔娑罗》和《达耶跋伽》对于寡妇扶养的问题态度基本一致,均主张提高寡妇在联合家产

---

① 《摩奴法论》,9:11、95。
② 同上书,2:227,11:10。

中的利益份额，保护寡妇的受扶养权利。

（四）析产与继承

印度的析产与继承是极其复杂的财产制度。各法经、法论之间说法不一，甚至自相矛盾，评注家们为解读和协调文本做出了艰辛的努力，观点却大相径庭，不同地区、族群的实践也千差万别。圣传经似乎未明确区分析产和继承，评注家以及近现代研究者一般予以分头阐述。从文本和实践看，两者有所交叉；其区别在印度本土语境可能是不言自明的，但对于外国观察者或许会有些费解。在此，笔者尝试先对两者予以简单辨析，再分头介绍。

一方面，析产与继承表达的是两种法律关系。析产的主体限于家产共有人，客体是联合家庭财产中的"共有家产"部分——与扶养财产和个人独立财产相区别。析产的性质是联合家庭的分家和共有家产的分割，是家产得以继承的前提。析产的时间既可发生于共有家产持有人死亡之后，也可进行于其在世期间。而继承的主体是死者的亲属等，既包括家产共有人也包含受扶养人及其他人；客体是死者个人有明确所有权利的财产，包括析产后取得的份额和个人独立财产等。继承的性质是个体财产权利的传承。继承总是发生在财产所有人过世之后。另一方面，析产与继承的内容有所交叉。在共有家产持有人死亡而发生析产的情况下，共有家产的析产与继承往往是同步进行的。女性亲属参与继承死者的析产份额，从结果论来看，仿佛是她们直接参与了"析产"。但不应据此把这两个概念混同。由此，我们将析产和继承作为两个分主题梳理。

1. 析产。当某些情形发生，联合家庭解体时会发生家产共有财产的析产。在法经和法论时代，析产的时间有两种。一是父母过世时，家产共有人进行析产。父母双亡后，儿子们应平分父产；双亲健在，儿子们都是"无权人"；儿子们也可选择不析产，由长子单独继承全部父产，其他儿子像依靠父亲那样接受长兄的扶养。另一种是父亲健在时，家产共有人进行析产。分家前儿子们共享家产，父亲应当给他们平分家产。有权析产的主体一般是男性家产共有人。父亲无男性后裔时,受封立嗣的女儿可以独立参与析产。析产主体可以自愿放弃析产,也可能被剥夺析产权利。剥夺析产权的情形包括贪暴虐待弟兄、不务正业、无性能力、丧失种姓、患有先天精神疾病或身体残疾等。

析产方式有两类。一类是抽分加均分或差等分配两步析产。具体分三种情况:其一,生母种姓相同且长子为长妻所生。《摩奴法论》主张,先根据长幼顺序抽取不同份额,即长子先得不动产的 1/20 和动产中最有价值者(最好的牲畜),中间子得长子之半,最幼子得长子的 1/4。如有剩余,余产在数子之间均分。其二,生母种姓相同且长子非为长妻所生。长子可先抽分,优先获得一部分牲畜,其余根据生母地位进行分配。其三,母亲种姓不同。女婆罗门的儿子应抽取最重要的一份,以及耕田奴、种牛、车辆、饰物和住宅;其余分成若干份,女婆罗门之子得 3 份,女刹帝利之子得 2 份,女吠舍之子得 1.5 份,女首陀罗之子得 1 份。另一类是差等析产。全部家产共有财产先分成若干份额,按照以下具体原则分配。一是父与子析产,父亲先自取双份。二是仅儿子们之间析产,若所有儿子的生母属于同一种姓,长子得 2 份,次子得 1.5 份,其他幼子各得 1 份;若儿子们的生母属于不同种姓,则女婆罗门之子得 4 份,女刹帝利之子得 3 份,女吠舍之子得 2 份,女首陀罗之子得 1 份。①

评注和汇纂时代,析产法比圣传经时期更为复杂。《密塔娑罗》与《达耶跋伽》的析产理论主要分歧在于:一是对析产概念和要件有不同理解。《密塔娑罗》认为,析产意味着联合身份的分裂以及各家产共有人份额的确定,家产共有人只需达成协议,充分表明他们的分家意图即可析产,并不一定发生财产的实际分割。《达耶跋伽》主张,父亲亡故时,继承人是对共有家产的实际分割。二是对析产时间有不同见解。《密塔娑罗》将析产的时间点细分为四:父亲过世时;父亲健在且依自

---

① 关于圣传经时期的析产,综合参见《摩奴法论》,9:104—105、111—134、149—157、213—215。

由意愿析产时；父亲出家且母亲不再能生育时；父亲为非作歹、年事已高或者患痴呆等重病时。《达耶跋伽》主张析产的时间只有两点：父亲亡故时，或者父亲自愿析产且母亲不再能生育时。三是对析产份额取得和传承方式有不同解释。《密塔娑罗》主张共有人自出生就获得家产的共有权利，但析产前并无确有份额，其份额由于其他共有人的死亡或出生而变动。《达耶跋伽》则强调家产的宗教意义，父亲作为家庭祭祀的主祭人，理应掌控共有家产。只有父亲过世后，儿子们才各以事先确有（但未确定）的份额分家析产，故析产与继承同时发生。四是对有权析产的主体有不同看法。根据《密塔娑罗》，除了受封的女儿以外，女性不是家产共有人，不能参与析产。已婚妇女即使享有析产利益，也是以丈夫统一体的身份而非以个人独立名义。《达耶跋伽》则主张，过世家产共有人的遗孀和（未婚）女儿也是独立的析产主体，不过，女子的析产所得应是有限财产，未被纳入女性财产。

2. 继承。继承所指涉的财产，主要包括个人独立财产和联合家庭分家析产后、新的联合家庭形成前的析产所得份额等。① 男子遗产的继承法主要有四点。其一，由于家产共有制度的存在，古代印度一般没有遗嘱继承，遗产均按法定继承。其二，确认了男性直系卑亲属优先的原则，"父产的继承人只能是儿子，不是兄弟，也不是父亲"②。男性直系卑亲属的继承权利，根据出生方式和母亲身份的尊卑而有所不同。其三，女性对男子遗产的继承权，根据其身份的不同而受到某些限制。女儿对父亲个人财产的继承受限情况，与前述家产共有财产析产的情形类似。《摩奴法论》指出，兄弟们分割父亲遗产时，应当取各自份额的1/4给同种姓的未婚姐妹，这虽然被视为预留女孩的嫁妆，所分赠的财产性质应当属于扶养产范畴，但在一定程度上实际承认了女性直系卑亲属的继承权。至于母亲、祖母对男子遗产的继承权，《摩奴法论》称，无后代男子的财产"应由其母亲得"；如果母亲也已去世，就

---

① 此处继承的内容仅限于男子财产，女性财产的继承有所不同，详见本章第三节"传统印度嫁妆、童婚与萨蒂制度"。
② 《摩奴法论》，9：185。

由其祖母继承。① 关于被继承人的遗孀是否有继承权，各圣传经文本差异较大，其中《摩奴法论》和《那罗陀法论》均主张寡妇无继承权。其四，继承以血缘亲属为主，《摩奴法论》主张，"财产应该总是转归最近的那一个色宾陀"②，其后是色宾陀以外的同族亲属。

继承人丧失继承资格的理由主要包括以下几点。一是无生育能力，或者存在盲、聋、哑或疯、痴等先天身体残疾或精神疾病且不可治愈的人，不仅丧失家产共有和析产的权利，一般也不具有继承资格。这是由于古代印度教的继承与家祭密切联系，而那些精神或身体存在缺陷的人不能履行宗教仪式，故没有资格继承财产。但这些成员的合法儿子若健康且无其他被剥夺继承权的事由，则可继承祖产。二是被逐出种姓或由丧失种姓的男子所生。三是挥霍、不务正业或因犯罪被逐出社群。四是贪暴而虐待弟弟。五是非法出生。六是与父亲为敌。七是背叛（家庭）宗教信仰。八是出家。以上都是男子被剥夺继承权的情况。女性丧失继承权利的情形，主要是不贞的寡妇不得继承丈夫的遗产。③

评注时代以降，至少在《密塔娑罗》规则适用地区，法定继承仍是唯一合法的继承形式。基于对色宾陀的不同解释，《密塔娑罗》与《达耶跋伽》形成了不同的继承理论。前者基本蜕去了继承的宗教意涵，以血缘亲疏程度作为继承的主要依据，不以承担祭祀祖先义务为条件；后者则更贴近圣传经时代的精神，将继承与宗教密切联系，强调维护被继承人的灵魂利益，继承人须承担祭祀祖先的义务，并根据向死者奉献祭品的次序和规格区分继承顺序，具有浓厚的宗教色彩。《达耶跋伽》将亲属分为三个层次：色宾陀、色库尔耶（sakulya）和色马诺德格（samānodaka）。一个人的曾祖父以上（不含本代）的三代先祖接受他奉献的部分宾陀供奉，此人也终将接受其曾孙以下（不含本

---

① 参见《摩奴法论》，9：118、217。
② 同上书，9：187。
③ 参见上书，9：144、201、203、213、214；H. T. Colebrooke, *Two Treatises on the Hindu Law of Inheritance*, pp. 101-107, 360-364。

代）三代子孙的部分宾陀。这些接受与奉献部分宾陀者被称作此人的色库尔耶。一个人的色库尔耶之外上下各七代的男性祖先或后裔分别接受他或向他提供水的供奉，这些亲族被称为此人的色马诺德格。据此，继承分为三个由近及远的层次：色宾陀亲属具有优先继承权利；无色宾陀亲属者，色库尔耶方可获得继承；前两类亲属皆无，才轮到色马诺德格继承。①

不过，《密塔娑罗》与《达耶跋伽》都遵循三代男性直系卑亲属优先继承的原则。两者对于男子无男性直系后裔（及受封的女儿）的继承情形观点有所差别。《密塔娑罗》主张依次由以下亲属继承：（1）寡妇，前提是守贞并为丈夫收养子嗣；（2）女儿，依次为未婚女儿、贫寒的已婚女儿、其他已婚女儿；（3）母亲；（4）父亲；（5）兄弟。同父同母的兄弟优先；（6）侄子；（7）祖母；（8）祖父；（9）同一戈特拉亲族（宗亲）；（10）女系亲属，依次是本人的姑之子、姨之子、舅之子，父亲的上述表兄弟，母亲的上述表兄弟；（11）外人，依次为师父、徒弟、门人、博学的婆罗门、其他婆罗门、君王（死者为婆罗门除外）。《达耶跋伽》主张，无子男性的遗产继承顺序为：（1）寡妇；（2）女儿及外孙（此项的充要条件是，女儿与同种姓女婿生一个向她父亲献宾陀的儿子）；（3）父亲；（4）母亲；（5）兄弟；（6）侄子；（7）其他与死者共献父族祖先宾陀者；（8）母舅；（9）其他与死者共同向母族先祖献宾陀者；（10）色库尔耶亲戚；（11）色马诺德格亲戚；（12）有属灵关系者，依次为师父、徒弟、门人；（13）同一戈特拉男子；（14）同一普拉瓦罗男子；（15）婆罗门；（16）君王（死者为婆罗门除外）。较之圣传经时代，《密塔娑罗》和《达耶跋伽》均提高了女性的继承地位，在男性被继承人无子的情况下，寡妇、女儿均被置于优先继承地位。②

---

① Ludo Rocher ed. and trans., *Jīmūtavāhana's Dāyabhāga: the Hindu Law of Inheritance in Bengal*, pp. 26-28.

② H. T. Colebrooke, *Two Treatises on the Hindu Law of Inheritance*, pp. 158-224, 324-354; Ludo Rocher ed. and trans., *Jīmūtavāhana's Dāyabhāga: the Hindu Law of Inheritance in Bengal*, pp. 177-234.

关于剥夺继承资格的情形，《密塔娑罗》和《达耶跋伽》基本承袭了圣传经的观点，两者对法经、法论文本的评注或汇纂虽有所差异，但对于男子丧失继承权的阐释没有显著的实质性分歧。二者的主要区别在于对女性丧失继承权的解释：《密塔娑罗》仅主张剥夺不贞寡妇对其丈夫遗产的继承权，她对其他亲属遗产的权利不受影响；《达耶跋伽》则认为所有不贞的女性均丧失继承资格，包括死者的遗孀、母亲、姐妹和女儿等。①

可见，传统印度继承法具有许多传统社会继承的一般特征，如直系亲属优于旁系亲属，卑亲属优于尊亲属，男性亲属优于女性亲属等。同时其又存在一些不同于其他文明的特点。其一，被继承人的遗产如无亲属继承，师徒之间可互相继承遗产；婆罗门的遗产如无任何人继承，则归其他有德行的婆罗门，不归国有。② 其二，早期继承与宗教密切联系，继承人需要承担祭祀祖先的义务。在后来的发展中，《密塔娑罗》主张继承人基于血缘关系继承遗产，不以承担祭祀祖先的义务作为前提条件；《达耶跋伽》则保留了继承的宗教特征，要求继承人承担祭祀祖先的义务。其三，根据传统印度法，家主不得以遗嘱处分祖产，但可进行赠与。家主所为一般赠与，如果所承诺的赠与财物生前没有交付，赠与人死亡则失去效力，不再执行；但如果家主所进行的赠与属于宗教布施，则在赠与人死后，遗产继承人必须继续执行该赠与承诺。③

三、传统印度嫁妆、童婚与萨蒂制度

印度传统种姓内婚和联合家庭制度衍生出了若干附随性的习惯，主要有嫁妆、童婚和萨蒂等。这些习惯经由婆罗门的诠释亦被纳入达摩体系，在历史上具有了宗教法的权威。

---

① B. M. Gandhi, *Hindu Law*, pp. 199-200.
② 参见《摩奴法论》，9：187—189。
③ John D. Mayne, *A Treatise on Hindu Law and Usage*, pp. 612-613.

（一）传统印度嫁妆

在古代印度的婚姻实践中，存在财礼（śulka）和嫁妆（strīdhana）两种涉婚支付方式。嫁妆起初主要流行于印度北部实行顺婚的高种姓群体；南部、中部低种姓内婚尤其是交叉表亲族群中主要盛行财礼或者嫁妆与财礼并行的模式。《摩奴法论》对当时结婚送财礼的风气大加抨击，倡导男方赠送女子嫁妆，嫁妆逐渐成为"达摩"性质的法定涉婚支付程序。圣传经将嫁妆等同于另一术语——女性财产。从词源上说，女性财产是复合词，由 strī 与 dhana 组成，前者指称"女性"，后者意为"财富"。据此，strīdhana 这一词语原初为"女性财产"之义。① 女性财产理论上是女子具有所有权的财产，由女性自由享用与处分。女子有权捐赠或出售自己的女性财产；未征得她同意，丈夫及其他人均无权支配和任意挪用这项财产。在患病、家庭负债等困境下，丈夫可以经妻子同意后，暂时使用其女性财产应对难关，待情况好转后，丈夫应当尽快补偿妻子。

《摩奴法论》阐述了六种女性财产："财礼（adhyagni）、嫁妆（adhyāvāhanika）、夫主喜欢的时候给的、得自兄弟的、得自母亲的和得自父亲的。"② 另外有一些女性财产来源于对母亲财产的继承或外祖母的赠与，"母亲去世以后，她的所有亲生儿女应该平分母产""甚至对于外孙女，也理应给一点外祖母的财产，以示爱意"。③《迦旃延那法论》对女性财产进行了扩展性解释，将女子结婚前和结婚后从娘家和

---

① Preeti Sharma, *Hindu Women's Right to Maintenance*, Deep & Deep Publications, 1990, p. 9.

② 此处"财礼"不同于 śulka，后者指称我们通常理解的聘礼式财礼，因有"卖女儿"之嫌，为《摩奴法论》所贬抑；此处"嫁妆"仅指婚礼举行过程中，新娘被从娘家接往夫家时收到的馈赠。笔者认为，蒋忠新此处"财礼"与"嫁妆"的译法似容易让人产生误解。马香雪转译的迭朗善法译本《摩奴法典》将 adhyagni 和 adhyāvāhanika 分别译为"在婚姻圣火前给予她的，于归夫家之际给予她的"；笔者所参考的英文译本与马香雪译本相仿。参见《摩奴法论》，9：94、97—98、100，3：51；以下文本的相同章颂：《摩奴法典》，迭朗善译，马香雪转译，商务印书馆 1982 年版；Patrick Olivelle, *Manu's Code of Law: a Critical Edition and Translation of the Mānava-Dharmaśāstra*, Oxford University Press, 2005；Preeti Sharma, *Hindu Women's Right to Maintenance*, p. 10。

③ 《摩奴法论》，9：192—193。

丈夫获赠的礼物也纳入女性财产，但有些财产不在此列，如丈夫赠与的土地和房屋不动产，女子婚后的工艺品劳动收入和婚后陌生人所赠财物等。① 在评注和汇纂时代，女性财产的含义有了更具实质意义的扩展。《密塔娑罗》对女性财产采取非专业性广义阐释，其范围极为宽泛，除以往类目外，还包括以继承、购买或拾得等方式获得的财物。《达耶跛伽》则将女性财产作为专业术语予以狭义解释，其外延仅限于结婚时亲属赠与新娘的礼物、基本生存资料、饰品、津贴和手工艺制作所得，除此以外的其他财产女子均不具有所有权，完全由其丈夫掌控。②

嫁妆作为涉婚支付，其给付规则非常复杂。支付是由一系列分期赠与组成的持续性过程。结婚只是嫁妆支付的开始，其完成要延至女子婚后的相当长一段时间。在印度北部某些地区，女子结婚后直至其子女成婚前，娘家亲属还须给付一系列礼物，支付一些重要仪式的费用。如女子在娘家生头胎孩子，娘家须承担分娩开支，给付新生儿及产妇礼物等。结婚前和结婚时的主要给付责任人是女子的监护人——父母及兄弟，其次是女子的舅舅，再次是女子的其他亲友。极为独特的是，婚后嫁妆/女性财产的主要给付人是女子的舅舅。舅舅给付最后一笔礼物时，女子的母亲将为自己的兄弟举行阿拉提（arati）仪式，象征性地送他一些生米并设宴款待。至此，女子舅舅的给付义务方才履行完毕。③

嫁妆作为女性财产，其继承规则也颇为特殊。出嫁女子死亡后，其个人财产将单独引发继承法律关系，不受联合家庭财产一般继承规则制约。女性财产的继承顺序主要依据财产性质和来源，母系血脉传承或卑亲属继承优先。根据《摩奴法论》，女子如先于丈夫去世，她婚

---

① 转引自 Preeti Sharma，*Hindu Women's Right to Maintenance*，p.13。
② 同上书，第14—17页。
③ S. J. Tambiah, "Dowry and Bridewealth, and the Property Rights of Women in South Asia", in Jack Goody & S. J. Tambiah, *Bridewealth and Dowry*, Cambridge University Press, 1973, p.97.

后所得和丈夫赠给她的财产,"应该归她的后代所有"。如果女子去世时没有后代,她的女性财产继承主体根据婚姻的缔结方式有所不同,采取梵式、天神式、仙人式、乾闼婆式和生主式的婚姻方式者,女子遗产"应该独归夫主所有";而采取阿修罗式和其他婚姻方式者,女子结婚时获赠的财产,"则应该归她的父母所有"。① 至评注和汇纂时代,女性财产的继承制度更为复杂,《密塔娑罗》和《达耶跋伽》的主张互有分歧,两者所适用的各地区实践也存在若干差异。总体上讲,女性财产的传承仍以女性和直系卑亲属优先继承为常规。

概言之,嫁妆兼具涉婚支付和女性财产两种属性,其外延在历史上虽有所变化,但其核心始终是与婚姻有关的礼物性财产。嫁妆是古代印度联合家庭体系的一项独特设计,是旨在保护女性的个人财产制度。但由于种姓内婚和顺婚的存在,这项制度埋下了女性家长为女儿竞嫁高种姓新郎而支付巨额嫁资的隐患。

(二) 传统印度童婚

所谓童婚,意指缔结婚姻的一方或双方(一般是女方)在结婚时尚未达到法定婚龄或者性成熟年龄。在迈向法律现代化的过程中,世界各文明的婚姻法都不同程度地提高了结婚年龄。作为现代法律变革的对象,印度的童婚问题主要聚焦于女孩,抵制童婚的法律不限于印度教法,也涉及属地意义的一般印度法。但总体而言,认知印度宗教法的相关文本和实践是理解童婚制度的关键。

古代印度再生人男子一般都结婚较晚,因为须完成梵行期学习后才能进入家居期婚姻生活,履行家户达摩。再生人男性进入梵行期的年龄从 5 岁至 24 岁不等,梵行修习时间长短无固定限制,有的为 9 年或 18 年,有的甚至长达 36 年。② 在现代社会,梵行期大大缩短,变为象征性的数天甚或数小时。吠陀时代可能有早婚实践,但童婚不是普遍现象,因为当时强调结婚旨在生养强壮儿子。一些宗教文本保留了

---

① 参见《摩奴法论》,9:195—198。
② 参见上书,2:36—38,3:1。

赞许成熟男女结合的印记,将适婚女子比作成熟的黄瓜,结满籽粒,有待从藤蔓上摘下。①

至前500年左右,印度开始出现结婚低龄化倾向。圣传经文本反映出一种变化,早婚是理想婚姻模式。《摩奴法论》主张,30岁男子应当娶12岁女孩,24岁男子应当娶8岁女孩。②但法论对早婚的阐述毋宁是指导示例而非强制规则,当时主流的婚姻仍是女子在适婚年龄嫁给般配新郎。法论作者意在创建各自学说,为现实社会提供理想蓝图。这些学说逐渐对实践产生影响,具有了"法学家之法"的权威。随着宗教文本与实践的相互作用,童婚逐渐被广泛接受。约从200年开始,女孩在青春期前结婚成为时尚。在德里苏丹和莫卧儿王朝时期,法论文本设定的童婚图式变成普遍现实。一位11世纪的阿拉伯旅行者报道称,当时婆罗门禁止娶12岁以上的女子成婚。16、17世纪,婆罗门女孩结婚年龄一般为8至10岁。童婚最终成为高种姓与低种姓通行的惯例。女孩普遍实行早婚、童婚,男孩也加入童婚之列。③

(三)传统印度寡妇殉葬

寡妇殉葬梵语称作"萨蒂",意指丈夫亡故,寡妇以当众自焚的方式为夫殉葬的一种古老仪式。寡妇殉葬现象在史诗时代已存在,据《摩诃婆罗多》记载,受到诅咒的国王般度因与王后玛德莉同房身亡,王后随其火葬。④《罗摩衍那》也提到,仙人俱舍驮缚竭被杀害,其妻抱夫尸身投火殉葬。⑤孔雀王朝时期,寡妇殉葬事件也偶有发生。《往世书》时代殉葬事例记载增多。⑥《摩奴法论》主张寡妇不应再嫁,但未提及萨蒂制度。关于萨蒂一词的源起,比较明确的说法是来自于雪

---

① Werner Menski, *Hindu Law: Beyond Tradition and Modernity*, p. 328.
② 参见《摩奴法论》,9:94。
③ Werner Menski, *Hindu Law: Beyond Tradition and Modernity*, p. 326-334.
④ 毗耶娑:《摩诃婆罗多》(一),第233页。
⑤ 蚁垤:《罗摩衍那》,季羡林译,载《季羡林全集》第9卷,外语教学与研究出版社2010年版,第35页。
⑥ 参见高鸿钧:《古代印度法的主要内容与特征——以〈摩奴法论〉为视角》,《法律科学》2013年第5期,第34页。

山神女"帕尔瓦蒂"(Pārvatī),其前世是湿婆的第一任妻子,名字叫萨蒂,因父亲反对她与湿婆结合而投火自焚。① "萨蒂"嗣后成为女子投火殉情的代名词,继而演变成寡妇为亡夫殉葬的专用名称,萨蒂行为的主角只能是亡者的合法妻子。殉葬的妇女早期以刹帝利种姓为主,这可能是由于刹帝利作为武士阶层,许多男子因参加征战牺牲。萨蒂象征着女子对婚姻的忠贞与牺牲精神,逐渐被赋予了神秘的宗教意义。

德里苏丹和莫卧儿统治时期,寡妇殉葬现象剧增,这与当时印度教社会担心一些妇女夫亡改嫁外族穆斯林男子有关。因此,印度教徒精英为保护女性贞洁,除了力主女孩早婚,还倡导寡妇殉葬。当时的伊斯兰教统治者对印度萨蒂总体上持否定态度,但未动用国家力量取缔,因其担心明令禁止会有干涉宗教之嫌,可能导致宗教冲突和武力反叛。不过,统治者采取了一些限制措施,要求实施萨蒂须事先征得政府批准,并通过拖延批准的办法设置障碍,使那些并非决意殉葬的"虚假"萨蒂者经过一段时间冷静思考,放弃殉葬决定。有的国王甚至要求,想要萨蒂的妇女须向君王当面申请。这些举措在一定程度上抑制了寡妇殉葬,但并未从根本铲除萨蒂习俗。直到 19 世纪前,印度教徒还普遍认为萨蒂是一种神圣壮举。②

四、传统印度婚姻家庭法的根源

传统印度婚姻家庭法根植于印度社会的特定土壤,是印度独特的经济形态与社会结构、种姓制度、宗教文化和外部环境等因素的综合产物。

---

① Paul B. Courtright, "The Iconographies of Sati", in John Stratton Hawley (ed.), *Sati, the Blessing and the Curse: The Burning of Wives in India*, Oxford University Press, 1994, p. 30.

② Ashis Nandy, "Sati as Profit versus Sati as a Spectacle: The Public Debate on Roop Kanwar's Death", in John Stratton Hawley (ed.), *Sati, the Blessing and the Curse: The Burning of Wives in India*, pp. 139-140.

首先，传统印度婚姻家庭法深嵌于印度的经济与社会结构。古代印度社会由三重基本架构支撑，即联合家庭、种姓与村社。联合家庭为社会的细胞单元，种姓相当于扩大的联合家庭联盟，村社是各个联合家庭与不同种姓共生的"容器"。村社、联合家庭不是南亚次大陆的特殊产物，而是早期雅利安人各支系所共有的社会组织形式。印度村社始终保留着古老的结构和风貌，以分散的农业耕作为主要生产方式，其次是零散的牧畜业、商业和手工业。土地是村社的集体财产，联合家庭是村社的基本生产单位。村社依据种姓制度，形成了职业分化。在四大种姓中，婆罗门和刹帝利分别掌握宗教和世俗领域的统治权，理论上这两大贵族种姓不从事生产，是食利者阶层。首陀罗种姓理论上以伺候前两者为业，实践中也逐渐从事农业。吠舍是专事农、牧、工、商生产的种姓。于是，社会全体成员所需的生产生活资料，基本依靠吠舍和首陀罗种姓所创造的财富供养。同时，大量生产经营活动因与宗教观念相悖——如农耕会杀害地里的生灵，若干商业活动有悖宗教的洁净观念等——遭到婆罗门的贬斥，社会经济发展总体上受到了一定的抑制。印度村社的独特演化结果是，通过种姓制度使职业分工世袭并固化，各个村落自给自足，很少有流动性。这种封闭、隔离式的村社经济生产率很低，社会财富总量比较匮乏，广大平民生活贫困。①

其次，种姓达摩是传统印度婚姻家庭法的制度基础。在社会权力的竞逐中，婆罗门胜出，作为种姓的集体卡里斯玛成为社会权威的"担纲者"。② 婆罗门拥有宗教和知识的话语权，将自身置于宗教和社会秩序的中心，各种姓阶序的高低完全取决于同婆罗门的远近。某个种姓无论怎么拒斥婆罗门，都逃脱不了这样的客观情势：其社会阶序终

---

① 参见梅因：《东西方乡村社会》，刘莉译，知识产权出版社 2016 年版，第 9—19、69—84 页；B. H. Baden-Powell, *The Origin and Growth of Village Communities in India*, Swan Sonnenschein and Co., Lim., 1899.

② 参见马克斯·韦伯：《宗教社会学 宗教与世界》，康乐、简惠美译，广西师范大学出版社 2011 年版，第 407 页。

究决定于其与婆罗门的关系。因此种姓成为印度教的第一要义。种姓阶序经由婆罗门的诠释，被赋予了"达摩"的神圣权威。所谓达摩，即为广义的法，由"维持、坚守"之义引申为"适当的行为""正确的规则"，可从神学宇宙论、宗教祭祀层面和伦理关系等多个层面理解。①

不过，婆罗门作为祭司种姓似乎自始就没有构建庞大官僚机构的雄心，其对于社会的治理与整合是以宗教观念"梵化"既有的社会秩序来实现的。种姓内婚和联合家庭制度大约本为父权社会的已然事实，固化内婚制是高种姓的婆罗门保持其血统纯正的必然选择。

再次，印度教是传统印度婚姻家庭法的文化心理根基。印度教是一种以家户为中心、立基于世俗生活之上的宗教体系。婆罗门利用洁净与污秽的区分和业报轮回教义，构筑了一套严整的宗教意识形态。以血统隔离为核心的家户达摩主要得到了宗教上洁净及污秽观念的支持。洁净及污秽的概念在各大宗教教义中均居于重要地位。印度教洁净污秽观的独特性在于，这套观念和种姓隔离制度一道被全面结构化。洁净实际上意在确立一种秩序或常态，借以消除对抗结构的混乱和反常的危险（即污秽）。种姓阶序的洁净与污秽以人的形体为隐喻，种姓地位世代相传，性行为和生育便成为维持种姓纯净的重要门户。由此负载生育功能的女性被施加了保持洁净——性贞洁——的负担。为排除一切可预见的污秽（失贞）威胁，这个体系利用种姓隔离设置了一系列针对女性的禁忌。② 外族的频繁入侵则加剧了隔离及禁忌的强度和必要性。正如道格拉斯所言，"当男性统治的原则被应用于整顿社会生活而与其他原则，如……女性作为弱势群体……更应受到保护使她们免受暴力侵害的规则相矛盾时，性污染"的教义"就会活跃起来"。③

---

① 参见高鸿钧：《法律与宗教：宗教法在传统印度法中的核心地位》，《清华法学》2019 年第 1 期，第 7—9 页。

② 参见玛丽·道格拉斯：《洁净与危险》，黄剑波等译，民族出版社 2008 年版，第 50—51、153—157 页。

③ 玛丽·道格拉斯：《洁净与危险》，第 174—175 页。

在政治实体和社会成员个体的力量均不够强大的情况下，联合家庭的身份与财产制度便成为维护血统洁净的安全堡垒。

同时，印度教的业报与轮回教义为传统婚姻家庭法提供了坚固的心理保障。业报轮回说使个人在此世所为铸造的功德与过失，"构成一种银行账户，户头里的收支差额无可避免地决定了灵魂再生时的命运，命运好坏的程度则端视账户中或盈或亏的大小而定"，"人在生与死的无尽循环当中，命运全然操之于个人的所作所为"。[①] 根据该教义，人人以履行本种姓及个人此世的达摩为要务。个体人生及种姓群体所经历的种种苦难，是现世或前世所造作的罪业，脱离苦难的希望在于谨遵奉行此世基于种姓、性别等身份的达摩，为转世善报或实现解脱积累业果。最终，这套教义为在种姓等级阶序及父权式家户人身财产安排之中的人们提供了获得救赎的希望，并以极为彻底的形式消解了潜在革命意识可能给家户秩序带来的威胁。

最后，历史上频繁的外族入侵和长期统治是传统印度家户制度不断强化的外部环境因素。自前 1500 年，雅利安种族的不同支脉陆续迁徙到印度。他们与印度原住民之间以及本族裔内部发生了多次战争，逐渐扩张土地并建立了统治王权和民族文化。但直至 20 世纪中期印度民族政府成立之前，在长达 3000 多年的历史长河中，只有 600 年左右是雅利安族群建立的统一王朝时期，其余大部分时间要么列邦割据，要么外族统治。来自亚欧地区的波斯人、马其顿人、大夏人、大月氏人、白匈奴人、阿拉伯人、突厥人、蒙古人以及葡萄牙、荷兰、法国、英国等相继或同时入侵和统治过印度的局部地区或全境。在此情境下，强化血统隔离的家户达摩，便成为印度民族非暴力抵制外来异质文化、保持自身族群身份与文化特性的重要措施之一。

[①] 马克斯·韦伯：《印度的宗教：印度教与佛教》，康乐、简惠美译，广西师范大学出版社 2010 年版，第 154—155 页。

五、传统印度婚姻家庭法的反思

古代印度婚姻家庭法是功能与意义共生的宗教式家户制度。家户是印度教徒实现个体、家庭与社会价值的首要场域。印度古代婚姻家庭法的各种制度,离不开印度社会的特殊情境。印度社会的村社、联合家庭和种姓三重结构悉以血统主义的身份制为基础,含纳了农耕自然经济下的职业分工和权力等级分化,并在意识形态层面通过印度教信仰及其教义连缀起来。在印度教体系下,婚姻家庭不仅仅是世俗的生活实践,更是印度教徒履行人生达摩和偿还人生债务的重要宗教事务。

第一,印度教徒通过婚姻得以进入家户秩序。婚姻最初标志着这样一个人生阶段:男子从父亲或其他监护人的权威下解放,自主管理个人的世俗及宗教事务,成为完整的主体、完全的家户之主。结婚是印度教女子的唯一圣事,婚姻家庭几乎是女子完成达摩的全部场域。印度教婚姻具有以下特点:其一,以种姓内婚为核心的父权制婚姻,存在顺婚的变通和反对逆婚等多种禁忌,各种姓的家户主导权属于男子,女子在家庭中处于依附地位。其二,以印度教为内在精神的宗教式婚姻强调夫妻同体,婚姻不仅是身体的结合,更是灵魂的永久合一。据此婚姻一般不可解体,甚至不因个体的故去而消亡。其三,婚姻实践与文本之间始终存在张力,家户达摩包容了甚至彼此冲突的各种婚姻样式。在此多元形态中,功能与意义互缠,社会制度的世俗功能与宗教意义在婚姻中同时得到了体现。

第二,在家户秩序中,联合家庭及其财产制度作为印度社会的基本结构,是一个颇为复杂的体系。它以男性共有联合家产为核心,女性只享有某些财产利益。这个体系囊括了家产共有、析产、扶养和继承等制度。联合家庭财产制度因地区、族群习惯和教义学说影响有所不同,自古迄今历经了不断演化,但主体结构始终未曾动摇。联合家庭财产主要分为扶养财产和家产共有财产。前者主要为所有家庭成员提供日用生活开支和重大事项支出，后者主要由身心健全的男性家庭成员所共有所有权。其中，家产共有是联合家庭财产最主要的财富持存形式。除联合家产以外，成员还享有有限的个人财产。

第三，在印度联合家庭财产体系中，女子的权利无论在娘家还是在婆家，主要体现为以受扶养为主要内容的家产消费权和利益权。女子对于联合家庭的家产共有财产通常没有自己独立名分的析产/继承权。女子完全自主支配的财产主要来自赠礼，尤其是结婚时的嫁妆。嫁妆是传统印度婚姻家庭法中兼具涉婚支付和女性财产两种性质的制度。嫁妆/女性财产有其独特的给付与传承规则，在长期演进过程中，其外延及种类不断扩大，成为女性析出娘家财富的特殊方式。从根本上说，女性财产制度以承认女性的依附地位为前提，但客观上起到了保护妇女经济利益的作用，凝聚着印度先贤在父权制下对女子财产权利合理安排的智慧。不过，与种姓内婚、顺婚共生的嫁妆/女性财产也导致了女性逆向攀比竞嫁高种姓男子的习俗。

第四，童婚是人类早期历史上广泛出现过的一种现象。印度社会的特殊宗教文化与历史情境导致童婚持久存续。印度历史上屡遭外族入侵是促使童婚多发的重要外因，但决定性的内因在于印度文化的宗教和社会结构、观念。宗教文化与父权制意识形态结合，创造出了一套大力推崇女性贞洁的价值观以及相应的童婚习俗。经过婆罗门的宣扬与推行，原本建议性和选择性的早婚理想变成了实践中的普遍模式。

第五，传统印度的寡妇殉葬从特例演变为影响广泛的习俗，有经济、政治与社会世俗力量的促动，也有宗教因素的强烈影响。远古偶发的寡妇殉葬是史诗、神话中刹帝利妇女实践的偶然事件，象征女子对爱情、婚姻的忠贞与牺牲精神。在德里苏丹王朝和莫卧儿王朝时期，寡妇殉葬愈演愈烈。这种习俗具有浓厚的悲剧主义色彩，集合了人们在剧场观看悲剧所能获得的情绪体验："一幕扣人心弦的戏剧所激起的一种非比寻常的情绪奋张、绚烂象征与一场诡谲意象的爆发，以及同样非比寻常的、为了沉默美人的自我毁灭而举行的一场庆典和对寂灭的贞节颂歌。"①

综上所述,传统印度婚姻家庭法深植于印度社会的宗教与世俗渊源,是颇具特色的宗教属人法。这种属人法延续数千年,在传统印度社会根深蒂固,对现代印度社会仍有很大影响。

---

① 克利福德·格尔茨:《地方知识——阐释人类学论文集》,杨德睿译,商务印书馆2014年版,第51页。

第九章 传统印度村社司法中的潘查亚特及其现代影响

"潘查亚特"意为"五人议事会"或"五人长老会",是印度社会集决策、管理和司法功能于一体的传统组织。潘查亚特以法经和法论为指导,根据村社习惯法处理纠纷,实现解决纠纷、惩罚轻微犯罪等维护社会秩序的司法功能。印度独立以来,先后建立起"司法潘查亚特"(Nyaya Panchayat)和"乡村法庭"(Gram Nyayalaya)体系。前者是印度尝试利用传统基层司法经验的产物,后者则在组织和程序等方面超越了传统潘查亚特,实际上是正式法院系统向乡村偏远地区的延伸。

一、古代印度的村社及其与国家的关系

约在前1500年,来自中亚草原的一支雅利安人游牧部落通过兴都库什山脉隘口,进入南亚次大陆西北部,占领了富饶的五河流域。此后近千年,陆续有其他雅利安人部落进入此地。这些部落在进行内部斗争的同时,向东南方恒河流域缓慢推进。在早期,部落各类事务主要由名为"撒米提"(samiti)、"撒巴"(sabhā)和"帕里沙德"(pariṣad)的部落会议进行决断和处理。关于这几种部落会议的具体人员构成及各种会议之间的关系,学界尚有争议。多数学者认为,从规模上讲,"撒米提"最大,"帕里沙德"最小。但与此同时,不能忽略另一种可能,即不同的部落偏重使用某个名称来称呼各自的部落会议。[①] 在

---

① 参见刘欣如:《印度古代社会史》,商务印书馆2017年版,第41—42页;Burjor Avari, *India: The Ancient Past: A History of the Indian Subcontinent from c. 7000 BCE to CE 1200*, 2nd ed., Routledge, 2016, p. 88; Birendra Nath, *Judicial Administration in Ancient India*, Janaki Prakashan, 1979, p. 54。

《阿闼婆吠陀》中，撒米提和撒巴是"生主"（Prajāpati）的两个女儿，这表示二者同等重要。① 由于雅利安人进入南亚次大陆后没有遇到强敌，部落社会状态持续了六七个世纪。这一时期，最低生活组织单位是"格拉摩"（grāma）。德国印度学家的研究表明，格拉摩最初是指亲属集团或亲属集团的行进车队。格拉摩在雨季和旱季转换时带着牲畜迁移，队伍休息的时候，就用车辆在外围连成一个圆形的防守屏障。同时，"森格拉摩"（saṅgrāma，字面意思为"格拉摩相遇"）在梵文中表示"战斗"，表明不同的格拉摩在行进过程中的相遇通常会引发争斗。② 不过，伴随着疆域的扩大，雅利安人开始由游牧生活转变为农耕定居生活，部落社会也逐渐向国家组织过渡。由此，格拉摩逐渐用来表示村庄，而不再指亲属集团或其车队。原来的行进队伍大小首领转而成为村落头人。最早的村社正是在这一时期伴随一批小型国家在南亚次大陆北部出现。与此同时，社会生活也开始显现出内敛和保守的一面，部落和村社内部区分出祭司（婆罗门）、武士（刹帝利）、农民和商人（吠舍），雅利安人工匠和被征服的非雅利安人则成为首陀罗。由此，种姓制度初步形成。

　　前6世纪左右，北印度进入十六个大国与若干小国并存的列国时代。所谓十六个大国，其实大多以一个或两个城市为中心。它们的地理范围各异，形成时期也不同。在十六国中，只有少数延续了符合雅利安人自治传统的共和制。与现代共和制国家不同，这种共和制国家以部落联盟为基础，由部落头领组成议事大会决定国家重大事务。伴随着列国纷争，刹帝利阶层实力增强，国家的面积也不断扩大。以拘萨罗国和鸯伽国为代表的一批君主制国家兴起，且在数量上超过共和制国家。这些君主制国家通常需要召开御前会议来商讨国家大事，但

---

① Hari Pada Chakraborti, *Vedic India: Political and Legal Institutions in Vedic Literature*, Sanskrit Pustak Bhandar, 1981, p. 9.
② 参见赫尔曼·库尔克、迪特玛尔·罗特蒙特：《印度史》，王立新、周红江译，中国青年出版社2008年版，第48页；D. D. 高善必：《印度古代文化与文明史纲》，王树英等译，商务印书馆1998年版，第98—99页。

最终决定权在国王。这一时期，在君主制国家逐渐成为主角的同时，也有一些国家从君主制改为共和制。出现这一情况的原因可能是，这些国家的国王直接管辖的领地很难超过都城及都城周边的有限地区，国家内部各部落及附属小国之间争斗不休，导致王权衰落。此外，雅利安人本来就有自治传统，部分雅利安人迁移到平原边缘或山地地区，建立起传统的小型共和制国家。不过，总体而言，农耕经济的稳定及财富的长期积累不可避免地推动了君主制国家的发展。各国之间的征战和吞并，促成了以恒河中下游为中心的大帝国形成。

列国时期以前，村社之上主要是部落。列国时代开始，村社之上主要是政体不同、大小不一的国家。至晚自列国时代起，印度的村社可根据内部成员从事的生产性主业不同而分为几个种类。《罗摩衍那》提到两种村庄，一种是"戈奢"（ghoṣa），管理人员被称为"戈奢摩诃陀罗"（ghoṣamahattara），一种是"格拉摩"，管理人员被称为"格拉摩摩诃陀罗"（grāmamahattara）。《摩诃婆罗多》也提到戈奢和格拉摩。戈奢规模较小，通常位于森林边缘地带，居住着牧牛人。耆那教文献以戈奢、格拉摩、"柯多"（kheṭa）、"柯里婆多"（karvaṭa）等来表示不同种类的定居点。其中，柯多指的是猎人村落，柯里婆多指的是山中的小村落。① 《摩奴法论》中偶有一些村庄以树木、水塘等作为边界标志之类的表述。② 《佛本生经》里则有渔民村落、猎人村落和手工业村落方面的记载。例如，"瓦拉纳西不远处的河岸近端，有一个猎人村落""梵授王在瓦拉纳西治理国家时，附近有一个规模很大的木匠村落"。③ 可见，古代印度很早就有渔业村社、手工业村社等非农业村社存在。值得注意的是，被提及的非农业村社都位于王国都城附近，其主要功能很可能是为王室和城市居民提供食物和生活用品。至于在雅

---

① H. D. Malaviya, *Village Panchayats in India*, Economic and Political Research Department, All India Congress Committee, 1956, p. 66.
② 参见《摩奴法论》，蒋忠新译，中国社会科学出版社 2007 年版，8：246—248。
③ *Jātaka*, vol. 6, trans. Edward B. Cowell & W. H. D. Rouse, ed. Edward B. Cowell, Motilal Banarsidass Publishers Pvt. Ltd., 1990, p. 40; *Jātaka*, vol. 4, trans. W. H. D. Rouse, ed. Edward B. Cowell, Motilal Banarsidass Publishers Pvt. Ltd., 1990, p. 99.

利安人涉足尚浅的少数山林地区，人们的居住样态如何，则暂无资料可考。在各类村社中，最重要的是以种植业为主、畜牧业为辅的传统农业村社。① 本章所讲的村社即是这类农业村社。农业村社本身又分为两种：婆罗门村社和非婆罗门村社。在婆罗门村庄中，婆罗门居支配地位。在非婆罗门村庄中，居支配地位的则通常是刹帝利等非婆罗门高种姓。在不同地区，两类村社的数量占比不同。

村社由以家长为首脑的大家庭（或称联合家庭）组成，大家庭又包括若干家庭。土地由大家庭占有，大家庭在内部安排各自的耕种事宜。村社如由数个大家庭而不是一个大家庭构成，大家庭之间仍然组合成一个联合体，共同商议、管理公共事务。《佛本生经》所提及的村社，家庭数量少者有 30 户，多者有 1000 户。② 《利论》指出，国王应建立以首陀罗农人为主的村落，其中村民最少 100 户，最多 500 户。③ 大家庭内部的事务管理以及家庭成员之间的纠纷解决由家长负责。涉及不同大家庭的纠纷则由各类潘查亚特处理。《佛本生经》和《利论》等都提及村社管理自己的内部事务。潘查亚特很可能在孔雀王朝早期就已大规模出现，并在此后逐步发展出比较成熟的结构。在不同区域、不同时期及不同种类的村社中，潘查亚特的具体名称也不同。村社的日常管理工作一般由村社头人在潘查亚特指导下具体开展。④ 根据《摩奴法论》中的规则，村社头人应该由国王任命。国王"应该任命村落长、十村落长、二十村落长、百村落长和千村落长"，并且在若干数量的村落中间"设一名配备一队警察的国家行政长官"。⑤ 此种情况的前提是存在强大的中央政府，但这恰是印度历史上相对缺少的。只有孔雀王朝和笈多王朝等时代，王权较为强大。笈多王朝之后，不论是拉

---

① 参见黄思骏：《印度土地制度研究》，中国社会科学出版社 1998 年版，第 25 页。
② *Jātaka*, vol. 1, trans. Robert Chalmers, ed. Edward B. Cowell, Forgotten Books, 1895, pp. 77, 105.
③ *Kauṭilya's Arthaśāstra*, trans. R. Shamasastry, Mysore Printing and Publishing House, 1929, p. 45；憍底利耶：《利论》，朱成明译注，商务印书馆 2020 年版，第 68 页。
④ A. S. Altekar, *State and Government in Ancient India*, Motilal Banarsidass, 1958, pp. 225-226.
⑤ 参见《摩奴法论》，7：114—115。

其普特人的兴起,还是 11 世纪起穆斯林对北印度的统治,都没有对村社生活造成实质影响。这些统治者多满足于征收田赋,无意也无力干涉村社事务。古代印度村社脱胎于实行共有制的氏族共同体。在半游牧半农耕时期,村社曾维持土地的"公有共耕"。以定居农耕生活为主后,村社起先定期向成员分配份地,后逐渐停止分配,形成土地由村社成员长期占有使用的局面,即"公有私耕"。① 村社长期保持古老的自治传统,致使财产私有制难以产生。梅因认为,印度出现了封建因素,但印度的封建化实际上从未完成。② 马克思也认为,印度并不存在真正的私有制。"东方(他指的是土耳其、波斯、印度斯坦)一切现象的基础是不存在土地私有制",而"这甚至是了解东方天国的一把真正的钥匙"。③ 古代印度铭文中有一些国王向寺院、婆罗门、佛教僧侣、官员赠赐土地(收益权或所有权)以及土地买卖方面的记载,这一定程度上表明古代印度村社存在土地私有现象,④ 却不足以说明村社整体进入过土地私有阶段。村社土地制度主体仍是"公有私耕"。梅因表示,英国人早期关于印度土地所有权的判断是错误的。他们最初以为土地属于君主或半独立的省督,后来发现土地并不归他们所有,半独立的省督及其下属不过是收税人。虽然英国人曾意识到这种认知有误,但印度真正的所有权单位——村社——被发现,是晚自英国扩张到西北印度之后的事情。⑤ 梅因在此揭示出印度村社土地制度的部分特征。而在马克思看来,"这种以同一基本关系(即土地公有制)为基础的形式,本身可能以十分不同的方式实现出来";"跟这种形式完全不矛盾的是,在大多数亚细亚的基本形式中,凌驾于所有这一切小的共同体之上的总合的统一体表现为更高的所有者或唯一的所有者,实际的公

---

① 参见黄思骏:《印度土地制度研究》,第 49 页。
② 参见梅因:《东西方乡村社会》,刘莉译,知识产权出版社 2016 年版,第 104—105 页。
③ 《马克思恩格斯全集》第 28 卷,人民出版社 1973 年版,第 256 页。
④ 参见黄思骏:《印度土地制度研究》,第 78—85 页;*Epiphraphia Indica*, vol. 1, ed. Jas. Burgess, Archaeological Survey of India, Reprint 1983, pp. 72-75; *Epiphraphia Indica*, vol. 3, ed. E. Hultzsch, Archaeological Survey of India, Reprint 1979, pp. 220-221。
⑤ 参见梅因:《东西方乡村社会》,第 69—71 页。

社却只不过表现为世袭的占有者"。① 综合梅因和马克思的观点，在古代印度，国家、村社和村社成员对土地的多重权利交叠在一起。土地名义上的所有者是国家，实际所有者是村社，而占有者则是村社成员。因此，对于村社成员而言，接续古老传统似乎比获取中央政府许可或授权更具吸引力和说服力。并且，若想更好地保护个人和集团利益，借助村社自治也比寄望于国家更现实。

二、家庭、种姓与潘查亚特：村社内部权力的多重结构

古代印度的村社，正如英国学者高夫（K. Gough）所言：

> 总起来讲，（印度）村庄无论如何向来是各种姓社团之间经常性的经济合作、社会合作、教规方面的合作以及法律方面的合作的基本单位。村庄几乎是一个自给自足的粮食生产单位和其他必需品的生产单位；村庄通常既是一个土地所有权单位，又是一个处理各种姓社团内部纠纷和种姓社团与种姓社团之间纠纷的管理单位。②

古代印度村社由以家长为首脑的大家庭组成。大家庭又包括若干小家庭。大家庭内部的事务管理以及纠纷解决由家长负责。涉及不同大家庭的纠纷则由潘查亚特处理。

印度的传统潘查亚特主要有四种：种姓潘查亚特、村社潘查亚特、农业仆工潘查亚特和单一目的潘查亚特。大多数种姓各自至少有一个种姓潘查亚特，管理村中本种姓的所有成员。种姓潘查亚特的主要功

---

① 《马克思恩格斯全集》第 46 卷上册，人民出版社 1979 年版，第 472—473 页。
② 凯思林·高夫：《坦焦尔县孔巴村的种姓制》，载凯思林·高夫等：《南印度农村社会三百年——坦焦尔典型调查》，黄思骏、刘欣如译，中国社会科学出版社 1981 年版，第 47 页。

能是保持本种姓成员的社会行为模式和宗教价值观。种姓潘查亚特通常由群体中每个大家庭的家长组成。一般而言，潘查亚特没有单独的主席或头人。只有在某些低种姓中，偶尔出现某一个大家庭的家长担任种姓潘查亚特头人的情况。邻近村社同一种姓的潘查亚特通常形成区域种姓集团，解决单一村社内或不同村社的同一种姓成员之间的纠纷。种姓潘查亚特对违反种姓法者的惩罚形式通常是训斥并罚款。罚款用于赔偿给受害人或用于为本种姓成员举行宴会。种姓潘查亚特能做出的最严厉惩罚是开除种姓。若某人被开除种姓，则意味着包括他的家人在内的本种姓所有成员完全终止与他的所有关系，其他种姓的人，如理发匠、洗衣匠等也停止为其服务。在种姓制度严格执行和所有陌生人都受到怀疑的年代，被开除种姓者（往往同时被逐出村庄）将面临艰难的生存环境。不过，一部分修完相应赎罪苦行的人，仍可以恢复种姓。

村社潘查亚特也称"一般会议潘查亚特"，其成员是村社内各个种姓的重要头领。这类潘查亚特的规模和具体组成人员，取决于其所要处理的事务的性质和紧迫程度等因素。如果某事务涉及范围广且极重要，那么该村社潘查亚特可能由全部种姓所有大家庭的家长组成。不过我们需要注意，出席并不意味着有效参与，村社潘查亚特通常由支配种姓的领导集团主导。解决种姓间的争端、惩罚破坏村社生活秩序的行为是此类潘查亚特处理的主要问题。通常，村社潘查亚特所施加的惩罚与种姓潘查亚特类似。

农业仆工潘查亚特是一种具有临时性质的潘查亚特，它的人员组成同样比较灵活，基本上视具体需要而定。村社内的很多问题，往往重要性有限，且只涉及有限地点的少数种姓。传统上，仆工为占有土地的农民服务，并在收获季节获得一部分产出作为报酬。占有土地的农民除了需要给仆工一份固定的收成外，还需解决仆工们之间的纠纷。例如，若为土地占有者甲工作的一名查马尔种姓仆工，与为土地占有者乙工作的另一名查马尔种姓仆工发生争执，他们可首先寻求查马尔种姓潘查亚特来解决纠纷。如果查马尔种姓潘查亚特无法解决，双方可请求土地占有者召集一个临时潘查亚特。该潘查亚特一般由该地区土地占有人所属种姓的成员以及查马尔种姓成员组成。实际上，无论在何种情形下，土地占有人所属种姓（高种姓）都占据优势，他们本来就有能力对低种姓施加某种经济上的约束。农业仆工潘查亚特的存在，使他们暗中具有更多的机会对低种姓群体进行有效压迫。单一目的潘查亚特是村社内的一种跨种姓会议。这类潘查亚特同样具有临时性，组成人员亦不固定，但通常是相关种姓的头人。这类潘查亚特的作用是解决相关种姓之间的某一个特定问题。

潘查亚特与种姓制度紧密相连。种姓制度是印度文化的标志之一，种姓力量与潘查亚特交织，形成独特的社会权力结构。在孔雀王朝时期，帝国疆域的扩大和社会生产的发展，致使种姓结构发生了显著变化。第一，人群类别增加。四大种姓之外，新被征服的非雅利安人以及雅利安人控制区域内的杂种姓等被划为"贱民"，即"不可接触者"，他们从事捕鱼、屠宰牲畜、搬运尸体、清扫垃圾以及刽子手等工作。第二，部分吠舍和首陀罗的社会地位上升。这一点主要表现为首陀罗中从事农业生产的人比例增加，以及吠舍中从事商业的人财富积累较快。《大唐西域记》有如下记载："若夫族姓殊者，有四流焉：一曰婆罗门，净行也，守道居贞，洁白其操。二曰刹帝利，王种也，奕世君临，仁恕为志。三曰吠奢，商贾也，贸迁有无，逐利远近。四曰戍陀罗，农人也，肆力畴垄，勤身稼穑。"[①]可见，在 7 世纪时，首陀罗从事农业生产的情况已经比较普遍。第三，种姓内部分化。在吠陀时代，种姓制度主要是指"瓦尔纳"（varṇa）制，即以肤色为标准。社会分工的发展和族群的长期交流，致使以肤色为依据的传统四大种姓细化为以职业和家族为依据、数量众多的"贾提"（jāti，意为"出身""家庭"）。吠舍和首陀罗是种姓分化的主体，二者分化出一系列有各自世

---

① 玄奘、辩机原著，季羡林等校注：《大唐西域记校注》上，中华书局 2000 年版，第 197 页。

袭职业和名称的贾提。孔雀王朝之后，瓦尔纳与贾提相结合的种姓体系在村社层面稳定延续下来。

以全体成员相互依存为实质的村社内部生活关系，突出表现为低种姓的两种依附类型：低种姓对整个村社的依附和低种姓对高种姓的依附。前一种依附类型出现于村社形成早期，并伴随村社长期存在。根据19世纪末英国人的记录，"村社分配给工匠和仆人一定数量的粮食作为报酬，是印度一项非常古老的惯例。这项惯例存在于所有省份，有些地方还配给一小片土地，有些地方则只配给粮食"①。当时，旁遮普地区这类依附于整个村社的低种姓一般包括铁匠、木匠、陶工、草绳工、清扫工、鞋匠、理发匠、洗衣工和挑水工等。②贝泰耶（A. Béteille）在南印度施里普兰村（Sripuram）所做的田野调查显示，20世纪60年代，该村的理发匠和洗衣匠仍然在收获季节向每家大地主索要一定数量的粮食作为传统报酬。贝泰耶同时指出，该村还曾经将一小片土地分配给理发匠和洗衣匠。③后一种依附类型出现时间相对晚些，但逐步发展为种姓依附的主要模式，该模式也称贾吉曼尼（jajmānī）制度。"贾吉曼尼"一词源于yajamāna。yajamāna意为"祭祀发起者""祭祀资助者"，指的是请婆罗门举行祭祀的家居者。贾吉曼尼指在节日或重要场合担任帮手等角色的权利与义务。进一步讲，贾吉曼尼是指高种姓家居者与低种姓服务者之间固定且成套的权利义务关系。在该关系中，高种姓家居者被称为"贾吉曼"（jajmān），低种姓服务者被称为"伽弥"（kamin）。近代以来，多位社会学家在恒河中下游地区、科钦、迈索尔、海德拉巴、坦焦尔、古吉拉特以及旁遮普地区开展的研究表明，贾吉曼尼制度在印度的许多地方都存在。④不过，各地的贾吉曼尼制度

---

① B. H. Baden-Powell, *The Indian Village Community*, Longmans, Green, and Co., 1896, p. 16.

② B. H. Baden-Powell, *Land Systems of British India*, vol. 1, The Clarendon Press, 1892, p. 151.

③ André Béteille, *Caste, Class and Power: Changing Patterns of Stratification in a Tanjore Village*, 2nd ed., Oxford University Press, 1996, pp. 138-139.

④ 参见赵卫邦:《印度村社制度下的札吉曼尼关系》，《南亚研究》1982年第2期，第7—14页。

之间存在细节差别，并且因为词语变音或简化，不同地区使用的具体名称也不同。贾吉曼尼一词只适用于北印度。南印度称"耶吉曼鲁"(yejmanru)和"阿耶"(aya)，西印度古吉拉特称"诃黎"(hali)。在印度村社中，通常存在支配种姓（dominant caste），即某一个种姓具有政治和经济优势地位。村社中的支配种姓并不一定是居于种姓序列顶端的婆罗门。刹帝利和吠舍作为村社支配种姓的情况也很常见，在这种情况下，支配种姓与婆罗门的关系很可能与较大范围内的地区性小王国或大帝国中刹帝利与婆罗门的关系类似。支配种姓能够获得支配地位，主要在于占有村社的全部或其中的大部分土地。支配种姓各户分别雇佣其他种姓成员及贱民从事土地耕种及各类服务性劳动，在收获后分配给他们一定量的粮食或其他产品。这种依附关系世代相传、长期固定。换言之，村社内及村社附近的每个低种姓及贱民群体传统上会为高种姓家庭提供某些近似标准化的长期服务。这即是贾吉曼尼制度的核心。进一步讲，低种姓对高种姓的依附关系，甚至"不是一个种姓集体对另一个种姓集体的关系，而是一家一户对一家一户的世传关系"。① 可以说，贾吉曼尼制度立基于稳定的农业生产系统及商品和服务分配系统，是地主高种姓群体与职业种姓之间的纽带。时至今日，印度一些地方仍存在贾吉曼尼制度或近似贾吉曼尼式的种姓依附关系。②

在整个村社中，村社潘查亚特辅助村社事务的管理和纠纷解决；在种姓内部，各类事务由各种姓的潘查亚特负责。但在很多时候，村社内有某一种姓居于明显的支配地位，即存在支配种姓，则整个村社的事务都由该支配种姓的潘查亚特主导，也就不存在另行组建和运行的一般村社潘查亚特。例如，在马拉塔人统治的末期，南印度孔巴村四个居于主要地位的婆罗门大家庭的家长组成了一个潘查亚特，负责

---

① 陈洪进、黄思骏：《南印度农村社会——坦贾武尔县典型的剖析》，《南亚研究》1979 年第 1 期，第 13 页。
② Mukul Kumar, "Contemporary Relevance of Jajmani Relations in Rural India", *Journal of Rural Studies*, no. 48 (2016), pp. 1–10.

管理村社、征收田赋和处理村民之间的纠纷。① 英国人类学家梅耶（C. Mayer）在 20 世纪 50 年代对中印度某村社做的调查也显示，该村社一直存在传统的潘查亚特。该村社的支配种姓是拉其普特人，他们分为乔罕（Chauhan）和索兰奇（Solanki）两大家族。由这两大家族的四名成员组成的拉其普特潘查亚特就是该村社的潘查亚特。在传统社会，该村社中的所有案件都由此潘查亚特处理。② 法国学者杜蒙（L. Dumont）认为，"在英国建立其殖民统治的前夕，除了少数例外的情况，印度的村落并没有永久性、制度性的村落大会（村社潘查亚特）"，有的只是各种种姓潘查亚特，村落中存在支配种姓潘查亚特，也存在"应需要而举行仲裁和评断的会议，但这些会议是临时的，具有暂时性的性质"。③ 这种观点对种姓潘查亚特以及支配种姓潘查亚特的作用有所肯定，但对村社潘查亚特地位的否定略显片面。

三、潘查亚特与村社司法

（一）达摩守护者：潘查亚特在村社司法中的角色与作用

在潘查亚特的众多功能中，司法功能较为突出。古代印度没有独立的司法组织。根据法经和法论，维护和执行达摩是国王的职责。《摩奴法论》讲到，"每天，他（国王）应该在那里坐着或站着、抬着右手、服饰朴素、依据法论和当地习俗中所见到的原理逐一审理原告的属于十八个项目的起诉"④。在审理案件过程中，婆罗门必须在场。《摩奴法论》和《祭言法论》都指出，国王须在婆罗门陪同下审理案件，

---

① 凯思林·高夫：《坦焦尔县孔巴村的种姓制》，第 80—81 页。
② Adrian C. Mayer, *Caste and Kinship in Central India: A Village and its Region*, University of California Press, 1960, pp. 111-112.
③ 路易·杜蒙：《阶序人：卡斯特体系及其衍生现象》，王志明译，浙江大学出版社 2017 年版，第 277 页。
④ 《摩奴法论》，8：2—3。

国王无法亲自审理案件时，应委任一名博学的婆罗门审理。① 村社司法方面，《摩奴法论》指出：

> 村落里的纠纷应该逐级由村落长亲自向十村落长报告，由十村落长向二十村落长报告；而二十村落长则应该把它们统统报告给百村落长，百村落长则应该亲自向千村落长报告……他们（各级村落长）的有关村落的事情和个人的事情，应该由国王的另一名忠诚而精勤的大臣审视（处理）。②

但是，在古代印度的大部分时期，国家对地方的统治力较弱。国王通常只审判城市案件及乡村的重大刑事案件。大部分乡村案件，尤其是民事纠纷和轻微刑事案件，实际上多在村社内部或种姓内部由相应的村社潘查亚特和种姓潘查亚特解决。在此情况下，达摩最为常见且直接的守护者并不是国王及其代理人，而是潘查亚特。

《祭言法论》首次提出法庭分级。法庭级别由低到高依次为库拉尼（kulāni）、什累尼（śreṇi）、普伽（pūga）。③《那罗陀法论》指出，法庭有五类，级别由低到高依次为库罗（kula）、什累尼、伽那（gaṇa）、国王指定的法庭、国王亲自主持的法庭。④《布利哈斯帕提法论》提及四类法庭：普罗底什提多（pratiṣṭhita）、阿普罗底什提多（apratiṣṭitha）、穆德利陀（mudrida）、沙希塔（sāsitā）。⑤ 从传统印度社会政治经济等方面的特点来看，库拉尼、什累尼、普伽、伽那等团体更可能是不同种类的地方潘查亚特，尤其是村社潘查亚特和种姓潘查亚特。12 世

---

① 参见《摩奴法论》，8：1、9；*Yājñavalkya-smṛtiḥ: Text with Commentary Mitākṣarā of Vijñāneśvara and English Translation and Notes*，2.1–3, trans. M. N. Dutt, ed. R. K. Panda, Bharatiya Kala Prakashan, 2011, pp. 174–175。

② 《摩奴法论》，7：116—120。

③ *Yājñavalkya-smṛtiḥ: Text with Commentary Mitākṣarā of Vijñāneśvara and English Translation and Notes*，2.30, p. 209。

④ *Nārada*, I. 7, trans. J. Jolly, in *Sacred Books of the East*, vol. 33, ed. F. Max Müller, The Clarendon Press, 1889, pp. 6–7。

⑤ *Bṛhaspati*, I. 2, 3, trans. J. Jolly, in *Sacred Books of the East*, vol. 33, p. 277.

纪北印度迦诃陀婆罗（Gāhaḍavāla）王国的一份铭文也显示，村社甚至可审理谋杀等刑事案件。① 换言之，村社潘查亚特或支配种姓潘查亚特拥有广泛的司法权，除部分重大刑事案件由国王或国王指定的法庭审理外，它们几乎可处理村社各种姓内部以及各种姓之间的所有纷争。

（二）神圣渊源的尘世境遇：潘查亚特的司法依据

大多数法经和法论认为达摩有三种渊源，即神启经、圣传经和良好习惯。有的法论还把"自我满足"视为达摩的第四种渊源。四种达摩渊源中，神启经位阶最高，但其主要涉及的是达摩的精神和原则，具体表述达摩规则的主要是法论。此外，在传统印度社会，长期得到人们尊重和遵守的"各地区的各种姓法""行会法"和"家族法"等习惯法也占据重要地位。一方面，法论的许多规则来源于习惯法；另一方面，没有被法论吸收的习惯法在大量具体事务上发挥作用。就村社层面而言，习惯法的影响往往更为直接而广泛。

潘查亚特采用集体审判，司法权力的掌控者不是个人而是潘查亚特成员集体。在村社这个面积有限的范围内，由村社或支配种姓的年长者组成的潘查亚特通常更了解如何纠纷解决。根据法论等文献的表述，审判大致包括以下四步：第一，原告提交起诉状，陈述案件情况和主张；第二，被告做出书面回应；第三，原被告双方进行举证；第四，做出裁决。证据可以是证人证言和书面证据，后者效力高于前者。传统印度法对证人资格的要求多与年龄、性别、身体和精神状况等相关，如梵行者不得做证人，极度疲劳者也不得做证人，总体而言并不苛刻。但是，证言效力与证人的种姓地位密切相关。例如，证人意见发生冲突时，应以多数为准；人数相等时，以资格高者（指再生人）为准；资格相同的证人意见发生冲突时，以婆罗门为准。② 如

---

① *Epigraphia Indica*, vol. 32, ed. D. C. Sircar & B. Ch. Chhabra, Archaeological Survey of India, 1962, pp. 305-309.
② 参见《摩奴法论》，8：73。

果没有证人证言和书面证据，或无法确切地知道诉讼双方谁说的是真话，则通过双方起誓来判断，或诉诸神判。《五卷书》（Pañcatantra）中也有相关表述："有了争论，先看书面的证明；没有这种证明，再找证人；如果连证人也找不到，那么聪明的人们就请下天神。"① 各部法论列出的神判种类有所差别，总体而言，形成时间越晚的法论，提到的神判种类越多。《摩奴法论》提到三种，《祭言法论》和《毗湿奴法论》提到五种，《那罗陀法论》提到七种，《布利哈斯帕提法论》提到九种。② 评注和汇纂所集中探讨的神判方式也都是以上几部法论所提到的。对于案件审理过程中如何选择具体神判方式，法论表示需要依据当事人的年龄、性别、种姓、职业等情况而定。比如，对铁匠不可使用火判，对渔夫不可使用水判。③ 至于这些神明裁判方式在古印度社会的实际应用情况，近代欧美印度学家观点不一。布勒（G. Bühler）和乔利（J. Jolly）认为，晚期法论提到的神明裁判方式可能很早就出现于印度社会中。施坦茨勒（F. Stanzler）等学者则认为，最先被使用的只有火判和水判，后来才陆续出现其他神判方式。④ 玄奘的《大唐西域记》记载有四种神判，分别是水判、火判、称判、毒判。⑤ 实际上，村社内的多数事务很难避过乡邻耳目，事实认定方面不存在太多困难。当然，也有一些案件会牵涉到其他村社，因为村社成员的活动空间必然会超出村社范围。其原因至少包括：第一，村社在食物及部分生活用品方面的确可以基本自给自足，但其他一些技术要求高，却又在日

---

① 《五卷书》，季羡林译，重庆出版社2016年版，第137页。
② 参见《摩奴法论》，8：114—115；*Yājñavalkya-smṛtiḥ: Text with Commentary Mitākṣarā of Vijñāneśvara and English Translation and Notes*, 2.95, p.259; Viṣṇu, IX.11, trans. J. Jolly, in *Sacred Books of the East*, vol.7, ed. F. Max Müller, The Clarendon Press, 1880, p.53; *Nārada*, I.282, 337, 343, pp.100, 118–119; *Bṛhaspati*, X.4, 5, 28, 30, pp.315, 318–319; A. S. Altekar, *State and Government in Ancient India*, pp.257–258。
③ *Yājñavalkya-smṛtiḥ: Text with Commentary Mitākṣarā of Vijñāneśvara and English Translation and Notes*, 2.98, p.263; Ludo Rocher, *Studies in Hindu Law and Dharmaśāstra*, ed. Donald R. Davis, Jr., Anthem Press, 2012, pp.390–391.
④ S. N. Pendse, *Oaths and Ordeals in Dharmaśāstra*, Maharaja Sayajirao University of Baroda Press, 1985, pp.24–25.
⑤ 玄奘、辩机原著，季羡林等校注：《大唐西域记校注》上，第203页。

常生活中必不可少的工具和物品，并不是每个村社都能生产和制造的，村社成员必须到村社之外购买或换取；第二，种姓之间原则上不能通婚，甚至互相交往都受到限制，一些人口非常少的种姓只能跨村社解决婚姻问题。不过，即便案件复杂，需要证人作证，对证人而言，面对乡里亲朋，冒着失去尊重、功德和财利的危险去作伪证也比较困难。① 《摩奴法论》讲到，"在作证时讲假话的证人将被婆楼那（伐楼拿）的套索紧紧缚住，不由自主一百世"②。《那罗陀法论》也有类似的表述。对于古代印度人而言，这些内容具有一定的威慑作用。古代社会的经济发展水平及村社成员的文化水平都相当有限，书面证据在多大程度上使用，尚有待深入研究，但程序的基本逻辑清楚且可以理解。

犯罪与刑罚方面，根据《摩奴法论》，杀婆罗门、偷婆罗门的金子等行为是大罪，杀妇女或者首陀罗或吠舍或刹帝利、打婆罗门、杀驴、接受首陀罗或有罪恶的再生人的钱财、杀虫子或鸟类等行为分别是二等罪、丧失种姓罪、沦为杂种姓罪、取消接受布施资格罪、不净罪。刑罚包括身体刑、罚款、耻辱刑和轮回报应刑等。③ 刑罚的轻重随违法者和受害者的种姓等级高低而定，即同罪异罚。根据人类学家的记述，20 世纪 30 年代末，南印度坦焦尔县孔巴村曾发生一起严重案件。一名陶匠和两名牛倌发现，一名低级祭司和一名理发匠与一名平素声名不佳的妇人有不当往来。于是，他们买通一名雇农，让他殴打了祭司和理发匠。次日，该村的支配种姓（婆罗门）潘查亚特找来几名"贱民"，将雇农绑在椰子树上，逼他喝下掺了水的人粪。这是此案中最严厉的惩罚，因为低种姓殴打高种姓是很严重的罪行。陶匠和牛倌被婆罗门用棍子打了一顿，喝下掺了水的牛粪，接着被罚款 100 卢比。祭司

---

① A. S. Altekar, *State and Government in Ancient India*, p. 254.
② 《摩奴法论》，8：82。在往世书中，伐楼拿有许多用蛇做的套索，用来处罚人间触犯正法之人。
③ 参见高鸿钧：《〈摩奴法论〉与古印度法》，载高鸿钧、李红海主编：《新编外国法制史》上册，清华大学出版社 2015 年版，第 53—54 页；《摩奴法论》，11：54—70。

和理发匠则各自被婆罗门打了两下。① 在犯罪和刑罚上，传统印度法对婆罗门至高无上地位以及全社会种姓等级阶序的维护，体现得尤为明显。

四、从司法潘查亚特到乡村法庭：潘查亚特的现代影响

（一）英国殖民当局对潘查亚特的态度

英国殖民者在统治印度之初的首要任务是征收地税，获取一定的利益，并不特别在意村社内部及村社之间的事务。但随着实际控制区域的扩展和殖民统治的深入，英国殖民当局逐渐意识到，必须深入研究印度乡村社会的结构和特性，建立更加体系化、便利化的有效治理制度。1882年，时任印度总督提出地方自治计划。以此为标志，英国殖民政府正式开始对传统潘查亚特进行改造和重组。英国殖民政府的主要措施是由政府任命村社头人，并为村社配置治安员。新的村社头人成为村社与英国殖民政府的中间人。他们代表村社与政府交涉，并与治安员一起负责维护村社秩序。村社内的部分纠纷，也转而由新的村社头人和治安员进行处理。1918年，英国殖民政府明确宣布在乡村复兴潘查亚特。至20世纪20年代，已有包括马德拉斯、孟加拉、比哈尔、奥里萨、特里凡哥尔、旁遮普和阿萨姆等许多省通过了村潘查亚特法。另有巴罗达和迈索尔等六个受英国殖民政府间接统治的土邦也各自通过了潘查亚特法。② 从这些潘查亚特法对村社潘查亚特组成和职权的规定来看，此一时期的村潘查亚特不能称得上是乡村自治组织。首先，村潘查亚特的被选举人有财产限制，非富裕人士无法成为其成

---

① 参见凯思林·高夫：《坦焦尔县孔巴村的种姓制》，第96页。
② George Mathew, *Status of Panchayati Raj in the States of India 1994*, Concept Publishing Company, 1995, p. 3.

员。其次，村社的土地分配、卫生改善、税收和治安等职能被委托给村潘查亚特，但村社潘查亚特又被置于县级政府的控制之下，没有上级地方行政长官和税务人员的允许，无法采取实质性行动。英国殖民政府的主要目的显然在于改造已有的潘查亚特或有条件地恢复曾有的潘查亚特组织，加强对村社的控制，以方便获取土地收益。不过，印度地广人众，英国殖民政府对各地的控制尚不牢固，该措施在各地的推行方法和所获效果差异很大。有些省（如孟加拉省和联合省）甚至一度专门将部分地区划为潘查亚特地区。① 结果，除少数中心城市周边地区外，印度乡村地区事务仍然由柴明达尔（Zamindar）及其代理人或传统的潘查亚特主导。英国殖民政府利用传统组织维护统治的同时，也着力建立新的法院系统。该系统延伸到部分乡村地区，与传统的潘查亚特审判机制并行存在。

印度本土政治力量对推动潘查亚特复兴也起到重要的推动作用。1909 年，村社潘查亚特首次出现在印度国大党的年度报告中。在"下放权力皇家特别委员会"（Royal Commission on Decentralization）于1907 年至 1908 年对地方自治问题进行全面研究并提出改进建议之后，印度国务秘书承认，总督提出的地方自治计划没有得到适当执行。1910 年，印度国大党第 25 届大会的报告前言指出，"据信，政府将毫不犹豫地宣布已决定实施的改革""改革中很重要的一项可能是通过赋予村社潘查亚特真正的权力以使其复兴"。② 不过，关于村社潘查亚特及其在印度复兴中的作用等问题，印度本土政治力量尚未形成独特且极具吸引力的观察视角。第 25 届大会的相关报道主要关注城市和地区委员会事务，对村社潘查亚特只是偶尔提及。由于特别委员会的建议没有带来任何实质性进展，1913 年印度国大党第 28 届大会通过决议，对"特别委员会的建议未能推进地方自治"表示遗憾，并敦促政府尽早采取措施在权力和资源方面向地方组织倾斜。印度国大党关于地方

---

① A. R. Desai, *Rural Sociology in India*, Popular Prakashan Pvt. Ltd., 1994, p. 580.
② *Report of the Twenty-fifth Indian National Congress Held at Allahabad on the 26th, 27th, 28th, December 1910*, Indian Press, 1911, p. ii.

自治的声明（包括对复兴潘查亚特的追求）、特别委员会激起的希望与紧接着到来的失望，一道将公众的注意力转移到了村社共同体及其承载的古老历史传统之上。

（二）司法潘查亚特的诞生与归宿

印度独立后，对法律制度和乡村治理的反思在全国层面展开。许多政治家和学者受到圣雄甘地思想的影响，主张借助印度传统潘查亚特实行乡村自治。对他们而言，甘地赞许传统印度乡村文明，绝不仅仅是因为传统乡村组织及其生活方式是争取民族独立斗争中的一个战略因素，还因为传统乡村组织能够在建设新的独立的印度方面发挥关键作用。1915 年 1 月，甘地从南非途径英国返回印度。印度人民像迎接英雄一样欢迎他。这一年，甘地走遍全国，并开始为印度的发展绘制蓝图。1916 年，他开始以演讲的方式将自己的想法展现给国人。1916 年 2 月 4 日，甘地在贝纳勒斯（瓦拉纳西）印度教大学成立典礼上发表的演讲，在政界引起轰动。同年 2 月 14 日，他在马德拉斯发表演讲，公开赞许印度乡村以及传统潘查亚特的重要价值。① 此后，甘地也数次提到应重建潘查亚特，将其发展成建立新印度的坚实基础。在受此影响的人们看来，甘地的潘查亚特理想是印度国家建设思想的重要组成部分。

与此同时，反对甘地观点的人也大有人在。反对者总体分为两类。一类反对者以尼赫鲁为代表，观点较为温和，认为乡村在知识和生产方式方面比较落后，对建设新国家而言难以起到支柱性作用。尼赫鲁认为，自治村社、种姓制度和联合家庭是传统印度社会组织的三大支柱，但这三大支柱已经陈旧。② 另一类反对者以宪法起草委员会主席安培德卡尔为代表。他对传统村社自治组织及其背后的文化基础提出尖

---

① D. G. Tendulkar, *Mahatma: Life of Mohandas Karamchand Gandhi*, vol. 1, The Publications Division, Ministry of Information and Broadcasting, Government of India, 1951, pp. 287–288.

② 参见贾瓦哈拉尔·尼赫鲁：《印度的发现》，向哲濬等译，上海人民出版社 2016 年版，第 218—229 页。

锐批评。他认为，印度的村社确实独一无二，但那些推崇村社及潘查亚特的人没有认识到，历经王朝变迁而生存下来的村社过于自私自利，无助于现代国家建设。① 在印度共和国建立前的制宪会议上，代表曾就如何对待潘查亚特进行过激烈的争论。最终，印度制宪会议决定维持英印正式法院系统，1949 年通过的印度宪法只在第四编"国家政策的指导原则"（The Directive Principles of State Policy）第 40 条直接提到潘查亚特，即"国家应采取措施组建织村级潘查亚特并赋其发挥自治机构的作用而必需的权力和权威"②。这条规定在印度社会引起了较大争议。赞许古代印度政治和法律传统者坚持认为，现今印度法律制度存在诸多问题，根源正在于其由英国殖民者所输入，印度应该转向本土固有传统，从中寻求政治和法律制度的改进方案。

印度 1951 年的《印度普查报告》显示，印度人口共 3.569 亿，其中乡村人口占到 2.95 亿。加尔各答和孟买等近代发展起来的大城市使印度增加了大量城市人口，但在较为偏远的阿萨姆邦、奥里萨邦和喜马偕尔邦，乡村人口占比均超过 95%。③ 就全国范围而言，建立村潘查亚特的目的主要在于促进村民参与民主管理和推动乡村建设。在邦级行政区，建立村潘查亚特主要在于通过分散权力，减轻邦的管理负担。至 1957 年，各邦已陆续通过村潘查亚特法。根据村潘查亚特法，各邦通常并不是在每个村庄都设置单独的村潘查亚特，而是在临近的若干村范围内设置一所共同的村潘查亚特。例如，1954 年，喜马偕尔邦共有 280 所村潘查亚特，覆盖 10 972 个村庄。④ 至 1958 年 3 月底，印度已建立了超过 16 万所村潘查亚特，覆盖全国 80% 的村庄。⑤ 部分邦还

---

① Valerian Rodrigues（ed.），*The Essential Writings of B. R. Ambedkar*，Oxford University Press，2002，p. 486.
② 此处主要参考了孙谦、韩大元主编，《世界各国宪法》编辑委员会编译：《世界各国宪法》亚洲卷，中国检察出版社 2012 年版，第 787 页。
③ *1951 Census of India*. 数据来源于印度内政部全国普查数据电子图书馆：http：//censusindia. gov. in/DigitalLibrary/，2021-3-30 访问。本章引用的《印度普查报告》数据均来源于此。部分《印度普查报告》将我国藏南地区包括在内，本章引用时已将该地区数据排除。
④ H. D. Malaviya，*Village Panchayats in India*，p. 633.
⑤ A. R. Desai，*Rural Sociology in India*，p. 581.

在村潘查亚特框架内设立了可审理部分民事和刑事案件的"司法潘查亚特"。不同邦的司法潘查亚特,具体人员组成和实际运转情况差别较大。①

与此同时,印度自 1952 年开始实施一项旨在促进农村地区全面发展的"社区发展计划"(Community Development Programme)。该计划将全国的县划分为若干"发展区"(Development Block),并以发展区为单位,以综合发展为核心理念,改进乡村地区的经济、社会和文化条件。发展区管理机构设有若干名村联络人,每名联络员负责联络 10 至 12 个村。该计划属于印度独立初期比较重大的发展举措,声势和规模很大,因而引起广泛关注。但是经过几年努力,该计划取得的成绩并不理想。

1957 年 1 月,印度政府成立以政治家巴尔万特·梅塔(B. R. Mehta)为主席的委员会,负责调查和评估农村社区发展计划实施情况及提出相关建议。该委员会于同年 11 月提交报告,认为社区发展计划缺乏公众参与,并表示农村发展的关键在于实行农村自治。委员会建议在全国范围内建立由村到县的三级潘查亚特自治组织。委员会同时表示,三级潘查亚特自治组织应有权制定和执行区域内的发展计划,而国家则应向潘查亚特组织分配足够的资源,以确保其有充足的财力履行职责。次年,印度国家开发委员会接受该建议。自 1959 年起,各邦级行政区陆续通过相应的潘查亚特法,实施新的"潘查亚特管理制度"(Panchayati Raj)。具体而言,该潘查亚特制度包括村一级的村潘查亚特、区一级的潘查亚特委员会和县一级的县潘查亚特三级自治组织。新的潘查亚特基于选举制而不是世袭制。一个或几个村落经村民大会直接选举产生村潘查亚特;若干村潘查亚特经间接选举产生潘查亚特委员会;全县潘查亚特委员会再经间接选举产生县潘查亚特。最先实施该制度的是西北部的拉贾斯坦邦和东南部的安得拉邦。需要说明的是,在 20 世纪 60 年代中期,各邦级行政区的潘查亚特管理制在层级数量上并不完全相同,各个层级的具体名称也略有差别。例如,奥里萨

---

① H. D. Malaviya, *Village Panchayats in India*, pp. 537-629.

邦和哈里亚纳邦只有村潘查亚特和潘查亚特委员会两个层级；果阿邦和特里普拉邦只有村潘查亚特；古吉拉特邦和卡纳塔克邦的潘查亚特委员会称塔鲁克潘查亚特。① 不过，从印度全国的情况来看，采用上述三级潘查亚特体制的邦级行政区占多数。新世纪以来，更多的邦级行政区开始采用三级潘查亚特体制，不过各层级的具体名称仍未统一。各级潘查亚特代表均由选举产生，任期一般为五年。各邦级行政区最低一级的村级潘查亚特人员规模不一，有的邦人员数量固定，有的邦规定人数范围，有的邦根据人口数量确定，但都至少由五人组成。村级潘查亚特主席，在阿萨姆邦、西孟加拉邦、比哈尔邦、北方邦、拉贾斯坦邦、哈里亚纳邦和旁遮普邦，由村民直接选举产生；在其他邦，由经选举产生的村级潘查亚特成员在内部选举产生。村级潘查亚特主席的名称也不统一，有些邦的潘查亚特借用或沿用古名，有些邦的潘查亚特用英语称呼。

新体制下的潘查亚特同时被视为最理想的乡村纠纷解决机构。落实到乡村司法实践，其具体体现是在全国范围内组建专门的"司法潘查亚特"。我们也可以认为，这将 20 世纪 50 年代中期部分邦设立司法潘查亚特的做法推向了全国。司法潘查亚特是潘查亚特制度的司法组成部分。不同邦级行政区内的司法潘查亚特，在规模和地域管辖范围等方面标准各异，但它们都是印度最低级别的司法机构，专门为地方农村司法而设立，成员经选举产生，旨在为乡村居民提供公平而迅捷的司法制度。司法潘查亚特可遵循比较简单和非正式的程序审理部分民事和刑事案件。具体而言，司法潘查亚特在民事方面主要集中于审理争议金额较低的财产纠纷，在刑事方面主要负责审理轻微刑事案件。司法潘查亚特在功能定位方面比较清楚，但在实际运行方面却存在很多问题，没有实现改善村社司法的目标。例如，根据相关潘查亚特法，司法潘查亚特应是专门组建的机构，属潘查亚特国家司法制度的组成

---

① R. P. Joshi, G. S. Narwani, *Panchayat Raj in India: Emerging Trends across the States*, Rawat Publications, 2002, pp. 62-63.

部分。但在一些地区，司法潘查亚特仅仅名义上存在。所谓司法潘查亚特，只是潘查亚特在处理案件时使用的临时名称。又如，即使存在专门组建的司法潘查亚特，其执行力也比较有限，且很难获得足够的资金以维持运行。在多数邦，各级潘查亚特主要的收入来源是国家财政拨款，另有少量收入来自征税和收费，这些收入大部分用于道路维修、通信建设和水源供应，留给司法潘查亚特的资金相当有限。司法潘查亚特秘书及其他工作人员的工资很低，且常被拖欠，他们旷工的情况相当普遍。① 因此，被寄予厚望的司法潘查亚特运行不久之后，案件处理量就逐年下滑。至20世纪80年代，很多邦的司法潘查亚特已基本名存实亡。② 与此同时，部分邦的三级潘查亚特组织也陷入发展困境。印度学者马苏尔（V. Mathur）和纳拉因（I. Narain）表示，人们自1959年开始对潘查亚特管理制所持有的热情仅在最初几年不断上升而后就开始降低。到1969年，潘查亚特管理制已经不被人们关心了。③ 自1962年起，印度中央政府和部分邦政府陆续成立一些专业委员会，负责考察和研究潘查亚特管理制的运行情况并提出改进措施。其中，最重要的是人民党政府于1977年12月成立的以阿肖克·梅塔（A. Mehta）为主席的委员会。1978年8月，该委员会向总理提交最终报告。报告承认潘查亚特管理制经历了建立期、停滞期和衰落期，但也明确认为潘查亚特管理制并未失败。委员会建议，增加对县潘查亚特的财政支持，以覆盖区域大于村潘查亚特但小于潘查亚特委员会的曼达尔潘查亚特（Mandal Panchayat）取代村潘查亚特，并组织大规模的培训和教育项目，提升相关人员的专业素质。④ 同时，委员会也重点

---

① Erin Moore, *Conflict and Compromise: Justice in an Indian Village*, University Press of America, 1985, pp. 68, 80.
② Catherine S. Meschievitz & Marc Galanter. "In Search of Nyaya Panchayats: The Politics of a Moribund Institution", in Richard L. Abel (ed.), *The Politics of Informal Justice: Comparative Studies*, Academic Press, 1981, pp. 47-70.
③ 参见凯末尔·斯迪克:《南亚地方政府比较研究》，王振耀等译，中国社会出版社1994年版，第25页。
④ 参见黄思骏:《印度农村潘查亚特制度的历史演变》，《南亚研究季刊》1990年第1期，第55页；R. P. Joshi, G. S. Narwani, *Panchayat Raj in India: Emerging Trends across the States*, pp. 35-37。

强调，司法潘查亚特应为独立机构。不过，由于不久后国大党取代人民党重新执政，委员会的建议没有被印度中央政府采纳。①

（三）乡村法庭的性质与使命

1986 年，印度法律委员会（Law Commission of India）在其第 114 号报告中指出，印度应放弃司法潘查亚特模式，改为在乡村地区建立"乡村法庭"。依照该报告，乡村法庭应由一名受过专业训练的法官和两名当地非专业人员组成审判组，专业法官由各邦负责遴选；乡村法庭可审理的民事案件和刑事案件种类应多于司法潘查亚特，且可继续采取简化程序。② 换言之，法律委员会力求建立一种兼具正式法院与司法潘查亚特特征的基层法庭系统。但建立乡村法庭的建议长期未受重视。1992 年，在经济改革的大背景下，印度通过宪法第七十三修正案，对有关潘查亚特的条款进行修正和补充。本次修正案涉及潘查亚特的结构、组成人员数量；表列种姓、表列部落和妇女的位置保留；潘查亚特的资金来源；邦议会在潘查亚特中的地位和作用；等等。在印度学者看来，将更多权力和资源从邦下放到潘查亚特，是非常明智的选择。③ 甚至有学者认为，"这实际上是要将原有的中央—邦两级政府体制改变为中央—邦—潘查亚特三级政府体制"④。不过，多数邦对此态度消极。此后，虽然绝大多数邦都进行了权力和资源下放，但下放的速度和程度差别很大，导致印度整体的潘查亚特建设未能取得突破性进展。⑤

---

① R. P. Joshi, G. S. Narwani, *Panchayat Raj in India: Emerging Trends across the States*, p. 37.
② Law Commission of India, *114th Report on Gram Nyayalaya*, Law Commission of India, 1986, pp. 18-20.
③ 参见王红生：《90 年代以来印度的潘查亚特制度建设与政治改革》，《南亚研究》2009 年第 2 期，第 59 页。
④ D. Narayana, "Local Governance without Capacity Building: Ten Years of Panchayati Raj", *Economic and Political Weekly*, vol. 40, no. 26 (2005), p. 2822.
⑤ Shikha Jha, "Panchayats: Functions, Responsibilities and Resources", in Twelfth Finance Commission of India (ed.), *Panchayati Raj Finances: Role of the Twelfth Finance Commission of India*, National Institute of Rural Development, 2004, p. 32.

2008年，印度通过《乡村法庭法》（Gram Nyayalayas Act），决定在全国范围内建立乡村法庭。《乡村法庭法》的规定与法律委员会报告的建议并不完全相符。根据《乡村法庭法》，每所乡村法庭只设一名主持法官。该主持法官须是受过专业训练的正式司法人员，由邦级政府与相关高等法院协商任命。乡村法庭应设立于区行政中心，采取流动工作方式，前往乡村审理案件。乡村法庭可审理较多种类的民事和刑事案件，但基本须适用正式法律程序。可以说，乡村法庭在理念上已经脱离了潘查亚特传统。根据2008年的《乡村法庭法》，由邦级政府与相关高等法院协商建立乡村法庭，依照每区一个的标准，总数约5000所。然而，直至2015年3月，全印范围内仅仅建立了194所。这些乡村法庭分布于10个邦，且数量不均。中央邦已建立89所，占总数近一半；拉贾斯坦邦已建立45所；奥里萨邦已建立16所；北方邦已建立12所；贾坎德邦已建立6所；卡纳塔克、果阿、旁遮普和哈里亚纳4个邦总共只建立了8所。[①] 笔者2017年夏天在旁遮普邦东部村庄考察，当地村民均表示没有听说过"乡村法庭"。需要说明的是，中央邦和拉贾斯坦邦面积较大，中央邦多山地，拉贾斯坦邦多沙漠，二者对乡村法庭的需求相对较大。但北方邦和卡纳塔克邦面积也比较大，且后者山地广布。因此，这种悬殊的数据对比不纯粹是客观因素作用的结果。近年来，高调建立乡村法庭的情况在个别邦偶有出现。例如，2016年，喀拉拉邦拉尼区、帕姆帕迪区和潘达拉姆区先后举行盛大仪式，庆祝本区的乡村法庭建成启用。[②] 不过，我们难以确定这类活动的象征性效果与乡村法庭建设的实际进展之间到底在多大程度上存在正相关。另外，印度法律教育起步早，培养出的专业人才数量很可观，但极少有

---

① Press Information Bureau, Government of India, "Gram Nyayalayas", http://www.pib.nic.in/newsite/mbErel.aspx? relid=116631, 2021-3-30 访问。

② "Two Gram Nyayalayas Inaugurated in the District", Official Website of District Court Pathanamthitta, December 3, 2016, https://districts.ecourts.gov.in/pathanamthitta/gram-nyayalaya-inauguration, 2021-3-30 访问；"First Gram Nyayalaya in Kottayam", *The Hindu*, July 24, 2016, http://www.thehindu.com/news/national/kerala/First-gram-nyayalaya-in-Kottayam/article14505269.ece, 2021-3-30 访问。

人愿意前往乡村法庭任职。当然，换个角度讲，根据 2011 年的统计数据，印度全国共有大约 60 万个村，即使全印每个区都建有一所人员齐整、设施完善的乡村法庭，平均每所法庭管辖的村数量也将达到约 120 个。印度在 20 世纪 70 年代就基本实现了粮食自足，从粮食常年进口转变为拥有大量粮食储备及少量粮食出口，但农村贫困问题依然严峻。印度全国抽样调查组织第 7 次家庭消费支出调查结果显示，在临近《乡村法庭法》通过的 2004—2005 年度，印度乡村有 5% 的人口每月人均消费支出为 0—235 卢比，每日人均消费不足 8 卢比（约合 17 美分）；另有 5% 的乡村人口每月人均消费支出为 235—270 卢比，每日人均消费 8—9 卢比（约合 17—19 美分）。① 每日辛苦劳动以维持基本生计的乡村居民，不愿意将宝贵的时间花费于前往乡村法庭驻地或等待乡村法庭前来。

五、结语

在古代印度，潘查亚特产生很早，是农业社会中村社的自治组织，有利于村社自我管理和协调村庄内部成员之间的关系，并代表村社与上级管理部门进行联系。独立以来，印度一直寻求为乡村居民建立便捷、低成本的司法体系。种种尝试需要兼顾的理念追求、历史传统和现实情况异常复杂。在司法潘查亚特时期，印度选择了以传统为主以现代为辅的道路；在乡村法庭时期，印度转而连潘查亚特的名字都弃之不用。目前看来，新近出现的乡村法庭，不论在建设进度上还是结构设计上，都难以满足印度乡村的司法需求。千百年来，在传统司法中发挥关键作用的潘查亚特，对印度社会和印度文明产生了持续而重大的影响。欲真正改善乡村司法，印度需要正视并利用好传统的潘查亚特，并使之与现代的司法理念和制度相衔接。

---

① 参见黄正多：《印度农业合作经济组织发展研究》，巴蜀书社 2015 年版，第 152—156 页。

第二编

◆

近现代印度法

附 錄

原詩(四十首)

第十章　印度殖民时期的法律变革
——以英国法在印度的移植为视角

　　印度法律传统历史悠久，影响广泛，是当今世界重要的法律文明之一。然而，自近代以来，印度法律传统受到西方的挑战。葡萄牙、法国和英国等欧洲国家都曾殖民印度，但唯有英国在殖民争霸中胜出，并长期向印度输入英国法律制度与文化，在很大程度上改变了印度法律传统，最终形成了独具特色的英-印法（Anglo-Indian Law）[①]，对现今印度法的规则体系、制度原则、内在机制与外在形态产生了重要影响。

　　事实上，伴随着英国的殖民扩张，英国法传入北美、澳洲、非洲和亚洲的许多国家和地区，表现出了强大生命力。我们或许可以认为，在美国、加拿大和澳大利亚等国家，英国法并未遭受来自土著文化的强烈抵抗，因而英国法可以在那些国家落地生根，枝繁叶茂。但在面对印度高度发达的文明时，英国法为何依然能够影响印度法律传统？传统印度法经历了怎样的变革？本章将试图从英印时期司法管辖权的设立与统合、司法过程中的法律移植、立法过程中的法律体系化发展，以及法律职业群体与法律教育的发展等方面，回答上述问题。

---

　　① 亦译为盎格鲁-印度法。另有 Anglo-Hindu Law 一词，其与 Anglo-Indian Law 的区别在于：前者指英国法与印度教徒之法律传统的混合体，重在属人性；后者指英国法与印度法律传统（包括印度教徒与穆斯林、锡克教徒、耆那教徒等全体印度人的法律传统）的混合体，重在属地性。本章并非局限于英国法对印度教法的影响，因此取 Anglo-Indian Law 一词。

一、司法管辖权的设立与统合

(一) 传统印度社会中司法管辖权的分散化

传统印度社会中权力的分享者呈现多样化与分散化特征。在18世纪初期的南亚次大陆,莫卧儿王朝的统治疆域从北部的克什米尔延伸到南部的德干高原。皇帝之下是势力范围甚广的莫卧儿贵族。随着帝国衰落,他们的命运面临挑战。帝国的都城德里之外是地方上包括印度教徒和穆斯林在内的包税人阶层,他们与帝国统治者关系紧密。在乡村中,村社作为传统印度的基本社会组织形态,在历史动荡时期总是能保存较为稳定的权力结构与组织模式。在城市,18世纪开始崛起的印度本土商人集团不仅活跃在农产品、工艺品贸易与资本市场中,而且在政治领域也逐渐扮演更加重要的角色。就个人而言,家户关系、宗教信仰及其种姓等级构成了一个人社会关系的主要内容。从这一自上而下的权力结构来看,这一时期的印度社会存在诸多统治权的分享者:莫卧儿皇帝、土邦王公、农村权贵、宗教团体、新兴商人以及后来的欧洲殖民者等个人和团体,分别在不同的社会结构中以及不同的地理位置上一起分享权力,呈现出差异化、等级化的特征。①

权力分享者的多样化与分散化也反映在司法领域。18世纪印度的司法管辖权亦由不同社会群体所掌握。在帝国内部,莫卧儿帝国延续了德里苏丹时期的司法制度。其司法体系可分为三级,皇帝作为一国之首,处于权力的顶端。其次是在中央设置的司法部长(qazi-ul-quzat),负责任命与监督下级司法长官,并审理上诉案件。最后是在各省、地区以及较大的村庄设置的地方司法长官卡迪(qazi),负责审理地方的民事与刑事案件。此外,地方税务官除了负责征税,还负责审

---

① C. A. 贝利:《印度社会与英帝国的形成》,段金生、蒋正虎译,云南人民出版社2015年版,第15—16页; Bernard Cohn, "The Initial British Impact on India", *The Journal of Asian Study*, vol. 19, no. 4 (1960), pp. 418-431。

理与土地相关的案件。① 但到了 18 世纪晚期，这一官方司法体系基本上已名存实亡。在帝国行政机构之外的地方层面，存在着一个个由家族世袭统治的"小王国"，它们被视为 18、19 世纪印度地方法律的基本单元。这些小王国可能包含几十甚至上百个村镇，每个村镇可能包含几个小村庄。村庄中不同种姓之间的纠纷可能诉诸支配种姓解决，家庭与种姓内部的纠纷则由其领导者或种姓潘查亚特解决。②

通常情况下，严重的刑事案件由莫卧儿帝国的政府机构管辖，但大部分民事案件与轻微刑事案件则由潘查亚特管辖。当时的印度虽然处在穆斯林的统治之下，但占人口多数的印度教徒仍然遵循着前穆斯林时期的法律和习惯。那些放弃了印度教皈依伊斯兰教的人，也依然坚持印度教法的继承规则和财产规则。③

（二）英国殖民司法管辖权的设立

在莫卧儿帝国内众多的权力分享者中，英国东印度公司作为一股引人注目的殖民势力逐渐崭露头角。通过此前一个多世纪的经营，它终于在 1757 年普拉西战役后一举奠定自己的统治地位，开启了此后对印度殖民统治的漫长历史。1765 年，莫卧儿皇帝颁布敕令，授权英国东印度公司成为孟加拉、比哈尔、奥里萨三个地区的迪万（Diwan）④。据此，公司有权在上述地区征收赋税，并负责民事案件与税收案件的审理。加之公司拥有自己的武装力量，公司在这些地区的权力基本上构成了完全主权。⑤

---

① Farooqui Salma Ahmed, *A Comprehensive History of Medieval India: Twelfth to the Mid-Eighteenth Century*, Pearson Education India, 2011, p. 277.

② Bernard Cohn, "Some Notes on Law and Change in North India", *Economic Development and Cultural Change*, vol. 8, no. 1 (1959), pp. 79-93.

③ Werner Menski, *Hindu Law: Beyond Tradition and Modernity*, Oxford University Press, 2009, pp. 156-157.

④ 指省或区的赋税长官，执掌征收赋税和向帝国国库上缴税款事务，同时还执民事和司法权。黄心川主编：《南亚大辞典》，四川人民出版社 1998 年版，第 103 页。

⑤ Herbert Cowell, *The History and Constitution of the Courts and Legislative Authorities in India*, Thacker, Spink & Co., 1872, p. 27.

1. 法院作为法律系统的中心：从碎片化司法到统一化司法

18世纪下半叶，为了征收土地税，英国司法机构随着英国在印度殖民地的拓展而相继设立并迅速铺开。1771年黑斯廷斯（W. Hastings）受命担任第一任孟加拉总督后，他派遣英国官员作为税收官与法官进驻印度内陆地区，负责其势力范围内的土地税收的征收与民事案件的审理。此后，伴随着殖民势力的扩张，公司所设立的法院延伸至印度各殖民区域。公司所设立的法院称为"阿达拉特体系"（Adalat System），其中包括在管区主城周边地区①设立的诸多地区民事法院（Mofussil Diwani Adalat）与地区刑事法院（Mofussil Faujdari Adalat），也包括在加尔各答设立的高等民事法院（Sadar Diwani Adalat）与高等刑事法院（Sadar Faujdari Adalat）。与此同时，英国议会也开始参与印度事务。依据议会通过的《1773年管理法》（Regulation Act of 1773），加尔各答②最高法院于1774年成立。此后，马德拉斯与孟买也分别于1801年和1823年设立最高法院，二者享有与加尔各答最高法院同样的司法管辖权。根据《1781年管理法》（Regulation Act of 1781），公司设立的法院独立于议会设立的最高法院。于是，英国统治者在印度设立了一套双轨制的司法体系。1858年印度民族大起义后，英国政府接管东印度公司，计划合并双轨制司法体系。1861年，英国议会颁布《印度高等法院法》（Indian High Courts Act），取消在加尔各答、孟买和马德拉斯的三个最高法院，分别以高等法院取而代之；取消在管区周边地区建立的上诉法院，其记录与卷宗由高等法院接收，由此完成了司法机构的统一。

这样，传统印度社会中碎片化的司法权逐渐由法院吸收，司法体系向统一化方向发展。其中最直观的体现是，19世纪英国统治者设立

---

① 最初，英国东印度公司在印度沿海建立商站，随着殖民势力的扩张，被英国殖民统治覆盖的广大区域发展成为"管区"（presidency），其中孟买、马德拉斯、加尔各答三个规模较大的城市则相应称为"管区主城"（presidency town），而管区主城周围的区域则称为"管区主城周边地区"（moffusil district）。
② 加尔各答现为印度西孟加拉邦首府。1690年英国殖民者在加尔各答建立贸易据点，此后加尔各答逐渐发展成为孟加拉地区的管区主城，1772年以后成为英属印度首府，直至1912年英属印度迁都德里。

的法院受理案件数量庞大。这其中的原因可能是，原先由传统纠纷解决机制处理的案件涌向这些法院，加之法院有权强制证人出庭，有权强制执行判决，与印度传统纠纷解决模式相比，英国统治者设立的法院更能实现当事人的权利，因而也更受当事人青睐。① 可以说，殖民时期印度法发展的首要特征是建立了一套法院体系，使分散的司法管辖权逐渐由较为统一的法院所掌握。当然，统一的司法只是一种发展趋势，种姓会议、村社头人直到印度独立后仍在实际生活中发挥定分止争的作用，但司法统一化的发展已成为主要趋势。

2. 程序主义：从"广场式"司法到"剧场式"司法

除了司法权的统一化发展外，殖民时期的印度司法逐渐从村口或水井边的"广场式"司法转向法庭上的"剧场式"司法，② 呈现出更多程序主义的特征。

根据法律人类学家科恩（B. Cohn）的考察与描述，在印度传统的纠纷解决过程中，参与者不一定只有诉讼双方，还有邻里乡亲；所讨论的内容也并不一定是某一个特定纠纷，而可能是长达几十年的一系列积怨性纠纷；解决方式是通过潘查亚特主导下的长谈，宣泄双方怨气，达成妥协与和解，最终目的是维持彼此的关系，使大家能继续在一起共同生活。③ 除了由种姓机构或支配种姓解决争端，人们还可能在正义无法实现之时诉诸超自然力量。例如静坐绝食（dharna），通常是债权人自己或雇佣婆罗门坐在债务人家门口绝食，对债务人施加压力，若绝食致死，则会认为有死亡的诅咒降临在债务人身上；或者库尔（koor），即将奶牛或者年迈的婆罗门妇女置于柴堆上，若被火烧死，则死亡的诅咒也会降临在另一方当事人身上。④

---

① Marc Galanter, "The Displacement of Traditional Law in Modern India", *Journal of Social Issues*, vol. 24, no. 4 (1968), pp. 69-70.

② 有关"司法的广场化"和"司法的剧场化"的含义，参见舒国滢：《从"司法的广场化"到"司法的剧场化"：一个符号学的视角》，《政法论坛》1999年第3期，第13—18页。

③ Bernard Cohn, "Some Notes on Law and Change in North India", pp. 79-93.

④ Bernard Cohn, "From Indian Status to British Contract", *The Journal of Economic History*, vol. 21, no. 4 (1961), pp. 615-616.

但在英国统治者设立的法庭上，法官、双方当事人、律师与陪审团成为主要的诉讼参与者。人们必须遵照司法程序规则参与诉讼过程，包括聘请律师，提交诉讼文书，在特定的时间提交证据、出席审判，及时履行判决等。裁判者不再是生活在同一个社群中的头人或有血缘关系的长者，而是与当事人没有关联的法官与陪审团。法律开始否定各群体在种姓阶序与宗教意义中的区分，并摆脱熟人社会关系，逐渐转向"蒙眼女神"，平等对待当事人。正义不再是经过集会长谈后的调解与妥协，而是明确一方为胜一方为败的裁判文书。为权利的斗争也不再通过自杀与诅咒，而是通过土地与权利的强制拍卖等方式。总之，在程序主义的司法模式中，参与各方按照各自明确的角色和定位进行程序化的表演。

英国程序主义的司法特性使程序法具有高于实体法的特征，例如"无令状则无权利"，程序瑕疵甚至会导致实体权利难以得到救济。① 在印度，英国人的程序主义同样对印度实体法律规则产生影响。"英国的程序方法改变了印度实体法，它在限制了某些权利的同时又扩大了另一些权利。"② 例如在后文将提及的丁达雅（Deendyal）案中，法官认为债权人只能取得债务人的财产份额，而无权取得债务人之子的财产份额。其中一个理由是，他所提起的诉讼程序仅仅针对债务人，而不是针对所有的财产共有人，若债权人想要以债务人的全部家庭财产清偿债务，则他应将其他财产共有人列为当事人。③ 可见，在司法过程中，程序上的瑕疵完全可能影响实体权利的救济。

3. 遵循先例：从多元法律到判例法

在司法过程中，传统印度法与一些地方习惯被写入判例，对它们的解释也在判例中固定下来。这样，以遵循先例为基础，通过演绎进

---

① 高鸿钧、程汉大主编：《英美法原论》上册，北京大学出版社 2013 年版，第 256 页。

② J. Duncan M. Derrett, "The Administration of Hindu Law by the British", *Comparative Studies in Society and History*, vol. 4, no. 1 (1961), p. 40.

③ *Deendyal Lal v. Jagdeep Narain Singh*, (1877) 4 IA 247.

行决断的英国判例法,不仅赋予了印度本土法以稳定性,还在长期运作过程中逐渐累积和发展出印度本土判例渊源,进而形成了先例制度得以实施的前提——判例汇编(law report)。殖民统治早期,判例汇编只是个人行为,一些法官会将自己参与的案例出版成册,如加尔各答最高法院法官弗兰西斯·麦克纳顿(F. Macnaghten)编写的《印度法考鉴》(*Considerations upon Hindu Law*),其次子威廉·麦克纳顿(W. Macnaghten)编写的《印度教法的原则与先例》(*Principles and Precedents of Hindu Law*),孟买最高法院法官佩里(E. Perry)编写的《东方生活例鉴》(*Cases Illustrative of Oriental Life*)等。[1] 到19世纪中期时,已经有大量此类判例汇编出版。官方的判例汇编始于1875年,这一年《印度判例汇编法》(Indian Law Report Act)颁行。[2] 正式判例汇编制度的建立,与司法裁判中遵循先例的原则形成相辅相成之势。

在这个过程中,传统印度法发生一系列转变。首先,在传统社会,不成文的习惯法是在基层社会的人际互动中形成的,但在英国人成为裁判者之后,曾经主持纠纷裁决的村社头人逐渐成为证明习惯法存在的证人,他们失去了司法权。其次,印度本土法律被书写定格在官方文件之中,通过案例与证据的记录过程,印度本土的法律、习俗和惯例等社会规范被整合在判例中,并记录于判例汇编。由此,这些被认为不应该受干预的属人法逐渐转变为殖民时期法律体系的一部分,成为法院断案的依据。[3] 最后,随着印度本土法律被整编进以遵循先例、具有高度技术性为特征的英国式司法体系之中,英国法的遵循先例原则、判例汇编传统与法学方法被引入印度,使印度逐渐发展成为普通法体系的一员。印度独立后,除了已经被判例和制定法吸收的法律规则,曾被殖民统治者认可的法论等宗教法律文献已不再是法律渊源,

---

[1] Kailash Rai, *History of Courts, Legislature and Legal Profession in India*, Allahabad Law Agency, 2002, pp. 379-391.

[2] Muhammad Munir, "The Judicial System of the East India Company: Precursor to the Present Pakistan Legal System", *Annual Journal of International Islamic University*, vol. 13 (2005-2006), pp. 63-64.

[3] 梅因:《东西方乡村社会》,刘莉译,知识产权出版社2016年版,第49页。

习惯也只有在满足法定条件时才会具有法律效力。

二、司法过程中的法律移植

通常来说,进行法律移植的直接方式是立法,即通过制定成文法典将一个地区的法律规则移植至另一个地区。例如许多受大陆法系影响较深的国家通过制定法典的方式学习、借鉴德国、法国等国家的法律。事实上,19 世纪的法典化浪潮同样波及英国与印度,英国人通过法典化的方式将诸多英国法移植到印度,产生了《刑法典》《民事诉讼法》《刑事诉讼法》《印度继承法》等重要领域的立法。[①] 然而,早在殖民初期,英国法就已通过设置于殖民地区的英国法院渗入南亚次大陆。这些法院包括英国东印度公司根据特许状授权设立的公司法院(Company's Court),以及议会设立的国王法院(Crown's Court)。由于英国法具有显著的司法导向特征,英国法官在发现、改造传统印度法和移植英国法的过程中发挥了重要作用。

(一)寻找与改造传统印度法

1772 年黑斯廷斯提出,公司法院在涉及印度教徒、穆斯林的遗产继承、婚姻和宗教方面的纠纷时,依照法论与《古兰经》"分而治之",即这对印度教徒适用印度教法,对穆斯林适用伊斯兰法。这一主张被称为"黑斯廷斯计划",为后来的英国法所确认,成为东印度公司法院处理相关案件时(至少形式上)需要遵循的原则。但在实践这一原则时,英国法官所要解决的第一个问题是,什么是法论?[②]

1. 编译印度古代法律文献:从"达摩"到"法"

为探明何为印度教法,英国法官中涌现出一批精通梵文、阿拉伯文和波斯文的学者,他们被后人称为东方学家。这些东方学家掀起了

[①] 本章第三节将讨论 19 世纪印度的法典化运动成果。
[②] 由于欧洲与伊斯兰教的交流具有较长的历史,欧洲学者对《古兰经》和伊斯兰法的理解多过对印度教和印度法的理解。

欧洲人对印度语言、宗教、法律、历史、社会和文化进行系统研究的第一波浪潮。其中，在传统印度法领域最为著名的东方学家有哈尔赫德（N. Halhed）、琼斯（W. Jones）、科尔布鲁克（H. T. Colebrooke）和麦克纳顿等。

哈尔赫德受黑斯廷斯任命，主导印度法律翻译与汇编。他们聘请了十一位德高望重的孟加拉梵学家，从梵文文献中筛选出法律规则，将之译为波斯文，再由哈尔赫德从波斯文翻译为英文，形成《印度教法典》（A Code of Gentoo Laws），于1774年出版。这部法典成为指导英国法官断案的依据。[①] 1783年，当琼斯被派往加尔各答担任最高法院法官后，他开始学习梵文，并提议启动更大规模的印度法翻译项目。他认为这不仅是为了摆脱英国法官对某些唯利是图的印度本土梵学家的依赖，也是为了建立标准化的司法。在对印度法的理解方面，琼斯更像一个律师而非东方学家，因为在他看来，法律只是法论之法（shastric law），并非不成文的习惯。[②] 他将《摩奴法论》从梵文翻译为英文，并节译了吠陀文本。在1794年琼斯逝世时，他已经完成了梵文与阿拉伯文的法律汇编，但翻译工作尚未完成，此后科尔布鲁克接手了琼斯的工作，于1797年出版了《印度合同法与继承法汇纂》（The Digest of Hindu Law on Contracts and Successions）。[③] 此外，科尔布鲁克还翻译了《密塔娑罗》与《达耶跋伽》，前者是对《祭言法论》的评注，后者是关于继承规则的汇编，二者成为英国人据以解决印度人之间继承纠纷的重要法律渊源。[④] 此后，麦克纳顿父子、斯特兰奇父子等人相继出版了诸多关于印度教法与伊斯兰法的著作。例如麦克纳顿的著作《印度法考鉴》，以及马德拉斯最高法院大法官斯特兰奇

---

① Bernard Cohn, *Colonialism and Its Forms of Knowledge*, Princeton University Press, 1996, pp. 27.

② J. Duncan M. Derrett, *Religion, Law and the State in India*, Faber & Faber, 1968, p. 244.

③ Bernard Cohn, *Colonialism and Its Forms of Knowledge*, pp. 16-27.

④ H. T. Colebrooke, *Two Treatises on the Hindu Law of Inheritance*, Hindoostanee Press, 1810, pp. 1, 241.

(T. Strange)的著作《印度司法相关的印度教法律基本原理》(*Elements of Hindu Law Chiefly Related to the Administration of Justice in India*),对法官处理印度教法案件均具有重要的指导意义。①

通过翻译古代经典文献发现印度法的过程,是一个法文化的翻译过程。在这个过程中,难免出现两种不同法律文化与观念难以实现互译与对应的情况。其中最典型的例子是,英国法官将"达摩"(dharma)理解为"法律"(law),将梵文法律文献"法论"(dharmaśāstra)视为欧洲的"法典"(code)或"制定法"(statute)。但事实上,达摩概念既不等同西方的法律概念,也不等同西方的宗教(religion)概念。万物皆有其达摩。达摩规范人的行为,规定人应当如何饮食,何时劳作与休息,如何处理神人关系、人际关系等。可以说,印度教法是达摩的一部分,而达摩融合了法律、宗教和道德等规范,并非法官们所寻找的实证法(positive law)。② 英国的"法"与印度的"达摩"两个概念之间的互译体现出英印两国法律观念的重要差异,也给法官的司法工作带来挑战。譬如,依据传统印度法,符合达摩的收养关系需要举行宗教收养仪式后才成立,但在英国法官看来,"收养"作为一种法律行为独立于宗教仪式,因此收养关系的成立无须以宗教仪式为前提。③ 从"达摩"到"法"的转变,可以看出英国法官在司法过程中,以一种世俗之法的态度理解、诠释与改造着印度本土宗教之法。

在达摩与法的互译中,西方人关于文本确定性的观念发挥了不可忽视的作用。印度文化重视口语文化,并不十分注重文本确定性,并且法论文本与地方习惯众多,对于同一问题往往有不同规则,因此法律在现实生活中总是因时而异、因地而异。但英国重视书写文化,追求法律的文本确定性,从而实现期待的稳定。因此,琼斯等人在面对

---

① Horace H. Wilson, William H. MacNaghten, *Principles of Hindu and Mohammadan Law*, Williams and Morgate, 1868, pp. 17-19.
② Ludo Rocher, "Hindu Conceptions of Law", *Hastings Law Journal*, vol. 29, no. 6 (1978), pp. 1285-1286.
③ Ludo Rocher, *Studies in Hindu Law and Dharmaśāstra*, ed. Donald R. Davis, Jr., Anthem Press, 2012, p. 654.

印度法律实践中的多样性和复杂性时，主张回到古老的法律文本，① 这导致他们的翻译工程只关注印度古代法律文献，抬高了印度教法中文本的地位，但却忽视了多元的地方习惯在实践中的影响。

2. 国家法吸收地方法：从习惯到习惯法

在寻找印度传统法律的过程中，法论作为印度教法规则的主要文本载体，但不是其全部内容，而英国人则把法论等同于印度教法。这足以显示出英国人对印度法律现实复杂性认识不足。在司法实践中，英国法官很快发现，仅凭借梵文法律经典与《古兰经》，根本无法解决现实中的纠纷。因为印度法并非仅包括梵文文本与《古兰经》中的法律内容——无论是印度教还是伊斯兰教，其内部都存在诸多不同的教派与法律渊源，还包括发挥重要作用的各种习惯法。此时，是否应赋予地方习惯以法律效力，如何处理地方习惯与《古兰经》、法论等宗教法律规范之间的冲突便成为英国法官必须解决的问题。在这些问题的答案中，潜藏着英国法律制度与法学思想移植至印度的丰富细节，因此本章将借助孟买最高法院大法官佩里所审判的一个案例——赫尔贝等诉索娜贝案（*Hirbae and Others v. Sonabae*）②，对此问题进行剖析与说明。

赫尔贝的父亲哈吉佩与萨尤姆是兄弟，他们一起在孟买经商。哈吉佩去世后，萨尤姆继续占有着哈吉佩的财产。在萨尤姆去世前，他订立了一份遗嘱，并任命妻子拉希玛贝和嫂子索娜贝为遗嘱执行人。于是哈吉佩之女赫尔贝诉至法院。她主张，由于他们在三百多年前已经放弃印度教，转而信仰伊斯兰教，作为穆斯林妇女，根据《古兰经》，她有权继承父亲遗产的一部分。但被告却反驳道，原被告双方都属于柯贾（Kojahs）种姓，自不可追忆的时代起，柯贾种姓作为一支单独的伊斯兰教派，与其他的伊斯兰教派分离，有着不同于伊斯兰

---

① Bernard Cohn, *Colonialism and Its Forms of Knowledge*, pp. 71–74.
② Erskine Perry, *Cases Illustrative of Oriental Life*, Rayner & Hodges, 1853, pp. 110–129.

教的法律与习惯。根据他们的种姓习惯，女性无权获得其父亲的遗产。

事实上，柯贾种姓是四百年前由印度教徒改宗形成的穆斯林群体，尽管他们声称改信伊斯兰教，但他们却对先知和《古兰经》一无所知；他们崇信波斯贵族汗（A. Khan），却又拒绝向他缴纳什一税；他们的穿着、语言、行为举止、法律制度（如本案中的继承制度）仍保留着印度教的特征。被告主张的种姓习惯是否真实存在？法院是否应当赋予柯贾人的种姓习惯以法律效力？如果种姓习惯具有法律效力，又如何处理习惯法与宗教法之间的关系？这些成了法官必须裁断的问题。

在询问了柯贾种姓的诸多证人后，佩里法官承认被告所主张的继承习惯存在。但这样的习惯是否具有法律效力？佩里法官随后进行了习惯与习惯法的理论梳理。他说道，按照蒂堡（J. Thibaut）和布莱克斯通（W. Blackstone）的观点，习惯只要合理且不与成文法相抵触，就应具有效力；但根据奥斯丁（J. Austin）的观点，习惯法须获得作为主权者代表的法院的支持，才能具备法律效力。佩里法官认为，英国法所采取的是奥斯丁的观点，即主权者的认可与支持是习惯具备法律效力的关键。他又补充道，无论采取上述何种观点，都要求习惯满足布莱克斯通提出的七个条件：（1）存在很长时间；（2）一直被遵循；（3）被平和默许；（4）具备合理性；（5）必须确定；（6）具有强制性；（7）习惯必须相互一致。① 在确认柯贾种姓的这一习惯存续时间久远、不违背公共利益且不与官方制定法冲突后，佩里法官认为，法庭应当认为该习惯具有法律效力。

于是本案出现了这样的冲突：依据原告所主张的《古兰经》，女性享有继承权；而依据被告所主张的习惯法，则女性不享有继承权。当习惯法与宗教法冲突时，应支持何者？在这个观点上，佩里法官再次

---

① Kunal Parker, "Interpreting Oriental Cases: The Law of Alterity in the Colonial Courtroom", *Harvard Law Review*, vol. 107, no. 3 (1994), pp. 1711-1728; P. V. Kane, *Hindu Customs and Modern Law*, University of Bombay, 1950, p. 44.

充分展示了英国法学家的实证主义法律思想。他认为,无论是宗教法还是习惯法,均需要统治者的认可才能具有法律效力。他将日耳曼征服者保留了罗马人的属人法与英国对印度的征服进行类比,认为黑斯廷斯提出的"不干涉原则"的精神与出发点是允许被征服民族保留他们的法律与习惯,而非确立《古兰经》的绝对权威。因此,当习惯法与宗教法冲突时,他选择尊重印度人的本土习惯。据此,佩里法官事实上否认了《古兰经》高于习惯法的法律位阶,而是将它们视为处于同等地位的、可供法院选择的法律渊源。由此,他明确了行使主权的法院对规则进行选择、解释与适用的权力。这样,在国家法吸收地方习惯的过程中,国家法的至高地位逐渐得以确立。

可见,在习惯向习惯法的转变过程中,虽然没有借助立法活动,但布莱克斯通的习惯证明规则、奥斯丁的实证主义法律思想以及欧洲的主权者观念已经通过法官的司法判决渗入印度,使印度的地方习惯、法律制度以及法律思想都发生了重大转变。

(二)通过"正义、公平与良心"原则扩充与改造印度法

在发现印度法的过程中,英国法官除了通过翻译印度梵文法律文本与承认习惯法外,还通过"正义、公平与良心"(Justice, Equity and Good Conscience)这一原则,引入域外法填补司法过程中所遭遇的法律空白,或在法官认为适宜时排除印度本土法律的适用。

"正义、公平与良心"原则的确立可以追溯到1683年英国查尔斯二世发布的特许状。该特许状授权东印度公司任命一位法官与两名商人组成法庭,以"正义、公平与良心"原则、普通法、商人惯例等为依据审理案件。① 1781年英佩(E. Impey)法官制定的《民事诉讼法规》规定,"当出现法律空白时,地区民事法庭法官根据'正义、公平

---

① Sumeet Malik (ed.), *V. D. Kulshreshtha's Landmarks in Indian Legal & Constitutional History*, EBC Publishing Ltd., 2016, p. 42.

与良心'原则审理案件"。类似的授权同样出现在公司设立于各地的法院规章之中。① 对于加尔各答、孟买和马德拉斯三个管区主城设立的最高法院,1774年特许状授权它们同时作为衡平法院,根据英国国内衡平法院的法律规则和程序进行司法裁判。据此,公司法院和高等法院都有权依据衡平原则进行司法裁判。

"正义、公平与良心"原则受到殖民地法官的青睐,原因有四。首先,印度本土法律并非涵盖生活的各个方面,甚至在很多法律领域,印度教法与伊斯兰法均有空白。其次,当英国法官认为根据印度本土法律裁判显失公正与合理时,他们可以依据衡平原则排除印度法,引入英国法。再次,由于在印度生活着印度人、波斯人、亚美尼亚人和穆斯林等各种有着不同肤色、不同信仰与不同文化的群体,当他们之间出现纠纷且不能找到合适的法律规则时,法官也可通过衡平原则选择恰当的法律进行裁判。② 最后,在英国殖民统治前期,尤其是在管区主城周边地区,从事司法工作的英国人大多为东印度公司雇佣的税收官,他们没有经过专门的法学训练,因而赋予法官一定程度的自由裁量权符合现实之需,有助于法官开展司法工作。

1. 扩充印度法:从印度法到域外法

"正义、公平与良心"原则并没有明确内容,依据此原则应援引何种法律这一问题亦没有明确答案。这一原则更像一座桥梁,法官可以借由它通往印度教法、本土习惯法、英国法,甚至其他国家的法律。例如,在拉吉·巴哈达尔诉比申·达亚尔案③这一遗产纠纷中,当事人一家既不是穆斯林,也不是印度教徒,究竟对他们适用何种法律成为问题。在审理过程中,法官发现印度教遗产规则在这个家庭中一直得到遵循,因此,根据"正义、公平与良心"原则,应当对他们适用印

---

① 例如 Bengal United Province and Assam Civil Courts Act (1887) 第 37 条, Madras Civil Courts Act (1873) 第 16 条等。Kisor Acharyya, *Codification in British India*, S. K. Banerji & Sons, 1914, pp. 95-96.

② J. K. Mittal, *An Introduction to Indian Legal History*, Allahabad Law Agency, 1973, pp. 320-321.

③ *Raj Bahadar v. Bishen Dayal*, (1882) ILR 4 All 343.

度教继承制度。在拉姆拉坦·帕利诉阿斯米·库马尔·杜特案（*Ramratan Kpali v. Ascimi Kumar Dutt*）中，法官则以"正义、公平与良心"原则为指引，决定适用美国法中关于权利人对共同侵权人放弃追索的法律规则。①

但总体来说，在司法实践过程中，英国法从诸多法律中脱颖而出，成为依据衡平原则而援引的主要对象。② 例如，在拉姆南旦·多贝诉拉拉·拉尔案③中，就诉讼保护人（next friend）的重大过失是否能构成未成年人提起新诉讼的基础这一问题，印度法律中并无规定，加尔各答高等法院的法官在确认英国衡平法承认未成年人的此项权利后，依据"正义、公平与良心"原则，认为印度的未成年人也应当享有此项权利。在拉尼·达拉姆·昆瓦诉巴尔万特·辛格案④中，法院根据衡平原则，引入英国衡平法上的"禁止反言"（estoppel）规则，认为妇人有意的收养行为使她不能以未获得亡夫的授权为由而主张收养关系无效。1887年，英国枢密院表达了这样的观点，如果对印度社会环境来说是可行的话，"正义、公平与良心"原则大体上可以被解释为英国法规则。⑤

除了上述具体法律制度的引入外，一些体现衡平原则的英国法律谚语与原则也被引入印度，例如寻求公正的人必公正行事（a party seeking equity must do equity），凶手不能从其罪行处获益（a murderer cannot benefit from his crime）等。以后者为例，在肯查瓦·桑耶拉帕·霍斯玛尼诉格里玛拉帕·查纳帕·索姆萨迦尔案⑥中，就继承人杀害被继承人后是否仍享有继承权这一问题，若根据《摩奴法论》第9章第

---

① J. Duncan M. Derrett, "Justice, Equity and Good Conscience in India", in J. Duncan M. Derrett, *Essays in Classical and Modern Hindu Law*, vol. 4, E. J. Brill, 1978, pp. 19-20.
② 同上书，第14页。
③ Ramnandan Dobey v. Lalla Sheo Churn Lal, (1895) ILR 22 Cal 8.
④ Rani Dharam Kunwar v. Balwant Singh, (1912) 14 BOMLR 485.
⑤ C. Setalvad, *The Common Law in India*, Stevens & Sons Limited, 1960, p. 53.
⑥ Kenchava Sanyellappa Hosmani v. Girimalappa Channappa Somasagar, (1924) 26 BOMLR 779.

201 颂的规定，印度教法并没有剥夺凶手的继承权，① 但英国法官认为，"任何人都不能从其不法行为中获益"是一项法律原则，在本案上诉至孟买高等法院时，法官以"正义、公平与良心"原则为由，否定了凶手对被害人的继承权。

2. 改造印度法：从身份之法到契约之法

衡平原则的适用，不仅引入了域外法，也改变着印度本土法律。

以印度财产制度为例。在印度，财产通常以家庭成员共有的形式存在，但与家庭共有财产分割和继承相关的法律制度在不同地区存在差异。在主要遵循《达耶跛伽》的孟加拉地区，家父作为一家之主，对家庭共有财产具有处分权，家子在父亲去世之前并不享有财产权，但在家父与其兄弟之间可能存在共有关系。在孟加拉之外的大部分地区，人们主要遵循《密塔娑罗》中的财产规则，即家子在其出生之后随即取得家庭财产共有人的地位，他们可以在父亲在世时主张分割家产，但析产前每个人都无权处分自己的份额。在 1877 年丁达雅·拉尔诉贾迪普·辛格案②中，辛格以家庭财产抵押进行借款，最终未能还款，只得拍卖家产清偿债务。其子随即诉至法院，主张根据《密塔娑罗》的财产权制度，他与父亲是家庭财产的共同共有人，债权人不能拍卖共有财产以偿还父亲的个人债务。此案的特别之处在于，债权人同时也是司法拍卖的买受人。于是产生了家庭财产共有人与司法拍卖买受人之间的权利冲突。究竟是尊重印度本土法律，维护传统社会的家庭结构，还是鼓励家庭共有财产的分割，促进市场交易？这成为法院必须解决的问题。

该案审理过程曲折，经历初审、上诉、特别上诉后，最终上诉至英国枢密院司法委员会。司法委员会的法官们认为，辛格在抵押家庭财产进行借款时，存在《密塔娑罗》中共有财产处分所要求的"合法的必要性"，即处分行为是为了家庭的利益而非个人挥霍。这一事实在

---

① 《摩奴法论》第 9 章第 201 颂内容为："不能人道的人，丧失种姓的人，生来的瞎子或者聋子、疯子、痴子、哑子和一切残废人都无权分享财产。"《摩奴法论》，蒋忠新译，中国社会科学出版社 2007 年版。

② *Deendyal Lal v. Jugdeep Narain Singh*，(1877) 4 IA 247.

下级上诉法院审理时已经查明,而孟加拉高等法院又对此事实重新做出认定,并不符合上诉案件通常不审理事实的做法,因此孟加拉高等法院不应在特别上诉审中重新裁定这一事实问题。从这一已经确定的事实来看,比起那些没有正当理由而处分家庭财产的债务纠纷,本案中的债务人更应以家庭财产承担债务,而债权人更应获得法律保护。同时,司法委员会依据遵循先例的原则,认为先例中已有在债务人财产份额限度内给予债权人法律保护的做法,本案中没有理由不给予债权人同样的保护。最终,司法委员会认为债权人有权获得债务人在共有财产中的份额的权利,并可以通过共有财产分割程序实现自己的权利。这样,法院通过鼓励共有财产分割的方式,实现了家庭财产共有人与债权人之间利益的平衡。

在鼓励共有财产分割方面,孟买高等法院和马德拉斯高等法院均走在孟加拉高等法院前面。孟买高等法院认为,只要买受人支付了合理对价,共有人对其共有财产份额的处分均为有效;而马德拉斯高等法院甚至承认共有人有权将其财产份额赠与他人。法院意识到无论是出售还是赠与,自由处分家庭共有财产均与印度传统的联合家庭财产制度不符,但他们认为这样的变化是基于"衡平"而逐渐发展起来的,必须允许债权人取得债务人的财产份额,并允许他通过共有财产分割实现自己的权利。①

共有财产分割是个人财产从家庭财产中析出的必经之路,是从身份社会向契约社会转变的重要一步。英国法官在司法过程中以"衡平"为由,通过诸多先例逐渐发展出有利于共有财产分割、流转与债权保护的法律制度,不仅满足了实践的需要,也避免了社会经济转型过程中的剧烈变化,同时还促进了个人权利观念的发展。

综合上述可见,在司法过程中,英国法官借助"衡平"原则,不仅通过引入域外法与法律格言丰富了印度法的内容,同时也根据"衡平"原则,逐步改造印度本土法律,使之能够适应社会经济的发展。

---

① *Suraj Bansi Koer v. Sheo Persad*, (1879) 6 IA 88.

三、立法过程中的法律移植

立法是殖民时期印度法律发展的另一个重要方式。英国殖民政府在印度的立法事业可以分为两个大的历史阶段，第一阶段是 1833 年以前东印度公司主导的规章（regulation）制定阶段，① 第二阶段是 1833 年以后由总督会同参事会及其下属机构印度法律委员会推动的法典化运动。

（一）东印度公司的规章制定：从村社公有制到土地私有制

1833 年以前，东印度公司在印度各省的殖民统治各自为政，其立法也各省不一，呈现分散化的特征。早在 1601 年伊丽莎白女王就通过特许状授予东印度公司制定合理的法律、章程（constitution）、命令（order）与条例（ordinance）的权力。1726 年特许状又授予加尔各答、孟买和马德拉斯三个管区首府的省督会同参事会立法权，制定其各自辖区内与公司管理和拓殖地居民相关的地方法规（by-law）、规则（rule）与条例。1773 年《管理法》规定，在孟加拉政府成立最高参事会，孟买和马德拉斯的省督会同参事会隶属于孟加拉的总督会同参事会。同时，该法维持了对总督会同参事会立法权的授予。1807 年，英国议会通过立法，同样确认了孟买和马德拉斯的省督会同参事会的立法权。这样，孟加拉、孟买和马德拉斯各省省督会同参事会都各自享有立法权。

1793 年，孟加拉省为了将现存的各种规章体系化，通过了 1793 年第 41 号规章，将公司在孟加拉的所有规章聚合成为规章汇编（code of regulations），马德拉斯与孟买也分别于 1802 年与 1799 年整合了它们各

---

① 1833 年之前各省督会同参事会制定的法律称为"规章"，1833 年《印度政府法》出台以后总督会同参事会制定的法律称为"法"（act）。之前的许多"规章"后来被"法"所取代。

自的规章体系。① 1813 年，各省参事会的立法权进一步扩张，此后各省制定了大量规章。据统计，截至 1834 年，孟加拉、孟买和马德拉斯的省督及其参事会分别通过了 675、251、259 部规章。②

值得注意的是，虽然各省省督及其参事会立法众多，东印度公司也声称尊重印度本土法律，但他们真正关心的实非印度传统法律的进步与发展，而是如何征收税赋以满足殖民之需。因此，这些公司法规中最重要的一部分当属关于土地确权与税赋征收的立法。可以说，英国殖民权力在印度的渗透蔓延以获取土地收益为驱动力。

在莫卧儿时期的印度社会中，土地占有形式分为三种，分别是国王的领地、贾吉尔达尔（Jagirdar）的领地和柴明达尔（Zamindar）的领地。其中，贾吉尔达尔领地指莫卧儿皇帝分封给有军功的将领的非世袭土地，是 17 世纪莫卧儿印度地权制度的主要形式。柴明达尔领地指田赋征收人所管辖的土地，是当时地权制度的次要形式。③ 贾吉尔达尔或柴明达尔占有广袤的土地，但他们并不是土地的所有权人，土地实际上由村社占有和使用。

英国人认为，如果要征收赋税供养殖民军队，实现殖民扩张，就必须确认土地所有权人，并确定土地所有权人应纳土地税额。这个过程被称为"土地整理"。英印政府的土地整理主要包括孟加拉的柴明达尔土地整理、孟买和马德拉斯的莱特瓦尔（Ryotwar）土地整理，以及联合省等地区的马哈尔瓦尔（Mahalwar）土地整理。柴明达尔土地整理主要实施于孟加拉，英印政府通过颁布一系列土地整理规章，承认孟加拉、比哈尔、奥里萨的柴明达尔为土地所有者，而耕作的农民成为依附于地主的佃农。④ 柴明达尔从包税人成为包税地主，只需在固定的时间上缴固定的税额，税额已经确定，永久不变。如果在约定缴税之日的黄昏之时柴明达尔地主不能足额上缴地税，其土地就会被拍卖，

① Kisor Acharyya, *Codification in British India*, pp. 56–57.
② 同上书，第 58 页。
③ 黄思骏：《印度土地制度研究》，中国社会科学出版社 1998 年版，第 189—190 页。
④ 同上书，第 193 页。

这被称为"黄昏法"(sunset law)。① 这样,通过将曾经的包税人阶层柴明达尔变成地主阶层,英国殖民者培养了一批为殖民利益奔走的本土利益集团。马德拉斯和孟买主要实施莱特瓦尔制土地整理。莱特指农民。莱特瓦尔制土地整理指政府直接与莱特签约,只要莱特按时缴纳足额地税,就能永久占有和使用土地。莱特所应缴纳的税额三十年不变。孟买与马德拉斯之所以没有采取柴明达尔制,是因为柴明达尔所承包的税额一经确定永久不变,但随着荒地开垦,柴明达尔所得地租越来越多,但政府的地税收入却不能增加,因此,他们决定采用非永久确定税额的方式进行土地整理。② 联合省、中央省、旁遮普三地实施的是马哈尔瓦尔制土地整理,即将马哈尔(即村社)作为直接向政府缴纳地税的主体,但具体实施中三省又各有不同。③

人与地关系的转变同时也是人与人关系的转变。经过土地整理,土地所有权和田赋税额得到确定,逐渐确立了土地私有制,对印度传统的村社结构造成破坏。在传统土地制度下,村社占有和使用土地,村社中各种姓团体对土地的产出享有不同程度的权利,他们都依附于土地之上,靠土地而生。但英国土地整理剥夺了诸种姓团体分享土地产出的权利,将土地权利赋予与政府签约的主体,如不能按时缴纳地租,其土地就会被拍卖。土地一经拍卖,原来的地主和佃农就会失去土地,背井离乡。拍卖的土地被城市商人购得,于是产生一批不在地地主。所以,殖民时期的土地整理冲击与逐渐瓦解了村社的传统血亲关系和团结关系。

总的来说,在土地整理、确权、拍卖的过程中,土地私有逐渐取代村社共有,契约关系逐渐取代宗法种姓关系。因此,研究土地制度的俄国社会学家科瓦列夫斯基(Kovalevsky)并不认同东印度公司在统治印度过程中尊重当地风俗习惯与法律制度的说法,因为作为传统社

---

① B. H. Baden-Powell, *Land Systems of British India*, vol. 1, The Clarendon Press, 1892, pp. 288–289.
② 黄思骏:《印度土地制度研究》,第 197 页。
③ 同上书,第 204—208 页。

会关系中最重要的土地关系已经被彻底改变。①

（二）法律委员会的法典化运动

1833 年以后，英国统治者决定采用法典化的方式整理、改造印度法，输入英国法，可谓英国人在印度开展的"法律工程"的高峰。

采用法典化的方式大规模立法的原因有三。首先，三个管区政府各自立法的情形，导致印度各地法律相互冲突、混乱庞杂，法律缺乏确定性。其次，通过"正义、公平、良心"原则决定法律适用的方式，虽然使非专业法官能够灵活断案，但也给法官造法大开方便之门。后来主导了印度第一届法律委员会立法工作的麦考莱（B. Macaulay）认为，印度特殊的条件使普通法法学的缺陷进一步加剧，"在一个存在绝对统治但又缺乏严谨道德体系的国度，法官造法将会成为一种诅咒。是时候使地方治安长官知道他们所执之法为何，使人们知道他们所守之法为何了"。② 最后，1833 年英国议会通过立法终结东印度公司在印度的贸易职能，使其成为一个纯粹的统治机构后，东印度公司从一个殖民贸易公司完全转变为了公法上的公权力机构。公司贸易职能被剥夺，意味着自由市场的开始，大量的欧洲人涌入印度从事贸易，他们既非为英国国王工作，也非为公司工作，而是一群代表着大英帝国经济繁荣的商人、殖民地农场主。这些来自欧洲的非官方人口（non-official population）在印度即使作恶多端，也往往能逃脱法律的制裁。作为帝国的管理者，主持印度法典化工作的英国官员希望借助此次法典化运动，将游离于法律之外的这些新兴白人特权群体纳入法律规制之内。③

在 19 世纪中期，选择法典化的方式统一法律，不仅有帝国统治的需要，也有相应的思想作为基石。受到当时理性主义、功用主义与民

---

① 马·科瓦列夫斯基：《公社土地占有制，其解体的原因、进程和结果》，李毅夫、金地译，中国社会科学出版社 1993 年版，第 116 页。
② Kisor Acharyya, *Codification in British India*, p. 92.
③ Elizabeth Kolsky, *Colonial Justice in British India*, Cambridge University Press, 2010, pp. 69-73.

族主义的影响,诸如边沁、麦考莱、梅因等人在大陆法系兴起的法典化运动感染下,亦主张通过法典化对英国法进行系统化与明晰化。在功利主义者边沁看来,法律应该用以实现最大多数人的最大幸福,但普通法却被维持在一种复杂而令人琢磨不透的状态,只为增加律师和法官群体的收入,因而他主张推动实用主义立法科学,以制定出规则明确和体系一致的法典,使每一个人都能读懂法律,成为自己的律师。① 麦考莱在追随边沁法典化主张的同时,也吸收了19世纪初波塔利斯(Jean-Étienne-Marie Portalis)、利文斯顿(E. Livingston)等推动了法国、美国法典化运动的法学家思想。他认为"没有哪个国家如印度一般如此需要一部法典"②。作为英国历史法学派代表人物,梅因也重新审视功利主义法学追求科学与逻辑精准的态度,认为印度法治混乱的唯一治疗方法在于制定统一、简单和编纂成典的法律。③

1833年,麦考莱被任命为印度总督参事会的法律代表,次年他与其他几位法学者组成了第一届印度法律委员会。麦考莱所领导的第一届印度法律委员会在编纂法典过程中面临的迫切问题是:法典化过程应当秉持尊重当地法律的原则而只做简单整理当地习惯法与宗教法的工作,还是制定统一适用全印度的法典;应当在多大程度上尊重当地法律、宗教与习惯;应当在哪些领域保留印度本土的属人法,在哪些领域制定统一适用的属地法。对于这些问题,麦考莱确立了一项原则,即"能统一的地方统一;必须存异的地方存异,但必须保证确定性"④。

---

① Brian Z. Tamanaha, *Law as a Means to an End*, Cambridge University Press, 2006, p. 43.

② Kisor Acharyya, *Codification in British India*, pp. 90-92.

③ 梅因支持立法与法典化,但理由却与边沁、麦考莱所持的实用主义哲学不同。他从比罗马十二表法更早的历史阶段开始考察,试图总结与归纳法律产生与发展的路径,将立法视为与法律拟制、衡平共同的三位一体的法律发展机制之一。他批判边沁的学说看不到法律拟制、衡平与立法之间的区别;他主张遵循历史的研究方法,重视法律与社会之间的复杂关系,并在此基础上认识立法在推动社会进步过程中的作用与意义。卡鲁娜·曼特娜:《帝国的辩解——亨利·梅因与自由帝国主义的终结》,何俊毅译,华东师范大学出版社2018年版,第51、165页。

④ *Hansard's Debates*, 3rd Series, vol. 19, p. 533. 转引自 Kisor Acharyya, *Codification in British India*, p. 92。

在这个原则的指导下,印度法律委员会主张对管区主城周边地区的法律同管区的法律进行统一,因为管区主城周边地区不再像曾经一样仅有印度本土人居住,而是同时也居住着英国人、波斯人、亚美尼亚人、葡萄牙人和犹太人等各国各族人。并且,至少从 18 世纪后期开始,管区主城周边地区的法官就已经由英国人担任,他们虽然有本土法律学者辅助,但当法律出现空缺,他们依据"正义、公平与良心"原则审理案件时,往往依据的就是英国法。因此,制定至少适用于所有非印度教徒与非穆斯林的统一法典,成为英属印度法典化运动力求实现的目标。作为第一阶段法典化的成果,法律委员会于 1840 年向政府提交了《属地法报告》(Lex Loci Report),还起草了印度第一部《刑法典》以及《民事诉讼法》,虽然这些法律在第一届法律委员会存续期间没有获得通过,却为之后正式法典的颁行奠定了基础。

1853 年,英国议会再次通过特许状法任命第二届法律委员会,以继续从事印度的立法工作。第一届法律委员会的立法速度在麦考莱结束工作回到英国以后就大幅放缓,并且他们所起草的法典引起了诸多反对。然而第二届法律委员会在仔细研究过上届同仁们的成果后,决定采取和第一届法律委员会相同的立场,主张在考虑印度本土体制与条件及人们的宗教、习俗和和性格特征等特殊性的基础上制定法律;其次,他们还主张将最高法院与公司法院进行合并,结束二元司法体制,这项提议在 1861 年获得实现。第二届法律委员会共提交了四份法律报告,他们继续修订第一届法律委员会拟定的各草案,并取得丰硕成果。其中,《民事诉讼法》《刑法典》与《刑事诉讼法》分别于 1859 年、1860 年、1861 年获得通过。①

1861 年 12 月,第三届印度法律委员会成立。这届委员会被要求"以英国法为基础为印度制定实体法"。他们共提交了七份报告,分别关于继承、合同、流通票据、证据、财产转让以及刑事诉讼法修正等主题,其中最重要的是适用于非印度教徒或穆斯林的其他所有印度

---

① Kisor Acharyya, *Codification in British India*, pp. 64-65.

人的《继承法》，该法在 1865 年获得通过。在第三届法律委员会起草各法律领域草案时，由梅因领导的印度政府立法部（Legislative Department of the Government of India）同样投身于其他法律领域的法典化工作。1866 年由梅因负责起草的印度《公司法》获得通过，它是在 1862 年英国《公司法》的基础上进行修正与增删而成的。斯蒂文（J. Steven）是梅因的继任者，他在任期间主导了多项法典制定与修订工作。在梅因与斯蒂文主持立法工作的十年间，有诸如《宗教捐赠法》《法定受托人法》《承运人法》等法律获得通过。①

1879 年，第四届印度法律委员会成立，由于此前立法运动开展迅猛，该届委员会放慢了立法节奏，注重巩固现有立法以及淘汰不再合时宜的法律。② 这届法律委员会的工作主要集中在信托、地役权、冲积地与洪积地法律、雇主雇员关系、流通票据与不动产转让等领域，成果主要为 1881 年通过的《流通票据法》和 1882 年通过的《信托法》《财产转让法》与《地役权法》。③

这四届印度法律委员会均存在于殖民时期，独立后的印度继续采用法律委员会的形式，对殖民时期的法典进行修订和继续新的立法工作。由前述印度法律委员会的法典化进程可以看出，自 19 世纪中期以后，英国加大了对印度法律移植的力度，法典化工作包括程序法和实体法。立法工作愈加详细，且在可行的范围内尽可能统一法律，只在立法阻力较大的领域保留了印度本土法律。

在东印度公司制定法规与法律委员会制定法典的过程中，英国统治者的态度虽然声称尽量尊重印度本土法律，但仍不可避免地改动了一些本土法律内容。例如在公司法规时期，英国人废除了贝纳勒斯婆罗门免于死刑的规定，废除了奴隶制，以刑罚作为威慑禁止静坐绝食讨债的做法和焚烧寡妇的习俗，允许寡妇再婚，禁止因转变信仰而剥

---

① Kisor Acharyya, *Codification in British India*, pp. 66-69.
② 同上书，第 69—70 页。
③ J. K. Mittal, *An Introduction to Indian Legal History*, pp. 371-372.

夺财产权等。① 在法典化时期，原先适用印度教法与伊斯兰法的合同法领域也随着 1872 年《印度合同法》而得到统一；在遗产与继承法领域，除了法定例外情况，1865 年《印度继承法》也同样适用于所有人，由《印度赠与法》的司法裁决发展而来的《印度遗嘱法》也获得通过，并扩大了人们的遗嘱自由等。这样，一些英国法被引入印度，而属人法领域的诸多印度本土法律也获得确认或改变，它们以一种复杂的形式共存于新的法律系统之中。

四、法律职业群体与法律教育的发展

法律职业群体与法律教育构成法文化的重要内容。法律的产生、发展和实施都离不开职业法律人群体。法律职业群体在专门的机构中接受学习、培训，他们分析、解释、反思与评价法律，使法律成为一门科学。

（一）法律职业群体的发展

英国殖民时期，印度的法律群体向着契约化、职业化方向发展。以律师群体为例，根据美国著名梵文学者罗切尔（L. Rocher）的考察，古代印度并不存在职业律师。古代的诉讼中，当事人可能会有自己的代表，但该代表参与诉讼并非因为自己精通法律，而是因为与当事人有亲密的私人关系。② 这与殖民时期产生的职业律师阶层不同。在哈尔赫德编译的《印度教法典》中曾有关于任命代理人的规定，"当原告或被告因故不能出席审判，或非为自己事务辩护，或有其他理由请求缺席时，他们应依己所愿任命一个人作为他们的代理人瓦吉尔（vakil）；如果代理人胜诉，则其当事人胜诉；若代理人败诉，则其当事人败

---

① Kisor Acharyya, *Codification in British India*, pp. 270-271.
② Ludo Rocher, "'Lawyers' in Classical Hindu Law", *Law & Society Review*, vol. 3, no. 2/3 (1969), pp. 399-400.

诉"。1793年东印度公司颁布法规正式建立法律职业，并授权高等民事法院根据法官的推荐任命瓦吉尔。法官经过高等民事法院的许可，可以免除瓦吉尔的职务。这一时期，只有掌握波斯语与书写技能的穆斯林和印度教徒才能成为瓦吉尔。1846年的《律师职业法》（Legal Practitioners Act）规定，无论持有何种国籍与信仰何种宗教的人都可以成为辩护人；1853年《律师职业法》规定，在女王法院（Her Majesty's Court）注册的事务律师与出庭律师可以在公司法院辩护，但本土印度律师却不能在最高法院辩护。① 一个人若想成为瓦吉尔，需要通过相关考试，到1940年时甚至要求获得法学学士学位。

　　法律职业群体的崛起体现出殖民时期印度法文化的变化。在殖民时期印度法律的变迁过程中，诉讼代理人作为连接统治者与人民的中间人，发挥着结构性和功能性作用。尤其是瓦吉尔这一印度本土律师阶层，他们同时也是连接印度与英国、传统与现代、乡村与城市的桥梁。瓦吉尔一词来自阿拉伯语，原指政治人物所委托的、与自己存在血缘关系或政治上隶属关系的利益代理人。但英国人所理解的瓦吉尔，是指熟悉法律、有良好品质的诉讼代理人。他们构成司法体系的一部分，站在法庭与当事人之间，为自己客户的利益辩护。② 这种律师与当事人之间的契约关系与传统印度社会中以亲属关系或依附关系为基础的代理关系存在差别。当然，从身份关系到契约关系的转变需要一个过程。实践中，各地一些律师与自己客户的关系仍基于他们之间的亲属或同乡关系，一些律师代理的大部分案件都来自自己的家乡。③

（二）法律教育的发展

　　在殖民时期，印度的职业法律教育也获得相应发展。1855年，孟买建立了政府法律学院（Government Law Collage），此后加尔各答、

---

① Kailash Rai, *History of Courts, Legislature and Legal Profession in India*, p. 354.
② Bernard Cohn, "From Indian Status to British Contract", p. 626.
③ Bernard Cohn, "Anthropological Notes on Disputes and Law in India", *American Anthropologist*, New Series, vol. 67, no. 6 (1965), p. 107.

马德拉斯也分别建立法学院。在 1886 年至 1896 年间,印度的法学院从 17 所增至 34 所。① 以政府法律学院为例,其学制为三年,课程包括家庭、继承等伊斯兰法与印度教法,还包括合同法、商人法、侵权法、刑法、衡平法、证据法、程序法和国际法等内容。② 除了印度本土法律院校的发展,一些人还前往英国学习法律,例如甘地、尼赫鲁等人都有在英国学习法律的经历。他们在印度的民族独立运动与独立后的国家重建中发挥了重要作用。

值得注意的是,英国在印度推行的教育事业与传统印度教育存在根本不同之处。传统印度教育中,知识仅掌握在少数人手中,只有婆罗门、刹帝利或吠舍这些再生人才有机会接受教育。首陀罗和不可接触者作为一个庞大的群体,无缘接受教育。同时,传统印度教育传授的内容多为传统知识,而非现代科学主义和人文主义知识。在英国人建立的学校中,学生虽然多出身高种姓,但理论上接受教育的权利并不受种姓、性别或宗教信仰的限制。例如,印度贱民运动领袖、社会活动家、宪法之父安培德卡尔,虽然出身贱民家庭,但他分别在萨塔拉和孟买的公立学校上过中学,并考入位于孟买的埃尔芬斯通学院。他还赴美国哥伦比亚大学深造,并取得政治学博士学位,后又赴英国伦敦大学与格雷律师公会学习,取得博士学位并获得律师资格。归国后,他在孟买高等法院担任律师,后又担任孟买公立法律学院的教授。他领导了要求废除贱民制度的马哈德水塘事件与纳西克寺院事件,③ 并积极争取宪法对贱民的保护,成为印度广大底层群众中最具威望与影响力的人物。

掌权者垄断知识的目的之一是防止自身权力被颠覆,而平等地享

---

① Arjun P. Aggarwal, "Legal Education in India", *Journal of Legal Education*, vol. 12, no. 2 (1959), p. 233.
② 同上文,第 237—238 页。
③ 马哈德水塘事件,指 1927 年安培德卡尔在孟买马哈德镇领导贱民争夺水塘用水权而反抗高种姓群体的运动;纳西克寺院事件,指 1930 年安培德卡尔在纳西克领导贱民要求卡拉拉姆神庙对贱民开放而开展的运动。这两次事件都是安培德卡尔组织贱民进行的大规模反歧视斗争运动。

有受教育权可以使低种姓群体更有可能参与到社会公共事务之中，从而促进科学领域专业化、公共领域大众化，这是现代国家形成与发展的前提。殖民时期包括法律教育在内的英式教育，对打破知识垄断，培养人们的公共参与能力，进而挑战殖民统治和种姓制度具有不可忽视的作用。

五、总结与反思："传统—现代观"与"多元文化观"

从上述英国殖民统治时期印度司法体系的设立、司法中的法律移植、立法中的法律体系化发展以及法律职业群体与法学教育的发展过程可以看出，印度的法律制度与法律观念经历着从传统向现代的转型。英国在印度建立了层级式的司法体系和明确的司法管辖权；在司法过程中，英国法官运用英国法所特有的技艺理性与实用主义，将英国法律概念、制度和观念输入印度，逐渐实现对印度法律传统的改造与转型；在立法过程中，英国统治者以法典化运动的方式推动法律发展；同时，随着殖民政府所确立的法律制度被逐渐用于规范社会生活的各个领域，职业法律群体也随之形成，法律教育也得到相应发展。总体来说，殖民时期的印度法律变革可以概括为：国家法吸收地方法，主权者成为法律权威的来源；司法体系逐步建立，司法管辖权逐渐统一；个人权利观念得以发展，身份之法向契约之法转变；法律与宗教逐渐分离，宗教之法向世俗之法发展。

我们可以看到，英国人对印度的统治除了剑，还有笔；统治方式除了暴力，还有法律。英国在印度地区工作的官员更多是作为法官发挥他们的司法能力，英国的影响也更多是通过广泛建立的法院得到体现的，而不仅仅是通过政府行政机构。同时，这一时期的法律教育与法律职业传统创造了一个印度法律职业群体。可以说，英国的殖民统治之所以产生如此巨大且持久的影响，是因为它依靠法院和法律，而不仅仅是政治与军事强力。

印度法律现代化与其社会关系的现代化呈现正相关关系。殖民时期的印度完成了土地整理和税收额定，建立了现代官僚制度和文官选任制度，使个人与国家的联系更加紧密，而不是禁锢在传统的身份团体之中。英国人通过邮政、电缆、铁路等通信技术，将印度整合为一个内部联系更加紧密的国家；也通过对宗教、语言、历史、建筑等领域的研究与书写，为印度人的自我认知与民族主义的孕育提供了温床。正是在这个过程中，印度法律出现了梅因所说的从"身份到契约"的变化。

然而，笔者在阅读过程中，也看到了来自"多元文化观"对"传统—现代观"的批判。"多元文化观"对传统文化与地方知识抱有更多温情。这种观点认为，将近代以来印度法律所经历的历史变迁总结为从传统到现代的转型，是一种简化历史复杂性的做法。"'传统—现代'史观不仅抽取了过去的历史价值，未来也变成没有历史的。因为一旦所有民族都完成了从传统到现代的转化，虽然科技在进步，经济在发展，但明天的社会形态只是今天的延续。"[1]

人类学家斯利尼瓦斯（N. Srinivas）教授可谓"多元文化观"的代表。他提出，印度社会文化的发展不仅是一个西化的过程，同时也是一个"梵化"的过程。"梵化"是指人们试图使自己的生活样式更接近上层种姓，例如吠舍种姓的人以刹帝利的生活方式改变自己，试图在自我认知与社会认可方面提升族群的种姓地位。"西化"是指在英国等西方国家的影响下，印度在社会制度、意识形态、价值观念、科学技术等领域发生的系列变化。"梵化"过程贯穿前殖民时期、殖民时期与独立后的印度历史，而"西化"始于英国殖民时期，且其重要性日益增加。[2] 虽说"西化"与"现代化"有诸多重合之处，但"西化"一词过于强调西方在现代化进程中的影响，而忽视其他文明对现代化的

---

[1] 金观涛：《展望第三个千年》，《二十一世纪》2000年2月号，第20页。
[2] M. N. Srinivas, *Social Change in Modern India*, University of California Press, 1966, pp. 1-6, 46-47.

可能贡献。因此本章认为"现代化"一词比斯利尼瓦斯教授所选择的"西化"更为恰当。但尽管如此，斯利尼瓦斯教授的观点依然给人启发。一方面，我们可以看到，无论是司法机构、法律制度还是法律观念，一系列符合现代性描述的变化确实发生了。国家法取代了很多地方传统法律与习惯，成为社会规范的主要内容；国家司法管辖权与过去相比覆盖更广的范围，成为最重要的司法权担纲者；权利、法治、权力分立、司法独立、民主等观念融入了印度人的政治法律观中。但另一方面，英国统治者将梵文法律文本作为确定印度法的主要来源，并聘用婆罗门梵学家作为法庭的顾问，抬高了婆罗门法的地位；在婚姻、种姓、继承等领域，传统法律依然以"活法"的方式存在于现实生活之中。固化的传统同样体现在生活样式上。一些服务于英国殖民政府的知识分子与团体开始采取一种更为婆罗门化的生活方式，例如更为严格地实施洁净与污染的原则，摒弃喝酒与婚礼铺张的习俗，更严格地禁止种姓间通婚等，① 以此作为确认自己身份与认同的方式。

那么，我们究竟应当如何评价学者针对印度殖民时期法律变革所做的两种解释？即如何理解自由主义者主张的"传统—现代观"与文化主义者主张的"多元文化观"之间的紧张关系？

本章认为，"传统—现代观"与"多元文化观"各有其优点与局限性。"传统—现代观"抓住现代化进程中的解放力量，以权利—义务关系取代传统依附关系，强调人从传统的身份束缚中解脱出来。现代法治理念认可生命、自由等价值的普世性，认可法律面前的平等性。但"传统—现代观"也容易与西方中心主义挂钩，突出西方文化在与非西方文化竞争中的优越性。"多元文化观"正是针对现代主义所暗含的对非西方文化的压迫力量，指出印度、中国、非洲等非西方国家的特殊性，鼓励世界的差异化发展。但多元文化观不免面临相对主义难题。究竟应该如何处理"传统—现代观"与"多元文化观"之间的冲突？本章认为，应从以下三个方面进行理解。

---

① C. A. 贝利:《印度社会与英帝国的形成》，第 151—153 页。

首先，肯定与珍惜法律现代化在基本价值与基本权利方面的成果。尽管是在外来殖民压迫的历史情境下，印度殖民时期的法律变革确实在某些方面取得了进步，这主要体现在法治、平等、自由等观念与制度在印度生根发芽，例如废除寡妇殉葬习俗，若改变宗教信仰则没收财产等制度，取消婆罗门特权，破除上层种姓对知识的垄断等。1950年印度宪法将生命权、自由权、平等权等权利列为宪法基本权利。考虑到对低种姓群体和女性进行压迫剥削的漫长历史，这是印度法律现代化的珍贵成果。

其次，在将基本价值与基本权利于宪法中焊定的基础上，尊重法律文化与生活方式的多样化。法律制度应该扎根于法律文化，从而避免使制度沦为纯粹的手段。法律应当是公民内心认可的一种生活方式，承载特定的价值与意义。① 例如印度宗教有众生平等的信仰和不杀生的传统，这可以作为对现代文明中人类中心主义所造成的诸多弊端的弥补与克服；再如印度人相信万物皆有其达摩，达摩中暗含的伦理观既不同于西方的权利观，也不是完全的义务观，而是一种责任伦理观。这种责任伦理观可以缓解现代化过程中个人沦为原子化个体的孤寂与无力感。

最后，我们也要注意，不能因为现代化过程所产生的问题而放弃对平等与自由的追求，不加反思地回归传统。例如，离婚自由使印度教男性更容易将妻子赶出家门，因此有人主张应当放弃离婚自由，回归传统婚姻制度。本章认为，这里的主要问题并不在于是否要放弃婚姻自由原则，而在于女性是否受到法律的有效保护。相较于恢复女性对男性的依附，更应该做的是完善女性在婚姻关系中，以及在受教育、工作等方面的权利保护。

综上所述，对于印度法律之变革，单纯地以"传统—现代观"或"多元文化观"进行分析都是片面的。在"传统—现代观"下，我们认

---

① 高鸿钧：《法律文化的语义、语境及其中国问题》，《中国法学》2007年第4期，第36页。

可法律现代化的解放力量，坚持和珍惜人类社会在自由、平等方面的进步；在"多元文化观"下，我们看到传统文化与传统法律并未消失，它们成为各国在现代化过程中不断回顾自身历史，从而确认文化与身份认同的库藏。

第十一章　建设一个怎样的新印度？
——印度立宪宪法观辨析

1947年,《蒙巴顿方案》生效,印度和巴基斯坦分治成两个独立的民族国家。这一方面预言了20世纪下半叶南亚的地缘政治格局,另一方面也终结了国大党、穆斯林联盟以及英国殖民者关于南亚次大陆应当如何走向独立的无休止争论。国大党和穆斯林联盟可以作为各自国内唯一占主导地位的执政党,主持新独立国家的政治建设。

和巴基斯坦直到1956年才制定并颁布宪法不同,早在1946年12月——彼时印、巴还未分治——国大党就主持召开了印度制宪会议。换句话说,印度成为独立的主权国家与印度宪法的制定与颁布乃是同时进行的。那么,这部宪法必定会以宪法文本与规范的方式回应国大党领导人对"怎样建设一个新印度"的构想。[①]进一步说,如何认识和辨析中国的这位重要近邻,从法律系统的角度出发,则取决于我们如何认识和分析印度宪法。

正如分析美国宪法的原初含义,需要将其放置在当时联邦党与反联邦党人争论的语境下;看待战后德国基本法原初之含义,则需要将其放置在"二战"结束、反思纳粹和冷战的基本语境下。要从整体上把握文本极长、修订极频繁的印度宪法,则应当考察当时主导印度宪法制定的宪法观。

截至目前,对印度制宪会议的研究,最出色的作品是奥斯丁

---

① Granville Austin, *The Indian Constitution: Cornerstone of a Nation*, The Clarendon Press, 1966, pp. 8-9. 在这本印度制宪史领域被引用率最高的著作中,作者以翔实的数据资料说明"(印度)制宪会议在本质上是一党主导的会议。制宪会议就是国大党,而国大党就代表印度"。

(G. Austin)的《印度宪法:国家基石》。① 奥斯丁从当时以尼赫鲁为代表的国大党主流意识形态出发,详细考察了印度宪法在制定过程中,是如何从宪法角度回应尼赫鲁所谓的"双重革命"(即"国家革命"和"社会革命")的国家建设目标的。对于印度宪法研究来说,奥斯丁的著作具有典范意义,其采纳的宪法规范与政治系统之间相互作用的方法论基础为本章所继承,但其仅考察彼时国大党主流意识形态对于宪法制定之影响的学术路径则为本章所扬弃。本章将重点辨析印度宪法制定过程中的三种主导宪法观,正是这三种宪法观彼此的争议、冲突以及妥协,引领了印度宪法的制定,并可以成为我们认识、分析印度宪法的起点。

一、甘地与《印度自治》

甘地早在 1909 年,就先后用古吉拉特文和英文出版了《印度自治》一书,集中表达了自己的政法思想。②

在全书前半部分探讨近代文明、印度破灭,以及连带着批评以铁路、律师、医生等为代表的近代机械文明之后,③ 甘地开始细致地阐述自己的文明观以及印度如何独立的问题。

对于印度文明的特征,甘地颇为自信,"我相信印度所产生的文明,不致为这个世界所击败"④。不像古埃及、古罗马和古希腊,它们已经成为过去,而日本已经西化了,唯有印度"还是保持了一个健全的基础"。⑤ 换句话说,在甘地看来,和西方、东亚文明的变动相比,印度文明的第一个特征在于她这"不可动摇的状态"。⑥ 因此,面对有

---

① Granville Austin, *The Indian Constitution: Cornerstone of a Nation*, pp. 8-9.
② 甘地:《印度自治》,谭云山译,商务印书馆 1935 年版。
③ 同上书,第 64 页。
④ 同上。
⑤ 同上。
⑥ 同上。

些人士对印度"静止"特征的批评,在甘地看来,这恰恰是印度文明最值得称赞之处。

因为"文明,便是行为的模型……尽义务与守道德是他的别词。守道德便是管束我们的心灵与节制我们的欲望"①。节制欲望在某种程度上,是甘地文明论的核心所在,甘地认为:

> 人的心灵是一个无休息的鸟,他所得到的愈多,他所要的亦愈多,而且还是不会满足的。我们愈把情欲放纵,他们便愈加恣肆。②

甘地对印度文明的自信,恰恰在于印度文明的静止性特征,因为静止的反面乃是罪恶的根源,即欲望的无休止性。用甘地的话说:

> 我们耕种,还是用几千年前一样的犁耙,我们还是住着和几千年前一样的茅屋,并且保持着和从前一样的教育。我们并没有生存竞争的那种制度。每一个人都遵守他自己的职分与业务,并且得着一个定例的资俸。……这并不是因为我们不知道如何去发明机械,但我们的祖先知道如果我们把心力用在这些东西上面,我们一定会变成物的奴隶而丧失我们的道德性。③

而以英国为代表的近代文明,和印度文明的特征恰恰相反,"凡生存在这种文明之下的人民,皆以肉体的享乐为生活之目标……近代欧洲之人民,都住着建筑优美的房屋;比他们一百年前所居的迥然不同……"④。

印度应该如何独立?甘地始终是在文明论的意义上予以回答和阐

---

① 甘地:《印度自治》,第65页。
② 同上。
③ 同上。
④ 同上书,第25页。

述的。在他看来,即便取得了民族解放,获得了国家主权,但是如果这片土地上的人民的生活状态和精神模式已经完全西化了,那么印度依然是被奴役的状态——不是被某一个具体的帝国主义国家所殖民,而是被另一种精神文明所奴役。所以,想要印度真正获得独立,"只有找到了疾病的根源……把印度的奴役根源去除掉,印度自然便能够获得自由"①。

在甘地看来,这个"疾病的根源"并非是英国殖民者,而是印度的那些"受到了西方文明影响的人",正是这些人自己首先成了奴隶,并且以自己的尺度和视角作为度量整个印度的尺度和视角。因此,与其说是印度作为民族国家的独立,不如说是印度作为文明体的独立。"如果我们成为自由,则印度亦是自由的了。"② 甘地接受了当时极端派提出的斯瓦拉吉(svarāj)纲领,但又与极端派有所不同。他认为,斯瓦拉吉不仅是政治自主,还包括精神完善与社会协调。③ 甘地认为,当时的极端派主张的驱除英国人、实现政治自主,仅仅是印度获得独立、实现自治的必要条件而不是充分条件。在这里,甘地提出了一个看似非比寻常、但却又颇符合其哲学学说的印度独立观:"只要英国人变成印度化了,我们便能容纳他们。如果他们要在印度保持他们的文明,那便没有安插他们的地方了。"④

当时极端派认为印度的衰败是因为英国人的殖民,只有以武力驱除英国人才能够实现印度的自由。但甘地对印度的独立和自由,始终站在文明论的视角上予以理解和分析。印度之所以被奴役,根本原因不在于英国殖民者,恰在于印度人民自己以英国人代表的近代文明观念取代了印度人自己的文明观念,相对于政治枷锁来说,这是更加奴役人的精神枷锁。因此,争取印度独立与自治,关键是实现人的自由,

---

① 甘地:《印度自治》,第 70 页。
② 同上书,第 71 页。
③ 林承节:《甘地主义的形成和甘地领导权的确立》,载任鸣皋、宁明编:《论甘地——中国南亚学会甘地学术讨论会论文集》,上海社会科学院出版社 1987 年版,第 21 页。
④ 甘地:《印度自治》,第 72 页。

关键是在印度土地上还原印度自己的文明观念,而不论印度土地上生存的是印度人还是英国人。

在此基础上,甘地回国后领导的非暴力不合作运动,与其说是"抵抗"英国殖民者,不如说是对甘地所认为的传统"印度文明"的宣讲和演练。国内学者已经准确地指出,"非暴力的核心是爱和感化",其方法则是"坚持真理的斗争"。①为什么选择"非暴力"的独立方式?什么又是"选择真理"?我们只有站在甘地所持有的文明论意义上,才能予以理解。我们可以说,这是一种彻底的从文明论视角出发的宗教民族主义观念,并在此观念指导下展开的印度独立运动。选择"非暴力"是基于印度文明的性善论的。以暴力方式取得民族独立,不是真正的民族独立,因为那种建立在西方人性论基础上的暴力斗争方式,即便获得了民族独立,也同时意味着印度作为一个文明的消亡。而且,甘地不仅是非暴力不合作运动的导师,同时也是奋战在运动第一线的战士。这实际上是以一种身体力行的方式,向所有印度人展示,在印度文明指导之下的印度式生活的真实状态。相比于在印度土地上接受了西方近代文明而表现的另一种生产和生活状态,甘地的言行不啻是向所有印度人展示了另一种生产和生活样式的可能性,并在这种对比中,证明了他所谓的印度文明优益论。

可以说,在20世纪初,甘地希望印度成为英国统治下的自治领,进而实现自治。这种主张代表了当时国大党领导层的主流意志。因为单纯致力于武装抗英虽有宣传效果,却无力回答一个根本问题,那就是印度人和英国人因何而不同。印度半岛现在由英国人统治,印度独立之后,将由印度人自己统治自己。极端派怎样证明印度人自己统治自己,要比英国人的殖民统治更好呢?或者对于这片土地上的沉默的大多数普通民众来说,更换了统治者,又有何不同呢?无疑,对这一根本问题,甘地给出了当时极端派所无力给出的回答,那就是文明论

---

① 朱明忠:《甘地的非暴力主义及其影响》,《南亚研究》2002年第2期,第38—44页。

视角下的回答,而且,这更是对当时正在形成的印度民族主义提供了文明或文化的视角。印度人之所以和英国人不同,不在于肤色、语言等外在表征,而在于其不同的文明和文化理念。这是对印度民族主义的实质回答——尽管并非是唯一的回答。

应当说,印度独立之后尊甘地为"国父",不仅是因为他领导了20世纪早期的印度独立运动,还在于甘地在印度民族主义证成上的实质性贡献。相对于同时期的国大党其他领袖,甘地不仅强调了印度实现自治的必要,还为在独立之后应当建设一个怎样的新印度问题,描绘了自己的乌托邦。只是到了1947年,在印度独立已成定局的情况下,甘地的"乌托邦"却被以尼赫鲁为代表的新一代国大党人所放弃了。

因为对静态的农业文明的欣赏和对动态的工业文明的批判,甘地对新国家的建设方案是"乡村共和国"。因为对英国为代表的近代文明持批判观点,所以在甘地看来,"城市必然是罪恶,是无用的障碍,在那里人民得不到快乐"①。真正的快乐是手工的乡村生活,城市和乡村都有法庭、医生、律师和长老等等,但是在城市里,这些都是压迫、奴役人的工具。在甘地理想的印度乡村共和国中,"(他们)都是有一定范围和限制的人,人人知道,这些职业,并没有特别优异之处……他们被认为是依赖人民,不是人民的主人翁。通常人们的规则,总是尽量避免法庭、法官、律师等……这种罪恶,也只有在都城中和附近显现。普通一般人民,都是独立生活着,并且遵守他们农人的职分"②。

可以想见,在这样一幅"乌托邦"图景中,独立后的印度将成为潘查亚特式的乡村共同体,传统印度文明中的乡村,将成为新印度的基本独立单元。村民选出被称为潘查亚特的长老议事会处理村社的政治、经济、宗教和法律等事务;长老之间实现村落的联合,并通过这种"自下而上"的方式组建成新印度。不难想见,在甘地的这一乌托邦式设想中,不仅英国政府遗留下来的议会民主制政体等近现代国家

---

① 甘地:《印度自治》,第66页。
② 同上。

组织形式成为多余,甚至领导了印度独立运动的国大党以及其他所有政党都没有继续存在的必要——何止是没有必要,政党制度、议会制度,在甘地的文明论视角下,简直就是罪恶的近代文明在政治文明上的突出特征。所以,甘地在印度独立前夕愤而退党,也就不难理解了。因为以尼赫鲁为代表的新一代国大党领导人,正是甘地所认为的造成印度被奴役的根源所在,他们恰恰是那些"接受了英国文明的印度人"。而这批"接受了英国文明的印度人",也必然在如何建设一个新印度问题上,给出与甘地颇为相异的回答。

二、尼赫鲁与《印度的发现》

和上一代国大党领导人甘地不同,在尼赫鲁的成长轨迹中,英国颇为重要。这位在十六岁时就留学英伦,先后就读于哈罗公学和剑桥大学,取得英国律师执照的海归知识分子,可谓既熟稔英国议会政治的规则,也看尽工业资本主义的浮华。因此,他对新印度前景的描绘,必然会呈现另外一幅图景。

首先,面对甘地所描绘的那个村社共同体乌托邦,尼赫鲁则持明显的批判立场:"过一种自给自足的乡村生活,与外面的世界隔绝,这无益于进步和发展。"① 与甘地所希望的那种以农业为主的新印度建设来说,尼赫鲁更是给出了完全相反的判断:"(印度)没有其他的工作而完全依赖土地生存的人太多了,给土地带来了太大的压力和负担,这成了印度的大问题。印度的贫穷主要是因为这个问题。如果能把这些人从土地上转移开,并给他们其他的能创造财富的职业,那么他们不仅能增加国家的财富,而且对土地的压力也能大大减轻,甚至农业也将兴旺起来。"②

---

① 贾瓦哈拉尔·尼赫鲁:《尼赫鲁世界史》,梁本彬等译,中信出版集团2016年版,第156页。
② 同上书,第155页。

其次，与甘地在文明论的意义上截然区分英国人及其所代表的近代文明和印度人及其所代表的印度文明不同，尼赫鲁则较为清晰地区分了帝国主义、殖民主义、封建主义和资本主义。换句话说，在甘地那里，印度脱离英国走向独立，与其说是一个民族国家独立于另一个民族国家，倒不如说是一个"农业—宗教文明体"脱离于"工业—资本文明体"，并且印度的本质就在于印度过去是、现在是、未来仍然是那个静止不变的"农业—宗教文明体"。但是在尼赫鲁那里，英国也好，印度也罢，都并非必定要始终与一种特殊的文明类型捆绑在一起。农业文明、工业文明等文明类型，都是每一个国家在一定历史时期都可能先后经历的文明类型。

比如甘地将以机械为代表的近代文明斥之为罪恶，尼赫鲁则是从社会发展史观看待这一问题的。他认为，"作为机械革命的成果，资本主义文明遍布整个世界……（这是）一种新型的帝国主义，它对原材料和市场充满了渴望。新帝国主义是新工业主义的产物"。[①] 英国正是这种对原材料和市场充满了渴望的新帝国，新帝国的这种渴望，才一方面是英国殖民印度的根本原因，另一方面也决定了英国人统治印度的方式，那就是"他们试图使印度成为一个纯粹的农业国，为他们的工业提供原材料"。[②]

所以，在反对英帝国对印度的殖民统治上，尼赫鲁和甘地是一致的；但在是否应当将资本主义这一生产组织制度一并斥之的问题上，尼赫鲁则反对甘地。尼赫鲁在反殖民的同时，也承认英国是当时欧洲乃至世界上最先进的民族；因为资本主义作为一种生产方式，是一种"有组织性"的生产方式，"因为大机器和大规模工业想要很好地运转，必须要有良好的组织性。它还教会了人们做大事时的合作精神。它教会了人们高效和守时"[③]。这种品质与所谓东西方文明的差异无关，其和工业主义相伴随。

---

① 贾瓦哈拉尔·尼赫鲁：《尼赫鲁世界史》，第146页。
② 同上书，第166页。
③ 同上书，第150页。

换句话说，尼赫鲁既反帝反殖民也反封建，而且在他看来，印度要真正走向独立，对外反英国帝国主义和对内反印度封建主义密不可分。因为，在尼赫鲁看来，为了殖民印度，英国人不仅摧毁了印度的家庭小工业，而且"与（印度）最落后、最保守的阶级结成了同盟，支持奄奄一息的封建阶级；他们创立了地主阶层；他们支持成百上千的、在半封建的王国里附属他们的印度统治者"①。

反帝国主义意味着印度需要进行一场政治和国家革命，反封建主义则意味着印度同样需要一场改变社会结构的社会革命。如果说"英国革命的发生是议会取得了最高地位，它不仅仅是一次政治革命，也在一定程度上属于一次社会革命……因为（它使得）处于上升地位的资产阶级在政治上和社会上的地位都得到了提升"②。而印度的社会革命，则在于"一个与工匠或农民截然不同的新兴工人阶级（的崛起）"③。至于如何进行促进新兴工人阶级崛起的社会革命，尼赫鲁则在其狱中笔记《印度的发现》中给出了较为详尽的回答。

首先是工业化。尼赫鲁不否认，"在甘地先生领导之下，国民大会党一直主张农村工业的复兴……但是国民大会党从来也不反对大工业的发展"④。并且工业化的发展在某种程度上决定了一个国家在国际局势中的地位，因为"在国际相互依赖的形式下，没有一个国家能够有政治和经济上的独立自主，除非它是高度的工业化而且把它的动力资源发展到了最大限度……一个工业落后的国家将继续地使国际局势失去均衡，助长一些比较发达的国家的侵略倾向"⑤。这就是说，政治上的独立自主在最终意义上取决于经济上——尤其是工业上——的独立自主。《印度的发现》写于 1944 年，当时第二次世界大战已经临近尾声，英国政府也在有序策划退出印度的方案。因此，此时尼赫鲁考虑

---

① 贾瓦哈拉尔·尼赫鲁：《尼赫鲁世界史》，第 164 页。
② 同上书，第 203 页。
③ 同上书，第 205 页。
④ 贾瓦哈拉尔·尼赫鲁：《印度的发现》，向哲濬等译，上海人民出版社 2016 年版，第 370 页。
⑤ 同上书，第 374—375 页。

的工业化问题，必然伴随着独立之后的印度应当如何发展的问题。而且，在尼赫鲁看来，如果国家不能迅速实现大工业化，反而着重发展农村农业和小工业的话，即便保持着"政治上的独立，也不过是有名无实的，而经济上的控制将要落到别人手中。这种控制不可避免地会推翻它为了要追求自己的人生观而努力想保持的那种小规模的经济"①。不难发现，这已经是不点名地在向甘地隔空喊话了。

在尼赫鲁看来，经济上的迅速工业化和政治上的民族主义是紧密结合在一起的。在民族主义的立场上，尼赫鲁与甘地具有一致性。但是与甘地从文明论的视角出发阐述印度民族主义不同，尼赫鲁对印度民族主义的阐发则是现代式的。

"印度必须减少它宗教狂的信仰而转向科学。它必须摆脱思想上和社会习俗上的故步自封。"② 这里尼赫鲁直接指向种姓制度，"在印度教徒之中，种姓是他们故步自封的标志和具体表现"③。因为在现代社会，"如果功绩是唯一的标准，并且每人都有均等机会的话，那么种姓便失去它现在突出的特征，并且实际上就会完结……这种（种姓）人生观必须完全改变，因为它是与现代条件和民主概念完全对立的"④。

而民主，以及伴随着民主的自由和平等，恰和宗教习惯相对立，因为"宗教鼓励人们施舍穷人，而（自由和平等）鼓励人们摆脱贫穷，摆脱导致贫穷的制度"⑤。当然，尼赫鲁也承认民主与平等之间的不一致性，"就民主而言，它承认人与人之间实际上是不平等的，尽管如此，民主还是宣称，每个人都应该享有平等的政治与社会价值……如果我们可以给予每个人同样的教育和机会，那么很有可能目前的不平等状况就会减少"⑥。

应当说，在如何建设一个新印度问题上，国大党两代领导人——

---

① 贾瓦哈拉尔·尼赫鲁：《印度的发现》，第375页。
② 同上书，第479页。
③ 同上。
④ 同上。
⑤ 贾瓦哈拉尔·尼赫鲁：《尼赫鲁世界史》，第216页。
⑥ 同上书，第217页。

甘地和尼赫鲁——分别给出了截然不同的答案。我们如果称甘地是一位典型的文化保守主义者，那么尼赫鲁则是一位不折不扣的现代主义者。那些被甘地颇为珍惜的、源自历史的印度传统文明，恰恰是尼赫鲁予以重点批判的对象。

甘地认为，印度之所以被奴役，恰恰是因为印度人西化了，自己失去了自己的文明，因而成了自己的奴隶。尼赫鲁则代表了上升的印度民族资产阶级的利益，将英帝国主义和本国封建主义看成革命的对象。在1946年12月13日，印度制宪会议召开伊始，尼赫鲁做了基调演讲，提出制定宪法的《目标决议》。他指出，这部正在制定中的宪法必须"要向我们国家，以及世界展示我们的决心……（因为）任何政府都不能违背我们的基本原则，都不能减损我们印度的自由……（这部正在制定中的宪法所要展示的）基本原则就是，其一，政府必须是人民意志的体现，我们今天之所以在这里制定宪法，是因为作为整体的——而非依据任何党派和团体而组织起来的——人民授权我们制定这部宪法，因此，我们制定中的这部宪法一定要将人民视为一个整体。其二，我们今天所制定的宪法必须确认印度乃是一个主权的共和国"①。

一个月之后，尼赫鲁在1947年1月24日的发言中，又进一步阐明了印度制宪会议的首要任务"就是通过一部新宪法让印度得以自由，让这部新宪法去哺育饥饿的大众、为赤身裸体的人们提供衣服，让这部新宪法能够为每一个印度人都能根据他们的能力来发展自己提供充足的机会"②。"让印度得以自由"，意味着印度脱离英国殖民统治；"哺育饥饿的大众……"则意在消除贫困，迅速实现国家的工业化；"提供充足的机会"又意味着社会革命，要在印度社会打破传统的宗教、种姓、地域等对人发展的限制，根据个人资质、法律和教育等来建立起现代社会结构。这就是新印度所要实现的双重使命——国家建

---

① 参见印度议会官方网站，http：//164.100.47.194/Loksabha/constituent/Constituent.aspx，2019-10-30访问。

② 印度制宪会议记录1947年1月24日的发言。

设和社会革命。

当然，就应当建设一个怎样的新印度来说，除去甘地、尼赫鲁的建国思想之外，在当时的印度，还有其他的建国思潮。① 但影响最大、受众最广的依然是甘地和尼赫鲁的建国思想，具体到 1947 年，尼赫鲁所代表的现代主义思潮成了国大党的主流思潮，以尼赫鲁为代表的新一代国大党人也主导了印度宪法的制定。

三、安培德卡尔论种姓、平等与宪法

如果说尼赫鲁为新印度的谋篇布局奠定了基调的话，那么如何使正在制定过程中的宪法条文能够落实尼赫鲁所看重的"双重使命"，则还有很长的路要走。在这其中，宪法起草委员会主席、法学博士安培德卡尔做出了非常重要的贡献。②

首先，在尼赫鲁关于印度"社会革命"——要让生活在印度的人打破传统的宗教、种姓和地域的限制，而完全地依赖个人功绩来取得人们在国家、社会中的地位——的规划中，依然有一个悬而未决的问题。即国家是否要给予那些历史上受到残酷压迫的低等种姓，尤其是在历史中被斥为贱民阶层的人以优待？对此依然有不同的答案。

种姓制度是印度在独立过程中所必须要处理的根本问题之一。因为不解决种姓问题，就很难落实公民观念。在种姓问题上，甘地的观点颇为含混。根据学者的研究，甘地早在 1915 年就提出了解放贱民的口号，在其领导的非暴力不合作运动中，解放贱民运动也是重要的组成部分。③ 甘地虽然致力于解放贱民，但是因为他特有的文明论立场，

---

① 比如纳拉扬（Narayan）的民族社会主义、罗易（M. N. Roy）的"激进人道主义"等思想，参见周小明：《印度宪法及其晚近变迁》，华东政法大学 2013 年博士学位论文，第 21—24 页。

② 安培德卡尔一生颇具传奇色彩，对其生平和主要思想的介绍参见毛世昌主编：《印度贱民领袖、宪法之父与佛教改革家——安培德卡尔》，中国社会科学出版社 2013 年版。

③ 林立：《甘地、安培德卡尔与拯救贱民运动》，《南亚研究季刊》1992 年第 3 期，第 56—62 页。

甘地不仅不可能彻底攻击种姓制度，相反，还需要在一定程度上为种姓制度辩护。毕竟，不论论者站在什么样的立场上，谁又能否认种姓制度是印度文明所特有，甚至是最显著的外在表现之一呢？所以甘地同时也认为种姓制度是一种分工，有利于社会和谐，让人民各安本分。①

安培德卡尔则对种姓制度持彻底的批判立场。② 出身贱民阶层的切身感受，使得安培德卡尔虽然和甘地都致力于解放印度贱民，但是和甘地认为"贱民制不是印度教的要义"这种印度教内的文化批判不同，安培德卡尔对种姓制度的批判则是反印度教式的。安培德卡尔认为贱民制度是种姓制度不可分离的一部分，要彻底解放贱民，就必须将整个种姓制度连根拔起。由此也能看出，在甘地看来按照印度教传统文明构建的充满了田园诗意的印度乡村生活，在安培德卡尔看来，才恰恰是印度文明罪恶的渊源。因为这种按照种姓——也就是按照一个人的出身和血缘——来决定一个人一生的制度才是对印度人，尤其是对最悲惨的贱民的最深刻的桎梏。

在这一点上，其实安培德卡尔和尼赫鲁的观点既一致也不一致。一致的地方在于，尼赫鲁强调应该按照个人资质、法律和教育来安排现代社会结构；安培德卡尔则更加突出其中的平等问题，只有解放贱民，才能做到真正的解放。在一次贱民集会上，安培德卡尔曾说：

> 英国人来以前，你们由于不可接触的身份被人厌弃，英国政府做了什么来改变你们的不可接触身份？英国人来以前，你们不能用村子里的井水，英国政府保证让你们有这个权利了吗？英国人来以前，你们不能进庙宇，现在你们能进吗？英国人来以前，你们不能担任警察，英国政府允许你们担任吗？……没有人能解

---

① 林立：《甘地、安培德卡尔与拯救贱民运动》，第56—62页。
② Valerian Rodrigues（ed.），*The Essential Writings of B. R. Ambedkar*, pp. 241-320. 其中收录的第19—21篇论文集中反映了安培德卡尔对印度种姓制度的批判。

除你们的痛苦，除非你们自己掌权，否则你们就不能获得自由。①

不一致的地方在于，在印度独立过程中，虽然对建设一个怎样的新印度，甘地和尼赫鲁矛盾重重，②但两人都同意"英—印矛盾"是印度社会的主要矛盾；而安培德卡尔则视印度社会内部的种姓和阶级压迫为社会的主要矛盾。在安培德卡尔看来，不解决种姓问题，对于占据印度社会多数的低等种姓人口来说，那就只不过是统治者从英国殖民者换成了婆罗门贵族而已。如果以尼赫鲁的"双重革命"为标准的话，甘地和尼赫鲁都将国家革命置于首位，而将社会革命置于第二位；没有国家革命就不会有社会革命。而安培德卡尔则将社会革命置于首位，不改变社会和经济结构，就不可能有真正的国家革命。

1947年印度最终走向独立，作为当时的主流意志，种姓制度必须基本废除，树立"公民"观念。尼赫鲁认为，应当给予每一个人平等的机会和教育，应当按照每一个人的能力和功绩，而非按照出身、血缘和种姓来决定其在社会中的位置。这是形式平等原则。但是安培德卡尔领衔的宪法起草委员会在其草拟过程中，将形式平等原则转化成了实质平等原则，强调对少数群体的特殊保护。在安培德卡尔看来，"这个国家长期以来，多数群体和少数群体都遵循了错误的路径。多数群体总是否定少数群体的存在，而少数群体则一直是少数群体。我们必须要首先意识到少数群体的存在，并且致力于多数群体和少数群体的融合"③。经过安培德卡尔和众多制宪代表们的努力，印度宪法最终通过了颇具特色的"表列种姓和部落"制度，即以列表的形式，将历史上那些长期受到压迫的种姓和部落作为附件形式写进宪法，保证国家在选举、招生和就业等领域对其采取一定的照顾措施。这是实质平

---

① 林立:《甘地、安培德卡尔与拯救贱民运动》，第56—62页。
② 尚劝余:《论尼赫鲁—甘地关系的实质与意义》，《南亚研究季刊》1997年第2期，第64—68页。
③ Valerian Rodrigues (ed.), *The Essential Writings of B. R. Ambedkar*, p. 486. 该论文集中收录的第32篇文章是"Basic Features of the Indian Constitution"，该文是宪法草稿拟定完成后，安培德卡尔向制宪会议代表就宪法草案所做的说明，参见第473—494页。

等原则。

除却致力于贱民解放运动以外,安培德卡尔对印度宪法的最大贡献在于主持了宪法文本的起草。如果说甘地和尼赫鲁作为国大党两代领导人对新国家建设描摹了宏观规划的话,那么安培德卡尔则在如何用这部正在制定中的宪法来回应领导人的规划的问题上起到了突出作用。

首先是主权与共和问题,如果说新生的印度应该是一个"主权的共和国"是制宪代表们的共识的话,那么依据什么样的政体来落实"主权",成立一个怎样的"共和国",则是需要进一步予以明晰的对象。

在政体问题上,制宪者们有意识地融合了英国式议会政体和美国式总统制政体。"在美国宪法之下,总统是行政长官……其下设各部部长,管理不同部门。"① 但拟定中的印度联邦总统和美国总统在职权上有一个关键差异,即"美国总统在(做决策时)不一定需要接受其下设各部部长的建议,但是印度总统则需要接受各部部长的建议"②。与之相对应,"美国总统可以随时驳回部长们的建议,但是印度总统则无此权力,只要各部部长们掌握着议会中的多数席位"③。安培德卡尔进一步说明了这样设计的原因,那是因为"美国总统制是建立在行政和立法部门分权基础之上的,总统及其部长们都不是议会的议员。但是在印度联邦之下,各部部长们都是议会的议员"④。在安培德卡尔看来,以英美为代表的两种政体都是民主政治,但是侧重点不同。一个民主的行政机构必须要同时满足两个条件,即稳定性和代表性,美式行政机构侧重于稳定性,英式行政机构则侧重于代表性。显然,印度宪法起草委员会希望新印度的行政机构能够同时兼具这两方面特征,在政体选择上,以英式议会制为基础,有条件地吸收部分美国总统制的

---

① Valerian Rodrigues (ed.), *The Essential Writings of B. R. Ambedkar*, p. 475.
② 同上。
③ 同上。
④ 同上。

元素。

考虑到新印度是由原英国直接治理的殖民地和选择加入印度的土邦构成的，因此，在为这个新生的"主权的共和国"起草宪法的过程中，起草委员会还需要解决印度的"联邦制"问题。如果是单一制宪法，则要保证"中央权力的至高性，并且没有附属的主权政体"。① 如果是联邦制宪法，则需要建立美国式的"二元政体"（dual polity）。安培德卡尔选择了后者，但又有所扬弃。首要的不同点是，在美国宪法下，"紧跟着二元政体的是二元公民权（dual citizenship）……一个公民既是美国的公民，也是某一个州的公民"②。但是二元公民权在印度则是不存在的，在印度只有一个公民权，所有的印度公民都享有印度国家公民权，而不同时享有所在邦（或土邦）的公民权。第二个不同点是，在"美国宪法之下，联邦宪法和各州政府之间的联系非常松散"③。换句话说，美国联邦宪法更多的是对联邦政府权力的规范，而几乎没有规范各州政府的权力。草拟中的印度宪法在此基础上做出了改进，在宪法附件中，同时详细地列举了联邦和各邦的权力范围。

安培德卡尔选择用权力清单的方式来规范联邦和各邦的权力范围。宪法条文的表述是列举式的和中性的，但我们却不难发现其中的"春秋笔法"。因为，如果按照尼赫鲁的国家建设方案——迅速实现国家的工业化，以经济独立保证政治独立——那么这必然意味着打破各地区的限制，抑制狭隘的地方保护主义，集中中央权力，优先发展对国计民生来说更重要的大工业。如果按照甘地的国家建设方案——乡村共和国的联合体——那么则会看重权力"自下而上"的组合方式，尊重印度在历史上形成的治理格局与传统。这意味着限制中央权力，而印度各土邦以及必然连带着的身份制度，就不仅不能成为革命的对象，相反却要成为保护的对象。为此，印度宪法特别地以"附件七"的形式，规定了中央和各省分别享有的立法清单，以及中央和各省可以共

---

① Valerian Rodrigues (ed.), *The Essential Writings of B. R. Ambedkar*, p. 476.
② 同上书，第477页。
③ 同上书，第478页。

享的立法清单。① 我们对照"附件七"权力清单可知，中央独享97项权力，内容除涉及军事、外交等传统上必须由中央政府行使的职权外，还涉及工商业、金融领域等方方面面，而各省的独享权力则大多仅关涉各省的内政工程。由此也可以看出，尼赫鲁迅速建立工业化的国家革命计划，被宪法以权力清单的方式落实。

如果说在"中央—省"的关系问题上，制宪者们更多采纳了尼赫鲁的观点的话，那么在印度基层社会自治领域，制宪者们则更多采纳了甘地所描绘的"自下而上"的乡村共和国图景。传统的潘查亚特基层土地和治理制度被正式承认，作为第九编写进宪法。安培德卡尔在立法技术上，从比较宪法的角度对美国式中央与地方关系做出扬弃式的处理，实际上是直面当时的印度问题，在两种截然相反的建国观和宪法观之间做出艰难的折中：在保证中央有能力进行工业化建设的前提下，赋予各地方以一定的政治和经济自主权，同时也考虑到潘查亚特基层自治在印度历史上扎根的现实，尽管这有违安培德卡尔自己的宪法观念。

其实这样的制度设计，也在一定程度上回避了尼赫鲁在意识形态上的含混。尼赫鲁不反对资本主义，但同时又对社会主义制度颇有好感。"掌握（马克思主义）理论是一件好事，因为它们正改变着如今众多的人，并且也许对我们自己的国家会有所帮助。"② 其在自传中直言，"如何使民主制度与社会主义结合起来；这也就是如何保持个人的自由和创造性，而同时在国家和国际方面对于国民经济作集中的社会管理和计划"③。

尼赫鲁归根到底是一个印度民族主义者，鉴于长期在英国的留学

---

① 印度宪法在文本表述上的一个重要特征是以"附件"形式，将不宜在宪法正文中表述的内容写进宪法，比如前文提到的表列种姓部落制度。宪法第244条规定国家以附件形式确定需要表列的种姓和部落，具体列表见"附件五"和"附件六"。此处的"附件七"也是如此。宪法第246条系"议会和省立法机关有关立法的事项"，具体的立法权力清单则由"附件七"详细说明。
② 贾瓦哈拉尔·尼赫鲁：《尼赫鲁世界史》，第246页。
③ 贾瓦哈拉尔·尼赫鲁：《印度的发现》，第504—505页。

和生活经历，回国后又在英国议会制框架下逐步实现的印度独立历程，在政体问题上，资本主义国家的代议政体对他更具吸引力。但是苏联采取社会主义制度，迅速实现国家工业化以及在"二战"中的卓越表现，又让尼赫鲁在国家建设问题上，颇倾向于以"计划"来迅速实现工业化。如果考虑到1947年的国际局势是"二战"刚刚结束，冷战的帷幕已经开始落下，那么"姓资姓社"则是原则问题。由此观之，安培德卡尔这种列举式、央地分权式安排，其实是从立法技术上成功地回避了意识形态上的决断。[1]

在宪法制定过程中，代表们争议最大的问题其实是"基本权利及其限制"问题。其中代表性的批评观点是"除非基本权利是绝对权利，否则基本权利就不是基本权利"[2]。这一对宪法草案的批评也从比较宪法角度指出美国《权利法案》中并没有关于权利的例外或限制的规定，安培德卡尔对其也进行了有礼有节的反驳，"美国宪法和（印度）草拟中的宪法在权利条款中的区别仅仅是形式上而非实质上的……美国宪法中的权利条款也不是绝对权利，因为美国联邦最高法院已经在众多案件中解释了美国宪法基本权利的例外状况"[3]。在这一点上，印度和美国恰恰是一致的，那就是涉及权利条款的解释，都将由司法机关来解释。

其实，"基本权利及其限制"问题之所以成为最具争议的问题，倒不仅仅是基本权利是否是绝对权这样的技术上的争议，印度宪法在文本上最大的特色在于，在宪法第三编"基本权利"之后，紧跟着的是第四编"国家政策的指导原则"。安培德卡尔承认，这是"议会民主制下宪法的新特征，除印度以外，只有爱尔兰自由州宪法有类似条款"。[4]

这个重要争议其实从侧面反映了在尼赫鲁对新印度建设的规划中，

---

[1] 印度现行宪法序言第一句"我们印度人民，庄严地决定把印度建成一个'主权的、社会主义的、世俗的民主共和国'"。其中"社会主义"一词，是印度议会在1976年颁布的宪法第四十二修正案所加，而非印度宪法制定之时就有，特此注明。
[2] Valerian Rodrigues (ed.), *The Essential Writings of B. R. Ambedkar*, p.487.
[3] 同上书，第488页。
[4] 同上书，第489页。

占据核心地位的"双重革命"的内在张力。主张社会革命，调整社会结构，意味着要肯定公民观念，以及为了落实公民观念，需要像美国《权利法案》那样，以宪法文本的形式规定印度公民所享有的一系列基本权利。但是与此同时主张国家革命，快速实现工业化，则必然要赋予这个新生的国家以积极能动的形象。由此，两编条文之间，必然多有抵牾。再加上制宪代表们在讨论宪法草案时，有意识地草拟"本编（指第四编）的所有规定不可由法院实施，但其所确立的原则是治理国家的根本原则，国家在立法时有贯彻这些原则的义务"（印度宪法第37条）。本来在制定基本权利条款时，就有代表们畏惧国家以立法的形式侵犯公民的基本权利，妥协的方案是仿照美国，由司法机关来解释权利条款；但到了第四编，却又另辟蹊径地让国家立法得以绕开司法机关的审查，这自然会引起人们的质疑。

如果站在今天的视角来回顾印度宪法七十余年的变迁史，则议会和最高法院关于印度宪法第三、四编的解释之争，是印度宪法变迁的主旋律之一。① 不过在印度宪法制定之时，安培德卡尔对两编条款之中的内在张力，倒是给出了一个颇值得注意的解释和说明。他认为，因为印度宪法附件以极为详细的列表形式，规定了中央和各省政府机关所具有的权力清单，因此宪法第四编就是对宪法附件七的解释说明。② 这样，就既不会侵犯宪法第三编基本权利编，也不会因此而增减中央和各省政府依据宪法所具有的权力范围。事后来看，这实际上是在"怎样建设一个新印度"这一基本问题上，为了弥合不同建设方案之间所做出的宪法解释上的努力。

如果说尼赫鲁在宏观上为这部制定中的印度宪法定下了基调，那么，安培德卡尔领衔的起草委员会则为其具体落实做出了卓越贡献。作为法学博士，安培德卡尔深谙立法技术之道，一方面，他尽力去弥合以尼赫鲁和以甘地为代表的两种建国观念之间看似难以妥协的分歧，

---

① 下一章将详叙印度宪法的变迁问题。
② Valerian Rodrigues（ed.），*The Essential Writings of B. R. Ambedkar*，p. 490.

并在以尼赫鲁建国观为主导原则的前提下，吸收甘地建国思想中的可取因素；另一方面，他也尽力去填平尼赫鲁自身宪法观中所具有的内在冲突。

四、宪法的逻辑解释与宪法观

伴随着"一带一路"倡议逐步深入的今天，我们亟待深化对印度这一我们自以为很熟悉，但其实很陌生的重要近邻的认识。其中，深入分析印度宪法及其实践，可谓是同时了解印度法律系统和政治系统的关键抓手之一。

最终面世的印度宪法长约 8 万个英文单词，仅正文部分（不算附件）就多达 395 条。我们将在下一章详细叙述印度宪法的原意、结构和变迁问题。本节仅从整体上，就印度宪法规范和宪法观之间的关系做出简要说明。

首先，1950 年印度宪法是一部世俗宪法，甘地基于印度教文明对新印度"乡村共和国"的规划在原则上被制宪者们所放弃了，宪法所接受的是尼赫鲁所认同的公民与世俗观念。印度宪法不仅在序言中明确使用了"世俗"一词，而且明文废除了贱民制（第 17 条）和传统的头衔制度（第 18 条）。我们可以说，以 1947 年为界，所有生活在印度土地上的居民，根据宪法规范，不再受制于其出生、种姓和阶级，而依据国籍之获得（第 5—11 条）被普遍授予了公民资格；并依据相同的公民资格，平等地享有宪法第三编赋予的基本权利。

但是，这里值得注意的是，宪法第 17 条废除的是贱民制度，而非整个种姓制度。种姓制度意外地以"表列种姓和部落"这一印度宪法特有的制度得以部分保留。制宪者们可能始料未及的是，这种旨在对历史上受压迫人民和部落特殊照顾的政策，恰恰是以被公民观念明确反对的种姓制度为前提的，毕竟，没有对诸"种姓"的确认，又怎样明确"表列种姓"中的各种姓呢？这形式平等与实质平等之间的张力——其实也是安培德卡尔和尼赫鲁在平等观念上的张力——在日后也引发了一系列争讼。①

其次,宪法第五至第九编(宪法正文第 52—323 条)则事无巨细地罗列了中央和各省各自可以有哪些权力部门,以及中央和各省之间的权力清单。这一方面自然体现了法治政府的要求,以宪法文本的方式规定了国家各级机关的构成、组成方式和权力范围;但考虑到国大党领导人对建设一个怎样的新印度这个根本问题上的不同规划,印度宪法选择以这种在学理上应当由行政组织法和程序法来安顿的各级国家机关权力清单的方式,其实是对以甘地、尼赫鲁为代表的对新印度建设有着完全不同规划的观点的折中与妥协。

复次,就印度制宪过程中占主导地位的尼赫鲁的"双重革命"来说,其实这种意识形态也有着内在张力。树立公民观念、明确公民享有一系列基本权利,本身就意味着对国家权力的限制;而要迅速摆脱贫困,实现国家工业化,又预设了一个积极能动的国家形象。这一对颇具张力的国家形象集中体现在宪法第三和第四编之中。

和宪法学界主流的宪法解释学路径不同,本章则从印度宪法制定过程中对其制定影响最大的宪法观和国家观入手,来分析印度宪法的基本结构和关键条款。笔者认为,如果仅仅着眼于对宪法文本的解释学路径,一方面,其在概念的精确化有所长的同时,容易忽视掉哪怕是相同的宪法文本,其在不同的时空和语境中,也会有甚至是截然相反的含义;另一方面,其在精确化宪法条文的规范含义的同时,也易失去对宪法的整体理解。

现代政治在某种意义上是政党政治。没有政党,议会制国家是无法运转的,因为在下议院就不会产生多数席位。其实,如果没有作为跨地域、跨阶级组织的国大党和穆斯林联盟,南亚次大陆最终走向印、巴各自独立的结局是不可想象的。所以国大党的主流意志,尤其是国

---

① 蒋龑:《平等保护的国别比较:印度与美国》,《区域与全球发展》2018 年第 4 期,第 86—98 页。

大党领袖人物在国家建设问题上的核心观点，必然会深刻影响到印度独立之后走怎样的发展道路的问题；也自然会影响到对印度宪法关键条款的解释。因此，探究印度当时最有影响力的政党领袖的宪法观与国家观，可以成为我们理解印度宪法的一个可能路径——尽管并不是唯一的路径。

为什么印度宪法在政体上既要吸收英式议会制，也要吸收美式总统制的元素？因为强调主权在民观念，必然要求印度政府具有代表性；而考虑到这个国家要迅速展开双重革命，又要求按照代表制原则建立的政府具备一定的稳定性。

为什么印度宪法在移植了美国式二元政治的同时，却又拒绝移植美国式二元公民权？考虑到这个国家的历史上的人民太依赖出身、血缘、家庭和种姓等要素，新印度的建立，恰恰是要打破这些传统的束缚，打破地域的限制，赋予所有印度公民以同样的公民权。

为什么即便当时的制宪代表们颇有疑虑，印度宪法最终还是另辟蹊径地单独制定了"国家政策的指导原则编"？如果不考虑到尼赫鲁对怎样建设一个新印度的回答，不考虑到以尼赫鲁为代表的一代国大党人同时希望吸收资本主义和社会主义的因素，来建设一个独立的新印度的话，这一编条文之含义似乎是很难确定的。

如此等等，在我们理解、分析印度宪法一系列重要的基本问题上，仅仅凭借宪法解释学方法似乎是无力给予完满的回答的，但是如果我们从甘地、尼赫鲁等印度建国一代领导人对这个新国家的期待与规划出发，这些技术性的、中立的宪法条文则有可能鲜活起来。与此同时，那些隐藏在这些技术性的、中立的宪法条文背后的，当时印度卓越人士对历史、对现在、对未来的忧思也有可能会丰满起来。

再者，凭靠宪法观来分析宪法，最终还意味着以宪法文本来安顿宪法观。宪法是国家的根本大法。执政党的意志，只有最终落实到宪法文本和宪法规范中，才能最终成为国家意志本身，而这一落实的过程，不论在制宪过程中，还是在修宪过程中，都不是恣意的。毕竟，宪法是政治系统和法律系统的结构耦合之处,① 政治话语只有在符合宪法—法律系统基本要求的情况下，才能进入宪法—法律系统，并成为宪法—法律话语的一部分。

  1947 年，印度独立。1949 年，中华人民共和国成立。中印两国领导人都在 20 世纪中叶，都在古今中西的大背景下思考怎样建设新中国、新印度的宏大问题。我们今天站在法律系统的角度，回顾七十多年前印度领导人对新印度命运的思考，以及印度建国伊始政治和法律系统之间的交互关系，对我们理解七十年前中国领导人对新中国建设的思考，也颇有助益。

---

① 陆宇峰:《系统论宪法学新思维的七个命题》,《中国法学》2019 年第 1 期,第 82—103 页。

第十二章　印度宪法的原意、结构与变迁

从 1946 年 12 月 9 日印度制宪会议召开，到 1950 年 1 月 26 日印度宪法正式生效，在国大党的领导下，印度人民历经三年有余，见证了印度宪法的诞生。

言及印度宪法，让人们印象最深刻的恐怕是其冗长（如前所述，长约 8 万个英文单词）、变动频繁（截至 2012 年已修宪 98 次），以及在第三世界国家颇有代表性的司法审查制度等等。面对这部仅正文部分就多达 395 条的印度宪法，我们应当怎样从整体上把握其精义？在历经半个多世纪的频繁修订之后，印度宪法在结构和规范上又是否发生了重要变迁？这是本章致力于回答的问题。笔者认为，遵循逻辑解释的方法，可能会起到事半功倍的效果。因为逻辑解释是指运用逻辑的方法分析宪法的结构、内容及其相关概念之间的界限，统一说明宪法目的和要求，寻求对宪法的统一理解。[①] 在法学界对印度宪法的研究尚处于起步阶段的今天，[②] 在我们还没有对印度宪法关键条款和规范做出精细化理解和分析的今天，[③] 这种从整体入手的逻辑解释——其实也是结构解释——的方法，不啻为我们快速进入印度宪法语境的重要方法之一。

[①]　胡锦光、韩大元：《中国宪法》（第 4 版），法律出版社 2018 年版，第 111 页。

[②]　中国法学界对与印度宪法的研究，除韩大元教授早年在《亚洲立宪主义研究》中有所涉及外，较为系统性的研究主要有四篇法学博士学位论文，分别是廖初民（华东政法大学，2006 年）、柳建龙（中国人民大学，2008 年）、周小明（华东政法大学，2013 年）和蒋巍（清华大学，2017 年）。

[③]　柳建龙的博士学位论文是一个重要的例外，参见柳建龙：《宪法修正案的合宪性审查：以印度为中心》，法律出版社 2010 年版。该论著其实是对印度宪法第 368 条（修宪条款）的细致的规范分析。

一、印度宪法的制定：双重使命与国家制度

在以尼赫鲁为首的国大党建国一代领导人们在制宪会议召开之初便确定宪法的目标以后，如何通过宪法条文来回应印度即将展开的国家革命与社会革命，并适当照顾甘地等其他人提出的有影响力的关于印度建国的不同规划，以及通过宪法条文和规范来贯彻民族主义和世俗主义的纲领，就是整个制宪会议的工作重心所在了。①

将人民视为一个整体，建构基于国家认同的公民观念，在宪法表述上最简易、也是最直接的即是通过一系列基本权利条款，表明只要是印度公民，不论其所属宗教、种姓或地域，即享有宪法上所保证的一系列基本权利。就历史渊源而言，对印度人民基本权利（至少是选举权与被选举权）的确认，也是英国政府自 1909 年颁布《印度议会法》以来，在殖民地时期的重要相关法案中都予以确认的。同时，伴随着议会民主制在印度的逐步建成，国大党也一直在议会斗争中争取让印度人可以和在印度的英国人享有相同的权利或特权（privilege），在印度人自己起草的第一份宪法性文件《老尼赫鲁报告》中，就包含一份基本权利条款的清单。② 而且，印度独立前夕的"内阁使团方案"中也建议制宪会议成立一个专门的咨询委员会（Advisory Committee）来特别拟定基本权利清单。虽然"内阁使团方案"最终流产，但该建议却为国大党领导的制宪会议所继承。

于 1947 年 1 月成立的咨询委员会很快就在当年 4 月向制宪会议提

---

① 从印度制宪会议开幕至宪法正式生效的 3 年多期间，制宪代表们共分 12 次开会集中讨论宪法，制宪会议共设宪法起草委员会等 18 个委员会，共分 5 个阶段最终制定出印度宪法。参见周小明：《印度宪法及其晚近变迁》，华东政法大学 2013 年博士学位论文，第 24—30 页。

② The Nehru Report, Michiko & Panjathan, 1928, Reprint 1975, pp. 101-103. 该报告本应译为《尼赫鲁报告》，起草人莫提拉尔·尼赫鲁就是贾瓦哈拉尔·尼赫鲁的父亲。为示区分，笔者译为《老尼赫鲁报告》。

交了基本权利清单草案。① 就基本权利清单问题，只有一些细节上的争论，而较少有原则上的分歧。因为绝大多数的制宪代表都认为在宪法中确认基本权利，不仅是打破地域限制、建构公民观念的必要途径，也是对殖民地时期议会斗争成果的确认。在理论上可能唯一会引发的问题在于，一旦对包括个人自由权在内的基本权利给予确认，在个人自由与政府管制、公共安全之间就必然存在抵牾，如何适当地在这两者之间划分界限？面对一些代表们的疑问，咨询委员会认为应当将这个问题移交给法院，确保每一项基本权利都应当是可诉的（justiciable）。② 保证权利的可诉性得到代表们一致赞同之后，制宪会议就基本权利问题便顺利进入具体措辞的细节讨论中了。

在宪法中列明包括平等权、自由权、反剥削权、宗教自由权等在内的基本权利条款，以确保每一个印度公民都享有这些基本权利仅仅是国大党对公民建构的第一步。除去以形式平等的方式在一般意义上确认公民观念，对于尼赫鲁等国大党领导人来说，还需要确保各宗教教徒、各种姓之间真正的平等。③ 这一实质平等的主张意味着宪法中的基本权利条款还必须要包括对少数族群的特殊保护条款。保证少数族群的宗教信仰自由以及维持自身语言、习俗和文化的自由，既是殖民地时期以穆斯林联盟为代表的少数族群政党议会斗争的重要内容，也与国大党自身民族主义与世俗主义的立场并不抵触。同时考虑到伴随着印度建国选择留在境内的大量穆斯林、锡克教徒等不同宗教群体，以及必须要处理的对土邦王公的改造和男女平等等问题，印度宪法最终选择集中在平等权、宗教自由权和文化教育权三大基本权利下给予少数群体以特殊保护。

印度宪法中涉及平等权的共计五个条款，除去第 14 条一般性表述"法律的平等保护"外，第 15 条特别规定"禁止基于宗教、种族、种

---

① Granville Austin, *The Indian Constitution: Cornerstone of a Nation*, The Clarendon Press, 1967. p. 63.
② 同上。
③ 贾瓦哈拉尔·尼赫鲁：《印度的发现》，向哲濬等译，上海人民出版社 2016 年版，第 479—480 页。

姓、性别或者出生地的歧视"。第 16 条则确保"(公民)雇佣公职和任命的机会平等"。第 17 条废除了贱民制。第 18 条废除了头衔制。①

宗教自由权则确保"所有人都平等地享有良心自由,自由地信仰宗教、参与宗教活动与传播宗教的权利"(第 25 条)。而且,"任何宗派和教派都有权利建立和维持宗教和慈善机构等自由"(第 26 条)。

文化和教育权则特别保证少数民族保留自身语言、文字、文化的权利(第 29 条),以及建立相关教育机构的权利(第 30 条)。

至此,最终定型为宪法第三编的基本权利编已经大致完整。但是,和立宪主义宪法不同,印度宪法在确认了对基本权利保护的同时,也同时包含了对诸权利的限制。针对即将展开的国家革命与社会革命,制宪者们除了在公民观念的塑造上确认了基本权利条款,还在国家建设方面确认了国家政策的指导原则,并将其列在基本原则编之后,作为宪法第四编。

首先,尽管宪法第三编"基本权利"中已经确定了需要对少数族群给予特殊保护以增进实质平等,但这在宪法条文中仅仅表述为对少数族群基本权利的确认而非特殊保护。例如宪法第 15 条"禁止基于宗教、种族、种姓、性别或者出生地的歧视"仅仅是反歧视条款,并不涉及特殊保护和相应优待。欲实现各宗教教徒、各种姓之间真正的平等,只在宪法上确认少数族群的基本权利仅仅是一种消极意义上的确认,还需要政府相关政策的倾向性。

其次,作为对世界主要国家宪法政治的观察,咨询委员会的起草者们注意到联邦和各州政府在其国家社会与经济生活中扮演着越来越重要的职责是美国宪法政治的重要变迁之一。无独有偶,制宪代表们

---

① 印度宪法条文,本章采用孙谦、韩大元主编《世界各国宪法》中的译本并参考郭登皞的译本。《世界各国宪法》是依照各国现行宪法,并尽量依据原文译出的权威译本。但印度宪法自生效以来,修订频繁。《世界各国宪法》对被修改过的印度宪法条文不再另行译出,不利于重现 1950 年印度宪法的原貌,故笔者兼采郭登皞的译本。以下正文中涉及宪法条文,不再另行注释,特此说明。参见孙谦、韩大元主编,《世界各国宪法》编辑委员会编译:《世界各国宪法》亚洲卷,中国检察出版社 2012 年版,第 773—894 页;《印度宪法》,郭登皞等译,世界知识出版社 1951 年版。

也认为"一战"之后,德国和东欧国家新宪法的重要特点之一正是国家需要保证公民的安全和工业的繁荣。①

不论是公民间实质平等的内在要求,抑或是在比较宪法意义上对欧美主要国家政府职能扩大的观察,都促使制宪代表们思考印度政府在国家"双重使命"中的角色问题。

不同的制宪代表们都就"指导原则"给出了不同的建议。穆仕(K. Munshi)强调"工人的权利"和"社会权利",包括对妇女儿童的特殊保护,以及制定最低工资标准和最低生活标准等。②安培德卡尔作为起草委员会主席和毋庸置疑的贱民领袖代表,则强调确认表列种姓制度,以及国家应当制定十年发展规划,确保关键的工业部门国有化等。③但在"国家政策的指导原则"是否应当和基本权利条款一样具有可诉性这一重要问题上,著名律师拉奥(N. Rao)却给出了反对意见。在拉奥看来,不同于基本权利编更多是从消极权利(negative rights)确认所有公民都具有的基本权利,宪法第四编条文旨在确认国家对工人、妇女、表列种姓等少数族群的积极权利(positive rights),并且,"很多现代宪法都用这样的方式将这种类似于道德训诫的积极权利包含在内"④。所以,不同于需要由法院来确认第三编中诸基本权利的边界,由国家来实施的这些积极权利不宜交由法院来确认其外延。故而与要确保基本权利编诸条文具有可诉性不同,宪法恰恰要排除第四编诸条文的可诉性。拉奥的建议得到了大多数制宪代表们的认可,最终定型为宪法第37条。

至于具体哪些国家的积极义务最终被写进了宪法,经过细节和立法技术等问题上的讨论,最终代表们基于自身立场所关切的绝大多数事项,将如男女同工同酬(第39条)、工人的权利和最低工资制度(第43条)、儿童的权利(第45条)、表列种姓的特殊保护(第46条)等纳入了国家政策的指导原则。

---

① Granville Austin, *The Indian Constitution: Cornerstone of a Nation*, p. 76.
② 同上书,第78页。
③ 同上。
④ 同上书,第77页。

其实，最能体现宪法第四编基本精神的是宪法第 38 条：国家应通过尽可能有效地实现和保障社会、经济和政治上公正的社会秩序从而致力于促进人民之福祉，并将之贯彻到国民生活的各项制度中。

如果说，以尼赫鲁为首的国大党领导人欲迅速在印度开启国家革命和社会革命，那么，最终成为宪法第三编的"基本权利"编和第四编的"指导原则"编就是制宪代表们对"双重革命"问题在宪法上的回应。如果进一步考虑到这"双重革命"乃是新印度在建国初期的核心任务，那么我们也可以说，宪法这两编的条文就是整部宪法的核心条款所在了。如果与"立宪主义意义"上的宪法相对照，则印度宪法不仅在消极权利的意义上列举了公民基本权利清单，而且也同时赋予了少数族群主张国家特殊保护的积极权利。国家（政府）权力，在印度宪法中并不是一个消极因而需要被限制的角色。

同时，自 1909 年英国政府颁布《印度议会法》来，议会民主制政体便逐渐在印度落地生根，但伴随着印巴分治，印度宣布脱离自治领地位，成立主权国家，制宪者们也必须要在英国人留下的各级法院的遗产上重建这一新生国家的司法体制。

二、印度最高法院的诞生

（一）司法独立的双重含义

1947 年印巴分治，对于新生的印度国家来说，在司法权方面，过去由"英国枢密院—印度联邦法院—省高等法院及初等法院"所组成的完整司法权体制可谓突然失去了"拱顶石"。不论是在理论上抑或是实践上，英国枢密院都不再是印度最高司法权力机关。对于印度制宪会议而言，是选择移植英国制度，在上议院复制出一个"印度枢密院"，让其在理论上成为印度的最高司法权机关，还是选择模仿美国体制，将已有的印度联邦法院改组成最高法院（Supreme Court）并让其拥有所有案件的终审权，就成了一个问题。

印度最高法院的建立问题最初起源于殖民地时期的《老尼赫鲁报告》。1928 年，因不满英国殖民者在印度独立问题上的拖延，时任国大党主席老尼赫鲁主持召开印度各政党联盟会议，并在会议中发布报告。这是印度历史上第一次完全由印度人自己起草的宪法草案。虽然该草案因过于激进，不仅没有弥合，反而扩大了国大党和穆斯林原本就存在的观念鸿沟，① 所以很快便遭遗弃，但是草案中关于印度最高法院的设计却成了日后国大党思考本国司法体制的起点。

在 1928 年，英国统治者尚未组建完整的印度联邦法院，而是在殖民地各省建立了独立的省法院系统，并在加尔各答、孟买和马德拉斯建立了三所省高等法院（High Court），② 当事人若不满省高等法院的判决，将直接上诉至英国枢密院。在老尼赫鲁等当时的国大党领导人看来，既然印度是一个联邦，在司法体制中就应当在三个省高等法院之上新建最高法院，该最高法院将不仅是省高等法院的上诉机关，而且还应该在涉及印度联邦案件、省际纠纷案件和需要对宪法进行解释的案件中拥有初审权。这拟议中的对宪法进行解释的案件就相当于我们今天所谓的司法审查案件了。③ 无疑，在老尼赫鲁的宪法草案中，印度最高法院乃是和加拿大、新西兰等自治领最高法院处于同一级别的法院，原则上该法院的判决是印度联邦内的终审判决，④ 只有在议会特别立法的前提下，才允许将部分案件上诉至英国枢密院。⑤ 在司法体制方面，在老尼赫鲁一代国大党领导人看来，虽然印度尚未独立，但是一个独立国家的必要特征之一就是有一个独立的司法系统。建立印度最高法院，强调司法独立，在当时的印度语境下，并非我们今天所熟悉

---

① 芭芭拉·麦卡夫等：《蒙兀儿之后——印度五百年的蜕变》，陈琦郁译，左岸文化出版社 2011 年版，第 269 页。
② 1861 年前称最高法院（Supreme Court of Judicature）。1861 年，英国议会颁布《印度高等法院法》，取消在加尔各答、孟买和马德拉斯的三所最高法院，分别以高等法院取而代之。
③ 参见《老尼赫鲁报告》中所附"印度宪法法令"第 46 至 52 条，*The Nehru Report*, pp. 112-113。
④ 同上文，第 112—113 页。
⑤ 参见《老尼赫鲁报告》中所附"印度宪法法令"第 52 条。

的司法系统排除政府、议会等其他公权力机关干扰意义上的司法独立，而是作为国家独立、国家法制统一意义上的司法独立。在这个意义上的司法独立不仅不是排除政治的，而恰恰其本身就是政治意义上的。

在穆斯林单独选区等关涉印度少数族群核心政治诉求的问题上，《老尼赫鲁报告》因过于激进而很快遭到遗弃。但是一方面，这份报告本身就是当时国大党激进派的政治纲领，因而英国统治者需要认真对待；另一方面，其报告中关于印度最高法院的设计又因为超越于印度当地的宗教、社群、族群等纷争，且并不违背穆斯林联盟等少数党派的意志，所以意外地近乎完整地保留了下来。

面对《老尼赫鲁报告》和 1930 年至 1933 年声势浩大的文明不服从运动，英国政府在 1935 年《印度政府法》中就印度的司法系统做出了官方回应。

与老尼赫鲁等人迫切想要新建印度最高法院不同，1935 年《印度政府法》仅仅允诺了组建印度联邦法院，① 正如"最高"与"联邦"在词义上的差别一般，该法院的初审权仅仅局限在省际事务。② 该法确认了联邦法院是省高等法院的上诉法院，但却同样规定了案件也可以不通过该法院而直接上诉至英国枢密院。③ 虽然相较于之前印度殖民地只有各省法院而没有联邦法院的境况，英国殖民者做出了一些让步，但是毋庸置疑，这样一个跛脚的联邦法院根本无力承担起印度联邦司法独立——独立于英帝国——的重任。至此，英国统治者治下的印度联邦司法体系已经形成，当 1946 年冬天印度制宪会议召开时，这一司法体系就是英国殖民者留下的重要政治遗产。

在印度制宪会议中，咨询委员会在 1947 年 4 月 29 日向大会所做的《关于基本权利的临时报告》（简称《临时报告》）④ 首次提出了最高

---

① 1935 年《印度政府法》第 200 条。1935 年《印度政府法》见英国官方立法网站，http：//www. legislation. gov. uk，2023-3-1 访问。
② 1935 年《印度政府法》第 204 条。
③ 1935 年《印度政府法》第 212 条。
④ Advisory Committee's *Interim Report on Fundamental Rights*，载于印度制宪会议记录，第 3 卷。印度议会官网提供了纪录全文，参见 http：//164. 100. 47. 194/Loksabha/constituent/Constituent. aspx，2019-10-30 访问。

法院问题，也为整个制宪会议期间关于印度司法权的设计奠定了基调。

其实，当制宪会议代表们一致认可宪法第三编诸条文应当具有可诉性之时，对印度最高法院的设计就已经呼之欲出了。《临时报告》特别指出，"为印度人民设置一家负责上诉审的最高法院尤其展示了印度人民建构自己的正义社会的努力"①"（并以此来）确保宪法中所规定的权利是可诉的对于正在制定中的宪法来说特别重要"②。《临时报告》还特别指出，"给予公民以这种方式的保护是美国宪法尤其让人注意的特点"。③

虽然咨询委员会关于基本权利的《临时报告》并没有引用《老尼赫鲁报告》，但这里俨然飘荡着老一代国大党人对于司法独立认知的回响。在咨询委员会看来，移植美式最高法院，让宪法中所载的基本权利具有可诉性，不仅仅是对权利的保护，而且这种保护权利的方式也是"印度人民努力建构自己的正义社会"的表征。在咨询委员会看来，将英国殖民者留下的联邦法院改组成最高法院，让整个印度的司法系统能够在法院系统内部完成从初审到终审整个诉讼环节的闭合，在印度独立之后，虽然已经不再具有彰显国家法制统一的象征性，但却演化为探索社会正义的方式，这才是印度宪法赋予最高法院的首要的政治意义。

在咨询委员会关于基本权利的《临时报告》为整个制宪会议期间关于最高法院的讨论定下基调之后，针对印度司法系统，代表们将面对接下来的两个问题——同时也是殖民地时期一直困扰印度人民的两个问题——是否选择移植美式最高法院，而选择放弃设立"印度枢密院"，从而让司法权彻底独立于议会和政府？新建立的最高法院与各省高等法院又应该是怎样的关系，是仿造美国司法权体制在各省法院系统之外另设一套联邦法院系统，还是保留原有的各省法院系统，仅在新德里建立一家联邦法院（即最高法院），让其成为所有刑事、民事案

---

① Advisory Committee's *Interim Report on Fundamental Rights*，载于印度制宪会议记录，第 3 卷。印度议会官网提供了纪录全文，参见 http：//164.100.47.194/Loksabha/constituent/Constituent.aspx，2019-10-30 访问。

② 同上文。

③ 同上文。

件的终审法院?

(二) 印度法院系统的建立

印度法院系统到底应当如何建立? 由萨普鲁 (B. Sapru) 领衔的印度非党派知识精英们在 1945 年发布的《萨普鲁委员会报告》(Sapru Committee Report) 得到了大多数制宪会议代表的认可。《萨普鲁委员会报告》认为,"新宪法应当追求并期望共同体政治与公民权利之间完美的平衡",包括"自由权、宗教自由权"等在内的基本权利应当成为新宪法的"报警台"。① 不仅和咨询委员会关于基本权利保护的意见高度一致,这些非党派知识精英们同样认为既然确认公民的基本权利在宪法中占据重要地位,那么就必须要保证这些基本权利是可诉的;而且萨普鲁委员会报告进一步指出,要有效保护这些基本权利,还需要保证这些可诉的基本权利能够得到公平公正的审理,而这"就必须确保最高法院和省高等法院能够远离党派政治及其影响"。② 因此,法院的独立性就格外重要,《萨普鲁委员会报告》进一步从法官的任命、薪水、罢免、退休年龄等技术性角度详细探讨了如何保证法院系统的独立性。

从印度官方正式公布的制宪会议记录来看,萨普鲁委员会和咨询委员会关于基本权利与司法独立之间关系的报告在某种意义上完成了制宪会议关于法院系统设立问题的理论建构。绝大多数代表都认可两份报告关于司法独立的主张,决定移植美式最高法院,让印度最高法院成为本国最高司法权机关;但与此同时,阿亚尔 (K. Ayyar) 和安培德卡尔等当时国大党的知识精英们也认为,美国的法院制度设计"过分地向政治开放了",③ 因此,要在美式制度的基础上修订法官的任命和罢免制度,以更好地确保法院独立于政治之外。

关于最高法院法官的任命,制宪会议的两个不同委员会各执一词,

---

① Granville Austin, *The Indian Constitution: Cornerstone of a Nation*, p. 169.
② 同上。
③ 同上。

互有争论。为制定相关司法权条款而设立的特设委员会（ad hoc Committee）不同意单纯由总统提名大法官人选的美式制度设计，"不能将大法官的提名交给没有任何限制的国家总统，而应当由总统和最高法院首席大法官进行协商确定候选人，然后由总统、最高法院首席大法官和各省高等法院首席大法官来确定最终人选；或者由最高法院和各省高等法院法官先确定候选人，然后由总统在候选人之间进行选择"。联合宪法委员会（the Union Constitution Committee）却同意《萨普鲁委员会报告》中的建议，不应当由各省高等法院的法官来决定最高法院大法官，恰恰相反，不仅最高法院大法官应当由总统和首席大法官共同决定，各省高等法院的法官们也应当如此。在帕特尔（S. Patel）看来，设立法院本来就是为了避免人们对司法公正的怀疑，这就需要其远离党派利益的纷争。相比于最高法院，各省高等法院显然更易受到地方利益和党派纷争的影响。况且为了法律秩序的统一，在人事任免上也应当由最高法院决定各省高等法院法官的任命，而不是相反。[①] 自 20 世纪 30 年代就曾担任省高等法院法官，英国殖民统治时期的最后一任印度联邦法院首席大法官卡尼亚（H. Kania）[②] 也和帕特尔持相近观点。在他看来，应当通过法官的任命程序，将各省高等法院纳入整个法院系统之内，而不能像殖民统治时期，省高等法院更多的是在履行各省"内政部"的角色。在这两位有重要影响的代表的斡旋下，联合宪法委员会的意见被制宪会议接受。

在关于最高法院和各省高等法院法官的提名问题上达成一致之后，就任命问题以及宪法是否需要移植美国"总统提名，参议院表决通过"的任命程序问题，制宪代表们亦有纷争。安培德卡尔比较了英美两国大法官的不同任命程序，他认为应当在由大法官单独任命的英国方式和由参议院任命的美国方式之间寻求中间道路，因为英国方式能保证独立却缺乏必要监督，美国方式又对政治系统过于开放。[③] 他支持宪法

[①] Granville Austin, The Indian Constitution Cornerstone of a Nation, p. 178.
[②] 卡尼亚也是新诞生的印度最高法院首任首席大法官。
[③] Granville Austin, The Indian Constitution Cornerstone of a Nation, p. 173.

草案委员会在听取代表们辩论意见后所提出的折中方案，即总统和首席大法官的提名即是任命，但认为应该由议会来决定最高法院大法官的人数。至此，印度宪法中关于最高法院和各省高等法院大法官的提名和任命程序终于浮出水面。

宪法第124条：

1. 设印度最高法院，其由1名印度首席大法官和不超过7名的其他法官组成，① 但议会可以以法律增加其他法官的人数。

2. 最高法院所有法官应由总统在其认为必要的情况下，经咨询最高法院的法官和邦高等法院的法官之后，以亲自签署并加盖印章的委任状任命。最高法院的法官的任期截至其年满65周岁。如果任命的是首席大法官以外的法官，总统必须咨询首席大法官。

宪法第217条：

高等法院法官应由总统在咨询印度首席大法官和邦总督后，除任命首席大法官外，还应咨询高等法院首席法官后，以亲自签署并加盖印章的委任状任命。

由此观之，在几份代表性报告的引导下，印度制宪会议自始便放弃了模仿美国另建联邦法院系统的可选方案，而是独具匠心地在法官任命问题这一技术性和程序性问题上确保司法独立和全国法院系统的统一。正如卡尼亚大法官所言，在殖民地时期，各省高等法院更像是各省"内政部"，但在新宪法所确认的司法制度下，各邦高等法院首先是全国法院系统中的一部分，这就是为什么不仅仅最高法院大法官，各邦高等法院法官也由总统而不是各邦首席部长提名并任命。

---

① 1950年原初宪法规定的是7名，目前是25名，由印度议会于1986年以立法方式增加。

就司法权问题，印度制宪会议代表们在最大限度地争取司法独立的同时，没有因此就忽略必要的监督问题。这不仅体现在安培德卡尔在大法官任命问题上的"中间道路"模式，也体现在弹劾大法官的制度设计上。

相较于美国宪法相对模糊的"最高法院和下级法院的法官如行为端正，得继续任职"（美国宪法第3条第1款）以及弹劾案由参议院主持的规定（美国宪法第1条第3款），印度宪法的规定则详细而具体。印度制宪会议赞同美国宪法中的规定，除非法官有明显的不当行为或者丧失行为能力，否则就应当继续任职，① 但当发生上述情况时，弹劾大法官的程序应当如何，制宪会议代表则有争议。与坚持司法独立的精神相一致，阿扬加尔（A. Ayyangar）认为应当由前任最高法院和各邦高等法院大法官们组成特别审判委员会来决定是否弹劾有不当行为或丧失行为能力的法官。② 阿亚尔提出反对意见，他认为应当由议会两院来主持法官弹劾案，因为这样法官们就要在议会席前发表演讲，相比于一个简单的审判委员会，这一模式更能体现最高法院的尊严。阿亚尔的意见得到了大多数代表们的赞同。由议会来主持大法官弹劾案，在议会大厅里而不是在法院审判席上来决定某位大法官是否被弹劾，本身也是权力之间分立与互相监督的体现之一。阿亚尔的意见最终凝结为印度宪法第124条第4款：

> 除议会各院以其2/3以上成员出席并表决，且以各院全部议员的多数通过致总统的呈请后，并以总统令在该弹劾的会期内以其被证明的不当行为和丧失行为能力而免除其职务外，最高法院大法官不被免职。

---

① 但相比于美国宪法规定的法官终身制度，印度宪法采纳了65岁退休制度。从制宪会议记录来看，自宪法草案委员会将该条款写入宪法草案供代表们讨论时，65岁条款就没有引起代表们的争议，直接通过。
② 印度制宪会议记录，第4卷。

就印度制宪会议对最高法院和各省高等法院法官们的任命和罢免的讨论来看,"让司法远离政治和党派纷争"是大多数代表们的一致看法,这里既有殖民地时期的历史教训,也同样体现了代表们的理论关怀,正如咨询委员会在关于基本权利的临时报告中所指出的,建立一个拥有司法审查权的、独立于政治的最高法院,本身就是宪法基本权利编的内在要求,而基本权利编本身又是新国家、新宪法对印度人民的庄严承诺。在国大党领导人看来,印度要迅速从殖民地演变为现代国家,就必须让印度从基于出身、宗教与习俗的中世纪精神转变为基于法律、个人功绩以及世俗教育的现代社会结构。宪法第三编不仅仅规定了公民的基本权利,更重要的是,其最初的首要意义是破除宗教、种姓等印度传统中对人的固有划分与压迫,明确宣告只要是印度"公民"就拥有这些宪法上规定的基本权利。

(三) 司法审查及其限制

和美国宪法并没有明文规定最高法院司法审查权不同,印度宪法第 132 条明文规定了司法审查权:对印度境内的高等法院在民事、刑事或者其他诉讼中做出的裁决、裁定或者生效命令……案件涉及解释本宪法的实质性法律问题,得向最高法院提起上诉……该案的任何一方当事人得以前述问题未能得以正确处理为由向最高法院提起上诉。

在咨询委员会关于基本权利的临时报告被议会代表们充分地讨论之后,制宪会议组建特设委员会来具体负责最高法院相关条文的撰写。由拉奥等五位代表组成的特设委员会所提交的第一份报告就与司法审查有关,报告认为"拥有司法权的最高法院应当决定法律和命令是否具有宪法上的有效性,这将被认为是任何联邦计划的必然含义"。[①] 报告恪守三权分立原则,在其看来,中央立法机关(即议会)有权力制定关于法院立法权的法律,但是司法权则应当由法院系统独享,宪法既然是具有最高效力的法律,那么解释宪法的权力也就应当由最高法

---

① Granville Austin, *The Indian Constitution: Cornerstone of a Nation*, p. 169.

院享有。和报告主要从公法角度分析最高法院的宪法解释权略有区别，特设委员会成员穆仕和阿亚尔也单独向制宪会议提交了议案阐明自己的主张。阿亚尔从比较法的角度阐述道，尽管美国和瑞士宪法都没有明确规定司法审查权，但是在审判实践中，两国的最高法院都事实上拥有该权利，因此"司法审查权乃是成文宪法和联邦宪法的内在要求……宪法解释的最后发言权（the final word）应该保留给最高法院"。① 穆仕则直言道，"对基本权利的保护需要司法审查权来保证正当程序的实施"②。

特设委员会关于最高法院应当拥有司法审查权的报告得到了大多数议会代表们的赞同，以至于几乎没有经过讨论便告通过，制宪会议再一次集中议论最高法院司法权问题时已经是1948年12月了。宪法起草委员会几乎原封不动地照搬了特设委员会所列的最高法院条款，在这间隔一年多的制宪讨论中，因为在正当程序问题上发生的"意外"，③使得代表们更加珍视草案赋予最高法院的司法审查权，并且因此意外地解决了印度法院系统的统一问题。

面对美国大法官的告诫以及本国所面临的实际问题，印度制宪会议最终采纳严格恪守形式正当程序的安排。不仅出于土地改革的需要而将财产权彻底排除出正当程序条款，而且为了保证预防性羁押制度（preventive detention）的顺利实施，对正当程序条款做了极其狭隘的规定。这一特殊的宪法安排反过来使得制宪会议代表们更加强调法院系统，尤其是最高法院不仅要在涉及联邦事务上拥有初审权，而且要在制度上保证所有在高等法院审理的民事和刑事案件都能够上诉至最高法院，尤其是当这些案件涉及对宪法的实质性解释时。

原本，一个普通案件在经过各省两级法院审理之后即是终审判决，加上印度各省在文化、地域和宗教传统上的差异显著，所以不论在殖

---

① Granville Austin, *The Indian Constitution: Cornerstone of a Nation*, p. 170.
② 同上书，第172页。
③ 参见蒋龑：《正当程序条款的不同命运——美国宪法和印度制宪会议旧事》，《华东政法大学学报》2016年第3期。

民地时期还是在制宪会议的辩论中，对最高法院与各省高等法院的关系问题，代表们一直也心存疑惑，尤其是伊斯兰和王公贵族代表。毕竟，在当时的印度，全国立法并不统一，各省所制定的法律又彼此间差异很大，如果剥夺各省高等法院在事实上拥有的终审权，伊斯兰和王公贵族代表怎会不担心印度教沙文主义在印度最高法院兴起呢？作为巧合，制宪会议对正当程序条款的处理却意外地解决了这一难题，其使得大多数代表更加确定在涉及基本权利的宪法解释时一定要赋予最高法院解释宪法的权威，印度宪法第13—30条规定的平等、自由、文化与教育等基本权利在某种意义上是超越民族、种姓和宗教冲突的，是每一个印度公民都应当享有的权利。而且，不仅仅是最高法院，各省高级法院也应当致力于保护这些基本权利。

大多数代表都认为全国各级法院都应当保护公民基本权利，深知将此视为新组建的法院的一项"政治任务"也内在地隐含了对他们所珍视的最高法院司法审查权进行限制的要求。和人们日常所理解的基本权利保护不同，在20世纪50年代的印度，基本权利保护在某种意义上还承担着公民建设甚至是国家建设的重任。如何让这片土地上不同种姓、不同宗教、不同民族的人在新诞生的国家中都能够平等或至少是形式平等地成为公民？以及进一步地，如何在具有强烈的民族和宗教认同的印度传统中尽快培植出崭新的国家认同？这些都是隐含在印度宪法基本权利编背后巨大的政治意蕴。

所以，尽管从宪法条文所用的语言来看，印度宪法基本权利编和美国宪法权利法案相比大多类似，但背后的政治意蕴在某种意义上却恰恰相反。如果说美国《权利法案》的原初含义是各州担心联邦权力过大而对联邦进行分权；那么印度宪法基本权利编则是制宪者们感慨各省的权利保护参差不齐而力主以"中央司法集权"的方式来保护。具体到印度宪法和基本权利编并列的第四编"国家政策的指导原则"，正是基于对这一编的探讨，制宪者决定性地对最高法院司法审查权进行了实质性修正。

（四）印度宪法中的最高法院

从1928年的《老尼赫鲁报告》开始，经过长达近二十五年的探索，并在1946年到1950年制宪会议的集中辩论之后，印度最终选择在移植美式最高法院的同时，又对其进行一系列变革，最终形成了印度本国特有的司法权系统。

首先，尽管印度长期受英国殖民统治，并且在政体安排上也继承了源自英国的议会民主制政体，但在司法权系统的设置上，自《老尼赫鲁报告》开始，大多数印度知识精英都反对英国在最高法院之上另设枢密院的安排，而是强调司法权的独立，在法院系统内部完成司法权系统的闭合，让印度最高法院成为印度的最高司法权力机关。这不啻为在议会民主制权力体制之外另设独立的司法权力体制，这一权力体制安排既不同于英国，也明显区别于美国三权之间既相互重叠又相互监督的政体安排。在这个意义上，将议会民主制与司法权系统相结合，是印度特有的政体制度。

其次，印度制宪会议并没有采纳美国在各州法院系统之外另设一套联邦法院系统的司法权制度体系安排，而是在联邦层面上仅仅设立了一家法院，即印度最高法院。但制宪代表们通过法官任命等技术性手段，确保"在各省高等法院审理的民事、刑事和其他案件都可以上诉至最高法院"。在这个意义上，印度最高法院就不是"联邦"法院，而确实是"最高"法院。印度最高法院在作为普通民事、刑事案件终审法院的同时，也承担着通过司法判例协调乃至统一全国法律系统的任务。由此，这一独立于政治纷争之外的最高法院，其本身又承担着重要的政治使命，正如联邦政府要协调各省之间经济、政治、文化、宗教信仰等方面的巨大差异一般，最高法院也因此需要弥合各省之间在法律上的巨大差异。

复次，制宪会议代表们普遍认为最高法院最重要的任务就是保证宪法第三编基本权利的实现，为此明文赋予其司法审查权。只有确保权利的可诉性才能保证这些权利并非仅仅是"纸面上"的权利,相应地,就必须要赋予最高法院解释宪法的权力。印度宪法在语义上的司法审查权设置特别契合当代对司法审查权的理解,然而,在代表们就基本权利的讨论中,也内在地蕴含着"公民建设"这一重要的建国方针。在20世纪50年代,印度对公民基本权利的宣示和保护,其首要意义不在于这些权利本身,而是通过保护具有普遍性的权利,改变印度土地上长期依据宗教、地域和种姓对人进行的划分;并据此在宗教、地域认同之上培育出现代国家认同。因此,最高法院在运用司法审查权保护基本权利的同时,其本身也并非独立于政治之外,毋宁是以独立于政治和党派纷争之外的方式来完成宪法赋予其的重要政治任务。

最后,制宪代表们出于国家建设的需要,也对最高法院司法审查权进行了必要的限制,从宪法原意来看,制宪会议仅仅赋予了最高法院在基本权利保护方面的司法审查权,而排除了其解释国家政策指导原则相关条款的权力。虽然看似突兀,但这和代表们所一致赞同的司法独立又是相契合的,既然强调法院应当独立于政治与党派纷争之外,那么,也应当确认法院不会内嵌到议会民主制之中。法院的任务在于定分止争,在于保护公民权利,而不在于对国家建设的政策、原则指手画脚,因为在印度制宪代表们看来,那是党派纷争的舞台,是权力争斗的场所。

三、印度宪法原意:一种结构解释

1950年印度宪法由22编395个条文和12份附件组成。如何在整体上理解这部宪法?或者说,这部宪法在整体上体现着怎样的精神?

宪法第一编和第二编共计11条,分别为"联邦及其领土"编(第1—4条)和"国籍"编(第5—11条)。两编内容不仅非常琐碎,而且位于宪法之首,看似很难理解,实则与当时的地缘政治相关。1947年印巴分治绝非一纸命令般简单,即便不提克什米尔的归属问题,因分治导致的旁遮普、孟加拉的边界划分问题，以及伴随着分治而必然带来的大量居民的迁移问题和各土邦的相继并入等等问题，都是当时的国大党临时政府亟须解决的问题，其中有很多问题也是宪法需要予以确认的问题，比如印度的领土包括哪些地区（第1条）？从巴基斯坦迁入的居民是否能够取得国籍（第6条）？从印度迁出的居民是否还保留印度国籍（第7条）？诸如此类看似破碎但又亟须宪法予以确认的问题只有放在印巴分治的大背景下才能得以理解。

　　第三编和第四编是宪法的核心章节。作为一部现代宪法，印度宪法在文本设计中，将公民的基本权利条款置于国家机构条款之前。这一安排看似接近"立宪主义意义上的宪法"，却被印度宪法特有的结构所打破。在制宪会议中，大多数代表均赞同对两编内容进行积极与消极权利、可诉与不可诉的区分，在这个意义上，印度宪法对公民基本权利的保护并非是立宪主义意义上的，因为立宪主义宪法会特别强调通过限制专断权力以广泛保障基本人权的国家之基本法。① 基本人权或个人的自由领域被预设为一种先于国家而存在的东西，与之相对应地，国家权力由几个机构共同分享，并被纳入一个受限定的权限系统。② 由此，"立宪主义意义上的宪法"将基本权利与权力分立确认为其主要内容，并且强调了两者的先后顺序。

　　但是印度宪法却至少在结构上与立宪主义宪法决然不同，其一方面从公民个人权利的角度确认了基本权利清单，但与此同时，却没有将国家权力放置在"应该被限制"的位置上，而是与之相反，确认了在政治、经济、社会、文化等领域积极能动的国家形象，甚至用"可诉与不可诉"的区分为国家在社会福利中应当承担的责任排除了有可能来自司法系统的障碍。另一方面，立宪主义宪法之所以强调公民个人自由优先于国家权力，是因为其认为个人先在于国家，或者说个人的自由领域先在于宪法本身。但是就整个印度制宪会议的过程，以及

---

① 林来梵：《宪法学讲义》，法律出版社2015年版，第39页。
② 卡尔·施米特：《宪法学说》，刘锋译，上海人民出版社2016年版，第179页。

国大党领导人的主要思想来看,这一假设并不存在。恰恰相反,公民的个人权利不仅不是先在于国家,而恰恰是在国大党领导下从殖民地走向独立的过程中所争取到的结果,是印度作为新生国家对所有公民的"赋予"。此外,就少数族群来说,他们不论是在殖民地时期,抑或是根据传统印度的文化习俗,皆不享有这些基本权利。因此,作为印度公民的基本权利,印度公民的个人自由领域与国家权力的关系恰恰和立宪主义宪法意义上的关系相反:并不是个人优先于国家,而是国家先在于个人。

在这个意义上,仅就 1950 年印度宪法的原意而论,其并不是一部立宪主义宪法,而是(正如宪法序言所言)一部主权的和世俗主义的现代宪法。正因为如此,宪法第五编以下对国家制度的确认尽管依然在立宪技术上使用了权力分立的形式,① 但在内涵上就不能简单地用立宪主义的含义去比附。

宪法第五至十一编依次从联邦、邦、区等层次的权力结构上规定了国家制度。仅以第五编"联邦"编为例,这一编共分为五章,依次为行政、议会、总统的立法权、联邦司法和印度总审计长。虽然在宪法条文的规定上类似于美国的权力分立体制,但实质上是在吸收包括 1935 年《印度政府法》在内的诸多殖民地时期重要法案的基础上,以成文宪法的形式在印度确立了议会民主制政体。印度宪法和美国宪法的一个关键区分在于印度总统并非民选,而是由两院议员选举产生(第 54 条),因此不论在理论上抑或是在实质上都是虚职。国家行政权集中在以总理为首的内阁中,而总理又天然地由人民院多数党领袖担任。所以,在权力分立的意义上,印度的中央体制实际上并不分权,而只有职能意义上的分殊。

如果我们将印度宪法第三、四编和关涉国家制度的第五编合在一起分析,则印度国家体制中各权力部门之间的职能分殊就更加明显。

---

① 宪法第六、七编规定邦,第八编为"联邦直统领"编,第九、十编分别规定潘查亚特和特定地区,第十一编规定联邦与邦的关系。第十二编以下,是对诸如财政、选举、语言、紧急状态、宪法修改等特殊事项的规定。

在探索建立最高法院的辩论中，制宪代表们反复强调宪法第三编中的基本权利清单只有是可诉的，才是能够得到保障的。因此，需要一家作为普通法院（而非宪法法院）的最高法院，作为所有民事和刑事案件的终审法院，并且，这家法院必须拥有解释宪法的权力，否则，宪法第三编的基本权利清单在某种意义上就只能是空谈。与此同时，明确排除最高法院对宪法第四编的解释权，则意味着将由议会以及经由议会多数党组阁形成的政府通过行使立法与行政职能的形式，来落实国家政策的指导原则。与之相配套，宪法附件七通过列表形式形成的联邦和邦两级议会详细的立法清单，几乎涵盖到社会、经济、生活领域的方方面面。

因此，在对宪法整体采取结构解释的视角下，我们必须要承认，印度宪法在本质上并非立宪主义宪法。然而，有可能是制宪会议在技术上的疏忽，或者是国大党领导人对自身代表性的高度自信，宪法本身并没有试图去弥补第三编与第四编内容之间显而易见的矛盾。现仅举一例：

印度宪法第 39 条规定，"国家尤其是其政策应致力于保障……（2）社区物质资源的所有权和管理权以最有利于公共福祉的方式进行分配"。这里不禁要问，这是否和宪法第三编中所规定的平等权（第14—19 条）相背离呢？尤其考虑到宪法第 16 条第 1 款规定"所有公民均有公职雇佣和任命的平等机会"，"以最有利于公共福祉的方式进行分配"是否意味着所有公民的机会不均等了呢？

实际上，这样的例子比比皆是。因为依据宪法第三编，对消极权利意义上的公民个人权利的强调则必然意味着对政府公权力的限制，即便不在立宪主义的意义上分析基本权利条款，当用基本权利清单的形式来确认公民反抗英国殖民者的成果之后，新的国家机器——印度政府——恰恰代替了原有的英国殖民者，成为公民基本权利的捍卫者最应当防范的对象。然而，宪法第四编又偏偏意在让这个新生国家成为积极能动且颇具社会主义色彩的现代国家。应当说，印度宪法最重要的两编对国家形象的想象存在着天然的抵牾。但遗憾的是，宪法文本仅仅通过以第 37 条豁免最高法院对宪法第四编解释的方式，并不能调和这一矛盾。在这个意义上，尽管印度制宪会议前后召开长达数年，并且在议会民主制与司法权系统之间，在公民建设与国家建设之间做出了周密的安排，但依然留下了缺口：假如拥有司法审查权的最高法院根据宪法第三编审查议会根据宪法第四编制定的法律，那将如何是好？正是这个缺口，在印度最高法院诞生的那一刻起，也意外地拉开了印度宪法近七十年变迁的序幕。

四、印度宪法的变迁：土地改革与宪法修正案的合宪性审查

如前所述，根据对印度制宪会议制定过程的描述，和对印度 1950 年宪法的结构分析，印度宪法在整体精神上并非立宪主义宪法，而是一部混合宪法。宪法包括了公民基本权利保护、司法审查，并同时预设了政府在国家经济社会建设中的积极形象。印度宪法如此安排，与印度建国伊始由国大党一党执政息息相关，作为印度全民族最具代表性的政党，国大党通过制宪会议和议会选举等方式，成功地将自己的政治纲领运作于印度这一新生国家之中。

从 1970 年中期开始，印度逐渐从一党制国家过渡为两党制国家。伴随着印度政党制度的深刻变化，印度宪法的整体精神也发生了变迁。在宪法和法律的解释层面，这一变迁，是伴随着印度最高法院对宪法修正案的合宪性审查展开的。

和经典的美国宪法第十四修正案"不经正当法律程序，不得剥夺任何人的生命、自由或财产"相比，印度宪法正当程序条款有两处重大"修正"：其一，将前款替换为"除依照法律规定程序外"，即将"正当程序之法"替换为"法律规定的程序"，从而明确拒绝将正当程序实质化，而只确认了形式正当程序；其二，印度制宪者们更是出人

意料地将"财产"移出了后款,即印度宪法中的正当程序条款仅仅保护公民的生命与自由,至于财产权,制宪者们则选择单独另立新规。于是,原本凝练的美国式正当程序表述,在印度宪法中就显得颇为臃肿。印度宪法第 21 条规定:"除依照法律规定程序外,不得剥夺任何人的生命和个人自由。"第 31 条规定:"除法律准许外,任何人之财产不得予以剥夺……"

和印度制宪者们在宪法的制定过程中有意与美国宪法的相关表述保持一定距离不同,被 1950 年宪法明确赋予司法审查权的印度最高法院却乐于学习并移植美国大法官们的司法哲学。几乎在时间上和美国沃伦法院一致,印度最高法院在 20 世纪 50 年代中期开始,逐渐开始由审慎转向能动,在一系列判决中"修正"了制宪者们的原意。就正当程序条款而言,其不仅通过辛格诉北方邦案①、瑟尼诉印度联邦案②等案件将原初宪法的形式正当程序实质化,而且在财产权问题上更是突破了其所信奉的美国式司法审查权的外延。印度最高法院在 1967 年的戈拉克·纳特案③中"激进"地宣判印度宪法修正案是法律(law)而非宪法(Constitution),故法院有权依据宪法对宪法修正案进行合宪性审查。

毋庸置疑,该案一经宣判,即在印度政治、司法和学术界引发巨大争议,其影响绵延至今。司法审查权有无外延上的限制?议会根据宪法规定的修宪程序所颁布的宪法修正案是宪法还是普通法律?与此种种相关的一系列有关印度宪法修正案的合宪性审查问题,自纳特案之后,一直是印度宪法学界的显学。④ 与印度宪法学界多选择站在司法权立场上为最高法院对宪法修正案的审查进行规范性论证的学术范式

---

① *Kharak Singh v. State of Uttar Pradesh*, 1 SCR 332 (1964).
② *Satwant Singh Sawhney v. Union of India*, 3 SCR 525 (1967).
③ *Golak Nath v. State of Punjab*, 2 SCR 762 (1967).
④ 就印度最高法院对其本国宪法修正案进行合宪性审查的学术讨论,柳建龙的著作是国内第一本专著,其中"绪论"和"第一章"有详尽的研究综述和对相关案例的梳理。柳著对基础性文献的整理工作为本章研究带来了极大便利,特此注明。参见柳建龙:《宪法修正案的合宪性审查:以印度为中心》。

不同，本章认为，如果"放宽理论的视界"，并不局限于印度本土宪法实践的语境，则印度最高法院在纳特案等标志性案件中对宪法修正案所进行的合宪性审查——这一移植并超越美国式司法审查的印度式司法审查则意外地触及了两种现代宪法秩序之间的根本张力，而这一张力绝非仅仅困扰着个别国家。在某种意义上，这一张力恐是当代大多数国家都已经面临或将要面临的宪法困境。由此，印度宪法实践中的这一"本土资源"同时也颇为吊诡地具有普遍性意蕴。本章即以纳特案等印度相关财产权宪法案件为论述核心，探讨印度宪法修正案的合宪性审查以及相应的宪法变迁问题。

（一）源起：土地改革与宪法修正案

如果说美国式司法审查模式的外延仅止步于议会制定法，那么印度最高法院则试图将宪法修正案也纳入审查范围之中。海德堡大学科瑞德（D. Conrad）教授甚至认为，在公益诉讼和宪法修正案合宪性审查两个领域，印度是重要的理论输出国。[①] 翻阅相关案例，将宪法修正案视为法律而非宪法，从而对其进行合宪性审查的一系列案件，皆围绕土地改革展开。面对绝大多数分散的小农没有足以支撑自身生存的土地这一现状，印度在独立伊始即进行了大规模土地改革。但是和新中国土地改革是依靠中央权威、在因地制宜的基础上实行全国统一的改革措施和相应的财税制度不同，印度土改则从一开始就显得"半心半意"。[②] 两国土地改革在效果上差别明显，这除去历史文化传统、国际外交等原因外，还有法律上的原因。任何土地改革都意味着打破依照旧法统所确立的人地关系，而对土地资源进行重新分配。只要宪法中规定了保护公民的财产权，只要宪法赋予最高法院解释宪法的权力，那么这就意味着最高法院可以依据财产权条款对土地改革进行合宪性审查。

与美国宪法"不得剥夺公民的生命、自由和财产"的表述不同，

---

① 柳建龙：《宪法修正案的合宪性审查：以印度为中心》，第6页。
② 林春：《再议土地改革：中国和印度的启示》，《开放时代》2016年第2期。

1950年的印度宪法对财产问题另立新规。宪法第31条规定：

> 除法律准许外，任何人之财产不得予以剥夺。
>
> 任何财产，不论为动产或不动产，包括任何工商企业中之任何利益或任何公司在任何工商企业中所持有之任何利益，不得为公共目的，根据任何准许占有去取得之法律而占有或取得之，除非该法律对于此项占有与取得之财产，规定赔偿，或确定赔偿之数量，或列举给予赔偿之原则与方法。

表面上看，该条规定似与他国保障公民财产不经合理补偿不得充公的宪法保障并无二致。但若仔细观察，却有两点重大不同。其一，宪法有意删除了"合理"一词：只要法律规定给予补偿，公民财产即可充公，不论补偿是否合理；其二，将财产权移出正当程序，实际上排除了司法机关对议会立法的审查，给予议会在财产权问题上的绝对权威。第31条与其说是保障公民的财产权，不如说是为国大党政府在宪法颁布之后着手展开土地改革打开了方便之门。

宪法颁布后，印度各邦均迅速制定了废除柴明达尔法案（Zemindary Abolition Acts）等土地改革法案。失去土地的柴明达尔地主们不甘心，纷纷向法院提起诉讼。即便制宪者们颇有先见之明地规定了极具特色的财产权条款，这些土改法案在各邦的命运却截然不同，有些邦高等法院判决地主胜诉，也有一些邦法院驳回地主的诉讼。[①]

之所以在各邦高等法院之间会有如此分歧，原因出在宪法本身。包括财产权、平等权、自由权等在内的条款，都位于宪法第三编。宪法第13条是第三编的总纲，其第2款规定，"国家不得制定任何剥夺或者克减本编赋予的权利的法律，任何违反本款规定而制定的法律，其冲突部分无效"。财产权自然隶属于"本编赋予的权利"，如果议会制定的法律不能够给予"公平与合理"的补偿，那么柴明达尔地主们

---

① 柳建龙：《宪法修正案的合宪性审查：以印度为中心》，第18页。

的财产自然会因此减少。因此，即便按照宪法第 31 条制定的议会制定法可以绕开正当程序条款，也有违反第 13 条的嫌疑，各邦法院在判决上产生分歧也就不难理解了。

为避免宪法文本产生分歧，保障土地改革顺利进行，国大党控制的议会于 1951 年颁布了宪法第一修正案，特别在宪法第 31 条之下增加第 31A 款:①

> 不论第 13 条做何规定，不得以其违反、剥夺或者克减第 14 条和第 19 条赋予的权利为由而认为任何授权下列事项的法律无效：
> (1) 国家征收土地或者其他权利或者剥夺或者调整此种权利；
> (2) 国家为公共利益或者为确保财产的妥善管理而暂时接管该财产……

当议会自认为已经以宪法修正案的方式排除了法院依据宪法第 13、14 和 19 条对土地改革的"干扰"时，失去土地的地主们仍未善罢甘休。他们认为，宪法公布在先，修正案颁布在后，第一修正案侵犯了根据宪法第 13 条本属于他们的权利，于是请求最高法院根据宪法第 13 条来判决第一修正案违宪。② 20 世纪 50 年代初面对国大党牢牢控制的议会两院和联邦政府，③ 最高法院相对弱势，在国家政策目标上与议会保持高度一致，宣判地主们败诉。但是，地主们在法庭上留下的问题却未因此消逝。

为了确保建设一个"主权的和世俗的新印度"，为了建设成计划的农业经济和土地改革的顺利进行，尼赫鲁等国大党领导人在制定宪法第一修正案时也增加了 31B 款，以附件形式确保土地改革法案等特定

---

① Granville Austin, *Working a Democratic Constitution: The Indian Experience*, Oxford University Press, 1999, pp. 69-98.
② *San Prasad v. Union of India*, SCR 89 (1952).
③ 1951 年末至 1952 年初，印度开始第一届人民院和各邦立法院选举。在人民院共计 491 个席位中，国大党获 364 席，占总席位数的 74.4%。各邦立法院共计 3283 个席位，国大党获 2248 个席位，在绝大多数邦都占据绝对多数席位。参见林承节：《独立后的印度史》，北京大学出版社 2005 年版，第 102—103 页。

法律和条例不受挑战：

> 如果其不损害第 31A 条的一般性规定，不得以附件九所列举的法律和条例及其规定与本编的规定不一致或者剥夺或者侵害任何其所赋予的权利为由而认为其无效或者使其无效，即使法院或者裁判做出相反的裁决、令状或者判决；在其为有权的立法机关所废止或修改前，其继续有效。

截至 1964 年，印度大规模的土地改革已持续十年有余。在 1964 年颁布的第十七修正案中终于增加了有利于保障公民财产权的规定，被置于 31A 款和 31B 款之间：

> 任何法律授权国家征收任何土地的，如果所征收的土地中包含了个人所有的、本人耕作的，除非按不低于市价予以补偿，否则国家对当时有效法律规定限度内的土地或者土地之上的房屋或者建筑及其附属物的征收均系违法。

然而，原初宪法以列表作为附件来特别豁免相关土地改革法案的传统依然保留，第十七修正案在此前基础上又列表增加了各邦总计四十三个土地管理法案进入附件九，其中包括《旁遮普邦土地所有权安全法》(1953)。

这部于 1964 年进入宪法附件九的、本身并没有什么特殊之处的土地法案在三年后，成了印度宪法修正案合宪性审查第一案——纳特案——的主角。

在 1951 年第一修正案的保证下，旁遮普邦于 1953 年制定了《土地所有权安全法》，其中第 5 条规定"所有居民可以保留的土地必须得到旁遮普当局的准许，超过的部分一律充公"[①]。戈拉克·纳特是殖民地

---

① http://punjabrevenue.nic.in，2015-12-13 访问。

时期旁遮普邦的部长,是拥有 500 亩地的大地主,为了应付土地法案,决定提前将土地分配给儿子、女儿及四个外孙,不过当地执法者却拒绝了这一方案,执法者只分配给纳特和其兄弟每人 30 亩地,剩下的全部充公。① 500 亩土地因为政府一纸法令即折损大半,不仅仅是印度,这恐怕是"二战"后大多数新兴国家中土地改革的共同历史,纳特不过是历史的沧海一粟。在 1953 年,尽管纳特家族也做出了努力,但根本抵挡不住土改的洪流。然而,事态却随纳特 1962 年去世而意外地发生转机,1963 年另一位执法者推翻了 1953 年的执法,给纳特的每一位继承者都分配了 30 亩土地。但是 1965 年第三位执法者却又推翻了 1963 年的执法,判定 500 亩土地中有 418 亩需要征收,纳特的子女只能得到剩余的 82 亩土地。

无疑,相较于 1963 年决定,纳特子女可得土地又因此减少;再相较于 20 世纪 50 年代的最高法院,此时的印度司法机关已经逐渐坐大,并开始自觉地以宪法第三编为武器,积极地捍卫公民权利以对抗议会制定法。在此大背景下,纳特的子女们决定把家族土地的分配权问题上诉至印度最高法院。因为 1964 年颁布的第十七修正案恰好将《旁遮普邦土地所有权安全法》作为特别豁免法律写进了宪法附件九,所以纳特案的起诉状之一就是申请最高法院依据宪法第 13、14 和 19 条审查第十七修正案。

对于希望对抗议会主权的印度最高法院来说,这是一个难得的契机。② 可是,要将议会依据宪法本身规定的修宪程序行使修宪权而制定的宪法修正案视为普通法律,不论如何都是学理上的难题,不过作为一位深具法学修养的大法官,时任首席大法官苏巴·拉奥(S. Rao)创

---

① 柳建龙:《宪法修正案的合宪性审查:以印度为中心》,第 22 页;Granville Austin, *Working a Democratic Constitution: The Indian Experience*, p. 169。

② 奥斯丁在其当代印度宪法史著作中将 1967 年至 1973 年定义为"伟大的宪法对峙时期:司法权对抗议会主权",参见 Granville Austin, *Working a Democratic Constitution: The Indian Experience*。另,就宪法修正案的合宪性审查问题,在此之前主要有普拉萨德案(*Sankari Prasad*,1952 年)和辛格案(*Sajjan Singh*,1964 年),两案中最高法院均放弃对宪法修正案进行合宪性审查。参见柳建龙:《宪法修正案的合宪性审查:以印度为中心》,第 18—21 页。

造性地将问题聚焦在修宪程序本身，即宪法第 368 条：

   本宪法之修正，必须在国会任何一院中提出法案。如该法案在每院中以议员总数之过半数出席与投票之议员 2/3 以上多数通过时，该法案应送请总统同意；经总统同意后，宪法即依该法案之内容修正。

  在苏巴·拉奥看来，宪法第 368 条仅仅规定了制定修正案的程序，其既没有规定行使修宪权的机关及其修宪范围，也没有规定修宪权的性质。由于修宪程序的发起、投票和表决都系于议会，那么考察宪法关于立法权的分配（第 245—255 条，尤其是 245、246 和 248 条，以及附件七立法清单）就是逻辑上探索议会修宪权范围的必然。在他看来，正是以下两点理由，决定了宪法修正案并不是宪法而仅仅是法律。

  其一，纵览附件七的三个立法清单，由于以肯定性列表形式的三个清单均没有规定议会能够制定为了社会之福祉而减损公民基本权利方面的法律，那么议会立法权的外延自然就将其排除在外。当然，制宪会议确实赋予了议会制定宪法修正案的权力。但是，如果承认修宪也是立法行为，议会对宪法进行修改也要受到宪法附件七中三分立法清单的限制。由于宪法第十七修正案将《旁遮普邦土地所有权安全法》增加进附件九并因此减损了当事人的基本权利，所以议会的这一立法行为超出了宪法赋予其权力之外延，应当判为无效。①

  其二，苏巴·拉奥进一步追问，最高法院是否可以因为宪法第十七修正案超越了议会权力范围而判定其无效呢？这就涉及对宪法修正案进行合宪性审查的关键问题——宪法修正案的性质问题。宪法第 368 条规定的修宪程序本身就是苏巴·拉奥法律论证的关键了。经过对比观察，修宪程序和制定、修改普通法律的程序并无二致。作为合理推断，只能认为在制宪会议看来，宪法修正案和议会制定法一样，都属

---

  ① *Golak Nath v. State of Punjab*, 2 SCR 762 (1967).

于法律，否则就不会适用同样的程序了。似乎只有这样解读，才符合宪法文本的含义。①

在法律推理上，苏巴·拉奥确实能够自圆其说，其论证的逻辑是以宪法第245条和附件七明确的议会立法权范围来吸纳宪法第368条，以宪法确认的议会立法权的外延来决定议会修宪的外延，从而否认减损公民基本权利的修正案的合宪性基础；并且进一步通过比照修宪程序与立法程序来确认修正案仅仅是法律而非宪法，最高法院有权对其进行审查。

毋庸置疑，此案一出，举国哗然。1964年尼赫鲁去世，其女儿英迪拉·甘地执政。在经历长达十五年的连续执政之后，相较于20世纪50年代，国大党已经相对式微，虽然仍然控制着议会两院，但已经摇摇欲坠。② 对于英迪拉·甘地来说，这是一起不能接受的判决。如果最高法院连宪法修正案都要进行审查，这就意味着其可以审查任何议会立法。

作为尼赫鲁政策的坚定执行者和继承人，英迪拉·甘地的治国方略中有着较为浓厚的社会主义色彩。③ 她集中国家力量积极推进国家工业化和农业经济化，运用国家力量来实现旧社会不同种姓、种族、教派等在新社会的实质平等。这些国大党领导人确立的建国方略，也决定了其政策立法必然会在保障一部分公民基本权利的同时减损另一部分公民的基本权利——贯穿对宪法修正案进行合宪性审查始终的土地改革问题就是证明。如果最高法院仅止步于审查议会制定法，那么议会仍然可以依据宪法修正案的形式来废止最高法院的判决，保证其政策能够得到贯彻实施。④ 但如果最高法院认为宪法修正案仅仅是法律，

---

① *Golak Nath v. State of Punjab*, 2 SCR 762 (1967).
② 1967年选举是尼赫鲁去世后印度的第一次大选，国大党虽然继续处于领先地位，但相对前几次大选，可谓是遭遇重大挫折。在人民院仅获283个席位，仅占总席位数的54.6%，比1962年大选降低近20%，离失去绝对多数地位仅一步之遥。在各邦立法院选举中，国大党仅在七个邦获得多数席位。参见林承节：《独立后的印度史》，第297—298页。
③ Granville Austin, *Working a Democratic Constitution: The Indian Experience*, p.176.
④ 事实上也是如此，印度宪法除了冗长外，另一个特点就是修改频繁。截至2012年已经修改98次，平均每年约修改1.5次，而且每次修改不限于某一个条文。以正文中出现的第一和第十七修正案为例，这两个修正案均涉及对宪法其他条文的修改。另外，在20世纪六七十年代议会经常以宪法修正案的形式宣布最高法院的一些判例无效。

那么就突破了英迪拉·甘地、国大党及其支持者们的底线了。

当由单一政党控制的议会两院无法接受某一判决的时候，很显然，就宪法修正案的合宪性审查来说，纳特案绝不是终点。

（二）争议：宪法基本结构标准的提出

纳特案之后，国大党本想迅速做出回应，议员派（N. Pai）甚至提出了新的宪法修正案，但因恐于在议会席位不够而暂时作罢。[①] 最高法院却不依不饶，随之又在拉奥诉印度联邦案（*Madhav Rao Scinida v. Union of India*，又称 Privy Purse Case）中主张最高法院可以审查原本由议会独享的预算权。[②] 议会在"忍无可忍"的情形下，从1971年到1972年先后通过宪法第二十四、二十五和二十六三个修正案，直指纳特案。

第二十四修正案在"目的和原因陈述"（statement of objects and reasons）[③] 中就直接表明：

> 最高法院在广为人知的纳特案中，以微弱多数推翻了最高法院之先例，否定了之前认为宪法修正案可以对宪法任何条款进行修正的判决，而主张宪法修正案不可更改宪法第三编所保障的基本权利。为了特别清楚地表达议会拥有对包括宪法第三编在内的所有宪法条文都有修正的权力，特制定宪法第二十四修正案。

根据苏巴·拉奥判决的突破口——规定修宪程序的第368条——第二十四修正案特别地更新了修宪程序：

> 1. 不论本宪法有何其他规定，议会得根据本条规定的程序行

[①] 柳建龙：《宪法修正案的合宪性审查：以印度为中心》，第23页。
[②] 同上书，第25页。
[③] 不同于美国宪法修正案，印度宪法修正案除了修正的具体条文之外，还有对此次修正案"目的和原因"的陈述。

使修宪权，以添附、修改或者废除的方式对本宪法的规定进行修正。

2. 宪法第13条的规定不适用于本条所指的修正案。

宪法第13条是宪法基本权利编的总纲，旨在确保任何违背基本权利的法律无效，第24修正案用豁免的方式指向苏巴·拉奥基本权利至上的宪法论证，无异于是用宪法修正案来废除最高法院判例。但是，既然最高法院已经为基本权利条款而在纳特案中对宪法修正案动刀，如果最高法院选择坚持自身的宪法解释立场，那么迎接印度宪法的无疑将是一场宪制危机：

立法权（以及包括行政权）和司法权狭路相逢于宪法修正案的合宪性审查中。如果宪法修正案是宪法，议会就可凭借修正案废除最高法院的判决，在根本上掌握宪法最终解释权；如果宪法修正案仅是法律，最高法院就可以依据宪法审查包括修正案在内的任何议会立法，在根本意义上最高法院就是宪法的唯一解释机关。

颇为吊诡的是，最高法院一方面是这场宪制争议的一方，另一方面也是这场宪制危机的裁判者。① 1973年，帕拉蒂诉喀拉拉邦案②上诉到了最高法院。

相较于之前的土地财产案件，本案在案情上几无任何特殊之处：根据喀拉拉邦土地改革法案，帕拉蒂的土地被征收。但该案与此前的任何相关案件又颇为不同，因为其发生在纳特案和宪法第二十四修正案颁布之后。无疑，根据纳特案，帕拉蒂胜诉；但是根据第二十四修正案，帕拉蒂则败诉无疑。所以，在这起诉状中，最高法院是否在本

---

① 《联邦党人文集》第10篇中写道，"没有人被容许担任自己的法官，因为他的利益必然会使他的判断带上偏见，必然会使他的人格遭到腐蚀"。印度最高法院保障公民权利、审查议会制定法的行为是在解释宪法中议会的权力，但是质疑宪法修正案的合宪性就是在解释自己的权力了。当最高法院在一个涉及自身的案件中做法官的时候，它没有意识到，自己已经败坏了自然正义的原则。参见赵晓力：《美国宪政——起源与原理》，载高鸿钧、程汉大主编：《英美法原论》上册，北京大学出版社2013年版，第445页。

② *Kesavananda Bharati v. State of Kerala*, 4 SCC 225 (1973).

案中对宪法第二十四修正案进行合宪性审查就是重点所在了。

对于最高法院来说，帕拉蒂个人的土地财产权似乎已经是次要法律问题了，就印度宪制来说，这其实是一场司法至上还是议会民主至上的宪法案件——一场名副其实的宪法案件。时过境迁，苏巴·拉奥等激进派大法官都因年龄问题退休，这一次，最高法院选择了妥协，但却是有限度的妥协。

除了首席大法官斯珂利（S. Sikri）亲自撰写的法院多数意见外，还有5份协同意见，案件判决书总共长达502页。尽管大法官们众说纷纭，甚至有4位大法官最终拒绝在判决书中签字，但6份判决书都汇集至核心问题：如何扬弃纳特案。

先说"弃"，即纳特案必须被推翻，且不说来自议会的压力，纳特案本身就是以微弱多数通过的，可见司法机关内部和印度宪法学界对纳特案都颇有微词。纳特案的异议意见针对苏巴·拉奥通过比较修宪程序与立法程序之异同来含混修宪行为与立法行为的论证逻辑，强调必须区分立法行为和修宪行为，即便二者都适用同样的程序，也因为宪法与普通法律之间根本性质的不同而不可等同和混淆。在异议意见看来，宪法第245条仅仅规定了议会制定、修改、废除普通法律的权力，其本身并不能成为宪法第368条的外在限制。议会根据宪法第368条规定的程序修改宪法，其权力来源并非宪法第245条的授权，而是来自人民的授权；即议会在享有宪法规定的立法权的同时，还享有来自人民授权的修宪的权力，两者不可等同。那么，宪法修正案自然是宪法而非普通法律，最高法院只能适用，不能审查。

但是，苏巴·拉奥在纳特案中所自觉确立的最高法院应当以保护公民基本权利为目的的主旨却又是帕拉蒂案中各位大法官所不愿意放弃的。大法官们非常钦佩纳特案认为"基本权利在我们的宪法中乃是居于先验的位置，以至于超出议会权限之外"的宏愿。如何在推翻其判决的同时，尽量保留法院在基本权利问题上的基本立场？和1967年在职的大法官们一样，斯珂利等十三位最高法院大法官们在帕拉蒂案中也充分展示了他们的司法智慧,这就是对纳特案的"扬"。

斯珂利诉诸宪法序言。在其看来,宪法序言共有六个自然段,除去第一段涉及将印度建成一个"主权的、社会主义的、世俗的民主共和国"这一国家宣示,而最后一段写明宪法颁布的日期外,中间的主体段落则庄严地写下了保障其公民享有"社会、经济及政治的权力;思想、表达、信仰、信教及崇拜的自由;地位和机会的平等;以及增进所有人之间的确保个人尊严与博爱"。如果说宪法序言第一自然段是国家宣示,那么第二到第五自然段就是崭新的印度对全体公民的庄严宣示。斯珂利认为,这一宣示是制宪权意义上的根本宣示,其表明了公民的基本权利不能被废弃,所以,尽管宪法第二十四修正案排除了纳特案的不当干扰,但是宪法序言构成了对议会修宪权的内在限制,包括宪法修正案在内的宪法各个条文都应当统合在宪法序言之下,这是宪法的基本结构标准(basic structure doctrine)。

不同于首席大法官主要诉诸宪法序言,希拉特(J. Shelat)和格罗弗(N. Grover)两位大法官则更具体地指出了宪法的基本结构标准问题,在其看来,就是宪法第三编和宪法第四编的关系问题。

紧接着宪法第三编"基本权利"的是第四编"国家政策的指导原则"。和最高法院着重于解释"基本权利"编之不同,这一编乃是有意地排除最高法院对之进行解释,而让其成为议会的自留地。

与之前各位大法官过分注重解释宪法第三编不同,希拉特和格罗弗两位大法官则给予了宪法第四编——尽管第四编有意排除了法院(第37条)——以充分关注。在其看来,在印度宪法序言的统合下,让(有着天然抵牾的)"基本权利"和"国家政策的指导原则"两编达致平衡与和谐(balance and harmony),就是印度宪法的"基本结构标准"。

尽管大法官们对何谓宪法基本结构标准的理解有所不同,但其共同诉诸此概念,均认为尽管法院承认宪法第二十四修正案的有效性,议会根据宪法第368条的规定制定宪法修正案不受宪法第三编的限制,但是议会行使的修宪权这一权力本身有着内在限制,即必须符合宪法的基本结构标准。换句话说，尽管在帕拉蒂案中最高法院推翻了纳特案，认为宪法修正案是宪法而非法律，但是最高法院依然可以运用宪法的基本结构标准对修正案进行合宪性审查。亦即，宪法第二十四修正案并非因为其是修正案而因此天然地合宪，而是因为其并不违反宪法的基本结构标准所以才合宪。①

应当说，这是一次艰难的妥协。

在希拉特和格罗弗两位大法官将宪法第四编引入案件分析之后，印度最高法院的艰难与坚持也变得格外明朗。当宪法第四编成为议会自留地，规定国家（议会）"应通过尽可能有效地实现和保障社会、经济和政治上公正的社会秩序从而致力于促进人民之福祉"时，自印度建国以来的一系列土地改革问题也就清晰了。即议会完全可以申辩，说其进行土地改革、没收地主土地有宪法上的保证。议会甚至可以反驳最高法院的诸判例，指出最高法院依据宪法第三编的规定废止议会制定法这一做法本身就违背了宪法第 37 条。

所以，在这个意义上，希拉特和格罗弗两位大法官的协同意见诉诸宪法第三编和第四编之间的平衡与和谐，一方面是对前任大法官过于激进的宪法解释（因此议会无法接受）的修正；但另一方面，也是通过这种相对平和、因此议会也更有可能接受的方式，最终在国家政策之根本原则中嵌入"基本权利"的楔子。判决书是中性的，但含义是明确的，我们可以将之转述为：的确，法院遵照宪法第 37 条的规定不解释、不实施治理国家的根本原则，但是议会履行国家根本原则制定政策时必须要考虑到国家利益与个人权利之间的平衡，否则最高法院保留必要的判决包括宪法修正案在内的议会立法违宪的权力。

进一步地，在宪法第 37 条的表述下，治理国家之根本原则仅仅指宪法第 38 条，但是经过希拉特和格罗弗两位大法官的解释，国家之根本原则就悄无声息地转化成宪法第三编与第四编之间的平衡与和谐，

---

① 在该案中，第二十六修正案就因为措辞过于刚性而被判违宪。所以，尽管帕拉蒂案推翻了纳特案，却依然对宪法修正案进行了合宪性审查。参见 *Kesavananda Bharati v. State of Kerala*, 4 SCC 225 (1973)。

而印度最高法院也只有在此基础上才能将宪法第四编也纳入其中，拥有解释宪法全文的权力。

尽管建国七十余年来，印度宪法修订频繁，但是笔者认为，"宪法基本结构标准"的提出和进一步的完善，以及由此而来的在印度议会和最高法院之间，重组印度宪法第三和第四编之间的关系问题，才是隐含在印度宪法发展背后的最大的宪法变迁。

如果以对印度宪法影响最为深刻的英国和美国宪法作为参照系，那么，在纳特案、帕拉蒂案等案件中凸显的印度议会与最高法院的宪法解释学之争，则彰显了印度宪法实践中真正的问题所在：宪法解释权与司法审查权的分离。

既不同于美国宪法，也不同于英国宪法，就印度宪法实施而言，尽管宪法文本明文规定最高法院享有司法审查权，但是司法审查权并不等同于宪法解释权。在某种意义上，印度议会频繁通过宪法修正案就是其行使宪法解释权的方式，遑论议会确实通过宪法修正案废止了一些最高法院的宪法判决。在议会看来，最高法院的确具有司法审查权，但最高法院只能够适用经议会解释的宪法来行使司法审查权。但是，对于最高法院来说，既然宪法明文保证了司法审查权，法院行使司法审查权本身就是在行使宪法解释权。尽管印度大法官们特别期望建成有美式特色的印度最高法院，但美国最高法院行使其司法审查权的根本前提恰恰是印度宪法实践中最根本的问题之一。虽然美国宪法并未明言最高法院具有司法审查权，但是美国最高法院的司法审查权却在事实中形成，美国最高法院也成为宪法解释的权威机关；但是在印度，虽然宪法明文规定了最高法院具有司法审查权，印度最高法院却并不因此就成为宪法解释的权威机关，印度议会经常以修正案的方式解释宪法。宪法解释权与司法审查权的分离自20世纪60年代以来在印度就已发生，延续至今。

（三）落实：宪法基本结构标准的完善

如果说印度最高法院在帕拉蒂案中所提出的"宪法基本结构标准"

是法院系统就宪法修正案的合宪性审查问题所提出的解决方案，那么这一方案能否得到议会两院，以至于印度人民的认可则依然有赖于进一步的论辩，至少首先需要等待英迪拉·甘地政府的回应。

相较于尼赫鲁时代，国大党在 1967 年大选中的境况几乎可以用"惨败"来形容，大选后国大党又分裂为执政派和组织派，但是在 1971 年大选中，英迪拉·甘地领导的国大党（执政派）却大获全胜，在人民院总共 518 个席位中夺得 352 个席位。① 尽管在帕拉蒂案中，最高法院已对自己在纳特案中的强硬立场做出了自我修正，但握有人民院绝对多数席位的国大党（执政派）政府却并不买账。不同于美国宪法大法官终身任职的安排，印度宪法第 124 条规定了大法官 65 岁退休制度。帕拉蒂案判决后不久，首席大法官即宣告退休，英迪拉·甘地政府却没有按照惯例任命排名第二的大法官继任首席，而是选择让在多数案件中都亲议会的雷伊（A. N. Ray）大法官继任首席，这导致排名靠前的两位大法官愤而辞职。随后不久，又有两名大法官因年龄而退休，这使得康纳（H. R. Khanna）大法官成为唯一在任的持"基本结构标准"的大法官。② 英迪拉·甘地政府本以为可以凭借提名多位大法官的契机来一举瓦解对政府充满"敌意"的最高法院，却因为一起意外事件而愿望落空。宪法修正案合宪性审查这一极其开放，也注定会在议会与最高法院之间周旋多个回合的宪法困境，也因为这一意外事件而加速了其在印度的解决进程。这一意外事件就是 1975 年的英迪拉·甘地诉纳拉因案③。

虽然 1971 年大选国大党（执政派）以压倒性优势获胜，但其领导人英迪拉·甘地却有舞弊嫌疑。和英迪拉·甘地同为北方邦候选人的纳拉因（R. Narain）认为她在选举中有违法行为，故向法院起诉。1975 年 6 月 12 日阿拉哈巴德高等法院判决纳拉因胜诉，取消英迪拉·甘地议员资格，并六年内不得担任任何选举的职务。这一判决对原本

---

① 林承节：《独立后的印度史》，第 343 页。
② 杜强强：《论宪法修改程序》，中国人民大学出版社 2008 年版，第 175 页。
③ *Indira Gandhi v. Raj Narain*, AIR SC 2299 (1975).

谋求参加 1976 年大选的英迪拉·甘地及国大党（执政派）来说无异于晴天霹雳，英迪拉·甘地立即向最高法院上诉。与此同时，国大党议会则开始迅速炮制新的宪法修正案，当年 8 月 10 日通过的宪法第三十九修正案的"目的和原因陈述"中明确提及：

> 总统、副总统、总理和人民院议长都是国家的高级官员。总统在其任期内所行使的权力并不需要对法院负责。关于其选举问题就更加不应该交由法院而应该交由其他的论坛（forum）。同样的道理同样适用于在任的副总统、总理和人民院议长。有关总统和副总统选举上的争议应当交由根据议会法所确定的论坛来决定。相应地，总理和人民院议长关于选举上的问题也应当照此规定。并且，根据现行法律所进行的有关（上诉高级官员的选举）待决诉讼是无效的。本修正案授权议会将创建新的论坛来处理高级官员的选举问题。并且任何法院不得对上诉论坛所处理问题提出质疑。

为此，第三十九修正案一方面在宪法第 329 条之后增加 329A 条，另一方面将 1974、1975 两次修订后的《人民选举法》放入宪法附件九。宪法附件九中所列法案旨在排除宪法第 31 条第一款的影响，"除非法定立法机关予以撤销或修改，（附件九）中的法案都继续有效，即使法庭做出相反的判决或命令"。

新增的宪法第 329A 条第 4 款和第 5 款规定：

> 在宪法第三十九修正案颁布之前，在选举请愿及相关事务中，涉及本条第 1 款相关人物（即总统、副总统、总理和人民院议长）的选举视为有效。即使根据第三十九修正案颁布之前的法律，或任何法院判决上诉选举行为无效，该选举在所有方面及任何地方仍继续有效。相反，之前宣布选举无效的法律和法院判决自始

无效。

　　针对任何法院的此类任何命令（即选举判决）的上诉，在宪法第三十九修正案颁布之后，最高法院应当按照上述第4款审判。

　　和第二十四修正案类似，第三十九修正案依然是议会利用宪法赋予的修宪权直接"宣判"法院的某判决无效。英迪拉·甘地已经上诉，那么该案就属于修正案所说的"待决诉讼"，最高法院就应当根据新增的第329A条来宣布阿拉哈巴德邦高等法院的判决无效。毋庸置疑，面对英迪拉·甘地案，最高法院是否坚守自身在纳特案和帕拉蒂案中的立场，对第三十九修正案，尤其是对新增的宪法第329A条进行合宪性审查，就是本案的关键所在了。

　　因为多名持"宪法基本结构标准"的大法官在帕拉蒂案之后或辞职或退休，都已经离开了最高法院，以雷伊为首的五位在任大法官在案件开始便进一步对最高法院的"司法审查权"做出了自我修正。

　　"根据法律，'司法审查权'在很多方面都可以被排除。"① 尽管也可以由法院创设特别法庭（tribunal），但根据宪法第三十九修正案，由议会创设特别的论坛来处理选举中的争议是合法的，毕竟"由司法审查来处理选举争议并非是强迫的"。② 并且，雷伊法院也承认，"议会在宪法之下享有立法权，法院可以通过司法审查权判决议会立法违宪，但是根据帕拉蒂案，议会可以通过宪法赋予的修宪权来宣布法院的判决违宪"③。行文至此，似乎英迪拉·甘地离胜诉只待最后宣判，但法院却话锋一转，讨论起法治原则和权力分立来。

　　根据法治的一般原则，议会即便有权创立特别的论坛来专门处理选举争议，但是该论坛处理选举争议的依据却必须是法律。根据新增的第329A条第4款，不仅原有的法律，而且其他法律都不能够适用在选举争议中，实际上，赋予1971年选举合法性的条文仅仅是宪法第三

---

① *Indira Gandhi v. Raj Narain*, AIR SC 2299 (1975).
② 同上。
③ 同上。

十九修正案本身。法院意见认为,议会甚至可以通过修改 1951 年《人民代表法》相关条文来溯及既往地否定掉阿拉哈巴德邦高等法院的原判决,但是,仅仅以修正案(即新增的宪法第 329A 条第 4 款)的形式来决定选举是否合法则是对法治原则的违背。① 尽管法院并没有言明,但仔细分析 1967 年纳特案和 1973 年帕拉蒂案则不难发现,雷伊法院对法治原则的声明正是用议会的逻辑来反对议会。法院先在纳特案中宣判"修正案并非宪法,而是法律",后招致议会的强烈反弹,转而在帕拉蒂案中承认议会根据宪法享有的修宪权不同于立法权。显然,既然议会主张修宪权不同于立法权,那么,法院也可以因此强调"宪法修正案是宪法而不是法律"。一方面,法治原则虽然支持不论是由议会创设特别论坛,抑或是由法院组建特别法庭皆可处理选举争议;但另一方面,处理这一争议的依据则必须是"法律"(而非"宪法修正案")。在这个意义上,雷伊法院的判决意见的确在遵守帕拉蒂案先例的同时,对宪法第 329A 条做出了实质性审查。

但若仅仅诉诸法治原则,国大党(执政派)把持的议会则完全可以申辩,包括修正案在内的宪法才是处理选举争议的最高依据。法院可能充分预计到了这一显然的反驳意见,故在诉诸法治原则之外,还诉诸分权原则。

法院认为,"尽管美国的权力分立原则与我国不同,但是必须要讨论我国宪法是否在一种宽泛意义上依然适用权力分立原则"②。"根据宪法,政府主要行使三项职责。国家的司法权被赋予了司法机关,相似地,行政权和立法权也被赋予了相应机关……(宪法)从来没有提及行政和立法分枝能够分享司法权……"③ 在法院对印度分权原则的阐释下,试图将选举纠纷的裁判权完全归议会独享的宪法第三十九修正案(尤其是宪法第 329A 条第 4 款)违背了分权原则。与此同时,法院更是在宪法和修宪权之上诉诸制宪权(constituent power)概念。法院承

---

① *Indira Gandhi v. Raj Narain*, AIR SC 2299 (1975).
② 同上。
③ 同上。

认根据宪法，印度议会完全继承了英治时期议会的诸项特权、权力和豁免权。但是，议会仅仅享有立法权，而非制宪权。① 立法、行政和司法权力皆来自宪法，但是宪法却源自制宪权。既然由制宪大会颁布的宪法在职能意义上将立法、行政和司法三大职能赋予了三大机关且拒绝议会、政府和法院在职能上混同，那么尽管议会行使修宪权颁布了第三十九修正案，但这一修正案本身并不能违背宪法在权力分立意义上的根本规定。据此，法院最终判决第329A条第4款违宪。②

如果说印度最高法院在帕拉蒂案中初次提出"宪法基本结构标准"理论时，在理论界和实务界皆引发巨大争议的话，那么其在英迪拉·甘地案中对该理论的捍卫则获得了普遍支持。其中有代表性的要数著名宪法学家希瓦（M. Seervai）对两个案件截然相反的评论。纳特案和帕拉蒂案宣判时，希瓦对最高法院持强烈的批判立场，甚至认为"该理论的提出实无必要"；但在英迪拉·甘地案之后，希瓦则转而支持"宪法基本结构标准"理论。③ 以希瓦为代表的一代印度学者的理论转向，标志着"宪法基本结构标准"理论经由此案转变为印度宪法学界的主流理论。英迪拉·甘地领导的国大党（执政派）在两年后的大选中沦为在野党，由人民党、国大党（组织派）等党派联合组阁的新一届议会在1978年迅速颁布宪法第四十四修正案，彻底废止了第三十九修正案和国家的"紧急状态"，④ 也可视为议会本身对法院判决的承认。

就印度宪法修正案的合宪性审查问题而言，如果比较普拉萨德案、

---

① 印度制宪会议的官方名称是Constituent Assembly，法院意见特地选用了同一个词。
② 英迪拉·甘地总理在向最高法院上诉的同时，旋即宣告印度进入"紧急状态"，大肆逮捕异议人士，驱逐异议议员，印度国内政治氛围颇为紧张。英迪拉·甘地案是印度最高法院在极紧张的政治氛围中做出的判决。就本案结果来说，印度最高法院一方面恪守帕拉蒂案先例，坚持捍卫"宪法基本结构标准"理论，但也做出了必要的妥协。在宣判第329A条第4款违宪的同时，也强调"法不溯及既往"，承认英迪拉·甘地在1971年大选中有效胜选。
③ 杜强强：《论宪法修改程序》，第177页。
④ 印度宪法第四十四修正案"原因与目的陈述"部分第一句即阐明"最近的经验表明，宪法赋予公民的基本权利，包括生命权和自由权，有可能被短暂的多数剥夺了"，并在正文第35和36条宣布撤销宪法第329A条第4款，宣布第三十九修正案对宪法第329条的修正无效。

纳特案、帕拉蒂案和英迪拉·甘地案,我们会发现英迪拉·甘地案与前三个案件有本质区别。前三个案件都涉及印度土地改革,如果说印度议会通过区分修宪权与立法权的方式来为国家政策纲领的延续和深入保驾护航可以有理论上的支撑的话,那么英迪拉·甘地案则表明议会也有可能走向自身的对立面。根据1950年印度宪法,印度在从美国移植拥有司法审查权的法院的同时,也继承了源自英国的议会民主制政体。就议会民主制政体而言,由多数政党组阁主持议会和政府,其背后的理据在于人民的选举。与此同时,议员作为人民选举的代表享有"诸项特权、权力和豁免权"的一个不言自明的前提乃是该选举必须是公平、公正和公开的。因此,如果说在前三个案件中印度议会都可以申辩其是在代表人民进行修宪或立法的话,那么在英迪拉·甘地案中议会颁布宪法第三十九修正案则彻底背离了上述前提,第三十九修正案的颁布完全证明,议会在极其特殊的情况下也可以背离人民的意志,而沦为政党政治的工具。在这个意义上,印度宪法学界在英迪拉·甘地案之后所选择的理论转向也就不难理解了。也正是因为在议会民主制的日常政治实践中,极难出现议会"赤裸裸"地以颁布宪法修正案的方式来维护执政党的私利(因此违背了人民的意志)的情况,因此,笔者认为,正是这一"意外事件"改变了最高法院对宪法修正案进行合宪性审查的权力在印度宪法实践中的命运。如果说在英迪拉·甘地案之前,讨论的焦点是要不要有"宪法基本结构标准"理论,那么在该案之后,如何完善该理论就是讨论的方向了。

在英迪拉·甘地案中,印度最高法院面对国家"紧急状态"的紧张政治氛围,在做出有限度妥协的同时,却依然选择坚持恪守帕拉蒂案先例。印度最高法院一方面绕开"反多数难题"之诘问,尊重了议会制政体,另一方面也通过诉诸制宪权、法治等概念,重新解释了印度宪法中的"分权"。正是通过对"分权"的新理解,印度最高法院一方面为"宪法基本结构标准"理论注入了新的解释空间,另一方面也意外地展示了印度这一"本土资源"背后的普遍性意蕴。

（四）反思：在宪法中重新发现政体

在英迪拉·甘地案中，雷伊法院在肯定印度宪法中存在一种宽泛意义上的分权时也认为，"美国严格的分权原则不适用于印度"。虽然法院意见并没有言明，也无须在判决书中就印度与美国分权制的不同进行学理上的探讨，但是判决书落笔之处，恰能成为学理反思开始之时。

美国是典型的三权分立国家。其不仅在宪法的文字表述上将合众国的立法权、行政权和司法权分别授予议会、总统和联邦最高法院，而且和实行非分权制的经典英国威斯敏斯特式民主相比，分别以英美为代表的两种现代宪法秩序之间尚有一根本差异，即和在英国只要赢得一次选举即可由下院多数党领袖组阁并获取国家立法和行政权不同，在美国，"立法、行政、司法的权力都来自分别授权"[①]。

"（联邦制下）联邦和邦两重政府，两重政府的各个分支，都只能获得部分人民在特定时间的授权，而没有哪个部门可以宣称它获得了全体人民在所有时间的授权……在1787宪法中，没有哪个选民团体能够号称他们选出的机关是最高的，因此他们就是最终的主权者。因此除了批准宪法这一主权过程，在任何常规选举中都不会出现一个掌握主权的人民。"[②]

在麦迪逊看来，立法、行政和司法分别授权的用意，就是防止让同一种激情或利益支配所有的政府分支。[③] 美国的权力分立和麦迪逊的代表制的原理是一致的，即美国人民通过不同的选举分别将国家的立法和行政权力授予议会和总统，而"在任何常规选举中都不会出现一个掌握主权的人民"，即在美国式宪法秩序的安排下，国家主权在权力分立的意义上一分为三。与此相一致，美国最高法院的司法审查权也须在权力分立的意义上理解。

---

① 赵晓力：《美国宪政——起源与原理》，第432页。
② 同上书，第433页。
③ 同上。

对司法审查权的最早论证并不聚焦于日后反复争辩的"反多数主义"难题。在《联邦论》第78篇，汉密尔顿着力考察"议员与选民意志的分离问题"。① 法院之所以要有宪法解释权，就在于防止议员背离人民的意志。法院乃是议员与选民的调解机构；法院的宪法解释权在最终意义上是为了维护人民主权。议会获得的只是特定选民在特定时间的授权，不是全部选民在全部时间的授权。将宪法解释权只授予司法权，不仅仅是因为"三权之中，司法最弱"，还因为法官因终身任职而具有更强的坚定性和专业性。

与美国宪法秩序的权力分立不同，英国威斯敏斯特式宪法秩序则明确拒斥分权。白哲特（Walter Bagehot）在《英国宪制》中提出如果要理解英国宪制，关键在于理解英国体制中的尊荣和效率两部分。其中英国政治效率的秘密在于立法权和行政权的紧密结合。② 下议院多数党领袖自然成为首相，首相在作为内阁首脑的同时，也是下议院的议员。由于内阁对首相负责，而首相又是下议院多数党领袖，这样在事实上内阁就不仅仅是行政机关，其同时还相当于下议院的立法委员会。既然印度明确继承了英国议会民主制，雷伊法院在英迪拉·甘地案中宣称的"美国严格的分权原则不适用于印度"就容易理解了，那其为何又同时认为，印度也不同于英国，而存在一种宽泛意义上的分权呢？

与英国不同，印度是成文宪法国家。印度宪法作为世界上最长的宪法，在第五编以下事无巨细地以肯定性列表的形式规定了各级国家机关的职权。仅以联邦层面为例，尽管在实际运行中由下院多数党领袖组阁，以实现"立法与行政权的紧密结合"，但是在宪法第五编"联邦"的表述上，却使用分权式的表述方式。"联邦"编共五章，依次为行政、议会、总统的立法权、联邦司法和印度总审计长。雷伊法院在英迪拉·甘地案中旨在维护"宪法基本结构标准"而提出的宽泛意义上的分权理据正在于此。在雷伊法院看来，宪法第三十九修正案新增

---

① 汉密尔顿等：《联邦论》，尹宣译，译林出版社2010年版，第536—537页。
② 白哲特：《英国宪制》，李国庆译，北京大学出版社2006年版，第3页。

的第 329A 条第 4 款之所以违宪，是因为议会通过该条款褫夺了应该由法院系统来行使的职能，但宪法"从来没有提及行政和立法分枝能够分享司法权"。但和美国权力分立意义上的分权不同，此处的行政、立法和司法分权仅仅是职能意义上的分权。与美国人民通过不同的选举分别将国家的立法和行政权力授予议会和总统不同，作为议会民主制国家，印度人民即通过一次性选举明确将权力授予某一届议会。和麦迪逊所称的"在任何常规选举中都不会出现一个掌握主权的人民"不同，任何一届印度议会在任期内都可以宣称自己是全体印度人民的代表。正是因为在代表与授权原理上美国和印度的根本不同，印度宪法第五编中的分权也就不会是权力分立意义上的分权，而仅仅是职能意义上的分殊。议会代表国家主权，但国家事务中行政、立法、司法等诸项职能则分别交由总统（实际上是总理为首的内阁）、议会（总统也有部分立法权）和法院行使。这正是雷伊法院所宣称的印度"宽泛意义上的分权"。

其实，就印度这种"宽泛意义上的分权"而言，印度和英国还有一本质差异，即在国家政治体制安排上，印度 1950 年宪法在采纳英国式议会民主制政体的同时，却没有让印度上议院成为像英国枢密院那样的法理上的终审机关，而是另辟蹊径地从美国移植了拥有宪法解释权（尽管只拥有部分）的最高法院。这表现为印度宪法第 124 条和第 132 条。

在采纳不成文宪法的英国式议会民主制下，诚如戴雪（Albert Dicey）所言，"大凡巴力门所通过法案的全体或一部，不论用以造一新法，或用以毁一旧法：法院俱不敢不遵行"。[①] 但对于颁布了成文宪法的印度来说，其在捍卫人民主权原则的同时，也树起了宪法至上的观念，这样原本在议会民主制政体下应当拥有类似 19 世纪英国议会主权权力的印度议会，其在国家运行中的实际权力却悄悄地被宪法文本切割成了职能意义上的修宪权和普通立法权。正因为如此，原本代表

---

① 戴雪：《英宪精义》，雷宾南译，中国法制出版社 2001 年版，第 116 页。

了人民意志而几乎与宪法同义的议会，在印度宪法秩序的安排下就转变成在宪法之下；在宪法修正案和普通立法与宪法是否相合的问题上，就存在必要的解释空间。

一言以蔽之，印度在继承英国议会民主制的同时，也从美国移植了司法审查制度——英国政体和美国政体在印度这一意外的嫁接，在某种意义上就预言了日后的宪法解释之争。

我们不禁要问，印度宪法第124条含混地设立的"印度最高法院"到底是美国意义上享有司法权力的最高法院，还是英国意义上仅仅履行司法职能的最高法院？就整个印度政体来说，答案似乎是后者。但是由于宪法第132条又明确赋予了最高法院解释宪法的权力，而且保证了所有的宪法解释案件都要上诉至最高法院，印度制宪者们在印度政体问题上的嫁接，就颇为吊诡地导致了现代政府两大原则——人民主权与宪法至上——之间的抵牾：当印度议会频繁地以颁布宪法修正案的形式来废止最高法院的相关判决时，不啻为主动绕开成文宪法中对自身权力的诸多限制，而直接诉诸人民主权原则，强调应当由议会来解释宪法，明确宪法含义；但印度最高法院则宣称，自己解释宪法的权力来自宪法本身的授权。印度议会与最高法院关于宪法修正案的合宪性之争，其真正的理论困境正在于此。

尽管在印度实际的宪法秩序运行中，议会因为在非常时期受制于政党政治的私利而走向了自身的对立面，使得这一宪法难题得到了意外的解决，但印度最高法院最终并没有在所谓宪法序言、第三编和第四编的关系等问题上落实"基本结构标准"，而是在议员背离人民意志这一根本问题上证成了其拥有对宪法修正案进行合宪性审查的权力。但是，真正的理论问题却并不因为实际运行中的意外而得到了真正的解决。

其实，对宪法修正案进行合宪性审查，在理论上是提出宪法修改权的限度问题。修宪权只是一种在保持宪法的条件下，按照宪法规定的程序做出变更、补充、增删的权力，而不是一种制定新宪法的权力。[①] 印度

[①] 卡尔·施米特：《宪法学说》，第152页。

最高法院所提出的"宪法基本结构标准",在本质上是对纷繁冗长的印度宪法做出类似于施米特所谓的"宪法与宪法律"的区分。即便在我们承认存在"宪法基本结构标准"的大前提下,最高法院也并不因此就拥有对"宪法基本结构标准"的解释权。毕竟,问题并不在于违宪的法律(修正案)是否无效(这是不言而喻的),而在于谁负责做出法律是否合宪这种特殊的裁决。① 在这个意义上,颇有印度"地方性特色"的宪法修正案的合宪性审查问题,意外地触及到了两种现代宪法秩序——美国式的权力分立制与英国式的议会民主制——之间的根本张力。

宪法修正案的司法审查问题集中体现了印度宪法体系中的宪法解释权与司法审查权的分离,以及人民主权与宪法至上之间的内在矛盾。这是"二战"后移植司法审查模式的议会民主制国家所普遍面临的困境。

"二战"后,特别是20世纪80年代以来,美国式司法审查模式在全球得到大规模传播。以至于在宪法审查全球化的今天,不以司法机关或准司法机关裁判为中心的比较宪法研究几乎是不可想象的——"政体"这个古老的词汇逐渐被淡忘了。生长在他乡的美国式最高法院因不同国家政体土壤的不同而结出了不同的果实。在这个意义上,印度宪法的实践恰恰具有可能连美国宪法实践都不具备的普遍性意义:每一个已经建成或想要引进司法审查模式的议会民主制国家都需要认真思考人民主权和司法审查之间的关系。

---

① 卡尔·施米特:《宪法学说》,第260页。

第十三章　司法能动主义与人权保障的
印度故事

印度的司法能动主义已经成为其法律制度的一个显著特征，并且深刻影响了印度的宪制发展和人权保障。印度的司法能动何以发生？如何作用？产生了哪些实际影响？无论作为一般制度比较，还是为了推进对司法过程的学理分析，印度的实践都提供了极佳的样本。研究印度的司法制度与人权保障对理解中国相关领域的问题也提供了重要参考。中国和印度是世界上两个人口最多的发展中大国。由于两国某些领域的政策导向不同，常常被作为两种不同的发展模式加以比较，但两国在法治和人权保障方面存在共同目标。[①] 尤其在人权理论方面，印度与中国一样，都强调对生存权和发展权的保障。

　　有关印度司法和人权保障研究的英文文献比较丰富，中文文献则相对有限。这些研究都注意到了印度法院，尤其是联邦最高法院的能动主义表现，但对于其动因和效果的分析则有不同评判。其中，比较传统的观点基于宪法授权和印度普通法司法独立理论，而较为晚近的研究则倾向于以司法政治理论为基础进行分析。本章的持论更倾向于司法政治理论分析，因为印度法院不但对立法和行政决定进行违宪审查，还曾经宣告宪法修正案违宪。[②] 尤其在人权保障领域，印度法院扩张性地解释了有关生命权的条款，使其适用于各种社会经济权利；法院甚至还参与或主导了一系列有关人权问题的调查委员会。[③] 这些司法

[①] 参见 Samuel P. Huntington, *The Clash of Civilizations and the Remaking of World Order*, Simon and Schuster, 2011, p. 44。

[②] Asok K. Ganguly, *Landmark Judgments That Changed India*, Rupa Publications India Pvt. Ltd, 2015. 该书对印度 20 世纪 50 年代以来的一系列案件进行了分析，其中许多案件也是本章研究印度司法审查制度的重要文献基础。

[③] Arvind Verma, "Taking Justice Outside the Courts: Judicial Activism in India", *The Howard Journal of Criminal Justice*, vol. 40, no. 2 (2002).

职权的行使在很大程度上超越了宪法文本，也超越了一般普通法地区司法机构的功能范围。因此，仅从宪法文本和普通法的司法独立传统进行论证，难以解释其裁决突破宪法文本的正当性。而司法政治理论则提供了更加多维的视角和评价标准，不但能够说明促成印度司法能动主义的政治成因，也有助于理解其社会效果，尤其是在促进人权保障方面的作用。

　　本章将分五部分展开。第一部分说明印度司法制度和人权保障的宪法基础和作为法院能动主义理论基础的"基本框架"理论。第二部分通过分析印度的司法组织和法官任命过程，说明印度司法能动的政治组织基础。第三部分研究印度的主要司法程序，尤其是法院如何通过公益诉讼实现能动司法。第四部分论述印度法院的司法能动主义在赋权弱势群体和促进社会公平方面发挥的积极作用。第五部分进行总结。需要说明的是，有关印度司法制度的研究是一个宏大的课题，本章主要是选取了司法能动主义对人权保障的影响这一角度，提供了一个分析框架。印度司法机构对于其他法律争议的处理有可能遵循不同的原则和进路。

一、印度司法制度与人权保障的宪法基础

　　既有的研究对印度的司法能动主义存在普遍的共识，但对其动因和效果却有不同的看法。比较典型的看法是将之归功于印度的普通法司法独立传统，也有越来越多的研究注意到司法委任制度对印度司法能动的影响。① 前者强调普通法传统和宪法的授权，后者则强调印度联邦法官的委任制度和其他影响司法过程的政治因素。国内有关印度司

---

① Sudhanshu Ranjan, *Justice, Judocracy and Democracy in India*, Routledge, 2016. 其他较具有代表性的研究包括：Payel Rai Chowdhury, "Judicial Activism and Human Rights in India: A Critical Appraisal", *The International Journal of Human Rights*, vol. 5, no. 7 (2011); S. P. Sathe, "Judicial Activism: The Indian Experience", *Washington University Journal of Law & Policy*, vol. 6 (2001).

法制度和人权保障的研究主要是描述性的，同时也倾向于从印度的普通法和司法独立传统理解其司法能动表现。例如姜玉梅和孟虹总结了印度不同时期的司法审查实践；① 柳建龙对印度最高法院审查印度宪法修正案的发展过程进行了分析；② 李傲、蒋小红、何兵与王轩等介绍了印度20世纪70年代以来公益诉讼制度的宪法依据、特点及原告资格等内容。③

如上所述，以司法独立和宪法为基础解释印度的司法能动主义有其局限性，因为印度的司法实践不但在很大程度上超越了宪法文本，也超越了英国、加拿大和美国的司法审查范畴。尽管如此，了解印度司法制度和人权保障的宪法依据仍然是必要的，因为法院的司法实践仍然建立在宪法和司法独立传统的基础上。尤其是印度最高法院通过扩张性解释，使得宪法文本和法院的司法实践能够在宪法基本框架下保持一致性。

（一）印度司法制度与人权保障的宪法依据

印度宪法于1949年11月26日由制宪会议通过，1950年1月26日开始实施。印度司法机构和研究者普遍认为，印度宪制有三大支柱：成文宪法、权利宪章和有限政府。④ 这三者共同构成了印度司法制度和人权保障的基础。其中，比较重要的宪法内容包括以下方面。

第一，印度宪法对立法和行政权力的合宪性提出了明确要求。宪法第73条规定，联邦行政权的范围包括"（1）议会有权立法的事项"，从而对行政权的范围做出了限制，使之不得超越立法权的范围。宪法第245条则对议会的立法权做出限制，认为议会的立法权应受"宪法

---

① 姜玉梅、孟虹：《印度司法审查制度评述》，《南亚研究季刊》2004年第3期，第68—71页。

② 柳建龙：《宪法修正案的合宪性审查：以印度为中心》，法律出版社2010年版。

③ 李傲：《法官引领下的印度公益诉讼制度》，《环球法律评论》2010年第4期，第92—103页；蒋小红：《通过公益诉讼推动社会变革——印度公益诉讼制度考察》，《环球法律评论》2006年第3期，第372—377页；何兵、王轩：《印度的公益诉讼制度》，《行政法学研究》2007年第3期，第131—138页。

④ Asok K. Ganguly, *Landmark Judgments That Changed India*, p. 21.

其他条款的限制",特别是宪法第 246 条所规定的限制。而第 246 条第 1 款规定,"无论第 2 款或第 3 款做何规定,议会就附件七清单 1(在本宪法中称为《联邦清单》)所列事项享有排他立法权"。第 246 条第 3 款规定,"在遵守第 1 款和第 2 款规定的前提下,邦立法机关有权在邦全部或部分地区享有就附件七清单 2(在本宪法中称为《邦清单》)所列事项的排他立法权"。该条第 4 款进一步规定,"议会有权就任何非属于邦的印度领土事物制定法律,即便该事项列于邦清单"。由此,第 246 条既是对联邦和各邦立法权的划分,也是对联邦和各邦立法机构权力的约束。

第二,印度宪法将某些基本权利视为具有更高价值的固有自然权利。宪法第 19 条第 1 款规定了 7 项基本权利。这些基本权利只能依据宪法第 19 条第 2 至 6 款进行合理限制。宪法第 19 条第 1 款规定,所有的公民都享有如下的权利:言论和表达自由;举行和平且不携带武器的集会;组建社团联盟(或者合作社);在印度境内自由迁徙;在印度境内的任何地方居住与定居;取得、保有与处理财产;从事任何专业、职业、商业或贸易。其中,第 1 至 6 项被视为公民固有的基本权利,即自然权利。

第三,印度宪法第 13 条规定,无论法律制定于宪法创制之前或之后,都不得抵触宪法第三编所规定的基本权利条款,否则将被宣告无效。该条第 1 款规定,"自本宪法生效之日起,所有在印度境内施行的法律,其与本宪法规定不一致的部分无效"。第 2 款规定,"国家不得指定任何剥夺或者克减本宪法所赋权利的法律,任何违反本款规定而制定的法律,其冲突部分无效"。这两款规定从法律效力层面确立了宪法权利的根本性,从而为实质性违宪审查提供了基础。

第四,印度宪法明确规定法院负责保障宪法基本权利。宪法第 32 条曾被其主要起草人安培德卡尔博士称为宪法最重要的条款。该条第 1 款规定,"保障向最高法院就实施本编所赋予的权利提起适当诉讼的权利"。第 2 款规定,"最高法院有权发布对于实施本编所赋予的权力而言适当的指令、命令，或者包括人身保护令、执行令、禁止令、咨询令及调查令在内的令状"。第3款规定，"在不影响第1款和第2款赋予最高法院的权力的前提下，议会得以法律授权任何其他法院在各院管辖的地域范围内行使应由最高法院依据第2款行使的全部或部分权力"。这些条款成为最高法院采取积极行动维护基本权利的重要宪法依据。

第五，印度宪法还规定了最高法院有权监督高等法院，以维护宪法基本权利。宪法第226条规定，高等法院有权发布某些令状，这些权力可能会影响到宪法第32条所规定的基本权利："无论第32条做何规定，所有高等法院在其管辖权所及的地域范围内均有权向该地域范围内的任何人和机关，包括在适当情形下，向任何政府发布指令、命令或者令状，包括人身保护令、执行令、禁令，责成有关机关说明职权行使的理由令和调查令，以实现第三编保障的权利或者其他目的。"但该条确认，高等法院在行使该权时，"不得以本条赋予高等法院的权力侵害第32条第2款赋予最高法院的权力"。第141条和第142条则进一步确认最高法院的司法审查对各级法院均有约束力。宪法第141条第1款规定，最高法院宣布之法令对印度境内一切法院均具有约束力。宪法第142条第1款则规定，最高法院行使其司法管辖权时，为了充分公平地处理任何未决诉讼或案件，可以发布必要的法令或命令。这种法令或命令应在印度全国予以执行，具体办法由议会以法律做出规定。此项规定颁行以前，由总统发布命令规定实施办法。

印度的法律体系虽然源自英国，但从上述规定可见，其宪法精神更接近美国的分权制衡、有限政府和人权保障原则，在制度设计上也吸纳了美国式的联邦制和违宪审查制度。不但如此，印度宪法还明确肯定了法院对宪法基本权利的司法救济权，特别是最高法院的司法救济权。印度宪法的这些特点成为印度司法能动主义的重要规范基础。

（二）印度最高法院所确立的"宪法基本框架理论"

印度的司法审查权不仅源自宪法授权，也得益于印度最高法院通过一系列案件所确定的判例法。其中尤以帕拉蒂诉喀拉拉邦案①所确立的"基本框架理论"最为重要。

印度宪法研究中一直存在宪法第13条与第368条之争,其实质是议会修改宪法的权限范围之争。印度宪法第13条规定,法律不得限制基本权利。而第368条则赋予议会修改宪法的权力。问题是,如果议会通过修宪而限制宪法第13条列举的权利,这是否可以视为违反第13条? 有一种观点认为,第13条所规定的法律不包括宪法。因此,如果议会通过修宪限制基本权利,则不受第13条的限制。这一理解也曾是印度最高法院的理解。② 但戈拉克·纳特诉旁遮普邦案③是一个转折点,该案被认为开启了议会至上还是司法至上的论争。④

纳特案由一起土地征收案引发,嗣后更延及1971年喀拉拉邦《土地改革法》(也是1972年宪法第二十九修正案的组成部分)以及与之相关的宪法第二十四、第二十五修正案的合宪性问题,特别是第二十四修正案将宪法修正案排除在"法律"之外是否抵触宪法第32条所规定的财产权保障问题。该案对宪法第十七修正案第1条、第4条和第17条的合宪性提出质疑。印度最高法院以6:5多数意见认为,这些条款构成了对基本权利的侵害。由于过去的最高法院确认上述条款与宪法不抵触,所以这些条款得以继续存在。但最高法院同时警告议会以后不得通过类似的宪法修正案。由此,最高法院一改过去的司法谦抑作风,将宪法第13条第2款中的"法律"解释为包含议会通过的修正案。议会不甘受限,作为回应,通过了1971年第二十四修正案,明确规定宪法第13条第2款中的法律不包含根据宪法第368条所通过的宪法修正案。

帕拉蒂案再次提出了类似问题,并最终确立了最高法院审查宪法

---

① *Kesavananda Bharati v. State of Kerala*,(1973)4 SCC 225, AIR 1973 SC 1461.
② 例如,1951年 *Sri Shankari Prasa Singh Deo v. Union of India and State of Bihar*, AIR 1951 SC 458 的判决认为,宪法第13条中所规定的"法律"一词不包含宪法修正案。
③ *Golak Nath v. State of Punjab*, 2 SCR 762 (1967).
④ Asok K. Ganguly, *Landmark Judgments That Changed India*.

修正案合宪性的"基本框架理论"。该案的背景是，甘地总理宣布全国进入紧急状态之后，有人质疑议会能否通过修宪限制宪法基本权利。最高法院以退为进，表示纳特案对宪法第 13 条的理解过于狭窄，认为议会修改宪法的权力是全面性的，议会的修宪权可及于所有宪法条款，不受宪法第 13 条第 2 款的限制。也就是说，宪法第 13 条第 2 款所规定的"法律"不包括宪法修正案。但最高法院同时又强调，宪法的基本框架性条款不能修改。所谓"基本框架"并非来自宪法规定，而是源于宪法隐含的原则。这些原则与精神对宪法来说至关重要，即使议会多数决定也不能变更。

由此，该案虽然否定了纳特案对宪法第 13 条的理解，① 但与纳特案在精神实质上保持了高度一致性，都认为宪法的修改应当受到限制，也都扩张了法院审查宪法修正案的权力。两者的区别是，纳特案对宪法第 13 条第 2 款采取了狭义的字面理解，并以之作为议会修宪权的限制。帕拉蒂案则是从宪法隐含的原则出发，认为对议会的修宪权构成约束的是与宪法框架有关的条款。案件提出的宪法基本框架包括（但不限于）如下内容：宪法至上（supremacy of the Constitution）、共和民主制政府（republican and democratic form of government）、宪法的世俗化（secular character of the Constitution）、立法、行政和司法机构权力分立（separation of powers between the legislature, the executive and the judiciary）以及宪法联邦主义（federal character of the Constitution）。②

帕拉蒂案依然颇富争议性。最高法院参与审理该案的大法官有 13 位，最终法院的判决结果是 7∶6，多数意见仅以一票之差维持了宪法第二十四和第二十九修正案，但是部分否定了第二十五修正案。其中，6 位法官认为宪法第 13 条第 2 款可以约束宪法修正案，5 位法官认为第

---

① 审理该案的 13 位大法官中有 10 位认为纳特案判决有误，应予以推翻。
② *Sri Shankari Prasa Singh Deo v. Union of India and State of Bihar*, AIR 1951 SC 458, 判决书第 315 段。

13条第2款所称"法律"不包括宪法修正案。① 且13位法官产生了11份判决意见,案件的分歧可见一斑。不过,该案所确立的"基本框架理论"却得以延续,帕拉蒂案也被视为具有划时代意义的重要宪法案件。②

此后,另外两起重要案件进一步巩固了"基本框架理论"。特别是在同样涉及宪法修正案合宪性的"选举案"(即英迪拉·尼赫鲁·甘地诉室利·拉吉·纳拉因等案)③ 和米纳瓦米尔斯有限公司诉印度联邦案④中,最高法院也坚持了"基本框架理论"。

通过帕拉蒂案以及后来的"选举案"和米纳瓦米尔斯有限公司案,印度最高法院不但巩固甚至借此扩张了法院的违宪审查权,使之成为限制议会滥用立法权(包括修宪权)的约束性机制。

二、印度司法组织与司法能动主义的政治基础

如果说宪法分权、有限政府和人权保障和后来通过判例法发展而来的"宪法基本框架理论"是印度司法能动主义的规范基础,那么司法组织和法官委任制度则为法院能动司法提供了政治基础。具体而言,印度的法官之所以能够拥有权威和保持高度的独立性,主要源于印度联邦制体系下司法机构的"单一制"特点和司法委任过程的自治性。

既有的研究注意到,印度的司法能动和司法权威是历史的产物,尤其是20世纪70年代之后逐渐形成共识。萨泰(S. P. Sathe)的文章对印度司法能动的历史背景进行了分析,强调印度独立之后司法权威逐渐形成的历史过程及其与具体政治事件之间的联系。政治制度的发

---

① Sri Shankari Prasa Singh Deo v. Union of India and State of Bihar, AIR 1951 SC 458, 判决书第 52 段.
② Asok K. Ganguly, *Landmark Judgments That Changed India*, Chapter 3.
③ *Indira Nehru Gandhi v. Shri Raj Narain and Anr*, 1975 Supp SCC 1.
④ *Minerva Mills Ltd and Ors v. Union of India and Ors*, AIR 1980 SC 1789.

展不但带来了治理观念的变化，也见证了印度的司法委任制度逐渐去政治化的历史过程，并与印度的司法能动主义产生了交互影响。① 兰詹的《印度的司法、法官治国与民主制》一书注意到印度的司法能动主义背后的权力博弈，尤其是1993年法官委任制度改革后形成的政治权力博弈。②

（一）印度联邦制下司法组织的单一制特征

印度是一个实行三权分立的联邦制国家。基于分权与制衡原则，各级法院不但审理一般民事和刑事案件，也审查立法的合宪性。特别是在基本权利保护方面，分权原则赋予法院积极审查立法或行政决定的正当性。同时，印度的联邦制组成单位是邦。印度法院分为三级，联邦最高法院处于法院系统的顶端，是印度的终审法院。各邦有高等法院，高等法院之外各邦可以通过立法创设地方法院。这些法院名称各异，通常审理一审民事或刑事案件。

印度虽然是联邦制国家，但其法院具有单一制的特点，主要表现在各邦的高等法院法官均由联邦任命，在政治上从属于联邦法院。由于印度属于普通法体系，上级法院可以通过遵循先例原则保持司法裁决的延续性。相应地，联邦最高法院作为印度的终审法院，其权威性因普通法遵循先例的原则而得以确立。

下图反映了印度法院组织的基本情况。

印度最高法院成立于1950年1月28日，即印度成为独立的民主共和国的两天后。最高法院最初在印度议会内亲王院（Chamber of Princes）办公，后来才拥有了自己独立的办公场所。最高法院拥有广泛的司法管辖权，包括原始管辖权、上诉管辖权和咨询性管辖权。这些广泛的司法管辖权成为法院进一步扩张其管辖范围的基础。

---

① S. P. Sathe, "Judicial Activism: The Indian Experience".
② Sudhanshu Ranjan, *Justice, Judocracy and Democracy in India*.

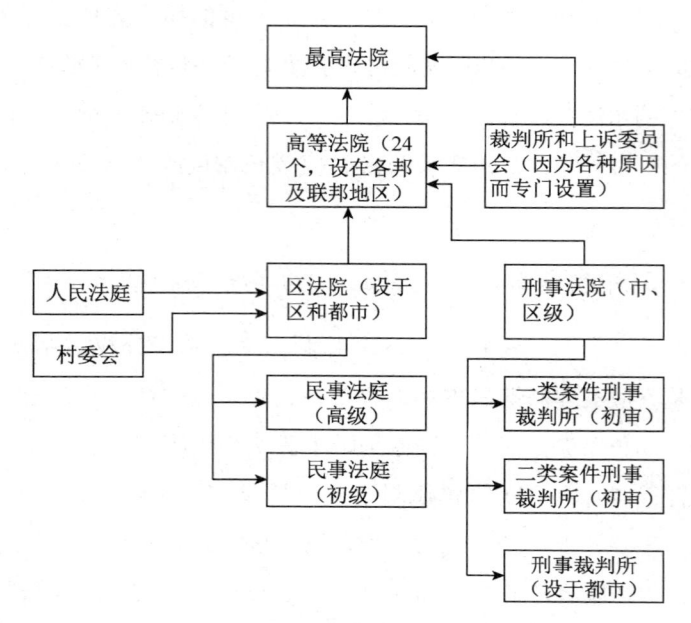

图 13-1　印度法院组织基本情况①

1. 最高法院的原始管辖权

最高法院专属的原始管辖权包括涉及印度政府及其与一个或多个邦之间的任何争议，这些争议需涉及法律权利的存在或其范围内相关的任何问题（不论是法律还是事实）。宪法第 32 条对最高法院在行使基本权利方面也赋予了广泛的原始管辖权。最高法院有权发出指示、命令或令状，包括人身保护令、禁令、执行文书等。最高法院得将任何民事或刑事案件从某一邦高等法院直接移交给另一邦高等法院或从下级法院转移到另一邦高等法院。根据 1996 年的《仲裁和调解法》，国际商事仲裁也可在最高法院执行。最高法院的诉讼仅以英文进行。《最高法院规则》第 1966 条根据宪法第 145 条规定，用以规范最高法院的惯例和程序。

---

① http：//www.jgu.edu.in/public/library/content/indian-legal-system，2019 - 12 - 30 访问。

2. 最高法院的上诉管辖权

最高法院对印度的所有法院和法庭拥有广泛的上诉管辖权，因为最高法院可以酌情根据宪法136条，对印度境内任何法院或审裁处做出的任何判决、令状、裁定、判决或命令做出上诉许可。

最高法院的上诉管辖权可由高等法院根据宪法第132条第1款、第133条第1款或第134条就民事和刑事案件做出的可能涉及实质性宪法解释的判决、裁决或最后命令，经批准后启动。对民事案件而言，如果有关高等法院证明案件涉及一个具有普遍重要性的法律问题，而且认为上述问题需要由最高法院决定；对刑事案件而言，如果高等法院在上诉中推翻了被控人的无罪释放令，判处其死刑或终身监禁或不少于10年有期徒刑，或已从隶属于其权力的任何法院自行撤回审判，并在该审判中将被告人定罪，判处其死刑或终身监禁或不少于10年有期徒刑，或证明案件应当适于上诉至最高法院，则以上案件可向最高法院提出上诉。此外，议会可以依职权授予最高法院任何进一步的权力，以便受理和审理高等法院刑事诉讼中的任何判决、最终命令或判决的上诉。

3. 最高法院的咨询性管辖权

最高法院对印度总统根据宪法第143条可具体提及的事项具有特别的咨询性管辖权。根据宪法第317条第1款，议会可以通过立法规定咨询性管辖权供最高法院参考或受理上诉。此类立法包括但不限于《所得税法》《垄断和限制性贸易惯例法》《海关法》《人民法》《恐怖主义和破坏性活动（预防）法》《消费者保护法》《总统和副总统选举法》等。

4. 藐视法庭管辖权

根据宪法第129条和第142条，最高法院有权惩罚藐视法庭的行为，包括惩罚藐视最高法院自身的行为。对于藐视法庭的行为，法院可自行采取行动，或由司法部长（Attorney General）提出后呈请总检察长（Advocate General）。如属刑事蔑视，则可由任何人经司法部长或总检察长书面同意后提出。

5. 复审管辖权

根据《最高法院规则》第 40 条，最高法院可复审其判决或命令，但不得在民事诉讼中受理复审申请，除非按照《民事诉讼法》第 47 条第 1 款和刑事诉讼程序中所述的理由——除非属于笔录或其他书面错误。

（二）印度的司法独立保障与司法委任的去政治化

与最高法院的广泛管辖权相对应的，是各级法院法官委任的高度自治性。

1. 最高法院的司法委任和司法独立保障

根据 1950 年宪法，最高法院最初由首席大法官和 7 位大法官组成，但议会可以增加法官人数。早期最高法院的所有大法官共同审理案件。随着法院工作量的增加和案件的累积，议会立法将大法官人数从 1950 年的 8 人增加到 1956 年的 11 人，1960 年增至 14 人，1978 年 18 人，1986 年 26 人，2008 年则达到 31 人。随着法官人数的增加，最高法院开始采用 2—3 位大法官组成的小合议庭，或 5 位以上的大法官组成的大合议庭。①

最高法院大法官的候选人必须为印度公民，必须在某一个高等法院或几个高等法院连续任职至少五年以上，或曾经担任高等法院或同等级法院的辩护人连续至少十年，或被总统视为杰出的法学家。法律也规定，现任高等法院法官可以担任最高法院专案法官，已经退休的最高法院或高等法院法官也可以担任该法院法官。最高法院大法官的退休年龄是 65 岁。宪法第 124 条第 2 款规定，总统在委任最高法院的大法官时，应与最高法院的首席大法官及其他资深大法官协商。根据现行法律，咨询首席大法官及其四位资深同事已经成为强制性要求。在委任各邦高等法院法官时，总统也应在认为必要时与高等法院法官

---

① 相关信息来自印度最高法院官网 http://www.supremecourtofindia.nic.in，2019-12-30 访问。

协商。

《宪法》保障最高法院大法官的独立性。大法官不能被免职,除非两院分别在多数议员支持下,由不少于 2/3 的议员中的大多数出席投票,并在同一会期内向总统提交,以其行为不检或丧失工作能力为理由予以免职。最高法院的在职大法官不得在任何其他法院或印度的任何其他政府部门任职。宪法第 125 条规定,印度议会决定最高法院大法官的薪酬、其他津贴、请假、抚恤金等。然而一经任命后,议会不能做出对大法官不利的特权和权利上的改变。最高法院大法官每月薪酬大约为 28 万卢比,首席大法官比一般大法官再高 3 万卢比。同时,大法官有义务公开其个人资产。①

2. 其他各级法院法官的任职要求

在高等法院担任法官,必须具备印度公民身份,并在印度司法机构任职超过十年,或者在两个以上高等法院及其他同级别法院担任辩护律师且执业十年以上。经总统与印度首席大法官和各邦首席部长协商后,发布委任状委任高等法院首席法官。根据《宪法》第 217 条,总统委任邦高等法院首席法官以外的其他法官时,应当征求首席法官的意见。

担任下级法院的法官需要具备如下条件:(1)知识方面,需要拥有法律专业学历;(2)年龄方面,大多数邦的征聘规则规定最低和最高年龄并对社会弱势群体放宽要求,具体年龄从 21 岁至 45 岁不等;(3)执业经验方面,需要通过由各邦组织的执业资格考试并拥有至少五年担任律师或从事司法工作的经验。根据宪法第 233 条,邦以下各级法院法官的委任、调任和晋升由各邦首席部长与高等法院磋商后决定。

3. 司法委任去政治化引发的宪法争议

印度最高法院既拥有广泛的管辖权,能够决定国家立法和政策的存废,又能够长期任职,这使得最高法院法官的任命成为政治角力的目标,并且随着法院司法能动主义倾向的增长而愈发受到关注。上文

---

① http://www.supremecourtofindia.nic.in/assets-judges,2019-12-30 访问。

已提及，宪法第 124 条第 2 款规定，总统在委任最高法院的大法官时，应与最高法院的首席大法官及其他资深大法官协商。问题是，当总统的意见与首席大法官和其他资深大法官意见不一致时，应当优先考虑哪一方的意见？

政府（和议会）方面认为，总统拥有委任权，其与首席大法官和其他资深大法官的"协商"是获得参考意见，最终的决定权应当在行政部门，这种委任机制是宪法分权与制衡原则的要求。而法院方面坚持，最高法院和邦高级法院通过同行评议委员会（由首席法官和其他四位资深法官组成）所推荐的人选应当获得任命。根据长期形成的宪法惯例，为了保障司法独立，总统"应当"在委任大法官前与首席大法官和其他资深大法官"协商"，如果协商结果未能获得法院的认可，就不能进行委任，否则就会违背司法独立原则。从 1981 年"法官第一案"① 到 1998 年"法官第三案"②，印度最高法院希望去政治化的立场逐渐明确。这导致"法官第二案"③ 之后，有评论者甚至认为最高法院篡夺了总统的行政委任权。

"法官三案"并未结束有关最高法院司法委任的争议。2014 年，印度议会通过了《国家司法委任委员会法》（National Judical Appointment Commission Act）并拟成立国家司法委任委员会④以取代法院的同行评议委员会。议会之后并通过了《宪法》第九十九修正案。2015 年，印度最高法院在一案件⑤中宣告《宪法》第九十九修正案和《国家司法委任委员会法》违宪并无效，重新恢复了法官同行评议制度。

---

①   S. P. Gupta v. Union of India, AIR 1982 SC 149. 最高法院在该案判决中强调宪法第 124 条的字面含义，认为咨询（consultation）不等于同意（concurrence），从而认可总统的最终决定权。

②   In re Special Reference No. 1 of 1998.

③   Supreme Court Advocates-on Record Association v. Union of India, AIR 1994 SC 268. 最高法院在该案中将总统对首席法官和其他资深法官的咨询与总统对内阁的咨询相类比，认为法官推荐委员会的咨询意见对总统有拘束力。

④   该委员会的组成参见 https：//www.thehindubusinessline.com/news/njac-act-unconstitutional-collegium-system-to-continue-apex-court/article7769481.ece，2019-12-30 访问。

⑤   参见 Supreme Court Advocates on Record Association v. Union of India, Writ Petition (Civil) No. 13 of 2015。

从印度的司法组织和法官任免机制可见,印度的司法系统不但受到宪法和法律保障,在政治上也独立于政府和议会。这使得法官,尤其是拥有广泛管辖权的最高法院在审理案件时更少受到牵制,也减少了因政治任免而引发的法官为回报政治任命而做出倾向性判决的潜在可能。当然,高度自治的法官团体在免受政府干预的同时,也可能引发脱离政治现实或过于理想主义的批评。① 在印度的司法实践中,法院的理想主义尤其表现为法院处理公益诉讼时的司法能动主义。

三、印度的司法程序与公益诉讼

司法过程不同于政治过程,其权威性不是来自于多数决,而是基于过程的开放性和判决的说服力。② 因此,获得公正司法的可能性越高,司法公信力就越高,司法机构能动司法的被认受性也就越高。印度属于普通法地区,其法律渊源包括宪法、制定法、判例法和习惯法。印度宪法对制定法、判例法和习惯法都有约束力。制定法由议会、邦议会和联邦区域立法机关制定,此外还有大量法律被称为从属立法,其形式是中央和邦政府以及地方当局所制定的规则、条例和附例。最高法院的裁决对印度领土内的所有法院都具有约束力。由于印度地区差异性较大,凡是不违反制定法、社会公德等的地方风俗和习惯在有限的范围内也都能得到法院的承认和考虑。

印度的司法程序分为民事程序和刑事程序。印度也有包括仲裁和调解在内的各种非讼纠纷解决机制,尤其是通过人民法庭进行的调解制度和村社司法组织潘查亚特。③ 除此之外,印度最高法院还通过司法

---

① Manoj Mate, "Elite Institutionalism and Judicial Assertiveness in the Supreme Court of India", *Temple International & Comparative Law Journal*, vol. 28, no. 2 (2014), pp. 364-667.
② Benjamin N. Cardozo, *The Nature of the Judicial Process*, Yale University Press, 1921, pp. 30-31.
③ *Judicial System and Reforms in Asian Countries: The Case of India*, Edited by Indian Law Institute, New Delhi, Institute of Developing Economies, Japan External Trade Organization, Chiba, Japan, March 2001, Chapter V, pp. 102-157.

判例积极推动公益诉讼制度。

(一) 民事诉讼程序

印度民事诉讼程序的主要依据是 1908 年《民事诉讼法》(Civil Procedure Code,简称 CPC)。印度第一部《民事诉讼法》于 1859 年制定,1877 年修改。1908 年,现行《民事诉讼法》颁布实施。1976 年 350 号修正案对该法进行了一些重要的修改。1999 年,议会通过 351 号修正案再一次对该法进行了修改。这一次修改主要是为了解决司法拖延问题。不过,对于修改效果存在不同的看法。政府认为修法将使贫困的诉讼当事人受益,而很多律师则认为,修法将给贫困的诉讼当事人带来更多困难。

印度民事诉讼程序实行三级三审制。基层法院通常受理一审案件,一审判决后,当事人可以向高等法院申请上诉。高等法院批准上诉后进行二审。二审判决后,当事人还可以向最高法院申请上诉,由最高法院决定是否准许上诉。最高法院的判决是终审判决。根据 1872 年《证据法》(The Indian Evidence Act),民事诉讼的举证责任在原告。如果被告提出反诉,则被告负有举证责任。

除了一般民事案件外,对政府提起的行政诉讼也按照民事诉讼程序受理。如果案件涉及宪法解释,则法院需要向司法部长或总检察长发出通知后才能继续审理。[①] 如果案件涉及中央政府,则向司法部长发出通知;如果案件涉及邦政府,则向总检察长发出通知。印度民事诉讼法还规定,低收入或无家可归者可以免缴纳诉讼费。

民事诉讼当事人在诉讼过程的任何阶段都可以撤诉。但法院有可能会要求原告向被告支付一定的赔偿金。[②] 双方当事人也可以在诉讼过程中进行和解。不过,法院可以审查和解协议的条款是否合法。一旦达成和解,当事人不得再就相关事项提起诉讼。[③]

---

① CPC, Order 27-A, Rules 1 and 4.
② CPC, Order 23, Rules 1 (4).
③ CPC, Order 23, Rule 3.

印度民事诉讼法还规定了一些特殊程序，例如简易程序。再如，民事诉讼法规定，司法部长或两个及以上法院批准的个人可以向法院起诉，要求法院对产生公害的行为发布禁令或给予其他救济。①

（二）刑事诉讼程序

印度刑事司法的历史可以追溯到前6世纪。② 印度现行刑事诉讼程序主要依据三部制定法：1973年《刑事诉讼法》、1872年《证据法》和1860年《刑法典》。这三部立法均由英国殖民者制定，已经实施了200多年。在这段时间里，印度刑法和刑事诉讼法历经修改，最终形成了由三大法典构成的刑事司法体系。1973年《刑事诉讼法》（Criminal Procedure Act，简称 Cr. P. C.）在1974、1978、1980、1983、1988、1990、1991、1993、2001、2005、2006、2010、2013、2014年又经过多次修改。

印度刑事诉讼可以分为侦查、讯问和审理三个阶段。印度是普通法地区，侦查阶段的工作全部由警察完成。《刑事诉讼法》授予警察进行逮捕、搜查、扣押的权力，也授予警察决定不予起诉的权力。③

在讯问阶段，治安法官根据警方提供的报告对犯罪嫌疑人进行讯问。讯问结束后，决定是否对犯罪嫌疑人提起检控。如果不提起检控，则应当无罪释放犯罪嫌疑人。④ 根据无罪推定原则，除了某些规定的案件外，即使治安法官决定对犯罪嫌疑人提起公诉，犯罪嫌疑人仍然有权依法申请取保候审。⑤

2005年印度《刑事诉讼法》修改时，引入了新的篇章，即第21A章"辩诉交易"。这一规定极大地改变了印度刑事司法制度的面貌。印度的辩诉交易适用于处罚期限最高为7年的那些罪行。此外，该项规定不适用于社会经济罪行，或对14岁以下的妇女或儿童犯下的罪行。

---

① CPC, Order 20-A.
② *Judicial System and Reforms in Asian Countries: The Case of India*, p. 130.
③ Cr. P. C, secs 41, 46, 47, 51-52, 2.
④ Cr. P. C, sec 157.
⑤ Cr. P. C. sec 438.

不但如此，一旦法院通过了"辩诉交易"的命令，任何法院不得批准对该命令提出的上诉。

（三）印度的公益诉讼

公益诉讼在印度又称社会行动诉讼（social action litigation），是司法机关发明的一种新的救济途径，以方便那些不知道或者缺乏渠道利用司法程序的人启动司法程序。按照传统的原告资格要求，原告必须是权利受到侵害的人。最高法院通过判例法放宽了起诉条件，允许人们提起公益诉讼，以方便那些因社会或经济原因处于不利地位的人向法院寻求救济，并且在受理和结案时间方面放宽了要求。①

特别是在古普塔诉印度联邦案②中，最高法院认为，凡法律对某一人或某一确定类别的人造成错误或法律伤害，而错误和伤害的原因违反任何宪法或法律权利，或任何强制性负担违反任何宪法或法律条文或缺乏法律权力，或因这种法律上的错误或法律伤害或非法负担受到威胁的，如果该人或确定类别的人由于贫困、无助或残疾等原因而处于社会或经济上的不利地位，无法向法院寻求救济，则任何公民均可申请获得公益诉讼的指示或令状。

在另一个案件③中，最高法院列举了法院应当受理公益诉讼的四个原因：其一，当腐败弥漫于整个政府结构中，国家权力可以根据与名义上的目的无关的理由行使时，只能通过公民个人的行动纠正错误的行政决定；其二，社会正义需要自由的司法审查行政行为，直到出现其他管治性安排；其三，对起诉资格的限制不符合健康的行政法律制度要求；其四，在印度，自由的日益萎缩使得能动主义对于参与性公共司法至关重要。因此，必须给予具有公共意识的公民寻求法律救济的机会，而不应当以狭隘迂腐的观念将之排除在法庭之外。

---

① Sudhanshu Ranjan, *Justice, Judocracy and Democracy in India*, pp. 63–86; 也见 Jamie Cassels, "Judicial Activism and Public Interest Litigation in India: Attempting the Impossible?", *The American Journal of Comparative Law*, vol. 37 (1989), pp. 495, 498–506.
② *S. P. Gupta v. Union of India*, AIR 1982 SC 149.
③ 参见 *Fertilizer Corporation Kamgar Union v. Union of India*, AIR 1981 SC 344。

目前，印度的公益诉讼主要存在于以下领域：启动司法机构调查政府的不当行为，防止不当决定扩散及促成救济类案件；公租房案件；环境保护案件；促进公务员承担司法责任类案件；对非本国人的基本权利保障案件；在押犯罪嫌疑人死亡案件；监狱服刑人员案件；等等。

公益诉讼首先是最高法院能动司法的产物，其目标是为社会或经济上处于不利地位的人提供司法救济。公益诉讼的实施又进一步赋予法院公信力，也促进了印度法院在起诉和审理方面的其他司法改革，从而强化了司法能动主义。

四、印度的司法能动主义与社会经济权利保障

印度法院的能动司法之所以能够获得广泛的支持，除了普通法传统和司法组织较少受到外部政治影响外，还有一个非常重要的原因，即印度能动司法的主要领域是社会经济权利，其最终目标是扶助弱势群体。这一目标和实践使印度司法机构获得广泛的社会支持。

宪法是否应当保护社会经济权利一直存在争议。反对者认为，法院缺乏必要的评价机制和可行的制度，使之可以像保障消极权利和自由那样保护积极权利。[1] 也有观点认为，启动社会经济权利保障需要财政支持，通过司法裁量促进社会经济权利会导致司法机构干预民选政治部门的职权，特别是涉及预算和公共开支方面的职权。由于存在上述顾虑，很多国家的宪法或者不规定社会经济权利，或者对社会经济权利的保障力度比较弱。[2]

印度宪法将社会经济权利规定在第四编"国家政策的指导原则"中。制宪者最初只是将公民的社会经济权利作为未来的美好愿景规定下来，并没有将之作为司法实施的内容。第四编的内容包括：性别平

---

[1] Frank Cross, "The Error of Positive Rights", *University of California Los Angelos Law Review*, vol. 48 (2001), p. 857.

[2] Vicki Jackson & Mark Tushnet (eds.), *Comparative Constitutional Law*, 3rd ed., Foundation Press, 2014, pp. 1691-1692.

等权利（第39条），保护未成年人的权利（第39条），工作权、受教育权和一定条件下享有公共补助的权利（第41条），最低生活保障权（第42条），儿童获得义务免费教育的权利（第45条），增进表列种姓、表列部落和其他弱小阶层的教育和经济利益（第46条），基本医疗和健康保障权（第47条）等。

然而，宪法第37条没有成为阻碍印度法院实施社会经济权利的依据。相反，印度法院创造性地解释了宪法基本原则和基本权利条款，从而激活了宪法第四编的社会经济权利条款。1985年欧加·泰利斯诉孟买市政公司案①和2004年公民自由人民联盟诉印度联邦等案②就属于这种情况。

泰利斯案发生于1981年。孟买市政府根据1888年《市政法》，决定强制性驱逐贫民窟中居住的贫民及无家可归的露宿者，要求他们返回自己的原址或移居孟买郊外。这些贫民和露宿者向高等法院起诉并最终上诉至最高法院，要求最高法院根据宪法第32条规定发布保护令。最高法院认为，尽管贫民窟或露营地不属于这些贫民，但他们是为生活所迫而居住在这些地方的。将贫民窟的居民驱逐出去，相当于剥夺了他们的生存权（right to livelihood）并构成对宪法第19条所规定的人身自由权的侵害。问题是，宪法是否保障生存权？最高法院认为，宪法第21条所规定的生命权内涵十分丰富，不能简单地理解为死刑或生命的终止。法官们认为，生存权是生命权的重要组成部分。③因此，驱逐这些无家可归的贫民就构成了对其受宪法保护的生命权的侵害。

最高法院的扩张性解释在2004年公民自由人民联盟案中得以延续。2001年，拉贾斯坦邦在干旱气候下连续发生几起因饥饿而引发死亡的事件，公民自由人民联盟向法院起诉，质疑1962年《拉贾斯坦邦饥荒

---

① *Olga Tellis v. Bombay Municipal Corporation*, (1985) 3 SCC 545.
② *People's Union for Civil Liberties v. Union of India and Others*, (2003) 4 SCC 399.
③ 参见1986 AIR 180, 1985 SCR Supl. (2) 51，第2.1节。

法》以及印度联邦相关立法实施不力，请求法院根据宪法第47条①及第21条，责令联邦及各邦政府采取切实措施，为濒临绝境的饥饿人群提供食物及其他营养所需。其实，宪法第47条虽然与获得食物的权利关系最为密切，但其属于第四编所规定的政策性条款，不具有可实施性。不过，该案判决中，最高法院再一次对宪法第21条的生命权条款进行了宽松解释，将获得食物的权利（right to food）纳入生命权的范畴，进而要求政府向老年人、残疾人、贫弱人士、孕妇和因饥饿而濒临绝境的儿童及成年人提供每年300天的食物救济。②

印度法院对社会经济权利的保障如是，其对涉及社会平等的其他权利保障也采取了类似的思路。在一系列涉及男女平权、受教育权以及种姓平等的案件中，印度最高法院同样通过扩充解释宪法第15条而促进了宪法第四编所列举的一系列具有政策宣告属性的社会经济权利的实施。

印度法院对社会权利和经济权利的保障对印度司法能动主义的正当性及其可持续性至关重要。分权和司法独立只能维护司法权不受政治干预，但并不能赋予司法干预政治决策过程以正当性。法院的尊崇地位也不能简单地依赖宪法和法律所规定的任期保障和薪酬保障。只有当法院切实致力于维护民众基本权利，特别是通过法律赋权弱势群体时，这些弱势群体才有可能从政治上支持法院的能动司法。相反，如果法院仅仅希望通过司法能动为法院和法官自己争取利益，或者为特权者争取利益，那么法院最终只能依赖特权阶层或与特权者狼狈为奸。值得庆幸的是，印度低收入群体及其他弱势群体虽然在经济上处于弱势，但仍然拥有法律上的政治权利和现实的政治力量。他们的支持使得议会多数和政府不得不慎重考虑立法推翻最高法院判决的后果。

---

① 印度宪法第47条规定，"国家有责任提高营养水平、生活水平，改善公共卫生——国家应将人民营养水平与生活水平之提高，以及公共卫生之改进，视为首要职责之一，国家尤应努力推动禁止酒精饮料与有损健康的麻醉药品之非医用消费"。
② Lauren Birchfield & Jessica Corsi, "The Right to Life Is the Right to Food: People's Union for Civil Liberties v. Union of India & Others", *Human Rights Brief*, vol. 17, no. 3 (2010), pp. 15 – 18, https://www.wcl.american.edu/hrbrief/17/3corsi.pdf, 2019 – 12 – 30 访问。

五、总结与启示

理解印度的司法制度和人权保障对于比较法和比较政治制度研究均有重要意义。其中，印度的司法能动主义现象尤其引发了各方面的关注。本章认为，印度的司法制度和司法能动主义不是单纯的普通法司法独立的产物，而是需要结合司法政治理论，从三方面认识：宪法和普通法司法独立传统是理解印度司法能动主义的规范基础和表现形式，印度司法组织的单一制特点和司法委任的去政治化是其政治基础，印度法院通过扩张性解释宪法条款和公益诉讼促进社会经济权利的实现则是其社会基础。这三方面共同促成了印度的司法能动主义，进而推动了印度的人权保障。

印度的国家权力组织有其鲜明的特征，充分体现了分权的各种可能性。印度在第二次世界大战后成为独立的民族国家，沿袭英国式议会主权原则和诉讼制度，保留了普通法司法独立的传统。不过，由于印度建国时将国家属性明确定义为"一个主权的、社会主义的、世俗的民主共和国"（宪法第1条），并且采用了联邦制国家结构形式，印度的司法制度在很大程度上区别于英国司法尊重议会的传统，而是形成了以分权和制衡为基础的联邦制宪法结构。印度最高法院在成文宪法的基础上，进一步演绎出"宪法基本框架理论"，从而为法院扩张性行使权力（尤其是超越宪法文本）奠定了基础。

印度的司法能动主义与印度的司法自治可谓彼此成就。印度作为一个联邦制国家，其司法委任却具有单一制特征，各邦的高等法院法官均由联邦任命，在政治上从属于联邦法院，这使得印度联邦最高法院的权威性在司法系统内部得到确立。而在法院和其他政治部门之间，法院也因为印度的司法委任制度而得以保持高度自治。印度宪法规定，联邦法官经总统咨询最高法院首席大法官和其他资深法官之后任命。但通过长期的政治实践和判例法，法官们成功地将总统的委任权虚置了，而法官同行评议委员会成了主导司法任命的最终权威。这意味着法官委任无须经过政治部门（立法或行政机关）的确认或审查，并且法官的任期和薪酬也都有充分保障。换言之，印度法官的独立性不仅高于一般存在任期限制的大陆法国家，也高于美国这样联邦法官委任需要参议院认可的国家。

司法政治理论认为，司法权的组织和司法制度的安排是一个政治选择，尤其是不同政党制度下的政治选择。[1] 基于司法政治理论对印度司法能动主义的分析展示给我们更加多维度的画面。同时，司法制度的运行与政治过程又有区别。脱离司法程序和司法内部组织而仅讨论政治权力对司法决策的影响，就会忽略司法过程与其他决策过程的区别。就印度而言，法官不但强调其在民事和刑事诉讼程序中的独立性，而且通过判例法确立了公益诉讼，使得各种弱势群体都有可能以较低成本获得司法救助。由此，法院不但积极维护宪法第19条所规定的具有自然权利属性的基本权利，还通过扩张性解释宪法第21条，将对人身权和生命权的保障适用于宪法第37条排除实施的社会经济权利。印度最高法院的这些司法改革不但为司法机构赢得了社会支持和社会公信力，也使得法院的能动司法获得了难以撼动的政治正当性。

印度的能动司法也并非没有代价。一方面，法院受理案件很多，但真正能够解决的案件数量有限，导致印度法院办案效率低下，积案严重。[2] 甚至有观点认为，印度的能动司法就是印度精英机构自以为是（assertiveness）的表现。[3] 另一方面，政治部门不甘心立法和宪法修正

---

[1] John Ferejohn, Frances Rosenbluth, and Charles R. Shipan, "Comparative Judicial Politics", in Carles Boix & Susan C. Stokes (eds.), *The Oxford Handbook of Comparative Politics*, Oxford University Press, 2014, pp. 727-751.

[2] Jayanth K. Krishnan, "Judicial Inefficiency and Delay", in David S. Clark (ed.) *Encyclopedia of Law & Society: American and Global Perspectives*, Sage Publications, 2007, pp. 853-855.

[3] Manoj Mate, "Elite Institutionalism and Judicial Assertiveness in the Supreme Court of India"; 也见 Tahir Mahmood, "Religion, Law, and Judiciary in Modern India", *Brigham Young University Law Review*, no. 3 (2006); Matthieu Chemin, "Do Judiciaries Matter for Development? Evidence from India", *Journal of Comparative Economics*, vol. 37, no. 2 (2009), p. 230.

案被推翻，不但多番尝试重新立法，而且试图通过修改宪法改变法官任用机制，① 使得印度成为世界上宪法修正次数最多的国家。印度司法制度的这些特征一方面显示出独立的司法机构有可能对保障基本权利发挥积极作用，另一方面也表明，司法权不是在真空中行使的，也不是一成不变的，而是在政治过程中发挥作用的。

以上分析不仅适用于对印度问题的理解，也能够为研究其他国家和地区的司法制度和人权保障提供框架性解释。首先，这一分析框架可以说明，分权和司法独立并不必然支持宪法性的司法审查，因为宪法性司法审查需要司法机构积极能动地审查立法和行政决定。而包括德国和法国在内的许多尊重司法独立的欧陆国家却普遍不支持司法能动主义。也正因为如此，凯尔森才认为有必要建立独立的宪法法院，通过专门法院垄断审查立法的权力。② 其次，这一分析框架也有助于理解因政治基础和社会基础不同而产生的司法审查模式的多样性。例如，英国、加拿大、澳大利亚和新西兰等国的司法审查被认为是具有对话属性的"英联邦模式"，③ 因为这些国家要么因为政治上的议会主权传统不支持法院审查立法的合宪性，要么允许法院审查立法的合宪性，同时又规定立法机构可以对法院的合宪性审查采取反制措施。

研究印度司法制度尤其是司法能动主义对中国的司法改革也有重要的启示意义。虽然中国和印度常常被视为两种发展模式的典型，但两国在社会制度和发展目标上其实有许多共同之处，并且两国同样面临着现代化转型中如何实现法治和人权保障的问题，尤其关键的是两国都主张社会权利和经济权利的重要性。中国最高人民法院主导的历次司法改革都比较侧重司法组织和司法程序。这些改革虽然对于提升

---

① 如上所述，印度议会于2014年8月14日通过第九十九修正案，试图修改宪法第124条的规定，成立司法委任委员会，以取代既有的法官同行评审委员会。该修正案最终被最高法院以违反司法独立原则为由推翻。

② Hans Kelsen, "Judicial Review of Legislation: A Comparative Study of the Austrian and the American Constitution", *The Journal of Politics*, vol. 4, no. 2 (1942), p. 183.

③ Stephen Gardbaum, "The New Commonwealth Model of Constitutionalism", *American Journal of Comparative Law*, vol. 49, no. 4 (2001), p. 707.

司法专业化和司法权威至关重要，但可能牵涉其他政治部门的权力，同时也与一般民众的社会经济利益缺乏直接关联，难以获得公共舆论的自发性支持。未来的司法改革如果能够更多地考虑社会需求，同时结合司法组织和法官遴选制度改革，也许更有可能实现增进司法权威和社会公信力的目标。

第十四章　印度刑法现代化
——以《印度刑法典》为线索

一、问题提出：印度刑法如何现代化？

1860年《印度刑法典》迄今已经实施了160余年。这是英帝国的第一部刑法典，它不仅实现了印度刑法的统一和现代化，而且对巴基斯坦、孟加拉、新加坡、马来西亚、苏丹、尼日利亚等前英属殖民地的刑法都产生了深远影响。[①] 无论在实体法内容上，还是在立法技术上，《印度刑法典》都被誉为一部体现自由和进步的优良法典。《印度刑法典》之父麦考莱（T. Macaulay）甚至希望这部刑法典能够对英国本土停滞不前的法典化计划产生鼓舞。[②] 实际上，在今天的英国和美国，刑法的法典化仍是一项未完成的现代立法任务。因此，《印度刑法典》对于英美法系国家刑法的法典化和现代化仍具有典范性。

比较近代中国和印度刑法发展的历史，我们可以发现两国既有共通之处，也有很大差异。首先，近代中国和印度都面临着法律现代化问题，同时，二者都采取了法律移植和法典化的方式作为实现法律改革和法律现代化的进路。不过，与近代中国刑法发展的曲折历程不同，

---

①　Stanley Yeo & Barry Wright, "Revitalising Macaulay's Indian Penal Code", in Wing-Cheong Chan et al. (eds.), *Codification, Macaulay and the Indian Penal Code: The Legacies and Modern Challenges of Criminal Law Reform*, Ashgate Publishing Company, 2011, p. 3.

②　Barry Wright, "Macaulay's Indian Penal Code: Historical Context and Originating Principles", in Wing-Cheong Chan et al. (eds.), *Codification, Macaulay and the Indian Penal Code: The Legacies and Modern Challenges of Criminal Law Reform*, pp. 19-22.

印度刑法发展具有超强的稳定性和连续性。① 其次，中国和印度自古以来就属于不同的法系。由于中华法系和印度法系都拥有悠久的法律历史和文化，两国近代的刑法改革都面临着传统法律文化的挑战。最后，虽然两国都以法典化的方式来实现法律改革，但是，在近代法律改革进程中，二者又走向了不同的西方法系：中国刑法属于大陆法系，印度刑法属于英美法系。

尽管两国刑法发展具有很大差异，但是，当代中国和印度都面临着刑法的"再法典化"问题。随着社会环境变迁，两国都出现了法典"老化"的问题。无论是1860年的《印度刑法典》还是1997年的《中华人民共和国刑法》，在实施之后，立法者都必须适时进行修订，以回应具体问题或政策的挑战。1860年的《印度刑法典》迄今修订了78次，而1997年的《中华人民共和国刑法》也修订了11次。在中国，频繁的立法修订早已使得刑法典变得"膨胀"，让人们难以便利地使用它。同样，在印度，受普通法运作的影响，《印度刑法典》的判例评注也显得十分臃肿，不便于人们对刑法的理解和运用，甚至不同普通法地区的判例还会带来不一致的法律解释规则。因此，如何让刑法典再次变得"现代"——如便利、精确、全面、合理等，可能是当代中国和印度刑法改革所面临的共同问题。

面对当代日益复杂的刑事司法治理和日新月异的全球犯罪问题，"解法典化"和"再法典化"始终是世界各国刑法现代化进程中此消彼长的两股潮流。在中国，这两股潮流的学术争论主要表现在对刑事立法模式的选择上：一派坚持统一刑法典的立法模式，认为在法典化时代有必要全面修订刑法典；另一派则主张多元立法模式，强调建立刑法典与行政刑法的双轨立法模式，并认为在当前立法形势下不宜全面修订刑法典。② 对此，中国刑法学界的主张和论证大多言必称日本和德

---

① 参见张文龙：《刑杖与赎罪：传统印度刑法的双重运作及其现代重塑》，《清华法学》2020年第1期，第121—139页。
② 参见张明楷：《刑法修正案与刑法法典化》，《政法论坛》2021年第4期，第3—17页；周光权：《法典化时代的刑法典修订》，《中国法学》2021年第5期，第39—66页。

国，次之可能是美国和英国，甚少关注同样作为文明古国和发展中大国的邻国印度。实际上，印度刑法的法典化实践远远早于一些欧美国家，而《印度刑法典》迄今仍有效运作则表明麦考莱的法典编纂原则极具生命力，这些原则使得《印度刑法典》成为一部优良法典。这自然让笔者十分关注印度刑法如何现代化的问题。

不过，国内法学界对《印度刑法典》的研究十分薄弱，尚未能充分描述和解释前述问题。这种薄弱性表现为两个方面：一是对《印度刑法典》的研究缺乏系统和权威的最新译本，目前可见的两个中译本分别是 20 世纪 50 年代和 80 年代翻译过来的，这使国内研究无法及时反映当代印度刑法的发展动态；① 二是对《印度刑法典》的研究呈现碎片化的状况，如仅仅关注"死刑""杀人罪""性犯罪""强奸罪""诽谤罪""犯罪意图"等个别主题，② 或者从法律史角度来评述《印度刑法典》，③ 又或者从法律世俗化角度来分析《印度刑法典》。④ 为此，本章试图从《印度刑法典》的立法历史背景、起草与实施过程、内容与形式及特征、立法修订与刑法发展等多个维度，对印度刑法的法典化实践进行"深描"，从而揭示印度刑法现代化进路的"奥义"，为中国刑法的法典化和现代化提供有益启示。

---

① 参见《印度刑法典》，吉蒂译，法律出版社 1957 年版；《印度刑法典》，赵炳寿等译，四川大学出版社 1987 年版。

② 参见刘泽华：《印度刑法诽谤罪浅析——兼谈我国刑法诽谤罪的立法及理论完善》，《山东法学》1993 年第 2 期，第 50—51 页；阮方民：《印度刑法中的杀人罪与谋杀罪及其相互关系》，《杭州大学学报》1994 年第 2 期，第 47—52 页；巴特拉：《印度刑法中的犯罪意图》，于世忠等译，《浙江省政法干部管理学院学报》1996 年第 2 期，第 44—48 页；蔡桂生：《死刑在印度》，《刑事法评论》第 23 卷，北京大学出版社 2008 年版，第 262—317 页；陈嘉：《论印度刑事司法体系下的强奸罪及被害人权利》，《哈尔滨学院学报》2013 年第 4 期，第 33—36 页；王伟均：《难解的痼疾——当代印度妇女遭受强奸侵害问题研究》，《妇女研究论丛》2017 年第 2 期，第 68—80 页；刘强：《印度性暴力犯罪问题沉疴难愈》，《检察风云》2020 年第 10 期，第 52—52 页。

③ 参见蒋辰：《〈1860 年印度刑法典〉述评》，《清华法治论衡》第 25 辑，清华大学出版社 2018 年版，第 188—214 页。

④ 参见廖初民：《法律的宗教化与法律的世俗化——印度法律的世俗化变革研究》，华东政法学院 2006 年博士学位论文，第 86—103 页。

二、刑法典的历史背景

当时印度为什么要进行刑法改革？印度刑法改革为什么采取法典化的方式？印度刑法的法典化为什么以英国刑法为基础？为了回答这些问题，我们需要考察《印度刑法典》得以产生的两个重要历史背景：一是东印度公司的殖民统治变革，二是19世纪的英国刑法改革。前者揭示了印度刑法改革的动力及其法典化的理由，后者则揭示了印度刑法改革的制度基础及其法典化的观念源头。

（一）东印度公司的殖民统治变革

1600年，英国王室以颁布特许状的方式组建了东印度公司，并授权其进行海外商业贸易，尤其授予公司垄断印度贸易的特权。随着与印度商业贸易关系加深，东印度公司开始寻求莫卧儿帝国的支持，并建立永久性的贸易据点，也就是殖民地。为了保障和管理殖民贸易，东印度公司先后在马德拉斯、孟买和加尔各答建立管辖区，并将其在印度征服的许多新领土，如孟加拉、比哈尔、奥里萨等，置于这三个管辖区的控制之下。同时，东印度公司在这些管辖区设立行政与司法机构，并对这三个辖区及其周边广大的乡村地区进行统治。

在这些管辖区，公司殖民统治对印度法律发展的影响主要有三个方面。一是引入英国法。在殖民贸易据点，英国人可以按照自己的宗教和法律来生活而不受干预，并可以建立自己的法庭和适用英国法来解决英国人之间的纠纷。[①] 在早期殖民地，东印度公司通过建立各种法庭来维持法律秩序，如海事法院（Admiralty Court）、公共法院（Choultry Court）和征税官法院（Collector's Court）。[②] 二是建立王室法院。根据1726年王室特许状，英王乔治一世授权英国政府在上述三个

[①] S. S. Shilwant, *Legal and Constitutional History of India*, Sanjay Prakashan, 2003, pp. 4–7.

[②] 同上书，第9—34页。

管辖区建立王室法院，即市长法院（Mayor's Court），并以此制衡东印度公司的行政权力。① 三是在三个管辖区分别设立省督及参事会，并赋予其立法创制权。根据1726年王室特许状，各管辖区的省督及参事会可以基于对公司和辖区居民进行良好治理之需要而创制法律、规章和法令，但所制定的法律不得与英国法相抵触。②

在早期殖民统治时期，东印度公司并不积极干预印度本土法律发展，这一方面是因为公司无权管辖穆斯林和印度教徒，另一方面是因为对英国人的纠纷只需要适用英国法来解决，公司缺乏动力去了解印度本土法律。因此，即便英国人不信任印度本土法律，他们也没有动力去改变印度本土的穆斯林法和印度教法。不过，1675年，东印度公司与莫卧儿帝国达成协议，由公司直接控制帝国的两个最高官职"迪万"（Diwan）和"纳瓦布"（Nawab）。前者涉及征税权和对民事案件的审理，后者则涉及地方政府、军事力量和对刑事案件的审理。这意味着，莫卧儿帝国的地方行政司法机构被东印度公司接管。③ 如此一来，面对印度本土法律的缺陷和司法的腐败，东印度公司就不得不去改革这些法律制度尤其是刑法制度和司法制度，使之符合英国人的自然正义和法治观念，从而在印度殖民地建立起有效的法律与秩序。

从刑法改革来看，孟加拉总督黑斯廷斯（W. Hastings）和印度总督康沃利斯（C. Cornwallis）都曾对当时印度本土的穆斯林刑法进行严厉的抨击并呼吁改革。黑斯廷斯和康沃利斯认为，印度刑法改革必须纠正穆斯林刑法所存在的实体和程序缺陷。其中，康沃利斯提出的刑法改革建议，如废除基于犯罪工具而非犯罪意图的杀人罪认定标准，废除亲属宽恕凶手并接受"血金"的权利，废除肉刑而代之以罚金、监禁和苦役，废除证人作证的宗教和性别要求等，都被吸收到了1793

---

① S. S. Shilwant, *Legal and Constitutional History of India*, pp. 35–39.
② 同上书，第39—40页。
③ 同上书，第55—57页。

年的《康沃利斯法典》之中。①

从司法改革来看，黑斯廷斯和康沃利斯都认为莫卧儿帝国的法院制度存在缺陷，如腐败和低效率等，并先后实施了不同的司法改革计划。黑斯廷斯在1772年提出司法改革计划，试图在广大的乡村地区建立法院制度。根据他的计划，公司将乡村地区划分为若干个区，每个区派出一名公司雇员作为征税官，负责该区的税收和司法事务。征税官所主持的地区法院分为地区民事法院和地区刑事法院。同时，高等民事法院和高等刑事法院分别担任地区民事案件和刑事案件的上诉机构。② 康沃利斯则在黑斯廷斯1772年司法改革计划的基础上提出了进一步的改革，他分别在1787年、1790年和1793年提出了不同的改革方案。其改革成就主要有两个方面：一是使财税行政事务与司法事务分离开来，二是使司法制度更完善，建立三级司法体制。譬如，1790年司法改革取消了地区刑事法院，另设巡回审判法院，形成区治安法官法院—巡回审判法院—最高刑事法院的三级刑事司法体系。③

东印度公司对印度本土法律从不干预策略到调适性策略的转变，已经反映出其殖民统治的变化。具言之，一方面，通过殖民贸易和战争，东印度公司不仅获利丰厚，而且在印度获得了越来越多的殖民地。另一方面，随着东印度公司从一个纯粹商业机构转变成为一个实际控制印度殖民地的统治机构，即作为英国王室在印度的全权和主权代表，英国政府自然希望加强对东印度公司的控制和监管。此外，当时英国政府也希望分享东印度公司的利润，以缓解镇压北美叛乱而带来的财政压力。因此，当东印度公司因雇员私下进行贸易而造成公司财政亏空并向英国政府求助时，英国政府就借机介入东印度公司的殖民统治，并通过1773年的《监管法案》实现了英国政府与东印度公司共管印度

---

① V. D. Kulshreshtha, *Indian Legal and Constitutional History*, Eastern Book Company, 2009, pp. 264-265.
② S. S. Shilwant, *Legal and Constitutional History of India*, pp. 59-75.
③ V. D. Kulshreshtha, *Indian Legal and Constitutional History*, pp. 155-160.

的目标。①

英国政府介入东印度公司殖民统治的方式主要有两种：一是在印度殖民地创建新的司法机构，譬如 1773 年《监管法案》就授权英国政府在印度创设一个全新的法院机构来监督东印度公司。据此，英国政府先后在加尔各答（1774 年）、马德拉斯（1800 年）和孟买（1823 年）三个管辖区设立最高法院（Supreme Court of Judicature）。② 这导致印度殖民地逐渐形成一个二元的司法体系，即公司法院体系与最高法院体系。二是在印度殖民地建立统一集中的立法权，譬如，根据 1833 年特许法案，孟加拉总督及参事会成了整个印度的总督及参事会，并获得了全面管治印度的权力，尤其是对印度行使统一的立法权。据此，原先各个管辖区省督及参事会的立法权就被取消，英国政府对东印度公司殖民统治的控制和监管得以加强。③

英国政府的介入和干预使东印度公司的殖民统治发生了深刻的变革，如二元司法体系的形成和统一立法权的建立。然而，随着英国政府与东印度公司矛盾加剧，英国政府认识到必须解决印度法律不统一的问题。譬如，在刑事司法领域，东印度公司的最高刑事法院适用印度本土刑法，如穆斯林刑法和印度教刑法，而代表英国政府的最高法院则适用英国的普通法和制定法。此外，在 1833 年之前，不同管辖区有自主的立法权力，可以制定各自的规章，这使得不同管辖区关于同一个犯罪问题可以规定完全不同的惩罚。由于刑事立法和司法的不统一，当时的印度刑法被视为"一幅完全拼凑的作品"，迫切需要"重塑、分类和法典化"。④ 可见，印度刑法统一及其法典化是当时印度殖民地法律改革的迫切需求。当这项需求与英帝国殖民统治的道德正当性结合在一起时，刑法的法典化自然成了英帝国在印度建立现代殖民

---

① 参见蒋辰：《〈1860 年印度刑法典〉述评》，《清华法治论衡》第 25 辑，清华大学出版社 2018 年版，第 192—193 页。
② S. S. Shilwant, *Legal and Constitutional History of India*, pp. 76-124.
③ 同上书，第 232—234 页。
④ George Claus Rankin, *Background to Indian Law*, Cambridge University Press, 1946, p. 200.

统治而进行法律改革的政策目标。①

(二) 19 世纪的英国刑法改革

英国刑法形成于中世纪,由判例法和制定法组成。判例法源自人们的生活习惯,经由法官的判决而形成和发展。刑法判例法是英国刑法的支柱。刑法上重罪与轻罪的区分、刑事责任的一般原则、特定犯罪的构成要件、被指控犯罪的辩护事由,甚至新罪名的创设,都是法官依据判例进行建构的产物。制定法起初包括由国王颁布的宪章、诏令、条例和法令。在实行议会制后,制定法主要指按照专门的立法程序,经由国会上议院和下议院通过,并由国王批准和颁布的法律。刑法制定法的功能是说明和补充刑法判例法。对此,英国法学家斯蒂文(J. Steven)曾这样阐述二者的关系:总的刑法原则和主要的犯罪定义是由判例法提供的,制定法则以此为基础对判例法上的罪名进行修改与扩张,同时创设一些判例法中不曾存在的新罪名,也对判例法中的某些定义和原则进行更新与改变。②

在 17 世纪至 18 世纪期间,英国社会经历了启蒙运动、光荣革命和工业革命,人们开始用科学、理性和怀疑的眼光来看待社会发展,批判妨碍社会进步的事物,并呼吁一系列的社会改革。法律改革尤其刑法改革,是英国近代社会改革的重要篇章。英国近代社会的急剧转变和快速发展,不仅导致大量的刑法制定法产生,而且也使刑法判例法汇编"膨胀"。由于判例法通常具有滞后性和不确定性以及制定法缺乏系统性、逻辑性和统一性,英国刑法不仅让普通人无法掌握,而且也时常让法律专业人士困惑。对此,英国法学家边沁对普通法提出了严厉的批判,认为普通法的根本缺陷在于其不可认知,而这个缺陷的根

---

① Barry Wright, "Macaulay's Indian Penal Code: Historical Context and Originating Principles", pp. 25-28.

② 参见张子豪:《"传统"与"实用"的融合:英国刑法发展史考略》,《中国政法大学学报》2020 年第 1 期,第 73—86 页。

源就在于法律出自法官而不是立法者。① 因此，边沁强烈呼吁法律改革，甚至创设了"法典化"一词，主张通过立法创制出包括一切法律领域的"万全法典"（Pannomion）。②

正是在边沁思想的鼓舞下，19 世纪英国掀起了以法典化为目标的刑法改革运动。这场刑法改革运动主要有四次重要的法典化尝试和努力。第一次尝试是在 19 世纪 20 年代，当时刑法改革主要针对英国的"血腥法典"，旨在减少死刑的罪名。这次法典化由英国内政大臣罗伯特·皮尔（R. Peel）于 1823 年提出，他主张通过法令统编的方式来改造刑法制定法。其后，在 1826 年至 1832 年期间，皮尔推动议会通过了八个法案，合称"皮尔法案"。该法案不仅大大减少了死刑，而且统编了原先散乱的制定法。不过，它既未能使法律术语具有一致性，也未能使刑罚分配合理化。③ 第二次尝试由大法官布鲁厄姆（P. Brougham）于 1833 年提出，并由政府成立皇家委员会来实施。在 1833 年至 1850 年期间，第一和第二届皇家委员会先后成立，一共提出了十三份法律报告，并形成了两部刑法典草案，分别是 1843 年《刑法典草案》和 1848 年《刑法典草案》。不过，由于议会保守派的激烈反对，这两部刑法典草案均未获得议会通过。这次尝试除了通过 1837 年法案进一步减少死刑罪名的数量和废止"皮尔法案"部分条款外，并未能真正实现刑法的法典化。④ 第三次尝试由大法官克兰沃斯（B. Cranworth）主导，他于 1853 年和 1854 年先后成立了两个新的皇家委员会，以此推动刑法的法典化计划。⑤ 这次尝试先后起草了八份报告（议案），并对英国法

---

① 参见王磊、曹瑞臣：《19 世纪英国刑法法典化改革探析》，《菏泽学院学报》2014 年第 4 期，第 102—108 页。

② Barry Wright, "Macaulay's Indian Penal Code: Historical Context and Originating Principles", pp. 28-29.

③ David Skuy, "Macaulay and the Indian Penal Code of 1862: The Myth of the Inherent Superiority and Modernity of the English Legal System Compared to India's Legal System in the Nineteenth Century", *Modern Asian Studies*, vol. 32, no. 3 (1998), pp. 513-557.

④ Lindsay Farmer, "Reconstructing the English Codification Debate: The Criminal Law Commissioners, 1833-1835", *Law and History Review*, vol. 18, no. 2 (2000), pp. 397-425.

⑤ 参见王磊：《19 世纪英国刑法改革研究》，四川大学出版社 2013 年版，第 163—164 页。

的状况进行了考察。① 不过，这次尝试的成果（即 1861 年《刑法统编与修正法案》）只是一个零散的、实用主义的刑法统编法案，并非一部完整的刑法典。② 第四次尝试由法学家斯蒂文推动，1877 年他提出了关于英国刑法的法典化建议，并因此负责为英国起草一部刑法典。翌年，他完成了刑法典草案并提交给当时的皇家委员会。1879 年皇家委员会同意提交斯蒂文的刑法典草案给国会讨论，但是，该草案仍然遭到了多方面的反对，并随着当时英国政府的轮替而流产。③

尽管 19 世纪英国刑法改革未能实现刑法的法典化，但是，这场法律改革运动通过英帝国的政策延伸到各个殖民地，并率先在印度成功实现了法典化的目标。斯蒂文认为《印度刑法典》本质上是剔除了技术细节和多余东西的英国刑法。④ 我们认为他这一判断无疑具有合理性，理由如下。第一，《印度刑法典》的起草者基本上都是英国法律人，他们熟稔英国刑法制度和观念，同时也十分了解边沁的法典化思想。因为刑法典编纂实践是以英国法律人为主体的，所以英国刑法制度及其改革观念自然成为《印度刑法典》编纂的思想基础。第二，《印度刑法典》的制定过程与 19 世纪上半叶的英国刑法改革几乎同步。譬如，为了制定《印度刑法典》，第一和第二届印度法律委员分别于 1835 年和 1853 年成立，而且第二届印度法律委员会还设立在伦敦。同样，为了制定英国的刑法典，第一和第二届皇家委员会分别在 1832 年和 1845 年成立。其中，第一届印度法律委员会还曾参照第二届皇家委员会的刑法典草案来修订《印度刑法典》1837 年草案，结果却发现二者没有任何实质性的差异。第三，比较《印度刑法典》与英国的刑法典

---

① David Skuy, "Macaulay and the Indian Penal Code of 1862: The Myth of the Inherent Superiority and Modernity of the English Legal System Compared to India's Legal System in the Nineteenth Century", p. 536.

② Lindsay Farmer, "Reconstructing the English Codification Debate: The Criminal Law Commissioners, 1833-1835", pp. 404-405.

③ 参见张子豪:《"传统"与"实用"的融合：英国刑法发展史考略》,《中国政法大学学报》2020 年第 1 期，第 81 页。

④ Barry Wright, "Macaulay's Indian Penal Code: Historical Context and Originating Principles", p. 23.

草案可以看出，无论是在结构与组织上，还是在实体法和刑罚上，二者都没有本质上的差异，甚至颇具相似性。譬如，在麦考莱所起草的《印度刑法典》中，有 16 章的标题与英国刑法典草案的章节标题是准确对应的。① 可见，《印度刑法典》不仅以英国刑法制度为基础，而且也是根据边沁的法典编纂原则来起草的。

三、刑法典的起草与实施过程

当时《印度刑法典》编纂的权力来自哪里，又如何运作？《印度刑法典》编纂目标和原则是什么？《印度刑法典》起草工作在 1837 年完成，但是，它在起草 23 年之后才被印度总督颁布，这是什么原因导致的？《印度刑法典》实施之后，产生了怎样的后果和影响？为了回答这些问题，我们需要考察《印度刑法典》的起草与实施过程。前者将揭示刑法典编纂实践的权力基础以及法典编纂的目标和原则，后者则揭示了刑法典为何迟迟未能颁布以及它实施后所带来的影响。

（一）刑法典的起草

1833 年特许法案授权印度总督及参事会行使统一的立法权。根据该法案，总督及参事会的立法职权主要包括五个方面：一是可以制定法律和规章，以废除、修改和改变任何已经生效或尚未生效的法律和规章；二是可以制定适用于所有人的法律和规章，所有人既包括英国人和本地人，也包括外国人或者其他国家的人；三是可以制定适用于所有法庭的法律和规章，所有法庭既包括英国王室建立的法庭，也包括其他有管辖权的法庭；四是可以制定适用于所有地方和事情的法律和规章，所有地方和事情的范围包括英国在印度所拥有领土的整体及

---

① David Skuy, "Macaulay and the Indian Penal Code of 1862: The Myth of the Inherent Superiority and Modernity of the English Legal System Compared to India's Legal System in the Nineteenth Century", p. 539.

其每个部分；五是可以制定适用于所有东印度公司雇员的法律和规章。① 可见，印度总督及参事会的立法权是《印度刑法典》编纂的权力基础。

　　为辅助总督及参事会行使立法权，参事会设立一名法律参事。根据上述法案，参事会一共有四名成员，其中三名是普通成员，主要由东印度公司任命，或者是公司雇员。第四名成员则是法律参事，由非公司雇员担任，但由公司董事会任命，而董事会受命于英王。除了制定法律和规章之外，法律参事在参事会中并不具有座席和投票权。而所有法律和规章的制定会议则必须有总督和至少三名普通参事参加。此外，上述法案还设立了法律委员会来辅助总督及参事会行使立法权。不过，该法案并没有规定法律委员会的领导者，或者要求法律参事成为法律委员会成员。然而，当麦考莱成为第一任法律参事时，时任印度总督本廷克（W. Bentinck）就邀请其成为法律委员会主席。于是，麦考莱一身兼二职，并得到了当时公司董事会的支持。因为法律委员会不是一个独立机构，而是总督及参事会的立法辅助者，所以，当两个职位由同一个人担任时，这有利于参事会与法律委员会之间的沟通和协调。自此，法律参事领导法律委员会辅助总督及参事会行使立法权。在立法上，法律委员会的主要工作首先是起草综合性的一般法典，其次是制定适合的法律来满足当前需求。② 可见，法律参事及法律委员会是《印度刑法典》编纂的主要设计者和执行者。

　　《印度刑法典》的起草工作主要是由第一届印度法律委员会完成的。1834 年夏天，麦考莱来到印度，既作为法律参事，也作为法律委员会的领导者。翌年 5 月，第一届法律委员会成立，并一直工作到 1843 年才被解散。这届法律委员会第一批成员总共有四名，分别是麦考莱、麦克劳德（M. Macleod）、安德森（W. Anderson）和米利特

---

　　① Kisor Acharyya, *Codification in British India*, S. K. Banerji & Sons, 1914, pp. 166 – 167.
　　② S. V. Desika Char, *Centralised Legislation: A History of Legislation Systems of British India from 1834 to 1861*, Asia Publishing House, 1963, pp. 171 – 180.

(F. Millett)。除了法律委员会主席麦考莱外，其他三名成员都是东印度公司的雇员，分别代表马德拉斯、孟买和孟加拉三个管辖区。后来，随着空缺的出现，总督增补了阿莫斯（A. Amos）、布拉戴尔（H. Borradaile）、卡梅伦（H. Cameron）和埃利奥特（D. Elliott）等人作为法律委员会成员。①

随着法律委员会成立，法典化计划成为法律委员会工作的首要目标。当时麦考莱已经注意到刑法成为英国法律改革辩论的焦点，并认为关于刑法原则的讨论已经十分彻底，所以他选择了刑法作为法典化计划的开端。为此，在1835年6月4日参事会备忘录里，麦考莱阐述了其关于刑法典编纂的核心目标：第一，法典应该不止是对现存法律的整理，而是覆盖所有可能性，且"任何没有被法典规定的内容都不应该成为法律"。第二，法典应该以施加最小的痛苦来惩罚犯罪，且应该考虑以最小的金钱和时间成本来查明真相。第三，法典语言应该清晰、明确和简洁。每项犯罪行为应该被独立定义，在起诉书中法典语言应该被精确地遵守，且行为应该被清晰地定义。第四，统一性是主要目标，若没有清楚和有力的理由，则专门的定义、程序或者基于不同种族或教派的其他例外规定不应该被包括在法典内。上述法典编纂目标，其实包含了四项法典编纂原则：一是全面性原则，二是功利性原则，三是精确性原则，四是普遍性原则。此外，麦考莱还曾将法典化原则表述如下："（法律）在能够统一的时候，要实现统一；在必须保持差异的地方，则体现多元；但是在所有情况下，必须具有确定性。"1835年6月15日参事会正式同意上述这些目标，并使之成为法律委员会的职责事项。可见，麦考莱关于法典化的目标和原则，是指导《印度刑法典》编纂实践的基本纲领。②

麦考莱承担了《印度刑法典》起草的大部分工作。因为法律委员

---

① S. V. Desika Char, *Centralised Legislation: A History of Legislation Systems of British India from 1834 to 1861*, pp. 167-171.

② Barry Wright, "Macaulay's Indian Penal Code: Historical Context and Originating Principles", pp. 22-23.

会其他成员在1836年夏天和秋天都因病而无法参与起草工作。麦考莱不仅撰写了许多章节,而且还对其他成员已经完成的章节进行了修改。尽管大多数同事无法参与起草工作,但是麦考莱仍然以极高的效率完成了刑法典的起草工作。经过两年时间,1837年5月2日,法律委员会就向总督奥克兰(Auckland)提交了刑法典初稿。经过少许修改,法律委员会于10月14日提交了刑法典的最终草案及其报告。不过,在完成《印度刑法典》草案后,麦考莱并没有继续担任法律参事和法律委员会主席,而是辞职回到英国,且再也没有参与过与刑法改革或者法典化计划相关的活动。①

(二)刑法典的实施

随着麦考莱的离开,印度刑法改革尤其刑法的法典化工作几乎陷入停滞不前的状况。首先,作为麦考莱的继任人,阿莫斯成了法律参事,但是他并不满意麦考莱起草的《印度刑法典》,因为他认为该法典草案并没有建立在对印度现行刑法的充分研究和理解的基础上。而且,阿莫斯极不情愿担任法律委员会主席,并利用法律参事身份反对法律委员会的建议和报告。其次,总督奥克兰离任后,新任印度总督埃伦伯勒(Ellenborough)对法律事务完全不感兴趣,以致法律参事和法律委员会无足轻重。加之他忙于阿富汗战争以及与公司董事会的斗争,刑法典的立法工作由此完全被束之高阁。最后,当时印度的英国法官等法律人士对《印度刑法典》存在普遍的抵触态度。因为担心刑法典取代普通法,这些法律人士形成了一种"厌恶法典"的情结。卡梅伦在取代阿莫斯成为法律参事之后,应总督哈丁(Hardinge)要求,分别在1846年和1847年提出了两份刑法报告。这两份报告反驳了当时对《印度刑法典》的批评意见并建议颁布法典。其中,第二份报告还建议在孟买的乡村地区试行《印度刑法典》。不过,由于当时印度的英国法

---

① Barry Wright, "Macaulay's Indian Penal Code: Historical Context and Originating Principles", pp. 34-36.

官和法律人士尤其是其他参事的反对，上述建议未能实行。①

然而，随着达尔豪西（Dalhousie）取代哈丁成为新一任印度总督，印度刑法改革似乎看到了新的希望。一方面达尔豪西似乎认识到"黑色法案"（即1836年第11号法案）中民事诉讼程序的变化（即废除了英国居民在民事管辖及上诉方面的特权）已经延伸到刑事领域，并因此需要颁布一部统一的刑法。另一方面贝休恩（D. Bethune）接替卡梅伦成为法律参事，并积极推动刑法的法典化。不过，贝休恩却猛烈抨击麦考莱起草的《印度刑法典》，认为这部刑法典草案忽视了英国法的基本概念，并要求对其进行修改。不过，他的修改几乎等于起草了一部新法典，因此，这个草案被称为"贝休恩法典"。但总督达尔豪西并没有选择颁布"贝休恩法典"，而是将其与卡梅伦略微修改后的《印度刑法典》草案一并提交给伦敦当局来抉择。当时英国的印度管理委员会主席伍德（C. Wood）也未能做出抉择，而是改由国会的一个委员会来负责最后的推荐。最终，麦考莱起草的《印度刑法典》获得了支持，并由新的法律参事皮考克（B. Peacock）来负责修改。②

1852年皮考克赴印度并担任法律参事。两年后印度成立了新的立法会，立法会赞同麦考莱的法典编纂原则，并将其草案作为立法基础。皮考克花了6年时间对刑法典草案进行详细修改，并于1858年由立法会敲定了最终修改版本。当1857年印度发生大叛乱之后，颁布《印度刑法典》已经成了一项迫切的立法任务，因为英帝国希望通过新的刑法典来重建其与印度臣民的关系，并建立起一个现代的殖民统治秩序。因此，当1858年英国政府宣布由其直接统治东印度公司在印度的殖民领土时，颁布《印度刑法典》自然成为英帝国变革印度殖民统治的一项重要举措。于是，在新一任英属印度总督坎宁（C. Canning）的任期内，《印度刑法典》作为1860年第45号法案于10月6日经立法会颁

---

① S. V. Desika Char, *Centralised Legislation: A History of Legislation Systems of British India from 1834 to 1861*, pp. 182-185.

② Barry Wright, "Macaulay's Indian Penal Code: Historical Context and Originating Principles", pp. 34-37.

布，1862年1月1日生效。①

随着法典的生效和实施，《印度刑法典》具有三个方面的重要影响。首先，它实现了印度刑法的统一。在1860年之前，印度刑法在法源上是多元的，主要包括三个方面：一是印度本土刑法，如穆斯林刑法和印度教刑法；二是东印度公司各个管辖区制定的规章，这些规章大多数是对印度本土刑法的修改，并使之符合英国法原则，如"正义、公平与良心"原则；三是英国刑法，主要包括刑法判例法和刑法制定法。不过，随着《印度刑法典》生效，印度本土刑法、东印度公司的规章和英国刑法都被其替代，这使印度刑法在实体法上实现了统一。

其次，它还促进了印度刑事司法的统一。1861年之前，印度殖民统治形成了一个二元的司法体系，分别是东印度公司的法院体系和英国政府建立的最高法院体系。不同法院适用不同的法律，譬如在广大乡村地区，公司法院主要适用公司规章，而在管辖区，最高法院则适用英国的判例法和制定法。司法权的不统一必然导致司法判决的差异和多元，甚至带来自相矛盾或者相互冲突的判决。为了保证法律适用的统一，1861年《印度高等法院法》（Indian High Courts Act）废除了最高法院和公司法院，并授权英国殖民政府在加尔各答、孟买和马德拉斯建立统一的高等法院体系，从而形成英属印度统一的司法体系。②随着印度司法体系的统一，印度的刑事司法状况得到了极大改善，并使印度地区的治安状况达到了英国和平时期的水平。③ 此外，在《印度刑法典》实施了20年后，1882年《刑事诉讼法》也得以颁布，以辅助刑法典的统一实施。

最后，它推动了印度刑法的现代化。印度本土刑法具有浓厚的宗教色彩，存在不人道的刑罚，这与日益世俗化、理性化的印度社会不

---

① Barry Wright, "Macaulay's Indian Penal Code: Historical Context and Originating Principles", pp. 37-38.
② V. D. Kulshreshtha, *Indian Legal and Constitutional History*, pp. 190-193.
③ James Fitzjames Stephen, *A History of the Criminal Law of England*, vol. 3, Cambridge University Press, 1996, p. 322.

相适应。此外，人们对印度本土刑法的认识，往往被特定的宗教解释者（如穆夫提、大毛拉和梵学家等）垄断，因此，公众根本没有平等的机会来充分学习和运用印度本土刑法。但是，随着《印度刑法典》的颁布和实施，印度刑法发展逐渐走向人道化、合理化和世俗化的方向，譬如大大减少死刑的罪名，以罚金、监禁和苦役替代肉刑，废除具有宗教色彩的属人法，等等。同时，通过法典化方式让公众能够便利地学习和运用刑法，譬如《印度刑法典》用朴实平易的语言和精心设计的释例来阐明相关规定的内容。可见，无论从实质内容而言，还是从形式风格来讲，《印度刑法典》都是印度刑法现代化的一个标志性开端。

四、刑法典的内容、形式与特征

《印度刑法典》为何被誉为一部优良法典？它在法典编纂上具有什么样的创新？它具有何种现代品质，并成为普通法地区法典化的成功范例？为了回答这些问题，我们需要对《印度刑法典》的内容、形式和特征进行考察。其中，内容主题揭示了刑法典所体现的现代价值和理念，形式结构则揭示了刑法典在编纂上的风格和创新，特征定位则揭示了刑法典的精神特质和基本立场。

（一）刑法典的内容主题

麦考莱起草的《印度刑法典》总共有 26 章，[①] 经修改后颁布的《印度刑法典》则总共有 23 章，每章都是独立的主题。在体例结构上，法典按照总则与分则的结构来编排内容主题，分则编排同时也兼顾犯罪的形态和类型。其中，第 1—4 章相当于总则，涉及犯罪与刑罚的一般规定，第 5—23 章相当于分则，主要涉及具体犯罪类型及刑罚的规定。下面主要从总则和分则的角度来阐述《印度刑法典》的内容主题。

[①] Thomas Babington Macaulay, "The Penal Code", in *Complete Works of Thomas Babington Macaulay*, Delphi Classics, 2016, p. 133.

首先，从总则的角度来看，第 1—4 章确立了刑法基本原则。第 1 章是"序言"，它确立了刑法属地管辖原则和法律适用的平等原则，并规定了刑法典的效力范围。① 第 2 章和第 3 章确立了罪刑法定原则。其中，第 2 章是"一般解释"，其内容涉及刑法典所规定概念的一般性解释，主要包括犯罪、犯罪过错、犯罪行为和犯罪对象的定义等。② 第 3 章是"刑罚"，其内容涉及刑罚的一般性规定，如关于刑罚种类的规定、关于减刑的规定、关于流放刑的一般规定、关于监禁的一般规定、关于没收财产的一般规定和关于罚金的一般规定。其中，刑罚种类包括六种，分别是死刑、流放、苦役、监禁、没收财产和罚金。③ 第 4 章是"一般例外"，确立了刑事责任的主观归责原则，并规定了排除刑事责任的理由范围，主要包括九个方面：一是属于认识上的错误，且行为具有法律上的正当性或授权的情形；二是属于意外和没有犯罪意图的情形；三是属于必要性的情况，如为了防止或避免人身或财产的其他损害而必须做的善意行为；四是属于缺乏刑事责任能力，如不满七周岁的儿童；五是属于精神不健全的情况；六是属于醉酒的情况；七是属于受害人同意或者受害人的监护人同意的情况；八是属于受胁迫的情况；九是属于个人防卫的情形。④ 上述刑法基本原则反映了现代刑法发展所主张的属地管辖主义、法律平等主义、罪刑法定主义和责任个人主义之理念。

其次，从分则的角度来讲，第 5—23 章分别规定了不同的犯罪形态和犯罪类型。从犯罪形态角度而言，第 5 章和第 23 章分别规定了"帮助犯"和"未遂犯"，其余章节都是对"既遂犯"的规定。从犯罪类型来讲，第 6—22 章可以分为两种主要类型，一种是侵犯公共利益的犯罪，另一种是侵犯私人利益的犯罪。其中，侵犯私人利益的犯罪还可以进一步分为侵犯人身利益的犯罪和侵犯财产利益的犯罪。按照这个

---

① *The Indian Penal Code (Act XLV. Of 1860), with Notes by W. Morgan and A. G. Macpherson*, The Baptist Mission Press, 1863, pp. 3-12.
② 同上书，第 12—32 页。
③ 同上书，第 32—53 页。
④ 同上书，第 53—82 页。

分类，刑法典第 6—22 章主要涉及三个重要主题：秩序、自由和财产。这三者构成了《印度刑法典》的现代价值基础。

第一，对社会秩序的刑法保护，主要涉及侵犯公共利益的犯罪。这个主题可以进一步划分为四个方面内容：一是对统治秩序的刑法保护，涉及的犯罪类型主要包括国事罪（第 6 章）[1]、有关陆军和海军的犯罪（第 7 章）[2]、公务员实施的或有关公务员的犯罪（第 9 章）[3] 和藐视公务员合法权力的犯罪（第 10 章）[4]。二是对公共秩序的刑法保护，涉及的犯罪类型主要包括危害社会公共安宁的犯罪（第 8 章）[5]，妨害公共的卫生、安全、便利、礼仪和道德的犯罪（第 14 章）[6] 和有关宗教的犯罪（第 15 章）[7]。三是对司法秩序的刑法保护，涉及的犯罪类型主要是关于伪证和妨碍司法的犯罪（第 11 章）[8]。四是对经济秩序的刑法保护，涉及的犯罪类型主要包括有关货币和国家印纸的犯罪（第 12 章）[9] 和有关度量衡的犯罪（第 13 章）[10]。

第二，对人身自由的刑法保护，主要涉及侵犯私人利益的犯罪。这个主题可以进一步划分为五个方面的内容：一是关于人身伤害的犯罪（第 16 章），如杀人罪、伤害罪、强奸罪、绑架罪等。[11] 二是关于非法违反契约的犯罪（第 19 章），有关罪行主要涉及旅途服务契约、家政服务契约和劳工远地服务契约。[12] 三是关于婚姻的犯罪（第 20 章），如非法同居罪、重婚罪、骗婚罪、通奸罪和诱拐妇女罪。[13] 四是诽谤犯罪

---

[1] The Indian Penal Code (Act XLV. Of 1860), with Notes by W. Morgan and A. G. Macpherson, pp. 99-109.
[2] 同上书，第 109—118 页。
[3] 同上书，第 133—143 页。
[4] 同上书，第 143—156 页。
[5] 同上书，第 118—133 页。
[6] 同上书，第 203—217 页。
[7] 同上书，第 217—221 页。
[8] 同上书，第 156—185 页。
[9] 同上书，第 185—201 页。
[10] 同上书，第 201—203 页。
[11] 同上书，第 221—326 页。
[12] 同上书，第 428—431 页。
[13] 同上书，第 432—439 页。

(第 21 章)。① 五是关于刑事恐吓、侮辱和滋扰的犯罪（第 22 章）。②

第三，对财产利益的刑法保护，也是涉及侵犯私人利益的犯罪，其规定主要集中在第 17 章和第 18 章。其中，第 17 章包括十种罪名，分别是（1）盗窃罪（第 378—382 条）；（2）勒索罪（第 383—389 条）；（3）强盗与土匪罪（第 390—402 条）；（4）非法侵占财产罪（第 403—404 条）；（5）非法违背信托罪（第 405—409 条）；（6）接受赃物罪（第 410—414 条）；（7）欺诈罪（第 415—420 条）；（8）欺诈行为和欺诈的财产处置之犯罪（第 421—424 条）；（9）毁损财产罪（第 425—440 条）；（10）非法侵入住宅罪（第 441—462 条）。③ 第 18 章则主要涉及有关文书和财产标志的犯罪。④

最后，从分则的角度来看，第 5—23 章关于具体犯罪的刑罚规定主要以监禁和罚金为主，并建立起监禁和罚金量刑的不同层级，形成了一个严密的刑罚等级体系。相较而言，关于流放和没收财产的规定在数量上远远少于监禁和罚金的规定，譬如适用流放的规定有 47 条，而适用没收财产的规定只有 6 条。此外，虽然《印度刑法典》第 3 章规定了死刑，但是死刑罪名十分少，仅有国事罪（第 121 条）、帮助军人实施叛变罪（第 132 条）、通过伪证使无辜之人获死罪的犯罪（第 194 条）和谋杀罪（第 302—303 条、305 条、396 条）规定了死刑。⑤ 可见，《印度刑法典》基本反映了英国刑法改革的趋势，尤其是大量减少死刑。

综上所述，我们认为《印度刑法典》一方面确立了现代刑法的基本理念，如属地管辖、法律面前人人平等、罪刑法定、刑事责任的主观归责等原则，这些原则反映出自由主义的法治理念；另一方面在犯罪分类和刑罚设置上，则体现了英国刑法改革的理念和成果，如按照

---

① *The Indian Penal Code (Act XLV. Of 1860), with Notes by W. Morgan and A. G. Macpherson*, pp. 439-448.
② 同上书，第 448—454 页。
③ 同上书，第 327—408 页。
④ 同上书，第 409—428 页。
⑤ 同上书，第 32—42 页。

功利主义者关于犯罪的分类来编排法典章节,并根据功利原则来合理分配刑罚,尤其是大大减少死刑。因此,无论相较于当时的印度本土刑法还是英国本土刑法,《印度刑法典》都显示出了巨大的历史进步,并作为一部优良法典,引领了19世纪普通法地区的刑法改革。

(二)刑法典的形式结构

《印度刑法典》之于英国刑法,犹如秩序之于混沌。英国刑法充满复杂的技术细节和冗余的表达,《印度刑法典》则相当于一部简明的刑法词典,便于人们去理解和认识刑法。究其原因,一是因为它使用简单平易的日常语言来表述刑法规定,使刑法规定清晰、明确和简洁,便于人们理解。二是因为它建立了统一的概念体系和表述结构,使人们容易掌握刑法概念所表述的内容。三是因为它几乎囊括了整个刑法领域,并建立了合理的犯罪分类和刑罚体系,使人们可以对相关刑法主题一目了然。可见,语言表述、体系结构和分类形式是法典编纂的三个重要维度。下面主要从这三个维度来描述《印度刑法典》在形式结构上的特点。

首先,《印度刑法典》在语言表述上具有精确性。在法典编纂上,麦考莱认为立法者应当遵循两条原则:一是精确性原则,二是可理解性原则。前者要求法律表述准确,后者要求法律表述易于理解。[①] 如此,法律才能够在防止法官和执法者滥用自由裁量权的同时,便于公众的理解和运用。为了使法律表述易于理解,麦考莱在起草刑法典时,没有使用高度技术性和晦涩的普通法语言,而是使用简单平易的日常语言来表述刑法规定。但是,由于日常语言的局限,法律表述很难充分兼顾精确性和简明性。这种困境源自分类逻辑在归纳与演绎之间的张力,也可以说是普遍性与情境性之间的张力。为了缓解这种张力,除了诉诸常识来保持语言表述的可理解性外,麦考莱还在起草时设计

---

① Thomas Babington Macaulay, "Introductory Report Upon the Indian Penal Code", in *Complete Works of Thomas Babington Macaulay*, Delphi Classics, 2016, pp. 141-142.

了各种"小窍门",如释例、说明和注释等。①

其次,《印度刑法典》在分类形式上具有全面性。在法典编纂上,边沁主张一种"全景式"立法,这意味着将立法者置于立法"透视"的中心位置,以使法典化计划能够囊括所有法律领域。为此,边沁认为应当将科学所使用的分类逻辑贯彻到立法领域,从而使所有社会关系和主权权力都被纳入到一个全面规制的框架之中。如此,立法才具有全面性。② 以刑法为例,边沁按照犯罪侵犯的公共利益和私人利益,将犯罪划分为四种类型:一是针对公众的犯罪,二是针对个人的犯罪,三是针对财产的犯罪,四是针对身份或名誉的犯罪。在起草刑法典时,麦考莱并没有严格按照边沁学说来进行法典编纂,而是受《法国刑法典》的影响,对犯罪分类采取了一种更简单和更宽松的排序。不过,他基本上遵循了边沁关于犯罪的分类逻辑,譬如《印度刑法典》第6—15章主要涉及侵犯国家或公众利益的犯罪,而第16—22章主要涉及侵犯私人利益的犯罪。此外,在术语、刑罚和免除刑事责任的事由等方面,麦考莱也运用分类逻辑来进行法典编纂,从而使《印度刑法典》能够囊括所有可能被规制的事项。③

最后,《印度刑法典》在体系结构上具有统一性。在法典编纂上,统一性是一个主要目标。麦考莱在起草刑法典时主要通过两个方面来保证其统一性。一是构建统一的术语体系。法典中,每个术语的定义都是精确的和独立的,即以独立的段落来表述每个理念和命题。同时,这些术语彼此被置于一个完整的分类体系之中,因此每个术语的语词和表达在这个法典中都具有统一的意义。譬如,"序言""一般解释""刑罚"和"一般例外"的术语及规定是统一适用于整个刑法典的所有条款的。二是构建统一的体例结构。这个体例结构主要分为三大"构件":条款、释例和说明。条款是刑法典的正文,每个条款都是独立的

---

① Barry Wright,"Macaulay's Indian Penal Code: Historical Context and Originating Principles", pp.40-43.
② 同上文,第41页。
③ 同上文,第42页。

段落或者由独立段落构成。释例通常是对条款规定进行解释的例子，旨在表明条款的全部含义和具体操作。说明是对条款的补充或解释。在《印度刑法典》中，这三者构成了法典文本表述的基本结构。

综上所述，我们认为《印度刑法典》不仅在法典编纂上具有十分鲜明的特点，如语言表述精确、分类形式全面和体系结构统一，而且还形成了自身鲜明的风格，如法典语言简洁明晰。此外，与英国的刑法典草案不同，它还实现了独树一帜的立法技术创新，如释例的运用。由于印度缺乏判例法，所以释例发挥着判例的功能。不过，释例是由立法者颁布在法典里的，所以它具有比法官的判例更高的权威。释例之于法典，并不构成法律；然而，没有释例的法律也不成其为法典规定的法律。① 因此，这一立法技术被视为《印度刑法典》的一项独特的创新举措。

（三）刑法典的特征定位

《印度刑法典》体现了 19 世纪上半叶英国刑法的改革成果，它不仅在法律形式上对英国法的原则进行了简化和重述，而且在实质内容上也有很多历史性的进步。通过与当时的印度本土刑法和英国本土刑法的比较，我们可以发现《印度刑法典》具有以下三个基本特征。

首先，刑法的理性化，这主要表现为三个方面。一是罪刑的法定化。譬如《印度刑法典》第 2 条规定，任何人实施违反本法规定的作为或不作为，都应该依照本法典而不依其他法律受处罚。二是刑罚的合理化。譬如《印度刑法典》基本上废除肉刑，仅保留了死刑，而且死刑的适用仅限于国事罪和谋杀罪等少数罪名。此外，《印度刑法典》还广泛使用监禁和罚金，并通过规定不同刑期的监禁或者不同等级的罚金或者二者的结合，形成一个罪与刑相适应的层级体系，避免刑罚滥用。三是刑事责任的理性化。譬如在《印度刑法典》中，麦考莱提出了五种过错因素来评价和定义犯罪，即意图、认识、轻率、疏忽、

---

① Thomas Babington Macaulay, "Introductory Report Upon the Indian Penal Code", p. 142.

欺诈。不过，实际颁布的《印度刑法典》还增加了四种新的过错因素，即不诚实、故意、有理由相信、腐败，这些过错因素主要适用于财产犯罪。上述过错因素不仅有利于合理评价刑事责任，也有利于对罪刑的分类进行合理排序。此外，《印度刑法典》还针对错误认识、刑事责任年龄、意外、同意、必要性、胁迫、醉酒、精神不健全和个人防卫等免除刑事责任的事由做出了规定，这些规定也有利于促进行为和责任的理性化。

其次，刑法的世俗化。这主要表现为两个方面。一是刑法体现了自由与平等的价值理念。印度社会不仅存在等级森严的种姓制度，而且还存在着严重的性别不平等，如印度社会对于女性的歧视，引发了很多犯罪。对此，《印度刑法典》不仅强调对所有阶层的公民实施一体法律保护，而且还规定了侵害妇女权益的罪名及刑罚，如第354条关于侮辱妇女罪的规定、第366条关于诱拐妇女罪的规定和第375—376条关于强奸罪的规定。二是刑法体现了宽容和包容的文化理念。譬如在第6章国事罪的规定中，死刑主要涉及发动战争的罪行。由此，刑法对于政治犯罪的规定仅限于上述一项，这极大限制了国家滥用刑罚来对付政治异议人士的可能，无疑体现出很大的政治宽容。此外，第15章规定凡是意图侮辱别人的宗教和伤害别人的宗教情感而实施的破坏宗教集会、宗教仪式、宗教场所、宗教物品等行为，都属于刑法惩罚的罪行。可见，《印度刑法典》并不直接干预具体的宗教信仰事务，并对不同宗教信仰保持一种宽容和中立的态度。

最后，刑法的公法化。在印度教刑法中，个人可以执行对自己的惩罚，如赎罪苦行。在穆斯林刑法中，尤其在同态复仇刑中，刑罚可以由私人来执行，譬如由受害人自己或者受害人的继承人来执行。受害人及其继承人还可以选择宽恕或者接受"血金"而不执行刑罚。可见，在印度本土刑法中，刑罚并不是一个严格由国家垄断的领域，以致刑罚的执行并不具有确定性，甚至还可能导致腐败，譬如通过贿赂官员来减轻或者免除刑罚。但是，随着《印度刑法典》的实施，国家加强了对刑事司法的控制。譬如《印度刑法典》第217—223条规定了具有公务员身份的人员枉法、不逮捕罪犯或者帮助罪犯脱逃的罪名及刑罚。因为刑事司法运作涉及国家与公民之间的关系，所以当刑法作为规制国家与公民之间政治关系的法律框架出现时，刑法就不只是保护私人权利的法律，而具有公法的地位和属性。刑法的公法化意味着刑罚和暴力都应由国家来垄断，以此保障刑法的公共性和普遍性。

综上所述，我们认为《印度刑法典》的三个基本特征其实反映了近代西方社会（尤其是英国）刑法改革和发展的一般精神和基本立场。在这个意义上，印度刑法的法典化与其说是印度本土刑法改革的产物，不如说是英国刑法改革的成果。在长达160年的法典实施过程中，印度刑法的发展经验尤其是法典化经验在普通法地区无疑具有不可低估的影响与价值。

五、刑法典的修订与印度刑法发展

《印度刑法典》实施之后，印度刑法究竟有哪些变化和发展？《印度刑法典》的修订是以什么方式进行的？印度刑法发展如何处理"解法典化"与"再法典化"的关系？为了回答这些问题，我们需要考察《印度刑法典》的修订之历史和后法典时代的印度刑法发展之趋势。前者揭示了《印度刑法典》的修订模式和特点，后者则揭示了印度刑法发展的悖论和张力。

（一）刑法典的修订

自颁布之日起一直到2021年，《印度刑法典》一共修订了78次。① 第一次修订是1861年第6号法案，即《印度刑法典生效时间更改法案》；最新一次修订是2018年第22号法案，即2018年《刑法修正

---

① 关于《印度刑法典》历次修改的介绍，参见 *The Indian Penal Code*, Universal Law Publishing, 2011, pp. 1-3. 该文献统计日期截止到2008年，一共有75次修订，但该统计未包括1861年第6号法案关于法典生效日期的修改。

案》。下面主要从形式和内容两个方面来归纳历次立法修订的类型和共性。

从形式上来讲，《印度刑法典》的立法修订可以分为四种类型：一是仅针对《印度刑法典》的修订，如 1870 年《印度刑法典修正案》和 1872 年《印度刑法典修正案》，共有 16 次。① 二是不仅涉及《印度刑法典》的修订，而且还涉及《刑事诉讼法》或者其他刑事法律的修订，如 1886 年《印度刑法典修正案》和 1927 年《刑法修正案》，共有 21 次。② 三是涉及众多法律修改，《印度刑法典》修订只是修订法案的其中一部分，如 1927 年《废止与修正案》、1948 年《印度独立（中央法案与条例修改）令》和 1950 年《法律修改令》，共有 14 次。③ 四是以单行法规立法对《印度刑法典》进行修订，如 1889 年《金属货币法案》、1940 年《船舶和飞机犯罪法案》、2000 年《信息技术法案》和 2003 年《选举法（修正）法案》等，共有 26 次。④

从内容上来讲，修订可以分为四种类型。一是涉及刑法典效力的修订，如 1861 年第 6 号法案修改了《印度刑法典》的生效时间，还有 1937 年《印度政府（法律修改）令》、1948 年《印度独立（中央法案与条例修改）令》、1950 年《法律修改令》和 1951 年《B 类邦国（法律）法案》则相继修改了《印度刑法典》适用的地域范围。二是涉及刑法典术语的修订，如 1937 年《印度政府（法律修改）令》和 1950 年《法律修改令》分别对《印度刑法典》第二章规定的"英属印度"（第 15 条）、"印度政府"（第 16 条）、"女王"（第 13 条）等术语予以废止。三是涉及刑罚条文的修订，如 1949 年《刑法（移除种族歧视）法案》将《印度刑法典》第 53 条关于刑事苦役的规定和第 56 条关于欧美籍犯人的刑罚规定废止，还有 1955 年《刑事诉讼法（修正）法案》将《印度刑法典》第 55 条第 2 款的"流放"修改为"终身监

---

① *The Indian Penal Code*, Universal Law Publishing, 2011, pp. 1-3.
② 同上。
③ 同上。
④ 同上。

禁"。四是涉及罪名条文的修改，又可以细分为四种情形：（1）对条文内容的部分修改，如1950年《法律修改令》和1955年《刑事诉讼法（修正）法案》将《印度刑法典》第121条规定的"女王"改为"印度政府"，"流放"改为"终身监禁"，"应该没收财产"改为"应该并处罚金"；（2）增加新的条文，如1872年《印度刑法典修正案》在《印度刑法典》第6章中增加了121A条和124A条，前者涉及阴谋实施第121条惩罚的罪名（如发动战争、企图发动战争和帮助发动战争的罪行），后者则涉及煽动对政府不满的罪名；（3）删减条文，如1988年《防止腐败法案》废止了《印度刑法典》第9章第161—165A条的规定，这些条文主要涉及公务员和有关公务员的犯罪；（4）新条文对旧条文的替代，如2013年《印度刑法典（修正）法案》第9条对《印度刑法典》第16章第375—375D条的替代，这些条文主要涉及强奸罪。

综上所述，我们认为《印度刑法典》的修订以刑法修正案的方式为主，以单行法规立法方式为辅。此外，《印度刑法典》的立法修订大多数是对某个具体问题或者政策挑战的回应，如1988年《防止腐败法案》就是针对官员腐败问题的，还有2013年《印度刑法典（修正）法案》则主要针对当时十分严重的强奸犯罪问题。此外，1948年《印度独立（中央法案与条例修改）令》和1950年《法律修改令》则是对印度独立后的立法政策之回应。因此，这些立法修订大多数具有应急性和临时性。

（二）后法典时代的印度刑法发展之趋势

在《印度刑法典》颁布和实施之后，印度刑法发展方式主要有两种：一是立法，二是司法。这两种方式相辅相成，并成为推动印度刑法发展的"双引擎"。不过无论是立法，还是司法，在这160年期间，印度刑法发展的趋势主要表现为以下潮流和势力之间的此消彼长。

第一，殖民化与去殖民化。1858年英国政府直接取代东印度公司成为印度殖民地的统治者。为巩固英帝国在印度的殖民统治，《印度刑法典》得以颁布。在该法典实施 10 年后，1872 年修正案在第 6 章国事罪中增加了第 121A 和 124A 条。这两个条文分别属于"共谋法"和"煽动法"，是英国殖民政府用来压制或者打击政治异议者的法律工具。在印度独立之后，这两个条文都被保留了下来。但是，由于宪法规定印度是一个民主共和国，所以上述两个条文的合宪性遭到质疑。其中，第 124A 条在塔拉·辛格诉旁遮普邦（Tara Singh v. State of Punjab）一案中被认为可能是违宪的。为了避免违宪困境，1951 年宪法第一修正案就在《宪法》第 19 条第 2 款增加了"基于公共利益"的考量而对言论自由进行限制之规定，并发展出相应限制条件，如国家安全、与外国友好关系、公共秩序和道德风化等。① 可见，虽然《印度刑法典》并没有因其是殖民统治工具而被废止，但是，去殖民化无疑是印度独立后所有法律调适的一种大趋势。

第二，宪制化与反宪制化。虽然《印度刑法典》是英国殖民政府开明专制的产物，但是，它确实起到了为规制国家与公民之间的关系提供法律框架的作用。因为麦考莱深受英国自由主义宪制观念和法治精神的影响，所以，他起草的《印度刑法典》完全确立了现代刑法的基本原则，尤其是罪刑法定原则和法律面前人人平等原则。这两项原则一方面防止国家滥用权力，另一方面则要求国家为公民权利提供法律保护。但是，由于印度是一个宗教社会，印度教的种姓制度根深蒂固，并影响着社会生活领域的方方面面。其中，种姓压迫和性别不平等早已经造成严重的社会问题，像贱民、底层女性和边缘部落往往成为《印度刑法典》惩罚和制裁的对象。② 这无疑与麦考莱希望提供平等法律保护之抱负背道而驰。

然而，随着印度独立，印度制宪者认识到种姓社会固有的不平等和社会排斥问题，并企图通过宪法和立法来纠正这种不平等和社会排

---

① K. D. Gaur, *Textbook on Indian Penal Code*, 5th ed., Universal Law Publishing, 2016, pp. 233-235.

② Kalpana Kannabiran & Ranbir Singh (eds.), *Challenging the Rule(s) of Law: Colonialism, Criminology and Human Rights in India*, Sage Publications, 2008, pp. 121-180.

斥之结果。譬如，印度宪法第15条规定法律面前人人平等和法律平等保护原则，第17条规定废除"不可接触者"制度，禁止以任何形式歧视所谓"不可接触者"的做法，甚至使之成为一项应受惩罚的罪行。在立法上，印度议会颁布了1955年《不可接触（罪行）法》、1961年《嫁妆禁止法》、1976年《民权保护法》、1978年《童婚限制法修正案》、1987年《实施萨蒂（阻止）法》、1989年《表列种姓和表列部落（防止暴行）法》、2005年《保护妇女免受家庭暴力法》等法律，以保障贱民、底层女性和边缘部落等弱势社群的基本权利。于是，凭借宪法和立法的力量，《印度刑法典》的实施发挥着保障公民基本权利的重要作用。

第三，解法典化与再法典化。面对新的犯罪问题和日益复杂的刑事司法治理，除了通过刑法（典）修正案来修订《印度刑法典》之外，印度立法还通过单行法规来修订《印度刑法典》，如1889年《金属货币法》《商标法案》和《营地法案》、1890年《铁路法》、1932年《空军法》、1940年《船舶和飞机犯罪法》、1964年《反腐败法律（修正）法》、1988年《防止腐败法》、2000年《信息技术法》等。此外，还有大量单行法规在刑法典之外对犯罪和刑罚做出了规定，如1961年《嫁妆禁止法》及其1986年修正案、1978年《童婚限制法修正案》、1987年《恐怖主义与破坏活动（防止）法》、2001年《防止恐怖主义法》、2004《非法活动防止法》、2005年《保护妇女免受家庭暴力法》等。可见，《印度刑法典》不是印度刑法规范的唯一来源。刑法典之外的单行法规与《印度刑法典》共同构筑了印度刑法发展的规范基础。这意味着印度刑事立法具有"解法典化"的趋势。

由于当代印度法属于英美法系，普通法实践使得印度刑法发展深受普通法世界的影响，所以，法官对《印度刑法典》的解释往往与普通法地区的判例结合在一起。然而，不同普通法地区的法律解释会存在差异，因此，法官对《印度刑法典》的解释也会存在不一致或者冲突。此外，随着大量判例的出现，《印度刑法典》的案例评注也变得

"膨胀"起来。如此,再加上立法修订的应急性和临时性,《印度刑法典》原来具有的全面性、精确性、一致性、统一性、可理解性等优点和品质,就有可能丧失。对此,在普通法地区,尤其在受到《印度刑法典》影响的普通法地区如新加坡、加拿大等,"再法典化"已经成为刑法改革的关键议题和焦点。譬如,有学者主张应当遵循麦考莱的法典编纂原则,通过编纂刑法典总则来"重振麦考莱的《印度刑法典》"①。

综上所述,我们认为印度刑法发展充满了张力。这些张力揭示了印度刑法发展的三组平衡命题:一是在进步与保守之间的平衡,二是在宗教与世俗之间的平衡,三是在统一与多元之间的平衡。当前印度刑法的平衡发展主要得益于印度的普通法实践,即立法与司法的良性互动,而这种良性互动则是建立在印度民主宪制的成熟制度和经验基础上的。

六、印度刑法现代化之特点

印度刑法现代化既有值得借鉴的经验,也有值得反思的问题。其中,关于印度刑法现代化的特点,我们可以总结为如下四个方面。

第一,刑事立法具有积极性。立法积极主义(legislative activism)是《印度刑法典》起草过程中一个令人印象深刻的方面。譬如,麦考莱一身兼二职,既是法律参事,又领导法律委员会,推动着刑法典编纂。尽管后来刑法典草案命运多舛,但是,印度法律委员成员仍积极总结和反驳当时反对刑法典的意见,并建议颁布法典。在法典颁布之后,160年来,《印度刑法典》被立法修订了78次,使印度刑法发展得以回应现实问题和政策之挑战。

第二,刑事司法具有能动性。当代印度法属于英美法系,法典的理解和运用都离不开印度的普通法实践。随着印度刑法判例法的形成,

---

① Stanley Yeo & Barry Wright, "Revitalising Macaulay's Indian Penal Code", pp. 3–17.

刑法典与判例建立起了良性的互动。尤其是在印度独立之后，印度的宪法和立法为刑事司法的能动性发挥提供了坚实的基础，使刑事司法体系运作能够发挥其保障公民基本权利的作用。

第三，刑事法学具有争鸣性。从刑法典起草到颁布，这个过程充满了争议和反对之声。这既有英国法官等法律人士"厌恶法典"的情结之影响，也反映了立法上的审慎。这种审慎往往以法学争鸣的方式展示出来，如反对者都列明具体反对的理由，同时支持者也会总结和反驳相关反对理由。在印度独立之后，这种争鸣性不仅体现在有关立法的论辩上，而且聚焦在最高法院关于刑法合宪性的论辩上。近年来，"安乐死""同性恋婚姻""死刑"等议题往往是这种合宪性论辩的焦点。这种法学争鸣有利于提升刑事立法和司法的理性化水平。

第四，刑法发展具有平衡性。通过立法与司法的良性互动，印度刑法得以平衡发展。这种平衡主要表现为三个方面。一是进步与保守之间的平衡。以死刑为例，虽然印度刑法保留了死刑，但是死刑的适用都被严格控制，真正执行死刑的案件比较少。二是宗教与世俗之间的平衡。以贱民为例，印度是一个宗教社会，印度教尤其盛行，高等种姓往往利用刑法压迫低等种姓，尤其是贱民。但是，印度宪法和立法力图纠正种姓社会这种不平等和社会排斥之结果，从而保护贱民作为世俗国家公民的基本权利。三是统一与多元之间的平衡。以法典化为例：一方面随着刑事司法治理复杂性的增加，单行法规的刑事立法大量增加以应对新的犯罪问题，从而导致解法典化的立法多元趋势；另一方面刑法典又不断被修订，使得大多数被控告和处理的犯罪仍被统一的刑法典所囊括。

第十五章　印度合同法的主要原则与基本制度

古代印度就有合同规则。自印度沦为英国的殖民地之后，英国统治者把自己的合同法移植到印度。印度共和国建立后，又构建和发展了自己的合同法。

一、印度古代法律中的合同法

在《摩奴法论》的时代，达摩由宗教伦理转变为政治法律。作为宗教法的法律，道德的标准具有格外重要的意义。《摩奴法论》第12章"行为的果报——转世与解脱"列举了三类共十种行为过失。其中第二类言语行为具体包括"谩骂、说谎、诽谤一切人和闲扯"四种行为过失。犯了言语过失的人，将会成为禽兽。一个人必须对于他的言辞负担相应的责任。这是与"诚实""善"等道德的标准相一致的。在印度的历史上，太阳王朝（Ikshvaku Dynasty）第36代君王被认作个人行为的榜样。在他身上有两个显著的品质：不食言和不说谎。虽然经历了贫穷、家庭分离等人生磨难，他依然保持着这两种品质，也因此被人们视为是有勇气的、值得尊重的人。在印度史诗《摩诃婆罗多》和《罗摩衍那》的一些故事中，誓言是神圣不可侵犯的，违背誓言的后果是在死后进入地狱。这些关于"誓言"和"许诺"的规则是古代印度合同法的起源。

在印度教法的体系里，合同法的主要构成部分已经形成。要约与承诺是构成协议的必要条件。另外，主体的资格、缔约人的真实意图、合同的形式和内容、合同的履行与合同义务都有相应规则。首先，作为缔约主体来说，生病的妇女、禁欲者、老人、囚徒、残障人士是不具备缔约主体资格的。① 从对主体资格的规定可以推断，印度教法已经形成了弱势群体的概念。② 因为这一部分人无法完全理解其行为的性质和预期行为的后果，法律以限制其主体资格的方式，使其不用承担相应的法律后果，从而对其进行保护。从主体的资格来说，印度教法中代理人概念的出现值得注意。《摩奴法论》第 8 章第 167 条规定了在族长缺席的情况下，由奴仆所缔结的合同关系对于族长具有约束力。

除了书面的合同形式外，口头合同的效力也得到了认可。书面合同缔结的方式被详细地规定：必须是在公开场合、有证人的情况下签订；合同必须写清楚签订的时间、地点、村落和签订的其他环境特征；《利论》主张，夜晚签订的合同是无效的，但是刚入夜的一段时间除外。③

从协议的角度来界定的合同关系势必要顾及当事人的真实意图。例如在遗嘱处分财产中，立遗嘱者的意图是最关键的因素，因胁迫和不当影响而形成的合同无效。④ 从合同的目的来说，必须同时满足合法性和道德两重标准，违反法律和习惯法的合同一律无效。⑤

另外，合同的内容必须是清楚、明确的。只有满足法律规定构成要件的合同才能够成立。一旦合同关系成立，缔约人就受到了合同义务的约束，必须按照合同约定的条款履行合同，违反合同则要承担相应的合同责任。《摩奴法论》认为可以分别从三个方面来定义合同的责任：宗教、道德和法律。从宗教的角度来说，不偿还合同债务者，来世将遭到报应，降生到债权人家里，成为奴隶、仆人和女子。合同的

---

① 《摩奴法论》第 8 章 163 颂："醉汉、疯子、忧伤者、完全依靠他人生活的人、儿童、老人和未被授权者经办的事情一律无效。"《摩奴法论》，蒋忠新译，中国社会科学出版社 2007 年版，8：163。
② 同上书，8：394—395："瞎子、痴子、瘸子、年逾古稀的老人和净行婆罗门的侍者，任何人不得向他们征税。国王应该永远以仁爱对待净行婆罗门、病人、不幸的人、儿童、老人、一无所有的人、出身高贵的人和有教养的人。"
③ V. G. Ramachandran, *The Law of Contract in India*, Eastern Book Company, 1971, p. 3.
④ 《摩奴法论》，8：168。
⑤ 同上书，8：164。

道德责任经过长时间的发展，形成了法律责任。《摩奴法论》第 8 章第 219 颂和第 220 颂指出，对于因贪心而违约者，国王应该要求他缴纳罚金，并将他驱逐出境。印度教法在合同责任上已经形成了担保和连带责任的形式。《摩奴法论》第 8 章第 158 颂指出，保证人在债务人不履行合同义务的情况下，要承担偿还义务。担保在印度教法里被认为是一种合同关系，是一方与另一方以信任为标的而缔结的合同。① 在有两个和两个以上保证人的情况下，保证人对内的责任分担不得对外对抗债权人，应对全部债务承担连带责任。货币的时间价值在当时的印度已经得到了充分的认识，《摩奴法论》中还出现了不同的利息的形式：逾年息、零息、复息、分期息、暗息和劳役息。② 因此，在借款合同中，债权人要求债务人偿还除本金之外的利息之债。为了保证这种合同之债的公平性，《摩奴法论》专门规定了利息之债的上限为本金的二倍。③ 如果利息超过这个限制，则债务本身无效。

在印度教法的体系中，合同的类型除了最主要的买卖合同、借款合同外，还包括服务合同、雇佣合同等形式。值得注意的是，在当时的社会背景下，人身关系也可以通过合同的形式来进行约定。例如，领养合同是由生父和养父以合同约定的转移未成年儿子亲属关系的合同形式。对于婚姻关系的规定也与现代的买卖合同有许多相似之处。例如《摩奴法论》第 8 章第 203 颂指出："凡是掺假的、变质的、分量不足的……东西一律不得出卖。"接着第 205 颂指出："把患有精神病的、患麻风病的或者已失去童贞的姑娘嫁出去的人，如果事先声明过缺陷，他就不应该受到惩罚。"这与后来英国买卖法以默示条款形式规定的卖方责任非常相似：货物必须具备商品的品质，并且必须与卖方的描述相一致。

---

① V. G. Ramachandran, *The Law of Contract in India*, p. 4；《摩奴法论》, 8：158.
② 《摩奴法论》, 8：153.
③ 同上书, 8：151.

二、印度移植英国合同法

为了实现对印度的统治,英国人自17世纪起进入印度并建立了殖民地。英国殖民者按照自己的方式开始对印度社会和法律进行改造。自东印度公司时期开始直到19世纪末,英国的文化在二百余年间对印度社会产生了巨大的影响。由于历史上不断遭遇外族入侵,印度是一个早已习惯于接受异域文化的社会,"在大多数18世纪的印度人眼中,英国人并非作为'殖民者'出现,而是古往今来移民中的新来者"[①]。从法制发展的角度来说,英国为近代的印度建立了现代的法制体系,统一了司法。正是英国人在近代印度的这次法律移植工作,使得印度资本主义的发展具备了制度条件。这正如马克思在1853年提出的关于殖民主义双重使命的论断:"英国在印度要完成双重的使命,一个是破坏性的使命,即消灭旧的亚洲式的社会;另一个是建设性的使命,即在亚洲为西方式的社会奠定物质基础。"[②]

(一)殖民地时期法律适用

从东印度公司时期到19世纪晚期(英国真正在印度建立其殖民统治体系),英国在印度的殖民统治面临着非常复杂的局面,不同的种姓阶层之间、宗教团体之间以及英国统治集团与当地土著之间矛盾频发,但是在争端的解决方面一直没有形成一个统一的模式。一方面,英国的殖民统治使印度社会的生产生活方式发生了巨大的改变,印度原有的宗教法已不能满足社会发展的需要;另一方面,印度土著的宗教和种姓构成非常复杂,不同的宗教在信仰、教义,甚至语言方面都存在着差异。英国法的法治基础与印度社会存在巨大差异,英国法无法直接适用于印度。

[①] 詹尼·索弗里:《甘地与印度》,李阳译,生活·读书·新知三联书店2006年版,第11—33页。

[②] 《马克思恩格斯选集》第2卷,人民出版社1972年版,第70页。

英国人虽然对于印度的法制环境不甚满意，但是没有对其施以革命性的变革，而是采用了温和渐进的改革方式。① 英国人聪明地回避了印度复杂的宗教伦理关系，采用双轨制建立了英国法和印度本土法同时适用的机制。一方面，将复杂敏感的婚姻家庭和宗教关系留给了本土宗教法来调整；另一方面，在其他部门法律的领域以成文法和判例法的方式引进了英国法律。

1726年乔治一世颁布的特许状是英国法律在印度适用的一个分界线。在此之前，英国法律当然适用于印度。但是，在此之后，英国的普通法和成文法在印度的适用则受到了限制。并且，在直辖区和其以外的区域，要按照不同的规则适用相应法律。

在英国的管区（加尔各答、孟买和马德拉斯）可以适用的规则如下。其一，（在英国议会和总督没有表明排除适用的情形下）1726年以前英国的普通法和成文法，但是应根据印度的实际条件使用。其二，1726年以后英国议会通过明示或暗示的方式表明适用于印度的法律。其三，总督制定的规章。其四，在涉及继承、交易和合同事宜，双方分别都是印度教徒或穆斯林时，则适用各自的宗教法；只有一方是印度教徒或穆斯林时，则适用被告的宗教法。其五，印度教徒和穆斯林以外的人适用英国法。其六，基督教会法和海事法庭的规则在对应的案件中适用。在管区以外的城区周边地区（Mofussil）可以适用的规则如下。其一，通过明示或暗示适用于这些地区（不包括管区）的英国法。但是事实上，在民事实体法方面，英国议会并没有通过适用于这些地区的相关法律。其二，总督制定的规章。其三，在继承、婚姻、种姓和宗教事宜（不包括合同法）中，按与管区适用规则第四点相同的方法适用法律。其四，其他案件，按"正义、公平与良心"的原则裁判。

---

① 英国人在印度的殖民时期所采用的法治方式，在西方法制史上被认为是独特而有效的，被称之为"印度制度"。

（二）普通法观念的传播

在法院体系建立之初，英国人就允许印度本土的法律人员参与司法程序以协助英国法官理解印度本土原有的法律制度。根据1781年的法律，只要涉及印度教和伊斯兰教的教徒，有关合同的事宜也应依照属人法的原则按宗教法来进行裁决。英国在殖民之初曾经组织翻译印度教法的法律典籍，并尝试将其中的规则适用于具体案件。[①] 英国的司法体系也允许印度人部分参与，但印度人作为司法官员的职位只存在于一定的法院层次，其职能也仅仅是辅助英国人。这些印度司法官员的待遇并不高，且他们中的许多人都有司法腐败的嫌疑，这反过来就影响到了当时司法体系对本土官员的履职能力的评价。英国在印度建立的司法体系主要还是依靠英国人来运作，印度本土的法律工作人员能够发挥的作用非常有限。

至于作为审判依据的法律渊源，其主要由四个方面构成：英国和印度政府颁布的成文法、先例、宗教法和"正义、公平与良心"衡平原则。英国法院审判过程中运用最多的莫过于"正义、公平与良心"原则。英国的法官依据这条来自于衡平法的原则，根据实际的社会背景、当事人的情况和案件的事实构成来审理案件。英国法的精神也随着该原则被移植到印度的土壤中。

英国法以"法官法"为特征，因此其法治体系的运作必须要以相应的法院体系和法律从业人员作为条件。后者的作用显得尤为重要。普通法系的法学从业人员必须经过系统的案例法的学习，从中总结普通法的实质精神，并学会以归纳法为主的逻辑思维方式。为了培养合格的法务人员，英国在印度建立了以英国法律为内容的法学教育体系。1860年，在公立埃尔芬斯通学院基础上建立的公立法学院并入孟买大学，法学教育逐渐在印度形成规模。到了20世纪初，印度法律专业的人数已经远远超过其他专业的人数。1916年至1917年间，在大学攻读

[①] 王云霞：《东方法律改革比较研究》，中国人民大学出版社2002年版，第129页。

法律的学生人数为 5426 人，超过医科、工科、师资培训专业的学生总数。同时，英国的学校还为印度的法律教育提供了对接资源。在印度取得学士学位的学生可以赴英国继续进修，进一步系统和深入地学习英国普通法的知识。这个完整的普通法教育体制为印度普通法体系的建立提供了基础。

三、《印度合同法》是普通法系的成文法

（一）选择成文法形式的原因

《印度合同法》诞生于 1872 年。这部法律将英国合同法的理论进行了提炼，以法条形式使其成为可以直接适用于印度的法律。作为其宗主国，英国直到 1839 年才有了第一部合同法体系中的成文法，即《买卖法》(Sale of Goods Act)。蒙塔古（E. Montague）将英—印法典与查士丁尼修改后的罗马法进行比较，认为前者对东方社会的影响相当于后者对于西方社会的影响。[①] 成文化的英国普通法对于英国在印度的统治起到了巨大的促进作用。

19 世纪末期是大英帝国辉煌的"日不落帝国"时期，英国的殖民地遍及亚洲、欧洲、非洲和大洋洲。英国需要在殖民地范围内加强统治，建立统一的交易规则，以促进贸易的发展。19 世纪中期起，英国资本大量输入印度；印度资本主义得以快速发展，印度资产阶级也逐步成型。英国人在印度修筑铁路，创立现代教育体系，发展印度本地工业，经济的飞速发展亟需适合现代经济模式的法律制度。印度本土的宗教法虽然已经出现了大量关于合同的规则，但从现代合同法的角度来说，这些规则尚未形成一个体系。从合同的各个构成要件来看，不同的宗教法典籍中虽然多少都有一些相关的内容，但是从严格意义

---

① Charles Noble Gregory, "Bentham and the Codifiers", *Harvard Law Review*, vol. 13, no. 5 (1900), p. 351.

上来说并没有形成完整的理论。宗教法对于合同制度的理解，更多的还是强调"许诺"与"合同履行"之间的必然关系，强调合同行为的道德评价。① 如前所述，当时的印度司法在法律适用方面并未形成一个统一的模式。在所有的法律渊源中，使用最多的是"正义、公平与良心"的原则。这一方面增加了法庭在审理案件时候的灵活性，但另一方面也暴露了法律不确定性的缺点。因此，麦考莱 1833 年在英国议会发表讲话时认为："现在没有一个国家比印度更需要一部法典。"②

法律移植是法制现代化的有效手段。英国普通法的有效运作依赖于案例法和成熟的普通法教育体系。法律的原则由经过系统训练的法官和律师以归纳法进行逻辑分析，进而运用于具体的案件审理。适用普通法需要专业法官。但截至 1832 年，在东印度公司培训官员的学校中，法律课程的时间总共仅为 70—80 小时。在这样一个法律人员不足、法律资源匮乏的社会环境中，法治的有效运行需要成文法发挥作用。相较于案例法，成文法的形式更容易让法律从业人员和普通人了解法律的规定，并以此来安排自己的行为和预期行为的后果。③

除了客观因素，立法者主观上对成文法形式的倾向起到了很关键的推动作用。边沁和奥斯丁（John Austin）是英国近代以来比较系统地主张制定成文法的重要人物。他们的学说对英国法律改革产生了较大影响。但他们所倡导的成文法运动在英国本土未能全面发展，而是在欧陆国家被广为接纳，成为欧陆法典编纂运动的理论渊源。④ 在印度的立法委员当中，有一部分人是边沁忠实的追随者。例如边沁的好友密尔就是边沁思想的拥趸。在供职于印度议会的时候，他积极地推进了印度成文法发展的进程。另外，法律委员会第一任主席麦考莱（T. Macaulay）和他的助

---

① Frederick Pollock, "The Expansion of the Common Law", *Columbia Law Review*, vol. 4 (1904), p. 191.

② M. P. Singh, *Outline of Indian Legal & Constitutional History*, Universal Law Publishing Co., 2006, p. 103.

③ Aubrey L. Diamond, "Codification of the Law of Contract", *The Modern Law Review*, vol. 31, no. 4 (1968), pp. 370–372.

④ 周旺生：《参与法治生活》，载周旺生主编：《立法研究》第 2 卷，法律出版社 2001 年版，序言。

手之一卡梅伦（H. Cameron）在学术理论上也体现了明显的"边沁主义"的倾向，也正是这两位促成了《印度刑法典》的编纂。这部法典是印度法典的典范，自此拉开了印度成文法活动的序幕。在这个趋势之下，另一位坚定的边沁主义追随者斯蒂文（J. Steven）继梅因之后成为印度总督委员会的法律委员。他在任职的 1869 至 1872 年的四年时间里，积极推进了多部法律的编纂与修订工作，其中最为重要的就是 1872 年的《印度合同法》。[①] 大陆法系最重要的特点就是法律的成文化。法律委员会中的科尔布鲁克（H. T. Colebrooke）是罗马法的支持者，他认为英国的法律充满了技术性"伪装"。在上述人物的推动下，法律委员会进行法律移植的时候，一方面将英国法律作为基础，另一方面也大胆地借鉴了其他法系的规则和法律精神。

（二）先于宗主国颁布成文合同法

在《印度合同法》颁布 21 年后，作为宗主国的英国终于以成文法的形式颁布了第一部合同法，即《买卖法》。19 世纪的工业革命对英国社会产生了巨大影响，工商业迅速发展，自由主义的思想充斥着英国的政治和经济领域。在商业交易中，政府更倾向于保障自由交易环境，尊重当事人的意思自治，因此英国最初并不倾向于给合同关系设置条条框框。但是，这种自由放任的管理方式的弊端很快就显现了出来。对合同关系中处于弱势的一方权利保护的缺失，使建立于习惯和案例之上的合同法体系无法达到实质上的公正。19 世纪末至 20 世纪初，民法从权利本位向社会本位转换，受规制的竞争开始取代私法自治的现代民法模式，[②] 英国政府开始意识到政府介入合同关系并对其进行规制的重要性。此外，合同的案例法数量庞大，记录案例的卷宗质量参差不齐，有的卷宗甚至没有正确的索引，使当事人援引相关案例时困难重重。再者，这些案例法彼此之间存在相互冲突之处，有时使人无所

---

① Charles Noble Gregory, "Bentham and the Codifiers", p. 351.
② 梁慧星：《民法总论》（第 3 版），法律出版社 2007 年版，第 41 页。

适从。① 因此，针对合同领域最重要的买卖关系，议会于1893年通过了专门调整这一类型合同关系的《买卖法》。

19世纪成文法在英国的兴起始于边沁于30年代对《破产法》的修改。之后，英国商法领域陆续形成了1844年的《股份公司法》、1855年的《有限责任公司法》、1882年的《汇票法》、1883年的《破产法》和1893年的《买卖法》。② 应该说，印度1872年的《合同法》和英国1893年的《买卖法》都是19世纪末法典化浪潮的产物。但是，为什么印度会早于英国本土21年出现成文合同法？对于这个问题的回答可以归纳为四个方面。其一，殖民政府的政治目的。这两部法律产生的背景有很大不同，《印度合同法》形成的原因中很重要的一点在于英国政府意图加强在印殖民统治。如果说普通法的缺陷是成文法出现的内在动因，那么经济和政治的需要则是外在的动因。英国成文合同法的出现可以归结为前两个因素，而《印度合同法》的出现则是三者合力的结果。其二，立法程序。在英国，法律草案必须通过议会方能获得效力得以施行。1861年《印度议会法》恢复了总督的立法权。总督可以同意或者否决立法委员会拟定的法律草案，也有权推翻立法会的决议。所以立法的工作在印度实质上是受制于行政权力的，行政部门的想法更容易通过立法的形式在印度实现。其三，立法论者的作用。有学者评价英国在19世纪的法典运动基本上是一个失败的结局。但是，由于立法论者在印度的努力，成文法的成果在19世纪末20世纪初的印度得以彰显。③ 这也同时解释了在英国当时诸多的殖民地中，为什么印度的成文法出现得更早，且总体数量比其他地区更多。其四，英国的立法实验。英国是传统的普通法国家，学者和法官一直对立法的技术抱有

---

① Brenda Mothersole & Ann Ridley, *A-Level Law in Action*, Cengage Learning EMEA, 1999, p. 413.
② Paul J. Omar, "Lessons from the French Experience: The Possibility of Codification of Commercial Law in the United Kingdom", *International Company and Commercial Law Review*, vol. 18, no. 7 (2007), pp. 235-243.
③ Alan Rodger, "The Codification of Commercial Law in Victorian Britain", *The Law Quarterly Review*, vol. 108 (1992), p. 570.

怀疑态度。因此，英国在其殖民地先进行了一些立法工作以作为实验。除了印度以外，英国在新加坡和马来西亚也进行了成文法的尝试。

1893年《买卖法》是英国第一部合同法领域的成文法。这部法律的立法依据是英国普通法的原则，并非是对同为英联邦的印度的《合同法》总结和改进的成果。1893年的《买卖法》根据社会条件的变化对普通法的原则进行了改进，以法条的形式在买卖合同的领域为从业者提供了更明确、更容易了解的规则体系。这部合同法对合同条款做了"条件"和"担保"两种区分，并体现了现代合同制度对消费者进行特别保护的特点。1872年的《印度合同法》包含了合同总则和分则两个部分。后来，印度分别于1930年和1932年通过了《买卖法》和《合伙法》，并相应地废除了《合同法》中规定相应内容的第7章和第11章。1930年印度《买卖法》是以英国1893年的《买卖法》为蓝本拟定的，① 可以说前者复制了后者大部分的内容。有意思的是，印度的《买卖法》并没有在《印度合同法》的基础上修订买卖合同法的内容。根据印度法律委员会的说法，"和1872年的合同法相比，英国1893年的《买卖法》反映了司法判例的新发展"②。虽然这两部买卖法在后来都进行了修订，但是买卖合同的规则在这两个国家大致一致。在印度独立后，虽然英国法庭对法条的解释对印度不再具有约束力，但是印度的法庭还是常常会援引其作为审判的依据。③

（三）典型的普通法系成文法

在法律移植的过程中，英国将普通法的精神和原则予以法典化，并以英—印法典化的形式再现普通法。虽然是以成文法的形式呈现，但从法律分类来看，除刑法典、刑诉法、民诉法具有与大陆法相同的名称外，涉及民商领域的法律基本采用了英美法的分类，如合同法、

---

① 印度《买卖法》第12条和第13条也对条件和担保条款进行了区分。
② 印度法律委员会1930年《买卖法》第8号报告。
③ G. C. Bharuka, *Pollock & Mulla, The Sale of Goods Act*, LexisNexis Butterworths, 2007, p. 2.

财产法、信托法、地役法和特别履行债法。

印度合同法采用了大陆法系最常用的成文法的立法形式,在编纂的过程中借鉴了《纽约民法典》草案的一些条款,同时对于印度法里原有的涉及合同的制度也有所保留。① 但是从本质上来说,印度合同法是典型的普通法系法律。"我们的法律本质上还是普通法……成文法条款就是为了普通法的精神的实现而存在的;法条是普通法的附录和勘误表。如果不与普通法联系起来考虑,制定法的存在即失去了意义。"② 与英国不同,印度的法官对立法具有司法审查权,因此,司法判例在印度的法律效力甚至比在英国更大。

首先,《印度合同法》在内容上完全依据普通法的合同理论构建。例如"对价"被视为合同的构成要件,合同的效力不区分"成立"与"生效",而是以"可履行合同"来界定成立但未具完全效力的合同。其次,是否重视逻辑性和体系性是两大法系的重要区别。《印度合同法》虽然涉及合同从成立生效、履行到合同终止的各个方面,但是从内容来看,并不像大陆法系的合同法那样有着严格的逻辑体系和系统性,而更像是法律原则、习惯和某个方面具体规则的汇总。再次,在《合同法》《买卖法》和《特别救济法》中,在法条之后有"说明"(Explanation)和"例解"(Illustration)两个部分。两者都是法律的有机组成部分,具有与正式条文同样的法律效力。这种法律的形式是判例法成文化的明显体现。③

四、印度当代合同法主要内容

(一)立法过程

1872 年的《印度合同法》的立法过程可分为三个不同的阶段:第

---

① 这条法则现在在印度一些地方仍然适用。当时英国法里没有这样的规定,但是出于公平的理念,这条原则也保留了下来。
② Joseph Minattur, *The Indian Legal System*, N. M. Tripathi Pvt. Ltd., 1978, p. 2.
③ 王云霞:《印度社会法律改革》,《比较法研究》2000 年第 2 期。

一个阶段首先由印度法律委员会（位于英国）提出合同法草案；第二个阶段是由印度立法委进行修改；第三个阶段主要为斯蒂文爵士所做的最后修改。

根据 1833 年的特许令法，印度政府在加尔各答成立了立法委员会。根据该法的第 53 条，由立法委员会的负责人指派成立法律委员会，每一届法律委员会由五名成员组成。[①] 合同法案是第三届法律委员会的成果。这一届法律委员会共产生了七项报告，其中第二项是合同法的报告。这个报告所提交的草案由 269 个条款组成，涉及合同法的八个方面。具体为：合同总则（第 1 条至第 59 条）、合同的特定履行（第 51 至第 59 条）、准合同（第 60 至第 67 条）、买卖合同（第 68 条至第 118 条）、补偿和担保（第 119 条至第 146 条）、保管合同（第 147 条至第 179 条）、代理（第 180 条至第 240 条）和合伙（第 241 条至第 269 条）。法律委员会主张在违约责任中以约定违约金替代罚金，以及在合同法中建立表见代理制度。表见代理制度的适用将降低法律对于市场交易的限制，印度将建立起完全开放的市场。这项报告于 1866 年 7 月 28 日提交时，法律委员会与立法委之间在意见上产生了巨大的分歧。印度事务大臣批准印度政府可以自行修改立法提案，法律委员会因此最终于 1870 年全体辞职。

其后，合同法的提案交由斯蒂文爵士负责的特别委员会进行修改。根据修改意见，合同的定义强调了由要约和承诺形成的合意成立合同关系；根据法律委员会批评英国合同法过于复杂的违约责任的意见，以罚金替代违约金（与法律委员会的选择恰好相反）。最后，合同法的立法提案终于在经过这次修改之后得以在议会通过。

（二）主要内容及其修正案

1.《合同法》的主要内容

在《印度合同法》出台前，一系列规定具体合同类型的法律已经

[①] M. P. Singh, *Outlines of Indian Legal & Constitutional History*, Universal Law Publishing Co. 2008, pp. 109–110.

出现，例如《利息法》(1839年)、《提单法》(1856年)、《技术工人违约法》(1859年)、《商业航运法》(1854年及1855年)、《运输公司法》(1865年)和《担保责任分担法》(1866年)。《印度合同法》废止了其中一部分的单行合同法，但同时也保留了一部分的效力。①

现行《合同法》共190条，分为10章。第1章涉及合同订立的内容，共7个条款；第2章涉及合同的成立和合同的效力，共21个条款，其中专门列出7个条款以"无效合同"为题做出专门的规定；第3章涉及附条件的合同，共有6个条款；第4章涉及合同的履行，共31个条款、5个部分，分别是"合同履行义务""履行主体""履行的时间和地点""双务合同的履行""偿债指定"和"合同义务不成立"；第5章涉及与合同相等同的关系，共5个条款；第6章涉及违约后果，共3个条款；第7章涉及买卖合同，但被删除，后被1930年的《买卖法》所取代；第8章涉及补偿和担保，共24条；第9章涉及保管合同，共34条；第10章涉及代理，共57条、7个部分，分别是代理人的指定和授权、次代理人、追认、撤销授权、代理人对本人的责任、本人对代理人的义务、代理人与第三人合同的效力。原先的第11章（合伙合同）被删除了，以1932年的《印度合伙法》代之。

2.《合同法》的修正案

《印度合同法》最重要的几次修订如下：第一，1899年的《印度合同法〉（修正）案》增设第19条A，并对第74条进行修正，增加了有关罚金性质的规定；第二，1915年中央省法和1938年《中央省和贝拉尔印度合同法修正案》增加了第19B条和19C条，使帮诉协议②的效力变为可撤销；第三，1963年《马哈拉施特拉邦第26号法》使第19B条和19C条不能在马哈拉施特拉邦的维达巴地区适用；第四，1976年《北方邦第57号法》修改了第5条，使保持要约有效的允诺在特定的

---

① Nilima Bhadbhade, *Pollock & Mulla, Indian Contract & Specific Relief Acts*, LexisNexis Butterworths, 2001, p.25.

② 第三人与原告或被告签订协议，自担风险和成本，帮助原告或被告进行诉讼，在胜诉后获得诉讼标的利益的一部分。

情形下变为可撤销性质。

3. 影响合同及其履行的其他法律

1950 年后，印度陆续颁布了一些单行法，针对某种具体的合同类型进行规定，具体包括：《期货合同法》（1952 年）、《租购法》（1972 年，已失效）、《多式货物联运法》（1993 年）、《有价证券法》（1956 年）以及有关调整不同行业的雇佣合同的法律等。专门处理这些合同纠纷的特别裁判机构也相继建立了起来。比如根据 1987 年的《铁路争诉裁判法》设立的铁路法庭，专门处理货物丢失、赔偿、货损或货物未送达，运费退还以及乘客伤亡赔偿的事宜。根据 1993 年的《银行及金融机构债务偿还法》，成立了银行债务追偿法庭以追索银行或者金融机构的贷款。此外根据相关产业的法律的规定，还建立了特别法庭等裁判机构以解决劳工纠纷。

（三）对英国合同法规则的变革

1. 对价

英国法是如此界定对价的：因获得对方的允诺支付的代价；这个允诺也因此而得以履行。[1]《印度合同法》第 2 条第 4 款对于对价的定义如下："按照要约人的意愿，支撑允诺的对价在以下三种情况下产生。对应要约人的意思，受要约人或第三人的行为以三种方式构成对价：已经作为或者已经不作为；作为或不作为；将要作为或者将要不作为。"按照传统的对价理论，对价要么使一方受益，要么使一方受损。这样的理解从利益的角度在双方之间建立了一种对立性。《印度合同法》在这个方面尺度要宽容得多，只是围绕行为本身来进行描述——只要是符合要约人的意愿的，不管这个行为已经完成还是将要完成，都可以被认定是充分的对价。因此，印度合同法的对价定义更注重当事人的意愿：合意的形成是合同成立的关键因素。

大陆法系对合同的界定是以合意概念为核心的。印度合同法选择

---

[1] J. Beatson, *Anson's Law of Contract*, Oxford University Press, 2002, p. 88.

以"合意"来诠释普通法系合同法最重要的对价概念,实际上反映了英国学者对对价制度的一些反思。法学家霍尔兹沃思(Holdsworth)教授对于英国的对价原则做了这样的评价:"英国的对价原则按照现在的模式会使很多应该得到履行的合同不能得到履行,但是法律其实本想使当事人的意图能够产生法律效力。"① 达尼丁(Dunedin)在一个案件②中也表达了类似观点:"我承认在此案中任何对对价原则的喜爱之意都会被扼杀在萌芽中。本案中的合同出于当事人的主观意愿,并不存在不公平的情节,当事人也在合同中享有合法的利益,并且希望合同能够得到履行,但是因为对价原则的缘故,合同可能无法得到履行。"

从私法自治的角度来看,对价原则其实造成了某种侵害。"对价原则通常被律师认为是限制个人自由做出法律上有约束力允诺的一系列规则。"③ 其次,纯粹的技术化规则也消解和抛弃了其所承载的实质价值。高度技术化的对价原则导致了允诺执行标准的僵化,使英美法丧失了其所固有的灵活性,使法律原有的正义与允诺执行的愿望等实质价值断绝了关系。④

《印度合同法》在承认对价原则的基础上,⑤ 明确规定了对价原则的三种例外情形,即第25条的第1—3款:

> 建立于双方的亲密关系,出于自然的爱与情感所做的许诺,以书面形式出具并按当时有效的法律进行登记后在法律上生效。
> 一方出于自愿为许诺人做某事,或为其履行法定义务后,许诺人承诺对这种行为进行部分或全部的补偿的,这种承诺有效。
> 某项债因超过时效而在法律上失去强制效力。但如果债务人

---

① V. G. Ramachandran, *The Law of Contract in India*, pp. 59-60.
② *Dunlop Peneumatic Tyres Co. v. Selfridge*, (1915) A. C. 847 at 855H. L.
③ P. S. 阿狄亚:《合同法导论》,赵旭东等译,法律出版社2002年版,第121页。
④ 刘承韪:《英美法对价原则研究》,法律出版社2006年版,第285页。
⑤ 《印度合同法》第25条承认,无对价,则合同无效。

或其代理人以书面形式签字许诺部分或全部偿还该项债务,这种许诺有效。

《印度合同法》没有关于封印合同的法条。对价原则的例外是从以上三个方式来进行规定的。既然是以成文法来形成的法律渊源,这三种例外的情形就必须严格按照条款的规定来履行。例如第1款中所说的许诺即便是发生于夫妻之间,但如果法庭认为许诺的当时双方并不是出于"自然的爱与情感",则不能成为对价的例外。[①] 此外,这一款也必须严格适用于"书面形式"和"登记"两个条件满足的情况。

《印度合同法》的对价原则与英国法相比,最大的区别来自于第25条的后两款,也就是关于"过去的对价"的规定。英国合同法当然不承认过去的对价,但是对于这个原则的恪守也遭到一些质疑。如果一个人允诺为一个过去的行为支付金钱,他的意思就是承认这个过去做出的对价,因此他的这种自发、真实的意愿不应该被否定。英国法律修订委员会曾建议过废除这条原则。[②] 兰普利诉布拉特维特案[③]采纳了这种观点。英国合同法在对价问题上的这个变革反映在了《印度合同法》第25条的第1款中。英国合同法之后又发生了变化,认为除非法律认为已履行的对价已经暗示了允诺的发生,否则其不足以支撑一个之后发生的允诺,但是《印度合同法》还是将这种对价的例外情形保留了下来。对于先前的道德义务能否成为有效对价,英国霍克斯诉桑德斯案[④]持肯定的观点,这也成为《印度合同法》第25条第3款的一项依据。不过应注意的是,《印度合同法》虽然承认先道德义务原则,

---

① *Rajlukhy Dabee v. Bhootnath*,(1900)4CWN488.
② 第6号临时报告(Interim Report),第32段。
③ *Lampleigh v. Brathwait*,(1616)Hob 105;I SM LC 148;80 ER 255.
④ 在 *Hawkes v. Saunders*,(1782)98ER1091 中,法庭认为:"一个人在普通法或衡平法上的支付义务,在法律上可以看作一种默示的允诺。这种义务可以作为允诺来应对任何实际的允诺。一个人出于道德的义务做出允诺,虽然这种义务不在法庭可以强制执行的范围,但是允诺中的诚实和正直的精神可以使其成为有效对价。比如,一个人允诺偿还超过诉讼时效的债务;一个人允诺偿还他在未成年时的负债,但其实偿还行为是没有必要的;破产人允诺偿还破产前所欠债务;一个人允诺履行一项秘密,或由于没有满足欺诈法对书面形式的要求而无效的信托……"

但其适用范围仅仅限制在支付超过时效的债务方面。

2. 要约与承诺

1872年英国在合同的司法实践中对于承诺的生效方式尚存争议，是遵循投邮主义抑或到达主义尚无定论。但是，此时印度的合同法明确地设定了判断的标准，具体条款为第4条："要约在送达受要约人后生效。承诺在以下形式中视为送达：在对抗要约人的情况下，投邮以超越承诺人的控制范围时承诺生效；在对抗承诺人的情况下，要约人知悉后承诺生效（到达主义）。撤回按以下情形确定效力：在对抗做出此行为的人之时，采投邮主义；在对抗相对人时，采到达主义。"因此，对于承诺的效力来说，根据主张权利的主体不同，分别适用不同的生效原则。例如，乙发信函告知甲，接受其要约。在发生争议时，如果甲要起诉乙，则承诺在送达甲时生效；如果乙要起诉甲，则承诺在投邮时生效。对撤回的情形，要约和承诺的效力也存在不同的可能性。例如，甲发电报撤回其向乙发出的要约。如果乙起诉甲，电报发出时撤回的行为即生效；如果甲起诉乙，则按到达主义，在乙收到电报时撤回方才生效。同理，如果乙发电报撤回其发出的承诺，当甲起诉乙时，承诺的撤回视为在乙发出电报时生效；当乙起诉甲时，则在甲收到电报后方才生效。通过这一套复杂的界定方式，《印度合同法》解决了英国合同法对撤回的生效方当事人的利益倾向问题。前者更多地保护了行为人的利益，而后者则更多地顾及相对人的利益。适用投邮主义的目的之一即使交易关系尽快确定下来，从而从更大的意义上维持市场交易的秩序。但是，如果发生了邮件遗失的情况，则相对人会处于非常不利的境地——他们会在不知情的情况下，进入受法律约束的关系中。《印度合同法》似乎试图通过对这两项原则的适用情况予以具体化，在稳定交易秩序和平衡双方利益之间达到最公平的结果。但是，从逻辑上来说，完全适用这套规则将有可能产生以下的情况：甲向乙发出要约，后乙以信件的形式向甲发出承诺，但承诺信在邮寄的过程中丢失了，甲没有收到承诺信。如果此时，乙要起诉甲，应遵循投邮主义确定承诺生效,则甲在不知情的情况下受到合同约束;而如果双方互换位置,由甲来起诉乙的话,则只能适用到达主义,亲自投寄了承诺信的乙此时并不用受到合同的约束,因为承诺未送达即未生效。[1]

另外,关于承诺的方式,印度也做出了与英国法不同的规定。《印度合同法》第7条第2款规定:"如果要约规定承诺必须以某种特定的方式做出(但承诺没有按这种规定的方式做出),那么在承诺送达要约人后一段合理的期间内,要约人应表明承诺必须以原来规定方式做出;否则视为要约人接受该承诺。"因此,根据印度法,要约人必须以积极的行为反对未按规定方式做出的承诺,消极的应对则视为接受,合同成立,要约人受到合同约束。但根据英国法,要约人没有积极反对的义务,消极的不作为视为不接受承诺。对于是否属于"符合"要约规定的承诺方式,在案例法中有不同的判断。在苏伦德拉·纳特诉基达·纳特案[2]中,要约要求承诺以信件发出,但承诺人派其代理人亲自送达。法庭认为这种方式没有对要约人造成损害,因此承诺可以生效。第7条第2款最大的争议来自于要约人积极的反对行为对承诺的时间的影响:是否可以允许承诺人延长承诺的期限?关于这一点,现在还没有形成比较确定的结论。

3. 主体资格

《印度合同法》从主体资格的角度规定了当事人的能力(不区分权利能力和行为能力)。第11条规定:"根据法律达到成年的人,如果心智健全且没有其他法律规定不能缔结合同的情形,则有资格成立合同关系。"根据1874年《未成年人救济法》,印度民法中成年人的年龄为十八岁,十八岁以下的民事主体则为未成年人,不是合同法中的适格主体。在未成年人所缔结的合同的效力方面,印度法与英国法产生了较大的区别。根据英国法的规定,未成年人缔结的合同为可撤销合同,

---

[1] R. N. Gooderson, "English Contract Problems in Indian Code and Case Law", *Cambridge University Journal*, vol. 16 (1958), p. 72.

[2] *Surendra Nath v. Kedar Nath*, AIR1936 Cal. 87 (Bench).

如果成年人选择继续履行合同，则合同可以继续生效。英国法认为在未成年人完全受益的情况下，合同可以获得效力。但是，印度法中认定未成年人缔结的合同为无效合同，[①] 只有三种情况例外：已履行合同与结婚，另外在未成年人为"学徒"的情况下承认合同的效力，依据是1850年的《学徒法》。

以"已履行合同"为例外承认未成年人合同效力的做法源自印度的判例法。在莫霍里·拜比[②]一案的注解中，法官指出如果合同成立时，未成年人一方的义务已经履行完成，那么承认合同效力及建立当事人合同义务不会对未成年人的利益造成损害，因此不妨承认合同效力。合同效力的成立对于未成年当事人来说并非一定是不利的，有的情况下合同的不成立反而意味着其无法通过合同受到相应保护。例如拉吉·拉尼诉普雷姆·阿迪布案[③]中的合同关系不属于已履行合同，不能适用该例外而使合同生效。该案中一个未成年的儿童签署了一年的演出合同，并进行了一个月的表演，雇佣人这时撤销了合同。在这样的情况下，根据《印度合同法》，这个未成年人就无法根据雇佣合同要求一个月的演出酬劳。这个例外得以成立是为了保护未成年人的利益，不对其造成损害，但如同上例，一个纯粹可使未成年人受益的合同却因此无法取得效力而达到保护未成年人的目的。

另外一个例外则是在婚姻合同（未成年人为女方，相对人为成年男性）中，但是这种合同效力的取得必须建立在四个明确规定的条件的基础上：

其一，协议由未成年人的监护人代表未成年女子签订；

其二，双方当事人所属的社区必须认可当事人的父母和监护人有权代理该婚姻安排；

其三，协议必须符合使未成年女子受益的目的；

---

① *Mohori Bibee v. Dhurmodas*, 30I. A. 114.
② 同上。
③ *Raj Rani v. Prem Adib*, AIR1949 Bom. 215.

其四，成为丈夫的一方须为成年男子。①

英国合同法将未成年人合同的效力设定为可撤销，在实践中可能产生这样的后果：如果未成年人反悔，则无须受到婚姻合同的约束，不用付出任何补偿的代价；但如果作为对方当事人的成年人反悔了，则未成人可以选择继续保持合同的有效性，而对方则因受到婚姻合同关系的约束而负担履行义务，违反合同会使其必须对未成年人进行补偿。由此可见，未成年人在这样的合同关系中具有相当的优势，法律倾向于保护其利益而赋予其选择的权利。不过，《印度合同法》虽然承认了婚姻合同在未成年人情况下的效力，但是从其生效条件来看，双方当事人被置于平等的地位进行要求，没有体现出对于未成年人的保护，难以体现合同法通过限制未成年人的民事行为能力达到保护其利益的目的。

五、结语

合同是商品经济发展到一定时期的制度产物。合同的出现也意味着代表主体平等地位的市民社会的形成。但是，对一个殖民地国家来说，这个发展的过程是借助外力，也就是宗主国的法律移植来完成的。虽然印度传统法律中出现了合同的一些要素，但是在1872年《印度合同法》的基础上建立的合同法体系才是真正意义上的现代合同制度。这部法律促进了印度资本主义的发展，通过"平等""诚实信用"和"公平交易"的原则为印度商品经济的发展奠定了基础，同时也渐渐改变了印度社会中与现代文明的普遍价值不相融合的价值观念。在《印度合同法》颁布后的一百余年后，印度作为新兴经济体，成为了金砖国家的一员。作为调整民事关系最重要的部门法之一，合同法发挥了巨大的作用。这部法律包括了普通法在合同法中的主要内容，并且大

---

① R. N. Gooderson, "English Contract Problems in Indian Code and Case Law", p. 81.

胆地借鉴了英国合同法变革之后的成果，同时也参考了其他国家和法律体系中的合同制度。虽然印度至今未加入《联合国国际货物买卖合同公约》，但是《印度合同法》所遵循的价值准则和具体制度却与之协调一致，这为印度国际合作的开展提供了有利条件。

但是另一方面，作为继受法，《印度合同法》的内容本身存在一些不符合逻辑的冲突。例如以上所说的要约和承诺的撤回，以及主体行为能力的问题。另外，《印度合同法》规定不可履行的合同为无效合同，因此在界定缺乏生效要件的合同效力上非常模糊。《印度合同法》不区分约定违约金和违约罚金，因此，法官获得了过大的裁量空间，这对腐败泛滥的印度司法体系来说并不是一个明智之举。

最后，外来法律文化在印度的适用也存在水土不服的问题。对印度社会的研究者来说，最复杂的问题来自其社会构成的复杂性。有人将印度社会形容为"好几张皮"。印度社会的分层并不是"精英"与"底层社会"那么简单，不同的种姓之中又可以分为若干不同的族群。因此，统一的法制在印度社会实际的效用充满了不可预期性，这也解释了印度农村潘查亚特仍然能够发挥作用的原因。因此，从具体的民事关系来说，合同法在司法上的效力空间还是一个尚待研究的问题。

第十六章　传统印度婚姻家庭法的现代变革

　　传统印度①婚姻家庭法深深植根于印度社会情境，是非常独特的宗教法。在长期的历史演进中，传统印度虽同其他文明发生过接触和冲突，甚至几度受到外族的统治，但婚姻家庭法在很大程度上得到延续。自印度沦为英国殖民地之后，婚姻家庭法亦遭遇前所未有的冲击，经历了由传统向现代的变革，一些制度被视为陋习，被相继废除。印度共和国建立后，又通过立法对传统印度婚姻家庭法进行了重要改革。

　　传统印度婚姻家庭法的现代变革可以分为英国殖民时期和印度独立后两个阶段。英国殖民前期，对于印度本土的私人领域总体上采取不干预政策，以属人法为原则，对传统印度婚姻家庭法予以保留。18世纪开始，殖民者在印度逐步推行法律改革，削弱或革除了一些婚姻家庭旧制，颁布了若干现代化婚姻家庭法。印度民族独立后，婚姻家庭法延续了殖民时期的法律改革，在认可属人法原则的基础上继续革新。20世纪50年代中期，印度发起统一法典化运动，首先颁布了由四部法律组成、适用于印度教徒的婚姻家庭"法典"，即《印度教婚姻法》（Hindu Marriage Act, 1955）、《印度教继承法》（Hindu Succession Act, 1956）、《印度教未成年人与监护法》（Hindu Minority and Guardianship Act,

---

　　① 本章讨论的主题限于印度教婚姻家庭法，文中"印度"一词在涉及国别、地理时，指涉 India；在论及婚姻家庭法时，如无特别说明，一般指涉 Hindu，与"印度教"通用。所介述的印度现代法律法规，综合参见 J. Duncan M. Derrett, *Introduction to Modern Hindu Law*, Oxford University Press, 1963；Werner Menski, *Hindu Law: Beyond Tradition and Modernity*, Oxford University Press, 2009；B. M. Gandhi, *Hindu Law*, Eastern Book Company, 1999；印度法律类数据库，https://indiankanoon.org, 2022-2-12 访问。文中不再逐一标注出处。

1956）以及《印度教收养与扶养法》（Hindu Adoptions and Maintenance Act, 1956）。嗣后，印度政府陆续通过了一些针对婚姻家庭领域的专项特别法。通过上述改革，印度逐步废除了嫁妆、童婚和寡妇殉葬等制度，最终建立起一个宗教法与世俗法、一般法与特别法、制定法与判例法、文本法与习惯法共生的现代婚姻家庭法体系。

一、印度婚姻法的现代变革

（一）殖民时期的婚姻法改革

英国殖民时期，印度教婚姻法由印度教法、族群习惯法和殖民政府制定法、判例法等组成，适用范围为英属印度辖区全体印度教徒，其中还包括信奉佛教、耆那教和锡克教等印度本土宗教的"异教徒"，除非这些"异教"群体有其特殊的教派法或族群法。

殖民前期，英国统治者聘用梵学家，组织官员及学者对一些印度教典籍进行了翻译、研究和加工，这些典籍包括不同历史时期的圣传经、评注和汇纂文本等。殖民当局法院根据加工后的文本进行司法裁判，在此基础上形成了一系列判例，与印度教文本法一道作为处理印度教徒婚姻事务的核心属人法。在殖民者的加工与适用过程中，传统印度教婚姻法的部分内容发生了改变。但对印度教法具有冲击力的实质性变革则是通过殖民后期的立法实现的。

19世纪至1947年期间，英殖民政府通过了将近30部印度婚姻改革类的一般法和特别法。这些法令可归纳为三类。第一类可谓"拆障法"，即致力于拆除种姓、宗教或教派等结婚障碍的立法。较为关键的立法主要有：（1）《阿南德婚姻法》（Anand Marriage Act, 1909）。这部法律使被称为阿南德形式的锡克教徒婚姻仪式合法化。该婚姻形式倡导男女双方平等，打破种姓隔离、社会地位和种族隔阂以及过于宽泛的血统禁忌，并反对给付高额嫁妆。（2）《雅利安人婚姻效力法》（Arya Marriage Validation Act, 1937）。该法适用于奉行吠陀原教旨主义的印度教雅利安萨玛吉教派（Arya Samajist）成员，确认了教徒跨种姓、跨宗教婚姻的合法化。（3）《印度教婚姻障碍消除法》（Hindu Marriage Disabilities Removal Act，1946）。该法不仅承认跨种姓婚姻，还认可了相同戈特拉（gotra）和普拉瓦罗（paravara）之间的婚姻效力，在减少血缘禁忌的婚姻障碍方面进行了积极改革。

第二类可称为"除陋法"。是英国统治者针对印度教婚姻的某些"陋习"或社会顽疾所制定的特别法。主要包括：（1）《阻止杀女婴法》（Female Infanticide Prevention Act，1870），该法对辖区内印度人（尤其是高种姓）因为嫁妆压力等原因而大量溺杀女婴的风气进行遏制；（2）《童婚限制法》（Child Marriage Restraint Act，1929），该法将印度人的法定婚龄提高到男子满18周岁，女子满14周岁；（3）《孟加拉萨蒂条例》（Bengal Sati Regulation，1829），该条例宣布在英属孟加拉地区的萨蒂即寡妇殉葬习俗为违法行为。此后30余年殖民政府敦促各土邦变法，最终全面取缔了印度境内的寡妇殉葬制度。

第三类可誉为"鼎新法"。在拆障、除陋的同时，英殖民当局制定了一些以现代法律精神或原则为基础的婚姻法。这些法律主要是关于离婚许可和再婚自由的规定。主要包括：（1）《改教者婚姻解除法》（Converts' Marriage Dissolution Act，1866），为改信基督教的印度教徒离婚和再婚提供了法律依据；（2）《印度教寡妇再婚法》（Hindu Widows Remarriage Act，1856），使印度再生人种姓的寡妇再婚合法化。

殖民者的上述渐进式现代法律改革，在一定程度上改变了有关婚姻的古老印度教法文本规则和习惯法。其变化主要体现在以下几点：其一，打破了种姓内婚制原则，允许跨种姓、跨宗教婚姻，将某些违背印度教正统教义的婚姻或不被其认可的"异教"婚姻形式以政府立法的方式予以合法化；其二，允许解除婚姻，改变信仰等可以成为离婚的充分理由；其三，允许再婚，寡妇和离婚妇女均可另嫁。这些变革从根本上改变了传统印度婚姻法的实体内容，推动了印度婚姻法的现代化。但殖民者推行印度婚姻法改革的总体立场比较保守，大部分法令对印度教婚姻家庭法做出很大妥协，甚至以但书条款赋予印度教徒选择不予适用的自由，使这些法律的实施效果不佳。

（二）独立后的婚姻法变革

自 1947 年印度独立后，印度教婚姻法改革一方面继承了殖民时代的三类立法，另一方面继续推进反映现代婚姻法精神的法律变革。在"拆障法"方面，1949 年印度出台《印度教婚姻效力法》（Hindu Marriage Validity Act），以国家权威再度确认了跨宗教婚姻（但不包括印度教徒与穆斯林之间通婚）、跨种姓/亚种姓、跨族群或教派婚姻的合法性。该法后为 1955 年《印度教婚姻法》所废止。在"除陋法"方面，主要单行法为 1961 年《嫁妆禁止法》（Dowry Prohibition Act）及其后的两次修订本。2006 年《禁止童婚法》（Prohibition of Child Marriage Act）取代了 1929 年《童婚限制法》，童婚终于在法律上由部分否定（违法但有效）变为彻底废除。在"鼎新法"方面的改革，主要体现在颁布禁止重婚、允许离婚方面的特别立法以及印度教一般婚姻法。1949 年印度通过《印度教（重婚禁止和离婚）法》（Hindu [Bigamy Prevention and Divorce] Act），随后一些禁止重婚的地方立法相继出台。1947 年《印度教离婚法》（Hindu Divorce Act，1952 年修订）和一些地方性法规重申废除相同戈特拉等血亲成员之间结婚的禁忌，并允许依法定理由离婚。这些法律以现代国家法的权威废除了传统禁止离婚的规定，确立了再婚的合法性。

印度独立后，婚姻法改革成果的集大成者是 1955 年《印度教婚姻法》。该法吸纳并废止了先前的若干法令，其要点在于：（1）结婚方面。废除种姓内婚制度，允许并鼓励跨种姓婚姻；禁止多妻，确立了一夫一妻制的现代婚姻法基本原则；处女与寡妇的婚姻地位平等，不得区别对待；法定婚龄为男子满 21 岁，女子满 18 岁；血亲通婚禁忌有减有增，变得更为复杂，一方面改变了色宾陀通婚的代际范围，只禁止（双方往上追溯的）母系三代以内、父系五代以内的色宾陀结婚，而且取消了戈特拉、普拉瓦罗的通婚禁令，另一方面增加了新的血亲姻亲通婚限制，禁止与直系血亲及其配偶、三代以内旁系血亲、三代以内旁系同辈及长辈血亲的配偶通婚；增加了民政部门登记的可选性婚姻程序，规定政府可以制定强制婚姻登记的法规。（2）离婚与再婚。该法允许离婚与再婚，规定了若干适用于男女双方的共同离婚条件和适用于女方的特殊离婚条件；诉请离婚有一定限制，如结婚一年内不得提起离婚诉讼；当事人起诉后，有6个月的冷静期。（3）婚姻法律救助。该法规定，离婚纠纷当事人除诉求民事救济外，还可寻求刑事司法保护，如以欺骗手段占有妇女身体、诱导人们误信婚姻有效、重婚或通奸等情形。同时，该法对传统宗教法有所保留，规定传统结婚仪式是婚姻的有效要件，认可了离婚或分居妇女仍可附条件享受前夫扶养的权利等。该法自实施以来，历经十余次修改，陆续吸收了某些司法判例的内容，总体趋势是不断放宽离婚条件，离婚原则由"过错原则"向"感情破裂"、合意原则转变，同时注重扩大妇女的婚姻自由和财产权利。这部法律是关于现代印度教徒婚姻的一般法典，标志着印度婚姻法在现代化和世俗化道路上跃进了一大步。

二、印度家庭财产法的现代改革

在现代法律变革中，较之婚姻法，印度有关家庭财产的立法数量少得多，变革力度也相对小一些。

（一）联合家庭与析产、继承法改革

首先，变法始终未动摇传统印度联合家庭制度的根基。个别邦曾通过了试图废止联合家庭的地方立法（如 The Kerala Joint Hindu Family System［Abolition］Act，1975），却成为一纸空文；中央政府基本无相关改革立法。联合家庭制度的基本框架得以完整保存，以家产共有财产为核心的联合家产仍旧是基本的家庭财产存在形式。不过，家庭成员的个人独立财产种类、数量等方面陆续有所增加。例如1930年，英国殖民政府通过《印度教学习收入法》（Hindu Gains of Learning Act），规定学习收入①是个人独立财产。虽然立法用"他"表述学习收入的主体，但在此后的司法实践中，有的法官倾向于认定女子的学习收入也属于其独立财产。

其次，析产法方面的改革很有限，仅做了一定程度的微调。其一，1893 年，英国殖民者通过了《析产法》(Partition Act)。该法主要是针对析产纠纷司法实践中出现的一些具体问题而提出解决措施，不是旨在变革析产制度本身。因为该法有一条款规定，不动产的析产不得影响英国殖民当局的税收。这部法令以及 19 世纪后期的一些研究资料表明，联合家庭对于统治者征税是一种非常便利的制度，因此殖民者不但不对该制度进行变革，还以法律予以维护和强化。其二，1937 年《印度教妇女财产权利法》(Hindu Women's Rights to Property Act)，对适用《达耶跋伽》地区的寡妇析产/继承权利进行了专门规定。根据该法，家产共有人的遗孀具有与家产共有人同等的请求析产权，其析产份额与被继承人的一个儿子相等。但妇女的析产份额对她而言是"有限利益"的财产，这与传统析产法相比了无新意，几乎只是重述了《达耶跋伽》的相关规则而已。其三，根据 1956 年《印度教继承法》，适用《密塔娑罗》地区的析产及其份额流转方式发生某些重大变化。析产时间和方式更为灵活，当其中一个家产共有人死亡时，他所在的联合家庭即可进行部分或整体析产；如果死亡的家产共有人有女性亲属，则析产时他的利益不再以遗属权 (survivorship)，而是以继承的方式进行转移。

最后，继承法改革向着扩大妇女及残障等弱势群体财产权利的方向迈进。英国殖民时期，印度教继承法方面的改革主要体现为颁布两部继承法。一是《印度教继承（消除障碍）法》(Hindu Inheritance [Removal of Disabilities] Act, 1928)，适用于先前遵守《密塔娑罗》法则的印度教徒，部分地废除了印度教法剥夺残疾人继承权的规则。二是

---

① 指没有受到家庭共有财产的资助，通过自己学习或接受教育获得的技能而取得的收入。如一个人自学或没有受到家庭财产的资助成为业余作家，其稿酬收入就是"学习收入"。

《印度教继承法（修正案）》（Hindu Law of Inheritance [Amendment] Act, 1929），旨在改变印度教徒无遗嘱继承的传统法，并增加女性的继承权利。但该法规定了保留条款，印度教徒可选择不予适用。此外，英国殖民政府还颁布了一部统一的世俗继承法《印度继承法》（Indian Succession Act, 1925），适用于除印度教徒、伊斯兰教徒以外的印度人。这是一部按照现代继承法精神制定的世俗化法律，但印度教徒可自主选择适用某些内容。

印度独立后，继承法改革的成果集中体现于1956年《印度教继承法》。该法原则上承袭《密塔娑罗》的继承规则，吸收了先前改革的大部分成果。其主要革新之处在于：第一，如前所述，在死亡的家产共有人有女性亲属的情形下，继承与析产几乎合一，死者的析产份额利益依法定继承或遗嘱转移给继承人或受遗赠人，而非转给其他家产共有人。死者的遗孀有权代表亡夫参与其联合家庭析产并继承亡夫的家产共有财产份额。第二，在第一顺序和第二顺序继承人列表中，女性的地位较之过去均明显提高。女子所继承的财产范围扩大，包括父母的财产、丈夫或公公的遗产及其他财产。且女子对继承自男子的遗产取得了同男继承人平等的权利，即完全所有权。至此，凡女子通过继承、析产、扶养费、技能或劳动所得，以及购买、依时效取得等方式所得的动产与不动产，均被确立为女性财产。第三，确认了遗嘱继承。该法吸收了现代遗嘱继承条款，规定凡印度教徒皆可根据1925年《印度继承法》的遗嘱规则处理遗产，由此改变了以往印度教徒的无遗嘱继承传统。其四，减少了剥夺继承权的理由。女子不贞、男子患病、残疾或丧失种姓等均不再是排除继承资格的充分事由。只有三种剥夺或丧失继承权利的情形：谋杀被继承人或教唆被继承人自杀，印度教徒改信其他宗教，以及再婚寡妇丧失对前夫遗产的继承权。

2005年，印度议会对1956年《印度教继承法》予以修订，继续加强了对女性继承权利的保护。该修正案的核心要点为：再度否定《密塔娑罗》的家产共有财产遗属权传承模式，重申家产共有人死亡后，其家产共有财产份额以继承的方式传承;明确规定女儿(及其子女)对父亲的家产共有财产份额具有和儿子(及其子女)平等的继承权利。

(二)扶养法与妇女财产法变革

印度现代扶养制度变革的主要举措体现为增加女子的财产权利。第一,1874年《已婚妇女财产法》(Married Women's Property Act)扩展了传统女性财产的范围,已婚印度教妇女的工薪收入、工艺制作、技术劳动所得的财产、储蓄收入以及投资所得等均属于其个人财产。该法于1923、1927年先后进行过两次修改,将适用范围扩大到信奉印度教以外其他宗教(包括基督教)的妇女,并确立了已婚妇女独立获得遗产且成为财产受托管理人和遗产管理人的权利。该法试图以增加女性财产的方式替代性地解决扶养问题,意在加强妇女的独立财产权,降低其对联合家庭扶养的依赖性。

第二,前述1937年《印度教妇女财产权利法》旨在保护寡妇在丈夫联合家庭中的财产权益。该法申明,寡妇继承自丈夫的析产份额及其他联合家庭财产利益属于有限财产。因此从性质上说,这些析产/继承所得及相关利益属于扶养财产,不同于女性财产,妇女只有在世时的合理使用权。

第三,1946年《印度教已婚妇女分居与扶养权利法》(Hindu Married Women's Right to Separate Residence and Maintenance Act)重申了丈夫对妻子的终生扶养义务,并细化了起诉的法定理由。据此,印度教已婚妇女可依法向法院诉请分居并继续享受丈夫的扶养。即使在妻子不贞的情况下,丈夫仍应供给妻子基本生存资料。该法实际上与传统扶养制度保持了较大的连贯性。

第四,1956年《印度教收养与扶养法》就婚姻存续期间妻子的扶养事宜、寡妇的扶养以及老年人赡养等问题做出了规定。该法关于扶养的变革主要在于:其一,此前丈夫于妻子在世期间另娶,妻子可诉求分居并获扶养,现在只要丈夫有不止一妻,所有妻子均有权诉请分居并享受丈夫的扶养;其二,重申并加强了对不贞的寡妇受扶养权利的保护；其三，受扶养人的范围变宽，不仅包括子女，还包括已故儿孙的儿子及未婚女儿等；其四，此前女性无扶养义务，现在男女皆有扶养义务，儿子与女儿均应当赡养父母。

第五，关于妇女的扶养，在婚姻法和刑事诉讼法等其他法律中亦有所涉及。如前文所述，1955 年《印度教婚姻法》规定，离婚妇女仍可要求前夫长期扶养。《刑事诉讼法》则将离婚扶养费诉讼纳入了刑事管辖范围。

综上，印度的家产共有及析产、继承和扶养等家庭财产制度作为联合家庭制度的重要组成部分，如同联合家庭结构一样根深蒂固。尽管如此，印度家庭财产法改革在提高妇女对家庭财产的传承权利方面，做出了较大努力。这主要体现为女性财产权利的不断增加。其实现方式主要是增加女子对家产共有财产享有的析产/继承利益，扩大女性财产的范围，以及在认可妇女受扶养权利的同时提高其主体性等。由此，印度家庭财产法改革在保留传统法主干的基础上，嫁接了许多现代法规则。

三、嫁妆的现代变异与法律变革

自 17 世纪开始，嫁妆发生变异，逐渐压倒财礼，独自成为印度教徒主要的涉婚支付模式，并陆续诱发了若干社会问题。据报道，20 世纪后半叶起，印度每年有数以千计的已婚年轻女性因婆家对其嫁妆不满而被谋杀或不堪受虐而自杀。有大量妇女因嫁妆遭受家庭暴力，而这些事件通常没有被纳入官方统计。嫁妆引发的犯罪成为印度最为醒目的案件类型之一，也成了国际社会关注的焦点。①

（一）嫁妆的现代变异

18 世纪后期，嫁妆在官方层面首次被作为"问题"提出。当时英

---

① 综合参见 Veena Talwar Oldenburg, *Dowry Murder: the Imperial Origins of a Cultural Crime*, Oxford University Press, 2002；印度犯罪统计局网站, https://ncrb.gov.in/en/crime-india, 2022-2-12 访问。

属印度地区出现的大量溺杀女婴现象引起了殖民当局的注意。1789年，英国殖民政府报告首次将高种姓群体的杀害女婴行为与嫁妆制度联系起来。他们发现了三个互有关联的现象。一是早期溺杀女婴的风俗主要集中于婆罗门、刹帝利阶层，这些高种姓群体的涉婚支付长期采用嫁妆制度。二是大量中低种姓的农民加入杀害女婴行列，这些农民在涉婚财物给付方式上也采取了嫁妆形式，同时往往是欠税者或负债者，其欠税或负债的原因通常是备办女孩嫁妆而致贫。三是在杀女婴的群体中广泛流行婚礼铺张奢侈的风气。调查者于是认为杀害女婴与奢侈婚礼、巨额嫁妆有密切关联。殖民政府由此通过了一些法令，力图遏制杀害女婴行为，同时倡导减少奢侈婚礼、限制嫁妆。但这些法律缺少实施细则和有力的执行措施，未能产生实质性影响。①

印度独立后，男子因不满于妻子的嫁妆而对妻子实施家庭暴力的现象日渐成为社会问题，印度的嫁妆习俗被贴上了"文化之恶"的标签。第一，现代嫁妆种类和数量大幅度增长。在现代嫁妆中，仍具女性财产意义的传统嫁妆只占很小比例，仅限于新娘结婚时的少量随身衣物、礼服和首饰等个人用品。另外两类新型支付才是重心：一类为有形财物，如巨额现金，有价证券以及各类现代电器、高档轿车、商品房等贵重耐用物品；另一类为婚礼相关支出费用，包括婚礼宴席、婚庆仪式开支，新郎亲属参加婚礼的服装、珠宝首饰乃至趁机旅游观光的费用等。② 第二，现代嫁妆涉及的人群、地域范围不断扩大。其一，就学历、职业而言，最先兴起现代嫁妆的群体，是受过西式高等教育、就职于英国殖民政府"组织化部门"（organized sector）③ 的男子。这种新习惯继而传播到IT行业、工商管理硕士等新兴高薪职业群

---

① 参见 Veena Talwar Oldenburg, *Dowry Murder: the Imperial Origins of a Cultural Crime*, pp. 41-72。

② 参见 M. N. Srinivas, "Some Reflections on Dowry", in Srimati Basu (ed.), *Dowry & Inheritance*, Zed Books, 2005, pp. 12-13。

③ 指"公有部门机构，以及私有部门中雇用十人或十人以上的非农业机构"。参见项飙：《全球"猎身"：世界信息产业和印度的技术劳工》，王迪译，北京大学出版社2012年版，第49页注释1。

体，随后其他职业阶层及无业人群也参与了嫁妆实践。其二，从种姓等级、宗教信仰来看，现代嫁妆不再是婆罗门的"特权"，而是所有种姓、无种姓群体乃至非印度教徒社群的共同涉婚支付方式。其三，在地域范围上，嫁妆不仅流行于农村，也兴盛于城市；先在印度北部流行，后扩散至中部、南部，再到后来向周边国家或地区辐射，直至远播海外印度人社群。第三，现代嫁妆的传播时间、速度和空间均不平衡。自17世纪初至20世纪前期，嫁妆主要处于缓慢量变过程。自20世纪中后期开始，嫁妆加速变化，索要和给付高额嫁妆的行为迅速增多。现代嫁妆基本遵循这样的传播规律：似乎在一夜之间先冒出个例，随后有大批跟风者，整个地区在数年之间完成嫁妆取代财礼，成为各种姓、族群的涉婚支付惯例的过程。第四，现代嫁妆的性质和地位发生根本变异。现代嫁妆从女方自愿给付变为男方强行索要，从对婚姻的宗教性祝福变为婚姻契约成立的世俗化要件；嫁妆从女儿变相预先"分割"父亲家庭财产的纵向代际转移变为男方对女方家庭财富的横向掠夺；嫁妆不再是新娘个人独立所有的女性财产，也不是新婚夫妇的夫妻共同财产，而变成了新郎联合家庭的共同财产。

变异后的现代嫁妆给印度人生活带来了巨大负担，并对社会关系产生很大影响。第一，嫁妆改变了婚姻的性质。婚姻不再是神圣的宗教事务，也不再是联结社会关系的情感纽带，而变成了利益交易。一是嫁妆本身成为婚姻的动机，无嫁妆不婚姻，嫁妆不足不成婚。结婚双方的父母甚至公开坐而论价，商量婚事的场面如同谈生意。[①] 二是嫁妆时常引入某些市场机制，使婚姻成为自由化市场经济"创新"的实验场。如21世纪初在印度中部某乡镇，嫁妆市场引进"预售"和"期货"等营销策略：有女方父亲看上哪个"潜力股"男孩，就出资赞助其大学学费或者出国留学费用，预购准女婿。三是嫁妆支付成为双方家庭之间的经济"交易"而非两个年轻人的个人事务。嫁妆谈判的在场当事人（不是代理人）并非意图结婚的青年男女，而是他们的家长。索要

---

① 项飙：《全球"猎身"：世界信息产业和印度的技术劳工》，第59页。

的嫁妆中经常有房子和轿车等昂贵物品，男方父母既可无条件享用，又不必在严格意义上据为己有，还使新娘无法作为私房钱积攒。在嫁妆市场，"伟大无私的父母之爱和精明刻薄的经济计算达到了理想的调和"①。

第二，嫁妆固化了印度传统家庭结构与亲属关系模式。一方面，嫁妆使联合家庭结构及其共同财产制度更加稳固。为女孩备办嫁妆是全家的责任，男孩所得的嫁妆是全家人可均沾利益的共同财富。另一方面，嫁妆塑造着血亲、姻亲关系的面目。在新郎一方，亲属之间由于可以共享嫁妆收益，会加强彼此间的团结；在新娘一方则可能效果恰恰相反，因为嫁妆是新娘家庭全体成员的负担，女孩作为家庭"累赘"，通常难以充分享受父母兄弟的亲情。姻亲关系与嫁妆的支付情况有直接关联，双方亲疏程度和交往频度与男方对嫁妆的满意度成正比。原先以血缘、感情和互惠礼仪为纽带的亲属联合，变成了主要由经济利益支配的人际关系。

第三，嫁妆直接或间接引发了违法犯罪问题。其一，如前所述，选择性堕女胎或杀害女婴等现象频发，与嫁妆存在密切关联。其二，嫁妆刺激了重婚案的发生，一夫多妻现象有增无减。如在近代孟加拉地区，一些婆罗门男子娶妻数目达到令人震惊的程度：一个高贵的婆罗门亚种姓库林男子娶了数十名亚种姓稍低的史罗翠亚女子为妻，每次娶妇都从女方得到一大批嫁妆财物。② 20 世纪末期，一夫多妻的风气甚至传播到了海外印度人社群。③ 其三，有时，男子及其家人索要嫁妆未果，则对妻子实施暴力伤害甚至谋杀。自 20 世纪 70 年代起，印度媒体和官方报道了大量男方为再娶妻子以获得更多嫁妆而谋杀少妇的事件，这些谋害经常以在厨房制造火灾的方式进行，不易调查取证，最终导致刑法修改，"嫁妆致死"被增设为特殊的犯罪类型。

第四，嫁妆是现代印度女性家庭及社会地位低下的重要原因。其

---

① 项飙：《全球"猎身"：世界信息产业和印度的技术劳工》，第 53 页。
② 参见路易·杜蒙：《阶序人：卡斯特体系及其衍生现象》，王志明译，浙江大学出版社 2017 年版，第 208—209 页。
③ 参见项飙：《全球"猎身"：世界信息产业和印度的技术劳工》，第 52 页。

一，现代嫁妆导致了以生育性别为界限的贫富分化：生男预示着致富，生女意味着致贫。这加剧了重男轻女的社会倾向，尽管从长期来看，现代嫁妆使全体印度男女均成为实际或潜在的受害者，因为嫁妆是根据出生性别的随机性来区分受害与受益群体的，所有人均有生女儿的可能，也就都有承受嫁妆负担的可能。其二，嫁妆几乎耗尽了女性一生的家庭权利，无论婚前和婚后，家对于女性都不是安全的堡垒，女子在家庭中能得到的爱护和权益有限。其三，因为"愁嫁"的压力，女性倾向于早婚，这阻却了她们受教育和就业等自我发展的机会，妨碍其各种社会权利的充分实现。于是，现代嫁妆被认为是一系列女性问题的重要根源。

第五，嫁妆从多方面影响了印度社会的发展。经济上，嫁妆需求刺激了印度经济多种产业的繁荣。珠宝首饰、高档服装和高级轿车等奢侈品行业，现代家用电器和大宗家具等耐用消费品行业，均得到了迅速发展。嫁妆还对职业分工具有导向作用，一些热门高薪专业由于最容易吸附高额嫁妆，聚集了大量印度本土及"海归"高科技人才，而那些冷门低薪的传统行业则人才流失严重。政治上，现代嫁妆作为印度性别不平等的标志，对印度政府的国际形象产生了负面影响。法律实践中，嫁妆类案件成为印度司法的敏感领域，涉嫁妆犯罪极易引起社会舆论的关注。文化上，现代嫁妆助长了拜物主义和消费主义。"不管男性还是女性，不管上层种姓还是低层种姓，人们都相信消费主义会给他们的后代带来中产阶级的生活方式。"[①] 极浓厚的宗教氛围与极强烈的世俗欲望，在现代印度得以怪诞地共生。

（二）嫁妆的立法变革

印度抵制嫁妆的现代法律改革，由地方立法先行，后由中央政府主导，从一部孤立的禁止嫁妆单行法开始，到刑事、民事与行政法多个法律部门互动，实体法与程序法配套，同后续的司法判例共同组成

[①] 普尔尼马·曼克卡尔：《观文化，看政治：印度后殖民时代的电视、女性和国家》，晋群译，商务印书馆2015年版，第154页。

了对抗"嫁妆之恶"的法律体系。

规制嫁妆行为的立法，首先是从地方政府开始的。20世纪50年代，一些邦率先推出了限制嫁妆的法规。这些地方法为中央政府立法做了必要准备。1961年5月，印度议会经过前期两年多的讨论和审议，通过了《嫁妆禁止法》（简称《嫁妆法》）。内容非常简短，总共10条。该法对嫁妆做出了定义：法律所禁止的嫁妆，意指结婚双方在结婚时或结婚前后，作为婚姻"对价"直接或间接给付对方的有形或无形财物。实践中所规制的对象，只是嫁妆形式的单向财物支付行为。该法对传统嫁妆/女性财产予以保留，即结婚时一方以现金、饰品、衣物或其他物品形式给予另一方的礼物，不在本法所禁止的嫁妆之列，除非这些礼物是作为双方结婚的对价给出的。这一条款使嫁妆的合法与非法认定成为一个实践难题。根据该法，凡给予或收取嫁妆、唆使或约定给予或收取嫁妆、直接或间接索要嫁妆的行为均构成违法，但处罚轻微，仅处以6个月以下监禁或/并处5000卢比以下罚款。嫁妆类案件为自诉案件，诉讼时效只有1年。不过在索取嫁妆的情况下，如果预先获得政府的一般或特别批准令，可以以公诉方式审理。这部法令对嫁妆给付和收取双方"各打五十大板"的做法，自始决定了其执行力度的有限性。该法充其量是一部表明国家态度的宣言性立法。

《嫁妆法》实施后，在最初20年进入诉讼的案例寥寥无几。20世纪80年代以降，因嫁妆诱发的暴力犯罪明显增多，以制造火灾方式烧死少妇的事件大量发生。在社会各界的呼吁和推动下，80年代中期印度议会接连通过了两部《嫁妆法》修正案。1984年，酝酿了四年之久的《嫁妆禁止法修正案》（简称1984《修正案》）颁布。该《修正案》扩充了嫁妆的释义，将"作为婚姻'对价'"改为"与婚姻相关"，并加大了对嫁妆违法行为的处罚力度，可处以6个月至2年的监禁，或/并处1万卢比以下的罚款或者同等价值的罚没物；诉讼时效延长为自结婚之日起10年内；在保留自诉的同时，将嫁妆案件纳入可公诉审理的范围。根据该《修正案》，可受理嫁妆诉讼的家庭法院和审判焚烧新娘案的专门刑事法庭得以设立。

1985年，印度中央政府根据1984《修正案》的授权，通过了《嫁妆禁止（付给新娘新郎的礼物清单）细则》（Dowry Prohibition [Maintenance of Lists of Presents to the Bride and Bridegroom] Rules，简称《细则》）。该《细则》是专门针对前《修正案》制定的，规定结婚双方应当开列礼物清单和标明财物归属。鉴于1984《修正案》未规定合法礼物价值的上限，《细则》在实践中很难操作，大量以自愿赠与为名义的隐形财富转移行为难以调查取证。这使该《细则》几乎沦为摆设，也未能实现辅助1984《修正案》约制嫁妆合理限度的目的。

1986年，与"嫁妆致死"入刑相应，《嫁妆法》再次做了修改。这次修正案除了列入"嫁妆致死"罪的条款以外，其他修改要点为：一是进一步扩大嫁妆的外延，使嫁妆涵括婚前、婚礼、婚后任意时间给付或索取的不合理财物；二是处罚力度继续加大，索取嫁妆者最高可判处监禁5年，罚款1.5万卢比；三是规定嫁妆类案件不可保释；四是规定禁止进行嫁妆、奢侈婚礼的广告宣传。根据该《修正案》，印度政府设立了专职的禁止嫁妆官员，与警方共同负责查处嫁妆类违法案件。

同一时期，印度议会对刑事类法律进行了两次与嫁妆有关的修改。1983年《刑法（修正）法案》使索要嫁妆成为虐待罪、教唆自杀罪的构成要件之一；《刑事诉讼法》和《证据法》也加强了对这两类犯罪的认定、审理和取证程序要求。1986年《印度刑法典（修正案）》新增"嫁妆致死"的专门罪名，如果已婚妇女"由灼烧或身体伤害导致死亡，或在结婚7年内非正常死亡，在她死前不久曾遭受丈夫或丈夫亲属的虐待或侵害，或者与索要嫁妆相关，其丈夫或丈夫亲属将被认定为触犯嫁妆致死罪"，处以7年以上的有期徒刑直至终身监禁。《证据法》增加了相应新条款，规定凡受害妇女在"死亡前不久"因被索要嫁妆或与此相关而遭受过犯罪嫌疑人的虐待或折磨，即可认定该嫌疑人犯有嫁妆致死罪。

印度其他法律法规也有一些与嫁妆问题相关的内容。《印度教婚姻法》1976年修正案在"虐待"条款中规定，因嫁妆而遭受身体或精神虐待可以成为妇女提出离婚的充分理由。2005年《保护妇女免受家庭暴力法》（Protection of Women from Domestic Violence Act）在"家庭暴力"的定义中加入了索要嫁妆的内容。某些行政类法规也专门纳入禁止现代嫁妆的条款，对公务员的涉婚支付行为予以规范。一些禁止嫁妆的地方法规对妇女利益的保护规定更为灵活、因地制宜，在抵制嫁妆方面起到了不容忽视的作用。

自1986年以降，印度中央政府有关嫁妆的立法再无较大进展，此后司法机关成为反嫁妆法律改革的主要推动者。进入21世纪以来，印度国家犯罪统计局和最高法院官方网站报道的嫁妆致死类案件均显著增加。其中，2015年至2019年刑侦立案的数据均在7000起以上，2020年似略有下降（官方数据为6966起），但这可能是由于疫情的影响，而非法律本身的作用。从司法实践来看，上述立法对于抑制嫁妆类违法犯罪起到了一定的作用，但总体法律效果不够显著。印度各级法院尤其最高法院在有关嫁妆案件的审判中，时而作为改革工具，积极回应社会变革对有关立法的要求，时而照抚守旧民众的情绪，表现出固守传统的倾向，一直在保守与能动之间寻求平衡。①

四、童婚制度的现代改革

英国殖民时期，印度童婚制度日益突显其消极影响，被认为是印度社会的一大弊端。殖民当局与印度民族政府在现代化法律变革中，为取缔童婚先后做了长期不懈的努力。

（一）童婚的积弊

首先，童婚扭曲了婚姻制度的性质，削弱了婚姻的基本功能和意

---

① 参见印度犯罪统计局网站 https：//ncrb.gov.in/en/crime-india，2022-2-12访问；印度最高法院网站 http：//judis.nic.in/supremecourt/chejudis.asp，2017-5-19访问。

义。在社会功能上,童婚男女的结婚年龄与生育年龄严重不匹配,婚姻的生育和代际传承功能得不到有效满足。尤其是老夫少妻组合的童婚,待女孩具备生育能力时,男子可能已错过了最佳生育时期。在情感意义上,童婚夫妻往往缺乏深度的精神交流,难以成为以爱情为基础的伴侣式婚姻。

其次,童婚对男女均造成了伤害。一方面,童婚对男子身心发展不利,童婚往往打断男孩的受教育过程,影响其未来事业发展。另一方面,童婚尤其成为女孩身心健康的巨大致害因素。按照惯例,童婚一般不应立即圆房,可印度教文本并无这方面的限制。尽管印度教提倡再生人做禁欲式的修行,但一些娶了幼女的男子却往往漠视童妻的健康,急于寻欢。于是童婚经常伴随早孕、早育,而早婚、早孕女性往往也属于多孕、多次流产乃至过早绝育的人群。印度少妇的高死亡率与童婚及早孕有很大关系。

再次,童婚增加了印度人口控制的难度,降低了人口质量。若干调查和研究表明,缔结童婚的印度女性多次怀孕或非计划怀孕的比例非常高。早孕母亲自身尚未完全发育成熟即生育,大大增加了婴儿先天智力障碍、身体残疾和营养不足的风险。

复次,童婚使女孩过早进入封闭式婚姻家庭生活,阻碍其受教育、社交与就业的机会,并过早接受婆家习惯、父权传统的规训,以致失去反抗能力。有学者指出,童婚剥夺了女性追求独立自主而有尊严生活的权利,加剧了女性遭受的家庭及社会歧视,侵犯了女性的健康权、平等权、自主选择婚姻组建家庭权、自由权、安全权和发展权等基本人权。①

最后,童婚经常导致童寡问题。由于大量童婚是老夫少妻组合,男子死亡时,女子尚年轻。这些年轻遗孀大多未受过中等以上的学校教育,独立生存能力弱,被视为联合家庭的"累赘",同时其贞节问题时常受到社会的严密注视和控制。由是作为童寡的妇女地位非常低下,

---

① Jaya Sagade, *Child Marriage in India: Socio-legal and Human Rights Dimensions*, Oxford University Press, 2005, pp. 132-166.

这也在一定程度上导致寡妇殉葬现象时有发生。

（二）童婚法改革

印度社会反对童婚的变革运动，自19世纪中期由英属印度下的孟加拉兴起。一些妇女组织及社会进步人士率先倡导抵制童婚，并敦促英国殖民统治者进行立法变革。1860年，英国殖民政府通过的《印度刑法典》设立了间接限制童婚的条款，规定最低同居年龄为10岁，违反者视同强奸罪。1891年发生一起童婚致死案，引起社会的巨大反响，[①] 殖民政府遂颁布了《同意年龄法》（Age of Consent Act），将最低结婚年龄由10岁提高到12岁。同年《印度刑法典》再度修改，将与12岁以下的女孩发生性关系定为强奸。翌年殖民政府通过了限制童婚的法令，但法令对违法举行童婚的行为只是予以处罚，并非使童婚归于无效；童婚属于自诉案件，不通过公诉程序审理。此后，一些土邦陆续出台了限制童婚的地方法规。

英国殖民政府关于童婚改革的主要成果是1929年《童婚限制法》，又称《萨尔达法》（Sarda Act）。该法只有8条，对童婚做了定义，进一步提高了结婚年龄，规定凡男子不满18岁、女子不满14岁结婚均属于童婚，构成违法。违法处罚轻微，只监禁15天或/并处1000卢比以下罚款。其管辖范围为英属印度境内全体公民，不限种姓、宗教和族群。《萨尔达法》历经数次修订，主要变化是逐步加大处罚力度，授权法院可针对违法童婚发出禁令等。

1929年《童婚限制法》在很长时间内执行力度有限。1947年印度独立后，童婚现象仍司空见惯，于是印度政府陆续推出新的童婚法改革举措。1949年《童婚限制法》进行了以下修订。其一，将法定婚龄提高到男子满21岁、女子满15岁。其二，禁止不满18岁的女子嫁给45岁以上的男子。其三，童婚案件可通过公诉方式进行审判。其四，加大了对男性违法的规制力度，规定男子不满21岁结婚者，处以15天

---

① *Queen Empress v. Huree Mohun Mythee*，(1891) 18 Cal 49. 该案中被指控的成年男子与童妻同房后，导致女孩受伤死亡。

监禁或 1000 卢比罚款；年满 21 岁男子的监禁处罚上限有所提高，由 1 个月变为 3 个月；对所有违法男子一律平等处罚，无论其家境情况如何；取消 1000 卢比的罚款限额，法官可自由裁量罚款数额。1963 年《童婚限制法》再度修订，加强了童婚案件的公诉管辖力度；政府专门任命了一个社会工作者特殊团体作为专职的童婚阻止官员，和警方共同负责调查童婚案件。该修正案的主要问题在于，所规定的罚款数额过低，人均罚款额仅为 50 卢比，基本上起不到惩戒作用，一些缔结童婚者只是把罚款当作结婚的必要支出项目而已。1978 年《童婚限制法修正案》将结婚年龄提高到男子满 21 岁，女子满 18 岁。1994 年讨论《婚姻法案》(The Marriage Bill) 时，曾有人提议废除童婚，但被议会否决。总体上，《童婚限制法》的历次修订虽在提高结婚年龄、加大处罚力度方面做了持续的改革，却一直未能触及根本问题，没有彻底废除童婚。自该法实施直至 20 世纪 70 年代，印度各高等法院总共才审理了 100 余起童婚案件。① 80 至 90 年代，以童婚为立案理由的诉讼亦屈指可数。自 21 世纪以来，官方报道的童婚事件明显增多，但进入司法程序的案例仍属少数。

2000 年以后，一些集体童婚婚礼现场屡屡发生警方与民众的冲突事件，于是 2006 年印度议会通过《禁止童婚法》，废止了 1929 年《童婚限制法》。《禁止童婚法》保留了《萨尔达法》及其修订成果的大部分内容。其革新之处主要有以下几点。其一，赋予法院较高的司法能动性审理童婚案件：法院有权发出禁止童婚令；可根据当事人的请求判决撤销童婚或者使其归于无效；可判决缔结童婚的成年男子对未成年"妻子"负有经济供养和提供住所的义务，如男子为未成年人，此抚/扶养义务由其父母或监护人代为履行；判决无效的童婚，双方应返还结婚时赠送的现金和贵重礼物；童婚所生的子女为合法子女，其监护、抚养问题由法院本着最有利于孩子成长的精神予以判决等。其二，规定了法定无效的童婚情形：未成年人在脱离其合法监护人的监护之

---

① Werner Menski, *Hindu Law: Beyond Tradition and Modernity*, p. 358.

所结婚；以胁迫、欺诈等手段促使儿童结婚；旨在为不道德目的买卖或利用未成年人的婚姻。其三，强化了政府管控童婚的职责，地区治安官作为童婚禁止官有权责制止集体童婚，并受理民众的举报等。另外，这部法令在一定程度上具有溯及既往的效力，除了该法实施时已进入司法程序的案件依据《童婚限制法》处理以外，其他在法律实施前缔结的童婚纠纷可适用新法。从《童婚限制法》到《禁止童婚法》，时隔将近80年，童婚制度终于被国家法废除。

对于2006年《禁止童婚法》的法律效果，人们褒贬不一，公允的评价可能需参考多方数据分析。其一，印度全国家庭健康调查（NFHS）统计表明，自2006年以后，童婚数量有实质性下降。以25—29岁男性和20—24岁女性为例，第三次（2005—2006年）、第四次（2015—2016年）和第五次（2019—2021年）NFHS的抽样年龄段男女童婚比例分别为：男性32.3%，20.3%，17.7%；女性47.4%，26.8%，23.3%。不过童婚的绝对数目迄今仍然很大。① 其二，根据印度犯罪统计局的数据，触犯《禁止童婚法》的案件数量一直呈上升趋势，如2018—2020年的案件数目依次为501、523和785起。② 其三，依据《禁止童婚法》侦查起诉的童婚案件每年几百起的基数远远小于童婚的实际发生数，也大大少于进入司法系统的涉童婚案例数，大量涉及童婚效力确认的离婚、析产、继承、抚养和扶养类家事纠纷未被列入"童婚"类案件统计。③ 当代学者们的看法往往比官方更为悲观。我们可以合理推论，一方面，《禁止童婚法》对于减少童婚现象、推迟婚龄起到了一定的作用；但另一方面，童婚现象远未全面根除，地域分布呈现不均衡性，在广大农村地区仍大量存在。总体来说，自殖民时代至21世纪的印度童婚法多步走式的现代变革是一场冗长而不彻底的法律改革。

---

① 参见印度全国家庭健康调查网站，http://rchiips.org/nfhs，2022-2-13访问。
② 参见印度犯罪统计局网站，https://ncrb.gov.in/en/crime-india，2022-2-12访问。
③ 参见印度最高法院网站，http://judis.nic.in/supremecourt/chejudis.asp，2017-5-19访问；印度法律类数据库，https://indiankanoon.org，2022-2-12访问。

五、萨蒂制度的现代变革

萨蒂即寡妇殉葬作为一项习俗,在 19 世纪被英国殖民者立法予以取缔,但在 20 世纪 80 年代末期又掀起轩然大波,引发新一轮的立法改革。

(一)英国殖民时期的萨蒂变法

英殖民当局对待印度寡妇殉葬的态度和政策可分为三个阶段。第一,猎奇放任阶段。17、18 世纪,欧洲殖民者及一些游历者像发现活化石一般"发现"了印度的萨蒂遗产,早期关于萨蒂的报道或研究主要是溢美之词。印度寡妇殉葬被这些欧洲观察者描述为英雄主义,并与刹帝利种姓的武士精神联系起来。受这些报道的影响,英国殖民者在土邦林立的拉贾斯坦最初遭遇拉其普特(刹帝利种姓)寡妇殉葬时,采取了不干预的立场,萨蒂被视为印度属人法的组成部分。

第二,区别对待阶段。自 19 世纪起,殖民者内部产生了维护萨蒂与反对萨蒂的论争。前者主张萨蒂是印度文化的标识,应当尊重和保留;后者认为萨蒂有悖人文主义理念,建议废除这一落后传统。受其影响,英殖民当局将萨蒂区分为两类:殖民区萨蒂与拉其普特萨蒂。前者以英国管辖的孟加拉邦寡妇殉葬为典型,被视为一种变异的病态样式,实施者以低种姓贫困阶层居多,殉葬的动机是现实的功利考虑,殉葬的妇女为被动受害者。后者是非辖区土邦的拉其普特武士文化传统,大多是"真正的"萨蒂,具有浓厚的英雄悲剧主义色彩。据此英国采取了两面政策:在其所辖区域,将萨蒂定性为"陋习",于 1829 年发布《孟加拉萨蒂条例》(简称《条例》)予以禁止;在通过条约羁縻的土邦,鉴于萨蒂实施者大多为拉其普特王公贵族,则尊重王公自治,允许将萨蒂作为刹帝利传统予以保留。在殖民区《条例》的施行过程中,出现了一种"绕道"现象,即英属辖区居民暗地里跨界迁徙到非辖区土邦实行萨蒂。这一规避行为加之土邦合法萨蒂的存在,削弱了《条例》的实施效果。

第三,全面取缔阶段。1830—1860 年间,英国殖民当局在其半统治的土邦通过间接影响,力图全面废止萨蒂。1844 年以前,英国殖民政府先以授权或奖励的方式对土邦实行零星干预。但后来发生一起土邦王公遗孀集体殉葬的事件,殖民者试图阻止时遭到暴力反抗,遂加强了威权干预。1844 年以后,殖民当局利用与土邦签订的新条约,采取劝说、鼓励和威胁三种策略分化瓦解土邦,敦促各邦废除萨蒂。

最终,英国殖民政府与土邦统治者从抵触、较量到妥协、合作,经过 30 多年的互动努力,以政府法律形式全面废止了萨蒂制度。但殖民时代的论争与法律改革遗留了若干问题,殖民当局改革的合法性先天不足,决定了这场改革的不彻底性,其遗患在一个多世纪后再度爆发出来。①

(二) 鲁普案与萨蒂的第二次变革

印度民族独立后,承袭了英国殖民统治后期的反萨蒂法,对寡妇殉葬事宜未予专门立法。立法者假定,刑法中的谋杀及教唆自杀罪足以处理萨蒂问题,无须特意设立专条或专法。无论实行殉葬的妇女是自愿或被迫,萨蒂先前的神秘、光荣和仪式重要性均已丧失,完全成为犯罪,最高可判处死刑或终身监禁。

1987 年 9 月 5 日,在印度西北部某村,一位刚结婚 8 个月、受过高等教育的年轻寡妇鲁普为其亡夫履行"萨蒂"仪式,吸引了成千上万人围观。"萨蒂"在鲁普婆家人及邻居的协助下实施,数小时之内就被组织起来执行,鲁普甚至来不及知会父母,同他们诀别。她的父母还是从当地日报才惊悉了女儿的死讯。警方出动缓慢,未能阻止这场殉葬仪式,事后也调查不力。事发后第 13 天,当地民众还举行了一场庆祝本地"萨蒂女神"诞生的公共仪式。②

---

① 参见 Andrea Major, *Sovereignty and Social Reform in India: British Colonialism and the Campaign against Sati, 1830–1860*, Routledge, 2011。

② 关于鲁普事件,参见 Veena Talwar Oldenburg, "The Roop Kanwar Case: Feminist Responses", in John Stratton Hawley (ed.), *Sati, the Blessing and the Curse: The Burning of Wives in India*, Oxford University Press 1994, pp. 101–130。

鲁普事件发生后，萨蒂再次作为热点进入公共视野，引发了印度社会各界对萨蒂的全面反思和激烈论辩。争论仍大体分为两派，维护萨蒂派和反对萨蒂派。前者大部分为男性，汇集了各种官方及社会保守势力，主张萨蒂是印度教文化圣洁牺牲精神的代表。反对萨蒂派主要由女性主义者和社会激进分子组成，指斥寡妇殉葬是蛮昧陋习的典型，无论神话时代的萨蒂有多高贵，现代的"萨蒂"是另外一回事，已被商品经济、利益博弈的世俗理性所宰制。两派的关键区别在于，是否承认现代社会有"真正的萨蒂"。争论主要围绕以下具体问题展开：当事人履行殉葬是出于自愿还是被迫，殉葬是合法还是犯罪行为，官方应当积极干预还是不予理睬，现代萨蒂是传统宗教仪式还是现实世俗商机等。这场论辩复现了英国殖民时期关于萨蒂问题的论争。最终，官方及社会多数派观点认为，现代"萨蒂"在性质上发生了根本变异：妇女角色从圣者沦为受害者乃至"剧作者"，"萨蒂"的性质从神圣献祭变作世俗算计，从宗教仪式变为戏剧娱乐。

在全国舆论的压力下，印度政府再次启动立法变革，通过了《拉贾斯坦萨蒂（阻止）法》(Rajasthan Sati [Prevention] Act, 1987) 和《实施萨蒂（阻止）法》(Commission of Sati [Prevention] Act, 1987)。上述法律规定，对三类有关萨蒂的行为进行处罚：(1) 实施萨蒂，判处 1 年以下有期徒刑或/并处罚金；(2) 教唆萨蒂，判处死刑或终身监禁并处罚金；(3) 颂扬萨蒂，判处 7 年以下有期徒刑并处 5000 卢比以上罚金。地区治安官有权责监察并制止寡妇殉葬行为，拆除萨蒂庙或其他类似建筑物，没收相关财物。"萨蒂"相关犯罪以公诉程序起诉，由特别法院审理。嗣后直至 21 世纪，印度寡妇殉葬现象仍偶有发生，不过萨蒂在制度层面已然寿终正寝。

纵观有关嫁妆、童婚和寡妇殉葬的现代法律变革可知，当代印度政府与民众主流对这三大变异制度的否定态度已形成了基本共识。

六、传统印度婚姻家庭法的现代变革：
回顾与反思

自 17 世纪英国殖民伊始，印度婚姻家庭法整体经受了从传统向现代的漫长转型过程，传统印度婚姻家庭法日益遭遇前所未有的挑战，原先特定情境下某些切事的制度亦逐渐失去正当性，种姓婚姻法和联合家庭财产法各层面屡屡遭受冲击；起初颇具宗教色彩的一些制度发生变异，甚至诱发压迫和谋害女性的刑事犯罪，成为社会罪恶。于是英国殖民政府和独立后的印度民族政府相继对这些印度传统婚姻家庭法进行了多方面变革，使其由传统法向现代法演进，由宗教法向世俗法转变，逐渐呈现为一个多元互动、悖论共生的体系。

首先，传统印度婚姻家庭法的现代变革呈现若干特性。其一，变革具有冗长性和妥协性。印度婚姻家庭制度的各项变革，大都经历了几十年甚至上百年的曲折历程，且对传统做出了较大让步。变革后的婚姻家庭法大多声称认可传统属人法，或以但书条款允许某些族群选择不予适用，这使变法的效果大打折扣。尤其是家庭财产法改革力度有限，始终未动摇联合家庭制度的根基，传统父权式的家产共有制度仍完整存在，主要在扶养和继承领域吸纳了若干现代法规则。其二，印度婚姻家庭法现代变革展现出互相牵制的高度复杂性。其中，现代嫁妆几乎贯穿印度婚姻与家庭财产的各个领域，是童婚激增和萨蒂发生的关键诱因；萨蒂与典型的厨房纵火式"嫁妆致死"因均有火烧妇女的情节，被并称为印度两大"焚烧妇女"之殇；萨蒂也与童婚问题存在勾连，因童婚往往是老夫少妻组合，这经常使年轻女子成为寡妇。嫁妆、童婚和萨蒂不但彼此交织，还在抗拒变革方面构成合力，三者共同制约一般婚姻法和家庭财产法的改革。其三，印度婚姻家庭法的现代变革体现出保护妇女的明显倾向。若干歧视、压迫妇女的旧法被废除，增加妇女的权利尤其是财产权利始终是改革的重心。一系列妇女财产类立法的颁布,扩大了女性财产、女性继承权利和受扶养权利的范围。在维护妇女权益方面,印度婚姻家庭法现代变革做出了循序渐进的积极努力,尽管效果并不理想。

其次,传统印度婚姻家庭法历经现代变革后,具有以下趋势。一是由分到合的趋势。尽管现代印度的法律统一化一再受挫,被喻为一个百家争利的"政治足球"①,迄今各族群适用的法律仍因教派、种姓、地域甚或个人选择而有所区分,但不同族群的婚姻家庭法经过相同的法院适用和解释,正在朝统一融合的方向缓慢演进。二是由传统到现代的趋势。婚姻家庭法改革保留了大量传统法规则,且存在民刑不分的因素,但变法确立了男女法律地位平等、婚姻自由合意等现代法原则。三是由宗教到世俗的趋势。印度婚姻家庭法改革一面声称尊重宗教属人法原则,一面吸纳了世俗法的若干内容,如规定了允许离婚和再婚等与印度教法大相径庭的婚姻法规则,在宗教的外衣下具有了越来越多的世俗化内蕴。纵观印度传统婚姻家庭法各环节、各领域的现代化变革,均存在多种力量的交锋:殖民与反殖民的对抗、保守与激进的对峙、传统与现代的张力、宗教与世俗的龃龉、习惯法与制定法的冲突,等等。这导致印度婚姻家庭法改革所面临的诸问题盘根错节,过程步履维艰,没有哪个问题能靠孤立、单一的改革措施取得成功。

最后,梅因曾说,人类社会在其幼稚时代很容易遭受的特殊危险之一,是由于同宗教的早期联系和同一性,原始法律制度会产生一种僵硬性,从而束缚了大多数人的生活及见解,阻碍着社会的前进;印度恰是这类命运不幸的民族典型。② 受传统宗教意识形态的影响,印度婚姻家庭法在很多现代印度人的伦理印象和习惯(法)中,依然与古代宗教法密切关联,这种关联塑造了印度的现代婚姻家庭制度范式、行为模式与心灵习性。宗教上的"圣化"诠释,为印度人民尤其是女性忍受尘世的种种不公和痛苦提供了源源不断的强心剂。在实践层面,

---

① Werner Menski, *Modern Indian Family Law*, Curzon Press, 2001, p.390.
② 梅因:《古代法》,沈景一译,商务印书馆1959年版,第52页。

印度婚姻家庭法似乎远未完成现代化转型，父权制仍稳固存在，婚姻家庭的角色远非仅仅是个体安放情感的私人堡垒，而是仍旧承担着经济、政治和宗教等多项社会功能。但在被动转入现代化的过程中，印度婚姻家庭法律制度和生活各方面也在发生深刻变迁，逐渐演绎着"从身份到契约"的转变。[1]

---

[1] 梅因：《古代法》，第112页。

第十七章 "我不是药神"
——印度药品专利的司法原则及其社会背景

作为世界药房的印度，其仿制药产业蓬勃发展的背后有着特殊的制度逻辑。印度独立以来，专利法的历次修改始终坚持为民众提供便宜药品、为本土仿制药企业创造发展机遇的立场。在原研药的高昂价格和社会民众的普遍贫穷的强烈反差下，受印度社会价值体系中布施传统的影响，专利非自愿许可更容易在制度层面被接纳和采用。由印度兴起的节俭创新，其目的在于运用低成本创新改善社会福利；而专利常青现象的实质在于利用对原有专利的微小修改和权利要求书的撰写技巧，尽可能地延长专利保护的期限。二者之间存在明显的价值理念冲突。印度仿制药产业的"神话"能否续写，尚有待观察。

一、作为世界药房的印度

电影《我不是药神》在2018年上映后，曾引起国内的广泛关注和热烈讨论。影片的背后，是一个真实的故事：主人公陆某，于2002年被发现患有慢性粒细胞白血病，必须服用瑞士诺华（Novartis）公司生产的专利抗癌药格列卫（Gleevec）以维持生命。当时，一个月剂量的格列卫的国内售价超过2万元。其价格之高，让陆某无法承受长期服用的经济压力。但是，停止用药则意味着死亡。"生存，还是死亡？"这是一个残酷而真实的问题。后来，陆某得知有一种印度仿制药，和格列卫药效相当，且一个月剂量的售价仅为4000元（后来降至200元）。于是，陆某决定从印度购买格列卫的仿制药，并帮助其他病友代购。电影热映后，廉价的印度仿制药一度成为人们关注的热点。

那么，什么是仿制药？美国食品药品监督管理局（Food and Drug Administration，简称 FDA）认为，仿制药（generic drug）是指在剂量、安全性、效力、给药途径以及质量、性能特征和预期用途等方面与已上市的原研药（brand-name drug）相同的药物。由于节省了相应的研发成本，也不必进行重复的动物试验和临床试验，仿制药的市场售价远远低于原研药。基于对 1999—2004 年美国市场的单成分原研药和仿制药的零售数据的分析，艾美仕（IMS）健康研究所发现，美国市场的仿制药价格通常只有原研药的 15—20%。①

印度是世界上最大的仿制药供应国，因此也被称为"世界药房"。印度出口的仿制药占全球仿制药出口量的 20%，销往 200 多个国家，满足了美国 40%、英国 25% 的药品需求以及全球 50% 以上的疫苗需求。在一些领域，例如艾滋病治疗领域，全球约 95% 的抗逆转录病毒（ARV）药物属于仿制药，其中大部分来源于印度。《国际艾滋病学会杂志》发表的一项研究结果表明，在 2003—2008 年 115 个低收入和中等收入国家患者购买的 ARV 药物中，印度提供的药物占市场采购总量的比例超过 80%。②

根据印度品牌资产基金会（IBEF）的数据，印度仿制药出口额在 2018 年度为 172.7 亿美元，其中出口占比为北美 31%、非洲 19.4%、欧洲 15.9%、东盟 15.2%，预计到 2020 年出口额将达到 200 亿美元。③ 印度仿制药出口额总量惊人的背后，是价格上的绝对优势。根据印度学者提供的数据，2012 年专利药格列卫在印度的售价为每片 4115 卢比，而其仿制药价格仅为每片 30 卢比。按年计算，服用专利药品每年

---

① IMS Health, *IMS National Sales Perspective 1999-2004*, February 2005, https://wayback.archive-it.org/7993/20190423134204/https://www.fda.gov/AboutFDA/CentersOffices/OfficeofMedicalProductsandTobacco/CDER/ucm129385.htm, 2019-12-31 访问。

② Brenda Waning et al., "A Lifeline to Treatment: the Role of Indian Generic Manufacturers in Supplying Antiretroviral Medicines to Developing Countries", *Journal of the International AIDS Society*, vol. 13 (2010), p. 35.

③ IBEF, *Indian Pharmaceuticals Industry Analysis*, January 31, 2019, https://www.ibef.org/archives/industry/indian-pharmaceuticals-industry-analysis-reports/indian-pharmaceuticals-industry-analysis-january-2019, 2019-12-31 访问。

需要花费 15 万卢比，而服用仿制药的费用则每年不到 1 万卢比。①

据权威机构预测，2020 年，全球药品花费将达到 1.4 万亿美元。包括中国、印度、巴西、俄罗斯、阿根廷、埃及、南非等国家在内的药品新兴市场（pharmerging market）的花费，将占全球药品总消费的 2/3。发达国家将继续是原研药的主要消费国，而药品新兴市场仍将主要使用仿制药。② 世界卫生组织一直在积极支持扩大仿制药的使用，其基本药物清单中的绝大多数产品都是仿制药。此外，在世界卫生组织预审通过的每年数十亿美元的国际药品采购清单中，仿制药的比例达到 70%。③

数据显示，在全球卫生体系中，一个庞大的仿制药市场已经形成，并且在未来还将继续膨胀。正是基于这样的背景，本章希望通过梳理、分析印度药品专利的司法原则和社会背景，探寻印度仿制药产业蓬勃发展背后的制度逻辑。

二、由梵赋生命观到药品可及性制度安排

宗教传统是印度社会的古老传统，印度社会注重宗教精神，许多事情都以宗教教义和宗教职责为基础进行安排。④ 根据奥义书，生命源于最高神梵。梵作为最高真实和永恒存在，统摄宇宙。万物生命皆为梵所赐，皆具神圣性。因此，印度人的基本生命观中包含梵赋生命的

---

① Lisa P. Lukose, "Patent Evergreening: Law and Ethics", in Maria Bottis & Eugenia Alexandropoulou-Egyptiadou (eds.), *Broadening the Horizons of Information Law and Ethics: A Time for Inclusion*, University of Macedonia Press, 2017, pp. 345-363.

② IMS Institute for Healthcare Information, *Global Medicines Use in 2020: Outlook and Implications*, November 2015, https://www.iqvia.com/-/media/iqvia/pdfs/institute-reports/global-medicines-use-in-2020, 2019-12-31 访问。

③ WHO, *WHO Signs MoU with International Generic and Biosimilar Medicines Association to Promote Access*, 2019, https://www.who.int/medicines/news/2019/WHO-MoU-signed-with-int-generic-biosimilar/en/, 2019-12-31 访问。

④ 王树英：《宗教与印度社会》，人民出版社 2009 年版，第 56—57 页。

起源论和生命平等的价值观。① 在印度，政治并未完全脱离宗教。② 印度国民大会党执政时期，尽管宣称坚持世俗主义、反对政教合一，但是在其执政实践中却常常背离原则，与宗教势力相妥协。③ 现任印度总理莫迪所属的印度人民党，也奉行和宣传印度教意识形态。

印度宪法于1949年11月26日由印度制宪议会通过，并于1950年1月26日生效。《宪法》序言明确指出，国家要确保所有公民享有社会、经济和政治的正义；享有思想、表达和信仰的自由；享有地位和机会的平等。为此，印度宪法设置专门条款，明确规定国家有责任提高人民的营养水平、生活水平，改善公共卫生。④ 这一宪法义务对此后的专利法立法和司法均产生了重要影响。

（一）为民众提供价格便宜的药品

以民族独立为分界，印度专利法经历了两个主要立法阶段。⑤ 在英国殖民时期，印度专利法以英国专利法为基础制定，且只有得到英国政府的批准才能够生效。1947年独立后，印度政府开始对原有的专利法律制度，特别是对1911年《专利和外观设计法》⑥ 进行评估和修改。在修法之初，印度决策者就坚持分配正义原则，认为政府在遏制社会经济不平等方面应当发挥积极作用。1949年，印度政府成立专利调查委员会（Patent Enquire Committee），由拉合尔高等法院退休法官昌德（B. Chand）主持。1949年8月，专利调查委员会提交临时报告。报告指出，专利法为跨国公司提供的"毫无疑问的强大的知识产权保护"，阻碍了处于起步阶段的印度制造业的发展。报告同时指出，专利法在

---

① 蔡枫：《印度教生命论》，《宗教学研究》2008年第3期，第164—168页。
② 王树英：《宗教与印度社会》，第59—60页。
③ 刘学成：《国大党在印度政治中的地位和作用》，《南亚研究》1986年第1期，第10—18页。
④ Constitution of India, Article 47.
⑤ India's Office of the Controller General of Patents, Designs and Trademarks, *History of Indian Patent System*, http://www.ipindia.nic.in/history-of-indian-patent-system.htm, 2019-12-31访问；Sheetal Thakur, *Patenting in India*, Laxmi Book Publication, 2014, pp. 10-13.
⑥ The Indian Patents & Designs Act, 1911.

给予专利权人合理回报的同时,应当确保公众能以便宜的价格获得药品。报告确立了印度独立后专利法历次修订所坚持的药品可及性原则,即对于普通民众而言,药品必须是可以获得的。

1957年,印度政府任命法官阿扬加尔(R. Ayyangar)主持专利修订委员会(Patents Revision Committee),审查专利法修改问题。1959年9月,专利修订委员会提交《专利法修改报告》。① 报告认为,印度当时的专利制度并未实现立法的主要目的,即促进印度本土的发明,鼓励在印度开发和利用新发明,以促使印度最大多数人获益。报告还指出,印度人和外国人之间的专利授权量不成比例,外国权利人持有印度80%—90%的专利,这其中90%的专利产品并没有在印度制造。专利修订委员会认为,专利制度成为跨国公司垄断市场的工具,特别是在药品等重要行业,市场垄断导致了相关商品居高不下的价格。基于此,委员会建议,专利法需要进行重大修改,对于药品领域的发明,专利法只应给予方法专利的保护。

1965年9月,印度人民院推出《专利法案》,但未获通过。1967年,联合议会委员会提出修改法案,并于1970年获得通过。1970年《专利法》②试图在专利保护与公共利益之间寻求平衡,被认为是一部全面的立法,是印度最先进的法律之一。③ 值得注意的是,1970年《专利法》排除了药品的产品专利,规定药品领域的产品发明不授予专利权。印度本土制药业成为这一规定的直接受益者,印度的药品价格也因此得以大幅度降低。④

(二)为本土仿制药创造发展机遇

鉴于专利保护对药品价格的影响,从公共卫生角度观察,专利保

---

① N. Rajagopala Ayyangar, *Report on the Revision of the Patent Law*, Government of India, 1959.
② The Patents Act, 1970.
③ R. B. Saxena, "Trade-Related Issues of Intellectual Property Rights and the Indian Patent Act—A Negotiating Strategy", *World Competition*, vol. 12, no. 2 (1988), pp. 81–116.
④ Tamali Sen Gupta, *Intellectual Property Law in India*, Kluwer Law International, 2011, p. 43.

护会对公众特别是穷人的药品负担能力产生负面作用。然而，由于药品的创新特点，制药业对专利保护的水平和有效性又特别敏感。[1] 因此，专利制度对制药业发展的影响至为关键。

在此后的 24 年间，1970 年《专利法》都没有进行过任何修改。1995 年 1 月 1 日，《与贸易有关的知识产权协定》（简称 TRIPS）生效。为履行对世界贸易组织（简称 WTO）的承诺，印度按照 TRIPS 的有关规定对《专利法》进行了相应修改。《专利法（1999 年修正案）》规定，在药品领域，可以提交产品专利申请，但这些专利申请必须等到 2004 年 12 月 31 日后才进行专利审查。[2] 这就是通常所说的发展中国家在过渡期采用的邮箱申请制度（mailbox system）。邮箱申请制度确保了印度在 2005 年前只授予药品方法专利，而无须授予药品产品专利。印度制药企业利用这一制度，对原研药进行分子反向工程，生产低价的仿制药供应国内市场并出口海外。可以认为，印度对发展中国家过渡期内邮箱申请策略的巧妙利用，不仅在表面上或文本上满足了 TRIPS 对药品专利提供保护的要求，同时也兼顾了自身发展的需要。

从 1970 年《专利法》实施到 2005 年过渡期届满，印度事实上一直拒绝药品领域的产品专利，直至 2005 年 1 月 1 日起才正式提供药品产品专利保护。印度为发展本土制药产业而采用的这种策略，其源头可以追溯到 1959 年的专利修订委员会报告。[3] 该报告作为 1970 年《专利法》的重要支撑，为印度仿制药的繁荣奠定了基础。事实上，1970 年《专利法》之所以不授予药品产品专利，是因为立法者认为产品专利能够阻止他人通过不同方法获得同样的产品，对于他人的相关研究具有抑制作用，一旦授予药品产品专利，专利权人就会漫天要价，导致基本药物价格不合理地上涨。[4] 拒绝药品产品专利的立法选择，确保

---

[1] Carlos M. Correa, "Implementing National Public Health Policies in the Framework of WTO Agreements", *Journal of World Trade*, vol. 34, no. 5 (2000), pp. 89-121.
[2] The Patents (Amendment) Act, 1999, Chapter IVA, "Exclusive Marketing Rights".
[3] N. Rajagopala Ayyangar, *Report on the Revision of the Patent Law*.
[4] R. B. Saxena, "Trade-Related Issues of Intellectual Property Rights and the Indian Patent Act—A Negotiating Strategy".

了印度仿制药公司可以通过反向工程生产成分相同或近似的药品,而不用担心被控侵权。印度宪法将专利纳入联邦立法权项目,规定相关议题的立法权归于议会,即与专利相关的法律必须由议会通过。① 议会讨论保证了立法过程中必须审慎考虑公众的健康权和本土制药企业的发展需求。

研究发现,1970 年《专利法》颁布前,印度的药品价格高于英国、马来西亚和尼日利亚的药品价格;1970 年《专利法》颁布后,印度的药品价格开始下降,到 1987 年在上述几个国家中位于最低。基于这一发现,研究人员认为,1970 年《专利法》排除药品产品专利的制度设计,使得印度患者在药品支出方面受益匪浅。同时,研究人员还发现,1970 年《专利法》实施后,大幅度缩短了仿制药的上市等待期,印度能够更快地生产更多的新药。② WTO 给予发展中国家的 10 年过渡期,成为印度制药业发展最为迅速的时期。1980 年至 1990 年期间,进入印度市场的仿制药只有 10 种;1990 至 1995 年期间有 99 种;1995 至 2000 年期间有 156 种;2000 至 2005 年期间达到 262 种。③ 印度制药业也成为印度最赚钱的行业之一,平均利润率(利润占销售额的百分比)由 1995 年的约 8.8% 上升到 2005 年的约 15.4%。④

在印度正式提供药品产品专利保护后不久,有学者对抗生素细分市场中的氟喹诺酮类(fluoroquinolone)药物进行了深入研究。研究发现,如果该类药物的印度仿制药退出市场,将导致印度经济年福利净损失(annual welfare loss)达到 3.05 亿美元,约占 2000 年印度全部抗

---

① Seventh Schedule in the Constitution of India, Article 246, Item 49.
② R. B. Saxena, "Trade-Related Issues of Intellectual Property Rights and the Indian Patent Act—A Negotiating Strategy".
③ Mainak Mazumdar, *Performance of Pharmaceutical Companies in India*, Springer, 2013, p. 32.
④ He Juan, "Indian Patent Law and Its Impact on Pharmaceutical Industry: What China Can Learn from India?", in Liu Kung-Chung & Uday S. Racherla (eds.), *Innovation, Economic Development, and Intellectual Property in India and China*, Springer, 2019, pp. 251-269.

生素市场销售额的 50%。① 这一结论从侧面证明，药品产品专利保护将给印度仿制药产业带来巨大冲击。

三、受布施传统影响的专利非自愿许可

在印度社会的价值体系中，布施和接受布施的传统源远流长。《摩奴法论》对不同等级印度人的职业做出了规定，其中，婆罗门的主要职业之一就是布施和接受布施；刹帝利的主要职业也包括布施。② 印度教徒的人生四阶段中，除家居期外，在其他三个人生阶段，印度教徒的生存都需要依赖向家居者祈求布施来维系。因此，根据《摩奴法论》，寻求布施是一种理所当然的行为，而非一种羞耻；作为布施者，与其说是在"施恩"，不如说是在履行一种"法定"义务，不应追求回报。③

因此，印度教把布施作为一种美德，把接受布施作为一种利益分享。对于印度教信徒而言，布施是个人宗教义务的重要组成部分；根据印度教经典《薄伽梵歌》，只有不求感激与回报，布施才有意义。④ 在这种社会价值取向的影响下，当面对原研药的高昂药价和民众的普遍贫困的强烈反差时，印度在药品专利制度中就更容易接纳和采用专利非自愿许可。

（一）专利非自愿许可的制度安排

1970 年《专利法》专章规定了专利强制许可，2002 年和 2005 年专利法修正案又进一步对强制许可制度进行了完善。根据 TRIPS 和

---

① Shubham Chaudhuri et al., "Estimating the Effects of Global Patent Protection in Pharmaceuticals: A Case Study of Quinolones in India", *American Economic Review*, vol. 96, no. 5 (2006), pp. 1477-1514.
② 高鸿钧：《古代印度法的主要内容与特征——以〈摩奴法论〉为视角》，《法律科学》2013 年第 5 期，第 32 页。
③ 朱伟奇、王宁：《从〈摩奴法论〉看古代印度社会价值体系的悖论》，《郑州大学学报》（哲学社会科学版），2006 年第 5 期，第 40 页。
④ 参见毗耶婆：《薄伽梵歌》，黄宝生译，商务印书馆 20120 年版，第 152—153 页。

《多哈宣言》的规定，《专利法（2002年修正案）》做出了多处修改。① 首先，在1970年《专利法》的基础上，修正案进一步明确了强制许可的条件，即专利授权之日起满三年，基于以下理由，任何人都可以向专利管理局提出强制许可的申请：（1）公众的合理要求未能得到满足；（2）公众无法以合理价格获得发明；（3）发明没有在印度领域内实施。其中第3项理由是2002年修正案新增的。另外，2002年修正案还规定，在国家紧急情况、极端紧急情况、公共非商业用途的情况下（包括获得性免疫缺陷综合征、人类免疫缺陷病毒、结核病、疟疾或其他流行病有关的公共卫生危机），专利管理局可以颁发强制许可。2002年修正案同时规定，当颁发强制许可的情况不再继续并且这种情况不会再发生时，专利管理局应当终止执行强制许可。

《专利法（2005年修正案）》对强制许可也做出了重要调整。② 首先，2005年修正案增加了药品出口的强制许可。根据TRIPS规定，强制许可制造的产品必须主要用于国内市场。但是，对于自身缺乏药品生产能力的国家来说，上述规定根本无法利用。③ 为了解决落后国家因药品生产能力不足而难以实施强制许可的问题，2003年8月30日，WTO总理事会通过了《关于TRIPS协定和公共健康的多哈宣言第六段的执行决议》，允许经强制许可授权生产的药品出口到缺乏药物生产能力的国家。④ 基于这一决议，印度2005年修正案规定，允许颁发强制性许可，向没有药品生产能力或生产能力不足的国家出口药品，以帮助其应对公共健康危机。⑤ 只要对方国家已经颁发强制许可，并允许从印度进口专利药品，专利管理局在接到申请后就可以颁发强制许可，允许印度仿制药企业制造并向相关国家出口专利药品。

---

① The Patents (Amendment) Act, 2002, Section 39.
② The Patents (Amendment) Act, 2005.
③ 何隽：《迈向卫生公平：WTO中的药品知识产权》，《清华法治论衡》第21辑，清华大学出版社2015年版，第101—116页。
④ WTO General Council, The Implementation of Paragraph 6 of the Doha Declaration the TRIPS Agreement and Public Health, WT/L/540, Aug. 30, 2003.
⑤ The Patents (Amendment) Act, 2005, Section 55.

另外，2005 年修正案增加了实质上授予强制许可的条件。根据 1999 年修正案所规定的邮箱申请制度，申请药品产品发明的申请将被接受并存放于邮箱中，直至 2005 年 1 月 1 日才进行审查。2005 年修正案规定，对于食品、药品和化工领域的产品发明，如果在 2005 年 1 月 1 日前，已经有企业针对该发明进行了重大投资、产品生产和营销，并且在专利授权日前一直生产该产品，那么当该发明被授予专利权后，权利人仅能从上述企业获得合理的专利使用费，而不能针对上述企业提起专利侵权诉讼。[1] 这就意味着，进入邮箱申请系统的产品发明专利，实质上面临和颁发强制许可一样的境遇。

（二）药品强制许可的司法原则

2012 年，印度专利管理局颁发了第一份强制许可令。[2] 被强制许可的药品是索拉非尼（Sorafenib），主要用于肾癌和肝癌的晚期治疗。德国拜尔（Bayer）公司就索拉非尼在印度申请专利并于 2008 年获得授权。但是，拜尔公司并没有在印度生产该药品，而是依赖于进口。按照当时索拉非尼在印度的价格，患者的每月治疗费用为 280 428 卢比。强制许可的申请人纳特科（Natco）药业公司是印度著名的仿制药公司。2008 年，纳特科公司就生产索拉非尼向拜尔公司申请自愿许可未果。2011 年 3 月，纳特科公司获得了印度药品管理局（Drug Controller General of India）的药品生产许可。2011 年 7 月，纳特科公司向印度专利管理局申请索拉非尼的强制许可，并于 2012 年 3 月 9 日获准。根据强制许可决定，被许可人纳特科公司需要将每季度药品净销售额的 6% 用于支付专利许可费，并且只能用自己的设备生产，不能转让许可。强制许可决定同时要求，纳特科公司生产的药品每月治疗费用不得超过 8800 卢比，且每年须至少向 600 名有需要的患者

---

[1] The Patents (Amendment) Act, 2005, Section 10 (c).
[2] Decision of the Controller of Patents in Compulsory License Application No. 1 of 2011, Mar. 9, 2012; Application for Compulsory Licence under Section 84 (1) of The Patents Act, 1970 in respect of Patent No. 215758.

免费提供该药品。①

印度药品专利强制许可的制度基础,是《专利法》第 84 节第 1 条。② 根据该条规定,印度专利管理局可以基于以下三个理由颁发专利强制许可,即非可获得(non-accessibility)、非可负担(non-affordability)和未实施(non-working)。只要满足其中一个理由,专利管理局就可以颁发强制许可。

在索拉非尼案中,印度专利管理局认为颁发强制许可的三个理由均得到满足。③

关于第一个理由"非可获得",通过对比世界卫生组织关于肾癌和肝癌患者的统计数据以及拜耳公司索拉非尼的销售数据,印度专利管理局判断,专利权人没有满足公众对该药品的合理要求。

关于第二个理由"非可负担",印度专利管理局认为,按照印度政府雇员的最低薪酬计算,一个人需要工作三年半才能以 28 万卢比的价格购买一个月剂量的索拉非尼,如此之高的价格显然是印度普通民众难以负担的。拜尔公司详细解释了药品的研发过程和研发费用的构成,提出对合理可负担的理解不仅需要从公众的角度,还需要站在专利权人的角度加以考虑。专利管理局没有采纳拜尔公司的观点,强调必须以公众为主要参照对象来理解是否可负担。

关于第三个理由"未实施",拜尔公司认为,实施是一种商业运作行为,应该包括生产、销售和进口,因此将药品进口到印度并在印度销售就完成了实施行为。但是,印度专利管理局认为,只有在印度制造专利产品才满足实施的要求。

---

① Case:Bayer Corporation Vs. Union of India and Others, UNCTAD Case Law Database, https://unctad.org/ippcaselaw/sites/default/files/ippcaselaw/2020-12/Bayer% 20Corporation% 20Vs. %20Union%20of%20India%20and%20Others%20IPAB%202013.pdf, 2023-3-11 访问。

② The Patents Act, 1970, Chapter XVI, "Working of Patents, Compulsory Licences, Licences of Right and Revocation", Article 84; The Patents(Amendment) Act, 2002, Section 39.

③ James J. Nedumpara & Prateek Misra, "NATCO v. BAYER:Indian Patent Authority Grants Its First Ever Compulsory License on Pharmaceutical Products", Global Trade and Customs Journal, vol. 7, no. 7/8(2012), pp. 326-330.

拜耳公司就强制许可提起复议,在遭到了知识产权上诉委员会(Intellectual Property Appellate Board)的拒绝后,又诉至孟买高等法院和印度最高法院,这就是拜耳公司诉印度政府等案①。2014年12月,印度最高法院做出终审判决,维持了专利管理局的强制许可决定,并由此确认了强制许可的相关司法原则。

(三)专利非自愿许可的社会背景

非自愿许可不能替代自愿许可,否则将损害专利权人利益。设置专利非自愿许可制度的目的在于促进专利实施。在专利权人不主动实施专利时,非自愿许可就提供了一种制度补充。在索拉非尼案中,印度知识产权上诉委员会和印度最高法院的决定,充分展现了保证公众获取药品的基本权利的倾向,这将鼓励其他印度制药企业以此为由申请强制许可。与此同时,印度政府也担忧强制许可可能会影响外国对印度的直接投资。因此,印度专利管理局在颁发强制许可时非常慎重,要求申请人必须满足法律所规定的条件,特别强调在申请强制许可前,申请人必须已经与权利人就自愿许可协议进行了实质性接触但未能达成许可协议。

2013年3月,针对美国百时美施贵宝(Bristol-Myers Squibb)公司治疗慢性骨髓性白血病的药物达沙替尼(Dasatinib),印度BDR制药公司向印度专利管理局申请强制许可。BDR公司提出,在2012年曾经向百时美施贵宝公司提出自愿许可,但是遭到拒绝,因此申请强制许可。BDR公司同时指出,当时达沙替尼的每月剂量价格是165 680卢比,如果被授予强制许可,自己将按照每月剂量价格8100卢比销售仿制药。2013年10月,印度专利管理局拒绝了BDR公司的强制许可申请。专利管理局认为,在达成自愿许可前,百时美施贵宝公司主张被许可人BDR公司证明自己的生产经营能力、质量管理能力等属于合理

---

① Case: Bayer Corporation Vs. Union of India and Others, UNCTAD Case Law Database, https://unctad.org/ippcaselaw/sites/default/files/ippcaselaw/2020-12/Bayer%20Corporation%20Vs.%20Union%20of%20India%20and%20Others%20IPAB%202013.pdf,2023-3-11访问。

要求，不能据此认为专利权人拒绝自愿许可；申请人 BDR 公司属于蓄意不与专利权人进行实质性自愿许可洽谈，而有意选择使用强制许可。因此，专利管理局拒绝颁发强制许可。①

世界卫生组织发布的一项研究成果，收集了 2011—2016 年间，为确保获得专利药品可能使用 TRIPS 灵活性措施的 176 个案例。这些案例涉及 89 个国家，其中 100 例涉及专利非自愿许可，包括强制许可 48 例、公共非商业使用许可 52 例。这 100 个案例中，81 例得到实施，19 例未得到实施。未实施的原因主要在于：专利权人提出降价或捐赠（6 例）；专利权人同意自愿许可或允许购买非专利药品（5 例）；不存在保证实施该措施的相关专利（1 例）；申请因法律或程序理由被拒绝（5 例）；申请人撤回申请（1 例）；程序自 2005 年起一直悬而未决（1 例）。②

世界卫生组织的研究成果表明，专利非自愿许可申请得以实施的比例相当高（81%），即使未得到实施，通过专利权人的降价、捐献专利、同意自愿许可或允许购买非专利药品等行为（11%），实际上也达到了获得专利药品的目的。也就是说，在提出非自愿许可动议的案例中，有 92% 最终实现了获得专利药品的目的。换句话说，非自愿许可制度大大提高了仿制药企业与原研药企业之间达成自愿许可协议的成功率。然而，在巨大的仿制药市场蛋糕面前，非自愿许可的目的究竟是确保药品的可及性，还是保证仿制药产业的发展？这两者必须有清晰的界限，不容模糊。因为，这涉及是否存在利用本应属于专利权人的市场份额来补贴仿制药企业的可能。

---

① Harsha Rohatgi, "Indian Patent Office Rejects Compulsory Licensing Application: BDR Pharmaceuticals Pvt. Ltd. Vs Bristol Myers Squibb", *IP Practice in India*, https://www.khuranaandkhurana.com/2013/11/13/indian-patent-office-rejects-compulsory-licensing-application-bdr-pharmaceuticals-pvt-ltd-vs-bristol-myers-squibb/，2019-12-31 访问。

② Ellen F. M. 't Hoen et al., "Medicine Procurement and the Use of Flexibilities in the Agreement on Trade-Related Aspects of Intellectual Property Rights 2001-2016", *Bulletin of the World Health Organization*, vol. 96 (2018), pp. 185-193.

四、追求节俭创新与反对专利常青

印度人善于利用微小的成本投入来换取高性价比的结果。在《思考印度》一书中,作者举了一个饶有趣味的例子:为了在午餐时间尽快给顾客提供印度传统的泡沫饮料,饭店老板使用家用洗衣机,把酸奶、糖、香料、盐和水倒入其中加以搅拌;再利用洗衣机的出水管,将饮料倒入顾客的玻璃杯中。① 作者将此称为印度人特有的节俭(jugaad)精神的反映。jugaad 是印地语,特指一种以解决问题为导向的创新态度,利用有限的资源,采取任何能够想到的方法来达成预期目标。

在《节俭创新》(*Jugaad Innovation*)一书中,专门从事印度创新和领导力研究的拉德如(N. Radjou)提出物资匮乏是创新之母,强调通过创新方式,投入最低成本,获得最大满意。他以印度为样本,列举了节俭创新模式的多个案例,包括:利用特殊陶土制作的不需要用电的乡村冰箱;印度南部乡村医院儿科医生联合新生儿护工和电工发明的低成本育婴箱,利用当地木材和 100 瓦灯泡制作,可将新生儿死亡率降低一半。②

节俭也被引入企业家教育中,被认为是从印度兴起的一种节俭、灵活、包容的创新与企业家精神。③ 但是,也有印度学者认为,节俭是贫困的产物,是资源贫乏导致的路径依赖,因此,节俭事实上是印度系统性风险的一部分,对社会的影响更多是负面的。④ 印度在航天领域曾多次出现的火箭发射失败事故,就被认为是节俭创新所致。

---

① 威奈·莱、威廉·L. 西蒙:《思考印度——全球下一个超级大国的兴起对每一个美国人意味着什么》,宣晓凤、汤凤云译,上海大学出版社 2010 年版,第 25 页。
② Navi Radjou et al., *Jugaad Innovation: Think Frugal, Be Flexible, Generate Breakthrough Growth*, Jossey-Bass, 2012, pp. 1–28.
③ Jaideep Prabhu & Sanjay Jain, "Innovation and Entrepreneurship in India: Understanding Jugaad", *Asia Pacific Journal of Management*, vol. 32, no. 4 (2015), pp. 843–868.
④ Thomas Birtchnell, "Jugaad as Systemic Risk and Disruptive Innovation in India", *Contemporary South Asia*, vol. 19, no. 4 (2011), pp. 357–372.

(一) 药品监管例外与专利链接

在药品市场，永远存在一场原研药企业和仿制药企业之间的持久战：原研药企业希望尽可能延长专利保护期，从而维持高价位，获得专利带来的垄断收益；而仿制药企业则力图打破垄断，尽早将替代药品推向市场。为达到早日上市的目的，仿制药企业通常采取三类措施：第一，在某种药品不受专利权保护的国家进行生产和销售；第二，等待专利权期限自然到期；第三，努力促使专利期限提前终止，比如提起专利无效。① 除此之外，专利法中设置的不视为侵权的例外制度，也有助于仿制药尽早上市。

针对专利侵权的例外情形，印度《专利法（2002年修正案）》增加了监管例外的规定，即如果制造、使用或出售专利产品的行为，仅仅是为了获取印度或其他国家法律所要求的相关信息，那么该行为不视为侵权。② 根据这一规定，在专利保护期满之前，仿制药企业无须经过专利权人许可，就可以实施专利来获得市场批准。例如为了获得药品监管或公共卫生监管机构所要求的审批材料，可以不经专利权人许可而实施专利。这项制度因为源于美国的罗氏公司诉博拉制药案③，也被称为"博拉例外"。1984年，美国国会通过了《药品价格竞争与专利期限恢复法案》（The Hatch-Waxman Act），建立了FDA对仿制药的审批机制，允许为了获得FDA上市许可审批所需的信息，而实施尚在保护期内的专利。《专利法（2005年修正案）》将不视为侵权的情形进一步拓展到进口行为。④

药品专利链接（patent linkage）制度同样起源于美国，本质上是原

---

① 弗雷德里克·M. 阿尔伯特、格雷厄姆·杜克斯：《全球医药政策：药品的可持续发展》，翟宏丽、张立新译，中国政法大学出版社2016年版，第21—22页。
② The Patents (Amendment) Act, 2002, Section 44.
③ Case：Roche Products Inc. v. Bolar Pharmaceutical Co., UNCTAD Case Law Database, https：//unctad.org/ippcaselaw/sites/default/files/ippcaselaw/2020 - 12/Roche% 20v. % 20Bolar%20Pharmaceutical%20.pdf, 2023-3-11 访问。
④ The Patents (Amendment) Act, 2005, Section 58 (a)。

研药企业与仿制药企业之间的市场博弈。根据药品专利链接制度，仿制药上市申请审批需要与原研药的专利保护期相链接，具体包括专利声明制度、橘皮书制度、数据独占制度、遏制期制度、首仿药市场独占期制度等。专利链接制度将仿制药审批与原研药专利权状态相联系，使得仿制药的注册审批必须考虑原研药的专利情况，这就会直接影响仿制药的上市进度。对于是否采用专利链接制度，印度司法部门用判决做出了回应。

2008 年，拜尔公司向德里高等法院起诉印度知名仿制药公司西普拉（Cipla）①，请求保护索拉非尼在印度的专利权。拜耳公司主张，印度药品管理局应拒绝向西普拉公司颁布索拉非尼仿制药的上市许可。德里高等法院认为，药品管理局无权裁定专利问题，法院也无权建立药品链接制度。因此，德里高等法院在判决中驳回了拜尔公司的请求，同时指出，专利链接制度备受质疑，也存在诸多不利后果。在西普拉案之前，德里高等法院在百时美施贵宝公司诉雷迪博士等案②中曾应百时美施贵宝的请求中止了药品管理局对达沙替尼仿制药的审查。此举曾经一度被视为印度即将建立专利链接制度的信号，从而引起印度仿制药企业的争议和恐慌。西普拉案的判决结果表明，在经过摇摆之后，印度司法部门最终否定了专利链接制度。

（二）限制专利常青的司法原则

在制药行业，专利常青（patent evergreen）是指原研药企业申请的新发明实际上只是对已有药物做出微小修改的现象。原研药企业通常辩解，常青专利是在保护原研药的市场，以便进一步投资于药品研发。但事实上，常青专利通常并没有任何治疗优势，而只是原研药企业在

---

① Case：Bayer Corporation and Ors. v. Cipla, Union of India, India Case Law, https：//vlex. in/vid/bayer-corpn-and-ors-572210906，2023-3-11 访问。

② Case：Bristol-Myers Squibb Company & Ors v. Dr. Bps Reddy & Ors., India Case Law，https：//vlex. in/vid/bristol-myers-squibb-company-689285873，2023-3-11 访问。

寻求经济优势。① 因此，许多国家都会采取相应的措施来防止专利常青。诺华公司诉印度政府案②，就是印度司法机构针对专利常青做出的回击。

瑞士诺华公司研发出了分子化合物药品伊马替尼（Imatinib），该药品被用于治疗慢性粒细胞白血病和恶性胃肠道间质肿瘤。1993年，诺华公司在世界多个国家获得了伊马替尼的专利，当时，在印度尚不能申请药品产品专利。1998年，诺华公司在印度递交专利申请，要求保护伊马替尼的改进形式甲磺酸伊马替尼的β结晶形式，即格列卫。格列卫1998年在印度进入邮箱申请系统，等待2005年过渡期届满后进行审查。2003年11月，诺华公司获得格列卫在印度的市场独占权。当时格列卫专利药品每月治疗费用为12万卢比，仿制药的费用为每月8千—1万卢比。

2005年，印度开始对邮箱申请系统中的药品产品专利申请进行审查。2006年，印度专利管理局驳回格列卫的药品专利申请。印度专利管理局认为，根据2005年的修正案，对于已知药物的修改形式，只有在修改形式与已知药品的效用存在显著不同的性质时，修改形式的发明才具有可专利性；诺华公司的格列卫属于已知药品伊马替尼的修改形式，并不能证明格列卫较之伊马替尼具有显著的效用提高，因此，格列卫不能被授予专利权。

诺华公司就专利管理局的决定向马德拉斯高等法院提起诉讼。诺华公司主张，印度专利法这一规定违反了印度宪法和TRIPS的相关规定，因此是无效的。2007年8月，马德拉斯高等法院驳回了诺华公司的诉讼请求。法院认为，专利法修正案并没有违反印度宪法，修正案的目标是为了防止专利常青现象，保证印度国民能够更便利地获得救

---

① Roger Collier, "Drug Patents: The Evergreening Problem", *Canadian Medical Association Journal*, vol. 185, no. 9 (2013), pp. 385-386.
② Case: Novartis AG v. Union of India & Others, UNCTAD Case Law Database, https://unctad.org/ippcaselaw/sites/default/files/ippcaselaw/2020-12/Novartis%20AG%20v.%20Union%20of%20India%20%26%20Others%20Indian%20Supreme%20Court%202013_0.pdf, 2023-3-11访问。

命药品。因此，专利法修正案履行了保护国民健康的宪法义务。

诺华公司随后向印度知识产权委员会提出申诉。2009 年 6 月 29 日，印度知识产权委员会做出决定，认为格列卫具有新颖性和创造性，但是并不满足《专利法》第 3 节 d 条的规定，即诺华公司不能证明格列卫比伊马替尼在疗效上具有显著提升，因此不能授权。

2012 年，诺华公司申诉至印度最高法院，挑战知识产权委员会对印度《专利法》第 3 节 d 条的解释和适用。2013 年 4 月 1 日，印度最高法院做出最终判决。判决认为，专利法对不同种类的发明设置了不同的标准，第 3 节是对可专利性的排除性规定；第 3 节 d 条对化学物质特别是药品设置了专利申请审查的第二层标准，其目的是给真正的原创性发明留下空间，阻挡重复申请或以虚假理由扩展专利保护期；药品和其他化学物质的专利申请必须满足第 3 节 d 条的规定，才符合可以申请专利的条件。最高法院的判决认为，诺华公司的格列卫专利申请不能满足印度专利法对可专利性的要求，因此驳回其诉讼请求。由此，这一持续多年的专利申请纠纷画上了句号。①

（三）专利常青和专利链接的社会背景

专利常青与专利链接，本质上都反映出原研药公司希望借助专利权达到长期垄断市场的目的。一个国家的立法、司法和药品审批体系是否接纳上述制度，除了需要考虑仿制药上市时间对疾病治疗的影响，还必须考虑原研药与仿制药在本国市场博弈的社会背景。

在诺华公司格列卫专利申请案中，印度最高法院的判决对印度专利法及修正案进行了详细的阐述，通过对药品专利申请设置第二层标准，防止了专利常青现象，阻止了原研药企业通过对原有专利的各种微小修改——诸如修改活性成分、制剂、制造方法、化学中间体、作用机制、包装、筛选方式和生物学目标等，不断延长原有专利权保护期限、垄断药品市场的企图。这一案件明确反映了印度对于专利常青

---

① Gopakumar G. Nair et al., "Landmark Pharma Patent Jurisprudence in India", *Journal of Intellectual Property Rights*, vol. 19, no. 2 (2014), pp. 79–88.

的态度,即绝不允许大型制药公司通过巧妙的专利权利要求决定专利法的保护范围。在该案判决书中,法官强调指出,绝不希望专利保护的范围不是由发明的内在价值决定,而是由熟练律师巧妙起草的权利要求决定。①

但是,专利常青又必须与渐进式创新(incremental innovation)相区分。渐进式创新通常被认为是某些突破性药物研发的重要跳板,而专利常青的做法则不具备这种特点。如果一个药物仅仅是改变了片剂的颜色或惰性成分,显然这种寻求专利保护的修改就属于专利常青。但是,如果某种修改增强了药品的生物利用度,比如药物的吸收率、药物到达身体靶向位置的程度等,那么这种改进就属于显著增强了药物的效用,属于渐进性创新,应当得到专利保护。②

由印度兴起的节俭创新,其根本特点在于运用低成本创新,改善社会福利。在利用传统知识开发新药的案例中,鲁宾(Lupin)制药公司和科学工业研究委员会合作,利用逆向药学研究模式,将一种印度传统医药长期使用的植物叶片提取物,开发成为经过科学认证的治疗牛皮癣的现代药品。常见的新药开发,采用"分子—鼠—人"模式,即先发现新的分子,再到实验室的动物身上测试分子效果,最后到人群检验。逆向药学研究则采用"人—鼠—人"模式。长久以来,传统医学都是将植物提取物用于病人,逆向药学研究的目标,就是通过严格的科学方法证明这些提取物的效用。牛皮癣作为慢性皮肤顽症,在全球估计有 30 亿美元的市场规模,鲁宾制药的新药使该病的治疗费用从 2 万美元降至 50 美元。另外,欧美国家的新药研发费用通常动辄需要 10 亿美元,而鲁宾制药的这项新药研制费用仅为 400 万美元左右。③

---

① Supreme Court of India, Judgment of Civil Appeal Nos. 2706-2716 OF 2013.
② Jodie Liu, "Compulsory Licensing and Anti-Evergreening: Interpreting the TRIPS Flexibilities in Sections 84 and 3 (d) of the Indian Patents Act", *Harvard International Law Journal*, vol. 56, no. 1 (2015), pp. 207-227.
③ 卡尔·达耳曼、阿努扎·乌茨:《印度与知识经济:发掘优势把握机遇》,宗钢等译,人民教育出版社 2014 年版,第 130—131 页。

基于保护本土仿制药企业的考虑，印度至今尚未引入药品专利链接制度。有印度学者认为，2008年德里高等法院对西普拉案的判决已经表明，在印度议会明确承认之前，印度不适用专利链接制度。由于专利链接制度会给印度这样的发展中国家带来一系列问题，即使议会有专利链接的立法计划，也必须慎重评估该制度的实施后果。另外，对于低效甚至腐败的印度药品注册和审批系统而言，引入专利链接制度会令该系统更加复杂，也更加令人忧心。[1] 也有印度学者指出，专利链接会导致专利常青，甚至于原研药公司在明知不会赢得诉讼的情况下，也会通过提出专利侵权诉讼获得30个月的遏制期，故意拖延仿制药上市审批的进度。在实施专利链接制度的美国和加拿大，该制度已经显示出对药品价格的负面影响。该学者同时指出，一些国家，比如中国，引入专利链接制度的目的是吸引美国投资，同时鼓励跨国制药企业将更多的原研药首先引入其国内市场。[2]

五、印度仿制药的"神话"能否延续？

作为世界药房的印度，其仿制药产业的蓬勃发展令人瞩目。然而，在仿制药巨大市场占有率的背后，却是印度制药产业可持续发展的隐忧。在对全球1996—2013年间授权的556 122件药品产品和方法专利进行分析后，研究人员发现，大多数药品专利仍集中在美国（22.79%）和欧洲（29.26%），德国、法国、英国和瑞士合计约占欧洲指标的57%。中国（7.09%）和日本（6.03%）排在欧洲之后，印度在此期间的授权药品专利仅占全球药品专利总量的0.67%。[3] 由此可见，作为仿

---

[1] Anshul Mittal, "Patent Linkage in India: Current Scenario and Need for Deliberation", *Journal of Intellectual Property Rights*, vol. 15, no. 3 (2010), pp. 187-196.

[2] Ravikant Bhardwaj et al., "The Impact of Patent Linkage on Marketing of Generic Drugs", *Journal of Intellectual Property Rights*, vol. 18, no. 4 (2013), pp. 316-322.

[3] Alessandra Cristina Santos Akkari et al., "Pharmaceutical Innovation: Differences between Europe, USA and Pharmerging Countries", *Gestão & Produção*, vol. 23, no. 2 (2016), pp. 365-380.

制药大国的印度,在药品专利领域没有任何优势,印度原研药的发展前景不容乐观。

与之相关,在全球专利活动中,印度本土创新的表现也并不十分明显。根据《世界知识产权指标》2019年度报告,2018年印度专利管理局收到的专利申请中有67.5%来自非本国居民。这就意味着,印度本国居民的专利申请量仅占总申请量的1/3。通常,在创新活跃度较高的国家,本国居民的专利申请量都会接近甚至超过一半。2018年的数据显示,中国国家知识产权局收到的专利申请中有90.4%来自中国居民,日本特许厅和韩国特许厅收到本国居民专利申请的数据分别是80.9%和77.4%。[①] 考虑到专利活动是国家经济规模和经济结构的反映,《世界知识产权指标》进一步对国民生产总值(GDP)和全球专利活动的关系进行了分析。根据2018年的数据,每1000亿美元GDP所对应的本国居民专利申请量,韩国为8561件,居全球之首;中国为6183件,位居第二;其后是日本(5101件)、德国(1924件)、瑞士(1831件)和美国(1565件);而印度仅有175件。按照单位GDP,尽管高收入国家居民的专利申请量通常要明显高于中等收入国家居民的申请量,但是,印度的表现也远不及其他几个中等收入大国,如中国(6183件)、俄罗斯(673件)、乌克兰(607件)和土耳其(371件)。[②] 这些数据也印证了一些印度学者对本土创新的担忧。有印度学者甚至认为,那些具有创新能力的印度人都在国外或者服务于跨国公司。[③]

20世纪90年代,为西方公司开设后台部门和客服中心,曾经被认为是印度抓住全球化机遇的重要举措。电话服务中心的工作者也曾被当作印度最光鲜的人群。然而,在对电话服务中心进行卧底调查之后,

---

[①] WIPO, *World Intellectual Property Indicators 2019*, 2019, pp. 12-13.
[②] 同上文,第16页。
[③] Abhishek Tripathi & Indu Prabha Singh, "Challenges and Opportunities of Technical Innovation in India", *International Journal of Scientific & Engineering Research*, vol. 5, no. 12 (2014), pp. 56-58.

《卫报》记者却揭示出这个所谓的朝阳产业其实是一个披着华丽外表的虚假世界：工作表面上具有流动性和现代性，实际上雇员却需要长时间工作和加班；工作内容单调重复、没有自由（每工作 4 小时仅被批准 15 分钟去卫生间）；工作中还需要伪装成西方人的口音。该记者指出，这个表面光鲜的行业不过是给古老的剥削披上了新的外衣，也让身处其中的年轻人迷失了方向。① 因此，需要反思，今天的印度仿制药产业是否也面临着类似的问题？

由于政治、历史、文化和宗教等原因，印度常常被欧盟和美国的大多数人首先视为"机遇"。相反，中国则被大多数西方人视为"潜在的威胁"。② 这使得印度在全球化进程中获得了某种特殊优势。比如，在仿制药领域，印度并没有因为颁发强制许可、限制专利常青和拒绝专利链接，而遭到西方的贸易制裁。与之相反，印度的仿制药产业充分利用了 TRIPS 的灵活性措施，在发展中国家的十年过渡期内获得了长足发展，并在此后进一步巩固了其在国际市场的优势地位。③ 然而，如果这种"优势"没有进一步发展成为拥有原创技术、核心技术的创新驱动力，就很难实现对模仿、追随和服务模式的突破。

中国学者对于印度问题研究的热衷，不仅有地缘政治的考虑以及文化方面的兴趣，更重要的是基于中国与印度在世界体系中的位置，④ 以及在全球化过程中共同面临的发展问题。同为发展中大国，印度的发展像一面镜子，通过观察和分析印度，我们能够更清晰地理解中国的发展问题。同样，对于印度仿制药"神话"能否延续的追问和思考，也会促使中国相关产业更加坚定地在创新之路上行稳致远。

---

① 西达尔塔·德布：《美丽与诅咒：全球化时代的新印度》，白榆译，中信出版社 2012 年版，第 XV—XIX 页。

② 尼尔马利亚·库马尔等：《即将来临的印度制造》，黄延峰译，中信出版社 2011 年版，第 9 页。

③ He Juan, "Indian Patent Law and Its Impact on Pharmaceutical Industry: What China Can Learn from India?".

④ 项飙：《全球"猎身"：世界信息产业和印度的技术劳工》，王迪译，北京大学出版社 2012 年版，第 41 页。

第十八章　印度传统医药知识的保护
——以阿育吠陀为样本

现代医学极大地提高了患者的生活质量并延长了人类寿命,在人类历史上发挥了不可替代的作用。但是,现代医学和科技即使如此发达,面对癌症等疾病时却仍然束手无策。例如,合成抗生素、激素和疫苗在治疗方面取得的巨大成功使人们产生了一种期望,即现代医学将能够找到治愈所有疾病的方法。在过去的几十年里,世界各地花费了数千亿美元进行研究,但对于许多疾病,如癌症、关节炎、自身免疫性疾病等,仍然没有找到有效的治疗方法。此外,合成抗生素和类固醇在长期使用后,有时会导致严重的不良反应,如免疫抑制、胃肠道出血和溃疡等。然而,印度传统的阿育吠陀(āyurveda)[①]通常能够缓解症状,即使在长期服用药物后也不会产生以上副作用,而且其中的一些配方还可以改善身体的防御机制。[②] 印度传统医学治疗上的优势使其获得了世界范围内的关注。一方面,阿育吠陀在印度已经实践了五千多年,印度政府认为这是一个完整的医疗系统,可以与西方的对抗疗法相媲美。在印度,阿育吠陀拥有完整的基础设施和医学院,以

[①] 阿育吠陀的意思是"生命的知识",其中"阿育"意为生命,"吠陀"意为知识。这种医学系统起源于古印度,被认为是现存最古老的治疗科学。Sushrut Desai & Vyom Shah, "How Legal Is Illegal: Paradoxes In The Indian Drug Laws", *Law Review, Government Law College*, vol. 3 (2004), p. 213. 阿育吠陀是印度整体科学的一部分,通过强调适当的饮食、睡眠、个人卫生和性活动来治疗疾病、保持健康和延长寿命。医生根据病人的身体类型设计治疗方案,使用草药、瑜伽、冥想和按摩。阿育吠陀是一种全身疗法,试图达到精神、身体和灵魂之间的平衡,常被认为是世界上第一个医学系统。同时,阿育吠陀也是印度国家卫生服务计划的一部分。Matthew Stoddard, "Ayurveda and Traditional Chinese Medicine: Licensing and Education in the Contemporary U.S. Health Care Market", *Manchester Journal of International Economic Law*, vol. 4, no. 1 (2007), pp. 89-90.

[②] Lakshmi C. Mishra, *Scientific Basis for Ayurvedic Therapies*, CRC Press, 2004, Introduction.

及与对抗疗法医学相结合的医院、研究机构和致力于阿育吠陀研究的科学期刊。此外，印度的阿育吠陀制药工业受到食品和药物法律的监管。另一方面，美国公众对补充和替代医学越来越感兴趣，这导致了美国国会在美国国立卫生研究院建立了替代和补充医学中心，对中国以及印度的传统治疗方法进行科学评估。阿育吠陀医学体系被美国国立卫生研究院认定为补充和替代医学。①

然而，传统医药知识最初被认为是全球公共资源的一部分，任何感兴趣的人或机构都可以自由使用。这一观念的直接结果是日益泛滥的"生物剽窃"。发达国家在认识到发展中国家传统医药知识的重要性之后，通过各种不正当手段，无偿利用这些国家宝贵的生物遗传资源以及与此相关的传统医药知识。② 在没有补偿的情况下获取原住民知识的例子很多。例如，马达加斯加当地人知道玫瑰色的长春花有药用价值，制药业巨头礼来公司利用这一传统医药知识，对长春花进行了大量研究，找到了治疗霍奇金病、儿童白血病和疟疾的方法，但是当地居民并没有得到任何利益补偿。③ 又如，西方制药公司根据印度传统医药知识成功开发药物并申请专利，这方面的典型案例是印楝树。印楝树又称印度丁香，原产于南亚次大陆，现已传播到澳大利亚、非洲、斐济、中南美洲、波多黎各和夏威夷等地。印楝树的提取物可以作为杀虫剂、药物和肥料使用。目前，大约有2931项在美国专利商标局申请的专利涉及印楝树提取物的产品和工艺。④ 其中最具争议的是，1994年欧洲专利局向美国格雷斯（Grace）公司授予了一项利用印楝树提取物控制真菌感染方法的欧洲专利。印度政府反对这项专利，理由是这

---

① Lakshmi C. Mishra, *Scientific Basis for Ayurvedic Therapies*, Introduction.
② 纳妲娜·席瓦：《生物剽窃：自然和知识的掠夺》，李一丁译，知识产权出版社2018年版，第10页。
③ John Reid, "Biopiracy: The Struggle for Traditional Knowledge Rights", *American Indian Law Review*, vol. 34, no. 1 (2009-2010), p. 77.
④ 在美国专利商标局官网以 neem 为关键词检索含印楝树的专利申请数量，数据截至2021年6月，参见 https://appft.uspto.gov/netacgi/nph-Parser?Sect1 = PTO2&Sect2 = HITOFF&p = 1&u = % 2Fnetahtml% 2FPTO% 2Fsearch-bool.html&r = 0&f = S&l = 50&TERM1 = neem&FIELD1 = &co1 = AND&TERM2 = &FIELD2 = &d = PG01，2022-2-1 访问。

种杀菌剂在印度已经存在了数千年。最终,经过多年努力,这项专利才被撤销。① 此类案件引发了全球关于传统医药知识保护问题的讨论,其中,采取措施阻止生物剽窃带来的不公正和利益失衡的诉求成为主流声音。但是,已有的保护模式不尽如人意。传统医药知识保护的困境何在?如何有效地保护传统医药知识?这些是本章试图探讨和解决的问题。

一、传统医药知识保护的演进历程

印度传统医药知识具有极大的商业和社会价值。一般认为,传统医学是指将以植物、动物和矿物为基础的药物、精神疗法和手工技术结合起来,单独或综合应用于治疗、诊断和预防疾病或维持健康的做法、方法、知识和信仰。传统医学的一个经典例子是:一种特定的植物,以某种方式使用,可以治疗某种疾病。通常情况下,药用植物中蕴藏着许多未被研究的生物化合物,它们在现代医学中的应用潜力尚未被发现。世界各地的原住民群体都知道这种潜力,这一知识对制药公司具有很大价值。研究人员不断开发新的技术来评估植物的化学成分,而使用当地人鉴定的药用植物可以使研究更有效率、更便宜。有时,这些信息为进一步的发现奠定了基础,有助于将研究范围缩小到特定的药用植物。② 但是问题在于,这些传统医药知识既没有受到保护,也没有被组织起来,而是以代代相传的方式延续,没有得到明确记录。这些知识的持有者通常是发展中国家人民,议价能力有限。通常,没有个人对知识拥有财产所有权,也无法确定谁是第一个发现这种有益财产的人。这种传统医药知识由一个群体分享,而没有人专门予以保护。因此,发达国家的研究人员经常无偿利用关于药用植物的

---

① Peng Lin, "Striking a Balance between Intellectual Property Protection of Traditional Chinese Medicine and Access to Knowledge", Tsinghua China Law Review, vol. 7, no. 2 (2015), p. 285.

② John Reid, "Biopiracy: The Struggle for Traditional Knowledge Rights", p. 77.

知识。通过申请发明专利并大规模生产和销售专利产品，制药公司获得了巨额利润。这一财富分配不公的现象引起了国际社会的广泛关注，拥有丰富传统医药知识的发展中国家也逐步采取一系列措施来保护本国的传统医药知识。

20世纪80年代末，"原住民运动"开始获得国际关注，并通过了关于原住民权利的第一项国际文书，即1989年国际劳工组织《关于独立国家原住民和部落人民的公约》。该公约承认原住民的生计与维持传统习俗之间的密切联系。这一领域的其他倡议包括世界银行1991年的《关于原住民的修正政策》和1993年的《关于原住民文化和知识产权的马塔图阿宣言》。1994年，在联合国原住民人口问题工作组的主持下，《保护原住民遗产的原则和准则》得以制定。另外，1988年，联合国环境规划署开始了生物多样性方面的工作，并于1992年缔结了《生物多样性公约》，同期的非约束性文书包括《里约热内卢宣言》等。1994年缔结的TRIPS，朝着统一各国知识产权法律迈出了重要的一步。TRIPS力图通过制定每个世界贸易组织成员应提供的最低知识产权保护标准，协调各国的知识产权法律。但是，TRIPS允许授予基于生物资源和相关传统知识的发明专利，却没有规定保护这些资源免受盗用。简言之，TRIPS改变了全球生物公地，使西方的信息资源合理化，但把遗传资源和传统知识等其他国家的信息资源留在公地。① 因此，印度等国家呼吁修改TRIPS，使其更能满足发展中国家的需要。这些呼吁使得2001年《多哈宣言》得以通过，并且开始持续讨论TRIPS和传统医药知识之间的关系，特别是生物材料和相关的传统知识来源的披露要求、事先知情同意和利益分享安排。②

有必要指出，在传统医药知识保护的国际层面，联合国《生物多样性公约》发挥了重要作用。该公约为传统知识保护提供了框架，奠

---

① Sita Reddy, "Making Heritage Legible: Who Owns Traditional Medical Knowledge", *International Journal of Cultural Property*, vol. 13, no. 2 (2006), p. 168.

② Sun Thathong, "Lost in Fragmentation: The Traditional Knowledge Debate Revisited", *Asian Journal of International Law*, vol. 4, no. 2 (2014), pp. 366-369.

定了进一步探讨保护方式的基础。该公约有三个目标：保护生物多样性、可持续利用其组成部分，以及公平分享利用遗传资源所产生的利益（第 11 条）。公约明确承认传统和原住民的知识与技术，同时鼓励为保护这些珍贵的生物和文化资源制定法律和财政激励措施，并且为利益分享提供了一个框架，强调有效的地方自治，区别于 TRIPS 支持的国际知识产权框架中受保护的垄断。换言之，在 TRIPS 强调全球化垄断权的背景下，《生物多样性公约》提供了一个重要的"本地化"视角。[1] 具体而言，《生物多样性公约》规定了准入和利益分享制度。该公约鼓励生物勘探公司和供应国之间达成协议，以实现公平利益分享。更确切地说，它规定各国应有权决定获得传统资源的途径，也规定了生物勘探公司应与提供国进行谈判以获得生物资源。[2] 需要强调的是，在《生物多样性公约》中，传统知识的保护属于"与生物多样性的保护和可持续利用"相关的情况，对于传统知识保护的定义比较模糊和宽泛。因此，对于该公约来说，传统知识并不是一个直接保护对象，而仅仅是生物多样性保护的附属或间接因素。但是，《生物多样性公约》为后来世界知识产权组织（WIPO）界定传统知识奠定了基础。[3]

总体而言，20 世纪 90 年代是传统知识保护的重要十年。它见证了诸如"原住民知识"和"原住民与地方社区的知识、创新和实践"等新概念的出现，也见证了生物剽窃话语的诞生、原住民对人权的阐述以及论坛的普及，例如国际劳工组织、世界银行、联合国原住民人口工作组和世界贸易组织。与传统知识有关的目标清单不断扩大，包括承认原住民权利、为保护环境而保护传统知识以及防止生物剽窃。这种传统知识保护的多样化趋势在 21 世纪加速扩张。2000 年，世界知识

---

[1] Johanna Gibson, "Traditional Knowledge and the International Context for Protection", *A Journal of Law, Technology and Society*, vol. 1, no. 1（2004）, p. 81.

[2] Jonathan Curci, *The Protection of Biodiversity and Traditional Knowledge in International Law of Intellectual Property*, Cambridge University Press, 2010, pp. 104-105.

[3] Tou Xiaodong & Huang Xiurong, "Research on the Intellectual Property Rights of Traditional Knowledge from the Perspective of Intellectual Property Strategy: Traditional Knowledge in Dialogue between Tradition and Modernity", *China Legal Science*, vol. 3, no. 2（2015）, p. 43.

产权组织有关知识产权、遗传资源、传统知识和民间文化的政府间委员会（IGC）作为讨论知识产权和传统知识之间相互作用的论坛而设立，并将"传统知识"一词和以知识产权为中心的传统知识保护方法制度化，即通过知识产权工具保护传统知识。IGC 名称中的"传统知识"是指严格意义上的传统知识，即技术诀窍、实践、技能和创新，有别于音乐、艺术、设计、符号和表演等文化表现形式。2005 年，WIPO 设立了自愿基金，资助并促进原住民和地方社区参与 IGC 进程。在 WIPO 之外，随着 2000 年联合国原住民问题常设论坛（UNPFII）的建立，原住民对传统知识的主张也在联合国人权体系下得以制度化。2010 年 10 月联合国生物多样性条约第 10 届缔约国会议通过了《名古屋议定书》，该议定书规定了通过适当的资金援助和技术合作来保护生物多样性，实现生物遗传资源的可持续利用，其目的在于保障生物遗传资源利益的公平分配。一些学者指出，经过碎片化和多样化的保护过程，"传统知识"已成为一个复杂而沉重的概念，"受益人"的概念已成为争论的焦点。此外，国际组织的增多及其职能的专业化使各国政府难以跟上所有论坛的发展，也使得国家难以保证不同场合下谈判立场的一致性。①

二、传统医药知识保护的困境

在 TRIPS 体系确立的国际药品专利制度下，传统医药知识很难获得有效保护。具体而言，知识产权是关贸总协定乌拉圭回合中国际贸易关注的主要问题，世界贸易组织成立后，接受 TRIPS 对任何希望成为世贸组织成员的国家都是强制性的，因此，多个发展中国家接受了 TRIPS。②

---

① Sun Thathong, "Lost in Fragmentation: The Traditional Knowledge Debate Revisited", pp. 371-387.
② 关于发展中国家向 TRIPS 协定做出让步的具体原因，参见 Teshager Dagne, "The Protection of Traditional Knowledge in the Knowledge Economy: Cross-Cutting Challenges in International Intellectual Property Law", *International Community Law Review*, vol. 14, no. 2 (2012), pp. 148-150.

知识产权及相关执法是世贸组织谈判的重要组成部分，2001年11月14日通过的《多哈宣言》关注了生物剽窃问题，明确了要在原住民群体和发展中国家具体利益的背景下审查生物技术专利的授权。① 就印度而言，在 TRIPS 和 2005 年《专利法》之前，跨国制药公司的生物勘探者可以开发一种基于阿育吠陀知识的产品并申请专利，在 TRIPS 之后他们仍然可以这样做。专利制度对印度的主要影响似乎是，它将限制印度制药部门对生物医学知识的使用，因为印度公司再也不能对专利药品进行逆向工程，同时也不能为阿育吠陀等当地知识系统提供额外的保护。换言之，在过去，印度和西方生产商可以相互窃取或分享，而现在，窃取或分享变成了单向的。专利只保护生物医学药学的重点——活性化学成分的使用，而不保护作为阿育吠陀药学基础的植物材料。阿育吠陀生产商在从业人员办公室或工厂中提炼和加工天然植物材料，但他们不分离可能存在于植物中的活性成分。② 由此，现行的知识产权制度无法容纳和解决与传统医药知识有关的问题。

以阿育吠陀为例，对其特征以及发展的了解有利于厘清传统医药知识在知识产权保护方面面临的困境。阿育吠陀是一种起源于古印度的治疗系统。许多学者认为它是地球上现存最古老的治疗体系。关于阿育吠陀的起源，一般认为其产生于雅利安人入侵印度之后。雅利安人中产生的婆罗门教有四部吠陀经典，这些经典开始时为口头流传，后来才被整理成文。雅利安人的医学来源是四部吠陀经，最主要的是第一部《梨俱吠陀》和第四部《阿闼婆吠陀》。《梨俱吠陀》里面提及了药用植物以及少数疾病。《阿闼婆吠陀》记载了77种病名和病例以及相应的草药，并且提到了妇科病、兽医学和解剖学。虽然四部吠陀经都被认为是吠陀先知所写的赞美诗集合，但《阿闼婆吠陀》在主题上与其他三部吠陀不同，基本上是一本魔法手册。《阿闼婆吠陀》的赞

---

① Johanna Gibson, "Traditional Knowledge and the International Context for Protection", p. 59.

② Murphy Halliburton, *India and the Patent Wars: Pharmaceuticals in the New Intellectual Property Regime*, Cornell University Press, 2017, p. 58.

美诗主要分为两类：一类用来治愈疾病、创造和平与繁荣，即"白色魔法"；另一类用来制造混乱，即巫术或"黑色魔法"。一些学者认为，《阿闼婆吠陀》的许多咒语是雅利安人从他们新家园的原住民中获得的。咒语或许是从印度河流域文明中遗留下来的。在其他吠陀中也有少数关于治疗的参考，比如《梨俱吠陀》中的符咒，用来从身体的各个部位驱逐消耗性疾病，该吠陀经中还有一首赞美草药的完整赞美诗。但是，大多数吠陀治愈经文都在《阿闼婆吠陀》中。其赞美诗有一百多首，涉及各种各样的疾病，如发烧、麻风病、水肿、心脏病、伤口、头痛、寄生虫、中毒、风湿、疯狂和癫痫。在吠陀时代，符咒、植物和动物的汁液、太阳和水之类的自然力量以及人类的发明都被用于治疗。所提到的药物被用作护身符，大多数关于疾病和治疗的信息都是用于驱除病人疾病的咒语。① 之后接续吠陀本集的书是《优婆吠陀》和《阿育吠陀》，它们将医学分为八科，分别为外科、利器医方、内科、鬼病医方、小儿方、解毒剂论、长寿药科和强精药科，以后的印度医学基本分为这八类。而且，《阿育吠陀》首次提出气、胆、痰三元素说，并强调了三者平衡的重要性。②

此后，《妙闻本集》和《阇罗迦本集》对《阿育吠陀》进行了更加详细的补充。《妙闻本集》出自古印度名医妙闻之手，不仅涉及解剖学和病理学等方面，还对内科、外科等二十多种疑难病症进行了较为详细的阐述。另外，书中还记载了多种外科手术器材和药物。《阇罗迦本集》是印度名医阇罗迦所著，被誉为古印度医学的百科全书。③ 许多现在西方所熟悉的自然治疗系统的原理，如草药和极性疗法，都起源于古印度的阿育吠陀体系。阿育吠陀内容丰富，包含了所有的医疗保健学科，并将它们编织成一个针对不同个人的综合治疗计划。如果一

---

① Robert E. Svoboda, *Ayurveda: Life, Health and Longevity*, The Ayurvedic Press, 2015, Chapter 1.
② 郑怀林等编：《生命的圣火——宗教与医学纵横谭》，中医古籍出版社2007年版，第98—99页。
③ 冯慧娟编：《印度文明》，吉林出版集团有限责任公司2015年版，第146—147页。

个人需要手术,可以进行手术。如果一个人需要心理或精神咨询,或者身体、思想和精神的恢复,也有相应的治疗方法。阿育吠陀包含了所有这些治疗方法,并适当地协调这些方法。因为融合了现代技术以及古代智慧,阿育吠陀被称为一门活的科学,能够提出适合每个人的治疗方案。相比之下,其他大多数医学学科太过专业,无法设计一个包括消除病因、治疗疾病、重建身体和持续支持恢复的方案。在阿育吠陀中,所有这些元素在治疗过程中都至关重要。①

历史上,在佛陀时代,阿育吠陀已经得到了广泛发展,这在一定程度上是政治的结果。因为国王的健康等同于国家的健康,所以御医对于国家政治稳定非常重要。御医必须保护皇上免于中毒,医治他的意外和军事创伤,并确保王室生育,王后安全怀孕和分娩,以及皇室子孙健康成长。近代以来,阿育吠陀虽然在西方医药的冲击下式微,但是随着21世纪初印度民族主义的扩张,人们对印度艺术和科学的兴趣被重新唤醒,阿育吠陀开始复兴。如今,阿育吠陀是印度政府官方认可的六种医疗体系之一。②

具体而言,阿育吠陀指的是关于生命的知识,其将生命定义为身体、思想和精神的结合。阿育吠陀所包含的知识涉及生命的本质、范围和目的,包括精神和身体方面的健康和疾病、快乐和悲伤。阿育吠陀指出,生活的目的是认识造物主,包括内在和外在的,并在日常生活中表达这种神性。根据阿育吠陀,每一个个体生命都是宇宙的一个缩影。阿育吠陀主要包括维护健康和治疗疾病两个方面。其中,健康的含义不仅在于没有疾病困扰,而且还需达到肉体、精神和灵魂的和谐与幸福状态。简言之,阿育吠陀将健康和疾病分别视为平衡与失衡。如果病人不舒服,但没有明显身体症状或异常,阿育吠陀医生往往通过洞察患者的失衡状态,建议通过改变饮食习惯、运动、瑜伽和情绪管理等帮助病人恢复平衡状态。③ 阿育吠陀是一门医学,目的是治愈疾

---

① Vasant Dattatray Lad, *Textbook of Ayurveda*, The Ayurvedic Press, 2002, p. 2.
② Robert E. Svoboda, *Ayurveda: Life, Health and Longevity*, Chapter 1.
③ 米歇尔·S. 芳汀:《阿育吠陀疗法》,邢彬译,海南出版社2017年版,第13页。

病，并保持生命质量和延长寿命。它是一种日常生活的艺术，根植于对生命和生活的理解，提供了对每个人独特的身体、心灵和意识的深刻理解。①

此外，阿育吠陀采用整体疗法，注重考察每个患者的不同体质，其治疗的是整个人，而不仅仅是有关的器官或系统。阿育吠陀医生在开展治疗前会多角度了解患者的身体和精神状况，病人不仅仅是血肉之躯，还有思想、感情和灵魂。《阇罗迦本集》就强调了医生要注重病人的心灵，要"带着关爱之火"。② 因此，阿育吠陀被称为以意识为基础的医学体系。虽然西医对急性疾病和创伤非常有帮助，但它往往忽视了个人对生活压力反应的重要性。阿育吠陀强调顺其自然，同时鼓励瑜伽实践。与西方专利药相比，阿育吠陀不仅价格较为便宜，而且副作用小。在印度阿育吠陀公立医院中，除了高价药剂，住院治疗以及门诊治疗对所有国民均免费。在贫困的印度农村，阿育吠陀对广大农民的医疗保健发挥了重要作用。③

概言之，阿育吠陀与西方现代生物医学之间的显著不同解释了阿育吠陀很难在专利制度下获得保护的原因，两者的主要不同体现在以下三个方面。首先，与生物医学相比，阿育吠陀更多的是在与它的基本原则进行对话。在生物医学领域，除了可能存在一种未加反思的实用主义和生物特殊主义的取向，并不清楚是否有基本原则，因为生物医学关注的是特定治疗程序的专门性和功效。尽管食品、环境和健康之间的关系被生物医学医生和科学家考虑在内，但明确的原则并没有体现在生物医学培训中。其次，传统知识"源于传统"，是几千年来在传统部落中保存和发展起来的一种知识产品，这与一些典型的知识产权客体有很大差异。西方的对抗疗法强调现代创新，努力生产更好、更有效的药物。而阿育吠陀的经典文本已经有两千多年的历史，这与

---

① Vasant Dattatray Lad, *Textbook of Ayurveda*, p. 1.
② 米歇尔·S. 芳汀：《阿育吠陀疗法》，第12页。
③ 廖育群：《阿输吠陀——印度的传统医学》，辽宁教育出版社2002年版，第19—27页。

生物医学不断发现新化学分子所要求的新颖性背道而驰。尽管当代阿育吠陀研究期刊报道了新的研究和正在发展的新疗法,阿育吠陀医生还是会定期援引经典文本的见解,更愿意依赖他们认为经过时间考验的真理,而不是像对抗疗法医生那样不断改变他们的治疗方法和信念。事实上,在生物医学和一些科学史中,传统知识被认为是错误思想的仓库,这些错误思想被后来的真理所纠正。简言之,专利法对新颖性的强调反映了生物医学对新颖性和创新的偏好,限制了阿育吠陀的专利实施前景,因为阿育吠陀坚持经过时间考验的基础原理。最后,阿育吠陀认为每个病人都会以独特的方式经历一种疾病,而不适宜像生物医学那样使用治疗疾病的标准化药物。阿育吠陀医生认为每个病人都有独特的症状群,应该创造出适合个人特别症状和体质的药物。实践中,医生往往根据阿育吠陀原则并根据特定病人的情况,从标准处方中添加或删除成分。①

三、印度保护阿育吠陀的行动及反思

印度是拥有世界上最丰富和最古老药用植物文化的国家之一。据估计,到目前为止,在印度已经发现了 6560 种药用植物。② 然而,在过去的几十年里,已经发生了多起从阿育吠陀药物中提取和分离药物的案例。由于这种药物的来源和分离通过化学手段完成,因此从草药中提取的药物将具有其所有的治疗效果,但却不能被称为阿育吠陀。换言之,国外的制药公司并不受印度对阿育吠陀定义的限制。这些阿育吠陀药物可以在世界市场上自由销售,而不会受到惩罚。③ 正是由于传统医药知识很难在国际药品专利体系下获得保护,印度基于其社会

---

① Murphy Halliburton, *India and the Patent Wars: Pharmaceuticals in the New Intellectual Property Regime*, pp. 67–71.
② Nirmal Sengupta, *Traditional Knowledge in Modern India*, Springer, 2019, p. 80.
③ Sushrut Desai & Vyom Shah, "How Legal Is Illegal: Paradoxes In The Indian Drug Laws", p. 216.

发展背景,在国内开展了多种保护传统医药知识的行动。这些行动在遏制生物剽窃方面发挥了积极作用,但是仍有待补充和完善。对印度保护阿育吠陀行动的反思,有助于我国探索更加有效的保护传统医药资源的方式。

(一)印度传统医药知识保护的社会背景

首先,在宗教和哲学方面,阿育吠陀这一传统医学体系深受印度宗教与哲学影响。在印度的社会安排中,宗教发挥了重要作用,其中梵赋生命观认为一切生命都具有神圣性。① 而且,阿育吠陀被认为是梵天所创,是通过因陀罗传授于人间的"神授"医学知识。② 因此,印度社会很早就有了关于疾病治疗与健康维护的知识。作为印度传统医学的主要组成部分,阿育吠陀有大约五千年的历史,最早记载于包含了治病的咒语和巫词的吠陀本集《阿闼婆吠陀》。在印度正理派、胜论派和数论派的哲学思想影响下,阿育吠陀形成了"三体液学说",即体风素、胆汁素和粘液素。③ 有关健康维持与疾病治疗的"三体液学说",奠定了印度阿育吠陀医学的基础。三种体液也叫作"三大",即气、胆及痰。保持人体健康的基础是三者的均衡,后来这三者被称为原素。④ 在阿育吠陀防治理论中,尊重自然规律是主要内容。与印度吠檀多哲学的理念相似,阿育吠陀也认为人自身是一个小宇宙环境,健康长寿的秘诀在于身体、头脑与灵魂三者之间的平衡,以及人与自然的和谐。⑤ 质言之,在印度这样一个普遍信仰宗教的社会中,阿育吠陀因其宗教和哲学基础而受到重视。

其次,在政治体制方面,独立后的印度实行议会民主制,并通过了宪法,其中第 47 条明确规定了国家有义务改善人民的公共卫生状

---

① 蔡枫:《印度教生命论》,《宗教学研究》2008 年第 3 期,第 164—168 页。
② 廖育群:《阿输吠陀——印度的传统医学》,第 24 页。
③ 王张:《"一带一路"建设背景下的中印传统医药交流与合作》,《南亚研究季刊》2020 年第 2 期,第 70—71 页。
④ 郑怀林等编:《生命的圣火——宗教与医学纵横谭》,第 100—101 页。
⑤ 邱永辉:《阿育吠陀:印度教传统抗疫的现状与未来》,《世界宗教文化》2020 年第 3 期,第 2—5 页。

况。此外，印度的多党制和议会选举①决定了执政党必须采取惠及人民的公共卫生政策，以便获得各个阶层选民的支持。因此，政府需要积极利用阿育吠陀等传统医药知识来保障人民健康。例如政府设立了印度医药与顺势疗法管理局（ISM&H）、印度医学处方实验室（PLIM）等多个机构来促进传统医药产业发展，并实现药品可及。②此外，在医疗费用不断上涨，政府财政负担不断加大的背景下，传统医药在提供卫生保健方面的价值日益增长，且传统医药作为初级卫生保健服务的一项资源，可以增进卫生保健服务的普及性和可负担性。③

最后，在经济发展方面，印度作为发展中国家，有大量贫困人口，④其医疗卫生体系必须要面对的问题是，西方专利药价格不在印度广大穷苦患者的承受范围之内，大量穷人不得不依赖较为便宜的传统医药。而且对于身处农村的广大患者来说，传统医药的获得也更为便捷。相比于专利药，传统医药在文化和习惯方面也更容易为当地人民所接受。就像中医药⑤深入中国民众的生活一样，阿育吠陀在漫长的历史演进中，早已成为印度民众生活习惯的一部分。事实上，尽管西方医学在印度占有一席之地，印度传统医学却已帮助了数百万患者从生理和精神疾病中康复。⑥

---

① 李云霞、汪继福：《印度政治制度的特点及对中国的启示》，《河北学刊》2007年第3期，第61页。
② Sachin Chaturvedi 等：《中印传统医药合作推进行动的政策建议》，《中国科技论坛》2011年第4期，第151—152页。
③ 中国保护知识产权网："金砖国家深化知识产权合作应精耕细作"，2017年9月1日，http://ipr.mofcom.gov.cn/article/gjhz/zb/jzgjzscqhzjz/201709/1910398.html，2022-2-1访问。
④ 爱德华·卢斯：《不顾诸神：现代印度的奇怪崛起》，张淑芳译，中信出版社2007年版，第5页。
⑤ 传统中医是中国发展起来的一系列医学实践的统称，已有3000多年的历史。最早的中医文献可以追溯到前1100年。中医是中国人在很长一段时间内反复实践并逐渐总结出来的一套综合的医疗保健体系，包括多种疗法和各种形式的草药、针灸、按摩、气功和食疗等。Peng Lin, "Striking a Balance between Intellectual Property Protection of Traditional Chinese Medicine and Access to Knowledge", pp. 272—273.
⑥ 洛伊斯·N. 玛格纳：《医学史》（第2版），刘学礼等译，上海人民出版社2017年版，第55页。

（二）印度传统医药知识的保护措施

为了保护传统医药知识，印度政府主要采取了以下几种措施。

首先，建立独特的保护体系。当传统医药知识问题出现时，一些国家发现这些问题不能通过对常规知识产权法和规则的微小修改来解决。因此，许多国家在现有的知识产权法案中引入了更多的知识产权立法或与传统医药知识有关的措施，这些都是对传统医药知识特有的积极保护。印度认识到传统医药知识在现有的全球知识产权体系下很难得到有效保护之后，采用了独特的保护体系（sui generis protections）。源自拉丁语的术语 sui generis 的字面意思是某一种或独特的，在知识产权术语中一般指国家立法。2002 年，为执行《生物多样性公约》，印度颁布了《生物多样性法案》。该法案规定在基层、各邦和国家各级登记相关知识，并成立国家生物多样性管理局（NBA）、邦生物多样性委员会和地方管理委员会。其中，国家生物多样性管理局是国家机构，成立于 2003 年，是环境、森林和气候变化部的自治机构。该法案规定，为研究、商业利用、生物调查或生物利用的目的而获取任何与印度生物资源相关的知识，都必须事先得到国家生物多样性管理局的批准。国家生物多样性管理局也有权对违反本法规定的行为采取必要措施。此外，该法案明确禁止外国人在未经该管理局许可的情况下获取任何生物资源。在 2014 年《名古屋议定书》[①] 生效之后，国家生物多样性管理局发布了准入和利益分享规则。当然，该管理局需要拥有较为完善的人类生物多样性登记册才能有效运作。[②] 此外，印度还建立了国家福利基金来存放从利益分享中获得的资金。[③]

其次，采取防御性保护策略。防御性保护意味着确保授予专利时，

[①] 《名古屋议定书》要求各国公平分享利用传统知识所产生的利益。Samuel Lim, "An Equitable Approach to Traditional Knowledge Protection", *New York University Journal of International Law and Politics*, vol. 53, no. 1 (2020), p. 136.

[②] Nirmal Sengupta, *Traditional Knowledge in Modern India*, p. 48.

[③] Srividhya Ragavan, "Protection of Traditional Knowledge", *Minnesota Intellectual Property Review*, vol. 2, no. 2 (2001), p. 55.

在专利检索程序中包括和考虑与传统医药知识有关的资料,以确定发明是否具有足够的新颖性。① 科学和工业研究委员会(CSIR)的研究人员指出,每年大约有 2000 项与印度医学体系有关的国际专利被授予。即使是撤销其中的几项,也会耗费大量的时间和金钱。撤销印楝树专利的诉讼持续了 10 年,姜黄案的诉讼费为 1 万美元。作为一种有意义的替代方案,防御战略应运而生。1999 年,印度政府决定开发一个关于印度医药系统的成文传统知识电子数据库,即传统知识数字图书馆(TKDL)。TKDL 是汇编的数据库,目的是阻止传统医药知识被不当授予专利。其他国家的专利和商标审查员可以获得该数据库,这样他们就不会授予基于印度传统知识的知识产权。利用信息技术工具和一个创新的分类系统,200 名研究人员经过 8 年的努力,将 150 本以梵文、印地语、阿拉伯语、波斯语和乌尔都语等语言写成的关于阿育吠陀等传统医药知识的书籍转换并构建成一个可搜索的数据库。该数据库拥有医药知识大约 3400 万页,其中包含 29 万页药物配方。此外,该数据库专门为传统医药知识设计了分类系统,并以五种国际语言(英语、日语、法语、德语和西班牙语)来呈现。传统知识数字图书馆的一个重要贡献是创建了传统知识资源分类(TKRC),这是一个基于国际专利分类(IPC)的结构化分类系统。该种分类极大地扩展了传统药物分类系统,增加了大约 25 000 个与药用植物、矿物、动物资源、药物制备方法和服用方法有关的分组。② 数据库建成后,印度与欧盟、美国、加拿大、德国、英国、澳大利亚、日本、马来西亚、智利等国家和地区的专利局签订了专利协议。这些国家的专利局接受数据库中的医药知识为现有技术。根据访问协议的条款,专利局的审查员只能使用 TKDL 进行搜索和审查,但不能将 TKDL 的内容透露给任何第三方,除非是出于引用的目的。科学和工业研究委员会指出,自 2009 年 7 月

---

① Manuel Ruiz et al., "The Protection of Traditional Knowledge in Peru: A Comparative Perspective", *Washington University Global Studies Law Review*, vol. 3, no. 3 (2004), p.796.

② Jay Erstling, "Using Patent to Protect Traditional Knowledge", *Texas Wesleyan Law Review*, vol. 15, no. 2 (2009), pp. 320-321.

以来，TKDL 团队在 PCT 国际局发现了 1155 项生物剽窃专利申请。截至 2014 年 8 月，印度提交了 1120 件处于预授权阶段的现有技术证据。在 206 个案例中，专利申请被撤回，或者被申请人修改权利要求。在欧洲专利局，与印度医学系统相关的专利申请数量也急剧下降。① 由此可见，印度的传统医药知识数据库在防止生物剽窃方面发挥了应有的作用。另外，虽然 TKDL 最初是作为一种防御工具出现的，但它也可以在新药发现中发挥积极作用。因为该数据库可以极大地简化搜索过程，减少失败次数，从而降低成本。质言之，传统知识数据库目前被用于防御，以驳回非创造性专利申请。但是，该数据库的真正潜力在于以积极的意义使用，即用户依赖该数据库进行进一步的研究和发现，并且与原住民分享利益。② 2016 年印度国家知识产权政策指出，应当允许公共研究机构使用 TKDL 进行进一步的研发，同时也可以探索私营部门使用 TKDL 进行进一步研发的可能性，前提是采取了必要的保护措施来防止盗用。③ 此外，该数据库可以在一定程度上防止传统医药知识消失。因为尽管大量的传统医药知识已经存在于公共领域中，但其中一些秘密知识被保存了下来，原住民非常不愿意分享这些知识。若没有 TKDL 的汇编整理，结果可能是，许多被保密的与药用植物和草药等相关的原住民知识会丢失。④

最后，建立传统知识创新支持机制。为了探索将传统医药知识与现代知识产权保护体系相联系的方法，1993 年，印度民间自发成立了非营利组织，以探索帮助当地创新者和传统知识持有者的方法。多年的密切接触使该组织很快发现了有意义和合乎道德的干预领域，从而开始了独特的促进计划，并且很快得到了政府的关注。2000 年，印度

---

① Nirmal Sengupta, *Traditional Knowledge in Modern India*, p. 49.
② Aman K. Gebru, "International Intellectual Property Law and the Protection of Traditional Knowledge: From Cultural Conservation to Knowledge Codification", *Asper Review of International Business and Trade Law*, vol. 15 (2015), p. 325.
③ Nirmal Sengupta, *Traditional Knowledge in Modern India*, p. 111.
④ Partha Pratim Paul, "Intellectual Property Protection of Medicinal Plants of Cooch Behar—A Case Study of the Current Status", *Indian Journal of Law and Justice*, vol. 4, no. 1 (2013), p. 1.

政府科学和技术部为此设立了国家创新基金会（NIF）。和传统医药知识数据库一样，国家创新基金会是印度的另一个开创性贡献。国家创新基金会在探索、培育和推广优秀传统知识的同时，也推动了草根科技的创新。该基金会拥有一个知识产权管理团队，并代表基层创新者和传统知识的所有者积极从事现有技术搜索和专利申请的起草和归档工作。截至 2015 年，国家创新基金会共协助申请专利 800 多项，其中 8 项是在美国申请的专利，并根据专利合作条约（PCT）申请专利 27 项。知识产权管理团队还经常为创新者提供法律援助，包括谈判和起草许可协议，以及处理侵犯其知识产权的问题。① 国家创新基金会有利于印度政府积极利用和开发传统医药知识，从而更好地发挥传统医药知识的现代价值，并且有利于提升印度医药行业的自主创新能力。

（三）印度传统医药知识保护的反思

尽管有人主张利用专利来保护传统医药知识，但是正如上文的分析，此种保护模式面临诸多障碍。此外，利用保密来保护传统知识是一个有吸引力的选择。理论上，秘密提供了一种保护形式，这种保护可能已经是现有习俗的一部分，例如某些神圣的仪式或习俗只有社会的某些成员知道。或者，它可能是一种应对非成员挪用威胁的外部保护机制。在后一种情况下，保密可用于阻止未经授权的信息从传统知识持有者向外界的流动，原因可能是传统知识持有者希望对秘密信息的使用或商业化方式保留一定程度的控制，或者是为了能够与第三方进行谈判，也可能仅仅是为了防止其他人获取信息。保密这种方式的一个优点是，理论上它可以用来保护任何类型的传统知识，从化合物到配方产品，再到治疗技术或创造药用化合物的过程。资料不需要符合类型方面的标准，也不存在诸如保护版权和专利所需要的独创性或新颖性等实质性障碍。没有登记程序等复杂性和成本也会使保密成为一种措施。不像大多数知识产权的持续时间有限，传统知识只要不被

---

① Nirmal Sengupta, *Traditional Knowledge in Modern India*, p. 50.

披露，将获得永久保护。因此，表面看来，保密为传统知识持有者提供了一种成本低、效益高、无须手续的方式来防止对传统知识的盗用。然而，决定使用保密很容易，失去保密也很容易。一旦信息被披露，信息的价值就会丢失且无法恢复。在保密受到损害或威胁的情况下，秘密传统知识的持有人可依靠的法律追索将取决于信息的性质以及寻求补救的情况。保密丧失的救济通常仅限于要求赔偿或阻止披露的禁令。[①] 利用合同保护秘密传统医药知识，尽管可以实现知识的商业化，但这些信息将不可避免地进入公共领域。因此，考虑到仅仅依靠保密来保护传统医药知识的缺点，应该把保密看作一种补充，而不是主要的保护方式。另外，尽管印度采取了多种传统医药知识保护措施，但是这些措施均有待补充和完善。

第一，传统知识数据库。传统知识数据库可能会帮助而不是阻碍生物盗版，而且会把传统医药知识更便利地交给西方国家，尤其是在生物多样性公约没有得到普遍接受的情况下。[②] 这主要体现在数字生物勘探方法的应用，作为鉴别药用植物治疗潜力的混合方法，它介于依赖传统治疗师的民族植物学和不需要获取传统知识的现代随机高通量筛选之间，包括将古代草药文本与现代医学进行严格比较，以确定有希望的候选方案，以便进行进一步的检查和筛选。以现代语言呈现的传统医药知识数据库可能会便利数字生物勘探。[③] 在生物勘探的背景下，数据库可以作为一项发明的来源。许多植物有多种益处，因为有些是已知的，这可以帮助科学家缩小搜索范围，发现植物的新用途。此种使用可能给世界带来好处，但是拥有这种知识的原住民得不到任何补偿或者只能得到有限的利益。[④] 此外，印度图书馆和技术专家认为，数字媒体技术远比以前认为的更脆弱、更容易退化和过时，且无

---

① Lee-ann Tong, "Protecting Traditional Knowledge—Does Secrecy Offer a Solution?", *Potchefstroom Electronic Law Journal*, vol. 13, no. 4 (2010), pp. 161–173.
② Sita Reddy, "Making Heritage Legible: Who Owns Traditional Medical Knowledge", p. 171.
③ 同上文，第 172 页。
④ John Reid, "Biopiracy: The Struggle for Traditional Knowledge Rights", p. 93.

法及时更新。而且，数据库不可能记录所有的传统知识，因为政府很难与一些原住民社区达成相互理解，原住民社区可能试图隐瞒或伪造知识，因为他们认为传统知识是神圣的，应该保密。更为现实的是，全球数字数据库是需要非政府组织和政府提供广泛财政和行政支持的长期项目，大多数发展中国家没有能力建立和维护类似的数据库，所以这些国家的传统知识仍然有被盗用的危险。①

第二，披露来源和事先知情同意。一些学者认为，强制披露原产地要求和事先知情同意是消除生物侵权的有力机制。② 产地披露要求将迫使生物勘探者在申请时提交遗传资源的起源和传统知识的来源地等信息。知情同意将要求生物勘探者在获得专利之前出示证明，证明他们事先获得了传统知识或者遗传资源持有者的知情同意。这两项要求结合起来，将大大改善专利申请审查的过程，使国家和国际专利系统更加透明和公平，从而防止"盗版"专利获得保护。虽然一些国家在国内法下采用了这一套要求，但国际体系并不要求可专利性具备这两个条件。将这些原则纳入国际专利制度，对于协调影响传统知识和遗传资源问题的两个最重要的国际法律框架——《生物多样性公约》和TRIPS至关重要。但是，有必要指出，目前这些原则可能与TRIPS相抵触，因为它们允许传统知识持有者对正式符合TRIPS可专利性要求的专利提出挑战。因此，TRIPS的改革势在必行，也得到了发展中国家的大力支持。包括玻利维亚、巴西、哥伦比亚、古巴、多米尼加、厄瓜多尔、印度、秘鲁和泰国在内的世贸组织成员国已经对TRIPS提出了修正案，也就是将信息披露列为一项国际要求。然而，正如一些学者所言，由于美国和日本等有影响力的发达国家强烈反对，对TRIPS的任何修改都几乎是不可能的。因此，披露来源和事先知情同意目前的作

---

① Maxim V. Gubarev, "Misappropriation and Patenting of Traditional Ethnobotanical Knowledge and Genetic Resources", *Journal of Food Law and Policy*, vol. 8, no. 1 (2012), p. 97.

② Tak Jong Kim, "Expanding the Arsenal against Biopiracy: Application of the Concession Agreement Framework to Prevent Misappropriation of Biodiversity", *SMU Science and Technology Law Review*, vol. 14, no. 1 (2010), pp. 69-126.

用范围仅限于一些发展中国家的国内法，很难在国际上具有普遍效力。①

第三，利益共享协议。生物勘探者和传统知识持有者之间的协议对双方都有好处。生物勘探者会受益，因为他们被允许获得、拥有并使用遗传资源和传统知识，同时原住民社区也将得到货币和非货币的回报。金钱利益可能包括获取费或预付款以及特许权使用费和里程碑付款，尤其是在最终产品获得商业成功的情况下。生物勘探者也可以向原住民社区提供教育、培训和获得科学研究的机会，以换取宝贵的知识和资源。此外，这种安排与 TRIPS 一致，因为 TRIPS"为可专利性设定了最低要求，鼓励国家和地方层面的灵活性和私人实践"。由此可见，利益分享协议本质上要求生物勘探者承认传统知识或遗传资源的来源。某种程度上，利益分享协议几乎是全球打击生物剽窃的唯一机制，它既不与《生物多样性公约》也不与 TRIPS 相抵触，因此得到了更多的国际支持。② 尽管此种保护方式有以上优点，但是其缺点也较为明显。首先，遗传资源可能被错误估价，因为当各方达成协议时，遗传资源或传统知识的真正价值没有得到充分认识。其次，原住民的传统知识往往在一个国家内，甚至跨越国界的不同社区之间分享。在这种情况下，原住民群体或社区参与获得和使用特定形式的传统知识所带来的利益分配问题亟待解决。③ 所有这些公约都没有涉及所有权因素，而所有权因素对于确保公平分享利益至关重要。当一个社区的成员分散时，必然会出现利益分享问题。④ 企业可以避开真正的传统知识或遗传资源持有者，与发展中国家政府达成私人协议。在这种情况下，这些持有人可能根本得不到补偿。

基于实践中利益共享协议的缺点，探索新的保护模式势在必行。由第三方代理的生物勘探合同模式有助于更加高效地利用和保护传统

---

① Tak Jong Kim, "Expanding the Arsenal against Biopiracy: Application of the Concession Agreement Framework to Prevent Misappropriation of Biodiversity", pp. 92-94.

② 同上文，第94—95页。

③ Manuel Ruiz et al., "The Protection of Traditional Knowledge in Peru: A Comparative Perspective", p. 793.

④ Srividhya Ragavan, "Protection of Traditional Knowledge", p. 34.

医药知识。哥斯达黎加与默克（Merck）制药有限公司达成的协议对于这一模式的运行具有重要参考价值。

具体而言，《生物多样性公约》通过后，超过四十个国家已经通过或正在通过法律，极大地限制在其境内获取原始遗传物质的行为。以主权为基础的准入限制制度往往冗长且复杂多变。本质上，这些国内法宣称遗传资源属于国家政府，或至少受国家政府的广泛控制。获得遗传物质的障碍减少了制药公司投资于生物勘探计划的经济动力，导致生物勘探的普遍缩减。因此，原住民必须既激励制药公司继续进行生物勘探，又确保他们能分享遗传资源使用的好处。而仅为传统医药知识订立合同可以促进生物勘探，确保原住民的经济利益。研究机构与传统医药知识持有者订立合同的方式已经有了相关的实践。例如，印度研究机构与本国卡尼（Kani）部落通过合同来分配利用传统医药知识所产生的利益。[①] 此种方式绕过了正在进行的关于保护传统知识的知识产权辩论，并且可以克服政府对植物材料的主权主张造成的经济障碍。而且，为了缓解原住民群体与专业研究机构或制药企业谈判的不对等地位以及由此导致的利益失衡，许多原住民群体通过一个集中的、非营利的机构与个别公司签订合同，可能会进一步降低交易成本。由此，私营制药公司、发展中国家、传统民族和世界卫生利益相关方都能从中受益。仅为传统医药知识订立合同可以提供经济激励，从而能够克服沉重的交易成本压力，并且提供某一特定植物的充分信息。通过在与一个国家就遗传材料进行谈判之前获得当地的专门知识，企业可以避免做出代价高昂的承诺，尤其是在不了解一种植物可能带来的科学和经济效益的情况下。认识到传统医药知识是一种单独的资源，需要单独出售或许可，原住民可以将自己的资产与国家的资产分开，为自己的利益订立合同，特别是当国家主张对遗传资源拥有所有权的时候。将传统知识的报酬与遗传物质的报酬分开，原住民和制药公司

---

① 杜瑞芳：《我国传统医药知识特殊保护制度探讨》，《社会科学家》2007年第1期，第89页。

可能会克服生物勘探的障碍，因为政府控制着遗传物质。尽管《生物多样性公约》明确了国家享有遗传物质的所有权，但并没有改变原住民社区拥有传统医药知识的原则。通过只为传统知识订立合同，在制药公司可以确定自己的研究会得到有益结果之前，公司可以避开发展中国家的政治和新的生物勘探政府机构，而原住民可以确保他们从传统医药知识中获得报酬。

关于现有知识产权对本土知识适用的持续争论，要求任何新的法律保护，如特殊的权利等，都涉及政府行动。事实上，这些方案并不必然涉及本地知识持有者的相应经济利益，因此，或许更直接的解决方案将最好地服务于所有利益相关者。传统医药知识的签约可以立即发生，实践中已经存在成功的案例，即哥斯达黎加非营利组织因百欧（INBio）作为第三方代理的合同模式。一个收集和销售医药知识的合作结构将是消除发现有用治疗方法的障碍，以及向制药公司和植物材料原产地国家提供经济奖励的最有效手段。将本地医药知识集中起来，由第三方集团负责与制药公司谈判和信息销售，有助于降低制药公司的交易成本。原住民将获得集体谈判的权利，这将确保他们得到更好的条件，且享有更大的控制权来选择与他们共事的研究人员，并决定勘探工作的具体展开方式。与此同时，通过与熟悉制药业和原住民文化的第三方谈判关于传统医药知识使用的合同，制药公司可以避免在原住民社区的政治和社会结构中可能遇到的困难。非营利组织 INBio 的合同及管理实践证明了由第三方中介管理传统医药知识对原住民和制药行业的优势。1991 年，INBio 与美国默克制药公司签订了一份合同，允许默克公司在哥斯达黎加的某些自然资源中进行生物勘探。此合同是国家政府与私营生物勘探者 INBio 之间以及第三方生物勘探者与制药公司之间签订合同的独特组合。INBio 于 1989 年在哥斯达黎加国家政府的支持下成立，但没有政府的直接资助或组织。作为保护哥斯达黎加生物多样性工作的一部分，INBio 对该国的生物多样性进行了清点，并寻求建立对自然资源的可持续利用方式，包括在制药和其他项目中的商业应用。INBio 通过与哥斯达黎加政府达成的一项协议，在公共土地上进行生物勘探，然后把合成的或试验过的遗传物质卖给私人公司。INBio 有效地充当着植物所有者（即哥斯达黎加政府）和制药公司之间的中间人，否则制药公司将成为寻找药用化合物的生物勘探者。INBio 同意在两年内向默克提供大约 2000 份遗传物质的样本。在 1991 年的协议中，默克公司同意：作为交换，支付 113.5 万美元来资助 INBio 的初始研究，并提供实验室设备和操作材料；如果从样品中获得的产品成功商业化，则支付使用费，并雇佣当地科学家进行研究。INBio 和默克公司的协议为哥斯达黎加带来了好处，不仅基础设施大量增加，而且为启动新的生态旅游业提供了资金。[1] 总体而言，INBio 开创的这一合同模式为发展中国家政府和当地人创造了经济激励，为互利的生物勘探奠定了基础，不失为传统医药知识保护的有益探索。

四、印度传统医药知识保护对中医药的启示

中医药知识是我国传统文化的重要组成部分，中医药产业是我国经济社会发展中的重要战略性产业。随着"治未病"理念在世界范围兴起以及医疗模式向预防和调节的转变，加之全球人口老龄化带来的医药费用大幅上升、西方化学合成药物副作用及研发创新困难等问题，中医药被越来越多的消费者所接受。中药主要来自自然界，例如植物药、动物药和矿物药，因而对人体的副作用较小，在治愈疾病、解决疑难杂症以及提高患者生活质量方面具有重要作用。例如 2003 年"非典"蔓延全球之际，中医药在治疗"非典"方面发挥了重要作用。[2] 又如，抗疟疾特效药青蒿素也利用了中医药知识。然而由于中医药很难

---

[1] Katie Bates, "Penny for Your Thoughts: Private and Collective Contracting for Traditional Medicinal Knowledge Modeled on Bioprospecting Contracts in Costa Rica", *Georgia Law Review*, vol. 41, no. 3 (2007), pp. 998-1004.

[2] 曾莳、刘作凌：《论传统医药的知识产权保护》，《法学杂志》2011 年第 10 期，第 53 页。

获得药品专利保护,很多有价值的中医药知识正在被其他国家无偿利用。例如,日本通过仿制我国"六神丸"而获得商业成功的"救心丸",韩国仿制中药生产的"牛黄清心丸",以及金龙胶囊事件都是我国中医药知识被剽窃的典型例子。① 此外,与前文阿育吠陀的处境相类似,中医药在专利制度下的保护也面临着挑战。首先,一些人认为中医没有创新,因为处方中的草药通常是从古代中医学说改编而来的。其次,中药的组成成分与西药并不相同。中药的方剂通常是一套药草,其中含有多种化学物质,它们的联合作用可能产生协同作用,而西医通常只关注一种化学药剂。最后,由于采收、保存、提取和制备中药的方法不同,不同批次活性化合物的数量也不同,这会导致以下三个问题。第一,中药作为药物使用的质量控制问题。第二,中药内容的变化也会给临床试验的设计带来问题。临床试验的受试者服用不同数量的药物,而数量的变化可能导致不一致的结果。第三,临床试验的结果不能用来预测药物在市场上的效果,因为市场上提供的药物可能与临床试验中使用的药物不同。② 因此,面对中医药知识不断被其他国家利用并从中获取高额利润的现象,以及印度等发展中国家传统医药知识保护的实践,我国有必要借鉴其他国家的成功经验,探索并完善具有中国特色的中医药保护制度,从而发挥中医药作为我国卫生资源、经济资源、科技资源和文化资源的巨大价值,有力推动健康中国建设。

第一,中医药知识产权的复合保护。TRIPS 体系下国际社会目前很难就传统医药知识保护达成共识,因此,在推动传统医药知识国际规则形成的过程中,更为实际的做法是利用现有的知识产权相关法律,布局中医药知识产权保护系统,采取专利、商标、著作权、商业秘密等的全方位复合保护。其中,针对中医药的专利保护,我们可以借鉴印度的传统医药知识数字图书馆,采取中医药的防御性保护,并与国

---

① 古津贤主编:《中医药知识产权保护》,天津人民出版社 2007 年版,第 2 页;陈一孚:《国际视野中的中药可专利性问题研究》,《山东社会科学》2012 年第 12 期,第 139 页。
② Peng Lin, "Striking a Balance between Intellectual Property Protection of Traditional Chinese Medicine and Access to Knowledge", pp. 280-283.

外专利检索机构签订合作协议,从源头上排除与我国中医药知识相关的专利申请。同时,中医药数据库的建立可以作为连接中医药与现代医学之间的桥梁,促进中西医结合发展,催化制药创新。为此,2017年实施的《中华人民共和国中医药法》明确了建立中医药传统知识保护数据库以及保护名录,并且规定了中医药传统知识利用的知情同意与利益分享等原则。① 目前我国已经建立了数百个中医药数据库,例如中国中药专利数据库及其检索系统(CTCMPD)。② 此外,2018年修订的《中药品种保护条例》对于无法获得药品专利保护的中药品种实行分级保护制度。③ 国务院发布的《2018年深入实施国家知识产权战略加快建设知识产权强国推进计划》也指出建立中药产业知识产权联盟,其中中医药传统知识保护数据库、保护名录以及古代经典名方类中药制剂的知识产权保护是主要内容。④

第二,中医药标准化战略。当今国际竞争中,技术往往与标准相结合,标准的制定权意味着国际经济贸易的主动权和话语权。发达国家的大型企业利用 TRIPS 协定,将专利与国际技术标准紧密结合,通过将标准技术申请为专利,实现利润最大化。中医药若没有国际化标准,其质量便难以得到认可,且极易受到发达国家质量标准的限制,这会阻碍中医药的国际化进程。由于中西医理论差异,中药产品缺乏国际通行标准,亟需建立在符合中医药发展规律的同时又为世界所接受的质量标准。中医药标准化与中医药知识产权的结合有助于遏制国

---

① 参见《中华人民共和国中医药法》第 43 条。
② 唐晓帆、郭建军:《传统医药的著作权和数据库保护》,《知识产权》2005 年第 3 期,第 27—28 页。
③ 参见 2018 年修订的《中药品种保护条例》。我国的中药品种保护制度属于行政保护措施,当发生侵权行为时,采用的是行政救济手段。较之专利保护,中药品种保护属于偏弱的一种保护,且不具有域外效力。曾莳、刘作凌:《论传统医药的知识产权保护》,第 54 页。实践中,中药品种保护对象的范围有限,一个保护品种只能保护一个剂型,不能扩展至其他剂型;多个厂家拥有同一品种时,不具有排他性;不能扩展至对该品种的生产方法等。此外,中药品种保护的审批也趋于严格。汪洪、屠志涛主编:《北京中医药知识产权发展报告》,社会科学文献出版社 2017 年版,第 27 页。
④ 中国保护知识产权网:"加强古代经典名方类中药制剂知识产权保护",2018 年 12 月 20 日,http://ipr.mofcom.gov.cn/article/gnxw/qt/201812/1930707.html,2022-2-1 访问。

外企业对中医药传统知识的商业性开发，为中医药产业发展营造良好的国际环境，并推动中医药标准国际规则的建立。①

第三，中医药保护基金会。为了解决草根知识持有者的投资困难以及推动我国中医药的产业化与国际化，有必要借鉴印度为了鼓励传统医药知识产业化而设立的基金会模式。② 中医药的搜集、登记、专利申请以及商业化都需要大量资金投入，而且大多数发明人往往不具备对中医药进行产业化的能力。③ 因此，传统医药知识的现代化和产业化离不开基金会的引导与制度支持，基金会的建立有助于为中医药保护的各个环节提供必要资金。④ 例如，我国坚持中西医结合发展，⑤ 基金会的建立及有效运作可以推进中西医资源的整合与优势互补，并有利于中西医结合创新研究的平台建设，为传染性疾病和重大疑难疾病的中西医联合攻关创造条件。此外，中药国际化过程中的注册费用高昂，阻碍了中药企业注册的积极性。2004 年《欧盟传统草药药品指令》的通过，意味着中药可以通过注册进入欧洲药物市场，但是在欧盟注册一种药品大约需要 80—100 万人民币，很多企业缺少足够的注册资金来源。因此，有必要设立相应的基金会，以推进中药国际化。⑥

五、结语

以印度阿育吠陀为例的传统医药知识，在现代社会仍发挥着不可替代的作用，但如何实现传统医药知识更为高效合理的现代保护仍是一个难题。换言之，传统医药知识具有重要的经济和社会价值，但是

---

① 参见《国务院关于印发中医药发展战略规划纲要（2016—2030 年）的通知》。
② 梁正海、刘剑：《少数民族传统医药知识传承与保护的国际经验与启示》，《贵州民族研究》2019 年第 11 期，第 90 页。
③ 蓝寿荣、谢英姿：《若干国家传统医药知识保护的实践及其启示》，《中国软科学》2005 年第 7 期，第 94 页。
④ 李海燕主编：《中医药国际合作与知识产权》，科学出版社 2020 年版，第 262 页。
⑤ 国家中医药管理局网站："习近平：进一步发展中医药"，2021 年 5 月 13 日，http://www.satcm.gov.cn/xinxifabu/shizhengyaowen/2021-05-13/21722.html，2022-2-1 访问。
⑥ 张冬：《中药国际化的专利法研究》，知识产权出版社 2012 年版，第 349—350 页。

很难在国际药品专利体系下获得保护。频繁发生的"生物剽窃"案件引发了国际社会保护传统医药知识的讨论。基于保护传统知识的国际协议,以印度为代表的发展中国家采取了防御性保护等措施。当下,传统医药知识保护国际规则的建立与推广面临诸多困难,因此在国家层面积极开展保护传统医药知识的实践,是当前较为实际的做法,也有助于为国际规则的形成奠定基础。尽管传统医药知识数据库等措施有其优势,但只是更广泛的传统医药知识保护的一部分。或许保护传统医药知识的系统措施应当是各种已有策略的结合,很难找到一种适合所有传统知识社区的做法和价值观的单一模式。在寻求保护传统知识的适当方式时,应着眼于根据知识的性质和使用确定不同的制度。保护传统知识的适当方式超越了单一模式,因为传统社区的需求和期望因其目的和实践知识的环境而不同。① 对于传统医药知识保护,现实生活中的解决方案可能会在个案的基础上逐渐出现。国家的做法可能激发当地的反应,但最具创造性和创新性的解决方案往往来自民间——专业人士、非政府组织倡导团体、教育机构、图书馆和档案馆等。② 在制定出充分尊重传统知识持有者的国际保护制度之前,必须采取由国家和地区保护传统知识的措施。随着越来越多的国家接受国家或地区的传统知识保护体系,国际规范必然会出现,最终使国际保护成为现实。③

---

① Teshager Dagne, "The Protection of Traditional Knowledge in the Knowledge Economy: Cross-Cutting Challenges in International Intellectual Property Law", p. 177.
② Sita Reddy, "Making Heritage Legible: Who Owns Traditional Medical Knowledge", p. 180.
③ Jay Erstling, "Using Patent to Protect Traditional Knowledge", p. 333.

第十九章　全球化的笼中之鸟
——探寻印度知识产权谜题

一、印度知识产权之谜与诸种解释范式

主流的叙事线索，一般将印度知识产权的发展划分为以下几个阶段：第一是英国殖民地时期，以英国知识产权为模板的法律移植；第二是甘地和尼赫鲁执政阶段，在印度民族解放之后，主要受到不结盟运动和民主社会主义思潮影响，在一定程度上对于知识产权实行搁置；第三则是20世纪70年代之后，印度重新承认知识产权，但也在很多领域做了法律保留；第四则是1995年之后加入WTO，印度知识产权开始全面进入全球化。①

但此种历史叙事线索，会错失把握印度知识产权核心特征，解读印度知识产权核心矛盾的机会。印度知识产权在发展过程中，并未遵循统一的演化模式，内部不同法律部门之间是相对独立和分裂的，在其内部存在张力和矛盾，而不是主流叙事线索所描述的印度从近代到加入WTO之后，这样一个线性连贯的统一的知识产权演进过程。印度知识产权没有采取一刀切的严格执行政策，而是采取所谓"需要则保护"原则，其要义就是把知识产权作为公共政策工具，而不是采取形而上的概念主义理解：在涉及版权和商标侵权中，实行严厉的惩罚性/惩戒性损害赔偿金制度；而在专利案件中，则主要依照补偿原告而不是惩罚被告的方式进行衡平处理。

---

① Santanu Mukherjee, "The New Indian Patent Law: A Challenge for India", *International Journal of Intellectual Property Management*, vol. 1, no. 1 (2006), pp. 131-149.

在线性进步主义（法律与发展运动）的叙事视角下，《专利法（1999年修正案）》的出台（效力回溯至1995年1月1日）最终完成了包括地理标志、生物多样性、植物多样性、种植者权利、集成电路设计、使用新型、商标和版权方面在内的各领域知识产权立法，成功实现了印度知识产权与 TRIPS 协定严苛标准的对接。历史轮回，印度又回到了1950年前的状态，再一次融入了法律全球化进程，它同时也是印度全面推动经济现代化与全球化接轨的证明。①

但是这无法解释一个核心之谜，为何印度在加入 WTO 十年之后，即到2005年才开始提供对药品、农业化学品和食品的专利保护？而且，继续通过采取"强制许可"原则以及对"发明创造"法律条款的严格限缩解释，来规避西方跨国企业的专利要求，采取一种极其强硬的民族主义保护政策？② 一种通行的解释范式，会把印度药物专利法的特殊性归结为尼赫鲁和甘地夫人统治时期的社会主义传统的延伸，是对印度1995年之前采取的特殊专利政策的延续。但这种有关社会主义传统的判断，无法解释中国和印度知识产权的发展差异。作为社会主义国家的中国早在1992年第一次修订专利法时就开始提供相关专利保护，而印度加入 WTO 之后很久仍然延续一种特殊的专利政策。而且事实上，在国际论坛中印度更多是在突出其"发展中国家"的角色而非"社会主义国家"的色彩，③ 印度在 TRIPS 协定以及世界知识产权组织等国际谈判中要求降低知识产权保护标准，都是指向维护"发展中国家"和"最不发达国家"而非"社会主义国家"的利益。况且，在软件版权保护领域，印度也丝毫也没有表现出来自社会主义传统的历史

---

① Shamnad Basheer, "India's Tryst with TRIPS: The Patents (Amendment) Act", *Indian Journal of Law and Technology*, vol. 1 (2005), pp. 15-46.

② Suresh Koshy, "The Effect of TRIPS on Indian Patent Law: A Pharmaceutical Industry Perspective", *Boston University Journal of Science & Technology Law*, vol. 1 (1995), pp. 123-149; Janice M. Mueller, "Taking TRIPS to India-Novartis, Patent Law, and Access to Medicines", *New England Journal of Medicine*, vol. 356, no. 6 (2007), pp. 541-543.

③ George K. Foster, "Opposing Forces in a Revolution in International Patent Protection: The US and India in the Uruguay Round and Its Aftermath", *UCLA Journal of International Law & Foreign Affairs*, vol. 3 (1998), p. 283.

影响。在软件的版权保护上，印度于 1994 年修订《版权法》，将计算机软件作为文字作品予以保护，并对软件盗版的行为和处罚做了详细说明。而根据新《版权法》，任何使用盗版软件的行为都将受到严厉惩罚，使用非法复制的计算机软件将被判处 7 天至 3 年的监禁，并课以 5.5 万至 2000 万卢比的罚金。印度《版权法》甚至被称为"世界上最严厉的版权法"之一。①

另外一种流行的印度知识产权叙事范式，则会对印度特色的专利法进行文化论解释，认为此种专利法源自印度的宗教法传统与特殊的印度传统文化的影响。比如一位印度学者这样总结："印度一直信奉中间路线。这可以追溯到我们文化背景的一种倾向，即在任何思想过程中都试图避免极端。知识产权也不例外。我们尽量与 WTO 要求下的国际规范相一致。但我们进行了特定的变通以适应我们的情况。"② 而基于此种文化论解释，则会进一步得出诸如通过改变民众的价值观念，从而可以更好推进印度知识产权发展的结论。但文化论解释存在倒果为因的问题，它把本身需要解释的问题直接简单归因于文化的特殊性，从而回避了问题本身。除此之外，还有的解释则会将其归结为源自 IT 行业开源运动的启示，是"开源运动"在医药领域的扩展版。但实际上，这一解释混淆了印度专利法与专利法之外的社会运动的区别。③

今天我们通过各种新闻报道已获知，印度已经是全球信息产业尤其是软件业的一个重要龙头，班加罗尔被认为是印度的硅谷，印度则

---

① 据国际上最有影响的软件反盗版组织——商业软件联盟（BSA）的年度监测报告，印度的 PC 软件盗版率自印度软件业起步以来在发展中国家中一直保持较低水平，远远低于中国，BSA Global Software Report, 2018, https://gss.bsa.org/wp-content/uploads/2018/05/2018_BSA_GSS_Report_en.pdf, 2021-3-23 访问。

② B. K. Bhuyan et al., "Emerging IPR Consciousness in India: Strengthening IP and Open Source Systems of Technological Innovations", *Vikalpa*, vol. 33, no. 2 (2008), p. 71.

③ 为了减少底层普通民众的医疗支出，印度开源药品项目引入国际学术和非营利性机构参与开源药品的研制和生产，以应对某些常见流行疾病。该项目的最大优势在于通过引进赞同该项目的高端科研人员，显著降低药品的开发成本。项目不收取任何版权费或专利许可费来获取经济效益，而是通过授予奖项的方式来承认研发人员对人类健康事业的重要贡献。参与印度开源药品项目的机构包括全球肺结核防止组织、维康信托基金、盖茨基金会、热带疾病计划等。胡浚、王娟娟：《平衡知识产权与公共利益的印度模式》，《南亚研究季刊》2011 年第 4 期，第 83 页。

被称为世界的办公室。印度软件业的高速发展，理论上应该和它的知识产权保护体系紧密相关。但实际上，2018 年 2 月，美国商会全球知识产权中心发布的第 6 版国际知识产权指数报告，通过专利、版权、商标、商业秘密等一系列指标对 50 个国家的知识产权保护环境进行分析，将印度排在末列，只得到 40 分中的 12.03 分，远远低于中国的 19.08 分。① 另外根据报道，印度目前只吸引了 2.7% 的全球研发支出；而中国却吸引了近 18%，美国更是吸引了 31%。② 这里就存在另外一个矛盾现象：印度一方面是 IT 产业的重要龙头国家，另一方面却在知识产权保护排名中位居末列，而且在高科技研发和吸引外资方面也表现不佳。看来，印度 IT 产业的发展，似乎和它的知识产权保护体系并没有直接的关系？这里，就有了一个重要的谜题：印度是如何在一个糟糕的知识产权保护体系之下，成为全球化时代下的软件王国和世界办公室的？③ 难道印度的 IT 产业发展，真的与其知识产权保护没有关系？或者说，难道恰恰是一个不够发达的知识产权保护体系，才推动了印度 IT 产业的发展？

　　印度的 IT 产业发展，和 20 世纪 90 年代之后全球产业转移，特别是 IT 技术兴起之后，整个全球软件外包产业的出现相关，尤其与 90 年代世界面临的计算机千年虫问题有关。与常识理解的不同，软件服务行业其实并非智力密集型产业，而是劳动密集型产业。计算机软件开发并不需要非常密集和精致的智力支持，因为软件开发存在许多不确定性，所以用人海战术密集投入，采取比较粗放的可以不断试错的办法，相对而言更有效率。④ 在这方面，印度由于具有非常庞大的廉价计

---

① The U. S. Chamber of Commerce, GIPC, *U. S. Chamber International IP Index*, 2018, http://www.theglobalipcenter.com/wp-content/uploads/2018/02/GIPC_IP_Index_2018.pdf, 2021-3-23 访问。

② 罗德·亨特："保护知识产权，才能经济创新"，2014 年 5 月 30 日，http://www.hbrchina.org/2014-05-30/2076.html，2021-3-23 访问。

③ Anthony P. D'Costa, "Software Outsourcing and Development Policy Implications: An Indian Perspective", *International Journal of Technology Management*, vol. 24, no. 7 (2002), pp. 705–723.

④ 项飙：《全球"猎身"：世界信息产业和印度的技术劳工》，王迪译，北京大学出版社 2012 年版，第 22—28 页。

算机劳动力资源，所以可以非常顺畅地承接欧美国家的软件外包业务。而在这个外包业务的逐渐发展中，印度也逐渐从中积累实践经验，慢慢从为别人打工到实现产业结构提升，寻求自己独立承接和自主创业的商机，这是印度IT产业发展的基本轨迹。因此，印度IT产业在发展初期，由于其劳动粗放投入的特点，并未进入高端研发领域，所以一般较少涉及知识产权的侵权问题。欧美国家所需要的只是印度社会廉价的IT人力资源，而印度从业者也没有意愿和能力改变这一依附结构。但伴随印度IT产业自主性的加强，从为别人打工到为自己打工，知识产权特别是版权的保护问题，就会在印度和欧美国家企业之间逐渐凸显出来。

这就可以部分解释，为何起初印度在全球招商引资和科技研发方面排名都很靠后，但与此同时，却不影响其成为一个软件产业大国。这与印度所处的特殊的全球产业分工格局紧密相关。印度IT产业的高速发展，是建立在依附欧美IT企业外包的基础上的，所以在产业发展初期很少牵涉知识产权冲突，欧美国家也是睁一只眼闭一只眼，只要他们能够垄断最核心的资本利润。但是，这一点会伴随印度技术研发能力的提升逐渐发生改变。

事实上，这也与印度社会独特的社会结构、特殊的种姓制度、孱弱的工业基础、极其不正义的性别与阶级关系紧密相关。也就是说，印度IT产业的廉价劳动力，是由整个印度社会不公正的种姓、性别和阶级关系支撑和供养的，相关经济红利则主要是由欧美的高端IT企业和印度社会相对上层的精英阶级分享。但是，如果不如此进行，印度又如何能够参与到全球化经济竞争进程中呢？这是印度现代化发展的一个核心悖论。而且可以发现，印度知识产权绝不是一边倒地为高端精英种姓和依附产业发展服务。印度的专利法发展就体现了法律光谱的另一个面向，也即，印度专利法在立法和司法实践中，形成了强烈的平民主义和民粹主义色彩，能够积极回应本土企业和民众健康福利的要求。

可以说，印度的故事为我们生动展现了知识产权实际是一门政治和法律平衡的艺术，涉及不同社会阶层利益的博弈。软件业主要有利于印度的知识精英阶层，而高标准专利保护则可能伤害底层群体的利益，而 WTO 所要求的统一知识产权保护标准，自然也不可能任由印度单方面来灵活处理和规避。更核心的问题因此是：印度到底构造了一个怎样的断裂或者说内部气质分化的知识产权保护体系，而这在知识产权立法和司法技术上，在与其他部门法体系的配合上是如何实现的？同时，它又是如何在 TRIPS 协定的统一规则下做到这一点的？印度本土知识产权与全球化知识产权之间，有哪些特殊的制度安排予以衔接？由此实现了何种战略利益，印度在国际上又是如何通过斗争、反抗、协调与认可做到的？概而言之，印度知识产权绝非简单的法律技术问题，而需要将其置于整个法律全球化进程和传统文明国家现代转型的背景下，从印度来看世界，从世界来看印度。

韦伯在《印度的宗教：印度教与佛教》一书开头提出：① 印度一直是个村落之国，具有极端强固的、基于血统主义的身份制，这点恰与中国形成强烈对比。然而，与此同时，它又是个贸易之国，不管是国际贸易（特别是与西方）还是国内贸易都极为发达，从古巴比伦时代起，印度即已有贸易与高利贷。韦伯在此提出的问题是：为何印度作为一个村落之国，并不影响其在商业上高度发达，但同时又未能演化出现代资本主义经济？而本章试图解答的则是印度知识产权的谜题：为何印度知识产权在发展过程中，并未遵循统一的演化模式，而这却没有影响印度 IT 产业和本土制药行业的快速发展？为何印度的精英阶层和草根阶层，都能在同一个于西方国家排名中位居末列的知识产权体系下得到利益保护？本章将尝试寻找这个印度知识产权之谜的答案。

---

① 马克斯·韦伯：《印度的宗教：印度教与佛教》，康乐、简惠美译，广西师范大学出版社 2005 年版，第 3 页。

二、贸易自由、知识产权与人权：围绕全球网络的博弈

印度 1970 年正式通过的《专利法》废除了 1911 年《专利和设计法案》有关专利的所有条款，形成了以自给自足为基本指导思想的防御性专利政策。① 相关研究显示，此举让印度国内药企能够大举效仿和改进国外的医药发明。医药行业准入门槛的降低，使官批制药企业总数从 1970 年的 2237 家迅速增长到 1991—1993 年间的 16 000 家。1980—1993 年期间，医药生产的平均增长率高达 14.4%。短短二十年间，印度已经成为医药产品的出口大国，而且境外跨国制药企业在印度的市场占有率大幅降低，从 80% 跌至 40%。而印度在加入 WTO 之后也没有改变这一发展趋势，到 1995 年，印度国内的十大制药公司中有六家民族企业，提供的就业机会高达 500 万个。② 而且，目前欧美制药商还越来越多地把临床试验和研发工作转移到印度，包括英国葛兰素史克公司、德国拜耳公司、法国安万特和美国辉瑞公司等世界大型制药公司都已经在印度开始外包工作。根据统计，印度在 2003 年执行了 60—80 个临床研发外包（CRO）项目，而在 2007 年前 8 个月内，印度就执行了 260 个 CRO 项目。③

不只是药品专利领域体现了强烈的社会民主色彩，在例如印度第一运动板球赛事转播的问题上，考虑到印度公众对这一全民运动观赏的需要，印度高等法院也慷慨提供了法律救济。最终的裁决回避了节目版权问题，甚至没有考虑电视台的节目制作成本。④

---

① Sudhir Krishnaswamy, "Intellectual Property and India's Development Policy", *Indian Journal of Law and Technology*, vol. 1 (2005), p. 170.
② *A Brief History of Intellectual Property in China and India*, http://www.techdirt.com/articles/20090530/1620345062.sthml，2021-3-23 访问。
③ 朱羽舒：“印度 CRO 订单做不完”，《医药经济报》2007 年 10 月 10 日。
④ Sudhir Krishnaswamy, "Intellectual Property and India's Development Policy", p. 172.

而在全球知识产权中心最新公布的国际知识产权指数报告中,印度在总体保护水平方面位列最末,① 其主要原因就是印度对跨国药企专利采纳的严格解释标准以及经常使用的强制许可条款。正如辉瑞公司首席知识产权顾问沃尔德伦(F. Waldron)在美国国会听证会上所说,在他们看来,印度"不能从体系上遵循公认的全球标准解释及应用其知识产权法律"②。但实际上,我们从印度故事可以获知,事实上并不存在真正抽象的"全球标准解释",关键是,何种"标准解释"能够获得"全球"的接受和认可?

以 2015 年印度专利局撤销的罗氏缬更昔洛韦(Valganciclovir)案为例。③ 艾滋病药物缬更昔洛韦 2007 年在印度取得了专利,该专利阻止销售该药品的低价仿制药,导致该药定价提高为每片 1040 卢比,每位患者整个疗程的费用大约为 274 560 卢比。而在撤销该专利的判决之后,此类仿制药价格大大降低。实际上,挑战该专利的力量是来自印度国内和全球网络的共同联合。根据媒体报道,德里积极人网络(DNP+)、印度艾滋病/艾滋病病毒携带者网络(INP)以及泰米尔纳德邦的艾滋病/艾滋病毒携带者是主要的挑战者,这些机构负责人没有将专利申请理由局限为印度的国家利益和印度人民的福利需要,而是将其界定为对"全球患者团体"的福音。罗氏公司根据印度《专利法》,声称申请撤销主体应当是"利害关系人",而印度专利局却根据

---

① 2016 年 4 月,美国贸易代表办公室因印度、中国和俄罗斯知识产权保护不充分而将它们保留在优先观察名单上。2015 年,印度在美国商会全球知识产权中心发布的国际知识产权指数中排名倒数第 2,中国排名第 19,榜单上共有 30 个国家。中国保护知识产权网:"印度新的知识产权政策旨在打造'创意印度 创新印度'",2016 年 12 月 30 日,http://www.ipr.gov.cn/article/gjxw/gbhj/yzqt/yd/201605/1890527.html,2021-3-23 访问。
② 中国保护知识产权网:"辉瑞公司称印度正在削弱知识产权",2016 年 12 月 30 日,http://www.ipr.gov.cn/article/ydypzl/201303/1738855_1.html,2021-3-23 访问。
③ Janice M. Mueller, "The Tiger Awakens: The Tumultuous Transformation of India's Patent System and the Rise of Indian Pharmaceutical Innovation", *University of Pittsburgh Law Review*, vol. 68 (2006), p. 491; Charlotte Harrison, "India's Patent Ecosystem Encouraging Strong Patents or Discouraging Innovation?", *Nature Reviews Drug Discovery*, vol. 12, no. 10 (2013), pp. 732-733; Timothy Bazzle, "Pharmacy of the Developing World: Reconciling Intellectual Property Rights in India with the Right to Health: TRIPS, India's Patent System and Essential Medicines", *Georgetown Journal of International Law*, vol. 42 (2010), p. 785.

上述广泛动员的网络力量，凭借全球性的道义力量，认为以上患者团体就是真正的专利"利害关系人"。而如果印度专利局没有将印度与这个超越印度的跨国道义性网络联系起来，这种对"利害关系人"法律概念的扩张性解释，显然就不会获得来自"国际"层面的承认，而只会被视为体现印度民族主义的贸易保护壁垒。①

这一围绕印度多个药物专利案出场的跨国非政府组织网络，包括第三世界网络（Third World Network）、卫生全球获取项目（The Global Health Delivery Project）、无国界医生组织（Médecins Sans Frontières）等，它们集中了"最不发达国家"（least developed countries）的道义力量、全球卫生健康系统的价值诉求、跨国非营利组织的政策支持，这使得印度知识产权变成了一个能够跨越国界的法律场域，必要时可以动员全球道义力量来对抗跨国药企对专利法基于贸易自由权的垄断性解释。②而如果不能动员这一全球网络，就很难制衡由欧美国家政府、跨国公司集团、商会联盟、律师团体与媒体机构所形成的强大动员能力。只有基于全球性力量才能有效制衡全球性力量。③

---

① Pooja Van Dyck, "Importing Western Style, Exporting Tragedy: Changes in Indian Patent Law and Their Impact on AIDS Treatment in Africa", *Northwestern Journal of Technology and Intellectual Property*, vol. 6, no. 1 (2007), pp. 138-151.

② Dwijen Rangnekar, "Context and Ambiguity in the Making of Law: A Comment on Amending India's Patent Act", *The Journal of World Intellectual Property*, vol. 10 (2007), pp. 365-387.

③ 1996年7月2日，美国就依据《关于争端解决规则与程序的谅解》（DSU）第4条和TRIPS第64条，向印度提出磋商请求，理由是印度既不给药品和农业化学品提供专利保护，也未建立允许提交药品和农业化学品专利申请的正式制度，以保护此类产品的独占销售权，违反了TRIPS第27条、第65条和第70条。1996年11月7日，美国向争端解决机构（DSB）提出设立专家组的申请（案件编号：WT/DS50）。DSB于1996年11月20日设立了一个具有标准授权的专家组。专家组于1997年4月15日和5月13日举行了两次听证会。专家组报告的结论认为：（1）专家组裁定印度没有遵循其在TRIPS中的第70条第（8）款（a）下的义务，另外包括第63条第（1）和（2）款的义务，因为印度在过渡期内没有在药品和农业化学品发明的专利申请方面设立充分保护新颖性和优先权的机制，且没有公布和通知有关该机制的充分信息；并且印度也没有遵循TRIPS第70条第（9）款下的义务，因为印度没有设立授予独占销售权的制度。（2）专家组建议DSB要求印度使其有关保护药品和农业化学品专利的过渡期制度与其承担的TRIPS协定的义务相结合。1997年10月15日印度提出了上诉。上诉机构维持了专家组对第70条第（8）款和第（9）款的裁定，但裁定其第63条第（1）款不属于专家组的权限范围。在1998年4月22日的DSB会议上，印度和美国双方宣布就15个月的实施期限达成了协议。这起美国诉印度的（转下页）

而且，在某些案例中还显示，这些跨国网络不只是消极等待印度政府的主动求助，比如"无国界医生组织"2015年就直接发表声明，抨击美国前总统奥巴马访印时的知识产权政策建议。"无国界医生组织"声称，奥巴马访问将迫使印度采用与美国和欧盟相似的知识产权措施，而这将导致印度以及依赖印度生产可负担得起的仿制药国家面临无法承担的药品价格。而且，"无国界医生组织"还进一步批评印度2014年的国家知识产权政策草案，因为该草案强调"专利垄断是创新的主要驱动力"①。可以发现，跨国组织网络实际已经开始主动积极干预和影响主权民族国家的外交、经济和法律政策，而且不仅诉诸道德话语，同时也通过不同的科学调查报告和来自世界卫生组织以及相关法律研究者和律师的专家意见，来提升自己的话语影响力。②

比如，总部位于日内瓦的发展中国家政府间组织南方中心（South Centre），就通过向美国提交正式意见书的方式，直接批评美国贸易代表对印度知识产权法律及实践开展的不定期审查。有趣的是，这个正式意见书的提交，本身恰是来自美国贸易法的程序性规定：当美国贸

（接上页）药品专利保护最终以印度败诉告终。在1999年4月的DSB会议上，印度提交了执行情况的最终报告，并在报告中附有为履行DSB建议和裁决而制定颁布的相关立法，通过这些立法，印度建立了在过渡期内对药品和农业化学品提供有效合法的邮箱申请制度及专有销售权授予机制。据学者研究证实，此次国际磋商背后的重要推手是药品研究和生产商协会（PhRMA），由于印度拒绝对药品专利进行保护，使得美国的大制药公司如辉瑞、葛兰素史克、阿斯利康、礼来等在印度的销售收入和利润大受影响。而这些大制药公司基本上都是药品研究和生产商协会的成员，PhRMA是这些制药公司的利益游说代表。到2007年，药品研究和生产商协会在游说活动上投入的资金增加了25%，总额超过2200万美元。据跟踪政治献金的机构CQ Money Line所提供的数据，这一增长速度使得PhRMA成为美国在游说活动上支出排名第二的组织，仅次于长期以来一直位居榜首的美国商会。此外，制药行业还聘请政党在美国国会中最重要的立法人员的一些前高级助手作为说客，以确保有机会接近这些政党领袖们。与此同时，PhRMA的会员公司及其雇员们也开始改变对联邦候选人的捐赠模式。在过去的10年里，制药行业将大约2/3左右的活动资金捐赠给了共和党。而到了2008年，他们则将资金平均捐给共和党和民主党。在制药行业强大的游说攻势下，美国政府积极维护药品行业的利益。吴郁秋：《利益集团对知识产权摩擦的影响——从美国诉印度专利保护案谈起》，《对外经贸实务》2010年第3期。

① 中国保护知识产权网："奥巴马访印将对印度施压 使印度专利法迎合美国利益"，2016年12月30日，http://www.ipr.gov.cn/article/ydypzl/201501/1846860.html，2021-3-23访问。

② Hagai Katz & Helmut Anheier, "Global Connectedness: The Structure of Transnational NGO Networks", *Global Civil Society*, vol. 6（2005）, pp. 240-265.

易代表发起特别301不定期审查时，为认清和评估相关政府在知识产权相关问题上的表现，美国贸易代表就需要遵循要求各界提供一切必要及相关信息的程序。而南方中心的意见书就是针对这一请求而提交的。这份法律意见书显然是有备而来，其意见理由部分做出了充分的法律论证，而且对印度知识产权法律政策的各个方面都进行了具有说服力的辩护和论证，有必要在此特别予以展示。[①]

首先，报告认为美国的审查违背了世界贸易组织《TRIPS 与公共健康多哈宣言》的精神，报告指出，TRIPS 协定可以并应当朝着推动"公共健康"目标的方向进行阐释，而且 TRIPS 协定的任何内容均不得妨碍各国实施促进公共健康及药品获取政策的权利。其次，意见书认为，印度已经为权利人行使其知识产权提供了充分的司法和行政救济：例如，跨国制药公司诺华此前对 8 家印度企业分别提起诉讼，声称侵犯了自己对维格列汀（Vildagliptin）持有的专利，而其中 4 起案件中都获得了法院禁令。默克公司在主张西他列汀（Sitagliptin）专利遭侵犯而提起的 7 起诉讼中，获得了其中 6 起的禁令救济。同时，1995 年到 2014 年间，印度共受理了 366 件版权侵权案件，其中 80 件为外国版权人提起，而且法院在其中的 52 件中都依据印度法律做出了有利于权利人的判决。第三，在商标领域，1995 年至 2014 年印度共受理案件 1593 件，其中 449 件为外国商标权利人提起，并且 302 件都依据印度法律做出了有利于权利人的判决。第四，在版权法领域，南方中心指出，与特别 301 报告所指出的问题相反，国际消费者协会（CI）的知识产权观察列表报告从 2009 年至 2012 年一直将印度的版权机制评为对消费者最为友好的前三名，这意味着印度的版权体系被认为对知识获取更为友善，而不是通过过度的版权保护限制对知识的获取。而且，在印度制定一部专门的禁止盗录法也无必要，因为当前实施的 1957 年《版权法》已将盗录电影规定为违法行为。此外，印度版权法中关于法定许

---

① South Centre, *South Centre Views on US Review of Indian IPR Policy*, 2014, https：//www.southcentre.int/wp-content/uploads/2014/11/Stat_141031-SC-Submission-USTR-OCR-India_EN.pdf，2021-3-23 访问。

可的条款完全符合《伯尔尼公约》第9（2）条的规定。第五，针对最具争议的印度《专利法》第3（d）节，意见书强调："一国政府制定专利授予标准（正如印度《专利法》第3［d］节所规定的以及印度最高法院在诺华案中所阐释的）、颁发强制许可以及对授予前和授予后异议程序的使用等，都是以捍卫公众健康为目的的重要的灵活性措施，符合TRIPS协定。"①

意见书还进一步指出，印度最近做出的驳回已知药品的专利或对抗癌药物颁发强制许可的所有决定，均未在世界贸易组织争端解决机制方面受到质疑。而且，印度也不是唯一一个对药品颁发强制许可的国家，包括巴西、厄瓜多尔、厄立特里亚、加纳、印度尼西亚、马来西亚、莫桑比克、泰国和赞比亚在内的许多其他国家都颁发过强制许可，以此确保对廉价药品的获取，满足公共健康的需要。② 最关键的是，意见书特别强调，印度药企的仿制药生产不仅关涉印度人民健康，而且对于印度以外成百上千万人民特别是发展中国家人民的健康都起到了极为重要的作用。意见书特别指出，印度仿制药企为艾滋病患者提供的廉价仿制药（其中很大一部分都是由全球基金及其他慈善基金资助生产的）帮助挽救了非洲及其他地区数百万患者的生命。因此，在意见书看来，印度专利法不仅符合世贸组织的相关规定，还在国内和国际层面履行了特殊的公共健康职能。

最后，针对药物专利之外的其他强制许可使用，意见书也同样做出了有力的辩护。针对印度制造业政策中的强制许可制度，南方中心将其与全球环境议题相挂钩，认为制造业领域的专利强制许可，是印度应对气候变化和环境问题推进清洁能源转型所需要的制度配套，因为气候变化已是全球问题，所以有必要通过全球的技术转移，推动印度的工业清洁转型，而"专利强制许可"就是其中的必要步骤。意见

---

① South Centre, *South Centre Views on US Review of Indian IPR Policy*, p. 3.
② 同上文，第3页。另可参见 Robert C. Bird, "Developing Nations and the Compulsory License: Maximizing Access to Essential Medicines While Minimizing Investment Side Effects", *The Journal of Law, Medicine & Ethics*, vol. 37, no. 2 (2009), pp. 209-221。

书通过援引《联合国气候变化框架公约》的有关义务规定说明了这一点，而且还特别指出美国《清洁空气法》第 308 节采取的推动使用强制许可的行为，实际也出自与印度相同的用意。意见书最后总结，美国对印度采取的不定期审查，必须采取"更广泛的视角，将印度及全世界的公众利益，特别是发展中国家人民的利益考虑在内"①。

在这里，美国的贸易主权行为被放置到了一个包括印度公共利益和发展中国家人民道义的全球网络之中。而按照这一意见书的法理逻辑，实际并不是印度在破坏全球知识产权规则，而是美国的单边主义在损害 WTO 的 TRIPS 协定以及争端解决机制的权威性。而如果我们没有特别注明意见书的出处，我们很难想象这样一个法律文件，竟然不是出自印度政府的声明，而是来自一个非营利、第三方的国际组织。

而且，在实践中，这些跨国网络不只是"西方跨国药企"的敌人，有时也会成为"印度政府"的挑战者。比如，它们也曾公开指责印度卫生部专家委员会提出的专利推迟建议，阻碍了民众（包括其他国家）对可负担药品版本的获取。②

由于印度相对成熟的民主参与机制，政府和行政官僚必须积极回应社会的呼声，在一则媒体报道中，印度食品药品管理局局长扎加德（M. Zagade）甚至表示，该局会通过药剂师向医生发布处方开具指导意见，特别推动仿制药在穷人中的销售。③ 食品药品管理局的指导意见明确允许甚至鼓励药剂师提供仿制药作为原研药的替代产品，并认为只有这样，才能驱散药剂师对违背医生处方向患者提供仿制药的恐惧心理。很难想象，在一个不需要回应民众声音的威权体制下，行政官

---

① South Centre, *South Centre Views on US Review of Indian IPR Policy*, p. 5.
② 他们的调查报告指出，被印度驳回专利的吉列德的索非布韦（Sofosbuvir）在美国一个疗程（3 个月）的定价是 84 000 美元（每片 1000 美元），尽管研究显示该药一个疗程的成本仅为 101 美元（约每片 1 美元）。英国国民医疗服务因其费用而推迟引进该药品，在西班牙也因该药的价格而爆发了对此药配给的抗议。中国保护知识产权网："奥巴马访印将对印度施压 使印度专利法迎合美国利益"，2016 年 11 月 10 日，http：//www.ipr.gov.cn/article/ydypzl/201501/1846860.html，2021-3-23 访问。
③ 中国保护知识产权网："印度食品药品管理局局长鼓励药剂师开具仿制药"，2016 年 12 月 30 日，http：//www.ipr.gov.cn/article/ydypzl/201407/1830781_1.html，2021-3-23 访问。

僚可以逃脱资本和权力的合谋，乃至帮助"穷人"，主动鼓励医药行业"违法"来规避专利保护。

与这些跨国组织合作的不只是印度政府，更重要的力量来自印度的本土企业与资本，这也是对抗美国霸权的重要力量。① 比如在近期公布的一份文件中，印度制药协会秘书长沙哈（G. Shah）就公开指责，美国贸易代表办公室（USTR）之所以将菲律宾从其2014年《特别301报告》观察国名单中移除，而仍然把印度保留在优先观察国名单中，根本的原因就是印度实行了强制许可制度，而菲律宾由于缺乏生产能力所以只能采取平行进口制度。在沙哈看来，印度必须保留这一政策空间，反对西方跨国企业的"专利常青"，由此才能反制西方跨国企业形成的专利垄断。②

因此，尽管印度拥有庞大的软件外包产业海外市场，同时在软件版权上不断提高保护标准，但它至今也没有采取美国化的软件专利保护措施。经过与各利益相关方的多次协商，印度专利局甚至于2016年2月19日发布了新版的《计算机相关发明（CRI）审查指南》，废除了2015年8月份发布的CRI审查指南，因为后者被上述这些反对主体声称违反了印度《专利法》的主旨和原则，为数学、商业方法、算法以及软件专利的授予打开了后门。而如果这个通道被打开，印度专利局就必须向很多禁止主题授予专利。

---

① Shalini Randeria, "The State of Globalization: Legal Plurality, Overlapping Sovereignties and Ambiguous Alliances between Civil Society and the Cunning State in India", *Theory, Culture & Society*, vol. 24, no. 1 (2007), pp. 1-33.
② 中国保护知识产权网："印度制药组织认为USTR曲解印度知识产权政策"，2016年11月12日，http://www.ipr.gov.cn/article/ydypzl/201407/1831631_1.html，2021-3-23访问。根据以往的TRIPS协定，只允许扣押违反版权或商标的产品，且这些查扣只能在边境进行。而印度和欧盟正在进行的自由贸易协定（FTA）秘密谈判，则试图规定"TRIPS补充"边境措施，它将不仅适用于进口，而且适用于出口、再出口、运输途中的专利产品，并且规定了中间机构披露信息的责任。它可以仅仅凭借目测或只是怀疑产品涉嫌知识产权侵权就采取扣押行为、甚至毁坏被扣押产品的行为也合法化。可以发现，这些措施实际正是针对那些出口到非洲及南美的印度仿制药物，而所谓"第三方责任"将把法律矛头指向贸易链中的所有主体包括制药原料和辅料的供应商。中国保护知识产权网："拟定的印欧FTA协议将使印度仿制药和医疗保障陷入不利境地"，2016年11月24日，http://www.ipr.gov.cn/article/ydypzl/201201/1274616_1.html，2021-3-23访问。

印度1970年《专利法》第3节列举了各种不被视为发明并因此不能授予专利的主题，其中就包括"数学或商业方法、纯粹计算机程序或算法"。因此，对于印度软件行业来说，这个第3（k）条相当于《专利法》的第3（d）条，而没有这款规定，实际就没有印度特色的药品专利制度，也就没有印度仿制药产业的迅速发展。而如果这个第3（k）条被颠覆，很多跨国企业的诉求就可以通过这个"特洛伊木马"，包装其他各种专利权利要求，从而侵蚀以往相对自主和独立的印度专利法体系。因此，在印度专利局2015指南中提出这个改革方案之后，印度议会就明确否定了允许对工业或技术应用中的软件或与硬件合并在一起的软件授予专利的提案。而根据2015年的CRI指南，只要为一个新软件增加一个硬件设备，申请人就能获得《专利法》禁止授予的专利。这样的话，只要为数学方法或者商业方法增加某种硬件元素，就可以被授予专利。

根据印度媒体报道，印度多个社会组织（比如印度自由软件运动、软件自由法律中心、知识共享等）随后马上对2015年CRI指南表示反对，而印度专利局不得不迅速撤销这一指南，并向公众征询意见。同时，这些非政府组织以及学术界相关人士也积极响应，与印度专利局最后共同制定并发布了新版指南，从而杜绝了跨国公司专利特洛伊木马的入侵可能。①

跨国企业在今天可以直接对各个国家政府形成强大压力，对于母国政府，它可以通过政府游说、税收贡献与就业许诺敦促本国政府进行外交施压和贸易制裁；对于投资国政府，它同样可以通过将投资与知识产权议题相捆绑的策略，以撤出当地投资、转移就业岗位等为筹

---

① 研究发现，软件专利不仅会阻碍技术发展和放纵垄断，而且由于专利丛林以及资金从生产性研发分流到诉讼和发现程序/许可等，公司成本也会大量增加。学者克里斯蒂娜·穆里根（Christina Mulligan）和蒂莫西·B. 李（Timothy B. Lee）估算，每年对新软件产品进行尽职调查的花费就达到了4000亿美元。还有人估算的成本更高，达到1.5万亿美元，相当于美国GDP的10%，超过了整个信息行业（软件、出版、数据处理以及电信）的增加值。中国保护知识产权网："印度新的CRI指南：关闭软件专利的后门"，2016年12月29日，http://www.ipr.gov.cn/article/rjzl/201603/1887556.html，2021-3-23访问。

第十九章 全球化的笼中之鸟——探寻印度知识产权谜题 601

码,换取投资国政府的高标准法律保护。比如诺华制药就警告新德里对专利的立场是在遏制投资,其首席执行官吉梅内斯(J. Jimenez)敦促印度效仿中国的例子,将强有力的知识产权作为发展其经济的一种方式。① 而将知识产权议题"投资"化,对于跨国公司具有显而易见的好处,因为围绕"投资"形成的争端,可以交由位于伦敦、巴黎或新加坡的第三方仲裁庭举行,而且形成的裁决具有约束力且不再受到国内司法的推翻。最关键的是,这些仲裁将主要依据有利于投资者的"公平公正待遇"和"充分保护和安全"等原则进行。这种新"全球商人法"(new law merchant)不会优先关注专利法背后的公共健康动机。②

但实际上,跨国企业的这一威胁策略不一定能够奏效,因为通过民族主义专利政策,印度已赢得时间和空间,发展出拥有强大实力的本土制药企业,而且因此培育出大量受过良好教育的廉价人力资源。这可以解释某些看似矛盾的事实,例如诺华公司最近就表示将继续加大在印度的投资,将从欧洲转移约 4000 个工作岗位至印度南部城市海得拉巴。因为海得拉巴是印度仿制药行业的主要中心,拥有药品开发和测试、监管支持与商业后台运作方面压倒性的成本优势。因此,全球产业转移的成本/收益计算,是西方国家将投资议题与知识产权议题相互捆绑策略能否具有威慑力的最终决定因素,而印度政府的强硬态度,则显然也来自对这一根本因素的精确计算。

或许也正是出自同样的战略利益考虑,一些西方药企甚至开始主动放弃相关专利,来经营自己在印度和全球的企业品牌形象,比如瑞士药企罗氏就表示,它将放弃畅销的乳腺癌治疗药物赫赛汀(Herceptin)在印度的专利。因为它已充分意识到,强制许可"这一特定权利的力度

---

① 中国保护知识产权网:"诺华制药就专利滥用向印度施压",2016 年 11 月 14 日, http://www.ipr.gov.cn/article/ydypzl/201402/1800015_1.html,2021-3-23 访问。
② 比如根据公开报道,印度和欧洲的 FTA 协议中的"投资",正试图被定义为包括"法律所赋予的知识产权、商誉、工艺流程以及技术诀窍"。如果这项有关投资的提议被通过,外国投资者将可以直接起诉印度政府,只要政府采取的措施(如价格控制或强制许可)被认为没有保护他们的投资(如知识产权、专利,或者利润或"商誉")。中国保护知识产权网:"拟定的印欧 FTA 协议将使印度仿制药和医疗保障陷入不利境地",2016 年 11 月 15 日,http://www.ipr.gov.cn/article/ydypzl/201201/1274616_1.html,2021-3-23 访问。

以及印度整体的知识产权环境"①。因为，印度专利局之前只是批准相关专利以保护以上药物在 2019 年前免受仿制药竞争，而不允许在 2019 年之后继续延长其专利保护期限。而在 2015 年，印度对德国拜耳公司的一款抗癌药物就已运用了强制许可条款，在 2016 年 1 月，印度卫生部对曲妥珠单抗和其他两种抗癌药物则都推荐使用强制许可。② 这些专利战争之所以没有升级为更大的贸易冲突和报复，没有导致西方跨国药企退出对印度市场的投资，其理由也显然不在于跨国药企的道德自觉或所谓"全球标准解释"的规范。

2006 年 5 月，印度在 WTO 相关知识产权协议过渡期满之后，就开始遭遇第一起药品专利诉讼。药业巨头诺华公司就印度专利局的决议③向印度高等法院提出诉状，并对印度专利法提出异议，认为印度专利法违反了 WTO 知识产权的相关规定。印度高等法院在随后的 2006 年 9 月、2007 年 1 月和 2 月三次开庭。此次专利攻防战，不只是印度法与美国法或世界贸易法的较量，同时也动员了广泛的世界范围内的力量网络。在开庭当天，来自 150 个国家的近 30 万公众以及"无国界医生""全球健康运动""国际乐施会"等国际非政府组织联合发出呼吁，要求诺华终止对印度政府的法律行动，而诺华公司也聘请了大量

---

① 中国保护知识产权网："瑞士药企罗氏放弃乳腺癌治疗药物在印度的专利"，2016 年 12 月 30 日，http：//www.ipr.gov.cn/article/ydypzl/201308/1771180_1.html，2021 - 3 - 23 访问。

② 中国保护知识产权网："印度不予注册癌症药物专利"，2016 年 12 月 30 日，http：//www.ipr.gov.cn/article/ydypzl/201308/1769845_1.html，2021 - 3 - 23 访问。在此之前，印度陆续撤销了辉瑞抗癌药纾癌特（Sutent）、罗氏丙型肝炎药物派罗欣（Pegasys）、默克哮喘药气雾剂悬浮剂配方的专利。所有这些药物专利被撤销的理由中，均包括对其"缺乏创新"的界定。而在 2013 年 4 月，印度最高法院拒绝了诺华抗癌药格列卫的专利，称该药是一种已知分子伊马替尼（imatinib）的修订版，该裁决为该国更多的这类案件树立了先例。此前，印度本土制药商阿旃陀制药也对印度知识产权上诉委员会（IPAB）授予艾尔健（Allergan）的专利提出了挑战。中国保护知识产权网："印度撤销艾尔健（Allergan）、青光眼药甘福特（Ganfort）和康比甘（Combigan）专利"，2016 年 12 月 29 日，http：//www.ipr.gov.cn/article/ydypzl/201308/1769061_1.html，2021 - 3 - 23 访问。

③ 印度专利法修改之后，诺华公司为抗癌药格列卫在印度提出专利申请。而印度专利局于 2006 年 1 月拒绝了诺华的申请，理由是此药为"已知物质的新形式"。Linda L. Lee, "Trials and TRIPS-ulations：Indian Patent Law and Novartis AG v. Union of India"，Berkeley Technology Law Journal, vol. 38, no. 1（2008），pp. 281 - 313；Janice M. Mueller, "Taking TRIPS to India-Novartis, Patent Law, and Access to Medicines", pp. 541 - 543.

的专业律师、专家学者、商会团体、商业媒体为自己站台。① 根本原因在于，事实上，印度的专利"民族主义"在某种程度上反向提供了药物"全球化"的基础，根据相关报道，中国医学科学院信息研究所的田玲统计了12种同类药品价格，发现这些药品在美国的销售价格是印度的4到56倍。根据"无国界医生"提供的信息，诺华的格列卫在美售价为每人每月2600美元，而印度仿制版本的售价则低于每人每月200美元。另外据"无国界医生"的"病者有其药"运动医学总监宣称，目前全球用于治疗艾滋病的药物超过半数来自印度。在"无国界医生"工作项目里接受治疗的8万名艾滋病患者中，80%以上使用来自印度的仿制药。正因如此，诺华提起的相关诉讼迅速在全球引发了数十万人的签名抗议运动，参与者还包括诺华所在国瑞士的前联邦主席德莱富斯，南非宗教与人权运动领袖、1984年诺贝尔和平奖得主图图，美国国会监察与政府改革委员会主席瓦克斯曼等。②

正是通过先进的仿制药品制造技术、分销网络、NGO声援、慈善捐赠体系、第三世界联盟、全球舆论共振这些全球化要素，印度专利法这样一个在世界贸易法观察视角下并不"达标"的法律才获得了来自"全球市民社会"的承认，进而具有了对抗霸权性法律标准的正当性。因为，正是通过印度在全球知识产权体系下的"违法"，才维续了世界卫生健康系统的日常运作，或者反过来说，世界卫生健康系统的日常运作，必须在现有国际格局下个别国家对世界贸易系统的某种规避和修正下才能进行。印度知识产权法与世界卫生健康系统之间形成了一种特殊的结构耦合，进而形成与世界贸易系统及其法律系统的各种博弈和冲突，它不断以各种"人权"和"基本权利"的解释冲突的

---

① 李杨:《人权，还是知识产权？——印度遭遇特殊的药品专利诉讼》，《中国新闻周刊》2007年第9期，第55页。另可参见 Stefan Ecks, "Global Pharmaceutical Markets and Corporate Citizenship: The Case of Novartis' Anti-cancer Drug Glivec", *BioSocieties*, vol. 3, no. 2 (2008), pp. 165–181; Timothy Bazzle, "Pharmacy of the Developing World: Reconciling Intellectual Property Rights in India with the Right to Health: TRIPS, India's Patent System and Essential Medicines", p. 785。

② 李杨:《人权，还是知识产权？——印度遭遇特殊的药品专利诉讼》，第55页。

形态呈现出来。民族国家的领土边界面对跨国力量不再是不可渗透的，而全球化力量也需要与民族国家进行各种协调和对接。因此，印度的知识产权故事为我们生动说明了法律国家主义或单一法律全球化进程都无法描绘当代法律系统演化的全貌。

三、国家自主性、世界社会与民主宪制体制

印度融入全球化采取的是以少数中产知识精英为主导的依附式服务业发展模式，表现为以 IT 软件业、医疗旅游业为主要创汇手段的产业结构，这在知识产权上就表现为对与此相关的软件版权的重点保护以及有利于排除西方药企苛刻专利保护要求的特殊专利制度的创设。而由于这一以服务业带动经济发展的模式所能惠及的社会人口数量有限，广大农村地区的从业人员无法从中得到福利，甚至可能由于这种全球化带来的知识产权门槛的不断提高从而丧失在闭关主义时期拥有的天然保护，因此，它就必须在现有的知识产权体系中充分照顾这些难以参与经济全球化进程的群体利益。在专利法中出现的强制许可实践以及对"社会公众利益"的扩张性法律解释，正是印度国家及其法律所面对的特殊局面。

印度一方面需要全面融入全球体系以获取经济红利，同时，由于印度特殊的社会身份等级结构和城乡分立导致严重的经济区隔，再加之由于印度参与任何全球化进程的主权决断必须得到充分的民主支持，因而必须平衡那些未受惠群体乃至受损群体的利益需求，这就导致了印度知识产权的内在矛盾结构：它必须同时平衡全球化正反两面的战略需要。这在印度法律全球化的通行议题讨论中，就经常表现为所谓贸易与人权议题的冲突。[①]

---

① Holger Hestermeyer, *Human Rights and the WTO: The Case of Patents and Access to Medicines*, Oxford University Press, 2007; Philippe Cullet, "Patents and Medicines: The Relationship between TRIPS and the Human Right to Health", *International Affairs*, vol. 79, no. 1 (2003), pp. 139-160.

印度民主拥有与其经济发展水平极不相称的动员能力，因此，经济场域的弱势群体可以转换为政治场域的强势群体，按照卢曼社会系统论的概念描述，① 印度实际上业已形成了一种特殊的社会系统功能分化，经济系统的符码已不能自动转化为政治系统的运作逻辑，广大农村地区和落后邦的政治诉求，可以通过法律系统的语意转化，通过同样功能分化的社会运动系统以及活跃的大众媒体系统，充分利用全球化的各个功能系统运作（包括人权话语、卫生健康话语、公义道德话语），来对抗全球化的经济系统的功能追令。这一切实现的前提，正在于一个已经功能分化的世界社会不同社会系统逐渐的分化进程，以及一个同样由于早熟的民主化进程而实现的印度国内的不同社会系统的功能分化。两者的交互作用，使得印度那些未能从全球贸易和投资中获益乃至受损的阶层可以通过一个已经相对脱离经济系统和政治系统宰制的法律空间，为自己争取各种对抗的资源与权利。

由于印度种姓制度和殖民地传统的影响，印度当然还不是西方社会意义上完全的功能分化社会，它依然保留着鲜明的条块式分化与层级式分化特征。种姓、血缘、宗派、村社、部落、城乡、宗教、性别、种族依然是阻碍印度社会发展和导致社会不公的重要原因，但是在民主化和宪制化的政治系统与法律系统率先实现功能分化之后，这些看似落后的社会多中心结构，可以与社会系统的功能分化形成一种特殊的耦合，从而成为对抗国家中心主义、政府中心主义、资本中心主义的有利因素，它经常看似阻碍了市场经济和资本主义的迅速扩张，但同时也有效保护了印度社会。这使得印度式法律全球化表现为一种并非单一线性的发展模式，而这更多不是出自政治主权者的战略设计，而是来自印度特殊的社会政治结构。而印度知识产权的独特性，也正是这种特殊的政治结构与全球化发展模式互构的结果。

印度在今天已能熟练掌握各种全球化的权利话语，而不只是将法律全球化视为单一的经济全球化进程。因此，它可以充分利用不同代

---

① 鲁曼：《社会中的法》，李君韬译，五南图书出版股份有限公司2009年版。

际权利观的动员潜力，① 有时主张社会经济文化权，有时强调民族生存权与发展权，有时也高扬个人财产权和自由权。它可以在贸易、投资、环境、劳工、人权、生态、生物多样性这些多元的权利话语之下，通过动态解释知识产权的原则内涵，来激发法律规范的多重潜力，因而不会一边倒地让知识产权服务于本土上层精英和西方跨国公司的盈利需求。

因此，如果真要寻找印度知识产权成功的秘诀，它就既不在于印度法律移植的彻底性，也不在于经济民族主义和法律国家主义的强力保护，甚至主要不是印度知识产权专家智识上的特别高明，而首先在于一个率先孕育的民主体制的建立，这推动印度的政治系统与其他社会系统实现了某种脱嵌，因而可以制衡经济层面的特权身份，无法直接转化为政治权力从而进一步直接支配法律的发展路径。② 由于不同社会系统的功能符码都可以成为贯通全社会的媒介，因而弱势群体同样也可以利用经济系统之外的其他系统功能资源，将其转化为政治和法律层面的身份、权利与权力，与资本—权力精英共同参与涉及知识产权法律体系的立法、执法与司法的辩论过程，因而可以共同竞争立法与司法解释的权力。

而且，这种印度社会的功能分化匹配于一个同样已经功能分化的世界社会分化逻辑，因而就能顺畅对接同样在世界社会范围内运作的不同社会系统及其相应的媒介、权利与资源。因此印度就可以经由它具有世界社会层面认同的政治体制，从而获得利用全球化的其他社会系统功能资源的身份入场券，由此赢得各层面的道德身份与人权资源，来与西方国家和跨国企业争夺法律解释权，通过各种国际论坛、大众舆论、全球网络与人权法话语来对冲全球资本对脆弱的印度本土社会

---

① Balakrishnan Rajagopal, "The Role of Law in Counter-Hegemonic Globalization and Global Legal Pluralism: Lessons from the Narmada Valley Struggle in India", *Leiden Journal of International Law*, vol. 18 (2005), pp. 345-387.

② 有关印度民主，可参见 Rajendra Vora & Palshikar Suhas, *Indian Democracy: Meanings and Practices*, Sage Publications, 2004; Susanne Hoeber & Lloyd I. Rudolph, "New Dimensions in Indian Democracy", *Journal of Democracy*, vol. 13, no. 1 (2002), pp. 52-66.

的直接冲击。① 只有如此，我们才能更好解释为何西方世界能够接受这样一个具有高度自主性的，既积极融合又灵活对抗的印度知识产权法，才能解释印度知识产权在法教义学视野下显而易见的语义矛盾结构，才能解释印度法院如何能够通过司法解释来融合这些不无张力的知识产权规则。如此，我们才能给印度知识产权的谜题找到一个最终的答案。

假如印度没有一个早熟的民主体制，我们几乎很难想象那些脱离全球化经济进程的广大农村内陆地区的印度民众，能够获得对抗拥有强大专利保护池的西方跨国企业，以及制衡依附西方同时又脱离本土社会的政商权贵精英的法律体系。那些仍然发挥重要影响力的传统社会分层逻辑，也就会进而成为巩固这一不公平的经济法律秩序的糟粕，从而把印度知识产权巩固为一种强强联合压制弱者的剥削体制。我们也就无法想象一个可以在知识产权体系内部，通过区分版权、专利权与商标权、商业秘密，分阶段、分领域进行灵活法律处置的可能性。如此，印度知识产权就可能呈现为一幅完全不同的面貌，它在软件版权和药物专利上就会一边倒地服务于西方强势集团和国内特权精英的利益，表现为一部特别"西方化"的知识产权法与一个源自权贵内部政治经济分赃的"本土化"知识产权的特殊结合。那些收入水平低下同时又被排除在政治系统之外的弱者，就不再有任何"武器"可以来反抗外来知识产权的宰制。② 他们一方面会由于高度依附性的印度外向型经济，从而需要支付高额的软件版权费、种子专利使用费；另一方面，他们也缺乏要求印度议会和法院通过以更低价格获取艾滋病与抗癌药物等专利法的权利。而这也将导致印度政府同样无法对抗一个高度全球化运作的资本、国家与知识产权联盟体系，印度国内的社会阶

---

① 有关人权话语在反制全球化霸权中的实践运用，可参见 Mark Goodale & Sally Engle Merry（eds.），*The Practice of Human Rights: Tracking Law Between the Global and the Local*, Cambridge University Press, 2007。

② Balakrishnan Rajagopal, "Pro-Human Rights but Anti-Poor? A Critical Evaluation of the Indian Supreme Court from a Social Movement Perspective", pp. 157-186.

层也无法对抗一个"再种姓化"的现代特权群体的支配。而印度国家在全球化中的劣势地位,还会不断激化全球化导致的印度社会分裂,而印度社会阶层的分裂,则会进一步推动印度在法律民族主义和法律全球主义之间不断摇摆幅度的加剧,乃至最终的崩裂。

回顾历史,印度知识产权体系和印度国家特殊的经济政策和发展模式紧密相关。在英印帝国时期,印度属于典型的农业殖民地经济,知识产权几乎没有施展的空间,充其量只是保护英帝国倾销其专利工业品的法律工具。在尼赫鲁时期,由于采取苏联式发展模式,印度经济陷入停滞,以农业作为其经济支柱,知识产权法作为典型的"工业资本主义"法律也就被宣判了搁置的命运。20世纪70年代之后,印度面临严重的经济困难和国际支付危机,因此知识产权重新被承认却又被高度保留的特征,其实正是印度极不情愿然而又必须向世界打开大门的历史时势使然。而从1995年之后印度加入WTO,则是印度经济全面融入全球化进程,彻底告别左翼意识形态,在经济领域开始推行新自由主义,与此同时又借助民族主义和民主政治进行双重动员的特殊政治社会结构的反映。

印度的法律现代化和全球化是不得不然。如果不参与全球贸易、投资与金融体系,印度的国家发展就无从谈起。而知识产权全球化,则更是印度依托服务业外包依附全球产业链的必然选择。由于缺乏必要的工业化基础设施建设,普通法的财产权保护体系又使其难以实行迅速的土地国有化征收,印度的法律与发展运动就不能主要借助偏重土地制度和致力第二产业发展的民法体系展开,知识产权法在引领印度全球化进程中因而就扮演了极其重要的龙头角色。只有通过知识产权法的全球趋同,才能为印度经济发展赢得吸引全球产业转移的契机,否则将使印度经济丧失引领产业升级的动力基础。而即使这种全球化模式不可避免地会导致此一经济进程之外的社会阶层相对受损,但舍此之外,印度将无法使自己融入全球经济体系从而做大经济蛋糕。而没有经济总量的扩大,没有与此配合的知识产权全球化,也就没有印度宪法所规定的一系列基本权利落实的物质条件。

因而,知识产权全球化绝不只是某一部门法的全球化,知识产权具体规则最后的解释和实施,实际取决于这个国家特定的宪制结构,而此种结构则有赖于它和宪法全球化进程的对接。作为私法的知识产权法的正当性,取决于它作为部门法的规范性预期能否匹配社会的规范性预期,它必须能够回应广大社会成员的正当性和分配正义诉求。而在现代性社会条件下,只有具备真正的民主宪制结构,才能有效地将不同社会群体的声音全都置入于对重大法律的讨论和制定议程中,由此才能激发和吸引政治成员对于本国法律的忠诚,而不是将法律全球化简化为统治者一次性的战略决策或对资本主义全球化单向度的主权确认。

作为规则事业的知识产权,不是成型于被动的法律移植,而是一个商谈性的政治过程和法律过程。而全球化的知识产权,也绝不是对TRIPS协定的照搬照抄,而是要求民族国家本身具有充分的战略主动权,从而可以形成一个具有自主性调整结构的制度框架。法律文本本身充满了再解释的空间,但关键在于,受其影响的国家人群是否有权力参与到这个不断商谈的结构之中。

与其他部门法不同,知识产权内部的多部门性质,先天决定了难以用传统法律实证主义的定义来决定性地把握它的性质。知识产权法一定会根据其指向的不同产业部门和规则领域,形成一个在其内部充满矛盾和张力的、有待不断解释的文本,唯其如此,才能更好凸显其作为公共政策工具的特征。而作为公共政策工具,它所要实现的此种法律实用主义意义上的功能,却最终取决于民族国家的政治民主化机制。而一种实用主义的知识产权文化的形成,而不是僵化于法律实证主义的机械认知,恰恰是印度国家的民主宪制结构存在的标志。

印度知识产权全球化,确实以少数的知识中产精英作为先锋,但它不是本土精英与西方精英的联盟和合谋结构,不从属于新帝国主义和后殖民主义的法律叙事。实际上,印度必须先以少数人的全球化带领多数人拓宽参与全球化的空间，需要通过此种递进式包容来将更多的内陆和乡村印度人涵括到这个进程中。而由于具有民主和法治共同呼应的政治机制，因此，不同的多元利益集团都可以参与和影响那些全球化的法律，对其进行动态解释，以使其能够更好落实为国内法，从而，印度知识产权能够通过包容更多社会群体利益的方式变得"趋异化"。印度知识产权的全球趋同和趋异的并存，实际上是同一个硬币的两面。因此，印度的知识产权全球化就不是对国际规则的照搬照抄，也不是简单的私法规则全球化趋同的进程，而是复杂的法律解释、利益集团角力、充满博弈和互动的政治过程。可以说，假如没有印度公法的全球化，没有印度政治系统的民主化，以上博弈结构就根本无法形成和展开。

知识产权是全球化的，而人权法同样也是全球化的，但其全球化形式不同。知识产权与其所附属的贸易权，背后指向的实际上是市民自由权和财产权，它主要通过以 WTO 为代表的世界贸易系统的司法争端解决机制实证化。而人权法的全球化所需要的实证化机制，目前则仍然主要依赖于领土分化的民族国家宪制结构。这与已率先实现全球化运作的世界贸易系统不同。世界贸易系统通过超国家的贸易争端解决机制，已突破了民族国家设置的各种主权壁垒。

因此，要与此种全球化的贸易权相对抗，一方面需要依靠领土分化的民族国家拥有将普遍人权话语在其国内实证化的法治结构；而另一方面，则需要利用其他全球化运作的各种跨国网络的支持，从而弥补人权话语作为道义性规范"没有牙齿"的弱点。知识产权全球化之所以能够突破印度民族国家的主权疆界，本质上是因为西方国家为全球贸易体系所设定的总交易模式，① 这种总交易模式通过开放西方国家的农业与纺织品等领域市场来换取印度社会开放其弱势领域，而此种开放与否的战略计算，在 20 世纪 80 年代的全球经济危机、信息化工业

---

① 西尔维亚·奥斯特里：《世界贸易组织（WTO）：压力下的体制》，载斯蒂文·伯恩斯坦、威廉·科尔曼主编：《不确定的合法性：全球化时代的政治共同体、权力和权威》，丁开杰等译，社会科学文献出版社 2011 年版，第 119—141 页。

革命之后就很容易得到答案。印度在冷战时期所采取的进口替代战略以及闭关自守的左翼法律政策已难维续。印度参与贸易全球化及其附属的知识产权全球化，虽然仍然有赖于印度国家对开放与否的利益计算，但这一计算结果已由于当代全球经济的高度一体化而显而易见。

由于西方国家成功地将贸易与知识产权（逐步还包括其他有利西方国家的劳工与环境等保护标准）相捆绑，因此，它就会把包括贸易自由权在内的其他权利话语和机制，也不断通过全球化进程刺入民族国家坚硬的保护壳。经济系统的全球化，会不断带动其他社会系统的全球化，只要这些社会功能系统的全球化有利于西方国家的战略利益。但是，由于政治系统依然遵循领土分化逻辑，因此，任何社会功能系统的全球化都不会普惠于普遍意义上的抽象人类整体，全世界的人口依然会按照国籍和领土原则被分化为不同国家的公民。因而，不同社会系统的全球化，就必然会形成对不同民族国家公民的不同影响，而这也就需要不同国家通过其政治系统和其他社会系统的全球化机制，来对抗那些更有利于西方国家与跨国资本的全球化议程。

印度知识产权就是其中较为成功的例子。实际上，印度国家的政治系统已经实现了卢曼意义上的功能脱嵌，因此它就能够有效发挥民主化机制，从而可以反映与吸纳不同社会阶层的声音。[①] 正如前述，领土分化所带来的主权归属不会自动带来对国家全部人口的同等保护。不仅会有不同国家人民在全球化进程中形成的福利差别，同样也会有国家内部不同阶层在面对全球市场和资本冲击的不同利害得失。国家一方面提供了一国人口面对各种全球化力量的主权保护，而另一方面，它自身同时也在制造国家法律的内部分配正义问题。

这就尤其需要国家法律系统的实证化和国家政治系统的民主化，让它们能够形成一种致密的结构耦合，而印度相对早熟的民主化进程保证了这一点。这使印度国家能够有效吸纳不同利益集团的声音，将它们围绕知识产权所展开的利益/兴趣（interest）诉求，有效转化为不

---

① 可详参鲁曼：《社会中的法》。

同的法律声音和权利要求,通过院外游说、立法辩论、司法诉讼、社会运动、舆论动员,不断激扰、塑造、改变、调整、解释一个业已融入全球化进程的知识产权法体系。而西方国家最后之所以能够接纳印度这个并不十分"友好"的知识产权体系,一方面是因为西方国家必须认同印度民主结构的事实,另一方面,则是由于印度能够动员和利用世界社会的各种不同系统功能网络的制衡作用。没有任何一个法律权利是可以被先天决定的,而只有不同的相互连带且又内在冲突的法律权利体系;而在当代条件下,它依然只有通过内嵌到领土分化的民族国家的民主宪制结构中,才能被有效激发,从而可以对抗霸权国家的法律议程设定与规则主导权。概而言之,如要对抗业已高度全球化的法律负外部性,就需要一个同样朝向世界社会的具有民主宪制结构的民族国家的正外部性。

而在法律实践中,印度药物专利法的分配正义功能,则是通过对诸如"社会公共利益""公共健康"这样一些抽象原则概念的再解释展开的。何谓"社会",何谓"公共利益",都没有一个先天预设的答案,因为它们同样可以被界定为某种"国家/政府利益",可以用诸如推动经济发展就必须暂时牺牲民众健康福利的说辞为其辩护。[①] 而印度知识产权,在对抗更有利西方国家的法律体系时,主要借助的就是对这些价值原则的再解释。"公共健康"并没有被限缩于特指"公共传染病"的原初语义,即使只是针对个体(如癌症病人)的生命健康权,同样可以经由政治动员,形成自然法人权意义上的"健康权"和集体生存权与社会权意义上的"公共健康权"。[②]

[①] 有关知识产权与社会正义,可参见 Anupam Chander, "Is Nozick Kicking Rawls's Ass? Intellectual Property and Social Justice", *UC Davis Law Review*, vol. 40 (2006), p. 563。

[②] 有关知识产权与公共健康的复杂关系,可参见 Susan K. Sell, "The Quest for Global Governance in Intellectual Property and Public Health: Structural, Discursive, and Institutional Dimensions", *Temple Law Review*, vol. 77 (2004), p. 363; John S. Odell & Susan Sell, "Reframing the Issue: The WTO Coalition on Intellectual Property and Public Health, 2001", *Negotiating Trade: Developing Countries in the WTO and NAFTA*, vol. 6 (2006), pp. 85 - 114; Lincoln C. Chen et al., "Health as a Global Public Good", in Inge Kaul et al. (eds.), *Global Public Goods: International Cooperation in the 21st Century*, Oxford University Press, 1999, pp. 284 - 304。

实际上，知识产权本身也不是古典市民法意义的私人权利，而更多是在知识产权主体、知识增益分配与社会公益之间利害平衡的法律规范。① "社会公共利益"概念并不一定成为保障弱势群体权益的原则，它同样可能为国家经济发展需要或强势精英集团保驾护航；而"公共健康"也可能被解释为只有在严格保障药企的研发动力前提下才能得到更好保障。即使比如防治传染性疫病的迫切性，也可能被保守分子视为有碍国家公共利益实现的"民粹主义"煽动。②

虽然印度专利强制许可制度的推动一定包括印度本土仿制药企的利益考虑，但本土药企的公共政策游说，也必须首先诉诸某种普遍性和道义性权利话语，而无法直接诉诸赤裸裸的本土利益诉求。后者不能与世界通行的法律语言衔接，从而缺乏国际层面的正当性，进而只会激发世界贸易系统启动的经济报复。民族主义话语在今天无法成为世界社会功能系统的通用语言，它无法被有效识别、确认、涵括和包容，从而能够成为有效的激扰社会功能系统运作的法律权利，而只能沦为特殊性的伦理和经济概念，只有权利话语是可以被耦合到包括全球贸易系统在内的其他跨国社会系统中的通用语言。而这套人权语言，在当前还主要依赖民族国家宪制结构对其的实证化，因而就尤其需要国家政治民主机制作为激活它的动力。

这因此也深刻依赖于国际社会对于一个国家法治程度与司法独立程度的衡量。"强制许可"只在牵涉"公共健康"问题时才会被启动，而"公共健康"与"私人健康"的界限划分则取决于法律共同体对于这些关键性法律原则的再解释，而法律原则层面的再解释则取决于这个国家活跃的民主文化和法治传统。而实际上，当代法律的权利识别机制就已不再局限于国家机构的决断，而同时必须对接到一个世界社

---

① 余盛峰：《知识产权全球化——现代转向与法理反思》，《政法论坛》2014年第6期。
② Philippe Cullet, "Patents and Medicines: The Relationship between TRIPS and the Human Right to Health", pp. 139-160; Bernard Pecoul et al., "Access to Essential Drugs in Poor Countries: A Lost Battle?", Jama, vol. 281 (1999), pp. 361-367.

会之中。这个世界社会网络可以通过金融市场、媒体舆论、非政府组织网络、科学话语、道义动员形成一个无形的压力场，包裹住包括贸易系统在内的各种社会功能系统。① 因此，一旦某个西方跨国企业无视特殊弱势群体的生存需要、健康权利、劳工标准或环境保护，就可能立刻激发上述世界网络的即时反应。媒体报道对丑闻的公开化，非政府组织和科学机构的独立调查报告，都会马上反馈为全球投资者对跨国公司在金融市场的信心，会在股价上形成剧烈的波动，瞬间就可以对跨国公司形成强大的财务压力和对品牌价值等无形资产的损害。进而，此种针对个别跨国企业的丑闻报道，还可能经由基本人权话语的放大，延伸到对跨国企业投资者母国的总体批判，这也正是今天诸多法律帝国主义左翼批判论的观察视角。②

因此，一个国家的知识产权全球化，首先有赖于法律系统的整体全球化，尤其是公法系统和基本权利的全球化；同时，这个国家还需要融入其他世界性的社会功能系统网络之中。概而言之，印度知识产权相比中国知识产权的成功，就有赖于印度宪法体系与世界宪法体系的对接和适应，这也正是印度模式区别于中国模式的原因所在。

总结以上而言，法律解释比法律文本更重要，法律原则比法律条文更关键，民主实践比法律教义更致命。民主和法治都不可或缺，公共自主与私人权利一体两面。印度知识产权之谜，为我们充分展现了不同代际权利观念在知识产权法中的共同竞争，自由贸易权、知识财产权、社会福利权与公共健康权以及作为第三世界的印度人民的生存权和发展权都囊括其中。世界法和国家法的碰撞和冲突，都在影响对于何谓知识产权的具体落实和界定。这是其他法律部门很难具有的复

---

① 有关非政府组织网络对全球知识产权的塑造作用，参见 Susan K. Sell & Aseem Prakash, "Using Ideas Strategically: The Contest Between Business and NGO Networks in Intellectual Property Rights", *International Studies Quarterly*, vol. 48, no. 1 (2004), pp. 143–175; Laurence R. Helfer, "Toward a Human Rights Framework for Intellectual Property", *UC Davis Law Review*, vol. 40 (2006), p. 971.

② Ugo Mattei, "A Theory of Imperial Law: A Study on US Hegemony and the Latin Resistance", *Indiana Journal of Global Legal Studies*, vol. 10, no. 1 (2003), pp. 383–448.

杂性、多元性和全球性特征。西方国家和药品跨国公司、印度政府与本土仿制药企、全球市民社会和班加罗尔 IT 精英、国际贸易专家与印度村社农民，都镶嵌到了一个逐渐形成互联网络的世界体系之中，而不再是简单的国际间法律移植和国家主权政治博弈的画面。

而印度立法进程在时间上的延宕，非但不是通常所批评的没有效率的民主机制的弊病，反而是经由充分的立法辩论、专家意见、民众参与和社会运动的过程，能更好地反映和吸纳不同声音，来共同塑造知识产权法。政治主权意志和立法科层官僚一声令下的效率，并不反映法治的决心和信念，而恰恰可能是造成那些水土不服、不回应本土民众，最终也会有损国家分享全球化红利的法律文本的原因。因为，一国法律终究需要回应广大民意并且充分照顾最弱势群体的需求。立法本身不是目的，与国际规则的一致化也不是根本目的，而是需要塑造一个能够实现真正功能分化的法律系统和政治系统，使民族国家的知识产权法律体系既符合这一现代性社会演化的规律，又能积极回应国家领土内的特定层级化的社会结构和民意需求，进而形成一种内外有别、错落有致的多层次规则和原则法律机制。

只有脱离政治系统的集权导控，才能避免法律全球化蜕化为服务统治者意志的政绩工程，因而最终偏离法治事业的最终目的。唯其如此，才成其为印度知识产权的"民族国家化"，而不再是泛泛意义上的知识产权立法，也不是一个只服务印度统治者与政商权贵精英的知识产权法。正如卢曼所言，法律的首要功能在于稳定规范性预期。[①] 知识产权的创制，本身就是为了保护版权人和专利人主体对其知识财产权的预期，进而保护其研发和投资积极性，从而推动社会创新。但与此同时，知识产权也要帮助社会对公共知识和产权化的知识边界形成稳定预期，从而反向保护知识公共领域和那些不适合完全资本化与商业化的知识空间不受损害。这也同样需要形成一个充分的公共政治商谈和民主辩论结构，能够通过对抗性诉讼结构，不断经由法律解释来动

---

① 鲁曼：《社会中的法》，第 3 章。

态调整公共知识与财产化的私有知识的边界,通过对核心的知识产权法律概念、原则和价值的不断澄清,来持续重塑现有的知识产权法律体系。

四、全球化的总交易模式与印度知识产权的启示

印度专利法战略无论对印度国家和社会来说都是有利的。调查显示,印度整个仿制药品工业每年的研发费用只有5000万美元,仅占跨国医药公司一个药物研发投资的1/10。[①] 而通过特殊的专利法设置,印度就顺畅搭上了欧美药物产业的"便车",成功获取了全球药品市场的可观份额,并且有效保障了国内与全球弱势群体的健康福利。但关键的问题是,此种明显"滞后"的专利法是如何被"全球社会"接受的?为什么美国和欧洲没有因此对印度展开大规模贸易报复和撤回投资?中国1993年生效的《专利法》就立即删除了对药品不授予专利权的规定。中国专利法一步到位,在入世几年前,对医药发明的专利保护就已经达到"国际水平",满足了TRIPS协定的相关要求。这种"超前立法",在很多评论者看来都是中国加入WTO的重要战略和成功经验。而印度却充分利用了国际规则赋予的每一个战略空间,赢取时间来给予国内药企独立发展的产业保护和法律支持。[②]

比如,印度根据TRIPS协定对过渡期内药品专利的"邮箱制度"规定,虽然没有禁止相关申请人提出专利申请,但把它们都搁置在"邮箱"。从1995年1月1日到2004年12月31日之间,这些"邮箱"里等待审查的药品专利有将近7000件。直到过渡期满,"邮箱"才被

[①] 李杨:《人权,还是知识产权?——印度遭遇特殊的药品专利诉讼》,第57页。
[②] Dinar Kale & Steve Little, "From Imitation to Innovation: The Evolution of R&D Capabilities and Learning Processes in the Indian Pharmaceutical Industry", *Technology Analysis & Strategic Management*, vol. 19, no. 5 (2007), pp. 589-609.

打开，然后再"一件一件"地进行过滤和审查。① 这当然就为印度国内相关产业发展及民众福利带来了最大的保护，同时也没有影响印度融入全球化进程和吸收先进技术。最关键的是，印度最大程度利用了国际规则所赋予的合法性支持。

不仅如此，印度也充分利用了其作为第三世界网络与发展中国家的道义代表的角色，积极推动相关国际法律议题的设置。2001年11月14日，在卡塔尔首都多哈召开的WTO第四届部长级会议通过了《关于TRIPS协定与公众健康问题的宣言》（简称《多哈宣言》），2003年8月30日，世贸总理事会进一步通过了《关于TRIPS协定和公共健康的多哈宣言第六段的执行决议》。② 而《多哈宣言》幕后的重要战略推手，就是印度。在全球化时代，要想最大程度赢取国家的发展空间，并不能一味强调本土特殊主义的要求，而需要将其最大程度地上升为具有世界主义正当性的原则，并转化为具有一般通约性的"法律化"准则，才有可能将其真正内嵌到不同的世界社会功能系统的运作符码和媒介之中。

而为了对抗那些属于本土的传统知识被西方国家企业专利化，仅仅依靠道德抗议或对传统的历史追思，甚至主动的抢先专利化战略都不可行。因为，传统知识多是从属于社区、行会、村社、土邦等，因而无法归个人主体占有的群体性知识，无法也不适合在现代专利法有

---

① Sudip Chaudhuri, "Is Product Patent Protection Necessary in Developing Countries for Innovation? R&D by Indian Pharmaceutical Companies after TRIPS", *Agenda*, vol. 9 (2007); V. K. Unni, "Indian Patent Law and TRIPS: Redrawing the Flexibility Framework in the Context of Public Policy and Health", *Pacific McGeorge Global Business & Development Law Journal*, vol. 25 (2012), p. 323.

② 根据这一决议，发展中成员国和最不发达成员国在国内发生公共健康危机，比如艾滋病、疟疾、肺结核和其他流行疾病时，可以基于公共健康目的，在未经专利权人许可的情况下，实施"强制许可制度"，以生产、使用、销售有关治疗产生公共健康危机疾病的专利药品。同时，决议还包括"平行进口"制度，这允许落后地区购买比如印度通过强制许可制度所生产的低价药物。有关《多哈宣言》与印度，可参见 Ellen F. M. 't Hoen, *The Global Politics of Pharmaceutical Monopoly Power: Drug Patents, Access, Innovation and the Application of the WTO Doha Declaration on TRIPS and Public Health*, AMB, 2009; Shamnad Basheer, "India's Tryst with TRIPS: The Patents (amendment) Act, 2005", p. 15; Duncan Matthews, "WTO Decision on Implementation of Paragraph 6 of the DOHA Declaration on the TRIPs Agreement and Public Health: A Solution to the Access to Essential Medicines Problem?", *Journal of International Economic Law*, vol. 7, no. 1 (2004), pp. 73-107.

关发明创造人的个体主义财产权观念下进行定位。正是此种"公共性"构成了以印度为代表的发展中国家的独特知识资源的特点，而西方专利法也借此获得了对此类知识"无主物"进行"先占"的机会。因为，根据美国专利法的相关规定，在"国外"公共使用和销售并不能构成公开存在，只有在国外专利已存在或是在国外已经对发明进行公开发表才构成公开存在，才授予专利。这项规定显然就是针对印度这样的发展中国家的这些"传统知识"，它们虽然被"公共使用和销售"，但由于未被这些国家"专利化"，因此在美国专利法框架下就不构成真正受保护的法权，美国企业自然就可以对这些尚未被专利化的国外知识进行法权确认。实际上根据美国的战略利益，本国的公共性知识和他国的公共性知识在知识产权规则设计上被予以了精巧的区分和安排。①而根据报道，在 2000 年，印度科学和工业研究委员会（CSIR）就研究发现，美国专利局批准的 4896 件植物单方药物专利中有 80%源于印度 7 种药用植物的知识。而 3 年以后，这个数字扩大到了 15 000 件，遍布美国、英国以及其他国家的专利局，2005 年更是增长到了 35 000 件。而一旦这些原本的公共性知识被专利法固定，它们就变成了"与贸易有关的知识产权"，就可以堂而皇之返回它们的本土，去向那些自古以来就拥有它们的母国社会主张各种法益。

正是针对这种威胁，印度 2005 年《专利法》修正案中特别规定"新发明指的是在提交完整的专利申请日之前，这项发明和技术没有在任何地方发表过或是在国内外使用过，也就是说，此项发明和技术没有进入公共领域"②。更关键的挑战是，在 TRIPS 的规定中，专利申请人没有义务向申请部门披露应用材料和知识的地理来源，也没有义务提交生物资源和传统知识法定所有人的知情同意书。而这实际上也正是美国充分利用 TRIPS 所谓"只提供国际最低程度的知识产权保护标

---

① Shubha Ghosh, "Reflections on the Traditional Knowledge Debate", *Cardozo Journal of International Law & Comparative Law*, vol. 11（2003），pp. 497-510.

② Patents（Amendment）Rules, 2005, http：//www. wipo. int/wipolex/zh/text. jsp? file_id=128115, 2021-3-23 访问.

准"的策略用意所在。因此,印度《专利法》就专门做出规定,如果申请专利的产品所使用传统知识已经进入了公共领域,或是没有获得知识来源当地居民或集体的知情同意,就等同于对知识的非法占有。

正如本章第一节已论及,在软件知识产权领域,印度也具有相当多的成功经验。如论者所言,当中国在发展"经济特区"的时候,印度就已经抓住了国际资本投资转向的机遇,成功地发展起自己的"信息特区"——具有高宽带通信设施的电信港,重点扶持外向型软件产业。① 迄今为止,印度是最受离岸外包业务青睐的地区,占据了离岸外包市场的50%以上。② 印度的软件出口额已仅次于美国,位居世界第二,并已成长为全球最大的离岸软件服务外包提供地。世界银行的一份调查显示,有80%的美国公司把印度作为软件离岸外包服务的首选市场。世界500强企业中约有400家企业或在印度设立了自己的业务中心,或将部分业务外包给印度技术公司。截至2006年12月,印度已经有440多家公司获得了质量管理认证证书,其中90多家公司通过了软件业公认级别最高的卡耐基梅隆大学软件工程研究所CMMI5级认证,这一成绩居世界各国之首,而同期中国仅有10家企业通过CMMI5级认证。印度国家软件和服务公司协会(NASSCOM)2008—2009年年报显示,尽管受到全球金融危机的不利影响,印度2008财年的软件出口仍强劲增长29%,达到408亿美元,占据了全球软件市场20%的份额,其中软件外包出口收入达到160亿美元。③

流行的观点多认为,印度IT软件产业的异军突起源自印度著作权的严格保护,突出特点是刑事惩罚力度强,因此跨国公司在对印度进

---

① 吴向宏:《试论印度软件产业发展的得失》,《中国软科学》1999年第10期,第115页。
② FOOBOO, *Indian IT BPO Industry Market Watch*, http://www.foobooonline.com/Content_Common/pg-The-Outsourcer-Nov-2006-Indian-Market-Watch, 2021-3-23访问。
③ NASSCONMA, NSSCOM 2008—2009年年度报告, http://www.nasscom.in, 2021-3-23访问。其服务外包主要包括三类业务:IT服务;基于IT技术的业务流程外包(ITES-BPO);工程服务,R&D,软件产品。而这些业务都紧密联系于专利、著作权和商业秘密。与此相对应,印度知识产权法中的《专利法》《著作权法》和《技术信息法》(保护存储于计算机中的商业秘密)与服务外包联系最为密切。参见朱羽舒:"印度CRO订单做不完",《医药经济报》2007年10月10日。

行软件外包时更加放心。而事实上，印度软件版权保护获得西方青睐不只是由于国家相关立法的严苛，同时也依靠印度国内相关利益集团的推动，在软件行业知识产权战略的制定中，印度国家软件和服务公司协会（NASSCOM）就扮演了重要角色，这已得到许多学者和业界人士的一致公认。印度国家软件和服务公司协会成立于1988年，截至2008财年，其成员的销售收入已超过印度软件产业总收入的95%，其麾下的软件专业人员超过224万人。正如评论所言，印度国家软件和服务公司协会不仅在推动政府出台软件产业扶持政策、提高印度软件企业的管理水平和质量标准、向世界积极推介印度软件产业、成功塑造印度软件业的良好形象等方面有口皆碑，其在促进和协调印度软件行业知识产权保护方面更是主要推动者。① 正是因此，2003年IBM将其美国本土4000多个编程的工作岗位转移到印度，并于2005年进一步扩大了在印度的外包规模。② 而且，普通法传统也赋予印度法律一种特殊的灵活性，通过印度合同法和普通法的相关条款，可以根据公平原则将一切"违反信任"的行为界定为对国外IT企业的商业秘密的侵权，而不论主合同是否成立。③

本章前述部分已充分展现了印度知识产权的成功之处，但实际上，正如印度专利法所反映的，其选择性保护特征在某些方面也是一柄双

---

① 在印度国家软件和服务公司协会的游说下，印度在全国23个邦及中央直辖区的警察总局内设立了独立的版权实施处，专门负责处理打击盗版案件及其他知识产权侵权案件，其中打击软件盗版是其工作重点。印度政府和NASSCOM为了打消欧美发包方的疑虑，要求印度软件企业全面接受国际上最为严格的知识产权和信息安全保护标准，要让客户确信"数据最终永远属于客户自己"。印度国家软件和服务公司协会还发起设立了印度数据安全委员会（DSCI），旨在推动建立一套高水平的商业秘密和数据安全标准，塑造印度公司是值得信赖的全球外包服务供应商的形象，并向全世界客户传递以下信息，即印度是一个可靠的外包服务目的地，将为客户提供全球最好的商业秘密和客户数据的安全保障。同时，印度国家软件和服务公司协会不失时机地组织力量到美国游说，针对美国对其信息安全的担忧，着重宣传印度对软件知识产权的高保护标准，同时不断渲染中国等竞争对手在知识产权保护上的不足。詹映、温博：《行业知识产权战略与产业竞争优势的获取——以印度软件产业的崛起为例》，《科学学与科学技术管理》2011年第4期。

② 胡水晶、余翔：《印度服务外包中的知识产权保护及启示》，《电子知识产权》2009年第9期，第59页。

③ 同上。在离岸外包中，大约70%—80%的发包方认为商业秘密比其他知识产权重要，参见Carl J. Pacini et al., "Fighting Economic Espionage with State Trade Secret Laws", *International Journal of Law and Management*, vol. 3 (2008), pp. 121-135。

刃剑。例如，印度专利法在加入 WTO 初期只对生产过程进行保护，而对产品则不进行保护，尽管这在药品仿制领域是制度利好，但也可能被发达国家企业在其他领域利用。因为一旦参与全球化进程，就一定是所有领域的全球化，而不会局限于只对本国有利的产业。比如在农业部门，西方跨国企业就可以借助这个条款来"盗取"印度的农业资源。比如印度在国际上享有盛名的"巴斯马蒂"（Basmati）大米，就于1998年被美国水稻技术公司（RiceTec）在美国专利局抢先注册登记。而该大米1997—1998 年的出口，就占印度全部农产品出口价值的 24%。[1]

因此，印度参与全球化所确立的立法政策，实际上最终反映了国内不同社会利益集团的政治影响力也一定要建立在对这些不同产业利益集团的平衡之上，并取决于这些利益相关社会群体在政治结构中的地位和博弈。正是因此，印度在 1994 年修改《专利法》后，又在 1998年通过了《专利修改法案》，此法案对农业化学品除了要求生产方法的专利保护外，还允许要求对其产品也给予专利保护。而 2005 年的《专利法》修改，则进一步废除了不允许诸如食品、药品等产品获得专利权的禁止条款。而由以上案例我们可获知，这一法律条款的修改显然不再仅仅是来自西方国家的压力和 TRIPS 协定的趋同化要求，其背后也有重要的国内利益集团和社会政治结构变动的原因。而印度药物专利制度的形成，当然也就不只是出自对弱势群体福利的特殊照顾，而同时也是因为制药业在印度作为庞大的利益集团，对政府决策具有强大的政治影响力。[2] 这些企业对政府进行游说，使改革后的印度专利法

---

[1] 唐鹏琪：《印度在知识产权保护方面的成效、问题和启示》，《南亚研究季刊》2002年第 3 期，第 23 页。

[2] 由于改革前的印度专利法规定，只有药物制造方法而非药物成分可以申请专利，这样印度制药业就依靠仿制西药形成了庞大的产业规模，它为印度政府贡献了可观的税收收入。根据学者研究，制药行业对印度 GDP 的贡献率甚至比 IT 产业还要高。参见刘兴华：《TRIPs 与国内知识产权制度改革：中国与印度的比较研究》，《南亚研究》2010 年第 1 期。印度的生物制药产业拥有 15 项以上的 FDA 认证和 65 项以上的 WHO 认证，因此可以供应给世界各地的医疗机构，目前印度的常规药品的年均产量已经超过世界总产量的 8.5%。印度除拥有规模巨大的制药产能之外，其生物技术方面的知识产权也使其在这一领域的国际影响力与日俱增，作为全球第 14 大药物出口国，其产品向包括市场管理严格的美国、欧洲、日本和澳大利亚等在内的 100 多个国家出口，出口量占全部生产量的 38%。

中始终保有一个提出异议的条款，即任何企业和个人都可以向印度专利检查部门提出专利无效的异议。利用这一规则，在 2005 年和 2006 年期间，印度制药企业提出了 100 多个异议申请，使外国制药公司的专利难以在印度生效。①

而且，不仅制药行业如此，在印度加入 WTO 的谈判过程中，围绕农业部门也出现了激烈的利益群体争论。1993 年 3 月，在新德里有 50 000 多印度中小农场主参加了一场大规模的反对邓克尔草案（Dunkel Draft）②的示威，自称"种子坚持真理运动"，威胁政府如果接受协议，将会面临暴力抵抗。其核心考虑当然是害怕全球化会带来国外农业集团巨头的冲击，而核心诉求则围绕农业植物种子基因专利保护的争论展开。而来自印度的大农场主则出自相反的利益考虑而公开支持当时拉奥政府的决定，尤其是马哈拉施特拉邦和旁遮普邦的大农场主，他们认为邓克尔草案意味着印度农场主可以从此以国际市场价格出口农产品而不再遭受歧视。1993 年 3 月，他们同样动员了成千上万人在新德里集会，声援邓克尔草案的自由贸易条款，并指责那些全盘否定邓克尔草案的人"不是真正的农场主，而是一些既得利益者"，是"以部门利益对抗公共利益，没有勇气面对国际竞争和经济自由化"。③

这就是本章标题所描绘的印度作为"全球化的笼中之鸟"的隐喻涵义。印度建国之后不久，就参与了关税与贸易总协定（GATT）体系，但由于 GATT 体系是建立在北方国家与南方国家阵营的等级性世界格局之上的，以印度为代表的南方国家充其量只能通过原料与初级产品出口成为发达国家集团的边缘附属。因此在反殖民运动和不结盟运动兴起之后，印度等后发展国家就干脆开始寻求进口替代、再工业

---

① 刘兴华：《TRIPs 与国内知识产权制度改革：中国与印度的比较研究》。
② 为了加快 1991 年恢复的谈判，关贸总协定总干事兼贸易谈判委员会正式主席阿瑟·邓克尔爵士提交的一份草案。这是一份法律和技术文件，涵盖七个谈判领域：(1) 市场准入；(2) 农业；(3) 纺织品和服装；(4) 关贸总协定规则；(5) 与贸易有关的知识产权；(6) 服务贸易；(7) 制度问题。
③ Devinder Sharma, *GATT and India: The Politics of Agriculture*, Konark Publishers Pvt. Ltd., 1994, pp. 18-19, 154, 419.

化战略乃至封闭政策,进行独立的模式探索。这正是印度知识产权自1945年之后一直到1994年加入WTO体系这个阶段基本被搁置的历史背景。而由于80年代之后印度开始面临严重的经济危机,又恰逢国际贸易体系在乌拉圭回合谈判中,开始演化形成一种新的"总交易模式",印度才真正打开其"知识产权全球化"的大门。而这一"总交易模式"的核心逻辑是:经合组织国家开放本国农业与劳动密集型产品市场,以此作为进入发展中国家服务业、知识产权和投融资体系的交换。① 在这个新的贸易系统框架下,南方国家一方面需要进行全方位的法律制度调整,改善基础设施,全面改造公司法、知识产权、产品标准、健康安全标准、劳工标准、行政程序以及人力资源投资等规则。而另一方面,对于印度这样的发展中国家而言,它们可以通过开放本国的市场空间来换取吸引全球资本,推动本国农产品和劳动密集型产品出口创汇,进而借由全球经济红利来推动国内的产业升级与结构调整。因此,WTO所锻造的"总交易模式"随后就迅速推动印度这样的发展中国家全面进入全球经济体系。而其中作为WTO"总交易模式"重要组成部分的TRIPS协定,实际上就是经合组织国家与发展中国家在知识产权议题和农产品及纺织品议题之间进行经济产业空间交易的谈判结果。在此种"总交易模式"下形成的,实际是一种更为抽象的法律知识/权力型霸权形态,它通过大量复杂的法律规则构建贸易机制,将愈益无形和虚拟的跨境贸易形态纳入全球体系,进而形成"与贸易有关的知识产权协定"、"与贸易有关的投资措施"(TRIMS)、"与贸易有关的服务总协定"(GATS)等。②

实际上,印度加入WTO体系的最初战略考虑中,就有由此打开印度农业出口创汇通道的意图。尽管有本章上述所介绍的中小农场主的

---

① 从GATT的互惠模式到乌拉圭回合的总交易模式,详见西尔维亚·奥斯特里:《世界贸易组织(WTO):压力下的体制》。

② Richard Higgott & Heloise Weber, "GATS in Context: Development, An Evolving Lex Mercatoria and the Doha Agenda", *Review of International Political Economy*, vol. 12, no. 3 (2005), pp. 434-455.

反对，但相较整个印度农业参与全球化贸易带来的好处而言，这一战略利益计算是比较容易得出结论的，这也成为印度最后愿意加入WTO"总交易模式"贸易系统的基本原因。[①] 但是，西方国家向印度开放农业市场的同时，在"总交易模式"框架下，还附带了"与贸易有关的知识产权"。由此，按照协议，印度就必须通过专利或自然基因系统或二者的联合来为种植的多样性提供保护。换言之，印度必须保护那些主要通过西方国家农业生物公司研发的"专利种子"，如此，西方国家就可以暗渡陈仓、以退为进，通过将农业贸易与专利权议题相捆绑，获取比开放本国农业市场更大的隐性战略利益。正是因此，印度参与世界贸易体系所需要平衡的，就不只是对于本国经济产业和社会阶层的总体提升问题，而同时也是这些规则移植对本国长远战略利益以及不同社会阶层的风险转移问题。

正是出自这个原因，印度最后采取了弹性执行有争议的知识产权协议的做法：一方面基于总体经济利益考虑（做大蛋糕）加入全球贸易体系；另一方面，通过"以时间换空间"战略，以10年为期限逐步修订专利法，也通过在实践中进行灵活法律解释来规避那些对本国弱

[①] 研究表明，根据印度当时的实际情况，加入世贸组织对印度农业利大于弊。第一，世贸组织规定的自由贸易条件在印度已经存在。印度的关税与世贸组织要求相差不是很大，世贸组织规定的关税封顶线相当高，初级产品100%，加工产品150%，食用油300%。世贸组织还给予了充分的时间进行调整，印度可以按照本国的支付平衡和食品保障在一定程度上协调关税结构。所以，关税方面的规定只会给印度带来较为自由、平等的国际贸易环境，受约束最大的是发达国家，因为发达国家要减少其直接出口补贴价值的36%，非关税壁垒要减少36%，而发展中国家只需要减少24%；发达国家要在6年内完成，发展中国家则可以在10年内完成。发达国家至少要进口其国内消费量的3%，在6年内要逐步增加到5%的最低量。第二，印度不必降低对农业及其相关领域的补贴。农业协议规定，产品补贴和非产品补贴均不能超过农业生产总价值的10%，而印度农产品特殊补贴（即市场进入）和非产品补贴（即投入）此前都很差，非产品补贴低于5%，产品补贴低于10%。协议还规定发达国家要在6年内把对农民的总补贴量或贸易的扭曲措施减少20%，而发展中国家可以在10年内减少13.3%。另据统计，印度对农业的补贴远远低于对农业征收的税收，尽管国家在电力、水、种子和化肥等方面对农业进行了补贴，但印度的农产品产出价格仍然低于国际市场的价格。这些不仅意味着印度在相当长的一段时期内不必减少对农业的国内补贴，而且意味着印度的农产品具有出口的相对优势，在新的比较有利的国际贸易环境中，出口前景乐观。参见张淑兰：《WTO与印度的农业发展——全球化背景下印度的农业战略对策》，《南亚研究季刊》2002年第2期。

势农业阶层的不利条款规定（分配正义）。① 而印度按照自己的理解有弹性地执行知识产权保护协议，当然会遭到西方国家的抱怨，首先就是美国。在整个 20 世纪 90 年代，美国动辄单方面使用惩罚性的超级 301 和特级 301 条款，制裁不严格执行专利保护的印度。其次是当时的欧洲共同体组织，在 1998 年世贸组织日内瓦会议上公开指责印度没有建立起一项保护医药和农业化学产品的框架。1995 年，拉奥总理也曾试图说服人民院同意修改印度的专利法，以使印度知识产权法符合世贸组织的规定，但最后惨遭失败。②

印度知识产权在今天实际上也形成了一种内部化的总交易模式：沿海外向型服务业经济需要强有力的 IT 版权保护，但由此带来对知识产权保护门槛的加高，就通过补偿内陆农业邦地区的民众健康福利来平衡，这就形成了印度社会内部的知识产权总交易模式。版权强保护一般并不直接作用于较少与 IT 软件发生亲密联系的内陆民众，与此同时，通过设置具有社会保护功能的弱专利机制，就可以为印度经济全球化换取民众的隐性支持。

这有点类似上述 20 世纪 90 年代之后全球贸易所形成的发达国家与发展中国家的总交易模式。印度内陆农村开放自己的 IT 市场，以此换取健康福利权的保护。地方农业邦收回对中央政府统一经济全球化政策的抵制，以此获得其他社会权和经济权的好处。这一方面塑造了印度国家特殊的经济与法律全球化战略，因而形成内部多层次的知识产权机制，同时又回应了印度的出口创汇、产业升级和降低海外市场对本土社会的冲击这三种变量考虑，因此形成了一个具有内在弹性张力的知识产权法律体制。

印度在这个过程中充分利用了"以时间换空间"的法律战略，不

---

① 比如印度通过法律解释认定，只要贸易双方不是为了商品生产和市场销售而是为了自己的使用，或者不是为了种植而是为了实验而进行有限的非商品性交换，都不构成对种子培育者的专利权的侵犯。"GATT Accord: India's Strategic Response", in V. Ramachandriah (ed.), *Commonwealth Publishers*, 1994, pp. 142–143, 407, 416.

② 印度立法必须通过人民院和邦立法院的双重同意，人民院由邦立法院成员选举组成，而农业发展又是各邦的核心事务。

是一次性和一步到位完成立法的统一化进程,不是盲目加快知识产权法规建设与国际相关规则的统一,而是充分利用"过渡期"保护的时间延宕,最大程度争取本土企业的生长空间,并尽可能保护社会弱势群体的法律利益。它在全球贸易系统的总交易框架中寻找更有利于本国的平衡点,一方面能够根据本土社会结构的特点形成全球化的清晰战略定位,另一方面利用全球化网络积极回应本土社会的福利需求,进而对冲来自西方的霸权性法律标准。印度知识产权因此在外部世界和国内社会之间形成了一种双重的交易和平衡机制。

概而言之,印度知识产权的特殊之谜,与印度的民主宪制体制、社会结构特征、经济发展水平和特殊的全球化战略有关。印度知识产权与全球知识产权的互动与冲突,一方面可以帮助我们理解印度法律演化的国际根源,另一方面也可以帮助我们透视印度国家和社会的特征及其内在问题。而印度知识产权体系对既有国际规范所做的回应,正为我们揭示出全球化背景下民族国家所具有的某种自主性,而此种自主性可以表现为既积极融入又灵活对待"国际通行规则"的形式。印度的知识产权故事为我们揭示,此种国家的自主性是建立在一种现代的国家民主宪制结构以及与不同世界社会功能系统的耦合与共振基础之上的,它因此可以通过民族国家主权独立自主的方式形成对霸权性国际规则的抵制,并通过不同世界社会功能系统的激扰和共振,对过度扩张乃至构成自我破坏趋势的系统力量的侵入形成反制能力。在这点上,它也揭示了法律战略设计论与精英主导论解释范式的局限:印度知识产权更多不在于少数法律精英高明的事先战略设计,而是首先立基于上述这些特定的政治、经济和社会结构的约束和塑造,这才形成了印度知识产权法的特殊演化路径。没有这些社会政治条件作为前提,再有战略视野的法律精英也没有渠道和机会能够实质改变立法议程和司法政策导向。而出于同样的道理,通行的知识论解释范式也存在问题,从以上论述我们已可知,并不是主要因为印度相比其他发展中国家更为了解 TRIPS 规则的运作技巧,所以才能够更好地提出修改相关规则的建议。与此同时,印度知识产权故事也为我们再次揭示了法律移植论的弱点,印度知识产权发展绝不是一个简单的移植TRIPS规则、《伯尔尼公约》与《巴黎公约》的被动过程。

　　从20世纪中叶印度独立至今,由于缺乏必要的工业化基础,加之普通法传统无法赋权印度政府大面积征用土地进行剪刀差贸易完成原始积累,印度必须以"信息特区"的少数人全球化为龙头,进而带动一个拥有巨量农业人口的古老国家强行进入全球化体系,通过以时间换空间,逐步完成国内产业的升级和农业人口的转移。而在此之前,则同时通过相应法律机制的创设,充分保护农业人口的生存福利。20世纪90年代中期之后,印度软件产品和相关服务不断进入国际市场,为印度带来了可观的外汇收入。而只有制定严格的版权保护规则,才能为印度赢得更大的国际软件外包市场。因此,印度版权法就主要供给班加罗尔这样的IT产业中心,而例如药品专利法则主要针对那些较落后的内陆地区。因此,正如本章所描绘的,印度知识产权不是铁板一块,不是国家立法机关和主权意志的单一决断,而是多元利益、多头对抗所形成的多中心制衡机制。而印度不同利益集团之所以能够介入对法律政策的塑造,就深刻得益于印度发展半个多世纪的民主宪制体制,由此它才能够在知识产权法发展中形成一种隐性的内部博弈与平衡,而不是像在其他非民主国家那样导致对国内不同社会阶层的非对称风险转移。

　　印度立法必须回应"民意",而"民意"的压力也确实能进一步推动印度在国际论坛上更主动地寻求修正国际知识产权具体规则的努力。在这个意义上,印度和美国的知识产权冲突,就不只是国家主权的冲突,也是两国不同利益集团和市民社会的较量,而它们同时都充分利用了全球网络和国际舆论的力量。相比于印度的知识产权故事,中国的知识产权法律变革运动则更接近于传统的法律移植论模式。其内在原因就在于中国经常可以推动某种统一的政治目标和法律政策,而印度国内利益集团在民主市场上的重要分量,则使其国内法能与类似

TRIPS 这样的全球法形成持续的冲突和互动。

究其根本，印度和中国法律发展模式的不同，源于国家、市场与社会三者之间关系的根本不同。① 这最终反映在印度知识产权，就形成了一个版权法与专利法有别、不同阶层有别、不同部门和不同产业有别的法律体系。专利低保护有利本土制药行业，版权高保护助推软件外包产业，印度知识产权体系的内在矛盾实际上也正是其成功的表现。与世界贸易系统及其相应的知识产权法律系统接轨，并不意味就需要整齐划一地提高所有类型知识产权的保护标准，而完全可以在既有法律框架中，寻找更有利于保护本国产业和社会的空间。IT 软件和电影产业是印度参与全球化的龙头领域，因而其版权法保护程度较高，甚至被认为制定了全世界最为苛刻的版权制度。② 而由于专利制度牵涉印度的仿制药产业发展以及民众的健康福利，印度就充分利用了全球和国内社会的道德网络，借助民主动员机制激活人权话语，从而可以游刃于不同国际论坛，充分利用 TRIPS 给予的过渡期保护，并且在过渡期满后进一步通过对"发明创造"条款的严格解释以及对"强制许可"制度的灵活运用，为印度的经济发展和民众福利赢得更大的有利空间。③ 而在商业秘密领域，印度则一方面不予专门立法，另一方面则通过普通法的相关原则灵活处理，并且依据保护服务外包的业务特性，另外制定《信息技术法》特别对待，而在除此之外的行业领域，服务

---

① Julia Ya Qin, "China, India, and the Law of the World Trade Organization", *Asian Journal of Comparative Law*, vol. 3 (2008), pp. 1–43.

② 2007 年，印度工业联合会（CII）还专门成立了国家知识产权所有者委员会，同时对国内软件盗版和图书盗版进行严厉的打击。WTO, Trade Policy Review Body, Trade Policy Review-Report by India (WT/TPR/G/182), April 18, 2007, p. 30.

③ 印度采取的是国际突破战略，通过与其他国家联合来推动国际规范改造，而这是以构建世界性的道德和人权网络作为后盾的，即让穷人获得廉价的药物，保护穷人获得治疗的权利。印度药品占据向发展中国家出口的廉价药物一半以上的份额，其中大部分为仿制药品。经过包括印度在内的发展中国家的不断争取，2003 年，WTO 通过了《关于 TRIPS 协定和公共健康的多哈宣言第六段的执行决议》，允许发展中成员国和最不发达成员国在发生公共卫生紧急情况时，在未经专利人许可的情况下实行"强制许可"制度。2005 年，WTO 正式修改其知识产权规则，允许上述要求。这被认为是发展中国家反制西方国家霸权的一个典型成功案例。

外包领域的商业秘密保护标准则不予应用。①

以上一切正是由作为"全球化的笼中之鸟"的印度不得不"全球化",却又必须如此"全球化"的内在逻辑所决定的。与中国不同,印度的"改革开放"战略迟至20世纪90年代才正式启动,已经错过了承接全球低端劳动密集型产业转移的黄金时期,其基础设施建设又由于印度的民主宪制结构对财产权的相对严格保护而陷于滞后,再加之印度等级化身份社会造成的教育分化、工农分化、城乡分化等因素,这都促使印度采取了一种特殊的全球化战略。正如论者所言,从90年代开始,印度经济才开始面向国际投资和贸易开放,在全球化战略影响下,印度逐渐将知识产权战略定位调整为依赖型创新,即为海外跨国公司提供全方位服务并为其在全球市场提供技术支持。此种发展模式的突破重点建立于一个相对单一的知识阶层的智力基础上,最优秀的资源都集中于高精尖领域的研发和软件编程等高附加值领域,而在基础教育和农业生产领域则采取"守势"。此种战略选择使得印度对发达国家的经济依存度增高,因此,印度政府就必须配合知识产权的此种依附性发展特征,通过以公共政策为核心的手段来缓解全球化知识产权与民族化民众利益之间的紧张关系。② 而尽管如此,印度知识产权的战略重心还是始终围绕有利全球化出口创汇的软件服务业打造,因此当药物专利法不断遭遇国际反对时,印度政治高层总体还是倾向更有利于软件服务业发展的知识产权策略,这是由印度全球化战略的基本境遇所决定的。但是,印度药品专利显然在某种程度上扮演了社会缓冲和利益平衡的角色,由此来换取落后农业邦和社会弱势群体的政治支持。

从根本上来看,印度知识产权的相对成功,归根结底还是得益于印度面对世界社会的开放,不只是经济的开放,而且是包括政治、社

---

① 比如,印度法院在2006年就要求可口可乐公司公布其传统配方。胡水晶、余翔:《印度服务外包中的知识产权保护及启示》,第61页。
② 董佳:《论金砖四国知识产权战略》,吉林大学2011年博士学位论文,第98—99页。

会、法律的全方位系统开放,如此才让它可以在禀赋羸弱的条件下于世界舞台左右腾挪,获取生存空间,而不是由国家和政府一边倒地主导进程。它也同时让企业与社会融入到全球化进程中,让不同的利益集团同时参与国家法律议程的设定,最终创造了一个既积极融入又适度博弈的法律空间。[①] 唯其如此,我们才可以解释为何印度软件和药物专利法的内在张力并未导致西方社会和跨国企业对这一知识产权矛盾体的推翻,这也为我们解答印度知识产权之谜提供了最终的答案。

[①] 在一些研究者看来,这种由外而内的战略布局已经进入了中间阶段,近期以来印度在空间、核能、生物技术等核心技术领域迅速逼近世界前沿的现象,正是之前通过外部互动得到的技术衍生支持的结果。董佳:《论金砖四国知识产权战略》,第99页。

第二十章　印度公司法的历史演进
——从殖民地遗产到本土化法律

现代印度的公司法律制度，在发展中国家里处于领先位置，被西方媒体认为是新兴市场经济国家的典范。这与英国统治者在殖民地时期留下的法律遗产不无关系。近年来，为进一步扩大对外开放并增强投资者信心，印度政府致力于公司法律制度以及资本市场相关法律制度的改革。印度政府近年来大幅度修改《公司法》以及印度证券交易委员会的《上市协议》第 49 条（Clause 49 of the Listing Agreement，简称"第 49 条"），以提升印度的公司治理水平，打造优质营商环境。本章将从印度公司法律制度的源流与发展切入，结合印度公司治理现状的若干特点以及印度《公司法》和"第 49 条"的若干修改重点，对印度公司法律制度以及实践中的具体措施进行综合分析评述。

一、印度公司法律制度的发展历史及其演进

（一）殖民地时期的印度公司法律制度（1850—1947 年）

早在前 800 年，古印度就有商业性营利组织。[①] 尽管在当时这些组织仅表现为小商贩集结在一起从事类似的买卖营利活动，但它们在一定程度上展现了现代公司组织形式的部分特征。[②] 自 15 世纪末欧洲殖

[①] Shraddha Verma & Sid J. Gray, "The Development of Company Law in India: The Case of the Companies Act 1956", *Critical Perspectives on Accounting*, vol. 20, no. 1（2009）, p. 113.

[②] Ron Harris, *The English East India Company and the History of Company Law*, Kluwer Legal Publisher, 2005, p. 219.

民者入侵之后，印度原有的商业组织开始逐渐衰弱。与此同时，印度现代公司制度随着 16 世纪初期东印度公司的建立而诞生。① 但当时公司的设立并非自由行为，需要由英国君主签发王室特许状进行授权，也并无相关法律来规制公司的运作以及经营活动。这种状况一直持续到 19 世纪。② 1866 年，英印政府开始制定和颁布一系列法律来规制公司的商业行为，并对当时所有的贸易、商业经营实体一并进行管理。③ 1882 年，印度出台了第一部《公司法》（Companies Act）来规制所有在印度设立的公司的商业行为，这部法案在内容上基本移植了英国本土自 19 世纪 60 年代以来相关的公司法律制度。④ 自 1882 年法案颁布以后到 1910 年，印度一共出台了五部修正案，其在内容上也基本与英国本土的公司法律修正案一致。⑤ 1913 年，印度在整合英国相关公司法律制度的基础上颁布了 1913 年《公司法》。显而易见的是，在殖民地时期的前半段，印度的公司法律制度大体上完全来自对英国相关法律的"复制"。

　　1936 年，印度对 1913 年的《公司法》进行了修改，与以往不同的是，在内容上，印度的立法者们改变了以往全面复制英国法律的方式，而是在适当借鉴英国法的基础上进行修改。⑥ 从"全面复制"向"适当借鉴"转向的原因之一是立法者们逐渐意识到，英国法并不能解决印度社会特有的问题。⑦ 并且，在法院判决中，印度法院也改变了以往完全参照英国判例法的方式，转而开始考虑这些判例在印度特殊国情下

---

① Ron Harris, *The English East India Company and the History of Company Law*, p. 219.
② 同上。
③ Radhe Shyam Rungta, *The Rise of Business Corporations in India, 1851–1900*, Cambridge University Press, 1970, pp. 80–81.
④ 李钦、马碧玉：《印度公司法精要》，法律出版社 2019 年版，第 212 页。
⑤ Radhe Shyam Rungta, *The Rise of Business Corporations in India*, pp. 80–81.
⑥ Umakanth Varottil, "The Evolution of Corporate Law in Post-Colonial India: From Transplant to Autochthony", *American University International Law Review*, vol. 31, no. 2 (2016), p. 265.
⑦ Shraddha Verma & Sid J. Gray, "The Development of Company Law in India: The Case of the Companies Act 1956", pp. 121–122.

的选择适用。①

英国殖民者推动"法律制度化"的目的是保护殖民者本身的利益，而非为了发展和完善印度的法律制度。② 统治者为了保障英国与印度之间商业贸易的便利往来，将英国本国的公司以及商业相关法律制度大力推广，试图使印度完全复制英国的法律，以降低甚至消除因两地法律体系不同而带来的风险。③ 实际上，为英国殖民者利益服务的印度公司法律制度与印度本身的利益存在冲突。移植而来的法律几乎没有考虑印度本地的传统商业模式。例如，印度有许多基于家族或者亲属关系而创设的商业实体，而1882年《公司法》并未明确规定这类商业实体是否可以被注册为"公司"。④ 尽管如此，不可否认的是英国殖民者为印度带来了相对先进的公司法律制度的立法思想。例如，英国法中"自由市场，自由竞争"等理念影响了印度公司法律制度的后续发展。⑤

（二）后殖民时代的印度公司法律制度：加强国家管控（1947—1991年）

1947年印度宣告独立，但这个刚获得独立的国家面临着高失业率、高文盲率以及人民平均寿命短等一系列社会问题。⑥ 为了解决当时的社会以及经济问题，独立后的首任总理尼赫鲁提出了"国家所有"的经济政策，以此加强国家对生产资料以及产品的掌控。⑦ 在独立后的早期，总的来说，印度的经济发展模式接近于"政府计划经济"，即政府

---

① Umakanth Varottil, "The Evolution of Corporate Law in Post-Colonial India: From Transplant to Autochthony", p. 265.

② Ritu Birla, "Capitalist Subjects in Transition", in Dipesh Chakrabarty et al. (eds.), *From the Colonial to the Postcolonial: India and Pakistan in Transition*, Oxford University Press, 2007, p. 243.

③ Rob Mcqueen, *A Social History of Company Law: Great Britain and the Australian Colonies (1854-1920)*, Ashgate Publishing, 2009, pp. 8-9.

④ Ritu Birla, *Stages of Capital: Law, Culture, and Market Governance in Late Colonial India*, Duke University Press, 2009, pp. 51-52.

⑤ Ritu Birla, "Capitalist Subjects in Transition", p. 243.

⑥ Nirmalya Kumar, "India Unleashed", *Business Strategy Review*, vol. 20, no. 1 (2009), p. 7.

⑦ Francine R. Frankel, *India's Political Economy: The Gradual Revolution (1947-2004)*, Oxford University Press, 2009, p. 20.

出资购买了当时所有公司 90% 左右的股份,成为市场上最大的股东。①但政府作为对公司拥有绝对控制权的大股东,却怠于参与任何公司的经营管理事务。政府作为控股股东的"不作为"也间接使持股 10% 的私人股东难以行使权利。② 私人股东只能通过与公司签订合同的方式来划分与公司之间的各种权利义务,并以此作为间接参与公司经营管理的唯一途径。但在当时,合同的履行面临很大的困难,合同缺乏实际约束力。③

与"国家所有"经济政策相背离的是,独立以后的印度并没有摒弃英国殖民者带来的以"自由市场"和"自由贸易"为根本理念的公司法律制度。与殖民地时期机械移植英国法律制度不同的是,立法者在对英国法的借鉴和移植上,更多地考虑移植后法律制度的"本土化"。④ 独立以后,印度政府成立了专门委员会进行公司法律制度的设计和改革。在进行了大规模的研究以及社会调查之后,委员会向政府提交了立法建议报告,以此催生了印度独立以后的第一部公司法——1956 年《公司法》。这部法律仍在立法技术和内容上大规模移植英国法的思路和构架,并且与当时英国本土的公司法律制度的更新和改革基本保持同步,仍旧提倡"自由市场"理念。与之看似矛盾的是,立法者在其他商业法律制度方面,又采取了"社会主义"模式,并强调政府管控,例如 1955 年《主要商品法》(Essential Commodities Act)以及 1947 年《资本管控法》(Capital Issues Control Act)。这种看似互相矛盾的现象,实际上体现了政府在独立初期的妥协与权衡,即既希望保护殖民时期发展起来的私有经济,又期望能够加强对市场的管制,进而

---

① Umakanth Varottil, "The Evolution of Corporate Law in Post-Colonial India: from Transplant to Autochthony", p. 274.
② Rakesh Mohan & Vandana Aggarwal, "Commands and Controls: Planning for Industrial Development in India, 1951-1990", *Journal of Comparative Economics*, vol. 14, no. 4 (1990), p. 686.
③ Vikramaditya S. Khanna & Nicholas C. Howson, "The Development of Modern Corporate Governance in China and India", in M. Sornarajah & J. Wang (eds.), *China, India and the International Economic Order*, Cambridge University Press, 2010, pp. 521-522.
④ 同上。

建立新政府的权威。①

在独立初期,印度政府在公司法律制度的立法上沿袭殖民时代的立法传统和精髓。直到20世纪60年代,印度才开始逐渐摆脱殖民时代法律遗产的影响。② 20世纪80年代中期,为了加强政府对市场以及企业的管控,印度多次修改1956年《公司法》,不断注入"社会主义"元素。这一时期的印度,股权高度集中,大股东对公司享有绝对控制权,小股东保护状况堪忧,殖民地时期建立起来的"公司治理"理念基本被"摒弃"。③

(三)后殖民时代的印度公司法律制度:重建自由市场(1991—2013年)

至1991年,由于面临国库收支严重不平衡等问题,政府开始反思计划经济模式,考虑经济转型,对部分产业进行私有化改革。④ 例如,政府放宽证照管制、缩小需要获得证照才许可经营的行业范围;放松对外资的管控,吸引外资入股印度本土企业;允许公司自由增发资本等。⑤ 印度政府的这一导向性改革使得长达44年之久的印度公司高度"国有化"且缺乏有效公司治理规则的状况开始逐渐改善,给印度经济带来了新气象,同时也催生了对1956年《公司法》的改革。⑥ 除此之外,立法者也开始引入美国法中的一些概念和制度,以完善公司法律

---

① Umakanth Varottil, "The Evolution of Corporate Law in Post-Colonial India: From Transplant to Autochthony", p. 276.

② Dwijendra Tripathi, *The Oxford History of Indian Business*, Oxford University Press, 2007, pp. 26-27.

③ Umakanth Varottil, "A Cautionary Tale of the Transplant Effect on Indian Corporate Governance", *National Law School of India Review*, vol. 21, no. 1 (2009), p. 5.

④ Pradeep Mitra & Delfin S. Go, "Trade Liberalization, Fiscal Adjustment, and Exchange Policy in India", World Bank Policy Research Working Paper No. 2020, (December 2018), pp. 1-2, http://documents1.worldbank.org/curated/en/331721468750253101/pdf/multi-page.pdf, 2012-3-23访问.

⑤ Nirmalya Kumar, "India Unleashed", p. 8.

⑥ Marcelle Colares Oliveira et al., "Comparative Analysis of the Corporate Governance Codes of the Five BRICS Countries", *Accounting, Management and Governance*, vol. 17, no. 3 (2014), p. 59.

制度，促进市场的自由化发展，例如引入员工认股权（employee stock option）、允许公司回购股份等。与此同时，立法者还废除《公司法》中为配合"政府计划经济"模式和政府管控而设的制度。例如，修改后《公司法》删除了"准国有企业"的相关规定，此举促进了印度私有企业的重新发展。①

除了对1956年《公司法》进行积极改革，印度政府还第一次对资本市场进行规范，强调公司治理的重要性。1992年4月，《印度证券交易委员会法案》（Act of Securities and Exchange Board of India，简称《印度证交委法案》）正式生效，意味着印度最主要的负责规范公司治理以及投资者保护的监管机构——印度证券交易委员会（Securities and Exchange Board of India，简称"印度证交委"）开始正式运行并对上市公司的市场行为进行监督。② 2002年，为了对上市公司的经营和市场交易等行为形成一套更规范的监管措施，印度证交委制定了"第49条"。"第49条"主要规定了企业在印度股票交易所上市时在公司治理方面需要满足的条件，例如公司董事会和审计委员会必须有一定数量的独立董事；董事会成员必须遵守相关行为准则；审计委员会需要履行的具体职能等。③ "第49条"于2005年12月31日正式生效。

在上市公司治理方面，印度"第49条"的重要作用常被与《萨班斯法案》（Sarbanes-Oxley Act of 2002）在安然丑闻（Enron Scandal）发生以后对美国证券市场的重要监管作用类比。从内容上看，两部法案有诸多相似之处，例如都涵盖了上市公司管理层的责任义务、董事的数量以及对内部交易的规制等。④ 两者最显著的一个不同之处则是对销毁或伪造公司文书行为的处罚。根据美国《萨班斯法案》的规定，一

---

① 印度2000年《公司法修改法案》（Companies Amendment Act）。
② Rajesh Chakrabarti, William L. Megginson and Pradeep K Yadav, "Corporate Governance in India", Journal of Applied Corporate Finance, vol. 20, no. 1 (2008), p. 67.
③ Ruchi Kulkani & Balasundram Maniam, "Corporate Governance: Indian Perspective", International Journal of Trade, Economics and Finance, vol. 5, no. 1 (2014), p. 365.
④ Neeti Sanan & Sangeeta Yadav, "Corporate Governance Reforms and Financial Disclosures: A Case of Indian Companies", IUP Journal of Corporate Governance, vol. 10 (2012), p. 73.

且定罪，涉事者可能面临长达 20 年的监禁。而根据印度"第 49 条"的规定，此种行为将由印度证交委决定是否提起诉讼并追究公司责任。一旦定罪，该责任人本身将被处以巨额罚金或其他形式的刑事处罚，且该涉事公司也将被强制退市。① 印度证交委的设立以及《证交委法案》的出台，标志着印度资本市场进入了由政府行政管控转变为依法监管的模式。值得注意的是，在《印度证交委法案》以及印度资本市场监管机构的设置方面，印度参考了美国资本市场监管的相关制度，从而彻底突破了以往基本移植英国法的做法。② 例如，印度证交委把信息的全面有效披露作为监管的重要手段之一。法案规定股票经纪人、自营商、清算机构以及过户代理机构等证券市场的参与者都必须在印度证交委备案登记，获得相应资质许可以后才能从事相关的股票交易工作。这些做法都与美国证券交易委员会的做法类似。③

（四）后殖民时代的印度公司法律制度：专注印度本土问题的解决（2013 年至今）

2013 年以后，印度公司法律制度在整体上进一步"脱离"殖民地时期英国法的影响，更专注于印度本土问题的解决。成立于 2004 年的依拉尼委员会（Irani Committee）主张印度应当在下一步的公司法律修改中重点致力于优化营商环境，并且应当施行更严格的公司治理措施。④ 2009 年曝光的涉案金额高达十亿美元的萨蒂扬造假丑闻（Satyam Scandal）震惊印度各界，也让立法者们反思了推行严格公司治理措施的必要性，这在一定程度上催生了 2013 年《公司法》的大力改革。与以往不同的是，印度法律改革委员会在此次《公司法》修改中认为应当彻底改变

---

① Neeti Sanan & Sangeeta Yadav, "Corporate Governance Reforms and Financial Disclosures: A Case of Indian Companies", p. 73.
② Umakanth Varottil, "The Evolution of Corporate Law in Post-Colonial India: From Transplant to Autochthony", p. 284.
③ Suchismita Bose, "Securities Market Regulations: Lessons from US and India Experience", *The ICRA Bulletin, Money & Finance*, vol. 2, no. 20-21 (2005), p. 91.
④ S. Balakrishnan, "Irani Committee Norms Stringent", (August 22th, 2005), http://www.thehindu.com/biz/2005/08/22/stories/2005082201521600.htm, 2021-3-21 访问。

原先"股东至上主义"（shareholder primacy theory）的理念，即股东盈利并非公司唯一使命，在立法时也要将环境保护、社会公共利益维护等相关因素考虑在内。① 除此之外，大量的家族企业导致印度在公司治理方面呈现出一些特有的问题，家族企业长期以来一直难以摆脱用人唯亲、管理欠佳、董事会低效以及缺乏透明度等顽疾。② 尽管在家族企业上市以后，家族成员仅持有部分股份，但其对公司治理及日常企业运营仍有决定性影响。③ 在家族管理模式下，控股股东与上市公司之间存在大量关联交易，例如，控股股东用自身的股份质押以获取流动贷款。④ 为了解决家族企业在治理中存在的这些问题，2009 年《公司法》（草案）通过引入独立董事、加强打击内幕交易以及推行虚拟股东大会（virtual shareholder meeting）模式等来监督控股股东的行为，提升公司治理透明度。

总体而言，自 2013 年以来，印度《公司法》的修改从社会面临的实际问题出发，有针对性地提出有关解决方案。这标志着印度公司法的发展已逐渐进入本土化整合的进程，单纯的法律移植已不再是其主要路径。

二、印度公司治理的现行法律构架

印度公司治理主要依据的是印度 2013 年《公司法》以及"第 49 条"两部法律中的相关条款。印度现行《公司法》于 2013 年正式颁布，取代了在印度施行长达 57 年之久的 1956 年《公司法》。为了大力促进公司治理水平的提升，新法大规模修改了有关公司治理构架的相关规则。与此同时，针对上市公司治理的"第 49 条"也于 2014 年 10 月 1 日正式实施，在内容上与新《公司法》保持同步。

---

① Ministry of Corporate Affairs, Twenty-First Report-Companies Bill 2009, at 11. 80.
② 蔡奕：《萨蒂扬之殇与印度公司治理之痛》，《董事会》2009 年第 3 期，第 58 页。
③ 杰克·古迪：《西方中的东方》，沈毅译，浙江大学出版社 2012 年版，第 163 页。
④ 同上。

印度在公司治理构架上采取的是英美法系的单层治理架构,即股东大会—董事会—经理架构。下文将分别对这三个公司治理中的主要机关进行评析和解读。

(一) 董事会

董事会是公司治理的核心机关,包括下设的若干专门委员会,为良性的公司治理提供保障。董事会下设薪酬委员会(Remuneration Committee)、提名委员会(Nomination Committee)以及审计委员会(Audit Committee)等专门委员会。根据修改后的《公司法》和"第49条"的规定,上述三个专委会均为上市公司董事会的必设专委会。其中,薪酬委员会以及提名委员会的主要职能包括:向董事会提供关于董事、公司高管以及公司员工薪酬政策方面的建议,并在董事会任命、罢免董事以及评估独立董事的工作表现时提供建议。[①] 审计委员会的主要职能包括:审查公司的内部债务以及投资、评估审计人员的审计工作、保障审计人员的独立性并且对公司的风险防控体系进行评估。[②] 此外,上市公司的董事会必须设置独立董事。"第49条"规定若董事长是执行董事,则独立董事应占董事人数的 1/2 以上;若董事长不是执行董事,则独立董事应至少占到董事人数的 1/3 以上。为更好地保障独立董事的"独立性","第49条"专门规定,公司发起人的亲属不得担任独立董事。[③] 此外,为促进性别平等,2013 年《公司法》规定印度上市公司的董事会中至少要有一名女性董事,此为印度公司法律制度中一项颇具特色的规定。[④] 2013 年《公司法》也是第一次在印度引入独立董事制度。[⑤] 并且,该法对公司独立董事的当选资质、职责范围以及独立董事的推选程序等都做出了详尽的规定。

[①] Amendment cl. 49 (IVB) (1) (2) (3).
[②] Amendment cl. 49 (IIID) (7) (9) (12).
[③] Amendment cl. 49 (IIA) (2).
[④] Section 149 (1) (b) of the Indian Companies Act 2013.
[⑤] 印度 1956 年《公司法》中并无独立董事制度,但在"第49条"中有关于要求上市公司必须设立独立董事席位的规定。因此,为了与"第49条"在内容上保持一致,同时提高所有公司的治理水平和透明度,2013 年《公司法》中引入了关于独立董事的规定。

（二）股东大会

股东大会为公司最高权力机关，选举产生董事并将日常决策权委托给董事会行使，由董事会全权代理股东负责公司的经营。值得一提的是，为了使股东大会表决过程更为便捷并鼓励小股东积极参与公司经营决策，2013 年《公司法》首次赋予股东电子投票（e-voting）的权利。实际上，1956 年《公司法》就允许股东通过网络视频、电视电话会议等方式参加虚拟股东会，对特定事项进行表决。新法仍然允许和提倡虚拟股东会的使用，但虚拟股东会和实体股东会可否互相替代以及在何种情况下只允许使用实体股东会等问题引发了一系列广泛的讨论和争议。本章将在后文对虚拟股东会的相关问题展开详述。

印度公司法对股东大会职能的规定散见于若干条款中。与中国法的规定类似，印度公司股东大会的职能包括制订和修改公司章程、选举董事和审计师、决定股利及剩余财产的分配、行使表决权、查阅公司财务记录或账簿以及股东会会议记录等。此外，印度与大多数国家的规定类似，股东大会也分为一般（年度）股东大会和特别股东大会，后者必须由超过一定数量的董事或由国家公司法庭（National Company Law Tribunal）[①] 召集。

（三）经理层

经理层领导公司的日常经营活动。印度经理层通常包括首席执行官、总裁、副总裁、财务总监、经理以及公司秘书等。经理层通常由董事会任免，可以担任董事，并且无国籍限制。经理层的职责由董事会决议或聘用协议规定，其权限范围内的行为对公司具有法律约束力。

[①] 印度 2013 年《公司法》新创设的机构，于 2016 年 6 月 1 日正式设立，专门处理与公司相关的纠纷。

三、印度公司治理现行若干典型制度评析

印度的公司治理,得益于具体制度的设计和执行,被评价为新兴国家中公司治理的典范。下文将针对几个印度公司治理中的具体制度,结合 2013 年《公司法》以及"第 49 条"中的相关内容,进行分析与评价。

(一)独立董事制度

独立董事通常为保障公司治理的透明、专业化运行而设立。印度 1956 年《公司法》并未要求所有公司必须设立独立董事,仅在"第 49 条"中对上市公司必须设立的独立董事席位的数量进行了规定,对于非上市公司则没有此方面要求。2013 年《公司法》首次要求非上市公司也必须设有一定数量的独立董事。并且,新法对有关独立董事的任职资格、职权范围、职责义务等,都做出了具体规定。

1. 独立董事的任职资格

2013 年《公司法》的第 149 条罗列了独立董事的遴选标准。与中国法律框架下独立董事的任职要求相类似,印度法中对独立董事的任职资格也采取了"正面清单"和"负面清单"相结合的模式。2013 年《公司法》规定了独立董事必须是具有一定专业资质且正直诚实的人,同时也规定了独立董事不得为公司高级管理人员的亲属等。但"第 49 条"仅对上市公司独立董事任职的"禁止性"条件有所规定,而未对独立董事需要具备的特定资质进行规定。因此,在独立董事的任职资格方面,2013 年《公司法》的规定严于"第 49 条",这被认为有悖于基本法理。根据通常的情况以及世界各国的通行做法,对上市公司独立董事的要求一般应比对一般公司的要求严格。规范上市公司治理的"第 49 条"并未对上市公司独立董事的任命提供更严格的标准,因而没有发挥预期作用。[①]

---

① Krishna Thej, "Independent Directors in the Companies Act 2013: An Analysis", *Company Lawyer*, vol. 35, no. 8 (2014), pp. 247-248.

除此之外，对于独立董事资质中关于"关联关系"的禁止性规定（例如不能与公司高管、董事等存在商业上的往来等），"第49条"采取了列举式的方法，排除了6种不能作为独立董事的"关联关系"。具体来说，该独立董事提名人不能与公司、公司高管、董事、控股子公司等存在实质上的关联关系，且该提名人不可与公司的高管、董事等存在亲属关系等。而2013年《公司法》则规定了比"第49条"更为严格的"禁止性规定"。除"第49条"中所列的禁止性规定之外，2013年《公司法》还指出提名董事的亲属与公司、公司董事、高管、控股子公司等存在实质上的关系也要视作法律禁止的"关联关系"。由此可见，"第49条"主要考察独立董事提名人与公司、公司高管、董事以及控股子公司的关联关系，而2013年《公司法》则把该"关联关系"的考察对象扩大至独立董事提名人的亲属。2013年《公司法》中"扩大性考察"这一做法，与当前几个主要国家法律中关于独立董事的任职资格的规定相类似。例如，纽约证券交易所上市规则（NYSE Listing Rules）中规定，直系亲属担任该公司高管的提名人，不得担任该公司的独立董事。[1] 由此可见，在独立董事任命资质中的关于"关联关系"的禁止性规定方面，2013年《公司法》较"第49条"更为严格地杜绝独立董事提名人与公司可能存在的关联关系。

在独立董事的任职资格方面，"第49条"与2013年《公司法》还存在一处明显的不同，即前者认为提名董事（nominee director）可以被视作独立董事，而后者则认为二者不可混为一谈。提名董事作为公司治理的措施之一，通常适用于以下情况：母公司指派某个提名董事在子公司董事会中任职，帮助维护母公司在子公司的权益。很显然，"第49条"把提名董事和独立董事的概念混淆将造成理解上的误区。

总体而言，在独立董事任职资格方面，"第49条"与2013年《公司法》在具体规定上存在分歧，且后者对独立董事的资质要求要比前者严格。结合大多数国家的实践不难发现，对上市公司独立董事任职

---

[1] NYSE Listing Rules. 303A.

资格的要求通常来说不能低于对非上市公司独立董事的相应要求,而印度这两部法律却呈现出相反的趋势。因此,有学者建议,应当修改"第49条"中的相应规定,使其与2013年《公司法》保持同步。①

2. 独立董事的委任方式

2013年《公司法》第150条规定了委任独立董事的一般程序:由公司的提名委员会从印度联邦政府持有的,记载着姓名、职业、个人执业资格的"独立董事名录"中挑选其认为符合公司要求的独立董事,并在双方达成合意以后,予以委任。独立董事的委任过程以及委任方式,与公司其他人员的任命并无显著区别。但显而易见的是,委任独立董事时需要考量的因素不同于其他公司董事、高管。因此,《公司法》没有指出提名委员会在委任独立董事时应当区别于委任其他人员的一套程序,是欠科学的做法。并且,在印度的公司尤其是上市公司里,"一股独大"的现象广泛存在,很大一部分印度公司的发起人也是这些公司的大股东。在"资本多数决"的原则下,他们在委任一般董事、高管以及独立董事方面具有实质影响力甚至实际决定权。②

在印度,任命独立董事时,由任命委员会代表公司对提名人的"独立性"进行考量。由于"一股独大"现象的普遍存在,任命委员会对提名人的考量易受到大股东的干预,无法完全独立判断。有数据表明,90%以上的印度公司独立董事都是由公司的首席执行官推荐的,与公司高管、董事等完全无关联的独立董事几乎不存在。③ 事实上,2013

---

① 此观点见于多位学者的文章,例如 Roberta S. Karmel, "Is the Independent Director Model Broken", *Seattle University Law Review*, vol. 37, no. 2 (2014), pp. 807 – 809; Madhuryya Arindam, "The Independent Director: Has It been Indianised Enough?", *NUJS Law Review*, vol. 6, no. 2 (2013), pp. 239 – 240; Krishna Thej, "Independent Directors in the Companies Act 2013: An Analysis", p. 250。

② Vikramaditya S. Khanna & Shaun J. Mathew, "The Role of Independent Directors in Controlled Firms in India: Preliminary Interview Evidence", *National Law School of India Review*, vol. 22 (2010), pp. 40 – 41。

③ 参见 Prashant Mahesh & Krishna Gopalan, "Satyam Fiasco Puts the Role of Independent Directors in Spotlight", (January 17th, 2009), http://articles.economictimes.indiatimes.com/2009-01-17/news/27659723_1_independent-directors-krishna-palepu-satyam-fiasco), 2021-3-21 访问。

年《公司法》的修改并未对这个问题的解决提供实质帮助。在这个问题上，笔者认为，要完全杜绝独立董事与公司高管、董事的"任何关系"是不现实的。在实践中，独立董事往往是具备一定专业素质和能力的人，例如专业律师、会计师、商业管理研究者等。因此，该独立董事提名人极有可能在被提名前就与公司高管、发起人、董事等有过一定往来。而这种一般的社会往来而非商业利益关系，是否必须被认为是影响独立董事"独立性"的因素，是一个值得商榷的问题。笔者认为，完全排除独立董事与公司高管、发起人等的任何社会关系在现实中操作性较弱。一个可行的解决方式是，在独立董事对特定事项表决的程序上进行创新设计，以避免此种"关联性"影响独立董事的独立判断。例如，独立董事可以不去现场参与某个事项的讨论和表决，而仅对匿去关键人（例如公司某董事）信息的书面文件发表自己的专业看法。这种做法既可以相对保障独立董事对特定事项的"独立性"判断，又可以保证独立董事依据专业提供和发表意见。

3. 独立董事的任期

2013年《公司法》规定一届独立董事的任期最长可达五年，如果经过特别决议，该独立董事可获得一次连任。在两个任期完成以后，须至少间隔三年，该独立董事才可继续受聘。在独立董事的任期问题上，"第49条"的规定相对宽松，并未规定独立董事仅可连任一次，而仅仅建议独立董事在同一公司的任期最好不要超过九年。通常认为，独立董事在同一公司的任职期限过长，容易导致独立董事丧失"独立性"，在事项表决上易与公司一般董事、高管的立场相近。因此，对独立董事的任期限制在各国的法律中并不鲜见。例如根据英国法，独立董事不得在同一公司连续任职九年以上。但也有相反观点指出，对独立董事任期的限制很有可能使独立董事在有限的任期内"懒政"而非尽心履行忠实勤勉义务。[1] 除此之外，反对有限任期的观点也认为，对

---

[1] "Limited Tenure for Independent Directors", June 6, 2013, http：//thefirm.moneycontrol.com/news_details.php？autono=469184，2021-3-21访问。

公司运作以及公司事务的熟知，有利于独立董事对特定事项进行更全面的判断。倘若将独立董事的任期限制在一定的时间内，很可能会造成对公司业务运作非常熟悉的"熟手"流失，新上任的独立董事又必须重新对公司业务进行了解。从一定程度上说，有限任期的独立董事增加了公司的用人成本。①

对于独立董事的任期问题，笔者倾向于支持独立董事必须实行有限任期制的观点。如前文所述，"一股独大"的现象在印度普遍存在，独立董事在被任命前，就很可能与公司其他董事、高管存在一定程度的联系。倘若在印度推行独立董事的"无限任期制"，很可能会减损董事的"独立性"。也存在这样一种可能，独立董事往往顺从大多数董事和大股东的观点，对特定事项不表示异议以求在下一次独立董事选举时获得连任。虽然反对意见认为独立董事的更新和换届会导致公司用人成本的增加，但从另一个方面讲，独立董事的定期更新也可为公司经营进行"思维换血"，避免思维僵化，可以更客观地"提出异议"。

4. 独立董事的问责机制

印度法律仅笼统规定"董事的责任"，并无明显区分"独立董事的责任"与"董事的责任"。因此，在法律适用上，印度2013年《公司法》第149条所规定的"董事仅须对'自身专业知识范围内'所做出的判断负责"，也可以适用于独立董事的责任认定。简言之，该条款使得独立董事可以用"专业知识不足"作为免责理由。但法律并无明确规定基于何种情况下的错误判断可以被认为是由"超越专业知识"引起的。因此，判断独立董事是否要对某一事件负责，标准相当模糊。事实上，学术界和实务界对于独立董事在何种情况下可以获得免责的争论一直存在。一种观点认为：如果对独立董事实行过于严苛的责任制度，则会在实质上使独立董事成为一项"风险职业"，从而大大削减

---

① "Limited Tenure for Independent Directors".

专业人士愿意从事独立董事这一职务的积极性。① 在萨蒂扬造假丑闻爆出以后，短时间内印度全国一共有620名独立董事辞职，凸显了由于法律条款的模糊规定，独立董事"人人自危"的现象。因此，有学者认为，给予独立董事适当的免责理由是保障独立董事制度继续存在发展的重要因素。② 基于这种考虑，印度公司事务部（Ministry of Corporate Affairs）在2011年颁布重要通告，采用列举的方式指出了独立董事可以获得免责的情形，但仍未对独立董事"错误行为"和"专业知识所限"之间的因果关系进行明确的阐释。

实践中，对独立董事免责事项大多是基于判例来解释的。印度最高法院在雷蒙德合成材料有限公司诉印度联邦案③中认为，首先，笼统概括"董事责任"而未对独立董事和执行董事的问责机制进行区分是欠妥的。其次，在对董事问责时，判定独立董事与执行董事的"错误行为"与"专业知识不足"之间存在的因果关系时，应当采取不同尺度的解释标准，对独立董事的免责事由进行"扩大解释"，以"从宽"的原则对独立董事问责。最后，与公司执行董事不同，独立董事并未参与公司每日、每个具体事项的经营，仅对特定的事项才行使表决权或异议权。因此，印度最高法院认为，与执行董事和经理的问责方式不同，独立董事仅须在证明其与执行董事与经理存在串谋行为时，才应当被问责。印度最高法院的这一观点具有典型意义，为后续案例所引用。在阿胡贾诉沃拉案④中，法院同样认为，除非有明显证据证明独立董事参与了公司董事或者高管的违法行为（例如伪造会计账簿等），否则在通常情况下独立董事应当免于被问责。

---

① Rajesh Chakrabarti, "The Drop in the Number of Independent Directors Bodies Ill for Corporate Governance", March 15, 2011, http：//articles. economictimes. indiatimes. com/2011-08-20/news/29909298_1_independent-directors-satyam-crisis-satyam-scandal, 2021-3-21 访问。

② Santosh Pande & Valeed Ahmed Ansari, "Effectiveness of Independent Directors on the Board of Indian Listed Companies：Are the Recent Regulatory Changes Enough？", November 8, 2013, http：//papers. ssrn. com/sol3/papers. cfm? abstract_id=2351693, 2021-3-21 访问。

③ *Raymond Synthetics Ltd v. Union of India*, (1992) 73 Com. Cas. 762（SC）.

④ *K. K. Ahuja v. V. K. Vora*, (2009) 10 SCC 48.

关于独立董事的免责问题，笔者的观点与雷蒙德公司案中印度最高法院的观点相类似。首先，作为非执行董事，独立董事的责任标准必须要与执行董事以及直接从事公司经营活动的其他高级管理人员进行区分。其次，与执行董事或直接从事经营管理的公司高管可以通过商业判断原则（business judgement rule）来免责相类似，不从事公司每日经营活动的独立董事，也应当可以通过证明自己并未参与某个被追责事件来免责。除此之外，笔者还认为，证明独立董事参与被诉事件的举证责任应当遵循"谁主张，谁举证"的原则，由对方承担。

（二）虚拟股东大会

在传统的公司法理论中，股东大会是在特定的物理空间内召开的。随着信息技术的不断发展，传统的股东大会模式也得到了创新，股东可以打破传统模式，通过互联网远程参会，听取与会人员的报告、提出质询、听取答复以及进行事项表决等。① 早在1989年，美国特拉华州就允许公司采用电子传输方式进行投票。2000年7月，特拉华州修改该州公司法，允许股东通过网络通信工具远程行使投票权，这一规定实际上赋予了远程通信投票与书面投票同等的法律效力。② 目前，美国已有48个州允许公司利用互联网作为媒介召开股东大会。虚拟股东大会实际上已成为美国公司——尤其是公众公司——较为普遍的一种召开股东大会的方式。③ 除美国外，英国也在2000年通过了《电子通信法》（Electronic Communications Act），明确了股东通过电子方式进行的远程表决与现场形式的表决具有同等效力。作为亚洲最早推行虚拟股东大会的国家，日本于2001年通过了商法修正案，允许股东通过电子方式远程进行表决。虚拟股东大会通过制度性创新，鼓励股东积极参与公司治理，促进了公司治理的民主化发展，避免了拥有众多股东

---

① 冯果、李安安：《投资者革命、股东积极主义与公司法的结构性变革》，《法律科学》2012年第2期，第115页。

② Elizabeth Boros, "Virtual Shareholder Meetings: Who Decides How Companies Make Decisions?", *Melbourne University Law Review*, vol. 28, no. 2 (2004), pp. 267-268.

③ 同上。

且股东较为分散的公司（尤其是大型公众公司）在召集股东大会时，小股东由于路途遥远、所占权重小等原因而怠于参加股东大会。

印度为了鼓励股东积极参与公司治理，提高公司治理的民主性，也在法律中确认股东在虚拟股东大会与实体股东大会上的表决具有同等效力。① 但2013年《公司法》并未对相关操作细则做出具体规定。例如，何种事项可以通过虚拟股东会决议，公司是否可以完全用虚拟股东会取代实体股东会，虚拟股东会召开时要达到什么样的标准才可被认定与实体股东会具有同等的效力等。对于这些问题，印度的理论界和实务界存在观点分歧。2014年孟买高等法院审理的戈德瑞（Godrej）案，是2013年《公司法》通过并颁布以后第一个有关虚拟股东大会的判例。孟买高院在此案中再一次提出并且讨论了两个关键问题：其一，虚拟股东大会是否可以对所有事项进行表决；其二，股东的知情权和参与度应当如何在虚拟股东大会上得到充分保障。② 本部分将结合2013年《公司法》中关于虚拟股东大会的条款、"第49条"对上市公司虚拟股东大会的相关规定以及孟买高院对戈德瑞一案的判决，分析印度现行的相关制度。

1. 2013年《公司法》与"第49条"对虚拟股东大会的规定

2013年《公司法》第110（1）（a）条规定，针对特定的决议事项以及一些其他的公司商业决策，为保障股东的充分参与权，公司必须通过召开虚拟股东大会的方式，允许股东通过网络电子投票，对事项进行表决。上述条文中"特定的事项"一般包括会影响公司性质和实质性经营的事项，例如更改公司章程以及此更改能会导致公司性质的改变（例如从公众公司变为有限公司），增发代表不同表决权的特别股等将会实质影响股东权益的事项。2013年《公司法》第110（1）（b）条规定，对于上述"特定的事项"之外的其他事项，公司可以选择通

---

① Section 2 (65) of the Indian Companies Act 2013.
② Khushboo Narayan & Ashish Rukhaiyar, "Bombay HC Raises Concerns over E-Voting Provisions", June 3, 2014, http://www.livemint.com/Politics/vaEVpPKsejPkH27JZY84zH/Bombay-HC-raises-concerns-over-evoting-provisions.html, 2021-3-21访问。

过召开虚拟股东大会的方式，允许股东进行电子表决。

很显然，根据 2013 年《公司法》的规定，对于实质影响股东权益的事项，为了保障公司治理的民主性以及鼓励股东充分参与公司治理，公司应当召开虚拟股东大会并允许股东进行电子投票。对于其他非具有实质影响的事项，公司可以在召开虚拟股东大会和实体股东大会两种模式之间进行选择。①

对于上市公司而言，为了保障上市公司广大股东对公司决议事项的参与权，尤其是鼓励众多分散的小股东参与公司治理，"第 49 条"也规定上市公司应当召开虚拟股东大会，并允许股东用电子投票的方式对实质影响股东利益的事项进行表决。

2. 戈德瑞案评析

戈德瑞案争议的焦点问题是，在虚拟股东大会上通过电子投票方式表决通过的戈德瑞公司并购瓦达拉公司的方案是否有效。尽管 2013 年《公司法》采用未穷尽的列举方式解释哪些是仅能通过虚拟股东大会进行表决的"特定的事项"。但是根据法意解释，笔者认为，公司并购方案应当被视作"实质性影响股东权益的事项"。因此，根据印度法律的规定，戈德瑞公司的做法并无不妥。但孟买高院在判决中支持原告股东的诉求，并指出由于戈德瑞公司并购案所涉金额并未达到公司资产的 1%，因此不应当将此认定为"实质影响股东权益的事项"。孟买高院进一步指出，在虚拟股东大会中，股东对决议事项的知悉和质询都受到限制，因此印度法律规定股东只能通过虚拟股东大会对公司重大事项进行表决这一做法是欠妥的。② 戈德瑞案引发了印度学界和实务界对虚拟股东大会的讨论：虚拟股东大会以及股东的电子投票方式在保障股东充分参与公司治理的权利、提升公司治理的民主性的同时，

---

① Vatsala Sahay, "Corporate Governance, Virtual Shareholders' Meetings, and Analyzing Godrej: The Bombay High Court Decision on the Indian Companies Act 2013", *International Company and Commercial Law Review*, vol. 25, no. 11 (2014), p. 399.

② 参见孟买高院对戈德瑞一案的判决书第 11 和 17 段，https://docs.google.com/viewer? a = v&pid = forums&srcid = MTA5MzI5MDk0NjAyMTA5MDUxMzIBMTM5MTE5MjMwODEzNjE4NDE2MzMBV2RzWXFBZFFfeGdKATAuMQEBdjI, 2021-3-21 访问。

是否在保障股东在决议事项上的知情权和质询权上存在缺陷？此外，如何在法律中明确虚拟股东大会和实体股东大会在决议事项上的关系也成为戈德瑞案之后讨论的焦点。

3. 实体股东大会与虚拟股东大会：价值的权衡与考量

笔者认为，虚拟股东大会的出现，并不意味着传统模式下实体股东大会的消亡，两者之间应当形成互补的关系。虚拟股东大会是为了鼓励股东积极参与公司事项的表决、提升公司治理的民主性。由于传统的"一股独大"的现象在印度普遍存在，大股东为了垄断对公司经营事项的决定权，可能利用小股东分散各处这一特点，将实体股东大会的地址选择在路途遥远且不便的地方，让本来想参加股东大会的其他股东知难而退。① 因此，2013年《公司法》与"第49条"均强制规定，公司必须且仅能通过召开虚拟股东大会对实质性影响股东权益的事项进行决议。然而，戈德瑞案中孟买高院的观点也从另一个角度指出了虚拟股东大会无法像实体股东大会一样为股东提供一个"议事场所"，股东无法互相交换意见以及提出即时性的征询。虚拟股东大会强调了股东的"投票权"，却弱化了股东的"议事权"。

鉴于此，如何划分两种股东大会模式所决议事项的范围，进行虚拟股东大会的选择权应当留给公司还是由法律强制规定，是解决问题的关键所在。2013年《公司法》以及"第49条"将决议事项划分为实质性影响股东重大权益的和非实质性影响股东重大权益的两类。并且为了保障股东的投票权，避免实体股东大会的"低出席率"，法律规定前者必须且仅能通过虚拟股东大会决议。在这个问题上，笔者支持现行法律规定的做法，并认为应当对"实质性影响股东权益事项"的范围采取从宽解释，尽可能地保障股东参与公司治理以及公司经营事项的投票权。理由主要有如下两点：第一，如上文所述，印度普遍存在"一股独大"的现象，小股东权益保护已成为近年来印度公司治理

---

① Vatsala Sahay, "Corporate Governance, Virtual Shareholders' Meetings, and Analyzing Godrej: the Bombay High Court Decision on the Indian Companies Act 2013", p. 403.

改革的重点之一;① 第二,实证研究证明,在印度公司尤其是拥有众多散户的上市公司中,出席实体股东大会并参与表决的小股东不足股东总人数的 10%。② 最后,笔者认为,虚拟股东大会在保障股东"议事权"方面的不足,并非当下印度公司治理所面临的迫切问题。根据印度的公司治理现状,应当先保障股东的"投票权",之后可再考虑进行制度优化和创新,实现股东的"议事权"。

(三) 关联交易

与欧美国家相对分散的股权结构相比,亚洲国家相对集中的股权结构容易滋生关联交易。③ 由于股权高度集中,"一股独大"的普遍存在使得如何规制关联交易成为印度公司治理的一项重要任务。印度 2013 年《公司法》也对如何更全面地规制关联交易行为进行了一系列改革。本部分将结合 2013 年《公司法》以及"第 49 条"中关于规制关联交易的条款,分析关联交易中的若干具体要素以及潜在的问题,例如非利益相关方的同意、关联交易的"豁免规则"等。

1. 关联交易的范围:法律的列举式规定

2013 年《公司法》第 188 条第 1 款明确了本法所指的关联交易的定义,并同时列举了关联交易的几种形式,包括与关联方签订购销合同、财产租赁合同、中介合同等。对关联交易行为的禁止早在 1956 年《公司法》就有所涉及,但在近几年一系列公司丑闻曝出之后,为了加强公司治理以及杜绝造假等丑闻的发生,新法对关联交易的规制做出

---

① 上述观点见于多篇文献,例如 Vikramaditya Khanna & Bernard Black,"Can Corporate Governance Reforms Increase Firm Market Values? Event Study Evidence from India", *Journal of Empirical Legal Studies*, vol. 4, no. 4 (2007), p. 749; Leora Klapper & Inessa Love, "Corporate Governance, Investor Protection, and Performance in Emerging Markets", *Journal of Corporate Finance*, vol. 10, no. 5 (2004), p. 703; Ananya Mukherjee Reed," Corporate Governance Reforms in India", *Journal of Business Ethics*, vol. 37 (2002), p. 249.

② Madan Bhasinand Manama Adliya," Corporate Governance Disclosure Practices in India: An Empirical Study", *International Journal of Contemporary Business Studies*, vol. 2 (2011), pp. 50-51.

③ 李文莉:《〈亚洲滥用关联交易监管实用指南〉评述及启示》,《法学》2011 年第 5 期,第 105 页。

了更为严格的规定,例如扩大了可能被认为是涉及关联交易的行为范畴。

根据印度法律的规定,公司与关联方在"批准途径"(approval-based mechanism)以及"披露途径"(disclosure-based mechanism)下进行的交易可被视为法律所允许的"关联交易"。[①] 批准途径指的是,如果非相关利益股东、董事或独立董事明确表决同意公司与某个关联方所进行的交易行为,那么这个交易则不被认为是关联交易。"披露途径"主要指的是,根据《印度会计准则》(Indian Accounting Standards)以及《国际财务报告准则》(International Financial Reporting Standards)的相关要求,对相关交易的账目、收益以及成本等进行公开,并供审计等部门公开监督。[②]

在对关联交易具体类型的范围划定问题上,印度在2013年《公司法》的修订提案中采取的是"原则式路径"(principle-based approach)。这种路径具体指的是,一旦一个交易行为受公司内部利益人士所"控制",并且该交易会对公司利益产生实际的"负面影响"时,该种行为则应当被认为是法律所禁止的关联交易。[③] 然而,其后颁布的2013年《公司法》在法律条文的设计上,并未采取提案中的"原则式路径",而是采用了绝大多数亚洲国家采用的"列举式",即由法律直接列举出法律禁止的关联交易行为。与1956年《公司法》相比较,2013年《公司法》扩大了法律禁止的关联交易的种类范围。旧法仅禁止买卖合同、货物供应合同、服务供应合同等形式的关联交易,而新法从实质上扩大了可能被认作"关联交易"的交易种类,例如订立中介机构选择合同等。

[①] Press Trust of India, "Satyam Scam Will Help Improve Corporate Governance: ICAI", April 19, 2010, http://articles.economictimes.indiatimes.com/2010-04-19/news/28447252_1_satyam-scam-corporate-governance-satyam-saga, 2021-3-21 访问。

[②] 同上。

[③] Bhavna Pattanaik, "The Changing Law on Related-party Transactions: Easing Business at the Cost of Minority Shareholders?", *International Company and Commercial Law Review*, vol. 27, no. 5 (2016), p. 150.

2013年《公司法》第2条第76款还直接明确公司董事的亲属、公司主要管理人员的亲属以及公司董事高管亲属实际控制的公司等均有可能被认为是交易的"关联方"。而原先的1956年《公司法》并未详尽阐述或列举什么样的交易对象会被认为是"关联方",仅笼统禁止公司董事、高管的直系亲属成为合同相对方。这被认为是旧法中的一个重大缺陷,也被认为是印度公司小股东权益屡受侵害的原因之一。①

2. 非利益相关方的批准

2013年《公司法》中对关联交易的相关规定,后被认为过于严苛而影响了公司日常运作的效率以及经营活动。因此,基于"促进营商便利化"(ease of doing business)的考虑,2015年《公司法修正案》对关联交易相关规则的修改提出了议案。首先,《修正案》对关联交易的"批准"问题进行了重构。2013年《公司法》规定,如果一项交易同时征得非利益相关董事以及非利益相关股东的同意,那么此项交易可以不被视为法律所禁止的关联交易。并且,2013年《公司法》进一步规定,必须通过特别决议才可以批准此项关联交易。这意味着至少要75%的非关联股东投票同意,此项关联交易才能不为法律所禁止。立法者认为,"75%"以及"特别决议"这两项规定缺乏可行性。倘若据此执行,公司的管理人员将花费极大的精力和时间在召集绝大部分非利益相关股东进行表决上,这势必对公司日常运作效率造成负面影响。针对此问题,《修正案》认为仅需一般决议就可批准某项交易,即获得过半数非利益相关股东的同意即可。2015年《修正案》的这一规定,被视作对关联交易的"松绑"。② 此外,为了保持规则的一致性,"第49条"也在2015年9月对上市公司非利益相关股东对关联交易进行表决这一问题上进行了"松绑",以一般决议取代了原先要求的特别

---

① Bhavna Pattanaik,"The Changing Law on Related-party Transactions: Easing Business at the Cost of Minority Shareholders?", p. 150.

② Sai Venkateshwaran,"The Amendments to Companies Act are a Great Relief to India Inc", http://www.dnaindia.com/money/report-the-amendments-to-companies-act-are-a-great-relief-to-india-inc-2090029,2021-3-21访问。

决议。

除此之外，2013年《公司法》还规定关联交易必须由公司的审计委员会审批，这一规则也被认为过于严苛。公司每天都会进行大量日常重复性交易，倘若每一个被怀疑为法律禁止的关联交易都需要审计委员会审批，则必然降低公司的日常运营效率。① 针对此问题，2015年修正案指出，公司审计委员会可以发布总括性综合标准，例如仅当该合同标的额达到或超过1000万印度卢比，或该合同所述事项持续时间要多于1年时，合同才需要提交给审计委员会批准。与《修正案》类似，"第49条"对上市公司关联交易经由审计委员会批准方面，采取的也是总括性综合标准，仅符合该标准的关联交易才必须经由审计委员会批准，此举有利于提高公司日常经营效率。

3. 关联交易的"实质性门槛"

除利益相关方的批准之外，印度法律还规定，关联交易仅在达到"实质性门槛"（materiality thresholds）时，才需要提交给非利益相关董事或股东进行表决，以确定其是否为法律所禁止的关联交易。未达到该"实质性门槛"的交易，则不须经由非利益相关方的表决即可认定为法律允许的"关联交易"。"实质性门槛"的内容包括，例如，实缴股本达到一亿印度卢比的公司，无论交易所涉金额大小，均需提交非利益相关方进行表决，以确定其是否为关联交易。或仅当所涉交易金额大于一定数额时，此项交易才必须通过非利益相关方的表决才可得到"批准"。但由于这两个条款在实际操作上存在困难，印度公司事务部在《公司（董事会会议及其权力）修正规则（2015）》（Companies [Meetings of Board and its Powers] Amendment Rules 2015）中指出，上述第一个"实质性门槛"应当被废止。一项交易是否需要提交非利益相关者进行表决，应当取决于合同所涉价值而非公司股本。该法案进一步指出，当合同标的额达到或超过公司年营业额的25%、公司资本

---

① Padmini Srinivasan, "An Analysis of Related-party Transactions in India", 2013, http：//papers.ssrn.com/sol3/papers.cfm? abstract_id=2352791, 2021-3-21访问.

净值的 10% 或 10 亿印度卢比时，无论公司实缴资本额为多少，该交易合同都必须提交给非利益相关方进行表决以确定其是否为法律所禁止的关联交易。①

4. "正常商业行为过程"（ordinary course of business）以及"常规价格"（arm's length price）

除了"实质性门槛"之外，2013 年《公司法》还规定如果交易合同属于"正常的商业行为过程"且合同所涉价格是"常规价格"，那么此交易则不需要提交给非利益相关方批准。但 2013 年《公司法》未明确解释什么是"正常的商业行为过程"以及"常规价格"，因此导致实践中的困难。对于上市公司，"第 49 条"并未做出这两种例外性的规定，其仅规定但凡达到"实质性门槛"的关联交易都必须经由非利益相关方批准。

5. 2013 年《公司法》与"第 49 条"在关联交易问题上存在的分歧

2013 年《公司法》与"第 49 条"在关联交易，尤其是上市公司的关联交易上的相关规定存在矛盾之处，主要体现在以下两点。

第一，对"什么是关联交易"的认定存在不同。如上文所述，2013 年《公司法》采取"列举式"方法列举了关联交易所涉的具体合同类型以及什么样的合同缔约方会被认为是"关联方"。但"第 49 条"对关联交易行为类型以及关联方认定的规定，不仅包括 2013 年《公司法》中的内容，也包括《印度会计准则》中的相关规定。在《印度会计准则》中，任何能对公司产生实际控制或实质影响的人、此人的亲属以及上述几类人所实际持有的公司，均被认为是"关联方"。由此可见，"第 49 条"对关联方的定义采取的是"原则式路径"，而非 2013 年《公司法》中简单的"列举式"。因此，"第 49 条"中"关联方"的范围要广于 2013 年《公司法》所列举出的范围。

---

① Companies (Meetings of Board and its Powers) Amendment Rules 2015, Rule 15, https：//www.icsi.edu/portals/70/3.pdf, 2021-3-21 访问。

第二，在例外规则方面，"第 49 条"也采取了《印度会计准则》的标准，不认为"正常的商业行为过程"以及"常规价格"可以作为"关联交易"的例外。而 2013 年《公司法》则承认"正常的商业行为过程"以及"常规价格"可以作为"关联交易"的例外。两部法律的分歧在实践中可能造成以下困局：当一个上市公司和非上市公司按照正常价格进行常规商业行为时，代表该上市公司参与合同缔约的一方很可能会因涉嫌关联交易被审查，而非上市公司的缔约方则可以免于被诉"关联交易"。

对于 2013 年《公司法》和"第 49 条"中存在的分歧和矛盾，笔者认为，这主要是由于两者对于具体规则设计的意图有所不同。如前文所述，2013 年《公司法》中的某些规定被认为过于严苛，例如关联交易必须经由特别决议批准等。因此，2015 年公司法《修正案》对这些规定进行"松绑"。实际上，近年来印度《公司法》为了促进营商便利化，避免对公司的日常运营活动造成负担，修改了诸多严苛的规定。但"第 49 条"则不同，该法旨在进一步规范上市公司的公司治理，加强对广大小股东的保护。因此，在《公司法》中被认为过于严苛的制度，正是"第 49 条"中为了规范上市公司治理所强调和采用的。鉴于两者的倾向不同，在具体的规定上产生矛盾也不足为奇，但实践中也应当逐渐发现和统一这些分歧之处。

作为新兴市场经济国家之一，印度的公司治理水平广受赞誉，这与印度政府长期以来致力于优化公司治理不无关系。同时，作为曾经的英国殖民地，印度在法律传统上继承了英国法的精髓，为其公司治理制度构架的设计提供了良好的基础。印度公司治理制度的沿革和发展以及印度《公司法》的改革道路，均值得许多国家尤其是股权相对集中的发展中国家借鉴。作为新兴经济体，中国也存在股权过分集中、一股独大以及小股东（尤其是散户）的权益较难保障等现象。因此，研究印度公司治理制度如何发展、具体规则如何设计，对我国亦具有现实意义。

第二十一章　印度环境问题的司法治理

印度自殖民时期被迫开启国门，到独立后施行计划经济追求快速增长，其环境问题伴随现代化进程而日益严峻。恒河不再清澈，泰姬陵不再洁白，喜马拉雅山麓的森林遭到滥伐，民众的健康日益受损，而印度的环境法发展却一度陷入停滞，无力做出回应。这一情况到20世纪70年代似乎有了很大转变，新的环境立法层出不穷，然而博帕尔事件却很快以惨烈的后果再次显示出印度环境治理的失序和环境法治的危机。

面对频发的公害事件和高涨的环境运动，印度的环境法治在20世纪80年代后隐隐呈现出以司法而非立法和行政机构为核心的运作模式，即印度最高法院通过公益诉讼推动印度的环境改善。在此过程中，印度法院采取了怎样的阐释策略，以何种理由为自身的能动主义寻求正当性？当环境运动开始直接或间接地进入环境公益诉讼程序，法院对环境问题的司法治理[①]面临哪些张力？其限度又何在？这一切正是本章关注和讨论的问题。

一、印度环境法治的困境

（一）印度环境问题的产生

印度文明孕育了独特的环境观。在古代印度，现代意义上的环境

[①] 本章中"司法治理"与英文 judicial governance 可相对应，但同时也涉及赫希（R. Hirschl）所使用的 juristocracy（通常也被译为"司法治理"但意涵略有差别）概念。参见 R. Hirschl, *Towards Juristocracy: The Origins and Consequences of the New Constitutionalism*, Harvard University Press, 2004.

法虽不存在，但是能够实现环境保护功能的观念、习惯和制度安排却并不少见。① 这固然与进入祛魅的现代社会之前，人类对自然留存的敬畏有关，但也离不开印度文化自身的独特性。泰戈尔曾指出，不同于被城墙包围的古希腊文明，印度文明产生于森林，与自然紧密联系。② 印度教崇尚梵我同一，故而在其环境观中，不仅人的灵魂与梵同一不二，除人以外的万物也都有灵，俱是梵的显现形式，与人在本质上同源。因此，要追求"梵我合一"的境界，就必须平等对待一切生物，寻求与自然的统一。不论是阿育王碑中以月相和星象规定禁渔期和禁猎期，③ 憍底利耶记述国王具有保护森林和动物栖居地的职责，④ 还是印度教提倡不杀生和食素，都体现了这一观念。也正是由于人们格外注重维持宇宙及物序平衡，⑤ 在生产力发展较为缓慢的历史阶段，古代印度社会中人与自然的关系维持着一种较低利用水平下的稳态。

不过，面对殖民者及其带来的现代工业文明，这种微妙的平衡显得颇为脆弱。伴随垄断资本主义的发展，巨大的工业消耗使得殖民者亟须从各个海外殖民地攫取自然资源。英国殖民者固然将现代环境法的种子⑥带到了作为其法典编纂"试验田"⑦ 的印度，但有利于环境保护的法规并不曾真正落实，反倒是殖民者的经济利益追求在法律的保障下大行其道：森林砍伐、矿产开采等资源掠夺行为直接造成了许多

---

① S. Divan & A. Rosencranz, *Environmental Law and Policy in India: Cases, Materials and Statutes*, 2nd ed., Oxford University Press, 2002, pp. 3-5.

② 罗宾德拉纳特·泰戈尔：《人生的亲证》，宫静译，商务印书馆1992年版，第4—6页。

③ K. Gupta, *Kautilyan Jurisprudence*, B. D. Gupta Publishers, 1987, p. 155.

④ Romila Thapar, *Asoka And the Decline of the Mauryas*, Oxford University Press, 2012, p. 264.

⑤ 参见高鸿钧：《古代印度法的主要内容与特征——以〈摩奴法论〉为视角》，《法律科学》2013年第5期，第29—30页。

⑥ 在英国殖民者的直接影响下，19世纪中期的印度已经出现散落于各个法案中的环境保护规定。尽管这些环境保护法规一些有地域的局限性，另外一些则局限于特定环境保护领域，但这些环境立法在当时已属先进。参见同上文，第30—31页。

⑦ 卡鲁娜·曼特娜：《帝国的辩解——亨利·梅因与自由帝国主义的终结》，何俊毅译，华东师范大学出版社2018年版，第138页。

不可逆转的生态后果，空气和水污染等问题日益严峻，工业经济所带来的其他环境负外部性亦初露端倪。①

印度独立后，尼赫鲁政府迫切希望印度能通过民主政治加计划经济的模式，快速实现国家工业化并消除贫困。相较于甘地对于工业化、现代性的拒斥和对乡村共和国略带乌托邦色彩的想象，尼赫鲁的发展蓝图有其现实合理性。然而，印度一度为了追求经济增长目标，忽视环境保护。尽管尼赫鲁本人早已对迅速工业化所带来的危害有所警惕，②但印度经济发展的环境负面效应却与日俱增。更令人遗憾的是，在相当长的历史阶段中，印度政府及法院在法律层面的回应都显得匮乏。事实上，从独立后到在20世纪70年代前，印度在环境和自然资源领域几乎完全沿用了殖民时期的法律制度及行政管理模式，未能及时和妥善地加强环境保护。③

以古哈（R. Guha）为代表的批评者也指出，印度政府在这一阶段施行的指导原则加剧了社会不平等和环境恶化问题。首先，在印度政府大力促进经济的增长时，最大的受益者仍是社会顶层的精英。④以计划经济体制下的国家补贴为例，这些补贴使得许多初级产品的价格降低，而印度社会中更有特权的精英阶层通常能从这种缺乏基层民主监督的国家管理下更多地获利。⑤其次，发展的涓流效应虽可分散惠及生态系统中的底层印度人，却不成比例地破坏了他们生存的自然环境。由于长期的环境影响在政府决策中受到忽视，大规模的发展项目

---

① S. Divan & A. Rosencranz, *Environmental Law and Policy in India: Cases, Materials and Statutes*, pp. 25-30.
② 贾瓦哈拉尔·尼赫鲁：《印度的发现》，向哲濬等译，上海人民出版社2016年版，第373页。
③ M. Gagil & R. Guha, *Ecology and Equity: The Use and Abuse of Nature in Contemporary India*, Routledge, p. 14.
④ 同上书，第59页。
⑤ 同上书，第46页。这些措施加剧了印度的社会贫富分化，而国家补贴下过分廉价的资源获取成本也极易造成自然资源滥用和环境破坏。

和快速的城市化进程催生出大量的"生态难民"①。这些人无法继续依赖自然条件生活,在城市也没有体面的容身之所——各类大规模水资源调度和利用项目就是典型的例子。② 最终结果是,富人有足够的财力居住在环境较好的社区,获取相对清洁的食物和水源,而穷人则不得不在贫民窟承受环境破坏最直接的影响,在垃圾和废水的包围下艰难求生。

回顾印度近现代以来的历史可以发现,现代化与工业文明侵蚀了古代印度时期传统的社会结构及环境观念。因此,穷人与富人之间的斗争、乡村与城市之间的裂痕、传统与现代之间的纠缠等从殖民时期延续而来的冲突在印度独立后所选择的发展模式下愈演愈烈,也令印度环境问题格外突出

(二)印度环境立法与行政的困境

在这一背景下,以"抱树运动"(Chipko Movement)为代表的印度环境运动自20世纪70年代逐渐兴起,③ 来自喜马拉雅山麓的呼喊令英迪拉·甘地政府不得不下令限制该地的森林砍伐活动。而1972年夏天的斯德哥尔摩会议则成为进一步加速印度国内环境立法发展的重要历史契机。为履行其在会议中的承诺并回应国内民意诉求,印度政府开始积极推动环境立法,使之基本涵盖空气、水、动物和森林等各个

---

① 参见马德哈夫·加吉尔、拉马钱德拉·古哈:《这片开裂的土地——印度生态史》,滕海键译,中国环境科学出版2012年版。加吉尔和古哈将印度社会中的人分为三类以分析印度的环境问题:居住在城市中、无节制消费的"杂食者",居住在森林或乡村、与自然共存的"生态人",以及丧失原有生存环境的"生态难民"。对古哈的分类的其中一种反对观点可参见艾玛·莫兹利的批评,她指出印度对环境的想象基于的是不同中产阶级群体的共识,并且通常反映了更广泛的社会和政治辩论。参见 E. Mawdsley, "India's Middle Classes and the Environment", *Development and Change*, vol. 35, no. 1 (2004), pp. 79-103。
② 大型水坝能为规模化的农业生产提供水源,也要为城市生活和生产提供电力能源。这些项目得到了政府的大力支持,而相应的直接损失则更多由小农、部落民、牧民、农村手工艺者负担,他们的基本权利并没有得到实质保障,长期的环境影响也在决策中受到轻视。与之相对,小型村社水坝处于持续衰减的状态。M. Gagil & R. Guha, *Ecology and Equity: The Use and Abuse of Nature in Contemporary India*, p. 21.
③ 帕麦拉·菲利浦:《印度妇女的抱树运动》,吴蓓译,《森林与人类》2002年第2期,第25—26页。

环境和自然资源保护领域,① 与国际环境法原则接轨。在宪法层面,1976年印度宪法第四十二修正案首次规定,国家和公民均负有"保护和改善环境"的义务,② 并对印度联邦政府和各邦之间的环境保护立法权力进行了重新划分,此后联邦议会便可直接运用该权力将环境保护的国际责任转化为国内立法。③

但是,印度在危机响应模式之下涌现出的大量环境法律,出现了较为严重的封闭性和碎片化趋势。封闭性意味着当时各类环境立法在进入议会之前通常对公众保密,只有少数情况下才会征询公众意见,甚至是在公众的强烈要求下才可能有所公开。当启动征询程序时,立法机构提供的讨论时间不够充分。碎片化则主要是由于立法机关在设计法案相应条文时,没有顾及这些条文与既有法律之间的潜在冲突,不少立法概念模糊或未能与其他法律相衔接。

不过,印度环境法的致命缺陷或许不仅在于立法过程或立法技术层面的瑕疵,④ 而且更在于行政机构执行不力。在频发的公害事件中,最为严重是1984年发生在博帕尔市的工厂氰化物泄漏事件,该事件造成数十万人伤亡,⑤ 极为惨烈地昭示了书本之法与行动之法的差别。在博帕尔事

---

① 有关环境立法译文参见杨翠柏主编:《印度环境法》,巴蜀书社2008年版。对主要环境立法重要规定、变化趋势的评述参见 S. Divan & A. Rosencranz, *Environmental Law and Policy in India: Cases, Materials and Statutes*, pp.58-87。

② 修正案第48条A款和51条A款g项体现在印度宪法的第四编中,严格来说仅是在国家政策指导原则的内容中添加了国家和公民对环境的义务,而没有创设具有宪法基本权利性质的环境权。孙谦、韩大元主编,《世界各国宪法》编辑委员会编译:《世界各国宪法》亚洲卷,中国检察出版社2012年版,第787页。

③ 该宪法修正案增加了联邦权力清单条目13,扩大了宪法中央与各邦的"共同权力清单",结合条目13以及宪法第253条("外部事务"条款),联邦政府的环境立法权限进一步提升。

④ 也有观点认为"瑕疵"有时不是时间压力下的立法技术缺陷,而是由于缺少共识而有意遗留的妥协性安排。关于印度环境立法中存在的瑕疵及其他可能原因,参见 Dhvani Mehta, *The Environmental Rule of Law in India*, Magdalen College, University of Oxford, D Phil Thesis, 2017, pp.44-45。

⑤ 1984年12月3日凌晨,美国联合碳化物公司所属的联合碳化物(印度)有限公司设于印度中央邦首府博帕尔市贫民窟附近的一所农药工厂发生氰化物泄漏,造成至少2万人死亡,约55万人受伤,逾3万人因此永久残疾。参见 P. Meagher, "Environmental Protection and Industries in Developing Countries: The Case Of India Since Bhopal", *The Georgetown International Environmental Law Review*, vol.3, no.1(1988), pp.1-5。

件发生前，1974年《水（污染预防和控制）法》（Water［Prevention and Control of Pollution］Act）和1981年《空气（污染预防和控制）法》（Air［Prevention and Control of Pollution］Act）虽授权设立了专门行政机构以针对严重违法行为提起刑事诉讼，或对违法行为处以罚金。但是在这两部法律中，起诉资格受到严格限定，处罚手段也仅有刑事诉讼和罚金两种。加上政府机构本身在执法过程中消极应对问题，使得两部法律在现实生活中无法发挥"防患于未然"的效果，无力阻止严重的公害问题反复出现。

博帕尔的悲剧引起了立法层面的又一轮变革。首先，印度第一部综合性环境立法《环境保护法》（Environment Protection Act）终于在1986年通过，为其他环境单行法提供了基本框架，部分解决了环境立法碎片化问题；其次，针对环境行政机关在应对危机时力不从心的问题，《环境保护法》首次授权联邦政府直接发布书面命令关闭、禁止或监管任何产业、任何生产操作或过程，甚至可以直接停止或限制电力、水等能源资源的供应，显著加强了政府在环境规制方面的权力。最后，印度在环境单行法律修订中，也逐一强化了行政机关在各个环境保护领域的管理职权。以《空气（污染预防和控制）法》与《水（污染预防和控制）法》的修订为例，新法遵循《环境保护法》的精神，授权污染控制委员会采取直接关闭污染设施、判处更高的罚金或征收资源税等更为强力的行政措施。[①]

印度在20世纪70年代和80年代的两波环境立法体现了强化行政机关权能以应对环境危机的思路，主要表现为在新的环境立法中，设立众多专门化的行政机构并赋予它们广泛的权力。[②] 这一思路与世界环境法发展的总体趋势保持着密切联系。以西方发达国家为例，在福利国家阶段，环境问题的复杂性使立法机构很难事先做出事无巨细的规定，也无法对未来的环境风险做出准确预测，故而立法显著滞后。而

[①] B. Sahasranaman, *Handbook of Environmental Law*, 2nd ed., Oxford University Press, 2012, pp. 15–20.

[②] P. Leelakrishnan, *Environmental Law Case Book*, 2nd ed., LexisNexis, 2006, pp. 5–6.

面对环境问题科学性、专业性、复杂性以及环境保护的时间压力，越来越多的国家选择授予行政机构更广泛的环境管理权限，以期在必要时其能专业并快速地做出决策和施加干预，回应社会的环境治理诉求。因此，环境法治也就渐渐成为一个由行政机关主导的领域，政府的行政管理有时兼具某种准立法或准司法职能。[①]

但由于印度独特的国情，印度环境法治的发展又呈现出与西方发达国家的法律实践不太相同的一些特征。这特别表现在，那种立法推动和行政主导的环境治理模式在印度法律实践中的效果并不理想。这主要有两方面的原因。一方面，印度是采取民主制度的联邦制国家，其民主体制规模极其庞大，这导致立法层面的决策成本往往较高，需要经过中央与地方、城市与乡村、工商业与农业以及富人与穷人等多种社会群体之间的复杂博弈，这导致印度的环境立法往往是斗争和妥协的产物；另一方面，印度自独立以来在建立廉洁、高效、统一的行政体系方面成效颇为有限，拖累了印度在环境保护领域的发展。在立法对行政机构进行了大量授权后，边界含混的权力运行空间随之形成。

面对环境问题，行政机关在法律层面的权力持续扩张，在执法中却选择性使用甚至滥用这些权力。在缺少有效监督的情况下，印度政府官员往往关注自身利益，并不对民众负责，而保护环境的政策经常被发展经济和增加就业的目标所压倒。[②] 当法律保障成为空头支票，行政机构环境治理中暴露出的腐败、低效和滥权加深了民众对政府环境治理的失望和不信任，行政机构突破传统分权模式进行环境治理的合法性来源，例如其专业性、科学性以及基于有效公众参与的民主性等，也遭到怀疑，令政府的环境决策和法律实施遭遇更大社会阻力。

[①] 参见王明远：《论我国环境公益诉讼的发展方向：基于行政权与司法权关系理论的分析》，《中国法学》2016 年第 3 期，第 57—63 页。

[②] M. Gagil & R. Guha, *Ecology and Equity: The Use and Abuse of Nature in Contemporary India*, pp. 54-55.

(三)印度环境司法的挑战

立法推动和行政主导的环境治理模式的上述缺陷,迫使印度发展出一种环境运动与能动司法相结合的方式,来刺激和推动印度环境法治的发展。但印度在英国司法遗产基础上所发展出的现代司法制度能否有效回应日益严峻的环境挑战,乃至令受到环境问题影响的公民得到较为充分的法律救济?对这个问题的回答有待于我们对印度法院在推行环境公益诉讼前,针对环境问题采取的司法救济模式进行简要分析。

第一,侵权之诉能够为当事人提供一些救济,例如原告在理论上可以向法庭提起诉讼,要求被告人提供损害赔偿(damage),也可同时向法院申请禁令(injunction)。但是这更多是对平等私主体间权利冲突的协调。将环境权利作为私权给予有效保护固然很重要,却很难对政府的行为模式产生影响,也无法就上文讨论的环境法治困境产生针对性效果。[①] 而且,侵权之诉需要满足民事侵权行为的一系列要件,例如损害、过错等要素,但大规模的环境破坏往往牵涉多方主体,且损害的范围巨大,类型多样,在侵权责任的认定方面存在种种难题。不仅如此,在很多环境侵权案件中,参与环境破坏活动的主体是大型企业,甚至是跨国公司,而被侵权方则往往是城市或乡村平民,与大公司的经济实力严重不对等,这也限制了侵权之诉的作用。更重要的是,侵权之诉仅仅能够对环境破坏所牵涉的横向关系进行调节,但难以对政府与私主体之间的纵向关系进行调整。

第二,通过环境刑事诉讼惩处环境犯罪较为少见。这主要有以下原因。首先,印度环境刑法的行政附属性较为显著。[②] 立法者并未针对

---

① S. Divan & A. Rosencranz, *Environmental Law and Policy in India: Cases, Materials and Statutes*, pp. 88-91.

② 同上书,第132—133页。关于普通法国家保持单一附属刑法的倾向性,参见钱小平:《环境刑法立法的西方经验与中国借鉴》,《政治与法律》2014年第3期,第130—141页。

环境犯罪的特质集中修订《刑法典》和《刑事诉讼法》，而是将环境刑事法律条文分散在各个环境单行法中，与行政处罚规定衔接，作为其延伸和强化。在具体案件中，受政府任命的治安官（magistrate）可选择对当事人进行行政处罚或启动刑事诉讼。由于这一判断标准并不明确，也不具有法律强制性，治安官就拥有较大的自由裁量权，容易造成以罚代刑的情况。① 其次，印度环境刑法领域中不存在较为独立和抽象的环境法益，也没有采取因果关系推定的规则，故而要证成环境污染罪结果犯难度很高，难以有效预防环境犯罪。再次，在环境犯罪的审判中，印度法院并未采取严格责任原则，② 仍然强调犯罪的主观要件，要求公诉方证明被告存在故意或过失。③ 最后，即便环境犯罪的罪名成立，仍然存在公司实际负责人推卸责任给其下属以逃避刑责等问题。④ 传统刑法将保护范围限定在明确具体的法益，以此约束国家刑罚权；而在风险社会中，扩张法益外延，降低入罪标准，似乎正成为一种回应社会焦虑的趋势。不过，创设独立和抽象的环境法益虽能加强刑法对环境的保护力，⑤ 但是法益的过度精神化和抽象化也可能使"自由刑法"的价值遭到侵蚀，导致刑法沦为刑事政策的工具。⑥ 因此，印度的环境刑法虽然需要改进，但鉴于刑法自身价值取向的内在张力，印度法院的环境司法治理也不宜将环境刑事诉讼过度扩张，否则容易增加自由丧失的现实危险性。

第三，受殖民时期移植英国普通法的影响，令状制度在印度独立

---

① P. Leelakrishnan, *Environmental Law Case Book*, pp. 399-401，王树义、冯汝：《我国环境刑事司法的困境及其对策》，《法学评论》2014 年第 3 期，第 124—126 页。
② 王秀梅：《英美法系国家环境刑法与环境犯罪探究》，《政法论坛》2000 年第 2 期，第 77—78 页。
③ 在针对博帕尔事件提起的刑事诉讼中，法院严格要求证明被起诉的工厂责任人能够在悲剧发生的"命运之夜"预见工厂运作造成事故并造成伤亡的可能性。*Keshab Mahindra v. State of Madhya Pradesh* (1996) 8 JT 136, pp. 163-164.
④ 同上书，第 411—415 页。作者还讨论了印度政府和法院不愿刺破公司面纱的经济发展考量。
⑤ 参见劳东燕：《风险社会与变动中的刑法理论》，《中外法学》2014 年第 1 期，第 83 页。
⑥ 同上文，第 85 页。

后也得到沿用,并在印度宪法第 32 条与第 226 条中得到确认。在印度传统的令状请求之诉中,若涉及政府对于基本权利的侵犯,当事人可依据宪法第 32 条直接诉至最高法院,① 否则可在穷尽其他救济手段的前提下依据第 226 条诉至高等法院。② 公民依据宪法第 32 条与第 226 条提起的令状诉讼,相较一般民事诉讼在审判程序和救济手段上更为灵活、简便、快速。但是直至 20 世纪 80 年代前,令状制度基于自身传统对于诉讼主体资格和诉讼事由仍有严格限制,因此很难直接应用到环境权利的保护上。③

因此,在印度环境公益诉讼产生之前,印度司法为环境破坏行为提供的司法救济途径并不多,在法律实践中所产生的效果并不显著。

二、印度环境公益诉讼的产生

面对印度的环境危机,人们若寄望于获得立法授权的行政机构引领环境善治,则不得不面临政府低效和腐败的现实问题,甚至会出现基于民众不信任而产生的决策合法性危机。虽然印度议会通过了大量针对博帕尔悲剧的紧急立法,但政府在该事件中的监管缺位问题并未得到足够重视,本就十分有限的赔偿金在到达受害人手中前还遭到部分政府人员的克扣。印度政府的危机应对措施并未令受害者和公众满意,而不断出现的新污染事件则进一步影响了人们对政府环境治理的信心。

国家保护环境的宪法义务只是宣誓性条款吗?环境权是否属于应得到宪法救济的宪法基本权利?印度民众对健康和清洁环境的基本权利诉求在博帕尔事件后达到高峰。伴随社会对政府环境治理的不满,以及最高法院对宪法公益诉讼资格的扩展和程序的放松,大量环境案

---

① 印度宪法第 32 条。参见孙谦、韩大元主编,《世界各国宪法》编辑委员会编译:《世界各国宪法》亚洲卷,第 786 页。
② 印度宪法第 226 条。同上书,第 811 页。
③ S. Divan & A. Rosencranz, *Environmental Law and Policy in India: Cases, Materials and Statutes*, pp. 133–139.

件开始进入最高法院。印度的环境司法渐渐与20世纪70年代末紧急状态后初步确立的宪法公益诉讼制度交汇,最高法院在这一过程中把环境权利提升为基本权利,而环境公益诉讼则逐渐成为宪法公益诉讼的主要类型之一。

(一) 诉讼资格扩张与"平民主义"

传统意义上的普通法诉讼要求诉讼参与人具有一定的现实利益,才有资格通过对抗性诉讼有效地呈现事实,但印度最高法院却在紧急状态结束后极大放宽了宪法公益诉讼的起诉资格。在紧急状态之前,钱德拉胡德(D. Chandrachud)大法官等部分最高法院法官就已经开始关注印度社会的底层人群,强调宪法是为普通人创设的,应当以他们能够理解和领会的方式解释宪法,"他们越能懂得宪法,才越会热爱和珍重它"①。在紧急状态中,钱德拉胡德大法官指出,法官应当如同莫卧儿王朝时期在宫殿外悬挂金铃铛的国王贾汗吉尔(Jahangir)一样,对于诉讼资格采取一种扩张解释的立场,让所有印度人都能够摇响铃铛,令执政者注意到他们的苦难和不满。②他还强调,法院作为非民选机构需要更重视印度社会存在的大量弱势群体,以赢得道德权威。③

在1975年开始的紧急状态中,法律援助是英迪拉·甘地所提二十点计划(Twenty-Point Programme)的核心之一。④艾耶(K. Iyer)和巴格瓦蒂(N. Bhagwati)大法官都积极参与法律援助计划,领导了全国范围内促进法律服务的运动,在偏远村社中搭设法律援助帐篷、建立人民法庭(lokadalat)。在紧急状态结束后,艾耶与巴格瓦蒂作为最高法院大法官最先提出建立公益诉讼制度的构想,认为现存的普通法程序无法回应印度面临的严重社会问题。⑤

---

① *Kesavananda Bharati v. State of Kerala*, 4 SCC 225, 1973, p. 947.
② *Indira Nehru Gandhi v. Raj Narain*, A. I. R. 1975 SC 2299.
③ *Indira Nehru Gandhi v. Raj Narain*, pp. 948-949, para 1952.
④ U. Baxi, "Legal Assistance to the Poor", *Economic and Political Weekly*, vol. 10, no. 27 (1975), p. 1005.
⑤ U. Baxi, "Taking Suffering Seriously: Social Action Litigation in the Supreme Court of India", *Third World Legal Studies*, vol. 4, p. 113.

对于严格的诉讼资格限制,艾耶大法官批评西方资本主义和个人主义文化中片面强调财产和其他经济利益的传统,并从弱势群体可共享个案司法救济的角度,分析放宽诉讼资格对于基本权利保护的重要性。① 巴格瓦蒂大法官则考虑到,最需要受法律保护者由于处于社会底层往往最难接触和利用法律,若诉讼必须由法律权利或法益受直接侵害的个人(或确定的团体)提出,对公益诉讼律师等个人或团体诉讼资格的过多限制可能降低弱势群体权利保护的现实可能性,令宪法制定者在第四编所设立的目标显得"无意义"。②

印度最高法院对印度宪法第 32 条第 1 款中的"适当"③ 一词采取了颇具创造性的理解,以降低起诉门槛。巴格瓦蒂大法官认为,"适当"并不是指向某种特定的普通法程序形式,而是要在具体案件中结合宪法第 32 条的立法目的进行建构性解释。无论是借助一封寄往法院的请愿信还是记者的一篇新闻报道,最高法院大法官都可开启正式审判。④ 在此基础上,为落实判决结果、切实保障基本权利,最高法院可借助宪法第 32 条的宽泛授权,发布任何"适当"的指令、命令、令状或禁令,要求政府履行其环境保护义务。

(二)环境权利的宪法保护

最高法院秉持平民主义立场,扩大诉讼资格、放宽程序要求、保障判决施行,以回应民众的基本权利诉求,大大突破了传统令状诉讼模式严格的程序性限制。⑤ 但是,在环境法领域,印度议会仅通过第四

---

① *Mumbai Kangar Sabhha v. Abdulbhai*, AIR 1976 SC 1455.
② *S. P. Gupta v. Union of India*, AIR 1982 SC 149, p. 18.
③ 印度宪法第 32 条规定:"为实施本编赋予的权利的救济:1. 保障向最高法院就实施本编所赋予的权利提起适当诉讼的权利。2. 最高法院有权发布对于实施本编所赋予的权利而言适当的指令、命令,或者包括人身保护令、执行令、禁制令、质询令以及调卷令在内的令状。……"孙谦、韩大元主编,《世界各国宪法》编辑委员会编译:《世界各国宪法》亚洲卷,第 786 页。
④ 书信成为法院与印度社会弱势人群直接联系的重要纽带之一。仅在 2006 年,最高法院就收到了来自各地的近两万封信。根据法院工作报告,这些信件在根据预先确定的标准初步筛选后,其中约百分之一将被提交至最高法院。
⑤ B. Sahasranaman, *Handbook of Environmental Law*, pp. 62-79.

十二修正案在宪法第四编中规定了政府和公民保护环境的"义务",而没有在第三编中写明"环境权"。法院如何定位环境权利由此成为一个关键问题。

巴格瓦蒂法官认为,法院对基本权利的扩张解释在实质上是对宪法文本的"改写"(rewrite),其目的不仅是令国家不能任意行事,而且要令其在司法干预下为公众利益合理行事。① 在此过程中,最高法院视自己为"印度人民的法院"(Supreme Court for Indians),将宪法公益诉讼作为司法系统守卫公共领域和激发社会变革的双重武器。英国学者蒙斯基(W. Menski)也指出,虽然20世纪70年代大多数印度法官仍然在严格追寻现代主义者的论点和策略,但是从1975年紧急状态时期起,就已经有了值得注意的司法机关进行法律创制的再定位。② 紧急状态前后,印度最高法院法官对宪法基本结构的理解,对第三编和第四编关系的阐释也进一步变化。③ 印度宪法37条虽然规定法院不直接救济宪法第四编所规定的社会经济权利,但对基本权利的建构性阐释逐渐令第三编与第四编之间关于可诉性问题的界限不再如过去一般泾渭分明。

在古普塔诉印度联邦案④中,最高法院强调不应以形式主义的方式理解宪法,而是应以目的解释来有效维护宪法第三编的基本权利,且这一理解必须基于整部宪法,包括宪法的序言、基本权利以及国家政策的指导性原则三部分。为了论证扩张解释宪法第21条⑤的正当性,最高法院法官在判词中不断引用宪法序言,强调印度是一个"追求社会、经济、政治正义,致力于促进身份和机会平等,通过促进友爱保障个人尊严的社会主义国家"。最高法院法官在扩张解释宪法第21条

---

① N. Bhagwati, "The Role of a Judiciary in the Democratic Process: Balancing Activism and Judicial Restraint", *Commonwealth Law Bulletin*, vol. 18, no. 4 (2012), p. 1266.
② Werner Menski, *Hindu Law: Beyond Tradition and Modernity*, Oxford University Press, 2009, p. 258.
③ 参见蒋奠:《建设一个怎样的新印度?——印度立宪宪法观辨析》,《清华法学》2020年第1期,第107—120页。
④ *S. P. Gupta v. Union of India*, 2 SCR 365 (1982).
⑤ 参见孙谦、韩大元主编:《世界各国宪法》编辑委员会编译:《世界各国宪法》亚洲卷,第783—784页。

所保障的生命权时，也经常以第四编中的指导性原则为理由，从国家保护义务出发，将第四编本不具宪法请求权的内容，与第三编集中保护的基本权利相衔接。这些判例日积月累，客观上为指导性原则带来了某种程度的可司法性。

在印度宪法公益诉讼发展初期，紧急状态中遭到严重侵犯的第一代人权和面临严峻考验的第二代人权是最高法院的关注焦点。相比之下，作为第三代人权的环境权利在1984年博帕尔事件之后才被宪法公益诉讼制度吸纳，并逐渐成为新的焦点。

印度最高法院对于是否应将环境权视为基本权利这个问题采取慎重态度，因为作为第三代人权的环境权利要想得到宪法保护，就意味着最高法院对宪法基本结构的理解必须做出更大突破和转变。20世纪80年代末至90年代初，最高法院逐渐通过扩张解释"生命权"的方式，将环境权纳入宪法第21条所保护的基本权利范畴，这样，宪法第32条与第226条就可以为环境诉讼提供宪法救济的程序。①

最高法院对环境权利的宪法保护并非一蹴而就，而是在个案中逐步拓展，经历了十余年的发展过程。1985年，最高法院接到来自德拉顿乡村诉讼和权利中心的书信，并将之视为令状请愿书，首次开启了环境宪法公益诉讼。② 在肯德拉乡村诉讼和权利中心诉北方邦案③中，最高法院依据宪法第32条关闭了部分石灰岩矿区的作业，以保护当地环境。尽管法院实际上已经对环境权利进行了宪法救济，但最高法院并未在判决中明确使用宪法第21条，更没有说明第21条中的生命权是否包括享有健康与清洁环境的权利。

---

① 参见孙谦、韩大元主编，《世界各国宪法》编辑委员会编译：《世界各国宪法》亚洲卷，第786、811页。

② 此后的案件中，最高法院面对环境问题实际上一直使用保障基本权利的宪法第32条，但在一段时期内没有明确说明环境权利是否在宪法第21条所指的基本权利中。MC Mehta v. Union of India, AIR 1987 SC 1086, p.1099; MC Mehta v. Union of India, AIR 1987 SC 982.

③ The Rural Litigation and Entitlement Kendra v. State of Uttar Pradesh, 1985 AIR 652, 1985 SCR (3) 169.

直到 1991 年，法院才在苏帕什·库马尔诉比哈尔邦案①的判决中指出，生命权包括享受不受污染的空气和水的权利，如果受法律保护的生命质量受到损害，公民就有权要求最高法院依据宪法做出判决：

……任何对于基本环境要素，即空气、水、土壤等对生命必需的要素之侵害，都是宪法第 21 条所指的对生命的损害。

在维兰德·高尔诉哈里亚纳邦案②中，法院进一步论述了保障人格尊严这一基本权利必然要求生活在人道和健康的环境中的权利作为前提和组成部分：

宪法第 21 条保护作为基本权利的生命权利。享受生命……包括以一种具有人类尊严方式在其范围内生活……清洁的环境是生命健康权的部分面向，如果不能身处人道的、健康的环境之中，生存就不可能符合人类尊严。

在最高法院对生命权的扩张解释中，对生计权（right to livelihood）的保护成为了底层民众和部落民等弱势群体保护其生存环境的另一种路径。在巴纳瓦西·塞瓦诉北方邦案③中，最高法院强调了对生活在森林中的部落民的保护。由于这些人依赖自然维持生计，法院指出没有正当和公正程序，就不能要求他们离开森林环境，剥夺他们的生计。大型工程必须保障部落民重新安居的权利，否则就属于侵犯受宪法第 21 条保护的生命权。

关于环境权法律性质问题的争议一直不少。在印度，环境权的内涵与外延取决于具体情境中法院的阐释。从宪法可诉性角度来看，印

---

① *Subhash Kumar v. State of Bihar*, AIR 1991 SC 420, 424.
② *Virender Gaur v. State of Haryana*, AIR 1995（2）SCC 577.
③ *Banawasi Seva Ashram v. State of Uttar Pradesh*, AIR 1987 SC 374.

度最高法院对环境权的宪法救济突破了印度宪法文本中关于"环境义务"的既有规定,将公民对健康和清洁环境的宪法请求权落到实处,体现出法院认可环境权具有宪法基本权利性质的基本立场。不过,印度最高法院并未将环境权视为某种全新的、完全独立的宪法基本权利,而是将其作为生命权未言明的内容及实现的必要条件加以保护。印度最高法院基于生命权展开对环境权的保护,强调人与环境的联系,指出保护人类生命和尊严与保护环境本就密不可分。在权利主体问题上,印度法院建构环境权的解释路径与更为激进的生态中心主义[①]的环境权构想存在较大区别,在未否定人作为环境权主体的地位的同时,又体现出对人类中心主义环境观的反思和修正,也在一定程度上折射出印度文明环境观中所蕴含的人与万物在根本上同一和平等的关怀。

(三) 非对抗模式与司法治理现象

最高法院特别强调宪法公益诉讼具有"非对抗性",这是印度环境公益诉讼中的另一个特点。"非对抗性"是指在社会行动诉讼中,法院认为国家机关(往往作为被告)具有保护基本权利的宪法义务,故而实际上与起诉者的诉求一致。这使得社会行动诉讼区别于普通的对抗式和竞争性的审判,其合作取向为法院采取更为灵活的姿态提供了正当性。在司法实践中,法院可以根据案情设立或指定委员会,收集可以协助法院审判的案件事实。委员会做出的报告将成为判决的初步证据,在必要情况下,甚至可不必经交叉质询而认定为有效。被告律师则需在此基础上向法庭提供相对的证据,之后法院将对双方证据进行权衡。在社会行动诉讼的证据获取和认定上,最高法院向弱势群体进行了实质性倾斜,目的是避免诉讼和举证成本过高,而使得宪法第32条成为一纸空文。[②]

---

① 关于环境哲学和伦理学中人类中心主义、弱人类中心主义与生态中心主义的区分,及其与生态政治立场的联系,参见戴维·佩珀:《生态社会主义:从深生态学到社会正义》,刘颖译,山东大学出版社 2005 版,第 340 页。

② Marc Galanter, "The Study of the Indian Legal Profession", *Law & Society Review*, vol. 3, no. 2 (1968-1969), pp. 204-205.

在环境案件中，相较于普通民事诉讼和刑事诉讼制度，直接向高等法院或最高法院请愿获取令状这种特殊的诉讼方式更为灵活，更易引起社会关注。环境公益律师以及环境公益组织在诉讼资格上很少受限，在诉讼领域表现更为活跃，更易代表弱势群体发声。而基于政府与公民环境保护利益一致的假定，环境诉讼举证困难和诉讼成本高的情况也发生了很大转变。法院在一些案件中甚至不要求原告提供科学事实性的证据，如在恒河污染案[①]中，法院就并未要求原告提供关于环境污染和损害的翔实科学证据，而是默认了损害很可能或已经发生，并且在这一预设的基础上开始讨论救济手段。

针对从制革厂流入恒河的污水，印度最高法院强烈地批评了政府的不作为，强调《水（污染预防和控制）法》第16条及第17条已明确规定，中央污染控制委员会应当履行预防和控制水污染的职能，故而对影响公众的不法环境污染行为，在法定机未承担其职责时，法院应采取措施来终止这种恶性循环。法院在判决中始终强调政府的宪法义务，并极力论证司法对于环境权利的保护并未超出民选政治机关在具体环境立法和政策中已经达成的共识。法院对宪法的解释则主要被用来克服司法介入的程序性障碍，为提起诉讼和执行判决提供支持，而并非对立法进行违宪审查。

不过，当法庭深入环境问题并尝试依据法律和政策做出具体安排时，他们自身确实面临替代行政，甚至替代立法做出决策所引发的风险。例如在恒河污染案中，紧急关闭工厂所带来的失业人口和经济损失或许恰是政府机构（尤其是其中的民选官员）不愿承受之重。

三、环境运动与司法治理的限度

印度法院一面强调非对抗性，一面扩张解释基本权利，并将环境

---

① *MC Mehta v. Union of India & Others*, 1988 AIR 1115（1988）。这一关于恒河污染治理的案件是 MC 律师事务所提起的系列社会行动环境公益诉讼中的一件。

问题纳入司法治理的范畴。这一模式在过去数十年的实践中基本得到了政府的默许甚至配合。而回溯印度最高法院与议会的斗争史，政府对于法院司法能动的默许态度并非常态。这一态度在后紧急状态时代才渐渐出现，而法院更是在博帕尔事件这一重大环境事故之后，才开始大量介入环境治理问题。

赫希（R. Hirschl）曾指出，在变革阶段的社会，司法权的扩张与违宪审查的盛行并不由法院单方面决定。在赫希的理论中，司法治理现象的出现主要有三个前提条件：其一，原本持有关键决策权的统治精英受到次级集团在社会控制上的挑战；其二，法官由于清廉、公正而拥有较高声望；其三，法院遵照主导的意识形态与文化习性运作。因此，司法治理某种程度上是政治机关有意的责任转移，将亟待解决却可能带来政治风险的社会冲突交给法院处理。政治机关对法院的认同是基于司法机关一定程度上的妥协和在关键问题上的意见一致。[1]

赫希描述司法治理的形成条件与印度故事有不少契合之处。其一，紧急状态使得把持决策权的统治精英受到挑战。其二，在社会认知中，许多法官在紧急状态中受到了不公正的迫害，其中一些法官甚至不顾自身利益捍卫基本权利、守卫宪法。司法腐败等现象虽然也存在，但较其他政府分支来说要好得多。[2] 其三，法院一方面强调对基本权利的保护，符合中产阶级的诉求，另一方面推进平民主义，结合宪法序言和第四编，对基本权利进行建构性解释，迎合了底层民众的诉求。意识到法官和立法机构经历紧急状态后在基本权利和指导原则问题上的妥协，以及他们在政策之法上可能隐含的共识是重要的。如果赫希的理论能够成立，那么我们对印度法院的立场或许又会多一层理解。从司法政治学的理论进路来看，法院权力的扩张实际上得到了统治精英

---

[1] R. Hirschl, *Towards Juristocracy: The Origins and Consequences of the New Constitutionalism*, pp. 7-9.

[2] U. Baxi, "Taking Suffering Seriously: Social Action Litigation in the Supreme Court of India", p. 113.

阶层的认同；在法院中心的表象背后，或许也不能排除"维持统治"（hegemonic preservation）的政治目的。

但是，面对具体环境案件的审判中复杂的环境问题和社会矛盾，法院在个案中采取的立场和解释策略究竟是怎样的？对于进入司法程序的社会运动，法院是否真的能够将事实冲突转变为法律冲突，并加以解决？对于近年来有关印度最高法院判决的"非对称性"（asymmetry）和立场转变的批评，① 应当如何看待？环境问题的司法治理（抑或说是司法的政治化）又是否存在限度？本章将分别选择环境污染和发展项目两个类别中与环境社会运动密切相关的代表性案例进行分析，通过深描具体案例展现其中隐含的张力。

（一）环境污染问题的司法治理

第一个案例与固体废弃物治理有关。1996年，社会活动家帕特尔（A. Patel）向法院提交请愿书，指出相关政府部门忽视了宪法义务和法律责任，没有妥善收集、储存、运输、回收或处理这些固体垃圾，导致印度全国有20%到80%不等比例的垃圾没有得到回收，至少10万吨以上的垃圾被丢弃在城市周边，因此侵害了宪法第21条所保护的人民的生命和健康环境权。帕特尔在提起诉讼前，曾于1994年发动清洁印度运动（Clean India Campaign），并在1995年领导了克什米尔到科摩林角运动（Kashmir to Kanyakumari），都赢得了较高关注度。可以说，1996年的帕特尔诉印度联邦案（也称固体废弃物治理案）② 是由环境运动发起者提起，要求政府履行职责和解决污染问题的一个典型例子——帕特尔希望借助司法治理的力量，将宪法公益诉讼作为实现环境运动目标的重要手段。

---

① 污染案件通常被认为是法院最为"能动"的类别，但法院在环境与发展政策存在潜在冲突的发展项目工程案件中整体放弃了判断权，这一"不插手原则"在实质上成为对大型发展项目的无差别支持，在环境保护主义者和学者中也引发了大量争议，一些研究将法院的差别化判决形容为"非对称"的，称这是最高法院的"转向"甚至是对环境的"抛弃"。M. Benjamin, *Has the Judiciary Abandoned the Environment*, Human Rights Law Network, 2010, pp. 1–38.

② *Almitra Patel v. Union of India*, Writ Petition Number 888 of 1996.

在案件审理过程中，法院、上诉人以及印度联邦法律顾问达成共识，成立委员会。法院特别指出，城市发展部以及环境与森林部应当纳入委员会。上诉人和印度联邦法律顾问共同起草了市政委员会的成员名单。该委员会共花费6个月时间准备其内部报告，并且会同400多个城市的政府官员举行研讨会，各城市的官员的评论也被纳入1999年提交的最终报告中。法院随后要求5个大城市的官员对委员会报告中的建议加以回应。①

经过最终审理，法院通过一系列命令要求政府拟定全新的固体废物管理规则。在本案中，最高法院以一己之力推动了固体废物管理规则的起草准备，似乎又一次扮演了强有力的环境保护者角色。但不少批评者指出，在市政固体垃圾案中，法院的审理和判决存在民主性不足、科学性欠缺的问题。②

关于民主性问题，法院仅邀请了市政官员参与分别在四个区域举行的研讨会，而不少非政府组织未获邀请，有的非政府组织观察员甚至只能"强行参与"。③ 法院在1970年开始扩张诉讼资格时，曾指出印度的公益诉讼要应对穷人的问题，实现对印度社会的整体动员。但从本案来看，法院的指定程序并没有有效平衡案件中各方的力量，政府仍占据主导地位，被限定参与的人员反而可能是穷人以及那些代表他们利益的人。

关于科学性问题，政府的技术专家在委员会的起草程序中占据主导地位，与当地社区联系紧密的非政府组织的声音则被孤立在外。这使得一些批评者指责法院在裁判中没有充分听取政府技术专家外的科学意见，并认为法官自身缺少足够的专业知识对具体的固体废弃物管

---

① K. Sivaramakrishnan, "Environment, Law, and Democracy in India", *The Journal of Asian Studies*, vol. 70, no. 4 (2011), pp. 905-928; L. Rajamani, "Public Interest Environmental Litigation in India: Exploring Issues of Access, Participation, Equity, Effectiveness and Sustainability", *Journal of Environmental Law*, vol. 19, no. 3 (2007), pp. 296-297.

② L. Rajamani, "Public Interest Environmental Litigation in India: Exploring Issues of Access, Participation, Equity, Effectiveness and Sustainability", p. 297.

③ 同上。

理标准的合理性做出判断。

本案长达 11 年的审理过程中,法院持续颁布了近 50 个命令、指令和判决,近乎成为一个"政策形成场所"。① 其他环境污染类案件也是如此,案件审判往往持续数年甚至更久,法院不断发布准行政性甚至准立法性的命令和判决。与尝试进行环境治理的行政机关不同,法院的司法治理没有得到立法机关的具体授权,而是在一个个裁判中由法院自我建构。故而在触及立法替代性和行政替代性领域时,法院与政治系统在功能上的差异就更容易显现出来,对其民主性不足、专业性不够、判决缺少实效的质疑也会更为尖锐。②

(二) 发展项目与不插手原则

在发展项目的裁判中,法院面临着另一种类型的挑战,需要对一些群体捍卫自身所处的环境和生活方式的社会运动做出回应。拯救讷尔默达河运动组织诉印度联邦案(简称讷尔默达河大坝案)③ 是最著名也最富争议的案件。

早在 1948 年,讷尔默大河水坝工程就已经列入印度政府的议程,但由于讷尔默达河途经的三个邦就建坝成本和利益分配争执不下,不能达成共识,方案始终没有确定。为此,政府设立了讷尔默达水争端法庭以协调三个邦涉及河流资源的法律冲突。但争端法庭并未倾听受大坝工程影响的民众的声音。④

1978 年之前,围绕水坝建设的利弊,支持者和反对者就已经在地方各自组织运动,彼此对抗。在这一阶段,讷尔默达河大坝的抵抗运动得到了较多国际支持。由于反对呼声高涨,世界银行重新评估了大

---

① 吴勇:《印度环境公益诉讼发展中的问题与启示——以城市固体废物管理案为楔入》,《南亚研究季刊》2010 年第 4 期,第 94 页。
② B. Rajagopal, "Social Movements of Misplaced People and Their Use of Law as a Tool of Resistance: Lessons from the Narmada Valley Dam Projects in India", in B. Santos & C. Rodriguez-Garavito (eds.), *Law and Globalization from the Below: Towards Cosmopolitan Legality*, Cambridge University Press, 2005, pp. 183-217.
③ Narmada Bachao Andolan v. Union of India, AIR 2000 SC 3751.
④ 依据为 1956 年《印度邦际水争端法案》。

坝的修建计划，并于 1993 年决定终止对大坝的资金支持。在迫使世界银行撤资后，围绕讷尔默达河大坝的国际性斗争开始减弱，反坝运动者开始着眼于解决国内问题。①

关于是否应当通过司法推动问题的解决，反对建坝的核心力量——拯救讷尔默达河运动组织内部曾经有过大规模争论。不少草根阶级反对者认为，法院是社会精英分子组成的非民主机构。但法院自紧急状态以后的立场转变，特别是 20 世纪 80 年代后对环境权利的关切有目共睹，加之当时拯救讷尔默达河运动组织面对的政治情势并不乐观，故而反对者们只得抱着怀疑又期待的矛盾心态，在 1994 年向印度最高法院提起诉讼。②

不过，尽管印度最高法院在接受诉讼之初对拯救讷尔默达河运动表现出了友善态度，甚至在 1994 年到 1996 年 8 月支持反坝运动者的诉求而下令暂缓施工，但到了 1998 年，最高法院却拒绝进行环境问题相关的庭审辩论，还在 1999 年发布暂时令同意水坝继续修建。③

2000 年，漫长的审判终于画上句点。在判决书中，最高法院讨论了诉讼时效、决策程序合法性以及预防原则是否适用等问题。④ 法院首先指出，由于建坝决策在 1987 年已经做出，大坝建设开工后已经投入大量成本，反坝者所谓大坝破坏环境应当停建的诉讼请求已经超过时效。其次，法院认为 1994 年《环境保护法》并未给出详细的环境影响评估程序要求，⑤ 而 1994 年《环境影响评估通知》（Environmental Impact Evaluation Notification）⑥ 的效力不能溯及既往，因此建坝决策并不违法。法院特别提及了美国的田纳西河流域管理局诉希尔案（简

---

① 参见张淑兰：《印度的环境非政府组织——拯救纳尔默达运动》，《南亚研究季刊》2007 年第 3 期，第 80—82 页。
② 同上文，第 82—84 页。
③ B. Rajagopal, "Social Movements of Misplaced People and Their Use of Law as a Tool of Resistance: Lessons from the Narmada Valley Dam Projects in India", pp. 183–217.
④ *Narmada Bachao Andolan v. Union of India*, AIR 2000 SC 3751.
⑤ Environmental Protection Act, Section 3, "Necessary and Proper Clause".
⑥ SO 60 (E) dated 27 January 1994.

称河鲈科淡水小鱼案),① 但旨在区分二者,并警示公益诉讼过度膨胀的危险。

> 公益诉讼膨胀并企图完成其实现社会生活公正的野心……但公益诉讼的气球不应当膨胀过大以至于使自身破裂……仅在任何规范性文件没有被遵守,在作为或不作为触犯了法律时,法院才应当介入。在本案中,没有任何指令与现行法律冲突。②

最后,判决多数意见强调大坝建设有别于环境污染,有利于经济发展和环境保护,符合可持续发展原则;而泰姬陵空气污染案③中确立的预防原则仅适用于损害后果的科学不确定性较强的污染案件,不适用于本案。据此,法院最终拒绝了拯救讷尔默达河运动组织的环境保护诉求,指出法院应尊重政治机关的决策权。④

针对上述理由,反对者亦提出了尖锐的批评。首先,最高法院前期积极应对诉讼,而在判决中则以诉讼时效为理由拒绝判断,前后不一,缺乏说服力。⑤ 其次,在1987年,环境和森林部的指导规定同样认为印度政府需要仔细评估水坝项目的环境影响,并给出了具体评估事项。环境与森林部的记录清楚说明讷尔默达河大坝项目通过时并未遵循任何环境评估要求,甚至没有任何项目数据可供查阅,属于没有

---

① *U. S. Supreme Court*, *TVA v. Hill*, 437 U. S. 153 (1978)。美国最高法院认为法院无权在高达一亿美元的经济成本和国会在《濒危物种保护法》希望保护的"无法计算的价值"之间做出利益衡量。法院最终发布禁令停止修建大坝,直到国会修正其立法或豁免该项目。

② *Narmada Bachao Andolan v. Union of India*, AIR 1999 SC 3345.

③ *MC Mehta v. Union of India*, AIR 2002 SC 1696.

④ 案件长达十余年的审判时间为法院态度的转变提供了一个角度的解释。最初接受诉状的温卡塔奇莱(M. Venkatachalliah)和沃玛(J. Verma)大法官对拯救讷尔默达河运动组织较为友善,但由于印度法律规定最高法院法官在65岁时自动退休,到20世纪90年代末,法院内部的人员结构已经改变。B. Rajagopal, "Social Movements of Misplaced People and Their Use of Law as a Tool of Resistance: Lessons from the Narmada Valley Dam Projects in India", pp. 183-217.

⑤ P. Leelakrishnan, *Environmental Law Case Book*, pp. 199-202.

充分考虑环境影响的闭门决策。① 最后,法院在判决中大量引用政府资料,却忽视了反坝运动者及世界银行报告中所指出的问题。大坝建设同样可能存在巨大的环境损害风险,同样具有科学不确定性,应该采用预防原则,而非简单做出发展项目"无害"的整体判断。② 讷尔默达河大坝应当被禁止继续建设,直到真正完成环境影响评估。③

(三)"非对称性"与发展模式偏好

从讷尔默达河案件开始,法院更加明确地区分了"发展"与"污染"案件,默认所有政府主持,经程序通过的发展计划从根本上是善意和无害的。法院在发展项目中的"不插手原则"(hands-off principle)④,意味着最高法院对环境权利的解释和对预防原则的运用都存在类型的限定和区分。空气污染、水污染、固体废弃物污染等可能直接造成人身伤害的这部分环境权利与生命权这一核心概念更近,在作为生命健康权的前提时易得到更完整的保障——尽管法院裁判的实效可能也并不如想象中美好;而发展项目则不适用预防原则和举证责任倒置。法院在污染案件和发展项目案件判决结果上的"非对称性"引起了热心公益人士的关切甚至批评——他们曾视法院为保护环境的最后手段。⑤

在讷尔默达河大坝案之后,大型工程建设几乎无一例外得到法院支持。在贾亚尔诉印度联邦案⑥中,法院再次援引讷尔默达河大坝案论述了水坝的无害性,拒绝了对预防原则的适用。一些研究者认为,相较20世纪80年代开始处理环境污染案件的积极姿态,自90年代以来,最高法院与反对公共基础设施项目的案件保持了距离。法院对特定案

---

① *Narmada Bachao Andolan v. Union of India*, AIR 2000 SC 3751, p. 3769.
② P. Leelakrishnan, *Environmental Law Case Book*, pp. 192-197.
③ *Narmada Bachao Andolan v. Union of India*, AIR 2000 SC 3751, p. 3770.
④ 关于法院在大型发展项目案件中对行政决策的司法遵从(judicial deference)的代表性判决,可参见 P. Leelakrishnan, *Environmental Law Case Book*, pp. 191-208。
⑤ G. Sahu, "Public Interest Environmental Litigations In India: Contributions and Complications", *The Indian Journal of Political Science*, vol. 69, no. 4 (2008), pp. 745-758.
⑥ *ND Jayal v. Union of India*, AIR 2004 SC (Supp) (1) 867 (2004).

件采取不插手原则,实际上声援了所有"发展"项目。

美国法学家德沃金(Ronald Dworkin)在分析河鲈科淡水小鱼案时,曾指出法官在回顾立法史时应关注立法者是否曾在辩论中表达公众对保护小物种的相对重要性的信念,考察这一信念是否普遍而互不抵触,并基于原则进行整体性阐释。印度法院对环境影响评估相关法律进行了基于可持续发展原则的阐释,对于污染案件采取预防原则,而对发展案件采取不插手原则。这一区分在怎样的背景下做出,又是否合理呢?

20世纪90年代,伴随新自由主义在世界范围内扩张,印度也走向了经济自由化。在这一历史时期,可持续发展原则被各国广泛接受,国家对环境保护的整体策略开始从激烈的危机响应模式,转向相对温和的可持续发展模式,寻求经济发展与环境保护的平衡点。对于印度政府来说,讷尔默达河大坝等大型工程有着带动就业、促进能源和资源利用、刺激经济发展等效果。面对印度社会长期存在的能源短缺、水资源匮乏、失业和贫困等问题,印度法院毕竟不能抱着"何不食肉糜"的态度来思考环境问题。

因此,最高法院在20世纪90年代后,进一步引入了"可持续发展原则"作为自身裁判的平衡支点。法院在污染案件中的基本论述策略主要是以彼之矛攻彼之盾,要求政府兑现其做出的承诺,实现良好治理;而在讷尔默达河大坝案之后的发展类型案件中,法院则主要采取司法遵从态度,仅进行标准宽松的形式审查。

艾耶大法官曾说:"没有一个国家可以在没有发展计划的情况下实现物质和精神的富裕,法律必须为这种发展过程提供智识支持。"[①] 印度最高法院在借助宪法序言和第四编扩张解释环境权的同时,也肯定了追求现代化及工业化的发展观念和政策模式。法院实际上认同适当的技术能使得经济的发展与环境的保护同时实现、相互成就,达到可

[①] N. Bhagwati,"The Expected Role of a Judge", *NJA Law Journal*, vol. 2(2008), pp. 221−224.

持续发展的社会效果。然而，这种对于现代性的追求和对技术的乐观，也意味着印度最高法院裁判的底色与印度草根阶层中秉持甘地主义的环境保护主义者的立场相去甚远。① 对法院判决非对称性的不满，在根本上是下层民众对政府主导下"发展"概念的质疑，而这种质疑可以追溯到宪法设计之初时就已经存在的，精英与草根阶层在发展问题上对尼赫鲁模式和甘地模式的不同偏好。②

印度法院对环境问题的司法治理吸纳了社会冲突，但这一效果并非无限度的。在讷尔默达河大坝案的最终判决中，法院选择了积极推动发展的现代性立场，而拯救讷尔默达河运动者对这一政策共识依旧持怀疑和对抗态度，运动组织重新转向社会运动和选举政治。最高法院对于拯救讷尔默达河运动组织后续的非暴力抵抗表示了强烈的不满，甚至发布令状判定其继续抵抗的行为是蔑视法庭。③ 法院或许是为了确立判决的权威性和终局性，但在庭审未对实质环境正义问题进行充分讨论的情况下，这一举措与环境公益诉讼激活社会的志趣未免相左。正如德沃金所描述的，法官的决定总会遭到质疑，原则实际上也不是一成不变，法院对于不同意见的宽容十分重要，社会和历史会在适当的时候对此做出判断。对于"发展"问题，印度法院是否需要一种更具反思性的态度④呢？毕竟，社会能动主义下的社会行动诉讼持续推动着印度的环境法治发展，⑤ 而对公众意见和反馈的粗暴压制则可能会起到南辕北辙的效果。

---

① 关于从环境政治学视角对印度生态观的分类，参见张淑兰：《印度的环境政治》，山东大学出版社 2010 年版，第 2 章。
② 参见蒋龑：《建设一个怎样的新印度？——印度立宪宪法观辨析》，第 107—120 页。
③ K. Prasad, "Silent Valley Case: An Ecological Assessment", in P. Leelakrishnan (ed.), *Law and Environment*, Eastern Book Company, 1992, p. 116.
④ 同上书，第 367 页。
⑤ U. Baxi, "Taking Suffering Seriously: Social Action Litigation in the Supreme Court of India", pp. 107; N. Bhagwati & J. Dias, "The Judiciary in India: A Hunger and Thirst for Justice", *NUJS Law Review*, vol. 5, no. 2 (2012), pp. 171-188.

四、余论

艾耶大法官曾说:"……我们的正法(dharma)或行为的法典不是实际主义的,而是根植在道德中,在每个主体的个人神圣性中被发现的。"而贝格(M. Beg)大法官描述的古代印度理想的国王形象,则是"一个法官,根据正法决定案件或下达命令,以满足特定的情况"①。面对环境危机,印度最高法院较为成功地运用宪法道德的叙事,指出了"文明社会"和"善治"所必须保护的权利和必须捍卫的原则,并在此基础上对宪法基本权利进行了建构性解释,将环境问题宪法化。②

巴格瓦蒂法官则更明确地写道,在一个差异化的社会,法院在面对合法性危机时不能无视社会正义的要求。他借用巴克西"社会行动诉讼"③的概念,指出最高法院的实践已发展出公益诉讼的一种印度类型④,印度法院从形式主义转向他所强调的社会能动主义,实现包括基本人权在内的社会分配正义的目标。他坚信,"在处理社会正义问题时,现代司法制度不能以法律正义的观念为掩护",因为"如果不对社会正义问题做出重大贡献,法院就不能再获得社会和政治合法性"。⑤

在理解和评价这种司法治理现象及其深层动机时,巴克西对最高法院法官个人经历和政治立场的分析,让他看到印度最高法院大法官在紧急状态后的宪法公益诉讼案件中保护基本权利,以清偿自身历史负债和重新赢得社会支持的心理;他后来也承认这同时也是尝试建立

---

① L. I. C. of India v. Consumer Educ. & Research Ctr., (1995) Supp. I SCR 349.
② K. Sivaramakrishnan, "Environment, Law, and Democracy in India", *The Journal of Asian Studies*, vol. 70, no. 4 (2011), pp. 905-928.
③ U. Baxi, "Taking Suffering Seriously: Social Action Litigation in the Supreme Court of India", p. 114.
④ N. Bhagwati & C. J. Dias, "The Judiciary in India: A Hunger and Thirst for Justice", p. 173.
⑤ N. Bhagwati, "The Role of a Judiciary in the Democratic Process: Balancing Activism and Judicial Restraint", pp. 1266-1267.

新的司法权力正当性历史基础的尝试。① 而梅特的实证性研究则更多着眼于"精英制度尊重主义",② 强调在紧急状态后自由重建以及经济自由化后的改革过程中,印度精英形成共识并发挥主导作用的特征。梅特观察到20世纪90年代经济自由化改革后,印度最高法院在宪法公益诉讼中对关键基本权利的保护强度虽未明显减弱,但选择性地限缩了主要保护的权利类型,同时在发展政策上对政府更为支持。尽管如此,仍有部分法官激烈坚持平等主义,主张强化法院的积极介入,以增进社会正义和强化人权保护。③

对于法院在环境案件中进行能动的司法治理,赞许者认为,法院在早期坚定地站在了环境保护者的一边,充分运用宪法的解释权从短视者手中保护了环境,监督政府并在一定程度上弥补了政府治理的不足;④ 批评者则认为法院过度介入环境政策、超出了其原本的职权范围,大量环境公益诉讼的提起挤占了司法资源,法官个人的判断并不能够满足民主的要求,欠缺科学性和效率,在执行上也显得力不从心。⑤ 这些观点或许各有道理,但通过对印度环境法治发展的长视角考察和情境化阐释,我们能看到更多印度社会行动诉讼自身的复杂性以及法院对自身存在价值的思考,对意义的现实追求。通过对环境运动与法律系统互动的观察与分析,我们能更深入地理解印度法院在环境问题的司法治理中的某种非对称性,以及这一现象背后暗含的发展模式偏好之争。

---

① U. Baxi, "Taking Suffering Seriously: Social Action Litigation in the Supreme Court of India", p. 109.

② Manoj Mate, "Elite Institutionalism and Judicial Assertiveness in the Supreme Court of India", *Temple International & Comparative Law Journal*, vol. 28, no. 2 (2014), pp. 427-430.

③ 同上文,第420—427页。

④ D. Sengar, "PIL to Ensure that Institutions Behave Lawfully: Public Access to Environmental Justice in India", *Journal of the Indian Law Institute*, vol. 45, no. 1 (2003), pp. 62-79; N. Gill, "Human Rights and the Environment in India: Access through Public Interest Litigation", *Environmental Law Review*, vol. 14, no. 3 (2012), pp. 200-218.

⑤ B. Rajagopal, "Pro-human Rights but Anti-poor? A Critical Evaluation of the Indian Supreme Court from a Social Movement Perspective", *Human Rights Review*, vol. 8, no. 3 (2007), pp. 157-186; M. Faure & A. Raja, "Effectiveness of Environmental Public Interest Litigation in India: Determining the Key Variables", *Fordham Environmental Law Review*, vol. 21 no. 2 (2010), pp. 239-294.

无论如何，在紧急状态的"宪法时刻"之后，最高法院拓宽诉讼资格、降低诉讼成本、放松诉讼程序，以平民主义的立场和社会能动主义的旗帜使自身成为一个特殊的发声平台。在这里，印度市民社会中较为微弱的那些声音能够得到放大、倾听，司法在某种意义上反而成了某种市民社会影响的"接收器"①，在法治的限度内它们被添加进来，力图促进更广泛和平等的社会参与。透过环境公益诉讼，印度法院对社会进行了深层次的动员，司法成为印度环境治理的一个运作核心，环境纠纷和矛盾得以在司法系统中被人们以法律语言充分讨论。

社会能动主义的理念令印度法院保持对社会环境议题在认知层面的高度开放，法律系统高频率的运作则意味着环境纠纷进入司法过程后，又反过来成为法律系统自我完善的机会，一定程度上促进了印度环境法治的改善。② 随着大量环境案件借助社会行动诉讼的途径进入最高法院及各邦的高等法院，包括公共信托原则、③ 绝对责任原则、④ 预防原则、⑤ 可持续发展原则⑥等重要的环境法基本原则，都在环境公益诉讼案件的判决中逐渐发展出来。这些原则又为未来新案的裁判提供了支持。

从另一个角度来看，受到诟病的非对称性的判决恰是法院为自身的环境治理确立界限的努力，其希望明确自身功能并有限度地为政治系统提供刺激，而非徒劳地尝试成为立法或政治的替代品。但是，法院究竟应该如何为自身确定环境问题司法治理的限度？当司法治理潜藏的发展模式偏好显露出来，法院还能否得到环境保护主义者的信任，持续通过社会能动主义的策略为平等的社会商谈提供场域？这些问题均有待进一步观察和探讨。

---

① J. Cohen & A. Arato, *Civil Society and Political Theory*, MIT Press, 1992。科恩和阿雷托在第十章中提到在政治社会（和经济社会）中有市民社会影响的"接收器"，在限制范围内它们可以被添加并被民主化。
② 参见鲁曼：《社会中的法》，李君韬译，五南图书出版股份有限公司 2009 年版，第 202—228 页。
③ MC Mehta v. Kamal Nath，(1997) 1 SCC 388.
④ MC Mehta v. Union of India，AIR 1987 SC1086, p. 1099.
⑤ Vellore Citizens' Welfare Forum v. Union of India，AIR 1998 SC 2714, pp. 2721 – 2722.
⑥ MC Mehta v. Union of India，AIR 2002 SC 1696.

第二十二章　印度的法学教育及其监管

印度共和国建立后，随着法治的确立和发展，其法学教育得到快速发展。受印度高等法院和最高法院工作语言为英语的影响，印度的法学教育主要以英语进行，这让印度的法学教育本该具有很强的全球竞争力。但印度法学教育目前尚存在重实务轻研究、师资不足、设施落后、法律人才流失严重等问题，[①] 这导致印度的法学教育不能充分满足社会的需求，也难以很好地培养出印度所需要的国际法律人才。[②]

印度大学治理结构复杂，既受联邦和各邦立法权分治的影响，又受到大学拨款委员会（University Grant Commission）与行业协会或专业委员会分治的影响。印度法学教育的发展困境多被归因于其复杂的监管机制。公立法律大学的实验帮助印度律师协会（Bar Council of India）取得了监管主导权，但印度律协的强势监管并没有整体上优化印度的法学教育质量。不过，公立法律大学和私立精英法学院仍然是印度优秀法学院的范本。若配以综合性制度改革，印度法学教育的潜力则会得到更充分的发挥。本章将对印度法学教育的现状、法学教育监管机制的制度设计和运作逻辑进行分析，并对印度法学教育的特点、改革方向及对中国的启示予以讨论，以期为国内从事法学教育比较研究的学者提供一个有启发意义的国别案例。

[①] 参见辛格:《印度法学教育与宪法学之热点问题》，柳建龙编译，《求是学刊》2008年第5期，第12—13页；另参见周小明:《印度法律教育评析》，《黑龙江省政法管理干部学院学报》2013年第3期，第133—134页。

[②] 参见 Jonathan Gingerich & Nick Robinson, "Responding to the Market: The Impact of the Rise of Corporate Law Firms on Elite education in India", in David B. Wilkins et al. (eds.), *The Indian Legal Profession in the Age of Globalization*, Cambridge University Press, South Asia Edition 2018, pp. 519-520。

一、印度法学教育的现状

印度法学院历经独立前的传统、20世纪60年代法律职业共同体的改革、20世纪七八十年代的司法能动主义以及20世纪90年代后的经济自由化发展，探索了出新的法学院形式和法学学位模式。

（一）印度法学院的基本情况

根据印度律师协会发布的名单，到2018年4月，由其认证的法学院有1521所，包括十几所已关闭或暂停招生的法学院。① 根据印度一家专门服务法学教育报名咨询的网站统计信息，到2020年，印度有1371所法学院，提供全职、在职、远程和线上法学教育。②

从属性上看，印度法学院包括三类：（1）公立大学中的法学院，包括直属法学院和附属私立法学院；（2）有高度自主性的准公立法科大学（国家法律大学）；（3）私立大学的直属法学院。除此之外，少数传统公立大学中有自己的直属法学院，如德里大学法学院（Delhi Law Faculty），属于印度第一代法学院形式，曾经是培养印度最高法院大法官的摇篮，但这种法学院形式及其法学教育方法如今渐非主流。从印度律师协会发布的认证名单看，公立大学中的法学院基本上都采取附属学院的形式。

印度国家法律大学的设立，从1986年印度大学国家法学院（班加罗尔）（National Law School of India University, Bangalore）的实验开始，其机构模式介于公立和私立之间，尤其值得肯定的是其开设了法学与人文的复合学位，在保留法学教育跨学科属性的同时将法学教育

---

① BCI, *List of Law Colleges having approval of affiliation of the Bar Council of India as on 2nd April, 2018*, http：//www.barcouncilofindia.org/wp-content/uploads/2010/05/List-of-Law-Colleges-having-approval-by-the-BCI.pdf, 2022-3-1访问。

② 印度专门做法学教育入学咨询的网站Shiksha提供了具体信息，可参考网站https：//www.shiksha.com/law/ranking/top-law-colleges-in-india/56-2-0-0-0, 2022-3-1访问。

纳入了本科教育，同时引入诊所和实践性教学。这一学位面向高中生招考，老师也按照高标准招聘，再加上作为试验性大学的新理念，在比较短的时间内，这种模式就得到了印度国内乃至国际的认可。其成功为国家法律大学在各邦的复制提供了样本和动力。到2018年，国家法律大学增加到23所。[①] 这些法律大学都以法律与其他学科的复合学位项目为主要模式。为了保持其生源的高质量，形成足够的竞争力，其招生规模非常小，基本维持在每年150—200名学生之间，印度所有国家法律大学加起来，一年招收的学生也不超过3000名。[②]

印度私立法学院从20世纪70年代开始发展。其有两种形式，一种是挂靠公立大学成为其附属学院，另一种是私立大学直属。上面提到的公立大学中的附属法学院就是第一种形式。从2003年印度大学拨款委员会通过了《私立大学设立与维持标准规定》后，一些邦陆续通过立法，允许私立大学设立法学院，私立大学直属法学院这种形式开始快速发展。如2007年成立的阿密特大学（Amity University），在印度多个邦设立分校，基本上每个分校都有法学院。2009年成立的金德尔全球大学（Jindal Global University），其第一个学院就是法学院。2018年本奈特大学（Bennett University）也设立了法学院。位于浦那的共生法学院（Symbiosis Law School）则是随着政策变迁进行了转型。共生法学院建立于1977年，早期只能挂靠公立的浦那大学（Savitribai Phule Pune University），直到2002年共生国际（Symbiosis International）被认证为"准大学"（deemed university），该法学院才成为共生国际的直属学院。

根据QS世界一流大学法学院2020年的排名，印度共有两所法学院进入前200名：一所是金德尔全球法学院，排在第101—150名之间；另一所是印度大学国家法学院，排在第150—200名之间。在2021年的

[①] Shiksha, "List of NLUs in India—Ranking, Admissions, Eligibility, Courses and Fees", *Shiksha*, Sep. 11, 2020, https：//www.shiksha.com/law/articles/nlus-in-india-blogId-23517, 2022-3-1访问。

[②] 同上。

QS世界一流大学法学院排名中,金德尔全球法学院跃居第76位,成为印度QS法学排名第一的法学院。金德尔全球法学院之所以发展如此之快,其创始法学院院长库马尔总结了以下四方面的办学经验:一是在学生选择上遵循全球化标准,将美国法学院入学考试(Law School Admission Test,简称LSAT)引入印度,并以此作为入学考试基础;二是着力改善师资力量和师生比,在全印度乃至全球吸引师资,外籍老师占到20%,印度籍老师也需要有海外学习或工作经验,其中毕业于世界一流大学前100名大学的老师占到师资的1/3,并将师生比控制严格在1∶10以内;三是奖掖研究,尊重老师的学术自由,资助各种会议和研究的开展,对老师的学术发表进行奖励,并鼓励老师出国参加研究型的研讨会;四是加强国际合作,与全球200多所大学、律师事务所、国际机构等签订合作协议,为学生创造境外短期学习交流和中短期实习的机会,培养学生的国际从业能力。①

(二)印度法学院的学位设置

印度的法学教育学位包括本科、法律学士(印度版法律硕士或LLB)、法学硕士(LLM)和博士(PhD或LLD)四种。除此之外,印度还有36所大学或法学院曾提供法学副博士学位(MPhil in law),包括印度大学国家法学院(班加罗尔)、印度国家法律研究大学(海得拉巴)、西孟加拉司法科学国家大学和尼赫鲁大学等,但这种学位在2020年被取消。

根据印度《律师法》规定,印度可从事律师职业的学位项目主要有两类:法律学士和法学与其他学位的复合学士学位项目。印度法律学士很类似于中国的法律硕士或者美国的法律博士(JD),项目设计与美国类似,即取得其他专业本科学位(印度的本科学位大多为三年)后再学三年法律,可获得法律学士学位。法律学士项目是印度最古老

---

① 参见 C. Raj Kumar, "Experiments in Legal Education in India: Jindal Global Law School and Private Nonprofit Legal Education", in David B. Wilkins et al. (eds.), *The Indian Legal Profession in the Age of Globalization*, pp. 608-614。

的法学学位项目。第一代法学院，如隶属于中央大学的法学院，早期基本上只开设这个项目。

法学与其他学科的复合学士项目则起始于国家法律大学的实验，是印度法学教育中竞争力最强的一个学位项目。1987年，印度大学国家法学院（班加罗尔）开始实验五年制法学与人文学科的复合学士项目（BA. LLB），将法学教育纳入本科教育，但保留了法律学士的跨学科成分，而且比原来缩短了一年。这成为国家法律大学的主要学位项目，从而开启了法学院从高中毕业生中直接招生的模式。此后，法学与其他学位的复合学位项目不断拓展新类型，目前已经开发出了四类法学与其他学科的复合学位项目：人文、法学复合学士（BA. LLB）、商业管理与法学复合学士（BBA. LLB）、科学与法学复合学士（BSc. LLB）及商业与法学复合学士（BCom. LLB）。

除了这两类学位项目之外，近些年法学硕士项目也在印度快速发展，成为律师专业"充电"和建立职业网络的一个重要平台。那些已经读完法律学士或法学与其他学科复合学士学位项目的毕业生，可以申请该项目。该项目早期为两年制，与其他硕士学位相似。2012年印度大学拨款委员会就法学硕士项目进行改革，规定已经成立法学教育研究中心（Post-Graduate Legal Studies，简称CPGLS）的法学院或大学，可以设立一年制法学硕士项目。① 值得关注的是，印度律协于2021年1月发布了新的《法学教育规则》，将一年制法学硕士改为两年制。这引起了轩然大波，几家国家法律大学向印度最高法院提起了公益诉讼，要求最高法院判决其无效。目前案件还在审理中，印度律协的这一规定暂未实施。另外，印度也借鉴其他国家的做法，开设法学博士（PhD）和法律博士（Doctor of Laws，简称LLD）项目。随着印度法学教育的学术性增强，博士类项目也开始快速发展。

印度法学教育的规模发展很快，但质量却饱受诟病，如缺乏研究

---

① UGC, *Guidelines for One-Year LLM Program*, 2012, https://www.ugc.ac.in/pdfnews/4968873_LLM_one-year.pdf, 2022-3-1访问。

氛围,很难吸引优秀法律人才加入教职等。① 这很大程度上被归结为监管问题。有些法学院院长抱怨现有的监管过于严格,限制了法学院的管理自主权;另一些法学院院长抱怨印度律协的监管不足,导致了大量劣质法学院的存在。但印度法学教育质量整体偏低且存在监管问题是印度法学界的共识。

二、印度法学教育监管的横向分权立法与纵向政策实验

印度法学教育的监管与律师行业和高等教育的监管紧密相连,属于复杂监管模式。监管职责横向上在印度律协和大学拨款委员会之间进行分权,纵向上则在邦政府和大学之间进行分权。要理解印度法学教育的复杂监管模式,离不开对《律师法》(Advocates Act)和《大学拨款委员会法》(University Grant Commission Act)这两部基础立法的解读,也需要对以《印度国家法学院法案》(National Law School of India Act)为基础的政策实验框架予以深入分析,以探寻复杂监管模式下的政策实验空间。

(一)印度法学教育监管的横向分权立法——《律师法》和《大学拨款委员会法》

印度独立之前至独立之后的十几年间,法学教育主要呈现为一种缺乏监管的准培训机构模式,法学被当作一种技能而非专业学科。② 在独立之前,印度司法制度并非全国统一,律师职业也没有实现全国统一。在这种背景下,法学教育的统一监管问题并未得到重视。1950年

---

① C. Raj Kumar, "Experiments in Legal Education in India: Jindal Global Law School and Private Nonprofit Legal Education", pp. 614-620.
② Law Commission of India, *Fourteenth Report: Reform of Judicial Administration*, September, 1958, http://lawcommissionofindia.nic.in/1-50/report14vol1.pdf, pp. 520-521, 2022-3-1 访问。

的印度宪法最终确立了全国统一的司法制度。这意味着，印度律师职业标准有了统一需求，对法学教育进行统一监管成为必然。独立之后首份谋划印度高等教育发展的政策建议报告《瑞达克利山委员会高等教育改革报告》(Radhakrishan Committee Report)[①]和1958年首份关于司法改革的报告《印度法律委员会第14号司法改革报告》(简称《第14号司法改革报告》)[②]，都很关注法学教育的改革问题。前者建议印度参考英国大学的办法，设立大学拨款委员会以确定和维持高等教育的质量标准；后者则建议成立统一的律师协会，以从法律职业角度设定法学教育的职业培养标准。

此前，印度宪法之父安培德卡尔曾建议，成立一个独立的法学教育委员会来监管印度的法学教育。孟买邦和拉贾斯坦邦采用了这种模式。但是《第14号司法改革报告》认为，没有必要再单独设立一个法学教育委员会。法学教育无非涉及两部分，职业技能部分和基础教育部分。参考美国和英国的经验，职业技能部分可赋予即将组建的印度律师协会，由其设立一个法学教育委员会来承担监管职责。监管的方式是设定最低标准，并通过认证法学院的方式来实施监管。上述两个报告的建议均被采纳，将法学教育的监管职责主要赋予大学拨款委员会和印度律协。大学拨款委员会的职责由1956年的《大学拨款委员会法》规定，而印度律协的职责则由1961年的《律师法》规定。

根据印度宪法赋予联邦政府立法权名录第77、78项，印度议会于1961年通过了《律师法》[③]，采纳了《第14号司法改革报告》的建议，将印度律师协会确立为全印监管法律职业的最高机构。它不仅为全国的律师职业设定标准，而且将为大学能否开展法学教育以及如何开展法学教育确立标准，从而在一定程度上将法学教育由大学自我决定的

---

① Ministry of Education (MOE), *The Report of the University Education Commission*, 1st ed., 1950, Reprint 1962, http://www.academics-india.com/Radhakrishnan%20Commission%20Report%20of%201948-49.pdf，2022-3-1访问。

② Law Commission of India, Fourteenth Report (1958).

③ 《律师法》原文参见 http://legislative.gov.in/sites/default/files/A1961-25.pdf，2022-3-1访问。

分散状态,转变为由法律共同体主导的全国标准化状态。《律师法》第7(1)(h)条规定,印度律师协会积极推动法学教育的发展,并在同大学教育机构和邦律师协会商议后,制定法学教育的标准。第7(1)(i)条规定,印度律师协会有权力确定哪些大学的法律毕业生有资格从事律师职业,即对大学法学院进行资格认定。第10(2)条规定,印度律师协会成立法学教育委员会(Legal Education Committee)专门负责推动法学教育的发展。该法第24(1)(c)(iii)条还规定,自1967年3月12日之后执业的律师,需要在印度律协认可的大学接受三年的法学教育才能正式取得律师资格。第49(af)条和(d)条进一步规定,印度律协可以规定申请法学院所必须具备的学历条件,并就大学法学教育的质量设立规定和进行监督。

当然,法学教育不仅涉及法律职业,还涉及高等教育本身,大学管理机构也在其中扮演非常重要的角色。印度议会根据印度宪法有关联邦立法权名录第66项,于1956年通过了《大学拨款委员会法》。①该法第12条明确规定,大学拨款委员会的基本职责是,"与相关大学或其他监管机构商议,采取所有可能的措施和步骤以促进和协调大学教育,并为大学教学、考试和研究确立和维持必要的标准"。

从上述规定可看出,《律师法》第7(1)(h)条与《大学拨款委员会法》第12条关于法学教育的标准存在着重叠,那么到底应该由谁主导法学教育的标准设定呢?

单纯从立法规定上看,印度律协与大学拨款委员会都不能单独制定法学教育标准,而是要与相关机构商议。《律师法》规定,印度律协在制定法学教育标准时,要与开设法学院的大学和邦律师协会商议。而《大学拨款委员会法》则规定,大学拨款委员会在制定相关教育标准时,要与大学以及包括律师协会在内的其他监管机构商议。这就意味着,律师协会在制定标准时,可以不用与大学拨款委员会商议,而

---

① 《大学拨款委员会法》原文参见 https://www.ugc.ac.in/oldpdf/ugc_act.pdf,2022-3-1访问。

大学拨款委员会在制定有关法学教育标准时，却必须与律师协会商议。这似乎赋予了律师协会更独立的权力。

但从宪法依据上看，《律师法》根据的是附件七有关联邦政府立法权事项的第 77 和 78 项规定，即律师在高等法院和最高法院的执业资格，范围比较窄；而《大学拨款委员会法》根据的第 66 项涉及对高等教育标准的协调和确定，适用于所有高等教育机构的所有事项。因此，印度最高法院在一系列案例确立的规则是，大学拨款委员会对高等教育标准的确定具有优先权。如在奥斯马尼亚大学教师协会诉安得拉邦案①中，最高法院认为，大学拨款委员会在塑造这个国家的学术生活中扮演着最重要的角色。在德里大学诉拉吉·辛格案②中，最高法院认为，大学拨款委员会对教师资格的设定可推翻其他立法规定，即使后者是联邦议会通过的法律。在普雷蒂·斯利瓦斯塔瓦诉中央邦案③中，在关于印度医学理事会（根据《医学理事会法案》为印度医学教育设定标准）和大学拨款委员会的标准冲突中，最高法院解释认为，附件七联邦立法权列表上的第 66 项所涵盖的大学拨款委员会制定标准的内容包括教师资格、教学大纲、师生比、入学资格、实验室设备和设施、对附属学院的支持标准以及考试标准等。④

另外，《律师法》第 7（1）(h) 条没有要求印度律协在制定法学教育标准时应与大学拨款委员会商议，却要求其与开设法学院的所有大学商议。随着开设法学院大学的数量快速增加，律师协会几乎不可能与所有大学进行有关商议。⑤ 因此，印度法律委员会对两部法律的修改建议之一就是由大学拨款委员会设立一个代表所有大学的委员会，

---

① *Osmania University Teachers Association v. State of Andhra Pradesh*，AIR 1987 SC 2034.
② *University of Delhi v. Raj Singh*，1994 Suppl (3) SCC 516.
③ *Preeti Srivastava v. State of MP*，1999 (7) SCC 120.
④ Law Commission of India, *184th Report on The Legal Education & Professional Training and Proposals for Amendment to the Advocates Act, 1961 and University Grant Commission Act, 1956*，Dec. 2002，http：//lawcommissionofindia. nic. in/reports/184threport-parti. pdf，p. 17，2022-3-1 访问.
⑤ 同上文，第 26—27 页。

然后印度律协只同该委员会商议即可。①

不过,另一个重要的合作机制——法律教育委员会也值得关注。《律师法》第10(2)(b)条设立了法律教育委员会。该法规定此委员会应有十名成员,其中五人由印度律师协会以选举方式从会员中选出,另外五人应属于非律师会员。但该法并没有规定另外五位非律师会员应该从哪里选出。1994年印度最高法院阿马蒂(Ahmadi)大法官牵头的委员会在报告中就法学教育委员会剩余五人的人员构成提出了建议:两人来自高等法院或最高法院,一人来自学界,一人为大学拨款委员会秘书,一人为联邦政府法律部秘书。②印度律协对这个建议欣然接受,并于1995年开始执行。③

这个法学教育委员会的结构开通了一个大学拨款委员会与印度律协的沟通渠道。但从人员构成上看,十名成员中只有一名来自学界,并没有真正解决印度律协与大学商议的现实困境。后来,有人提出一些新方案,但都没有被采纳。

就印度律协与大学拨款委员会的职责重叠与分割问题,国家知识委员会(National Knowledge Commission)在2007年的报告中对法学教育机关机构改革提出了更激进的建议,认为法学教育监管主体应该整合。其有关法学教育改革的十条建议之一,就是建立一个独立的法学教育监管机构,设在当时正在热议的高等教育独立监管机构(Independent Regulatory Authority for Higher Education)之下。④《国家教育政策》(草案)接受了国家知识委员会的建议,直到2019年10月份《国家教育政策》(草案)的讨论中,法学教育监管的职权还是拟纳

---

① Law Commission of India, *184th Report on The Legal Education & Professional Training and Proposals for Amendment to the Advocates Act, 1961 and University Grant Commission Act, 1956*, pp. 26-27.
② 同上文,第28页。
③ 同上文,第28—29页。
④ 参见 National Knowledge Commission, *Report to the Nation 2007*, https://epsiindia.org/wp-content/uploads/2019/02/Knowledge-Commission-Report-20071.pdf, p. 39, 2022-3-1访问。

入即将成立的统一监管机构——印度高等教育委员会（Higher Education Council of India）。但是，印度律协对此提出猛烈批评，认为这既违反了《律师法》，也干预了律师行业的自治权。[1] 印度律师协会对法学教育的监管与实验，毕竟得到了印度最高法院的参与和支持；印度律协威胁要跟邦律协一起进行全国范围内的抗议。[2] 因此，2020年7月29日通过的《国家教育政策》（National Education Policy）做出了妥协，在正式设立的印度高等教育委员会中，将其他行业协会或专业委员会的监管职权合并，但将法学教育和医学教育作为例外。未来印度律协与印度高等教育委员会如何协调法学教育的监管仍然是谜，但印度律协的强势监管格局预计不会受到实际影响。

（二）复杂监管模式下的纵向政策实验——《印度国家法学院法案》

印度高等教育治理的复杂性不仅仅体现在大学拨款委员会与行业协会的横向职能重叠与分割上，还体现在纵向的联邦分权上。这让一些面向全国的法学教育改革实验变得更加困难，但不是没有空间。

1961年《律师法》将印度律协确立为监管主体后，印度法学教育的质量一直未能得到很大改善。正如福特基金会聘请的美国学者盖特曼于20世纪60年代末在考察印度法学教育后所总结的，印度法学教育改革主要存在两大障碍：一是师生质量差，缺乏资金，存在恶性循环；二是专制僵化的管理体制很难被打破。[3] 很多公立大学进行了法学教育改革试验，但收效甚微。于是，20世纪80年代初，印度律协决定接受

---

[1] 参见 Prakash Kumar,"BCI opposes move to bring law education under HECI", *Deccan Herald*, October 2, 2019, https://www.deccanherald.com/national/bci-opposes-move-to-bring-law-education-under-heci-765828.html；也见 Kritika, Sharma, "Bar Council doesn't want legal education under HRD, says can't tolerate 'interference'", *Print*, October 4, 2019, https://theprint.in/judiciary/bar-council-doesnt-want-legal-education-under-hrd-says-cant-tolerate-interference/300944/，2022-3-1访问。

[2] 同上。

[3] Julius G. Getman, "The Development of Indian Legal Education: The Impact of the Language Problem", *Journal of Legal Education*, vol. 21 (1969), pp. 514-515.

同时拥有法学教授、法学院院长和印度律协工作经验的梅农（Madhava Menon）教授的建议，尝试建立独立的法律大学和新型的人文与法学的复合学位项目。①

建立这样致力于全国性教育目标的法律大学，当然会受联邦立法分权结构的影响。印度宪法附件七共给出了三个立法权列表：联邦政府立法权列表、邦立法权列表以及共享立法权列表。联邦立法权列表上涉及高等教育的主要是第 64、65 和 66 项。其中第 64 项规定，具有国家重要性的教育领域属联邦政府立法权范围，如印度理工学院（Indian Institute of Technology）的成立就是根据此条。第 65 项明确提到，职业类、专业类和技术类教育（professional, vocational and technical education）属联邦政府立法权范围。而第 66 项就是前文提到的设立大学拨款委员会的依据，主要是有关高等教育、科研标准设定的决定和协调权。原来邦立法权列表上的第 11 项是关于教育的，但是 1976 年宪法第四十二修正案将此项取消，并合并联邦立法权列表上的事项，一起列入共享立法权列表第 25 项，即邦和联邦政府共享对高等教育的立法权。

这意味着，独立法律大学的设立，既可以由联邦政府议会立法设立，也可以由邦议会立法设立。成立一所国家类法律大学最好由联邦议会通过法律，就像尼赫鲁大学的设立；或者按学院形式，像印度理工学院的设立。但让联邦议会通过立法并非易事，因为那会陷入长期争论，根本无法在短期内成立一所大学。因此对于实验者来说，这类法律大学不能奢望在联邦层面设立，最可行的办法是在邦层面设立。

经过广泛商议和讨论，最终位于印度南部的卡纳塔克邦愿意支持尝试设立这样一所法律大学。1986 年 4 月，卡纳塔克邦议会通过了《印度国家法学院法案》（简称《法案》）。② 1987 年 8 月 29 日，印度大学国家

---

① Jayanth K. Krishnan, "Professor Kingsfield Goes to Delhi: American Academics, the Ford Foundation, and the Development of Legal Education in India", *American Journal of Legal History*, vol. 46, no. 4 (2004), p. 479.

② 法案全文参见 National Law School of India Act (Karnataka Act 22 of 1986), https：//www.nls.ac.in/wp-content/uploads/2020/09/National-Law-School-of-India-University-Act_Karnataka-Act-22-of-1986.pdf, 2022-3-1 访问。

法学院正式宣布成立。

首先，这所大学的实际名字是印度大学国家法学院（班加罗尔）。名字中既有"印度大学"，又有"国家法学院"字眼，让人困惑其到底是大学还是法学院。根据印度法律，学院（school 或 college）不需要通过专门立法来设立。印度大学国家法学院是通过邦议会立法设立的，应该是大学。但是，这所大学是印度律协的"样板"。印度律协希望它成为像印度理工学院那样可复制于全国的模式，因此不能简单定位为一所邦立大学。为将其与邦立大学相区分，《法案》在立法目的上强调这是印度律协要探索建立的模范法学院，而不是位于卡纳塔克邦的一所邦立大学，卡纳塔克邦只是为其设立分院提供协助。另外，《法案》第 4（3）条规定，这个学院在招生中不分性别、种族、种姓、信仰、阶层，与邦立大学可以对其他邦生源做出某种限制不同。2004 年，卡纳塔克邦也修改了立法，相对明确了其大学身份，比如负责人从"主任"（Director）改为"校长"（Vice Chancellor）。其他后来设立的国家法律大学则在命名上多都直接用"国家法律大学"（National Law University）一词，如国家法律大学（焦代普尔）、国家法律大学（德里）等。尽管他们都用"国家法律大学"命名，但印度大学拨款委员会对他们的分类仍然是邦立大学。这也显示出纵向分权结构下国家法律大学实验的尴尬之处。

其次，根据《法案》第 8 条，如下图所示，该大学的治理结构与其他公立大学的治理结构类似，包括总理事会（General Council）、执行理事会（Executive Council）、学术理事会和财务委员会。但不同的是，其人员构成配额有明确的立法规定。《法案》在第 2 条规定了总理事会的理事结构，包括印度律协会长、大学校长、印度律协信托基金的两位管理人员、印度律协从会员中提名的六名律师、印度律协与校长商议后任命确认的两位理事（可以是律协外部人员）、印度律协信托基金从社会科学领域任命的两位理事、印度律协与校长商议后从印度最高法院和该邦高等法院中提名的两位法官理事、印度律协信托基金跟校长商议后提名来自执法部门和教育领域的五位理事、卡纳塔克高院首席大法官、卡纳塔克政府可以提名的包括法律部长、政府秘书、总检察长、教育部长和另外一名法律领域的知名人士等五位理事、各系主任、卡纳塔克律协可以提名的五位理事，以及执行理事会中的所有成员。附则第3条规定，印度律协会长是总理事会主席，大学校长是总理事会秘书长，印度律协信托基金的管理者是总理事会的财务主管。附则第4—6条规定，总理事会任期是三年，每年要开一次会，其职能是不定期审查大学的政策和学位项目进展，审查年度工作报告和财务报告以及其他有利于大学有效运转的职能。附则第7条规定，执行理事会的成员构成依然由来自印度律协、印度律协信托基金、卡纳塔克邦政府、卡纳塔克邦律协和大学的成员混合构成。不过执行理事会的主席是校长，而且成员上增加了一线教学的教授。附则第13条规定了学术理事会的构成，虽然还有少量外部支持机构提名的人，但主要以大学的院系负责人和教授为主。该《法案》第7条还规定该大学应该提名一位法官做大学的名誉校长。

这是一个复杂的治理机构，由联邦和邦层面的多个利益主体构成，包括印度律协、印度律协信托基金、邦政府、邦法院和学界的人员，从中可看出这所国家法律大学穿梭于政治和政策迷宫的难度。这样的

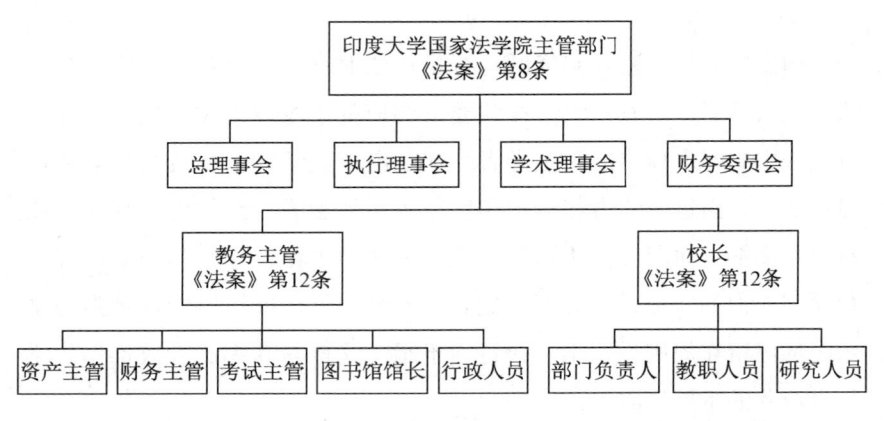

图 22-1　印度大学国家法学院（班加罗尔）的治理结构图①

---

① 笔者根据法案及该大学学生手册中的治理结构框架而翻译制作。

一个治理结构是努力平衡印度律协、印度最高法院、邦高等法院、邦政府的关切和利益的结果。

最后,为了使这样一种治理结构发挥作用,国家法律大学采取一种介于公立和私立之间的资金模式和组织形式。在注册形式上,《法案》序言中明确表示此类大学按照卡纳塔克邦1960年《社团注册法》注册为社团。这也是印度私立大学的主流注册形式。在资金上,初始资金主要由印度律协信托基金、卡纳塔克邦政府和福特基金会共同提供,但在后续具体运行上,其经费只有小部分来自卡纳塔克邦政府投入以及大学拨款委员会的部分项目经费,大部分来自学生所交学费。所以,它在收费上不同于象征性收费的公立大学,而在治理上又不同于纯私立大学,是一种介于公立和私立之间的模式。

总体而言,印度的法学教育存在着复杂的横向和纵向权力配置,这种复杂监管模式大多数时候不利于法学教育的发展,但对于有清晰改革思路的推动者而言,也还有政策实验空间可以探寻。如国家法律大学和私立精英法学教育的模式探索,都得益于纵向分权结构。

三、印度法学教育监管的历史脉络与运行逻辑

印度法学教育监管制度的运行虽然依照立法,但不完全取决于立法。从法理层面来看,大学拨款委员会应处于主导地位,但在实际运行过程中,印度律协成为主导者。这是由于大学拨款委员会缺乏法律专业能力,而这一能力相较于印度律协所缺乏的高等教育管理能力相对更难弥补。而印度律协通过设立国家法律大学,先行弥补了高等教育管理能力的短板,因此变得更具主导性。但印度律协的这种强势多数时候停留在规则设定上,执行力不足。这也是其无法有效推动法学教育改善的重要原因。

(一)1961—1986年:监管茫然阶段

1961年《律师法》将法学教育标准的设定以及法学院的认证权赋

予了印度律协。但是，新成立的印度律协在监管法学教育方面却很茫然。1964年，印度律协不再要求学员先通过律师考试，再经过一年的学徒实习，才可正式成为律师。这意味着此后凡是接受过其认可的法学院的法学教育的毕业生，都将自动成为律师。结果是印度律师质量和数量控制更多依赖法学教育，而印度律协在此阶段对如何监管法学教育又缺乏经验，进而导致印度律师在很长时间内存在质量和数量发展失控问题。① 1965年，印度律师协会根据《律师法》赋予的职责，通过了简单的《法学教育规则》作为指南。但此后，印度律协于20世纪60年代至70年代又批准了几百所法律培训学院，使印度的法学教育质量进一步恶化。② 据印度法学教育改革的主要推动者（也是上文所述的印度国家法律大学模式的奠基者）梅农教授的观察，此时印度律协只把法学院当作职业培训机构，而非学术人才的培养机构。这一点与英国早期的法律教育模式颇为类似。

印度律师协会成立后，印度法学教育质量持续恶化，批评声不绝于耳。这也引发了福特基金会的关注，并积极介入印度法学教育改革。1956年，福特基金会资助设立印度法律研究所（India Law Institute），作为一个研究型法学院的样板。③ 该基金会还资助美国学者和印度学者双向交流，并对德里大学法学院和贝纳勒斯印度教大学法学院的改革提供专款资助。④ 福特基金会德里办公室就印度的法学教育改革做了很多努力，但正如其聘请的评估专家科尔（R. Cole）教授所言，印度法学教育的改革根本不是改革法学教育那么简单，而是要改革整个本土生态，包括其律师的收费模式、大学官僚体制、法学教育在高等教育

---

① N. R. Madhava Menon, *Clinical Legal Education*, Eastern Book Company, Reprint 2006, Preface. 直到2010年，印度律协才根据最高法院的要求恢复了律师资格考试制度。

② 同上书。

③ Ministry of Law and Justice (MOLJ), *A Study to Create Evidence-Based Proposals for Reform of Legal Education in India-Suggestions for Reforms at the National Law Universities Set Up under State Legislations*, 2018, https://doj.gov.in/sites/default/files/Final%20Report%20%20NALSAR%20.pdf, 2022-3-1访问。

④ Jayanth K. Krishnan, "Professor Kingsfield Goes to Delhi: American Academics, the Ford Foundation, and the Development of Legal Education in India", pp. 447-499.

和民众心目中的地位、法学教师工资和社会地位等问题。① 看不到曙光的福特基金会于 1971 年决定不再介入印度法学教育领域。②

福特的退出让印度律协和大学拨款委员会都感到了压力。1975—1977 年，印度大学拨款委员会在不同邦召开了一系列有关法学教育课程设计的研讨会。当时德里大学法学院教授巴克西还将这系列会议的内容予以总结，撰写了《向有助于社会发展的法学教育迈进——大学拨款委员会 1975—1977 年有关印度法学教育现代化一系列会议总结》。③ 但总体而言，在 20 世纪六七十年代，印度法学教育的监管思路和标准设定都不清晰。到 80 年代初，印度已经有 900 所开设法学教育的机构，其中 150 所是在公立大学内设的法律系，还有 150 所是政府资助的附属于某大学的法学院，其余的基本上都是类似于培训机构的私立法律中心或组织。④ 在这一阶段，法学院或者法律培训机构在数量上增长很快，但质量问题依旧很多。⑤ 这一时期略有改进的方面是课程设计，但那些经常被提及的问题，如生源质量差、案例教学引入困难、教师研究积极性弱以及缺乏图书馆资源等，基本上没有解决。

（二）1986—2008 年：印度律协取得监管主导权阶段

印度学者对法学教育的批评不绝于耳，但将具体改革想法落实到实践中的举措较少，对苦于寻找监管路径的印度律协帮助不大。但并不轻易放弃的梅农教授，最终为印度律协探索出了国家法律大学的模式。

梅农教授于 1960 年开始在阿里格尔穆斯林大学（Aligarh Muslim

---

① Jayanth K. Krishnan, "Professor Kingsfield Goes to Delhi: American Academics, the Ford Foundation, and the Development of Legal Education in India", pp. 447-499.
② 同上文，第 472 页。
③ Upendra Baxi, *Toward A Socially Relevant Education: A Consolidated Report of the University Grant Commission's Workshop on Modernization of Legal Education*, https://www.ugc.ac.in/oldpdf/pub/report/1.pdf, 2022-3-1 访问。
④ N. R. Madhava Menon, *A Blue Paper on the Transformation of Indian Legal Education* (2012), Harvard Law School Program on the Legal Profession, https://clp.law.harvard.edu/assets/Menon_Blue_Paper.pdf, p. 6, 2022-3-1 访问。
⑤ 同上书，第 4 页。

University）法学院任教，1965年转到德里大学法学院任教，正好赶上福特资助德里大学法学院开始法学教育改革实验的阶段。① 他于1969—1970年到哥伦比亚大学法学院做访问学者，对哥大法学院的诊所教育和跨学科法学研究深感兴趣。他对印度法学教育改革的很多想法来自与美国同行的交流。② 从哥大回到印度后，梅农在德里大学建立了第一个法律诊所，为穷人提供法律援助，因为纠正了一个冤假错案而登上了印度媒体的头条。③ 梅农教授具有从美国等地的国际机构筹集资金的能力，这使其法学教育改革理念可以持续在印度得到实践。他的试验受到印度媒体的关注，从而使法学教育改革问题受到印度最高法院的关注。④ 但德里大学对梅农新法学教育理念的探索设下很多限制，于是他于1974年接受了本地治里大学（Pondicherry University）邀请，去做该大学法学院的院长。他在那里工作了四年，推动了一些让人称赞的改革，如教学方法改革、参考哥伦比亚大学法学院进行课程设计和引入诊所教育等。⑤ 1978年合同到期后，梅农回到德里大学法学院。他随即受到印度律协邀请，负责设计并执行印度法学教育的改革方案，并在印度律协专职工作了四年。⑥

梅农教授成为了一个兼有法学教授身份、法学院院长工作经验和熟悉印度律协内部运作机制的法学教育改革者。他向印度律协提供了两个建议：一是另行设立独立的法律大学，以真正在教师聘用、课程设计、教学方法和考试模式上有所突破；二是推出人文和法学双学士项目，通过考试直接从高中毕业生中招收学生。⑦ 出于对梅农的信任，急于寻找监管路径突破的印度律协同意了梅农教授的这一大胆计划。

印度律协深度参与设立印度大学国家法学院（班加罗尔）及资助

---

① Jayanth K. Krishnan, "Professor Kingsfield Goes to Delhi: American Academics, the Ford Foundation, and the Development of Legal Education in India", p. 473.
② 同上文，第474页。
③ 同上文，第475页。
④ 同上文，第475页。
⑤ 同上文，第476—477页。
⑥ 同上文，第478页。
⑦ 同上文，第479页。

另外两所大学，这使其有机会更多了解大学运作的规律，获得了监管法学教育的经验和新的思路。2008年，印度律协发布了具体细致的《法学教育规则》。① 这份长达52页的具体规则取代了先前散乱的制度安排，明确了法律学士和人文法学复合学位是律协认可的两种可从事律师职业的学位项目，并规定了就读法学院的学历要求及入学资格考试最低标准，还列明了必修课程及指定范围的选修课程和考试要求。另外，《法学教育规则》还规定了一些执行举措，如检查制度，包括初始检查和常规检查；对于法学院的认证制度也规定得更加具体，明确了20多项认证时考察的内容，如教师资格、师生比和图书馆投入等，认证效力也由原来的长期有效改为5年内有效；还规定了印度公民在海外就读法学的学位承认；法学教育的语言应该为英语；等等。② 根据前面提到的最高法院的判例，这其中很多内容实际上是大学拨款委员会的职责。

印度律协对法学教育清晰而强势的监管，也使另一个重要的监管主体——印度大学拨款委员会开始行动起来。1988—1990年，大学拨款委员会组织专家组编写了各学科的模范教学大纲。③ 1997—2000年，大学拨款委员会的教学大纲委员会再次分别就LLB和LLM学位编写了模范教学大纲。④ 但这一时期的监管格局已经比较清晰，印度律协的监管是全面监管，而大学拨款委员会则被定位在课程科目设计和教学大纲设计上，这与前面介绍的两者的分工并不吻合。除非进行重大制度性改革，这种监管格局便是常态。

（三）2008年至今：监管反思阶段

印度律协对法学教育的监管处于越来越强势的地位，但法学教育

---

① 全文参见 http://www.barcouncilofindia.org/wp-content/uploads/2010/05/BCIRulesPartIV.pdf，2022-3-1访问。
② 同上书。
③ Law Commission of India, 184th Report (2002), 第7页。
④ 全文参见 UGC, *Curriculum Development Committee Law Report*, 2001, https://www.ugc.ac.in/oldpdf/modelcurriculum/law.pdf, 2022-3-1访问。

的质量却没有达到预期的改善效果。造成问题的原因比较多，但主要可归结为两方面。

其一，印度律协批准的法学院数量越来越多，却无法落实其对质量标准的监督检查。如 2012—2014 年，印度法学院就从 800 所扩展到 1200 所，根据印度律协的规定，设立新法学院需要得到当地政府的不反对批准（no objection certificate），另外要有师资、设施等条件；新法学院得到当地政府的不反对证书似乎不难，至于师资和设施等则主要在纸面上，律协无法一一核查。① 结果导致一些法学院根本没有符合条件的师资和设施就开始招生。其中公立大学的附属法学院条件最差，很多公立大学快速增加附属法学院，少的有十几所，多的有上百所，但他们主要侧重收取附属费用，根本没有能力监管。

即便是受到印度律协重视的国家法律大学，数量增长也很快。从 2008—2019 年，印度各地连续设立了 12 所国家法律大学，其培养学生的质量也在日趋下降。据印度媒体报道，因为高学费、性别歧视和校园设施差，仅在 2017—2019 年，便至少有 6 所国家法律大学发生过学生抗议；此前也有不少学生抗议甚至绝食行动，如 2014 年在国家法律大学与司法学院（阿萨姆）（National Law University and Judicial Academy, Assam），就因大学缺乏核心科目的全职教师，引发了学生的绝食行动。② 印度律协信托基金只对 3 所国家法律大学投入了部分启动资金，其他的国家法律大学基本上都纯粹由邦建立。印度律协没有资

---

① 参见 Prachi Shrivastava, "In Two Years, Number of Law Schools Increased from 800 to 1200: Now BCI Hopes to Put Brake on Mushrooming Epidemic", *Legally India*, December 9, 2014, https://www.legallyindia.com/lawschools/in-two-years-number-of-law-schools-increased-from-800-to-1-200-now-bci-hopes-to-put-brake-on-mushrooming-epidemic-20141209-5408，2022-3-1 访问。

② 参见 Apoorva Mandhani, "High Fees, 'Sexism' & Poor Infra Has Angry National Law Students Erupting in Protest", *Print*, July 25, 2019, https://theprint.in/india/education/high-fees-sexism-poor-infra-has-angry-national-law-students-erupting-in-protest/267584/，2022-3-1 访问；也见 Prachi Shrivastava, "Tuesday, Police at the Gates, as NLU Assam Students on Indefinite Hunger Strike: Lack of VC, Faculty & More", *Legally India*, September 23, 2014, https://www.legallyindia.com/lawschools/nlujaa-student-hunger-strike-20140923-5081，2022-3-1 访问。

金投入，邦也只是划拨土地，需要大学自筹资金。这导致很多国家法律大学在很长时期内都靠租借其他公立大学的设施运转。另外，这些国家法律大学主要靠学费维持运行，学费比公立大学要高 10 到 30 倍，如公立大学一般一年只收取 1 万卢比（约 1000 人民币），国家法律大学则收取 10 万到 30 万卢比（约 1 万到 3 万人民币）不等。这意味着，后期设立的国家法律大学虽然名字中有"国家法律大学"字样，但已经变成了纯粹的邦立大学。

其二，因为《律师法》对印度律协的职责规定得比较笼统，印度律协近些年有比较多的空间扩大自己的活动范围。例如，2016 年印度律协通过修订 2008 年《法学教育规则》，继续扩展自己的职权。修订草案中曾规定，印度律协要提名一位成员成为各学院负责教师选择的"专家委员会"成员。国家法律大学的许多教师批评这一草案规定，认为这一规定是"残暴践踏大学自主权"。① 印度律协还试图就印度公民在海外获得的本科或研究生法学学位的国内认证做出规定。批评者指出，研究生教育是学术教育不是职业教育，应由大学拨款委员会管理，印度律协没有管理权。2016 年修订案最终被采纳的部分便相对技术化了，包括规定师生比不超过 1∶20，每个法学院的核心课程需要有专职教师，而这些内容也属于大学拨款委员会的管理范围。另外，值得关注的是，前文提到的 2021 年 1 月印度律协就法学硕士发布的新规则，将学位从一年制变为两年制，也是值得关注的一次重大越权行为。法学硕士教育本属于大学拨款委员会的职责范围。

从具体监管实践上，印度律协面临的问题是用单一监管模式管理规模很大且质量参差不齐的法学院。其监管规则基于质量差的法学院而设定，因此在内容上事无巨细，但同时律协又缺乏实地考察能力，只能依赖报告制度。

---

① 参见 Prachi Shrivastava, "NLU VCs Slam BCI's 'Atrocious', 'Unwise' Plans to Get Involved in Law School Faculty Selection, LLMs, Legally India", January 17, 2017, https：//www.legallyindia.com/lawschools/bci-wants-say-in-faculty-selection-in-law-schools-proposes-amendment-to-2008-rules-00011130-8229, 2022-3-1 访问。

为应对印度律协日趋强势的监管，大学拨款委员会也在做出一些努力。如 2012 年，大学拨款委员会宣布引入一年制法学硕士学位，并发布这一学位的具体指导准则。① 这个项目需要有 24 学分，其中 9 学分为必修课（3 门课，每门 3 学分），6 门选修课每门 2 学分，另有 3 学分是毕业论文。除此之外，大学拨款委员会也就师资和设施做出了规定。

总体上看，印度法学教育目前的监管模式是学位分类监管模式。法学硕士学位和法学博士被当作学术学位，主要由印度大学拨款委员会监管、设定教学科目和教学大纲并规定教师资格；法律学士项目、法学与其他学科的复合学位项目则是印度律协承认的可以执业的两种学位，因此主要属于印度律协的监管范围，但大学拨款委员会参与教学大纲的编写。印度律协和大学拨款委员会的监管都会涉及教师资质和教学设施标准等。两者存在冲突时，律协的监管更受到重视。因为对大多数法学院而言，研究生教育只是其法学教育的次要部分。

四、印度法学教育的主要特点与未来方向

（一）印度法学教育发展的三个特点

首先，印度法学教育的监管正从模糊监管向律师行业协会主导型治理转变。在独立之前，印度法学教育呈现一种分散治理的态势，由大型公立大学确定法学教育的报考条件、学制、教师聘用条件和考试等。独立之后，印度没有颁布类似于《高等教育法》的法规，高等教育的监管是一个复杂的横向结构，又夹杂着纵向的联邦制分权结构，主要监管主体包括大学拨款委员会、行业协会、邦政府和大型公立大学。1956 年的《大学拨款委员会法》就高等教育的标准设定和维护授

---

① UGC, *Guidelines for One-Year LLM Program*, 2012, https://www.ugc.ac.in/pdfnews/4968873_LLM_one-year.pdf, 2022-3-1 访问。

权大学拨款委员会,但大学拨款委员会被定义为一个专家机构,主要负责给联邦政府提供建议。1961年印度《律师法》通过之后,将法学教育的监管职责赋予印度律协,内容涉及法学院设立许可和学教育的标准设定等。这意味着,印度的法学教育在1961—1986年间由印度律协和大学拨款委员会共同治理,名义上是后者职权优先,但两者在很长一段时期内发挥的作用非常有限,都处于探索阶段。1986年开始,印度律协开始涉足国家法律大学,从而有了对印度法学教育更深入的了解,逐渐成为印度法学教育监管的主导者。2008年印度律协修改了《法学教育规则》,强化了其对法学教育的监管力度。但这种强势监管受到了批评。批评者认为律协的强势监管侵占了大学拨款委员会的职权和大学的自主权。为了解决高等教育治理的多头分散性治理问题,印度2020年通过的《国家教育政策》决定将大学拨款委员会和绝大部分的行业协会或专业性委员会合并成一个监管机构,但法学教育不在其列。预计未来印度法学教育很可能主要是由印度律协强势监管。

其次,与中国等很多国家不同,印度法学教育长期侧重职业培训,缺乏学术研究传统。法学教育到底该定位为职业教育还是学术教育,在很多国家都有激烈的讨论,印度也不例外。但受印度律协在法学教育监管中的强势地位影响,其实际运行更多侧重的是职业教育。印度独立后,《瑞达克利山委员会报告》对法学教育的性质专门做了分析和建议。[①] 该报告认为,法学教育不仅仅是职业教育,也有像数学和哲学一样的基础教育特点,因此介于学术教育和职业教育之间,既生产法律实务从业人员,也生产法律学者。早期关注司法改革的《第14号报告》则更关注职业共同体的统一化和标准化设定,因此建议将印度法学教育的标准设定权赋予印度律师协会。根据《律师法》的规定,律师协会获得了认证法学院和设定法学教育标准的职权,这使法学教育在很长时期沿着职业技能培训的方向发展。印度国家法律大学的设立,

---

① Ministry of Education (MOE), *The Report of the University Education Commission*, 1st ed., 1950, Reprint 1962, pp. 224-229.

使印度律师协会对法学教育的职业培训定位有所转变，但缺乏优秀师资与研究定位仍构成对印度法学教育质量的挑战。2007 年的国家知识委员会报告和 2018 年法律和司法部关于国家法律大学的报告，都还在讨论法学教育的质量提高。

最后，印度法学教育的发展与印度司法能动主义和经济自由化息息相关。20 世纪 60—70 年代法学教育之所以发展缓慢，是因为独立后的印度侧重计划经济，法律的使用主要掌控在官员手里；私法不发达，律师的价值不大，很难吸引优秀的年轻人。① 印度法学教育的第一次扩展是在 20 世纪 70—80 年代，这受益于司法能动主义包括公益诉讼的发展，法官的英雄主义带动了律师的英雄主义。1973 年，在帕拉蒂诉喀拉拉邦案②中，印度最高法院通过改变宪法解释方法，改变了实践中议会至上的宪制结构，确立了最高法院对宪法基本结构的最终解释权。③ 在另一个重要案件玛内卡·甘地诉印度联邦案④中，最高法院依据基本权利条款宣布议会制定法无效，开始赋予宪法第 21 条具体内容。⑤ 玛内卡案中，法院的裁决为民众寻求法院解决公共问题创造了重要机会。到 80 年代，印度司法能动主义更趋活跃，法院不再将自己简单定位为被动裁决型法院，而是要积极地解决公众关切的问题，对政府进行问责。⑥ 从 20 世纪 70 年代开始，印度私立附属法学院开始出现。第一所国家法律大学的实验诞生于 80 年代中期，与这一时期的司法能动主义带动不无关系。

法学院的第二次快速扩展是在 20 世纪 90 年代印度的经济改革后，市场经济的引入与全球化融入，使印度的法律服务业市场快速发展起

---

① Arthur Taylor von Mehren, "Law and Legal Education in India: Some Observations", *Harvard Law Review*, vol. 78, no. 6 (1965), p. 1183.
② *Kesavananda Bharati v. State of Kerala*, (1973) 4 SCC 225.
③ Chintan Chandrachud, "Constitutional Interpretation", in Sujit Choudhry et al. (eds.), *The Oxford Handbook of the Indian Constitution*, Oxford University Press, 2016, pp. 80-86.
④ *Maneka Gandhi v. Union of India*, (1978) 1 SCC 248.
⑤ Chintan Chandrachud, "Constitutional Interpretation", pp. 83-84.
⑥ Shyam Divan, "Public Interest Litigation", in Sujit Choudhry et al. (eds.), *The Oxford Handbook of the Indian Constitution*, Oxford University Press, 2016, pp. 663-665.

来。据联合国贸易和发展大会的统计，印度在 2021 年吸引外资达到 640 亿美元，是世界第五大外资流入国；而据 RSG 咨询公司估计，印度 2020 年的法律市场规模已达到 210 亿美元。[1] 印度目前的法学院大多数都设立于 20 世纪 90 年代后，国家法律大学也在各邦快速复制。印度第三代法学院即私立精英法学院也在 2000 年后快速发展。所有这些都与印度经济自由化改革和全球化融入密切相关。

（二）印度法学教育的未来改革方向

印度法学教育参与全球竞争，既有希望也有挑战。印度法学教育改革的希望是，自下而上的探索非常活跃。20 世纪七八十年代的法学教育改革运动及第一所国家法律大学的实验，为印度法学教育改革带来了方向性指引。与此同时，印度创设了一种介入邦与中央、公立与私立之间的新型法学院模式。2000 年后期，私立精英法学院的兴起，正在开启印度法学教育的第二次改革实验，即具有国际竞争力的全球化、应用型和研究型并举的精英法学教育模式。印度政府与印度律协最近也开始关注和研究这种私立精英法学院模式，如 2020 年通过的《国家教育政策》就对此有较强呼应。

这都是印度法学教育积极发展的信号。但国家法律大学和私立精英法学院在印度法学教育提供者中属于凤毛麟角，印度大多数法学院仍然面临着质量挑战，纯公立的学院存在机构自主性不足和资金缺乏的问题，而大多数挂靠公立大学的私立法学院的营利倾向明显。因此，印度整体的法学教育质量仍有待提高。

---

[1] 参见 PTI, "India receives ＄64 bn FDI in 2020, fifth largest recipient of inflows: UN", *Business Standard*, Juny 21, 2021, https://www.business-standard.com/article/economy-policy/india-receives-64-bn-fdi-in-2020-fifth-largest-recipient-of-inflows-un-121062100305_1.html, 2022-3-1 访问；Maulik Vyas, "Khaitan & Co Becomes the First Indian Law Firm to Cross 150-Partner Mark", *Economic Times*, July 14, 2020, https://economictimes.indiatimes.com/news/politics-and-nation/khaitan-co-becomes-the-first-indian-law-firm-to-cross-150-partner-mark/articleshow/76965522.cms, 2022-3-1 访问。

五、结语

在复杂监管模式下，印度的法学教育在很长一段时间里处于无序发展状态。国家法律大学的实验及印度律协监管主导权的确立，使印度法学教育进入了一个新的发展时期。但印度律协的强势监管主要体现在规则设定上，而执行能力比较弱，导致了监管过度和监管不足的双重困境。印度律协职权扩展，也使大学拨款委员会在法学教育学术性标准设定方面的职权趋于弱化，进一步导致了印度法学教育的学术性发展不足。

印度法学教育的活力，在于社会变革中所存在的自下而上的创新型探索及其对制度变革的推动效应。20 世纪 80 年代的司法能动主义激励了国家法律大学实验，触动了印度法学教育学科建设和机构建设的重大改革。2000 年后全球化浪潮下兴起的致力于国际竞争的私立精英法学院，正在探索培养具有国际竞争力的法律人才的教育模式，但其对印度法学教育制度改革的推动效应还有待观察。

第二十三章　印度律师的自治转型

印度目前大约有130多万在册律师,① 是世界上律师最多的国家之一。印度的现代律师制度起源于18世纪东印度公司与莫卧儿王朝共治的时代,发展于19世纪的英殖民统治时期,在印度独立后出现了自治转型。独立前印度存在多种类、多等级的律师形式,其行业管理权隶属各高等法院,具有分割式管理的特点。独立后的宪制重构和《律师法》(Advocate Act)的通过,确立了印度律师高度自治的行业管理模式,也使得印度法律服务市场在既得利益集团的影响下趋于保守与封闭。

印度法律服务市场的发展潜力不容小觑。据联合国贸易和发展大会统计,印度在2021年吸引外资达到640亿美元,是世界第五大外资流入国。② 根据被广泛引用的印度一家咨询公司的数据,截至2018年3月,印度的法律服务市场规模达130亿美元;据另一家咨询公司RSG的估计,印度2020年的法律服务市场规模已达到210亿美元。③ 同时,

---

① 印度到底有多少律师,至今没有准确数据。2013年,在回应一项信息公开请求时,印度律协宣称印度有130万律师,但2017年全印律师协会在假律师审查中,又通过媒体发布消息称,超过40%的是假律师,那时的基数大约是200万。据推测,直到2021年印度大约还是只有130万左右律师。参见 Kian Ganz, "RTI Reveals: 1.3 m Advocates; 1 in 300 Delhi-ites a Lawyer; Maharashtra Lawyers 'Richest'; Jharkand, Assam, J&K Fastest", *Legally India*, February 18, 2013, https://www.legallyindia.com/the-bench-and-the-bar/rti-reveals-number-of-lawyers-india-20130218-3448, 2022-2-1访问。
② 参见 PTI, "India Receives \$64 bn FDI in 2020, Fifth Largest Recipient of Inflows: UN", *Business Standard*, June 21, 2021, https://www.business-standard.com/article/economy-policy/india-receives-64-bn-fdi-in-2020-fifth-largest-recipient-of-inflows-un-121062100305_1.html, 2022-2-1访问。
③ 参见 Maulik Vyas, "Khaitan & Co Becomes the First Indian Law Firm to Cross 150-Partner Mark", *Economic Times*, July 14, 2020, https://economictimes.indiatimes.com/news/politics-and-nation/khaitan-co-becomes-the-first-indian-law-firm-to-cross-150-partner-mark/articleshow/76965522.cms, 2022-2-1访问。也见 "Law Firms in India Look to Edge the Big Four out of the Legal Advisory Space", Consultancy.in, May 7, 2019, https://www.consultancy.in/news/2187/law-firms-in-india-look-to-edge-the-big-four-out-of-the-legal-advisory-space, 2022-2-1访问。

印度的法学教育主要以英语进行,这使印度成为全球法律服务外包的主要目的地国。虽然印度法律服务市场不希望对国际开放,但在经济自由化改革之后,该市场正伴随着印度经济的发展主动或被动融入全球化法律服务市场。

目前,国内学术界对印度律师制度和法律服务市场的研究尚显薄弱,欠缺系统而深入的阐述。本章拟考察印度独立前后的律师制度转型,阐释印度独立后以印度律师协会(Bar Council of India)和邦律师协会为基础的行业自治管理制度及其运行方式,并考察印度律师行业自治对该行业结构的影响及其所面临的全球化冲击,以期对中国实务界和学界有所启发。

一、印度独立前后律师制度的承继与转型

英国对印度的殖民统治,可根据管理主体分为三个不同阶段:分散的东印度公司局部控制时期,相对统一的东印度公司治理时期,以及英王接管印度后的全面殖民时期。英国人在不同殖民时期的治理形式影响了印度的司法实践,进而影响了印度律师职业的制度构建和运行。印度的独立运动以一种非暴力方式实现目标。独立后的印度没有直接废除殖民时代移植的英国律师制度,而是采取了比较务实的态度,对部分予以废除,部分加以改造利用。

(一)独立前的印度律师制度

诉讼代理人制度在印度具有悠久的历史。印度学术界一般认为,在《摩奴法论》时期就有了辩护人(Niyogi)制度。在莫卧儿王朝时期,瓦吉尔(Vakil)开始出现,已经具备了现代律师的部分功能。[1]但印度现代律师制度则主要由英殖民者引入,且随着英国人对印度管

---

[1] N. R. Madhava Menon, "Legal Profession in India", in G. Mohan Gopal (ed.), *Prof. Menon's Reflections on Legal and Judicial Education*, Universal Law Publishing Co., 2009, p. 20.

理三个时期的不同特点而有所变化。

印度的现代律师制度发端于局部化和分散化的东印度公司治理时期，这一时期大约在1600—1757年间。[1] 1600年，英国女王伊丽莎白一世设立了东印度公司，赋予其有限的立法权。此后，英国人分别在加尔各答、孟买和马德拉斯建立了东印度公司机构。但那时英国人在印度的海边城市设立商馆或商业中心，需要经过莫卧儿王朝的同意。随着莫卧儿王朝的衰落，英国东印度公司在印度的权力也越来越大。1726年，乔治一世国王颁发特许状，分别在加尔各答、孟买和马德拉斯成立市长法院（Mayor's Court），授予其正式的司法权。英殖民者通过市长法院形式在英国直接管理的三个地域适用英国法，市长法院的法官有充分的自主权确定哪些人可以在这些法院担任律师。这被认为是印度现代律师的起源。[2] 这些法院不仅管辖涉及东印度公司员工的案件，也管辖当地居民之间的纠纷。

到了相对统一的东印度公司时代（1757—1857年），东印度公司的地域有所扩展。英国王室开始直接介入印度司法体系，发展出英国王室法院和东印度公司法院两套并行的司法体系。[3] 在1757—1758年之间，当时的总督已经开始谋划扩展地盘，并试图建立相对统一的司法和行政制度。但直到1767年，英国的下议院才通过立法，授权东印度公司在印度进行土地扩张。1772年，在沃伦·黑斯廷斯（W. Hastings）的建议下，分散的东印度公司开始统一司法体系，分别在加尔各答成立了民事法院系统和刑事法院系统。1793年，《孟加拉规则七》（Bengal

---

[1] 本章对这段历史期间印度司法制度和律师制度的发展的研究资料主要参见 Rega Surya Rao, "Lectures on History of Courts, Legislatures and Legal Profession in India", *Asia Law House*, Reprint 2020, pp. 7-24, 285; Suraj Narain Prasad Sinha, *History of Bar Council of India*, http://103.25.172.19/bar-council/history.php, 2022-2-1访问; Arjun P. Aggarwal, "Legal Education in India", *Journal of Legal Education*, vol. 12 (1959), p. 231。

[2] Rega Surya Rao, "Lectures on History of Courts, Legislatures and Legal Profession in India", p. 285.

[3] 本章对这段历史期间印度司法制度和律师制度的发展的研究资料主要参见 MB Hooker, "The East India Company and the Crown 1773-1858", *Malaya Law Review*, vol. 11, no. 1 (1969), Special Issue to Commemorate: The One Hundred and Fiftieth Anniversary of Singapore, pp. 2, 4-16。

Regulation Ⅶ)出台,首次正式确认了律师职业,由加尔各答的最高民事法院和最高刑事法院认定所有在东印度公司管辖范围内(主要是加尔各答、孟买和马德拉斯以及城区之外的法院)出庭的律师资格。该规则允许莫卧儿王朝的传统代理人和本地辩护人(native pleader)在登记注册并在东印度公司属下的地方法院交纳一定费用后出庭代理案件。1883年的《孟加拉规则十二》允许任何资格的人登记成为最高民事法院认可的律师或辩护人。英国王室法院系统于1774年在加尔各答设立王室最高法院,管辖孟加拉、比哈尔和奥里萨地区的案件,取代此前的市长法院。不过,这一时期有资格在加尔各答英国王室最高法院出庭的只有来自英国、爱尔兰以及苏格兰的律师,印度籍律师不允许在此法院出庭。当然,这些在王室最高法院出庭的律师也不允许在印度地方民事法院出庭。

到了全面殖民时期的1858—1947年,律师制度准入、管理和职业统一化等问题开始受到关注并被制度化。① 1858年,东印度公司时代结束,印度归英国王室直接管理,成为英属印度。这个全面殖民时期直到1947年印度独立才结束。在这一时期,东印度公司法院系统和英国王室法院系统的分立时代结束。1862年,英国议会通过《印度高等法院法案》,授权在印度各大城市设立高等法院。1879年,英属印度政府通过《法律执业者法案》(Legal Practitioners Act),授权高等法院就出庭的法律执业者的资格和准入程序制定规则。这是印度境内第一个覆盖法律执业者的立法。从1897年开始,出庭律师(barrister)和高等法院的出庭代理人之间的关系开始紧张,前者从后者的快速发展中感受到了威胁,便决定通过协会方式设立门槛,如马德拉斯高等法院下的律师就分别组建了出庭律师协会(Barristers' Association)和高等法院诉讼代理人协会(High Court's Vakils' Association)。为适应英属印度的司法统一,1926年英属印度立法会议通过了《印度律师协会法案》

---

① 本章对这段历史期间印度司法制度和律师制度的发展的研究资料主要参见 Rudransh Sharma, "History of Legal Profession in India", *Journal on European History of Law*, vol. 7, no. 1 (2016), pp. 63-69。

(Indian Bar Councils Act），规定每个高等法院建立一个统一的律协。

英殖民者通过《印度律师协会法案》试图推动律师行业的统一化和自主治理，但这种修补式努力面临着很大的执行困难。另外，不论是东印度公司还是英属印度期间的法庭，基本上以适用英国法为主。因此，最受欢迎的印度律师都是那些被送去英国学习法律的律师。他们回到印度之后成为出庭律师，收费很高，处于印度本地律师行业的金字塔顶端。后来他们中的一些人，如尼赫鲁等，成了印度独立运动的领导者。他们在印度宪法顶层设计中对英国的司法制度进行了选择性继承。与此同时，印度本土法学教育和本土律师长期处于金字塔底端，他们对独立后律师制度的改革呼声很高。这种自上而下的选择性制度继承和自下而上的改革需求共同构成了独立后印度律师制度的基础。

（二）独立后印度律师制度的转型选择

印度在独立前虽然就意识到律师行业统一的必要性，但1926年的《印度律师协会法案》并没能帮助印度统一律师行业，更没有建立起真正的行业自治。到1947年独立时，印度存在着不同的律师形式，如传统代理人、本地辩护人、出庭律师等，再加上民事、刑事和税务等领域律师的进一步区分，非常不统一。从高等法院来看，加尔各答高等法院和孟买高等法院享有准最高法院的职权，在这里执业的律师也享有不一样的特权，而这更增加了律师职业的不统一性。[1] 因此，独立后的印度法律执业者提出了三项具体请求：其一，废除所有存在于法律执业者中的各种名目的区别对待；其二，在律协中引入农村基层律师代表以体现代表性民主；其三，取消高等法院对律师成员资格的控制权，并将此权力交给律师协会。[2]

---

[1] All India Bar Committee, *Report of All India Bar Committee*, Manager Publications, 1953, p. 7, http：//indianculture.gov.in/flipbook/3139，2022-2-1 访问。

[2] Rega Surya Rao, "Lectures on History of Courts, Legislatures and Legal Profession in India", p. 289.

除了律师的改革诉求外，独立后的印度律师制度转型还有一个重要的制度背景，那就是1950年通过的印度宪法。新宪法对独立后的印度司法制度做出三大改变。第一，独立前的司法体系不统一，独立后的印度整体上虽然确立了联邦制，但司法体系却不区分联邦和各邦，这便要求律师业也走向统一。① 第二，在独立之前，管辖印度本土案件的最高司法机构并不在印度，而是英国枢密院。1950年印度宪法通过之后，印度建立了自己的最高法院，具备了律师职业统一化的机构条件。第三，印度宪法将律师监管的规则制定权从独立前的高等法院转到印度议会，只将少部分的权力留给最高法院和高等法院，这为律师行业自治立法提供了制度保障。② 为了回应律师诉求和新宪制的要求，印度政府于1951年成立了专门委员会，就律师制度改革进行政策调研并出具报告，同时在1955年法律委员会的司法改革报告中也专门回应了律师制度改革。这两个报告是1961年《律师法》制度框架的基础。

1950年印度宪法生效后，1951年印度司法部即委托达斯（R. Das）大法官牵头成立委员会，负责律师改革，并于1953年提交报告（以下简称《达斯委员会报告》）。③ 达斯委员会在报告中提到的工作包括以下七项：一是调研建立全印完全统一的律师制度的愿望和可行性；二是调研在加尔各答和孟买施行的律师双轨制，即事务律师（solicitor）和出庭律师（counsel）的区分是否应予以废除；三是讨论现存的不同律师分类，如最高法院律师、高等法院律师、区法院民事代理人、刑事法院辩护人（mukhtar）、税收代理人、个人所得税辅助人是否需要取消；四是调研建立全印律师协会和邦级律师协会的可行性；五是探讨是否有必要建立一个单独的最高法院律师协会；六是调研现有的有关律师职业的中央和邦立法进行整合和修订的必要性；七是调研其他

---

① 张文娟：《印度宪法设计逻辑初探》，《东南亚南亚研究》2017年第2期，第32页。
② Law Commission of India, *No. 266 Report on the Advocate Act 1961*（Regulation of Legal Profession），March 2017, https：//lawcommissionofindia. nic. in/reports/Report266. pdf, p. 3, 2022-2-1访问。
③ All India Bar Committee, *Report of All India Bar Committee*, p. 7.

相关事宜。

从1952年1月开始,达斯委员会举办了多轮研讨会,还发放了大量问卷进行调查,并于1953年3月30日提交了最终报告。关于是否需要统一的律师协会,达斯委员会的建议是肯定的,并提出了具体方案,如获得两年以上法学教育学位并实习一年者有资格申请律师资格。此类人士要在自己经常居住的邦律师协会登记,各邦律协应将本邦登记在册的律师名字汇总到全印律协。该报告还建议,在全印律协名单上的律师可在印度任何一个高等法院或下级法院执业。但对于能否在最高法院执业,该报告建议可设定更多执业年限作为限制。

关于律师双轨制是否保留,达斯委员会在调研中发现支持和反对的理由都很多,在报告中没有给出统一的结论。双轨制主要在东印度公司机构早期设立高等法院的加尔各答、孟买和马德拉斯施行,独立后仅在加尔各答和孟买还保留着,马德拉斯在独立前就取消了双轨制。双轨制的支持者主要是孟买和加尔各答高院的法官和律师。他们认为这种劳动分工有助于提高效率和保障法律服务质量。反对者主要是其他邦的律师,以及加尔各答和孟买的年轻律师。反对双轨制的理由也同样有力,主要有三:一是堵塞了年轻律师的发展通道;二是当事人被迫为一个案件请两个律师,导致诉讼费用昂贵;三是强制性实施会带来更多问题。《达斯委员会报告》的建议是,孟买和加尔各答若想保留可继续保留双轨制,其他地方将施行单轨律师制。最高法院可区分普通律师和资深律师,但这种区分只是基于执业年限和执业能力。

关于是否有必要成立全印统一的律师协会,达斯委员会发现律师们存在争议,但其报告认为有必要设立这一协会。独立执业的律师委员会认为不需要,一是统一很困难,二是美国、加拿大和澳大利亚等原来属于英国殖民地的国家的律师组织也没有统一。但《达斯委员会报告》认为,1926年成立的律师协会只有建议权,不具有制定法律的权力,限制了其功能的发挥。实际上,律师职业的管理权还是在各高等法院,成立统一的律师协会有其必要。该报告建议成立各邦律师协会和全印律师协会。全印律师协会的成员可包括以下人员:最高法院首席大法官提名的曾经做过律师的 2 名最高法院大法官、各邦律师协会代表(每 1000 名律师中产生 1 名代表)、印度政府的法律顾问(Solicitor General)以及最高法院律师协会的 3 名代表。

在《达斯委员会报告》之后,1955 年 8 月 5 日,印度议会人民院指定印度法律委员会就独立后印度的司法制度建设出具报告(简称《第 14 号司法改革报告》)①。不同于《达斯委员会报告》,《第 14 号司法改革报告》关注印度司法的全面改革。另外,印度法律委员会是政府下设的一个专注法律改革的行政机构,与达斯委员会相比,它的报告更具官方权威性。

《第 14 号司法改革报告》专章讨论了律师制度,但主要是肯定 1953 年《达斯委员会报告》的内容。该报告支持《达斯委员会报告》有关建立统一的律师协会、律师可在全印执业和取消律师双轨制等建议,但也支持对最高法院执业律师做额外年限限制。对于律师协会的构成,该报告认为《达斯委员会报告》中将最高法院法官纳入律师协会不妥。其同时认为,律师协会主席不应由最高法院法官或政府的首席法律顾问担任,而应由律师协会通过选举产生,以使律协成为一个真正自主的机构。另外,《第 14 号司法改革报告》表达了对律师质量的担忧,对律师准入条件和法学教育提出了一些改革建议,弥补了《达斯委员会报告》对此关注不足的缺点。

总体而言,印度现代司法体系的建立受英殖民者进入印度的不同阶段统治模式的影响。这导致其殖民时代的律师存在形式多元性和管理机制割裂化的特点。独立前英殖民者虽然进行了一些改革努力,但实践中效果甚微。《达斯委员会报告》和《第 14 号司法改革报告》就独立后律师的改革诉求以及独立后律师制度如何适应新宪法,提供了具体细致的改革建议。它们的共同之处是旨在建立统一的律师协会和

---

① Law Commission of India, *Fourteenth Report: Reform of Judicial Administration*, September 1958, http://lawcommissionofindia.nic.in/1-50/report14vol1.pdf, 2022-2-1 访问。本章只介绍其第 26 章第 556—586 部分有关印度律协的内容。

统一的律师执业制度，取消律师的等级制，将律师的管理权交给律师行业。它们的不同之处在于，《第 14 号司法改革报告》就行业自治的改革更彻底。这两个报告奠定了 1961 年《律师法》核心制度的基础，而对它们不一致的地方，《律师法》更倾向于《第 14 号司法改革报告》的建议。

二、印度《律师法》确立的行业自治制度及其运行

1961 年，印度议会根据印度宪法、《达斯委员会报告》和《第 14 号司法改革报告》，通过了《律师法》①，重构了独立后的印度律师制度。与独立前相比较，《律师法》统一了整个律师行业，并确立了高度行业自治管理模式。《律师法》将印度律师职业规则制定权和执行权主要赋予印度律协，少部分授予邦律协。

（一）印度律师协会的自治与可能的限制

《律师法》确立了行业自治模式，将管理权授予印度律师协会和邦律师协会。《律师法》第 5 条规定，全印律协和邦律协均登记为法人。但需要明确的是，全印律协和邦律协不同于作为民间社团登记的其他印度民间律协。② 这两个律协制定和发布的规则类似于行政法规，具有强制力。

《律师法》第 4 条规定，全印律协的成员由印度政府的首席法律顾问和每邦律协的 1 名代表构成。来自邦律协的会员代表每届任期 5 年。印度律师协会的会员可选举 1 名主席和 1 名副主席，每届任期 2 年。

---

① 全文参见 https：//legislative. gov. in/sites/default/files/A1961 - 25. pdf，2022 - 2 - 1 访问。

② 不同于《律师法》确定的行业管理部门，印度还有各种民间律师协会，这些都称作 Association 而不能称作 Council，如印度最高法院女性律师协会（Supreme Court Women Lawyers Association）、印度全国律师协会（India National Bar Association）、2018 年刚成立的印度律师协会（India Lawyers Association）等。

为实现律师行业真正自治和统一，《律师法》赋予全印律协广泛的规则制定权。这些规则涉及印度律协的选举程序、各邦律协的选举程序、主席和副主席的产生方式及其职能、基金设立和使用、各种委员会的设立标准、律协的会议召开方式、律协秘书的人选资格、审计师的任命、律师的职业伦理规则和礼仪以及全印律协纪律处分的规则和程序等。《律师法》第7条规定了印度律协的15项职能：（1）确立律师的职业行为与职业礼仪标准；（2）为印度律协纪律委员会和各邦律协纪律委员会设定程序标准；（3）维护律师的权益；（4）推动和支持法律改革；（5）处理邦律协在执行本法过程中遇到的任何问题；（6）对邦律协进行一般性监督和控制；（7）推动法学教育，并通过与开设法学教育的大学及邦律协咨商，设定法学教育标准；（8）就哪些大学的法学学位获得者可以成为律师予以认证，并为此目的对大学进行实地检查或要求邦律协代表进行实地检查；（9）就法律问题邀请知名法学家开展讲座或研讨会，并出版法学期刊或发表论文；（10）以既定的方式为穷人提供法律援助；（11）基于互惠原则对申请成为印度律师的海外法学学位获得者进行学位认证；（12）管理和投资印度律协的各种基金，主要给残障或其他弱势群体律师提供资助，也包括为穷人提供法律援助服务；（13）安排会员选举；（14）履行所有《律师法》所赋予的其他职权；（15）行使从事为履行这些职权所必需的其他事宜的权力。其中值得关注的是，《律师法》将法学教育的监管职责赋予全印律协，这其中包括法学院设立批准及认可，也包括法学教育的标准设定等。

就邦律协而言，并非每个邦都单独成立一个律协。根据《律师法》第3条，印度共建立了17个邦级律协。不同的邦会共享一个律协，如果阿邦、马哈拉施特拉邦和几个中央直辖区就共享一个律协，旁遮普邦、哈里亚纳邦和昌迪加尔中央直辖区也共享一个律协。实际上，除德里国家首都区之外，中央直属地区基本上没有独立的律协。《律师法》第6条确立的邦律协职能包括以下内容：（1）律师准入。律师的执业邦以经常居住地为准，如果一个人被执业邦拒绝授予律师资格，其他所有邦都不再授予其律师资格，除非首先拒绝的邦提供书面同意证明；（2）建立并维护邦律师名单（《律师法》第17条规定，律师的名单包括两部分，一部分是资深律师［senior advocate］名单，另一部分是普通律师［other advocate］名单。以律师的执业年限排序，资历越深，地位越高）；（3）就本邦律师的不当行为予以审查并做出决定；（4）维护本邦律师的权益；（5）推动并支持法律改革，包括开展相关研讨会、出版期刊和发表论文等；（6）管理并投资邦律协基金，主要给残障或其他弱势群体律师提供资助，也包括为穷人提供法律援助；（7）为本邦律师协会组织选举；（8）其他为履行《律师法》所具有的职能。

当然，印度最高法院也对印度律师协会的职能和印度律师权利做出了一些限制，最典型的是禁止罢工权。如在哈瑞什·乌帕奥诉印度联邦案①中，印度最高法院确立的规则是，律协的职能不得妨碍司法。具体而言，律师不得罢工或从事集体抵制活动。②但在实践中，律师的罢工或群体抵制活动越来越多。据印度法律委员会的统计，仅仅北阿肯德邦的哈立德瓦尔地区，2012—2016年律师罢工就多达515天，平均每年罢工103天；泰米尔纳德邦则更严重，其中的甘吉布勒姆地区在2012—2016年间就有687天律师罢工，平均每年137.4天，而且该邦多个地区每年的律师罢工都超过100天。③印度律协有时会对罢工予以处罚。例如2016年，泰米尔纳德邦律师抵制新修改的律师纪律处分规则，导致马德拉斯高等法院两个月无法开庭，印度律协将126名带头罢工律师予以处分，令其暂停执业。④但大多数时候，律协并不对罢工律师进行处罚，全印律协有时甚至带头罢工或发起抵制活动。例如2012年，

---

① *Ex-Captain Harish Uppal v. Union of India*, W. P.（civil）132 of 1988 or（2003）2 SCC 45, https：//indiankanoon. org/doc/1292543/，2022-2-1访问。

② Kailash Rai, *Legal Ethics: Accountability for Lawyers and Bench-Bar Relations*, 11th ed., Central Law Publications, Reprint 2020, p. 49.

③ Law Commission of India, *No. 266 Report on the Advocate Act 1961*, pp. 13-14.

④ Kian Ganz, "BCI Stays its Suspension-without-notice of 126 Tamil Nadu Advocates", *Legally India*, August 17, 2016, https：//www. legallyindia. com/the-bench-and-the-bar/bci-stays-its-suspension-without-notice-of-126-tamil-nadu-advocates-20160816-7912，2022-2-1访问。

全印律协就呼吁全国律师抵制《高等教育法》(草案)中取消印度律协对法学教育的规则制定权的内容。① 有学者研究认为,印度的资深大律师在司法体系中享受着比大多数法官更高的尊荣,具有很大的社会影响力。② 这是印度律协比较强势的原因之一。

(二)印度律师准入制度与实践

《律师法》采纳《达斯委员会报告》和《第14号司法改革报告》的建议,统一了律师准入制度,同时又在高等法院和最高法院区分了资深律师和普通律师。但在具体实践中,律师准入与法学教育和律师资格考试的对接存在政策摇摆状况,而这影响了印度律师的质量和数量控制。同时,资深律师的认定也存在不透明的问题。

《律师法》第24条规定了申请成为印度律师的资格条件:印度公民;年满21周岁;获得法律学位。该法第24A款也规定了律师准入的禁止性条件,包括三种情形:一是实施了道德败坏的犯罪行为;二是实施了1955年《不可接触(犯罪)法》中的犯罪行为;三是因为道德败坏被开除公职。此外根据印度最高法院判例确立的规则,律师不得兼任会计师等其他职业。

关于取得律师执业资格是否要经过律师资格考试和强制实习培训,在印度则经过了一个"需要—不需要—再需要"的反复过程。1961年《律师法》通过时,第24(1)(d)条要求法学院毕业的学生需要通过律师资格考试才可执业,但1964年《律师法》修改时去掉了"律师资格考试"的强制性条款,而1973年的《律师法》修改进一步去掉了律师执业前的强制性培训要求。从1964年开始,几乎任何一位从印度律协认可的法学院毕业的学生都可直接成为律师。私

---

① Indian Express Agency, "Higher Education Bill Protest: Lawyers Answer BCI's Call, Boycott Work", *Indian Express*, July 11, 2012, https://indianexpress.com/article/india/latest-news/higher-education-bill-protest-lawyers-answer-bcis-call-boycott-work/, 2022-2-1 访问。

② Marc Galanter & Nick Robinson, "Grand Advocates: The Traditional Elite Lawyers", in David B. Wilkins et al. (eds.), *The Indian Legal Profession in the Age of Globalization*, Cambridge University Press, South Asia Edition 2018, pp. 463-465.

立法学院的设立和质量把控不严，不仅导致了律师质量下降，而且还导致了大量假律师的存在。1994 年，印度最高法院首席大法官温卡查塔利亚（N. Venkatachaliah）主持成立了阿马迪委员会（Ahmadi Committee），就律师质量下降问题开展调研，最终建议应强化律师培训。1995 年《印度律师协会培训规则》要求，法学院毕业的学生需要进行一年实习后才可成为律师。

在全印律师协会诉伯尼缶法学院案①中，印度最高法院于 2009 年 6 月 22 日以专家委员会的形式发出指令，建议律师资格考试应该成为律师准入的强制性要求。② 印度律协于 2010 年 6 月 5 日发布第 73/2010 号决议，规定对毕业生强制执行律师资格考试（All India Bar Examination）。这项要求同时被纳入《印度律师协会规则》（Bar Council of India Rules）第四部分增加的规则 9-11 中。这一决定从 2009—2010 届的法学院毕业生开始执行。全印律协从 2015 年开始抽查律师的法学教育情况，发现有不少律师没有接受法学教育却买到了毕业证，或者伪造法学教育毕业证。③ 到 2017 年，经过两年的核实，印度律协向最高法院指出，印度只有 55%—60% 的律师真正取得了律师资格。④

关于律师的分类，《律师法》第 16（1）条确认了两类律师：资深律师和普通律师。《律师法》第 16（2）条规定，最高法院和高等法院在经过本人同意后，可确认德高望重的律师或在某一领域有特殊技能或经验的律师为资深律师。但长期以来，最高法院和高等法院的认定

---

① Bar Council of India v. Bonnie Foi Law College, SLP（c.）No. 22337 of 2008（Supreme Court of India, March 18, 2016）.

② Final Report of the 3-Member Committee on Reform of Legal Education, http://www.barcouncilofindia.org/wp-content/uploads/2010/06/3-member-Committee-Report-on-Legal-Education.pdf, 2022-2-1 访问.

③ A. Subramani, "30% of Lawyers in India are Fake, Bar Council Chief Says", *Times of India*, July 26, 2015, https://timesofindia.indiatimes.com/india/30-of-lawyers-in-india-are-fake-bar-council-chief-says/articleshow/48215119.cms, 2022-2-1 访问.

④ "Nearly Half the Practicing Lawyers in India are Fake: Bar Council Chairman Tells Chief Justice", Scroll.in, January 23, 2017, https://scroll.in/latest/827435/nearly-half-the-practicing-lawyers-in-india-are-fake-bar-council-chairman-tells-chief-justice, 2022-2-1 访问.

程序和标准缺乏透明度，广受争议。2015 年，在英迪拉·杰欣诉印度最高法院案①中，知名大律师英迪拉·杰欣提起诉讼，起诉印度最高法院和其他高等法院，要求其将资深律师认定的标准和程序予以透明化和客观化。最高法院于 2017 年做出判决，支持了杰欣的部分诉讼请求，认为最高法院和高等法院任命资深律师的权力应受限制，需要有标准和程序。此案之后，印度最高法院于 2018 年 8 月 6 日发布了《最高法院资深律师认定指南》，明确了资深律师认定委员会的设立及职能、考察指标及分值、认定程序等。② 到 2019 年 10 月 1 日，印度最高法院批准的资深律师有 416 人。③ 高等法院的资深律师认定程序也大都参考了最高法院的指南，只不过在执业年限和执业地域方面有不同要求。

在印度最高法院和高等法院执业的资深律师大约只占到印度全部律师的 1%，是印度律师行业的一小部分精英群体。④ 但资深律师类似于当年英殖民统治下的出庭律师，他们的执业权限也会受到某些限制。印度律协根据《律师法》第 16（3）条和第 49（1）（g）条规定，在《印度律师协会规则》第六部分第一章对资深律师执业做出了具体限制，他们必须在最高法院在册律师（advocate on record）或高等法院普通律师的协助下才可以出庭。他们也不能直接与当事人接触，而需要通过普通律师与当事人联系。⑤

---

① Ms. Indira Jaising v. Supreme Court of India through Secretary General and Ors., W. P.（C）NO. 454 of 2015, Supreme Court of India, October 12, 2017, https：//main. sci. gov. in/supremecourt/2015/21817/21817_2015_Judgement_ 12-Oct-2017. pdf, 2022-2-1 访问.
② 具体内容可参见 Supreme Court Guidelines to Regulate Conferment of Designation of Senior Advocates, 2018, https：//main. sci. gov. in/pdf/seniorAdvocatesDesig/guidelines. pdf, 2022-2-1 访问.
③ List of Senior Advocate's Designated by Supreme Court, https：//main. sci. gov. in/pdf/seniorAdvocatesDesig/senioradvocateason01. 10. . 2019. pdf, 2022-2-1 访问.
④ Amal Kumar Ganguli, "Overview of Legal Profession in India", International Association of Lawyers, https：//www. uianet. org/en/actions/overview-legal-profession-india, 2022-2-1 访问.
⑤ Bar Council of India, Chapter I of Part VI of BCI Rules, http：//www. barcouncilofindia. org/wp-content/uploads/2010/05/BCIRulesPartVonwards. pdf, 2022-2-1 访问.

（三）职业伦理规范的自我约束与蔑视法庭行为的外部约束

印度律师行业基本以自律为主，即主要受律协制定的职业礼仪和伦理规范的约束；外部约束主要是不得蔑视法庭。在马哈拉施特拉邦律协诉达保尔卡案①中，最高法院充分肯定了律师行业的自治权，并认为律师职业对道德品质要求很高，应严格自律。印度《律师法》第49（1）（c）条规定，印度律师协会有权制定执业伦理规范，后者据此制定了《职业行为与礼仪标准》（Standards of Professional Conduct and Etiquette）。②《职业行为与礼仪标准》从五个方面规定了律师职业的伦理：对法庭的义务（规则1—10）、对当事人的义务（规则11—33）、对对方当事人和律师的义务（规则34—35）、对同行的义务（规则36—39）以及其他义务（40—52）。

印度律协设定的职业伦理对律师职业的定位有三个特点：一是特别看重律师行业作为司法共同体组成部分的身份属性；二是特别强调律师行业的职业属性；三是在律师处罚上设定了非常严格的程序保护标准。

对律师司法共同体身份属性的强调，主要体现在律师对法庭义务的设定上。从规则1—10看，印度律师对法庭的义务可归结为以下三点：第一，律师必须尊重法庭，律师在法庭上应将自己看作司法程序的一名正式成员，其行为必须维护法律职业的尊严和法庭的尊严，律师对法官或其他司法人员的抗议需要以适当的方式向适当的机构提出；第二，律师不能以违法方式影响法官的司法活动，并应尽量阻止己方当事人向对方律师、当事人或法院实施激烈行为或其他不当行为；第三，律师应向法庭提供准确事实，不得歪曲、隐藏事实或误导法庭来

---

① *Bar Council, Maharashtra v. M. V. Dabholkar*，AIR 1976 SCC 242.

② 规则1—52的具体内容参见 Bar Council of India, Chapter I of Part VI of BCI Rules，http://www.barcouncilofindia.org/wp-content/uploads/2010/05/BCIRulesPartVonwards.pdf，2022-2-1访问。

禁止对方展示相关事实。

印度律师职业伦理规范中最有特色的是其对律师商业属性的严格限制和对职业属性的高标准要求。这里尤为突出的是第一类限制。律师不能将收益与诉讼结果绑定，如规则 20 规定律师不得采取胜诉酬金制，即不得与当事人约定分享胜诉收益。另外，规则 22 规定律师不得以自己或其他人名义直接或间接购买执行拍卖的标的物。第二类限制是广告限制，如规则 36 禁止律师做广告，其名片上只能提供基础客观信息，不得提及自己在律协的身份，也不得在媒体上提及自己办理的案件。第三类限制是禁止律师与当事人在职业关系之外发生商业关系。规则 25 到规则 30 要求律师将从当事人那里收得的费用单独建账，并就收费及时开具收据，区分实际支出和服务收费；规则 31—32 规定律师不得将收费变成贷款，也不得借款给当事人。第四类限制是对律师的职业设定了更高的道德标准，如规则 45 规定，律协为年轻律师提供的培训不应收费；规则 46 规定律师具有为穷人提供法律援助的责任。当然，律协在收取会费方面也不得具有商业色彩。印度律师目前的会费每年大约为 100 元人民币，由邦律协（80%）和全印律协（20%）分别存入各自建立的律师福利基金。

印度律师行业的高度自治不仅仅体现在职业伦理规范方面，而且也体现在处罚的严格程序标准方面。在处理结果上，印度律协对违反职业伦理律师的处理结果主要有四种：一是驳回投诉，二是训诫律师，三是暂停执业，四是从邦律师协会名单上除名。印度的律师处罚程序设计很严格。《律师法》第 35 条规定了处罚程序和处罚方式。邦律协接到投诉或邦律协怀疑某律师有职业或其他不当行为时，应将案件提交给纪律委员会；后者将设定听证时间，被投诉的律师可以聘请律师到场。第 36B 条规定，纪律委员会应在接到投诉后一年内将其审结。在收到邦律协纪律委员会的处分决定后，被处分律师可以在 60 天内向印度律协纪律委员会上诉。第 38 条进一步规定，对印度律协纪律委员会处分不服者，可直接上诉到印度最高法院，后者是印度唯一审理律师违纪处罚的司法机关。凡此种种,可见律师处罚程序之严格。

印度特别看重律师作为司法共同体成员的身份,在给予其自律权之外,也惩罚他们的蔑视法庭行为,由此对律师执业施加外部约束。蔑视法庭行为被重视的另一个原因在于,印度最高法院和高等法院有对这一行为的界定和处罚的规则设定权,而这相当于对涉及自我利益的事务进行裁判。为防止法院滥用规则制定权,印度议会于1971年颁布了《蔑视法庭法》,规定了蔑视法庭的民事行为和刑事行为,通过概念界定和行为具体化,适当限制最高法院和高等法院。但高等法院和最高法院实际上还有很多裁量权。蔑视法庭行为虽然不仅仅针对律师,但律师显然是最容易触犯这一禁则的群体。例如,曾有一位马德拉斯的律师在社交媒体上宣称一位区法院法官伪造了高中学历,结果事后查明这位法官没有伪造学历。马德拉斯高等法院处罚该律师50万卢比,并且从此禁止他在任何法院执业。①

随着对法院权威的质疑增加,近些年来,围绕着蔑视法庭行为认定的阻力越来越大。2020年,印度知名公益律师布山(P. Bhushan)因为在推特上批评最高法院及其首席大法官而被最高法院处罚。最高法院判决指出,布山应该立刻支付一卢比的象征性罚款,否则将会面临三个月监禁并暂停执业三年。② 最高法院的判决引起了很大争论,3000多名退休法官、社会活动人士及1800多名律师批评最高法院这一判决,认为该判决侵犯了言论自由。③ 但也有人给印度政府的首席公诉律师致函,请求起诉其他18名类似于布山的知名人士,因为他们在会议上或

---

① "HC Comes down Heavily on Lawyer for Maligning Reputation of Judiciary", *The Hindu*, October 13, 2020, https://www.thehindu.com/news/national/tamil-nadu/hc-comes-down-heavily-on-lawyer-for-maligning-reputation-of-judiciary/article32838904.ece,2022-2-1访问。

② "Contempt Case: Will Respectfully Pay Re 1 Fine, Says Prashant Bhushan after Supreme Court Order", Scroll.in, August 31, 2021, https://scroll.in/latest/971838/contempt-case-will-respectfully-pay-re-1-fine-says-prashant-bhushan-after-supreme-court-order,2022-2-1访问。

③ 同上。

媒体上批评印度最高法院。①

三、印度律师行业结构与全球化冲击

早在1969年,美国研究印度律师制度的知名学者加兰特就以美国律师制度为参照物,总结了印度律师行业的三大特点:侧重法庭,侧重诉讼而不是咨询、谈判和规划,侧重口头辩论而不是书面意见。② 这些特点也是印度对律师行业商业化限制在行业结构上的某种投射。50多年后,印度律师行业结构是否发生明显变化?律师服务的全球化对其又有多大影响?

(一)印度律师的行业结构

实践中,印度律师行业是一个等级较为分明的行业,业务基本垄断在资深律师尤其是那些最有影响力的资深大律师(Grand Senior Advocate)手中。据学者的统计,全印度的资深大律师一共不到100名,其中四五十名在印度最高法院出庭,还有五六十名在印度的21个高等法院出庭。③ 这些资深大律师往往比所在高等法院甚或最高法院的法官资历还深。他们揽的业务太多,经常会延误出庭;由于他们资深名高,法官一般都会同意他们的休庭请求,而这成为印度司法迟延的主要影响因素之一。他们接收的案件量超越了精力所能顾及的范围,影响了办案质量。这些律师对事实和法律的理解直接影响了司法裁判的质量。

---

① Murali Krishnan, "Contempt for Free Speech? How Prashant Bhushan's Case Triggered a Slew of Requests to Attorney General KK Venugopal for Contempt Action", Bar and Bench, December 2, 2020, https://www.barandbench.com/columns/litigation-columns/contempt-of-court-supreme-court-prashant-bhushan-attorney-general-consent, 2022-2-1 访问。

② Marc Galanter, "The Study of the Indian Legal Profession", Law & Society Review, vol. 3, no. 2 (1968-1969), p. 207; Marc Galanter & Nick Robinson, "Grand Advocates: The Traditional Elite Lawyers", p. 460.

③ Marc Galanter & Nick Robinson, "Grand Advocates: The Traditional Elite Lawyers", p. 462.

律师行业的收入分化也非常严重,这在独立执业者和公司化律师事务所的律师中都有体现,但前者更严重。印度的资深大律师是世界上收入最高的律师群体之一,他们的个人年收入多达 200 万美元到 1000 万美元。① 但刚入行的普通律师则收入很低,挣扎在生存线上。② 除了独立执业,也有一小部分律师在公司化律师事务所、公司法务部门和法律服务外包承接公司中工作。印度律协在这方面不做统计,因此很难找到官方数据。据学者估算,截止到 2015 年,在印度 130 万律师中大约只有 1 万左右的律师以公司化形式执业,其他都是独立执业者。③

印度对律师行业的商业化限制,影响了公司化律师事务所的发展。但随着印度的经济融入全球化,一批有着专业特长的律师事务所开始出现。印度律师事务所主要有三种结构:独资所、合伙所和有限责任合伙所。在印度,律师是少数可以在家办公的职业,所以只要有 20 万卢比(约 2 万人民币)的注册资金就可开设律所。在印度,独立执业者不需要注册律师事务所,但预测年收入超过 200 万卢比者一般要求注册成合伙所,合伙人可享受《公司法》规定的某些权利。合伙制律师事务所的开设,早期主要依据 1932 年《合伙法》(Partnership Act)第 58 条。印度联邦政府于 2008 年通过了《有限合伙法》(Limited Liability Partnership Act)之后,有限合伙所的开设开始增多。合伙所和有限合伙所的区别是,后者可根据合伙协议确认的责任比例来承担责任。

印度律所的发展经历了不同过程,如殖民时代的律师事务所、经济自由化之后成立的律师事务所和经济全球化之后成立的律师事务所。

---

① Marc Galanter & Nick Robinson, "Grand Advocates: The Traditional Elite Lawyers", pp. 466-467.
② *Salary of a lawyer: Litigation v. Corporate*, Legodesk, https://legodesk.com/blog/legal-practice/salary-of-a-lawyer-in-india/, 2022-2-1 访问。
③ Arpita Gupta et al., "Overview of Legal Practice in India and the Indian Legal Profession", in David B. Wilkins et al. (eds.), *The Indian Legal Profession in the Age of Globalization*, p. 54.

有些殖民时代的律所至今非常有竞争力，如1917年成立，后于2015年分立的阿曼查达所和1917年成立的凯坦所，它们拥有最一流的客户，如信实集团、印度工业信贷投资银行等，在律所内部管理上多有创新，擅长挖掘优秀的年轻人，在印度稳居前五多年，始终保持着很强的竞争力。① 经济自由化时期成立的律师事务所比早期律所更有发展潜力。而全球化时代的律师事务所如2000年成立的三律所（Trilegal）等，基本上直接参考美国的律所模式，主要服务外国投资者，侧重公司兼并、税务和金融等领域。

印度到底有多少律师事务所，也没有官方统计数据。从《法律印度》（Legally India）2015年的统计看，截至2015年，印度有94家合伙制律师事务所，人数最多的律师有近千人，少的只有4人，人数超过100人的律师事务所有24家；这些律所中有2/3成立于1991年之后，其中2000年之后成立的有41所。② RSG咨询公司宣称，2019年印度律师事务所排名前50的所中只有21家律所达到100名律师的规模。③ 为了保护中小型律师事务所的利益，2000年印度民间成立了印度律师事务所协会（Society of India Law Firms）。从其网站介绍看，这个协会目前有100家会员所，拥有3000名律师。

值得关注的是，这些精英律所都面临着代际传承问题，而印度公司化律所的发展时间较短。因为家族控制等原因，这些律所中的等级观念比较强，因此导致印度律所的分立现象比较严重。

（二）印度律师行业全球化的多利益群体博弈

根据国际律师协会2014年发布的《法律服务行业发展趋势报告》，目前发展中国家法律服务市场的开放程度分为三种类型，即封闭、半

---

① Ashish Nanda, David B. Wilkins and Bryon Fong, "Mapping India's Corporate Law Firm Sector", in David B. Wilkins et al. (eds.), The Indian Legal Profession in the Age of Globalization, pp. 77-79.
② 数据是作者根据《法律印度》列出的律师事务所名单信息统计得出的，参见 Indian Law Firms, https://www.legallyindia.com/wiki/Indian_law_firms, 2022-2-1 访问。
③ 数据是作者根据 RSG 的 2019 年印度律所报告统计得出的，原文参见 RSG Indian Report，https://www.rsgindiareport.com/the-rsg-top-50-2019, 2022-2-1 访问。

封闭和开放，而印度属于封闭型。① 经济自由化之后到 2023 年前，② 印度法律服务市场一直不允许外国法律服务者参与，但实践中正主动或被动融入全球化市场，其路径包括外国律师或律师事务所强力推动进入印度法律服务市场，以及印度律所和律师通过服务外包融入法律市场的全球化。

印度并未在立法上禁止市场对外国律师或外国律所开放。《律师法》第 24 条虽然规定只有印度公民才可以在印度执业，但该条也提到，基于互惠原则，印度可以允许其他国家的公民在印度执业。《律师法》第 7（1）条界定了互惠原则，第 49 条授权全印律师协会就外国人在印度执业制定规则。

但印度法律服务市场能否对外国律所开放更多的问题涉及利益群体的博弈。③ 侧重国际业务的新生代律所甚至在某种程度上推动印度法律服务市场对外开放，同时要求国内政策放松对他们的管控，以更有利于他们参加国际竞争。而小型律所或家族控制的律所则出于竞争力的考虑而反对向外国律所开放印度法律服务市场。印度律协和邦律协也长期反对外国律所进入印度市场。印度律协于 2002—2007 年间通过多个决议，不允许外国律所进入印度执业。德里律协也明确反对外国律所在印度执业。

在巴拉吉诉印度政府案④中，原告请求法院认定 31 所通过协议间接进入印度市场的外国律所和 1 家法律服务外包公司在印度非法执业。马德拉斯高等法院于 2012 年判决认为，外国律所的"飞入飞出"临时

---

① 参见 International Bar Association, *IBA Global Regulation and Trade in Legal Services Report 2014*, October 2014, https://www.ibanet.org/MediaHandler?id=1D3D3E81-472A-40E5-9D9D-68EB5F71A702, 2022-2-1 访问。

② 2023 年 3 月 15 日，印度律协宣布外国律师事务所在印度可以在限定区域以限定方式提供法律服务，算是适度放开了法律服务市场。

③ 本部分利害相关人的争论可参考 Aditya Singh, "Globalization of the Legal Profession and Regulation of Law Practice in India: The 'Foreign Entry Debate'", in David B. Wilkins et al. (eds.), *The Indian Legal Profession in the Age of Globalization*, pp. 367-394。

④ *A. K. Balaji v. The Government Of India and Ors*, 2012 SCC OnLine Mad 723 or AIR 2012 Mad 124。判决书全文参见 https://indiankanoon.org/doc/155095202/, 2022-2-1 访问。

服务模式不违反印度《律师法》规定，而且认为外包法律服务模式不构成《律师法》上的法律执业。

　　印度联邦政府倾向于开放法律服务市场，商务部、法律和司法部尤其持这种态度。在保守势力的抵制下，外国律所虽然尚无法正式入驻印度，但印度的市场经济发展及外国投资涌入印度的现实，正将印度法律服务市场拖入国际法律服务市场中。另外，融入国际法律市场还涉及印度的优势领域——外包服务。因为接受普通法训练及英语教学并在印度的高等法院和最高法院使用英语开庭，数量大成本低，以及具有比较好的时差可以为美国律所提供 24 小时服务等，印度律师得以快速进入全球法律服务市场的供应链中，使印度成为法律服务外包的主要目的国。据印度全国软件与服务公司协会的统计，到 2014 年，在印度承接的知识外包服务中，法律服务增长最快，每年增长 15%，且已占到印度 37 亿美元知识外包年收入中的 18%。① 这从一个侧面显示出印度在国际法律服务外包产业中越来越重要的位置。

　　总体而言，独立后的律师制度消除了等级制，但印度律师、律师事务所以及整个律师行业却仍然延续传统，以家族传统和执业资历为背景，构建了一个很强的等级结构。在全球化背景下，传统势力通过律师协会抵制着外国律所进入可能带来的冲击与挑战。但与此同时，海外投资者、印度本土的全球化公司，以及海归律师、新生代法学院毕业生等却更加拥抱全球化。同时，法律服务外包日趋成为印度外包服务的重要组成部分，也将印度法律服务提供者带入了全球化市场。

---

　　① National Association of Software and Services Companies, *The IT-BPM Sector in India*, NASSCOM, 2014.

第三编

余论：佛教法文化在中国

第二十四章　论佛教对中国传统法律思想的影响

东汉以降，佛教对中国传统思想、文化以及制度产生诸多影响。经过千余年发展，佛教逐渐融入中国政治、经济、文化的深处，已从异域文明变为中华文明的重要组成部分。就法律思想方面而言，佛教在东传早期就对中国传统法律理念产生了冲击。历经魏晋南北朝隋唐时期，佛教一方面逐渐渗入中国传统法律思想乃至制度之中，另一方面也经过本土化改造而吸收中国传统法律思想。由此，中国传统法律思想中也不乏佛教法律思想的因素。目前，相关研究中已有具备较高水平的成果，但仍缺乏全面性。[①] 而对这一问题的反思，不仅有助于理解中国传统法律思想渊源的多元性，而且能够为全面认识中国传统法律思想的内在特质提供新视角。

一、佛教的平等观与中国传统忠孝伦理的冲突及其修正

作为对婆罗门教种姓制度的反抗，佛教在释迦牟尼时代就开始提倡平等观念，要求实现种姓平等。与之相对，中国传统社会建立在身份制度的基础上，有着公然且深刻的不平等，并且这种身份伦理被认为是"天不变，道亦不变"般的存在。因此，佛教东传后，中国既有的以君臣、父子关系为核心的身份秩序受到佛教的巨大挑战，但忠孝伦理仍然试图以其韧性改造佛教。

---

① 由于成果较多，有关研究综述可参见周东平等：《论佛教对中国传统法律之影响》，中国社会科学出版社2021年版，第5—12页。

（一）佛教的平等观

佛教的平等观具有相当的突破性。佛教理念要求修行者的自我超越和灵魂解脱，修行中的佛教徒不仅要摆脱各种欲念，而且要从家庭、社会、国家等束缚中获得解放。在人类社会发展的早期，家庭、社会、国家塑造了不平等的身份秩序，从而对佛教徒的修行造成了障碍。正是受此影响，在古印度佛教时期，佛教理念就拒绝既有身份关系对佛教徒的拘束，并希望能够出世以求志。释迦牟尼很早就离开家庭修行并建立僧团，吸收有意愿出家修道的信徒。出家后，佛教徒被认为摆脱了与原生家庭之间的内在关系。《杂阿含经》卷二十二记载："彼天子说偈问佛：'为有族本不？有转生族耶？有俱相属无，云何解于缚？'尔时，世尊说偈答言：'我无有族本，亦无转生族，俱相属永断，解脱一切缚。'"[①] 不再受既有身份秩序压迫后，佛教徒才能选择追求自我，即要摆脱身份就必然要求平等。

佛教的平等观不仅蕴含着对既有身份秩序的否定，要求打破既有的权威，而且是个体能够追求自我超越的基础。"在早期佛教时期，凡是要加入佛教的人，只要真心追随释迦牟尼，信奉佛教教义，遵守佛教教规，都可以成为佛弟子。在吸收信徒问题上，释迦牟尼倡导的平等原则，得到了实实在在的贯彻。"[②] 但佛教的平等观有局限性，如在一定程度上接受性别不平等。[③] 随着佛教理念的发展，平等观得以进一步强化。所谓佛性，主要指成佛的可能性。佛教各教派对于佛性是否为人人所有乃至众生所有并无共识，曾颇有论争。但由于佛教对平等观的深刻接受，佛教主流遂接受人人乃至众生皆有佛性的观念。如《大方等如来藏经》称："如是善男子，佛见众生如来藏已，欲令开敷，

[①] 恒强校注：《阿含经校注·杂阿含经》，线装书局2012年版，第480页。
[②] 姚卫群：《佛教基础三十讲》，商务印书馆2019年版，第210—211页。
[③] "早期佛教歧视妇女，不论在教义还是戒律上，妇女都是被视为卑下的，是与色情相应的象征，必须接受更严格的教诲和限制。"参见杜继文主编：《佛教史》，江苏人民出版社2008年版，第25页。

为说经法,除灭烦恼,显现佛性。"①《大般涅槃经》卷十称:"以是义故,一切众生,同一佛性,无有差别。"② 佛教平等观逐渐实现从种姓平等到众生平等的过渡。

佛教东传后,其修行理念和方式仍带有原始佛教的色彩,追求出世修行和僧团自治。③ 慧远《沙门不敬王者论》曰:"若斯人者,自誓始于落簪,立志形乎变服。是故凡在出家,皆遁世以求其志,变俗以达其道。变俗,则服章不得与世典同礼;遁世,则宜高尚其迹。"④ 摆脱世俗约束从而出世修行,必然要求逃离中国传统身份秩序的束缚,甚至对其造成冲击。君臣、父子之间的伦理义务不是佛教徒必须履行的,而且接受佛教平等观念的人也很难履行此类义务。正因为佛教平等观的传入,君对臣、父对子不再具有绝对权威,忠孝伦理不再是指导人们行为的绝对原则,从而在根本上挑战着中国传统伦理。东传中土的佛教因此广受批评,且古代政府在早期(如汉魏)也不允许国人出家。⑤ 只是随着佛教影响的深入,本土人出家的现象才逐渐产生,并在魏晋南北朝时期逐渐壮大为主流。但佛教平等观深嵌于佛教思想中,对中国传统身份秩序的冲击有着持续性的影响。

(二)围绕僧尼否应拜君亲的论争及其隐含的法律思想

随着佛教在本土的发展,对其的非难也随之出现。东汉末年,《牟子理惑论》在很大程度上就是为回应这些非难而出现的。⑥ 在《牟子理惑论》中,佛教平等观对传统忠孝观念的冲击已经显现。《牟子理惑

---

① 《大方等如来藏经》,佛陀跋陀罗译,载中华大藏经编辑局编:《中华大藏经(汉文部分)》第20册,中华书局1985年版,第560页中。
② 昙无谶:《大般涅槃经》,载中华大藏经编辑局编:《中华大藏经(汉文部分)》第14册,中华书局1985年版,第102页。
③ 谢重光、白文固:《中国僧官制度史》,青海人民出版社1990年版,第6页。
④ 僧祐:《弘明集校笺》,李小荣校笺,上海古籍出版社2013年版,第258页。
⑤ 参见李力:《出家、犯罪、立契——1—6世纪僧人与法律问题的初步考察》,《法制史研究》2010年总第17期,第13—15页。
⑥ 学界对《牟子理惑论》的作者、成书时间等多有争议。鉴于该争议不影响此处论证,此处姑且采纳任继愈等认定该书出现时间为东汉末三国初的观点。参见任继愈主编:《中国佛教史》第1卷,中国社会科学出版社1981年版,第203页。

论》载,世人非难僧侣称:"今沙门剃头发,被赤布,见人无跪起之礼,威仪无盘旋之容止,何其违貌服之制,乖搢绅之饰也。"① 随着本土佛教徒的大量出现,这种冲突愈发激烈。面对来自佛教平等观的挑战,传统士大夫乃至高层统治者纷纷提出质疑。

东晋咸康六年(340年),受命辅政的中书令庾冰提出"沙门应尽敬王者"的动议。② 庾冰代晋成帝拟的诏令指出,传统的以尊卑为中心的"因父子之敬,建君臣之序,制法度,崇礼秩"的身份秩序遭到严重挑战。佛教徒"矫形骸,违常务,易礼典,弃名教"③。结果,"卑尊不陈,王教不得不一"④。简言之,佛教徒不敬君、父的做法被认为违背了传统等级身份秩序,造成人们认知上的错乱,遂使"百代不易"的纲常出现例外。可想而知,佛教不仅冲击了自以为"天不变,道亦不变"的儒家理念,更威胁到皇权统治的根本。在受到尚书令何充等人的反对后,这次动议无果而终,但却由此拉开了持续到唐代的沙门应否礼敬君亲大辩论的帷幕。东晋元兴元年(402年),桓玄夺政,再次要求沙门礼敬王者。其后,尚书八座、王谧、慧远等纷纷表示反对。由庾冰、桓玄所引发的论争固然没有达到目的,但这一问题并未戛然而止。此后南朝宋大明六年(462年),孝武帝重提"沙门应致敬王者"之议,并要求臣下上书称"沙门接见,比当尽虔礼敬之容,依其本俗"⑤。此外,十六国胡夏赫连勃勃、南朝齐武帝、隋炀帝等也先后提出这一问题,要求僧尼礼拜王者。迨及唐朝,唐太宗、唐高宗、唐玄宗等也屡次下诏要求佛道致敬王者,并将致敬对象拓展到尊亲。其后,虽然唐肃宗时期有所反复,但沙门是否礼敬君亲之争最终以应当

---

① 僧祐:《弘明集校笺》,第25页。
② 详见鲁楠:《正法与礼法——慧远〈沙门不敬王者论〉对佛教法文化的移植》,《清华法学》2020年第1期,第28—51页。
③ 僧祐:《弘明集校笺》,第666页。
④ 同上书,第668页。按任继愈的意见,"王教不得不一"中的第二个"不"当为衍字,参见任继愈主编:《中国佛教史》第1卷,第579页。
⑤ 沈约:《宋书·蛮夷列传》,中华书局1974年版,第2387页。

礼敬的意见胜利告终。① 在佛教平等伦理与中国传统忠孝伦理的冲突中，终究是后者逐渐占据上风。

在中国传统法律理念中，忠孝是基本伦理，等差有序的尊卑秩序以君、父为中心建构，故保障君权和父权是中国传统法律最主要的功能。沙门应否礼敬君亲，一方面是教权与王权、父权之争，另一方面是佛教平等伦理与中国传统身份伦理之争。即使是试图重构身份秩序的秦律，也仍然需要在一定程度上对身份伦理保持尊重，对家父权等给予有力支持，尽管这种支持不是绝对的。本土佛教徒出现并依据佛教平等伦理要求君、臣、父、子之间不应有等差，就必然冲击传统的身份伦理。在平等与不平等之间，传统身份秩序遭受挑战。在中国传统观念中，身份伦理具有绝对性。或者说，借助天理和礼制等要素，不平等的身份秩序具有先验的正当性，也具有普遍性和不可更易性。因此，虽然佛教对中国传统身份秩序的冲击往往集中在群体数量并不多的僧尼中，但却对传统身份秩序的普遍性与不可更易性形成了巨大挑战。如果"天不变，道亦不变"，何以出现这种身份秩序的例外？为何佛教徒可以获得通融？这种例外不仅是伦理规范的例外，而且要求法律对佛教徒进行特别规范，从而形成法律中一般规则与特别规则的区别。在魏晋南北朝时期，佛教平等伦理曾被部分接受，这从根本上为法律对僧侣的专门规范奠定了基础。中国传统法律思想有限地接受了佛教平等伦理与佛教徒生活方式的例外性。不过唐宋之后，随着儒学愈发强势，皇权强化，佛教影响力趋弱。中国传统法律思想对这种例外性的接受度变低，佛教徒的部分行为重新被规范，《大明律·礼律》甚至专设"僧道拜父母"条，传统法律中相关的特别规则自然也变少了。

---

① 参见周东平：《论佛教礼仪对中国古代法制的影响》，《厦门大学学报》（哲学社会科学版）2010年第3期，第106—107页。

二、佛教的罪观念及其影响

任何社会都有关于善恶是非的观念,宗教作为社会意识形态的重要组成部分,自然也有这方面内容,甚至将其作为主要内容。佛教的罪观念是佛教理念对善恶是非的认知。所谓佛教的罪,《佛光大辞典》称:"罪,违反道理,触犯禁条而招受苦报之恶行为,称为罪或咎。亦有称烦恼为'罪'者,然大抵以身体、言语、意念(即身、口、意)等三方面所犯之恶行(业),称为罪业。罪为恶之业,故称罪恶;以其能妨碍圣道,故称罪障;又以其属污秽之行为,故称罪垢。复由于罪之行为可招致苦报,故又称罪报。且其行为乃招罪报之根本,故亦称罪根。"① 对于什么是罪,犯罪将导致什么后果,佛教有不同于传统中国本土文化的观念。罪观念则是国家刑法的正当性依据,一种在道德或者伦理上被视为恶或罪的行为往往才具有可罚性。随着佛教对中国影响的逐步深入,其罪观念也逐渐影响中国传统法律中的罪观念,进而影响法律规范(尤其是刑事法律)的内容。

(一)佛教业与报的分离及其意义

佛教的罪观念有如下几个主要特点:(1)佛教之罪是违背道理、事理或禁条的行为;(2)该行为可以由身、口、意(即人的行为、言语、意念)等体现,凡人的身、口、意随时都可能造恶业;(3)佛教认为,罪恶将招来苦的业报,即佛教之罪是能够引起业报的特定行为,也就是说罪是一种业。"作为能够导致果报之因的行为,叫作'业'。'业'(Karma)是梵文的意译,音译'羯磨',意思是'造作'。'业'分身(行为)、口(言语)、意(思想)三类,也就是人的一切身心活动。任何思想行为都会给行为者本人带来一定的后果。"② 恶业乃罪恶

---

① 慈怡主编:《佛光大辞典》,佛光文化事业有限公司1999年版,第5563页中下。
② 杜继文主编:《佛教史》,第17—18页。

之结果，罪恶则是恶业之原因。在佛教的罪观念中，罪与业报有着明显分离。

与佛教不同，中国传统的罪刑观念历经相当长的时间才逐渐实现分离。在上古时期，所谓罪就是应受刑的行为。这种对罪的认识是以后果为中心的，罪的早期字形（辠）或能够说明这一问题。到战国以后，法家对罪刑的理解逐渐取代早期的观点。所谓罪，就是违反法律的行为。① 从以刑识罪到以法识罪，意味着对于罪的解释视角从后果转变为先行行为。在这种意义上，罪与刑的分离基础已经产生。不过罪刑不分的观念仍然影响深远，例如秦汉律中就经常出现以罪指刑的现象。② 迨及唐律，罪刑有分的观念已比较成熟。《唐律疏议·名例律》疏议曰："名者，五刑之罪名；例者，五刑之体例。名训为命，例训为比，命诸篇之刑名，比诸篇之法例。但名因罪立，事由犯生，命名即刑应，比例即事表，故以《名例》为首篇。"③ 尽管这段话并没有绝对区分罪刑，但"名因罪立"的观念已经表明了两者之间的区别，并强调罪是产生刑的前提，从而理顺了两者的关系。

《唐律疏议》所体现的罪刑观念颇类似于佛教的罪报观，其形成中未必没有受到佛教的影响。更为重要的是，罪刑分离意味着对罪的评价产生相对稳定性。罪是对行为性质的定性，在以自然犯为主的中国传统刑法体系下，行为性质很难因时代改变而改变。中国传统刑法中有很多罪在上千年的发展中保持着相对稳定性，历代对其规定了性质、程度大致相同的刑罚，所以有些犯罪自秦汉乃至明清的法律规范几无本质差别。佛教在罪报关系上的认识也是如此，罪与恶报的关系具有相对稳定性，较少受时代影响。故道宣在《四分律比丘含注戒本序》

---

① 参见李勤通：《"辠"与"罪"及其所见之刑法观的变迁》，《华东政法大学学报》2016年第6期，第119—128页。
② 参见富谷至：《秦汉刑罚制度研究》，柴生芳、朱恒晔译，广西师范大学出版社2006年版，第20—21页。
③ 长孙无忌等：《唐律疏议》，刘俊文点校，中华书局1983年版，第2页。

中声称:"《四分戒本》者,盖开万行之通衢,引三乘之正轨也。"① 同时代唐人的法律观念也与此类似,如长孙无忌《进律疏表》称:"实三典之隐括,信百代之准绳。"② 在唐律及疏议规定和解释了罪刑关系后,传统刑罚世轻世重的观念被百代不易的观念所更新。这种内在相似性或许就受到佛教的某些影响。

(二)佛教罪责自负观对中国传统家族中心罪责观的影响

佛教罪报观不仅强调其必然性,而且建立起了以个人为中心的认识方式。在流转意义上,能够引起业报的亦被称为缘起。《杂阿含经》卷十二曰:"尔时,世尊告诸比丘:'我今当说因缘法及缘生法。云何为因缘法?谓此有故彼有,谓缘无明行,缘行识……乃至如是如是纯大苦聚集……'"③ 佛教认为,世界处在永恒的流变过程中,缘起说就是对这一世界观的深刻认识。世界之所以能够发生变化,乃因缘所致。《杂阿含经》卷二记载了佛祖的如下说法:"有因有缘集世间,有因有缘世间集。"④ 这里所谓因缘,乃引起世界流变之诸条件。从人的角度来看,有所谓的十二因缘,即老死、生、有、取、爱、受、触、六入、名色、识、行、痴。在十二因缘说中,身、口、意是为行。⑤ 缘起于痴,又引起识。痴亦称无明,指人愚昧无知、不识佛理的状态;识则指人的灵魂。由此可知,身、口、意三业源于人对佛理在心理上的无知,进而影响人的灵魂状态。简言之,佛教之罪乃源自个人的愚昧无知,且受因果报应影响。从这个意义上看,佛教之罪受个人内心状态的影响,亦即佛教之罪是主观的、个别的。业报则是对个人罪的专门反应,与他人无涉。佛教以个体为中心解释了罪的生成与反馈机制,

---

① 道宣:《四分律比丘含注戒本校释》,学诚法师校释,宗教文化出版社 2015 年版,第 4 页。
② 长孙无忌等:《唐律疏议》,第 579 页。
③ 恒强校注:《阿含经校注·杂阿含经》,第 261 页。
④ 同上书,第 40 页。
⑤ 参见宽忍法师:《佛教手册》,中国文史出版社 2010 年版,第 29 页。

尤其是对罪反馈的个体性的强调，使其罪观念在根本上主张罪责自负。①

相比较而言，中国传统刑法制度更重视其工具价值。作为犯罪预防或者威慑的重要方式，先秦以降的刑法具有明显的连带性。刑罚并非由犯罪者自负，而是牵连具有血缘、管理、职务等关系的人，尤以族刑最具代表性。汉初，族刑罪仍诛及父母、妻子、同产。② 随着佛教传入，传统的族刑呈现收缩趋势。族刑的缘坐范围至少自《晋律》开始就有限缩趋势，从坐死刑的范围变窄，出嫁女不再缘坐父母的死刑。虽则南朝时期，族刑曾经有所扩张，但南朝的女性已经不再缘坐死刑。北朝的族刑收缩进程虽然缓慢，但也在不断发展。隋唐时期，族刑缘坐范围的收缩更为明显。隋《开皇律》规定："唯大逆谋反叛者，父子兄弟皆斩，家口没官。"③ 唐太宗时，房玄龄等受命议定刑律，"祖孙与兄弟缘坐，俱配没。其以恶言犯法不能为害者，情状稍轻，兄弟免死，配流为允"④。此前缘坐从死的祖孙、兄弟等由此获得一线生机。尽管这种变化也可能受到儒家轻刑观念的影响，但未必没有受到佛教影响。历史上佛教徒对族刑制度曾多有攻讦。如郗超《奉法要》就用中国古代鲧、禹罪不相及的做法阐释佛教的罪责自负观。在这种意义上，佛教冲击了中国传统家族主义的刑罚观，并产生了一些积极效果。

（三）佛教罪观念的价值位阶差异及其意义

佛教罪观念体系具有明显的位阶性。不同的罪有不同的罪报，罪的轻重导致罪报的差异。"佛教的戒律自有其内在的结构体系，这就是层次结构，即为不同层次上的人制定不同的戒律，渐次上升。"⑤ 因此，

---

① 参见周东平、姚周霞：《论佛教对中国传统法律中罪观念的影响》，《学术月刊》2018年第2期，第150页。
② 张家山汉简二四七号汉墓竹简整理小组：《张家山汉墓竹简［二四七号墓］：释文修订本》，文物出版社2006年版，第7页。
③ 魏征：《隋书·刑法志》，中华书局1973年版，第711页。
④ 刘昫：《旧唐书·刑法志》，中华书局1975年版，第2136页。
⑤ 董群：《佛教戒律的伦理诠释》，《东南大学学报》（社会科学版）1999年第3期，第20页。

佛教的罪观念存在着多种不同但却层次清晰的罪。《四分律》中就有波罗夷、僧伽婆尸沙、波逸提、波罗提提舍尼、偷兰遮、突击罗、恶说七种。① 又如《四分律序》曰："以此七罪科分,升降相从,轻重位判,斯皆神口之所制,祸福之定楷者也。"② 所谓"七罪",是指七种罪报。《四分律》这方面的编写类似于以刑统罪的模式,即以每一种罪报作为章名,章名之下再列出应受该种罪报之行为。通过罪报轻重,戒律从反面明确了其所保护的价值位阶。不仅如此,佛教还指出十恶、五逆、四重等罪具有更高位阶,它们会引起更严酷的业报。这种对所保护价值进行位阶性处理的做法,可能影响到中国传统的立法。

中国传统法律当然也注意到要根据价值位阶进行立法。例如,"王者之政,莫急于盗贼"③的价值观念就使得贼、盗行为一直是历代重点打击的犯罪。但由于早期法律的理论化程度不高或者说实用性较强,传统法律中的位阶具有相对弹性。《晋书·董养传》载:"每览国家赦书,谋反大逆皆赦,至于杀祖父母、父母不赦者,以为王法所不容也。"④ 董养的困惑在于,忠、孝同样都是法律所保护的最主要价值,何以受到不同对待？其后,经北齐律之重罪十条、隋唐律之十恶,忠孝的价值位阶得以固定,侵害君权、父权作为最严重的犯罪得到专门规定。在这种意义上,十恶的出现可能不仅源于佛教"十恶"的语词性外在形式的影响,⑤ 还与佛教价值位阶理念的规范设计有关。此外,唐代也多次将五逆规定为国家赦免的例外,并提高了僧尼犯某些特定罪的刑罚,以此彰显对某些特定价值的保护。⑥ 这些都说明佛教的价值位阶理念深刻影响了中国传统立法。

---

① 劳政武:《佛教戒律学》,宗教文化出版社1999年版,第170页。
② 《四分律》,佛陀耶舍、竺佛念译,载中华大藏经编辑局编:《中华大藏经（汉文部分）》第40册,中华书局1990年版,第235页上。
③ 房玄龄等:《晋书·刑法志》,中华书局1974年版,第922页。
④ 房玄龄等:《晋书·董养传》,中华书局1974年版,第2434页。
⑤ 参见周东平:《隋〈开皇律〉十恶渊源新探》,《法学研究》2005年第4期,第133—137页。
⑥ 参见周东平、李勤通:《论佛教之"罪"在中国古代的法律化及其限度》,《厦门大学学报》（哲学社会科学版）2017年第6期,第129页。

这一问题鲜明地体现出佛教罪观念影响中国传统法律思想的多层次性。佛教最终对忠孝伦理进行了妥协，却深刻改变了中国传统刑法中罪的位阶关系的立法模式，其对后者关系的影响要超过忠孝伦理，并延至明清。之所以出现这种差异，很大程度上是因为佛教伦理与儒家忠孝文化差异较大，冲突较显著。但佛教对中国传统刑法罪之位阶的影响，却呈现出相合性。易言之，佛教罪观念对中国传统法律思想影响的深浅，与两者的异同程度有关：如果同大于异，或者说佛教罪观念能够合乎中国传统法律的内在精神，那么其影响就会更加深刻；反之，这种影响就会受到限制。

三、佛教的处罚观与刑罚观及其影响

为提高佛教教义的吸引力、纯洁佛教徒的信仰以及管理僧团等，佛教创造出自身的处罚观，以应对现实需求。首先，针对佛教徒创设了戒律，它是有关罪与罚的观念和制度之体系。"本来，戒律两字是中国字，戒律两字的意义，也是各有所指，戒是有所不为，律是有所当为；戒是不能如此，律是应当如此；戒是个人的持守，律是团体的活动。所以在梵文中，戒叫作尸罗（sīla），律叫作毗奈耶（vinaya）。"[①]佛教徒如有为所不当为或不为所当为的情况，将会受到来自现世的直接处罚或未来的想象处罚。其次，作为一种具有普遍性的世界观和价值观，佛教也创设了针对普通人的处罚观念。佛教对何种处罚为正当的观念也影响了其对世俗刑罚的态度，继而在传入中国后影响了中国传统刑法思想和具体刑法制度。

（一）佛教的一般处罚观和地狱处罚观

佛教的一般处罚观主要用于解决僧团内部僧人修行的问题，"处罚最高目的完全是唯心的——该犯规者洗心革面俾有利于修道。为达到

---

① 圣严法师：《戒律学纲要》，宗教文化出版社2006年版，第51页。

这目的，就是透过'忏悔'。故在犯戒后的处罚，除了极少的情形（如犯波罗夷重罪必须摈逐出僧团）之外，其他所有的'罪'均是透过'忏悔'来处置（除罪）的。因此，吾人认为对于犯戒后的处理核心问题就是'忏悔'，应该是妥当的论断"①。其处罚（"忏悔"）的手段主要有断食、夺衣、除草、站立于太阳底下、料理僧事等。中国化的佛教除采用上述处罚外，又根据某些情况而增加杖打等处罚。例如，有关僧团制度的《禅苑清规》规定了杖打、焚烧衣钵、逐出僧团之类的处罚措施。这些措施相对于世俗刑罚制度尚有较大差异，也显得颇为轻缓。总而言之，佛教处罚的目的在于通过忏悔、处罚等方式，使僧侣更好地领悟佛理，修正行为。因此，它具有比较强烈的教育色彩。

此外，佛教为了推行其教义，还创造了地狱观念（或可称之为地狱刑罚观），据说其在处罚方式、处罚手段上非常类似于世俗社会的刑罚，甚至更为残酷，这反过来对世俗社会的刑罚产生了深远影响。可以说，佛教的地狱处罚观具有本体论之意义。因为地狱是对业的反映，"'业'有一种不导致报应绝不消失的神秘力量，叫作'业力'；'业力不失'是联结因果报应的纽带。"② 业报轮回的基本原则，来自佛教的善因善果、恶因恶果之因果律，它具有必然性。③《长阿含经》卷十九《世记经·地狱品》曰："身为不善业，口意亦不善，斯堕想地狱，怖惧衣毛竖。恶意向父母，佛及诸声闻，则堕黑绳狱，苦痛不可称。但造三恶业，不修三善行，堕堆压地狱，苦痛不可称……"④ 与一般处罚观不同，佛教的地狱处罚观具有强烈的威慑性。可以说，佛教在现实中只接受对人的有限处罚，但在未来又接受基于罪报内在联系的无限处罚。简言之，佛教在人间与地狱创设了两套规则，故其处罚观亦呈现两面性。

---

① 劳政武：《佛教戒律学》，第175页。
② 杜继文主编：《佛教史》，第18页。
③ 参见王月清：《中国佛教伦理研究》，南京大学出版社1999年版，第34页。
④ 恒强校注：《阿含经校注·长阿含经》，线装书局2012年版，第405页。

（二）佛教的刑罚观

佛教处罚观的不同面向也影响到其对世俗刑罚的态度。一方面，世俗刑罚是对犯罪的反应（回应），佛教的地狱处罚本质上也支持恶因恶果的报应刑，那么，有恶业、有犯罪，就应该有相应的刑罚。但另一方面，世俗的刑罚是由现世统治者实施的，而当由人对他人实施伤害行为时，佛教很难完全支持这些行为。或者说，佛教在起源和功能意义上认同世俗刑罚的价值，但基于教义又对此持一定的否定态度。

在起源与功能意义上，按《摩诃僧祇律》卷二的记载，释迦牟尼认为刑罚源自人们的恶行，是为了维护正义而出现的。[①] 但这并不能否定刑罚本身的恶性。《摩诃僧祇律》卷四记载了如下一则故事："有人犯王法，有伺捕得缚送与王。王教将去随罪治之。时典刑者，以伽毗罗花庄严罪人头，反缚两手，打鼓吹贝。周匝唱令已，将出城门向刑罪人处。时有摩诃罗比丘不善知戒相，愍此罪人苦痛，语典刑者言：'此人可愍，莫使苦痛。汝持刀为作一创。'尔时，魁脍答言如教，便持利刀，为作一创。是摩诃罗比丘得波罗夷。"[②] 犯罪者应当受刑，僧人本着良善之心告诉行刑者一种减轻痛苦的行刑方式，但却因此犯下波罗夷罪。这充分体现佛教刑罚观的两面性，刑罚是正义的，但又带有不可避免的恶性。就此而言，佛教尽管认同罪报之间的对应关系，但同时强调刑罚的教育性。

佛教传入中国后，其刑罚观也深刻地影响到本土佛教徒，他们基于佛教教义与现实，阐述了自己对刑罚的态度。其一，刑罚设置上的否定主义。如释道恒《释驳论》称："始者立法之谬，本欲宁国静民，不意堤防太峻，反不容己。事既往矣，何嗟之及？"[③] 释道恒否定秦朝

[①] 李勤通、周东平：《论佛教刑罚观对中国传统刑罚理念的影响》，《江苏社会科学》2020年第4期，第101—102页。

[②] 《摩诃僧祇律》，佛陀跋陀罗、法显译，载中华大藏经编辑局编：《中华大藏经（汉文部分）》第36册，中华书局1986年版，第520页下、521页上。

[③] 僧祐：《弘明集校笺》，第308页。

立法的正当性，反对严酷刑罚。其二，强调刑罚目的的预防主义。慧远《沙门不敬王者论》称："以罪对为刑罚，使惧而后慎；以天堂为爵赏，使悦而后动。此皆即其影响之报而明于教，以因顺为通而不革其自然也。"① 慧远强调刑罚的预防功能，具有明刑弼教的色彩。其三，对刑罚功能的怀疑主义。本土佛教徒还对刑罚功能抱持深刻的怀疑态度，否认刑罚能起到其所宣称的作用。《牟子理惑论》曰："皋陶能罪盗人，不能使贪夫为夷、齐；五刑能诛无状，不能使恶人为曾、闵。"② 这些观念与儒家思想颇为相近，体现出早期佛教思想已经开始本土化进程。利用本土思想的外衣传播自己的思想，是佛教发展的重要方式。

（三）对中国传统刑罚制度的影响

随着佛教思想的不断传播，本土信众越来越多。魏晋南北朝及其后，佛教的影响无远弗届，上至庙堂，下至江湖。以著名僧侣和崇佛的统治者等为媒介，佛教介入了中国传统政治进程，也影响到了传统刑罚理念和刑罚制度。佛教的刑罚思想近儒而远法，对中国传统刑罚的轻缓化发挥了重要作用，但又不止于此。

首先，在中国传统刑罚轻缓化过程中，佛教在赎刑转型、死刑削减乃至一度废止等方面都发挥过积极作用。南朝萧梁初期，以财买刑式的赎刑曾经作为临时性制度出现，其后几经废立。如梁武帝大同十一年（545 年）诏曰："尧、舜以来，便开赎刑，中年依古，许罪身入赎，吏下因此，不无奸猾，所以一旦复敕禁断。川流难壅，人心惟危，既乖内典慈悲之义，又伤外教好生之德。《书》云：'与杀不辜，宁失不经。'可复开罪身，皆听入赎。"③ 所谓内典，即佛教经典。④ 受儒家与佛教的双重影响，被废止的赎刑重新成为国家制度，并最终影响到

---

① 僧祐：《弘明集校笺》，第 256 页。
② 同上书，第 33 页。
③ 姚思廉：《梁书·武帝纪下》，中华书局 1973 年版，第 89 页。
④ 如《梁书·何点传弟胤附传》记载何胤在学习《易》《礼记》《毛诗》等儒家经典之外，"又入钟山定林寺，听内典，其业皆通"。姚思廉：《梁书·何点传弟胤附传》，中华书局 1973 年版，第 735 页。

隋唐。① 从魏晋南北朝到隋唐，死刑制度的执行方式收缩为绞、斩两种，唐玄宗、唐肃宗、唐宪宗先后部分或全部废止死刑。考诸唐玄宗和唐肃宗废止死刑的诏令，其中可见明显的佛教要素，且在时间上都紧随两位皇帝受菩萨戒之后。②

其次，佛教与髡刑的消失关系密切。在先秦时期，罪人乃至卑贱者皆髡，髡发的刑罚性不足。③ 汉文帝十三年（前167年）改革刑制后，髡刑作为肉刑的替代，并以其耻辱性正式进入刑罚体系。但是，释迦牟尼曾髡发易服，还将髡发定为戒律，④ 佛教徒则效仿之，亦髡发易服。在中国社会看来，此举不仅有违孝道，而且因其与刑徒外形的相似性，常被视为"刑余"之人。随着佛教的深入人心，髡发的耻辱性显著弱化；又受僧尊俗卑观念的影响，髡刑存在的正当性遭受极大冲击。这成为北周髡刑最终消失的重要原因之一。

最后，佛教还影响行刑制度。一方面，传统刑罚制度的行刑时间受到佛教影响，尤其是死刑的执行。中国早期传统中已经出现特定时间内的禁杀观念，所谓"春夏缓刑，秋冬行刑"。但这种时间禁忌或基于则天立法的法自然观念，或由自然的可持续发展理念所触发。而佛教对生命的重视则形成了一种与此迥异的行刑观，由此佛教禁忌日期被引入，成为行刑的时间禁忌和限制。至少到唐高祖时期，佛教禁屠月日就成为明定的禁止行刑时间，包括禁屠月、十斋日等。《全唐文》卷一《禁行刑屠杀诏》载："释典微妙，净业始于慈悲；道教冲虚，至德去其残杀……自今以后，每年正月、五月、九月，及每月丁斋日，并不得行刑，所在公私，宜断屠杀。"⑤ 唐太宗时期，这些规定的法律化程度已经很高。今本《唐律疏议·断狱律》"立春后秋分前不决死刑"条疏议所引《狱官令》中，也有断屠月日不得奏决死刑等相关规

---

① 李勤通：《南朝梁的赎刑及其转折意义》，《暨南史学》第15辑，第9—28页。
② 李勤通、周东平：《论佛教刑罚观对中国传统刑罚理念的影响》，第110—111页。
③ 冨谷至：《秦汉刑罚制度研究》，第88页。
④ 《四分律》卷32亦曰："佛言：'自今已去，听汝等即与出家，受具足戒。欲受具足戒者，作应如是教令，剃须发，著袈裟，脱革屣……'"《四分律》，第670页下。
⑤ 董诰等编：《全唐文》，中华书局1983年版，第23页。

定。另一方面，因佛教而出现大量恩赦。基于佛教的刑罚观，佛教徒们也试图推动刑罚的减免。受佛教影响的统治者就经常因为佛教而实施赦免。如《魏书·释老志》载北魏孝文帝于"太和元年二月，幸永宁寺设斋，赦死罪囚"[1]。这种情况历代多有，在这些方面表现出佛教特别鲜明的影响。

需要特别指出的是，受佛教地狱处罚观的影响，佛教对中国传统刑罚制度也产生过消极影响。地狱想象激发了世俗官僚对刑罚（主要是法外之刑）的设想。尽管这些内容并未进入正统刑罚体系，法律文本上也很难找到此类正刑，但它确实影响到了法律实践，并在一定程度上对刑罚的滥酷起到推波助澜之功。对此，沈家本引致堂胡氏所言："自古酷刑，未有甚武后之时，其技与其具皆非人理，盖出于佛氏地狱之事也。佛之意本以怖愚人，使之信也，然其说自南北朝澜漫至唐未有用以治狱者，何独言武后之时效之也？佛之言在册，知之者少，行于绘画，则人人得见，而惨刻之吏智巧由是滋矣。阎立本图《地狱变相》至今尚有之，况当时群僧得志，绘事偶像之盛从可知矣。是故惟仁人之言其利博，佛本以善言之，谓治鬼罪于幽阴间耳，不虞其弊使人真受此苦也。呼！亦不仁之甚矣。"[2] 地狱处罚观的两面性于此毕现。

四、佛教的无讼观念及其影响

作为出世宗教，佛教教义要求信徒清净而无执念。这在很大程度上暗合中国传统的无讼观念。尽管无讼观念在先秦时期已经产生，并且主要受儒法道墨诸家观念的影响，但在其后的发展中确实受到佛教的影响。

---

[1] 魏收：《魏书·释老志》，中华书局2017年版，第3301页。
[2] 沈家本：《历代刑法考》，邓经元、骈宇骞点校，中华书局1985年版，第515页。

（一）佛教的无讼观

在佛教思想中，讼争被视为人类堕落的根源之一，也是推动国家和政府出现的缘起。① 《长阿含经》卷六指出，为解决因偷盗而产生的讼争推动了国家的出现。讼争是不善、秽恶不净之事，而且导致苦报，使人堕入地狱。② 讼争不仅败坏社会，而且是恶业的缘起。《中阿含经》卷二十四载："是为缘爱有求，缘求有利，缘利有分，缘分有染欲，缘染欲有著，缘著有悭，缘悭有家，缘家有守。阿难！缘守故便有刀杖、斗诤、谀谄、欺诳、妄言、两舌，起无量恶不善之法，有如此具足纯生大苦阴。"③ 在这个缘起链条中，爱是人对外物的欲念（爱），有了欲念便想获取利益（利），得到利益便需要分配（分），分配差异催生人的占有欲（染欲），占有欲进而激化人的贪婪（著），贪婪导致人的自私（悭），自私使人维护以家为中心的小团体（家），维护小团体利益使得人为此进行防卫（守），彼此间的防卫则导致刀杖、斗诤、谀谄等行为，并最终引发无量恶业。④ 恶业会使人无法摆脱轮回，甚或进入地狱。其中因欲念引起的讼争被佛教认为是导致恶业的条件之一。因此，佛教本质上反对讼争，并将其归入戒律中。如《十诵律》卷四载："知是无根事者，事有四种，诤讼事、相助事、犯罪事、常所行事。是中犯者，若比丘以无根波罗夷法谤不清净比丘，十一种犯，五种不犯。"⑤ 佛教从根本上对讼争持有否定态度，这与中国传统法律思想颇具相似性。⑥

在佛教观念中，讼争还是个人品德低下的表现。如《法苑珠林》

---

① 傅映兰：《佛教善恶司法研究》，湖南师范大学2013年博士学位论文，第219页。
② 恒强校注：《阿含经校注·长阿含经》，第130页。
③ 恒强校注：《阿含经校注·中阿含经》，线装书局2012年版，第440页。
④ 参见杨荔薇：《原始佛教"正法律"的法理学研究》，四川大学2005年博士学位论文，第88—89页。
⑤ 《十诵律》，弗若多罗、鸠摩罗什译，载中华大藏经编辑局编：《中华大藏经（汉文部分）》第37册，中华书局1986年版，第211页上。
⑥ 参见周东平：《论中国传统法律中的佛教影响》，《厦门大学学报》（哲学社会科学版）2020年第6期，第134页。

卷二十三《惭愧篇》载："瑜伽论云：'云何无惭无愧？谓观于自他无所羞耻，故思毁犯，犯已不能如法出离，好为种种斗讼违诤，是名无惭无愧也。'"① 常常讼争的人被认为缺乏惭愧之心。因此，忍辱不争被推为美好品德。释迦牟尼曾经称颂富楼那尊者："善哉！富楼那！汝善学忍辱，汝今堪能于输卢那人间住止。汝今宜去，度于未度，安于未安，未涅槃者令得涅槃。"② 佛教传入中国后，这些观念也得到继承，并与中国传统观念合流，从而产生了很强的社会影响。例如，作为中国化的典型代表，禅宗发扬忍辱观，并将其推向新高度。王维《六祖能禅师碑铭》称赞六祖慧能"大兴法雨，普洒客尘，乃教人以忍。曰：忍者无生，方得无我，始成于初发心，以为教首"③。作为禅宗的修行法门，忍辱成为修行有得的表现，忍辱观念进一步约束了佛教信徒的讼争之心。随着佛教影响的深入，这种观念也深刻影响着中国传统法律观念。

（二）佛教讼争观念对中国传统无讼观的影响

佛教东传后，迅速吸收大量信徒。强烈的宗教信仰不仅推动佛教徒自身减少讼争，还使得不少佛教徒通过教化等方式传播佛教讼争观。与中国传统中以言传身教为主的息讼方法不同，佛教理念在报应观、地狱观的支撑下，对信徒乃至普通民众都产生了威慑性，使其讼争观念广为传播。若考诸中国历史，早期无讼观主要是对政治人物治理效果的要求，较少涉及对普通民众的品格要求。但随着佛教更多地将讼争与报应、个人品德等因素联系起来，无讼遂成为对普通民众的品格要求，耻讼、厌讼因而成为社会大众心理。

从具体影响来看，佛教东传后，诉讼与恶报之间的关系更加密切。

---

① 释道世：《法苑珠林校注》，周叔迦、苏晋仁校注，中华书局2003年版，第727页。"谓观于自他无所羞耻"，《瑜伽师地论》卷62作"谓观于自，或复观他，无所羞耻"。参见《瑜伽师地论》，玄奘译，载《大正新修大藏经》第30卷，新文丰出版股份有限公司1986年版，第644页下。

② 恒强校注：《阿含经校注·杂阿含经》，第277页。

③ 董诰等编：《全唐文》，第3313页下。

首先，中国传统本就有诉讼终凶的观念，① 佛教则强化了这种观念。②如晚明憨山德清《息讼词》称："众生祸事惟讼，发念皆由性纵，遇人愤气欲鸣，劝之慎勿轻动。但云一纸入官，便受奸人愚弄。守候不能回家，耽延不能耕种。妻孥急得神昏，父母焦得肠痛。产业由此消亡，性命由此断送。况且人寿无多，转眼一场春梦。逞威逞智奚为？报怨报仇何用？说到入理入情，自然唤醒懵懵。俾伊转意回头，此际阴功可颂。"③ 而且，讼师恶报观至少从宋代开始已产生社会影响，这种现象可能也受到佛教的影响。④

忍辱得福也成为官方或民间教化百姓不要轻易涉讼的重要说理依据。在一般层面，忍成为社会大众的自我要求。如唐代张氏家族有"百忍"堂号，⑤ 又如《忍经·王龙舒劝诫》载："佛曰：'我得无诤三昧，人中最为第一。'又曰：'六度万行，忍为第一。'"⑥ 在法律实践层面，忍进一步催化社会的耻讼、厌讼心理。"佛教传入奉行'忍辱''不争'的戒律和思想为息讼的法律思想提供了另外一种教化的方法。"⑦ 如《忍经·将忿忍过片时，心便清凉》称："俗语有云：得忍且忍，得戒且戒，不忍不戒，小事成大。试观今人忿争致讼，以致亡身及亲、破家荡产者，其初亦岂有大故哉？……比之忿斗争竞，丧心费财，伺候公庭，俯仰胥吏，拘系囹圄，荒废本业，以至亡身及亲、破家荡产者，不亦远乎？"⑧ 再如王守仁《十家牌法告谕各府父老子弟》

---

① 《周易》云："讼：有孚窒惕，中吉；终凶，利见大人，不利涉大川。"黄寿祺、张善文：《周易译注》，上海古籍出版社 2001 年版，第 65 页。相关解释还可以参见杨永林：《〈周易·讼〉卦与中国古代的诉讼观念》，《周易研究》2008 年第 6 期，第 81—86 页。
② 参见龚汝富：《明清讼学研究》，商务印书馆 2008 年版，第 54 页。
③ 参见袁啸波：《民间劝善书》，上海古籍出版社 1995 年版，第 138 页。
④ 参见尤陈俊："'讼师恶报'话语模式的力量及其复合功能"，《学术月刊》2019 年第 3 期，第 95—108 页。
⑤ "郓州寿张人张公艺，九代同居……麟德中，高宗有事泰山，路过郓州，亲幸其宅，问其义由。其人请纸笔，但书百余'忍'字。高宗为之流涕，赐以缣帛。"刘昫：《旧唐书·孝义传·刘君良传张公艺附传》，中华书局 1975 年版，第 4920 页。
⑥ 吴亮：《忍经》，刘成荣译注，中华书局 2013 年版，第 235 页。
⑦ 彭瑞花：《浅议佛教对中国传统法律思想的影响》，《太原师范学院学报》（社会科学版）2014 年第 5 期，第 42 页。
⑧ 吴亮：《忍经》，第 147—148 页。

云:"心要平恕,毋得轻意忿争,事要含忍,毋得辄兴词讼,见善互相劝勉,有恶互相惩戒,务兴礼让之风,以成敦厚之俗。"① 而禅宗的忍辱观直指人心,甚至否定个人对合理合法利益的追求。故有学者称,"禅宗也就是士大夫阶层的内在人格境界和广大民众的外在追诉对象,从根本上放弃了公民权利计较和法律公共调整,从而完成了传统厌讼心理的宗教培养过程"②。

五、结语

佛教思想因其宗教内核满足中国古代社会各阶层在某些层面上的精神需求而被迅速接受,并一直得以延续。佛教对中国传统影响深远,尽管其与中国本土文化的差异如此明显,却又逐渐与后者和谐共处。只是,如果缺少抽丝剥茧式的反思,当代中国社会中的佛教要素将难以准确提炼。这是因为佛教因素在近两千年的历史进程中已发展成为中国人日常生活的一部分,并作为中华文明内生力量而存在。这种根本性的融合,一方面基于佛教对中国传统社会精神世界的满足,另一方面则依托于中国传统文化的包容性。中国传统文化对外来文明的接受虽有一定的局限性,但并未完全隔绝文明之间的有益交流。近代以来,中国传统文化与西方文化包括其法律文化之间的碰撞,最终以对西方思想尤其是马克思主义思想的深度接受为结果。近代这种现象,与历史上佛教法律思想的东传及其本土化存在异曲同工之处,前者在某种意义上是在重走后者的融入路径,只是更为深刻。中华文明之所以生生不息,与其包容性或者说对外来文明的不断接受乃至融合有着根本关系。

---

① 王守仁:《王阳明全集》,上海古籍出版社 1992 年版,第 529 页。
② 龚培:《本土禅宗流变与国民无讼心理》,《兰州学刊》2006 年第 4 期,第 183 页。

第二十五章 "讼师恶报"话语模式的力量及其复合功能

自宋代以降,尤其是明代中期之后,帝国境内的不少地方皆出现了讼案数量远超州县衙门理讼能力的情形,不仅江南地区和沿海诸省的一些州县衙门常常如此,甚至连四川巴县这样的内地县衙也不例外。① 这种社会实态之变在当时各地方志中的文字书写主要表现为,一方面,各地方志中对其境内民众"健讼之风"的记载日渐增多;② 另一方面,声称当地民众的好讼多是受积恶讼师之挑唆的说法,在各地方志中数见不鲜。而在官府的眼中,讼师更是被视为地方官员在到任之初便须严饬查禁的致讼之源,一些地方官员甚至斩钉截铁地断言道,其治境内之所以讼案繁多,完全就是由于当地的讼师们教唆无知民人架词构讼所致。到了清代乾嘉时期,《大清律例》在沿用明律中关于"教唆词讼"的原有律文之基础上,还进一步通过在此条律文之下陆续增纂众多例文的方式,不断加大打击讼师的力度,尤其是在乾隆元年(1736年)订立了官员失察讼师治罪专条,明确将抓拿禁缉讼师规定为地方官员的为政任务之一。③

近二十年来,对于宋代以降尤其是明清时期官府对讼师的打压乃

---

① 参见夫马进:《中国诉讼社会史概论》,范愉译,《中国古代法律文献研究》第6辑,社会科学文献出版社2012年版,第1—74页;尤陈俊:《"厌讼"幻象之下的"健讼"实相?重思明清中国的诉讼与社会》,《中外法学》2012年第4期;青木敦:《江西有珥笔之民——宋朝法文化与健讼之风》,载柳立言主编:《近世中国之变与不变》,"中央研究院"2013年版,第337—365页。

② 参见侯欣一:《清代江南地区民间的健讼问题——以地方志为中心的考察》,《法学研究》2006年第4期;徐忠明、杜金:《清代诉讼风气的实证分析与文化解释——以地方志为中心的考察》,《清华法学》2007年第1期。

③ 依照此例文的规定,地方主政官员若对其治境内的讼师失于觉察或明知不报,将要受到行政处分。参见薛允升:《读例存疑》,黄静嘉编校,第4册,卷40,"刑律之十六·诉讼之二·教唆词讼",成文出版社1970年版,第1020页。

至查拿禁缉,学界已有不少专门的研究。① 我将此类研究中所揭示的官府从立法、司法和行政层面打压禁缉讼师之举,概括为官府扩展动用其所掌握的"制度资源"来惩治讼师。但是,倘若只是关注到"制度资源"这显性的一面,而并未充分注意到与其相关乃至更为丰富的"话语资源",② 则并不能全面把握宋代以降尤其是明清时期讼师所受到的"压制"之各层意涵。遗憾的是,关于帝制中国后期的官府和社会具体如何借助"话语资源"来打压讼师,学界尚少有深入的讨论,至于对"讼师恶报"此类话语的专题研究,迄今更是付之阙如。本章将致力于对这一学术缺憾稍加弥补,深入挖掘"讼师恶报"这一独特的话语模式之生产/传播机制,并从功能主义的视角解释其在当时长盛不衰的主要原因,最后则从中国法律史研究方法论的角度讨论本研究可能具有的学术意义。

一、讼师与恶报的话语关联:
宋元明清不同类型文本中的一种叙事传统

自从"讼师"作为一种正式的职业称谓最早出现在南宋后期以来,③

---

① 例如林乾:《讼师对法秩序的冲击与清朝严治讼师立法》,《清史研究》2005 年第 3 期;林乾:《刑部郎中成"讼棍"——嘉、道严惩"讼师"的扩张解释》,《南京大学法律评论》2015 年秋季卷,法律出版社 2015 年版,第 86—108 页;邱澎生:《十八世纪清政府修订〈教唆词讼〉律例下的查拿讼师事件》,《"中央研究院"历史语言研究所集刊》2008 年第 79 本第 4 分;梅利莎·麦柯丽:《社会权力与法律文化:中华帝国晚期的讼师》,明辉译,北京大学出版社 2012 年版,第 18—58 页;张小也:《清代的地方官员与讼师——以〈樊山批判〉与〈樊山政书〉为中心》,《史林》2006 年第 3 期;潘宇:《清代州县审判中对讼师的禁制及原因分析》,《法制与社会发展》2009 年第 2 期;刘昕:《宋代政府对讼师教唆诬告行为的法律规制》,《湖南社会科学》2012 年第 3 期。

② 所谓"制度资源","是指现有制度框架内可以在一定程度上加以扩充或限制地利用的各类实体性资源,主要包括内部惯例、人力资源、财力资源等",而所谓"话语资源",则是指"那些可被用来借以表达某种评价倾向,并因此能够产生某些外在功能的语言叙述及其结构"。参见尤陈俊:《"案多人少"的应对之道:清代、民国与当代的比较研究》,《法商研究》2013 年第 3 期,第 149 页。

③ 郭东旭:《宋代的诉讼之学》,《河北学刊》1988 年第 2 期,第 39—40 页;陈景良:《讼学与讼师:宋代司法传统的诠释》,《中西法律传统》第 1 卷,中国政法大学出版社 2001 年版,第 208—220 页;刘馨珺:《明镜高悬:南宋县衙的狱讼》,五南图书出版股份有限公司 2005 年版,第 295 页;戴建国:《南宋基层社会的法律人——以私名贴书、讼师为中心的考察》,《史学月刊》2014 年第 2 期,第 11—12 页。

宣扬此类代为撰写词状教讼、助讼之人将遭恶报的文字，不久后便与其如影随形。在南宋时人李昌龄编的《乐善录》一书当中，载有一则据称转录自《十生记》中的故事，其文字内容如下：

  文光赞父，自少至老，无岁无狱讼事。以宿因问昙相禅师。师曰：'汝父前生本写词人，故今反受其报。'光赞恳求救免，师教以纸糊竹箪为桎梏，令自囚三日，然后为作忏悔。姑录之，以为教唆者戒。①

这则据称发生在宋代的故事，后来也出现在元代志怪小说集《湖海新闻夷坚续志》，② 以及元代通俗类书《居家必用事类全集》癸集所收录的《劝善录》之中。③ 明代时人沈节甫在万历年间编纂《由醇录》一书时，又从《劝善录》中转录了此则被其题为"教唆词状者有报"的故事。④ 按照此则故事中那位高僧昙相禅师的解释，文光赞的父亲之所以牢狱之灾不断，乃是因为他前世是一位"写词状人"，所以今生才遭此业报。在宋元时期，代写词状之人，除了那些活跃于民间各地的讼师之外，还有所谓的"写状钞书铺户"这一类或可称得上半官方的人物。宋代出现的写状钞书铺，虽然并非由官方所设立，但须经官府审查许可，而营其业者通常被称为"写状书铺户"（简称"书铺"），其业务主要为代人书写词状。直到元代大德年间之后，原先在身份上非官非吏的写状书铺户才被官府所委派的吏人所取代。⑤ 宋元时期的写

---

  ① 李昌龄编著：《宋绍定本乐善录》，续古逸丛书之三十六，商务印书馆1935年版，卷1，第10页，b—11页a。
  ② 无名氏：《湖海新闻夷坚续志》，金心点校，中华书局1986年版，前集卷2"警戒门·警世·教唆词讼"，第103页（其文字与《乐善录》所记大同小异）。
  ③ 不撰著人：《居家必用事类全集》，癸集，"劝善录·教唆词讼者有报"，载《明代通俗日用类书集刊》第4册，西南师范大学出版社2011年版，第414页（其文字与《乐善录》所记有些不同）。
  ④ 沈节甫编：《由醇录》，"教唆词状者有报"，载袁啸波编：《民间劝善书》，上海古籍出版社1995年版，第285—286页。
  ⑤ 陈智超：《宋代的书铺与讼师》，载陈智超：《陈智超自选集》，安徽大学出版社2003年版，第345—357页。

状书铺户,其代人书写词状的活动往往受到官府的诸多约束,并不能完全随心所欲地虚捏词状,因此并不应当被与那些"教唆兴讼"的无良讼师等而视之。昙相禅师只是笼统地声称文光赞之父前生为"写词状人",而并未明言其具体属于写状书铺户抑或讼师。但从这则故事的叙述来看,代人"写词状"本身即被其视为将遭受业报的行为。

到了明代,逐渐出现更多宣扬讼师将遭恶报的文字。明人刘万春在万历年间撰写《守官漫录》一书时,同样转录了前述文光赞之父遭报应的故事,不仅将此则故事的标题直接改为"讼师宿业"(《湖海新闻夷坚续志》《劝善录》《由醇录》等书先前在记述此则故事时,都只是称文光赞之父"前生本写词状人",而并未直接以"讼师"名之),而且在文末称记述此事乃是"以为讼师之戒"。除此之外,刘万春还在该书中记述了另一则据称同样发生在宋代的讼师故事,并直接名之为"讼师恶报"。据《守官漫录》记载,宋代永福县人薛敷精擅刀笔之技,平时代人撰写词状,"能以悖理之事巧饰为理,使听讼者荧惑而不能断",并由此发家致富。后来其家中无故失火,家财烧尽,于是他不得不"挟巧笔欲过江以糊口",结果在当时同船渡江的一众人当中,独独薛敷被突然折断倒下的桅杆砸中后堕江身亡,而这正应了他之前请道士设醮进表于天帝时所获批的当时为之不解的那一命数谶语——"家付火司,人付水司"。① 此则宋代讼师薛敷遭恶报的故事,在清代又被收录在康熙四十五年(1706年)陈廷敬序刊本《太上感应篇集注》之"斗合争讼"部分的集注里面,以及光绪年间刊行、吴旭仲辑的《圣谕广训集证》当中(《圣谕广训集证》对此评论称"讼师阳诛阴遣都不能逃")。②

在明代的一些地方志中,也出现了不少宣扬习讼之人将遭恶报的故事。例如崇祯年间刊行的《江阴县志》记载称,当地一位年少时便展露出读书天分的夏姓儒生于万历癸丑年(1613年)忽得癫痫,且药

---

① 参见刘万春:《守官漫录》,明万历刻本,卷4,第4页a—5页a。
② 参见李昌龄、郑清之等注:《太上感应篇集释》,中央编译出版社2016年版,第403页;林珊妏:《清末圣谕宣讲之案证研究》,文津出版社2015年版,第24页。

石无效，其本人悔称自己是由于先前在某好讼的人家做塾师时，曾跟随讼师学习刀笔之术而遭到报应。①

佛教文献《皇明金刚新异录》成书于明末崇祯年间，其序言部分在叙及编纂此书之目的时，明确将"讼师渔户洗涤习心"写入其内。该书中记载有一则题为"讼师请经"的故事。据其所言，明代嘉兴人莫晴虹在万历庚子年（1600年）秋九月记下一事，称其在楞严经坊偶遇一位请经的常州人。后者面目甚是可畏，一路上口中喃喃诵颂《金刚经》。当莫晴虹问其何故在路上边走边诵经时，这名常州人答称自己乃是讼师，先前病死后来到阎罗王殿，靠高声诵念《金刚经》才得以再生，于是在还阳后改行从善，并每日诵念《金刚经》来超度那些先前被其状词累至死地的幽魂。②

甚至当时的一些医书也绘声绘色地描述了讼师遭报身染恶疾而亡的轶事。在明代医者陈实功所撰并于万历年间刊行的外科医学著作《外科正宗》当中，其卷4"杂疮毒门"专设"造孽报病说"一节文字，其中记述了一则据称系其亲眼所见的讼师及其妻遭报皆患怪症而死的惨事。据陈实功所言，当时有一位讼师"作中兴讼，破众家私，伤残骨肉，不计其数"。某日该讼师大腿突然肿痛，"坚硬如石，疼苦异常"，只有用绳子将其脚吊在房梁下，疼痛方才稍稍止住，一旦放下，便又会痛如刀砍。该讼师的家人请陈实功救治，陈实功认为此系孽报，推称自己无力医治。该讼师如此这般身历百苦，于四个月后病死。一年后，该讼师之妻也身染怪病，"遍身发肿如癞，作痒非常，破流脂水"，且无法着衣，其家人再次请陈实功医治。陈实功认为此妇人系受其夫孽报牵连，仍推称自己无法救治。后来该妇人在隆冬时节"赤身流水而死"。陈实功对此评论道，"此异常之报也，所谓逆天害

---

① 参见冯士仁修，徐遵汤、周高起纂：《江阴县志》，明崇祯十三年刻本，卷8，第33页a—33页b。
② 王起隆辑著，金丽兼参订：《皇明金刚新异录》，载《续藏经》第1辑第2编，乙，第22套第1册，商务印书馆1923年版，第83页b、87页b。

理，虽由已，古往今来放过谁，无漏矣"。①

延至清代，各种讲述讼师恶报的故事，更是大量涌现在告示、判牍、善书②、笔记小说等众多不同类型的文本之中。道光年间编纂的贵州《大定府志》，载有大定府知府黄宅中所颁行的"谕民二十条"，该文告在劝谕民众息讼时强调，"惯习刀笔、阴险害人、有隐恶者，每受奇祸，纵法网幸逃，报应不爽"。③ 雍正年间，福建汀漳道道台徐士林在审理龙溪县民吴陶若状告陈国等案时，在其所写的判词中声称讼棍吴陶若系"以唆讼而得恶报者也"，并认为此案乃"讼师最奇最快之报应也"。④ 周尔吉在光绪年间编纂《历朝折狱纂要》时，收录了历朝刑名故事二百余则，其中也包括讲述讼师遭受恶报的数则故事，其中一则摘录自《蕴玉山房杂记》的故事题为"讼棍获报"。据其记载，乾隆年间有一刘姓庠生，生性狡诈，"甚为讼棍"，"理左者走询其计，罔不转是为非"，由是触怒当地府尹，将其治罪充军，但该讼师尚未被押解到配所时便已身故。同乡之人闻其死讯后，皆弹冠相庆。这位刘姓讼师之子亦被发遣岭南，并且其"家日替，帷薄不修，丑声渐溢于内外矣"。⑤

在清代流传的各种善书之中，讲述讼师遭报的故事更是不乏其例。19世纪中期，浙西士人周克复在编纂《金刚经持验记》一书时，将前述明代《皇明金刚新异录》中的那则"讼师请经"故事也收入在内，并且还在其后补加了一段评论文字，其中声称"讼狱之害不小，刀笔之业最大"，那名侥幸还阳的常州讼师若非后来回心向善，即便《金刚

---

① 陈实功：《外科正宗》，明万历刻本，卷4，"杂疮毒门"，第112页b—113页a。
② 劝善书的略称，指那些规劝人们"诸恶莫作，众善奉行"的通俗读物。善书通常融三教思想与民间信仰于一炉，自宋代以来便在民间广为流行，明清时期更是趋于鼎盛，参见游子安：《劝化金箴：清代善书研究》，天津人民出版社1999年版，第1页。另可参见酒井忠夫：《中国善書の研究》，国书刊行会1999年版；游子安：《善与人同：明清以来的慈善与教化》，中华书局2005年版。
③ 黄宅中修，邹汉勋纂：《大定府志》，清道光二十九年刻本，卷52，第6页a。
④ 徐士林：《徐雨峰中丞勘语》，清光绪圣译楼丛书本，卷4，第76页a—79页b。
⑤ 周尔吉：《历朝折狱纂要》，卷6，"惩诈·讼棍获报"，清光绪十六年序刊本，全国图书馆文献缩微复制中心1993年版，第497—498页。

经》也无法常作其护身符。① 差不多同时期成书的《坐花志果》，系清人汪道鼎所撰的知名善书。据汪道鼎自称，该书"专记三十年以来，耳闻目见有关惩劝之事"。在该书所记述的那些发生在道光、咸丰年间的"实事"之中，多处可见到关于讼师遭恶报的描述。这位号为"坐花主人"的作者，在该书中罗列了各种果报，希望借此劝诫人们弃恶为善，其中强调若仗恃刀笔之技则必遭报应，遑论那些"助强凌弱，锱铢必较"的"龌龊讼师"。据汪道鼎所记，浙江鄞县的一名余姓秀才，自幼天资聪慧，有神童之美誉，后来为图钱财，代人写状诬告某富家孀妇，致该孀妇自缢身亡，此后又再次代人作词，诬控另一名孀妇的遗腹子并非其亡夫骨血，致该遗腹子无法继承其父家业。余秀才这两次代人作词，虽然均获厚利回报，但报应亦随之而至，以其之才华，竟然科场应试未能登第。落榜归家之后，余秀才于是"专事刀笔"，其"运思既巧，文阵复雄，海市蜃楼，任情起灭，被其害者甚众"，但科场考试屡试屡败，四十岁时仍只是秀才之身，此后二十余年依然如此。据汪道鼎声称，其友蒋一亭在宁波做幕友时曾亲见该余姓秀才，觉其"丰颐广颡，方面长髯，不类老于青衿者"。汪道鼎感慨说，余秀才"肆雌黄于口角，淆黑白于笔端，饱我贪囊，坏人名节；卒之削除禄籍，困死青衿，然后知天不忌才，实人之不善用其才耳！呜呼危哉！"②

在明清时期的笔记小说中，讼师恶报是其所载故事的常见主题之一。在18世纪初成书的《三冈识略》当中，据其作者董含自言，书中所记"或得之邸报，或得之目击，或得之交游，所称道可以备稽考"，其中所载的一则讼师恶报故事被描述得玄乎之极。一位"略识字，喜弄刀笔"的讼师，某日与其邻居一起同往田间。路上风雨骤至，该讼师的家人远远望见有一面皂旗和一面红旗摇飏在讼师身旁。突闻一声

---

① 周克复纂：《金刚经持验记》下卷，载《续藏经》第1辑第2编，乙，第22套第2册，商务印书馆1923年版，第134页a。
② 汪道鼎著，鹫峰樵者音释：《坐花志果》上卷，"余生削籍"，弘化社1935年版。

迅雷，该讼师便被雷劈中倒地，而那两面旗子也随即隐去。讼师的家人急往探视，只见讼师的两脚都已深陷泥沼之中，几乎没至膝盖。讼师之子将其父背至田岸边，但不久后又闻雷声，仍然击中讼师，并且将其照旧埋在原先的地方。① 为了使该故事读起来更显真实，董含在记载其事时，还特地在文末加了"观者悚惕"一句，以表示此确系有人当场看见。在乾嘉时期的一代名士纪昀所撰的文言短篇志怪小说集《阅微草堂笔记》之中，也收入了多则讼师遭报的故事，并且同样声称这些故事或系其耳闻，或系其亲见。②

甚至当晚清时期出现近代中文报纸后，讼师恶报的故事仍然是其中颇具代表性的题材类型。例如1881年10月17日，当时已颇有影响力的《申报》在其首版的醒目位置刊登了一则"新闻"：

> 客有自楚北来者，谓该处有程姓讼师，本徽州人，早年入籍崇阳县，素善刀笔，舞文弄墨，不难架空中楼阁，以实人罪，是以健讼者深相敬服，被诬者恨如切齿，咸宁、蒲圻、崇阳三邑，遐迩皆知其名。月前有人请其捉刀，程即策骑应召。行至中途，见一牛啮草路侧。马过牛傍，忽惊跃，将程掀翻，堕于牛头上。牛即乘势一触，角已穿入程腹。迨落地，人已昏晕，肠半拥出。未几，有过而见之者报知其家，始舁之归。医治罔效，寻毙。人皆谓其平生作恶太多，以致得此惨报云。③

诸如此类以讼师遭恶报为专门主题的"新闻"，在清末的报纸上时有所见（详见后文）。先前那些古老的讼师恶报故事之"旧"模式，此时被以近代报纸这一"新"形式不断复制和传播。

综观宋元明清不同类型文本中关于讼师恶报的叙事，可以发现，

---

① 董含：《三冈识略》，卷4，"讼师电击"，清光绪间申报馆铅印本。
② 纪昀：《阅微草堂笔记》，天津古籍出版社1994年版，卷8，"如是我闻（二）"，第156页；卷10，"如是我闻（四）"，第217页。
③ "讼师惨毙"，《申报》1881年10月17日，第1版。

其中所记述的各种报应虽然千奇百怪，但往往皆以具体事例描写得活灵活现，并非只是抽象说教而已。并且，越到后来，很多记述此类事例者常常都强调系其亲眼所见，并非"耳闻"而已，以让读者和听者更加相信此类报应故事的真实性。

二、"讼师恶报"故事中的报应类型与话语结构

报应的观念在中国文化中由来已久。有学者主张，中国文化中的"报应"之说，并非为释道两教所独有，儒家很早便确立了自己的报应观念，例如儒家典籍《周易·坤卦》称"积善之家必有余庆，积恶之家必有余殃"，而《尚书·伊训》则曰"惟上帝不常，作善降之百祥，作不善降之百殃"。[①] 但无法否认的是，报应观念在佛教和道教中体现得最为典型。

佛道两家的报应观念各有其自己的解说脉络，概括来讲，佛教讲究因果业报轮回，而道家则深受承负观念影响，各自建构了不同的具体报应类型，并不断加以完善。东晋时高僧慧远作《三报论》，阐述佛教所讲的业报之三种具体形式："经说业有三报：一曰现报，二曰生报，三曰后报。现报者，善恶始于此身，即此身受。生报者，来生便受。后报者，或经二生、三生、百生、千生，然后乃受。"[②] 可知在佛家的报应观理论中，按照报应来临的时间先后差异，可分为"现报"（"现世报"）、"生报"（"来世报"）和"后报"（"累世报"）。佛教的这种报应论有一个明显的特点，亦即"佛教的业报最初是假定对一个个人而言，并非以家族为基础"[③]，故而佛教信奉自报自受。而作为中国本土宗教的道教的报应观则没有这一局限。发端于东汉时期道教典籍

[①] 李申选编、标点：《儒教报应论》，国家图书馆出版社2009年版，序言，第1页。

[②] 慧远：《三报论》，载石峻等编：《中国佛教思想资料选编》第1册，中华书局1981年版，第87页。

[③] 杨联陞：《报——中国社会关系的一个基础》，载刘梦溪主编：《中国现代学术经典：洪业、杨联陞卷》，河北教育出版社1996年版，第869页。另可参见王谋寅：《道教与中国传统法律文化》，中国政法大学2009年博士学位论文，第34页。

《太平经》的"承负"观念主张"个体受到的祸福可归结为自身乃至祖先行为的恶善，而自身的善恶也会使后代得到相应的福果祸报"。① 这种强调作恶行不仅会自身遭报且会祸及子孙的观念，为后世的道教善书所继承。例如《文昌帝君阴骘文》云"近报则在自己，远报则在儿孙"，《关圣帝君觉世真经》云"近报在身，远报子孙"，民间流传极广的《太上感应篇》（约成书于北宋末、南宋初）说得更是详细，声称"如是等罪，司命随其轻重，夺其纪算，算尽则死。死有余责，乃殃及子孙"。② 质言之，在道教的报应观中，根据报应对象的不同，可将报应的具体类型分为"自身报"和"子孙报"。值得注意的是，佛教的"现报""生报"和"后报"之分类，后来逐渐与道教的"自身报"和"子孙报"相融合。

若以上述关于报应之具体形式的分类对照之，则可发现宋代以降不同类型文本中的讼师恶报叙事涵盖了其全部的报应类型。而在各种讲述讼师恶报的故事当中，数量最多的乃是讼师自身遭现报这一类型。遭此报应的讼师被描述为轻则骤然目盲，重则或暴毙身亡，或忽染怪病痛苦而死。《新闻报》在光绪年间刊文称，广东三水县有一位精于刀笔的讼师某甲，平素靠替人代写词状而获利甚丰，其友人劝之改业而不听，结果某日路过某户正在施放爆竹祀神的人家门口时，被飞过的爆竹之火气侵入眼睛，以至于后来双目泪流如泉，药石无效，近乎眼瞎。③ 不过相较而言，这位广东讼师的恶报尚不算太重，毕竟能保有一命，而更多故事中所描述的遭报讼师则无此种"不幸中之万幸"。据明朝遗老李清在《三垣笔记》中所记，明末时浙江有刘氏女自感其名节被富家子张阿官所侮，遂自缢身亡，张阿官聘请讼师丁二相助，诬称

---

① 赵建永：“承负说由本土文化发展而成”，《中国社会科学报》2016年2月23日。另可参见陈静：“《太平经》中的承负报应思想”，《宗教学研究》1986年第2期；陈焜：“试论〈太平经〉中之承负说”，《宗教学研究》2002年第4期；黄景春：“'承负说'源流考——兼谈汉魏时期解除'重复'法术"，《华东师范大学学报》（哲学社会科学版）2009年第6期。
② 袁啸波编：《民间劝善书》，上海古籍出版社1995年版，第5、7、9页。
③ “讼师盲目”，《新闻报》1893年11月3日，第9版。

是刘氏引诱他产生淫欲后却让她的家人将其捆绑以敲诈钱财。此时已化幽魂的刘氏女在讼师丁二面前现形，怒称"若以笔污我，吾先杀汝！"，结果丁二即刻暴毙身亡。① 生活于清朝中叶的钱泳在其《履园丛话》中述称，浙江湖州有一儒生，为人阴险，以刀笔之技害人无数，后来患上奇疾，病发时会猛咬自己的手指，直至咬得鲜血淋漓后方才好些，结果其十指皆被自己咬伤后破伤风而死，钱泳认为"此刀笔害人之报也"。② 觉罗乌尔通阿所编的《居官日省录》一书不仅将上述这则故事收录在内（明确称该讼师姓蒋），而且还添加了数则讲述其他以刀笔起灭词讼者遭恶报丧命的故事。③ 乾嘉时人俞蛟在其所撰的《梦厂杂著》一书中，称吴江讼师郦允恭刀笔功夫了得，"经其谋讼，无不胜"，以其技害人性命，结果其妻女相继与人私通并窃赀逃走，其本人老来落得个穷饿而死的下场。④ 甚至连那些昔日曾操讼师营生但后来业已改行的读书人，据称多年后也照样难免遭到恶报。例如清人齐学裘在其《见闻随笔》一书中述及，宜兴儒生王少枚在二十余岁时便做讼师，年近四十时忏悔前愆，于是改行勉为正士。咸丰十年（1860 年）时，宜兴被太平军攻陷，王少枚被太平军将领任为乡官，负责替其敛钱收税，结果被痛恨他的乡民所杀。时人认为王少枚丧命乃"其好为讼师之报"。⑤ 19 世纪后期《申报》等报纸上所登载的讼师恶报故事，往往不仅有姓有名地讲述某地某讼师仗恃刀笔为非作歹而遭恶报丧命，而且还特别注意渲染此辈在死前鬼使神差地吐露其平生所为恶行或加以忏悔这一细节。例如《申报》光绪年间刊载的一则题为"讼师惨毙"的故事，声称浙江永嘉讼师李某害人无数，近来突患癫狂之症，自己将生平所为恶事历历说出，并呼号"某人杀我头颅，某人破我肚腹"，又将自己的十指全部砍掉，狂吠一夜后气绝身亡，时人称"天道昭彰，

---

① 李清：《三垣笔记》，中华书局 1982 年版，第 74 页。
② 钱泳：《履园丛话》，清道光十八年述德堂刻本，卷 16，"孽报"，第 17 页 b。
③ 觉罗乌尔通阿：《居官日省录》，载《官箴书集成》第 8 册，黄山书社 1997 年版，第 37 页。
④ 俞蛟：《梦厂杂著》，上海古籍出版社 1988 年版，第 76—77 页。
⑤ 齐学裘：《见闻随笔》，清同治十年天空海阔之居刻本，卷 1，第 15 页 b—16 页 a。

此刀笔之报"。①

除了为数最多的描述讼师自身遭现报的故事外，尚有不少故事系讲述前生业讼师者今生遭恶报，或讼师所遭业报殃及其子孙。前述《乐善录》一书中所记文光赞之父的遭遇，可谓"自身报"和"来世报"的合二为一，而与此报应模式相类似的故事，在其他文本中亦复有之。明代天启年间举人李霜回，后来于万历年间考中进士，南明宏光时升礼部主事，清初时受庄廷鑨《明史》案的牵连，结果家财尽为他人所得，时人"皆云李之先世为讼师，故有此惨报也"。②《申报》在光绪年间刊出数则讲述湖北科场果报的故事，其中一则故事称，某讼师在其子规劝下稍知敛迹改行，其子自幼聪颖，后考中秀才，赴省参加乡试，结果在参加完"录遗"（清代乡试前的一种选拔考试）之试出考场后，路上被一头猪突然惊吓成病而死，时人谓"岂真戾气之相感耶，抑其父之余殃所致耶"。③此则故事便是讲述讼师之"子孙报"。

在清代以来的笔记小说中，甚至还形成了一种陈陈相因的故事模式，反复声言讼师不仅其本人将身受恶报，且祸端还将延及其子孙。在嘉庆初年成书的《梦厂杂著》中，作者俞蛟描述了一则讼师索要重金后为他人献出毒计，结果致使自家儿子横遭他人误杀的报应故事：

> 新昌有张二子者，货菽乳为业。一日晚归，见妻与邻人通，怒杀其妻，邻人夺门逸去。谚有"杀奸必双"之语，惶怖无策。里人陈某，讼师之黠者，因馨囊谋之。陈笑曰："此易与耳。明日昧爽，有沽菽浆者，绐使入室，挥以白刃，孰能起死者而问真伪乎？"次早，有少年叩门求浆，杀之，则陈子也。④

---

① "讼师惨毙"，《申报》1882年6月15日，第2版。另可参见"讼师果报"，《申报》1874年4月2日，第2版；"小锥子果报"，《申报》1875年2月4日，第4版；"讼棍下场"，《字林沪报》1895年5月24日，第3版。
② 傅以礼辑：《庄氏史案本末》，清钞本，卷上。
③ "鄂闱果报汇录"，《申报》1879年11月16日，第2版。
④ 俞蛟：《梦厂杂著》，上海古籍出版社1988年版，第76页。

第二十五章 "讼师恶报"话语模式的力量及其复合功能

上述讲述讼师献计教唆杀人反致其子被误杀的叙事套路,不仅在《履园丛话》(钱泳撰)、《凉棚夜话》(方元鹍撰)、《小豆棚》(曾衍东撰)、《此中人语》(程趾祥撰)、《清稗类钞》(徐柯撰)等清代笔记小说中不断重现,而且在民国时期平襟亚编纂的《中国恶讼师》一书中也有其身影(据说清代崇明讼师杨瑟严便身遭此报),类似的故事甚至在当代尚有流传于上海、江苏、湖南等省市民间的。[①] 而在这些出现于不同时期的笔记小说之中的讼师恶报故事里面,遭到杀子之报的具体讼师虽然或有不同,例如《梦厂杂著》称其所记此事系发生在浙江新昌,《见闻随笔》声言其所记之事乃是发生在道光年间的江苏如皋,[②]《凉棚夜话》则称遭报的乃是洙泾(今上海金山)讼师盛某,[③] 且对其情节的描写亦有繁有简,但均属于同一叙述模式类型。

时间维度是决定报应论能否使人信仰的最关键内容之一。俗语有云,"善恶到头终有报",或称"善有善报,恶有恶报,不是不报,时辰未到",又曰"天网恢恢,疏而不漏"。但如果所作恶行与所遭报应间隔得太久,所谓"时辰"遥遥无期,则难免让人对报应论的信仰产生动摇,甚至会导致反向催生出"好心不得好报,恶人不遭恶报"的心理认知。而"在回报稀少,或者不能直接得到时,人们会形成并接受在遥远的将来或者在某种其他不可验证的环境中获得回报的解释"[④]。佛家信仰的"生报"和"后报",道教奉持的"子孙报",可谓此种扩张性解释模式的典型。

讼师恶报的话语模式之建构,同样面临着如何在讼师所做恶行和其所遭报应的时间区隔中维护此种报应论信仰之稳定性和封闭有效性的挑战。《感应篇图说》一书中所收录的如下这则故事,便体现了力图

---

① 有学者将此归纳为讼师"咎由自取型故事",参见祁连休:《中国古代民间故事类型研究》卷下,河北教育出版社 2007 年版,第 1165—1170 页。
② 齐学裘:《见闻随笔》,清同治十年天空海阔之居刻本,卷 11,第 16 页 b—17 页 a。
③ 方元鹍:《凉棚夜话》,"讼师恶报",载陆林主编、陈敏杰、丁晓昌选注:《清代笔记小说类编·案狱卷》,黄山书社 1994 年版,第 151—152 页。
④ 罗德尼·斯达克、罗杰尔·芬克:《信仰的法则:解释宗教之人的方面》,杨凤岗译,中国人民大学出版社 2004 年版,第 107 页。

借助于"子孙报"的叙事来维护"天道循环,果报不爽"之真切性的努力:

> 明黄鉴,苏卫人。其父惯教唆争讼,荡人产业,致人冤狱。后鉴弱冠登正统壬辰进士,郡人皆叹天道无知。天顺在位,鉴升大理寺少卿。一日上御内阁,得鉴于景泰中有禁锢天顺疏,立时伏诛,合家斩戮。①

与此类似的试图消解对"天道"之怀疑的话语叙事,也见于《申报》在同治年间刊载的一则题为"讼师孽报"的故事当中。其称徐州生员某甲精擅刀笔,倾害善良,且手下有无赖少年数百人,结党横行,"晚年坐拥厚资,孙曾绕膝,人皆以为天道无知"。后在举家徙居城中的路上,分载其家人和家中所有财物的两条船只在行至江中时无故沉没,其全家数十口无一生还,只剩下当时沿河岸策马相随的某甲逃过此劫。某甲后来重操讼师旧业,又娶幼妾,而其妾嫌其年老,不仅暗自与里中某无赖男子私通,而且将某甲所作的词状文稿全部偷走向当地县官告发。县官将某甲抓拿到案后,对其处以重刑。其妾将某甲后来重新积敛的家财全部携走,改嫁给那名先前与她私通的无赖男子。记载此事的无名作者在最后评论称:"嗟乎,甲当愿盼得意时,岂不谓取之有道为子孙万年不拔之基,乃一转移间,身陷大辟,宗嗣灭亡,世之为恶不悛者,问甲之事,亦可以知所改矣。"②

讼师恶报的话语模式之建构所遇到的最大挑战,乃是现实中的确有恶讼师并未遭到恶报,反而安然无恙,照旧仗恃刀笔之技为非作歹。光绪年间《申报》刊载的一则报道称,江南古镇枫泾镇曾有一位诨名叫作"好少爷"的讼师,生平健讼,犯案累累,尽管屡经地方官严惩,仍得以寿终正寝。其子同样惯逞刀笔,且更胜其父,曾使诡计欺占某孀妇家的

---

① 黄正元辑:《感应篇图说》,《藏外道书》第27册,巴蜀书社1994年版,第235—236页。
② "讼师孽报",《申报》1874年4月25日,第3版。

荡田。该报道以如下两句话作为结尾——"乡人畏其诡计多端,虽积怨于心,而不敢控告,但某欺孀妇之业而据为己产,天理人心尚安在哉!阳律可避,阴谴恐终难逃耳"。① 与前述那些通常以描述讼师(或其家人)所受的具体惨报收尾的故事有所不同,这则报道隐隐透露出报应论所宣扬的"应然"与社会当中存在的"实然"之间的某种紧张。首先,那位"好少爷"并非遭到实质性的恶报,反而得以寿终正寝;其次,他的儿子为非作歹更胜其父,但却安然无恙。所谓"阴谴恐终难逃耳",在这篇报道的语境当中,读来只不过是一种朴素的正义祈望甚或诅咒而已。

事实上,如何对诸如"善恶无常报""善人无善报、恶人无恶报"之类的说法加以驳斥,以维护报应论话语的有效解释力,一直都是个难题。正如杨联陞所指出的,"实际经验并不能每次都证实这种果报的必然性,因此,不时会有人起而怀疑这个原则"②。东晋高僧慧远便早已意识到此问题,于是声称"世或有积善而殃集,或有凶邪而致庆,此皆现业未就,而前行始应",亦即认为世间有人一生行善但却终获灾殃,而有人一生行凶邪之事但却得到福庆,这些都是其前生所行在当下得到的报应,而其今生所做之业尚未到报应来临之时,进而主张"现报"并非常态,认为凡人由于只知一生而未知多世,以至于仅是狭隘地囿于今世耳目视听之内予以审视。③ 这种解释的思路并非仅见于佛家典籍,甚至还影响到宋代以来的一些家规族训。例如南宋时人袁采在任温州乐清知县时所写的《袁氏世范》中便认为,"若作恶多而享寿富安乐,必其前人之遗泽将竭,天不爱惜,恣其恶深,使之大坏也"④。

同样地,如何用报应论来圆融地解释一些被社会大众认为作恶多端的讼师为何能衣食无忧、家宅平安,也是一个非常现实的难题。对此,除了援用前述"先人报及子孙"的解释模式外,还有一些读书人

---

① "讼师可恶",《字林沪报》1884年11月16日,第3版。
② 杨联陞:《报——中国社会关系的一个基础》,第868页。
③ 参见慧远:《三报论》,第87—89页。有学者认为,"慧远的现报论,实际上将现世作业现世获报的可能性降至最低限度"。陈宁:《慧远〈三报论〉中的"现报论"解析》,《中国哲学史》1997年第2期,第63页。
④ 袁采:《袁氏世范》,贺恒祯、杨柳注释,天津古籍出版社1995年版,第73页。

试图另辟蹊径。光绪年间续刻的《直隶霍州志》收录了一篇题为"戒士子作讼师文"的长文,该文借用报应论的话语,在眉批中声称"唆讼之人,落魄者多,并受盗贼水火疾病,以及中菁贻羞,种种恶报,甚则夺其寿算,绝其子孙,削其禄籍,可不畏哉,可不戒哉"。但更加值得注意的是附在该文之后的两篇分别署名为"惺惺斋主人注"和"筱垞居士注"的注解文字,① 这两篇注解不约而同地将某些讼师藉讼致富或考中科举归因于其福命本厚,对此隐隐有无可奈何之意,不过也尽力强调操讼师之业会对其福命有减损性影响。这种话语模式虽然与前述"讼师恶报"模式之间存在着一定的张力,但仍然未脱报应论的框架。

三、"讼师恶报"话语模式的复合功能

宋代出现并在明清时期盛行的上述"讼师恶报"之话语模式,并非独一无二的孤立现象,其背后实际上有着更为广阔的社会文化背景。

中国文化中的报应观念由来已久。早在佛教传入中国之前,中国文化中便已初步形成了本土的地府观,② 而随着佛教在东汉时期的传入,其"地狱观"迅速与中国先前便已产生的本土地府观相结合,并形成了关于地狱审判(或称阴司审判)的丰富书写。在魏晋以来尤其是唐代的文学作品,例如南朝王琰的《冥祥记》、初唐时期唐临的《冥报记》和中唐时期戴孚的《广异记》中,诸多关于"入冥生还"的描写逐渐建构出了一个描绘冥律、强调冥报且体系完备的地狱审判世界。③ 唐代形成了"十王信仰"(即认为秦广王等十王主宰地狱世界),

---

① 杨立旭修,白天张纂:《续刻直隶霍州志》,清光绪六年刻本,卷下,"艺文",第35页a—第38页a。
② 参见萧登福:《汉魏六朝佛道两教之天堂地狱说》,学生书局1989年版,第118页。
③ 参见陈登武:《从唐临〈冥报记〉看唐代地狱审判》,《法制史研究》2004年总第6期;陈登武:《从戴孚〈广异记〉看唐代地狱审判的法制意义》,《法制史研究》2007年总第12期;陈玺:《唐代诉讼制度研究》,商务印书馆2012年版,第279—288页。邹文海认为,"所谓冥律,是指地府或阴司采用的法律",参见邹文海:《冥律看我国的公道观念》,《东海学报》1963年第5卷第1期,第109—125页。

其所描绘的庶民化的冥律和地狱审判场景，对后世产生了深远的影响。① 宋代以降，此种通过地狱审判书写宣扬的因果报应观念，更是在《夷坚志》等各种文学作品和《玉历至宝钞》等各种宗教文本中不断弥散和传播。② 唐宋以来，迄至明清，不仅儒释道三家对报应论的书写日益走向融合，而且又出现了宣扬报应论的新类型文本和形式，例如宋代出现的《太上感应篇》，最早出现于金代、明代后期以来在民间颇为流行的各种功过格，③ 以及明清时期出现的《文昌帝君阴骘文》《关圣帝君觉世真经》等宣扬善恶报应的劝善书新类型。④ 在 19 世纪后期和 20 世纪初期，《申报》《时报》《新闻报》《字林沪报》《上海新报》等报纸常常刊登各类令阅者读来觉得就发生在自己身边的报应故事，声称妒妇、蠹吏、赌棍、拐卖人口者、忘恩负义者、开设娼馆者等诸色人等和打蛇、打胎、虐婢、溺女、作假、杀生、负心、好色、忤逆等各种行为皆将遭到恶报，⑤ 则可谓是用报纸这一"新"的文字空间来继续构筑"旧"的报应论话语世界。

---

① 参见太史文：《〈十王经〉与中国中世纪佛教冥界的形成》，张煜译，上海古籍出版社 2016 年版，第 164—177 页；卢秀满：《地狱"十王信仰"研究——以宋代文言小说为探讨中心》，《应华学报》2010 年第 8 期，第 85—125 页。

② 参见沈宗宪：《宋代民间的幽冥世间观》，商鼎文化出版社 1993 年版；刘静贞：《宋人的冥报观——洪迈〈夷坚志〉试探》，《食货月刊》复刊 1980 年第 9 卷第 11 期；《宋人想象的冥界——以〈夷坚志〉为中心》，《中正历史学刊》2011 年第 14 期；游子安：《善与人同：明清以来的慈善与教化》，中华书局 2005 年版；陈瑶蒨：《台湾的地狱司法神：清中叶以来十王信仰与玉历宝钞》，兰台出版社 2007 年版。

③ 参见陈霞：《道教劝善书研究》，巴蜀书社 1999 年版，第 23—111 页；包筠雅：《功过格：明清社会的道德秩序》，杜正贞、张林译，赵世瑜校，浙江人民出版社 1999 年版。

④ 袁啸波编：《民间劝善书》，上海古籍出版社 1995 年版，第 3—9 页。

⑤ 例如，"鸨妇恶报"，《字林沪报》1886 年 9 月 19 日，第 3 版；"蠹役恶报"，《申报》1874 年 11 月 19 日，第 3 版；"赌棍惨报"，《新闻报》1897 年 9 月 25 日，第 9 版；"拐卖人口报应"，《上海新报》1872 年 12 月 30 日，第 2 版；"负恩报应"，《上海新报》1872 年 9 月 5 日，第 2 版；"开娼报应"，《上海新报》1870 年 7 月 23 日，第 2 版；"恶鸨恶报"，《字林沪报》1890 年 8 月 17 日，第 4 版；"打蛇惨报"，《字林沪报》1894 年 7 月 15 日，第 3 版；"打胎恶报"，《字林沪报》1884 年 7 月 2 日，第 2 版；"虐婢惨报"，《新闻报》1898 年 2 月 9 日，第 2 版；"溺女恶报"，《上海新报》1871 年 6 月 22 日，第 2 版；"作假恶报"，《上海新报》1871 年 11 月 14 日，第 2 版；"杀生惨报"，《新闻报》1899 年 12 月 7 日，第 3 版；"负心惨报"，《字林沪报》1897 年 3 月 29 日，第 2 版；"渔色惨报"，《字林沪报》1882 年 9 月 21 日，第 2 版；"忤逆惨报"，《字林沪报》1897 年 4 月 26 日，第 2 版。

明清以来，报应论话语在民间的广泛流传，并非仅是由民间人士所推动，官府也常常参与其中。官方对城隍信仰的利用和强化，便是其典型的做法。大约在唐代中期，城隍神格逐渐从地方守护神被塑造为阴间重要的司法官，在民间信仰中获得了"司法"和"执法"的职能。① 自宋代开始，城隍神正式进入国家的祀典；延至明代，关于城隍神负责执行冥报的民间信仰，更是通过各府州县祭祀时的反复展演而不断灌输给普罗大众。不仅如此，甚至连明清时期的一些皇帝也带头宣扬善恶报应的观念，所谓"神道设教"绝非虚言。例如，明成祖朱棣亲自编成《为善阴骘》一书并为其作序，此书汇辑了165位因阴骘而获天报者的事迹。朱棣逐条加以评论，不仅将此书颁赐给诸位臣工，而且还要求通过科举考试和学校教育在读书人中推广。② 清代顺治帝则不仅为《太上感应篇》作序，而且"反覆原注，微觉繁芜，遂加删正，示以简要"。③

明清时期的报应论话语不仅通过官方和民间的合力宣扬而得以源源不断地再生产，而且除了在前述善书、小说、笔记等多类文本中以文字形式通过识字者的阅读得以传播外，还借助图像、宝卷、戏曲等载体，以视觉、听觉的形式影响世人。上至达官贵人，下至贩夫走卒，皆能受其熏陶，而不全受识读能力高低之限制。《感应篇图说》系清人黄正元于乾隆二十年（1755年）辑注，因其辞浅易晓且图文并茂而流行于清代中后期，尤其是书中所配的那些刻画果报的图画，哪怕是目不识丁的底层民众阅之亦能大致领会其意。④ 地狱审判的信仰不仅通过经书而传播，而且还以绢画、卷轴、壁画、插图、石刻造像等其他载体更为形象地展示给世人。那些描绘血腥恐怖的地狱行刑诸相的画面，

---

① 参见陈登武：《从人间世到幽冥界：唐代的法制、社会与国家》，五南图书出版股份有限公司2006年版，第347—361页；吴业国：《唐代江南城隍信仰及其民间司法职能研究》，《求索》2014年第1期，第155—158页。另可参见范依畴：《城隍神"法司"角色及其对世俗法制缺憾的弥补》，《暨南学报》（哲学社会科学版）2013年第9期，第131—135页。
② 《为善阴骘》一书及相关文献，载李申选编、标点：《儒教报应论》，国家图书馆出版社2009年版，第172—300页。
③ 李昌龄、郑清之等注：《太上感应篇集释》，中央编译出版社2016年版，第238页。
④ 《感应篇图说》全书的内容，收入《藏外道书》第27册，巴蜀社1994年版。

给人以视觉上的强烈刺激,充分发挥着"威慑艺术"之直击人心的独特作用。① 作为宋元之际产生的一种民间讲唱文学形式,宝卷在明代中叶之后趋于大盛,并且在清代仍为百姓所喜闻乐见。② 而宝卷的内容以因果报应主题的佛道故事为主,常会讲唱"游地狱"时所见的各种阴间惩罚之惨状,例如《目连救母三世宝卷》《王大娘游十殿宝卷》《三世修行黄氏女宝卷》《翠莲卷》等宝卷中均有对地狱景象的讲述。③ 在明清时期的传奇戏曲中,不仅其"'始于穷愁泣别,终于团圆宴笑'的结构模式的形成,与佛、道二教因果业报观念有关",④ 而且其中不乏"地狱巡游"乃至"冥判"的情节展示,例如在明代万历二十六年(1598年)屠隆创作的《昙花记》中,便设置展示冥司断案情节的一幕(第三十四出"冥司断案"),极陈因果报应不爽。⑤

明清时期上述弥散于社会各阶层的报应论观念,自然也会渗入现实当中的法律场域。所谓地狱审判,实质上乃是俗世官僚社会和人间司法的夸张投影。⑥ 就此而言,常常借助地狱审判来予以展现的报应论

---

① 参见仁井田陞:《敦煌〈十王经卷〉中发现的刑法史料》,载仁井田陞:《中国法制史研究·刑法》,东京大学出版会1980年补订版,第597—614页;陈玉女:《明代堕胎、产亡、溺婴的社会因应——从四幅佛教堕胎产亡水陆画谈起》,《成大历史学报》2006年第31期;张帆:《民间善书〈玉历宝钞〉图像研究》,中央美术学院2010年硕士学位论文;易欣、李鹏:《十王信仰传播中视觉形式对民众心态的积极建构》,《美术观察》2015年第5期;郑梓煜:《酷刑与图画:中西方视觉传统中的肉身苦难》,《美术研究》2017年第2期,第73页。关于"威慑艺术"的讨论,参见王铭铭:《威慑艺术:形象、仪式与"法"》,《民间文化论坛》2006年第4期。

② 欧大年:《宝卷——十六至十七世纪中国宗教经卷导论》,马睿译,中央编译出版社2011年版。

③ 尚丽新:《〈黄氏女宝卷〉中的地狱巡游与民间地狱文化》,《古典文学知识》2013年第6期;张灵、孙逊:《小说"入冥"母题在宝卷中的承续与蜕变》,《上海师范大学学报》(哲学社会科学版)2012年第2期。

④ 郑传寅:《精神的渗透与功能的混融——宗教与戏曲的深层结构》,《中国戏曲学院学报》2004年第4期,第35页。

⑤ 蓝青:《晚明世风变异与屠隆戏曲的宗教教化思想——以〈昙花记〉为中心》,《温州大学学报》(社会科学版)2018年第3期;李艳:《道教劝善书与明清传奇戏曲》,《天府新论》2013年第4期。

⑥ 参见陈登武:《论唐代地狱审判的法制意义——以〈佛说十王经〉为中心》,《法制史研究》2002年总第3期,第69—70页;陈登武:《从戴孚〈广异记〉看唐代地狱审判的法制意义》,《法制史研究》2007年总第12期,第37页;陈登武:《从唐临〈冥报记〉看唐代地狱审判》,《法制史研究》2004年总第6期,第33页;李凤鸣:《法律投影:明清小说中的阴间司法》,《中华文化论坛》2007年第4期。

观念,本身便与人间的法律场域尤其是司法场域有着天然的联系。也因此,在各类活跃于明清时期法律场域的人物当中,并不仅仅只有讼师被刻画成将遭恶报之辈,被描述为稍有不慎恶报便近在咫尺的相关人物,还有衙门书吏、差役、幕友与代书,甚至连司法官员也不例外。衙门吏役一向被认为属于"为善难而为恶易者",① 讲述其善恶报应的故事历来比比皆是,见怪不怪。② 幕友,尤其是刑名幕友,因其刀笔之下常常关乎他人性命,也被认为是易招业报的营生,故有"作幕吃儿孙饭""刑名吃儿孙饭"等说法。③ 这种观念在明清时期相当流行,以至于清代乾嘉时人汪辉祖当初因家贫而欲习幕道以为谋生之业时,其嫡母、生母均惧此业不祥而同声诫止,直至他发誓绝不敢负心造孽、非分之财一分不入于囊后,方才勉强允可。④ 至于代书,也往往被人认为鲜得善终。《居官日省录》便声称"夫代书一流,未闻有己身发达、子孙昌盛者",并将其与讼师同列,强调两者均"天报甚惨"。⑤ 这种由阴谴和福祚共同构成的果报观念,甚至还延伸到司法官员身上,从而形成了"刑官报应论"等具体的话语模式,⑥ 而《为政善报事类》(元人叶留撰)、《迪吉录》(明人颜茂猷撰)、《在官法戒录》(清人陈宏谋辑)、《公门果报录》及《公门果报录续录》(均为清人宋楚望辑)等书的刊刻与流传,则在官场上反复强化了这一观念。

在上述这种报应论不仅存在于法律场域,而且盛行于当时整个社

---

① 陈宏谋:《在官法戒录》,卷1,"总论",清光绪三十一年刻本。
② 例如无名氏:《轮回醒世》,程毅中点校,中华书局2008年版,第551—575页;"刑吏善报",《申报》1873年1月13日,第4版;"蠹役恶报",《申报》1874年11月19日,第3版。
③ 例如佚名:《幕窗悔过记》,收入费寿山:《官幕同舟录》,清同治六年笠泽三省书屋刊本,卷上。
④ 汪辉祖:《佐治药言》,"序",清同治十年慎间堂刻汪龙庄先生遗书本,载《官箴书集成》第5册,黄山书社1997年版,第313页。
⑤ 觉罗乌尔通阿:《居官日省录》,第37页。
⑥ 邱澎生:《有资用世或福祚子孙——晚明有关法律知识的两种价值观》,《清华法学》第9辑,清华大学出版社2006年版,第159—165页;霍存福:《复仇·报复刑·报应说:中国人法律观念的文化解说》,吉林人民出版社2005年版,第217—249页。又见朱声敏:《鬼神笼罩下的"明镜高悬"——鬼神报应与明代司法吏治》,《云南社会科学》2014年第4期,第172—176页。

会的时代背景之下,我们又该如何解释为何"讼师恶报"话语模式自宋代以来经久不衰,且在明清时期愈发兴盛?学界以往对于传统中国时期盛行报应论的诠释,多是称其反映了社会大众在现实生活中欲求正义而不得时的无奈期待或向往,抑或从"明有王法,幽有鬼神"的视角,指出其作为看不见的社会控制手段,发挥着独特的教化作用。① 这些思考方式当然也可以用来解释宋代以降法律场域中存在的各种报应论话语,但是,倘若仅仅只是从这些宏观的视角来理解"讼师恶报"话语模式,则将错失隐藏在共相背后的一些殊相,无法洞见"讼师恶报"话语模式具体对于官方、社会大众乃至讼师自身的不同影响和意义。以下将就此分别予以详述。

明清时期官方对讼师的打压,并不仅仅只是体现为在立法上创设"讼师"罪名、在司法上严禁讼师干预词讼,以及在行政上将讼师视为地方蠹害加以查拿(这种利用"制度资源"打压讼师的做法,实际上未必非常有效②),还包括在话语层面上对讼师营生之正当性的坚决否定和对其危害性的大力宣扬。笔者曾在之前的一份专题研究中指出:"随着从明至清出现诉讼社会的区域范围逐渐扩展,官方愈发希望能够借助于这种'贪利讼师'形象生产和再生产的话语机制,对讼师这一助讼群体进行整体污名化,以有助于达到遏制总体上趋于扩大的词讼规模之现实目的。"③ 不过,"讼师贪利"的整体形象之话语建构,尚只是当时官方在话语层面针对讼师所实施的诸多压制性话语实践中的一

---

① 例如郭忠:《看不见的正义——幽冥文化中的"法"观念》,中国政法大学出版社2015年版,第56—59页;夏清银:《另一种秩序:法律文化中的因果报应信仰》,《宁夏大学学报》(人文社会科学版)2006年第5期,第63页;李凤鸣:《法律投影:明清小说中的阴间司法》,《中华文化论坛》2007年第4期,第102页;徐忠明:《凡俗与神圣:解读"明镜高悬"的司法意义》,《中国法学》2010年第2期,第138页;马力路遥:《制度是如何形成的——从"阴间审判"在我国古代社会治理中的角色谈起》,《天府新论》2017年第2期,第97页;杨国庆:《中国传统法律的宗教性特征》,《华东政法大学学报》2018年第2期,第162页;吕丽、郭庭宇:《报应观对中国古代司法理念的影响》,《吉林广播电视大学学报》2018年第8期,第84页。
② 邱澎生:《十八世纪清政府修订"教唆词讼"律例下的查拿讼师事件》,《"中央研究院"历史语言研究所集刊》2008年第79本第4分,第668页。
③ 尤陈俊:《清代讼师贪利形象的多重建构》,《法学研究》2015年第5期,第192页。

部分内容,除此之外,同样至为重要的还有"讼师恶报"的话语建构。按照报应论的话语模式,唯利是图的讼师必将招致恶报,而那些讲述讼师恶报的故事反过来又强化了唯利是图的恶讼师形象。借助这种"互文性",反讼师的理由变得更加持之有据,而这显然有利于官方对讼师的查禁。事实上,正是借助"讼师贪利"和"讼师恶报"的双重话语建构及其相互强化,官方一方面劝诫普罗大众远离这些藉讼牟利之徒,另一方面劝诫有刀笔之能者亦不可操此不祥之业,希望能通过其话语霸权来整体剥夺讼师这一营生的正当性话语资源支持,从源头上减少讼师队伍的后备补充人才,进而达到限制讼师对整个司法事务之实际影响力的目的。

需要注意的是,我们也不能只是从上述视角来检视"讼师恶报"话语模式的功用,因为除了官方推波助澜地对其加以利用之外,社会大众更是积极参与这套话语模式之制作、消费与传播的绝对主体。随着明清时期讼师队伍的日渐扩大,其对普罗大众日常生活的影响也愈发直接,人们在涉讼时常常不得不寻求讼师的帮助,或者不幸成为对方所雇讼师意欲暗中算计的对象。而在许多书面故事和民间传说中,唯利是图的讼师被认为更容易成为地方上一些为非作歹但却有钱有势之人的雇请对象,相较于人数更多的平民百姓,后者更有经济能力向讼师支付通常为数不菲的报酬,故而讼师往往被视作唯有钱者之命是从的帮凶。尤其是当在某些讼案中,"两造均愿终讼,而讼师欲壑未盈,不肯罢手"①,"甚至有痛哭叩头求其息事而不可得者"②,则该讼师乃至讼师行业之整体恶名便会在社会中更加传播开来。由于讼师不仅身负刀笔之长,且通常相较于平民百姓拥有更多的社会网络和文化资本,故而他们容易成为令寻常百姓畏惧的人物,升斗小民们即便对其恨之切齿,也往往无可奈何。在这种情况下,普罗大众通过消费和

---

① 方大湜:《平平言》,卷3,"讼师未获须恐以虚声",清光绪十八年资州官廨刊本,载《官箴书集成》第7册,黄山书社1997年版,第677页。
② 何耿绳:《学治一得编》,"拟案五则",清道光二十一年眉寿堂刊本,载《官箴书集成》第6册,黄山书社1997年版,第678页。

传播那些讲述"讼师恶报"的故事,恰可以此无奈地宣泄他们对那些为非作歹的讼师之愤恨,来稍稍平衡其心中为恶讼师所破坏的朴素的正义感。而从社会学的角度来看,升斗小民们对"讼师恶报"故事的共同消费与相互传播,将在某种程度上起到削弱讼师的社会资本和剥夺刀笔之技的象征资本的作用,不仅会促使讼师在其所在社群乃至整个社会当中更加孤立(即社会资本受损),而且还会导致讼师及其所操的刀笔之技的象征性恶名盖过其作为读书人所原先拥有的那种文化资本(例如将讼师斥为"斯文败类"),其结果是,那些生活于普通百姓身边的讼师即便因此发家致富(即获得经济资本),也无法享有诸如尊荣、良好的声望之类的象征资本。① 需要再次强调的是,参与"讼师恶报"话语模式之再生产的社会大众,并非只有那些创造出此类故事的民间精英人物,而是连目不识丁的贩夫走卒也包括在内。因为这套话语模式绝不仅仅只是通过文字的形式为能文识字之辈所消费,还可以借助视觉、听觉的传播形式向庶民社会的各个底层角落弥散开来,进而维系着鄙夷讼师的主流社会意识形态,并使其能够不断得到再生产,力求在此种压力之下,不至于有太多的读书人将讼师行当作为其生计首选。

前面已经讨论了"讼师恶报"话语模式对于官方和社会大众的各自意义,接下来将转到另一个先前常常被研究者们所忽略的重要问题,亦即这种"讼师恶报"话语模式对于讼师本身而言又意味着什么。如上所述,在宋代以来的法律场域中,被报应论话语笼罩的,除了讼师之外,还有衙门书吏、差役、幕友与代书,乃至官员。而在这些人物当中,唯独只有讼师是官方正当性稀薄乃至被直接规定为非法

---

① 此处所说的社会资本、文化资本、物质资本和象征资本等概念,系采用法国社会学家布尔迪厄(Pierre Bourdieu)的界定,参见布尔迪厄:《文化资本与社会炼金术——布尔迪厄访谈录》,包亚明译,上海人民出版社 1997 年版,第 192 页。有学者将之概括为"经济资本(财产)、社会资本(主要体现为社会关系网络,尤其是社会头衔)以及文化资本(尤其是教育资历)",参见朱国华:《权力的文化逻辑:布迪厄的社会学诗学》,上海人民出版社 2016 年版,第 107 页。对布尔迪厄理论中的象征资本(symbolic capital)概念之梳理和解说,参见张小军:《阳村土改的阶级划分和象征资本》,载黄宗智主编:《中国乡村研究》第 2 辑,商务印书馆 2003 年版,第 99—100 页。

的营生。书吏、差役、幕友与代书虽然社会地位不高,甚或被视为贱业,但在官方看来仍属正当的谋生之计。由于讼师是被官府视为极具社会危害性乃至根本就属非法的勾当(尤其是清代乾隆年间之后,中央政府更是以在《大清律例》中不断增纂例文的方式要求各地官员对讼师严加查禁),在这种统治结构之下,一方面,讼师们无法形成类似于近代西方律师行会那样的专业组织,进行职业伦理的自治性规训。①尽管明清时期有些地方(例如湖南会同县城)的讼师结党形成自称"仓颉会"之类的组织,②但那只是为了包揽词讼方便而以奉祀仓颉为掩饰的地下聚会,与西方近代作为律师自治组织且公开、合法的律师行会不可同日而语。另一方面,讼师们无法通过哪怕是贫乏的经验分享来促成其"职业伦理"的公开交流。尽管明清时期的一些讼师秘本当中也有对于代人撰写诉讼文书并助讼者的教诲之辞,甚至还是以报应论的口吻加以讲述,例如讼师秘本《萧曹致君术》在其首卷的"兴讼入门要诀"中写道,"凡作状词之人,甚不可苟图一时润笔之资,飘空架砌,坑陷生灵,致两家荡产倾家,大小惊惶不宁。眼前虽得钱渡活,而自己方寸有亏,阴骘损坏",而另一本讼师秘本《词家便览萧曹遗笔》则在其首卷的"法家体要"中声称"凡举笔必须情真理真,然后顺理陈情,不可颠倒是非,变乱曲直,以陷人于非罪也。天鉴在兹,不可不慎",③但讼师秘本中这些零星的教诲之辞往往很快就会被淹没在书中那些着重讲述的如何追求战无不胜的词状书写技巧当中,可见讼师秘本的编纂者也缺乏将这些教诲系统地建构为讼师共有的价值标

---

① 罗斯科·庞德很早就指出,组织、专业知识和为公众服务的精神这三大要素,共同决定着律师成为一种专门的职业,且只有律师行会,而非个体的律师,才能阐明并维系关于律师与法庭及顾客之关系的伦理行为标准,参见 Roscoe Pound, *The Lawyer from Antiquity to Modern Times*, West Publishing Co., 1953, pp. 1—11。

② 参见夫马进:《明清时代的讼师与诉讼制度》,载滋贺秀三等著,王亚新等编:《明清时期的民事审判与民间契约》,法律出版社 1998 年版,第 417 页。此外,《清稗类钞》之"狱讼类"在记述讼师伎俩故事(讼师袁宝光事)时,也暗示一些讼师藉"作文会"之类的场所作为私下联络之地,参见徐珂编:《清稗类钞》第 3 册,中华书局 1984 年版,第 1191—1195 页。

③ 关于明清讼师秘本中的"教诲之辞"的介绍,参见夫马进:《讼师秘本的世界》,李力译,《北大法律评论》第 11 卷第 1 辑,北京大学出版社 2010 年版,第 214—220 页。

准或公认的行为准则的动力。再加上讼师秘本本身又是官方眼中应予禁毁的书籍,尤其是清代乾隆朝以来,《大清律例》在不断增纂的例文中明确将查禁讼师秘本列入地方官府的政务事项,由此导致的结果是,讼师秘本中那些原本就所占篇幅很小的教诲之辞,更是无法获得被从正面详加阐发并公开推行的机会和资源。而讼师秘本中那些本已少得可怜的教诲之辞在传播过程中的上述境遇,与官箴书甚至幕友著述的公开、合法刊行推动了各自的"职业伦理"之养成和规范化有着天壤之别。明清时期面向官员讲述行政与司法之经验和态度的内容,借由各种官箴书的公开刊行而在官场上流传,从而有助于在官员当中推动行政、司法方面的"为官之道"(其中自然也包括今天可称之为"职业伦理"的那部分内容)的普及。① 甚至幕友也可以将其所撰所藏的幕学著述"秘本"公之于众供同行传抄,并且常常在其晚年时将之公开刊行,进而推动幕学知识(讲述为幕者之"职业伦理"的内容是其重要的组成部分)的公开交流并扩大对主流法律知识体系的影响。②

置身于明清时期的上述社会历史背景之下,当时哪怕有某些讼师不满于"讼师恶报"的话语模式,作为非法营生的从业者,他也无法通过堂而皇之的书写权力和公开辩驳来对抗"讼师恶报"的话语模式,同时亦无类似于近代西方律师行会那样的组织为其统一发声。哪怕是个别讼师冒险为之,例如某位姓名不详的作者在讼师秘本《袖珍珥笔全书》中自诩代人"作状乃仁中之直",属于"代哑言,扶瞽步,砌缺路,渡深河,济弱扶倾,褒善贬恶,均利除害"之善举,③ 清代乾隆年间江苏讼师诸馥葆在其遗著《解铃人语》中亦声称自己乃是由于"恨下愚无智,屈于强有力者下"才代人写状助讼,"实非导人以斗智竞

---

① 徐忠明:《清代中国法律知识的传播与影响——以汪辉祖〈佐治药言〉和〈学治臆说〉为例》,《法制与社会发展》2011 年第 6 期,第 115—136 页。
② 陈利:《知识的力量:清代幕友秘本和公开出版的律学著作对清代司法场域的影响》,《浙江大学学报》(人文社会科学版)2015 年第 1 期,第 13—32 页。
③ 转引自夫马进:《讼师秘本的世界》,李力译,《北大法律评论》第 11 卷第 1 辑,北京大学出版社 2010 年版,第 215 页。

巧，实为人解铃耳"，①但这些由讼师发出的声音仅仅只能局限在讼师秘本这种非法书籍的狭窄文字空间内部，无法在社会中获得广泛的传播，更遑论对那种源远流长、根深蒂固的否定讼师营生之正当性的意识形态中构成强有力的挑战，正所谓蚍蜉不足以撼大树。就此而言，在上述各类活跃于明清时期法律场域的人物当中，讼师作为个体，最缺乏相对规范化的内部"职业伦理"之约束，而作为整体，讼师行当也缺乏组织化生产的"职业伦理"之保护。

如果考虑到上述这种讼师行业自身内部无法进行广泛的"职业伦理"建设乃至可谓缺失"职业伦理"的实际情况，那么明清时期流行的"讼师恶报"话语模式，恰恰在某种程度上对其起到了一定的功能替代，作为一种从外部嵌入的弱控制机制发挥着微妙的作用。更具体来说，对于众多分散在各地民间的讼师个体而言，"讼师恶报"的话语是其无法完全忽视的外在威慑，从而对每位讼师的行事构成了因人而异的弱约束。毕竟，生活在明清社会当中的任何人士，都不可能完全不受儒释道所共同宣扬的报应论的影响；对于整体的讼师行当而言，"讼师恶报"的话语程度不等地影响着每位操此营生的成员，并通过这种从外部嵌入的弱约束，在某种程度上维系着讼师行事的大致下限标准，不至于出现绝大部分的讼师都唯利是图、胡作非为的情况（倘若讼师所提供的服务给其雇主带来的完全就只有损害，那么在长期的社会博弈当中，民众对讼师服务的不得已依赖将会被彻底斩断，整个讼师行业的社会需求将会逐渐丧失殆尽），从而使得整个讼师行业能够凭借其所拥有的那种独特的"不具官方正当性的社会需求"，在官府施加其身的种种重压之夹缝中顽强地得以绵延。

---

① 诸馥葆：《解铃人语》，收入虞山襟霞阁主编，衡阳秋痕楼主评，王有林、史鸿雯校注：《刀笔菁华》，中华工商联合出版社2001年版，第61—62页。

四、结语

从宋代开始,"讼师恶报"的话语模式便已成型,并在明清时期被不断地复制、扩展和翻新,从而成为当时社会流行的报应论话语中极具特色的重要组成部分。"讼师恶报"的话语模式兼具官方和民间的双重色彩,官方以此来劝诫读书人不可操持讼师营生,希望能有助于从源头上减少现有讼师队伍的后备补充力量,而民间则以此来表达对那些无良讼师唆讼、藉讼谋利的反感,无奈地宣泄对其的不满,希望能以此使其稍稍收敛,并表达对正义的渴望。更加值得注意的是,官方对讼师营生的打压,导致讼师作为一个非法的群体无法从其内部公开地发展出自我约束的"强"职业伦理,结果造成从外部嵌入的"讼师恶报"话语模式在某种程度上充当着对讼师个体及其整体之行事下限加以"弱"约束的功能替代品,从而使得讼师行当那种极为特殊的"不具官方正当性的社会需求"之再生产,不至于因其成员行事皆毫无节制而在民间社会彻底中断。质言之,若要真正理解"讼师恶报"话语模式的功用,则必须注意到其分别对于官方、社会大众和讼师自身的上述三种意涵。

最后,从中国法律史研究方法论的角度,简要谈一下本研究可能具有的几点学术意义。第一,本研究或可被视为结合史学考证和社会科学理论分析的一次尝试,体现了超越法律史学界常见的法制史/法律思想史之执念式区分,来探讨多元化的研究方法的努力。第二,本研究展示了"话语分析"不失为中国法律史研究中应当予以重视的一种有益进路。若能在中国法律史研究当中关注到话语表达、话语实践与非话语实践的相互配合,则可以看到很多以往不甚注意到的有趣问题(例如"讼师恶报"话语模式与讼师行当整体的"职业伦理"建设缺失之间的关系)。第三,中国法律史研究不能只是关注"人事",而是还需要关注"神/鬼事"。正如一些人类学家曾批评的,如果仅仅只是关注到官方的审判，而忽略了包括地狱司法神的神判或者说报应论的宇宙观在中国法律文化实践中的中介作用，那么将会错失对中国古代法律文化的全面理解。①

---

① 赵旭东:《"报应"的宇宙观：明清以来诉讼解释模式的再解释》，《法律和社会科学》第 1 卷，法律出版社 2006 年版，第 154 页；Paul R. Katz, *Divine Justice: Religion and the Development of Chinese Legal Culture*, Routledge, 2009；康豹:《精魂拘闭，谁之过乎？——道教与中国法律文化的建构初探》，《温州大学学报》(社会科学版) 2010 年第 4 期，第 13—14 页。

第二十六章 正法与礼法——慧远《沙门不敬王者论》对佛教法文化的移植

佛教是印度本土宗教，约前6世纪为释迦牟尼所创立，① 东汉时期经西域丝绸之路传入中土，② 历经两千多年的发展、演变，已经成为中国文化的组成部分。而在佛教"西教东渐"的文化史上，魏晋是其取得长足发展的历史时期，堪与隋唐时期相提并论。③ 恰在这一历史时段，涌现了一大批杰出的佛教人士，如佛图澄、法显、鸠摩罗什、觉贤、道安、慧远等，为印度佛教在中国落地生根，逐步融入本土文化做出了杰出贡献。

本章以魏晋时期的佛教史为背景，通过叙述东晋僧人慧远的著名文章《沙门不敬王者论》产生的前因后果，说明佛教融入中国本土文化过程中，佛教的"正法"与儒家的"礼法"之间出现的冲突及其复杂的政治背景和深厚的文化意蕴，借此展现印度佛教法文化与中国儒家法文化之间冲突、互动并走向协调、融合的历史过程。

到目前为止，在围绕这篇名文及其所涉事件进行的为数不多的研究中，多数作品都从宗教文化角度切入，认为这一事件反映了印度佛教中国化，以及在此过程中出现的儒佛争执和政教互动。④ 但很少有人

---

① 关于佛教的起源，参见郭良鋆：《佛陀和原始佛教思想》，中国社会科学出版社2011年版，第27页。
② 关于佛教传入中土的时间有争议，参见任继愈主编：《中国佛教史》第1卷，中国社会科学出版社1985年版，第87—106页。
③ 参见汤用彤：《汉魏两晋南北朝佛教史》，上海人民出版社2015年版。
④ 参见方立天：《慧远的政教离即论》，《文史哲》1996年第5期，第3—9页；黄心川：《论中国历史上的宗教与国家的关系》，《世界宗教研究》1998年第1期，第4页；岳辉：《从魏晋南北朝时"沙门不敬王者"的争论看佛教的中国化》，《宗教学研究》2000年第2期，第117—121页；郭晓冬：《佛教传入早期的儒佛之争与慧远对儒佛关系的调和》，《宗教学研究》2001年第2期，第124—128页；刘立夫：《儒佛政治伦理的冲突与融合——以沙门拜俗问题为中心》，《伦理学研究》2008年第1期，第88—93页。

认识到,"沙门不敬王者"其实是法问题,或者更广泛地说,是一种法文化现象。为了从法文化移植的角度澄清这一点,我们有必要返回这一事件产生的历史语境,对其进行全新的审视和研究。

一、一场正法与礼法之争

(一)缘起

慧远,东晋著名佛教僧人,本姓贾,雁门楼烦①人氏。僧祐在《出三藏记集》中形容他"博综六经,尤善老、庄,性度弘伟,风鉴朗拔"②。出家之前,他对中国本土的儒学、老庄之学就已非常熟悉。后在恒山③遇见道安法师,"遂投簪落发,委质受业"④,成为僧人。316年,西晋士人衣冠南渡,并于次年建立东晋。太元初年(375年),慧远到达寻阳,在庐山结庐修行,创建了著名的庐山僧团,⑤对后来南朝的佛教文化产生了深远影响。对此蒋维乔慨言:"南地佛教,风行一时者,慧远一人之功也。"⑥

慧远一生著述颇丰,其中有相当部分被南朝梁代僧人僧祐搜集、整理,收入著名的佛教文献集《弘明集》中。较有影响者,有《沙门不敬王者论》《沙门袒服论》《明报应论》和《三报论》等。⑦其中《沙门不敬王者论》针对东晋时期权臣与士大夫之间围绕出家僧侣是否应礼敬王者的问题展开论辩,禅理丰富,论述透辟,而且牵涉东晋时期门阀政治的复杂背景,对后世影响殊大。对《沙门不敬王者论》一文进行分析,不仅有助于我们了解东晋时期印度佛教的"正法"融入

---

① 今山西京县。僧祐:《出三藏记集》,中华书局1995年版,第566页。
② 同上书,第566页。
③ 释慧皎:《高僧传》,汤用彤校注,中华书局1992年版,第211页。
④ 僧祐:《出三藏记集》,第566页。
⑤ 任继愈主编:《中国佛教史》第1卷,第608—609页;释慧皎:《高僧传》,第212页。
⑥ 蒋维乔:《中国佛教史》,岳麓书社2010年版,第39页。
⑦ 参见僧祐:《弘明集校笺》,李小荣校笺,上海古籍出版社2013年版,卷第五。

第二十六章　正法与礼法——慧远《沙门不敬王者论》对佛教法文化的移植　787

中国儒家文化之"礼法"的状况，而且有助于我们理解佛教与东晋门阀政治之间的复杂关联。

东晋咸康六年（340年），晋成帝司马衍幼龄，任命其母明穆皇后庾文君之族系庾冰辅政。庾冰提出"沙门应尽敬王者"的动议，认为佛教僧侣应按照儒家的礼法要求，向皇帝行跪拜之礼。这激起了朝廷中部分拥护佛教者的反弹，其中以尚书令何充为首，提出沙门不应尽敬王者的主张。该项动议被发放给礼官详议，礼官博士的观点与何充相同；而门下省则承庾冰的意旨，反驳何充等人的主张。一时之间，朝堂之上赫然分成两派。后何充集合仆射褚翜、诸葛恢、尚书冯怀、谢广等大臣上奏皇帝，认为先帝司马炎和司马昭时期都没有强制沙门礼敬王者，故本朝应遵循先例。①

而庾冰代晋成帝作诏，反驳何充等大臣，谈到儒家礼法的重要性。"因父子之敬，建君臣之序，制法度，崇礼秩，岂徒然哉，良有以矣"②，认为儒家"名教有由来，百代所不废"③，进而对佛教"矫形骸，违常务，易礼典，弃名教"④ 提出了质疑，对其"因所说之难辨，假服饰以凌度，抗殊俗之傲礼，直形骸于万乘"⑤ 等种种乖背表现提出了批评。

然而，何充等大臣并未因成帝诏书而息言罢议，他们很快上表，进一步从佛教本身的法律角度提出异议，认为佛教的戒律对于加强统治无害而有益，指出佛教的"五戒之禁，实助王化"⑥。何充等从佛教作为出世之法的角度提出，佛教贱入世而尚出世，"贱昭昭之名行，贵冥冥之潜

----

① 《尚书令何充奏沙门不应尽敬》，载僧祐：《弘明集校笺》，第665页。
② 《庾冰重讽旨，谓应尽敬，为晋成帝作诏》，同上书，第666页。
③ 同上。
④ 同上。
⑤ 同上。
⑥ 《尚书令何充及褚翜诸葛恢尚书冯怀谢广等重表》，同上书，第667页。所谓"五戒"有两意，一意是指在家众皈依佛教受持的五种基本戒，即不杀生、不盗窃、不邪淫、不妄语、不饮酒，一意则是泛指佛教出家、在家所有戒律，这是由于"五戒"是佛教一切戒律的基础、起点和根本。本章中所用的"五戒"应是泛指。详见释圣严：《戒律学纲要》，东方出版社1989年版，第4页；释印顺：《戒律学论集》，中华书局2010年版，第419页；太虚：《太虚文选》，上海古籍出版社2007年版，第7页。

操；行德在于忘身，抱一心之清妙"①，自汉末传入中土以来，并未造成坏的效果，而且已经逐步融入中土习俗，"今一令其拜，遂坏其法，令修善之俗，废于圣世；习俗生常，必致愁惧"②，反而会危及统治。

针对何充等人的反对意见，庾冰重代成帝作诏，指出古往今来，虽然各个王朝制定法律，都因地制宜，但始终以儒家礼法为中心，没有"以殊俗参治，怪诞杂化"的现象。王朝统治强调尊卑有序，"王教不得不一，二之则乱"，佛教的"五戒"虽好，但在世俗人伦中，礼敬皇帝的礼法是更加重要的，国家应当维持礼法的统一。不过，后来此事由于争议过大，无果而终。

（二）发展

事隔62年，东晋元兴元年（402年），安帝蒙尘。太尉桓玄以震主之威，再提沙门礼敬王者之事。当时侍中卞嗣之、黄门侍郎袁恪之、门下通事令马范等依附于桓玄，答诏谓沙门应敬王者。桓玄致书尚书八座，重提庾冰时的旧事。桓玄认为，佛教的主张虽然与儒家有所不同，但它与儒、道关系一样，都是以敬为本，其根本原理都不外乎天、人，他说："老子同王侯于三大，原其所重，皆在于资生通运"，其中王者作为天子，是天地生生不息的重要枢纽，所谓"通生理物，存乎王者"。沙门"之所以生生资存，亦日用于理命"，乃是深受国恩，"岂有受其德而遗其礼，沾其惠而废其敬哉？"，因此主张沙门应礼敬王者。③ 八座从两个方面给予了答复。第一，从影响来讲，"佛与老、孔殊趣，礼教正乖"，这种差异不仅涉及礼敬王者之事，而且还牵涉乖背传统儒家伦理的方方面面，包括违背"身体发肤受之父母，不敢毁伤"④ 的教导而落发剃度，违背传统的孝道而出家弃亲等诸多内容。如果当前使其致恭，"恐应革者多，非惟拜起"，因此这项政令可谓牵一

---

① 《尚书令何充及褚翜诸葛恢尚书冯怀谢广等重表》，第667页。
② 同上。
③ 《桓玄与八座书论道人敬事》，载僧祐：《弘明集校笺》，第671页。
④ 《孝经·开宗明义章》。

发而动全身，应当谨慎。第二，从态度来讲，佛教礼仪虽然不同，但未必就是对王者不敬，宜采取"在宥之宏"的策略。①

桓玄又致书中书令王谧，②王谧也不同意沙门礼敬王者的动议。双方反复致书辩论多达五次，将讨论的内容从统治的效果转移到了教理方面的争论。

在第一次辩论中，王谧从三个方面阐释其主张。首先，从教理特色的角度，他认为，沙门虽然"意深于敬，而不以形屈为礼"，实在是因为"道在则贵，不以人为轻重也"，换言之，佛教的出发点并非世俗伦理。其次，他运用比较的方法，指出"外国之君，莫不降礼"，暗示桓玄也理应仿照。最后，从统治效果来讲，佛教传播日久，遂风移政易，而弘之不易，"岂不以独绝之化，有日用于陶渐；清约之风，无害于隆平者乎？"③

而针对这三点，桓玄反驳道，第一，沙门礼敬上师，为什么就不能礼敬王者？第二，外国之君降礼沙门，实在因为国情不同，外国"六夷骄强，非常教所化"，故而需要借助巫术，"大设灵奇，使其畏服"，佛教恰在其中发挥了作用。而中土则不同，儒家的"圣人之道，道之极也"，没有必要让佛教的神道设教来取代儒家的君臣之敬。④ 第三，针对统治效果问题，桓玄指出，世易时移，情况已经不同。过去晋朝几乎没有奉持佛法的人，而沙门徒众皆是胡人，当时的佛教对于统治尚无显著的影响，而今佛教大为发展，以至于皇帝奉佛，亲自参与法事。它已经不再是简单、零散的民间宗教，而是具有政治影响力乃至影响天子的大宗教。那么，宗教治理方略就必须有所改变。

在第二次辩论中，王谧针对桓玄的反驳意见，进一步申明自己的主张。⑤ 他认为，沙门之所以礼敬上师而不拜俗，乃由于二者宗旨不同。沙门之所以推崇师长，因为师徒"宗致既同，则长幼成序；资通

---

① 《八座答》，载僧祐：《弘明集校笺》，第672页。
② 《桓玄与王令书论道人应敬王事》，同上书，第674页。
③ 《王令答桓书》，同上书，第675页。
④ 《桓难》，同上书，第676—677页。
⑤ 《公重答》，同上书，第678—679页。

有系，则事与心应"，而不必礼敬王者，也由于根本原理的差异。他说，沙门礼敬上师，并非表示感谢，而是"积行之所因，来世之关键"，是一种积累福德、谋求出世的门径。而针对桓玄从神道设教角度对佛教的理解，王谧采取以退为进的策略，首先承认佛教中含有神道设教的内容，但转而提出，其中的"根要"在于"示以报应"，与生死业报的观念相互关联。王谧指出，儒家思想很少对人死后之事做出探讨，孔子主张"未知生，焉知死"①，但并不等于否定生死问题。从这个角度来讲，佛教与儒家并无根本冲突。针对桓玄提出的"主上奉佛"一事，王谧巧妙地避免了直接回应，而是婉转指出，君臣名教不应废，可沙门不在名教之中，故不必礼敬。

在第三次辩论中，桓玄进一步围绕王谧的解释进行追问。他认为，天下所有的礼仪都自内而外，发自人的真情本性，没有本质的区别，故没有必要将佛教的礼敬之道与儒家的礼仪加以区分；而且，与佛教的渺远理念相比，儒家的仁义之道更加切实、亲近，且能避免为黄巾军那样的叛乱者所利用。针对王谧所提出的佛家礼仪的超世俗面相，桓玄指出，君臣之敬也并非便是世俗礼仪，而是"自然之所生""理笃于情本，岂是名教之事耶？"②他认为王谧通过超世俗/世俗二分法对佛教和儒家做出的区分无法成立。沿着这样的逻辑，桓玄进一步批驳王谧认为佛教信徒礼敬释迦牟尼并非出于谢惠，而是积累福德的看法，指出臣礼敬君主也并非单纯的谢惠，同样存在着更高的伦理目的。

在第四次辩论中，王谧显然意识到，自己与桓玄在佛教与儒家礼仪宗旨的差异方面仍存在着分歧。分歧的关键在于，王谧主张佛教的礼仪具有超越性，而儒家的礼仪具有世俗性；而桓玄认为，儒家的礼仪同样具有超越性。因此，问题的关键在于，必须解释佛教所意指的超越性与儒家的超越性的根本差别。因此王谧在给予桓玄的答复中写道："意以为佛之为教，与内圣永殊，既云其殊，理则无并。"③ 佛教虽

---

① 《论语·先进》。
② 《桓重难》，载僧祐：《弘明集校笺》，第683页。
③ 《公重答》，第684页。

然在伦理层面与儒家有很多一致之处，但伦理毕竟仅及于一生，因此一切的善恶功过都是现世的；而佛教的宗旨却具有神圣性，超越一生，他说："况佛教喻一生于弹指，期要终于永劫，语灵异之无位，设报应于未兆。"① 正因为二者的宗旨差异，因此礼仪的根由和导致的效果也有根本的差别。他建议，应再征询其他道人通才的意见作为参考。

然而，王谧与桓玄的四次辩论，并未动摇桓玄推行沙门礼敬王者的决心，在命令右仆射施行敬事尊王之道后，他第五次给王谧写信，进一步展开讨论。在这次辩论中，桓玄领会了王谧的基本主张，即"夫佛教之所重，全以神为贵，是故师徒相宗，莫二其伦"，但同时他又认为，在儒家的世界观中，君的地位高于师，而且"君道兼师，而师不兼君"②。君主发挥着天下之师的作用，正所谓"教以弘之，法以济之，君之道也"，因此不论从地位高下，还是君主功能的角度来讲，沙门都应礼敬王者。王谧意识到，命令已出，讨论已失去意义，遂以谦辞结束了这场辩论。

二、桓玄对慧远：权臣与高僧的对话

尽管桓玄发出了沙门礼敬王者的命令，但他并不安心，毕竟八座与王谧所提出的观点不能等闲视之。他考虑了王谧之前所提出的意见，认为此事应征询一位"道人通才"。这时他想到了隐居庐山、声誉日隆的慧远，命令江州刺史郭昶之带着之前与八座辩论的书信交给慧远，并带回他的答复。

慧远在回信中将在家俗众与出家僧侣做了区分，认为"处俗则奉上之利，尊亲之敬，忠孝之义，表于经文，再三之训，彰于圣典"，要求在家俗众尊亲忠君，在佛典中也有明确的表述。但出家人不同，不应依循世俗礼法的要求，唯有如此，才合乎佛教出家的本旨，慧远说：

---

① 《公重答》，第685页。
② 《重难》，同上书，第688页。

> 出家则是方外之宾，迹绝于物。其为教也，达患累缘于有身，不存身以息患；知生生由于禀化，不顺化以求宗。求宗不由于顺化，故不重运通之资；息患不由于存身，故不贵厚生之益。此理之与世乖，道之与俗反者也。是故凡在出家，皆隐居以求其志，变俗以达其道。变俗，（则）服章不得与世典同礼；隐居，则宜高尚其迹。夫然，故能拯溺族于沉流，拔幽根于重劫；远通三乘之津，广开人天之路。是故内乖天属之重，而不违其孝；外阙奉主之恭，而不失其敬。若斯人者，自誓始于落簪，立志成于暮岁。如令一夫全德，则道洽六亲，泽流天下；虽不处王侯之位，固已携契皇极，大庇生民矣。①

从这段话来看，慧远分别从佛教正法所涉及的教理、教法、宗教意义与世俗功能四个角度表达了自己对于出家人是否应礼敬王者的主张。

首先，从教理的角度来看。佛教的宗旨并非"生生"，而是"无生"②，即从人间世俗的关系当中跳脱出来，因为世俗关系同样是"六道轮回"的一部分，唯有摆脱"轮回"，实现涅槃，才达到佛教的宗旨，这与老子所主张的"国之四大"③有着根本差别。既然佛教追求的是"无生"，要跳出轮回，自然也不应顺俗以达道，而应变俗以达道。众所周知，魏晋南北朝时期是印度传来的佛教逐步融入中国本土文化的阶段，而为了更好地融入本土文化，异域文化往往通过附着于本土相似文化的方式来争取更多的信众。在中国固有文化中，道家特别是

---

① 《庐山慧远法师答书桓玄书沙门不应敬王者书》，载僧祐：《弘明集校笺》，第692页。
② 此处的"生生"，语出《周易·系辞上》的"生生之谓易"，常用于表述中国文化"生生不息"的特质。而"无生"，则语出自佛教，全称为"无生法忍"，即超脱生死、无有生灭、达到涅槃的意思。具体参见《大般若波罗蜜多经》卷449（54转不转品）："如是不退转菩萨摩诃萨以自相空观一切法，已入菩萨正性离生，乃至不见少法可得，不可得故无所造作，无所造作故毕竟不生，毕竟不生故名无生法忍，由得如是无生法忍，故名不退转菩萨摩诃萨。"CBETA（中华电子佛典协会）2019. Q3, T07, no. 220, p. 264, b23-27.
③ 《道德经》第二十五章，"道大，天大，地大，王亦大。域中有四大，而王居一焉"。

老子的学说，在形而上学的方面与佛教颇有相通之处。这使魏晋南北朝时期的僧人往往采用道家的思想和概念，这被称为"格义"①，早年精通道家思想的慧远对于这种"格义"的操作方式非常清楚。但随着佛教在中国的发展，他与同时代的思想家如道安、鸠摩罗什等人越来越感到，必须打破"格义"，从对道家思想的附会中脱离出来，返本归元地叙述佛教教理。而在这场关于沙门礼敬王者的讨论中，"格义"所引发的问题更加暴露出来。桓玄所提出的"资生通运"，恰恰是道家思想，他巧妙地借助老子的学说去证成儒家"尊王"的道理，造成了在这一具体问题上儒道两家合谋对抗佛教的局面。若此时佛教方面仍诉诸过去的"格义"思路，不可能在这场辩论中取得任何优势。那么，是否可以截然断开佛教与儒道这些中国本土文化的关联进行反驳？笔者认为，在魏晋时期，这样的步骤仍不易做到，且颇有风险。这是由于自东汉末年以来至魏晋时期，佛教思想虽陆续传入中国并达到一定规模，但中国佛教思想的完备尚未达到自成体系的程度，这种完备圆熟到唐代才得以完成；而之所以说颇有风险，是由于若将佛教思想与中国本土文化断然分开，就极容易使佛教堕入到传统中国"华夷之辩"的逻辑中去，这不仅可能使佛教遭遇文化抵制，更容易在那个特殊的历史阶段②，带来政治风险。③因此，慧远必须在抛弃"格义"与融通中国本土文化之间，走出一条中间道路。

---

① 关于格义，参见许理和：《佛教征服中国：佛教在中国中古早期的传播与适应》，李四龙等译，江苏人民出版社 2017 年版，第 267 页。
② 魏晋时期北方少数民族的崛起和战乱频仍，特别是东晋衣冠南渡，是当时佛教兴起的特殊背景。由于东汉末年以来，印度佛教传入中国的主要路线是经由丝绸之路从西域传入中国，因此在佛教传播史上，西域的很多少数民族僧侣发挥了重要作用，其中鸠摩罗什就是一个典型的例子。这使得北方少数民族政权往往与佛教彼此结合。最经典的事例是后赵的石勒受佛图澄的影响，使佛教在北方兴盛起来。到了石虎篡位，中书著作郎王度上书给他，认为"佛出西域外国之神，功不施民，非天子诸华所应祠奉"。然而石虎是羯人，乃下诏曰："佛是戎神，正所应奉。"在这种情况下，东晋作为汉族的南方政权，考虑到种族因素，对于佛教的异文化性质势必非常敏感，这也影响到当时南方佛教的发展路径。蒋维乔：《中国佛教史》，第 45 页。
③ 蒋维乔便指出，在道教与佛教的斗争中，道教往往以国粹自居，斥佛教为外国夷狄之教。在关于沙门礼敬王者的争论中，我们也能够看到将佛教视为胡人之教的观点。同上书，第 45 页。

其次，从教法的角度来看。自佛教进入中国以来，最先传入的是教理，而教法，特别是戒律①的传入时间相对较晚。一直到了东晋时期，才有较简的戒本被译成中文。慧远的老师道安曾经参与《十诵律戒本》的翻译，晚年更是根据所获得的部分戒律内容，编写了"僧尼轨范"和"佛法宪章"。而到了姚秦弘始六年（404年），弗若多罗方才诵出佛教戒律系统"五律四论"之一的《十诵律》，但鸠摩罗什译文未竟，弗若多罗便已去世，慧远深以为憾。翌年，慧远听闻昙摩流支到中土，也精通《十诵律》，便派弟子昙邕传书请昙摩流支来关中续译。未及校订，鸠摩罗什便去世，卑摩罗叉再加修订，方成为定本。另一部戒律《四分律》则由佛陀耶舍、竺佛念等于姚秦弘始十二至十五年（410—413年）在长安译出。从时间来看，慧远对于佛教教法的理解，应并非基于译出的全本《十诵律》和《四分律》。而法显获得的《僧祇律》则是他西行求法归来，也就是东晋义熙十年（414年）之后，方才陆续译出，《五分律》的译本更在之后。显然，在与桓玄讨论沙门礼敬王者问题时，慧远的教法知识也不可能基于"四律"②。由此可见，慧远对戒律的认识主要来自道安法师、当时流传不完整的律典译本，以及慧远所接触的"经""论"中关于戒律问题的解说。当然，这并不等于说，慧远对戒律问题不重视，恰恰相反，很多研究表明，慧远对中国佛教的戒律建设极为重视。③但是，当慧远面对桓玄的询问时，他所考虑的势必是不应从戒律条目来说明沙门不应礼敬王者的根

---

① 在佛教中，戒与律各有所指，又密切相关。从字义来讲，戒（śīla）是有所不为，律（vinaya）是有所当为，戒是从否定的方面界定行为，而律则从肯定的方面界定行为，戒更多指向个人，而律则更多指向僧团。有的时候，戒律二者并称，但从表述习惯来讲，戒往往更多指法规范，而律有时指法渊源。释圣严：《戒律学纲要》，第50页。
② 印度小乘部派佛教形成了"四律五论"。"四律"分别为《十诵律》（404—406年译出）、《五分律》（423年译出）、《四分律》（410—413年译出）和《僧祇律》（418年译出），"五论"分别为《毗尼母论》《摩得勒迦论》《善见论》《萨婆多论》和《明了论》。其中对中国佛教影响较大的是《四分律》。后至唐代，结合过去的律学研究，形成了著名的《南山律》。同上书，第14—15页。
③ 参见屈大成：《庐山慧远的戒律观及其实践》，《世界宗教研究》2010年第3期，第61—68页；欧阳镇：《慧远戒律观刍议》，《九江学院学报》（社会科学版）2012第1期，第19—21页。

据，而是从教法背后的原理角度来述说。这一事实给我们从法律角度解读慧远的论述带来了一定困境，因为从狭义的法律实证主义观来看，慧远的基本立场似乎并非来自于作为僧团组织规范的法（戒律），因此这场辩论似乎与法律无关。① 但如果我们从较广义的法律观来看，那么，佛教戒律之法背后的观念与法理，实与具体的戒律密切联系在一起，不可分割。② 这种密切联系甚至是佛教法的一个突出特点，换言之，若离开支撑佛教戒律背后的思想观念，很多具体的戒律是无从理解的。③

我们不妨举一个例子来说明这个问题。在《根本说一切有部毗奈耶》中记载了这样一个故事：有一持戒比丘，夜间坐在矮床上，敛身入定，却被一条毒蛇咬中额头，中毒而死。死后他来到三十三天，碰到五百天女前后围绕，要他去礼敬帝释，但这位比丘对天女说："姊妹我昔归依大师师尊，离染嗔痴而行礼敬，云何今时礼具三毒？姊妹颇有因缘，能令帝释礼敬我不？"天女回答说："有胜苑名为妙地，中有住处是天仙所居。若在其中而出家者，帝释自往申其礼敬。"于是比丘放弃了在天上的享乐，继续选择出家。帝释听说此事后，"诣园中恭申礼敬"。④

在这一故事中，帝释（又称帝释天）即古印度神话中的因陀罗，他是雷神，象征的是掌握政治权力的武士，在印度文化中对应的是刹

---

① 目前西方的佛教法学者主要坚持狭义的观点，认为佛教法应当集中于"毗奈耶"（vinaya），即作为僧侣之法的戒律部分。参见 Rebecca R. French & Mark A. Nathan, *Buddhism and Law*, Cambridge University Press, 2014, p. 4. 西方学者的这一观点与早期欧洲印度学将佛教的"达摩"（dharma）概念（中国佛教的译本往往将这个概念翻译成"法"或"正法"）与 law 对应有关。他们认为，这种对应并不准确，因为"达摩"的范围要比 law 的范围大得多。

② 在这里，笔者倾向于一种较广义的法的范畴，这种范畴不仅包含实证主义意义上的法规范，而且包含围绕在这些法规范周围的法的意义体系，正如人类学家格尔茨（Clifford Geertz）所说的"法律感性"。参见克利福德·格尔茨：《地方知识——阐释人类学论文集》，杨德睿译，商务印书馆 2014 年版，第 203 页。

③ 关于与沙门不敬王者相关的戒律，主要包括"不位不恭敬人说法戒"，参见康乐：《沙门不敬王者论——"不为不恭敬人说法戒"及其相关诸问题》，《新史学》1996 年第 9 期，第 1—47 页。

④ 参见《根本说一切有部毗奈耶》卷 49，CBETA 2019. Q3, T23, no. 1442, p. 894, c13—18。

帝利种姓。而一个持戒比丘却认为自己只应礼敬世尊（即释迦牟尼），而不应礼敬帝释。究其原因在于，持戒比丘认为，释迦牟尼是跳出轮回之外，远离贪嗔痴"三毒"的觉者，而帝释虽然位高权重，却没有摆脱轮回，仍然受到"三毒"困扰。因此，礼敬帝释等于"礼具三毒"，与出家人修行的目标背道而驰。不仅如此，按照佛教的法律观，帝释反而应当礼敬比丘，因为比丘是出家众，帝释是在家众，比丘以出世为目标，帝释却不以出世为目标，所以比丘的境界要高于帝释，自然应受后者礼敬。应该说，这个故事构成了一个非常明显的"先例"，为出家僧众是否应当礼敬帝王这一问题给予了指示。这足以使我们得出结论，从佛教具体的戒律要求来讲，出家人不应礼敬王者，甚至王者反而应当礼敬沙门。

但是，从慧远所处的时代和环境来看，一方面他很可能尚无法得知律典中的这些表述，另一方面，就算慧远明确知道这些规定，也不可能据此驳斥桓玄所提出的主张。他必须以一种委婉迂回的方式进行辩驳，避免与政治权力及支撑这一权力合法性的主流意识形态发生正面冲突。

那么，与佛教的教法发生直接冲突者是什么呢？从法律角度来讲，是传统中国的礼法。正所谓"儒以礼行，觉以律兴"[1]，中国儒家的礼与印度佛教的律，恰是不同文化传统中法的概念对应物，故而陈寅恪认为"中国儒家之礼，与天竺佛教之律，连类拟配，视为当然"[2]，严耀中也认为，戒律与礼制之间，往往共存、互补。[3] 但实际上，传统中国法由礼—法的二元结构所组成[4]，其中的礼更多指涉内向的道德准则，而法则更多涉及外向的刑事规制。因此在传统中国的概念体系中，德礼与政刑并举，互为表里、互相支撑。而印度佛教正法的结构却有

---

[1] 柳宗元：《南岳大明寺律和尚碑》，载《柳河东集》卷7，上海人民出版社1974年版，第107页。
[2] 陈寅恪：《崔浩与寇谦之》，载陈美延编：《金明馆丛稿初编》，上海古籍出版社1980年版，第120页。
[3] 严耀中：《中国戒律与中国社会》，上海古籍出版社2007年版，第293页。
[4] 参见马小红：《礼与法：法的历史连接》，北京大学出版社2004年版。

所不同，它由经、律与论的三元结构组成。其中经涉及佛教正法的义理，以四谛、十二缘起、三法印与八正道为核心；律，又称戒律，涉及僧团的行为规则与组织规范，是正法在僧侣行为层面与僧团组织层面的体现；论则是僧人对正法进行的研究。与此同时，佛教也常常将戒、定、慧三者并提，称为"三学"，其中戒是指信众的行为规范，定是指信众的修行状态，慧是指修行的精神境界。由此看来，虽然印度佛教法的三元结构与传统中国法的礼—法结构在功能上可资类比，但在内容上存在诸多的差异。而在"礼敬王者"这一问题上，恰恰体现了传统中国的礼法要求与印度佛教法的正法主张之间的冲突。按照礼法的要求，正所谓"三纲五常，礼之大体"，三纲之中，君为臣纲，而且"普天之下，莫非王土，率土之滨，莫非王臣"①，致敬君主是礼的核心内容，具有普遍的约束力。在这种礼法结构中，出家人的身份定位是"臣"，他的法律义务是由这种身份定位所带来的。而印度佛教的正法却不同，这一法律体系的身份定位出发点是出家或在家的区分：出家者是僧，与佛、法构成了神圣组合，即"三宝"；而在家者是俗众——佛教法律的宗旨恰恰建立在对神圣与凡俗关系的界定和处理上。更值得重视的是，如果说传统中国的礼法所定位的是"君君，臣臣，父父，子子"②的身份秩序，那么印度佛教法所定位的则是"师徒"的身份秩序。中国的礼法秩序遵循着"天地君亲师"的位阶，但君的地位非常突出，起到承接天、地和亲、师的作用；而在佛教法秩序中，师而非君发挥着至关重要的作用。因此，在具体的礼敬问题上，中国的礼法重在尊王，印度佛教法重在尊师。③ 而恰恰是二者侧重点的差异，带来了冲突。

---

① 《诗经·小雅·谷风之什·北山》。
② 《论语·颜渊》。
③ 佛教戒律中对尊师的细致规定，参见《佛说正恭敬经》，例如"是中诵经比丘，应于阿阇梨所作敬重心，及正恭敬彼读诵受经者。在阿阇梨前不得露齿、不得瞻足、不得动足、不得垒足、不得踔足、不得弄足、不得高座处坐，师不借问亦不得语，不得违师语，不得一向瞻相师面。住在师前三肘而立，师听坐即坐，坐已于师所起慈悲心"。CBETA 2019. Q3, T24, no. 1496, p. 1103, a11-18. 这里阿阇梨是音译，是堪称楷模的导师之意。

此外，从宗教意义角度来讲。慧远的身份与在朝大臣不同，慧远是远离政治的僧侣，而像桓玄、王谧这样的人是政治人物。这决定了王谧等人对佛教的分析更多着眼于宗教的政治功能，而慧远的辩护首要着眼于佛教本身的"意义"。从某种程度上讲，任何宗教都是一套完整的意义体系，这种意义体系对于整个宇宙的存在和消亡，对于身处其中的人们的行为及其动机给予完整的界定和评价。因此，说明佛教的"意义"，是化解冲突，取得这一意义体系之外的人们理解的重要一步。但另一方面，"意义"又是所有信息中最难以沟通和获得理解的一部分。正如法国比较法学家罗格朗（P. Legrand）所说，意义具有绝对的差异性，难以通约，更无法移植。① 而慧远所面临的难题在于，既要展示佛教作为独立意义体系与儒、道两种意义体系的差异，又要使这种差异性显得可以理解，可以沟通。他十分巧妙地将佛教的意义概括为"拯溺族于沉流，拔幽根于重劫；远通三乘之津，广开人天之路"，而这恰恰是佛教对佛教根本宗旨，即"四谛""三法印"的凝练表达。所谓"四谛"，是创教者释迦牟尼总结的佛教四条基本"真理"，分别是苦、集、灭、道。苦是佛教世界观的出发点，即认识到生命本身苦的本质，集指的是生命之苦的来源和根由，灭是消灭苦的方法，道是消灭生命之苦以后所达到的境界。"三法印"则是佛教认识论的三条基本原则，分别为"诸行无常，诸法无我，涅槃寂静"②。所谓诸行无常，是指世界万事万物都处于永恒的迁流变化之中，在其背后没有常住不变的事物；诸法无我，是指各种存在之中，没有单一完整的"我"（或者灵魂）这一实体；涅槃寂静则是指佛教的终极目标，即摆脱世间一切的痛苦，达到了脱生死、跳出轮回的境界。依据这样的世界观和认识论，我们便能理解，在佛教的意义体系中，凡尘俗世的一切角色都是"溺族"，对这些角色的耽恋都是"幽根"，而一切政治伦理安排是

---

① 罗格朗:《何谓"法律移植"》，马剑银译，载 D. 奈尔肯、J. 菲斯特编：《法律移植与法律文化》，高鸿钧等译，清华大学出版社 2006 年版，第 75—94 页。
② 参见《杂阿含经》卷10："色无常，受、想、行、识无常，一切行无常，一切法无我，涅槃寂灭。"CBETA 2019.Q3, T02, no. 99, p. 66, b13-14.

第二十六章　正法与礼法——慧远《沙门不敬王者论》对佛教法文化的移植　799

"沉沦"和"重劫",从根本上讲,并不具有正面的意义。为了摆脱这种局面,达到涅槃寂静的救赎目标,必须借助佛法,指示一条救赎之路。在原始佛教中,释迦牟尼将这条救赎之路总结为"八正道",即八个基本修行方法,并且认为坚持这些修行方法,可以获得两种层次的救赎。第一种救赎是根本意义上的,即摆脱轮回,分为三乘,分别为声闻乘、缘觉乘和菩萨乘;第二种救赎则是非根本意义上的,即在轮回当中获得一个相对较好的位置,如投生天上,或者投胎做人。俄罗斯著名佛教学者舍尔巴茨基(Stcherbatsky)认为,以上所说的三个层次,即以"四谛"为核心内容的世界观,以"三法印"为内容的认识论和以"八正道"为内容的方法论,构成了佛教思想的核心概念——正法(dharma)的中心内容。① 令人感叹的是,慧远通过极为简洁且颇具艺术性的修辞,表述了佛教的"法"所具有的这些层次。而且与印度佛教非常不同的是,在慧远的表述中,巧妙地运用了"水"和"木"两种隐喻来替代在印度文化中"火"与"热"两种隐喻所表达的内容。慧远将人陷入"无明"的状态比喻为溺水,将迷失于轮回的境地比喻成树木深陷于泥淖之中,而印度文化却将同样的状态比喻为"火宅"和"恼热",这种在文化间转化腾挪的技巧令人惊叹。而仔细考察,我们又不难发现,慧远仍保留了印度佛教思想的精髓,例如,将印度佛教"乘"(车的意思)的隐喻转变为"津"(渡口或船),但同时保留了八正道中"路"的意蕴。可以说,通过这些方式,慧远极为巧妙地将佛教的意义体系以合乎中国人语言和审美趣味的方式展示了出来,又不至于堕入对道教语言和思想的依附境地,其精妙之处丝毫不亚于鸠摩罗什对《金刚经》的翻译。②

最后,从宗教功能的角度来讲。慧远力图证明,佛教具有"道洽六亲,泽流天下"和"携契皇极,大庇生民"的功能。这两种功能分

---

① 舍尔巴茨基:《小乘佛学》,立人译,中国社会科学出版社1994年版,第1页。
② 鸠摩罗什对《金刚经》著名的翻译"一切有为法,如梦幻泡影,如露亦如电,应作如是观",成为千古名译,具体参见《金刚般若波罗蜜经》,CBETA 2019.Q3, T08, no. 235, p. 752, b28-29。

别指向中国法文化中的两个根本方面，一个是伦理，一个是政治。在中国传统儒家文化中，伦理一面的根基是"家"，而政治一面的根基是"国"，家、国这两种社会单元几乎垄断了中国政治法律的想象，但佛教的整个思想出发点恰恰与儒家主张的家国体系形成对立。首先，与儒家以家为单元的伦理思想不同，佛教主张"出家"，摆脱世俗伦理的束缚以求得解脱，甚至在种种礼仪、外表、服饰上都力求表彰"出家"的意旨。在基本社会单元的想象上，儒家构想的是以家为中心的人伦秩序，而佛教所构想的却是以僧团为中心的神圣秩序。这种秩序想象的不同，导致两者在诸多具体方面出现了分歧。在礼仪上，出家的僧人不拜父母，且不承担"孝"的义务，特别是不承担传宗接代的责任；在外表上，否定"身体发肤，受之父母，不敢毁伤"的儒家诫命，剃发受戒；在服饰上，也采用印度文化传来的"袒服"① 做法，与世俗形成区别。这种"出家"的伦理显然与"家"的伦理针锋相对。例如，《弘明集》中记录了慧远与同时代的何镇南与郑道子围绕沙门"袒服"问题进行的争论。慧远认为"袒服"的礼仪虽然出自印度，但其宗旨在于"尽敬于所尊，表诚于神明"②，表达的是对"师"的尊敬。而儒家文化却认为吉事尚左，凶事尚右，故而佛教右袒的礼仪丝毫没有致敬的意思。这一服饰礼仪方面的小例，便折射出佛教文化在诸多方面与中国本土文化的冲突。而从"国"的角度来看，佛教是"出世间法"，具有超世俗的旨趣，这使佛教在其教理的内在逻辑中不会给政治以中心地位。换言之，政治权力的使用和证成从不是佛教所主要关心的问题。这造成了一个结果，即佛教是否以及如何能够为政治所用，乃至服从于政治，合乎"忠"的要求，成了所有掌权的政治集团所关

---

① 从佛经记载和慧远《沙门袒服论》的叙述中我们不难发现，儒家礼法与佛教法不仅礼敬的对象有所差异，而且礼敬的形式也有显著的差异。按照印度佛教的礼仪，出家沙门为了对释迦牟尼表示尊敬，应袒露右肩，右膝着地，有时也以右绕为礼。参见《四分律名义标释》卷3："或言偏露一肩，或言偏露一膊，又云偏袒。袒谓肉袒也。天竺之礼，以露肩肉担，立为致敬之仪。更加脱屣，以成其仪。至于帽袙原无，顶若患寒，乃权开听。设行礼敬，还须除却，方合其仪。" CBETA 2019. Q3, X44, no. 744, p. 425, b20-22.

② 慧远：《释慧远沙门袒服论》，载僧祐：《弘明集校笺》，第274页。

心的问题。在传统中国,很早便形成了十分突出的政治统治思想,《尚书·洪范》便用"皇极"来表述帝王统治天下的准则,形成了以政治为中心的社会秩序。而印度佛教却不同,它恰恰是在某种反政治的思想氛围中发展而出的。释迦牟尼通过对王权的放弃来走上创教之路①,这导致佛教面对中国"忠"的政治文化时,同样面临着某种冲突的局面。此外,随着僧团的出现,它正在变成一种过去中国所没有的社会力量,其成员的来源、素质和组织方式,以及与僧团外的在家信众联系的途径,势必对政治和社会生活产生影响。在元兴元年(402年),桓玄专擅朝政,自称太尉之后,便曾经下令沙汰僧尼,将除了少数能够严守戒律、不染流俗的修行僧人之外的多数出家人都"罢道"还俗,这得到了慧远的支持。②而慧远此时所面临的困境恰恰在于,如何能够有说服力地证明,佛教非但不违忠孝,且有益于社会秩序?如何才能做到,"内乖天属之重,而不违其孝;外阙奉主之恭,而不失其敬"?显然,在这里慧远面临着两难选择,要么坚持佛教意义体系的自洽,坐视它与中国本土忠孝伦理和政治法律的冲突不管,要么放弃这种意义的自洽,向本土的伦理和政制法律安排妥协。后世研究慧远思想的学者当中,多数人都从功能的视角出发,认为慧远做出了这种妥协,甚至将慧远想象成了复杂政治乱局中的玩家,但真实情况是否如此呢?

  从慧远写给桓玄的书信中,我们发现,作为当时南方佛教的精神领袖,慧远处在一个十分微妙的境地之中,他面临着两个十分明显又非常重要的困境。一个困境在教理与教法之间,即如何能够透过对教理的创造性叙述,将不符合儒家礼法要求的佛教法主张恰当地提出?另一个困境则在意义与功能之间,即如何能够在不破坏佛教意义自洽性的前提之下,达到合乎或者至少不违背儒家忠孝要求的功能?我们可以说,自东汉末年佛教传入以来,佛教的命运在不知不觉间走到了

---

① 平川彰:《印度佛教史》,庄昆木译,北京联合出版公司2018年版,第12页。
② 《释慧远与桓玄论料简沙门书》,载僧祐:《弘明集校笺》,第701页。

一个历史的交叉口上。

三、正法与礼法：殊途同归？

我们从桓玄给慧远的回信中看到，桓玄并未完全接受慧远的主张。① 但到了元兴二年（403年）十二月三日，桓玄收回了要求沙门礼敬王者的命令。② 在答复侍中卞嗣之、黄门侍郎袁恪之的质疑时，桓玄写道："兼爱九流，各遂其道也。"③ 次年春，刘裕等起兵讨伐桓玄，桓玄向西溃逃，五月被杀。在这一年，慧远在答复桓玄的书信基础上，进一步发挥，撰写了著名的《沙门不敬王者论》。

值得思考的是，桓玄从把持朝政到功败身死不过数年，而提出沙门礼敬王者的动议也不过一年的时光，而且不管怎样，慧远的反对意见最终获得了桓玄的接纳，这一具体争议随即终结。慧远为什么仍然要专门撰写这篇文章，留诸后世呢？为什么慧远担心此事会让"无上道服毁于尘俗，亮到之心屈乎人事"，以至于"深惧大法之将沦"呢？④ 在笔者看来，慧远显然有着远远超越于具体问题的考虑，换言之，《沙门不敬王者论》所重点陈述的，绝非仅仅是沙门是否应当礼敬王者的问题。

因此，在对这一佛教思想史上的名篇进行讨论之前，我们必须回过头来，对慧远所处的时代以及当时的社会处境加以分析。

（一）社会处境

首先，魏晋南北朝是中国历史上一段特殊时期，自秦汉以来，长期"大一统"的政治局面遭到破坏，最终形成了北方少数民族政权与南方汉族政权隔江对峙的局面。政治"大一统"的破坏，一方面带来

---

① 《桓太尉答》，载僧祐：《弘明集校笺》，第694页。
② 《桓楚许道人不致礼诏》，同上书，第695页。
③ 《诏》，同上书，第699页。
④ 慧远：《沙门不敬王者论》，同上书，第254页。

了战乱频仍与汉人士族的颠沛流离,另一方面也为打破自汉代"罢黜百家,独尊儒术"以来所形成的儒家思想的垄断局面提供了历史契机。在这一过程中,从印度经西域传来的佛教得到了长足发展。但面对南北方风格迥异的政权,佛教发展的机缘和路径各不相同。在北方,少数民族政权迫切需要利用汉族所留下的典章制度帮助统治,"使异族统治永久化并使汉人安于现实"①,但由于种族、文化原因,又需要与汉族相区别,佛教便成为一个便利的替代选项。而在南方,战乱和迁徙使皇权遭到削弱,以致形成了世族门阀与东晋皇帝共治天下的局面。过去支持中央集权的儒家意识形态同样遭到削弱,而在某种程度上,迎合门阀"望族行政"理念的道家思想得以抬头。此外,战乱给流落南方的北方知识分子在精神上留下巨大的创伤,使他们的精神生活取向有所改变,导致一时之间,玄风大振,道家文化在知识分子之间得到广泛流传和发展。而与道家的自然主义颇相应和,且在生命体悟和形上玄思方面有过之而无不及的佛教,也受到了文人知识分子的欢迎。德国著名社会学家韦伯就曾指出,源自印度的佛教在思想特征上更加接近于"贵族式的主智主义救世论"②,而这种救世论与受到教育的文人阶层的审美趣味颇相适应。戴密微(P. Démiéville)认为,慧远恰恰是受到佛教吸引,转向佛教的中国文人的典型。③ 芮沃寿(Arthur Wright)在概括这一阶段南北方佛教的状况时,曾指出"南方人不得不调和佛教与贵族政体及社会,而北方人不得不与专制政府打交道"④。我们不妨比较这个历史阶段四位著名僧人的命运,就可看到这种社会环境的差异。北方佛教的重要代表人物鸠摩罗什是西域龟兹王族的后代,在进入中土之前,便"道流西域,名被东川"⑤。382 年,前秦皇

---

① 芮沃寿:《中国历史中的佛教》,常蕾译,北京大学出版社 2009 年版,第 33 页。
② 马克斯·韦伯:《印度的宗教——印度教与佛教》,康乐、简惠美译,广西师范大学出版社 2005 年版,第 319 页。
③ Paul Démiéville, «La Pénétration du Bouddhisme dans la tradition philosophique chinoise», *Cahiers d'historire mondiale*, Paris, Baconnière, 1956, vol. 3, pp. 23-24.
④ 芮沃寿:《中国历史中的佛教》,第 45 页。
⑤ 释慧皎:《高僧传》,第 49 页。

帝苻坚派遣骁骑将军吕光、江陵将军姜飞征伐龟兹及乌耆诸国，捕获鸠摩罗什。吕光强迫罗什娶龟兹王女，将他灌醉，与女同闭密室，破其戒体，并加以羞辱。这段故事折射出在北方少数民族政权统治之下，佛教僧侣所遭遇的文化冲撞和政治困境。直到弘始三年（401年），姚兴即位，才迎罗什入关，待以国师之礼。① 与罗什同时代的另一位僧人道安，他的老师是来自西域的佛图澄，弟子则是慧远。佛图澄这位僧人"志弘大法，善诵神咒。既善方技，又解深经"②，是一个颇善于占卜吉凶、神道设教的人物，而这一"超凡异能"也为他在河北的传教提供了不小的帮助。③ 作为佛图澄的弟子，道安则是一个受到时局影响，一生颠沛流离、辗转南北的僧侣。他先在河北，后遭遇战乱，渡河至河南新野，到湖北襄阳时不得不"分张徒众，各随所之"④，最后晚年回到长安。慧远则是在道安受困襄阳的时候离开道安，来到庐山过上结庐隐居的生活的。如果说，我们能够从鸠摩罗什和佛图澄身上管窥北方的政教环境，看出北方佛教发展的重要任务是驯化君主；那么从慧远的身上则能一瞥南方的社会情况，得知南方佛教所面临的重要课题是如何与成熟的汉人文化协调、融合。而道安则恰恰帮助我们看到了当时佛教随着政局变动，僧侣迁徙传布南北，以及随之带来的佛教文化传播的真实情况。通过这些西域和中土僧侣的持续努力，到了东晋时期，佛教在中土有了长足的发展。汤用彤认为，"佛教至孝武之世（373年）以后，已在中国占绝大势力"⑤。

其次，随着佛教发展，信众增加，一系列社会弊端也引起了政治集团的警觉。汤用彤认为，"大凡一宗教既兴隆，流品渐杂，遂不能全就正轨"⑥。"到了东晋孝武之世，佛徒秽杂，涉及政治，竟至与国家衰

---

① 释慧皎：《高僧传》，第50—52页。
② 汤用彤：《汉魏两晋南北朝佛教史》，第134页。
③ 释慧皎：《高僧传》，第345—346页。
④ 同上书，第212页。
⑤ 汤用彤：《汉魏两晋南北朝佛教史》，第241页。
⑥ 同上书，第241页。

亡有关。"① 他列举了最著名的例子，即琅琊王司马道子的事例，这个事例与后来沙门礼敬王者问题的出现直接相关。东晋太元五年（380年），孝武帝以司马道子为司徒。六年春正月，帝初奉佛法，立精舍于佛殿内，引沙门居之。后帝沉溺酒色，委事于司马道子。道子崇尚佛教，穷奢极费，且交通请托，贿赂公行，许营上疏谏，说"僧尼乳母，竞进亲党"，又说"今之奉佛教者，秽慢阿尼，酒色是酖"。② 道子又于太元十年（385年）立尼妙音为简静寺寺主，权倾一朝，威行内外。而桓玄又恰恰是凭借妙音之力，才让皇帝任命殷仲堪为荆州刺史，此后桓殷二人祸乱东晋。因此，汤用彤认为，"晋祚之倾，内由道子、王国宝辈之混乱专横，外由王恭、殷仲堪、桓玄等之抗兵"③。后来桓玄主政，对于晋孝武帝时期的这段历史想必记忆犹新。纵观中国佛教历史，我们不难发现，佛教教义本身虽极少牵涉政治，但对政治的影响不可忽视。大体而言，其影响凡有六端：其一，僧徒日众，泥沙俱下，侵夺农业社会的劳动力，且易成为社会流民、罪犯隐身之所；其二，参与土地兼并，聚敛财富，成为一方势力，与地方望族勾结，威胁中央；其三，造像不休，使用铸币铜材，影响货币金融；其四，扎根民间，与巫术结合，成为基层社会动员乃至反叛的隐性力量；其五，往往借助后宫女性及其家族之力，渗入皇室，参与高层政治权力斗争；④ 其六，在特定时刻，如异族统治或统治异族的时期，成为政权在儒道思想之外可资利用的合法性资源。而在魏晋时期，随着佛教的发展，以上这些影响已经初露端倪。这势必引起政治集团的高度警觉，要动用一系列政治、法律措施，对佛教所带来的政治影响加以遏制。大体言之，传统中国对佛教政治影响的遏制手段有三：其一，控制僧团，设置僧官，沙汰僧众；其二，约束财富，控制规模，周期整肃；其三，

---

① 汤用彤：《汉魏两晋南北朝佛教史》，第242页。
② 《晋书·道子传》。
③ 汤用彤：《汉魏两晋南北朝佛教史》，第243页。
④ 佛教之所以特别能够借力于后宫女性之力，是因为后宫斗争的焦点在于皇室子嗣，而在传统社会，子嗣的繁育具有不确定性，这给佛教提供了一个发挥作用的机会。

加强名教，削弱道法，清除巫术，进行意识形态控制。但从效果来看，这三种遏制手段的效果并不明显。首先，佛教并无统一教会，僧团分散于各个寺庙，具有弥散化的特点，① 这导致对僧团的控制十分困难。其次，自魏晋时期以来，佛教日益得到贵族和民间势力支持，围绕寺庙逐步积累土地和财富，到了南朝梁武帝时期，甚至得到皇室的捐赠，使寺庙本身成为大土地所有者。最后，意识形态控制收效也不明显。这一方面是由于，儒家"孝"的主张导致民间对祖先崇拜持宽容态度，在客观上为巫术的滋生提供了土壤，为佛教扎根民间提供了助力；另一方面是由于，儒家思想本身重世俗伦理，而对生死问题的解决并不特别着力，而佛教的教义恰恰着眼于此，为普通人对生死问题的解决提供了方案。与儒家不同，佛教是一种救赎思想，这种救赎思想常常为处于社会底层，或经历战乱、陷入不幸状态的人们所需要。特别是大乘佛教，树立"菩萨"这种救世主形象，特别受到民间欢迎。同样重要的是，佛教的超越旨趣和瑰奇思想，为文人士大夫提供了全新的视野和想象资源，为那些因长期仕宦沉浮，为政治关系所苦，为伦常纽带所牵扰的人们提供了精神上的逃逸空间。以上这些都导致在历史上，中央政权对佛教的处理往往收效甚微。但另一方面，佛教的这些特点并不意味着它不需要依赖政治支持。正如道安所说，"不依国主，则法事难立"②，在中国这一政治早熟、皇权强悍的社会之中，任何宗教都难以摆脱政治权力的左右，也无法成为独立的政治力量。但是在大一统格局碎裂、皇权衰微、异族入侵、地方割据的时期，佛教则可能获得一隙独立的政治空间。事实上，在东晋时期，南方门阀政治的特殊境况便为像慧远这样的庐山僧团提供了极为难得的政治环境，而

---

① 关于中国宗教的弥散化特点，参见杨庆堃：《中国社会中的宗教》，范丽珠译，四川人民出版社2016年版，第258—264页。
② 道安这句话影响很大，常被引用以论证佛教依附政治的主张。考诸原句，来自慧皎的《高僧传》，原文语境为道安携僧众颠沛流离，南投襄阳，行至新野，不得不分张徒众，各自传教。道安说："今遭凶年，不依国主，则法事难立，又教化之体，宜令广布。"其原意是指，在战乱年代，依靠政权获得安全和传教的机会是佛教生存和发展的必须，似并非上升至政教关系的一般化论述。释慧皎：《高僧传》，第178页。

这一政治环境的出现在中国历史上是罕见的。

复次，东晋门阀政治的权力格局，为慧远的宗教主张提供了政治背景。自西晋八王之乱和永嘉之乱以后，东晋江左政权依赖于氏族，形成了"王与马共天下"的政治局面，持续百年。在这百年间，政治生活的焦点有两个：一个是门阀与皇权的矛盾，一个是门阀与门阀之间的斗争。一般来讲，出身下等氏族且支持皇权者往往将儒家思想作为武器，甚至也不乏支持法家思想者；而支持门阀势力且主张遏制皇权者，则往往力主老庄玄学。但这样的意识形态配置并非绝对，意识形态立场的改变还取决于氏族门第的改变，以及政治地位的调整。例如，琅琊王氏是道家玄学的倡导者，也是支持佛教的金主；① 而颍川庾氏则早年崇儒，随着门第的提升由儒入玄，出入玄儒之间，反对法家强化中央皇权的立场。② 但庾氏一旦取得统治地位，便一反过去反对申韩的立场，用法家的手段剪除异己，逼迫宗氏诸王。③ 而随着庾氏逐步取得与琅琊王氏旗鼓相当的地位，两大氏族门阀合力遏制皇权的任务，便逐步为它们之间的斗争所取代。沙门礼敬王者问题第一次纳入政治视野，是在东晋咸康年间，此时恰恰是颍川庾氏与琅琊王氏两个门阀展开对峙的历史时期。到了咸康八年（342年）六月，成帝死，康帝即位，朝廷中的氏族门户势力重新配置，便形成了庾冰、何充和王导三股势力斗争和平衡的局面，其中何充参政是王、庾门户冲突的产物，但总体偏向于王。而在这个时刻，庾冰提出沙门礼敬王者的动议，可谓"项庄舞剑，意在沛公"，其锋芒所指表面上是佛教僧团，实际上是佛教的支持者，站在背后的琅琊王氏。庾冰希望挟天子以自重，借助尊王的号召来打压王氏，而王氏则借何充之力来加以抵制。田余庆认为，这一阶段的门阀斗争，绝非温情脉脉，而是"阴谋诡计，刀光剑影，充斥于这两个门户，也就是两大势力之间，其残酷性并不亚于其

---

① 许理和：《佛教征服中国：佛教在中国中古早期的传播与适应》，第139页。
② 参见田余庆：《东晋门阀政治》，北京大学出版社2012年版，第102页。
③ 同上书，第106页。

他朝代统治者内部的斗争"①。而许理和（Erik Zürcher）从佛教传播的角度指出，在这个阶段，借助何充之力，"佛教开始渗入并植根于社会的最高层"②。而时隔半个多世纪之后，桓玄发起的沙门礼敬王者的第二次大争论，也同样有着门阀政治的背景。只不过这时的情势已与咸康年间有很大不同。淝水之战后，东晋门阀大族如王、庾、谢、桓等都渐次人才凋零，难以为继，司马氏皇权得以有所振兴。到了孝武帝时，为了伸张皇权，其依靠自己的同母弟司马道子，以相权辅佐皇权，造成了一种不同于门阀政治的格局。值得关注的是，司马道子恰恰是将佛教引入皇室的一个重要人物。简静寺妙音为殷仲堪取得荆州刺史之位，表面看来是佛教僧徒参与朝廷内部斗争的表现，实则是孝武帝借助佛教布局遏抑太原王氏，同时限制司马道子的相权，以伸张皇权的一种举措。但到了396年，司马道子连同王国宝杀害了孝武帝，扶植低能儿晋安帝。这时，王恭、殷仲堪和桓玄结成军事同盟，处死王国宝和司马道子，桓玄取得江州刺史之位，并于399年杀死殷仲堪，一年后成为帝国的实际操纵者。桓玄在主政时期提出沙门礼敬王者的动议，可以说有着双重目的，一方面是对以太原王氏为代表的氏族门阀势力提出警告，一方面又是对司马氏皇权示威。到了403年，桓玄威逼安帝禅位，在建康建立"桓楚"。不久刘裕举北府兵起义，桓玄兵败身死，悬垂百年的东晋门阀政治也进入了终局。韦伯认为，在古代家产官僚制的帝国体系中，君主必须想方设法裁抑地方名门望族势力，防止望族行政架空家产制皇权。③ 其可资利用的方法便包括吸收下层士人进入官僚体系，形成皇族与下层士人的政治同盟，或提拔下层军功人士，授以权柄，以压制旧贵族。在整个东晋门阀政治时期，我们能够看到，

---

① 田余庆：《东晋门阀政治》，第123页。
② 许理和：《佛教征服中国：佛教在中国中古早期的传播与适应》，第138页。
③ 韦伯谈到，"基本上，中国的家产官僚制所要对抗的，除了各处皆有的商人与手工业行会外，就只有地方土著力量的氏族"，"另一方面，尽管传统的力量异常强韧，政府显然还是成功地创设了一个相对而言统一的官吏机构，同时也成功地防止此一官吏群转化为奠基于地方望族势力的、独立于帝国行政之外的领土君主或封建诸侯"。参见韦伯：《支配社会学》，康乐、简惠美译，广西师范大学出版社2004年版，第160页。

儒、法两家大体站在家产制皇权一边，儒家偏于维持家产官僚制的家产制原则，而法家则偏于维持官僚制原则。道家则站在门阀大族一边，倾向于地方望族行政。那么佛教呢？在这种政治权力的拉锯和撕扯中，佛教的立场显得模糊不清、摆荡不定。在门阀政治的前期和中期，佛教似乎与道家一起，站在门阀大族一边，遏抑皇权；而到了后期，佛教似乎渗透进入皇室中枢，逐步站到了皇权的一边。这与佛家本身的出世立场有着直接关系，佛教并没有发展出一套完整的政治理论和制度安排，它的政治立场往往取决于具体的政治形势和对佛教的待遇。这一观点与韦伯对佛教的分析有所不同。韦伯认为，在印度历史中，相对于婆罗门教，佛教更多地站在家产官僚制王权的立场上。其中经典的历史事例便是孔雀王朝时期佛教对阿育王的支持。① 但这种支持与其说内在于佛教的理据之中，不如说是阿育王对佛教反婆罗门态度的政治性利用。② 我们不能仅仅因为佛教不可避免地牵涉政治，就得出结论，认为佛教持有某种固定、成熟的政治观。当然，值得关注的是，随着佛教逐步渗透进入政治中枢，个别出家人常常能够以"政治掮客"的身份游走于各派势力之间，发挥作用，妙音便是其中一个典型的例子。

最后，慧远的个人际遇和政治抉择是分析《沙门不敬王者论》不可忽视的背景。在对历史事件和思想走向的分析中，涉事个体的人生际遇和选择常常发挥着不可忽视的作用。慧远出身山西北部雁门一个贫寒的知识分子家庭，早年随叔父游于许昌、洛阳，在那里学习儒学，后读老庄，遂改弦易辙，转而修习玄学。中原战乱使北方的学术研究环境遭到破坏，使慧远于22岁时（354年）渡过长江，来到江西过上隐居生活。后辗转迁徙，在河北西部遇到了道安，遂改宗佛教，并随道安来到湖北襄阳。378年，秦军攻占襄阳，慧远便带着数十名弟子离

---

① 马克斯·韦伯：《印度的宗教——印度教与佛教》，第327页；崔连仲：《从佛陀到阿育王》，辽宁大学出版社1991年版，第327—328页。
② 参见葛维钧：《阿育王法与佛教的法不应混同》，《南亚研究》1988年第4期，第54—65页。

开,最后定居庐山。在那里,荆州刺史桓尹给他建立了一座大寺,即东林寺。此后不久,慧远便声名鹊起,成为南方僧人的领袖。根据许理和的研究,慧远在东林寺的僧团人数应不超过百人,但另一方面,来往于庐山的游方僧众能达到 3000 人左右,其影响可见一斑。[①] 与印度原始佛教以"游方"和托钵乞食为僧团主要修行方式不同,[②] 中国佛教僧团受到本土农业文化的影响,以定居一地、驻寺修行为主,以游方为辅。不仅如此,受到中国隐逸文化和道家精神的浸润,自东晋时期以来,越来越多的僧徒隐居山林,远离凡俗,"寺庙与山林之间的密切关系是中国佛教的一大特色"[③]。慧远带领他的僧团长期隐居在庐山之中,"影不出山,迹不入俗"[④],每每送客,皆以虎溪为界,为一时所称道。桓玄征伐殷仲堪时,军队经过庐山,邀慧远出虎溪,慧远称疾不出,桓玄便亲自入山。后桓玄以震主之威,欲邀请慧远出仕,"远答辞坚正,确乎不拔,志踰丹石"[⑤]。这种不附庸政治的态度,反而使慧远得到了当权者的敬重。后来桓玄先后下令沙汰僧众,要求沙门礼敬王者,都曾事先征询慧远的意见,而桓玄也特许慧远的庐山僧团不在搜检之列。除了个人与政治保持距离,慧远也非常注重僧团组织所必备的戒律,积极搜集、整理和翻译梵文戒本,并极为重视自己作为僧团领袖的表率作用。晋义熙十二年(416 年)八月初,慧远服食五石散,需要走动散热,导致精神困顿。当时僧众请他饮豉酒以助行散,慧远因不符合戒律而不许。后又请他饮米汁,又不许。又请以蜜和水为浆,慧远让律师查阅律文,以定行止,未等查阅完,便身故了,时年 83 岁。[⑥] 可以说,慧远人生的大半时光,都将自己的使命牢牢定位在宣扬佛教、巩固僧团上面。当年桓玄访问慧远,曾问他的愿望是什

---

① 许理和:《佛教征服中国:佛教在中国中古早期的传播与适应》,第 295 页。
② 关于印度原始佛教僧团的生存方式,参见《游行经》(初、中、后),载恒强校注:《阿含经校注·长阿含经》,线装书局 2012 年版,第 36—102 页。
③ 许理和:《佛教征服中国:佛教在中国中古早期的传播与适应》,第 293 页。
④ 释慧皎:《高僧传》,第 221 页。
⑤ 同上书,第 219 页。
⑥ 同上书,第 221 页。

么，慧远答道："愿檀越安稳，使彼亦无他。"① 这种远离政治、专注修行的态度，为后世中国佛教处理政教关系的问题，提供了一个重要的早期样本。

（二）思想理路

目前在对《沙门不敬王者论》的研究中，有两种论述值得关注。一种是任继愈在《中国佛教史》中的主张，另一种则是荷兰汉学家许理和的观点。

在任继愈主编的著作中，作者将慧远在《沙门不敬王者论》中的观点视为一种现实目的激励下的思想选择，这种现实目的"则在于争取沙门不敬王者的特殊礼遇，以便获得国人对僧侣的特殊尊重，更有效地发挥佛教的特殊政治影响"②。在作者看来，"佛教是不可能脱离政治的。历代都有僧侣干预政治。从道安开始，就力图使佛教成为维护封建制度，巩固中央皇权的宗教工具。到慧远则把佛教的这一职能推向了前进"③。而慧远的这篇文章，其意图在于调和僧侣地主阶级思想中佛教与名教的关系。其所带来的影响是"结束了东汉以来佛教义学主要同《老》《庄》结合的历史，转向了主要同儒教紧密结合。儒教的许多基本思想，被逐步组织到了佛教的教义之中"④。这种观点受到唯物史观影响，认为儒、释、道三家都属地主阶级意识形态，三者的关联和转化不过是地主阶级统治的策略，慧远的思想也不例外。但这种基于意识形态的宗教观易将宗教遮蔽于政治之下，使我们难以看到慧远思想中独特的政教观。而且，慧远的著作是否体现出佛教与儒教的"紧密结合"，也颇值得商榷。在前文的分析中，笔者已经指出，东晋时期的佛教思想在协调儒道的同时也在试图寻找自身理路，且佛教与儒家的政教观点和文化立场存在着诸多差异，又如何能够做到所谓

---

① 释慧皎：《高僧传》，第219页。
② 任继愈主编：《中国佛教史》第1卷，第642页。
③ 同上书，第643页。
④ 同上书，第643页。

"紧密结合"呢?

而许理和认为,《沙门不敬王者论》是印度佛教在中国中古早期传播与适应本土文化这一历史过程的组成部分。在他看来,沙门礼敬王者的争论,其要害在于争论"僧伽的自主权"①,使僧团获得独立于政治权力的地位和生存空间。而这场斗争的结局以及慧远的重要贡献在于,"一个伟大的宗教征服了一个伟大的文化"②。与任继愈的政治意识形态视角不同,许理和从文化传播视角切入,着眼于印度佛教传入、影响和改变中国文化的过程,这使他更能够看到佛教教义的独立性和独特性,更能够体会到文化之间交流、碰撞和融合的复杂面貌。但另一方面,许理和持有一种过分单向度的立场,将整个事件视为佛教单向影响中国本土文化的过程,甚至使用"征服"这一概念,不仅有失偏颇,而且与史实并不相符。而这一观点又恰与任继愈的观点形成对反。任继愈主张佛教荫蔽于道家在先,妥协于儒家在后,总体是为本土文化所吸收;许理和却认为是佛教教义潜移默化方式打入了中国文化。究竟哪种观点更有道理,更加符合慧远文章的本意?

在这里,我们不妨转换视角,从比较法文化的研究来观察。我们可以将沙门礼敬王者的问题视为印度佛教法移植进入中国,与本土固有礼法体系碰撞、协调过程中所产生的问题,将慧远视为沟通印度佛教法文化与中国本土法文化的"冰人",将他的《沙门不敬王者论》视为一篇重要的比较法文化特别是法律移植作品。若从此视角看来,我们便会发现一些非常有意思的现象。

首先,法律移植绝非任何一种法文化单向强加于另一种法文化的过程,它更多地表现为不同法文化之间交流、碰撞、相互阐释、借鉴的历史。其结果并非一种法文化吞噬另一种法文化,而是碰撞出第三种样态。这一观点适合我们分析中、印两种同样历史悠久的文化在相互交流过程中出现的那些现象。在历史上,印度佛教文化进入中国,

---

① 许理和:《佛教征服中国:佛教在中国中古早期的传播与适应》,第 149—151 页。
② 同上书,第 328 页。

完全是以和平的方式,既未借助武力征服,也未通过政治威压。在这种情况下,难以出现单向文化征服的现象。在整个魏晋南北朝时期,我们更多看到的是,两种文化在持续不断的对话和交流中发生嬗变,以至于诞生了中国佛教这一崭新的思想体系。①

其次,在法律移植过程中,规则乃至制度的移植往往仅是表面现象,最困难也最令人着迷的,是规则与制度背后观念和思想的移植。两种完全不同的精神世界和意义体系是否能够移植?还是仅仅会相互激扰,各自改变?这是比较法学界至今仍然争论不休的问题。②但魏晋南北朝时期佛教法文化的传入,恰恰为这一问题的解决提供了某种参考答案。从沙门礼敬王者的争论中,两种不同的法文化各自沿着自身的思想理路做出调整,以至于在效果上达到了某种相互协调的局面。这是颇为引人入胜的实例。

最后,在这种法律移植的过程中,两种截然不同的政教观彼此碰撞,为中国佛教日后在政教关系的安排和处理问题上留下了极为难得的思考,这种思考既不同于任继愈的政治—意识形态论观点,似乎也不符合许理和的文化传播—征服论主张。在后文中,笔者将专门围绕此问题展开论述。

概言之,慧远在《沙门不敬王者论》中表述了三个核心观点。

第一个观点是,在家俗众应当奉持王法、礼敬王者,而出家僧众则应"高尚其迹",不与世典同礼。这是因为"在家奉法,则是顺化之民,情未变俗,迹同方内,故有天属之爱,奉主之礼",而"出家则是方外之宾,迹绝于物。其为教也,达患累缘于有身,不存身以息患"。③这一观点的理路显然并非与儒家进行紧密结合。表面看来,慧远"明智"地区分了出家与在家,似乎将在家划归到世俗礼法的规制范围,

---

① 自近代以来,这种文化之间和平交流的现象令很多思想家心醉神迷,它体现在对《牟子理惑论》的研究中。具体参见《牟子理惑论》,载僧祐:《弘明集校笺》,第6—63页;周叔迦辑撰,周绍良编:《牟子丛残新编》,中国书店2001年版。
② 关于法律移植的理论争议,参见 D. 奈尔肯、J. 菲斯特编:《法律移植与法律文化》。
③ 慧远:《沙门不敬王者论》,第258页。

是向儒家礼法的妥协。但在整个事件中，问题焦点却在于"沙门"是否应当礼敬王者，而非在家俗众是否应当礼敬王者。在这里，沙门所指的是出家僧侣，而非在家俗众。因此，在家俗众自始至终并不在问题牵涉范围内。若是如此，我们又如何主张，慧远有意与儒家紧密结合？不仅如此，在印度佛教法的体系中，在家与出家也是固有划分。佛教法依照信众身份区分"六众"，分别是比丘、比丘尼、沙弥、沙弥尼、优婆塞与优婆夷。其中比丘与比丘尼是受具足戒的出家僧侣，沙弥与沙弥尼是受沙弥戒和式叉摩那戒的预备出家僧侣，而优婆塞与优婆夷是在家信众，一般受持的是三皈与五戒。在"六众"之中，前四众属于出家，后两众属于在家，他们所持奉的戒律在内容上和严格程度上都有诸多差异。在家信众不仅应当服从世俗伦理和法律规范，而且应当奉持五戒，这两种不同的"法"规范之间不仅不冲突，而且常常相互支持、补充。而出家"四众"却不同，在身份上他们属于僧团，应当服从僧团之法（律）。从法社会学视角来看，这种法与当今时代的"行业法"颇相类似，是一种依托独特社会集团形成的法规范。慧远认为，由于僧团目标和组织的独特性，应当尊重并且承认其僧团的法规范，从而给予僧团一定的自主权。这种立足于僧团的法规范，其"效力"来自僧团存在的神圣目的，即它是一个肩负普遍救赎责任的修行共同体，需要出家者"遁世以求其志，变俗以达其道"①。这种神圣性借助僧团戒律施加于每一个僧侣的行为，以确保救赎责任得到履行。以此看来，慧远不仅没有违反佛教法的本旨，反倒是在沿着佛教法的精神和戒律要求陈述其主张。在这一基本立场能够得到世俗统治者理解的基础上，慧远方才讨论僧团存在和发展有利于世俗伦理政治的功能问题。以此言之，从文本来看，任继愈的观点颇难成立，而许理和的观点有一定道理。

第二个核心观点在于，慧远透过佛教戒律的要求，试图向当权者展示这套正法的法理基础。他有意识地将这一法理基础从与道教自然

---

① 慧远：《沙门不敬王者论》，第258页。

主义主张的类比中脱离出来。在慧远看来，佛教的法理绝非奠基于自然主义之上，而是有完全不同的旨趣。道家"顺化"的道理也是世界"生住坏灭"过程的组成部分，而佛教所追求的，并非在这种顺化过程中保持优势地位，而是在思想上清醒认识这种生灭过程，在精神上超脱它。从某种程度上讲，佛教的旨趣显得比道家更加高远，它不仅超越了世俗伦理，而且超越了自然世界，因此慧远认为，佛教是"求宗不顺化"，而且"体极不兼应"的。那么，在这一目标高远的追求当中，人处于何种地位？在这里，慧远创造性转译了佛教的"有情"（sattva）概念。在佛教看来，整个世界分为名、色二个部分，名是指精神，色是指物质。色世界是无"灵"的，"无灵则无情于化。无情于化，化毕而生尽，生不由情，故形朽而化灭"①。名的世界则不同，是有"灵"的，有着受、想、行、识的作用，形成多种生命形式，被称为"有情"。在这个有情构成的世界里，"有情于化，感物而动，动必以情，故其生不绝"②。这种生生不绝的状态不仅不值得赞赏，反而是祸患。因为生命本身也是五蕴积聚而成，具有脆弱、短暂的特性。慧远运用佛教"十二缘起"的道理指出，恰恰是因为有情众生贪恋于在生命流转中的种种欲望，希望生命长久不灭，于是"灵辔失御，生涂日开，方随贪爱于长流，岂一受而已哉？"③ 因此，慧远认为，"天地虽以生生为大，而不能令生者不死；王侯虽以存存为功，而未能令存者无患"④。佛教所追求的目标既不同于道家，也不同于儒家，有着自身独特的法理基础。在这里，我们不妨将儒、释、道三家的世界观略作对比。概言之，儒家是一种伦理—政治的世界观，其出发点是伦理，但落脚点是政治，伦理与政治相互贯通。道家则是一种自然主义的世界观，这种世界观相对于伦理—政治世界观而言，具有一定的超越性，但向民间发展，则易沦落为养生和升仙。佛教的世界观是一种宗教—

---

① 慧远：《沙门不敬王者论》，第259页。
② 同上文，第260页。
③ 同上。
④ 同上文，第260—261页。

形而上学世界观：其为教，重在区隔圣俗，通过出家，使人超脱三界，摆脱轮回之苦；其为形而上学，重在通过智慧破除迷障，使人清醒地认识到存在的真理，即"空性"。因此，儒家思想的重心在人伦，道家思想的内核在自然，佛教思想的核心则在智慧。正因为佛教重在智慧，因此掌握智慧的人（佛、菩萨、善知识①），而非掌握权力的人，才成为礼敬的对象。由此，慧远得出结论，沙门可以"抗礼万乘，高尚其事，不爵王侯"。②我们发现，在《沙门不敬王者论》中，慧远对在家奉法的讨论似乎是以退为进，表面向政治权力妥协，实则暗藏一种颇具政治影响力的谋划，旨在于大一统的家产制帝国中打开一道缺口，为僧团争取独立空间。如果我们对于中国家产制帝国体制的历史发展比较熟悉，便不难发现，慧远的这一主张是十分难以实现的，因为这一体制早已形成权力与思想之间的双重控制，除了极少数个体，很难有任何有组织的力量能够逃脱这种控制。而随着印度佛教的传入，到了慧远这里，在原则上提出了一种在组织上试图摆脱权力与思想双重控制的主张。这一主张与他的老师道安所提出的"不依国主，则法事难立"相比，表现出迥异的思想风格。如果说，道安的主张更多地代表着佛教思想向家产制帝国的妥协，慧远的主张则更多表现出试图在这一帝国的体制安排中为僧团整体寻得独立精神空间的努力。

可以想见，提出这一响亮的主张在长期浸润于家产官僚制文化的中国是颇为危险的。为了化解这种危险，慧远随即策略性地提出了自己的第三个核心主张。在文章中，慧远说："常以为道法之与名教，如来之与尧孔，发致虽殊，潜相影响；出处诚异，终期相同。详而辨之，指归可见。理或有先合而后乖，有先乖而后合；先合而后乖者，诸佛如来，则其人也；先乖而后合者，历代君主，未体极之主，斯其流也。"对于这句话，方立天将其解读为两层意思。一层是指"神秘意义

---

① 在佛教文化中，佛是觉者之意，菩萨是觉有情之意，善知识是指那些修行在先，能够提供指导的人。
② 慧远：《沙门不敬王者论》，第261页。

上的政教相即关系（先合后乖）"，另一层则是指"政教由离而合的特殊形态（先乖后合）"。而这种论述实际上是对他所说的"出家僧侣修道的最终结果有利于封建统治"这种深层次意义上的政教相即关系的一种补充。① 而许理和则认为，在这里"慧远提出了他的独特理论，认为这些圣人与佛陀实际上是一样的，他们只是方便显现罢了"。② 方立天的解释更多着眼于功能，诉诸的是外部视角；而许理和则着眼于意义，诉诸的是内部视角。但许理和对慧远思想的解释似乎并不完整。在这里，慧远将对沙门礼敬王者问题之法理基础的讨论进一步引向深入。那么赋予僧团以独立的地位，是否就意味着两种世界观之间必然对抗呢？对这一问题的解决方式必须放到更加抽象的高度来寻找。在这里，慧远区分了两种情况。第一种情况从大乘佛教的角度来讲，佛有三身，分别是法身、报身与化身。法身是佛陀作为佛法的承载者持久不灭的体现，报身则是释迦牟尼自己，化身是佛陀为了引导众生脱离苦海，幻化成的种种不同的身份，这种做法被称为"变现"。从这个意义上讲，俗世间的诸王君子，很可能是佛陀的化身，他的作为表面上与佛教的主张不同，但宗旨却相同，这被称为"方便法门"。在《妙法莲华经》中，有这样一则著名的故事。一群孩童在火宅中玩耍，对火灾丝毫不觉。他们的父亲希望将孩童们救出，但孩童嬉戏玩乐，沉迷其中，不肯听话。因此，长者用各种珍奇玩物和宝物装饰的大车吸引他们，于是孩子欢呼雀跃，跑出火宅。③ 在这里，佛陀的化身所采取的"方便法门"很可能合乎世俗之法，但最终却显露出与世俗之法的不同，此所谓"先合而后乖"。而第二种情况是从政治权力角度来讲，不同时代的政治各有不同，权力运作差异巨大，但最终都不可避免地要走向佛教所追求的高远目标，即所有人获得肉体和精神上的真正解脱。因此，慧远认为，政治与佛教之间是"先乖而后合"。整体看来，

---

① 方立天：《慧远的政教离即论》，第9页。
② 许理和：《佛教征服中国：佛教在中国中古早期的传播与适应》，第327页。
③ 相关比喻，参见《妙法莲华经》卷2（3譬喻品），CBETA 2019.Q3, T09, no. 262, p. 12, b08-13c16。

不论是先合而后乖，抑或先乖而后合，慧远都力主解脱才是政治与宗教共同努力的方向。在这里，慧远将"变现"与"方便"这些佛教思想成分转换到此一语境，将政治权力安置在"方便法门"位置，其意旨并非所谓"政教相即"。相反，慧远在政治权力之上隐隐提出了一个高远理想，而政治权术与这种理想相比，是"不得同年而语其优劣"的。为了证明这一点，我们不妨列举《长阿含经》中的一段叙述。当年印度摩揭陀国阿阇世王欲征伐跋祇国，之前他命婆罗门大臣禹舍问讯释迦牟尼，想获知战争能否取胜。释迦牟尼提出了"七不退法"，作为检验一个国家是否强大富足，能够抵御外敌入侵的标准。① 这种政治观虽不完备，特别是缺少政治现实主义的权谋和技术，但总体而言，与慧远在此处的意旨相通，而恰在这个意义上，才能够说"道法之与名教，如来之与尧孔，发致虽殊，潜相影响；出处诚异，终期相同"。慧远认为，若从生命的有限性看来，若人死灯灭，则不可避免地导致在有限的生命历程中，君主的权势最大。但若生命本身并非有限，人的一生形尽而神不灭，则对利弊得失的衡量势必超越于一生一世，这种衡量尺度的改变，又为沙门礼敬上师而非王者的主张增加了一层额外论据。不过应当指出，此时慧远的主张已经显露出不同于印度原始佛教思想的成分，似开始具有了大乘佛教的色彩。原始佛教"诸法无我"的主张是否认灵魂之说的，而慧远却试图证明人死之后有"灵"和"神"的存在，这是中国固有文化与印度部派佛教思想结合的产物。②

结合以上三个核心观点，我们可以看到，慧远成功将源自印度的佛教法文化通过自身之力移植并转译成合乎中国文化和思维方式的理

---

① 这七不退法是：第一，数相集会，讲论正义；第二，上下和同，敬顺无违；第三，奉法晓忌，不违制度；第四，敬视比丘，亲善知识；第五，念护心意，孝敬为首；第六，静修梵行，不随欲态；第七，先人后己，不贪名利。《游行经》（初），载恒强校注：《阿含经校注·长阿含经》，第38页。

② 参见姚卫群：《慧远的"神"与印度佛教中的"我"》，《中华文化论坛》1997年第4期，第51—54页。姚卫群认为，慧远的神不灭思想，主要受到印度部派佛教的影响，而非大乘佛教。

据，使之融入到中国文化之中。但与此同时，慧远不仅没有牺牲印度佛教法自身固有的法理，而且有所发挥，使一种崭新理念嵌入了中国法文化。它特别体现在一种对僧团独立性的追求之中，体现在对佛教正法神圣性的坚持之中，体现在对世俗政治合法性加以批评和反省的态度之中。从法律移植角度看来，慧远的作为，是一个成功使两种异质法文化之间彼此对话、相互影响以至于和平共存的样本。

四、再访政教观

作为本章的结尾，笔者试图回到学林在围绕《沙门不敬王者论》的研究中不约而同关心的问题，慧远的这篇名文究竟体现了一种什么样的政教观？这个问题关系重大，一直到今天都是极端重要的宪制问题。围绕此一问题，大体形成了两种代表性的观点。宗教学者黄心川认为，佛教自传入中国以来，一直依附于统治阶级，即使慧远的主张也不例外；[1] 而佛教研究者方立天认为，慧远的政教观具有独特性，是一种政教离即论。[2] 这种政教离即论是指，"慧远主张佛教与政治既应该相互独立、分离，又应相互配合、协调一致"[3]。

黄心川主张，中国佛教的政教观受到道安的影响，其主要立场是"不依国主，则法事难立"；而方立天则看出，慧远的政教观与道安之间存在着明显差异。当然，在这一点上，笔者赞同方立天的论断。慧远的政教观之所以不同于道安，恐与东晋时期南北方截然不同的政治处境密切关联。北方少数民族政权的专制主义导致道安得出教附于政的结论，而南方门阀政治的独特格局，为慧远提出教在某种程度上独立于政的主张提供了外部环境。但方立天观点的问题在于，将慧远政教观中的"离"与"即"放在了同一个层面，结果未能看出慧远的主

---

[1] 黄心川：《论中国历史上的宗教与国家的关系》，《世界宗教研究》1998年第1期，第5—13页。
[2] 方立天：《慧远的政教离即论》，第9页。
[3] 同上文，第7—8页。

张是政、教在"意义"上离,而在"功能"上即,这两者并非在同一个层面。这导致方立天的政教离即论最终堕入到主张佛教的目的有利于封建统治这个结论上,使"离"为"即"所吞噬,变得与黄心川的主张没有本质差异了。

此外,在对慧远政教观的讨论上,研究者多数都没有能够横向考察人类社会不同文化传统之下的政教关系,因此也难以准确地定位慧远政教观的地位和独特性。这需要我们从比较法学,特别是从比较政教关系的研究中吸取知识,以辅助对此问题的讨论。

比较法学者高鸿钧认为,在政教关系上,人类社会曾经出现四种主要的类型,即中世纪西方的"政教分治型"、古代伊斯兰教国家的"政教合治型"、古代中国的"政尊教卑型"以及古代印度的"政卑教尊型"。在第一种类型中,法律由宗教势力和政治权威分别掌控;在第二种类型中,立法权和释法权由宗教势力掌控,但执法权和司法权由政治权威掌控;在第三种类型中,立法、执法和司法权由政治权威垄断;在第四种类型中,立法权和释法权由婆罗门所掌握,执法权和司法权由政治权威和宗教势力共享。①

如此一观点成立,且我们将政教关系的这四种类型视为韦伯意义上的理想类型,那么会看到,道安的观点比较接近于古代中国的"政尊教卑型",而慧远的观点与这种类型相去甚远。那么慧远的观点是否受到印度法文化的影响,具有"教尊政卑"的特性?似乎也并非如此。高鸿钧教授所提出的"教尊政卑"的理想类型主要是从传统印度法文化中提炼而出的,但佛教作为"异端",其政教观与此尚有一定差别。从原始和部派佛教经典来看,古印度佛教总体仍未摆脱教尊政卑的态度,②但由于佛教对种姓制度的批判,以及在政治较依赖刹帝利,其思想中政的地位有大幅提升。③可是,佛教的政教观又没有达到欧洲中世

---

① 高鸿钧、李红海主编:《新编外国法制史》上册,清华大学出版社2015年版,第57页。
② 关于原始佛教政治观念的细致讨论,参见崔连仲:《从佛陀到阿育王》,第183—189页。
③ 佛教无形之中抬高政治在政教关系中地位的效应,参见平川彰:《印度佛教史》,第4页。

纪时期"政教分治"的局面,何以如此?其中要害在于,印度佛教从未形成中世纪天主教那种教权教阶制,在组织制度上难以实现与世俗王权分庭抗礼。若以这样的理想类型回看慧远的政教观,便不难发现,慧远的观点深受印度佛教法文化影响。在思想深处,他并不认可古代中国居于主导地位的"政尊教卑"的政教观,但他的理想似乎也并非全然主张"教尊政卑"。在他看来,佛教与政治之间,道法与名教之间,恰是圣俗分途,僧官异质,有完全不同的旨趣和需求。从思想来看,慧远的政教观反而较为接近"政教分治"类型。慧远所追求的,是僧团组织实质意义上的法律自治,从而有效与政治权力区隔,而这种法律自治建立在自觉放弃政治影响,隐居山林的基础上。那么,慧远得出这样的政教观,是否是印度"教尊政卑"的政教观与中国"政尊教卑"的政教观彼此冲撞、调和的产物?从法文化的传播和移植角度来看,很可能如此。除此之外,东晋时期形成的独特政治环境也是这种对中国人而言"特异"的政教观得以形成的重要原因。

但随着时局发展、政治变动,中国很快便回归到它自秦汉以来奠定的大一统局面,皇权的重新炽盛绝对不能允许任何一种类型的"政教分治"观存身。此后,沙门礼敬的问题也数次被提出,但最终以佛教在整体上屈从于国家礼法的要求而告终。[①]

但我们今天站在现代法治的立场来看,恰恰是如伯尔曼(Harold Berman)和韦伯所说,欧洲中世纪的"政教分治"为西方现代法治中"政教分离"原则的确立提供了文化远因。[②] 而印度、中国和伊斯兰文明由于各自不同的政教观,在迈向合乎现代精神的法治路途当中也遭

---

① 东晋之后,至隋唐时期,沙门礼敬王者及孝亲的问题也曾一再引起争论,参见孙广德:《晋南北朝隋唐俗佛道争论中之政治课题》,台湾中华书局1972年版,第40—57、69—102页;汤用彤:《隋唐佛教史稿》,武汉大学出版社2008年版,第1—62页;斯坦利·威斯坦因:《唐代佛教》,张煜译,上海古籍出版社2010年版,第13—38页;刘勇:《试论唐高宗时期的佛教政策——以相关诏敕为中心分析》,《乾陵文化研究》2015年第9辑,第297—304页;蒲宣伊:《晋唐间沙门礼敬王者问题的论争》,《乾陵文化研究》2016年第10辑,第220—232页。

② 相关论述参见伯尔曼:《法律与革命——西方法律传统的形成》,贺卫方等译,中国大百科全书出版社1993年版;韦伯:《法律社会学》,康乐、简惠美译,广西师范大学出版社2005年版,第251—257页。

遇了各自不同的文化困境。从比较法文化视角观之，慧远的政教观既是中印两国法文化之间交流碰撞的杰出产物，也为我们加深对自身法文化多样性的理解，借助深度阐释传统以开启未来之路提供了宝贵的思想资源。

第二十七章　菩萨转轮王
——武周皇权合法化的佛教理由

众所周知，武曌是中国历史上唯一的女皇。此外，她还是中国历史上第一位公开采用佛教转轮王称号的君主，也是第一位公然宣称自己是弥勒下生的帝王。武曌所采用的佛教象征符号，最典型地体现在她于证圣元年（695年）正月初一为自己所加的"慈氏越古金轮圣神皇帝"尊号中。这是自她在天授元年（690年）九月初九登基称帝后，武周群臣向她第四次上的皇帝尊号。在这个略显冗长的尊号中，"慈氏"正是未来佛弥勒（Maitreya）的意译，而"金轮"则是佛教理想君主转轮王（Cakravartin）的一个主要象征。

当然，在武曌之外，中国历史上的女主尚不乏其人。举其声名昭彰者，则前有西汉的"高后"吕雉，后有清朝的"老佛爷"慈禧，但她们都只是临朝称制，故而不存在自立为帝的合法性问题。① 而在武曌之前，援引佛教话语体系证成皇权合法性的帝王，也大有人在。列其功绩卓著者，则南朝有"皇帝菩萨"萧衍，北朝有"菩萨天子"杨坚，可他们都是男性君主，因而不会有女身称帝的合法化难题。② 由此可见，作为一位女性统治者，武曌对佛教意识形态的援引利用，既有其特殊的原因，更有其别致的风格。

关于武曌称帝与佛教意识形态的关系，前辈学者已多有研究，且积累了丰硕的学术成果。不过，或是限于各自讨论的主题，或是囿于

---

① 参见杨联陞：《国史上的女主》，载《东汉的豪族》，商务印书馆2011年版，第59—73页；祝总斌：《古代皇太后"称制"制度存在、延续的基本原因》，《北京大学学报》（哲学社会科学版）2008年第2期，第146—153页。

② 参见颜尚文：《梁武帝》，东大图书公司1999年版；李建欣：《佛教传说中的转轮圣王阿育王对隋文帝的影响》，《宝鸡文理学院学报》（社会科学版）2017年第5期，第54—60页。

彼此采用的视角,对于武曌及其支持者如何利用佛教意识形态尤其是菩萨信念和转轮王理念,来证成武周皇权的合法性,则尚留有余地而可作进一步申论。下面首先对与本章主题直接相关的研究成果,略做梳理和辨析,以作为我们深入讨论的基础。

一、学术史梳理与问题所在

早在 1935 年发表的《武曌与佛教》一文中,陈寅恪已将武曌女身称帝的合法性作为一个现代学术问题提出来,并进行了系统性论述。陈寅恪特别指出,由于儒家经典与佛教教义对女性统治持不同立场,因此武周皇权的合法化运作只能舍弃儒家而乞援佛教。一方面,"武曌以女身而为帝王,开中国政治上未有之创局。如欲证明其特殊地位之合理,决不能于儒家经典求之。此武曌革唐为周,所以不得不假托佛教符谶之故也"[①];另一方面,"凡武曌在政治上新取得之地位,悉与佛典之教义为证明,则知佛教符谶与武周革命之关系,其深切有如是者"[②]。综观陈寅恪此文,其要旨可概括为三点。其一,就宗教信仰来说,武曌自幼受到母亲杨氏家族佛教信仰的熏染,甚至曾经有过入寺为沙弥尼的经历,因此对佛教的虔诚信仰,是武曌援引佛教教义证明其称帝合法性的思想背景。其二,就政治观念而言,一方面,"儒家经典不许妇人与闻国政",武周革命这一"开中国政治上未有之创局"的"离经叛道"之举,在本土儒家经典中找不到理论支撑;另一方面,尽管外来佛教经典的原始教义也多采取贬抑女身之说,但后来的大乘急进派经典则极力宣唱"一阐提悉有佛性",主张众生平等。此种急进派观念最终在"武曌颁行天下以为受命符谶之《大云经》"中,衍生出"以女身受记为转轮圣王成佛"的思想,为武周皇权合法性提供了教义

[①] 陈寅恪:《武曌与佛教》,载《金明馆丛稿二编》,生活·读书·新知三联书店 2009 年版,第 165 页。
[②] 同上书,第 168—169 页。

基础。其三,就政教关系而论,李唐皇室为宣示自己氏族的正统性与神圣性,追尊道教教主李耳为祖,极力在政治上抬高道教而贬抑佛教,因此,佛教为"恢复其自李唐开国以来所丧失之权势",则"惟有利用政局之变迁"才有望达成。①

近年来,有学者对陈寅恪上述武曌女身称帝的"佛教理由说"进行质疑,认为不能片面强调佛教意识形态在武周皇权合法化运作中的功用。例如,孟宪实认为,尽管"利用佛教确实是武则天舆论营造的重要部分,但就总体而言,武则天利用的还是传统意识形态,相关的佛教内容是在纳入中国特有的政治语言系统后被使用的。比如,她充分利用'母亲'的特别概念,突破男尊女卑的理论"②。这可说是一种"本土资源论",主张武曌主要是用"中国特有的政治语言系统",即强调"母亲"(圣母)角色的策略,来应对性别政治这一关键问题。③ 孙英刚则主张,与儒家学说相比,"实际上,佛教更反对女人当皇帝——按照佛教的基本理念,女人有五障,也就是五种阶位不能达到,包括转轮王、帝释、梵王、魔王(或阿鞞跋致菩萨)和佛"④,因此"武则天上台绝对不是一场性别战争"⑤。他最终的结论是,武曌"利用佛教宣扬自己的统治合法性并不特出","仅仅是当时佛教世界普遍使用转轮王来解释王权这一潮流中的一环"。⑥ 不难看出,这其实也在尝试突破陈寅恪的观点。

此外,由于强调转轮王理念在中古佛教王权观中的核心地位,孙

---

① 陈寅恪:《武曌与佛教》,第153—174页。
② 孟宪实:《论武则天称帝的舆论营造》,载余欣主编:《中古中国研究》第1卷,中西书局2017年版,第293—294页。
③ 同上书,第290页。
④ 孙英刚:《佛光下的朝廷:中古政治史的宗教面》,《华东师范大学学报》(哲学社会科学版)2020年第1期,第55页。
⑤ 孙英刚:《转轮王与皇帝:佛教对中古君主概念的影响》,《社会科学战线》2013年第11期,第82页。
⑥ 孙英刚:《武则天的七宝——佛教转轮王的图像、符号及其政治意涵》,《世界宗教研究》2015年第2期,第44页;参见孙英刚:《转轮王与皇帝:佛教对中古君主概念的影响》,第79、85页。

英刚对于菩萨①信念在武曌女身称帝合法化运作中的作用较少措意。其实，孙英刚已经注意到意大利汉学家福安敦（Antonino Forte）在研究武曌时期的政治宣传时，曾指出在武周重要的意识形态文件《宝雨经》中武曌获得了阿鞞跋致菩萨和转轮王两种位阶。但对于武曌的此种"双重身份"，孙英刚没有给予足够的重视，而是将其理解为所谓"双重天命"。在一篇论文的一条注释中，他这样说：

> 福安敦教授指出了武则天既是世俗之王又是菩萨的"双重天命"，其实隋唐皇帝既作为"天子"又作为"转轮王"，在中国本土儒家思想和外来印度传统下构成了双重的"世俗天命"。转轮王正是佛陀在世俗世界的对应者，是佛教理念中的"世俗之王"。参看 Antonino Forte, Political Propaganda and Ideology in China at the End of the Seventh Century, Napoli, 1976。②

根据此条注释及所列参考资料，似乎是福安敦提出了"双重天命说"，其内涵是武曌"既是世俗之王又是菩萨"。然而，细检福安敦原书，通篇不见"双重天命说"影子，反倒是司马虚（Michel Strickmann）在对此书的书评中有相似的表述：

> 在研究武则天的既是世俗之王（universal ruler）又是菩萨（Bodhisattva）的"双重天命"（dual destiny）这一概念时，他又揭示出：……她的"天命"（earthly destiny）被限制在五个位置中已获得的两个之中（而通常情况下，女人绝对与这五个位置无缘）。她虽然不能成为帝释天、梵天或如来，但却能成为菩萨

---

① 关于"菩萨"的丰富意涵及其范式转换，参见朱凤岚：《佛教中"菩萨"语义之探源》，《世界宗教文化》2014年第3期，第95—100页；学愚：《菩萨范式及其转换》，《世界宗教研究》2017年第3期，第59—60页。

② 孙英刚：《转轮王与皇帝：佛教对中古君主概念的影响》，第79页注释1。

(Avaivartika Bodhisattva）和转轮王（Cakravartin）。①

不难看出，孙英刚关于武曌具有"既是世俗之王又是菩萨"的"双重天命"的表述，与司马虚书评中译文的表述完全一致。但必须指出的是，这段书评中译文有几处不当表述：一是误译，将 universal ruler（普世统治者，即转轮王）译为"世俗之王"；二是不当翻译，将 dual destiny（双重命运）译为"双重天命"；三是漏译，将 earthly destiny（世俗命运）译为"天命"，将 Avaivartika Bodhisattva（阿鞞跋致菩萨）译为"菩萨"。或许是受此中译文的影响，因此才有孙英刚的"创造性"误读，即忽略福安敦指出的武曌获得"菩萨"和"转轮王"两种位阶，并用"双重'世俗天命'"这一概念来指称本土的"天子"和外来佛教的"转轮王"两种君主观念。由此，福安敦所言武曌具有的"菩萨"和"转轮王"两种位阶或"双重命运"，就被转化为隋唐皇帝既是"天子"又是"转轮王"的"双重'世俗天命'"。此外，孙英刚在主张"佛教王权观的核心内容是转轮王"②的前提下，重申"一佛一转轮王"的政教二元观念。③这一模式对早期佛教来说或许不算错，但就大乘佛教（菩萨乘）特别是中国化佛教而言，这一区分或许就不那么能成立了。因为大乘菩萨是以般若之智求证无上菩提，

---

① 斯特克曼·米切尔：《评〈七世纪末中国的政治宣传和思想意识〉》，张元林摘译，《敦煌研究》1990年第4期，第116页。需要提醒的是，中译者将作者的名和姓译反了。引文括号中的英文乃笔者根据书评原文补入。参见 M. Strickmann, "Review of Political Propaganda and Ideology in China at the End of the Seventh Century, by A. Forte", The Eastern Buddhist, vol. 10, no. 1 (1977), p. 158。
② 孙英刚：《转轮王与皇帝：佛教对中古君主概念的影响》，第78、80页。
③ 参见康乐：《天子与转轮王——中国中古"王权观"演变的一些个案》，载林富士主编：《中国史新论：宗教史分册》，联经出版事业股份有限公司2010年版，第135—216页；B. G. Gokhale, "Early Buddhist Kingship", The Journal of Asian Studies, vol. 26, no. 1 (1966), pp. 15-22；W. Lai, "Political Authority: The Two Wheels of the Dharma", Buddhist-Christian Studies, vol. 30 (2010), pp. 171-186. 其实，笔者提出的"菩萨转轮王观"恰恰质疑了此种神圣与凡俗二元区分的合理性，正如美国人类学家格尔茨（Clifford Geertz）所言，"统治者与神有某些共同的属性"，因此我们必须注意"统治权力本质上固有的神圣性"。参见克利福德·格尔茨：《中枢、帝王与卡里斯玛：对权力象征的反思》，载《地方知识——阐释人类学论文集》，杨德睿译，商务印书馆2014年版，第143页。

以慈悲之心化导无量众生的圣者。作为人世间的最高统治者，转轮王便是菩萨教化众生的一种方便之身。因此，菩萨本身是即凡即圣的存在，凡圣二元区分也不再那么清晰了。窃以为，正是将菩萨（佛）与转轮王进行神圣与凡俗的二元区分，导致孙英刚忽略了其他的佛教王权观念，特别是以菩萨为中心的王权观。

上文已提到，福安敦指出武曌兼具菩萨和转轮王两种身份。他在《七世纪末中国的政治宣传与意识形态》一书中，对武周政权佛教意识形态进行了全面且深入的探究。福安敦着重分析了赋予武周皇权合法性的两份"宪章性文件"。一是武周革命前夕，载初元年（690 年）薛怀义和"洛阳大德"法明等 10 人上表的《大云经神皇授记义疏》（简称《义疏》）；二是武曌称帝后的长寿二年（693 年），南印度沙门达摩流支等 32 人重译的《佛说宝雨经》，尤其是窜入该经第一卷中的《显授不退转菩萨记》[①]（简称《菩萨记》）。在细致分疏文本后，福安敦概括了武周佛教意识形态的三个主题：一是武曌作为转轮王，二是武曌作为菩萨，三是武曌作为弥勒。他还发现，编撰《义疏》的 10 个人中，有 8 个人后来也参与了《宝雨经》的翻译，两个文本的编者或译者有大部分重合。福安敦由此认为，这在一定程度上保证了两份宣传文件实质内容的连续性和意识形态的同一性。具体来说，《义疏》和《菩萨记》表达了两个相同的意识形态主题，即"武曌作为菩萨"和"武曌作为转轮王"。福安敦认为，这两个主题是正统的佛教教义，由法明等官方僧人所主张，因此在前后两个文本中得到一贯的维持。不过，他也明确指出，两个文本的主旨也有很大的差异。主要的区别是，除了上述两种主流观念外，《义疏》还表达了一种"武曌作为弥勒"的极端观点。他认为这是弥勒主义者薛怀义为了吸引平民大众对武曌的

[①] 本章以《宝雨经》第 1 卷卷名"《佛说宝雨经》卷第一"下的一行小字"显授不退转菩萨记"，作为这部分内容的文本名称。参见 A. Forte, *Political Propaganda and Ideology in China at the End of the Seventh Century*, Scuola Italiana di Studi sull'Asia Orientale, 2005, p. 192。

狂热支持而刻意炮制的一种异端思想。① 尽管共存于《义疏》之中，极端的弥勒主义却不为正统教义所接受，最终在《菩萨记》中被彻底清除。概言之，福安敦将《义疏》中"武曌＝转轮王"和"武曌＝菩萨"两个主题视为正统的佛教观念，而将"武曌＝弥勒"的主张看作异端的弥勒主义思想。前者以官方僧人为代表，后者则以薛怀义为领袖。不过，弥勒主义虽是异端思想，但具有极大的宣传功效。因此持正统教义的官方僧人，先是在《义疏》中与弥勒主义者薛怀义合作，在后来的《菩萨记》中则剔除了这种异端信仰。②

与孙英刚坚持以转轮王为中心的王权观不同，福安敦也注重以菩萨为中心的王权观。他强调，与"武曌作为转轮王"的身份认定相比，"武曌作为菩萨"的身份认定，其重要性一点也不亚于前者。理由有二：其一，武曌的菩萨身份反映了佛教的真正人类理想，而转轮王身份表现的只是君王这种特定人物的理想。此外，我们不能低估这个理想的重要性，不仅由于它具有的道德价值，而且因为《义疏》的作者已经将这种宗教性理想强烈地政治化了。由此，宗教上的圣者同时也是政治上的王者。其二，武曌菩萨身份的认定使我们能够充分地把握武曌作为一个菩萨的主题，这本是《义疏》加以突显的一个意识形态主题，但是被《义疏》中的另一种佛教意识形态元素，即武曌是弥勒下生的异端思潮掩盖。③ 可以看出，福安敦强调了"武曌作为菩萨"的重要性，并将其与他所谓的弥勒主义相区别。下面的讨论将表明，"武曌作为菩萨"主题的重要性，除了菩萨具有普遍的人类理想性之外，主要还是在于其能证成女身称帝的合法性。这种菩萨王权观与转轮王王权观，不像福安敦分析的那样，只是两种简单并列的思想因素，其实质是一种典型的佛教王权观，即菩萨转轮王（Bodhisattva-Cakravartin）观念。那么，《义疏》和《菩萨记》到底是如何论证武曌称帝的合法性的呢？要

---

① A. Forte, *Political Propaganda and Ideology in China at the End of the Seventh Century*, pp. 242-243.
② 同上书，第189—222页。
③ 同上书，第214—215页。

回答这个问题,我们必须进入具体的文本分析。

二、《大云经神皇授记义疏》:
即以女身当王国土

我们可以毫不夸张地说,《义疏》是论证武曌女身称帝合法性的最重要文本。对于这一文本,如前所述,前辈学者已经进行了比较深入的研究。因此,本节只将注意力集中在两个主题上:一是《义疏》证明圣母神皇是"即以女身当王国土"的四分转轮王;二是《义疏》论证武曌"实是菩萨,非实女身",其女身只是"方便之身"。实际上,这两个主题是彼此关联的,前者是《义疏》所要论证的目标,后者则是对前者进行佛教教义上的证明。

(一)"当王国土":"得转轮王所统领处四分之一"

据《义疏》引《大云经》经文载,释迦牟尼佛住世时,曾授记一位名叫净光的天女未来以女身作转轮王。

> 尔时,释迦牟尼佛为大众说法云:过去有佛,号同姓灯,时有国王名大精进,王有夫人名曰护法,王之大臣名法林聚。尔时王夫人者,今净光天女是也。其净光天女白佛言:唯愿如来说大王因缘。时佛告言:且待须臾,我今先当说汝因缘。是时,天女闻是语已,心生惭愧,佛即赞言:善哉!善哉!夫惭愧者即是众生善法衣服。天女!时王夫人即汝身是,汝于彼佛暂得一闻《大涅槃经》,以是因缘,今得天身,值我出世,复闻深义,舍是天形,即以女身当王国土,得转轮王所统领处四分之一,人民炽盛,无有衰耗、病苦、忧恼、恐怖、祸难,成就具足一切吉事,阎浮提中所有国土,悉来承伏,无违拒者,得大自在,教化所属城邑、聚落(、男女、大小持五戒),摧伏外道诸邪异见。汝于尔时实是

第二十七章 菩萨转轮王——武周皇权合法化的佛教理由

菩萨,常于无量阿僧祇劫,为化众生故,现受女身,当知乃是方便之身,非实女身。①

可知净光天女的前世是一位名叫护法的王夫人,她在同姓灯佛住世时,曾暂时听闻过去佛宣讲《大涅槃经》(即《大云经》),由此缘故,得转生天界作天女。现在她又逢释迦佛出世,亲闻世尊讲授《大云经》的甚深奥义。由于这种因缘,她在未来从天女转世后,将会"即以女身当王国土,得转轮王所统领处四分之一"。就是说她来世会转生人间,以女身作国王,她支配的疆域是转轮圣王所统领的四天下之一,即"阎浮提中所有国土"。她所治理的国土的情形是"人民炽盛,无有衰耗、病苦、忧恼、恐怖、祸难,成就具足一切吉事",一幅太平之世的景象。

此种女转轮王统领下的治世景象,对武曌的僧侣支持者当然具有极大的吸引力,因此他们解释说:

昔灯王佛所发愿乃有三人:一大王,二夫人,三大臣。大臣法林前后记毕,天女请说大王之事,佛即先赞净光惭愧之美,次彰天女授记之征,即以女身当王国土者,所谓圣母神皇是也。②

可见《义疏》作者明确将佛陀授记净光天女未来作女王,解释成武曌将以女身作神皇。需要注意的是,"即以女身当王国土者,所谓圣母神皇是也",是整篇《义疏》的论证主旨。那么,他们是如何证明这一点的呢?我们发现,他们的论证手法,是通过援引《证明因缘谶》,以谶验经。

何以验之?(谨按)《证明因缘谶》曰:尊者白弥勒,世尊出

---

① 林世田:《〈大云经疏〉结构分析》,载《敦煌遗书研究论集》,中国藏学出版社2010年版,第20—21页。
② 同上书,第21页。

世时，疗除诸秽恶，若有逋慢者，我遣天童子，手把金杖，刑害此人。水东值明主，得见明法王，尊者愿弥勒，为我造化城，上有白银柱，下有万世铭。天女著天衣，柱上悬金铃，召我诸法子，一时入化城。①

以上这些内容是从佛教疑伪经《普贤菩萨说证明经》②（简称《证明经》）中抽离出来，然后杂糅而成的。《义疏》不称其为经，而名之为谶，可见是以《经》为《谶》，其目的是为了"证明因缘"。证明什么因缘呢？就是证明武曌与净光天女之间的本末因缘。然后，《义疏》进一步利用武曌时期的事实，来验证《证明因缘谶》所描述的内容。

（谨按）弥勒者即神皇应也（弥勒者，梵语也，此翻云慈氏。按《维摩经》云慈悲心为女，③ 神皇当应其义合矣）。疗除诸秽恶，及令天童子手把金杖，刑害此人者，即明诛灭凶徒，肃清天下也。"水东值明主，得见明法王"者，（谨按）《易》云，帝出于震，震在东。此明神皇出震君临。又王在神都，即是水东也。化城者，明堂也。"上有白银柱"者，明堂中柱也。"下有万世铭"者，《广武铭》是也。"天女著天衣"者，即明圣母神皇服衮龙之服也。"柱上悬金铃"者，即应明堂演四时声教也。"召我诸法子，一时入化城"者，此乃万国朝宗，会于明堂也。……以是义故，属在神皇矣。④

---

① 林世田：《〈大云经疏〉结构分析》，第21页。
② 参见林世田：《敦煌所出〈普贤菩萨说证明经〉及〈大云经疏〉考略——附〈普贤菩萨说证明经〉校录》，《文津学志》2003年第1辑，北京图书馆出版社2003年版，第169—190页；对于本经的研究，参见武绍卫：《敦煌本〈普贤菩萨说此证明经〉经本研究》，《敦煌学》2013年第30辑，第57—75页。
③ 关于"慈悲心"等抽象概念的人物化和具象化，参见金克木：《概念的人物化——介绍古代印度的一种戏剧类型》，载《金克木集》第3卷，生活·读书·新知三联书店2011年版，第149—165页。
④ 林世田：《〈大云经疏〉结构分析》，第21—22页。

不难看出,《义疏》作者的证明方法就是利用图谶和事实,对释迦佛的预言加以应验。具体言之,他们或是将武曌当时已经发生之事与《大云经》中净光天女本事的各种情节彼此对应,或是将其与《义疏》所援引的其他谶言互相比附。只是令人有些疑惑的是,据林世田统计,《义疏》一共援引了18种图谶,① 而其中只有一部佛教疑伪文本,即所谓《证明因缘谶》。先不论其具体内容为何,从"证明因缘谶"这个名称,我们就可以读出两点比较重要的信息。第一,从文本属性来看,这是一种预言性文本,即"谶",因此具有浓烈的神秘性和神圣性,从而对于人们来说其预言的内容也就具有权威性和可信性。第二,从文本功能来说,这是一种证明性材料,其所起的作用是"证明因缘",也就是前文所说的《义疏》主旨:净光天女未来世(武曌)将以女身作国王。因此,对于武曌女身称帝来说,《证明因缘谶》就是其合法性的"证明"依据,即合法性论据。

具体来说,《义疏》是分两步进行论证的。第一是通过慈氏的女性色彩和武曌的女性身份,即所谓"慈悲心为女",将弥勒与神皇关联起来,以证成"弥勒者,即神皇应也"。第二是以一系列已经发生的事件来对应《证明因缘谶》所预言的内容,达到"以是义故,属在神皇矣"的论证目的。可以看出,《证明因缘谶》在《义疏》中起到论证理由的作用,而发生的事件则是论据。通过《证明因缘谶》的中介作用,《义疏》将现实发生的事件和《大云经》中叙述的净光天女本事关联起来,最终完成以下论证:现实中的圣母神皇就是佛经中的净光天女转世,她将以女性身份登基称帝。

对于净光天女未来作转轮王的具体身份,《义疏》作者还做了进一步的论证。首先,他们解释说,《大云经》所言净光天女未来将"得转轮王所统领处四分之一",指的就是"今神皇王南阎浮提一天下也",因为南阎浮提"若比轮王,即四分之一是也"。② 其次,他们解释《大

---

① 参见林世田:《武则天称帝与图谶祥瑞》,载《敦煌遗书研究论集》,中国藏学出版社2010年版,第41页。
② 林世田:《〈大云经疏〉结构分析》,第22页。

云经》所说的"有一小国",就是前述经文中的"得转轮王所统领处四分之一",并认为"转轮王化谓四天下,大唐之国统阎浮提比四天下,即小国也"。① 最后,他们还自问自答,以证明武曌就是转轮王。他们问道,"金轮王驭四天下"会有种种"灵感",那么神皇治化阎浮提,不知有什么"祥瑞"?然后以武曌所感召的种种千载难逢、万年不遇的祥瑞加以验证。②

经过薛怀义和法明等"大德"的解说,给人的印象是,圣母神皇确确实实就是转轮王了,尽管只是统领南阎浮提,即"得转轮王所统领处四分之一"。不过,有论者对这一论证所建构的事实加以怀疑。如吕博认为《义疏》并没证成武曌就是转轮王,一个原因就是他认为武曌只得"转轮王所统领四分之一",因此还不是转轮王,只有在长寿二年窜入《宝雨经》的《菩萨记》中,她才被完整授予转轮王位。③ 这里涉及如何理解《大云经》所说的"转轮王所统领处四分之一"。我们这里试以当时人的观念,来对这一表述进行分析。玄奘法师在《大唐西域记》中,对娑婆世界进行了简要描述,并区分了金、银、铜、铁四类转轮王:

> 然则索诃世界,三千大千国土,为一佛之化摄也。今一日月所临四天下者……海中可居者,大略有四洲焉。东毗提诃洲,南赡部洲,西瞿陀尼洲,北拘卢洲。金轮王乃化被四天下,银轮王则政隔北拘卢,铜轮王除北拘卢及西瞿陀尼,铁轮王则唯赡部洲。夫轮王者,将即大位,随福所感,有大轮宝浮空来应。感有金银铜铁之异,境乃四三二一之差,因其先瑞,即以为号。④

---

① 林世田:《〈大云经疏〉结构分析》,第27页。
② 同上书,第31页。
③ 参见吕博:《明堂建设与武周的皇帝像——从"圣母神皇"到"转轮王"》,《世界宗教研究》2015年第1期,第42—58页。
④ 玄奘、辩机原著,季羡林等校注:《大唐西域记校注》,中华书局2000年版,第34—35页。

据此可知，一佛所化摄的娑婆世界包含有三千大千世界。这三千大千世界中的一个世界，以苏迷卢山（须弥山）为中心，其周边有七山七海环绕。在最外围的大海中分布有东、西、南、北四洲，南方的洲即赡部洲，又译为"阎浮提"。同时玄奘法师还划分了四种转轮王，金轮王统领四天下，银、铜、铁轮王各统领三、二、一洲。其中，铁轮王统领范围最小，仅限于赡部洲，亦即我们人类所居住的这个世界。① 因此，按此四种转轮王的区分，《大云经》说净光天女未来"即以女身当王国土，得转轮王所统领处四分之一"，实际上说的是她将获得"金轮王"所统领的四天下之一，即作阎浮提主，也就是"铁轮王"。其实，这也是《义疏》作者所认识到的事实，因为他们明确声称"今神皇王南阎浮提一天下也"。

（二）"即以女身"："实是菩萨，非实女身"

《大云经》除了授记净光天女来世将"得转轮王所统领处四分之一"之外，还以"菩萨化身说"论证了她转世后为什么会以女身作转轮王，即前引文：

> 天女！时王夫人即汝身是，汝于彼佛暂得一闻《大涅槃经》，以是因缘，今得天身，值我出世，复闻深义，舍是天形，即以女身当王国土，得转轮王所统领处四分之一，……汝于尔时实是菩萨，常于无量阿僧祇劫，为化众生故，现受女身，当知乃是方便之身，非实女身。②

根据佛陀的叙述，这是因为净光天女在未来已经证得了菩萨的果

---

① 关于一佛所教化的范围，早期佛经即主张是三千大千世界，参见关则富译注：《巴利语佛经译注·增支部（一）》，联经出版事业股份有限公司2016年版，第388—389页，第389页注释802；对佛教宇宙观的详细描述，参见 S. J. Tambiah, *Buddhism and the Spirit Cults in North-east Thailand*, Cambridge University Press, 1970, Chapter 3, "Cosmology", pp. 32–52。

② 林世田：《〈大云经疏〉结构分析》，第21页。

位，她所行的是菩萨行，修的是菩萨道。为了教化身陷生死轮回之链中的芸芸众生，她在无量劫的时间里，化现女人之身以救度世人，这体现了菩萨大慈大悲的救世精神和善权方便的救度法门。因此，女王之身只是一种"方便之身，非实女身"。那么，《义疏》作者是如何解释"汝于尔时实是菩萨，为化众生，现受女身"的呢？他们的回答是："菩萨利生，形无定准，随机应物，故现女身。"①

其实，《义疏》所引《大云经》这些经文，还不是《大云经》本身论证女身为王的教义基础的全部。除了上述"菩萨化身说"之外，《大云经》还以"诸法无相说"来论证女身是虚幻之身。北凉昙无谶所译《大方等无想经》卷六载：

> 尔时，大云密藏菩萨摩诃萨，在大会中，见是神变，即从座起，合掌恭敬白佛言："世尊！是何相貌？谁之德力？是大众中，有是妙华，出无量香？"
>
> 于是，净光天女，语大云密藏菩萨言："善男子！一切诸法，皆悉无相，云何问言：'是何相貌？'诸法如梦，何故颠倒，如狂所问？"
>
> ……
>
> 佛言："善哉善哉！善男子！实如天女之所宣说。菩萨摩诃萨，住是三昧，惟见无相。善男子！若男若女，欲见无相，应当精勤，修是三昧。菩萨摩诃萨，住是三昧，能于三千大千世界，现种种身。"②

又载，

> （佛言：）善男子！菩萨摩诃萨，虽作如是随顺世间种种诸行，

---

① 林世田：《〈大云经疏〉结构分析》，25页。
② 《大方等无想经》卷6，CBETA（中华电子佛典）2021.Q4, T12, no. 387, p. 1106a7-22.

为欲度脱，终不生于众生之相，常修法相。何以故？是三昧力故。菩萨摩诃萨，无有着处，不着声闻，不着缘觉，为欲怜愍一切世间，度众生故，在在处处，随其所乐，而现其身。是故菩萨修习无相，见于无相。若人能见如是无相，是名正见。净光天女亦修无相。诸佛世尊，住是三昧，故不可思议。

（大云密藏言：）世尊！是净光天女，成就具足，甚深智慧。若无相境界，不可思议，其修习者，亦不可思议。①

还载，

（大云密藏言：）世尊！惟愿如来，说是天女，在何佛所，发阿耨多罗三藐三菩提心？何时当得转此女身？

（佛言：）善男子！汝今不应问转女身。是天女者，常于无量阿僧祇劫，为众生故，现受女身，当知乃是方便之身，非实女身。云何当言："何时当得转此女身？"善男子！菩萨摩诃萨，住是三昧，其身自在，能作种种随宜方便。虽受女像，心无贪著，欲结不污。②

由上引三则经文，可以发现《大云经》除了通过"菩萨化身说"证成女身作转轮王的合法性之外，还援用佛教根本教义"诸法无相说"来说明菩萨化现为女身的合理性，从而破除认为女身垢秽的偏见。首先，通过"一切诸法，皆悉无相"的基本教义来"扫相"。非常巧妙的是，在《大云经》中，这种教义的宣说是通过净光天女与大云密藏菩萨的对话来表达的，以此彰显净光天女住于无相三昧而不执着于男女之相的优越性。其次，强调菩萨为了救度众生，以方便之身显现种种形相，但不生于众生之相，而是修习无相，住于无相。这里涉及菩萨智悲双运的修习方法：以智观空，见于无相；以悲救世，度化众生。最后，通过否定

---

① 《大方等无想经》卷6，CBETA 2021.Q4, T12, no. 387, p. 1106b28-c9。
② 同上书，pp. 1106c27-1107a6。

大云密藏菩萨"何时当得转此女身"之问,来说明净光天女实是菩萨,女身只是她治化世间的方便之身。因此,她"虽受女像,心无贪著,欲结不污"。可以看出,在佛教基本教义的层面上,"诸法无相说"最能赋予女性平等的地位,而"菩萨化身说"其实是通过否定女身的真实性,来证明女性为王的合法性。

三、《显授不退转菩萨记》:五位之中当得二位

如上文所述,福安敦已经讨论了《大云经》和《义疏》中女性以菩萨化身作转轮王的议题,并提炼出"武曌作为转轮王"和"武曌作为菩萨"的两种理念。不过稍显遗憾的是,他并没有解释清楚这两种理念之间到底有什么关联。也就是说,他没有深入论述菩萨理念实际上是为证成女身为转轮王的合法性而提出的。需要指出的是,这两种理念在《大云经》和《义疏》中都只是分散地、间接地有所表达,只有在达摩流支等人重译《佛说宝雨经》时窜入的《菩萨记》中,"武曌作为不退转菩萨"和"武曌作为转轮王"的理念,才得到明晰、完整和公开的表达。

(一)《菩萨记》的发现及其意义

除《义疏》之外,《菩萨记》是合法化武曌女性统治的另一个重要文本。虽然《菩萨记》对建构武周皇权合法性非常重要,但据福安敦研究,自长寿二年达摩流支等人重译《宝雨经》以来,很少有人注意到这部佛经的重要性。关于这部佛经的真实性,更是少有人怀疑。他发现,直到明代才有僧人对此发生疑问,他们认定武曌是一个残暴的谋杀者,因此《宝雨经》第三卷中有关"菩萨杀害父母"的内容是伪造的,其目的是为她所犯下的"无数可怕的罪行做道德上的辩护"。[①]

[①] A. Forte, *Political Propaganda and Ideology in China at the End of the Seventh Century*, p. 191.

第二十七章 菩萨转轮王——武周皇权合法化的佛教理由 839

不过,对比《宝雨经》另外两个译本,可知其第三卷中相关内容是原本所有,并非达摩流支等人的伪造。只有到了清代,俞正燮才最终发现《宝雨经》中的隐秘,将《菩萨记》鉴定为伪造的经文。① 俞正燮《癸巳存稿》卷12《宝雨经》载:

> 《明藏》此字号《佛说宝雨经》十卷,中言佛授月光天子长寿天女记,当于支那国作女主。寻此经为唐达摩流支译,语甚怪异。检身字函中有《佛说宝云经》七卷,为梁扶南沙门曼陀罗仙(共)僧伽婆罗译者。《宝雨》文义,俱出其中,独无支那女主之说。则《宝雨》文伪。……唐末,有弥勒会祅人,则天遗教也。②

俞正燮通过比较达摩流支新译《佛说宝雨经》和曼陀罗仙共僧伽婆罗旧译《佛说宝云经》(即《大乘宝云经》),发现前者所载"佛授月光天子长寿天女记,当于支那国作女主"的内容,并不见于后者,因此断定《宝雨经》中这部分内容是伪经。福安敦据此认为是俞正燮最先发现达摩流支重译《宝雨经》时增加了"月光天子受记于支那国作女主"的内容,其造作动机是支持武曌以女身称帝。③ 这种看法固然不错,但我们需要补充两则信息,以说明其实在俞正燮之前,早有人发现达摩流支等人重译《宝雨经》时新增的这部分内容。

一是唐代僧人澄观。在《大方广佛华严经随疏演义钞》中,澄观对武曌在圣历二年(699年)十月所作的《大周新译大方广佛华严经序》(以下简称《华严经序》)进行了翔实的注疏。武曌在《华严经序》中有一段公开的自白,明确宣称自己登基称帝的合法性来源于释迦佛的授记:"朕曩劫植因,叨承佛记。金仙降旨,《大云》之偈先彰;玉

---

① 关于《宝雨经》中窜入经文的发现和再发现过程,参见 A. Forte, *Political Propaganda and Ideology in China at the End of the Seventh Century*, pp. 191-192。

② 俞正燮:《癸巳存稿》卷12《宝雨经》,载《俞正燮全集》第2册,于石等校点,黄山书社2005年版,第479—480页。

③ A. Forte, *Political Propaganda and Ideology in China at the End of the Seventh Century*, p. 192.

宸披祥,《宝雨》之文后及。"① 对于《序》中的"《大云》之偈"和"《宝雨》之文",澄观是这样解读的:

初明《大云经》,或有疑伪;后"玉宸"下,明《宝雨经》。……《宝雨经》有十卷,入《开元正录》。第一卷中云:"尔时东方有一天子,名曰月净光……佛告天子曰:'天子!以是因缘故,我涅槃后第(四)五百年,法欲灭时,汝于此赡部洲东北方摩诃支那国,位居阿鞞跋致,实是菩萨,故现女身为自在主。'又一切女人犹有五障,此天子不为二障所障:一者轮王,二者不退菩萨。"余如彼经。释曰:此时更无女主,弘建若是,斯言不虚。②

澄观疏文中有两点值得特别注意:一是关于"《宝雨》之文"的确切意涵。疏文引用了《菩萨记》的大部分内容,来说明武曌《序》中所谓"《宝雨》之文",指的正是《宝雨经》第一卷中有关"月净光天子受记为轮王和不退菩萨"的经文。这是第一次对"《宝雨》之文"的确切解说,尽管他没有认识到这部分经文正是在达摩流支等人重译《宝雨经》时才窜入其中的。二是关于《大云经》和《宝雨经》的真伪问题。澄观认为前者可能有疑伪之处,而后者则真实不虚。对于《大云经》,疏文着墨较少,只说"或有疑伪"。对于《宝雨经》,澄观则做了详尽的解说。先是指出达摩流支等人重译的十卷《宝雨经》被收入《开元正录》,既然被收入正录,《宝雨经》当然是正经而非伪经。然后大篇幅引用达摩流支等人窜入《宝雨经》第一卷的《菩萨记》,并解释说"此时更无女主,弘建若是,斯言不虚",明确主张《菩萨记》中月净光天子受记作转轮王和菩萨的真实性。

二是明代僧人智旭。在《阅藏知津》中,智旭已比较了《佛说宝

---

① 《大方广佛华严经》卷1,CBETA 2021. Q1, T10, no. 279, p. 1a17-23。
② 《大方广佛华严经随疏演义钞》卷16,CBETA 2021. Q4, T36, no. 1736, pp. 125c29-126a19。

雨经》和《佛说宝云经》的不同之处,发现前者有"授月光天子记,当于支那国作女主"的经文,而后者其他内容"与上经同,但缺卷首月光天子作女主事"。① 可见,智旭已经指出了两经的关键性区别,遗憾的是他没有进一步追问为什么会有这样的差异。而追问这种差异并揭示《菩萨记》为伪造经文,如上文所述,正是俞正燮的贡献。

不过,需要着重指出的是,其实俞正燮对于《宝雨经》也有误读之处。细审俞正燮认为《宝雨经》中"语甚怪异"的内容,即"佛授月光天子长寿天女记,当于支那国作女主",可以发现,俞正燮所说的"《宝雨》文伪"的完整内容,其实是"佛授月光天子记,当于支那国作女主"和"佛授长寿天女记"两部分内容。现检读曼陀罗仙共僧伽婆罗译《佛说宝云经》,尾卷确实不见"佛授长寿天女记"的内容,难道达摩流支新译《宝雨经》果真还插入了"长寿天女受记"的经文?其实不然。我们对比此经另外两部同本异译,即梁朝曼陀罗仙译《宝云经》和宋朝法护译《佛说除盖障菩萨所问经》,就可以发现其中分别载有"无死天神受记"事和"长寿天女受记"事。与《宝雨经》相比,这两部经一者在武周之前的梁代翻译,一者在武周之后的宋代翻译,但都有天女受记成佛的内容。两者的差别,只是天女的名字有所不同而已,前者译作"无死天神",后者译作"长寿天女"。② 两者虽译名不同,但显然意义相近。因此,可以断定《宝雨经》中"长寿天女受记成佛"事是梵文原本所有,并非达摩流支等人窜入。

(二)"五位之中":女身五障说的重构

福安敦认为,达摩流支等人造作《菩萨记》,肯定是经过了非常充分的准备,因此才没有泄露其中有关武曌得到佛陀授记作转轮王和不退转菩萨的信息。历史表明,他们这次的伪造行动是完全成功的。因为如前文所述,除了明代僧人智旭和清代学者俞正燮的质疑外,再也

---

① 智旭:《阅藏知津》(上),杨之峰点校,中华书局 2015 年版,第 272 页。
② 参见《宝云经》卷 7,CBETA 2021. Q3, T16, no. 658, p. 240a4-b2;《佛说除盖障菩萨所问经》卷 20,CBETA 2021. Q3, T14, no. 489, p. 750a27-c7。

没有发现其他人对其加以指责的痕迹。① 下面，我们拟详细分析这份经过"非常充分的准备"而伪造的《菩萨记》文本，主要检讨其对佛教"女身五障说"的重构和突破。为了便于分析，我们将达摩流支等人窜入《宝雨经》第一卷中的这部分内容具引如下：

> 尔时东方有一天子名曰月光，乘五色云来诣佛所，右绕三匝，顶礼佛足，退坐一面。
>
> 佛告天曰："汝之光明甚为希有！天子！汝于过去无量佛所……种诸善根。天子！由汝曾种无量善根因缘，今得如是光明照耀。天子！以是缘故，我涅槃后、最后时分、第四五百年中，法欲灭时，汝于此赡部洲东北方摩诃支那国，位居阿鞞跋致，实是菩萨，故现女身，为自在主。经于多岁正法治化②，养育众生犹如赤子，令修十善；……于一切时常修梵行，名曰月净光天子。然一切女人身有五障。何等为五？一者，不得作转轮圣王；二者，帝释；三者，大梵天王；四者，阿鞞跋致菩萨；五者，如来。天子！然汝于五位之中当得二位，所谓阿鞞跋致及轮王位。天子！……天子！汝于彼时住寿无量，后当往诣睹史多天宫，供养、承事慈氏菩萨，乃至慈氏成佛之时，复当与汝授阿耨多罗三藐三菩提记。"
>
> 尔时月光天子从佛、世尊闻授记已，踊跃欢喜，身心泰然，……作如是言："世尊！我于今者亲在佛前得闻如是本末因缘，授阿耨多罗三藐三菩提记已，获大善利！"作是语已，绕佛三匝，退坐一面。③

---

① A. Forte, *Political Propaganda and Ideology in China at the End of the Seventh Century*, p. 202.
② 关于"治化"与《普贤菩萨说证明经》之关系，参见 A. D. Hughes, "Re-Examining the Zhengming Jing: The Social and Political Life of an Apocryphal Maitreya Scripture", *Journal of Chinese Religions*, vol. 45（2017），pp. 1-18；A. D. Hughes, *Worldly Saviors and Imperial Authority in Medieval Chinese Buddhism*, University of Hawai'i Press, 2021, pp. 6-9.
③ 《佛说宝雨经》卷 1, CBETA 2021. Q4, T16, no. 660, p. 284b13-c14。

与前面讨论的《大云经》及其《义疏》不同，《菩萨记》明确地提出了"女身五障说"。① 但必须注意的是，《菩萨记》中的"五障说"是经过达摩流支等人重构了的"新五障说"。为了便于比较，我们可以后秦时期鸠摩罗什所译《妙法莲华经》中的"女身五障"为例，作为"旧五障说"的代表。

> 时舍利弗语龙女言："汝谓不久得无上道，是事难信。所以者何？女身垢秽，非是法器，云何能得无上菩提。佛道悬旷，经无量劫勤苦积行，具修诸度，然后乃成。又女人身犹有五障：一者，不得作梵天王；二者，帝释；三者，魔王；四者，转轮圣王；五者，佛身。云何女身速得成佛？"②

可以看出，关于"女身五障"，《菩萨记》与《法华经》明显有两大差异之处。第一，"女身五障"的内容不同。《菩萨记》将《法华经》中的"魔王"替换为"阿鞞跋致菩萨"。③ 我们认为，《菩萨记》的这一改动，其实是大有深意的，关乎大乘佛教中菩萨修行的次第和菩萨的位阶，即"十住说"和"十地说"。④ 关于菩萨位阶问题，我们在这里不能详谈，只是要指出一点，据实叉难陀在武周时新译的《大方广佛华严经》，阿鞞跋致（不退转）位在"菩萨十住说"中处于第七住"不退"，而在"菩萨十地说"中则处于第八地"不动"。印顺法师认为，"不退转"位阶非常关键，达到这个位阶的菩萨称为"至于不

---

① 关于女性"五障"或"六碍"之说，参见郭忠生：《女身受记》，《正观杂志》2000 年第 14 期，第 61—98 页；对佛教女性观源流的考察，则参见永明：《佛教的女性观》，佛光文化事业有限公司 1997 年版。

② 《妙法莲华经》卷 4（提婆达多品），CBETA 2021. Q1, T09, no. 262, p. 35c6-12。

③ 需要注意的是，根据现存梵本《法华经》，女人不能获得的五种地位是："第一梵天地位，第二帝释天地位，第三大王地位，第四转轮王地位，第五不退转菩萨地位"。参见《梵汉对勘妙法莲华经》第十一《见宝塔品》，黄宝生译注，中国社会科学出版社 2018 年版，第 505 页。

④ 参见平川彰：《印度佛教史》，庄昆木译，北京联合出版公司 2018 年版，第 228—240 页。

退地",已经得"无生深法忍",因此为"诸佛所授记"。① 也就是说,如果菩萨修行到了第八地的"不动"地,就到达了"显然有质差别的阶段。修此愿行者已知自己何时何地成佛,他自己就可以以佛的名义为自己作记作证"。②《菩萨记》通过将"菩萨十地说"置于"新五障说"中,建构了一种更完整的位阶序列,我们可以称之为"五障十地说"。在这种新的位阶框架中,武曌居于不退转菩萨位和转轮王位。此外,《菩萨记》将"魔王"替换为"不退转菩萨",还是为了补足佛教式"存在巨链"③的连续性。正是由于菩萨独具的二元性、中间性和混杂性,即兼具世间性和出世间性,才能将凡俗的此世与神圣的彼世紧密地联系起来,从而弱化了两个世界的界限。武曌的菩萨转轮王身份,正是这种双重性的具体体现。

第二,"女身五障"的顺序不同。《菩萨记》把转轮王放在首位,中间依次是帝释、大梵天王、阿鞞跋致菩萨,最后是如来。我们以为,这种新的顺序安排极具创造性。首先,这是一个由凡入圣的过程,前面三者主要是政治性王者,后面二者主要是宗教性导师。其次,这也是一个福德大小的位阶排序,由前到后依次递升。最后,武曌所获得的两种位格,不论在政治序列还是宗教位阶中,都处于较低的位置:人间的转轮圣王不如天界的帝释和大梵天王,尚有余垢的阿鞞跋致菩萨当然不及无垢的如来。这种排序似乎隐含有政教二分的意涵,既是一个功德福报的排列表,还是武曌在佛教式"存在巨链"中所处位置的界标。不过,通过明确授予武曌不退转菩萨和转轮王两种地位,女皇就兼具了宗教导师和政治统治者的双重角色。

此外,从《菩萨记》的"女身五障说"中,我们还可以发现各类"王者"在佛教宇宙观中的位置。在"旧五障说"中女性不能作"梵

---

① 释印顺:《印顺法师佛学著作全集》第 17 卷《初期大乘佛教之起源与开展(下)》,中华书局 2009 年版,第 921 页。
② A. B. 凯思:《印度和锡兰佛教哲学:从小乘佛教到大乘佛教》,宋立道、舒晓炜译,贵州大学出版社 2014 年版,第 367 页。
③ 阿瑟·O. 洛夫乔伊:《存在巨链:对一个观念的历史的研究》,张传有、高秉江译,商务印书馆 2015 年版。

天王、帝释、魔王、转轮圣王和佛身（法王）"，从某种意义上说，这五种身份都是"王者"，他们分别是自己统领的轮回世界或超越世界的支配者。因此，《菩萨记》将"魔王"替换为"不退转菩萨"，其实是减少了原来五种阶位的"王者"性格。这一方面固然是因为《菩萨记》作者需要用菩萨观来论证女身作转轮王的合法性，另一方面也可能是因为魔王毕竟是一种负面的形象，因此有替换的必要。① 佛教的宇宙观首先区分了涅槃的彼岸世界和轮回的此岸世界。② 这种"涅槃"境界与"轮回"世界的划分，界分出一个现实的此岸世界和超越的彼岸世界。而菩萨正处于两个世界的中间状态，他上证菩提，下化众生。因此，菩萨转轮王观念，除了能够证成武曌女身称帝的合法性之外，其实还是一套比较完善的政治佛学（political Buddhism）。

（三）"当得二位"：菩萨转轮王观的建构

在重构了"女身五障说"之后，《菩萨记》借佛陀之口预言说，月净光天子未来将会获得阿鞞跋致菩萨位和转轮王位两种地位，即前引文：

> 然一切女人身有五障。何等为五？一者，不得作转轮圣王；二者，帝释；三者，大梵天王；四者，阿鞞跋致菩萨；五者，如来。天子！然汝于五位之中当得二位，所谓阿鞞跋致及轮王位。③

《菩萨记》既然已经指出女身具有五种障碍，但为什么还是授予月净光天子"不退转菩萨"和"转轮王"两种位阶呢？这难道不矛盾吗？仔细辨析其论证逻辑，可以发现《菩萨记》正是通过"菩萨双体说"，即"实是菩萨，故现女身"来化解这种表面上的矛盾的。换句话说，

---

① 参见郭忠生：《女身受记》，第67页。
② 关于佛教宇宙观中这两个世界区分，参见 S. J. Tambiah, *Buddhism and the Spirit Cults in North-east Thailand*, Chapter 3, "Cosmology", pp. 39-42。
③ 《佛说宝雨经》卷1，CBETA 2021. Q4, T16, no. 660, p. 284b26-29。

月净光天子的女身只是一种虚幻之身（化身），实际上，她的真实之身（法身）是不退转菩萨。为了治化众生，护持正法，她将以转轮王的身份统治"赡部洲东北方摩诃支那国"。

比较上引材料，不难看出《菩萨记》中月净光天子具有菩萨和转轮王双重身份的观念，在《义疏》中已有初步的表述。一方面，关于转轮王位，《义疏》宣称净光天女于未来世将会"得转轮王所统领处四分之一"，即作"铁轮王"，统领"南阎浮提一天下"；另一方面，关于菩萨位，《义疏》亦明言她"实是菩萨"，"非实女身"，只是为了以方便之身教化众生，才化现为女身。因此，《菩萨记》的菩萨转轮王观，正是承袭《义疏》中"菩萨化身为转轮王"观念而来。

概言之，通过《菩萨记》作者的创造性重构，传统的"五障说"立场转化为女身可以获得阿鞞跋致菩萨位和轮王位。这两种阶位正好分别是政治性的和宗教性的，因此月光天子的转世月净光天子（武曌）既是政治世界的王者——转轮王，也是宗教世界的圣者——不退转菩萨。[①] 这正是《菩萨记》的重要之处和特别之处，其不唯宣称了一种新的佛教女性观，更提出了一种新的佛教王权观。与《大云经》及其《义疏》不同，《菩萨记》中月净光天子将会获得不退转菩萨位和转轮王位，是佛陀的亲口授记，而非只是佛教教义的逻辑推演。通过月光天子的授记，《菩萨记》将一些教义具体化和形象化了，由此突破了佛教通常主张的"女身五障说"。值得强调的是，《菩萨记》虽然有了突破，但还是维持了女身不能获得帝释、大梵天王和如来三种位格的障碍。可以说，正是薛怀义和达摩流支等人，先后通过注疏《大云经》和造作《菩萨记》，最终突破了"女身五障说"和早期的转轮王观念，从而建构出了一种新型的菩萨转轮王观念。

这种菩萨转轮王观念的最典型表述，可以在佛授记寺僧人明佺等人于天册万岁元年（695年）十月二十六日完成的《大周刊定众经目

[①] 美国学者尤春桃将此种既是政治统治者，又是宗教导师的人物称之为"世俗救世主"（worldly savior），参见 A. D. Hughes, *Worldly Saviors and Imperial Authority in Medieval Chinese Buddhism*, pp. 5–9。

录序》中发现：

> 窃以真谛俗谛，借文字而方显；正法像法，由护持而或存。所以得万劫流通，四生利益。我大周天册金轮圣神皇帝陛下，道著恒劫，位邻上忍。乘本愿而下生，演大悲而广济。金轮腾转，化偃四洲；宝马飞行，声覃八表。莫不齐之以五戒十善，运之以三乘六度。帝王能事，毕践无遗；菩萨法门，周行莫怠。绍隆之意，与金刚而等坚；弘誓之心，共虚空而比大。圣情以教为悟本，法是佛师。出苦海之津梁，导迷途之眼目。务欲令疑伪不杂，住持可久。乃下明制，普令详择。存其正经，去其伪本。①

上引这段文字，是对《义疏》和《菩萨记》所建构的菩萨转轮王观念所做的最完整和最精确的界说，因此不必多做疏解。作为一份证明武曌是菩萨转轮王的政治佛学文本，其重要性不言而喻，值得我们特别重视。

下面，我们还要援引几个例子，以证明菩萨转轮王观念并非只是佛教僧人的一种理论建构，而且也是当时官僚文士政治生活中的日常话语表达。武周时期的"大手笔"李峤在《贺天尊瑞石及雨表》中写道：

> 臣闻大悲握契，汲引之数盈千；元圣垂机，感现之瑞不一。随缘应俗，或作孺童；降迹通凡，常为长者。然则前佛皆同，一字可通（一作道），非道理两名，至矣哉！不可得而称也。伏惟天册金轮圣神皇帝陛下，功成尘劫，迹御金轮，万姓乐推，百灵欣戴。如来备记，昔避天女之宫；菩萨降生，遂坐人王之国。②

---

① 《大周刊定众经目录》卷1，CBETA 2021. Q3, T55, no. 2153, p. 372c16-27。
② 《全唐文》卷243《贺天尊瑞石及雨表》，中华书局1983年版，第2458页。

李峤在这里直接将《大云经》《义疏》和《菩萨记》中天女受记之事，作为文章的今典来使用，即所谓"如来备记，昔避天女之宫；菩萨降生，遂坐人王之国"。不难看出，此句明确点出了武曌作为菩萨和转轮王的双重身份，即"菩萨人王"。

李峤《为绛州刺史孔祯等上献食表》曰：

> 臣祯等言：……伏惟金轮圣神皇帝陛下，功掩大千，化高明一，凭五乘而驭群品，秉六度而宏万机，俯顺人心，仰膺佛记。尊名大号，与日月而齐光；凯泽欢酺，共雷雨而俱作。舞咏溢于三界，声名殷乎四天。①

李峤用"五乘"和"六度"两种佛教术语，明显是将女皇描写为治化众生的菩萨。再加上尊号中作为转轮王象征的"金轮"符号，武曌就同时是菩萨和转轮王，亦即我们所说的菩萨转轮王。这与《义疏》和《菩萨记》中"实是菩萨，为化众生，现受女身""实是菩萨，故现女身"的表述完全一致，也就是《菩萨记》所说的月净光天子"得阿鞞跋致及轮王位"。总之，这段文字满篇佛教修辞，描绘了菩萨转轮王治下歌舞升平、丰衣足食的美好景象。此处值得注意的还有"俯顺人心，仰膺佛记"一句，这揭示了金轮圣神皇帝权力合法性的两个来源，一是世俗性的人心，二是超越性的佛记。这与儒家礼法文化中皇权合法性来源于民心和天命，具有一种结构上的相似性。

武周圣历元年（698年）《李克让修莫高窟佛龛碑》载：

> 我大周之驭宇也，转金轮之千辐，……德被四天，不言而自信；恩隆十地，不化而自行。……更绍真乘，初隆正法。《大云》编布，《宝雨》滂流。阐无内之至言，恢无外之宏唱。
> ……

---

① 《全唐文》卷245《为绛州刺史孔祯等上献食表》，第2481页。

第二十七章 菩萨转轮王——武周皇权合法化的佛教理由 849

> 法身常住，佛性难原。形包化应，迹显真权。无为卓尔，寂灭凝玄。乘机逐果，示变随缘。
>
> 大周广运，普济含灵。金轮启圣，玉册延祯。长离入阁，屈轶抽庭。四夷偃化，重译输诚。①

可以看出，在远离神都洛阳的帝国边缘地区敦煌，当地人李克让也用菩萨和转轮王的象征符号来描绘天册金轮圣神皇帝。"形包化应，迹显真权""乘机逐果，示变随缘"表达的正是菩萨化身的理念，而"转金轮之千辐""金轮启圣"描绘的也是一幅转轮王治化的太平景象。

大足元年（701 年）贾膺福《大云寺碑》写道：

> 自隆周鼎革，品汇光亨，天瑞地符，风扬月至。在璇机而齐七政，御金轮以正万邦。（阙六字）千圣。菩萨成道，已居亿劫之前；如来应身，俯授一生之记。《大云》发其遐庆，《宝雨》兆其殊祯。赤伏祚刘，得自书生之献；黄星表魏，闻诸瞽史之谈。犹播美于缇缃，且腾徽于史册。②

前引俞正燮《癸巳存稿》卷 12《宝雨经》载："河内有周大足元年贾膺福《大云寺皇帝圣祚之碑》云：'隆周鼎革，如来授记，大云发其遐庆，宝雨兆其殊祯。'"③ 这为我们提供了关于此碑的两个重要信息：一是此碑撰于武周大足元年，此时距武周立国已经 11 年，且此时武曌已经立李显为太子，李唐复国可说是迟早之事，然而贾膺福还在强调武周皇权合法性的佛教依据，亦即"《大云》发其遐庆，《宝雨》兆其殊祯"。二是河内的这座大云寺碑的碑名为"大云寺皇帝圣祚之碑"，正说明大云官寺的政治功能是宣示皇帝圣祚的合法性，而与碑文的相

---

① 《全唐文》卷 1063《李克让修莫高窟佛龛碑》，第 11078—11079 页。
② 《全唐文》卷 259《大云寺碑》，第 2624 页。
③ 俞正燮：《癸巳存稿》卷 12《宝雨经》，第 480 页。

关内容相互印证。

再具体分析所引碑文内容，可知这是一份可供我们解读的极佳材料。第一，贾膺福认为武曌是菩萨，她在久远的过去已经证得菩萨之道，同时得到佛陀的授记，一生之后就会最终成佛。第二，如前所说，贾膺福强调了《大云经》和《宝雨经》授记武曌以女身得转轮王位治化天下，即所谓"御金轮以正万邦"，由此表达了菩萨转轮王的理念。第三，碑文采用了双重话语体系，将《大云经》中的净光天女预言和《宝雨经》中的月光天子预言，与东汉刘秀的《赤伏符》和曹魏的黄星异象并列对举，由此揭示了武周皇权的两种合法性来源：佛陀的授记（Buddha's vyākaraṇa）和上天的符命（heavenly mandate）。

对于《义疏》和《菩萨记》在武周皇权合法化中所起的作用，女皇本人有着清晰的认识，多次在制敕和佛典序言中进行自我宣示。天授二年（691年）三月，武曌在《释教在道法之上制》中公开宣称：

> 朕先蒙金口之记，又承宝偈之文。历教表于当今，本愿标于曩劫。《大云》阐奥，明王国之祯符；《方等》发扬，显自在之丕业。驭一境而敦化，弘五戒以训人。爰开革命之阶，方启维新之命。……自今以后，释教宜在道法之上，缁服处黄冠之前，庶得道有识以皈依，极群生于回向。布告遐迩，知朕意焉。①

女皇明确声称自己是承蒙佛陀的金口授记，她受记为王的证据就是《大云经》和薛怀义等僧人撰述的《义疏》。由于"爰开革命之阶，方启维新之命"，故而佛教"宜在道法之上"，僧侣也应"处黄冠之前"，这充分说明武周皇权与佛教相互支撑的关系。如前所述，武曌在圣历二年十月还撰写了《华严经序》，她在其中重申了自己权力的合法性来源：

---

① 《唐大诏令集》卷113《释教在道法之上制》，中华书局2008年版，第587页。

朕曩劫植因，叨承佛记。金仙降旨，《大云》之偈先彰；玉扆披祥，《宝雨》之文后及。加以积善余庆，俯集微躬，遂得地平天成，河清海晏。殊祯绝瑞，既日至而月书；贝牒灵文，亦时臻而岁洽。①

可见，武曌本人不止一次公开宣称自己女身称帝合法性来自释迦佛的亲口授记。佛陀所授记的内容，正载于《大云经》和《宝雨经》。因此，这两部佛典，更准确地说是《义疏》和《菩萨记》这两个文本，对武周皇权的合法性就具有极其重要的建构作用。可以毫不夸张地说，薛怀义和达摩流支等人造作的这两份文本，在功能上是武周政权的"宪章性文件"。

概言之，《义疏》和《菩萨记》所阐释的菩萨转轮王观念，不仅是佛教僧人证成武曌女身称帝合法的义理基础，更是官僚文士制造女皇神圣形象的话语体系。最重要的是，菩萨转轮王还是女皇的自我身份认同，她将这种身份认同多次昭告天下，以宣称她以女身君临天下具有不容置疑的合法性。

四、连续抑或断裂：《义疏》与《菩萨记》的异同辨析

如上所论，《义疏》和《菩萨记》是证明武曌女身称帝合法性的两个重要文本。但对这两个文本在武周皇权合法化中所起的作用，以及两者之间的关系，学者们持不同意见。对《义疏》和《菩萨记》在武曌称帝合法化中的证明力，孙英刚承认两者具有同样的重要性，但以往的研究多注重前者而忽视后者。其实《菩萨记》弥补了《义疏》的不足，因为《义疏》"所涉及女身当王的内容不过寥寥数语，含糊说净

---

① 《大方广佛华严经》卷1，CBETA 2021. Q4, T10, no. 279, p. 1a17–21。

光天女当王阎浮提,实不足以单独作为武则天篡唐称帝的有力根据"。他还认为,《义疏》将净光天女当王国土解读为"今神皇王南阎浮提一天下"只是僧人牵强附会的解释,并没有佛经上的根据。① 吕博则认为《义疏》在武周皇权合法化的两个重要方面都存在不足。其一,是在解决女身称帝的性别革命问题上无能为力:"《义疏》制造的政治理念,终究没有让武则天突破'圣母神皇'的女主形象,……新的政治理念文本《宝雨经》及时出现。在《宝雨经》增文的阐释当中,武则天将突破女性身障成为转轮王。"② 其二,《义疏》并不能证明武曌是"转轮王",因此没有解决政治革命的难题:"南阎浮提主得到的只是转轮王四分之一的土地,还没有成为真正的转轮王。"③ 因此,这两大难题只有在新译《宝雨经》窜文《菩萨记》造作后才能得到最终解决。④ 对于两位学者的意见,我们其实已经在上文的详细论证过程中进行了辩驳,此处不再赘述。

如前文所述,福安敦已注意到两个文本主题存在很大的连续性。他指出,尽管《义疏》已经论证了武曌具有菩萨和转轮王两种身份,《菩萨记》很大程度上只是对这两个意识形态主题的延续和发展,但从许多方面来说,《菩萨记》仍然是非常重要的历史文本。⑤ 第一,通过相似的人名和相同的祥瑞,《菩萨记》将自己与《义疏》中的人物和事实联系起来。《大云经》中的"净光"天女和《宝雨经》中的"月净光"天子两个主人公的名称具有高度的相似性,因此她们的本事因缘也具有较高的同一性。这正表明《义疏》和《菩萨记》中释迦佛授记天女的故事具有结构上的相似性。

第二,《菩萨记》中月光天子授记故事的主要内容,从实质上来

---

① 参见孙英刚:《庆山还是祇阇崛山:重释〈宝雨经〉与武周政权之关系》,《兰州学刊》2013 年第 11 期,第 2—3 页。
② 参见吕博:《明堂建设与武周的皇帝像——从"圣母神皇"到"转轮王"》,第 58 页。
③ 同上文,第 49 页。
④ 同上文,第 50—53 页。
⑤ A. Forte, *Political Propaganda and Ideology in China at the End of the Seventh Century*, pp. 198-200.

说,是《大云经》中净光天女授记故事以及《义疏》对此授记故事的一些主要观点自然的、合乎逻辑的推衍和展开。换言之,将《大云经》中净光天女故事、《义疏》主旨和《菩萨记》主题联系起来的,正是这样的两个等式:"武曌即转轮王"和"武曌即菩萨"。这也说明三者主题之间具有的一致性和延续性,尽管《义疏》还表达了"武曌即弥勒"的异端思想。

第三,《菩萨记》再一次清晰地表达了《义疏》中的佛教历史观。关于武曌时期具体处于佛教历史观中的哪一个阶段,两者的观点基本相同。《义疏》主张当时正处在佛灭后一千七百年,而《菩萨记》声称处于佛灭后第四个五百年。根据正法一千年和像法一千年的佛教历史观,[①] 则两者都处在像法后期,还没有进入末法时代。但与此不同,在"武曌作为弥勒"的观念中,当时已经进入了末法时期,因此表现出强烈的异端色彩。

第四,《菩萨记》预言武曌经过多年以正法(dharma)[②] 治理和教化众生,像母亲一样养育子民,"令修十善;能于我法广大住持,建立塔寺;又以衣服、饮食、卧具、汤药供养沙门"。[③] 这实际上是当时佛教对女皇崇信佛教政策的认可,同时,也是向武曌提出的一个明确的要求,她必须崇敬佛陀、护持正法、供养沙门,以五戒十善治化国土、教化人民。这是她作为佛教正法之王必须履行的国王达摩(rājadharma)。这里隐约流露出一种以正法为中心的王权观,即正法是法王之王。这里的"法王"既可以是转轮王,也可以是如来,因为"转轮王……正是凭借法而转轮","如来……正是凭借法而转无上法轮"。[④]

---

① 关于佛教中"正像末三时说"的一般讨论,参见刘屹:《佛灭之后:中国佛教末法思想的兴起》,载荣新江主编:《唐研究》第 23 卷,北京大学出版社 2017 年版,第 493—515 页。

② 关于 dharma 在传统印度教法中的多重意蕴,参见高鸿钧:《法律与宗教:宗教法在传统印度法中的核心地位》,《清华法学》2019 年第 1 期,第 7—9 页;有关 dharma 在佛教法文化中的丰富意涵,参见鲁楠:《正法与礼法——慧远〈沙门不敬王者论〉对佛教法文化的移植》,《清华法学》2020 年第 1 期,第 34—37 页。

③ 《佛说宝雨经》卷 1,CBETA 2021. Q4, T16, no. 660, p. 284b23—25。

④ 关于正法是转轮王和佛的王的观点,参见关则富译注:《巴利语佛经译注·增支部(一)》,第 243—246 页。

需要注意的是，尽管《义疏》和《菩萨记》具有连贯性和连续性，但还是有一个非常重要的差别，就是两者对"慈氏"的定位很不一样。具体而言，"慈氏"在两个文本中的角色有了重大转变，从末世论的弥勒下生变成了正统说的弥勒下生。前者引用的是《证明因缘谶》，这个文本属于末世论类型，并明言"弥勒者即神皇应也"。这种说法虽然有些暧昧不清，但论说的逻辑是"慈氏＝慈悲心＝慈悲心为女＝神皇是女"，旨在证明"净光天女＝圣母神皇"将会"即以女身当王国土"。不过，这种模糊的话语，毕竟造成了一种强势的解释，以至于后世史籍如《旧唐书》和《资治通鉴》等都记载《义疏》就是要证明"则天乃弥勒下生，当代唐为阎浮提主"。① 这里的要点是"圣母神皇是弥勒下生"。而后者的叙述则明显符合《弥勒下生经》立场：月光天子寿尽后，先是上生兜率天宫供养慈氏，然后随慈氏下生人间，待慈氏成佛后，再授记她成佛。这里的要点是"圣神皇帝供养弥勒菩萨"。

其实，不管具体细节上的差异，《义疏》和《菩萨记》的一个核心观念就是"授记说"。从这两个文本的名称我们就可以看出武周时期政治佛学中的这一重要主题。前者全称"大云经神皇授记义疏"，释迦佛授记圣母神皇作转轮王；后者全称"显授不退转菩萨记"，释迦佛授记圣神皇帝不退转菩萨位。授记是佛陀对于某人未来之事的预言，因此其本质上也是一种"谶言"。② 需要提醒的是，我们不能将这里的"佛记"与儒家的"天命"相混淆。一方面，天命和佛记在形式上具有一些相似性，故而同时表现为"谶记"形态，这是佛教授记故事被谶纬化的一个原因。另一方面，两者虽然都表现为预言的形式，但各自的义理基础、观念架构和运作机制截然不同，因此在被诉诸政治实践时，难免有诸多枘圆凿、彼此扞格之处。究极而言，礼法文化的"天命

---

① 《旧唐书》卷183《薛怀义传》，中华书局1975年版，第4742页；《资治通鉴》卷204，中华书局1956年版，第6466页。
② 关于授记思想与中国皇权合法性建构的关系，参见杨郁如：《中国佛教授记思想与授记图像》，《玄奘佛学研究》2014年第22期，第1—36页。

观"和正法文化的"佛记说",其实是两种不同的知识、观念和信仰体系。而就皇权合法性来源而言,其背后涉及的更是两种不同的宇宙观、君王观和功德论。

关于《义疏》与《菩萨记》的差异,还有两点值得注意。第一,在佛教正典中,只有《大云经》明言女身可得转轮王位,即女身当王。虽然《宝雨经》也有相同的内容,但上文的分析已经表明,《菩萨记》其实是达摩流支等人伪造的经文。第二,《菩萨记》改变"旧五障说"的内容,用"阿鞞跋致"替代了"旧五障说"中的"魔王"。这种"新五障说",可以被看作菩提流支等人为合法化武周皇权而进行的一种理论创新。

由此可见,武曌的僧人支持者对《大云经》原有的"净光天女受记作女王"预言,是通过注疏的方式,来证明武曌就是净光天女的转世,从而论证她称帝的合法性。他们在《宝雨经》中则以重译佛经为契机,将《义疏》中女身当王的相关内容加以改造后,直接窜入佛经文本,并将其题名为"显授不退转菩萨记"。借此,《菩萨记》实现了对武周皇权合法性的进一步论证。对比《义疏》和《菩萨记》中的相关经文,可以发现,尽管改变了一些要素和增加了一些情节,但两者所要表达的主旨一脉相承,而且《菩萨记》中月光天子的原型应该就是《大云经》中的净光天女。最终,在《义疏》和《菩萨记》之间建立起一个证据链条,两者互相补充,彼此扣连,从而完善了"即以女身当王国土""实是菩萨,故现女身"的论证结构。概言之,我们认为,《义疏》和《菩萨记》两个文本的主旨,是在论证武曌"即以女身当王国土",其义理基础是女身只是方便之身,而真实之身则是不退转菩萨。这种菩萨化身为女人作转轮王的观点,其实质是一种典型的佛教王权观,即菩萨转轮王观。

五、结语

在中国历史上，武曌是唯一登上皇帝宝座的女性。关于她及其支持者如何论证女性称帝的合法性，先行学者意见纷纭，莫衷一是。如前所述，陈寅恪主张儒家礼法严厉禁止女性干政，遑论称帝，故而武曌及其支持者不得不另辟新径，援引佛教大乘急进派"女身受记为转轮圣王成佛"的教义，来"证明其特殊地位之合理"。孟宪实则认为，在营造武曌称帝的舆论宣传上，佛教授记女身为王的内容其实是被纳入中国本土的意识形态中发挥作用的，因此，与秦汉之后的儒家理论相比，佛教教义属于枝节而非主体，其作用不宜夸大。孙英刚更提出反驳意见，与儒教礼法相比，佛教的"女身五障"说更反对女性称帝，因此武曌君臣对佛教教义的利用，主要不在论证其女身称帝的合理性，而在以转轮王理念证成其皇权的合法性。福安敦通过深入解读《大云经神皇授记义疏》和《显授不退转菩萨记》等基础文本，揭示武曌具有菩萨和转轮王两种身份，并主张"武曌作为菩萨"和"武曌作为转轮王"是武曌及其支持者进行政治宣传的两大正统佛教意识形态主题。

前辈学者的研究各有所见，启人深思，但也不免有偏颇之处。本章主张，武曌称帝的合法性难题，主要在于她的女性身份。为了克服这种身份上的障碍，武曌及其支持者主要援引佛教教义来证明其称帝的合法性。以薛怀义为首的洛阳大德和以达摩流志为代表的外来高僧，一方面通过阐释北凉时期昙无谶所译《大云经》中"菩萨以女身为转轮王"的理念，另一方面借助在新译《宝雨经》中窜入"女身可以获得不退转菩萨位和转轮王位"的经文，最终建构出一种新型佛教王权观，我们将这种王权观称之为"菩萨转轮王观"。其最初的动机是论证武曌作为女性统治者的合法性，不想却借此因缘，意外获得了建构一种"菩萨作为转轮王"的王权新理念的契机。此种"菩萨转轮王"的权力合法性基础，主要是基于佛教因果业报法则的功德论。一方面，

第二十七章 菩萨转轮王——武周皇权合法化的佛教理由

作为转轮王,其支配权力来源于己身造作的功业,主要是以大威力和大愿力护持正法、以五戒十善治化众生的政治业绩;另一方面,作为菩萨,其教化权威来源于自身累积的功德,主要是以般若之智和精进之心求证菩提、以大悲心和善方便救度众生的宗教业绩。前者主要是政治权力,后者主要是宗教权威。菩萨转轮王则将这两种权威集于一身,同时拥有政教二柄,既是法王又是人王。根据这种新型佛教王权观,武曌同时占据了政治上的转轮王位和宗教上的不退转菩萨位。换言之,女皇从此拥有两个身体,一个是凡俗的君王之身,一个是神圣的菩萨之身。[①] 总言之,武曌的僧人追随者们,正是通过制造女皇的菩萨转轮王新形象,为武周皇权合法化提供了一个坚实的佛教理由。

[①] 通过一种非谱系化的类比,我们可以在欧洲中世纪发现"菩萨王权观"的对应物,即"国王基督论"。在这种"王权的神学"中,"'王权'实际上是通过基督论的定义来解释的",从而发展出一种独特的政治神学。不难看出,武曌时期的政治佛学与伊丽莎白时期的政治神学存在着一种结构上的相似性。在两种王权观中,菩萨论和基督论是核心概念,菩萨和基督都兼具神性和人性,同是神圣存在与凡俗世界之间的中间环节。正是借助这种即凡即圣的中介者,世俗权力与超越权威之间才建立起紧密的联系。参见恩内斯特·康托洛维茨:《国王的两个身体》,徐震宇译,华东师范大学出版社2018年版,第87页。

第二十八章 "僧道拜父母"律研究
——关于儒释孝亲论争的制度定型与发展

儒家与佛教作为相互独立且成熟的两套文化体系,各自具备内在的理路。因此,作为外来文化的佛教欲在中国求得顺利发展,须经历一冲突融合过程。诚如余英时所言:外来宗教能够于本土立稳脚跟,首要任务即在于与本土主流文化产生交集,佛教作为一个极端出世型的宗教,最后竟能和一个人间性的文化传统打成一片,其间自不免要经过一个长期复杂的转化过程;不但中国文化本身必然因新成分的掺入而发生变化,佛教教义也不能不有相当基本的改变,以求得在新环境中的成长与发展。①

而这一复杂转化过程的集中体现,莫过于孝亲问题,并且在这一过程中,佛教的转化远大于儒家。孝亲于传统儒家居于根本性地位,佛教传入中国时,以孝亲为核心的中国传统伦理思想已经基本确立。孝不仅是家族、家庭内伦理关系的基础,而且也是整个中国传统社会伦理关系的支柱,是维持社会基本关系和整个社会秩序稳定的重要基础。②

然而,僧道拜父母在明代方实现入律,为千余年来儒释在孝亲这一核心问题上的论争画下句点。基于这一律文,本章试图明确如下问题:僧道拜父母入律以前,儒释基于孝亲问题在理论与实践中的论争如何展开?"僧道拜父母"律如何实现儒家伦理对佛教的全面统摄,其意义是什么?

---

① 余英时:《中国近世宗教伦理与商人精神》,载余英时:《士与中国文化》,上海人民出版社2013年版,第402页。
② 参见业露华:《中国佛教伦理思想》,上海社会科学院出版社2000年版,第145页。

一、僧道拜父母入律前

（一）儒释孝亲理论论争

中国传统孝亲内涵集中于《孝经》中，《孝经》"开宗明义章"即指出："身体发肤，受之父母，不敢毁伤，孝之始也。立身行道，扬名于后世，以显父母，孝之终也。夫孝，始于事亲，中于事君，终于立身。"① "三才章"又言："夫孝，天之经也，地之义也，民之行也。"② 可见，孝作为传统中国的伦理核心乃天经地义。孝的核心内涵为事亲，由此外推，由事亲而忠君，由孝而忠，而其终极目标则回归到立身，立身既有显父母之意，又包含光宗耀祖的宗族意味。这种孝的家国一体性也反映于传统法典中，《孝经》"五刑章"指出："五刑之属三千，而罪莫大于不孝。"不孝作为诸恶之首，被作为传统法典典范的《唐律疏议》列于十恶重罪之中，此后历代法典相沿不改，而由孝而推的忠，同样在十恶的"谋反""谋大逆""谋叛"等罪名中多有体现。正因为孝亲对传统中国的深远影响，与孝亲的融合也就成为佛教进入中国的首要目标。然而孝亲作为中国社会之文化基础，以家族为本位，体现的是儒家思想的入世性，与出世的佛教可谓南辕北辙。二者的调和是佛教中国化的重要目标，也是佛教得以在东土异域发展壮大的重要前提。

儒释双方在孝亲问题上化解冲突、实现融合首先表现于理论层面，这种理论先行具有如下特点：儒家方面始终坚持其孝亲观的入世和家族本位立场，岿然不动；而佛教方面则以融入中国社会为目标，在孝亲理论上不断发展进化，姿态主动。具体言之，佛教在孝亲问题上的理论发展表现在两个方面：首先，通过佛经宣扬孝亲；其次，佛教自

---

① 《孝经·开宗明义章第一》。
② 《孝经·三才章第七》。

身的孝亲理论也在发展进化。以下分而简述之。

佛教通过佛经宣扬孝亲观的做法主要包括：其一，翻译佛教关于孝亲的经典（此即为真经中的孝亲内容）；其二，创制"疑伪经"宣扬孝亲。真经中的孝亲内容极为丰富，如《佛升忉利天为母说法经》中的佛陀"为母说法"及《佛说净饭王般涅槃经》中的佛陀"为父抬棺"。然而佛经中"孝"的表达的理论前提始终是众生平等与报恩思想，正如有论者在评价《善生经》的其中一个版本《六方礼经》时所指出的，这一如平等的思想，是由"一切众生悉有佛性"的思想而来的，也即依自他不二的意义而产生。关于亲子关系的孝，出自报恩感谢之情，而非源于强制义务。子对尊亲有五事，尊亲对子有五慈。① 在此基础上，佛经中的孝亲内容不断发展。以《孝子经》为例，该经以报恩为孝亲基础，并引述佛陀语，将孝亲总结为"令亲去恶为善，奉持五戒，执三自归"，"以三尊之至化其亲"，由此沟通孝与戒。孝与戒的结合，是佛教孝亲观念理论化的起点，其可谓塑造了佛教中国化进程中儒释融合的新局面，而这种新局面又以北魏时期的《提谓波利经》为起点。②

佛教孝亲理论的发展即孝与戒关系的发展。作为起点，《提谓波利经》在配对五戒与五常的基础上，将忠孝观念摄入五戒，由此促使儒释之融合达到新的高度，并深刻影响了后世儒释在孝亲观念上的融合径路。沿着《提谓波利经》中孝与戒的关系理论，唐代宗密发挥了"孝名为戒"理论，由此进一步提升孝在佛教理论体系中的地位，使孝之于释可匹配孝在儒家理论体系中的地位，即"孝为二教之宗本"，在此基础上宗密对佛教之孝高于儒家之孝进行了详细论证。宋代契嵩则更进一步，提出"孝为戒先"，以佛教之孝的至上性取代了儒家之孝的

---

① 慧天：《中国社会的佛教伦理形态》，载张曼涛编：《佛教与中国思想及社会》，大乘文化出版社 1978 年版，第 213 页。相似观点见于道端良秀：《佛教与儒家伦理》，释慧岳译，载陈胜等：《中国佛教泛论》，中国书店 2010 年版，第 208 页。
② 侯广信：《敦煌典籍对佛教中国化的现代启示——以〈提谓波利经〉为例》，《中国宗教》2021 年第 7 期，第 56—57 页。

优先性;而在儒释孝亲比较上,契嵩认为,佛教之孝为天下至纯之孝。在佛教孝亲理论发展过程中,论证佛教之大孝高于儒家之小孝可谓贯穿始终。由《提谓波利经》而至宗密,再由宗密而至契嵩,中国佛教基于戒孝关系不断发展其孝亲理论。至契嵩时,中国佛教的孝亲理论实现了真正的系统化。通过孝与戒关系的辩证,孝在佛教中的地位甚至高于其在儒家中的地位,而佛教之孝高于儒家之孝也不断得到证明。至此,佛教似乎在理论层面已经扫清了孝亲问题上的儒家障碍。

然而佛教孝亲理论的发展并不代表着儒家的妥协。与佛教不断进化其孝亲观以图融合甚至超越儒家相比,儒家始终岿然不动,对于佛教孝亲理论或漠然视之,或始终基于入世的家国一体立场批判佛教"毁人伦""无父无君",而从未有具体议题上的理论交锋,如:佛教坚持剃发,而儒家坚持"身体发肤,受之父母,不敢毁伤";佛教认为信徒应出家修行,而儒家认为出家修行则不能孝养父母;佛教坚持不生育后嗣,而儒家坚持"不孝有三,无后为大"。儒家认同佛教孝亲之士,有的是儒佛融合论者,基于儒家孝亲立场,以之为融合手段;有的是儒士中信仰佛教者,此乃完全基于佛教立场,而非儒家立场。

可见,在理论层面上,儒释于孝亲问题几无正面交锋,而是各说各话。作为主的儒家面对作为客的佛教,基本上以静制动。鉴于佛教为应对儒家而在孝亲理论上的不断发展进化与儒家的以不变应万变,我们可以将这一过程概括为"进取的佛教与沉默的儒家"。然而理论上的论争形态反映于制度实践层面又是另一回事,此即关于僧道礼敬问题的论争。

(二)制度化尝试——僧道礼敬问题论争

原本说来,理论指导实践,儒释孝亲理论问题的实践自然包括僧道礼敬问题。何以理论上于孝亲问题只坚持自我,而任佛教发展的传统政权及儒家,具体到僧道礼敬问题上却与佛教争得不可开交?

传统儒家的关注点集中于为人处世,对于哲学理论层面的问题,实无甚兴趣。然而一旦进入实用层面,则不可同日而语。礼敬君王,关系皇权威严；敬拜父母，关系儒家伦理。在传统政权及儒家看来，这关乎国家治乱，不可不争。归根结底，儒释礼敬问题论争是一场强力之争。传统政权及儒家的强力来自政治权力及传统国家道德，而佛教的强力则来自其信众基础。历次礼敬论争均由传统政权及儒家主动提出，而佛教只是不断抵抗，直至实力不足以抗衡为止。与理论论争相对比，我们又可将这一过程概括为"进攻的儒家与防御的佛教"，而传统政权及儒家保持主动进攻的目标在于实现僧道礼敬的制度化。

关于僧道礼敬问题，佛教持抗拒态度，如《梵网经》有云："出家人法：不向国王礼拜，六亲不敬，鬼神不礼。"① 《大般涅槃经》亦云："出家人不应礼敬在家人也。"② 可以看出，佛教不仅拒绝礼敬君亲，更拒绝向一切俗界人士礼拜。一方面，佛教基于教义拒绝礼敬，另一方面，沙门是否礼敬在传统政权及儒家看来则直接关乎国家治乱。由此，基于沙门礼敬问题的一场旷日持久的论争将不可避免。概言之，传统政权及儒家意在为实现僧道礼敬的制度化而不断努力尝试，而佛教则始终借助其社会影响力展开顽强抵抗。

1. 东晋以来的沙门礼敬王者问题论争

僧道礼敬问题自东晋引发第一次大规模论争之后，直至唐代，交锋不断，并且论争的焦点也在唐代由沙门礼敬王者问题转变为僧道跪拜父母问题。沙门礼敬问题在中国最初表现为对沙门应否礼敬王者的儒释论争，关于此问题的第一次大规模论争发生于东晋咸康年间。其时随着佛教壮大，沙门不拜俗已构成一个政治和社会问题③，引起统治者警惕。这场论争由官方发起，故先聚焦于礼敬王者，以维护皇权尊严。此后，晋元兴中，沙门礼敬王者论争再起，因慧远作《沙门不敬王者论》而中止。慧远认为，遵循佛教求道之法，即使出家，亦可"携契皇极"，而在礼敬方面，则坚持出家众拒绝礼敬王者。东晋两次

---

① 《大正新修大藏经》第 24 卷，佛陀教育基金会 1990 年版，第 1008 页下。
② 《大正新修大藏经》第 12 卷，佛陀教育基金会 1990 年版，第 399 页下。
③ 刘立夫：《儒佛政治伦理的冲突与融合——以沙门拜俗问题为中心》，《伦理学研究》2008 年第 1 期。

沙门礼敬问题论争虽于理论上促进了儒释融合的不断发展，但于沙门应否礼敬仍相持不下，且该论争已突破礼敬王者，扩展至跪拜父母的孝，上升到佛教与整个儒家纲常名教的博弈。

即便东晋两次论争无果而终，后来的当政者仍未放弃努力。如南朝宋孝武帝大明六年（462年），有司上奏，提出"沙门接见皆当尽礼，虔敬之容依其本制"①，然而"从大明六年至景明元年，凡四载令拜国主而僧竟不行"②。又隋炀帝时期，不但要求僧道礼敬王者，甚而将礼敬对象扩大至官长，而后亦不行。③要求沙门礼敬之不行，恰恰证明了儒释之间在这一问题上的冲突之大。而有唐一代，围绕沙门礼敬问题之争又再次风起云涌，并且唐朝的沙门礼敬问题已经悄然转变为对僧道跪拜父母的关注。

2. 唐代沙门礼敬问题之争——从沙门礼敬王者到僧尼拜父母

此前论述中提到，隋炀帝"令沙门拜帝及诸官长等，悬之杂令"，可见当时要求沙门礼敬一事已著为令，且该条内容处于"杂令"中，根据时间，此当为依《开皇律令》所修之《大业律令》。关于此令，道宣《广弘明集》亦有记载：隋炀帝大业三年（607年），"新下律令格式，令云：诸僧道士等，有所启请者，并先须致敬，然后陈理"④。而依《唐书·经籍志》记载，"隋则律令格式并行"⑤，因此令当为隋代的一种基本法律形式。因唐去隋未远，因而有关唐代律令格式关系的记载亦可为研究隋的参考。据《唐六典》记载，"律以正刑定罪，令以设范立制，格以禁违正邪，式以轨物程事"⑥。而依《新唐书·刑法志》，"唐之刑书有四，曰律令格式。令者尊卑贵贱之等数、国家之制度也，格者百官有司之所常行之事也，式者其所常守之法也"⑦。日本

---

① 刘立夫：《儒佛政治伦理的冲突与融合——以沙门拜俗问题为中心》，第452页上。
② 同上。
③ 《集沙门不应拜俗等事·隋炀帝敕沙门致拜事一首》，载《大正新修大藏经》第52卷，佛陀教育基金会1990年版，第452页中、下。
④ 《大正新修大藏经》第52卷，第280页下。
⑤ 《唐书·经籍志》。
⑥ 《唐六典·刑部》。
⑦ 《新唐书·刑法志》。

学者仁井田陞有关于唐代律令格式关系的论述：律是一般的刑罚制裁的法律，令则是一般的命令、禁止的法律，它们通常互为表里。这就是说，违反命令（令），刑罚（律）就会接踵而来。同时，律令都属根本法，却并非一成不变的法律。如果有对律令条文直接加以变更的情况，就是奉敕随时进行改废补订。① 令作为常规性制度具有稳定性，由此可见隋炀帝在沙门礼敬问题上的决心。虽然此令终因佛教的顽强抵抗而不得行，但却可视为统一王朝实现沙门礼敬制度化尝试的开始，而这种制度化目标也成为唐以后历代政权的努力方向。

（1）太宗及高宗时期的沙门礼敬问题

唐代要求沙门礼敬的记载最早见于太宗贞观五年（631年），而礼敬对象则转为父母。对此《资治通鉴》有简要记载，"春，正月，诏僧尼、道士，致拜父母"②。而《贞观政要》则记载更为详细。贞观五年，太宗谓侍臣曰："佛道设教，未行善事，岂遣僧尼道士等，妄自尊崇，坐受父母之拜，损害风俗，悖乱礼经，宜即禁断，仍令致拜于父母。"③ 结合两则史料可知，僧尼、道士非但不拜父母，反而坐受父母之拜，引起太宗的警惕与不满，故有要求僧尼、道士致拜父母之诏。但依《佛祖统纪》，仅两年后，就有后敕否定前诏，"敕僧道停致敬父母"④，佛教的抵抗可想而知。但正是这起事件，导致此后历代开始对僧道跪拜父母问题持续关注。

高宗显庆二年（657年），朝廷发布"僧尼不得受父母拜诏"⑤，《全唐文》将该诏令命名为"僧尼不得受父母及尊者礼拜诏"。根据诏令内容，其仅规制僧尼，不得受僧尼礼拜的对象包括父母与尊者。尊

---

① 仁井田陞：《敦煌发现的唐〈水部式〉研究》，载杨一凡主编：《中国法制史考证》丙编第二卷，中国社会科学出版社2003年版，第437—438页。
② 《资治通鉴》卷193。
③ 《贞观政要·礼乐第二十九》。
④ 《佛祖统纪》，卷39，"贞观七年"条。
⑤ 该诏令内容如下："释典冲虚，有无兼谢，正觉凝寂，彼我俱忘。岂自尊崇，然后为法？圣人之心，主于慈孝。父子君臣之际，长幼仁义之序，与夫周公、孔子之教，异辙同归。弃礼悖德，深所不取。僧尼之徒，自云离俗，先自贵高。父母之亲，人伦以极，整容端坐，受其礼拜，自馀尊属，莫不皆然，有伤名教，实斁彝典。自今以后，僧尼不得受父母及尊者礼拜。"载宋敏求编：《唐大诏令集》，中华书局2008年版，第587页。

者自然包括王者,但综观诏令内容,重点仍集中于拜父母问题上。该诏令基于儒家立场,但仅要求僧尼不得接受父母尊者拜,而对僧尼是否应拜父母尊者避而不谈。鉴于太宗在这一问题上的挫败,这份诏令可视为一种变通。五年之后的龙朔二年(662年),朝廷再发布"命有司议沙门等致拜君亲敕"①,该诏令以命有司商议的口吻发出,而皇帝希望沙门礼敬君亲的态度却极为明确,诏令中还提到了前述南朝宋孝武帝暂革沙门不礼敬之风一事。依诏令内容,有以下几点值得关注:首先,诏令基于儒家纲常名教立场,指出宣扬"孝""礼"等儒家伦理的重要性;其次,诏令认同佛教在维护恭孝方面具有携契皇极的作用,即"恭孝之躅,事协儒津",但鉴于维护礼敬作为名教之不可变更部分,沙门仍当礼敬;最后,在礼敬对象上,此诏明确为皇帝、皇后、太子、父母,其中增入皇后,可看作武则天权力炙手可热的象征。但这也是官方第一次明确要求僧尼礼敬王者与致拜父母并行。反对礼敬者显然意识到了问题的紧迫性,由此而引发了新一轮规模宏大的抵抗。

大庄严寺僧威秀最先行动,在龙朔二年四月二十一日上《沙门不合拜俗表》。② 西明寺僧道宣则借助朝廷外廷及内廷支持佛教的力量,先向高宗六子雍州牧沛王上《论沙门不应拜俗启》③,后又向武后生母

---

① 该诏令内容如下:"敕旨:君亲之义,在三之训为重;爱敬之道,凡百之行攸先。然释老二门,虽理绝常境,恭孝之躅,事协儒津。遂于尊极之地,不行跪拜之礼,因循自久,迄乎兹辰,宋朝暂革此风,少选还遵旧贯。朕禀天经以扬孝,资地义而宣礼,奖以名教,被兹真俗,而濑乡之基,克成天构,连河之化,付以国王,裁制之由,谅归斯矣。今欲令道士、女官、僧尼、于君、皇后及皇太子、其父母所致拜。或恐爽其恒情,宜付有司,详议奏闻。"《全唐文》卷14,《高宗》。彦悰《集沙门不应拜俗等事》卷3中以《今上制沙门等致拜君亲敕一首》记载。

② 威秀在上表中强调,佛教与儒家一道,均于国家有益,"所以自古帝王齐遵其度,敬其变俗之仪,全其抗亢之迹,遂使经教斯广,代代渐多,宗匠攸远,时时间发"。并认为"今若返拜君父,乖异群经,便发惊俗之誉,或陈轻毁之望"。论及自庾冰以来要求沙门礼敬的言论,威秀认为"事非经国之典,理越天常之仪"。威秀认为"僧等内遵正教,固绝跪拜之容;外奉明诏,令从儒礼之敬,俯仰惟咎,惭惧实深。如不陈请,有乖臣子之喻;或掩佛化,便陷惘君之罪"。最后威秀还列出了佛经中规定不拜俗的文字以为证。此表见于彦悰纂录:《集沙门不应拜俗等事》,第455页中。

③ 此启见于彦悰纂录:《集沙门不应拜俗等事》,第455页下。

荣国夫人上《论沙门不合拜俗启》①，而在《序佛教隆替事简诸宰辅等状》中，道宣详细陈明了反对礼敬君亲的理由。②

关于此事后来的发展，彦悰有详细记载。③ 根据彦悰的详载，此次论争中，以令狐德棻为代表的539人主张僧尼不拜君亲，而以阎立本为代表的354人则主张僧尼应拜君亲，此事所引发的论争之烈及参与人数之广均属罕见，并且这种朝廷论争还只限于俗官之间，僧人并未能够直接参与其中，只能通过各种上书摇旗呐喊以助礼佛官员之威。彦悰纂录《集沙门不应拜俗等事》一书先列不拜之文32首，次陈兼拜之状3首，再述致拜之议29首。

鉴于两方相持不下，朝廷随后发布了"令僧道致拜父母诏"④，语气稍有缓和。此诏显示，朝廷虽最终在沙门礼敬王者问题上妥协，却坚持僧尼须致拜父母，并分别就妥协与坚持基于不同立场做出了解释：对于礼敬君王方面的妥协，诏令解释为"箕颍之风，高尚其事，遐想前载，故亦有之"，指出僧尼不礼敬王者为古来隐士之风，闭口

---

① 参见彦悰纂录：《集沙门不应拜俗等事》，第456页上。

② 道宣在状中纵论佛教自东传以来直至隋的发展情况以证明"出家不存家人之礼，出俗无沾处俗之仪，其道显然，百代不易之令典者也，其流极广"。而后再罗列佛经所论沙门不拜俗者，其中包括《梵网经》《涅槃经》《佛本行经》等。而从佛理而言，道宣认为僧尼致拜君亲则"通废三宝""有累深经"。此状见于彦悰纂录：《集沙门不应拜俗等事》，第456页中。

③ 据彦悰记载："至五月十五日，大集文武官寮九品以上并州县官等千有余人，坐中台都堂将议其事。时京邑西明寺沙门道宣、大庄严寺沙门威秀、大慈恩寺沙门灵会、弘福寺沙门会隐等三百余人并将经文及以前状，陈其故事以申厥理。时司礼太常伯陇西郡王博叉谓诸沙门曰：敕令俗官详议，师等可退。时群议纷纭不能画一，陇西王曰：佛法传通，帝代既远，下敕令拜君亲。又许朝议，今众人立理未可通遵，司礼既曰：职司可先建议，同者署名，不同则止。时司礼大夫孔志约执笔述状如后令，主事大读讫，遂依位署人将大半，左肃机崔余庆曰：敕令别立议，未可辄承司礼请散，可各随别状送台，时所送议文抑扬驳杂。"载彦悰纂录：《集沙门不应拜俗等事》，第457页下。

④ 此诏《全唐文》《集沙门不应拜俗等事》及《广弘明集》均有载："若夫华裔列圣，异轸而齐驱，中外裁风，百虑而同致。自周霄陨照，汉梦延辉，妙化西移，慧流东被，至于玄牝遗旨，碧落希声，具开六顺之基，偕协五常之本，而于爱敬之地，忘乎跪拜之仪，其来永久，罔革兹弊。朕席图登政，崇真导俗，凝襟解脱之津，陶思尊名之境。正以尊亲之道，礼经之格言，孝友之义，诗人之明准，岂可以绝尘峻范而忘恃怙之敬？拔累贞规，乃遗温清之序。前欲令道士、女冠、僧尼等致拜，将恐振骇恒心。爰俾详定，有司咸引典据，兼陈情理，沿革二涂，纷纶相半。朕商榷群议，沉研幽赜，然箕颍之风，高尚其事，遐想前载，故亦有之。今于君处，勿须致拜；其父母之所，慈育弥深，只伏斯旷，更将安设？自今已后，即宜跪拜，主者施行。"

不谈儒家伦理。而对于致拜父母方面的坚持，则解释为"父母之所，慈育弥深，只伏斯旷，更将安设"，坚持儒家伦理孝亲。但即便如此，反对礼敬者仍不满意，由此引发新一轮论争，而论争的焦点自然集中于僧尼是否应致拜父母一事。朝廷在礼敬君王问题上的妥协给予了反对礼敬者进一步在致拜父母问题上取得胜利的信心，而朝廷在礼敬君王与致拜父母问题上的两套说辞，则为反为礼敬者提出质疑提供了突破口。

反对礼敬者上呈的反对理由不外乎两个方面。一方面即基于佛教立场陈述沙门不应礼敬的正当性；另一方面，反对礼敬者认为，既然朝廷在礼敬君王方面已经让步，则在致拜父母问题上也不应继续坚持，因为二者均基于儒家伦理。如冯神德在上《请依旧僧尼等不拜亲表》中即指出，"陛下者造化之神宗，父母者人子之慈称，陛下以至极之重，犹停拜敬之仪，所生既曰人臣，何得曲申情礼？舍尊就爱，弃重违经缘情犹尚不通"①。此外，程士颙、道宣、威秀、静迈、崇拔等均上表陈述了反对僧尼致拜父母的态度。

关于此次论争的具体结果，现有资料并无详细记载。但根据《宋高僧传·威秀传》的简要记载"龙朔二年四月十五日，敕勒僧道咸施俗拜……（威秀）乃上表称沙门不合拜……表上，敕百官集中台都议其事……敕不拜君而拜父母，寻亦废止"，可知即便仅要求僧尼致拜父母的诏令后亦废止。并且根据其后玄宗时代对僧尼礼敬问题的重新重视，可知该问题在高宗时期未得到圆满解决。

（2）玄宗时期的沙门礼敬问题

从高宗龙朔二年朝廷发布"令僧道致拜父母诏"旋即废止后，直至玄宗朝以前，朝廷有关僧道礼敬问题的相关措施的史料记载相对缺失，但从武则天掌权后对佛教的优礼等一系列侧面史料中不难看出，这段时期僧道在礼敬问题上大概并未受到朝廷太多强制，如此也才有了玄宗御宇后对佛教的一系列大规模整顿，其中就包括对僧道礼敬问

---

① 《集沙门不应拜俗等事·请依旧僧尼等不拜亲表》，第473页上。

题的再度重视。玄宗开元二年（714年）正月"丙寅，命有司沙汰天下僧尼，以伪妄还俗者万二千余人"①。又于二月"丁未敕：自今所在毋得创建佛寺；旧寺颓坏应葺者，诣有司陈牒检视，然后听之"②。同月，玄宗又发布"令僧尼道士女冠拜父母敕"③，该敕明确以儒家伦理为由要求僧尼跪拜父母，认为孝乃天经地义，教不可违礼。玄宗希望通过强制僧尼致拜父母以正颓弊，用明典则。开元二十一年（733年），玄宗再发布"僧尼拜父母敕"。④ 虽然《唐大诏令集》以"僧尼拜父母敕"名此诏，但依诏令内容，其中应涵礼敬君王之意，玄宗对佛教"盖欲崇其教而先于朕"表达了不满，且"僧尼一依道士女冠例，兼拜其父母"。两次诏令的发布均未见关于反对礼敬者回应的记载。

（3）玄宗以后的沙门礼敬问题

玄宗以后，有关僧尼礼敬问题的记载最早见于杜佑《通典》。据该书记载，上元二年（761年）九月，敕："自今以后，僧尼等，朝会并不须称臣及礼拜。"⑤ 此处可见肃宗敕令僧尼无须礼敬君王，类似于高宗龙朔二年（662年）朝廷为向佛教妥协所下无须礼敬君王的诏令。但与该诏令相比，肃宗的敕令却并未对僧尼是否应该致拜父母做出规定，

---

① 《资治通鉴》卷211，"开元二年正月"条。
② 同上书。
③ 该诏内容如下："夫孝者，天之经，地之义，人之行。故上自天子，下至庶人，资于敬爱，以事父母，所谓冠五常之表，称百行之先。如或不由，其何以训？如闻道士女冠僧尼等，有不拜父母之礼，朕用思之，茫然罔识。且释道之教，盖惩恶而劝善，父子之仪，岂缘情而易制，安有同人代而离怙恃哉？哀哀父母，生我劳瘁，故六亲有不和之戒，十号有报恩之旨，此又穷源本而启宗极也。今若为子而忘其生，傲亲而徇于末，日背礼而强名于教，伤于教则不可行；行教而不废于礼，合于礼则无不遂：二亲之与二教，复何异焉？自今以后，道士女冠、僧尼等，并令拜父母，丧纪变除，亦依月数，庶能正此颓弊，用明典则，罔亏爱敬之风，自叶真仙之意。"载宋敏求编：《唐大诏令集》，第588页。
④ 该诏内容如下："道教释教，其归一体，都忘彼我，不自贵高，近者道士女冠，称臣子之礼，僧尼企踵，勤诚请之仪。以为佛初灭度，付嘱国王，猥当负荷，愿在宣布。盖欲崇其教而先于朕也。自今以后，僧尼一依道士女冠例，兼拜其父母，宜增修戒行，无违僧律，兴行至道，俾在于兹。"载宋敏求编：《唐大诏令集》，第589页。
⑤ 杜佑：《通典》卷68，《礼二十八·僧尼不受父母拜及立仪大唐》，王文锦等点校，中华书局1988年版，第1893页。

结合肃宗朝的一系列崇佛活动,① 给予僧尼无须礼敬君王的恩遇可看做肃宗个人的礼佛之举。而据日本僧人圆仁的记载,晚唐开成五年(840年)在登州,恰有诏书来,州判官、录事等、县令、主簿等、兵马使、军将、军中、行官、百姓均拜,"但僧尼道士不拜"。② 圆仁所观察到的是开成五年三月的情形。这一年元月,素来不喜佛教的文宗皇帝驾崩,考虑到即便在位时,文宗也无法正面抵抗佞佛的宦官集团,③ 因此圆仁所观察到的僧尼不拜现象可看作宦官集团佞佛之风在民间社会的表现。考虑到玄宗以后政治局面频繁变更,对唐中晚期以后僧尼不拜君亲之风再起的考察,应结合具体社会背景展开。该时期僧尼不拜君亲,既有皇帝私人意志的原因,又有朝野礼佛甚至佞佛势力方面的原因。

3. 唐以后沙门礼敬问题的发展

关于唐以后的僧尼礼敬情况,日本学者砺波护的研究首先引用了反映南宋咸淳年间社会状况的《咸淳临安志》卷75"寺观"条,以及在该条基础上发展的《梦粱录》卷15"城内外诸宫观"条,以说明当时的佛教无视"君臣之义"。④ 而根据耶律楚才《湛然居士文集》卷13《释氏新闻序》的记载,金章宗泰和年间,其师僧人万松行秀在拒绝皇帝使者要求跪听圣旨时认为,"出家儿安有此例",以致"上下悚然,服吾师不屈王公之前矣"。而对于万松行秀拒绝跪拜一事,金章宗责备使者道:"朕施财祈福耳,安用野人闲礼耶。"砺波护认为这段轶事说明直至金代,慧远《沙门不敬王者论》的传统依然一脉相承。⑤ 值得注意的是,南宋咸淳临安的佛教情形虽体现了当时的佛教风气,但无论是《咸淳临安志》抑或《梦粱录》的著者均表达了对僧尼不礼敬君王

---

① 关于肃宗的崇佛,参见斯坦利·威斯坦因:《唐代佛教》,张煜译,上海古籍出版社2010年版,第63—64页。
② 圆仁:《入唐求法巡礼行记》,顾承甫、何泉达点校,上海古籍出版社1986年版,第88页。
③ 关于文宗对佛教的态度,参见斯坦利·威斯坦因:《唐代佛教》,第118—125页。
④ 参见砺波护:《隋唐佛教文化》,韩昇、刘建英译,上海古籍出版社2004年版,第109页。
⑤ 同上书,第109—110页。

的不满。《咸淳临安志》的作者认为,"道家笃于君臣之义,严尊卑等上下,则为浮屠学者不及焉"。《梦粱录》的作者认为,"老氏之教,有君臣之分,尊严难犯,报应甚捷,故奉老氏者,倍加恭敬,不敢亵渎,此释氏之所不如也"。释道于君臣之义上的两相对比,褒贬立见。而对于僧人万松行秀不拜君王,这至多体现了万松行秀自己的行为,从"上下悚然"亦可知,当时的绝大部分僧人是没有勇气与魄力见君不拜的;这种僧人基于个人宗教信仰与戒律尊崇而不惜以身试法的事例,即便在僧尼礼敬君王已经得到普遍遵循的明清时期也不曾消逝,① 更遑论在佛教仍就礼敬问题抗争的金代了。综合以上社会史料可知,自肃宗上元二年九月以后直至金章宗年间,各朝均未见有关于僧尼礼敬问题的官方命令发布。而针对一系列社会史料的研究则表明,僧尼拒绝礼敬君王之风虽不曾消逝,但与此同时,社会主流意识却一如既往地表达着对僧尼应当礼敬君王的支持。而在僧尼致拜父母方面,考虑到僧尼在礼敬王者这一与政权尊严休戚相关问题上的抵抗,则可以想见这一时期僧尼不拜父母之风必然更盛。社会史料多关注僧尼礼敬君王问题,并不表示对致拜父母问题漠不关心。我们大可视肃宗以后的传统政权在僧尼礼敬问题的处理上经历着东晋至唐的又一循环,即由礼敬君王而至致拜父母。

此外,依《庆元条法事类》的记载:诸僧道不得受缌麻以上尊长拜。② 此条规定位于"道释令"中,鉴于令在传统国家制度体系中的位置,可见南宋庆元年间曾就僧尼不得受尊长拜形成过常规性法律。此条规定与高宗显庆二年所发布的"僧尼不得受父母拜诏"立意一致,但基于令相比于诏的稳定性,庆元年间这条令无论在表明国家立场及限制不得拜僧尼的范围方面,均更进一步。但无论如何,距要求僧尼拜父母仍有相当距离,但这并不妨碍我们将之视为唐肃宗上元二年以

---

① 清初宽寿大师即在顺治帝幸寺时不行跪拜之礼,此事同样引起同寺僧人恐慌。事见湛祐所作《玉光寿律师传》,载自室天孚和尚辑:《广济寺新志》,广陵书社2006年版,第113—120页。传中亦记载有"亲王元宰礼拜者不能悉数"。
② 《庆元条法事类》卷50,"道释令"。

后的历朝政权在僧尼礼敬问题上迈出的坚实一步。

二、制度定型：僧道拜父母入律

自东晋以降，传统政权及儒家就一直试图在僧尼礼敬制度化上有所推进，然其间虽论争不断却并未形成过长期定局，即便偶尔有之，也转瞬即逝。如前所述，隋炀帝于《大业律令》"杂令"中"令沙门拜帝及诸官长等"，庆元年间亦在"道释令"中规定"诸僧道不得受缌麻以上尊长拜"，均因各种原因无法延续。至于诏敕，则更不待言，虽然仅有唐一代就有大量关于僧尼礼敬问题的诏敕发布，并且诏敕在施行上具有优先性，具体表现为凡事只要有制敕即准制敕而不依律、疏、令、格、式，只要有后来的制敕即"取最向后敕为定"而不依格后敕；① 但另一方面，制敕在施行上又受到严格的范围和时效限制，即皇帝的诏敕要成为永久法，必须经立法程序。② 就前文关于唐代的论述不难看出，唐代有关僧尼礼敬问题的诏敕从未实现法律化，因而其稳定性与令格式都不可同日而语，更遑论律。直至明代，传统政权才真正在僧道礼敬制度化方面取得稳定成果，即《大明律》"僧道拜父母"律的制定。僧道拜父母入律既回应了佛教传入中国千余年来在孝亲理论上的发展，并且鉴于律的稳定性，其同时也为东晋以来的僧道礼敬论争盖棺定论。

（一）"僧道拜父母"律源流考

《大明律·礼律二》"僧道拜父母"律规定：

> 凡僧、尼、道士、女冠，并令拜父母、祭祀祖先。丧服等第，皆与常人同。违者，杖一百，还俗。若僧道衣服，止许用绸绢、

---

① 刘俊文：《唐代法制研究》，文津出版社1999年版，第7页。
② 戴建国：《唐宋时期法律形式的传承与演变》，"中央研究院"审判史研读会讲稿，"中央研究院"历史语言研究所，2004年10月30日。

布匹，不得用纻丝、绫罗。违者，笞五十，还俗，衣服入官。其袈裟、道服，不在禁限。①

清律相沿不改，仅添入小注：

> 凡僧、尼、道士、女冠，并令拜父母、祭祀祖先（本宗亲属在内）。丧服等第（谓斩、衰、期、功、缌麻之类），皆与常人同。违者，杖一百，还俗。若僧道衣服，止许用绸绢、布匹，不得用纻丝、绫罗。违者，笞五十，还俗，衣服入官。其袈裟、道服，不在禁限。②

由于本章所关注者为僧道礼敬问题，因此"僧道拜父母"律中的后半段僧道服饰问题（即"若僧道衣服"以下）姑置不论。关于此律之所本，沈家本在考订《大明律》中此律时指出：

> 后条③《唐律》无文。惟开元二年敕："道士、女冠、僧、尼不拜二亲，是为子而忘其生，傲亲而徇于末。自今以后，并听拜父母，其有丧纪轻重及尊属礼数，一准常仪。"见《金史·章宗纪》。此律盖即本开元敕也。④

清末另一律学大家薛允升亦持同一观点，在其《唐明律合编》一书论及《大明律》此律时，薛氏指出：此律即依照唐开元二年敕旨纂定者也。⑤

依沈氏及薛氏所言，《大明律》中的"僧道拜父母"条当本于唐玄

---

① 《大明律·礼律》，"僧道拜父母"。
② 《大清律·礼律》，"僧道拜父母"。
③ 即"僧道拜父母"律。
④ 沈家本：《历代刑法考·明律笺目》，中华书局1985年版，第1848页。
⑤ 薛允升：《唐明律合编》，怀效锋、李鸣点校，法律出版社1999年版，第186页。

第二十八章 "僧道拜父母"律研究——关于儒释孝亲论争的制度定型与发展　873

宗开元二年敕，即前文已经论及的开元二年"令僧尼道士女冠拜父母敕"。此应就该律本源而言，若论直接渊源，则当溯至相距更为近时的金章宗明昌三年（1192年）。沈氏又在考订历代律令时，于"释道拜父母"条下述：

> （金章宗明昌）三年三月，尚书省奏："言事者谓，释道之流不拜父母亲属，败害风俗，莫此为甚。礼官言唐开元二年敕云：'闻道士、女冠、僧、尼不拜二亲，是为子而忘其生，傲亲而徇于末。自今以后，并听拜父母，其有丧纪轻重及尊属礼数，一准常仪。'臣等以为宜依典故行之。"制可。①

此条载于沈家本所著《律令九卷》，沈家本经考证认为："令者，上敕下之词。命令、教令、号令，其义同。法令则著之书策，奉而行之，令甲、令乙是也。"② 可见沈氏并未基于传统法律制度中的"律令格式"概念内涵来理解"令"，而具体到金章宗明昌三年"僧道拜父母"，应理解为"上敕下之词"，即敕。就此而言，金章宗明昌三年敕可看作玄宗开元二年敕以后国家立场在僧道礼敬问题上的再次表达，而此次要求僧道拜父母，仍然只是停留在敕令的发布，而未能上升到常规性制度层面，由此便更能看出明代实现"僧道拜父母"入律的重大意义。

（二）佛教的回应

进入明代，传统政权终于实现了僧道拜父母入律，这标志着该项论争由理论问题摇身一变而成政治问题。明代皇权力量的登峰造极不再允许佛教在僧道礼敬问题上质疑国法，由此直接导致佛教的态度由直接对抗斗争转变为基于已有国法的妥协调和，而这一调和理论的最大贡献者为明末清初的高僧袾宏。

---

① 沈家本：《历代刑法考·律令九卷》，中华书局1985年版，第1060页。
② 同上书，第1060页。

袾宏首先辨析了"出家人不拜父母,反受父母拜"中的"反":

> 世传子出家,父母反拜其子,此讹也。愚僧不知,遂纳父母之拜,或正座而父母趋傍,或中龛而父母操楣,远违佛旨,近逆人伦,招世讥嫌,启人傲慢,乃僧之过,非佛咎也。不知父母反拜者,子出家,是为佛子,亲不复子之,故子拜而亲答拜。反也者,答也,还也,非反常之反也。①

袾宏将父母反拜其子的"反"解释为"返",即父母还子拜之礼,而"父母拜子"的前提乃"子拜父母"。② 在此基础上,袾宏提出了他对"僧道拜父母"律的调和论观点:

> 佛制出家比丘不拜父母,而王法有僧道拜父母之律。或问:"依佛制则王法有违,遵王法则佛制不顺,当如之何?"予谓此无难,可以并行而不悖者也。为比丘者,遇父母必拜,曰:"此吾亲也,犹佛也。"为父母者,当其拜,或引避,或答礼,曰:"此佛之弟子也,非吾子也。"宁不两尽其道乎?③

袾宏的调和论以父母与子互拜为基础,乃基于佛教孝亲立场,与儒家孝亲观并不相同。这种调和既不为国法所承认,也极少获家族、宗族认可。存在于各种家法、族规中的禁止出家及其处罚规定即为明证。如《宁乡熊氏祠规》规定:"僧释原非正道,无父无君。族中有出家者,将父兄责四十,勒令本身入祠,枷号三月,反佛乃止。否则,

---

① 袾宏:《正讹集·出家父母反拜》,载《莲池大师全集(云栖法汇)》(七),金陵刻经处光绪二十五年本,第4070—4071页。
② 关于这点,袾宏在《竹窗随笔》中亦有文字予以说明:"在家父母,不受出家子拜,而还其礼,非反拜其子也。"见《竹窗随笔·出家父母反拜》,载《莲池大师全集(云栖法汇)》(六),金陵刻经处光绪二十五年本,第3644页。
③ 袾宏:《竹窗三笔·僧拜父母》,载《莲池大师全集(云栖法汇)》(七),第3925—3926页。

凭族长处死。"① 《锡山邹氏家乘·凡例》规定:"凡子孙有为僧道者,止于父表下注生几子,某为僧或道,不得录其备于谱,如入者削之。"②《汉寿何氏支谱·凡例》规定:"国崇正学,若出家为僧、道及各种邪教,而与孔孟之道相悖谬者,依民法除名处分之规定,已入谱者,出族;未入谱者,不准入谱。"③ 《合江李氏族禁》"族禁"第五条"禁出家"规定:"释老之宗,流传虽久,而为僧、为道,则已弃父母,何论祖宗。族中子孙,不得甘于削发、易服。违者,屏勿齿,谱削其名。"④当然,家法、族规中大量禁止出家的规定恰可证明民间社会信佛者层出不穷,这也使得国家将僧道拜父母加以制度化显得更为紧迫与必要。祩宏的调和主张虽与儒家伦理对立,但在佛教内部影响颇大,清初高僧玉林国师即对祩宏观点深以为然。⑤

三、制度发展:"僧道拜父母"律中的服制规定

细观"僧道拜父母"律,虽名为"僧道拜父母",但其内涵已全然超越跪拜父母表象而层层递进,即由父母而至祖先,由跪拜、祭祀而至整个儒家服制。僧道拜父母仅仅是第一步,服制规定才是传统政权及儒家的终极目标,即通过僧道服制规定,最终实现传统律典中儒家伦理对佛教的全面统摄。而欲明确僧道服制规定入律的意义,首先应了解服制在传统律典中的重要性。

(一) 传统律典中的服制原则

服制原则是中国传统法律伦理法特征的集中表现。服制原则,又

---

① 《宁乡熊氏祠规》,载费成康主编:《中国的家法族规·附录》,上海社会科学院出版社2002年版,第328页。
② 《锡山邹氏家乘·凡例》,载费成康主编:《中国的家法族规·附录》,第260页。
③ 《汉寿何氏支谱·凡例》,载费成康主编:《中国的家法族规·附录》,第378页。
④ 《合江李氏族禁》,载费成康主编:《中国的家法族规·附录》,第351页。
⑤ 释空见:《藏海寺志》,广陵书社2006年版,第234—236页。

称"准五服以制罪"原则,是指以传统社会中的丧服制度(简称服制)为判断是否构成犯罪及衡量罪行轻重的标准。服制原则实质上是"同罪异罚"原则在家族范围内的体现,即同样的犯罪仅因服制的不同(即亲属间尊卑、长幼、亲疏的不同)而适用轻重不同的刑罚。① 瞿同祖认为,晋律"竣礼教之防,准五服以制罪",开后代依服制定罪之先河,与魏之以八议入律同为中国法律儒家化之大事。② 自西晋定律始,"准五服以制罪"原则就成为传统法典的重要组成部分,并在实践中得到不断的充实与完善。至唐朝,服制原则在国家法典中得到充分而完备的体现,使唐律成为丧服法律化的最好范本。③《唐律疏议》502条条文中,有81条涉及亲属服叙即期亲、大功、小功、缌麻、袒免等,占全部条文的16%,另有虽不以服制服叙等级表述但涉及亲属关系而量刑不同者73条,占条文总数的15%。④ 清律亦上承唐律,继续传承服制立法,并通过纂定条例的形式加强之,将服制间的犯罪规定得更为细致,多有"发扬光大"之势。⑤ 就清代而言,条例上服制立法的细致化只是其中一个方面,有论者更是在详为论述清律服制原则向血亲之外的扩张后指出,"准五服以制罪"的实行范围,不限于血亲关系,还有夫妻(妾)关系、拟制血亲关系、比附血亲关系、主仆关系以及因冲突构成案件的平民——官员关系。所以"准五服以制罪"实施对象的内涵是宗亲和姻亲,外延是拟制亲、主仆、师徒,以至官民,可见施行范围之大,影响人群之广,更可见它在中国古代法律中的重要地位和作用。⑥ 服制原则实现了在传统法律中贯彻以孝道为核心的宗族伦理和以忠君之道为核心的等级名分观念,是宗法制和等级制、孝道和

---

① 参见郑定、马建兴:《略论唐律中的服制原则与亲属相犯》,《法学家》2003年第5期。
② 瞿同祖:《中国法律与中国社会》,中华书局1981年版,第337页。
③ 郑定、马建兴:《略论唐律中的服制原则与亲属相犯》。
④ 参见丁凌华:《中国丧服制度史》,上海人民出版社2000年版,第216页;丁凌华:《五服制度与传统法律·绪论》,商务印书馆2013年版。
⑤ 吴杰:《微观清代服制内"杀一家多人"例的纂定与适用——兼谈清代服制立法的扩张》,载苏亦工、谢晶等编:《旧律新诠——〈大清律例〉国际研讨会论文集》第1卷,清华大学出版社2016年版,第36页。
⑥ 冯尔康:《略述清律的诸种同罪异罚及制订原则》,《文史哲》2007年第3期。

忠道伦理结合的产物。①

理解了传统法律中服制原则的重要性,也就能够理解实现僧道服制入律对于传统政权及儒家的重要意义。僧道服制规定在"僧道拜父母"律本身的重要性可以该律所本及明清律学家的解读为明证。

(二)"僧道拜父母"律中僧道服制规定的重要性

首先,薛允升与沈家本均以开元二年敕为"僧道拜父母"律之所本。若仅就跪拜父母这一表层含义而言,开元二年敕绝非唯一令僧尼拜父母的敕诏。其作为"僧道拜父母"律所本的唯一性在于该敕首次提出僧道"丧纪变除,亦依月数",亦即章宗明昌三年尚书省所言开元二年敕中的"丧纪轻重及尊属礼数,一准常仪",而在开元二年敕之前的诏敕中,均无此意思表达。

其次,关于"僧道拜父母"律,明清律学家的解读也多集中于僧道服制,而对僧道跪拜父母一层,反而言之者寥寥。如明人应檟指出:"丧服等第,谓斩衰期功缌之类,轻重有等第也,僧尼、道士、女冠虽出家得拜其本生父母,祭祀其祖先,而丧服等第与常人同,不以异端绝其孝道也。"② 明人雷梦麟指出:"祭祀丧服等第,皆与常人父母、祖先同,不得以异端而废正理也。"③ 明人王肯堂进一步指出:"丧服等第,谓斩衰期功缌麻之类轻重等第也,违者谓不拜父母、不祭祖先、不服本等丧服也。僧尼道士女冠虽已出家,并令归拜其父母、祭祀其祖先,而丧服等第与常人同,不得以异教废理,若有违者,是弃亲灭伦,人道绝矣,故杖一百还俗。"④ 明人熊鸣岐在其所辑《昭代王章》中于"僧道拜父母"律"招判枢机"中谓:"僧道虽入异端,天伦乃系常道,凡祭祀丧服等第,皆与常人祭葬父母祖先同。盖天伦父母,生身本也,不知有亲,安知有身。尔虽为僧道削发变冠,然未脱人身,

---

① 冯尔康:《略述清律的诸种同罪异罚及制订原则》。
② 应檟:《大明律释义》第 12 卷。
③ 雷梦麟:《读律琐言》,怀效锋、李俊点校,法律出版社 2000 年版,第 223 页。
④ 王肯堂:《律例笺释》第 12 卷,东洋文化研究所藏,编号:B3800900,第 14 页。

有身则有亲也，安可以僧道而遂皆弃乎？"① 又于"句解"中谓："僧道如遇父母及本宗丧服等第，如斩齐期功麻之类，不得以异端而废正理也。"② 清人沈之奇谓："僧尼道士女冠，自谓出家，有于父母不拜、祖先不祀、丧服皆废者，崇尚虚无幻渺而弃亲灭伦，则人道绝矣，故设此律。"③ 纵观明清两代律学家对"僧道拜父母"律的解读，无论明代"异端"与"孝道"或"正理"之对比，抑或清代"弃亲灭伦""人道绝矣"之批判，其核心思想乃一以贯之，即基于儒家孝亲伦理批判佛教的弃亲灭伦，充分透露出传统立法者的儒家本位意识。而所有对"僧道拜父母"律的解读重点，都不约而同地集中于僧道服制，并对僧道"丧服等第皆与常人同"的规定给予高度评价，且"僧道拜父母"律中的僧道服制规定也反映于明代判词中：

> 僧道犹夫人耳，受形匪出于空桑。父母非尔亲乎？报德宜怀寸草。盖虽属异端之教，未应绝天性之仁。罪莫大于无亲，刑因先于不孝。今某身披缁服，口诵黄庭。劬劳遂忘于蓼莪，徒有三年之爱；恭敬弗施于桑梓，辄辞一拜之仪。且饥食寒衣，尚未超于尘界；胡慎终追远，乃自异于齐民。三牲已缺于亲闱，五服尤乖于丧制。既昧木本水源之义，安望秋霜春雨之怀。尔徒道其道焉，实得罪于明教；吾则人其人也，更议罪于祥刑。④

（三）薛允升以前对僧道服制问题的理论阐述

明清律"僧道拜父母"很好地吸收了开元二年敕中的僧道服制内容。如前所述，对僧道服制问题的规定已经完全超越了跪拜父母的表象，从而实现儒家对佛教的全面统摄，使其无法逃脱家族之网的束缚，

---

① 熊鸣岐：《昭代王章》卷2，载郑振铎编：《玄览堂丛书》初集第77册，第12页。
② 同上书，第13页。
③ 沈之奇：《大清律辑注》，怀效锋、李俊点校，法律出版社2000年版，第412页。
④ 佚名：《新纂四六合律判语》，载杨一凡主编：《中国律学文献》第1辑第4册，黑龙江人民出版社2004年版，第783页。

而明清律学家也异口同声地对此予以高度评价。但对于如何理解"僧道拜父母"律中的僧道服制规定却并非无疑义,最先对律典中此问题提出质疑的是薛允升,而在薛允升之前,对僧道服制已有诸多理论上的阐述。

据清初汪琬《五服考异》:

> 天圣中,进士陈可言:同保进士黄价以"赴举时,有叔父为僧,丧服未满。臣例当驳放。窃思出家制服,礼、律并无明文",释门"见父母不拜,居父母丧不经","本族并无服式。望下礼官详议"。礼官言:"《礼》:为叔父期,外继者降大功。其黄价为叔僧,合比外继,降服大功九月。"
>
> 开元礼讫今律文皆无服。
>
> 按:叔父为僧者,既依为人后例,则凡有服诸亲若为僧尼、道士、女冠者,其服制皆应降一等矣。又按:唐开元二年敕曰:"闻道士、女冠、僧、尼不拜二亲,是为子而忘其生,傲亲而徇于末。自今以后,并听拜父母。其有丧纪轻重及尊属礼数,一准常仪。"此敕最为得之。然观陈可所言,则宋时诸僧犹守释氏遗式也。彼于本族既已不服,则服而不报,有违礼意,乃不彼之禁,而以为人后相拟,可谓不伦矣。①

汪琬的论述基于宋天圣年间的一则史料,该史料取自《宋史》。②依陈可所言,基于国家礼律与释门仪式双重标准,叔为僧,侄无服;

---

① 汪琬:《古今五服考异》,载《汪琬全集》第 2 卷,李圣华笺校,人民文学出版社 2009 年版,第 1037 页。
② 根据《宋史》卷 125 "士庶人丧礼·服纪" 的记载,天圣七年,兴化军进士陈可言:"臣昨与本军进士黄价同保,臣预解送之后,本军言黄价昨赴举时,有叔为僧,丧服未满,臣例当驳放。窃思出家制服,礼律俱无明文,况僧犯大罪,并无缘坐;犯事还俗,准敕不得均分父母田园。又释门仪式,见父母不拜,居父母丧不经,死则法门弟子为之制服,其于本族并无服式。望下礼官详议,许其赴试。"太常礼院言:"检会敕文,期周尊长服,不得取应。又礼为叔父齐衰期,外继者降服大功九月。其黄价为叔僧,合比外继,降服大功。"

而太常礼院则认为，叔为僧应合比外继，降一等服大功。汪琬显然认可陈可观点。一方面，就国法而言，如陈可所指，"出家制服，礼、律并无明文"；另一方面，就教法而言，陈可指出，释门"见父母不拜，居父母丧不经"，汪琬也基于陈可所言，认为"宋时诸僧犹守释氏遗式"。同时，汪琬又充分认可了开元二年敕，以其"最为得之"，但显然宋时僧道丧纪轻重及尊属礼数并未一准常仪。可见，汪琬的观点乃基于宋时既定制度而言，即虽然基于儒家教义，汪琬认可僧道"丧纪轻重及尊属礼数，一准常仪"，但就宋代现实而言，却不得以"黄价为叔僧，合比外继，降服大功九月"，否则即为不伦。

清初徐乾学亦有关于僧道服制问题的详尽论述载于《读礼通考》一书。关于开元二年敕，徐氏论道：

> 二氏之徒，自以出家离俗，竟不为亲属制服，彼其本教固然也。今乃使之行服，虽非二氏之本教，其于敦厚人伦、化导异类，固甚盛心也。第不知唐之世，曾以此条载之于律否，观玄宗特颁此诏，则律文之不载可知矣。至明之定律，遂以此条入之，岂不尤为度越前王哉？有司教之责者，弗徒以虚文视之，而违者一绳以法，庶几扶翼世教之一端。①

徐氏认为，开元二年敕具有"敦厚人伦、化导异类"的作用，但有唐一代终未能以僧道服制入律，直至明代方才实现。徐氏对此评价颇高，认为"度越前王"。徐氏还认为律典中的僧道服制规定不应视为虚文，而应真正用于司法实践，"以扶翼世教（即儒教）之一端"。

而关于《宋史》中记载的黄价为僧叔制服问题，徐氏首先引用了同时代人万斯同的观点：

> 万斯同曰：礼官之议，以出家者比之外继，降服一等，不过

---

① 徐乾学：《读礼通考》卷117，《僧道服制》，光绪七年四月江苏书局刊版。

谓期服降而大功,黄价可准其应试,陈可得免其行罚耳,不知其议之舛错也。夫为出家之人制服,但当论其宜不宜,不当论其降不降也。使其宜耶,自有本等之服在,不得从出后之例也;使其不宜耶,并功服且无之,又何止于降等也。若谓叔父可降而大功,将父母可降而期服耶?是何进退无据之甚也。要之,出家之人虽可以绝亲属之服,而为之亲属者,必不可以绝出家者之服,以彼固游于方外,而我初不可谓其可为后世法则,愚未敢以为然也。①

依万斯同的观点,关于僧道服制,只有宜不宜,没有降不降。并且他认为这是一种单方面的宜,即出家人可以根据教法绝亲属之服,但是作为世俗的亲属却不可不为出家人制服。因为若世俗亲属不为出家人制服,则相当于遵从了出家人不为亲属制服的教法。故而万斯同认为黄价宜为其僧叔制服,且不得减等,即"期周尊长服,不得取应"。

而徐乾学则认为:

> 僧道不为亲属行服,则为之亲属者亦当不为僧道行服矣。乃黄价于为僧之叔父有服,则知尔时出家之人死,其亲属多为之服矣;不知其亲属死,出家者亦为之服否?观陈可所奏,则宋时无僧道行服之制可知也,唐世有之,而宋乃去之,彼累朝定礼之儒奈何不一议及哉。②

徐氏显然认为,无论出家与否,行服均为一对等行为,即若僧道不为亲属行服,则世俗亲属亦不当为僧道行服。而基于黄价一案的事实,宋时亲属多为僧道行服,而僧道却不为亲属行服。唐时有僧道应为亲属行服之制(此当依开元二年敕),而宋乃去之,徐氏无奈道:"彼累朝定礼之儒奈何不一议及哉。"细细究来,又岂是宋代定礼之儒

---

① 徐乾学:《读礼通考》卷117,《僧道服制》。
② 同上。

不愿承唐之敕诏精神，这完全是迫于佛教的对抗压力而使然。

以上三位清初学者均基于宋天圣黄价事件评价僧道服制问题。汪琬与徐乾学均认为亲属应为僧道制服，而僧道也应为亲属制服，其中汪琬认为开元二年敕要求僧道"丧纪轻重及尊属礼数，一准常仪"最为得之，而徐乾学认为明代僧道服制入律"度越前王"。只有万斯同认为僧道可以绝亲属之服，而亲属不可绝僧道之服。

（四）薛允升僧道服制观点考察

1. 薛允升僧道服制观点

薛允升在《唐明律合编》一书中对"僧道拜父母"律展开了详尽论述，其中引用了汪琬《五服考异》一书中对黄价为叔僧制服问题的观点，即僧道为亲属之服，律文不载，以既出家，即难以常礼论也。①而根据薛氏对《读礼通考》的引用可推知，其对徐乾学、万斯同的观点亦当知悉。

薛氏首先基于"僧道拜父母"律与律例其他相关条款的关系指出：

> 服制律内并无此层。再，名例称道士女冠条云，于其师与伯叔父母同，弟子与兄弟之子同，则直视为期服至亲矣，律内亦无此服。而杀伤本宗卑幼，则俱以凡论。均属参差，应与僧道有犯各条参看。②

薛氏认为，"僧道拜父母"律中规定的僧道服制，在服制律中并无规定；而名例律"称道士女冠"将师弟子关系视同伯叔父母与侄关系，律内也并无弟子为师制服的规定；并且僧道杀伤本宗卑幼以凡论，亦未有服制的考虑。

薛氏继而认为：

---

① 薛允升：《唐明律合编》，第185页。
② 同上书，第186页。

僧道在四民之外，亦为王化所不及，是以历代以来，俱度外置之。易系辞云：有男女然后有夫妇，有夫妇然后有父子，有父子然后有君臣。僧道并不娶妻生子，是已无夫妇一伦矣，又何知有父子、君臣哉？此律所云，盖亦不得已之办法也。①

综合上述，在制度层面，薛氏认为僧道服制规定与清代律典及条例中的其他有关条款相矛盾，而在理论层面，薛氏同样认为僧道在四民之外，不娶妻生子，无父无君，因而无伦理可言，故而律中要求僧道拜父母、祭祀祖先及为亲属制服完全是无奈之举。要言之，薛允升关于"僧道拜父母"律的核心观点即僧道无服。

2. 薛允升僧道服制观点辨正

薛氏认为"僧道拜父母"律中的规定是"不得已之办法"。而笔者却以为，这一规定实则是主动为之。实现僧道拜父母的制度化作为历代政权及儒家的积极追求已在僧道礼敬问题论争中详述，毋庸置疑。而于律典中规定僧道服制以实现儒家伦理对佛教的全面统摄则是传统政权及儒家的终极目标，正是认识到这一点，清人徐乾学才高度评价《大明律》实现僧道服制入律为"度越前王"。以下首先就薛允升提出的僧道服制规定与律例内其他条款互有参差做逐一辨正。

（1）关于"服制律内无此层"

薛允升首先认为"服制律内无此层"，即服制律内无僧尼服制的规定。服制律内僧尼服制规定的阙如非但不是僧道服制无以存在的理由，反而恰恰是明清律中规定僧道服制的理由。因服制律内无此规定，而传统政权及儒家有此意愿，故而努力促成律中此规定。薛氏此处倾向于视服制律为一内部封闭而不可变更的体系，然而律典随着时代发展亦处于不断发展变化中。因此律典作为一相对开放的系统，应具备随不同时代立法者意图的变化而变化的可能性，当然前提是不违背律典本身的体系化。"僧道拜父母"律中的僧道服制规定虽不列于服制律

---

① 薛允升：《唐明律合编》，第186页。

中,但却无碍其作为服制律有关僧尼服制问题的补充。

(2) 关于"称道士女冠"

薛氏又认为,"名例""称道士女冠"律云,"于其师与伯叔父母同,弟子与兄弟之子同,则直视为期服至亲矣,律内亦无此服"。即"称道士女冠"律只是将师弟子关系视同期亲,而律内并无师弟子服制的规定。对此薛允升在"称道士女冠"中已论及:

> 古无所谓道士女冠也。自汉以后,始盛行于世。儒业弟子,尚为师无服,又何暇为此辈制服哉?此律与伯叔父母同,盖直以期亲视之矣。①

并且对于"称道士女冠"律将师弟子视同期亲,薛氏认为此实乃无奈之举:

> 僧尼等之照期亲定断,盖亦知僧尼等类断难尽绝,而又不能一概等于凡人也,故于亲属五服之外,特为此等人另立专条,亦不得已之办法,所谓亡于礼者之礼也,自唐时已然矣。②

对于薛允升以上观点,有两个问题需要澄清。首先,僧尼师徒间是否无服;其次,僧尼师徒服制问题是否与"僧道拜父母"律中的服制规定相关。

首先,僧尼师徒服制问题。

明清律"称道士女冠"律一仍唐律,依《唐律疏议》"称道士女官"律(此处"女官"即明清律中的"女冠"):

> 诸称"道士""女官"者,僧、尼同。

---

① 薛允升:《唐明律合编》,第 96 页。
② 胡星桥、邓又天主编:《读例存疑点注》,中国人民公安大学出版社 1994 年版,第 634 页。

第二十八章 "僧道拜父母"律研究——关于儒释孝亲论争的制度定型与发展

> [疏] 议曰：依《杂律》云"道士、女官奸者，加凡人二等"。但余条唯称道士、女官者，即僧、尼并同。诸道士、女官时犯奸，还俗后事发，亦依犯时加罪，仍同白丁配徒，不得以告牒当之。
>
> 若于其师，与伯叔父母同。
>
> [疏] 议曰：师，谓于观寺之内，亲承经教，合为师主者。若有所犯，同伯叔父母之罪。依《斗讼律》："詈伯叔父母者，徒一年。"若詈师主，亦徒一年。余条犯师主，悉同伯叔父母。
>
> 其于弟子，与兄弟之子同。
>
> [疏] 议曰：谓上文所解师主，于其弟子有犯，同俗人兄弟之子法。依《斗讼律》："殴杀兄弟之子，徒三年。"《贼盗律》云："有所规求而故杀期以下卑幼者，绞。"兄弟之子是期亲卑幼，若师主因嗔竞殴杀弟子，徒三年；如有规求故杀者，合当绞坐。
>
> 观寺部曲、奴婢于三纲，与主之期亲同。
>
> [疏] 议曰：略。
>
> 余道士，与主之缌麻同。（犯奸、盗者，同凡人。）
>
> [疏] 议曰：略。
>
> 注：犯奸、盗者，同凡人。
>
> [疏] 议曰：略。①

明承唐制，在《大明律》"称道士女冠"律中规定：

> 凡称"道士""女冠"者，僧、尼同。若于其受业师，与伯叔父母同。（受业师，谓于寺观之内，亲承经教，合为师主者。）其于弟子，与兄弟之子同。②

---

① 《唐律疏议·名例》，"称道士女官"。
② 《大明律·名例》，"称道士女冠"。

清律一以贯之，但相比于明律，添入小注：

> 凡（律）称"道士""女冠"者，僧、尼同。（如道士、女冠犯奸，加凡人罪二等，僧、尼亦然。）若于其受业师，与伯叔父母同。（如俗人骂伯叔父母，杖六十，徒一年；道、冠、僧、尼骂师，罪同。受业师谓于寺观之内亲承经教，合为师主者。）其于弟子，与兄弟之子同。（如俗人殴杀兄弟之子，杖一百，徒三年；道、冠、僧、尼殴杀弟子，同罪。）①

对比可知，明清律相比于唐律除删去"部曲、奴婢"以下部分外，基本保持不变，而清律相比于明律所添加之小注正是《唐律疏议》之疏议部分。唐律"僧道拜父母"律将出家人中弟子与师主的关系视同世俗侄与伯叔父母的关系。疏议中有所举例，其中对弟子犯师主，首先以弟子詈师主比照"斗讼律"中詈伯叔父母，进而及于"余条犯师主，悉同伯叔父母"；而对师主犯弟子，则以师主因嗔竞殴杀弟子及师主有规求故杀弟子，分别比照殴杀兄弟之子及有所规求而故杀期亲以下卑幼，但并无总结性的及于余条犯弟子。虽如此，根据律文内容推究立法原意，唐律中所有弟子与师主相犯的处罚均应比照侄与伯叔父母相犯。

戴炎辉认为，道僧之师主、弟子关系视同期亲，体现血族名分扩及至家外。此等身份关系乃以义相从，故而亦同尊卑之例。据《唐律疏议·名例律》"十恶"之"不义"条疏议："礼之所尊，尊其义也。此条元非血属，本止以义相从，背义乖仁，故曰不义。"因此，在戴炎辉看来，视师弟子关系同期亲关系乃儒家家族血亲主义的扩张，而这种扩张的伦理基础在于"义"。②

明清律继承了唐律的"称道士女冠"律，而在将僧尼师弟子关系

---

① 《大清律例·名例》，"称道士女冠"。
② 戴炎辉：《唐律通论》，中正书局1964年版，第20—21页。

视同世俗亲属关系上则另有体现。依《大清律例》"比引律条"① 第一条：僧道徒弟与师共犯罪，徒弟比依家人共犯律，免科。根据《大清律例·名例律》"共犯罪分首从"：若一家人共犯，止坐尊长。此处将师弟子关系视同尊长卑幼关系，因而师弟子共犯，弟子免科。陈新宇基于《大清律例》"比引律条"，将比附依行为相似程度的高低分为名分的比附、类推式的比附与特别的比附。其中名分的比附，指的是在同一犯罪类型或者犯罪形态中，类比当事人之间最为相似的名分关系；类推式比附，与类推并无二致；特别的比附，则已经超越了类推的界限，这种比附很难说有构成要件上的相似性，毋宁是某种"意义"上的相似性。② 基于上述分类，僧道师徒共犯属于名分的比附。"在宗法观念和阶级观念（贵贱、良贱）根深蒂固的古典社会，法制对名分关系最为关切，从立法的角度，有如西晋泰始律的'准五服以制罪'、唐律的'一准乎礼'、清律的服制图入律等。"③ 将僧道师弟子共犯中的师弟子关系视同尊长卑幼关系，与"称道士女冠"将师弟子关系视同侄与伯叔父母关系具有高度相似性，即均将出家师徒关系视同世俗家族的尊长卑幼关系，不同之处在于，前者存在于师弟子共犯中，而后者存在于师弟子自相犯中。但就精神实质而言，"称道士女冠"视师弟子关系同侄与伯叔父母关系的做法可归类为此处名分的比附，这其中同样体现了传统法典对名分的关注。

明清律学家对该律的解读多认为，视僧道师弟子关系同期亲关系，乃基于恩义之并重。如明人雷梦麟指出："夫吾儒殴受业师，加凡人二等，而僧道得与期亲同，是吾儒之义轻而僧道之义重。盖僧道自幼教

---

① 《大清律例》"比引律条"源于《大明律》"比附律条"。
② 参见陈新宇：《比附与类推之辨——从"比引律条"出发》，《政法论坛》2011年第2期。
③ 陈新宇：《帝制中国的法源与适用论纲——以比附为中心的展开》，《中外法学》2014年第3期。在另一文中，陈新宇同样指出，"传统社会是个身份社会，法律对家族中的尊卑、长幼、亲疏、远近关系，社会上的贵贱、良贱范畴，结合特定的案件类型，予以区别对待，并不厌繁琐、持续不断地制定细则规定。就司法官员而言，辨析、确定涉案当事人之间的名分关系，乃审判之要务"。参见陈新宇：《比附与类推之辨——从"比引律条"出发》。

养，终身不离，犹有抚育之恩焉，不徒以其义而已。"① 清人沈之奇同样认为："盖教而兼养，终身不离，衣钵相承，恩义并重也。"② 可见雷梦麟与沈之奇均认为，视僧尼师弟子关系同世俗家族血亲关系乃基于恩义，此又在"礼之所尊，尊其义"基础上更进一步。而沈之奇更进一步指出："或云同师之子弟相犯，当依堂兄弟。非也。虽同受业于师，实凡人也，本无天亲，岂得分长幼为兄弟？律止言师与弟子，既无正文，岂可附会？以凡论为是。"③ 在沈之奇看来，视师弟子关系同侄与伯叔父母关系，并不能推出可将同师之子弟视同堂兄弟，这其中隐含着视师弟子关系同侄与伯叔父母关系仅为一种服制拟制，二者实质上并无任何服制基础，即佛门内部成员间"本无天亲"，故而此种服制仅限于律典本身的明文规定，而拒绝任何扩大解释。

以上无论基于恩义抑或基于名分的解读，在否定僧尼师徒服制方面均与薛允升观点一致，毕竟恩义不可等同血缘，而名分关系与血亲相似亦非等同。而对于视僧尼师弟子关系同期亲关系，有学者将之解读为"比附"，④ 亦有学者将之解读为"比照"，⑤ 而无论哪一词语表达，均不脱薛允升所谓"直视"（仅仅视同而非等同）。因此，僧尼师徒间确实无服。

其次，明确僧尼师徒间无服，则需要进一步明确其与"僧道拜父母"律中的僧尼服制规定又是否矛盾。

如前所述，僧尼师徒无服的原因在于师徒间无血亲关系，如此才有将僧尼师徒视同期亲一说，而"僧道拜父母"律要求僧道"丧服等第皆与常人同"，其规制的是僧道与在家亲属之间的关系。若排除出家这一事实，亲属之间本有服，因此僧尼师徒服制问题与僧尼与在家亲属服制问题究属两回事，无参差可言，即僧尼师徒无服完全不影响僧

---

① 雷梦麟：《读律琐言》，第 69 页。
② 沈之奇：《大清律辑注》，第 115 页。
③ 同上书，第 115—116 页。
④ 参见刘俊文：《唐律疏议笺解》，中华书局 1996 年版，第 531 页。
⑤ 参见丁凌华：《中国丧服制度史》，第 225 页。

尼与在家亲属的服制问题，只因薛氏坚持僧尼绝对无服，因而意在将所有反映僧尼无服（而未究其实）的规定一并摘出以显示僧尼服制规定的不妥。

（3）关于"杀伤本宗卑幼以凡论"

薛氏最后指出，杀伤本宗卑幼，则俱以凡论，"又属参差"。"杀伤本宗卑幼，则俱以凡论"规定于《大清律例》"刑律""殴期亲尊长"律下条例中（可见薛氏在比较唐明律时兼及清律），依该条例规定：

> 凡僧尼干犯在家祖父母、父母，及杀伤本宗外姻有服尊长，各按服制定拟。若杀伤本宗外姻卑幼，无论斗殴谋故，俱以凡论。本宗外姻尊长卑幼杀伤出家之亲属，仍各依服制科断。道士、女冠、喇嘛有犯，一例办理。①

该条例系乾隆四十一年（1776年），刑部钦遵谕旨，议准定例。嘉庆六年（1801年）改。② 乾隆四十一年，僧人静峰殴死俗家胞弟周阿毛，浙江巡抚认为，"静峰虽已出家为僧，其本身亲属有犯，仍应按照服制定拟"。③ 而乾隆皇帝却在批阅刑部所呈秋审招册时，认为此案"所引之律未允协"，并在上谕中详为说明：

> 僧人披剃出家，即不当复论其俗家卑幼，且致死人命即已犯其杀戒。今静峰因周阿毛痴呆无用，辄行谋死，图赖泄忿，凶残殊甚。彼不念手足之谊，何得复援尊长之条？刑部因律有僧于本身亲属有犯，仍按服制定拟等语，遂尔概行比附，殊未思律言有犯专指尊长而言，如僧人犯其祖父伯叔，是不可因其出家稍为末减，若卑幼，本不可言犯，又安得由犯尊之律推而下之乎？是僧

---

① 胡星桥、邓又天主编：《读例存疑点注》，第654—655页。
② 同上书，第655页。
③ 全士潮、张道源等纂辑：《驳案汇编》，何勤华等点校，法律出版社2009年版，第441页。

人致死俗家卑幼断不当复以服制论也……嗣后僧人如致死本宗卑幼，无论斗殴谋故，俱以凡律定拟。至谋财害命、强盗杀人，及图奸谋杀之案，于卑幼之恩已绝，俱照平人一例办理，不得复依服制宽减。①

此例即乾隆四十一年僧静峰殴死胞弟周阿毛案内遵旨议定。该例包括两层意思：首先，在家亲属对僧尼有犯，则严格依服制定拟；其次，僧尼对在家亲属有犯，若亲属为尊长，仍依服制定拟，若亲属为卑幼，则依凡论。若严格依照服制原则惩处，则僧尼与在家亲属之间相犯，无论亲属为尊长或卑幼，均应依照服制定拟，其依据即浙江巡抚与刑部所提到的"律有僧于本身亲属有犯，仍按服制定拟"。考察整部《大清律例》，并无与此完全一致的表达，但其来源为"僧道拜父母"律当属无疑。这也可从《大清律例根原》关于此例的按语中得到印证："例载'僧尼、道士、女冠，并合拜父母及本宗亲属，其丧服等第皆与常人同'等语，是女僧等杀伤本宗尊长、卑幼，及本宗尊长、卑幼杀伤僧尼，俱照本律各按服制科断。"② 僧道与在家亲属之间自相犯，其处断原则为"僧道拜父母"律中的僧道服制规定，该例的大部分内容为此一处断原则的具体落实；而僧道对在家卑幼有犯依凡论则突破此原则，其定例依据则是乾隆对僧静峰欧死胞弟一案的上谕。乾隆虽费劲笔墨试图对此做出合理解释，但其真正目的只是为了对僧道从严处断，这是不言自明的。以下的论述还将证明，此并非乾隆一朝通过条例对僧道从严处断的孤例。

对于该例依服制定拟部分，薛允升认为，"兄弟叔侄乃天性之亲，虽僧尼亦不能别生他议"③。即兄弟叔侄作为天亲，即便出家也不能超

---

① 清高宗敕撰：《清朝通典》（万有文库本）卷84，"刑五"，商务印书馆1935年版，第2648页中—2649页上。同见祝庆祺等编：《刑案汇览三编》第3编，北京古籍出版社2004年版，第1535—1536页。
② 吴坤修等编撰，郭成伟编：《大清律例根原》，上海辞书出版社2012年版，第1401页。
③ 胡星桥、邓又天主编：《读例存疑点注》，第655页。

脱其外，此处薛氏又完全基于僧道与世俗亲属有服立场来解释此条例。可见薛氏亦认同"僧道拜父母"律中僧道服制规定是指导僧道与在家亲属自相犯的一般处断原则。而对于"干犯卑幼者，以凡人论"中体现的对僧道服制原则的突破，薛氏也意识到其中对僧道犯罪从严处断的目的，认为"定例之意，不过谓僧人既已出家，即不应逞凶伤人，故特严其罪，与殴伤人不准保辜之意相类"。但薛氏同时也提出质疑，即"僧尼俱准招收徒弟，而杀伤徒弟则又照功服卑幼定拟，是本亲属也，而反以凡论，本外人也，而又以亲属论，其义安在？"此处僧道杀伤徒弟，乃据"刑律""殴受业师"律下条例"僧道殴伤弟子，按殴伤大功卑幼本律问拟"，① 问拟依据为"名例""称道士女冠"律，相比之下，僧道殴伤卑幼又依凡论，大有真实服制不如拟制服制之意味，故而薛氏质疑"其义安在"。② 薛氏虽有此疑问，但若细究，也并非完全不可解释，姑论之如下。

首先，关于僧尼殴伤卑幼。条例首先规定"僧尼干犯在家祖父母、父母，及杀伤本宗外姻有服尊长，各按服制定拟"，因此僧尼犯尊长，无条件按服制定拟；而"杀伤本宗外姻卑幼，无论斗殴谋故，俱以凡论"，此处的"以凡论"，即意味着不依服制减等。正如薛允升所称，此规定目的在于严僧尼之罪，如此而引出对清代条例关于僧尼犯罪从

---

① 依"刑律""殴受业师"律下条例，儒师及僧尼与弟子的关系分别比作尊长与期亲卑幼及大功卑幼的关系。若依照"称道士女冠"律，僧尼师弟子关系应比作期亲关系，而此处比作大功，多有不妥。薛允升认为此乃立法上的错误，若就律义而论，僧尼师弟子似较业儒情意尤重，此例殊与律义不符，亦与名例（即"称道士女冠"律）显相抵牾。究其理由，薛允升认为，"总由视儒业为重，而视彼教（即佛教）为轻尔"。然而"矫枉过正，莫此为甚，岂事涉儒业即可概从轻典耶？"并且薛氏认为业儒师徒无服乃孔子所肯定的，因此以并无服制之人（即业儒师徒间）比照期亲，似不甚妥。清末变法制定过渡性法典《大清现行刑律》时，重新将僧尼师弟子关系恢复为比作期亲关系，认为原例"以儒师照期亲定拟，原系尊师重儒之意，第僧尼道士，其情谊亦不亚于儒师，按名例载，道士女冠僧尼于其受业师，与伯叔父母同，其于弟子，与兄弟之子同。辑注云：道冠僧尼直同期亲尊长者，盖教而兼养，终身不离，衣钵相承，恩义并重也，是律明以期尊相视，而例忽改照大功，殊觉互相抵触，应将僧尼道士喇嘛女冠一层提出，移入上业儒弟子之下"。分别参见胡星桥、邓又天主编：《读例存疑点注》，第632—634页；沈家本等编订：《大清现行刑律案语》，载《续修四库全书》编纂委员会编：《续修四库全书》八六四·史部·政书类，上海古籍出版社2002年版，第574—575页。

② 参见胡星桥、邓又天主编：《读例存疑点注》，第655页。

严处断原则的讨论。

关于明清律典与条例的关系,苏亦工的研究指出,律典具有稳定、成熟、平允等诸多优越性,但在具体运用中未免过于抽象、概括而失之具体、灵活,有时不能充分表达统治者的意图。这时,条例就展现出律典所不具备的优势。条例相比律典具备两个特点:一是具有具体、针对性强的优点;二是富于灵活性和变通精神。关于第二点,条例变通律典的作用多种多样,其中最主要的是根据时间、空间的变迁以及统治者政策指向的变化做出变通。① 而此处的僧尼犯卑幼以凡论,即可视为乾隆年间针对僧尼犯罪政策上的变化。综观乾隆四十一年条例整体内容,对僧尼与在家亲属自相犯的处罚,原则上严格依照服制规定处断,从这方面而言,此条例是"僧道拜父母"律的具体化,反映了上述条例的第一个特点(当然,这种具体化并不具有任何创造性或补充性,即便无此条例,仅依"僧道拜父母"律即可处断);而对于僧尼犯卑幼以凡论,则基于条例的灵活性和变通精神,反映了条例的第二个特点,而这第二点才是本条例的重点。以下将结合清代其他僧尼有犯相关条例,证明僧尼犯卑幼以凡论并非服膺于"僧道拜父母"律中的僧尼服制原则,而是作为条例中僧尼犯罪从严处断的一部分呈现,体现的是乾隆朝对僧尼犯罪处罚政策上的变化。

薛允升前已指出,僧尼干犯卑幼以凡人论,乃特严其罪,与殴伤人不准保辜之意相类。依"刑律""保辜期限":凡僧人逞凶毙命,死由致命重伤者,虽在保辜限外十日之内,不得轻议宽减。② 此条例定于乾隆四十年(1775年)。"各省凶徒及奸匪、赌匪、窃匪等类毙命之案例,无不准保辜明文,而独于僧人,是不分情节轻重,概不得轻议宽减矣……尔时僧人有犯,无不从严办理,意别有在也。"③ 不止于此,对僧人的从严处断还反映于其他条例,如依"刑律""谋杀人"律下条

---

① 参见苏亦工:《明清律典与条例》,中国政法大学出版社 2000 年版,第 217—231 页。
② 胡星桥、邓又天主编:《读例存疑点注》,第 625 页。
③ 同上。

例：凡僧人逞凶谋故惨杀十二岁以下幼孩者，拟斩立决。其余寻常谋故杀之案，仍照本律办理。① 而依同一律下的另一条例，谋杀幼孩之案，年在十一岁以上者照例办理，而将十岁以下幼孩逞忿谋杀者，首犯拟斩立决，从而加功之犯拟绞立决，从而不加功者照本律惩处。② 僧尼较常人，加重处罚时幼孩年龄由十岁以下（包括十岁）提高到十二岁以下（包括十二岁），常人专言谋杀，而僧尼兼及故杀，此两点均较常人为严，明显系严惩僧人之意。又如依"刑律""居丧及僧道犯奸"下条例：僧道官、僧人、道士有犯挟妓饮酒者，俱杖一百，发原籍为民。③ 此条例系前明问刑条例，雍正三年修改，乾隆五年改定。薛氏以为，"律之言僧尼犯奸，例又补出挟妓饮酒，较官吏治罪尤重"④。同一律下之条例又规定：僧道、尼僧、女冠有犯和奸者，于本寺观庵院门首，枷号两个月，杖一百。其僧道奸有夫之妇及刁奸者，照律加二等，分别杖、徒治罪，仍于本寺观庵院门首，各加枷号两个月。⑤ 此条例定于乾隆二十五年（1760年）。薛氏以为，"杖徒罪名，系照律加等者也，枷号两月则照例加等矣，因系僧道等类而严之也……别条系照律加罪，此则照例加罪，系专为僧道、尼僧、女冠而设"⑥。以上对僧尼从严处断的条例多形成于清乾隆年间，因而薛允升有"乾隆年间严惩僧人之案，不一而足，盖意别有在也"⑦ 的论断。这种条例上僧尼犯罪从严处断的集中呈现既可视为自《唐律》以来对僧尼犯罪从严处断的延续（如《唐律》规定"道士女冠、僧尼犯奸盗，于法最重""僧尼、道士女冠犯奸者，加凡奸罪二等"，明清律一仍其旧），而更为重要的是，这是乾隆年间条例中僧尼从严处断的集中呈现，其中体现的是乾隆朝在僧尼犯罪处断政策上的变化。当然这种变化也与乾隆朝修例制

---

① 胡星桥、邓又天主编：《读例存疑点注》，第546页。
② 同上书，第545页。
③ 同上书，第749页。
④ 同上。
⑤ 同上。
⑥ 同上。
⑦ 同上书，第655页。

度化的形成密不可分。乾隆元年,确定了三年一修例的原则。乾隆十一年,又将三年一修延长至五年一修,成为定制,五年一小修,十年一大修。自乾隆五年,有记载可考的修例共计23次,而其中仅乾隆一朝就高达15次之多。① 正因为乾隆朝修例之频繁,因而在条例中很好地集中贯彻了僧尼犯罪从严处断的原则。

其次,关于僧尼殴伤弟子,条例依据为"称道士女冠"律。而根据"称道士女冠"律,僧尼"于其受业师,与伯叔父母同,其于弟子,与兄弟之子同",此规定虽为拟制,却甚严格而无例外可言,只要是僧尼与弟子自相犯即比作世俗期亲关系,自唐律以来即如此规定。而依唐律"称道士女官","观寺部曲、奴婢于三纲,与主之期亲同,余道士,与主之缌麻同。犯奸、盗者,同凡人"。根据疏议对"犯奸、盗者,同凡人"的解释,"道士、女冠、僧、尼犯奸盗,于法最重,故虽犯当观寺部曲、奴婢,奸、盗即同凡人"。谓三纲以下犯奸、盗得罪无别。其奴婢奸、盗,一准凡人得罪。弟子若盗师主物及师主盗弟子物等,亦同凡盗之法。其有同财,弟子私取用者,即依"同居卑幼私辄用财者……"此条将部曲、奴婢之于僧尼视同主之期亲或缌麻亲,而因僧尼犯奸盗之罪尤重,故三纲及普通僧尼犯当寺部曲、奴婢均不得同于犯主之期亲、缌麻,而同凡人,即犯奸则依"杂律""监主于监守内奸",僧尼犯奸者,加凡奸二等,在常人犯奸基础上尤加二等,盗则依常人犯盗罪之处理;再根据"奴婢奸、盗,一准凡人得罪"可知,就奸而言,亦不将部曲、奴婢与僧尼视同期亲或缌麻,而从奸良人法。② 可见,虽然"称道士女官"律中将佛门内部关系视同家族血亲关系,但在僧尼与部曲、奴婢关系问题上又有所突破。明清律将此规定删除,如此而使这一比照无例外。鉴于具有指导作用的"称道士女冠"律中并无师弟子关系在拟制上的例外,作为条例的僧尼殴伤弟子也就无法也无必要突破拟制,因而仍"以凡论"。

---

① 参见苏亦工:《明清律典与条例》,第201页。
② 参见戴炎辉:《唐律各论》,成文出版社1988年版,第677页。

如此，我们可将清代律典中的僧尼服制规定与条例中的僧尼犯罪从严处断规定视作《大清律例》指导僧尼犯罪处罚并行不悖的两大原则。前一原则存于律典中，而后一原则存于条例中。条例基于其灵活性而对律典有所突破，因而僧尼犯卑幼作为两个原则的集合，不再依服制定拟而以凡论，以实现对僧尼犯罪从严处断的政策需要。至于僧尼殴伤弟子按殴伤大功卑幼本律问拟，则是依照"称道士女冠"律中设定的原则处断，其中反映的是律典对条例的指导作用。苏亦工基于明清律例关系辨析指出，明清官方处理律例关系的基本原则是以律为主导，条例为补充、辅助和变通，律例并行而非偏废一方。律例关系的主流是相辅相成、互相补充。相互替代是有条件的，不是普遍的。① 因此基于律例关系，条例规定僧尼殴伤弟子按殴伤大功卑幼本律问拟才是律典指导条例的常态，而僧尼犯卑幼以凡人论反映的条例对律典的突破则是律例关系的一种变态，二者基于完全不同的考量，却造成薛允升所说的"杀伤徒弟则又照功服卑幼定拟，是本亲属也，而反以凡论，本外人也，而又以亲属论"。随着条例的不断增加，此种参差实为不可避免，但发生的概率却也微乎其微。

3. 结合僧尼缘坐问题的考察

明清律相比于唐律在僧尼缘坐规定上的变化则可为明清律中主动实现僧尼服制规定提供另一辅证。依《唐律疏议》"贼盗律""缘坐非同居"，"若女许嫁已定，归其夫。出养、入道及娉妻未成者，不追坐。（出养者，从所养坐。）道士及妇人，若部曲、奴婢，犯反逆者，止坐其身"②。此即谓出家为僧尼者，不再随本宗缘坐。③ 僧尼犯反逆时，止坐其身，其所亲不缘坐。④ 缘坐，即己身纵无犯罪，只因其与正犯有亲属关系或家属关系，即予处罚。亲属之缘坐，系由于亲属一体的观念，

---

① 参见苏亦工：《明清律典与条例》，第246页。
② 《唐律疏议·贼盗律》，"缘坐非同居"。
③ 钱大群：《唐律疏议新注》，南京师范大学出版社2007年版，第555页。
④ 戴炎辉：《唐律通论》，第36页。

令其负连带责任。① 缘坐恰可证明被缘坐者与正犯之亲属关系，并且这种缘坐的轻重还与服制密切相关，而《唐律》则明确规定入道不追坐，并且僧尼犯反逆，止坐其身，不追及在家亲属。戴炎辉认为，道冠虽是出家入道，与俗家之亲属关系，法律上宜解为仍继续存在，② 而观《唐律》此条，大有将僧尼与在家亲属视同凡人的意味。再观明清律无此条，相似的规定见于《大明律》刑律"贼盗""谋反大逆"，"若女许嫁已定，归其夫。子孙过房与人及聘妻未成者，俱不追坐"③。而《唐律》中的"道士及妇人，若部曲、奴婢，犯反逆者，止坐其身"则未见。《大清律》一仍《大明律》，仅添入小注："若女许嫁已定，归其夫。子孙过房与人及聘妻未成者，俱不追坐。"④ 对此，清初律学家王明德认为，"若'子孙过房与人'六字，又最要看得活，更要看得广。'子孙'兼男女看，不必言矣；若'人'字，则兼同姓、异姓、释道、优婆、姨塞言"⑤。清初另一律学家沈之奇亦持此观点，"凡卖人为奴婢，出家为僧道尼之类，俱在过房之例"⑥。"过房"就本意解只有过继之意，此处解释为包括入道，但仅就该律本身而言，其并无任何涉及僧尼缘坐的内容，因而此种解释必然是受《唐律》"贼盗律""缘坐非同居"中僧尼缘坐规定的启发。在进一步解释中，王明德认为，"凡举同姓内为律内缘坐所不及者，皆是，即从堂亲属亦在内也……况于施及寺庙为僧、尼者乎？"⑦ 意即有服之堂亲属都不缘坐，无服之僧尼也就更不缘坐了。这种僧尼无服的判断与薛允升颇为一致，但鉴于明清律"僧道拜父母"中已有服制的明确规定，此处认为僧尼无服也就无所依凭，如此由过房不追坐推导出入道亦不追坐也就稍显武断了。虽然入道是否追坐在明清律中并无明确规定，但有学者却通过明清时期

---

① 戴炎辉：《唐律各论》，第106页。
② 此语见戴炎辉：《唐律通论》，第36页。戴氏做此判断的依据为何却不得而知。
③ 《大明律·刑律》，"谋反大逆"。
④ 《大清律例·刑律》，"谋反大逆"。
⑤ 王明德：《读律佩觿》，何勤华等点校，法律出版社2001年版，第59页。
⑥ 沈之奇：《大清律辑注》，第546页。
⑦ 王明德：《读律佩觿》，第59页。

有关案例推断僧尼犯罪，其在家亲属应追坐，由此证明，明清两朝业已取消了僧尼犯罪免缘坐的规定。① 照此看来，入道仍缘坐恰与明清律中的僧尼服制规定相得益彰。

综上所述，对于薛允升提出的僧尼服制规定与律例内其他相关条款互有参差的质疑，均可基于律例的体系化解读做出合理解释。僧人无父无君完全是佛教内部立场，并不代表传统政权及儒家的立场。传统政权及儒家恰恰希图改变佛教的无父无君，而实现僧尼为亲属制服则是他们的终极手段。因此，律典要求僧尼为亲属制服非但不是无奈之举，反而是历代政权及儒家的主动追求。

虽然笔者目前所接触到的史料并不能考证出在玄宗开元二年敕以前，统治者是否已考虑将僧尼纳入儒家服制统摄范围，但自开元二年敕中要求僧尼"丧服等第皆与常人同"以来，实现僧尼为在家亲属制服已经纳入传统政权的考虑范围，这也是律学家认为明清律中的"僧道拜父母"本于开元二年敕的依据所在；而结合《大清律例》相关条款做系统考察，也可证明僧尼服制规定与薛允升所指诸条款并无参差，或稍有参差但并非不可解释。正如桑原骘藏所指出的，东晋以来，作为中国佛教界一大悬案的沙门礼敬问题，可以根据《大明律》给予最后的裁断，即"僧道拜父母"律完全置僧尼于家族主义、孝道主义的约束之下，这一点与世俗之人没有任何区别。② 只有结合"僧道拜父母"律中的服制规定，才能真正理解桑原氏此话的个中真意。

四、结论

僧道拜父母最终在明代入律，真正实现制度化，从而为儒释孝亲论争（包括儒释孝亲理论之争及僧道礼敬问题之争）盖棺定论。"僧道

---

① 魏道明：《始于兵而终于礼——中国古代族刑研究》，中华书局 2006 年版，第 26—27 页。
② 引自砺波护：《隋唐佛教文化》，第 111 页。

拜父母"律本于开元二年敕,其根本原因不在于开元二年敕要求僧道拜父母,而在于该敕首次提出僧道"丧服等第皆与常人同"而为《大明律》"僧道拜父母"律所接受。相比于跪拜父母这一浅层表达,僧道服制规定才是历代政权及儒家(至少是开元二年以来的政权及儒家)的终极目标,这一终极目标乃是基于主动追求而非薛允升所言的"不得以之办法"。僧道服制规定作为明清律中惩治僧道犯罪的原则,实现了儒家伦理对佛教的全面统摄,从而将僧道完全置于家族主义、儒家孝亲主义的约束之下,其与自唐律以来即已存在而在清代条例集中呈现的"僧尼犯罪从严惩处"原则并行不悖,共同规制着明清时期的僧道犯罪。

主要参考文献

一、中文文献

（一）专著、编著、校注作品

崔连仲：《从佛陀到阿育王》，辽宁大学出版社1991年版。

杜继文主编：《佛教史》，江苏人民出版社2008年版。

高鸿钧、李红海主编：《新编外国法制史》上册，清华大学出版社2015年版。

郭良鋆：《佛陀和原始佛教思想》，中国社会科学出版社2011年版。

黄思骏：《印度土地制度研究》，中国社会科学出版社1998年版。

黄心川：《印度哲学史》，商务印书馆1989年版。

季羡林：《季羡林全集》第22—29卷，外语教学与研究出版社2010年版。

林承节：《印度史》，人民出版社2004年版。

林太：《〈梨俱吠陀〉精读》，复旦大学出版社2008年版。

刘安武：《印度两大史诗研究》，中国大百科全书出版社2016年版。

刘欣如：《印度古代社会史》，商务印书馆2017年版。

柳建龙：《宪法修正案的合宪性审查：以印度为中心》，法律出版社2010年版。

毛世昌主编：《印度贱民领袖、宪法之父与佛教改革家——安培德卡尔》，中国社会科学出版社2013年版。

邱永辉：《印度教概论》，社会科学文献出版社2012年版。

任继愈主编：《中国佛教史》第1卷，中国社会科学出版社1981年版。

尚会鹏：《种姓与印度教社会》，北京大学出版社2001年版。

尚劝余：《尼赫鲁与甘地的历史交往》，四川人民出版社1999年版。

孙晶：《印度吠檀多哲学史》上卷，中国社会科学出版社2013年版。

巫白慧：《吠陀经和奥义书》，中国社会科学出版社2014年版。

巫白慧译解:《〈梨俱吠陀〉神曲选》,商务印书馆2010年版。

项飙:《全球"猎身":世界信息产业和印度的技术劳工》,王迪译,北京大学出版社2012年版。

张淑兰:《印度的环境政治》,山东大学出版社2010年版。

周东平等:《论佛教对中国传统法律之影响》,中国社会科学出版社2021年版。

朱明忠:《印度吠檀多哲学史》下卷,中国社会科学出版社2013年版。

朱明忠:《印度教》,福建教育出版社2013年版。

玄奘、辩机原著,季羡林等校注:《大唐西域记校注》上,中华书局2000年版。

义净著,王邦维校注:《南海寄归内法传校注》,中华书局1995年版。

(二) 译著

阿马蒂亚·森:《正义的理念》,王磊、李航译,中国人民大学出版社2012年版。

《奥义书》,黄宝生译,商务印书馆2010年版。

伯尔曼:《法律与革命——西方法律传统的形成》,贺卫方等译,中国大百科全书出版社1993年版。

查尔斯·埃利奥特:《印度教与佛教史纲》第1卷,李荣熙译,商务印书馆1982年版。

《长部》,段晴等译,中西书局2012年版。

D. D. 高善必:《印度古代文化与文明史纲》,王树英等译,商务印书馆1998年版。

甘地:《印度自治》,谭云山译,商务印书馆1935年版。

《汉译南传大藏经》编译委员会编译:《汉译南传大藏经》,元亨寺妙林出版社1990—1998年版。

赫尔曼·库尔克、迪特玛尔·罗特蒙特:《印度史》,王立新、周红江译,中国青年出版社2008年版。

贾瓦哈拉尔·尼赫鲁:《印度的发现》,向哲濬等译,上海人民出版社2016年版。

憍底利耶:《利论》,朱成明译注,商务印书馆2020年版。

《经集》,郭良鋆译,中国社会科学出版社1998年版。

凯思林·高夫等:《南印度农村社会三百年——坦焦尔典型调查》,黄思骏、刘欣如译,中国社会科学出版社 1981 年版。

克利福德·格尔茨:《地方知识——阐释人类学论文集》,杨德睿译,商务印书馆 2014 年版。

勒内·达维德:《当代主要法律体系》,漆竹生译,上海译文出版社 1984 年版。

路易·杜蒙:《阶序人:卡斯特体系及其衍生现象》,王志明译,浙江大学出版社 2017 年版。

马克斯·韦伯:《印度的宗教:印度教与佛教》,康乐、简惠美译,广西师范大学出版社 2010 年版。

麦克斯·缪勒:《宗教的起源与发展》,金泽译,上海人民出版社 2010 年版。

梅因:《东西方乡村社会》,刘莉译,知识产权出版社 2016 年版。

梅因:《古代法》,沈景一译,商务印书馆 1959 年版。

米尔恰·伊利亚德:《宗教思想史》第 1 卷,吴晓群译,上海社会科学院出版社 2011 年版。

《摩奴法论》,蒋忠新译,中国社会科学出版社 2007 年版。

毗耶娑:《薄伽梵歌》,黄宝生译,商务印书馆 2010 年版。

毗耶娑:《摩诃婆罗多》,金克木等译,中国社会科学出版社 2005 年版。

平川彰:《印度佛教史》,庄昆木译,北京联合出版公司 2018 年版。

芮沃寿:《中国历史中的佛教》,常蕾译,北京大学出版社 2009 年版。

舍尔巴茨基:《小乘佛学》,立人译,中国社会科学出版社 1994 年版。

斯坦利·威斯坦因:《唐代佛教》,张煜译,上海古籍出版社 2010 年版。

斯特拉博:《地理学》下,李铁匠译,上海三联书店 2014 年版。

T. M. P. 摩诃提瓦:《印度教导论》,林煌洲译,东大图书股份有限公司 2002 年版。

文森特·亚瑟·史密斯:《阿育王:一部孔雀王国史》,高迎慧译,华文出版社 2019 年版。

《五十奥义书》(修订本),徐梵澄译,中国社会科学出版社 2007 年版。

许理和:《佛教征服中国:佛教在中国中古早期的传播与适应》,李四龙等译,江苏人民出版社 2017 年版。

（三）论文

陈王龙诗：《传统印度司法中的潘查亚特及其种姓根基》，《清华法学》2022 年第 1 期。

程洁：《司法能动主义与人权保障——印度故事》，《清华法学》2020 年第 1 期。

高鸿钧：《传统印度法停滞不变吗》，《中外法学》2019 年第 2 期。

高鸿钧：《印度法研究与传统印度法的主要特征》，《清华法学》2022 年第 1 期。

蒋小红：《通过公益诉讼推动社会变革——印度公益诉讼制度考察》，《环球法律评论》2006 年第 3 期。

蒋巍：《建设一个怎样的新印度？——印度立宪宪法观辨析》，《清华法学》2020 年第 1 期。

林立：《甘地、安培德卡尔与拯救贱民运动》，《南亚研究季刊》1992 年第 3 期。

刘立夫：《儒佛政治伦理的冲突与融合——以沙门拜俗问题为中心》，《伦理学研究》2008 年第 1 期。

鲁楠：《达摩治国：阿育王与印度佛教法文化》，《中外法学》2022 年第 3 期。

鲁楠：《正法与礼法——慧远〈沙门不敬王者论〉对佛教法文化的移植》，《清华法学》2020 年第 1 期。

赵彩凤：《传统印度婚姻家庭法及其现代变革研究》，《清华法学》2022 年第 1 期。

朱源帅：《菩萨转轮王：武周皇权合法化的佛教理由》，《清华法学》2022 年第 1 期。

二、英文文献

（一）专著、编著

Acharyya, K., *Codification in British India*, S. K. Banerji & Sons, 1914.

Alberuni's India, ed. and trans. Sachau E. C., Kegan Paul, Trench, Trübner &

Co. Ltd., 1910.

Altekar, A. S., *State and Government in Ancient India*, Motilal Banarsidass, 1958.

Austin, G., *The Indian Constitution: Cornerstone of a Nation*, Clarendon Press, 1966.

Baden-Powell, B. H., *The Indian Village Community*, Longmans, Green, and Co., 1896.

Banerjee, G., *The Hindu Law of Marriage and Stridhana*, Mittal Publications, 1857.

Basham, A. L. (ed.), *A Culture History of India*, Oxford University Press, 1975.

Baudhāyana, trans. Bühler, G., *Sacred Books of the East*, vol. 14, ed. Müller, F. M., The Clarendon Press, 1882.

Béteille, A., *Caste, Class and Power: Changing Patterns of Stratification in a Tanjore Village*, 2nd ed., Oxford University Press, 1996.

Boix, C. & Stokes, S. C. (eds.), *The Oxford Handbook of Comparative Politics*, Oxford University Press, 2014.

Chan Wing-Cheong et al. (eds.), *Codification, Macaulay and the Indian Penal Code: The Legacies and Modern Challenges of Criminal Law Reform*, Ashgate Publishing Company, 2011.

Choudhry S. et al. (eds.), *The Oxford Handbook of the Indian Constitution*, Oxford University Press, 2016.

Cohn, B., *Colonialism and Its Forms of Knowledge*, Princeton University Press, 1996.

Colebrooke, H. T., *Two Treatises on the Hindu Law of Inheritance*, Hindoostanee Press, 1810.

Cowell, H., *The History and Constitution of the Courts and Legislative Authorities in India*, Thacker, Spink & Co., 1872.

Davis, Jr., D. R., *The Spirit of Hindu Law*, Cambridge University Press, 2010.

Derrett, J. D. M., *Religion, Law and the State in India*, Faber & Faber, 1968.

Derrett, J. D. M., *Introduction to Modern Hindu Law*, Oxford University Press, 1963.

Derrett, J. D. M., *Essays in Classical and Modern Hindu Law*, vol. 4, E. J. Brill, 1978.

Divan, S. & Rosencranz, A., *Environmental Law and Policy in India: Cases, Materials and Statutes*, 2nd ed., Oxford University Press, 2002.

Ganguly, A. K., *Landmark Judgments That Changed India*, Rupa Publications India Pvt. Ltd., 2015.

Gautama, trans. Bühler, G., *Sacred Books of the East*, vol. 2, ed. Müller, F. M. , The Clarendon Press, 1879.

Galanter, M., *Law and Society in Modern India*, Oxford University Press, 1989.

Harris, R., *The English East India Company and the History of Company Law*, Kluwer Legal Publisher, 2005.

Hawley, J. S. (ed.), *Sati, the Blessing and the Curse: The Burning of Wives in India*, Oxford University Press, 1994.

Hiltebeitel, A., *Dharma: Its Early History in Law, Religion, and Narrative*, Oxford University Press, 2011.

Institutes of Hindu Law: Or the Ordinances of Menu, 3rd ed., trans. Jones, W., W. H. Allen & Co., 1869.

Jois, R., *Legal and Constitutional History of India: Ancient Legal, Judicial and Constitutional System*, Universal Law Publishing Co. Pvt. Ltd., 2004.

Kane, P. V., *History of Dharmaśāstra*, vol. 1, Bhandarkar Oriental Research Institute, 1930.

Kane, P. V., *Hindu Customs and Modern Law*, University of Bombay, 1950.

Kauṭilya's Arthaśāstra, trans. Shamasastry, R., Mysore Printing and Publishing House, 1929.

Kolsky, E., *Colonial Justice in British India*, Cambridge University Press, 2010.

Kulshreshtha, V. D., *Indian Legal and Constitutional History*, Eastern Book Company, 2009.

Lad, V. D., *Textbook of Ayurveda*, The Ayurvedic Press, 2002.

Lingat, R., *The Classical Law of India*, trans. Derrett, J. D. M., Munshiram Manoharlal Publishers Pvt. Ltd., 1993.

Lubin, T. et al. (eds.), *Hinduism and Law: An Introduction*, Cambridge University Press, 2010.

Macphail, J. M., *The Heritage of India: Asoka*, Association Press, Oxford University Press, 1918.

Mayne, J. D., *A Treatise on Hindu Law and Usage*, revised and ed. Trotter, V. M. C., 9th., Higginbothams, 1922.

Mayer, A. C., *Caste and Kinship in Central India: A Village and its Region*, University of California Press, 1960.

Menon, N. R. M., *Clinical Legal Education*, Eastern Book Company, Reprint 2006.

Menski, W., *Hindu Law: Beyond Tradition and Modernity*, Oxford University Press, 2009.

Menski, W., *Modern Indian Family Law*, Curzon Press, 2001.

Minattur, J. (ed.), *The Indian Legal System*, N. M. Tripathi Pvt. Ltd., 1978.

Mittal, J. K., *An Introduction to Indian Legal History*, Allahabad Law Agency, 1973.

Nārada, trans. Jolly, J., *Sacred Books of the East*, vol. 33, ed. Müller, F. M., The Clarendon Press, 1889.

Nath, B., *Judicial Administration in Ancient India*, Janaki Prakashan, 1979.

Olivelle, P., *Manu's Code of Law: A Critical Edition and Translation of the Mānava-Dharmaśāstra*, Oxford University Press, 2005.

Olivelle, P. et al. (eds.), *Reimagining Aśoka: Memory and History*, Oxford University Press, 2012.

Ramachandran, V. G., *The Law of Contract in India*, Eastern Book Company, 1983.

Rocher, L., *Studies in Hindu Law and Dharmaśāstra*, ed. Donald R. Davis, Jr., Anthem Press, 2012.

Rocher, L., ed. and trans., *Jīmūtavāhana's Dāyabhāga: the Hindu Law of Inheritance in Bengal*, Oxford University Press, 2002.

Rodrigues, V. (ed.), *The Essential Writings of B. R. Ambedkar*, Oxford University Press, 2002.

Rungta, R. S., *The Rise of Business Corporations in India, 1851-1900*, Cambridge University Press, 1970.

Sarkar, C., *Epochs in Hindu Legal History*, Vishveshvaranand Vedic Research

Institute, 1958.

Sengupta, N., *Traditional Knowledge in Modern India*, Springer, 2019.

Sharma, P., *Hindu Women's Right to Maintenance*, Deep & Deep Publications, 1990.

Shilwant, S. S., *Legal and Constitutional History of India*, Sanjay Prakashan, 2003.

Srinivas, M. N., *Social Change in Modern India*, University of California Press, 1966.

Svoboda, R. E., *Ayurveda: Life, Health and Longevity*, The Ayurvedic Press, 2015.

Tambiah, S. J., *Buddhism and the Spirit Cults in North-east Thailand*, Cambridge University Press, 1970.

Thapar, R., *Asoka and the Decline of the Mauryas*, Oxford University Press, 2012.

The Laws of Manu, trans. Bühler, G., *Sacred Books of the East*, vol. 25, ed. Müller, F. M., The Clarendon Press, 1886.

Vasiṣṭha, trans. Bühler, G., *Sacred Books of the East*, vol. 14, ed. Müller, F. M., The Clarendon Press, 1882.

Wilkins, D. B. et al. (eds.), *The Indian Legal Profession in the Age of Globalization*, Cambridge University Press, South Asia Edition 2018.

Yājñavalkya-smṛtiḥ: Text with Commentary Mitākṣarā of Vijñāneśvara and English Translation and Notes, trans. Dutt, M. N., ed. Panda, R. K., Bharatiya Kala Prakashan, 2011.

（二）论文

Cohn, B., "Some Notes on Law and Change in North India", *Economic Development and Cultural Change*, vol. 8, no. 1 (1959).

Cohn, B., "From Indian Status to British Contract", *The Journal of Economic History*, vol. 21, no. 4 (1961).

Derrett, J. D. M., "The Administration of Hindu Law by the British", *Comparative Studies in Society and History*, vol. 4, no. 1 (1961).

Erstling, J., "Using Patent to Protect Traditional Knowledge", *Texas*

Wesleyan Law Review, vol. 15, no. 2 (2009).

Farmer, L., "Reconstructing the English Codification Debate: The Criminal Law Commissioners, 1833-1835", *Law and History Review*, vol. 18, no. 2 (2000).

Galanter, M., "The Study of the Indian Legal Profession", *Law & Society Review*, vol. 3, no. 2 (1968-1969).

Getman, J. G., "The Development of Indian Legal Education: The Impact of the Language Problem", *Journal of Legal Education*, vol. 21 (1969).

Gibson, J., "Traditional Knowledge and the International Context for Protection", *A Journal of Law, Technology and Society*, vol. 1, no. 1 (2004).

Gooderson, R. N., "English Contract Problems in Indian Code and Case Law", *Cambridge University Journal*, vol. 16 (1958).

Krishnan, J. K., "Professor Kingsfield Goes to Delhi: American Academics, the Ford Foundation, and the Development of Legal Education in India", *American Journal of Legal History*, vol. 46, no. 4 (2004).

Mate, M., "Elite Institutionalism and Judicial Assertiveness in the Supreme Court of India", *Temple International & Comparative Law Journal*, vol. 28, no. 2 (2014).

Mittal, A., "Patent Linkage in India: Current Scenario and Need for Deliberation", *Journal of Intellectual Property Rights*, vol. 15, no. 3 (2010).

Mukherjee, S., "The New Indian Patent Law: A Challenge for India", *International Journal of Intellectual Property Management*, vol. 1, no. 1 (2006).

Olivelle, P., "The Semantic History of Dharma: The Middle and Late Vedic Periods", *Journal of Indian Philosophy*, vol. 32, no. 5/6 (2004).

Olivelle, P., "The Four Feet of Legal Procedure and Origins of Jurisprudence in Ancient India", *Journal of the American Oriental Society*, vol. 135, no. 1 (2015).

Prabhu, J. & Jain, S., "Innovation and Entrepreneurship in India: Understanding Jugaad", *Asia Pacific Journal of Management*, vol. 32, no. 4 (2015).

Ragavan, S., "Protection of Traditional Knowledge", *Minnesota Intellectual Property Review*, vol. 2, no. 2 (2001).

Rajagopal, B., "The Role of Law in Counter-Hegemonic Globalization and Global Legal Pluralism: Lessons from the Narmada Valley Struggle in India", *Leiden Journal of International Law*, vol. 18 (2005).

Reddy, S., "Making Heritage Legible: Who Owns Traditional Medical Knowledge", *International Journal of Cultural Property*, vol. 13, no. 2 (2006).

Reid, J., "Biopiracy: The Struggle for Traditional Knowledge Rights", *American Indian Law Review*, vol. 34, no. 1 (2009-2010).

Rocher, L., "Hindu Conceptions of Law", *Hastings Law Journal*, vol. 29, no. 6 (1978).

Sahay, V., "Corporate Governance, Virtual Shareholders' Meetings, and Analyzing Godrej: The Bombay High Court Decision on the Indian Companies Act 2013", *International Company and Commercial Law Review*, vol. 25, no. 11 (2014).

Sivaramakrishnan, K., "Environment, Law, and Democracy in India", *The Journal of Asian Studies*, vol. 70, no. 4 (2011).

Skuy, D., "Macaulay and the Indian Penal Code of 1862: The Myth of the Inherent Superiority and Modernity of the English Legal System Compared to India's Legal System in the Nineteenth Century", *Modern Asian Studies*, vol. 32, no. 3 (1998).

专业术语梵汉译名对照表

ācāra，习惯法，阿加罗
adharma，阿达摩
adhyagni，财礼（指在婚礼圣火前新郎赠与新娘的象征性礼物）
adhyāvāhanika，嫁妆（狭义）
ahiṃsā，不杀生
Āpastamba Dharmasūtra，《阿帕斯坦巴法经》
apratiṣṭitha，阿普罗底什提多
āraṇyaka，森林书
arati，阿拉提
artha，利
Arthaśāstra，《利论》
arthavāda，说明性陈述
Aśoka，阿育王
Atharvaveda，《阿闼婆吠陀》
ātman，自我，阿特曼
āyurveda，阿育吠陀
Baudhāyana Dharmasūtra，《鲍达耶那法经》
Bhagavadgītā，《薄伽梵歌》
Bhārata，婆罗多
Bhāruci，跋鲁吉
bhāṣya，评注

brahmacaryāśrama，梵行期
brāhmaṇa，梵书
brahmātmaikyam，梵我合一
Bṛhaspati Dharmaśāstra，《布利哈斯帕提法论》
daṇḍa，刑杖，旦陀
dāsa，达萨
dasyu，达休
Dāyabhāga，《达耶跋伽》
Dharma，达摩，正法
dharmamahāmātra，达摩官
dharmaśāstra，法论
dharmastha，法官
dharmasūtra，法经
Drāviḍa，达罗毗荼人
gaṇa，伽那
Gautama Dharmasūtra，《高达摩法经》
ghoṣa，戈奢
ghoṣamahattara，戈奢摩诃陀罗
gotra，戈特拉
Govindacandra，戈温达旃陀罗
Govindarāja，戈温达罗阇
grāma，格拉摩

grāmamahattara，格拉摩摩诃陀罗
gṛihasthāśrama，家居期
gṛhyasūtra，家祭经
guru，古鲁
Jaimini，阇弥尼
jāti，贾提
Jīmūtavāhana，吉穆陀伐诃那
kalpasūtra，劫波经
kāma，欲
kaṇṭakaśodhana，拔刺
karma，业
karvaṭa，柯里婆多
Kātyāyana Dharmaśāstra，《迦旃延那法论》
Kauṭilya，憍底利耶
kheṭa，柯多
kula，库罗
kulāni，库拉尼
Kullūkabhaṭṭa，鸠鲁迦跋多
Mādhava，摩陀婆
Mahābhārata，《摩诃婆罗多》
Mānava Dharmaśāstra，《摩奴法论》
Maṇirāma，摩尼罗摩
Manu，摩奴
Manubhāṣya，《摩奴疏》
Mārkaṇḍeya，马坎迭耶
māyā，摩耶
Medhātithi，梅达帝梯
mīmāṃsā，弥曼差
Mīmāṃsāsūtra，《弥曼差经》

Mitākṣarā，密塔娑罗
mokṣa，解脱
mudrida，穆德利陀
Nandana，难陀那
Nārada Dharmaśāstra，《那罗陀法论》
Nārāyaṇa，那罗衍那
nibandha，汇纂
Pañcatantra，《五卷书》
pañcayat，潘查亚特
Parāśara Dharmaśāstra，《帕拉舍罗法论》
pariṣad，帕里沙德
Pārvatī，帕尔瓦蒂
Prajāpati，生主
pratiṣṭhita，普罗底什提多
pravara，普拉瓦罗
prāyaścitta，赎罪
pūga，普伽
purāṇa，往世书
Puṣyamitra，弗沙蜜多罗
Rāghavānanda，罗伽伐难陀
rājadharma，国王达摩
rājaśāsana，王令
Rāmacandra，罗摩旃陀罗
Rāmānuja，罗摩奴阇
Rāmāyaṇa，《罗摩衍那》
Ṛgveda，《梨俱吠陀》
ṛṣi，仙人
ṛta，利塔

sabhā，撒巴

sadācāra，良好习惯

sakulya，色库尔耶

samānodaka，色马诺德格

Sāmaveda，《娑摩吠陀》

Saṃhitā，吠陀本集

samiti，撒米提

Śaṅkara，商羯罗

sannyāsāśrama，遁世期

sapiṇḍa，色宾陀

śāsitā，沙希塔

śāstra，论

satī，萨蒂

smṛti，圣传经

śrautasūtra，公祭经

śreṇi，什累尼

śruti，神启经

strīdhana，嫁妆（广义）

śulka，财礼（指订婚至结婚时新郎方赠与新娘方的财物）

Sumati，苏马蒂

sūta，苏多

sūtra，经

svadharma，特殊达摩

svarāj，自治，斯瓦拉吉

svayaṃbhu，自在神

upaniṣad，奥义书

vānaprasthāśrama，林居期

varṇa，瓦尔纳

Vasiṣṭha Dharmasūtra，《瓦西什陀法经》

veda，吠陀

vidhi，强制性规则

Vijñāneśvara，毗吉纳奈什伐罗

Vaiṣṇava Dharmaśāstra，《毗湿奴法论》

Viśvarūpa，毗什婆鲁帕

Vivādaratnākara，《维瓦陀芮特纳迦罗》

vyavahāra，毗耶伐哈罗

vyavasthā，规章

yajamāna，祭祀发起者，祭祀资助者

Yājñavalkya Dharmaśāstra，《祭言法论》

Yajurveda，《耶柔吠陀》

后　记

　　2020年1月6日，高鸿钧教授带领我和陈王龙诗，一行三人开始了访印的旅程，这也是我人生中第二次踏上印度国土。与上次参访佛陀遗迹有所不同，这次我们规划了一场环印之旅：从云南昆明飞往加尔各答，逐次考察金奈、马杜赖和班加罗尔，再飞往孟买，最后到达印度首都新德里。为了便于实地考察，我们聘请了一位能说中文的印度人作为向导，他的中文名字叫姚明。

　　最开始，姚明以为我们和普通游客一样，喜欢旅游景点，便一路推介。孰料我们对这些都无兴趣，而是不断要求走街串巷、进入社区，甚至深入村庄，与农民攀谈。姚明感到惊奇，觉得我们是他所遇到的所有游客中最奇怪的一帮人。但随着旅行继续、交流深入，姚明开始与我们熟稔起来，也得知我们是研究印度法的中国学者，他好奇地问："就像玄奘法师，你们来这里求法取经？"我们答道："没错！不过我们所求的不仅有佛法，还有你们文化中所有的法。""可现在不是全世界都学习西方的法吗？""的确，但我们觉得，像中国、印度这些古老文明都有自己的法，同样值得学习和研究。"于是，姚明越发觉得我们有趣，甚至有些神秘起来。

　　当我们来到南印度泰米尔纳德邦著名的城市马杜赖，准备趁夜晚凉爽去参观当地著名的湿婆庙时，姚明却拒绝进入，理由是"这违背了我的良心！"这个回答让我们纳罕不已，猜测他可能是一个佛教徒，或是反对湿婆崇拜的印度人。但在随后的旅行中，我们又发现，他几乎拒绝进入一切印度教寺庙，颇有"不食周粟"之风。

　　直到我们终于来到新德里，并包车从那里出发，开往《摩诃婆罗多》传说中的大战的发生地俱卢之野时，姚明才谈起了往事。他说：

"其实，我既不是穆斯林，也不是无神论者，而是一个贱民。我的整个家族都属于印度教文化中的最低社会阶层，教法不允许我们进入寺庙，视我们为不洁净。小时候，我的家就在新德里旁边阿格拉的大街边，全家人蜗居在一个窝棚里，过着穷苦而卑贱的日子。尽管生活艰辛，但父亲却积极乐观，憧憬着有朝一日能改变命运，成为一名记者。这个梦想在过去是不可想象的，因为贱民只能从事最卑污的职业。但1950年印度宪法废除了不可接触制，还设计了种姓平权的制度。于是我父亲获得了国家的帮助，有机会受到教育，最终成为一名记者。"

姚明的故事让我们十分感慨，一路上的困惑也烟消云散。这时在驾驶座上开车的司机突然转过头来，笑眯眯地问："你们猜我是什么种姓？"这可难住了我，心想司机这种不甚高端的职业，应该不会由高种姓的人来干吧？但他竟说自己是个婆罗门，随即开始大段背诵起吠陀颂词来。行程中，这位婆罗门司机十分敬业，谦卑地服从贱民出身的向导指挥，这让我们切身感受到印度种姓制度的变化。为了证实他的"高贵"出身，我们相约回程之后，到这位婆罗门司机家里拜访。司机的家坐落在新德里市中一处不甚繁华的地段，是藏匿于拥挤街巷中的三层小楼。司机在一楼的客厅热情接待我们，并拿出珍藏的《罗摩衍那》读了一段。他回忆自己的祖辈世代学习吠陀，为他人主持祭祀。小时候自己还被迫天天早起，跟随父亲背诵古代经典。"但现在我的孩子对这些都没兴趣啦！"司机说，"儿子在外边上班，女儿也在大学里学会计。"司机的一席话，让我们体会到了时代的变迁。

司机对我们这一伙中国人很感兴趣，因为我们一路上访古探幽，聊起吠陀、奥义书、法经和法论没完没了。"你们倒是比我的子女更像印度人！"司机开玩笑说。于是我们就开始介绍起自己来。

原来早在八年前，受中国政法大学法律史研究基地的委托，高鸿钧教授承接了一个题为"印度法系及其与中华法系的比较研究"的项目，便组织起一支覆盖全国的队伍，包括印度金德尔全球大学的张文娟老师、云南财经大学的李来孺老师、华东政法大学的陈文婧老师、以及曾在清华大学任职的程洁老师和何隽老师，开始了对印度法系的研究。当时，我国法学界尚缺乏对该领域的系统梳理，相关研究近乎空白。最初，开辟处女地的工作令我们兴奋不已，但很快我们就感到了研究的困苦艰难。因为与西方法不同，印度法与宗教紧密结合，而宗教又蕴含着宇宙论和人生观。若不懂印度文明整体，就无从了解其法律。这一下子让我们似乎坠入万丈深渊，颇有"侯门一入深如海"之感。没有办法，只有从头做起。于是，我们组织研究小组，建立起资料库，在高老师的带领下，从吠陀经看起，让奥义书、佛典和大史诗充斥书斋，过起了"不知有汉，无论魏晋"的生活。不知有多少次食堂聚餐，都在大伙争吵着各种"教义"中度过，让"法味"冲掉了"食味"。这种苦行僧般的研究改变了不少人的生活习惯，让陈王龙诗吃起了咖喱，戒了肉食，被我们赐名"小唐僧"；而我把头发剃成毛寸，自封"鲁陀罗"。这些变化让周围的同僚也觉得有趣，以至于一次会上，有同事戏言："我们研究的是律师，你们研究的是法师。"

　　阅读文献的过程颇为寂寞，但我们并不孤独。八年间，来自四面八方的朋友参与进来，为我们提供了支持和鼓励。通过清华大学的"发展中国家项目"，我们从四川大学南亚研究所招来了印度法方向的博士生陈王龙诗。随着研究深入，我们还尝试在清华大学开设相关课程，讨论了韦伯的《印度的宗教：印度教与佛教》，讲授并翻译美国印度法学者小戴维斯的《印度法的精神》，并组织大家精读《摩诃婆罗多》史诗中的经典片段《薄伽梵歌》。很多同学由此对印度产生了兴趣，并投身相关研究。截至今年，我们已培养从事印度法研究的博士六人，在读博士生三人。他们的研究覆盖了印度法的各个部门。2020年1月和2022年1月，《清华法学》先后两次以"印度法研究"为题，刊发相关研究多篇。与此同时，《清华法治论衡》也刊发了多篇有关印度法的文章。虽然印度法研究在法学界并非显学，但在大家的温暖之下，竟也渐渐热了起来。

　　听闻这番介绍，印度朋友们"随喜赞叹"，并祝愿我们心想事成。

眨眼间，我们师徒"西天取经"已逾三年，而出版印度法研究专著的愿望在商务印书馆的支持下，也即将实现。此刻我们深感因缘的不可思议，想起从前季羡林、徐梵澄和金克木等老一辈印度学家们劈山开路的功绩，以及黄宝生、郭良鋆等学者的贡献，如无这些前辈的研究，便不可能在印度学大树的枝头，开出印度法研究的小花。这朵花虽然娇小，但我们愿将它献给为中印两国的和平友好和文化交流做出贡献的先辈和同仁们。

当然，我们的研究若仅仅靠一腔热情，缺乏必要的经费支持，无法购买相关图书资料、进行调研和举办研讨会，也难以维持八年之久。俗话说，"兵马未动，粮草先行"。火箭发射到遥远的星球，也需要几次推动。在我们启动印度法的研究之后，北京宸星教育基金会的印度法研究项目和清华大学的中国佛教法律文化自主科研计划课题，为我们提供了后续支持。在此，我们要向一切给予我们支持和鼓励的机构和个人，深表谢意。

鲁 楠

2023 年 3 月于清华园

图书在版编目（CIP）数据

印度法原论 / 高鸿钧, 鲁楠主编. —北京：商务印书馆, 2023
ISBN 978-7-100-22837-4

Ⅰ.①印… Ⅱ.①高…②鲁… Ⅲ.①法律—研究—印度 Ⅳ.①D935.1

中国国家版本馆 CIP 数据核字（2023）第 154812 号

权利保留，侵权必究。

印度法原论

高鸿钧　鲁楠　主编
赵彩凤　陈王龙诗　副主编

商 务 印 书 馆 出 版
（北京王府井大街36号　邮政编码100710）
商 务 印 书 馆 发 行
南京新世纪联盟印务有限公司印刷
ISBN 978-7-100-22837-4

2023年11月第1版　　　开本 710×1000　1/16
2023年11月第1次印刷　印张 58½
定价：280.00元